Kohlhammer

Technik und Taktik der Befragung

Untersuchende Vernehmung - Befragung planen, durchführen und auswerten.

Unbewusste und taktische Einflussfaktoren erkennen und steuern.

Wahrheit, Lüge und Irrtum analysieren und unterscheiden.

Aussagen bewerten, Methoden prüfen, Fehler vermeiden.

Überzeugungen bilden, Urteile begründen, Fehler aufdecken.

bearbeitet von

Dr. Frank Maurer
Vorsitzender Richter am Landgericht Stuttgart und Lehrbeauftragter
an der Universität Tübingen

begründet und weitergeführt von

Axel Wendler
Richter am Oberlandesgericht Stuttgart a. D. und Lehrbeauftragter
an der Universität Tübingen a. D.

und

Dr. Helmut Hoffmann
Richter am Oberlandesgericht Stuttgart a. D.

3., erweiterte und überarbeitete Auflage

Verlag W. Kohlhammer

3. Auflage 2026

Gesamtherstellung: W. Kohlhammer GmbH, Heßbrühlstr. 69, 70565 Stuttgart
produktsicherheit@kohlhammer.de

Print:
ISBN 978-3-17-040908-8

E-Book-Formate:
pdf: ISBN 978-3-17-040909-5
epub: ISBN 978-3-17-040910-1

Vorwort

Dieses Praktikerhandbuch vermittelt vor dem Hintergrund des aktuellen Stands der Wissenschaft zur Befragungslehre sowie zur Aussage-, Wahrnehmungs- und Erinnerungspsychologie und Rechtsprechung das Wissen, das sich in nunmehr rund 100 Berufsjahren der Verfasser in unterschiedlichen Funktionen herausgebildet hat: was uns eingeleuchtet hat, was uns nicht eingeleuchtet hat und wovon wir in unserer täglichen juristischen Arbeit profitiert haben und noch immer profitieren. Damit wollen wir zu besseren, das heißt gerechteren Urteilen und sonstigen Entscheidungen beitragen.

Die Befragungs- und Vernehmungslehre ist – wie insgesamt das Wissen über Wahrheit, Lüge und Irrtum – kein fester Bestandteil der universitären Ausbildung von Juristen. Vor diesem Hintergrund überrascht es nicht, wenn in einer Baseline-Befragung aus dem Jahr 2024[1] Richter, Staatsanwälte und Rechtsanwälte auf die Frage „Welche Techniken der Vernehmung kennen Sie?“ kaum international bewährte Vernehmungsstandards benannten und stattdessen unter anderem wie folgt antworteten:

- Diese Frage ist unklar formuliert.
- Techniken oder -taktiken sind „bullshit“. Einfach gut zuhören.
- Ich frage halt einfach.
- Sich blöd stellen – sich korrigieren lassen.
- Guter Richter, böser Richter.
- Kinesisches Interview[2].

Das Wissen über die Technik der Befragung und auch die Bewertung von Aussagen scheint teilweise aufgrund fehlender oder unzureichender Ausbildung nicht vorhanden zu sein. Dieses Buch soll dazu beitragen, diese Lücke zu schließen.

Ein besonderes Anliegen ist uns, den unterschiedlichen Interessen der an Verfahren Beteiligten Rechnung zu tragen. Was für den Richter gilt, kann sich aus Sicht des Verteidigers anders darstellen; der Anwalt des Klägers wird inhaltlich und in der Formulierung andere Fragen stellen als der Beklagtenvertreter. Deshalb räumen wir der Vernehmungs-TAKTIK einen breiten Raum ein. Das Wissen um Taktik ist auch deshalb notwendig, um in Gerichtsprozessen taktische Einflussnahmen anderer Beteiligter abzuwehren oder jedenfalls zu erkennen.

Auch in der dritten Auflage dieses Buchs wollen wir unsere Erfahrungen nicht nur an Richter, Staatsanwälte und Rechtsanwälte weitergeben. In vielen Seminaren[3] hat sich weiterhin gezeigt, dass unsere Empfehlungen gleichermaßen für andere Berufsgruppen nutzbringend sind. Alle, die Befragungen, Interviews oder Gespräche führen, um Informationen über Geschehnissen zu gewinnen, sollten über besondere Kenntnisse in Befragungstechnik und Befragungstaktik verfügen. Wir denken dabei besonders an Mitarbeiter in Wirtschaftsprüfungsgesellschaften, Versicherungen sowie Unternehmen, die in den Bereichen Interne Ermittlungen, Corporate Governance, Anti-Fraud und Compliance tätig sind. Letztlich profitiert jeder davon, der auf der Grundlage von Befragungen Infor-

---

1 Vorgestellt von Prof. Dr. Lennart May auf einer Tagung in Freiburg am 16.5.2025.

2 Wohl von „kinesic interview“, für das es keine feste, etablierte deutsche Entsprechung gibt. „Kinesik“ ist die „Lehre“ von der Körpersprache. Insgesamt geht es um ein Interview unter besonderer Beobachtung der Körpersprache oder körperspracheorientiertes Interview – was schon im Ausgangspunkt wissenschaftlich unfundiert ist (siehe Köpersprache).

3 Alle drei Verfasser halten/hielten über viele Jahre hinweg zu sämtlichen Themen dieses Buches, aber auch zu etlichen weiteren Themen Seminare, Inhouse-Schulungen, Trainings usw. für Juristen und Nicht-Juristen.

mationen erhebt, um Entscheidungen zu treffen. Entscheidungen sind nur so gut wie die Informationen, auf denen sie beruhen. Und Informationen sind nur so gut wie die Fragen, die gestellt werden. Wer schlechte Fragen stellt, erhält schlechte Informationen und trifft entsprechend schlechte Entscheidungen.

Die Themen Wahrheit, Lüge und Irrtum sowie die Vernehmungs- und Befragungstechnik sind jeweils für sich komplex, in der notwendigen Gesamtschau noch komplexer. Alle Themen dieses Buchs sind daher miteinander verzahnt, bauen aufeinander auf, bedingen einander oder stehen in Wechselbeziehungen. Uns war es auch in dieser Auflage ein Anliegen, inhaltlichen Bezüge durch zahlreiche Verweise innerhalb der Kapitel sichtbar zu machen.

Vieles aus dem forensischen Bereichen lässt sich durch Gerichtsentscheidungen belegen und stützen. Angesichts der im Internet und in juristischen Datenbanken leicht zur Verfügung stehenden Informationen haben wir darauf verzichtet, die im Buch erwähnten Entscheidungen im Volltext abzudrucken. Wir beschränken uns auch auf die Wiedergabe von Entscheidungsdaten und Aktenzeichen.

Rechtsprechung und Literatur konnten bis Herbst 2025 berücksichtigt werden.

Mein besonderer Dank gilt Axel Wendler und Dr. Helmut Hoffmann, den Co-Autoren der Vorauflagen. Ihre inspirierenden und für unseren Berufszweig wegweisenden Beiträge haben mich nachhaltig geprägt. Den von ihnen eingeschlagenen Weg möchte ich fortsetzen.

Noch ein Hinweis vorab:
In unserem Buch gibt es – wie in den meisten anderen Fachbüchern, aber anders als in der ersten Auflage – nur Richt**ER**, Staatsanwält**e** und Rechtsanwält**e**. Alle Jurist**en**, aber auch die Zeugen, die Dolmetscher und andere sind der Sprache nach oftmals Männer. Die Wirklichkeit sieht zum Glück ganz anders aus. Wir sind dem Wunsch des Verlags, aber auch zahlreicher Leser und vor allem Leser**innen** nachgekommen, und haben aus Gründen der Vereinfachung des Lesens grundsätzlich nur die männliche Form verwendet.

Wir wünschen allen Leserinnen und Lesern viel Gewinn und auch ein wenig Spaß beim Studium dieses Buchs.

Stuttgart, im Februar 2026

Dr. Frank Maurer (Bearbeiter)
Axel Wendler
Dr. Helmut Hoffmann

Inhaltsverzeichnis

Abkürzungsverzeichnis

a. A.	anderer Ansicht
a. a. O.	am angegebenen Ort
Abs.	Absatz
a. E.	am Ende
a.Fr.	auf Frage
AGG	Allgemeines Gleichbehandlungsgesetz
ArbGG	Arbeitsgerichtsgesetz
Aufl.	Auflage
AVV	Audio Visuelle Vernehmung
BeckRS	Beck-Rechtsprechungssammlung (Online-Angebot, Jahrgang, Dok.-Nr.)
Bekl.-Vetr.	Beklagtenvertreter
Beschl.	Beschluss
BGB	Bürgerliches Gesetzbuch
BGH	Bundesgerichtshof
BGHR	BGH-Rechtsprechung-Strafsachen
BGHSt	Entscheidungen des Bundesgerichtshofes in Strafsachen
BGHZ	Entscheidungen des Bundesgerichtshofes in Zivilsachen
BORA	Berufsordnung für Rechtsanwälte
BRAO	Bundesrechtsanwaltsordnung
BtmG	Betäubungsmittelgesetz
BVerfG	Bundesverfassungsgericht
BZRG	Bundeszentralregistergesetz
bzw.	beziehungsweise
ca.	circa
CCC	Constitutio Criminalis Carolina von 1532
DAR	Deutsches Autorecht (Zeitschrift)
d. h.	das heißt
Diss.	Dissertation
Einf.	Einführung
etc.	et cetera
ff.	fortfolgende
FGG	Gesetz über die Freiwillige Gerichtsbarkeit
Fn.	Fußnote
GG	Grundgesetz
ggf.	gegebenenfalls
GRUR	Gewerblicher Rechtsschutz und Urheberrecht (Zeitschrift)
GRUR-RR	Gewerblicher Rechtsschutz und Urheberrecht-Rechtsprechungsreport (Zeitschrift)
GVG	Gerichtsverfassungsgesetz
h. M.	herrschende Meinung
i. d. R.	in der Regel
i. E.	im Einzelnen
i. e.	id est (das heißt)
i. Ü.	im Übrigen
i. w. S.	im weiteren Sinne
Justiz	Die Justiz (Zeitschrift)
Kap.	Kapitel
KGR	Kammergerichts-Report (Zeitschrift)
KHK	Kriminalhauptkommissar

Abkürzungsverzeichnis

LG	Landgericht
LS	Leitsätze
MDR	Monatsschrift für Deutsches Recht (Zeitschrift)
MMR	Multimedia und Recht (Zeitschrift)
m. w. N.	mit weiteren Nachweisen
NJW	Neue Juristische Wochenschrift (Zeitschrift)
NJW-RR	Neue Juristische Wochenschrift-Rechtsprechungsreport (Zeitschrift)
Nr.	Nummer
NStZ	Neue Zeitschrift für Strafrecht (Zeitschrift)
NStZ-RR	Neue Zeitschrift für Strafrecht-Rechtsprechungsreport (Zeitschrift)
NZBau	Neue Zeitschrift für Baurecht und Vergaberecht (Zeitschrift)
NZFam	Neue Zeitschrift für Familienrecht (Zeitschrift)
NZV	Neue Zeitschrift für Verkehrsrecht (Zeitschrift)
o. ä.	oder ähnliche (-s, -er)
OLG	Oberlandesgericht
OLGRep	OLG-Report (Entscheidungssammlung)
OLGSt	Entscheidungen der Oberlandesgerichte in Straf-, Ordnungswidrigkeiten- und Ehrengerichtssachen
PdR	Praxis der Rechtspsychologie
Publizistik	Vierteljahreshefte für Kommunikationsforschung (Zeitschrift); Springer Fachmedien Wiesbaden GmbH
r+s	Recht und Schaden (Zeitschrift)
RiStBV	Richtlinien für das Straf- und Bußgeldverfahren
Rn./Rdnr.	Randnummer
Rspr.	Rechtsprechung
s.	siehe
S.	Seite/Satz
SchiedsVZ	Zeitschrift für Schiedsverfahren – German Arbitration Journal (German Arb. J.)
SG	Soldatengesetz
SGG	Sozialgerichtsgesetz
sog.	so genannt (-e, -er, -es)
st.	ständige (-er, -es)
StA	Staatsanwaltschaft
StGB	Strafgesetzbuch
StPO	Strafprozessordnung
StraFo	Strafverteidiger Forum
StRR	Strafrechts-Report (Zeitschrift)
StV	Strafverteidiger
Tz.	Teilziffer
u. a.	unter anderem
u. ä.	und ähnlicher (-e, -es)
UrhG	Urheberrechtsgesetz
Urt.	Urteil
u. s. w.	und so weiter
u. U.	unter Umständen
u. v. m.	und vieles mehr
VersR	Versicherungsrecht (Zeitschrift)
vgl.	vergleiche
VRS	Verkehrsrechtssammlung
VwGO	Verwaltungsgerichtsordnung
wistra	Zeitschrift für Wirtschafts- und Steuerstrafrecht

z. B.	zum Beispiel
ZChinR	Zeitschrift für chinesisches Recht
ZfS	Zeitschrift für Schadensrecht
ZPO	Zivilprozessordnung

Literaturverzeichnis

Abraham, W., Terminologie zur neueren Linguistik. Bd. 1, S. 141, Niemeyer Verlag, Tübingen 1988

Abremenko, A., Kein Rechtsmittel gegen richterliche Feststellung eines Vergleichs gem. § 278 VI ZPO? – Ein übersehenes Problem der Zivilprozessreform, in: NJW 2003, 1356 ff.

Agnew, S. E./Powell, M. B., The Effect of Intellectual Disability on Children's Recall of an Event Across Different Question Types, in: Law and Human Behavior, Vol. 28, No. 3, June 2004, 273 ff.

Ahrens, H.-J., Der Beweis im Zivilprozess, 2. Auflage 2025

Ahrens, W., Der Geschädigte liegt dem Vorgang bei. Die besten juristischen Stilblüten. Band 1, Beck Verlag, München, 7. Aufl. 2010

Alba, J.W./Hasher, L., Is memory schematic?, in: Psychological Bulletin, Vol. 93, S. 203 – S. 231, 1983

Anders/Gehle, Zivilprozessordnung, 83. Aufl. 2025

Anderson, M. C., Bjork, R. A., & Bjork, E. L., „Remembering can cause forgetting: Retrieval dynamics in long-term memory." Journal of Experimental Psychology: Learning, Memory, and Cognition, 20 (5), 1063–1087 (1994)

Anderson, M. C., & Green, C., Suppressing unwanted memories. Nature, Vol. 410 13. March 2001, 366–369 (2001)

Andrews, S. J./Lamb, M. E/Lyon, T. D., Question Types, Responsiveness and Self-contradictions when Prosecutors and Defense Attorneys Question Alleged Victims of Child Sexual Abuse, in: Applied Cognitive Psychology, Appl. Cognit. Psychol. 29: 253–261 (2015)

Arntzen, F., Psychologie der Zeugenaussage. System der Glaubwürdigkeitsmerkmale, Beck Verlag, München, 5. Auflage 2011

Argyle, M., Körpersprache und Kommunikation, Junfermann Verlag, Paderborn 1996

Arntzen, F., Vernehmungspsychologie, Psychologie der Zeugenvernehmung, Beck Verlag, München, 3. durchges. Auflage 2008

Artkämter, H., Die „gestörte" Hauptverhandlung, 6. Auflage 2022

Asylpraxis, Schriftenreihe des Bundesamtes für die Anerkennung ausländischer Flüchtlinge, Band 7, Selbstverlag 2001

Balloff, R., Grundlagen von Klärung und Diagnostik bei sexuellem Missbrauch – Wahrnehmung, Gedächtnis, Erinnerung, in: Körner, W./Lenz, A. (Hrsg.), Sexueller Missbrauch, Band 1, S. 107–120, Hogrefe Verlag, Göttingen 2004

Balzer, C., Beweisaufnahme und Beweiswürdigung im Zivilprozess, Erich Schmidt Verlag, 5. Auflage, Berlin 2023

Bamberger, H. G./Roth, H., Kommentar zum Bürgerlichen Gesetzbuch, Beck Verlag, München, 3. Auflage 2012

Bartlett, G., Albery I.P., Frings, D., Gawrylowicz, J., The effects of alcohol and co-witness information on memory reports: a field study, Psychopharmacology (2022) 2945–2953

BeckOK StPO, mit RiStBV und MiStra, Graf (Hrsg.) 54. Edition, Stand 1.1.2025

BeckOK ZPO, 56. Ed. 1.3.2025, ZPO

Bender, R., Der Irrtum ist der größte Feind der Wahrheitsfindung, in: Strafverteidiger (SV), Jahrgang 1982, S. 484–486

Bender, R./Nack, A., Tatsachenfeststellung vor Gericht. Glaubwürdigkeits- und Beweislehre, Band 1, Beck Verlag, München, 2. Auflage 1995

Bender, R/Häcker, R./Schwarz, V., Tatsachenfeststellung vor Gericht, Beck Verlag, München, 6. Auflage 2025

Berlit, U./Dörig, H./Storey, H., Glaubhaftigkeitsprüfung bei Asylklagen aufgrund religiöser Konversion oder Homosexualität: Ein Ansatz von Praktikern (Teil 1), in ZAR 2016, 281; (Teil 2), in ZAR 2016, 332

Bernstein, B., Language and Social Class, in: British Journal of Sociology Nr. 11 (London), S. 270–276, London 1960

Bertke, Ä.-K./Schroeder, H. P., Grenzen der Zeugenvorbereitung im staatlichen Zivilprozess und im Schiedsverfahren, SchiedsVZ 2014, 80

Beulke, W., Strafprozessrecht, Beck Verlag, München, 10. Auflage 2008

Birck, A., Zur Erfüllbarkeit der Anforderungen der Asylanhörung für traumatisierte Flüchtlinge aus psychologischer Sicht, in: Zeitschrift für Ausländerrecht und Ausländerpolitik (ZAR) 2002, 22/1, S. 28–33

Bode, K-C/Trompetter, J., Anwaltliche Taktik beim Zeugenbeweis, in: Der Prozessrechtsberater 06/2003, S. 185 ff.
Böhm, C./Erdmann, K./Volbert, R., Merkmalsorientierte Inhaltsanalyse von Aussagen nach wiederholter Befragung, in: Fabian, T. (Hrsg.): Praxisfelder der Rechtspsychologie 12, 2000, S. 209–223
Bohlander, M., Die Gegenüberstellung im Ermittlungsverfahren, in: Strafverteidiger (SV), Jahrgang 1992, S. 441 ff.
Born, W., Der manipulierte Unfall im Wandel der Zeit, in: NZV 1996, 257 ff.
Brause, P., Zum Zeugenbeweis in der Rechtsprechung des BGH, in: NStZ 2007, S. 505
Brause, P., Zur Beweiswürdigungsproblematik in Freispruchsfällen, in: NStZ-RR 2010, S. 329
Brause, P., Glaubhaftigkeitsprüfung und -bewertung einer Aussage im Spiegel der höchstrichterlichen Rechtsprechung, in: NStZ 2013, S. 129–136
Brennen, T. & Magnussen, Research on Non-verbal Signs of Lies and Deceit: A Blind Alley
Breyer/Endler, AnwaltFormulare Strafrecht, 4. Aufl. 2018
Brosch/Scherer/Grandjean/Sander, The impact of emotion on perception, attention, memory, and decision-making, in: Swiss Medical Weekly (published 14 May 2013)
Broszinsky-Schwabe, E., Interkulturelle Kommunikation, VS Verlag für Sozialwissenschaften, Springer Fachmedien, Wiesbaden 2011
Brown, R. & Kulik, J., Flashbulb memories. Cognition, 5 (1), 73–99 (1977)
Bruck, M./Ceci, S. J./Hembrooke, H., The nature of children's true and false narratives. Developmental Review 22, S. 520–554, 2002
Bürkle, J., Richterliche Alltagstheorien im Bereich des Zivilrechts, Reform der Justizreform Bd. 9, Mohr-Siebeck Verlag, Tübingen 1984
Burhoff, D., Handbuch für die strafrechtliche Hauptverhandlung, 11. Auflage 2025
Burhoff, D., Handbuch für das strafrechtliche Ermittlungsverfahren, 10. Auflage 2025
Busse, D./Volbert, R./Steller, M., Belastungserleben von Kindern in Hauptverhandlungen, Bundesministerium der Justiz, Bonn 1996
H. L. & Butler, A. C., The critical role of retrieval practice in long-term retention. Trends in Cognitive Sciences, 15 (1), 20–27 (2011)
Carofiglio, G., Reise in die Nacht, Goldmann Verlag, München, 3. Auflage 2007
Christianson, S. A., Emotional stress and eyewitness memory: A critical review. Psychological Bulletin, 112 (2), 284–309 (1992)
Cowan, N., The magical mystery four: How is working memory capacity limited, and why? Current Directions in Psychological Science, 19(1), 51–57 (2010)
Cowan, N., The magical number 4 in short-term memory: a reconsideration of mental storage capacity, Behavioral and Brain Science 2001 Feb, 24 (1), 87 ff.
Crombag, H./Merckelbach, H., Missbrauch vergisst man nicht
CTI, Convention against Torture Initiative, Die untersuchende Vernehmungsmethode, CTI Training Tools 01/2017, Stand November 2017
Dahs, H., „Informationelle Vorbereitung" von Zeugenaussagen durch den anwaltlichen Rechtsbeistand, in: NStZ 2011, S. 200–202
Dahs, H., Handbuch des Strafverteidigers, 8. Auflage 2015
DePaulo, B. M., Lindsay, J. J.,Malone, B. E., Muhlenbruck, L., Charlton, K. & Cooper, H., Cues to deception. Psychological Bulletin, 129(1), 74–118
Deckers, R./Köhnken, G., Die Erhebung von Zeugenaussagen im Strafprozess, 2. Auflage 2014
Deffenbacher, K. A./Bornstein, B. H./Penrod, S. D./McGorty, E. K., A Meta-Analytic Review of the Effects of High Stress on Eyewitness Memory. Law and Human Behavior, (2004), 687–706
Deffenbacher, K. A./Bornstein, B. H./McGorty, E. K./Penrod, S. D., Forgetting the Once-Seen Face: Estimating the Strength of an Eyewitness's Memory Representation, Journal of Experimental Psychology, (2008), S. 139–150
Degener, W., Zum Fragerecht des Strafverteidigers gem. § 240 Abs. 2 StPO, in: StV 2002, 618
Dettenborn, H./Fröhlich, H.-H./Szewczyk, H., Forensische Psychologie. Ein Lehrbuch der gerichtlichen Psychologie für Juristen, Kriminalisten, Psychologen, Pädagogen und Mediziner., VEB Deutscher Verlag der Wissenschaften, Berlin 1984
Dölling, B., Die Voraussetzungen der Beweiserhebung im Zivilprozess, in: NJW 2013, 3121
Dölling, B., Eid und eidesstattliche Versicherung, in: NZFam 2014, S. 112–117
Downs, A. C. & Lyons, P. M., Natural observations of the links between attractiveness and initial legal judgments. Personality and Social Psychology Bulletin, 17(5), 541–547, (1991)
Effer-Uhe/Mohnert, Psychologie für Juristen
Efran, M. G., The effect of physical appearance on the judgment of guilt, interpersonal attraction, and severity of recommended punishment in a simulated jury task. Journal of Research in Personality, 8(1), 45–54, (1974)

Ehmann, E., Witness-Coaching, DisputeResolution, Ausgabe 03/14, 6
Einmahl, M., Zeugenirrtum und Beweismaß im Zivilprozess, in: NJW 2001, Heft 7, S. 469–475
Eisenberg, P, Henning, E., Die Beweiswürdigung des Zeugen im chinesischen Zivilprozess, in: ZChinR 2010, S. 239–247
Eisenberg, U., Beweisrecht der StPO, Beck Verlag, München, 10. Auflage 2017
Eisenberg, U., Vernehmung und Aussage (insbesondere) im Strafverfahren aus empirischer Sicht, Teil 1 und 2., in: JZ 1984, S. 912 ff. und S. 961 ff.
Eisenberg, U., Zur „besonderen Qualität" richterlicher Vernehmung im Ermittlungsverfahren, in: NStZ 1988, S. 488
Eisenberg, U., Gegenständliche Voraussetzungen der Identifizierbarkeit von Personen auf Grund von Schrift- oder Sprechmaterial, in: NStZ 2010, S. 680
Ekman, P., Ich weiß, dass du lügst. Was Gesichter verraten (Telling Lies, Norton & Company, 3. Aufl., 2009), Deutscher Taschenbuch-Verlag, München 2011
Enders, Kriminalistik 1997, S. 490
Englich, B. & Mussweiler, T., Sentencing under uncertainty: Anchoring effects in the courtroom. Journal of Applied Social Psychology, 31(7), 1535–1551 (2001)
Englich, B., Mussweiler, T. & Strack, F., Playing dice with criminal sentences: The influence of irrelevant anchors on experts' judicial decision making. Personality and Social Psychology Bulletin, 32(2), 188–200 (2006)
Fawcett, J. M., Peace, K. A. & Greve, A., Looking down the barrel of a gun: What do we know about the weapon focus effect? Journal of Applied Research in Memory and Cognition, 5(3), 257–263 (2016)
Fiedler, K./Schmid, J., Gutachten über Methodik für psychologische Glaubwürdigkeitsgutachten, Praxis der Rechtspsychologie 9, (S. 5–45), Deutscher Psychologen-Verlag, Berlin 1999
Fischer, T., Strafgesetzbuch und Nebengesetze, Beck Verlag, München, 61. Auflage 2014
Frindte, W., Einführung in die Kommunikationspsychologie, Beltz Verlag, Weinheim und Basel 2001
Füllgrabe, U., Irrtum und Lüge, Boorberg Verlag, Stuttgart 1995
Gabbert, F., Memon, A. & Allan, K., Memory conformity: Disentangling the steps toward influence during a discussion. Psychonomic Bulletin & Review, 13 (3), 480–485 (2006)
Geipel. A., Die Lügenerkennung im ordentlichen Verfahren, in: DRiZ 2007, S. 235
Geipel. A., Handbuch der Beweiswürdigung, 3. Auflage 2017, ZAP Verlag, Bonn 2008
Geipel, A., Zum Umgang mit der Aussageanalys – eine kritische Bestandsaufnahme aus der Praixs, in 2 Teilen, ZAP 2025, 299ff und 350 ff.
Gerdemann, A., Die Verwertbarkeit belastender Zeugenaussagen bei Beeinträchtigungen des Fragerechts des Beschuldigten, Diss., Nomos Verlag, Baden-Baden 2010
Gerhold, Der Einsatz von Lügendetektorsoftware im Strafprozess – aufgrund des technischen Fortschritts in Zukunft doch rechtmäßig?, ZIS 2020, 431ff
Gerst, H.-J., Zeugen in der Hauptverhandlung, 2. Auflage 2020
Gerst, H.-J., Das unterschätzte Verteidigungsmittel in der Hauptverhandlung – Protokollierungsanträge gemäß § 273 Abs. 3 Satz 1 StPO, in: StRR 2012, 324
Gillmeister, Beistand für den Zeugen – ein Mandat ohne Schutz?, in: NStZ 2018, 561–566
Glatzl, J., Erinnerungsstörungen aus forensisch-psychiatrischer Sicht, StV 2003, 189–193
Gmür, M., Das psychiatrische Glaubwürdigkeitsgutachten, in: Kriminalistik Schweiz 2000, Heft 2, S. 128–134
Graßberger, R., Psychologie des Strafverfahrens, 2. Auflage 1968
Greuel, L., Suggestibilität und Aussagezuverlässigkeit: Ein (neues) Problem in der forensisch-psychologischen Praxis?, in Greuel, L./Fabian, T./Stadler, M. (Hrsg.), Psychologie der Zeugenaussage. Ergebnisse der rechtspsychologischen Forschung, Beltz, Psychologie Verlags Union, Weinheim 1997, S. 211–220
Greuel, L., Wirklichkeit – Erinnerung – Aussage, Beltz, Psychologie Verlags Union, Weinheim 2001
Greuel, L./Offe, S./Fabian, A./Wetzels, P./Fabian, T./Offe, H./Stadler, M., Glaubhaftigkeit der Zeugenaussage, Beltz, Psychologie Verlags Union, Weinheim 1998
Greuel, L./Goeckenjan, C./Bliesener T., (Hrsg.), Psychologie im Strafverfahren
Greuel, L./Fabian, T./Stadler, M. (Hrsg.), Psychologie der Zeugenaussage. Ergebnisse der rechtspsychologischen Forschung, Beltz, Psychologie Verlags Union, Weinheim 1997
Greuel, L./Scholz, O. B., Der Einfluss deliktspezifischer Einstellungen, Kenntnisse und des Lebensalters auf die Aussagegenauigkeit von Zeugen, in: Forensia, Interdisziplinäre Zeitschrift für Psychiatrie, Psychologie, Kriminologie und Recht, Band 9, Heft 1, Springer Verlag, Berlin 1988, S. 29–36

Griffiths & Milne, „Will it all end in tiers? Police interviews with suspects in Britain, in: Investigative Interviewing: Rights, Research, Regulation, 2006, S. 167 ff.
Guadagno, B. L./Powell, M. B., An examination of the prevalence of temporally leading questions in child witness interviews, in: International Journal of Police Science & Management Volume 16 Number 1 (2016), 16 ff.
Gubi-Kelm, S., Gedächtnispsychologie – Wissenschaftliche Erkenntnisse für das forensische Verfahren, in: Die Erhebung und Bewertung von Zeugenaussagen im Strafprozess (Hrsg. Köhnken/Deckers), 4. Auflage 2020, S. 93 ff.
Gubi-Kelm, S./May, L./Schmitt, S./Bitzigeio, C./Rick. R./Püschel, K., Interdisziplinäre Betrachtung eines Mordes, den es nicht gab – der Fall Manfred G., Archiv für Kriminologie 2024, 30–75
Gubi-Kelm, S./May, L./Gundlach, T. E./Rick. R./Püschel, K., Der Fall Rudolf R. – eine interdisziplinäre Analyse, Archiv für Kriminologie 2023, 101–136
Gunder, T., Der Umgang mit Kindern im Strafverfahren. Schriften zum Strafrecht und Strafprozessrecht (43.), Europäischer Verlag der Wissenschaften, Frankfurt a. M. 1999
Günther, D.-K., Betrug in der Sachversicherung, Verlag Versicherungswirtschaft, Karlsruhe, 2. Auflage 2013
Habschick, K., Erfolgreich Vernehmen. Kompetenz in der Kommunikations-, Gesprächs- und Vernehmungspraxis, Kriminalistik-Verlag, Heidelberg 2010
Haft, F., Juristische Rhetorik, Beck Verlag, München, 7. Auflage 2007
Hartung/Scharmer, BRAO/FAO, 8. Auflage 2022
Haynes/Mecke/Bastine/Fong, Mediation – Vom Konflikt zur Lösung, Klett-Cotta Verlag, Stuttgart 2006
Heidelberger Kommentar, Strafprozessordnung, Gercke/Temming/Zöller (Hrsg), 7. Auflage 2023
Heinrich, J., Konfliktverteidigung im Strafprozess, 2013
Hellwig, A., Psychologie und Vernehmungstechnik bei Tatbestandsermittlungen, Enke Verlag, Stuttgart 1951
Herdegen, G., Strafrichterliche Aufklärungspflicht und Beweiswürdigung, in: NJW 2003, S. 3513–3516
Herman, J. L., Trauma and Recovery: The Aftermath of Violence – From Domestic Abuse to Political Terror (1992)
Hermanutz, M./Litzcke, S. M., Vernehmung in Theorie und Praxis, Boorberg Verlag, Stuttgart, 2. Auflage 2009
Hermanutz, M./Litzke, S. M./Kroll, O./Adler, F., Polizeiliche Vernehmung und Glaubhaftigkeit: Ein Trainingsleitfaden, Boorberg Verlag, Stuttgart, erweiterte Ausgabe 2011
Heubrock, D., Donzelmann, N. (Hrsg.), Psychologie der Vernehmung, Empfehlungen zur Beschuldigten-, Zeugen- und Opferzeugen-Vernehmung, Verlag für Polizeiwissenschaft, Frankfurt 2010
Hof, Clemens, Polizeizeugen – Zeugen im Sinne der StPO?, in: HRRS 2015, 277
Hoffmann, H., in: Spindler/Schuster, Recht der elektronischen Medien, Beck Verlag, München, 2. Auflage 2011, S. 1496 ff.
Hoffmann, H., Rezension zu Eisenberg, U., Beweisrecht der StPO, in: NJW 2011, S. 1420
Hoffmann, H., Parteianhörung und Beweiswürdigung im Schadensersatzprozess, in: VersR 2011, S. 550–552 (Anm. zu OLG München 10 U 2401/10)
Hoffmann, H., Rechtsfragen der Tatsachenfeststellung in Filesharing-Fällen, in: MMR 2012, S. 391–393 (Anm. zu OLG Köln 6 U 67/11)
Hoffmann, H., Rezension Jansen, Zeuge und Aussagepsychologie, in: NJW 2013, S. 1584
Hoffmann, H., Rezension Günther, Betrug in der Sachversicherung, 2. Auflage 2013, in: VersR 2014, S. 178
Hoffmann, H./Maurer, F., Voraussetzungen und Grenzen anwaltlicher Zeugenvorbereitung, NJW 2018, 257
Hoffmann, H., Wendler, A., Widersprüchliche Ablehnungsbegründung eines Beweisantrags – Mangelhaftigkeit vorbereitenden Erstgutachtens, in: NJW 2010, S. 1216 (Anm. zu BGH 2 StR 535/09)
Hoffmann, H., Wendler, A., Wendler-Hoffmann-1.eps (Erstauflage dieses Buchs in chinesischer Sprache), Universitätsverlag Peking 2012, ISBN: 978-7-5620-4222-8
Holzer, H./Steinbacher, K., Sprache und Gesellschaft, Hoffmann und Campe Verlag, Hamburg, 2. Auflage 1975
Howe, M. L. & Courage, M. L., The emergence and early development of autobiographical memory. Psychological Review, 104(3), 499–523, (1997)
Hussels, M., Strafprozessrecht – schnell erfasst, Springer Verlag, Heidelberg, 2. Auflage 2008

Hussels, M., Videoübertragungen von jugendlichen Zeugen in Missbrauchsprozessen, in: ZRP 1995, S. 242–244
Hussels, M., Kinder im Zeugenstand, in: NJW 1995, S. 1877–1878
Hyman, I. E. jr./Loftus, E. F., Errors in autobiographical memory. Clinical Psychology Review 18, 1998, S. 933–947
Imseng D./Kind A., Der Einsatz von Spracherkennungstechnologie bei der Erstellung von Vernehmungsprotokollen, Kriminalistik 2025, 112–116
Jäckel, H., Das Beweisrecht der ZPO, Kohlhammer Verlag, Stuttgart 2009
Jansen, G., Zeuge und Aussagepsychologie, C. F. Müller, Heidelberg, 3. Auflage 2012
Jores, T., Colloff, M. F., Kloft, Smailes, H., Flowe, H. D., A metaanalysis of the effects of acute alcohol intoxication on witness recall, in: Appl Cognit Psychol. 2019, 334–343
Jupe, L. M. & Denault, V., Science or pseudoscience? A distinction that matters for police officers, lawyers and judges. Psychiatry, Psychology and Law, 26(5), 753–765
Krääb, O., Beweisfragen bei betrügerisch gestellten Ansprüchen im Kasko- und Haftpflichtrecht, NZV 1990, S. 5
Kahneman, D., Schnelles Denken, langsames Denken (Thinking, fast and slow), Siedler Verlag (Verlagsgruppe Random House), München 2011
Karlén M. H., de Bejczy, A., Anckarsäter, H., Gudjónsson, G., What does current science tell us about the accuracy, reliability, and completeness of intoxicated witnesses? A case example of the murder of a prime minister, frontiers in psychology (2022)
Karlsruher Kommentar zur StPO, Beck Verlag, München, 9. Auflage 2023
Kassebohm, N., Zeugen richtig befragen, in: NJW 2009, S. 200–201
Kirchhoff, G., Der Verkehrsunfall im Zivilprozess – Hinweise zur Verbesserung der Zeugenvernehmung, in: MDR 2000, S. 186
Kirchhoff, G., Richter als Zeugen – Bericht über ein Wahrnehmungsexperiment, in: MDR 2001, S. 661
Kirchhoff, G., Zur Würdigung von Zeugenaussagen. Kriterien und Formulierungsvorschläge für eine sachgerechte Beweiswürdigung mit Beweislastentscheidung, in: MDR 2010, S. 791
Klamer, A., Rössner, M.-C., Verständlich formulieren, prägnant ausdrücken, in Anwaltsreport Heft 3/1999, S. 6
Klamer, A., Rössner, M.-C., Die Sprache des Anwalts, brand eins Wirtschaftsmagazin vom 25.4.2014, S. 117
Kleine-Cosack, BRAO, 9. Auflage 2022
KMR, Kommentar zur StPO, Vor § 226 (32. EL 2002), §§ 240, 241 (82. EL 2017)
Koch, Th./Zerback, Th., Das Wiederholzungsparadoxon. Warum die Wiederholung einer Aussage ihre Glaubwürdigkeit zugleich erhöht und senkt, in: Publizistik 2013, S. 5
Köhnken, G., Glaubwürdigkeitsbegutachtung nach Mainz und Montessori: Eine Zwischenbilanz. Praxis der Rechtspsychologie, Heft 10, 2000, S. 4–8
Köhnken, G., Mythen und Missverständnisse bei der Beurteilung von (Zeugen) Aussagen (S. 50–62). In N. Saimeh (Hrsg.), Kriminalität als biographisches Scheitern. Forensik als Lebenshilfe? Bonn: Psychiatrie-Verlag
Köhnken, G., Glaubwürdigkeit. Untersuchungen zu einem psychologischen Konstrukt. Fortschritte der psychologischen Forschung (5.), Psychologie Verlags Union, München, 1990
Köhnken, G., Nachträgliche Informationen und die Erinnerung komplexer Sachverhalte – Empirische Befunde und theoretische Kontroversen, Psychologische Rundschau, Band 38, 1987, S. 190–203
Köhnken G./Sporer, S. L., Identifizierung von Tatverdächtigen durch Augenzeugen, Verlag für Angewandte Psychologie, 1990, S. 151
Köhnken, G./Wegener, H., Zur Glaubwürdigkeit von Zeugenaussagen: Experimentelle Überprüfung ausgewählter Glaubwürdigkeitskriterien, in: Zeitschrift für experimentelle und angewandte Psychologie, Band 29, Heft 1, S. 92–111, Verlag für Psychologie, Göttingen 1992
Kocab K./Sporer S., The Weapon Focus Effect for Person Identifications and Descriptions: A Meta-analysis (2016)
Kockentiedt, F./Windau, B., Parteianhörung und richterliche Überzeugungsbildung, in: NJW 2019, 3348, 33494
Körber, „Affektdelikte" revisited: ein Abgesang auf die „tiefgreifende Bewusstseinsstörung, in: Forensische Psychiatrie, Psychologie, Kriminologie, Ausgabe 4/2024
Krause, D., Der Sachverständige im Strafprozess, StraFo 2025
Kröber, H.-L./Dölling, D./Leygraf, N./Sass, H., Handbuch der Forensischen Psychiatrie Band 4, Steinkopff Verlag, Darmstadt, 1. Auflage 2009

Kroll, O., Wahre und falsche Geständnisse in Vernehmungen, Boorberg Verlag, Stuttgart, 1. Auflage 2012

Kühne, H.-H., Der Beweiswert von Zeugenaussagen, in: NStZ 1985, Heft 6, S. 252–255

Kury, H./Obergfell-Fuchs, J., Rechtspsychologie. Forensische Grundlagen und Begutachtung. Ein Lehrbuch für Studium und Praxis, Kohlhammer Verlag, Stuttgart, 1. Auflage 2012

Lamberti A./Stumpf, W., Die Parteivernehmung von Amts wegen – „Woher" und „Wohin", in: NJOZ 2009

Lankisch, B., Der Dolmetscher in der Hauptverhandlung, Dissertation Verlag Duncker & Humblot, Berlin, 1. Auflage 2004

Leipold, Zulässige Einwirkung und Belehrung von Zeugen durch den Verteidiger, in: StraFo 1998, 79

Lemke-Küch, Die Vorbereitungspflicht für den als Zeuge aussagenden Polizeibeamten – eine scheinbare Gewissheit, StraFo 2020, 134–139

Littmann, E./Szewczyk, H., Zu einigen Kriterien und Ergebnissen forensisch-psychologischer Glaubwürdigkeitsbegutachtung von sexuell missbrauchten Kindern und Jugendlichen, in: Forensia 4, S. 55–72, 1983

Löwe/Rosenberg, StPO-Kommentar, Walter de Gruyter Verlag Band 2 – §§ 48–93 (27. Auflage 2017), Band 5 – §§ 112–135a (28. Auflage 2025); Band 5/2 – §§ 158–211 (27. Auflage 2018); Band 6 – §§ 212–255a (27. Auflage 2019); Band 7 – §§ 256–295 (27. Auflage 2021); Band 7/2 – §§ 312–373a (26. Auflage 2012), Band 9/1 (§§ 359–373a, (27. Auflage 2022)

Loftus, E. F., Reconstructing memory; the incredible eyewitness, in: Psychology today, Heft 8, S. 116–119 sowie (übersetzt), in: Psychologie heute (1975), Heft 4, S. 21 ff.

Loftus, E. F., Falsche Erinnerungen, in: Spektrum der Wissenschaft, August 2001, S. 62 ff.

Loftus, E. F:, Creating false memories. Scientific American, 277(3), 70–75. (1997)

Loftus, E. F., Planting misinformation in the human mind: A 30-year investigation of the malleability of memory. Learning & Memory, 12(4), 361–366 (2005)

Loftus, E. F., Miller, D. G., & Burns, H. J., Semantic integration of verbal information into a visual memory. Journal of Experimental Psychology: Human Learning and Memory, 4(1), 19–31. (1978)

Loftus, E. F./Ketcham, K., Die therapierte Erinnerung, Vom Mythos der Verdrängung, bei Anklagen wegen sexuellen Missbrauchs, Klein Verlag, Hamburg 1995

Loftus, E. F., & Palmer, J. C., Reconstruction of automobile destruction: An example of the interaction between language and memory. Journal of Verbal Learning and Verbal Behavior, 13(5), 585–589 (1974)

Lanciano, T/Curci, A., Memory for emotional events: The accuracy of central and peripheral details, Europe's Journal of Psychology, 7(2), S. 323–336 (2011)

Lynn/Evans/Laurence/Lilienfeld, What Do People Believe About Memory? Implications for the Science and Pseudoscience of Clinical Practice, in: The Canadian Journal of Psychiatry 2015; 60(12):541–547

Maisch, Die Tatamnesie bei sogenannten Affektdelikten, StV 1995, 381–389

Magnussen/Melinder, What psychologists know and believe about memory: A survey of practitioners, in: Applied Cognitive Psychology, 26(1), 54–60 (2012)

United Nations (UN), Manual on Investigative Interviewing for Criminal Investigation, Ref. DPO 2024.01 I OHCHR 2024 I UNODC 2024 (UN-Handbuch zur Befragung von Ermittler), Stand Februar 2024 (Englisch)

Makepeace, J., Tücken der Glaubhaftigkeitsbegutachtung, ZIS 2021, 489, 496

Makepeace, J., Der Polygraph als Entlastungsbeweis, Dissertation 2023

May L./Schneider T./Okulicz-Kozaryn M., Notwendigkeit einer kritischen Prüfung von Methoden zur Lügenerkennung und Vernehmungstaktiken zur Informationsgewinnung von Beschuldigten: ein Positionspapier aus Psychologie und Polizei, Forensische Psychiatrie, Psychologie, Kriminologie (2022); Seite 138–143

May, L./Fahsing, I./Kelly, C. E. Barela, S./Milne, R./Bull, R., What is investigative interviewing (and what is it not)? A primer on the ethos of suspect interviewing, Journal of Criminal Psychology (2025)

May, L., Fashing, I., Milne, R., Gaedt, J., & Schneider, T, Die untersuchende Vernehmung als (internationale) Reaktion auf falsche Geständnisse: ein forschungsbasierter und praxiserprobter Vernehmungsansatz in Praxis der Rechtspsychologie 2022, S. 127 ff.

Mayer-Mews, H., Das Wortprotokoll in der strafrechtlichen Hauptverhandlung, in NJW 2002, 103 ff.

McGaugh, J. L., The amygdala modulates the consolidation of memories of emotionally arousing experiences. Annual Review of Neuroscience, 27, 1–28 (2004)

McNally, R. J., Remembering Trauma (2005)

Mehle/Linz, Mitschrift einer Zeugenvernehmung durch den Zeugenbeistand, in: NJW 2014, 1160
Meinecke, F., Die Strafbarkeitsschwelle bei wahrheitswidrigem Vortrag im Zivilprozess, NZWiSt 2016, 47
Meixner H.-E., Überzeugen statt anweisen, Band 1, Reihe Kommunikation in Wirtschaft und Verwaltung, Hanseatischer Fachverlag für Wirtschaft, Rostock 2001
Mendez, J., Prinzipien zu effektiven Vernehmungen für Ermittlungen und Informationssammlungen („Mendez-Prinzipien")
Menzel, P., Zum Umgang mit dem Fremden im Gerichtssaal, in: Betrifft Justiz Nr. 66, Juni 2001, S. 76–83
Meyer, J., „Die Gerichtssprache ist deutsch" – auch für Ausländer?, in: Zeitschrift für die gesamte Strafrechtswissenschaft 93 (2), 1981
Meyer-Goßner/Schmitt, Strafprozessordnung mit GVG und Nebengesetzen, Beck Verlag, München, 67. Auflage 2024
Merton, R. K., Social Theory and Social Structure. Free Press, New York, p. 477, 1968
Michaelis-Arntzen, E., Unglaubwürdige Zeugenaussagen, in: Forensia, Interdisziplinäre Zeitschrift für Psychiatrie, Psychologie, Kriminologie und Recht, Band 8, Heft 1, S. 73–80, Springer Verlag, Berlin 1987
Miller, The magical number seven, plus or minus two: Some limits on our capacity for processing information", Psychological Review 63 (2), S. 81 ff. (1956)
Momsen, Die Renaissance des Polygraphen? Wie effektiv lassen sich amerikanische Verteidigungsstrategien im deutschen Strafverfahren nutzen? In: KriPoZ 2018, 142
Mosbacher, A., Zur Zulässigkeit vernehmungsergänzender Verlesung, NStZ 2014, S. 1–8
Mosbacher, A., Ermittlungsrichterliche Videovernehmung von Kindern und Transfer in die Hauptverhandlung, NStZ 2024, 263
Münchener Kommentar, StPO, Band 2, Hrsg. Schneider, 2. Auflage 2024
Musielak, H.-J./ Foerste, U., ZPO-Kommentar, Beck Verlag, München, 22. Auflage, 2025
Nack, A., Aussagebeurteilung in der Hauptverhandlung, in: Ziegert (Hrsg.), Grundlagen der Strafverteidigung, Neue Rechtspraxis, Boorberg Verlag, Stuttgart 2000
Nack, A., Beweiswürdigung im Indizienprozess, in: Kriminalistik 1995 (49. Jahrgang), S. 466–470
Nack, A., Der Zeuge vom Hörensagen in der Revision, in: Kriminalistik 1999 (53. Jahrgang), S. 171–177
Nack, A./Park, T., Gesetzesvorschlag der BRAK zur Verbesserung der Wahrheitsfindung im Strafverfahren durch den verstärkten Einsatz von Bild- und Tontechnik, in: NStZ 2011, S. 310–314
Nagler, C., Vernehmungspsychologie: Warum Personen sich bei der Vernehmung nicht an das erinnern können, was sie wissen, in: Strafverteidiger 1983, S. 211–213
Nassall, Pinocchios lange Nase oder die Unmittelbarkeit der Beweisaufnahme NJW 2023, 1470
Neumann, P./von Rosenstiel, L., Gesprächsführung, in: Römermann, V./Paulus, Chr. (Hrsg.), Schlüsselqualifikationen für das Jurastudium, Examen und Beruf, S. 149–191, Beck Verlag, München 2003
Niehaus, S., Zur Anwendbarkeit inhaltlicher Glaubhaftigkeitsmerkmale bei Zeugenaussagen unterschiedlichen Wahrheitsgehalts, Europäischer Verlag der Wissenschaften, Frankfurt a. M. 2001
Oberheim, R., Erfolgreiche Taktik im Zivilprozess, Luchterhand Verlag, Köln, 5. Auflage 2011
Ochsner, K. N., Are affective events richly recollected or simply familiar? Psychological Science, 11(8), 19–22 (2000)
Odenthal, H.-J., Die Gegenüberstellung zum Zwecke des Wiedererkennens, in: NStZ 1985, S. 433–438
Offe, H., Anforderungen an die Begutachtung der Glaubhaftigkeit von Zeugenaussagen, in: NJW 2000, S. 929–930
Offe, H./Offe, S., Die individuelle Vergleichsgrundlage für die Aussagebeurteilung, in: Praxis der Rechtspsychologie 10, 2000, S. 37–54
Ory/Weth, ZPO, jurisPK-ERV Band 2, 2. Auflage 2022, Stand 6.1.2025
Parigger, Zeugengewinnung und –vernehmung durch den Verteidiger, in: StraFo 2003, 262
Powell, M. B./Snow, P. C., Guide to questioning children during the free-narrative phase of an investigative interview, Australian Psychologist, March 2007; 42(1): 57–65
Pschorr S./Borchard, B., Psychologische Sachverständige im Strafverfahren und im Strafvollstreckungsrecht in Deutschland, MedR 2024, 790 ff.

Putzke/Scheinfeld/Klein/Undeutsch, Polygraphische Untersuchungen im Strafprozess, ZStW 121 (2009), 607–644
Regber, A., Glaubhaftigkeit und Suggestibilität kindlicher Zeugenaussagen unter Einbeziehung entwicklungspsychologischer Aspekte. Schriftenreihe der Thüringer Fachhochschule für öffentliche Verwaltung, Fachbereich Polizei. Bd. 1, 2006
Renneberg, B., Borderline-Persönlichkeitsstörung, in: Franke, A./Kämmerer, A., Klinische Psychologie der Frau, Hogrefe Verlag, Göttingen, 2001, S. 397 ff.
Rinklin, P., (Hrsg) Der Strafprozess, Strategie und Taktik in der Hauptverhandlung, Deubner Verlag
Rinklin P./Maurer, F., (Hrsg) Der Strafprozess, Strategie und Taktik im Ermittlungsverfahren, Rinklin/Maurer, Deubner Verlag
Robertson, D. J., Noyes, E., Dowsett, A. J., Jenkins, R., & Burton, A. M., Face recognition by metropolitan police super-recognisers (2016)
Rohloff/Ruhländer, Entwicklungsmöglichkeiten in der polizeilichen Vernehmungspraxis, Kriminalistik 2004, S. 518
Rohmann, J., Glaubhaftigkeitsbegutachtung bei nicht erfolgter Vernehmung, StraFo 2006, 401
Roggenwallner, B./Pröbstl, K., Vernehmungscoaching, ZAP Verlag, Bonn 2008
Rommerskirchen, J., Prekäre Kommunikation, VS Verlag für Sozialwissenschaften, Springer Fachmedien, Wiesbaden 2011
Rose, F., Wieso soll der benannte Zeuge dazu etwas sagen können? Der aktuelle Diskussionsstand zur Konnexität als Voraussetzung für einen strafprozessualen Beweisantrag, in: NStZ 2014, S. 128–134
Römermann, V./Paulus, Chr. (Hrsg.), Schlüsselqualifikationen für das Jurastudium, Examen und Beruf, Beck Verlag, München 2003
Rössner, M.-C./Klaner, A., brand eins Wirtschaftsmagazin vom 25.4.2014, S. 117
Rössner M. C./Klaner, A., Verständlich formulieren, prägnant ausdrücken, in: Anwaltsreport Heft 3/1999, S. 6
Rüßmann, H., Fragen der Umsetzung und Handhabung von Glaubwürdigkeitskriterien, in: Greuel, L./Fabian, T./Stadler, M. (Hrsg.), Psychologie der Zeugenaussage. Ergebnisse der rechtspsychologischen Forschung, Verlagsgruppe Beltz, Psychologie Verlags Union, Weinheim 1997, S. 151–160
Rüßmann, H., Die Zeugenvernehmung im Zivilprozess, in: JR 1985, S. 41 ff.
Sander, G., Zur Beweiswürdigung, vor allem bei Aussage gegen Aussage. In StV 2000, 45 ff.
Schacter, D., Wir sind Erinnerung, Gedächtnis und Persönlichkeit
Schade, B., Der Zeitraum von der Erstaussage bis zur Hauptverhandlung als psychologischer Prozess. Folgerungen für die Glaubwürdigkeitsbegutachtung am Beispiel der Wormser Prozesse über sexuellen Kindesmissbrauch, Strafverteidiger (StV) 3/2000, S. 165–170
Schell-Leugers, J. M./Hittmeyer, N./Volbert, R./Tamm, A./Kassin, S., Polizeiliche Beschuldigtenvernehmung: Vernehmungspraxis der Sicht von Polizeibeamtinnen und -beamten in Deutschland, MschrKrim 2024; 107(2): 164 ff.
Schelzke, R, Person vor Papier vor Polizei – Die Aussage eines Übersichtszeugen, StraFo 2022, 15–20
Schima/Sesser, Die von Parteivertretern in internationalen Schiedsverfahren zu beachtenden Ethikstandards, in SchiedsVZ 2016, 61
Schlosser, Verfahrensrechtliche und berufsrechtliche Zulässigkeit der Zeugenvorbereitung, SchiedsVZ 2004, 225
Schlosser, P. F., Verfahrensrechtliche und berufsrechtliche Zulässigkeit der Zeugenvorbereitung, in: SchiedsVZ 2004, S. 225–230
Schlothauer, R., Unvollständige und unzutreffende tatrichterliche Feststellungen, in: StV 1992, 134
Schmitt, M., Schönheit und Talent: Untersuchungen zum Verschwinden des Halo-Effekts, in: Zeitschrift für experimentelle und angewandte Psychologie 1992, Heft 3, S. 475–492
Schmuck, M., Deutsch für Juristen – Vom Schwulst zur klaren Formulierung, Otto Schmidt Verlag, Köln 2006
Schmuck, M., Klare Sprache für Juristen, in: Römermann, V./Paulus, Chr. (Hrsg.), Schlüsselqualifikationen für das Jurastudium, Examen und Beruf, Beck Verlag, München 2003
Schmuck, M., Den Ballast über Bord werfen, MDR 1995, S. 782 f
Schnapp, F., Von der (Un-)Verständlichkeit der Juristensprache, in: JZ 2004, S. 473 ff.
Schneider, L., Nonverbale Zeugnisse gegen sich selbst. Neue Methoden im Recht, Band 7, Attempto Verlag, Tübingen 1991

Schneider, T./May, L., Wie kommt es zu vernehmungsbedingten falschen Geständnissen? – Ein psychologischer Überblick über bekannte Risikofaktoren am Fallbeispiel Uli K., Marburg Law Review (MLR) 1/2022, S. 12 ff.

Schneider, T./May, L., Minimierende und maximierende Vernehmungstaktiken: Risiko falscher Geständnisse und sozialpsychologische Wirkmechanismen, Forensische Psychiatrie, Psychologie, Kriminologie; (2021), 355–367

Schneider, T./Hunscher, M./Geven, L./Schell-Leugers, J./May, L., What Do Legal Professionals Know About False Confessions? A Survey With Defense Attorneys, Public Prosecutors, and Criminal Judges, American Psychological Association, Psychology, Public Policy, and Law (2025)

Schneider, W., Enzyklopädie der Psychologie (2008)

Schönke/Schröder, StGB, 30. Auflage 2019

Schünemann, Zeugenbeweis auf dünnem Eis, in Festschrift für Lutz Meyer-Goßner zum 65. Geburtstag, S. 385, 390

Schulz von Thun, F., Miteinander Reden, Band 1–3, Rowohlt Verlag, Rowohlt Sachbuch, Reinbek 1981 ff.

Schulz von Thun, F., Zoller, K., Miteinander Reden: Fragen und Antworten, Rowohlt Verlag, Rowohlt Sachbuch, Reinbek, 2. Auflage 2008

Schweizer, M, Kognitive Täuschungen vor Gericht, Dissertation, 2005

Snow, P. C./Powell, M. B./Murfett, R., Getting the story from child witnesses: exploring the application of a story grammar framework, Psychology, Crime & Law, Vol. 15, No. 6, July 2009, 555–568

Sommer, U., Fragen an den Zeugen – Vorhalte an das Recht, in: StraFo 2010, S. 102

Sommer, U., Effektive Strafverteidigung, 5. Auflage 2023

Sommer, U., Über Macht und Verantwortung, in: StraFo 2017, 1 ff.

Sommer, U., Signatur-Renitenz – Von der richterlichen Faszination polizeilicher Vernehmungsprotokolle und wie Verteidigung sie trüben kann, in StraFO 2018, 451 ff.

Spehl, S, Die anwaltliche Pflicht zur Zeugenvorbereitung im deutschen Zivilprozess – Fragmentarische Betrachtungen, in: Rolf A. Schütze (Hrsg.), Fairness Justice Equity: Festschrift für Reinhold Geimer zum 80. Geburtstag, Verlag C.H.Beck, 2017, 697

Spitzer, M., Selbstbestimmen – Gehirnforschung und die Frage: Was sollen wir tun?, Springer Verlag/Spektrum Akademischer Verlag, Berlin/Heidelberg 2004

Sporer, S.L., Realitätsüberwachungskriterien und forensische Glaubwürdigkeitskriterien im Vergleich: Validitätsüberprüfung anhand selbsterlebter und erfundener Geschichten, in: Greuel, L./Fabian, T./Stadler, M. (Hrsg.), Psychologie der Zeugenaussage. Ergebnisse der rechtspsychologischen Forschung. Verlagsgruppe Beltz, Psychologie Verlags Union, Weinheim 1997

Stadler, M., Realitätskriterien und Wirklichkeitskriterien, in: Greuel, L./Fabian, T./Stadler, M. (Hrsg.), Psychologie der Zeugenaussage. Ergebnisse der rechtspsychologischen Forschung, Verlagsgruppe Beltz, Psychologie Verlags Union, Weinheim 1997

Stein/Jonas, Kommentar zur Zivilprozessordnung, 23. Auflage 2016 (Bd 2), 23. Auflage 2016 (Bd 3), 23. Aufl, 2015 (Bd 5)

Steller, M., Steller, Stand und Herausforderungen der Aussagepsychologie, Forensische Psychiatrie, Psychologie, Kriminologie (2020) 14, S. 188–196

Steller, M., Die vierte Phase der Aussagepsychologie, in: Forensia, Interdisziplinäre Zeitschrift für Psychiatrie, Psychologie, Kriminologie und Recht, Band 9, Heft 1, 1988, S. 23–28, Springer Verlag, Berlin

Steller, M., Aussagepsychologie vor Gericht – Methodik und Probleme von Glaubwürdigkeitsgutachten mit Hinweisen auf die Wormser Missbrauchsprozesse, in: Recht & Psychiatrie 16/1998, S. 11–18

Steller, M., Gegenstandsbereiche und Methodik der psychologischen Begutachtung, in: Kröber, H.-L., u. a. (Hrsg.), Handbuch der Forensischen Psychiatrie, Springer Verlag, Berlin 2010, S. 185–212

Steller, M./Volbert, R. (Hrsg.), Psychologie im Strafverfahren. Ein Handbuch, Hogrefe Verlag, Göttingen 1997

Steller, M./Volbert, R., Anforderungen an die Qualität forensisch-psychologischer Glaubhaftigkeitsbegutachtungen, Praxis der Rechtspsychologie (PdR) 10/2000, S. 102–116

Steller, M./Wellershaus, P./Wolf, T., Realkennzeichen in Kinderaussagen: Empirische Grundlagen der kriterienorientierten Aussageanalyse, in: Zeitschrift für experimentelle und angewandte Psychologie, Band 29, Heft 1, Verlag für Psychologie, Göttingen 1992, S. 151–170

Steller, M./Wolf, T., Realkennzeichen in Aussagen von Frauen. Zur Validierung der kriterienorientierten Aussageanalyse für Zeugenaussagen von Vergewaltigungsopfern, in:

Greuel, L./Fabian, T./Stadler, M. (Hrsg.), Psychologie der Zeugenaussage. Ergebnisse der rechtspsychologischen Forschung, Verlagsgruppe Beltz, Psychologie Verlags Union, Weinheim 1997, S. 121–130

Storm, B. C., Bjork, E. L., & Bjork, R. A., Optimizing retrieval as a learning event: When and why expanding retrieval practice enhances long-term retention. Memory & Cognition, 38, 244–253 (2010)

Systematischer Kommentar, zur Strafprozessordnung, Wolter/Deiters (Hrsg), Band IV (6. Auflage 2024), Band V (5. Auflage 2016)

Theile, H., Wahrheit, Konsens und § 257c StPO, in: NStZ 2012, S. 666

Theile, H./Mundt, O., Strafbarkeitsrisiken bei horizontalen Absprachen, in: NZBau 2011, S. 715

Timmerbeil, S., Witness Coaching und Adversary System. Der Einfluss der Parteien und ihrer Prozessbevollmächtigten auf Zeugen und Sachverständige im deutschen und U.S.-amerikanischen Zivilprozess, Mohr Siebeck Verlag, Tübingen 2004

Torkel Klingberg, The Overflowing Brain: Information Overload and the Limits of Working Memory, Oxford University Press (2009)

Treuer, W.-D./Schoenberg, K.-T./Treuer, Th., Leitfaden zur Zeugenvernehmung, Beck Verlag, München 2011

Tversky, A., & Kahneman, D., Judgment under uncertainty: Heuristics and biases. Science, 185 (4157), 1124–1131 (1974)

Ulrich, K., Außergerichtliche Kontakte zwischen Anwalt und Zeugen im Zivilprozess, NJW 2014, S. 1341

Ulc, S., Zulässigkeit der Vorbereitung von Zeugen, Dissertation 2022

Undeutsch, U., Beurteilung der Glaubhaftigkeit von Zeugenaussagen, in: Undeutsch, U. (Hrsg.), Handbuch der Psychologie, Band 11: Forensische Psychologie, Hogrefe Verlag, Göttingen, 1967, S. 26–181

Usher, J. A., & Neisser, U., Childhood amnesia and the beginnings of memory for four early life events. Journal of Experimental Psychology: General, 122(2), 155–165, (1993)

Verheyen, F.J., KH-Kriterienkatalog für manipulierte Verkehrsunfälle, ZfS 1994, S. 313

van der Kolk, B. A., Traumatic memories: Current knowledge of the neurobiology of trauma. Harvard Review of Psychiatry, 3(4), 253–265 (1996)

van Helsing, F. (Pseudonym), Der Sprachschatz der Juristen. Verstehen-Juristen Juristen-Verstehen, Lappan Verlag, Oldenburg 2006

Vatterrodt-Plünnecke, B./Bredenkamp, J., Gedächtnis. Definitionen, Konzeptionen, Methoden, in: Handbuch der Psychologie Band 5: Handbuch der Allgemeinen Psychologie, hrsg. v. Funke, J./Frensch, P., Hogrefe Verlag, Göttingen 2006

Vierhaus, H.-P., Beweisrecht im Verwaltungsprozess, Beck Verlag, München 2011

Vietze, H.-P., Hinweise für die Vernehmung asiatischer Beschuldigter, DAO Verlag, Berlin 1999

Volbert, R., Standards der psychologischen Glaubhaftigkeitsdiagnostik, in: Kröber, H.-L./Steller, M. (Hrsg.) Psychologische Begutachtung im Strafverfahren – Indikationen und Qualitätsstandards, Steinkopff Verlag, Darmstadt 2000, S. 113–145

Volbert, R., Wie man schwierige Beurteilungen noch schwerer machen kann – Zur Protokollierung von Zeugenaussagen in Ermittlungsverfahren, in: AnwBl. Online 2017, 741–746

Volbert, R./Steller, M. (Hrsg.), Handbuch der Rechtspsychologie/Handbuch der Psychologie, Band 9, Hogrefe Verlag, Göttingen 2008

Volbert, R., Beurteilung von Aussagen über Traumata: Erinnerungen und ihre psychologische Bewertung, Huber Verlag, Bern 2004

Volbert, R./Dahle, K.-P., Forensisch-psychologische Diagnostik im Strafverfahren, Hogrefe Verlag, Göttingen 2010

Volbert, R./Steller, M., Die Begutachtung der Glaubhaftigkeit, in: Venzlaff, U./Foerster, K. (Hrsg.), Psychiatrische Begutachtung, Ein praktisches Handbuch für Ärzte und Juristen, Urban & Fischer Verlag, Tübingen 2004, S. 693–728

Vorstand der Sektion Rechtspsychologie im BDP(Hrsg.), BGH-Gutachten zur Aussagepsychologie, in: Praxis der Rechtspsychologie 1999, Heft 2

Vrij A, Hartwig M, Granhag PA, Reading lies: nonverbal communication and deception. Annual review of psychology 70(1), 295–317

VVU (Verband allgemein beeidigter Verhandlungsdolmetscher und öffentlich bestellter und beeidigter Urkundenübersetzer e.V. Baden-Württemberg), So gelingt die Zusammenarbeit zwischen Gerichten und Sprachmittler*innen, 2. Auflage, 2021

Wächtler, Informationsgewinnung durch die Verteidigung, StraFo 2007, 141, 143

Waugh, N. C., & Norman, D. A., Primary memory. Psychological Review, 72(2), 89–104 (1965)

Weil, K.-D., Reden ist Silber, Schweigen ist Gold – wie aus einem Zeugen ein Beschuldigter werden kann, Juris Monatszeitschrift (jM) 2020, 32

Wegemer, Vernehmungspraxis der Hilfsbeamten der Staatsanwaltschaft im Rahmen der Steuer- und Zollfahndung, in: NStZ 1981, 247

Wendler, A., Die Vernehmung der Auskunftsperson in der Hauptverhandlung aus richterlicher Sicht, in: Deckers, R./Köhnken, G. (Hrsg.), Die Erhebung von Zeugenaussagen im Strafprozess – Juristische, aussagepsychologische und psychiatrische Aspekte, Juristische Weiterbildung, Berliner Wissenschafts-Verlag, 2. Auflage, Berlin 2014, S. 379–403

Wendler, A., Probleme bei der Wahrheitsfindung in Aussagen von Ausländern und Ausländerinnen, in: Wolf, G. (Hrsg.), Kriminalität im Grenzgebiet, Band 3, Ausländer vor deutschen Gerichten, Springer Verlag, Berlin 2000, S. 219–245

Wendler, A., Argumente für eine Ersetzung des in der Aussagenanalyse gebräuchlichen Terminus Fantasie-Signal durch die Bezeichnung Warn-Signal, in: Gedächtnisschrift für Rolf Keller, Mohr-Siebeck Verlag, Tübingen 2003, S. 341–359

Wendler, A., Wie ähnlich war der Unfall? – Die Überprüfung von Aussagen auf Glaubhaftigkeit und Irrtumsfreiheit, in: Homburger Tage 2002, Schriftenreihe der ARGE Verkehrsrecht im Deutschen Anwaltverein sowie in ZfS 2003, S. 529–536, Deutscher Anwaltverlag, Bonn, neu überarbeitet, in: StRR 2008, S. 12 ff., S. 58 ff., aktualisiert in: Der Verkehrsunfall im Versicherungsrecht, Schriftenreihe der ARGE Verkehrsrecht und ARGE Versicherungsrecht im Deutschen Anwaltverein

Wendler, A., Bauprozess und Wahrheitsfindung – Zwei sich widersprechende Begriffe?, in: ARGE Baurecht Mitteilungsblatt 1/2002, Deutscher Anwaltverein, Berlin, S. 6–17

Wendler, A., Vernehmungslehre, in: Römermann, V./Paulus, Chr. (Hrsg.), Schlüsselqualifikationen für das Jurastudium, Examen und Beruf, Beck Verlag, München 2003, S. 298–331

Wendler, A., Hoffmann, H., (Erstauflage dieses Buchs in chinesischer Sprache), Universitätsverlag Peking 2012, ISBN: 978-7-5620-4222-8

Wendler, A., „Einen Schritt tiefer gehen …" – Einzelne Situationen in der Kommunikation im Strafprozess, in denen früher erlebte Verletzungen wiederholt werden, in: Nagler, A. (Hrsg.), Kultur der Strafverteidigung. Die Schriftenreihe der Strafvereinigungen, Verlag Thomas Uwer, Berlin 2011, S. 85–112

Weisbach, C.-R./Sonne-Neubacher, P., Professionelle Gesprächsführung. Ein praxisnahes Lese- und Übungsbuch, Beck im DTV, Beck Verlag, München, 8. Auflage 2013

Welzer, H., Das kommunikative Gedächtnis. Eine Theorie der Erinnerung, Beck'sche Reihe, Beck Verlag, München, 3. Auflage 2011

Wessing, J./Ahlbrecht, H., Der Zeugenbeistand, Beck Verlag, München 2013

Weyland, BRAO, 11. Auflage 2024

Wille, F., Aussage gegen Aussage in sexuellen Missbrauchsverfahren: Defizitäre Angeklagtenrechte in Deutschland und Österreich und deren Korrekturmöglichkeiten, Springer Verlag, Berlin 2012

Winkler, G., Der Zeuge im Patentprozeß – Glaubwürdigkeit und Vernehmungstechnik, in: VPP-Rundbrief Nr. 3/2000, S. 69–74

Wirth, M., Ihr Zeuge, Herr Rechtsanwalt! Warum Civil-Law-Schiedsrichter Common-Law-Verfahrensrecht anwenden, in: SchiedsVZ 2003, S. 9

Wright, D. B., Self, A. M., & Justice, L. V., Memory conformity: Exploring misinformation effects when presented by another person. British Journal of Psychology, 91(2), 189–202 (2000)

Ziegert, U., Anmerkung zum Urteil des BGH vom 30.7.1999, in: NStZ 2000, S. 105

Zöller, Zivilprozessordnung, 35. Auflage 2024

Zuck, R., Verfassungsrechtliche Rahmenbedingungen des zivilprozessualen Beweisverfahrens, in: NJW 2010, S. 3350–3352, 3394–3396, 3622–3624

Einleitung – Zum Inhalt des Buches

1 Die Autoren und Gründer dieses Buches sind praktizierende und ehemalige Richter, die sich kraft Amtes der **Wahrheitsfindung** verpflichtet fühlen und „richtige" Urteile fällen wollen. Haben sie jemals ein „falsches" Urteil gefällt? Es wird sicher den einen oder die anderen Verurteilten, Kläger oder Beklagten geben, die das behaupten. Was heißt aber in diesem Kontext „falsch" und „richtig"? Klar ist, dass kein Richter ein „bewusst" falsches Urteil fällen will. Schon schwieriger wird aber die Frage zu beantworten sein, ob ein Urteil richtig im Sinne objektiver Wahrheit ist. Was ist die „objektive" Wahrheit und wer kennt sie? Hinzu kommt, dass die Richter (wie auch die anderen üblichen Beteiligten in einem Prozess, sprich Anwälte und Staatsanwälte, aber auch jeder andere wahrheitssuchende Ermittler, Interviewer, Polizist, auch jedes Elternteil, Arbeitgeber etc.) bei den zu beurteilenden Geschehen selbst nicht dabei sind, sie haben keine eigenen Wahrnehmungen dazu. Die Beteiligten sind mitunter darauf angewiesen, dass ihnen u. a. Zeugen die (subjektive) Wahrheit, die Wahrheit über ihre damaligen Wahrnehmungen und heutige Erinnerungen dazu sagen. Sie müssen bei der Wahrheitssuche zudem bei der Bewertung der Aussagen von Zeugen etc. **„den Regeln entsprechend"** verfahren, die Wahrheit von der Lüge trennen und möglichen Irrtum in der Wahrnehmung oder Erinnerung erkennen, ggf. im Zivilrecht noch Beweislastregeln berücksichtigen.

2 In der (universitären) Ausbildung von Richtern und Staatsanwälten spielen (international fundierte und seit langem bewährte) Vernehmungstechniken und die damit zusammenhängende Vernehmungs- und Aussagepsychologie leider keine (ausreichende) Rolle. Die Fähigkeiten und das Wissen hierzu sind nicht in die Wiege gelegt, sie müssen „erarbeitet" werden. Hierzu wollen wir einen Beitrag leisten – aus Sicht von Praktikern, für die Praxis, im Einklang mit der Wissenschaft und Recht.

3 Die Grundlage vieler beruflichen wie privaten Entscheidung sind Informationen. Auch ein „richtiges" Urteil setzt eine richtige **Sachverhaltsfeststellung** und darauf aufbauend eine richtige **Sachverhaltsdarstellung** voraus. Es soll durch Befragung einer Auskunftsperson inhaltlich zutreffend geklärt werden, was tatsächlich geschehen ist. Es geht um alle, die Entscheidungen aufgrund von **belastbaren Angaben von Menschen** treffen wollen. Wenn keine ausreichenden zusätzlichen Beweismittel vorliegen, erfolgt dies in allen Rechtsgebieten häufig allein anhand von Befragungen und der Bewertung von Aussagen – Aussagen von Angeklagten, Parteien, Zeugen, Antragstellern usw. Entscheidungen in diesem Zusammenhang werden nur so gut wie die Informationen sein, auf denen sie basieren. **Und Informationen aus Befragungen sind nur so gut wie die Fragen, die man gestellt hat. Wer schlechte Fragen stellt, erhält schlechte Informationen und trifft entsprechend schlechte Entscheidungen**. Die Befragung von Personen mit dem Ziel, den tatsächlichen Ablauf von Geschehnissen zu klären sowie Lügen und Irrtümer aufzudecken, ist, wie im Vorwort dargelegt, nicht nur im forensischen Bereich von Bedeutung. Auch ein Rechtsanwalt, der niemals vor Gericht auftritt, muss wissen, wie sicher er sich auf die Tatsachen, die ihm – von wem auch immer – vorgetragen werden, verlassen kann. Das Gleiche gilt für viele andere: die im juristischen Alltag tätigen Sachverständigen, die Sachbearbeiter in Versicherungen, letztlich alle, die Interviews oder Befragungen durchführen (z. B. Internal Investigations, Compliance Ermittlungen, Anti-Fraud u. v. m.). Der Blick kann sogar noch weiter gehen. **Jeder** der auf der Grundlage von Angaben von Menschen Entscheidungen trifft darf sich mit diesem Buch angesprochen fühlen.

4 Das **Kapitel I** des Buches widmet sich der Grundlage einer jeden Informationsbeschaffung durch Befragung (gerichtlich wie außergerichtlich), der **Vernehmungs-** und, **Befragungs*technik*.** Dabei wird nicht nur die „reine" Technik der Befragung, die Technik *im engeren Sinn*, sondern auch umfassend die Art und Weise der Befragung, die Technik *im weiteren Sinne* in den Blick genommen. Die in dieser 3. Auflage dargestellte Technik orientiert sich an der wissenschaftlich fundierten und international seit Jahren bewährten Methode der sog. **untersuchenden Vernehmung** („investigative interviewing"). Dabei wird die Befragung ganzheitlich, als **Prozess** und **Produkt** verstanden. Für den notwendigen strukturierten Prozess empfehlen wir – in Anlehnung an das seit Jahren etablierte sog. PEACE-Modell – ein sehr ähnliches Modell, mit sechs Phasen und dem Akronym: **PEEKAA**.

5 Die reine Technik zur Wahrheitsfindung durch Befragung ist für Richter, Rechtsanwälte, Staatsanwälte, Polizisten, Interviewer, Eltern und Arbeitsgeber etc. immer gleich. Im Unterschied zu Richtern haben bspw. Rechtsanwälte in einem Prozess aber nicht nur die Wahrheit, sondern auch die Interessen ihrer Mandanten im Blick. Die Wahrheitsfindung ist aus Sicht der Rechtsanwälte daher – im (standes)rechtlich zulässigen Umfang – immer auch ein Stück **Taktik**. Der Anwalt des Beklagten ist möglicherweise gar nicht an einem „richtigen" Urteil interessiert. Ihm ist vielmehr daran gelegen, die Angaben der Klage zu erschüttern und auf den vermeintlichen „Wahrheitsgehalt" der Angaben seines Mandanten hinzuweisen. Für klagenden Anwalt verhält es sich genau umgekehrt: Er will die Wahrheit der Angaben seiner Partei beweisen und ggf. die Lüge des Beklagten aufdecken. Anders als die Prozessbevollmächtigten der Parteien muss die richterliche Befragungs- und Vernehmungstaktik auf eine möglichst genaue Sachverhaltsaufklärung ausgerichtet sein. Alle haben also verschiedene Ziele und sollten deshalb bei ihrer Befragung auch unterschiedlich, immer an ihrer jeweiligen Position im betreffenden Verfahren ausgerichtet, vorgehen. Aus Sicht eines Polizisten, Staatsanwalts und Richters und allen anderen, deren Tätigkeit von der Amtsaufklärung geprägt ist, sollten taktische Überlegungen hintenangestellt werden. Eine Befragung/Vernehmung sollte vom Geist der untersuchenden Vernehmung, der Amtsermittlung und dem Wahrheitsanspruch geprägt sein. Das Wissen um die Taktik ist aber auch hier notwendig, um gerade in Gerichtsprozessen taktische Einflussnahmen – von anderen Beteiligten angewandt – **abzuwehren**, jedenfalls aber um zu erkennen und zu beurteilen, was gerade in einer Befragung passiert. Einen großen Teil in unserem Buch nimmt deshalb die **Vernehmungs- und Befragungs*taktik*** ein (ebenfalls **Kapitel I**).

6 Ein besonderes, das Buch allumfassendes Augenmerk wird auch auf den einer Befragung zugrunde liegenden **Kommunikationsprozess** gelegt. Das auch, weil die Gespräche, die Juristen und andere aus den im Vorwort genannten Personenkreisen führen, nicht immer nur auf die Klärung von Sachverhalten abzielen. Welchen Ton ein Rechtsanwalt im Gespräch mit seinem Mandanten anschlägt und welche Kommunikationsebene er dabei findet, spielt für die Akzeptanz seiner Ratschläge, seiner Empfehlungen und seiner konkreten Vorgehensweise im betreffenden Verfahren und damit letztlich auch für seinen „Erfolg" (jedenfalls aus der Sicht des Mandanten) eine wichtige Rolle. Zugleich muss er den „richtigen Ton" zur Gegenseite treffen. Dabei befindet sich der Anwalt oft in vielschichtigen Beziehungsgeflechten. In einem Familienrechtsstreit, in dem der Mandant das Umgangsrecht mit dem gemeinsamen Kind nach der Trennung der Eheleute um zwei Stunden am Wochenende verlängert bekommen will, geht es oftmals nicht wirklich um diese zwei Stunden. Tiefe emotionale Verletzungen, enttäuschte Erwartungen, nicht in Erfüllung gegangene Lebensplanungen und etliches mehr finden unbewusst Eingang in den Rechtsstreit. All das muss berücksichtigt werden, wenn es zu einer „guten Lösung" kommen soll. Da spielt es dann eine besonders große Rolle, welche Formulierungen der Anwalt wählt. Ein

für die beteiligten Juristen völlig unverfänglich klingender Satz hört bzw. versteht sein eigener Mandant, z.B. der geschiedene Ehemann, unter Umständen ganz anders. Die geschiedene Ehefrau auf der Gegenseite hört und versteht ihn wiederum anders und bekommt ihn vielleicht deshalb in den „falschen Hals" bzw. ins „falsche Ohr". Gerade auch die Art und Weise der Befragung, die vorgenannte Befragungstechnik im weiteren Sinn und insbesondere die Vernehmung vor Gericht ist von besonderen kommunikativen Herausforderungen, hervorgerufen durch Erwartungshaltungen, Rollenprägungen, Befindlichkeiten, aus der Tierwelt bekannten „Silberrückverhalten", (Vor-)Konflikten und – sicher auch mitunter „schwierigen" – „Richtertypen geprägt. Gerade auch diese mitunter schwierigen kommunikativen Themen haben über das gesamte Buch hinweg Eingang gefunden (siehe **Kapitel I Befragungstaktik; Kapitel VI Effektive Kommunikation**). Dies ist auch Erkenntnis geschuldet, dass auch die Rhetorik, die Kunst der guten Rede, im Monolog wie im Dialog in der (juristischen) Ausbildung keine ausreichende Rolle spielt.

Erheblich ausgeweitet und ausgearbeitet wurde das mit der Vernehmung eng verknüpfte **Frage- und Protokollierungsrecht** im Zivil- wie im Strafprozess. Denn jeder forensisch tätige Anwalt hat in nahezu jedem Strafprozess oder Zivilprozess konkret mit Fragen rund um das (eigene) Fragerecht und der Protokollierung nicht nur von Zeugenaussagen zu tun (ebenfalls **Kapitel** I). 7

Wie man die Informationen in Form von **Angaben** „richtiger" und zuverlässiger **auf Wahrheit und Lüge überprüfen** kann, darum geht es im **Kapitel II** dieses Buches. Dort werden die Anforderungen der neueren Rechtsprechung an die Überzeugungsbildung und an ihre Darlegung in Urteilen besprochen sowie umgekehrt die Möglichkeiten, in Fällen unrichtiger Darlegung das Urteil erfolgversprechend anzugreifen. Ausführlich eingegangen wird zu Beginn auf Methoden der Wahrheitsfindung, die aber alle eines eint: Sie sind gänzlich **untaugliche Methoden der Wahrheitsfindung**. Das Wissen um sie ist sehr wichtig, weil sie forensisch sehr häufig vorkommen und sehr wirkmächtig sind, aber letztlich Scheinargumente und Taschenspieltricks darstellen. Für die tägliche Arbeit von Richtern, Anwälten und Staatsanwälten ist die – von der höchstrichterlichen Rechtsprechung vorgegebene – **Methodik der Aussageanalyse** elementar, der wir ebenfalls in Kapitel II widmen. 8

Wenn eine Person die Wahrheit sagt, handelt es sich dennoch immer (nur) um eine „subjektive" Wahrheit. Es kann trotzdem vieles ganz anders gewesen sein. Vielleicht hat die Person die Ereignisse nicht richtig wahrgenommen. Beispielsweise ein Verkehrsunfall oder eine Schlägerei laufen so schnell ab, dass praktisch kein Mensch alles „richtig" sehen kann. Es werden immer nur Bruchstücke wahrgenommen und daraus unbewusst ein „gesamter Unfall" bzw. eine „gesamte Schlägerei" gebildet. Das wird dann vor Gericht geschildert. Meistens vergeht allerhand Zeit, bis es zu einer (gerichtlichen) Vernehmung kommt. Vielleicht hat die Person bis dahin manches vergessen oder verwechselt manches. Im **Kapitel III Irrtum** dieses Buches geht es deshalb um die Frage, wie man Irrtümer (Wahrnehmungs- oder Erinnerungsfehler) aufdecken kann. Eine Frage, die nicht nur für Richter und Anwälte, sondern auch für alle anderen gleichermaßen bedeutsam ist. Auch dieser Bereich wurde erheblich ausgeweitet und ausgearbeitet und um alle bei einer Befragung relevanten Aspekte der Wahrnehmungs- und Erinnerungs-/Gedächtnispsychologie ergänzt. 9

Die Wahrheitsfindung und die Aufdeckung von Irrtümern werden gerade in Gerichtsprozessen erschwert, wenn die Auskunftsperson einer anderen Nationalität angehört, jedenfalls der deutschen Sprache nicht (hinreichend) mächtig ist. Die Befragung oder die Vernehmung erfolgt dann in „gebrochenem" Deutsch oder unter Einschaltung eines Dolmetschers. Beide Male kann es zu etlichen 10

Problemen kommen. Überdies stellt sich die Frage, ob man die Aussage einer ausländischen Person auf die gleiche Weise überprüfen kann wie die von Deutschen. Mit diesen zwei Themen beschäftigen wir uns im **Kapitel IV**, die **Vernehmung von Ausländern**.

11 Wie schon in der zweiten Auflage widmet sich das Buch zuletzt auch dem weiterhin in den Seminaren oft nachgefragten Thema der **Vorbereitung von Zeugen und Mandanten auf anstehende Befragungen einschließlich standesrechtlicher Aspekte** (**Kapitel V**). Auch diese Kapitel wurde erheblich ausgeweitet und ausgearbeitet.

12 „Kommunikation ist alles!“ – erst recht für Juristen. Die Rhetorik, die Kunst der guten Rede ist kurioser Weise ebenfalls kein (ausreichender) Bestandteil der juristischen Ausbildung. Die Wichtigkeit des Themas und die große Anzahl von Nachfragen in den Seminaren haben dazu geführt, dass sich **Kapitel VI.** weiterhin der einer Befragung zugrunde liegenden Gesprächsführung und **Kommunikation** (vor Gericht) sowie **den Umgang mit schwierigen** (**Richter**)**„Typen“** vertiefend widmet.

Kapitel I Vernehmungslehre und Befragungstaktik

1. Prozess und Produkt

13 Über Vernehmungslehre ist schon viel geschrieben worden.[4] Und wenn dazu ein neues Buch oder die neue Auflage eines alten Buchs erscheint, findet sich darin zu diesem Thema nur selten etwas, das nicht bereits zuvor gedruckt worden ist. Dieses Buch ist anders: Es kombiniert erneut **praktische Erfahrung** mit **rechtlichen** und **internationalen Erkenntnissen** und **forschungsbasiertem Wissen.** Das Buch stellt anhand von zahlreichen Beispielen aus der Praxis die notwendigen Bezüge zur **Praxis** her. Theorie steht nicht alleine im Raum. Theorie trifft Praxis. Das ist der Kern des Buchs.

14 Dazu soll eingangs ein einheitliches Verständnis für die im Buch relevanten **Begriffe,** Befragung, Vernehmung, Verhör, Interview, Audit etc geschaffen werden. **Befragung** ist der Überbegriff. Er steht für einen Prozess, bei dem eine Befragungsperson von einer Auskunftsperson Informationen erhalten will, die zur Grundlage einer rationalen Entscheidung gemacht werden soll. Eltern befragen Kinder, Arbeitgeber befragen Arbeitnehmer, Menschen befragen Menschen. Unter dem Begriff **Vernehmung** wird eine Befragung verstanden, die von einem Staatsorgan in amtlicher Funktion mit dem Ziel der Gewinnung einer Aussage durchgeführt wird. Die Befragung erfolgt daher anhand eines rechtlichen Rahmens, der eine Reihe von Vorgaben über den Inhalt und den genauen Ablauf der Befragung vorgibt. Das **„Verhör“** (obwohl nicht gesetzlich definiert, im Buch wird es – der gesetzlichen Terminologie folgend – durch „Aufklärung“ ersetzt) gilt als Teil der Vernehmung, in dem Fragen gestellt werden. **Interview**, **Audit** etc. sind Synonyme für Befragungen, häufig in unternehmensinternen Untersuchungen oder Compliance-Untersuchen u. v. m.

15 Es soll eingangs die Frage aufgeworfen werden, ob das Wissen um eine gute Befragung bei den vielfach beteiligten Personen in ausreichendem Maß vorhanden ist? Jedenfalls zeigen die von den Verfassern gelesenen polizeilichen, staatsanwaltlichen und gerichtlichen Protokolle mitunter ein (taktisch motiviertes?) „anderes“ Vorgehen, auch in Bezug auf das Agieren der Anwälte. Letztlich ist der Prozess der Befragung/Vernehmung in der Regel (mangels audio-visueller Aufnahme) nicht (ausreichend) transparent, das Produkt insoweit schon nicht (ausreichend) bewertbar. Die **Prozessordnungen** und die Gesetzeslagen bieten **keine Lösungen** im Sinne von **Handlungsempfehlungen**. Es gibt in der Regel nur Anhaltspunkte, wie *nicht* befragt und vernommen werden darf. 136a StPO definiert verbotene Vernehmungsmethoden. Es gibt aber umgekehrt keine Handlungsanweisung oder methodische Empfehlungen dazu, *wie* Vernehmungen konkret zu gestalten sind. Allenfalls § 69 StPO und § 396 ZPO geben rudimentäre Anweisungen, wonach ein Zeuge zu veranlassen ist, das, was ihm vom Gegenstand der Vernehmung bekannt ist, im Zusammenhang anzugeben. Angesichts fehlender ausreichender gesetzlicher Vorgaben obliegt es letztlich der einzelnen Vernehmungsperson, *wie* sie eine (Beschuldigten)Vernehmung konkret gestaltet, solange gesetzliche Vorgaben wie Belehrungspflichten eingehalten und verbotene Vernehmungsmethoden ausgeschlossen werden. Man kann den Eindruck gewinnen, dass nicht nur Strafverfolgungsbehörden und Gerichte bei Befragungen **intuitiv** vorgehen und sich auf sogenanntes **„Stammeswissen“** stüt-

4 Z.B. Hermanutz/Litzcke, Vernehmung in Theorie und Praxis; Römermann/Paulus, Schlüsselqualifikationen für das Jurastudium, Examen und Beruf.

zen, um ihre Ziele zu erreichen. Diese Art von (vermeintlich) „sinnvollen" Techniken und Taktiken werden von Generation zu Generation von Polizisten, Staatsanwälten und Richtern etc. durch informelles Training am Arbeitsplatz weitergegeben, das in erster Linie auf der Erfahrung der ranghöheren Beamten und ihrer Wahrnehmung dessen, was „effektiv" ist, beruht.[5] Das dies keinem wissenschaftlichen fundierten Vorgehen entspricht versteht sich von selbst. Es ist ein Notbehelf, denn das Wissen um effektive Vernehmungen fehlt gelegentlich, auch und insbesondere, weil es nicht Grundlage der juristischen Ausbildung in Deutschland ist. Mangels einheitlicher Standards sind Vernehmungsprodukte von unterschiedlicher Qualität die Folge. Die Güte eines Vernehmungsprotokolls hängt deshalb neben zeitlichen Ressourcen sehr von der persönlichen Ausbildung und Erfahrung der jeweiligen Vernehmungsperson ab.[6]

16 Eine Befragung dient zunächst dem Ziel, von der Auskunftsperson möglichst umfangreiche, präzise und zuverlässige Informationen über das betreffende Thema zu erlangen. Umgekehrt formuliert darf das Ziel nicht nur darin bestehen, eine vorgefasste Meinung zu bestätigen oder im Strafverfahren ein Geständnis zu bekommen oder gar zu erzwingen. Hinter Technik und Taktik der Vernehmung steht die Überzeugung: Die **Befragung**/Vernehmung muss als **Prozess**[7] verstanden werden, an dessen Ende ein **Produkt** steht. Das Produkt setzt einen guten Prozess voraus. So wie schlechte Fragen zu schlechten Antworten führen, so führt insgesamt ein schlechter Prozess zu einem schlechten Produkt, einer schlechten Befragung/Vernehmung. Und das will niemand, der an der Wahrheit interessiert ist. Das Wissen um **Prozess** und **Produkt** ist elementar für eine effiziente Informationsbeschaffung. Durch systematisches Vorgehen und kritische Analyse soll am Ende jene Hypothese zu einem Sachverhalt identifiziert werden, die am besten mit den vorliegenden Beweismitteln übereinstimmt. Die überzeugendste Hypothese ist jene, die konsistente Stütze durch überprüfbare Fakten erfährt, die eine kohärente Gesamterklärung ermöglicht und gegen die keine begründeten Zweifel mehr bestehen. Dies macht die Befragung zu einem Instrument der **Wahrheitsfindung** im besten Sinne – transparent, überprüfbar und dem Prinzip der Unvoreingenommenheit verpflichtet.

17 Selbst wenn zusätzliche Beweismittel vorliegen, erfolgt die Suche nach der Wahrheit in allen Rechtsgebieten häufig auch anhand der Bewertung von Aussagen – Aussagen von Angeklagten, Parteien, Zeugen, Antragstellern usw. Es soll durch Befragung einer Auskunftsperson inhaltlich zutreffend geklärt werden, was tatsächlich geschehen ist, zumindest wie die Auskunftsperson sich daran erinnert. Die Befragung von Personen mit dem Ziel, den tatsächlichen Ablauf von Geschehnissen zu klären sowie Lügen und Irrtümer aufzudecken, ist, wie im Vorwort dargelegt, nicht nur im forensischen Bereich für **Gericht**, **Staatsanwaltschaft** und **Polizei** von Bedeutung. Auch ein **Rechtsanwalt**, der niemals vor Gericht auftritt, muss wissen, wie sicher er sich auf die Tatsachen, die ihm – von wem auch immer – vorgetragen werden, verlassen kann. Das Gleiche gilt für viele andere: die im juristischen Alltag tätigen Sachverständigen, die Sachbearbeiter in Versicherungen, letztlich alle, die Interviews oder Befragungen durchführen (z. B. **Internal Investigations, Compliance Ermittlungen, Anti-Fraud**

---

5 May, L./Fahsing, I./Kelly, C. E. Barela, S./Milne, R./Bull, R.: What is investigative interviewing (and what is it not)? A primer on the ethos of suspect interviewing, Journal of Criminal Psychology (2025), Seite 5 von 17.

6 Schell-Leugers, J. M./Hittmeyer, N./Volbert, R./Tamm, A./Kassin, S.: Polizeiliche Beschuldigtenvernehmung: Vernehmungspraxis der Sicht von Polizeibeamtinnen und -beamten in Deutschland, MschrKrim 2024; 107(2): 164, 166, 167, 175.

7 Im Sinne von Prinzip 2 der Prinzipien zu effektiven Vernehmungen für Ermittlungen und Informationssammlungen (sog. Méndez-Prinzipien): „Eine effektive Vernehmung ist ein umfassender Prozess zur Sammlung präziser und zuverlässiger Informationen unter der Beachtung der damit verbundenen rechtlichen Schutzmaßnahmen.", Absatznummer 54 ff.

u. v. m.). Der Blick kann sogar noch weiter gehen. Es geht um alle, die Entscheidungen aufgrund von belastbaren Angaben von Menschen treffen wollen. Die Befragung in diesem Sinn komplettiert damit inhaltlich die Thematik der Wahrheitsfindung/Aussagepsychologie (Wahrheit, Lüge, Irrtum, Kapitel II und III) um den Aspekt, wie qualitativ wertiges Auskunftsmaterial bei der Befragung von Auskunftspersonen erhoben werden kann.

2. Internationale Vernehmungsstandards

Ermittlungen und damit auch Befragungen sind mitunter von hohen Anforderungen geprägt. Oft müssen unter Zeitdruck rechtlich korrekte und sachgerechte Entscheidungen getroffen werden, die auch die Interessen der Beteiligten (Zeugen, Opfer, Beschuldigte) berücksichtigen. Besonders bei Vernehmungen kommt es auf methodische Sorgfalt, rechtliche Zulässigkeit und ethische Integrität an. Vor allem bei Vernehmungen sind die Wahrung prozessualer Rechte und ein faires Verfahren entscheidend für belastbare Ergebnisse, die auch vor Gericht standhalten. Die Vernehmung (Prozess und Produkt) darf kein Zufallsprodukt sein. Außerhalb Deutschlands wird die Diskussion um einen guten Prozess und ein gutes Produkt bereits seit langem wissenschaftlich geführt. 18

2.1 Untersuchende Vernehmung (PEACE u. v. m.)

International haben sich verschiedene Vernehmungsmodelle und -vorgehen etabliert, die alle ein Ziel eint: die Gewinnung genauer und verlässlicher Informationen. Die Modelle haben im Kern drei Säulen: (1) aktives, aufgeschlossenes und ergebnisoffenes Denken, (2) forschungsbasierte Taktiken und Techniken und (3) ein rechtlicher und ethischer/menschlicher Ansatz. Die Vernehmung zielt insb. auf eine respektvolle Beziehung (Rapport) ab, also insb. ohne auf Druck oder Täuschung zurückzugreifen. Diese evidenzbasierte Befragungstechniken, -taktiken und -elemente verbessern nachweislich die Fähigkeit von Befragungspersonen, **genaue Informationen**, einschließlich zuverlässiger Geständnisse, zu erlangen.[8] Sie alle können unter dem Stichwort **untersuchende Vernehmung/investigative interviewing** zusammengefasst werden und sind eine Reaktion auf zahlreiche Forschungsarbeiten, wonach missbräuchliche und druckausübende Techniken unzuverlässige Informationen hervorrufen. Studien zufolge verringern Nötigung und Misshandlung die Bereitschaft der Befragten zur Kooperation.[9] Obwohl diese drei Elemente der Befragung auch für die Befragung von Zeugen und Opfern gelten, liegt der Schwerpunkt auf Verdächtigen.[10] Einen Unterschied in der Art der Befragung macht das nicht. 19

Die Befragung/Vernehmung von Zeugen, Verdächtigen und Beschuldigten erfolgt grundsätzlich gleich.[11] Überlegungen, dass „bei Verdächtigen manchmal härtere, geschlossene Fragen, direkte Schuldzuweisungen, Tricks oder die Verwendung von nonverbalen Hinweisen zur Erkennung von Täuschungen notwendig sind" ist entschieden entgegenzutreten. Solche geständnisorientierten Takti- 20

---

8 May, L./Fahsing, I./Kelly, C. E. Barela, S./Milne, R./Bull, R. What is investigative interviewing (and what is it not)? A primer on the ethos of suspect interviewing, Journal of Criminal Psychology (2025), Seite 6 von 17.

9 United Nations Department of Peace Operations Office of the High Commissioner for Human Rights Office on Drugs and Crime, Manual on Investigative Interviewing for Criminal Investigation, 4.1. Seite 16 m. w. N.; May, L./Fahsing, I./Kelly, C. E. Barela, S./Milne, R./Bull, R.: What is investigative interviewing (and what is it not)? A primer on the ethos of suspect interviewing, Journal of Criminal Psychology (2025), Seite 2 von 17 m. w. N.

10 May, L./Fahsing, I./Kelly, C. E. Barela, S./Milne, R./Bull, R.: What is investigative interviewing (and what is it not)? A primer on the ethos of suspect interviewing, Journal of Criminal Psychology (2025), Seite 1 von 17.

11 Zu beachten ist allein der rechtliche Rahmen und die sich hieraus ergebenden Rechte und Pflichten.

ken erhöhen das Risiko, ungenaue Informationen zu erhalten, falsche Geständnisse[12] zu erlangen und in der Folge falsche Entscheidungen zu treffen und ungerechtfertigte Verurteilungen zu erwirken, und sind im Allgemeinen nicht beweisgestützt. Außerdem sind sie ein Ausdruck von Bestätigungsdenken.[13] Ziel der Befragung von Ermittlern ist es, ergebnisoffen verlässliche und relevante Informationen von Zeugen, Opfern und Verdächtigen zu sammeln, ohne sie zu bewerten.

21 Das sog. **PEACE-Modell** ist ein bereits in den 1990ern in Großbritannien entwickelter Ansatz, der als Reaktion auf Fehlverurteilungen infolge erzwungener oder suggerierter Geständnisse in den 1980er und 1990er Jahren eingeführt wurde.[14] Dem Model liegt die Erkenntnis zugrunde, dass die Qualität und der Prozess vieler polizeilicher „Verhöre" („interrogation") insgesamt mangelhaft war. Das Akronym PEACE steht für fünf aufeinander folgenden und miteinander verflochtenen Phasen des Vernehmungsprozesses:

1. **P**lanning and Preparation (Planung und Vorbereitung)
2. **E**ngage and Explain (Einleitung und Beziehungsaufbau)
3. **A**ccount (Erster freier Bericht)
4. **C**losure (Abschluss)
5. **E**valuation (Auswertung)

Vor Einführung des PEACE-Ansatzes war das Bild des polizeilichen Verhörs in Großbritannien stark durch populäre Medien und vereinfachte Vorstellungen geprägt. Verhöre galten als eine Art Verhörkunst, die auf Intuition, Erfahrung und psychologische Manipulation beruhte. Einige Beamte betrachteten das Befragen von Verdächtigen eher als Kunstform denn als strukturierte Technik, wobei das Ziel oft darin bestand, ein Geständnis zu erhalten – mitunter unter Einsatz von Druck oder Taktiken, die in einem rechtlichen Graubereich lagen. Das PEACE-Modell wurde eingeführt, um genau diese informellen und potenziell problematischen Praktiken zu ersetzen – durch ein Verfahren, das sowohl rechtskonform als auch methodisch nachvollziehbar ist. Der PEACE-Ansatz basiert auf der Idee, dass Interviews insb. mit Verdächtigen und Beschuldigten ethisch, offen und zielgerichtet geführt werden sollten, mit einem Fokus auf die Gewinnung möglichst genauer und vollständiger Informationen, anstatt bloß auf ein Schuldeingeständnis hinzuarbeiten.[15]

22 Hinter dem PEACE-Ansatz steht die Überzeugung, dass eine strukturierte und transparente Vorgehensweise dazu beitragen kann, Missverständnisse zu vermeiden und die Glaubhaftigkeit der (Beschuldigten-)Aussagen zu erhöhen. Zudem wird durch den Verzicht auf suggestive oder druckausübende Techniken das Risiko von Falschaussagen minimiert. Die Anwendung des PEACE-Modells fördert somit nicht nur die Effizienz der Beweisaufnahme, sondern stärkt auch das Vertrauen in den gesamten juristischen Prozess. Der Prozess beginnt mit der **P**lanung und Vorbereitung, in der die Ermittler insb. alle relevanten Informationen zusammentragen, die Ziele der Vernehmung festlegen und einen detaillierten Ablaufplan erstellen. Es wird bereits in dieser Phase und durchgehend darauf hingewirkt, dass die Vernehmenden sich Unvoreingenommenheit bewahren. Durch das aktive Bemühen um ein unvoreingenommenes Denken und das Aufstellen und Testen alternativer Hypothesen soll voreiligen Schlüssen entgegengewirkt werden. Daher besteht das Ziel der untersuchenden Befragung darin, diese alternativen Hypothesen aktiv zu ermitteln, zu verfolgen und zu prüfen. Ermitt-

12 Siehe unten Falsches Geständnis, Rn. 710.
13 Siehe „Spezielle" Techniken, Rn. 213.
14 Vgl. etwa CTI, CTI Training Tools 1/2017, Die untersuchende Vernehmungstechnik.
15 Griffiths & Milne (2006): „Will it all end in tiers? Police interviews with suspects in Britain", S. 167 ff.; https://researchportal.port.ac.uk/en/publications/will-it-end-in-tiers-police-interviews-with-suspects-in-britain/.

ler müssen diese Hypothesen von Beginn der Untersuchung an entwickeln und sie nur dann ausschließen, wenn die Beweise sie dazu zwingen. Nach der Planung und Vorbereitung folgt die Phase Einleitung und Beziehungsaufbau (Rapport), in der eine vertrauensvolle Atmosphäre geschaffen wird. Dabei werden dem Befragten der Zweck der Vernehmung, seine Rechte und der weitere Verlauf transparent erklärt. Die zentrale Phase ist die Erhebung der Aussage (Account), in der der Befragte die Möglichkeit erhält, seine Version der Ereignisse möglichst frei zu berichten. Hierbei wird aktives Zuhören angewandt und auf suggestive oder unterbrechende Fragen verzichtet. Nach Abschluss dieser Phase erfolgt die Schlussphase (Closure), in der die wesentlichen Punkte zusammengefasst und offene Fragen geklärt werden. Dem Befragten werden die weiteren Schritte erläutert, um auch insoweit Klarheit zu schaffen. Schließlich folgt die Evaluation/Auswertung, bei der die gewonnenen Informationen hinsichtlich ihrer Vollständigkeit und die Angaben auf Glaubhaftigkeit überprüft werden. Ein wichtiger Aspekt des Modells ist, dass jeder Schritt des Gesprächs einen wesentlichen Einfluss auf die nachfolgende Phase hat und eine Kettenreaktion auslöst. Eine systematische Planung und Vorbereitung erhöht die Wahrscheinlichkeit eines effektiven Beziehungsaufbaus, was wiederum die Möglichkeit maximiert, detaillierte Berichte aus erster Hand zu erhalten. Wenn die erste Phase scheitert, ist die Kommunikation während des gesamten Gesprächs beeinträchtigt, was die Qualität der erhaltenen Informationen mindert.[16]

Die Methode der untersuchenden Vernehmung wurde **weltweit** auch in anderen Ländern, teilweise unter neuen Namen, eingeführt, wie beispielsweise in Australien, Neuseeland, Norwegen (KREATIV), Irland (GSIM) und Singapur (FAIR). Internationale Organisationen und Institutionen, wie das Komitee des Europarats gegen Folter und andere unmenschliche Behandlung (European Committee for the Prevention of Torture and Inhuman or Degrading Treatment or Punishment [CPT]), das United Nations Office on Drugs and Crime (UNODC), die Convention Against Torture Initiative (CTI)[17] und die Association for the Prevention of Torture (APT) empfehlen mittlerweile diese Vernehmungsmethode.[18] 23

Allen Modellen liegt die Erkenntnis zugrunde, dass gerade eine vertrauensvolle und respektvolle Atmosphäre ohne Zwang und das Einfordern eines freien Berichts, flankiert mit anschließenden offenen Fragen zentraler Bestandteil für die Gewinnung von **zuverlässigeren Informationen** ist. Alle Modelle empfehlen auch den transparenten Einsatz von Audio- bzw. Videoaufzeichnungen, als effektives Mittel zur Verbesserung der Beweiserhebung, aber auch zum Schutz vor Missbrauch.[19] 24

In der modernen Strafverfolgung sind **wissenschaftliche Fundierung** und **methodische Strukturiertheit unverzichtbar** – und etwa in der Kriminaltechnik längst selbstverständlich. Spuren am Tatort werden heute nach **standardisierten, forensisch geprüften Verfahren** gesichert und auf der Grundlage wissenschaftlicher Erkenntnisse ausgewertet. Es gibt eigene Institute und Experten. Auch Befragungen und Vernehmungen dürfen nicht dem Zufall, der Intuition oder persönlichen Routinen überlassen bleiben. Mit dem PEACE-Modell steht ein strukturierter und evidenzbasierter Ansatz zur Verfügung, der sich auf wissenschaftliche Erkenntnisse aus Psychologie, Kognitionsforschung und Kommuni- 25

16 Die untersuchende Vernehmungstechnik, CTI Training Tools 1/2017, Seite 4/12.

17 Die untersuchende Vernehmungstechnik, CTI Training Tools 1/2017.

18 Weiterführend May, Fashing, Milne, Gaedt, Schneider, Die untersuchende Vernehmung als (internationale) Reaktion auf falsche Geständnisse: ein forschungsbasierter und praxiserprobter Vernehmungsansatz in Praxis der Rechtspsychologie 2022, S. 127–158

19 Prinzipien zu effektiven Vernehmungen für Ermittlungen und Informationssammlungen („Méndez-Prinzipien"), Fußnote 79; siehe auch unten, Protokoll, Rn. 393.

kationswissenschaft stützt. Die Empirie zeigt, dass er zuverlässige, überprüfbare Aussagen ermöglicht – durch offene Gesprächsführung, systematische Hypothesenprüfung und eine klare Trennung von Informationsgewinnung und Interpretation. Was in der Kriminaltechnik etwa das DNA-Protokoll ist, ist in der Vernehmung das PEACE-Modell – ein Werkzeug der Wahrheitsfindung, das auf Wissenschaft und Methode beruht. Wer die Aussage als Beweismittel ernst nimmt, muss sie ebenso **wissenschaftlich absichern** wie den genetischen Fingerabdruck.

2.2 Méndez-Prinzipien, UN-Handbuch für Vernehmungen

26 Die untersuchende Vernehmungsmethode hatte einen signifikanten Einfluss auch auf die Prinzipien zu effektiven Vernehmungen für Ermittlungen und Informationssammlungen (sog. „**Méndez-Prinzipien**"). Angetrieben von weltweiten Fehlern in Vernehmungen und damit verbundenen Fehlentscheidungen hat Juan Méndez[20] 2021 mit über 80 internationalen Experten (u. a. aus den Bereichen Justiz, Polizei, Psychologie, Kriminologie, Recht) aus mehr als 40 Ländern diese Prinzipien entwickelt. Sie enthalten eine Reihe von nicht-bindenden, aber entschiedenen Leitlinien zur Effektivitätssteigerung von Vernehmungen und Schaffung von **Vernehmungsstandards**. Sie werden mittlerweile von zahlreichen internationalen Institutionen und Organisationen empfohlen.

27 Die 6 Prinzipien lauten:

- **Prinzip 1 – Grundlagen**
  Eine effektive Vernehmung wird von Wissenschaft, Recht und Ethik geleitet
- **Prinzip 2 – Praxis**
  Eine effektive Vernehmung ist ein umfassender Prozess zur Sammlung präziser und zuverlässiger Informationen unter der Beachtung der damit verbundenen rechtlichen Schutzmaßnahmen.
- **Prinzip 3 – Vulnerabilitäten**
  Eine effektive Vernehmung erfordert das Erkennen und Berücksichtigen der Bedürfnisse von Befragten in vulnerablen Situationen.
- **Prinzip 4 – Training**
  Eine effektive Vernehmung setzt professionelle Kompetenz voraus, die in speziellem Training zu erwerben ist.
- **Prinzip 5 – Verantwortlichkeit**
  Eine effektive Vernehmung erfordert transparente und verantwortungsbewusste Institutionen.
- **Prinzip 6 – Umsetzung**
  Eine effektive, wirksame Vernehmung setzt fundierte nationale Maßnahmen voraus.[21]

28 Auch wenn die Méndez-Prinzipien primär Leitlinien für Entscheidungsträger beschreiben, so stellen sie mit den Prinzipien 1bis 3 und dem zugrunde liegenden Ansatz der untersuchenden Vernehmung einen effektiven Ansatz für die Praxis dar. Diese Prinzipien können in allen Vernehmungen angewendet werden, in denen korrekte und belastbare Informationen durch Behörden (Gericht, Staatsanwaltschaft, Polizei, Nachrichtendienste, Militär, Verwaltungsbehörden) erhoben werden. Die Méndez-Prinzipien bilden damit **globale Standards,** die Behörden bei der Steigerung der Vernehmungsqualität und dem Sammeln von

---

20 Méndez ist ein argentinischer Jurist und Menschenrechtsaktivist, der international für seinen Einsatz gegen Folter und für die Förderung der Menschenrechte bekannt ist. Méndez war Professor für Menschenrechte an der American University Washington College of Law und hat zahlreiche Publikationen zum Thema Übergangsjustiz und Verhütung von Folter verfasst. Er war von 2010 bis 2016 der UN-Sonderberichterstatter über Folter und andere grausame, unmenschliche oder erniedrigende Behandlung oder Strafe.

21 Prinzipien zu effektiven Vernehmungen für Ermittlungen und Informationssammlungen („Méndez-Prinzipien"), Seite 7.

zuverlässigen Informationen umfassend unterstützen. Das Vernehmungsvorgehen, das die Méndez-Prinzipien empfehlen, ist forschungsbasiert und praxiserprobt und im Einklang mit den Menschenrechten. Deutschland gehört zu den 53 UN-Mitgliedsstaaten, die 2022 die gemeinsame Unterstützung für die Prinzipien ausgedrückt haben.[22] Ein im April 2024 veröffentlichtes **Handbuch der Vereinten Nationen** zielt auf die Umsetzung der Méndez-Prinzipien ab.[23] Die Méndez-Prinzipien wurden 2024 auch auf Deutsch veröffentlicht.[24] Die Prinzipien sind auch in Deutschland bereits Bestandteil der Aus- und Fortbildung im Bereich Vernehmungslehre von Justiz und Polizei.[25] Die Méndez-Prinzipien haben bereits den Status eines nicht bindenden Instruments des Völkerrechts, also eines „**Soft Law**"-Instruments, erreicht.

Ein internationales Projekt aus einer schnell wachsenden Gruppe von Forschern, 29
Praktikern und Entscheidungsträgern arbeitet an der breiten und globalen Umsetzung der Méndez-Prinzipien durch ein vierjähriges Netzwerkprojekt mit dem Titel **ImpleMéndez** (ein Wortspiel aus Implementieren und Méndez). Das Projekt zielt darauf ab, regionale, nationale und internationale Netzwerke von Forschern, Praktikern und Entscheidungsträgern zusammenzubringen, um die Umsetzung der Méndez-Prinzipien zu ermöglichen, zu unterstützen und voranzutreiben. Es wird von der Europäischen Union über die Europäische Organisation für wissenschaftliche und technologische Zusammenarbeit (COST – European Cooperation in Science and Technology – CA22128[26]) finanziert und hat eine Projektdauer von 2023 bis mindestens 2027. Das Projekt hat Stand 10/2025 weltweit über 365 Mitglieder aus 59 Ländern (z. B. Deutschland, Schweiz, Serbien, Frankreich, Großbritannien, Neuseeland, Kanada, USA, Brasilien) und umfasst ein breites Spektrum an multidisziplinären Experten, u. a. aus den Disziplinen Polizei, Strafrecht, Kriminologie, Forensische Linguistik, Forensische Psychiatrie, Rechtspsychologie, Neurowissenschaften, Politikwissenschaft, Soziologie und Rechtwissenschaften. Einer der Verfasser ist eines von zwei Mitgliedern, die Deutschland im sog. Management Committee vertreten.

Obwohl der Zeugenbeweis auch in Deutschland in Gerichts- und Ermittlungs- 30
verfahren eine entscheidende Rolle spielt, enthalten die Prozessordnungen (ZPO, StPO u. a.) kaum verbindliche Vorgaben über die Art und Weise, wie Vernehmungen (qualitativ hochwertig) durchgeführt werden sollen. Die Vorgaben in § 69 StPO (Grundsatz der Zweiteilung, inhaltsgleich zu § 396 ZPO) gelten seit der preußischen Criminalordnung von 1805 und der Strafprozessordnung für das Deutsche Reich von 1877 mit fast unverändertem Wortlaut.[27] Sie richteten sich damit ihrem Ursprung nach zwangsläufig an keinerlei (heute gültigen) psychologischen Grundsätzen und Erkenntnissen aus.[28] Außerdem mangelt

22 www.apt.ch/sites/default/files/2024-01/GA77%20Joint%20Statement_14%2010%2022%20-%20with %20list%20of%20States%20%281%29.pdf – zusammen mit Argentinien, Australien, Österreich, Belgien, Bulgarien, Kap Verde, Kanada, Kolumbien, Costa Rica, Kroatien, Zypern, Tschechien, Dänemark, Dominikanische Republik, Ecuador, Estland, Fidschi, Finnland, Ghana, Griechenland, Guatemala, Honduras, Indonesien, Irland, Italien, Lettland, Liechtenstein, Litauen, Luxemburg, Malaysia, Malta, Mexiko, Moldawien, Marokko, Niederlande, Neuseeland, Norwegen; Panama, Peru, Polen, Portugal, Slowakei, Slowenien, Spanien, Schweden, Schweiz, Thailand, Tunesien, Türkei, Vereinigtes Königreich, Uruguay und Chile,

23 United Nations Department of Peace Operations Office of the High Commissioner for Human Rights Office on Drugs and Crime, Manual on Investigative Interviewing for Criminal Investigation

24 https://www.apt.ch/sites/default/files/2024-05/mendez_principles_de_web.pdf

25 Landtag von Baden-Württemberg, 10.3.2025, Drucksache 17/8494 und Drucksache 17/8493.

26 Siehe hierzu https://www.cost.eu/actions/CA22128/

27 Willke, Dissertation (2019), Strukturelle Vorgaben der Strafprozessordnung für die Vernehmung zur Sache, S. 153

28 Bertheau/Ignor in: Löwe-Rosenberg, StPO, 27. Aufl. 2017, § 69, Rz 1 schreiben: § 69 StPO und die traditionelle Zweiteilung (Bericht mit anschließenden Fragen) „entspricht auch heutigen Grundforderungen der Aussagepsychologie". Das trifft zu, ist historisch gesehen aber ein Zufallsprodukt.

es an standardisierten Kriterien, wie die Qualität von Vernehmungen durch Dritte (z. B. Gericht) einzuschätzen ist. In der (universitären) Ausbildung von Richtern und Staatsanwälten und Polizisten spielen (international fundierte und bewährte) Vernehmungstechniken und die damit zusammenhängende Vernehmungs- und Aussagepsychologie keine (ausreichende) Rolle. Die Méndez-Prinzipien für effektive Vernehmungen enthalten Empfehlungen und skizzieren Rahmenbedingungen, wie diese Schwachstellen hochwertig beseitigt und die Vernehmungspraxis optimiert werden kann. Damit einhergehend versprechen sie eine Steigerung der allgemeinen Effizienz und Professionalität bei Informationssammlungen.

31 ImpleMéndez bietet damit auch für die Justiz und Polizei in Deutschland die Möglichkeit, systematische und flächendeckende Überlegungen zu initiieren und umzusetzen, ***wie*** effektive **Vernehmungen durchzuführen, umzusetzen** und **einzuschätzen** sind. Das Ziel von ImpleMéndez ist, die auf psychologischer Theorie, Forschung und Praxis basierenden Empfehlungen auch in Deutschland einzubeziehen und im Rahmen der bestehenden gesetzlichen Vorgaben konsequent umzusetzen, um ein Höchstmaß an Qualität bei der Sachverhaltsermittlung zu garantieren und optimieren. Die damit verbundene Qualitätssteigerung könnte einerseits die Aufklärungsquote und Informationssammlung insgesamt optimieren und gleichzeitig – durch systematisches Training und Umsetzung – Kosten reduzieren, die durch fehlgeleitete Ermittlungen und Befragungen entstehen (z. B. falsche Befragungen, falsche Ermittlungsrichtungen, vermeidbare Mehrfachvernehmungen). Der Ansatz der modernen Méndez-Prinzipien lässt sich (glücklicher Weise) unproblematisch mit den alten gesetzlichen deutschen Vorgaben zur Vernehmung (Grundsatz der Zweiteilung) vereinbaren, in das bestehende System und in Vernehmungen integrieren und ist sowohl für einfache als auch für komplexe Vernehmungen und für alle Rechtsgebiete (StPO, ZPO, VwGO etc.) geeignet.

3. Prozess der Vernehmung: PEEKAA

32 Die Befragung muss – wie ausgeführt – als **Prozess** und Produkt verstanden werden. Die Aussage (und ihre Verschriftlichung) ist das **Produkt**. Für den deutschsprachigen Raum wurde für einen strukturierten Prozess in Anlehnung an das zuvor vorstellte PEACE-Modell ein sehr ähnliches Modell mit sechs Phasen entwickelt, das sich **PEEKAA** nennt. Auch dies ist ein Akronym und steht für:

1. **P**lanung und Vorbereitung,
2. **E**inleitung und Beziehungsaufbau (Rapport),
3. **E**rster freier Bericht,
4. **K**lärung und Präsentation,
5. **A**bschluss,
6. **A**uswertung[29].

33 Inhaltlich deckt sich PEEKAA vollumfänglich mit PEACE etc. Hinter diesen Modellen – das kann nicht oft genug betont werden – steht nicht nur ein Vorgehen, sondern eine Einstellung, ein Mindset, eine Überzeugung, ein methodisches Vorgehen, im Einklang mit Recht, Wissenschaft und Ethik. Es definiert damit den guten Prozess als Garant für ein gutes Produkt. Das PEEKAA – Modell kann daher uneingeschränkt empfohlen werden.

29 CTI, CTI Training Tools 1/2017, Die untersuchende Vernehmungstechnik; May, Fashing, Milne, Gaedt, Schneider, Die untersuchende Vernehmung als (internationale) Reaktion auf falsche Geständnisse: ein forschungsbasierter und praxiserprobter Vernehmungsansatz in Praxis der Rechtspsychologie 2022, S. 127–158.

Da sich grundlegende psychologische Mechanismen wie das menschliche Gedächtnis, das Denken und die Entscheidungsfindung nicht zwischen **Zeugen** und **Verdächtigen/Beschuldigten** unterscheiden und vielmehr in der allgemeinen menschlichen Natur verwurzelt sind, sollte bei der Befragung nicht[30] zwischen Verdächtigen/Beschuldigten und Zeugen unterschieden werden, zumal der beste „Zeuge" einer Straftat oft die Person ist, die sie begangen hat.[31] Beschuldigtenvernehmungen im Beisein eines Verteidigers sind ebenfalls grundsätzlich nicht anders durchzuführen als ohne seine Anwesenheit. Bei Vernehmungen in Anwesenheit muss nur sichergestellt werden, dass der Anwalt sich jederzeit und auch ungestört mit dem Beschuldigten besprechen kann. **34**

PEEKAA (oder PEACE) sollte die Grundlage **jeder Befragung**/Vernehmung sein. Die Kenntnis bestimmter Tatsachen kann die Richtung der Befragung und die einzelne Fragestellung beeinflussen, Befrager dürfen aber weder den Ablauf noch die Struktur der Vernehmung verändern. **35**

Das lineare **PEEKAA-Modell** verdeutlicht – ebenso wie das PEACE-Modell – die Zusammenhänge zwischen den drei Hauptphasen einer Befragung: der Zeit vor der Befragung, der Befragung selbst sowie der Phase nach ihrem Abschluss. Ein zentraler Aspekt dieses Modells ist, dass keine Phase isoliert betrachtet werden darf. Jeder Schritt beeinflusst unmittelbar die nachfolgende Phase und löst damit eine Kettenreaktion im gesamten Verlauf der Befragung aus. Eine systematische Planung und Vorbereitung erhöhen die Wahrscheinlichkeit eines erfolgreichen Beziehungsaufbaus – was wiederum entscheidend dafür ist, detaillierte und verlässliche Aussagen zu erhalten. Scheitert bereits die erste Phase, wird die Kommunikation im weiteren Verlauf beeinträchtigt – mit direkten Folgen für die Qualität der gewonnenen Informationen. **36**

4. Planung (PEEKAA)

Jedes Gespräch – egal, ob privat oder im Beruf, am Telefon oder im persönlichen Kontakt – dient einem Ziel. Wenn wir mit anderen Menschen Gespräche führen, dann wollen wir immer Reaktionen hervorrufen, wir wollen etwas erreichen, andernfalls könnten wir unseren Mund halten. Selbst das belangloseste Gespräch auf einer Party dient einem Ziel: dem Zeitvertreib. Auch ein Gespräch mit einer Auskunftsperson, eine Befragung/Vernehmung dient einem Ziel. Gespräche und Befragungen effektiv zu führen bedeutet, dass auch das **Gesprächsziel** definiert wird. Das klingt banal, aber schon Mark Twain sagte: „*Nachdem wir das Ziel aus den Augen verloren, verdoppelten wir unsere Anstrengungen*". **37**

Eine Befragung beschränkt sich zeitlich gesehen nicht nur auf den Zeitraum der Befragung (im engeren Sinn), wenn die Auskunftsperson dem Fragenden gegenübersitzt und Fragen beantwortet. Einer guten Befragung geht immer auch eine gute Vorbereitung, eine **Planung** voraus. Eine gute Planung erhöht bereits die Fähigkeit der Vernehmungsperson, effektiv(er) mit der Auskunftsperson zu kommunizieren. Eine gute Vorbereitung steigert damit die Wahrscheinlichkeit, zuverlässige Informationen zu erhalten. Eine sorgfältige Planung verringert das Risiko von Verfahrens- oder anderen vermeidbaren Fehlern.[32] Eine gute Planung betrifft individuellen Merkmale der befragten Person sowie inhaltliche und organisatorische Aspekte, ggf. auch mentale. Wenn man die Vernehmung als ein **38**

30 Von rechtlichen Verpflichtungen wie Belehrungen etc abgesehen.

31 May, L./Fahsing, I./Kelly, C. E. Barela, S./Milne, R./Bull, R.: What is investigative interviewing (and what is it not)? A primer on the ethos of suspect interviewing, Journal of Criminal Psychology (2025), Seite 9 von 17

32 Prinzipien zu effektiven Vernehmungen für Ermittlungen und Informationssammlungen („Méndez-Prinzipien"), Absatznummer 93.

Produkt und einen Prozess versteht, dann können für die Vorbereitung der Vernehmung gut und gerne ein Viertel der vorhandenen/einkalkulierten Zeit verwendet werden.

4.1 Inhaltliche Planung.

39 Wenn das Gesprächsziel die **Wahrheit** sein soll, dann bedarf es zu Beginn einer sorgfältigen **inhaltlichen Planung.** Diese setzt eine – ggf. auch taktische -Gliederung/Struktur voraus, anhand derer das Gespräch geführt wird.

40 **4.1.1 Auskunftsperson.** Bei der Planung des Gesprächs sollten zunächst alle **Informationen** über die und **Merkmale** der **Auskunftsperson** berücksichtigt werden.[33] Diese können dabei helfen, den besten Zeitpunkt und den besten Rahmen für die Befragung zu bestimmen und festzustellen, ob ggf. eine angemessene Beaufsichtigung durch Beistand, Erwachsene, eine Begleitperson oder spezielle Verfahren erforderlich sind. Potenziell heikle Themen wie die sexuelle Orientierung oder das Geschlecht der befragten Person, religiöser Glaube und kultureller Kontext sollten taktvoll angesprochen werden, wenn – und nur soweit – diese Themen für das Gespräch relevant werden. Der kulturelle Hintergrund kann sich auf die Art und Weise auswirken, wie eine Person angesprochen werden möchte, und auch auf die Notwendigkeit eines Dolmetschers hinweisen. Informationen über körperliche und geistige Gesundheit, einschließlich bestehender Behinderungen und Erkrankungen und sonstiger Schwachstellen[34] tragen dazu bei, einen angemessenen Rahmen und eine angemessene Reaktionen darauf zu gewährleisten.[35] Je nach Auskunftsperson – und vorhandener Zeit – müssen (in einem Ermittlungsverfahren) auch alle weiteren **fallrelevanten (Hintergrund)Informationen über die Auskunftsperson** gesammelt werden, die die Befragung beeinflussen könnten (einschlägige Vorstrafen und Vorgehensweisen, (polizeiliche) Daten- und Auskunftssysteme, Umfeldinformationen, parallele Ermittlungen, früherer fallrelevante Vernehmungen, Beziehungen zu anderen Personen u. v. m.).

41 **4.1.2 Sachverhalt und Beweise.** Die inhaltliche Planung wird zwangsläufig fallbezogen ausfallen und sich an der Frage der **Informationsbeschaffung** orientieren. Ausgangspunkt jeder Befragung ist daher die Frage, was zu klären ist, was der (bisherige) **Sachverhalt**, der bisherige Kenntnisstand, der vorläufige Stand der Ermittlungen auf Grundlage welcher **Beweismittel** ist.[36] Wichtige Themenkomplexe oder Fragen sollten im Sinne einer Checkliste herausgearbeitet werden. Dieses müssen daher zu Beginn klar definiert und notiert worden sein, um im Rahmen der Befragung „abgearbeitet" werden zu können. Was an vorausschauender Planung verloren geht, ist in der Regel unwiderruflich verloren.

42 Zu der guten inhaltlichen Vorbereitung gehört – soweit vorhanden – **Aktenkenntnis.**[37] Die Befragungsperson muss den Akteninhalt inhaltlich kennen. Genauso wichtig ist das Wissen, den wesentlichen Inhalt der Akten bei der Befragung präsent zu haben und (notfalls anhand eines Aktenspielgels) zu wissen, wo in den Akten was steht. Wer in den Unterlagen herumblättert, strahlt ggf. Inkompetenz aus, wirkt jedenfalls geistesabwesend (und wird es angesichts beschränkter Simultankompetenz auch tatsächlich sein). Noch schlimmer ist es, wenn aus den Akten

33 May/Fashing/Milne/Gaedt/Schneider: Die untersuchende Vernehmung als (internationale) Reaktion auf falsche Geständnisse: ein forschungsbasierter und praxiserprobter Vernehmungsansatz in Praxis der Rechtspsychologie 2022, S. 127, 134 (9/25).

34 Siehe auch Macht(un)gleichgewicht, Vulnerabilität – Kinder, etc., Rn. 317.

35 Siehe auch Manual on Investigative Interviewing for Criminal Investigation, UN-Handbuch zur Befragung von Ermittler), Stand Februar 2024 (Englisch), S. 25 und 26.

36 Prinzipien zu effektiven Vernehmungen für Ermittlungen und Informationssammlungen („Méndez-Prinzipien"), Absatznummer 94.

37 Zum weiteren notwendigen Wissen über die Auskunftsperson etc., siehe unten Vorbereitung, Planung, Rn. 40.

relevante Tatsachen nicht zur Sprache kommen und eine Aufklärung insoweit unterbleibt. Nur mit dem Wissen, wo in den Akten was steht, kann die Befragung sinnvoll geleitet und können ggf. Vorhalte gemacht, inhaltliche Verflechtungen aufgezeigt und die Angaben in der Befragung überprüft werden. Auch das Wissen und den Fundort in den Akten für an sich unwesentliche, aber interessante Umstände kann für die Befragung von Bedeutung sein.[38]

Eine Schlüsselqualifikation von Vernehmer ist auch das Wissen darüber, wann und wie man Beweise und Informationen während einer Befragung präsentiert. Dies sollte Teil der Planungsarbeit sein. Der Zeitpunkt der Präsentation von potenziellen Beweisen kann eine effektive Möglichkeit sein, die Zuverlässigkeit der Angaben der befragten Person zu überprüfen.[39] 43

4.1.3 Aktive Suche nach alternativen Erklärungen/Hypothesen. Das zentrale Ziel einer Befragung besteht darin, durch eine methodisch strukturierte Hypothesenprüfung der Wahrheit so weit wie möglich näherzukommen. Entscheidend ist dabei, sich bereits in der Vorbereitung – und konsequent während des gesamten Befragungsprozesses – eine **unvoreingenommene, untersuchende Denkweise** zu bewahren. 44

Bei zahlreichen gravierenden Ermittlungspannen weltweit hat sich gezeigt, dass das zentrale Problem häufig darin lag, dass Ermittler unbewusst nach Bestätigung ihrer ursprünglichen Annahmen suchten, statt diese kritisch zu prüfen.[40] Das Prinzip der Unvoreingenommenheit bildet daher den **Kern der untersuchenden (investigativen) Vernehmung.**[41] Es entspricht einem wissenschaftlich fundierten Denkansatz, wie er auch in der allgemeinen Forschung etabliert ist: Ziel ist es, Analysen belastbar und objektiv zu gestalten. Das Vorgehen entspricht dem vom Bundesgerichtshof vorgeschlagenen Modell der Hypothesenbildung im Rahmen sachverständiger Begutachtung.[42] 45

Bereits zu Beginn einer Befragung ist es unerlässlich – ja wissenschaftlich geboten – alternative Erklärungen und Hypothesen aktiv zu entwickeln. Nur so lassen sich **Bestätigungsfehler (Confirmation Bias, auch Bestätigungsverzerrung)** und ein **Tunnelblick** vermeiden.[43] 46

Der **Bestätigungsfehler** beschreibt die kognitive Neigung, bevorzugt Informationen zu suchen und zu bewerten, die die eigene Annahme stützen, während widersprechende Hinweise ignoriert oder abgewertet werden.Die Risiken und Probleme des Bestätigungsdenkens sind vielschichtig. Erstens erhöht es den Einsatz von geständnisorientierten Taktiken, die nach belastenden Informationen und Geständnissen anstelle von zuverlässigen und genauen Informationen suchen, und vervielfacht damit das Risiko, unzuverlässige Informationen zu erhalten. Zweitens erhöhen unzuverlässige und falsche Informationen das Risiko von Fehlentscheidungen und falschen Verurteilungen, was nicht nur unschuldigen Personen schadet, sondern auch unsere Gesellschaft unsicher macht, weil die wahren Täter immer noch da draußen sind.[44] 47

---

38 Siehe Aussageanalyse, Details, Nebensächlichkeiten, Gefühle etc. Rn. 717.

39 Prinzipien zu effektiven Vernehmungen für Ermittlungen und Informationssammlungen („Méndez-Prinzipien“), Absatznummer 97; siehe auch unten Klärung Rn. 174.

40 May, L./Fahsing, I./Kelly, C. E. Barela, S./Milne, R./Bull, R. What is investigative interviewing (and what is it not)? A primer on the ethos of suspect interviewing, Journal of Criminal Psychology (2025), Seite 3/17.

41 Siehe auch Internationale Vernehmungsstandards Rn. 19.

42 Siehe Nullhypothese Rn. 664.

43 Prinzipien zu effektiven Vernehmungen für Ermittlungen und Informationssammlungen („Méndez-Prinzipien“), Absatznummer 95.

44 May, L./Fahsing, I./Kelly, C. E. Barela, S./Milne, R./Bull, R. What is investigative interviewing (and what is it not)? A primer on the ethos of suspect interviewing, Journal of Criminal Psychology (2025), Seite 4/17.

48 Ein „**Tunnelblick**" bezeichnet die einseitige Fixierung auf eine bestimmte Sichtweise, Aspekte oder Erklärung. Andere Perspektiven, Informationen oder Hypothesen werden ausgeblendet oder gar nicht erst wahrgenommen.
Dadurch können Beweismittel einseitig (im Sinne der *einen* (Verdachts)Hypothese) interpretiert werden, und es besteht die Gefahr, nur das zu sehen, was man sehen will. Treffender formuliert: Es wird nach Beweisen gesucht, *dass* man Recht hat – nicht nach der Wahrheit.[45]

49 Offen zu denken und zu bleiben ist der Erfahrung nach schwieriger als es klingt. Daher ist es essenziell, alle denkbaren alternativen Hypothesen von Beginn an aktiv zu entwickeln und methodisch zu prüfen. um die genannten voreilige Schlüsse zu vermeiden.[46] Professionelle Befrager müssen sich auf diese Hypothesen einlassen und sie nur dann ausschließen, wenn die Beweise es eindeutig verlangen.

50 Das gilt
- für den **gesamten** Verlauf der Befragung,
- für alle relevanten Erklärungen eines **Sachverhalts** – auch für nichtstrafrechtliche,
- ebenso für die Bewertung von **Beweismitteln:** Es ist nicht die Frage, ob ein Beweismittel zur (einer) These passt. Es ist auch zu überlegen, ob es andere mögliche Interpretationen desselben Beweismittels für einen anderen Sachverhalt gibt.

51 **Zusammengefasst:**
Das Ziel einer Befragung besteht darin, durch strukturierte Hypothesenprüfung der **Wahrheit** so weit wie möglich näherzukommen.

52 **4.1.3.1 Hypothesenbildung bei strafrechtlichen Ermittlungsverfahren und Verfahren mit Amtsermittlung.** Die Wahrung von Unvoreingenommenheit ist nicht nur ein methodisches Prinzip, sondern bei strafrechtlichen Ermittlungen und Strafverfahren auch Ausdruck der **Unschuldsvermutung.** Nach rechtsstaatlichem Grundsatz gilt jeder Beschuldigte als unschuldig, bis seine Schuld in einem fairen Verfahren rechtskräftig festgestellt wurde. Daraus folgt für die Befragungspraxis: Verdächtige sind mit Respekt und Würde zu behandeln. Ihre Aussagen müssen objektiv und unvoreingenommen geprüft werden – unabhängig von vorgefassten Meinungen oder Drucksituationen.[47]

53 Im strafrechtlichen – und allen anderen vom Grundsatz der **Amtsaufklärung**/ Amtsermittlungen geprägten (§ 24 VwVfG, § 20 SGB X, § 88 AO u. a.) – Verfahren sind zu Beginn von den Ermittlungsorganen in einem ersten Schritt alle relevanten Hypothesen zu formulieren, einschließlich der Hauptverdachtshypothese und aller begründeten Gegen- oder Alternativhypothesen. **Hypothesen** im Kontext (**strafrechtlicher**) **Untersuchungen** sind dabei gekennzeichnet durch
- vorläufige und prinzipiell überprüfbare Annahmen
- über alle naheliegenden[48], fallrelevanten Sachverhaltsszenarien (unter Einbeziehung möglicher Beteiligter, Handlungsweisen und (Tat)Motive) und nichtstrafrechtlichen Alternativen,

45 Gubi-Kelm/May/Schmitt/Bitzigeio/Rick/Püschel: Interdisziplinäre Betrachtung eines Mordes, den es nicht gab – der Fall Manfred G, S. 8 und 17/47; Gubi-Kelm/May/Gundlach/Rick/Püschel, Der Fall Rudolf R. – eine interdisziplinäre Analyse, Archiv für Kriminologie 2023, S. 15/39.

46 Siehe auch unten: Juristische Bewertungen im Hinterkopf Rn. 253.

47 May, L./Fahsing, I./Kelly, C. E. Barela, S./Milne, R./Bull, R. What is investigative interviewing (and what is it not)? A primer on the ethos of suspect interviewing, Journal of Criminal Psychology (2025), Seite 7/17.

48 Vgl. BGH, Beschl. v. 13.5.25 – 1 StR 169/25 – „naheliegenden Schlussfolgerungen" und „allen wesentlichen, sich aufdrängenden Gesichtspunkten".

– gebildet auf der Grundlage der zunächst verfügbaren Informationen (Fallmerkmale) und rationaler Schlussfolgerungen.

Ziel ist es, alle relevanten Denk- und Ermittlungsrichtungen systematisch zu identifizieren, zu verfolgen und auszuschöpfen. Dies bestimmt die Richtung der Ermittlungen und damit auch den Ablauf und den Gegenstand von Befragungen. **54**

In einem weiteren Schritt sind die verschiedenen Erklärungsansätze zum Sachverhalt und zur Spuren[49]- und Beweislage kritisch gegeneinander abzuwägen. Es ist ständig zu prüfen, welche Indizien jeweils für oder gegen eine Hypothese sprechen – und wie diese konkret überprüft, bestätigt (positive Teststrategie) oder widerlegt (negative Teststrategie) werden können. Die Anwendung einer positiven Teststrategie setzt nicht voraus, dass sich die Untersuchung bereits auf *eine* (Verdachts)Hypothese festgelegt hat. Personen neigen jedoch zu einem positiven Vorgehen, wenn sie die Aufgabe erhalten, eine bestimmte Annahme zu überprüfen.[50] Die **überzeugendste Hypothese** ist diejenige, die konsistente Stütze durch überprüfbare Fakten erfährt, eine kohärente Gesamterklärung ermöglicht und gegen die keine begründeten Zweifel bestehen. Nur durch diesen kritischen Vergleich konkurrierender Hypothesen kommt man der Wahrheit schrittweise näher. Die Einbeziehung von Alternativhypothesen stellt einen zentralen Unterschied zwischen diagnostischem und sog. pseudodiagnostischem Hypothesentesten dar. Nur das diagnostische Vorgehen entspricht auch wissenschaftlichem Vorgehen.[51] **55**

Untersuchungen zeigen, dass gerade die Kombination einer pseudodiagnostischen, also Untersuchung ohne Einbeziehung von Alternativhypothesen, in Kombination mit einer *positiven* Teststrategie sich als bestätigend beziehungsweise konfirmatorisch erweisen kann.[52] Bei konfirmatorisch geführten Ermittlungsverfahren suchen Ermittelnde primär nach hypothesenkonsistenten Informationen (Bestätigungsfehler). Zudem neigen sie dazu, uneindeutige Informationen als Beleg für die Verdachtshypothese zu werten und Alternativerklärungen zu ignorieren (Tunnelblick).[53] Da Personen erst in den Beschuldigtenstatus gehoben werden, wenn belastende Erkenntnisse gegen sie vorliegen, und eine Schuld wahrscheinlich oder zumindest möglich erscheint, stellt eine schuldverzerrte Voreinstellung der Ermittelnden einen inhärenten Faktor von Beschuldigtenvernehmungen dar. Sind Vernehmende sich dieser strukturell bedingten **Schuldverzerrungstendenz** nicht bewusst, besteht bei uneindeutiger Beweislage die Gefahr, dass sie ein Zurückweisen des Tatvorwurfs als unzutreffendes Leugnen interpretieren und die Schuldannahme eine Tendenz zur Selbstbestätigung entwickelt.[54] Insofern ist es bereits im Zuge der Ermittlungen von außerordentlicher Bedeutung, die **Alternativhypothese „nicht-schuldig“** weiterhin im Blick zu behalten und gezielt nach Informationen zu suchen, die diese Hypothese stützen. Das gebietet – neben der Unschuldsvermutung – schon die Tatsache, dass im Ermittlungsverfahren gemäß § 160 Abs. 2 StPO Bewie Entlastendes gleichermaßen zu erheben ist[55] **56**

49 Gubi-Kelm/May/Schmitt/Bitzigeio/Rick/Püschel: Interdisziplinäre Betrachtung eines Mordes, den es nicht gab – der Fall Manfred G, S. 25/47.

50 Gubi-Kelm/May/Schmitt/Bitzigeio/Rick/Püschel: Interdisziplinäre Betrachtung eines Mordes, den es nicht gab – der Fall Manfred G, S. 8/47.

51 Siehe auch Popper'sche Falsifikation.

52 Gubi-Kelm/May/Schmitt/Bitzigeio/Rick/Püschel: Interdisziplinäre Betrachtung eines Mordes, den es nicht gab – der Fall Manfred G, S. 8/47; Gubi-Kelm/May/Gundlach/Rick/Püschel, Der Fall Rudolf R. – eine interdisziplinäre Analyse, Archiv für Kriminologie 2023, S. 3 und 15/39.

53 Gubi-Kelm/May/Gundlach/Rick/Püschel, Der Fall Rudolf R. – eine interdisziplinäre Analyse, Archiv für Kriminologie 2023, S. 13/39

54 Gubi-Kelm/May/Schmitt/Bitzigeio/Rick/Püschel: Interdisziplinäre Betrachtung eines Mordes, den es nicht gab – der Fall Manfred G, S. 9/47.

55 Gubi-Kelm/May/Gundlach/Rick/Püschel, Der Fall Rudolf R. – eine interdisziplinäre Analyse, Archiv für Kriminologie 2023, S. 14/39.

57 Gerade bei der Analyse nachgewiesener **Fehlurteile** zeigt sich regelmäßig, dass Ermittlungsverfahren nicht ergebnisoffen geführt wurden und die Kriminalpolizei und Staatsanwaltschaft (und nachfolgend das Gericht) sich oftmals vorschnell auf *eine* Verdachtshypothese zur Erklärung eines Sachverhalts fokussierten.[56] Hinzu kamen ggf. Tunnelblick, Bestätigungsfehler, geständnisorientierte Vernehmungen, die nicht-fundierte Einschätzung von Verhalten und Körpersprache und nicht (ausreichend) protokolierte (Vor)Gespräche.[57] Auch bei **Haftentscheidungen des Ermittlungsrichters** besteht die Gefahr, dass das Erfordernis einer kritischen Prüfung von Alternativhypothesen aus dem Blick gerät, wenn der Richter die im Haftbefehlsantrag niedergelegte und begründete polizeiliche und staatsanwaltliche Hypothese mit seiner Unterschrift (vorläufig) bestätigt.[58]

58 **Beispiel:** Gerade in strafrechtlichen Ermittlungsverfahren neigen Ermittler und Juristen wie aufgezeigt dazu, einen Sachverhalt von Anfang an einseitig (allein strafrechtlich im Sinne des Anfangsverdachts) zu bewerten. Wenn es bspw. um eine Anzeige einer vorgeblich gestohlenen Uhr geht, dann sollte nicht nur in Richtung Diebstahl gedacht und ermittelt werden. Es sollten von Anfang an Gegenhypothesen zum Diebstahl aufgestellt werden. Die Grundgegenannahme auf der Grundlage überprüfbarer Tatsachen, kriminalistischer Erfahrung oder zumindest naheliegenden, realitätsbezogenen Überlegungen wäre, dass die Uhr *nicht* gestohlen wurde. Hierfür gibt es eine Reihe von nicht nur denkbaren, sondern auch naheliegenden und daher von Anfang an aktiv zu ermittelnden Gründen. Der Besitzer/Eigentümer könnte – so banal es klingt – den Aufbewahrungsort schlicht vergessen haben. Es könnte ein Versehen/Irrtum vorliegen, z. B. dass jemand die Uhr fälschlicherweise mitgenommen/verlegt hat. Er könnte seine Uhr aber auch verliehen oder verkauft haben und einen Diebstahl vortäuschen. Er könnte auch versuchen, eine Versicherungsleistung mit einem angeblichen Diebstahl zu erschleichen. Wenn die Ermittlungen zur letztgenannten Hypothese ergeben, dass keine (Diebstahls)Versicherung besteht, dann wäre diese letzte Hypothese widerlegt. In alle anderen Richtungen müssten die Ermittlungen aktiv weitergedacht und geführt werden. Auch für das Verschwinden einer Person kann es vielfache Gründe geben, die von Anfang an mit zu berücksichtigen sind. Die Person kann ermordet worden sein. Sie kann aber auch gekidnappt und verschleppt worden sein. Sie kann aber auch freiwillig untergetaucht sein, sich verstecken. Sie kann einen Unfall gehabt haben, selbst oder durch Dritte verursacht. Sie kann Suizid begangen haben oder plötzlich krank und hilflos geworden sein. Gute Ermittler würden diese Thesen von Anfang an aktiv aufstellen und diesen Spuren von Anfang an aktiv nachgehen, investigativ denken und ermitteln. Ziel muss sein, die alternativen Szenarien zu widerlegen.

59 Ganz allgemein gesprochen wird man in einem ersten Schritt Hypothesen und schlicht **Gegenhypothesen** aufstellen (schuldig – unschuldig; Uhr wurde gestohlen – Uhr wurde *nicht* gestohlen). Mit der Gegenhypothese im Blick werden naheliegenden (Sub)Hypothesen gebildet, je nach zu untersuchendem Sachverhalt. Dabei können Kategorien wie absichtliche Fremdhandlungen und -einwirkung (z. B. Straftat), selbstschädigende Eigenhandlungen, freiwillige Eigenhandlungen (ohne Schadensereignis), Unfallgeschehen, Notfälle, natürliche Ursachen, unbeabsichtigte Ereignisse, Missverständnis oder Irrtum u. v. m. abgeprüft werden.

---

56 Gubi-Kelm/May/Schmitt/Bitzigeio/Rick/Püschel: Interdisziplinäre Betrachtung eines Mordes, den es nicht gab – der Fall Manfred G, S. 7/47 und 16/47 ff.

57 Gubi-Kelm/May/Schmitt/Bitzigeio/Rick/Püschel: Interdisziplinäre Betrachtung eines Mordes, den es nicht gab – der Fall Manfred G, S. 19 und 20/47.

58 Gubi-Kelm/May/Schmitt/Bitzigeio/Rick/Püschel: Interdisziplinäre Betrachtung eines Mordes, den es nicht gab – der Fall Manfred G, S. 19 und 28/47.

Beispiel zu Ermittlungen wegen Einbruchsdiebstahl:[59] In der vergangenen Nacht wurde in einen Zeitungsladen eingebrochen, wobei eine der Scheiben zu Bruch ging. Auf der *Innenseite* einer Glasscherbe (des Fensters) hat die Polizei einen Fingerabdruck eines bereits verurteilten Einbrechers namens Billy John gefunden und sichergestellt. Der Fingerabdruck an der Innenseite lässt den Schluss zu, dass Herr Billy John im Zeitungsladen war, er könnte darauf hindeuten, dass Herr John der Einbrecher gewesen sein könnte. Der erste Schritt im Rahmen der Planung der Befragung/Vernehmung besteht u. a. darin herauszufinden, wie Johns Fingerabdruck auf andere Weise als der abzuklärende Einbruch auf die Innenseite der Glasscheibe gelangt sein könnte. Mit anderen Worten: Gibt es plausible alternative Erklärungen? Die gibt es, und Ermittler müssen diese vor der Befragung herausfinden: Könnte Herr John einige Zeit vor dem Einbruch in dem Geschäft gewesen sein und dort seinen Fingerabdruck hinterlassen haben? Ist er zum Beispiel ein regelmäßiger Kunde dort? Hat er dort Lieferungen getätigt? Hat er dort jemals Wartungsarbeiten durchgeführt? Könnte Herr John kurz nach dem Einbruch am Tatort angekommen sein und die Glasscheibe berührt haben? Hat er jemals für einen Fenster- oder Glashersteller gearbeitet? Es gibt viele alternative Erklärungen, und um eine gute Befragung/Vernehmung zu gewährleisten, sollten alle diese Alternativen in der bevorstehenden Befragungen mit Herr John bzw. durch begleitende Ermittlungen erkundet werden, sie sollten und müssen Gegenstand der Untersuchung, des Vernehmungsplans sein. 60

Weiteres Beispiel:[60] Ein Polizeibeamter auf Streife beobachtet einen nicht identifizierten Mann, der mit einem großen Flachbildfernseher aus einem Reihenhaus kommt. Der Streifenbeamte kennt den Eigentümer des Reihenhauses, und dieser Mann war nicht er. Das erregt Verdacht, und der Beamte spricht den Mann an, um zu prüfen, ob es sich um einen laufenden Einbruch oder Diebstahl handeln könnte. Primäre Überlegungen: Was sind: a) der Anfangsverdacht? b) die Beweise? c) die alternativen Erklärungen für die Beweise und d) die Ziele des Gesprächs? Der Anfangsverdacht lautet Diebstahl. Der Beweis ist die Beobachtung eines Mannes, der (laut Aussage des Streifenbeamten) nicht im Haus wohnt und einen Fernseher aus dem Haus trägt. Die alternativen Erklärungen für einen laufenden Diebstahl sind: Alt. 1) Der Mann wohnt (doch/neuerdings) in dem Haus und der Fernseher gehört ihm. Alt. 2) Der Mann wohnt nicht in dem Haus, aber er holt den Fernseher rechtmäßig ab (er wurde verkauft, vermietet, ausgeliehen, verschenkt oder er bringt den Fernseher zur Reparatur). Dies sind nur einige Beispiele, und es kann auch andere gute Erklärungen dafür geben, warum der Mann in diesem Fall einen Fernseher bei sich trägt. Ziel der Befragung ist es, zu prüfen, ob es einen plausiblen, überprüfbaren und rechtmäßigen Grund gibt, warum der Mann den Fernseher aus dem Haus trägt. Wenn der Anfangsverdacht richtig ist, sind diese anderen (alternativen) Erklärungen falsch. Indem die alternativen Erklärungen ausgeschlossen werden, verringert man auch die Wahrscheinlichkeit, dass der Verdächtige diese zu einem späteren Zeitpunkt während der Ermittlungen oder vor Gericht fälschlicherweise angibt. 61

Eine investigative Denkweise ist ein **Geisteszustand** oder eine Einstellung, die Befragungspersonen im Laufe der Zeit insbesondere durch Schulung und Training[61] entwickeln müssen, um rationalisiert und methodisch vorzugehen und 62

59 Sinngemäß aus dem Manual on Investigative Interviewing for Criminal Investigation (UN-Handbuch zur Befragung von Ermittler), Stand Februar 2024 (Englisch), Seite 39 ff.

60 Fall und Hypothesenbildung aus Manual on Investigative Interviewing for Criminal Investigation (UN-Handbuch zur Befragung von Ermittler), Stand Februar 2024 (Englisch), S. 35

61 Prinzipien zu effektiven Vernehmungen für Ermittlungen und Informationssammlungen („Méndez-Prinzipien"), Prinzip 4.

um alle relevanten Elemente eines (Ermittlungs-)Prozesses konsistent abzudecken. Die Anwendung dieser investigativen Technik ist internationaler **Mindeststandard** und muss es auch in Deutschland sein. Die Notwendigkeit dieser Denke ist empirisch untersucht und wissenschaftlich belegt. Nur so kann die Wahrscheinlichkeit verringert werden, dass Befrager voreilige Entscheidungen treffen und persönliche Voreingenommenheit entwickeln, die häufig als DIE Ursache für **Justizirrtümer** genannt wird.[62] Und von einem Justizirrtum kann nach Auffassung der Verfasser bereits dann gesprochen werden, wenn nicht in jeder Hinsicht die allein zutreffenden Tatsachen und die allein zutreffenden Beweise einer Entscheidung zugrunde gelegt werden und alle zeitglich alle anderen relevanten Hypothesen widerlegt wurden. Von diesem Denken ist eine Vernehmung und deren Technik geprägt sein, weil es insgesamt um die Suche nach der Wahrheit geht.

63 **4.1.3.2 Hypothesenbildung im Gerichtsprozess und Urteil.** Die **Grundstruktur der Hypothesenbildung** – vorläufig, prüfbar, alternativorientiert, rational begründet – ist nicht exklusiv für strafrechtliche Ermittlungen, sondern ein allgemeines methodisches Prinzip juristischer Tatsachenfeststellung und Überzeugungsbildung (Was spricht für Version A, was gegen Version B?) **in allen Rechtsgebieten.** Ihre Ausgestaltung variiert, aber ihre Bedeutung wächst mit dem Maß an Unsicherheit im Sachverhalt.

64 Die methodische Offenheit und hypothesenorientierte Denkweise sind nicht ausschließlich Aufgaben der Ermittlungsbehörden, sondern betreffen auch die **richterliche Aufklärungspflicht im Strafverfahren.** Nach § 244 Abs. 2 StPO ist der Strafrichter verpflichtet, von Amts wegen alle zur Wahrheitsermittlung erforderlichen Beweise zu erheben. Anders als im Zivilprozess ist er dabei nicht auf das Vorbringen der Verfahrensbeteiligten beschränkt, sondern zur eigenständigen Aufklärung verpflichtet. Zwar ist der Strafrichter an den Verfahrensgegenstand gemäß § 264 StPO gebunden, nicht jedoch an eine bestimmte Interpretation der Anklagehypothese. Vielmehr ist er gehalten, die im Ermittlungsverfahren entwickelten Annahmen kritisch nachzuvollziehen, auf ihre Tragfähigkeit zu prüfen und – sofern erforderlich – durch eigene Überlegungen zu erweitern. Der Maßstab ist dabei nicht die Bestätigung einer These, sondern die **kritische Prüfung aller in Betracht kommenden Erklärungsmodelle.** Durch die Ermittlungen wird bereits die eine oder andere, zu Beginn noch formulierte Hypothese endgültig widerlegt worden sein. Die Aufgabe des Gerichts bereits im strafrechtlichen Zwischenverfahren muss stets sein, die Hypothesen der Ermittlungsbehörden nachzuvollziehen und zu überprüfen, insbesondere auf Vollständigkeit und auch mit Blick auf die Frage, ob naheliegende, in Konkurrenz zur Anklage stehende Hypothesen durch Ermittlungen in ausreichendem Umfang widerlegt wurden. Gerade auch nachgewiesene Fehlurteile und deren Aufarbeitung zeigen, dass es im Laufe des Strafverfahrens immer schwieriger wurde, von einem einmal entstandenen, durch die Anklage gezeichneten Bild abzuweichen. Die Richter waren im „Tunnel“. So konnten auch hier Verzerrungen im vorgenannten Sinn gefunden werden, die systematisch die Selbstbestätigung einer generierten Hypothese begünstigen.[63] Hinter jedem Fehlurteil mögen fehlerhafte Ermittlungen stecken. Letztlich waren es aber Richter, die einen Sachverhalt zur Grundlage ihrer Entscheidung gemacht und den Fall (im Sinne der Anklage) entschieden haben. Die aktive Hypothesenbildung durch das Gericht ist auch deshalb geboten, weil sonst droht, dass zur Anklage konkurrierende, aber naheliegende Hypothesen erst *nach* Eröffnung des Hauptverfahrens und Zulassung der Anklage aufgeworfen und durch Ermittlun-

62 Manual on Investigative Interviewing for Criminal Investigation (UN-Handbuch zur Befragung von Ermittler), Stand Februar 2024 (Englisch), S. 35

63 Gubi-Kelm/May/Gundlach/Rick/Püschel, Der Fall Rudolf R. – eine interdisziplinäre Analyse, Archiv für Kriminologie 2023, S. 15 ff./39.

gen erst in *laufender* Hauptverhandlung überprüft werden können. Dieses **Problem defizitärer, ggf. einseitiger bzw. jedenfalls unvollständiger Ermittlungen** taucht in der Praxis durchaus auf. Zu denken ist hierbei auch etwa an Ermittlungs"ergebnisse", die – bspw. in (wirtschaftsstrafrechtlichen) Umfangsverfahren – auf Grundlage nur schriftlicher Zeugenbefragungen fußen, aber zentrale Rollen für den Vorwurf spielen (etwa: (Anlage)Betrugsverfahren: Täuschung/Irrtum, schriftliche Befragungen (einer Vielzahl) von Geschädigten). Allein schriftliche/verschriftlichte Äußerungen von Zeugen – zu halbwegs komplexen Sachverhalten – sind stets defizitär im Vergleich zu einer persönlichen, selbst durchgeführten Befragung. Die Beweiswürdigung beruht in der Regel auf einer unsicheren Tatsachengrundlage.[64] Nicht selten fördert die erste persönliche Vernehmung in einer Hauptverhandlung neue und wichtige Aspekte zu Tage, die den angeklagten Sachverhalt in anderem, strafrechtlich nicht oder zumindest weniger relevantem Licht erscheinen lassen. In solchen Situation wäre bereits im Zwischenverfahren zu überlegen (gewesen), ob naheliegende alternative Hypothesen in ausreichendem Maß als widerlegt angesehen werden können oder ob **Nachermittlungen im Zwischenverfahren** (hier persönliche Vernehmungen, zumindest in repräsentativen Stichproben) zu veranlassen sind (waren).

In der gerichtlichen Beweiswürdigung kann sich die Überzeugung von einzelnen **65**
Tatbestandsmerkmalen – etwa der Täterschaft oder des Vorsatzes – im Ergebnis auf die Widerlegung alternativer Deutungen/Thesen auswirken. Im Zentrum richterlicher Überzeugungsbildung steht daher oftmals die **Bewertung der** Spuren und **Beweismittel.** Diese darf sich nicht auf die Frage beschränken, ob ein Beweismittel zur Anklagehypothese „passt". Vielmehr ist zu prüfen, ob sich das betreffende Beweismittel auch **alternativ interpretieren lässt**, etwa im Sinne eines abweichenden, entlastenden oder sogar straflosen Sachverhalts. Die richterliche Sachverhaltsaufklärung wird dadurch von einem bloß bestätigenden Vorgehen zu einem strukturiert hinterfragenden Erkenntnisprozess. Eine solche **hypothesenbewusste Denkhaltung** schützt nicht nur vor Bestätigungsfehlern und kognitiver Voreingenommenheit – sie ist zugleich Ausdruck eines an rechtsstaatlichen Maßstäben orientierten Strafverfahrens. Sie stellt sicher, dass sich die gerichtliche Überzeugung nicht aus bloßen Plausibilitätsannahmen speist, sondern aus einer methodisch fundierten, nachvollziehbar begründeten Auseinandersetzung mit allen in Betracht kommenden Sachverhaltsvarianten. Die Ausführungen gelten entsprechend für **Gerichtsverfahren**, die ebenfalls von Grundsatz der **Amtsaufklärung** geprägt sind (§ 26 FamFG, § 86 Abs. 1 VWGO, § 103 SGG, § 76 Abs. 1 FGO).

In Teilen wird der **Zivilprozess** durch den **Beibringungsgrundsatz** geprägt: Es **66**
obliegt den Parteien, die für die gerichtliche Entscheidung maßgeblichen Tatsachen vorzutragen und – soweit streitig – zu beweisen (§ 138 ZPO). Das Gericht ist in diesen Fällen grundsätzlich darauf beschränkt, seine Entscheidung auf die vorgetragenen Tatsachen und die dazu erhobenen Beweise zu stützen. Eine amtswegige Sachverhaltsermittlung, wie sie etwa dem Strafprozess eigen ist (§ 244 Abs. 2 StPO), findet im Zivilverfahren nicht statt. Dies bedeutet jedoch nicht, dass das Gericht seinerseits lediglich als passiver Empfänger von Parteivortrag fungiert. Vielmehr ist es im Rahmen der **freien Beweiswürdigung** (§ 286 ZPO) verpflichtet, sich eine Überzeugung auf Grundlage des gesamten Inhalts der Akten, der mündlichen Verhandlung und der erhobenen Beweise zu bilden. Diese richterliche Überzeugungsbildung erfordert eine methodisch strukturierte und zugleich unvoreingenommene Auseinandersetzung mit dem Tatsachenstoff – und damit auch die Berücksichtigung denkbarer Alternativdeutungen innerhalb des Parteivorbringens. Auch wenn das Gericht keine eigenen Sachverhaltskons-

64 BVerwG Urt. v. 28.9.2022 – 2 A 17.21 für nur schriftlich vorliegenden Zeugenaussagen im Disziplinarverfahren, wenn es um die Beurteilung der Glaubhaftigkeit seiner Aussagen geht.

truktionen und Hypothesen über nicht vorgetragene Geschehensabläufe entwickeln darf, muss es doch alle innerhalb des Parteivortrags und der Beweislage in Betracht kommenden Varianten des Geschehens in die Würdigung einbeziehen. Deshalb besteht die Aufgabe nicht darin, neue hypothetische Sachverhalte zu ermitteln, sondern zu prüfen, ob die angebotenen Beweismittel eindeutig für oder gegen eine bestimmte Tatsachendarstellung sprechen oder ob sie auch andere, mit dem Prozessstoff vereinbare Interpretationen zulassen. Ein einseitiges Denken entlang einer zunächst plausibel oder überzeugend erscheinenden Version birgt auch im Zivilverfahren die Gefahr voreiliger Schlüsse und kognitiver Verkürzungen (z. B. Bestätigungsfehler etc.). Um solchen Denkfehlern vorzubeugen, ist eine strukturierte und nachvollziehbare Beweiswürdigung unerlässlich. Dazu gehört:

- die Prüfung, ob die Darstellung einer Partei mit den vorgelegten Beweismitteln konsistent ist,
- die Reflexion darüber, ob die Beweismittel auch alternative Interpretationen innerhalb des Prozessstoffs ermöglichen,
- und schließlich eine Gesamtabwägung, ob die dargelegte Version den Anforderungen an eine richterliche Überzeugung im Sinne des § 286 ZPO genügt.

67 Die richterliche **Unvoreingenommenheit** zeigt sich dabei vor allem in der gleichmäßigen Distanz zu beiden Parteien, in der Vermeidung vorschneller Zuschreibungen und in der Bereitschaft, auch im späteren Verfahrensverlauf neue Deutungen zuzulassen, soweit sie im Tatsachengerüst angelegt sind. Zwar entfällt im Zivilprozess die gerichtliche Pflicht zur umfassenden Sachverhaltsermittlung, doch folgt aus dem Gebot fairer, objektiver und rational begründeter Entscheidungsfindung, dass das Gericht alle plausiblen Deutungsoptionen des Parteivorbringens angemessen in seine Würdigung einbezieht. Die Fähigkeit zur kritischen Prüfung konkurrierender Sachverhaltsdeutungen ist damit auch im Zivilprozess ein zentrales Element methodisch kontrollierter richterlicher Rechtsfindung.

68 Die Hypothese spielen damit nicht nur für die richterliche Tätigkeit, sondern auch für die erforderliche Darstellung der richterlichen Überzeugung in einem **Urteil** eine wichtige Rolle. Die **Beweiswürdigung** muss **vollständig** sein, zur Erleichterung der Selbstkontrolle, aber auch der Überprüfung durch das Revisionsgericht. Die Urteilsgründe müssen dafür erkennen lassen, dass das Tatgericht nicht nur die für den Schuldspruch bedeutsamen Beweise erschöpfend gewürdigt, dass es die entscheidungserheblichen Umstände erkannt, in seine Überlegungen einbezogen und in eine umfassende Gesamtwürdigung eingestellt hat. Eine Beweiswürdigung, die Feststellungen nicht in Betracht zieht, welche geeignet sind, die Entscheidung zu beeinflussen, oder **naheliegende Schlussfolgerungen**, nicht erörtert, ist rechtsfehlerhaft. Ein Tatgericht ist von Rechts wegen gehalten, sich mit konkret in Frage kommenden **Sachverhaltsvarianten** (Hypothesen) und möglichen **Alternativen** im Urteil auseinander zu setzen, wenn hierfür Anhaltspunkte bestehen.[65] Diese müssen erörtert werden, um revisionsrechtlich Bestand zu haben. Dies gilt in besonderem Maß bei der Würdigung von **Indizien**. Denn es ist gerade deren Wesensmerkmal, dass sie isoliert betrachtet keine zwingenden Schlüsse zulassen, sondern ihren Beweiswert erst im Rahmen einer Gesamtwürdigung aller für und gegen eine Annahme sprechenden Gesichtspunkte und unter Einbeziehung naheliegender alternativen Schlussfolgerungen gewinnen.[66]

---

65 BGH, Beschl. v. 13.5.25 – 1 StR 169/25, BGH, Beschl. v. 26.8.2025 – 4 StR 255/25.

66 BGH, Beschl v. 20.2.2024 – 2 StR 283/23; BGH, Besch. v. 26.6.2024 – 1 StR 176/24; BGH, Urt. v. 22.11.2006 – IV ZR 21/05; BGH, Urt. v. 7.11.2024 – III ZR 79/23.

4.2 Organisatorische Planung

Zur organisatorischen Planung gehört zunächst die zeitliche Planung. Insoweit kann an dieser Stelle auf den nachfolgenden Punkt „Zeit und Geduld“ verwiesen werden, womit das zeitliche Fenster, also der Zeitpunkt, die Termindauer und Pausen für eine Befragung beleuchtet wird. Für eine Vernehmung sollte ein störungsfreies Vernehmungszimmer zur Verfügung stehen. Auch sonst sind bei der organisatorischen Planung Aspekte wie Sitzordnung[67], Anwesenheitsrecht, Lichtverhältnisse, Protokollierung und Aufzeichnung, funktionstüchtige Technik, ggf. Aufnahmeumgebung, Organisieren von Verpflegung, Dolmetscher, Stifte und Papier, Sicherheitsmaßnahmen und Schutzmaßnahmen u. v. m. im Blick zu halten. Bei mehreren Vernehmungen gehört auch die Festlegung der Reihenfolge der Vernehmung zur organisatorischen Planung. 69

4.2.1 Sitzordnung. Ein Teil der organisatorischen Planung betrifft – soweit möglich – auch die Sitzordnung. Manche Sitzordnungen, wie im Gerichtssaal, können zwar nicht verändert werden. Das nachfolgende Bild[68] zeigt aber eine gute Sitzordnung für eine außergerichtliche Befragung, da sie nicht viel Platz benötigt und sich leicht in Bezug auf Abstände und Winkel anpassen lässt. Auf dem kleinen Tisch können Getränke, Stifte oder Papier abgelegt werden. Der ideale Abstand zwischen den Stühlen/Personen für ein effektives Gespräch hängt von der jeweiligen Kultur und dem Kontext ab. Untersuchungen zeigen aber, dass er bei persönlichen Gesprächen zwischen 0,5 und 1,5 Metern liegen sollte. Die Befragungsperson sollte es vermeiden, der Auskunftsperson direkt gegenüber zu sitzen, da dies unweigerlich zu ständigem Blickkontakt zwingt, was nicht nur unangenehm sein, sondern auch die Konzentration, den geistigen Fokus (einschließlich der Fähigkeit, sich an Informationen zu erinnern) und die Flexibilität sowohl des Befragten als auch des Interviewers beeinträchtigen kann. 70

Sehr gut können auch größere **runde Tisch** sein. Diese bieten den Vorteil, dass man dort mit der Auskunftsperson besser arbeiten kann, ihr besser die Möglichkeit zum Zeichnen geben kann, dort insgesamt Informationen besser präsentiert werden können.

4.2.2 Zeit und Geduld. Eine gute Befragung braucht ausreichend Zeit und Geduld der Befragungsperson. Eine aus Zeitgründen ungeduldige Befragungsperson setzt die Auskunftsperson unter Stress. Das kann dazu führen, dass die Auskunftsperson Teile, die sie für weniger wichtig hält, die für die Ermittlungen aber durchaus bedeutsam sein können, weglässt. Eine gute Befragung wird daher – soweit dies die Umstände zulassen – nur mit einem ausreichend bemessenen Zeitfenster für die Befragung gelingen. Nur dadurch erhält die Auskunftsperson die Möglichkeit, ohne Zeitdruck im Zusammenhang ihren **Bericht** abzugeben, 71

67 Zur Sitzordnung, siehe auch nachfolgend Sitzordnung.

68 Bild und Text aus Manual on Investigative Interviewing for Criminal Investigation (UN-Handbuch zur Befragung von Ermittler), Stand Februar 2024 (Englisch), S. Seite 38

nur dadurch erhält die Befragungsperson die Möglichkeit, zusammen mit der Auskunftsperson ohne Zeitdruck alle **Fragen** (in der Klärungsphase) „abzuarbeiten“. Ausreichend bemessene Zeit ermöglicht auch auf unerwartete Situationen angemessen reagieren und gegebenenfalls zunächst nicht im Blick Gewesenes oder (scheinbare) Nebensächlichkeiten (im Hinblick auf Detailtreue etc.) ausreichend thematisieren zu können und ggf. erforderliche Sub-Hypothesen aufstellen zu können. Zeit gibt der Befragungsperson die Möglichkeit darauf zu bestehen, dass ihre **Frage** – vom Zeugen – auch wirklich beantwortet wird. Denn aus Sicht der Befragungsperson muss jeder Punkt, jede Frage abschließend zu Ende gebracht worden sein, ehe neue erörtert werden. Nur aus befragungstaktischer Sicht sollte hiervon abgewichen werden, wobei der Punkt/die Frage jedenfalls zu einem späteren Zeitpunkt zum Ende gebracht werden muss. Ein ausreichend bemessenes Zeitfenster ermöglicht auch Pausen zu machen. Gerade nach bzw. während längeren Befragungen und Fällen von Vulnerabilität[69] – muss jedenfalls an ausreichende **Pausen** gedacht werden. Oft reicht auch schon allein die Rückfrage bei den Beteiligten, ob eine solche notwendig sei. Auch dies wirkt sich für die Auskunftsbereitschaft vorteilhaft aus und sorgt für “gute Stimmung“.

72 Aus **Anwaltssicht** bietet sich ggf. im Vorfeld einer gerichtlichen Vernehmung die Kontaktaufnahme mit dem Richter an, um dem Richter frühzeitig zu ermöglichen, ein **ausreichendes**, aus Anwaltssicht gebotenes **Zeitfenster** einzuplanen. Andernfalls droht Zeitnot, mangelnde Aufklärung, ein verärgerter und sich in Zeitnot befindender Richter, der vielleicht seine Vorurteile bestätigt sieht, dass der Anwalt ärgern und Schwierigkeiten bereiten will, der Anwalt daran verdient, dass er das Verfahren verlängert („aufplustert“).[70]

4.3 Mentale Planung

73 Manche Fälle bedürfen auch einer **mentalen Planung/Vorbereitung**. Das bedeutet, sich psychologisch auf das Gespräch vorzubereiten. Man sollte sich mindestens kurz überlegt haben, wie man den Gesprächspartner am besten trifft und begrüßt, wie man die Situation professionell handhaben und den Interviewplan optimal umsetzen kann. Flexibilität ist wichtig, da unerwartete Ereignisse im Verlauf des Gesprächs auftreten können. Manchmal müssen ursprüngliche Pläne angepasst, muss man schnell auf neue und unerwartete Informationen reagieren. Hierzu sollten verschiedene Szenarien vorhergesehen und entsprechend geplant werden. Beispielsweise könnten die Befragten Verantwortung abstreiten, Geständnisse ablegen, die Zusammenarbeit verweigern oder schweigen. Es ist notwendig, dass die Befrager darauf vorbereitet sind! Der Fokus sollte darauf liegen, die Beziehung zu wahren und ein gutes Umfeld zu schaffen und zu erhalten, das dem Ziel dient, relevante, genaue und zuverlässige Informationen zu bekommen. In manchen Fällen wird es auch erforderlich sein, sich der eigenen Emotionen bewusst zu sein und zu wissen, wie diese kontrolliert werden, um den Gesprächsverlauf nicht zu beeinträchtigen. Wenn es während der gesamten Vernehmung nicht möglich wird, ruhig und selbstkontrolliert zu agieren, dann sollte ein anderer Vernehmer übernehmen.[71] Denn unter solchen Umständen wird auch eine gute Beziehung, ein Rapport[72] kaum möglich sein.

---

69 Siehe Macht(un)gleichgewicht – Vulnerabilität – Kinder, etc. Rn. 317.

70 Siehe Vorurteile Rn. 209.

71 Prinzipien zu effektiven Vernehmungen für Ermittlungen und Informationssammlungen („Mendez-Prinzipien“), Absatznummer 104.

72 Siehe Einstieg und Beziehungsaufbau (Rapport) Rn. 76.

4.4 Checkliste Planung

Die folgenden Fragen und Überlegungen können als **Checkliste**[73] dienen und die Grundlage für die Planung einer Befragung bilden: **74**

1. Wer muss befragt werden, von wem, in welcher Reihenfolge?
2. Was ist über die befragte Person bekannt?
3. Wurde die Person schon einmal zum Sachverhalt befragt?
4. Was sind die Fakten, was die Beweise?
5. Was sind die Ziele der Befragung?
6. Gibt es (dringende) zusätzliche Informationen, die eingeholt werden müssen/können?
7. Ist die befragte Person physisch und psychisch in der Lage, ein Interview zu führen?
8. Was sind die organisatorischen Vorbereitungen für die Befragung (Ort, Räumlichkeit, Zeitpunkt, die Termindauer und Pausen, Sitzordnung, Anwesenheitsrecht, Protokollierung und Aufzeichnung, funktionstüchtige Technik, ggf. Aufnahmeumgebung, Verpflegung, Dolmetscher, Stifte und Papier, Sicherheitsmaßnahmen und Schutzmaßnahmen u. v. m.)?
9. Stimmt die mentale Vorbereitung für dieses Gespräch?

Für Befragungen von Verdächtigen (V)/Beschuldigten (BS)[74] zusätzlich: **75**

1. Was ist der Tatverdacht? Was sind die bisherigen Erkenntnisse zum Sachverhalt?
2. Was sind die Beweise hierzu? Wann und wie werden diese ggf. präsentiert werden?
3. Wie können die Beweise durch die Aussage des V/BS erhärtet oder widerlegt werden?
4. Was sind mögliche (auch nicht strafbare) Sachverhalts-Alternativen? Wurden alle möglichen (anderen) Erklärungen für die Beweise identifiziert und diese auch zum Befragungsziel erklärt?
5. Sollte die Befragung des V/BS sofort stattfinden oder warten, bis weitere Informationen über die Straftat vorliegen?
6. Wurde der V/BS zuvor schon einmal zum Sachverhalt befragt?
7. Gibt es noch andere V/BS?

Die Verwendung einer solchen „Checkliste“ empfiehlt sich immer, egal auf welcher Seite man steht.

5. Einstieg und Beziehungsaufbau (Rapport) (PEEKAA)

Die zweite Phase im PEEKAA- Modell[75] betrifft nach der Planung den Einstieg und Beziehungsaufbau („**Rapport**“). Viele Befragung von Auskunftspersonen im (außer-)forensischen Bereich haben das Ziel, wahre und irrtumsfreie Angaben zu erhalten bzw. solche Geschehensschilderungen, die sich (durch eine Inhalts-Struktur- und Konstanzanalyse mit Blick auf den gesamten Prozess der Informationserhebung) ausreichend gut auf Wahrheit und Irrtumsfreiheit überprüfen lassen und Raum für Gegenprüfungen bietet. Solche Schilderungen erlangt man am ehesten, wenn sich die Auskunftsperson möglichst **„wohl“ fühlt**. Es leuchtet im Sinne der Wahrheitsfindung unmittelbar ein, dass zwischen der Befragungs- und der Auskunftsperson ein die Befragung begünstigendes Klima, eine gute Stimmung, herrschen sollte. Wenn die Auskunftsperson sich unwohl fühlt, dann will sie aus der Situation raus, will möglichst schnell weg, will wenig sagen. Die Befragungsperson muss sich also in vielfacher Hinsicht um die Auskunftsperson **76**

73 Siehe auch Manual on Investigative Interviewing for Criminal Investigation (UN-Handbuch zur Befragung von Ermittler), Stand Februar 2024 (Englisch), Seite 41.

74 Siehe auch unten Vernehmung Beschuldigtenbelehrung Rn. 347.

75 Siehe oben, Prozess der Vernehmung: PEEKAA Rn. 32.

bemühen, es bedarf einer **guten und vertrauensvollen Beziehung**. Speziell für Polizisten kann das mitunter Perspektivwechsel bedeuten. Im präventiv-polizeilichen Bereich herrscht mitunter ein Law-and-Oder: Ich sag – Du machst. Das ist mitunter notwendig, um Sicherheit und Ordnung zu gewährleisten. In Vernehmung gilt ein gänzlicher anderer Ansatz.

77 Der Aufbau einer Beziehung ist für eine wirksame Informationsbeschaffung von wesentlicher Bedeutung. Rapport ist ein forschungsbasiertes Element, das sich in verschiedenen Settings und Stichproben bei Befragungen wiederholt als wirksam erwiesen hat. Die Forschung hat gezeigt, dass der Grad der hergestellten Beziehung in direktem Zusammenhang mit der Menge an untersuchungsrelevanten Details steht, die in realen Interaktionen gewonnen werden. Insgesamt verbessern evidenzbasierte Befragungstechniken, -taktiken und -elemente nachweislich die Fähigkeit von Befragungspersonen, **genaue Informationen**, einschließlich zuverlässiger Geständnisse, zu erlangen.[76] Forschungsarbeiten zeigen auch, dass ein erheblicher Teil schuldiger Beschuldigter durchaus dazu bereit ist, eine genaue Aussage zu machen und sogar sofort Angaben zu machen, ggf. zu gestehen, je mehr Wertschätzung (z. B. aktives Zuhören) und je weniger dominantes Verhalten (z. B. Ungeduld oder Einschüchterung) sie erfahren.[77] Andere Beschuldigte sind hingegen unentschlossen, wenn sie zur Vernehmung geladen werden. Aggressive, feindselige oder beleidigende Befrager laufen Gefahr, Beschuldigte dazu zu bringen, nicht zu kooperieren und keine Informationen zu liefern.[78]

78 Rapport ist dabei vielschichtig. Er bringt zum einen eine **persönliche Einstellung** zum Ausdruck, zum anderen **prägt** und beeinflusst er (dadurch) den **Ablauf der Befragung**. Rapport beginnt beim ersten Kontakt (mit der Auskunftsperson) und muss während der gesamten Interaktion aufrechterhalten werden. Rapport beginnt weit vor der „eigentlichen" Befragung und wirkt weit nach dem Abschluss der Befragung nach.

79 Im Rahmen von Beschuldigtenvernehmungen hat sich gezeigt, dass es wichtig ist, dass die Befragungsperson die **Autonomie der Verdächtigen** und **Beschuldigten akzeptieren** und den Befragten als Mensch respektvoll behandeln. Das Erreichen von gegenseitigem Respekt und Vertrauen ist der Schlüssel zum Aufbau und zur Aufrechterhaltung der Beziehung während der Interaktion. Für eine Befragung bedeutet Rapport daher **ehrliches Interesse** an der „Geschichte des anderen", an seinen Bewegründen, Motiven, Gefühlen und Wertvorstellungen, Interesse an allem, was er „zur Sache" zu sagen hat. Es geht dabei auch um gegenseitigen **Respekt** und damit **Vertrauen** in die Integrität des Prozesses. Hinzukommen von Seiten der Vernehmungsperson eine **nicht wertende Einstellung**, eine nicht aggressive Körpersprache, einen möglichst **angenehmen Tonfall**, **Aufmerksamkeit** und **Geduld**.[79] Beim Aufbau eines Rapports geht es nicht darum, gutzuheißen, was der Beschuldigte ggf. getan hat. Es ist Aufgabe der Vernehmungsperson, so gut es geht, die Voraussetzungen dafür zu schaffen. Hierzu müssen alle die Auskunftsperson beeinflussenden negativen Faktoren (zunächst) so gering wie möglich gehalten werden. Wenn eine Vernehmungsperson hierzu nicht in der Lage ist, bspw. Ekel verspürt, Aggressionen hegt, dann muss sich diese hinterfragen, ob sie die richtige Person für die Befragung ist.

---

76 May, L./Fahsing, I./Kelly, C. E. Barela, S./Milne, R./Bull, R., What is investigative interviewing (and what is it not)? A primer on the ethos of suspect interviewing, Journal of Criminal Psychology (2025), Seite 6 von 17.

77 Schell-Leugers, J. M./Hittmeyer, N./Volbert, R./Tamm, A./Kassin, S., Polizeiliche Beschuldigtenvernehmung: Vernehmungspraxis der Sicht von Polizeibeamtinnen und -beamten in Deutschland, MschrKrim 2024; 107(2): 164, 165 m. w. N.

78 Die untersuchende Vernehmungstechnik, CTI Training Tools 1/2027, S. 5/12.

79 Prinzipien zu effektiven Vernehmungen für Ermittlungen und Informationssammlungen („Mendez-Prinzipien"), Absatznummer 106

Das Bemühen um Kontakt darf dabei nicht übertrieben werden. Zwischen den möglichen Extremen gibt es aber eine breite Spanne, innerhalb derer eine Befragung mit Anstand und mit Erfolg ablaufen kann. Diesen Gestaltungsspielraum gilt es von der Befragungsperson auszunutzen.

Die Vernehmenden sollen auf **keine vorgetäuschte „Freundschaft“** mit den zu befragenden Personen hinarbeiten.[80] Das Ziel besteht insbesondere nicht darin, allgemein freundlich und manchmal sogar anbiedernd zu sein, damit Verdächtige und Beschuldigte eine Aussage machen – irgendeine Aussage. Eine solche Denkweise würde zeigen, wie der Aufbau von Beziehungen in Manipulation umschlagen kann, um die eigenen „Interessen“ zu verfolgen. Es darf nicht vergessen werden, dass das Interesse der Befrager im Wesentlichen darin besteht, sachliche Informationen zu sammeln – und nicht in einer Verurteilung, und schon gar nicht in einer unrechtmäßigen. Vorgetäuschte Freundschaften manipulieren und laufen Gefahr, gegen das Recht der Verdächtigen, frei zu entscheiden, ob eine Aussage getätigt werden soll oder nicht, verstoßen könnte. Darüber hinaus sind solche manipulativen Verfahren nicht effektiv und widersprechen der Säule eines aktiv aufgeschlossenen Denkens.[81] **80**

Ein **eindrückliches** und **gutes Beispiel** erfolgreicher, untersuchender Vernehmung samt strukturierter Vernehmung und Aufbau eines **Rapports** ist die des norwegischen Attentäters **Anders Behring Breivik.**[82] Anders Behring Breivik (ABB) wurde am 22. Juli 2011 auf der Insel Utøya, Norwegen, verhaftet. Zuvor hatte er Anschläge im Stadtzentrum von Oslo und auf Utøya begangen. Von den schätzungsweise 325 Personen, die sich in Oslo in den Regierungsgebäuden und in der Umgebung aufhielten, erlitten mindestens 209 Personen durch die Explosion und die Trümmer körperliche Verletzungen und acht Personen kamen ums Leben. Von den 564 Personen auf der Insel wurden 67 Personen durch Schüsse getötet, eine Person starb bei einem Fluchtversuch von einer Klippe, eine Person ertrank bei dem Versuch wegzuschwimmen und mindestens 110 Personen erlitten verschiedene körperliche Verletzungen. Insgesamt gab ABB auf der Insel mindestens 186 Schüsse ab und hatte noch eine „beträchtliche Menge an Munition“ übrig. Kurz nach der Verhaftung und vor dem Verlassen der Insel wurde mit ABB eine kurze Vernehmung durchgeführt. Er gestand, die Taten als Akt der Selbstverteidigung gegen die Islamisierung Europas begangen zu haben. Dann fügte er hinzu, dass dies nur der Anfang einer größeren koordinierten terroristischen Operation sei. Er sagte: „Das ist erst der Anfang. Es ist wie ein Feuerwerk im Vergleich zu dem, was passieren wird, wenn Zelle zwei und drei aktiv werden.“ Die erste ausführliche Vernehmung von ABB fand am Tag nach der Tat statt und dauerte sieben Stunden. Diese Vernehmung führte eine erfahrene Ermittlerin der Mordkommission, die in der untersuchenden Vernehmung geschult war. Alle Kriminalbeamten in Norwegen absolvieren den landesweit vorgeschriebenen Kurs für Vernehmungen namens KREATIV (vergleichbar zur PEACE -Methode). ABB wurde beschuldigt, einen Bombenanschlag auf ein Regierungsgebäude und die Gewalttaten auf der Insel verübt zu haben, wobei 77 Menschen ums Leben kamen. ABB musste professionell und auf genau dieselbe Weise wie alle anderen Beschuldigten – beginnend mit einem Schwerpunkt auf **81**

80 Die untersuchende Vernehmungstechnik, CTI Training Tools 1/2027, S. 5/12.

81 May, L./Fahsing, I./Kelly, C. E. Barela, S./Milne, R./Bull, R. What is investigative interviewing (and what is it not)? A primer on the ethos of suspect interviewing, Journal of Criminal Psychology (2025), Seite 9 von 17; zu den Säulen der untersuchenden Vernehmung, siehe oben, untersuchende Vernehmung.

82 Die nachfolgenden Ausführungen stammen (nahezu wörtlich) aus May, L., Fashing, I., Milne, R., Gaedt, J., & Schneider, T: Die untersuchende Vernehmung als (internationale) Reaktion auf falsche Geständnisse: ein forschungsbasierter und praxiserprobter Vernehmungsansatz in Praxis der Rechtspsychologie 2022, S. 127 ff. „3. Die Anwendung der untersuchenden Vernehmung im Fall von Anders Behring Breivik“

81

Empathie und **Verständnis** – vernommen werden. Da anzunehmen war, dass die Vernehmungen lang und anstrengend sein würden, musste eine sichere und positive Kommunikationsatmosphäre aufgebaut werden. Deshalb suchte die Vernehmende Augenkontakt und bemühte sich um einen angenehmen Tonfall sowie eine einfühlsame und einladende Körpersprache (z. B. durch Händeschütteln, dem Beschuldigten zugewandt sitzen, verschränkte Arme vermeiden). ABB begann das Gespräch, indem er die Ermittlerin fragte, ob sie diejenige sei, der die Ehre zuteilwurde, den größten [Norweger] seit Quisling und dem Zweiten Weltkrieg zu vernehmen. Sie antwortete, dass ihre einzige Aufgabe darin bestehe, mit ihm zu reden und so viele korrekte und zuverlässige Informationen wie möglich zu sammeln. Nachdem sie eine **empathische und respektvolle Beziehung** aufgebaut hatte, erläuterte sie ihm den Fall, den Grund des Tatverdachts, seine Rechte, die Formalitäten, den Ablauf der Vernehmung, die erhöhten Sicherheitsvorkehrungen, die Audio-/Videoaufzeichnungen, das Vernehmungsteam sowie den geplanten Zeitrahmen für die Vernehmung. Als nächstes stellte sie bestimmte Gesprächsrichtlinien[83] auf, indem sie ABB sagte, (a) dass das, was er zu sagen habe, wichtig sei und er alles berichten und sich bemühen solle, nichts auszulassen; (b) dass wirklich alle Details wichtig seien und dass er nichts auslassen solle, auch wenn er glaube, dass einige Informationen für den zu untersuchenden Sachverhalt nicht relevant seien; (c) dass er sich konzentrieren müsse, weil es anstrengend sein könne, Erinnerungen abzurufen; (d) dass er sich frei fühlen solle das Wort zu ergreifen, wenn die Vernehmende eine Frage stelle, die er nicht verstehe oder auf die er die Antwort nicht kenne; (e) dass er mitteilen solle, wenn die Vernehmende etwas missverstehe oder eine Suggestivfrage oder andere unangemessene Fragen stelle. Die Ermittlerin gab ABB auch einen Ablaufplan für die Vernehmung, indem sie ihm die Bereiche erläuterte, über die sich die heutige Vernehmung erstrecken werde (Vernehmungsplan). Bevor die erste Vernehmung beginnen konnte, musste sich die Vernehmende außerdem vergewissern, dass ABB (a) körperlich und geistig fit[84] für die Vernehmung war, (b) seine Rechte in Bezug auf das Verfahren verstanden hatte, (c) bereit war, eine Vernehmung durchzuführen, (d) den Zweck und den Ablauf der Vernehmung verstanden hatte, (e) die Wichtigkeit von Details und eines freien ersten Berichts verstanden hatte, (f) verstanden hatte, dass sie oder die anderen Vernehmenden keine neuen Informationen aus den laufenden Ermittlungen einbringen würden, bis sein eigener erster freier Bericht abgeschlossen war, (g) verstanden hatte, dass die Vernehmungsprotokolle anschließend erstellt werden, und (h) keine weiteren Fragen hatte. Anschließend wurde ABB erstmals aufgefordert, frei zu erklären, warum er die Tat begangen hatte. Er schien sich **wohlzufühlen** und sprach in einer höflichen, natürlichen und offenen Art und Weise. Die Vernehmende verwendete hauptsächlich offene Aufforderungen und Fragen und themenbezogene Aufforderungen. Auf seine Äußerungen folgten **sachliche Rückmeldungen**. Dazu gehörten Elemente des aktiven Zuhörens wie Nicken, Hm-Laute oder das Wiederholen seiner letzten Worte. Außerdem machte sie sich Notizen. Dies entsprach genau dem, was vor Beginn der Vernehmung erklärt worden war. ABB schien sich durch diese **vorhersehbare und positive Kommunikationsatmosphäre** sicher und ermutigt zu fühlen. Die Vernehmende erlaubte ihm, Pausen zu machen, damit er sich konzentrieren und seine Erinnerungen abrufen konnte, ohne unterbrochen zu werden. ABB **redete viel** und hielt scheinbar keine Details oder bekannten Informationen zurück. Er sagte, er sei bereit, über 98 Prozent der ihm vorliegenden Informationen zu sprechen. Die Vernehmende hinterfragte dies zu diesem Zeitpunkt des Gesprächs nicht. Er sprach stundenlang und lobte die Vernehmende für ihre Professionalität. In seltenen Fällen erhielt die Vernehmende Ratschläge vom Verneh-

83 Siehe unten: Erster freier Bericht Rn. 117.
84 Siehe Macht(un)gleichgewicht – Vulnerabilität – Kinder, etc. Rn. 317.

mungsteam, das zugeschaltet war. Dies geschah in offener und transparenter Form und ABB hatte damit keine Probleme. Vermutlich waren die Vernehmungen dadurch effektiver, flüssiger und weniger zeitaufwendig. Später sagte ABB, er habe den Plan gehabt, der Polizei nicht alles zu sagen und habe zwei Prozent für sich behalten wollen. Aufgrund der respektvollen und professionellen Art und Weise, mit der er behandelt worden sei, habe er aber keinen Grund finden können, nicht mit den Ermittlern zusammenzuarbeiten. Insgesamt wurde er im Laufe der Zeit etwa 220 Stunden lang vernommen und das Protokoll umfasste mehr als 1200 Seiten. Das sind beeindruckende Zahlen und haben die Ermittlungen sehr gefördert; ohne Rapport wäre das undenkbar.

Das Bemühen um die Auskunftsperson hat zudem noch einen weiteren Hintergrund. 82 Das Bemühen um die Auskunftsperson soll die Entstehung von Stress verhindern oder mindestens abbauen. In vielen Untersuchungen wurde gezeigt, dass Erregung/Stress eine große Rolle für unsere kognitive **Leistungsfähigkeit** (Yerkes-Dodson-Gesetz)und die Fähigkeit spielt, Erinnerungen zu speichern und abzurufen.[85] Solcher Stress kann gerade auch in der oder durch die Vernehmungssituation entstehen. Die Ursachen können vielfältig sein und etwa in einer unvertrauten Umgebung und formalen Atmosphäre, falsche Vorstellungen über den Ablauf einer Vernehmung, Angst vor strafrechtlichen Konsequenzen, Furcht vor dem Verlust des sozialen Ansehens, Zeitdauer und Dauer der Vernehmung, suggestive Fragestellungen und Druck durch Vernehmungstaktiken, Art der Dokumentation, unverständliche Belehrung, emotionale Belastung durch das Wiedererleben des Ereignisses, Angst vor Widersprüchen und Unglaubwürdigkeit, kognitive Überforderung und Erinnerungslücken, sprachliche und kulturelle Barrieren, persönliche Vorgeschichte und psychische Verfassung u. v. m. sein.

5.1 Der erste Eindruck keine zweite Chance

Rapport prägt nicht nur die persönliche Einstellung und das Auftreten, er prägt 83 und beeinflusst auch den Ablauf der Befragung. Die Befragungsperson muss sich um die Auskunftsperson und daher um einen **guten Erst-Kontakt** bemühen. Das gilt schon für den Anfang einer Befragung. Denn der erste Eindruck hat bekanntlich keine zweite Chance. Und so banal es klingt. Mit der gebotenen Freundlichkeit lassen sich Türen öffnen. Beim ersten persönlichen Kontakt spielt die **Begrüßung** eine wichtige Rolle. Hierzu wird es in der Regel geboten sein, jede Auskunftsperson mit ihrem **Namen** (auch bei Polizeibeamten) zu begrüßen oder situationsbedingt ggf. zu fragen, wie die Person angesprochen werden möchte. Das zeigt Interesse, Wertschätzung, Vorbereitung. Die persönliche Ansprache wirkt insgesamt motivierend auf die Auskunftsperson. Auch wirkt es wesentlich mehr stimulierend auf eine Auskunftsperson, wenn man sie persönlich anspricht, anstatt sich hinter unpersönlichen Formulierungen zu verstecken. Dazu gehört auch die vor Gericht oft wiederzufindende Formulierung „Das Gericht hat noch folgende Frage an Sie …". Persönlicher klingt der Ich-Stil im Sinne von "Ich habe noch eine Frage an Sie, Herr/Frau …". Die namentliche Benennung führt darüber hinaus zu einer (weiteren) Intensivierung des direkten Kontakts.

Nicht nur für Gerichtsprozesse empfehlen die Autoren bei der Befragung (von 84 Zeugen) daneben auch eine **personelle Orientierung** zu geben. Hierfür bietet es sich an, sich selbst (und ggf. seine Position, konkrete Rolle) und dann auch **alle Anwesenden** mit Namen **vorzustellen**/anzusprechen. Auch hier sollten neben dem Namen auch die Funktion und konkreten Rollen benannt werden, um für die notwendige Transparenz zu sorgen.

85 Siehe Irrtum, Erregung/Stress Rn. 878.

85 Es kann sich – gerade bei Zeugenvernehmungen – empfehlen, dass man nach der Begrüßung nicht unmittelbar mit der Befragung zur Sache beginnt. Die Auskunftsperson betritt in der Regel – im wahrsten Sinne des Wortes – unbekanntes, bei Gericht „ungewöhnliches“ Terrain. Die Auskunftsperson sollte erst „warm“ werden, bevor die Befragung beginnt. Mit einem **Small Talk** (zu den „Offensichtlichkeiten“, notfalls zu den Verkehrsverhältnissen bei der Herfahrt etc.) kann ggf. versucht werden, der Auskunftsperson ein wenig von ihrer Anspannung zu nehmen. In der Formel 1 ist es vor jedem Rennen zu beobachten, dass die Rennfahrer und insbesondere die Motoren erst warm werden müssen, damit sie volle Leistung bringen können. Das gilt im Kern auch für Auskunftsperson, wobei hier – wie sonst auch – der Ton die Musik bestimmt. Auch bei Beschuldigten kann ggf. danach gefragt werden, wie die Anreise war, wie es geht, ob sie etwas brauchen oder Fragen haben. Gänzlich verboten ist hierbei jeglicher sachliche Bezug zum Gegenstand der Befragung.[86] Welche Wirkungen solche scheinbaren Belanglosigkeiten konnte in einem medial begleiteten Großverfahren gegen einen Fußballmanager wegen Steuerhinterziehung beobachtet werden. Der Vorsitzende gratulierte gleich zu Anfang dem Angeklagten zur kurz zuvor erfolgten Geburt seines Enkels. Natürlich hatte der Enkel nichts mit dem Prozess zu tun. Nahezu alle Medien berichteten dennoch von der Gratulation, und zwar ausnahmslos positiv, weil es die „menschliche Seite“ betraf. In diesem Zusammenhang ist ggf. auch die **Vernehmungsfähigkeit** (Alkohol, Drogen, Übermüdung o. ä.) und **Vulnerabilität**[87] zu (über)prüfen.

5.2 Transparenz (Grund, Ablauf etc.)

86 Rapport prägt den Ablauf auch insoweit, als zu Beginn für **Transparenz** gesorgt werden und das Anliegen, also der **Grund**[88] und der **Erwartungen** für das Gespräch und der inhaltliche wie zeitliche **Ablauf** ge- und erklärt werden sollte. An der Stelle müssen auch die **rechtlichen Anforderungen** (Belehrung etc.) und die **Rahmenbedingungen** (Sicherheitsvorkehrungen, Aufnahmegeräte, Toilettenpause etc.) erklärt und Fragen der Auskunftsperson geklärt werden.[89] Es muss durch Rückfragen sichergestellt werden, dass die zu befragende Personen die oben genannten Punkte verstanden hat. Situationsbedingt kann auch in Betracht gezogen werden, ein Getränk, ggf. Essen anzubieten. Sofern die Vernehmung aufgezeichnet wird, ist das Prozedere und der Grund darzulegen.[90]

5.3 Kontakt herstellen und halten

87 Nachdem der Kontakt gleich zu Beginn der Befragung hergestellt ist, muss dieser auch während der Befragung durchgängig **gehalten** werden. Hierzu ist wichtig, Interesse an der Auskunftsperson zu zeigen (ggfs. gar in gewissem Maß Verständnis). Es gilt das Motto: es gibt für die Befragungsperson nichts Interessanteres als die Auskunftsperson. Je mehr die Befragungsperson redet, desto weniger gibt die Auskunftsperson von sich Preis. Interesse ist durch **aktives Zuhören** zu vermitteln. Dies kann auf einfache Weise durch Körpersprache (über Blickkontakt, Gesten, körperliche Hinwendung, einfaches Nicken etc.), ggf. auch durch verbale Minimaläußerungen als sachliche Rückmeldung („aha“, mhm, „verstehe“

86 Siehe auch Kontaktgespräche mit dem Beschuldigten im Ermittlungsverfahren, „formlose“ Vorgespräche Rn. 332.

87 Siehe Macht(un)gleichgewicht – Vulnerabilität – Kinder, etc Rn. 317.

88 Zur Darlegung des Gegenstands der Befragung bei Zeugen bzw. Darlegung des Tatverdachts bei Beschuldigten, siehe Belehrung von Zeugen Rn. 342 bzw. Beschuldigtenbelehrung Rn. 347.

89 May/Fashing/Milne/Gaedt/Schneider: Die untersuchende Vernehmung als (internationale) Reaktion auf falsche Geständnisse: ein forschungsbasierter und praxiserprobter Vernehmungsansatz in Praxis der Rechtspsychologie 2022, S. 127, 137 (10/25).

90 Zur Duldungspflicht, siehe auch Audiovisuelle Aufzeichnung Rn. 394.

u. ä.)[91] gezeigt werden. Es geht darum zu zeigen, dass man „dabei" ist, dass man mit der Auskunftsperson in Kontakt steht. Die Befragungsperson sollte darauf achten, die befragte Person dabei nicht unbeabsichtigt durch verbale oder visuelle Hinweise in eine bestimmte Richtung zu lenken. Dazu zählen Geräusche, Gesten oder Fragen, die als Zustimmung oder Widerspruch zu den getätigten Angaben der befragten Person interpretiert werden könnten.[92]

In diesem Zusammenhang ist zu bedenken, dass – was häufig in Gerichtssälen zu beobachten ist – **Blättern in den Akten** während des Gesprächs demotivierend wirken kann, da der Eindruck entstehen mag, die Auskunft interessiere nicht. Während der Befragung ist die Auskunftsperson zu motivieren, (weiter) frei und unbefangen zu berichten bzw. Fragen zu beantworten. Das kann erreicht werden durch einfache kommunikative Botschaften des Inhalts: „Ok/Das klingt interessant, fahren Sie fort." Wichtig ist dabei, sich selbst treu und authentisch zu bleiben. Der Eindruck der Auskunftsperson, ihr werde etwas vorgemacht, wäre sicher kontraproduktiv. 88

5.4 Bemühen um den Mandanten

Auch im Mandantengespräch geht es für Anwälte um die Informationsbeschaffung, zur Vorbereitung der Verteidigungsstrategie, einer Klage oder Klageerwiderung. In diesem Zusammenhang mag der Rechtsanwalt/Verteidiger – ähnlich einem Richter, Staatsanwalt oder Polizeibeamten – an der Wahrheit interessiert sein und sich an den Technikregeln der Befragung orientieren. Auch er will etwas, was sein Mandant besitzt, die Informationen. Er muss sich auch um den Mandanten bemühen. 89

Vielleicht lässt es sich nicht vermeiden, dass ein Mandant in der Kanzlei warten muss. Insoweit gilt das Gleiche wie bei Gericht. Der **Mandant** muss das Gefühl haben, wichtig genommen zu werden, besser noch, wichtig zu *sein*. Für ihn steht dieser eine Fall oft im Mittelpunkt des ganzen Denkens; für den Rechtsanwalt handelt es sich in der Regel um einen Fall unter vielen. Mandanten wollen ihren Fall, ihre Probleme so ausführlich wie möglich besprechen; der Anwalt kann sich schon aus Kostengründen nur begrenzt Zeit nehmen und will nur das für das Verfahren Wesentliche hören. Wie es bei dem Mandanten ankommt, wenn der Anwalt interveniert und sagt, „Vielen Dank, das reicht mir, mehr muss ich gar nicht wissen.", hängt erheblich damit zusammen, wie sich der Mandant insgesamt im Zusammensein mit seinem Anwalt fühlt. Entweder „Oh je, der Fall interessiert ihn nicht, er **will** nicht viel dazu hören" oder „Wow, der ist echt kompetent, der **muss** nicht viel dazu hören". Dieses Gefühl wiederum wird beileibe nicht nur im direkten Kontakt geprägt, es zählt noch viel mehr: Wie ist die Situation, wenn der Mandant warten muss? Wird ihm etwas zu trinken, ein Kaffee oder ein kaltes Getränk oder ein Gebäck oder ein Häppchen angeboten? Liegt Lesematerial bereit? Gibt es einen Internetzugang? Es macht einen Unterschied, ob der Anwalt den Mandanten, wenn die Wartezeit vorüber ist, in sein Büro bringen lässt oder ihn selbst abholt. Gleiches gilt für die Frage, ob der Anwalt sich hinter seinem Schreibtisch „verschanzt" oder ob man sich gemeinsam an einen Tisch setzt. Es macht auch einen Unterschied, ob der Anwalt während des Gesprächs **Blickkontakt** hält. Ich kann in der Akte lesen und nebenbei zuhören oder ich kann kurz unterbrechen (*„Einen kleinen Augenblick, ich* 90

---

91 Vorsicht. Ein „Ja" oder „Richtig" sollte bereits vermieden werden, angesichts leicht lenkender, suggestiver Wirkung. Solche Äußerungen vermitteln den Befragten, welche Informationen von Ihnen erwartet oder gewünscht werden. Vgl. May, L./Fahsing, I./Kelly, C. E. Barela, S./Milne, R./Bull, R., What is investigative interviewing (and what is it not)? A primer on the ethos of suspect interviewing, Journal of Criminal Psychology (2025), Seite 9 von 17 m. w. N. – siehe auch unten Taktik der Befragung – (un)bewusste Einflussnahme – Back Channels Rn. 276.

92 Prinzipien zu effektiven Vernehmungen für Ermittlungen und Informationssammlungen („Mendez-Prinzipien"), Absatznummer 113.

muss schnell etwas nachlesen.“) und dann wieder Blickkontakt aufnehmen. Ich kann die Stirn runzeln, während ich höre, was der Mandant mir berichtet, oder ich kann „zustimmend“ nicken (unabhängig davon, was ich tatsächlich denke) (vgl. zu solchen Gesten, sogenannte Back Channels). All dies wirkt sich aus.

91 Wichtig! **Es gibt bei alledem kein Richtig und kein Falsch!** Jeder muss in der betreffenden Situation mit dem jeweiligen Gegenüber entscheiden, was sinnvoll ist. Ein Anwalt sollte die für den jeweiligen Mandanten passende „Wir-Ebene“[93] finden. Der eine Mandant will Distanz und ein Gespräch auf intellektuell hohem Niveau; ein anderer sucht im Anwalt eine Art „Kumpel“; der nächste braucht einen Berater oder Tröster; wieder ein anderer will „klüger“ und „wichtiger“ als der Anwalt sein usw. Allein wichtig ist zu wissen, über wie viele Möglichkeiten ich verfüge und dass ich sie, je nachdem, was ich erreichen will, bewusst unterschiedlich einsetzen kann, stärkend/unterstützend/Sicherheit gebend oder schwächend/verunsichernd.

92 Es liegt auf der Hand, dass im **Mandanten-Gespräch** in der Regel die positiven, unterstützenden, stärkenden Elemente im Vordergrund stehen. Je besser sich der Mandant fühlt und je höher er die Kompetenz des Anwalts einschätzt, vor allem, je mehr er den Eindruck hat, dass gerade sein Fall besonders intensiv „betreut“ wird, desto größer ist sein Vertrauen. Wenn der Anwalt nun sagt, „*Gut, das reicht mir schon, machen Sie sich keine Gedanken, das kriegen wir hin.*“ Dann denkt der Mandant (zumindest von der Tendenz her) eher: „*Respekt. Der kennt sich aus.*“ Hat der Mandant hingegen wenig Vertrauen, vielleicht nur, weil er sich in der Wartesituation nicht wohl gefühlt oder die Begrüßung als distanziert erlebt hat, wird rascher der Gedanke auftauchen: „*Der Anwalt verdient nicht viel an meinem Fall. Er interessiert sich nicht besonders dafür. Das wird nichts werden.*“

Fazit: Anwälte sollten sich der situativen „Fallen“ im Gespräch mit Mandanten bewusst sein und die kommunikativen Möglichkeiten nutzen.

5.5 (Sprachliche) Anpassung an die Auskunftsperson

93 Die Vernehmungsperson muss sich wie ausgeführt um die Auskunftsperson „bemühen“. Sie sollte sich der Auskunftsperson soweit möglich und erforderlich anpassen, nicht umgekehrt. Das bedeutet auch eine **Anpassung in der Sprache**. Ganz allgemein bedeute sprachliche Anpassung, sich auf den Empfängerhorizont einzustellen und sich nur solcher Formulierungen zu bedienen, die vom Gegenüber auch verstanden werden. Man sollte verständlich sprechen, wozu kurze, einfache Sätze und gebräuchliche Wörter gehören.[94] Gerade Juristen machen oft das glatte Gegenteil: „Eine Eisenbahn ist ein Unternehmen, gerichtet auf wiederholte Fortbewegung von Personen oder Sachen über nicht ganz unbedeutende Raumstrecken auf metallener Grundlage, welche durch ihre Konsistenz, Konstruktion und Glätte den Transport großer Gewichtsmassen beziehungsweise die Erzielung einer verhältnismäßig bedeutenden Schnelligkeit der Transportbewegung zu ermöglichen bestimmt ist, und durch diese Eigenart in Verbindung mit den außerdem zur Erzeugung der Transportbewegung benutzten Naturkräften (Dampf, Elektrizität, tierischer oder menschlicher Muskeltätigkeit, bei geneigter Ebene der Bahn auch schon durch die eigene Schwere der Transportgefäße und deren Ladung usf.) bei dem Betriebe des Unternehmens auf derselben eine verhältnismäßige gewaltige (je nach den Umständen nur bezweckterweise nützliche oder auch Menschenleben vernichtende und menschliche Gesundheit verletzende) Wirkung zu erzeugen fähig ist.“[95] „Schön“ ist auch

93 Siehe Kommunikation, Die vier Botschaften einer Nachricht Rn. 1089.
94 Siehe auch Macht(un)gleichgewicht – Vulnerabilität – Kinder, etc Rn. 317.
95 Reichsgericht, Urt. v. 17.3.1879

die (angebliche?) Wertbeutel-Verordnung der Deutschen Bundespost, also die Verordnung zu speziellen Beuteln zur gesicherten Beförderung von Wertsendungen: „In Dienstanfängerkreisen kommen immer wieder Verwechslungen der Begriffe „Wertsack", „Wertbeutel", „Versackbeutel" und „Wertpaketsack" vor. Um diesem Übel abzuhelfen ist das folgende Merkblatt dem § 49 der ADA [Anm.: Allgemeine Dienstanweisung] vorzuheften. Der Wertsack ist ein Beutel, der aufgrund seiner besonderen Verwendung im Postbeförderungsdienst nicht Wertbeutel, sondern Wertsack genannt wird, weil sein Inhalt aus mehreren Wertbeuteln besteht, die in den Wertsack nicht verbeutelt, sondern versackt werden. Das ändert aber nichts an der Tatsache, dass die zur Bezeichnung des Wertsackes verwendete Wertbeutelfahne auch bei einem Wertsack mit Wertbeutelfahne bezeichnet wird und nicht mit Wertsackfahne, Wertsackbeutelfahne oder Wertbeutelsackfahne. Sollte es doch bei der Inhaltsfeststellung eines Wertsackes herausstellen, dass ein in einen Wertsack versackter Versackbeutel statt im Wertsack in einen der im Wertsack versackten Wertbeutel hätte versackt werden müssen, so ist die in Frage kommende Versackstelle unverzüglich zu benachrichtigen. Nach seiner Entleerung wird der Wertsack wieder zu einem Beutel, und er ist auch bei der Beutelzählung nicht als Sack, sondern als Beutel zu zählen. Bei einem im Ladezettel mit dem Vermerk „Wertsack" eingetragenen Beutel handelt es sich jedoch nicht um einen Wertsack, sondern um einen Wertpaketsack, weil ein Wertsack im Ladezettel nicht als solcher bezeichnet wird, sondern lediglich durch den Vermerk „versackt" darauf hingewiesen wird, dass es sich bei dem versackten Wertbeutel um einen Wertsack und nicht um einen ausdrücklich mit „Wertsack" bezeichneten Wertpaketsack handelt. Verwechslungen sind insofern im Übrigen ausgeschlossen, als jeder Postangehörige weiß. dass ein mit Wertsack bezeichneter Beutel kein Wertsack, sondern ein Wertpaketsack ist." Alles klar? Wohl eher nicht.

Durch den Gebrauch einer für die Auskunftsperson ungewohnten Sprache entstehen Verständigungs- und Missverständnisse. Zudem wird sie versuchen, sich – zumindest – unbewusst anzupassen. Das birgt die Gefahr einer (ungenauen) Verwendung mancher Worte oder gar von Fachausdrücken, deren Bedeutung ihr nicht in vollem Umfang klar ist. Insoweit ist es für die Befragungsperson wichtig sich zu vergewissern, dass sie richtig verstanden worden ist, was ggf. durch Rückfragen zu klären ist. („Sie wollen also sagen …"). Dabei ist Vorsicht geboten, da es leicht zu „Manipulationen" (Veränderungen des eigentlichen, tatsächlichen Aussageinhalts) kommen kann. Zu bedenken gilt es auch, dass durch den Gebrauch einer für die Auskunftsperson ungewohnten Sprache auch sprachliche Originalitäten (Realkriterium)[96] verloren gehen können. Zu den Sprachgesetzten gehört auch, abstrakte, im Sprachalltag ungebräuchliche Begriffe durch konkrete anschauliche und eindeutige Formulierungen zu ersetzen. Negativbeispiele sind: **94**

- Haben Sie das mit Herrn … *erörtert*?
- Erinnern Sie noch die *konkreten Gegebenheiten*, unter denen die Akten *in Verstoß geraten* sind?
- Hat sie sich ihres Kostüms danach *entledigt*?
- Gehe ich recht in der Annahme, dass…?
- Fühlen Sie sich von Herrn X *arglistig getäuscht*?
- Und dann haben Sie den Geldbeutel *entwendet*?

Anwälte sollten in vielerlei Hinsicht (mehr) darauf achten, wie das, was sie sagen und schreiben, bei den Empfängern ankommt. Für Anwälte gibt es oftmals nicht nur einen, den direkten, sondern mehrere, sehr verschiedene Empfänger: Die eigene Partei, die gegnerische Partei, das Gericht, den gegnerischen Anwalt und **95**

96 Siehe Inhaltsanalyse Individualität (Gefühle/Gedanken, Originalität) Rn. 745.

vielleicht sogar noch weitere Personen, z. B. einen Sachverständigen. Jeder liest in dem Schriftsatz unterschiedliche Botschaften. Anwälte befinden sich in vielschichtigen Beziehungsgeflechten, etwa Familienrechtsstreitigkeiten o. ä.: Man streitet um eine geringfügige Anpassung des Unterhalts oder eine unwesentliche Verlängerung des Umgangsrecht mit dem gemeinsamen Kind. Trotz aller dafür oder dagegen sprechenden Argumente lässt sich einfach keine Einigung erzielen. Die Beteiligten sind nicht wirklich offen für Sachargumente, denn ihre Verletzungen, die enttäuschten Erwartungen, eine nicht in Erfüllung gegangene Lebensplanung und vieles mehr überlagert alles Sachliche, nicht selten sogar die Interessen des gemeinsamen Kindes. Sie sehen aus ihrer konfliktbezogenen Wahrnehmung die Realitäten „verzerrt". Ein „falsches" Wort genügt und man wird emotional. Hinter dem Wunsch nach Erhöhung des Unterhalts steht – unbewusst – der Wunsch nach einer „Sanktion", einer Strafe dafür, dass der andere gegangen ist. Da ist es dann besonders wichtig, Fakten und Gefühle voneinander zu trennen,[97] aber auch beidem Raum zu geben.

96 Sinnvoll kann sein, immer mal wieder für eine **Unterscheidung zwischen Anwalt und Mandant** zu sorgen. Die gegnerische Partei sieht die beiden als Einheit und somit in entsprechenden Fällen als gemeinsamen Gegner. Das kann man ein wenig entschärfen, etwa indem man vor der Verhandlung auf den Kollegen zugeht, ihm – und seinem Mandanten! – die Hand reicht und ein paar verbindliche Worte wechselt. Man kann im Schriftsatz das Begehren unterschiedlich formulieren: Mein Mandant will (damit wird die Verantwortung auf ihn verlagert), wir wollen, ich will usw. Man kann tendenziöse und/oder emotionale Formulierungen vermeiden. Man kann Verständnis für die andere Seite zeigen, auch ohne in der Sache nachzugeben. Verständnis zeigen im Sinne von den anderen einfach nur *verstehen*, ist oft eine Art „Türöffner".

97 **5.5.1 Juristendeutsch.** Ein unter einem Pseudonym schreibender Richter aus Sachsen-Anhalt hat **Juristendeutsch** so „definiert": Diesbezüglich infolge seiner Unübersichtlichkeit schwer nachvollziehbare, von kleinlicher, übertriebener Genauigkeit geprägte, zudem breit und umständliche, viel Nebensächliches beziehungsweise Überflüssiges mit darstellende, bisweilen sogar weitschweifige, Formulierungen charakterisierende, intransparente Ausdrucksweise seitens rechtskundiger Person, die ein universitäres Studium der Rechtswissenschaft absolviert hat.[98]

98 Sich der **Sprache der Auskunftsperson** zu bedienen bedeutet, möglichst auf „Juristen-Deutsch" zu verzichten. Über die seltsame Sprache der Juristen ist schon viel geschrieben worden.[99] Letztlich taucht immer wieder der gleiche leitende Gedanke auf: Die Auskunftsperson hat etwas, das ich, die Vernehmungsperson, von ihr erhalten will, nämlich umfassendes Auskunftsmaterial, um es gut auf Wahrheit und Irrtumsfreiheit überprüfen zu können. Also muss ich mich um sie bemühen und es ihr so einfach wie möglich machen. Wenn man ihn beherzigt und sich daran ausrichtet, wird man automatisch „besser" sprechen und „besser" schreiben (bzw. diktieren).

99 „Ehe der Widerklagevertreter den Anspruchsteller dazu befragen darf, ob er mit seinem beschuhten Fuß auf das Gaspedal gedrückt hat, als er sich der beampelten Kreuzung genähert hat, muss noch die in die Sitzung gestellte Zeugin in den Abstand verwiesen werden." – Die Juristensprache ist wirklich höchst seltsam. Aus einer Urteilsbegründung eines Amtsrichters in Süddeutschland: „Auf

97 Vgl. Die vier Botschaften einer Nachricht Rn. 1089.

98 Van Helsing, Der Sprachschatz der Juristen.

99 Vgl. z. B. Wendler, in Römermann/Paulus, Rn. 105 ff., S. 326 ff.; auch Schmuck, „Klare Sprache für Juristen", ebenfalls in Römermann/Paulus, S. 357 ff. und derselbe, „Deutsch für Juristen"; es empfiehlt sich das gesamte Buch.

Höhe Kilometer 642,250 fuhr der Betroffene um 12.09 Uhr in vorhersehbarer und vermeidbarer Missachtung der vorgegebenen Geschwindigkeitsbegrenzung von 100 km/h mit gemessenen 143 km/h, weil er zu dieser Zeit entsprechend viel Energie dem Verbrennungsmotor zufügte und die Bewegungsenergie des von ihm gesteuerten Kraftfahrzeugs nicht minimierte."[100] Nachdem eine fast gleichlautende Formulierung in mehreren Urteilen zu lesen war, handelt es sich offensichtlich nicht um einen Scherz des betreffenden Richters.

Auch Anwälte formulieren mitunter kritikwürdig: „Es wird beantragt, den Termin am 21. Juli 2024 zu verlegen, da der **Unterfertigte** an diesem Tag nicht zur Verfügung steht, weil für den Unterfertigten eine Terminsladung des LG XY für diesen Termin schon vorliegt. Der Kollege des Unterfertigten befindet sich im Jahresurlaub." Die Formulierungen wie „der Unterzeichner", „der Unterfertigte" oder „der Unterzeichnete" stammen überwiegend aus dem 19. Jahrhundert und sind Ausdruck des behördlich-juristischen Kanzleistils, der sich in dieser Zeit im deutschsprachigen Raum – insbesondere im Zuge der Verstaatlichung von Verwaltung und Justiz – stark ausprägte. Solche Ausdrücke stammen typischerweise aus der Zeit zwischen dem späten 18. und frühen 20. Jahrhundert. Anwälte könnten sich fragen, ob derartige Formulierungen noch zeitgemäß und notwendig sind. **100**

Ein weiteres nettes Beispiel (zur Nichtnachahmung) stammt von zwei Rechtsanwälten[101]: **101**

1. Schritt – Sie nehmen eine ganz normale und verständliche Formulierung: Vielen Dank für Ihren Brief. Wir beantworten Ihre Fragen, sobald wir mit Herrn Müller darüber gesprochen haben.

2. Schritt – Sie reichern den Satz mit Substantiven an. Ersetzen Sie einfach alle Verben durch Hauptwörter oder Streckverben. Und vergessen Sie nicht, die Substantive mit der Endung „-ung" aufzublähen: Vielen Dank für Ihren Brief. Wir kommen in Beantwortung Ihrer Fragen auf Sie zurück, sobald wir Rücksprache mit Herrn Müller gehalten haben.

3. Schritt – Sie anonymisieren (natürlich zur Wahrung des Anwaltsgeheimnisses) den Text: Vielen Dank für das vorgenannte Schreiben. Die Unterfertigten kommen in Beantwortung der darin aufgeworfenen Fragen auf diese zurück, sobald sie Rücksprache mit dem Mandanten gehalten haben.

4. Schritt – Sie übersetzen alles ins Passiv: Für das vorgenannte Schreiben möchten wir uns bedanken. Die Unterfertigten werden in Beantwortung der darin aufgeworfenen Fragen auf diese zurückkommen, sobald unsererseits Rücksprache mit dem Mandanten gehalten werden konnte.

5. Schritt – Sie würzen Ihre Arbeit mit unnötigen Adjektiven und Partizipien: Bezugnehmend auf das vorgenannte Schreiben möchten wir uns bedanken. Die Unterfertigten werden in alsbaldiger Beantwortung der darin aufgeworfenen interessanten Fragen umgehend auf diese zurückkommen, sobald unsererseits die unverzichtbare Rücksprache mit dem derzeit abwesenden Mandanten gehalten werden konnte.

6. Schritt – Wiederholen Sie abschließend auf jeden Fall Schritt 2: Bezugnehmend auf das vorgenannte Schreiben möchten wir unseren Dank aussprechen. Die Unterfertigten werden in alsbaldiger Erledigung der darin aufgeworfenen interessanten Fragen umgehend auf diese Bezug nehmen, sobald unsererseits die unverzichtbare Rücksprache mit dem sich derzeit auf einer Reise befindlichen Mandanten gehalten werden konnte.

---

100 Nur Schreibfehler wurden korrigiert.

101 Michael-Christian Rössner, Andreas Klaner, in brand eins Wirtschaftsmagazin vom 25.4.2014, S. 117; Rössner M. C./Klaner A., Verständlich formulieren, prägnant ausdrücken, in Anwaltsreport Heft 3/1999, S. 6.

102 Wie kommt es, dass selbst derartig absurde sprachliche „Auswüchse" immer wieder zu finden sind insbesondere in schriftlichen „Werken" von Juristen, aber auch in Urteilen „unterer" Gerichte, die allein von den Beteiligten gelesen werden? Einer der Verfasser hat dazu Spekulationen angestellt: „Eine ‚raffinierte' Formulierung hinterlässt ein angenehmes Gefühl der Zufriedenheit. Zufriedenheit womit? Natürlich mit sich selbst. Man hat sich dadurch nicht nur sprachliche Gewandtheit dokumentiert, sondern zugleich auch Bildung, Intellektualität und Intelligenz. Das alles hat man nicht nur sich selbst dokumentiert, sondern auch dem Leser... In erster Linie spiegelt uns, den Juristen, die sprachliche Versiertheit wohl Intelligenz und Bildung. Darüber freuen wir uns, denn damit heben wir uns ab vom ‚Durchschnitt'. Das wollen wir, das ist uns wichtig."[102]
Eine Untersuchung eines der Verfasser zum **Selbstbild von Juristen** hat erbracht, dass sie als eine ihrer besonderen Stärken die Fähigkeit zu sprachlicher Genauigkeit ansehen. Darin liegt gewiss tatsächlich eine ihrer speziellen Qualitäten. Das Streben nach Genauigkeit im Ausdruck führt jedoch regelmäßig zu einer Verkomplizierung der Sprache. *Wer kompliziert spricht und/oder schreibt, denkt auch kompliziert.*
Allein durch den Gebrauch einer komplizierten und vor allem fremden, im Sinne von ungewohnter Sprache erhält die Auskunftsperson auf der Meta-Ebene einige das Ergebnis der Vernehmung **nicht fördernde Botschaften**[103]:
- **Botschaft 1** → Hier bei Gericht ist alles höchst kompliziert.
  Empfindung der Auskunftsperson → *Da komme ich eh' nicht mit.*
  Folge → Demotivierung, Senkung der Auskunftsbereitschaft.
- **Botschaft 2** → Hier geht es anders zu, als Sie das gewöhnt sind.
  Empfindung der Auskunftsperson → Es gibt Regeln, die die anderen kennen und beherrschen, ich aber nicht.
  Folge → Verunsicherung.
- **Botschaft 3** → Ich, der Richter, bin intelligent und gebildet (und zeige das auch!).
  Empfindung der Auskunftsperson → *Gefühl der Unterlegenheit.*
  Folge → Demotivierung. Unter Umständen auch oppositionelle Haltung.
- **Botschaft 4** → Hier drückt man sich gewählt aus.
  Empfindung der Auskunftsperson → Ich darf nicht „frei von der Leber weg" berichten.
  Folge → Verlust von Spontaneität und Individualität, Veränderung der Erzählweise, z. B. Chronologisierung. Dadurch Verlust von Realkennzeichen/Realitätskriterien!
- **Botschaft 5** → Man spricht hier eine besondere Sprache.
  Empfindung der Auskunftsperson → Um eine gute Prozesssituation zu erlangen, muss ich mich anpassen.
  Folge → Gebrauch einer ungewohnten Ausdrucksweise. Gefahr von Missverständnissen.

103 In einem Verfahren hat das dazu geführt, dass der Betroffene folgendes an das Gericht schrieb (es wurden keinerlei Veränderungen zum Originaltext vorgenommen): „Um nochmals darauf einzugehen, hat sich zum Zeitpunkt des Verfahrens sowohl Staatsanwaltschaft sowohl auch Polizeirevier sowohl auch das Gericht zahlreiche Gesetzesverstöße beabsichtigt, in Verzug gebracht. ... Diesbezüglich hat sich damit die Staatsanwaltschaft über dessen Unglaubwürdigkeit bei dem damaligen Verfahren sämtliche anwesenden Personen getäuscht und wie schon geschildert als unglaubwürdig erwiesen. ... Hiermit erhalten sie jedoch nochmals die Gelegenheit, sich zu dieser Beschwerde Stellung zu nehmen." Der

---

102 Vgl. Wendler. In „Einen Schritt tiefer gehen..." – Einzelne Situationen in der Kommunikation im Strafprozess, in denen früher erlebte Verletzungen wiederholt werden.
103 Siehe auch Kommunikation, Die vier Botschaften einer Nachricht Rn. 1089.

Richter, der dieses Schreiben erhielt, wusste nicht so recht, was er darauf erwidern sollte.

Auch die Juristen selbst „verirren" sich bisweilen in ihrer eigenen Sprache. Ein Staatsanwalt traf folgende Anweisung an die Polizei: „In obiger Sache wird an die Erledigung des Zeugen erinnert." Hoffentlich hat der betreffende Beamte das nicht allzu wörtlich genommen.[104] **104**

Fazit: Immer so „normal" wie möglich sprechen (und schreiben).

Ein paar **Regeln**[105]: **105**
- Überflüssiges weglassen (z. B. nicht „*Zukunfts*perspektive", sondern „Perspektive"; anstatt „die Klage war *in der Sache* unbegründet", „die Klage war unbegründet" usw.),
- Keine Leerformeln (z. B. *offensichtlich, fraglos*),
- Kein „Silbenmüll" (z. B. anstatt „Bestrafung" oder „Beantwortung", „Strafe" und „Antwort"),
- Keine „Aufblähungen"[106] (z. B. nicht „am heutigen Tag", sondern „heute", anstatt „eine Vielzahl von", „viele", anstatt „in vollem Umfang", „ganz" usw. (Negativbeispiele: „*Der gesamte Vortrag des Klägers wird vollumfänglich bestritten, sofern er nachfolgend nicht ausdrücklich zugestanden wird.*" – „*Der erkennende Senat verkennt nicht, dass…*"[107]),
- Positive Begriffe verwenden (denn mit der negativen Formulierung transportiert man den Begriff, den man an sich vermeiden will – z. B. anstatt „nicht unwesentlich", „nicht unerheblich", „wesentlich", „erheblich"),
- Keine verneinende Ausdrucksweise (§ 118 BGB – Mangel der Ernstlichkeit: „Eine *nicht* ernstlich gemeinte Willenserklärung, die in der Erwartung abgegeben wird, der Mangel der Ernstlichkeit werde *nicht* verkannt werden, ist *nichtig*." – Glauben Sie, dass ein Nicht-Jurist das versteht?),
- Keine „Dubletten" (z. B. eine „permanente Dauerbelastung" ist immer permanent bzw. dauerhaft),
- Keine „Schachtelsätze" (indem man versucht, den Satz formal, grammatisch zu verstehen, entgeht einem der Inhalt), allgemein keine langen Sätze,
- Kein Nominalstil (was man sagt, klingt gestelzt, distanziert, eher kalt und unfreundlich),
- Wenig Passiv (es gibt die „Passiv-Falle": „*Die Angelegenheit konnte durch Befragung von Experten geklärt werden.*" – Hat man die Experten befragt oder haben die Experten jemanden befragt?),
- Weniger Man-Sätze, mehr persönliche Ansprache (anstatt „*Man kann daraus erkennen…*", „*ich kann daraus erkennen…*" oder „*Sie können daraus erkennen…* " oder „*wir können daraus erkennen…*" – je nachdem, was ich zum Ausdruck bringen will,
- Keine lateinischen Ausdrücke (*nonliquet, de facto, dolos, expressis verbis, Tenor, es sei denn in der Musik mit Betonung auf der zweiten Silbe*),
- Fachausdrücke, veraltete Formulierungen und Unworte – das ist auch ein seltsames Wort! – vermeiden (*Aktiv-/Passivlegitimation, Gerichtsstand, Verstrickung, Verböserung, eingedenk, eine unbescholtene Frau* – was ist eine bescholtene Frau? – usw.).[108]

Es ist möglich, Texte objektiv auf Textverständlichkeit (oder Leseleichtigkeit) zu prüfen und dann auch verbessern. Hierfür auf teils frei verfügbare Tools im **106**

104 Aus Ahrens, Der Polizist rettete sich durch einen Seitensprung, S. 13.
105 Aus Schmuck, Deutsch für Juristen, S. 4 ff.
106 Pleonasmen bzw. Tautologien.
107 Siehe bei Ahrens, a. a. O., Schmuck, a. a. O. sowie van Helsing.
108 Vgl. zu all dem Schmuck, a. a. O. und van Helsing.

Internet zurückgegriffen werden, die nach einer Prüfung eine Indexzahl (Flesch-Formeln, LIX-Lesbarkeitsindex) berechnen und den Text bewerten. Einem jeden Leser kann nur angeraten, seine Text einmal bewerten zu lassen. Der oft in Revisionsentscheidungen des BGH zu lesende Textbaustein "Das Revisionsgericht muss es grundsätzlich hinnehmen, wenn das Tatgericht einen Angeklagten freispricht, weil es Zweifel an seiner Täterschaft nicht zu überwinden vermag. Die Beweiswürdigung ist Sache des Tatrichters (§ 261 StPO). Ihm obliegt es, das Ergebnis der Hauptverhandlung festzustellen und zu würdigen. Seine Schlussfolgerungen brauchen nicht zwingend zu sein, es genügt, dass sie möglich sind. Es kommt nicht darauf an, ob das Revisionsgericht angefallene Erkenntnisse anders gewürdigt oder Zweifel überwunden hätte. Vielmehr hat es die tatrichterliche Überzeugungsbildung selbst dann hinzunehmen, wenn eine andere Beurteilung nähergelegen hätte oder überzeugender gewesen wäre. Die revisionsgerichtliche Prüfung beschränkt sich allein darauf, ob dem Tatrichter Rechtsfehler unterlaufen sind. Dies ist in sachlich-rechtlicher Hinsicht etwa der Fall, wenn die Beweiswürdigung widersprüchlich, unklar oder lückenhaft ist oder gegen die Denkgesetze oder gesicherte Erfahrungssätze verstößt." erhält bspw. einen Flesch-Wert von 19, was auf einer Skala bis 100 eine „sehr schwierige" Leseleichtigkeit bedeutet und für eine „fachliche Abhandlungen" spricht. Wohl wahr! Die Verfasser sind auch selbstkritisch genug, um einzuräumen, dass sie in ihren „Werken" und auch in diesem Buch immer wieder selbst gegen etliche dieser Regeln verstoßen haben.

107 Eine andere, wichtige Regel, die in Gerichtssälen oft missachtet wird, ist die Forderung, **ausreichend laut** zu **reden**. Nicht zu schnell, nicht undeutlich sprechen, nicht „nuscheln", nicht die Hand vor den Mund halten, nicht monoton „leiern". Häufig stehen keine Mikrofonanlagen zur Verfügung oder sie funktionieren nicht. Es kann nicht angehen, dass die „Öffentlichkeit" hinten nicht versteht, was vorne gesprochen wird, selbst wenn es sich dabei mitunter um „gerichtsbekannte Gesichter", manchmal – wie es scheint – sogar um Personen handelt, die sich im Saal nur aufwärmen wollen. Über zu leises Reden von Richtern haben etliche Pressevertreter gegenüber den Verfassern geklagt. Sie haben auch berichtet, dass ihre Bitten, lauter zu sprechen, bisweilen äußerst barsch abgetan wurden. „Ich verhandle nicht für die Presse", war ein Satz, der von mehreren unabhängig voneinander zitiert worden ist. Ausreichend lautes Reden enthält aber auch „Botschaften" auf den Meta-Ebenen. Sich derer bewusst zu sein, ist besonders für Anwälte wichtig. Verkürzt ausgedrückt: Wer laut spricht – d. h. vernehmlich, nicht überlaut, denn das kann arrogant wirken –, der hat auch etwas zu sagen. Wer laut spricht, der steht hinter dem, was er sagt. Wer laut spricht, strahlt Selbstsicherheit aus. Wer etwas klar sagt, dessen Aussageinhalt wirkt auch inhaltlich klarer und überzeugender. Wenn jemand sehr leise redet, gelten die umgekehrten Botschaften. Eine bekannte Übung, um deutlicher und langsamer zu sprechen: Man hält mit den Zähnen locker einen Korken und rezitiert dann langsam, laut und deutlich einen beliebigen Text.

Fazit: Ausreichend laut und deutlich reden!

108 **5.5.2 Fachausdrücke.** Man sollte sich ständig der oben genannten Folgen bewusst sein, die durch den Gebrauch der Juristensprache entstehen. Dann wird man automatisch im Gerichtssaal einen anderen Ton anschlagen. Man wird geläufige Wörter benutzen und kurze Sätze bilden. (Echte) **Fachausdrücke,** z. B. Grunddienstbarkeit, zur Unzeit, verfahrensgegenständlich, Inaugenscheinnahme (was für ein Wort!) usw. wird man zu vermeiden versuchen oder „übersetzen".[109]

109 Prinzipien zu effektiven Vernehmungen für Ermittlungen und Informationssammlungen („Mendez-Prinzipien"), Absatznummer 116.

Ein besonderes Problem besteht jedoch darin, dass wir viele **unechte Fachausdrücke** verwenden, ohne uns dessen bewusst zu sein. Worte wie „Einrede", „Einwendung", „fahrlässig" oder der in der Sprache von Juristen weit verbreitete und beliebte Ausdruck „grundsätzlich" sind auch der Auskunftsperson bekannt. Es ist aber keinesfalls sicher, dass sie das Gleiche darunter versteht. Oft haben solche unechten Fachausdrücke im allgemeinen Sprachgebrauch eine etwas andere Verwendung als im Juristischen. Die meisten Mitglieder im Haus- und Grund*besitzer*verein ist, sind *Eigentümer* eines Hauses oder einer Wohnung[110]. In diesem Zusammenhang soll auch explizit der „Vorhalt" genannt sein. In vielen Gerichtsprozessen wird einem Zeugen vom Gericht oder einem sonstigen Prozessbeteiligten ein Vorhalt gemacht: „Herr X, ich möchte Ihnen vorhalten…". „Vorhalten"? Das ist keine außerhalb des Gerichtssaals gebräuchliche Sprache. Ein Vorhalt ist ein juristischer oder verwaltungsrechtlicher Begriff. Ein Anwalt wusste bei einem der Seminare der Verfasser zu berichten, dass sich ein Zeuge auf einen „Vorhalt" regelrecht angegriffen fühlte, weil er darin einen Vorwurf verstand. „Warum halten Sie mir … vor. Warum glauben Sie, dass ich nicht die Wahrheit sage", war die Reaktion des Zeugen. Besser als Vorhalt ist daher eine gebräuchliche Formulierung, wie „Ich möchte Ihnen zeigen/mitteilen … Was können Sie dazu sagen?"

Wir dürfen die Auskunftspersonen nicht überschätzen. Uns ist der Ablauf einer Verhandlung mitsamt ihren Ritualen vertraut; für die Zeugen, Parteien, Angeklagten hingegen ist all das sehr fremd. Selbst eine gebildete Auskunftsperson kann dadurch rasch verunsichert werden. Einer der Verfasser hat über einen längeren Zeitraum hinweg die Angeklagten unmittelbar nach der Verkündung des Urteils befragt, welche Strafe gerade gegen sie verhängt worden sei. Zwar wird sicherlich in dieser Situation die negative Wirkung der fremden Sprache durch das „Ritual" der Urteilsverkündung („*Erheben Sie sich…*", „*Im Namen des Volkes…*" usw.) und durch die aus der eigenen Betroffenheit resultierende besondere Aufregung noch weiter verstärkt. Dennoch war das Ergebnis alarmierend. Obwohl beim Amtsgericht ein vergleichsweise größerer Querschnitt der Bevölkerung, also auch viele Menschen mit einem gehobenen Bildungsgrad auf der Anklagebank anzutreffen sind (z. B. wegen Straßenverkehrsdelikten), hatten die meisten nicht verstanden, wozu sie soeben verurteilt worden waren. Bei Geldstrafen („*35 Tagessätze zu jeweils 30 Euro, insgesamt also 1.050 Euro…*") konnten nur circa 15 Prozent die Endsumme nennen. Knapp die Hälfte (!) der Befragten war sich nicht einmal sicher, ob auf Geld- oder Freiheitsstrafe erkannt worden war. Relativ gut haften blieb, ob Bewährung gegeben und wie lange der Führerschein einbehalten wurde. 109

Wenn die Auskunftsperson etwas falsch oder anders versteht, ist ihr das nicht bewusst. Sie kennt ja das Wort und erwidert gemäß ihrem Verständnis darauf. Die juristisch vorgebildete Vernehmungsperson hatte jedoch etwas Anderes gemeint und versteht nun auch noch die Antwort anders. So können rasch Missverständnisse entstehen; vor allem bleiben sie dauerhaft unaufgedeckt. 110

Fazit: Auf unechte Fachausdrücke achten und sie vermeiden.

5.5.3 Signalwirkung der eigenen Ausdrucksweise. Auch bei der Sprache ist der leitende Hintergedanke der gleiche: Die Auskunftsperson hat etwas, das die Vernehmungsperson, von ihr erhalten will: Informationen. Also muss die Aus- 111

110 Aus einer Satzung: „Mitgliedschaft: Ordentliche Mitglieder des Vereins können natürliche und juristische Personen werden, welchen das Eigentum oder ein sonstiges dingliches Recht an einem bebauten oder unbebauten Grundstück zusteht." – Voraussetzung ist also nur, dass man Besitzer ist und ein dingliches Recht hat, etwa ein im Grundbuch eingetragenes Wohnrecht (z. B. die Eltern haben ein Wohnrecht, die Kinder sind Eigentümer des Wohnhauses).

kunftsperson sich um sie bemühen und es ihr so einfach wie möglich machen. Wie fühlt sich wohl eine vergewaltigte Frau, die in aller Öffentlichkeit – fremde Menschen im Rücken, vielleicht ausschließlich männliche Richter in schwarzer Robe ihr gegenüber, der Angeklagte, der ihr Schlimmes angetan hat, und sein Verteidiger wenige Meter neben sich – über die traumatisierenden Ereignisse minutiös ins Detail gehend berichten muss? Sie muss es tun. Denn natürlich gilt auch bei ihr, dass von einer neutralen Anfangswahrscheinlichkeit für die Zuverlässigkeit ihrer Aussage auszugehen ist und dass sie in ihren Angaben ein ausreichendes Maß an Realkennzeichen/Realitätskriterien (z. B. gerade auch Details[111]) anbieten muss, um zu *über*zeugen. Es wird für die Frau sicher nicht einfacher, wenn der Richter durch die Formulierung seiner Frage, *„Hat er, nachdem er sich entkleidet hatte, den Geschlechtsverkehr vollzogen?“*, erkennen lässt, dass es auch ihm unangenehm ist, darüber zu reden. Derselbe Richter wird vermutlich, wenn er außerhalb der Verhandlung über den Fall spricht, sagen: *„Er hat sich ausgezogen und dann hat er mit ihr geschlafen.“* Der Richter (und alle anderen) sollten sich im Gerichtssaal genauso oder erst recht so ausdrücken und nicht in eine „gestelzte“ Sprache ausweichen.
Ein Staatsanwalt fragte einmal in einem Verfahren eines der Verfasser, nachdem er bereits zuvor von „beiwohnen“ gesprochen hatte, ob „der Geschlechtsverkehr *a tergo* erfolgt“ sei. Ob alle wussten, was gemeint war?[112]
Sehr gute Erfahrungen haben die Verfasser damit gemacht, sprachlich in „**Vorleistung**“ zu gehen. *„Ist er dann gekommen?“* Wenn der Richter sich so ausdrückt, dann darf und kann das die Auskunftsperson ebenfalls. Sie hat auf der Meta-Ebene sozusagen die Erlaubnis erhalten, solche Formulierungen zu verwenden. Vielleicht ist es für sie nun ein wenig einfacher weiter zu berichten. Wenn sich der Richter scheut, die „Dinge beim Namen“ zu nennen, so kann das genauso gut einer der anderen Beteiligten machen. Die „Erlaubnis“, sich locker und umgangssprachlich auszudrücken, wird erteilt, indem jemand dies *tut*, egal wer. Es sei denn, z. B. der Verteidiger will gerade nicht, dass sich die Belastungszeugin etwas besser fühlt. Dann wird er eher bei der „sterilen“, fremden Sprache bleiben.

Fazit: Man kann der Auskunftsperson durch die eigene Ausdrucksweise signalisieren, wie sie reden darf.

112 5.5.4 **Kommunikation – Meta-Ebene.** Die Befragung ist ein kommunikativer Vorgang. Deshalb ist man gut beraten, Sprachgesetze und allgemeingültige Tipps und Erkenntnisse zur guten Kommunikation zu berücksichtigen. In einem später ausführlicher dargestellten Beispiel aus einem echten Prozess ging es um einen Verkehrsunfall von zwei aus verschiedenen Richtungen kommenden Fahrzeugen auf einer Kreuzung. Beide Fahrern behaupten, bei grünem Lichtzeichen der Ampel in den Kreuzungsbereich eingefahren zu sein. Die Zeugin fing an zu berichten:

Beispiel
„Ich bin die Straße entlang gefahren, wollte die Kreuzung überqueren, da ich grün hatte. Als ich die Hälfte drüber war, kam dann der Herr S. Ich versuchte noch zu bremsen, was mir nicht ganz gelang, und da bin ich halt mit ihm zusammengestoßen. …“
Daraufhin erwiderte der vorsitzende Richter:
„Ja, danke schön, aber Frau E. sind Sie mir bitte nicht böse, das Gericht hätte gern mehr erfahren über die Situation, bevor Sie in die Kreuzung einfuhren, ob Sie da allein waren oder ob vor oder hinter Ihnen andere Autos waren. Wie die Ampel,

111 Vgl. Realkennzeichen, Details, Rn. 718.
112 Coitus a tergo (lat. für „Geschlechtsverkehr von hinten“).

als Sie sich angenähert haben, umgesprungen oder nicht umgesprungen ist. Die Situation, falls Sie sich erinnern, hätten wir schon noch etwas- plastischer gehört.“

Auch diese Art, wie er seine Fragen einleitet, soll unter dem hier benannten Gesichtspunkt sprachlicher Anpassung untersucht werden. Die Formulierung („*Ja, danke schön, aber Frau E sind Sie mir bitte nicht böse, das Gericht hätte gern mehr erfahren…*“) kann nämlich unterschiedlich aufgefasst werden. Er meint seine Worte freundlich, will Barrieren senken. Aber nicht bei allen kommen sie so an. Auf der Meta-Ebene steckt in ihnen allerhand Kritik: „*OK Frau E, das war ja wohl bisher noch nichts. Eigentlich hätte ich jetzt allen Grund, böse zu sein. Ich gebe Ihnen noch mal eine Chance. Strengen Sie sich jetzt aber bitte mehr an!*“ Die missverständlichen Botschaften werden zunächst besonders betont durch die entpersonalisierte, die machtvolle Institution bemühende Formulierung: Das Gericht. Solche Ausdrücke (das Gericht, die Staatsanwaltschaft, die Vollstreckungsabteilung etc.) haben in der Regel negative Wirkungen. Sie signalisieren Distanz. Es entsteht der Eindruck, dass sich die Person hinter der Institution verschanzt oder schlimmstenfalls gar versteckt. Auf die Auskunftsperson wirken sie fremd und eher verunsichernd. **Entpersonalisierte Bezeichnungen** sollten im direkten Kontakt vermieden werden. Nicht *die Kammer* zieht sich, sondern *wir* ziehen uns zur Beratung zurück. Nicht *die Verteidigung* oder *der Kläger/Beklagte* hat jetzt das Wort, sondern *Herr/Frau Rechtsanwalt/in Maier/Schmid.*

Das gilt auch für mündliche Urteilsbegründungen. Möglicherweise hört man da solche Formulierungen besonders häufig, weil diejenigen, die sie verkünden, tatsächlich manchmal gern ein wenig *Gewicht*, einen Teil der Verantwortung für die entstehenden Folgen von ihren Schultern auf die der Institution verlagern. („*Richter und Richterinnen entblößen nicht ihre Seelen. Sie geben ihre Begründungen, nicht ihre Beweggründe preis.*“ Zitat von Hadassa Ben-Itto[113]) **113**

Anders verhält es sich in schriftlichen Entscheidungsgründen. Da fehlt der persönliche Kontakt, es findet keine Kommunikation mit Austausch von Botschaften statt. Dennoch sollten auch Urteile in erster Linie für die Hauptadressaten (Angeklagter, Kläger, Beklagter) gut verstehbar sein. **114**
Problematisch sind ferner sogenannte **„Man-“** und **„Es-Aussagen“** („*Man kennt allgemein die Folgen von …*“, „*Es ist zu erwarten, dass …*“ oder „*Es steht außer Zweifel, dass …*“).[114] Sie werden auch „Appelle mit halbem Herzen“ genannt und gelten als eine Methode der Selbstverbergung. Die persönliche Meinung wird anonymisiert. Es wird versucht, der persönlichen Meinung den Charakter der Allgemeinverbindlichkeit zu verleihen. So wird oft Kritik geübt, ohne dass man sich persönlich exponiert.

Fazit: Im direkten Kontakt keine entpersonalisierten Bezeichnungen verwenden. Möglichst keine „Man-“ und „Es-Aussagen“.

5.5.5 Checkliste[115] Einstieg und Beziehungsaufbau (Rapport)

1. Schaffen Sie von Anfang an eine gute und vertrauensvolle Beziehung und wahren Sie diese durchgehend. **115**
2. Zeigen Sie Respekt, ehrliches Interesse, Geduld und Aufmerksamkeit und wahren Sie die Autonomie von Verdächtigen/Beschuldigten.
3. Weisen Sie die befragte Person gegebenenfalls darauf hin, dass das Gespräch auf Audio/Video aufgezeichnet wird.

113 Eine israelische Juristin, Diplomatin und Autorin, *1926–†2018.
114 Hierzu im Zusammenhang Lügen-/Warnsignale Rn. 792.
115 Siehe auch Manual on Investigative Interviewing for Criminal Investigation (UN-Handbuch zur Befragung von Ermittler), Stand Februar 2024 (Englisch), Seite 44; CTI Training Tools 1/2017: Investigative Interviewing for Criminal Cases, Seite 6/12.

4. Sorgen Sie für Transparenz und vergewissern Sie sich, dass die befragte Person den Grund, Zweck und Ablauf des Gesprächs, die rechtlichen Anforderungen und ihre Rechte und ggf. Pflichten versteht.
5. Vergewissern Sie sich, dass die befragte Person versteht, auch wie die Informationen aus der Befragung verwendet werden und an wen sie weitergegeben werden.

6. Erster freier Bericht (PEEKAA)

116 *Jeder, der „die Grundlagen der Vernehmungslehre und Vernehmungstaktik beherrscht, wird … regelmäßig überlegen sein."*[116]

117 Die dritte Phase im PEEKAA- Modell betrifft[117] – nach der **P**lanung und dem **E**instieg/Beziehungsaufbau – den **e**rsten freien Bericht. In die Phase kann eingetreten werden, wenn die vorgenannte Checkliste „abgearbeitet" wurde, die Vernehmungsperson sich außerdem vergewissert hat, dass die Auskunftsperson **vernehmungsfähig** ist (körperlich und geistig), die Beteiligten bereit sind, eine Vernehmung durchzuführen und die Auskunftsperson **keine Fragen** mehr hat.

118 Die in einer Befragung oder Vernehmung stattfindende Kommunikation wurde schon vielfach intensiv untersucht. Es wurde dabei sehr häufig festgestellt, dass es sich weniger um ein reines „Frage-Antwort-Spiel", als vielmehr um einen gemeinsamen Rekonstruktionsprozess handelt, bei dem der Fragende mitunter großen Einfluss nimmt.[118] Es besteht die mitunter große Gefahr, dass die Geschehnisse zwischen dem Fragenden und der Auskunftsperson quasi miteinander „aushandelt" werden. Dieser regelmäßig wiederkehrende Befund ist deshalb so fatal, weil die Beteiligten es gar nicht merken, wie sich die ursprünglichen Angaben der Auskunftsperson unter dem Einfluss der Befragungssituation (durch Fragen, Vorschläge, Gegenvorschläge, Vorhaltungen usw.) verändern. Das läuft naturgemäß der Wahrheitsfindung zuwider.

6.1 Freier Bericht

119 Der **Grundfehler** nahezu aller Befragungen/Vernehmungen ist, dass **Fragen** viel zu früh gestellt werden.[119] Die Frage ist vernehmungstechnisch die absolute **Ausnahme.**[120] Fragen können das Beweisthema vielfach unnötig einengen, Fragen enthalten vielfach unnötige Informationen, lenken die Auskunftsperson und sind für die Wahrheitsfindung abträglich, jedenfalls dann, wenn sie zu früh gestellt werden. Im Zentrum einer Befragung steht die Sachverhaltsaufklärung[121] durch den freien **Bericht.** Dies gilt auch und ausnahmslos für Vernehmungen (vgl. §§ 69 Abs. 1 StPO, § 396 Abs. 1 ZPO).

120 **6.1.1 Gegenstand der Untersuchung.** Die Auskunftsperson (Zeuge) ist hierfür zunächst über den sog. **Gegenstand der Untersuchung**, also über den zu klärenden Sachverhalt, zumindest in groben Zügen (und ggf. die Person des Beschuldigten) zu unterrichten.[122] Die Unterrichtung kann ausnahmsweise entfallen, wenn der Untersuchungsgegenstand und der Beschuldigte bereits bekannt sind. Die Auskunftsperson soll sodann zu diesem Gegenstand der Untersuchung **frei berichten**, sie ist zu veranlassen, dasjenige, was ihr von dem Gegenstand ihrer Befragung bekannt ist, **„im Zusammenhang"** anzugeben (vgl. auch §§ 69 Abs. 1

116 BGH, AnwZ (Brfg) 46/13.
117 Siehe Prozess der Vernehmung: PEEKAA Rn. 32.
118 Siehe Praxisbeispiel unten: Zu frühe Fragen/unnötige Einengung der Befragung Rn 282.
119 Siehe Erster freier Bericht Rn. 116.
120 Siehe unten, Aufklärung Rn. 141.
121 Ergänzt ggf. durch Personalienfeststellung und – bei Beschuldigten – Vernehmung zur Person.
122 Zu den Besonderheiten bei der Vernehmung, siehe Belehrung von Zeugen Rn. 342 und Beschuldigtenbelehrung Rn. 347.

Satz 1 StPO, § 396 Abs. 1 ZPO). In komplexen Fällen wird es dabei nicht unzulässig sein, ein Geschehen in Teilaspekte bzw. Teilthemen aufzuteilen.[123]

6.1.2 Erster freier Bericht. Der freie Bericht ist nicht nur dem Leitgedanken des Gesetzes[124] geschuldet. Die Vorteile einer freien Erzählung im Vergleich zu gezielten oder kurzen Antworten sind in der psychologischen Literatur seit langem gut dokumentiert. Der freie **Bericht** mit seinen erzählerischen Darstellungen von Ereignissen sind viel **genauer** als Antworten auf spezifische oder geschlossene Fragen.[125] Darüber hinaus ermöglicht eine offene Befragung – die im eigenen Tempo des Befragten durchgeführt wird – dem Befragten Zeit, seine Gedanken zu sammeln, und fördert folglich eine ausführliche Erinnerungswiedergabe. Da Menschen, und daher jeder Zeuge, nur über begrenzte geistige Ressourcen zur Verarbeitung von Informationen verfügen, kann jede Ablenkung oder Umleitung dieser geistigen Ressourcen die Fähigkeit des Zeugen beeinträchtigen, sich an das entscheidende Ereignis zu erinnern. Daher entlocken Befrager, die berichten lassen und weniger, aber offene Fragen stellen, den Zeugen die größte Menge an genauen Informationen.[126] **121**

6.1.2.1 „BESEN“. Ziel des Berichts ist ein **vollständiges Bild der Geschehnisse** bzw. der Erinnerung[127] daran. Es sollen insb. Details, sprichwörtlich das „Kopfkino“, das „Drehbuch[128]“ ergeben, wenn es später um die Analyse des Aussageinhalts[129] geht. Der Bericht wird eingefordert, indem die Auskunftsperson – unbeeinflusst von Fragen oder Vorhalte[130] – **beschreiben, erzählen, schildern, erklären, nennen** (Akronym „**BESEN**“) soll, und das möglichst **genau und detailliert.**[131] Das Ziel sind Antworten aus dem freien Gedächtnis. Dabei ist der Auskunftsperson die **Autonomie** zu gewähren, in welcher **Reihenfolge** und auf welche **Art** es berichten möchte. Die Auskunftsperson sollte vollständig antworten dürfen.[132] **122**

Der „BESEN“ kann situationsbedingt um **offene Fragen**/Hinweise ergänzt werden. Das es an einer einheitlichen Definition von (offenen) Fragen fehlt, soll diese hier definiert werden.[133] Offene Fragen im hier – und international[134] – verstandenen Sinn sind Fragen, die ein breites Spektrum an Antworten zulassen, keine Informationen voraussetzen, keine bestimmte Antwort suggerieren/impli- **123**

---

123 Siehe BGH, Beschl. v. 6.6.2000 – 1 StR 212/00 für Befragungen des Angeklagten bei einem „besonders verwickelten oder umfangreichen Anklagevorwurf“.

124 Siehe unten, Grundsatz der Zweiteilung Rn. 129.

125 May, L./Fahsing, I./Kelly, C. E. Barela, S./Milne, R./Bull, R. What is investigative interviewing (and what is it not)? A primer on the ethos of suspect interviewing, Journal of Criminal Psychology (2025), Seite 6 von 17.

126 Snow, P. C./Powell, M. B./Murfett, R. Getting the story from child witnesses: exploring the application of a story grammar framework, Psychology, Crime & Law, Vol. 15, No. 6, July 2009, 555, 556. m. w. N.

127 Siehe auch Gedächtnis, Langzeiterinnerung, insb. episodisches Gedächtnis Rn. 857.

128 Siehe unten Aussageanalyse Rn. 718 und 724.

129 Siehe unten Aussageanalyse Rn. 716.

130 Bertheau/Ignor in: Löwe-Rosenberg, StPO, 27. Aufl. 2017, § 69, Rz 6.

131 CTI Training Tools 1/2017: Investigative Interviewing for Criminal Cases, Seite 7/12.

132 Prinzipien zu effektiven Vernehmungen für Ermittlungen und Informationssammlungen („Mendez-Prinzipien“), Absatznummer 114.

133 Vgl. auch May/Fashing/Milne/Gaedt/Schneider (2022). Die untersuchende Vernehmung als (internationale) Reaktion auf falsche Geständnisse: ein forschungsbasierter und praxiserprobter Vernehmungsansatz. Praxis der Rechtspsychologie, 32 (2), 142 (8/25).

134 Griffiths & Milne (2006): „Will it all end in tiers? Police interviews with suspects in Britain“, S. 167, 182; Guadagno, B. L./Powell, M. B., An examination of the prevalence of temporally leading questions in child witness interviews, in: International Journal of Police Science & Management Volume 16 Number 1, (2016), 16, 18; Snow, P. C./Powell, M. B./Murfett, R. Getting the story from child witnesses: exploring the application of a story grammar framework, Psychology, Crime & Law, Vol. 15, No. 6, July 2009, 555, 559.

zieren oder keine spezifischen Details ansprechen, die zuvor von der Auskunftsperson nicht bereits erwähnt wurden.[135] Ihr Zweck ist einzig, den freien Bericht „am Laufen“ zu halten und eine ausführlichere Antwort zu erhalten. Sie muntern zum weiteren erzählen zu und können nicht mit einem Ja/Nein beantwortet werden. Eine pseudo-offene Frage ist daher: „Kannst Du mir erzählen, was passiert ist?“ Denn diese kann mit Ja/Nein beantwortet werden. Eine offene Frage lautet:
- Was passierte (dann)?
- Wie ging es weiter?
- Was passierte als nächstes?
- Was passierte, bevor …?

124 Statt einer offenen Frage kann (sollte) eine **offene (Folge)Aufforderung** zum weiteren Erzählen animieren:
- Beschreiben …
- Erzählen …
- Schildern … … Sie **mehr**
- Erklären …
- Nennen …

125 Dabei ist zu beachten, dass offene Fragen die zweitbeste Alternative zum „BESEN“ ist. Falls möglich, dann sollte der Weg stets über ein beschreiben, erzählen, schildern, erklären, nennen gehen. Denn Fragen sind schnell falsch/zu eng formuliert. Bereits die Frage „Was *sagte* er dann?“ hat eine gewisse suggestive Wirkung, nämlich dass er *dann* etwas *gesagt* hat. Insgesamt ist zu beachten, dass W-Fragen Suggestionen enthalten können. Ein „wo“ suggeriert ein Ort, ein „wann“ eine Zeit.

126 **6.1.2.2 Detailliert.** Der Bericht wird eingefordert durch ein „Beschreiben/Erzählen/Schildern/Erklären/Nennen Sie“ (Akronym „BESEN“), und das möglichst **genau und detailliert**. Das muss in der Regel erklärt werden. Aufgrund der alltäglichen Gesprächsregeln, die wir von Kindesbeinen an gelernt haben, kommt es auf Details nicht an (Wie geht es Dir? – Wie war Dein Urlaub? Sind Sie verheiratet? Haben Sie Kinder?). Die Verfasser haben im Rahmen dieser Aufforderung zum **detaillierten Bericht** sehr gute Erfahrung damit gemacht, der Auskunftsperson zu verdeutlichen, was detailliert in diesem Zusammenhang für uns als Befragungsperson bedeutet. Dafür zeigen wir der Auskunftsperson zu Beginn einen beliebigen Gegenstand, bspw. einen Stift und fragen rhetorisch, was das ist, was man sieht. Man kann die Antwort auch selbst geben: „Das ist ein Stift“. Das nehmen wir zum Anlass für folgende Ausführungen: „Das ist absolut richtig, Das ist in der Tat ein Stift. Ich sage Ihnen, was das für mich ist. Es ist ein ca. 15 Zentimeter langer und vielleicht einen halben Zentimeter dicker Stift. Er ist von der Marke XYZ und seine Farbe ist schwarz. An seinem Ende wird er silber. Er hat am anderen Ende einen ebenfalls silbrigen „Klipp“, damit man ihn befestigen kann, an einer Hemdtasche oder in einer Jacke. Verstehen Sie, was ich mit detailliert meine?“. Gute Erfahrung haben wir bei dem einen oder anderen Zeugen auch damit gemacht in zeitlicher Hinsicht konkret zu illustrieren, dass er sich gut und gerne 5, 10, 15, 20 Minuten oder noch länger (je nach Umfang des Beweisthemas) Zeit nehmen kann, um frei zu berichten. Das erhöht die Wahrscheinlichkeit eines freien Berichts, von Angaben im Zusammenhang. Lediglich bei etwa unsicher wirkenden Zeugen wäre in diesem Zusammenhang in die Überlegung mit einzubeziehen, ob solche zeitlichen Hinweise Druck, eine Verunsicherung erzeugen.

135 Siehe auch unten: Themenbezogene Aufforderung/Frage (Stichwörter und Details) Rn. 143.

Durch die Möglichkeit, im Zusammenhang in Form eines Berichts auszusagen, wird offenkundig der Einfluss des Fragenden geringgehalten und das Auskunftsmaterial nicht verfälscht („Wer fragt, führt“). So kann ein möglichst unverfälschtes Bild der Erinnerung der Auskunftsperson entstehen, das Grundlage für die Beurteilung der Glaubhaftigkeit ist. Der Redeanteil der Auskunftsperson liegt im Idealfall hier bei „99 %“. 127

Die Vernehmungsperson soll die Auskunftsperson bei ihrem Bericht grundsätzlich **nicht unterbrechen** und/oder ihren Gedankengang stören. Hierzu gehört es auch, dass die Vernehmungsperson in Gesprächspausen notfalls schweigt, wenn es angebracht ist. Durch dieses **Schweigen** wird signalisiert, dass es in Ordnung ist, innezuhalten und nachzudenken. Die Vernehmungsperson zeigt dadurch auch, dass sie **bereit** ist **zu warten**, um weitere Einzelheiten zu erfahren.[136] Ein solches Vorgehen ist auch deswegen angezeigt, weil Angaben, die ohne Behinderung oder gar Zwang gemacht werden, wahrscheinlich verlässlich sind und einer Überprüfung, beispielsweise in einem späteren Gerichtsverfahren, besser standhalten können. 128

6.1.2.3 Grundsatz der Zweiteilung. Dieser Grundsatz, dass der Bericht am Anfang einer Befragung zu stehen und die Befragung zu dominieren hat, ist der wichtigste Grundsatz der allgemeinen Befragungslehre und entspricht als sog. **Grundsatz der Zweiteilung** (erst der Bericht, dann die Aufklärung[137] (überholt: das „Verhör“) auch den gesetzlichen Vorgaben zu **gerichtlichen Zeugenbefragungen**[138] hierzu (vgl. §§ 69 Abs. 1 StPO, § 396 Abs. 1 ZPO). Der Grundsatz der Zweiteilung und die Möglichkeit, zunächst im Zusammenhang zu berichten, ist für das Gericht nicht nur bloße Sollvorschrift, sondern eine **Ordnungsvorschrift.** Soweit der Vorsitzende es versäumt, dem Zeugen tatsächlich Gelegenheit zu einem zusammenhängenden Bericht gem. § 69 Abs. 1 StPO zu geben und z. B. vielmehr sogleich oder verfrüht frühere Aussageprotokolle durch einen Vorhalt abprüft, ist dies für die Wahrheitsfindung nicht nur schädlich, sondern auch angreifbar. Im Zivilrecht über eine Verfahrensbeanstandung nach § 295 ZPO.[139] Denn auch dort darf der Vorsitzende den Zeugen nicht dazu angehalten werden, sich auf das Beweisthema zu beschränken. Der Zeuge soll auch dort nur angestoßen werden zu berichten. Er soll sein Wissen aus freien Stücken erzählen.[140] Ob es dafür auch im Strafprozess eine Beanstandung nach § 238 Abs. 2 StPO bedarf und gleichzeitig auch ein Verstoß gegen § 244 Abs. 2 StPO vorliegen muss, ist streitig.[141] 129

Dieser Grundsatz der Zweiteilung (für die Zeugenvernehmung) ist für die Wahrheitsfindung elementar und allgemeingültig und richtet sich in einem Prozess nach den Verfahrensordnungen dabei nur an das **Gericht** (bzw. über §§ 161a Abs. 1 Satz 2 StPO und § 163 Abs. 3 Satz 2 StPO im Ermittlungsverfahren auch 130

---

136 Prinzipien zu effektiven Vernehmungen für Ermittlungen und Informationssammlungen („Mendez-Prinzipien“), Absatznummer 115.

137 Siehe unten Aufklärung Rn. 141.

138 Zur Befragung eines Beschuldigten, siehe Beschuldigtenbelehrung Rn. 347.

139 Greger in: Zöller, Zivilprozessordnung, 35. Auflage 2024, § 396 ZPO, Rz 1 mit Verweis auf BGH, Urt. v. 24.1.2006 – XI ZR 384/03.

140 Balzer in: Balzer, Beweisaufnahme und Beweiswürdigung im Zivilprozess, 5. Auflage, E. Die Beweismittel und ihre Erschließung im Einzelnen, Rz 169.

141 Keine Beanstandung erfordern: BGH, Urt. v. 7.12.1954 – 1 StR 317/53: „§ 69 StPO ist eine zwingende Vorschrift; auf ihre Beachtung kann nicht verzichtet werden ... Daher entkräftet es die Rüge nicht, dass der Angeklagte und sein Verteidiger oder dessen Unterbevollmächtigte der Vernehmung beigewohnt haben und weder dabei noch in der Hauptverhandlung Einwendungen erhoben haben.“; so auch BGH, Urt. v. 21.10.1952 – 1 StR 287/52; KK/Slawik, 9. Aufl., § 69 Rz 8; Meyer-Goßner/Schmitt, StPO 67. Aufl. 2024, § 69 Rz. 13; a. A. BGH, Urt. v. 25.1.1972 – 1 StR 142/71; Bertheau/Ignor in: Löwe-Rosenberg, StPO, 27. Aufl. 2017, § 69 Rz 18; offen: BGH, Beschl. v. 6.9.2022 – 1 StR 63/22.

an die **Staatsanwaltschaft** und **Polizei**), nicht auch an die anderen Beteiligten, also insbesondere nicht auch an **Rechtsanwälte**. Deren Rechte und Pflichten werden allein durch das **Fragerecht** bestimmt (siehe unten Rn. 485, Fragerecht).

131 **6.1.2.4 Beschuldigtenvernehmung.** Die Art und Weise der **Beschuldigtenvernehmung** im strafrechtlichen Ermittlungsverfahren oder in der strafgerichtlichen Hauptverhandlung ist – von § 136 Abs. 2 StPO, i. V. m. § 243 Abs. 5 Satz 1 StPO, § 136a StPO abgesehen – nicht näher geregelt. Es fehlt insbesondere an einer Regelung entsprechend § 69 Abs. 1 Satz 1 StPO, wonach dem Zeugen Gelegenheit zu geben ist, im Zusammenhang zu berichten. Auch wenn eine Regelung entsprechend § 69 Abs. 1 Satz 1 StPO fehlt, so sollte die Vernehmungsperson tunlichst davon Abstand nehmen, die Vernehmung von Anfang an im Wechsel von Frage und Antwort durchzuführen.[142] Auch für die Beschuldigtenvernehmung gelten die allg. Regeln der Vernehmungstechnik. Insb. der Grundsatz der Zweiteilung. Die Beschuldigtenvernehmung kann den Zweck der Sachverhaltsaufklärung und Wahrheitsfindung bei richtigem Verständnis nur erfüllen, wenn der Beschuldigte möglichst unbeeinflusst zu Wort kommt und Gelegenheit erhält, mit seinen Worten und aus seiner Sicht den Tathergang zu schildern.[143] Der BGH hat daher zu Recht für die **Sacheinlassung** nach § 243 Abs. 4 StPO festgestellt, dass dem Beschuldigten Gelegenheit gegeben werden muss, sich möglichst **im Zusammenhang** zu äußern. „Keinesfalls darf dem Angeklagten … das wichtige Recht beschnitten werden, im Zusammenhang zu dem Schuldvorwurf Stellung zu nehmen“.[144] Abweichungen hiervon sind nur angezeigt, wenn es um einen besonders verwickelten oder umfangreichen Anklagevorwurf geht. Gleiches gilt, wenn der Angeklagte zu einer auch nur einigermaßen geordneten Sachdarstellung nicht bereit oder in der Lage ist. „Hiervon abgesehen soll der Vorsitzende in diesem Stadium der Hauptverhandlung nur eingreifen, um im Interesse der Verständlichkeit Zusammenhänge herzustellen oder erkennbar bedeutungslose Weitschweifigkeiten zu unterbinden. Gelegenheit zu einem „Frage- und Antwortspiel“ besteht, sobald der Angeklagte zu erkennen gibt, dass er von sich aus im Zusammenhang nichts mehr sagen will.“[145] Nichts anderes sollte für die polizeiliche Vernehmung eines Beschuldigten gelten. Der Beschuldigte muss daher zunächst Gelegenheit haben, eine zusammenhängende Sachdarstellung, einen zusammenhängenden Bericht abzugeben.[146] Der freie Bericht ist auch elementarer Bestandteil internationaler Vernehmungsstandard.[147]

132 **6.1.2.5 Beispiele einer Aufforderung zum ersten freien Bericht.** Die zentralen Botschaften einer Aufforderung zum ersten freien Bericht sind:

(1) **Alles**, was Sie zu sagen haben, ist **wichtig**. Bemühen Sie sich, alles und **detailliert** zu berichten und **nichts auszulassen**, auch wenn Sie glauben,

---

142 Gless, in Löwe-Rosenberg, StPO, 28. Auflage 2025, § 136, Rn. 62 mit weiterem Nachweis; a. A., Meyer-Goßner/Schmitt, StPO 67. Aufl. 2024, § 136, Rn. 17; KK-StPO/Diemer, 9. Aufl. 2023, StPO § 136 Rn. 19; „wenn der Richter das für zweckmäßig hält“.

143 Gless, in Löwe-Rosenberg, StPO, 28. Auflage 2025, § 136, Rn. 62.; KK-StPO/Diemer, 9. Aufl. 2023, StPO § 136 Rn. 19; Knierim in: Esser/Rübenstahl/Saliger/Tsambikakis, Wirtschaftsstrafrecht, § 243 STPO, Rz 31.

144 BGH, Beschl. v. 14.2.1990 –3 StR 426/89.

145 BGH, Beschl. v. 6.6.2000 – 1 StR 212/00.

146 So auch Wegemer: Vernehmungspraxis der Hilfsbeamten der Staatsanwaltschaft im Rahmen der Steuer- und Zollfahndung, in: NStZ 1981, 247 m. w. N.; so auch Burhoff, Ermittlungsverfahren, 10. Aufl. 2025, Polizeiliche Vernehmung, Beschuldigter, Verfahrensfragen, Rn. 3974, mit dem weiterführenden Hinweis, dass eine „Verletzung des § 69“ mit der Revision gerügt werden könne. Das ist richtig für die Verletzung in der Gerichtsverhandlung, unzutreffend aber für die Verletzung im Ermittlungsverfahren; a. A. Meyer-Goßner/Schmitt, StPO 67. Aufl. 2024, § 136, Rn. 17; KK/Diemer, § 136, Rn. 19.

147 Siehe Internationale Vernehmungsstandards Rn. 18.

dass einige Informationen für den zu untersuchenden Sachverhalt nicht relevant sind.
(2) Schildern Sie es **in Ihren Worten** und **in ihrer Reihenfolge**, die aus Ihrer Sicht gut ist.
(3) **Konzentrieren** Sie sich, damit alle Erinnerungen abgerufen werden können.
(4) Fühlen Sie sich **frei**, das **Wort** zu ergreifen, wenn ich was unklar formuliert habe, oder Sie die Antwort auf eine Frage nicht kennen, oder wenn Sie sich nicht verstanden fühlen.

Weiteres **Beispiel** einer Aufforderung zum Bericht/Verdächtiger:[148] 133
Haben Sie noch Fragen, bevor wir beginnen? Also, es geht um den Einbruch im Zeitungsladen an der Ecke Beethovenstraße/Karlstraße vorgestern. Ich möchte, dass Sie mir berichten/schildern/erzählen …, was Sie über den Zeitungsladen oder über den Einbruch wissen.[149] Und das möglichst detailliert. Erzählen Sie auf Ihre Art, wie Sie es erzählen wollen. Ich werden daher versuchen, Sie nicht zu unterbrechen. Konzentrieren Sie sich. Nehmen Sie sich die Zeit, die Sie brauchen. Lassen Sie mich wissen, wenn etwas unklar ist oder Sie sich nicht verstanden fühlen. Wenn Sie bereit sind, erzählen sie alles, so genau und detailliert wie möglich.

Beispiel einer Aufforderung zum Bericht Zeuge:
Also, es geht um den Streit gestern Abend, den Sie beobachtet haben. Ich war nicht dabei, ich muss mir aber ein Bild darüber machen, was passiert ist. Sie können mir dabei helfen. Bitte erzählen Sie mir alles, was passiert ist. Es ist wichtig, dass Sie alle Details erzählen. Lassen Sie nichts aus. Ich werde Ihnen zuhören und Sie nicht unterbrechen. Nehmen Sie sich die Zeit, die Sie brauchen. Konzentrieren Sie sich. Sagen Sie bitte, wenn etwas nicht ganz klar ist. Sie können anfangen, sobald Sie bereit sind. Erzählen sie alles, so genau und detailliert wie möglich.

Ein (Negativ-)**Beispiel** für den Beginn einer Befragung/Vernehmung aus einem mitgefilmten (echten) Prozess[150], es folgen Originalzitate:
Ein Bauherr wünschte sich, nachdem die Türen in seinem Haus eingebaut worden waren, anstatt Mahagonitüren lieber solche aus Eichenholz. In Absprache mit dem Architekten schickte er seinen Vater (W.) zur Lieferfirma. Der wählte das andere (teurere!) Eichenholz aus. Die Türen wurden sodann ausgewechselt. Nach Bauabschluss kam es zu dem beinahe vorhersehbaren Streit, ob der Bauherr den entstandenen Mehrpreis zu bezahlen hat. So sei es vereinbart gewesen, trägt die klagende Baufirma vor. Der Bauherr behauptet das Gegenteil. Die klagende Firma benennt als Zeugen den Verkäufer der Türen zum Beweis dafür, dass bei dem Gespräch zwischen ihm und dem Vater des Bauherrn ein zu zahlender Mehrpreis vereinbart worden sei.

Beispiel
Vorsitzender:
„Sie sind als Zeuge benannt für die Vorgänge, die zur Umbestellung der Mahagonitüren in Eichentüren geführt haben. Ja, und Sie sind ein Mitarbeiter der Klägerin, der Firma X. Können Sie uns ein bisschen erklären, wie es dazu kam? Was wissen Sie denn?“
Verkäufer:
„Ja, an sich ist es so gelaufen, dass im Auftrag Y. (Bauherr) wir die Mahagonitüren eingebaut haben. Nachdem die Türen eingebaut waren, hat der Architekt mich angerufen und hat gesagt, der Kunde möchte Eichentüren. Er ist mit den Mahagonitüren nicht zufrieden und nicht glücklich. Können wir das machen? Das musste

148 Singgemäß aus dem Manual on Investigative Interviewing for Criminal Investigation der UN, Seite 48; siehe auch unten Vernehmung, Beschuldigtenbelehrung Rn. 347.
149 Fragen der Belehrung etc. sollen hier ausgeklammert sein.
150 Schiedsprozess.

auch alles sehr schnell gehen. Dann hab' ich gesagt, wenn wir diese Türen im Lager haben, können wir's kurzfristig machen.
Dann ist der Herr W. (Vater des Beklagten) zu uns gekommen in die Firma, hat sich die Türen angeschaut und hat sich dann welche ausgesucht, die bauseits, also lagermäßig vorhanden waren. Und dann haben wir die Türen, Mahagoni- gegen Eichentüren, ausgetauscht."

134 Lob kann die Art, wie der Vorsitzende die Vernehmung einleitet, verdienen. Er stellt kurz die Position des Zeugen im Verfahren klar (*Mitarbeiter der Klägerin, der Firma X.*) (Filterfrage).[151] Dann **leitet** er offen hin **zum Thema der Befragung** (*Vorgänge, die zur Umbestellung der Mahagonitüren in Eichentüren geführt haben*), **ohne** das eigentliche **Beweisthema**, dass ein Mehrpreis vereinbart worden sei, **zu benennen**. So engt er die Aussage des Zeugen nicht ein, sondern gibt ihm zunächst einmal viel Raum. Und er lässt ihm diesen Raum; er lässt ihn ungestört, ohne Unterbrechung berichten, solange der Zeuge dies will. So steht es im Gesetz, so sollte es der Wahrheit zuliebe immer sein und so verlangt es auch die Rechtsprechung[152].

135 In den Seminaren der Verfasser taucht im Zusammenhang mit diesem (Video)Beispiel die Frage auf, ob der Richter mit einer Suggestivfrage nicht zu eng einleitet und bereits eine Umbestellung suggeriert. Dieser Einwand und Befund sind zutreffend. Wünschenswert wäre aus technischer Sicht eine noch offenere Darlegung des Gegenstands der Untersuchung, etwa mit „Bauvorhaben X". Falsch (jedenfalls aus technischer Sicht und aus Sicht des Beklagten, nicht unbedingt auch aus Sicht des Klägers) wäre eine noch geschlossenere Hinführung auf das Beweisthema im Sinne von: „Sie sind als Zeuge benannt für die Vorgänge, die zur Umbestellung der Mahagonitüren in Eichentüren geführt haben. Ja, und Sie sind ein Mitarbeiter der Klägerin, der Firma X. Können Sie bestätigen, dass es am … um … in Ihrem Büro ein Gespräch zwischen Ihnen und dem Bauherrn gab. Und der Bauherr damals bestätigte, dass er den Mehrpreis in Höhe von € … trägt. Stimmt das so?" Das hätte mit Wahrheitsfindung nichts mehr zu tun. Auch erhält der Zeuge Informationen (Ort, Zeit, Höhe des Mehrpreises), die aber von ihm und ohne inhaltliche Vorgaben kommen sollen.

136 An dieser Stelle noch ein Hinweis: Der Grundsatz der Vernehmungslehre, die Auskunftsperson berichten zu lassen und den Bericht nicht zu unterbrechen[153], gilt selbst dann, wenn Zweifel an der Auskunft aufkommen oder gar die Auskunftsperson offensichtlich präpariert zu sein scheint. Es gilt auch in diesen Fällen, sich eine Unvoreingenommenheit und offene Denkweise zu bewahren und nicht zu werten. Vielleicht sind die Zweifel unberechtigt, vielleicht trügt der Eindruck. Eine offene Befragung sollte möglichst lange durchgeführt, das eigene Befragungskonzept durchgehalten werden, so dass möglichst bis zum Schluss weder Zustimmung noch Zweifel erkennbar werden. Die Aufgabe des Vernehmenden – bei der untersuchenden Vernehmung[154] – ist zuzuhören, Verständnis, Akzeptanz und eine nicht wertende Perspektive zu zeigen.[155] Es darf kein Druck ausgeübt werden: Vernehmende haben einen ungezwungenen und entspannten Kontext zu schaffen und Vertrauen zu gewinnen.[156] Widersprüche etc. werden später, in der Klärung angesprochen und gelöst.

---

151 Vgl. § 68 Abs. 4 StPO, § 395 Abs. 2 ZPO.
152 BVerfG, Beschl. v. 8.10.1974 – 2 BvR 747/73; Urt. v. 11.11.1952 – 1 StR 465/52.
153 Siehe zur Unterbrechung des Berichts auch unten, „BESEN", detailliert Rn. 128.
154 Siehe auch Erklärung von Widersprüchen und Präsentation von Beweisen Rn. 174.
155 Siehe auch oben, untersuchende Vernehmung Rn. 22.
156 May/Fashing/Milne/Gaedt/Schneider: Die untersuchende Vernehmung als (internationale) Reaktion auf falsche Geständnisse: ein forschungsbasierter und praxiserprobter Vernehmungsansatz in Praxis der Rechtspsychologie 2022, S. 127, 137, siehe auch Einstieg und Beziehungsaufbau (Rapport) Rn. 76.

Fazit: Keine Unterbrechung des Berichts durch Fragen o. ä.!

6.1.2.6 Zurückhaltung/Widerwillen. Im Rahmen von Befragungen von Zeugen[157] kann beim Einfordern des Berichts vorkommen, dass sie sich weigern/zögern frei zu erzählen. Die Frage ist, ob und wie man dieser **Zurückhaltung**, gar diesem **Widerwillen**, begegnet. Zunächst gilt zu beachten, dass es (berechtigte) **Gründe für die Zurückhaltung** geben kann. Allgemeine **Unsicherheiten** in Bezug auf das Verfahren können eine Rolle spielen, insbesondere wenn die Person noch nie in eine solche Situation verwickelt war. Auch **Angst** kann eine Rolle spielen, z. B. Angst vor der Polizei und anderen staatlichen Stellen oder Angst vor nachteiligen Folgen für sich selbst oder andere, wenn bekannt wird, dass die Person mit den Behörden gesprochen hat. Die Befragten können auch durch das, was sie gesehen, gehört oder erlebt haben, psychisch beeinträchtigt sein. Die Zurückhaltung beim Reden kann auch auf die persönlichen Reaktionen des Befragten auf den Befrager oder Dolmetscher zurückzuführen sein.[158] Es ist auch möglich, dass eine befragte Person bereit ist, Informationen zu liefern, aber nicht in der Lage ist, dies zu tun. Das kann daran liegen, dass er zunächst nicht über die entsprechenden Informationen verfügte oder dass er es versäumt hat, die Details zu registrieren. Es kann auch sein, dass die Befragten aufgrund des Zeitablaufs oder aufgrund von Ereignissen, die sie erlebt haben, die ursprünglichen Details vergessen haben oder sie nicht mehr aus ihrem Gedächtnis abrufen können.[159] Befrager erhöhen die Wahrscheinlichkeit einer effektiven Befragung, wenn sie sich der Gründe für eine mögliche Gesprächsverweigerung bewusst sind und versuchen, die **Gründe** für den Widerwillen in Erfahrung zu bringen. Nur wenn die hinter der Position (ich will nicht reden) liegenden Gründe bekannt werden, kann an einer Lösung im Sinne einer Verhaltensänderungen effektiv gearbeitet werden. Kommunikativ könnte es sich anbieten, den weiter unten dargestellten Dreiklang[160] zu nutzen. **137**

6.2 Ergänzender Bericht

Das Ziel des Berichts ist, ein (nahezu) **vollständiges Bild der Erinnerung** der Auskunftsperson zum Gegenstand der Befragung/Untersuchung zu erhalten. Denn Fragen sind die absolute Ausnahme.[161] In der Regel ist der erste Bericht (noch zu) dürftig, er vermittelt noch kein ausreichendes Bild der Erinnerung zu allen relevanten Teilen. In der Praxis ist gerade in Gerichtsprozessen zu beobachten, dass viele Auskunftspersonen beim Bericht viele Einzelheiten weglassen, an die sie sich zwar erinnern, die sie aber – oft zu Unrecht – für unwesentlich halten und daher verschweigen. Auskunftspersonen geben sich mitunter auch nicht genügend „Mühe", in ihren Erinnerungen „zu graben", oder empfinden die Befragung unangenehm und hoffen, durch eine kurze Aussage wieder schnell entlassen zu werden. Wenn der Bericht – was die Regel ist – zu knapp ausfällt, dann sollte zunächst versucht werden, die Auskunftsperson zu einem ausführlicheren, **ergänzenden Bericht** zu veranlassen. Vernehmungstechnisch richtig würde man nun den Zeugen (für die gute Stimmung, siehe oben: Bemühen um die Auskunftsperson) zunächst „loben" und dann auffordern, seinen Bericht zu ergänzen. Um die Einflussnahme auf die Auskunftsperson weiter gering zu halten, sollten keinesfalls Fragen gestellt werden, wenn noch kein (ausreichend) vollständiges Bild vermittelt wurde. Auch hier liegt der Redeanteil der Auskunftsperson im Idealfall noch **138**

157 Zur Vernehmung von Beschuldigten/Auskunftsverweigerungsrecht, siehe unten Rn. 29.

158 Prinzipien zu effektiven Vernehmungen für Ermittlungen und Informationssammlungen („Mendez-Prinzipien"), Absatznummer 122.

159 Prinzipien zu effektiven Vernehmungen für Ermittlungen und Informationssammlungen („Mendez-Prinzipien"), Absatznummer 124.

160 Siehe unten Rn. 1097.

161 Siehe oben, Erster freier Bericht Rn. 121; unten Aufklärung Rn. 141.

bei „99 %“: Der ergänzende Bericht wird ebenfalls damit eingefordert, dass die Auskunftsperson nochmals[162] **b**eschreiben, **e**rzählen, **s**childern, **e**rklären, **n**ennen (Akronym „BESEN“) soll, und das abermals genau und detailliert. Bei einem Zeugen könnte der ergänzende Bericht wie folgt eingefordert werden:
„Das war interessant. Ich möchte mir ein genaues Bild über das Geschehene machen, ich war aber nicht dabei/Ich bin nicht sicher, ob ich alles schon richtig verstanden habe/Gerne hätte ich es noch etwas genauer gehört/o. ä. (Nehmen Sie sich ruhig nochmals (X) Minuten Zeit). Erzählen Sie alles, was Ihnen einfällt. Machen Sie sich bitte auch keine Gedanken, ob und was mich/uns interessiert, ob es für mich/uns wesentlich oder unwesentlich ist. Mich/uns interessiert alles. Erzählen Sie einfach (nochmals) drauf los.“

139 Damit verbleibt der „Ball“ bei der Auskunftsperson. Zum einen soll, aus Sicht des Gerichts (und jedem an der Wahrheitsfindung Interessierten), jegliche Beeinflussung der Auskunftsperson vermieden werden. **Wer fragt, führt** (Anwälte wollen das gelegentlich![163]). Zum anderen wird es von Lügnern als wesentlich schwieriger erlebt, einen Geschehensablauf von sich aus zu schildern, als dazu Fragen zu beantworten. Lügnern können in der Regel eine erfundene Geschichte inhaltlich nicht (qualitativ gehaltvoll) ausschmücken. Spontane Ergänzungen sind schwierig. Sie verlangen nicht nur allerhand Fantasie, sondern auch beträchtliche geistige Kompetenz. Es muss blitzschnell innerlich abgeklärt werden, ob diese neuen, zusätzlichen (erfundenen) Einzelheiten zum bisher Gesagten passen und nicht etwa eine Tür für weitere Nachfragen oder für Überprüfungen öffnen. Wer etwas tatsächlich erlebt hat, müsste aber bei einem halbwegs komplexen Geschehen in der Lage sein, einige weitere Details zu liefern, die er bis dahin weggelassen hatte, weil sie ihm nicht erwähnenswert erschienen. Auf die Aufforderung hin, alles nochmals genauer zu berichten, kommen dann solche vielleicht für das Beweisthema unwichtige, für die Glaubhaftigkeitsprüfung jedoch bedeutsame zusätzlichen Details. Nicht von ungefähr hört man als Richter immer wieder auf die Aufforderung, die Geschehnisse zu schildern, die Entgegnung: *„Bitte stellen Sie mir Fragen.“* Dass man dieser Bitte auch unter Zeitdruck nicht nachkommen sollte, versteht sich von selbst.

Fazit: Nach dem Bericht folgt nicht die (Auf)Klärung durch Fragen, sondern die Erweiterung des Berichts.

140 Die Aufforderung zum ergänzenden Bericht, muss gegebenenfalls so oft **wiederholt** werden, bis vom Zeugen etc. ein ausreichendes Bild seiner Erinnerung vermittelt wurde. Denn die Frage bleibt vernehmungstechnisch die absolute Ausnahme und sollte nur „nötigenfalls“ gestellt werden, sich zudem in der Regel nur auf bereits von der Auskunftsperson benannte Themen oder Details beziehen. Falls etwa nach dreimaliger Bitte immer noch kein ausreichendes Bild vermittelt wurde, dann sollte sich die Vernehmungsperson im Dialog mit der Auskunftsperson auf Ursachensuche begeben. Vielleicht gibt es – aus Sicht des Zeugen – gute Gründe für den Widerwillen oder die Zurückhaltung, nicht berichten zu wollen (Scham, Angst, Gefahr der Selbstbelastung etc.). Dann müssen diese Gründe erst beseitigt oder geklärt werden, um an die Wahrheit heranzukommen.

6.3 Aufklärung

141 Wenn keine weiteren Informationen mehr über den Bericht und hilfsweise eine offene Frage und den ergänzenden Bericht zu erwarten sind, dann (erst) können Fragen gestellt werden. Schon im Gesetz heißt es: „Zur **Aufklärung** und zur Vervollständigung der Aussage sowie zur Erforschung des Grundes, auf dem das Wissen des Zeugen beruht, sind **nötigenfalls** weitere **Fragen** zu stellen“ (vgl.

162 Siehe oben „BESEN“ Rn. 121.
163 Siehe geschlossene Fragen Rn. 167.

§ 69 Abs. 2 StPO, 396 Abs. 2 ZPO). An dieser Stelle wird bewusst das Wort Aufklärung verwendet und auf das gemeinhin verwendete Wort „Verhör“ verzichtet. Das Gesetz kennt „Verhör“ nicht und es wird in der Regel nur von der Literatur mit dem Grundsatz der Zweiteilung und § 69 Abs. 2 StPO, 396 Abs. 2 ZPO in Zusammenhang gebracht.[164] Auch international wird das Wort **„Verhör“** („interrogation“) gemieden, da Verhör oft mit Zwang und Druck assoziiert wird. „Interview“ klingt zumindest neutraler und professioneller. Es soll den Fokus auf eine faire und respektvolle untersuchende Befragung legen, bei der auch die Rechte der befragten Person betont werden. Es handelt sich insoweit um eine sprachliche und kulturelle Anpassung, die auch eine offene untersuchende Denkweise zum Gegenstand hat.[165] Das Gesetz verwendet die Formulierung „Aufklärung“, wir hier auch.

Die Aufklärung dient dem Gesetzeswortlaut **„nötigenfalls“** nach der **„Aufklärung“** und **„Vervollständigung“**. Die Frage ist von Rechts wegen technisch die absolute Ausnahme der Informationsbeschaffung. Das hängt auch mit der Erkenntnis zusammen, dass die Qualität einer Auskunft bereits ab dem ersten Bericht signifikant abnimmt. Auch hier gilt, dass vor allem die Auskunftsperson reden und die Befragungsperson sich so weit wie möglich zurückhalten sollte. § 69 StPO und § 396 ZPO betreffen zwar an sich nur die Zeugenvernehmung. Nichts anderes gilt jedoch für die Beschuldigtenvernehmung. Auch dort besteht Gelegenheit zu einem „Frage- und Antwortspiel“ erst, sobald der Beschuldigte zu erkennen gibt, dass er von sich aus im Zusammenhang nichts mehr sagen will.[166] **142**

6.3.1 Themenbezogene Aufforderung/Frage (Stichwörter und Details). Der Kommentarliteratur nach geht es bei den Fragen um die Überprüfung des Berichts, ggf. der Vervollständigung. Lücken in der Darstellung sollen geschlossen, Unklarheiten sollten beseitigt und etwaige Widersprüche geklärt werden.[167] Dies ist vernehmungstechnisch nicht ganz unproblematisch, jedenfalls weiter erklärungsbedürftig. Idealerweise sollte sich ein Befrager bei seinen Fragen nicht auf Aktivitäten oder Details des mutmaßlichen Ereignisses beziehen, die die Auskunftsperson nicht bereits erwähnt hat oder die sich nicht als wahr erwiesen haben, und auch keine Antworten dazu verlangen.[168] Es ist vielleicht nicht möglich, solche Fragen vollständig zu vermeiden, aber man muss sich darüber im Klaren sein, dass jedes neue Detail, das von der Befragungsperson kommt, von ihr in der Befragungssituation erwähnt wird, den späteren Bericht über ein Ereignis möglicherweise verunreinigen könnte, unabhängig davon, wie dieses Detail eingeführt wurde. Es drohen Suggestivfragen[169], wenn die gewünschten Informationen nicht bereits zu einem früheren Zeitpunkt im Gespräch ermittelt wurden.[170] **143**

---

164 Vgl. Monka, in: BeckOK StPO, Graf (Hrsg), 55. Edition, Stand: 1.4.2025, § 69, Rz 3; Slawik, in: Karlsruher Kommentar zur Strafprozessordnung, 9. Auflage 2023, § 69, Rz 1; Maier, in Münchener Kommentar zur StPO, 2. Auflage 2023, § 69, Rz 16.

165 Siehe auch Internationale Vernehmungsstandards Rn. 18.

166 Siehe oben Aufklärung Rn. 141; BGH, Beschl. v. 6.6.2000 – 1 StR 212/00.

167 Monka, in: BeckOK StPO mit RiStBV und MiStra, (Hrsg) Graf, 55. Edition Stand: 1.4.2025, § 69, Rz 3; Bertheau/Ignor in: Löwe-Rosenberg, StPO, 27. Aufl. 2017, § 69, Rz 8; Slawik Karlsruher Kommentar zur Strafprozessordnung 9. Auflage 2023, § 69, Rz 5.

168 Siehe auch unten: Unbewusste und bewusste Einflussnahmen der Befragung – Taktik Rn. 217, 239, 242.

169 Auch Leitfrage/„leading question“ (Frage, die Details ansprechen, die der Zeuge *nicht* genannt hat), vgl. May/Fashing/Milne/Gaedt/Schneider, Die untersuchende Vernehmung als (internationale) Reaktion auf falsche Geständnisse: ein forschungsbasierter und praxiserprobter Vernehmungsansatz in Praxis der Rechtspsychologie 2022, S. 127, 134, 135.
Guadagno, B. L./Powell, M. B. , An examination of the prevalence of temporally leading questions in child witness interviews, in: International Journal of Police Science & Management Volume 16 Number 1, (2016), 16, 18, 19

170 Agnew, S. E./Powell, M. B., The Effect of Intellectual Disability on Children's Recall of an Event Across Different Question Types, in: Law and Human Behavior, Vol. 28, No. 3, June 2004, 273, 282.

144 Eine gute Aufklärung beginnt daher mit einer **themenbezogenen Aufforderung**, die sich auf bereits von der Auskunftsperson *benannte* **Stichwörter** und **Details** aus der Befragung zurückgekommen werden, hilfsweise als Stichwort- oder Detailfrage.[171] Die Aufforderungen (bzw. die Fragen) zu Stichwörtern und Details dient der Weiterführung der Befragung der weiterführenden Vervollständigung. So kann ggf. der Detailreichtum[172] einer Aussage noch erhöht werden. Eine gute themenbezogene Aufforderung bzw. Frage ist möglichst **kurz**.[173]

Beispiele:
„Sie erwähnten, es gehe Ihnen ums „große Ganze". Schildern Sie detailliert, was Sie damit meinten/hilfsweise: Wie meinten Sie das?"
„Sie erwähnten vorhin ein „langes Messer". Beschreiben Sie es mir genauer/ hilfsweise: Wie genau sah es aus?"
„Sie schilderten vorhin ein Streit, zwischen A und B. Schildern Sie mir diesen detailliert/hilfsweise: Was meinten Sie?"
„Erzählen Sie mehr über den Teil, als … [Tätigkeit oder Detail, das bereits erwähnt wurde]?"

145 Solche themenbezogenen Stichwort-/Detailfragen können – übertrieben gefragt – auch schnell überfordern. Der verstorbene, sehr einflussreiche österreichische Auto-Manager und langjähriger VW-Chef Ferdinand Piëch soll diese Fragen in Aufsichtsratssitzungen und anderen beruflichen Kontexten sehr oft benutzt haben – aber weniger zur Informationserhebung, sondern zur Verunsicherung seiner Gesprächspartner. Er gilt als berüchtigt für seine sehr präzise, teils bohrende Art der Gesprächsführung – durch die Technik, einzelne Begriffe oder Details, die jemand in einer Antwort oder Präsentation verwendete, gezielt aufzugreifen und so lange nachzufragen, bis die Person entweder keine Antwort mehr wusste oder sich in Widersprüche verwickelte. Er biss sich in bestimmten Stichwörtern oder Detailfragen fest und hinterfragte diese immer weiter – nach dem Motto: „Was genau meinen Sie mit …? Woher stammt diese Zahl? Wie setzen sich diese Werte zusammen?" usw. Ziel war es offenbar, Schwächen im Fachwissen, in der Argumentation oder in der Vorbereitung seiner Gesprächspartner offenzulegen, die mitunter zwangsläufig auftauchen, je detaillierter es wird. Es wurde oft berichtet, dass selbst hochrangige Manager bei diesen Sitzungen nervös waren, weil sie wussten, dass Piëch kleinste Ungenauigkeiten bemerkte und/oder gezielt Details hinterfragte. Auch hier verschwimmen die Grenzen zwischen Technik und Taktik, je nachdem, wie man vorgeht.

146 Mit einer Art **„Bohrtechnik"** zu Stichwörtern oder Details versuchen gelegentlich auch Anwälte, Zeugen zu verunsichern. Hier kommt ein Beispiel aus einem Strafprozess, in dem der Anwalt einen Zeugen „ins Kreuzverhör" nimmt. Er nutzt dabei gezielt Stichwörter/Details als „Bohrtechnik", indem er Stichworte oder Detail aus den Aussagen des Zeugen und das systematische Nachhaken nutzt, um die Aussage des Zeugen zu erschüttern, ohne laut zu werden, allein durch Hartnäckigkeit im Detail.

147 *Der Zeuge hat zuvor ausgesagt: „Ich habe gesehen, wie der Angeklagte gegen 22 Uhr sehr schnell und auffällig in Richtung … gelaufen ist."*
Anwalt: *„Sie sagten, es sei „gegen 22 Uhr" gewesen. Was genau meinen Sie mit ‚gegen'?"*
Zeuge: *„Na, gegen 22 Uhr, ungefähr."*

171 Auch spezifische Frage genannt, vgl. Guadagno, B. L./Powell, M. B., An examination of the prevalence of temporally leading questions in child witness interviews, in: International Journal of Police Science & Management Volume 16 Number 1, (2016), 16, 18.
172 Siehe unten, Realkennzeichen Detail Rn. 718.
173 Siehe unten, Themenbezogene Aufforderung/Frage (Stichwörter und Details) Rn. 144.

Anwalt: *„Also kurz vor oder kurz nach 22Uhr?“*
Zeuge: *„Eher kurz vor 22 Uhr.“*
Anwalt: *„Was genau meinen Sie mit „kurz vor“?*
Zeuge: *„Das weiß ich heute nicht mehr genau“*
Anwalt: *„Sie wissen es also nicht genau. Ok. Wichtiger Punkt. Sie sagten, „gegen“, dann „kurz vor“ 22 Uhr. Wie haben Sie die Uhrzeit festgestellt?“*
Zeuge: *„Ich habe auf mein Handy geschaut.“*
Anwalt: *„Wann? In dem Moment, als Sie ihn gesehen haben?“*
Zeuge: *„Nein, danach.“*
Anwalt: *„Wie lange danach?“*
Zeuge: *„Vielleicht ein paar Minuten.“*
Anwalt: *„Also Sie wissen nicht, ob es wirklich 22 Uhr war?“*
Zeuge: *„Nicht auf die Minute genau“*
Anwalt: *„Sie sagten, er sei „sehr schnell und auffällig“ gelaufen – was genau meinen Sie mit „auffällig‘?*
Zeuge: *„Na ja, er hat sich öfter umgeschaut.“*
Anwalt: *„Das ist auffällig? Warum?“*
Zeuge: *„Na ja, er hat sich zwei, drei Mal umgeschaut.“*
Anwalt: *„Was ist daran auffällig? – Kommen wir noch zu einem anderen Punkt? Woher wissen Sie, dass es mein Mandant war?“*
Zeuge: *„Ich kenn ihn ja. Ich habe ihn wiedererkannt“*
Anwalt: *„Woran haben Sie ihn wiedererkannt? Beschreiben Sie ihn mir? Was hat er angehabt?“*
Zeuge: *„Das weiß ich nicht mehr. Jeans und Jacke vielleicht.“*
Anwalt: *„Was heißt Jeans, was heißt Jacke, und was heißt vielleicht?“*
Zeuge: *„Das ist ein Vierteljahr her, Ich weiß es nicht mehr genau“*
Anwalt: *„Es war dunkel, und ohne direkte Beleuchtung – da konnten Sie sein Gesicht erkennen?“*
Zeuge: *„Ich glaube schon.“*
Anwalt: *„Was heißt hier glauben?“*
Zeuge: *„Na ja … ich denke, es war er.“*
Anwalt: (nach kurzem Schweigen): *„Sie denken. Das heißt: Sie wissen es nicht. …“*

Der Anwalt greift Stichwörter, Details, Schlüsselbegriffe auf: „gegen 22 Uhr“, „auffällig umgeschaut“ etc. und fordert präzise(re) Definitionen ein, für teils subjektive Begriffe. Durch konsequentes Nachfragen bringt er den Zeugen scheinbar in die Lage, Ungenauigkeiten zuzugeben. Es kann bei unbedarftem Blick der Eindruck von Unsicherheit und ggf. Unglaubhaftigkeit entstehen. Bei Lichte betrachtet überfordert der Anwalt den Zeugen. Es geht offensichtlich nicht um themenbezogen Aufklärung. Er stellt ab einem gewissen Zeitpunkt Fragen zu Details, die kein Mensch beantworten kann, die die Wahrnehmungsfähigkeit des Menschen – unabhängig von der Vergessensanfälligkeit – überfordern. Menschen haben keine Videokamera in ihren Augen. Die Wahrnehmungsfähigkeit des Menschen ist nicht dazu gemacht ist, auf alle hinterfragten Details eine Antwort geben zu können. Das menschliche Auge nimmt nur Bruchstücke der Außenwelt wahr.[174] Insoweit muss der Mensch, ein Zeuge bei einem gewissen Detailierungsgrad passen. **148**

6.3.2 Spezifische Fragen (W-Fragen). Falls über die themenbezogene Aufforderung zu genannten Stichwörtern und Details keine weiteren Informationen zu erlangen sind, dann können **spezifischen Fragen** gestellt werden. Wenn eine Frage gestellt wird, dann gilt: Eine **gute Frage** ist im Allgemeinen dadurch kennzeichnet, dass sie von allen Beteiligten verstanden wird, sie nur einen einzigen Punkt[175] betrifft, eine bestimmte Antwort verlangt und Unklarheiten vermeidet. **149**

174 Siehe Irrtum, Bruchstücke/Reiz-overflow Rn. 811.
175 Siehe auch unten: Fragenhäufung Rn. 232.

So banal sich dies anhört, so schwer ist es, dies in der Praxis umzusetzen. Eine gute Frage ist auch/daher **kurz** (maximal 5 Wörter !?!), denn nur so erfüllen sie vorgenannte Anforderungen. Außerdem sind lange Fragen oft grammatikalisch komplizierter. Lange Fragen verbinden oft mehrere Ideen durch die Verwendung von eingebetteten Sätzen (z. B. „Wie sah der Mann aus, der mit deinem Onkel im Auto im Park saß?"). Darüber hinaus enthalten sie oft umständliche Satzstrukturen (z. B. „Erzählen Sie mir von Ihrer ganzen Familie, wen Sie am meisten mögen") und Mehrdeutigkeiten. Es sollte nicht der Befragungsperson aufgebürdet werden, Missverständnisse im Gespräch zu korrigieren oder auszugleichen.[176]

150 Von einer guten Frage darf (sollte) ebenfalls keinerlei Einflussnahme ausgehen. Sie sollte i. d. R. **keinerlei** nicht bereits benannte **Informationen** enthalten. Gute Frage im Rahmen der Aufklärung sind daher kurze **W-Fragen**, also Fragen, die mit dem Buchstaben W beginnen, sich auf ein spezifisches Detail, eine spezifische Information beziehen. Dies Fragen können in der Regel mit einem, zwei oder wenigen Worten beantwortet werden.[177] Die konkrete Formulierung der Frage entscheidet darüber, wie weit der „Trichter offen" ist und wie gut die Frage wirklich funktioniert. Zum Beispiel:
- **Wer** war beteiligt?
- **Wo** geschah es?
- **Wann** war das?
- **Wie** hat er das Messer gehalten (sofern die Information, dass er das Messer gehalten hat, bereits benannt wurde)
- **Was** genau sagte er? (sofern die Information, dass er was gesagt hatte, bereits benannt wurde)
- **Womit** hat er geschlagen? (sofern die Information, dass er geschlagen hatte, bereits benannt wurde)

151 Solche W-Fragen sind ideal für die Informationsgewinnung, da der Befragte suggestionsfrei zu einer eigenen Ausgestaltung seiner Antwort und zu einem freien Redefluss ermuntert wird. Sie ermöglichen ein breites Spektrum an Antworten und dem Antwortenden wird die Entscheidung überlassen, wie und mit welchen Fakten er antworten möchte. Auf diese Art und Weise kann man auch sehr viel mehr über die Erfahrungen, Gedanken, Erwartungen und Befindlichkeiten seines Gesprächspartners in Erfahrung bringen, da die Auskunftsperson sehr bequem alle ihn interessierenden Punkte von sich aus platzieren kann.

152 Vorsicht: **Warum** ist zwar auch eine **W-Frage**. Warum-Fragen sollten aber in der Regel vermieden werden, da eine solche Frage nach dem Warum die meisten Menschen in die Defensive drängt. Die Frage löst Rechtfertigungsdruck aus und verlangt nach der generell schwierig zu beantwortenden Frage nach den eigenen Beweggründen. Die Antwort besteht daher in der Regel aus Interpretationsversuchen. Weitaus mehr Informationen bekommt man, wenn man die erlebte Situation sich einfach beschreiben lässt und die Warum-Frage umformuliert.

153 **6.3.3 Aufklärung durch Anstoßfragen (aus dem Befragungsplan).** Hin und wieder müssen/können Zeugen zu weiterführenden Auskünften (über ihre Erinnerungen) veranlasst werden, sie vielmehr durch Fragen „angestoßen" werden. Mit Anstoßfragen wird ein Thema angesprochen, über das bisher nicht gesprochen wurde, das sich aber auf dem Vernehmungsplan befindet oder aus der

---

176 Powell, M. B./Snow, P. C. , Guide to questioning children during the free-narrative phase of an investigative interview, Australian Psychologist, March 2007; 42(1): 57, 60 – für die Befragung von Kindern.

177 May/Fashing/Milne/Gaedt/Schneider: Die untersuchende Vernehmung als (internationale) Reaktion auf falsche Geständnisse: ein forschungsbasierter und praxiserprobter Vernehmungsansatz in Praxis der Rechtspsychologie 2022, S. 127, 134, 135 (9/25).

Befragung ergibt. Da Anstoßfragen Themen und Details betrifft, die bisher nicht benannt worden sind. Von Ihnen geht daher eine suggestive Wirkung aus. Es sollten daher alle Aufforderungen und Fragen ausgeschöpft worden sein, bevor auf Anstoßfragen im Ausnahmefall zurückgegriffen werden sollte. Im Zusammenhang mit der Befragung vulnerabler Personen[178], die eine erhöhte Suggestibilität aufweisen, sollte auf Anstoßfragen verzichtet werden.

Anstoßfragen sollten möglichst **offen**, d. h. suggestionsfrei ins Gespräch gebracht werden. Dazu wird das Thema über ein Hauptwort möglichst offen benannt. 154

> **Beispiel:** Wenn die Befragung zu Telefonaten angestoßen werden soll: „Wissen Sie etwas über Telefonate?"
> oder „Fällt Ihnen noch etwas im Zusammenhang mit dem Stichwort Inventuren ein?" etc.

An dieser Stelle kann auch wieder der Bogen zur Vorbereitung einer Befragung geschlagen werden. Richtigem Verständnis folgend beschränkt sich der Gegenstand der Untersuchung zumindest dem Vernehmungsplan nach nicht nur auf *einen* Verdacht, *eine* These, *ein* Beweisthema. Der Gegenstand der Untersuchung kann durch alle für die gesamte Untersuchung/Befragung/Vernehmung relevanten Themen und Thesen bestimmt werden. Dies ist Kern der untersuchenden Befragung[179] und setzt voraus, dass bereits bei der Vorbereitung notwendige **alternative Erklärungen und Thesen** aktiv und standardisiert mit in den Blick genommen, in einem **Befragungsplan** festgehalten und in die Befragung eingebracht werden. Auskunftspersonen sollte zu **allen relevanten Themen** befragt werden und vollständig antworten dürfen. Ebenso sollten neue Informationen, die während des (ersten) freien Berichts auftauchen, soweit erforderlich zu relevanten Themen entwickelt werden. Auch diese müssen ggf. angestoßen werden. 155

6.4 Spezialfragen

Die sollten technisch aufeinander aufbauend genutzt werden und können technisch/situativ um Filterfragen, Anstoß- und Stichwort-/Detailfragen und insbesondere Situationsfragen ergänzt werden. 156

6.4.1 Filterfrage. Insbesondere zu Beginn einer Aufklärung (ggf. sogar zu Beginn einer Befragung) kann sich eine sog. Filterfrage anbieten, zur „Erforschung des Grundes, auf dem das Wissen des Zeugen beruht" (vgl. § 69 Absatz 2 StPO, § 396 Abs. 2 ZPO). Mit ihrer Hilfe wird (eingangs) geprüft, ob die Auskunftsperson selbst Wahrnehmungen gemacht hat und unter welchen konkreten Voraussetzungen dies geschehen ist. Die Filterfrage gibt damit Auskunft über die grundsätzliche Aussagetauglichkeit der betreffenden Auskunftsperson und sollte eher am Anfang stehen, um Befragungen zu vermeiden, die nichts bringen. Beispiel: Zeuge für einen Verkehrsunfall: „Wann wurden Sie auf die Geschehnisse aufmerksam?" oder „Wo befanden Sie sich da?" – Zeuge für ein Gespräch: „Waren Sie bei dem Gespräch anwesend?" 157

6.4.2 Situationsfrage. Die Verfasser hören in Anwaltsseminaren oft die (berechtigte) Kritik, dass Richter bei der Befragung von Zeugen oftmals aus Zeitdruck das Beweisthema sehr einengen, ihre offensichtlich aus der Lektüre der Anklage/Schriftsätze gewonnene Erwartungshaltung schlicht abhaken („Können Sie bestätigen, dass …"). Anwälte könnten sich entscheiden, gegen die Art der Befragung vorzugehen und die Art der Fragestellung – unter Ausschluss des Zeugen[180] – zu monieren. Denn § 69 StPO/§ 396 ZPO und der Grundsatz der 158

178 Siehe Macht(un)gleichgewicht – Vulnerabilität – Kinder, etc. Rn. 317.
179 Siehe oben Planung. Aktive Suche nach alternativen Erklärungen/Hypothesen Rn. 44.
180 Siehe auch Diskussion über Formalien Rn. 385.

Zweiteilung ist für ein Gericht wie zuvor ausgeführt nicht nur bloße Sollvorschrift, sondern eine Ordnungsvorschrift.[181] Mit einer Beanstandung könnte er erfolgreich sein, wenn das Gericht offen und lernbereit ist. Oder der Vorsitzende fühlt sich in seiner Person kritisiert und es können problematische Spannungen entstehen, die unter Umständen das Erzielen eines guten Ergebnisses für die eigene Partei eher behindern. Es hängt von der Person des Vorsitzenden ab, wie man als Anwalt erfolgversprechend (re-)agiert. Wenn eine Diskussion wenig sinnvoll erscheint, gibt es trotzdem noch Möglichkeiten, die Angaben des Zeugen zu hinterfragen, ggf. zu „entwerten". Man könnte als Anwalt an den Zeugen bei der Ausübung des Fragerechts verschiedene **Situationsfragen** richten.

159 Mit Situationsfragen überprüft man das **„wahre" Wissen** der Auskunftsperson. Sie sind gerade für das **Aufdecken von Lüge** oder **fehlender Erinnerung**[182] sehr wichtig und müssen im Zusammenspiel mit der Erinnerungspsychologie[183] gesehen werden. Die Verfasser haben selbst in einer Reihe von Prozessen über Situationsfragen entscheidende Ergebnisse erzielt. Über Situationsfragen stellt man unerwartete, über das Beweisthema hinausgehende Fragen, die die Auskunftsperson vor dem Hintergrund von (vorgeblich) tatsächlich Erlebtem wissen müsste. Über Situationsfragen können etwa **Fragen zu Nebensächlichkeiten**, etwa nebensächliche Geschehnisse oder Gegebenheiten oder das zeitliche **Vor- und Nach(tat)geschehen** abgefragt werden. Die Kunst besteht darin, sich in die geschilderte **Situation** hineinzuversetzen und sich zu fragen, über was die Auskunftsperson, ausgehend von den Schilderungen, alles berichten können müsste. Wenn es bspw. um eine Mehrpreisvereinbarung im Bau geht und der Zeuge dieses Beweisthema bestätigt, dann könnten Situationsfragen lauten: „Was wissen Sie sonst noch von diesem Tag? Schildern Sie mir bitte, was Sie vor dem Gespräch getan haben. Was danach? Wo fand das Gespräch statt (Büro, Lager, im Freien – diese Möglichkeiten nicht vorgeben!)? Worüber wurde noch gesprochen? Wann hat das Gespräch stattgefunden (am Vormittag, am Nachmittag – nichts vorgeben!)? Wie sah der Gesprächspartner aus? Wie war er gekleidet? Welche Gespräche, mit wem, worüber haben Sie an jenem Tag außerdem noch geführt? Kam es an jenem Tag zu weiteren Vertragsabschlüssen?" usw. Oftmals wird der Zeuge die meisten, vielleicht sogar alle dieser Fragen nicht beantworten können. Im Gegensatz dazu wird er aber darauf beharren, sich genau an das eigentliche Beweisthema[184] zu erinnern, dass er ausdrücklich auf den zu zahlenden Mehrpreis hingewiesen habe und dieser akzeptiert wurde. Vor dem Hintergrund tatsächlichen Erlebens müssen Situationsfragen (von verblassender Erinnerung infolge Zeitablaufs abgesehen) beantwortet werden können. Das Leben ist voller Details. Wer etwas erlebt hat, der weiß davon zu berichten. Lügner werden sich umgekehrt regelmäßig lediglich auf das enge Beweisthema vorbereiten (können). Sie wissen daher in der Regel zu sonstigen, scheinbar nebensächlichen Begleitumständen nichts, stellen im Vorfeld keine Überlegungen zum Davor oder Danach an. Auch sonst ist auch nur ansatzweise komplexes Lügen kognitive Schwerstarbeit.

160 Gibt ein – gegnerischer – Zeuge auf über das Beweisthema hinaus gehende Situationsfragen an, sich hieran – im Gegensatz zu den eng mit dem Beweisthema verknüpfte Ereignisteile – nicht mehr zu erinnern, so liegt nach allgemeinen Erkenntnissen der Aussagepsychologie eine Falschaussage nahe. Eine „**Inselerinnerung**" ist erinnerungspsychologisch **nicht stimmig.**[185] Episodi-

---

181 Siehe Grundsatz der Zweiteilung Rn. 129.

182 Siehe auch das Praxisbeispiel der Umbestellung von Mahagoni-Türen in Eiche-Türen, bei Zu frühe Fragen/unnötige Einengung Rn. 153, 282.

183 Siehe Langzeitgedächtnis Rn. 857 und Routinehandlungen Rn. 868.

184 Siehe auch „Eindeutigkeit" (bei Kurzaussagen – juristischer Kernbereich) Rn. 609.

185 Siehe Langzeitgedächtnis, Episodische Erinnerung Rn. 860.

sche Erinnerungen sind immer eine Geschichte, die in einem Kontext spielt. Es sind typischerweise (kleine) Szenen oder Episoden, die in einem zeitlich und räumlich eingebetteten Kontext abgespeichert werden. Das kann aus Vernehmung taktischer Hinsicht genutzt werden, und dies dem Gericht augenscheinlich aufbereitet werden. Daher könnte der Anwalt zunächst dem Zeugen – entweder unter Hinweis auf die Strafbarkeit von Falschaussagen vor Gericht („Man darf auch nicht aus Versehen was Falsches sagen, auch das ist strafbar") oder Brücken bauend („Ich erinnere mich schon nicht, was ich vor 10 Tagen zu Mittag gegessen habe, und wir reden hier von einem Gespräch vor 1 Jahr") – vorhalten, dass dies unglaubhaft/erinnerungspsychologisch nicht erklärbar sei, ggf. die wörtliche Protokollierung verschiedener Aussageteile beantragen[186] und nach der Vernehmung hierzu argumentieren. Der Richter muss später im Urteil darlegen, anhand welcher **objektiven Kriterien** er zu der Überzeugung gelangt ist, dass der Zeuge die Wahrheit sagt und noch über echte Erinnerungen verfügt. Wie soll er das leisten, wenn der Zeuge keine Frage, außer derjenigen nach dem Beweisthema beantworten kann? Die gängige Behauptung von Zeugen auf solche Vorhalte, das zum Beweisthema gehörende Ereignis sei so bedeutungsvoll, dass man sich halt daran noch erinnere, überzeugt nicht. Entscheidend für das Vorliegen echter Erinnerungen ist vor allem die Bedeutung oder noch besser die emotionale Beteiligung, die der Umstand, das Ereignis o. ä. im Moment des Geschehens für die Auskunftsperson hatte.[187] Damals war es für den Zeugen ein Verkaufsgespräch unter vielen, eine **Routinehandlung**[188]. Man hat über den Mehrpreis gesprochen oder auch nicht. Der Zeuge, sofern er denn die Wahrheit sagt, weiß es heute nicht mehr. Wenn die Vereinbarung *damals* bereits etwas „Besonderes" gewesen wäre, etwa weil darüber gestritten wurde, dann müsste sich der Zeuge *daran*, an die Diskussion oder den Streit, an sein Verhalten *dabei*, an seine Reaktionen, an die seines Gegenübers usw. erinnern. Abgesehen davon hätte es wohl nahe gelegen, die Vereinbarung schriftlich zu fixieren, wenn tatsächlich sogleich darüber gestritten worden wäre. Wenn sich die emotionale Beteiligung nicht ändert, dann sind Erinnerungen nur an die eng mit dem Beweisthema verknüpfte Ereignisteile erinnerungspsychologisch nicht nachvollziehbar.

Solche Situationsfragen wurden in der Vergangenheit auch schon als mysteriöse Fragen, als **„100 geheime Fragen"** begriffen. Es wurde gar gerichtliche Hilfe in Anspruch genommen, um Einsicht in Fragenkatalog zu bekommen, die Ausländerbehörden zur Ermittlung von Scheinehen stellen.[189] Letzten Endes sind es keine geheimen Fragen, sondern einfache Fragen, passend zur geschilderten Situation, um einen Sachverhalt aufzuklären. Und es sind auch nicht 100, sondern unzählige, der jeweiligen geschilderten Situation angepasst. Wer bspw. behauptet, zusammen in eine Wohnung zu leben, der muss eine Reihe von genau dazu passenden Fragen beantworten können (Adresse, Art des Hauses, Lage der Wohnung, Stockwerk, Größe der Wohnung, Anzahl der Zimmer, Nachbarn, Balkon, Keller u. v. m.). Wer behauptet, ein gemeinsames Schlafzimmer zu benutzen, der muss die Situation näher beschreiben können, wer links, wer rechts schläft. Wer ein gemeinsames Schlafzimmer benutzt und erklärt, es gäbe einen Wecker, der muss diese „Situation" und die Art des Weckers erklären können, welche Musik oder Ton er spielt, wer ihn stellt, auf welche Uhrzeit er (gewöhnlich) gestellt wird, wo er steht, wie er aussieht u. v. m. Wer behauptet, zur morgendlichen Routine gehöre ein gemeinsamer Kaffee, der muss diese „Situation" näher beschreiben können und 161

186 Siehe Notwendiger Protokollinhalt im Zivilprozess, Protokollaufnahmeantrag Rn. 434, Notwendiger Protokollinhalt im Strafprozess, Antrag auf wörtliche Protokollierung Rn. 445.
187 Siehe Gedächtnis Emotionen/Bedeutung des Ereignisses Rn. 864.
188 Siehe unten, Irrtum, Routinehandlung Rn. 868.
189 Vgl. Oberverwaltungsgericht der Freien Hansestadt Bremen, Urt. v. 24.10.2017 – 1 LB 17/17.

die Art der Kaffeezubereitung erklären können. Wer behauptet, einen Kaffeevollautomaten zu besitzen, der weiß auch zu beschreiben, wo genau die Maschine in der Küche steht, wo und wie die Kaffeebohnen zum Nachfüllen aufbewahrt werden, wo sich Ersatzbohnen befinden etc. Und wer behauptet Kaffee mit Milch zu trinken, der weiß, ob es sich um Kuhmilch, Hafermilch, Sojamilch u. v. m. handelt, wo diese aufbewahrt wird, wo sich Ersatzmilch befindet, wohin leere Milchpackungen entsorgt werden. Und wenn leere Milchpackungen im Gelben Sack im Keller aufbewahrt, der weiß auch den Keller mit all seinen Situationen zu beschreiben. Das sind Fragen, die sich an der genannten Situation entlanghangeln, und sich bisher nur um den Wecker, die Kaffeemaschine, die Milch und den Keller kümmern. Solche Fragen können von einem Lügner nicht antizipiert werden. Die Fragen müssen aber beantwortet werden können, wenn die Aussageperson selbst behauptet, die Situation so erlebt zu haben. Partner, die tatsächlich eine Ehe führen und zusammenwohnen, die werden in getrennten Befragungen auch inhaltsgleiche Antworten auf die vorgenannten Fragen geben können. Andernfalls liegt wahrscheinlich eine Scheinehe vor. Und wenn das eigene Kind gegenüber seinen Eltern behauptet, Hausaufgaben im Fach Geschichte erledigt zu haben, dann wird es darüber frei berichten können (Lügner schaffen schon das nicht) und ggf. Fragen dazu beantworten können (Inhalt des Gelernten, Medium (Buch, Arbeitsblätter, PC etc.), Anzahl der gelesenen/bearbeiteten Seiten, Art der Arbeit (rein passiver Konsum oder aktives Ausfüllen), nur Text oder auch Bilder u. v. m.). Und wenn vom Kind nichts kommt: Ende des Gesprächs, „Ab Hausaufgaben erledigen".

162 Gerade im **Asylrecht** tauchen vermehrt Urteile und Abhandlungen auf, die sich mit der Überzeugungsbildung und solchen Situationsfragen beschäftigen. Hierbei machen sich die Gerichte zu Nutze, dass auch Asylklagen aufgrund religiöser Konversion oder Homosexualität[190] ein Füllhorn von Situationsfragen bieten. Derartige Erlebnisse sind äußerst komplex, die Lebensgeschichte voll von Gefühlen, die Nachfragemöglichkeiten aufgrund der Komplexität nahezu unerschöpflich. So bieten sich zur Glaubhaftigkeitsprüfung bei Asylklagen aufgrund **religiöser Konversion** Fragen an zu Anstößen für den Konversionsprozess[191], zur Unzufriedenheit/Kritik an bisheriger Religion, Geschwindigkeit des Konversionsprozesses, Vorbereitung auf die Konversion, Vollzug der Konversion, Information/Reaktion des familiären/sozialen Umfeldes, Interesse/Wissen über die neue Religion, Bedeutung des Christentums/der neuen Religion für das eigene Leben, Teilnahme an Gottesdiensten/am kirchlichen Leben u. v. m. an. Bei Asylklagen aufgrund von **Homosexualität**[192] können Situationsfragen zum Weg hin

190 Berlit, U./Dörig, H./Storey, H. Glaubhaftigkeitsprüfung bei Asylklagen aufgrund religiöser Konversion oder Homosexualität: Ein Ansatz von Praktikern (Teil 1), in ZAR 2016, 281 ff.

191 A. a. O. etwa mit folgenden Fragen: Wie ist der Asylbewerber in Kontakt mit dem Christentum gelangt? Wie und durch welche Personen (Freunde, Bekannte, andere Personen im Umfeld?, Nutzung karitativer Angebote) ist das Interesse am Christentum geweckt worden? Gab es ein „Schlüsselerlebnis", das Anlass für eine intensive Befassung mit dem Christentum war (z. B. eine durch Gebet überwundene Erkrankung naher Angehöriger; Lektüre der Bibel)? Hat es in der Familie bereits andere Konversionsfälle gegeben? Warum ist eine Hinwendung gerade zum Christentum erfolgt? u. v. m.

192 Berlit, U./Dörig, H./Storey, H. Glaubhaftigkeitsprüfung bei Asylklagen aufgrund religiöser Konversion oder Homosexualität: Ein Ansatz von Praktikern (Teil 2), in ZAR 2016, 332 ff.

zur eigenen sexuellen Identität[193] gestellt werden. Zu bedenken ist einzig, dass Fragen unzulässig sind, die auf bestimmte homosexuelle Handlungen abzielen.[194] Erlaubt und angezeigt sind aber Fragen zur Entdeckung der eigenen Homosexualität/„Coming out", zur Situation von Homosexuellen im Herkunftsstaat, zur sexuellen Orientierung im Zufluchtsland u. v. m. Solche Fragen, wie die „Situation" damals war, müssen komplex beantwortet werden können. Sonst kann ein Gericht sich keine Überzeugung zur Verfolgung und Zuerkennung der Flüchtlingseigenschaft bilden. Aus einem Urteil des Verwaltungsgerichts[195]: „Das Vorbringen des Klägers ist in weiten Teilen unbestimmt und detailarm geblieben und hat dem Gericht nicht die Überzeugung von der Wahrheit des behaupteten Geschehensablaufs vermittelt. So hat der Kläger etwa auf die Frage, wie er sich gefühlt habe, als er sich seiner behaupteten Homosexualität bewusstgeworden sei, lediglich angegeben: „Das war halt so." Auch auf weitere Nachfrage hat er eigenpsychische Vorgänge, wie sie mit einer derart lebensprägenden Selbstfindung regelmäßig verbunden sein dürften, nicht darzutun vermocht. Dass der Kläger als Angehöriger eines Kulturkreises, in dem Homosexualität noch immer als strafwürdiger sittlicher Makel betrachtet wird, in dieser Situation keinerlei inneren Konflikt und keinerlei Sorge vor der Reaktion seiner Familie oder dergleichen empfunden haben will, erscheint wenig überzeugend. Auch hat der Kläger im Verlaufe seiner Anhörung höchst widersprüchliche Angaben dazu gemacht, wann er sich seiner behaupteten Homosexualität bewusstgeworden sei. Den manifesten Widerspruch zwischen den stetig wechselnden Angaben hat der Kläger auch auf Nachfrage nicht aufzulösen gewusst. Dies erscheint umso bemerkenswerter als in einem Land wie Nigeria, in dem homosexuelle Handlungen gesellschaftlich geächtet sind und vom Staat mit schwerer Strafe bedroht werden, die Erkenntnis der eigenen Homosexualität wie auch die erste sexuelle Erfahrung mit Angehörigen des gleichen Geschlechts einprägsame Ereignisse darstellen dürften, die jedenfalls nach gehöriger Erforschung der eigenen Erinnerung substantiierter Darlegung zugänglich sein müssten. … Farblos und konstruiert haben daneben auch die Angaben des Klägers zum Ausleben seiner vorgeblichen Homosexualität in Deutschland gewirkt. So hat der Kläger auf Nachfrage des Gerichts zunächst nicht zu sagen gewusst, wie sein Partner, mit dem er acht Monate lang zusammen gewesen sein will, mit Nachnamen geheißen hat. Auch sonst hat er zu diesem angeblichen Partner keine gehaltvollen Angaben zu machen vermocht. Auf die Bitte des Gerichts, den Charakter seines früheren Part-

193 A. a. O. etwa mit folgenden Fragen: Wie haben sich die sexuellen Gedanken und Aktivitäten in der Schulzeit/der Pubertät entwickelt? Wann und in welcher Situation hatte der Asylbewerber zum ersten Mal die Vermutung, dass er sich nur oder doch stärker zum eigenen Geschlecht hingezogen fühlt? Was waren die (vorrangigen) Gedanken in dieser Situation (Verwirrung? Angst? Freude?)? Wie hat sich die Vermutung der eigenen homosexuellen Neigung in der Folgezeit zum Bewusstsein der homosexuellen sexuellen Identität verdichtet? Waren es klar erkennbare Stufen/Ereignisse oder war es eher ein kontinuierlicher Prozess? Wann und in welcher Situation hat der Asylbewerber zum ersten Mal intellektuell erkannt und „verstanden", dass er homosexuell ist? Wann hat der Asylbewerber seine eigene Homosexualität akzeptiert/als positiv wahrgenommen? In welchem Alter, in welcher Situation und mit welcher Person ist die homosexuelle Identität zum ersten Mal betätigt worden? Wie hat der Asylbewerber dieses Ereignis erlebt? Welche Bedeutung hatte dieses Erlebnis emotional für den Asylbewerber?7 Welche Bedeutung hatte für den Asylbewerber eine staatliche Strafdrohung und/oder eine gesellschaftliche Ächtung von Homosexualität bei der Entwicklung seiner sexuellen Neigung? Welche Gedanken hat er sich über die Konsequenzen der staatlichen/gesellschaftlichen Ächtung seiner (sich entwickelnden) Identität für das eigene Leben, sein Fortkommen in Bildung und Beruf, die Beziehungen zur eigenen Familie etc. gemacht? Wie hat sich nach dem erstmaligen Ausleben der homosexuellen Identität diese weiter entwickelt? Hat diese eine (innere) Festlegung auf das eigene Geschlecht bewirkt oder weitere bi- oder heterosexuelle Aktivitäten nicht ausgeschlossen? Hat der Asylbewerber eine feste, dauerhaftere homosexuelle Beziehung zu einer bestimmten Person aufgebaut? U.v.m.

194 EuGH, Urt. v. 2.12.2014 – C-148/13 bis C-150/13, Rn. 64; VG Karlsruhe, Urt. v. 17.7.2019 – A 4 K 11698/18.

195 VG Karlsruhe, Urt. v. 17.7.2019 – A 4 K 11698/18.

ners zu beschreiben, hat der Kläger lediglich vorgebracht, sein Partner sei nett gewesen. Unglaubhaft erscheint schließlich auch, dass der Kläger, der nach eigenem Bekunden regelmäßig in vornehmlich von Homosexuellen frequentierten Lokalitäten in Freiburg gewesen sein will, mit der jedenfalls innerhalb der Szene weithin bekannten Abkürzung „LGBT" nichts anzufangen gewusst hat."

163 Nicht selten werden über das (möglicherweise im zivilrechtlichen Beweisbeschluss festgelegte) Beweisthema hinaus gehende Fragen im **Zivilprozess** sofort vom Gegenanwalt und auch vom Gericht als **nicht zum Beweisthema gehörend** und daher als unzulässig beanstandet werden. Das ist in aller Regel sowohl im Zivilprozess wie auch im **Strafprozess** unzutreffend.[196] Situationsfragen können nicht mit dem Hinweis, sie gehörten nicht zur Sache, zurückgewiesen werden; jedenfalls dann nicht, wenn die Fragen erkennen lassen, dass sie auf die Prüfung der Glaubhaftigkeit der gemachten Angaben abzielen. Schon bei der Aufforderung nach § 396 Abs. 1 ZPO, „im Zusammenhang" zu berichten, darf er nicht dazu angehalten werden, sich auf das Beweisthema zu beschränken.[197] Auch im Zivilrecht muss das Gericht prüfen, ob die Aussage wahr, nicht gelogen ist. Dazu dient in erster Linie die in § 396 Abs. 2 ZPO vorgesehene „Erforschung des Grundes, auf dem die Wissenschaft des Zeugen beruht". Der Zeuge muss plausibel machen, dass seine Aussage tatsächlich auf einem Miterleben beruht, auf eigener Wahrnehmung. Das kann nur gelingen, wenn er über Situationsfragen auf seine ggf. knappe Antwort auf die Beweisfrage in ein Umfeld zu stellen vermag, indem er insbesondere auf Fragen hin schildert, ob und von wem er hinzugezogen worden ist oder ob er zufällig anwesend war und was sonst noch von ihm an Erklärungen und Örtlichkeit wahrgenommen worden ist.[198] Sollten Situationsfragen vom Gericht beanstandet werden, dann wird der Anwalt auf seinem Fragerecht und der Zulässigkeit bestehen und gegebenenfalls eine Entscheidung des Gerichts (im Zivilrecht in Form eines Protokollaufnahmeantrags gemäß § 160 Abs. 4 ZPO, im Strafrecht über eine Zurückweisung gemäß § 241 StPO und Gerichtsbeschluss gemäß § 238 Abs. 2 StPO, beantragen.[199]

Fazit: Mit für den Streitstoff nebensächlichen Situationsfragen kann man prüfen, ob die Auskunftsperson über echte Erinnerungen verfügt.

164 Bevor ein Anwalt an den „gegnerischen" Zeugen solche **Fragen zu Nebensächlichkeiten** richtet, sollte er sich allerdings bei seinem eigenen Mandanten versichern, dass im eingangs genannten Beispiel der Mehrpreisvereinbarung im Bau tatsächlich nicht über einen Mehrpreis gesprochen worden ist. Wenn er seinen Anwalt belogen hat, trägt der Mandant selbst die Verantwortung, falls die Antworten des Zeugen zu einem unerwünschten Ergebnis führen, nämlich dass er damit das Vorhandensein echter Erinnerungen doch noch belegen kann. Der Zeuge könnte, um anhand von objektiven Kriterien davon zu überzeugen, dass er sich erinnert, sagen:

165 *„Was ich sonst noch an dem Tag gemacht hab', weiß ich nicht mehr* (**Einräumen von Erinnerungslücken**). *Aber an eines erinnere ich mich noch genau. Ich war zum Mittagessen mit einer Aushilfskollegin verabredet* (**inhaltliche Verknüpfung/Verflechtung**), *an der ich damals ziemliches Interesse hatte. Ich hatte den Termin mit ihr zuvor schon ein paar Mal verschieben müssen* (**Komplikation**). *Und jetzt kam Herr W. relativ knapp vor dem Mittag. Ich saß die ganze Zeit wie auf Kohlen* (**indivi-**

196 Siehe Fragerecht Rn. 516.
197 Balzer in: Balzer, Beweisaufnahme und Beweiswürdigung im Zivilprozess, 5. Auflage, B. Die Beweismittel und ihre Erschließung im Einzelnen, Rz 169.
198 Balzer in: Balzer, Beweisaufnahme und Beweiswürdigung im Zivilprozess, 5. Auflage, B. Die Beweismittel und ihre Erschließung im Einzelnen, Rz 174.
199 Siehe Fragerecht, Unterbrechung des Fragerechts durch den Vorsitzenden Rn. 520.

duelle Formulierung/Individualität). *Die Türen hatten wir schnell rausgesucht. Aber dann hat er ewig an dem Preis herumgemacht. Warum wir das nicht übernehmen, ob wir nicht etwas nachlassen. So in der Art halt. Ich war dann genervt* (**Gefühl**) *und ziemlich unfreundlich* (**Einräumen eigener „Fehler"**). *Dann soll er's halt lassen oder so was, hab' ich gesagt. Jedenfalls hat's mit dem Essen noch geklappt, mit der Frau allerdings nicht. Ach ja, Herr W. hat dann zwischendurch auch noch auf die Toilette gemusst. Dadurch hat es noch länger gedauert* (**nichtchronologische Erzählweise/strukturelles Kriterium der Nichtsteuerung**). *Na ja, im Nachhinein hab' ich mir dann Gedanken gemacht, dass Herr W. sich vielleicht über mich beschweren könnte* (**inneres Geschehen/ambivalentes Gefühl**). *Hat er aber meines Wissens nicht getan."* (**insgesamt ausgefallenes Detail/Originalität**).[200],[201]

Eine solche Aussage mit zahlreichen, aus Sicht der Auskunftsperson nebensächlichen („kleinen, aber feinen") Details zu erfinden und vor Gericht so spontan zu schildern, würde ein sehr hohes Maß an Kompetenz voraussetzen. Jemand ohne echte Erinnerungen ist dazu kaum in der Lage. Ein Lügner würde außerdem nicht erwarten, solche Fragen gestellt zu bekommen, und wäre deshalb dann davon überrascht. Er hätte Angst, mit spontan erfundenen Antworten vielleicht sich selbst oder anderen Zeugen zu widersprechen oder mit den Antworten in den Bereich der Überprüfbarkeit zu gelangen.[202] **166**

6.4.3 Geschlossene Frage. Geschlossene Fragen sind dadurch gekennzeichnet, dass bei denen schon durch die Fragestellung Antwortmöglichkeiten vorgegeben sind, entweder durch die Frage selbst oder durch die explizite Nennung der zur Auswahl stehenden Antworten (sog. **Auswahlfragen**). **167**

> **Beispiel:** Hast Du das grüne Auto gesehen? Antwort: „Ja" oder „Nein".
> Diese Art von Frage sollte technisch unbedingt vermieden werden. Mit Ihnen ist keinerlei Informationsgewinn verbunden.

In **Anwaltsbüchern** werden diese Art von Fragetechnik empfohlen. Freilich nicht zur Informationsgewinnung, sondern zur **Lenkung**. Der **„Vorteil"** dieser Fragetechnik (insoweit auch Mittel der Befragungstaktik) ist offensichtlich: Man erhält (vorgeblich) sehr präzise Antworten zu einem ganz bestimmten Punkt. Insbesondere lässt sich das Gespräch zielgerichtet steuern. Der Nachteil ist aber ebenso offensichtlich: Die vorgenannte Antwort zur Frage des grünen Autos bietet außer „Ja" oder „Nein" keinen Erkenntnisgewinn. Die Chance, die richtige Antwort erhalten zu haben liegt bei 50 %. Mit dieser Fragetechnik wird die Auskunftsperson eingeengt, so können wichtige Informationen verloren gehen. Die Fragen können auch manipulierend wirken, weil mit einer geschlossenen Frage immer auch inhaltliche Vorgaben gemacht werden. Ja/Nein-Fragen sind die stärksten geschlossenen Fragen, da sie eigentlich überhaupt nur zwei, zudem kurze Antworten zulassen. Selbst die denkbare Antwort, „Ich weiß nicht mehr", wird in den Hintergrund gedrängt. Sie sind in vernehmungs*technischer* Hinsicht jedenfalls zu Anfang einer Befragung strikt zu vermeiden! **168**

Wenn man dennoch eine geschlossene Frage, Auswahlfrage stellen „muss", so sind zwei Regeln zu beachten: **169**
1) Es ist immer eine offene Alternative mitzuformulieren.
2) Die vermutlich richtige Alternative darf in der Frage nicht mit vorgeben werden.

> **Beispiel:** Es besteht die Vermutung, eine Person kam mit dem Auto. Dies soll durch Befragung geklärt werden.

---

200 Aus Wendler, in ARGE Baurecht, Mitteilungsblatt 1/2002 der Arbeitsgemeinschaft für privates Bau- und Architektenrecht im DeutschenAnwaltVerein, S. 13.

201 Zu den im Beispiel genannten Realkennzeichen/Realitätskriterien Rn. 717.

202 Vgl. dazu unten Rn. 735, Probleme der lügenden Person Rn. 643.

„Kam die Person mit dem Auto“	Antwort „Ja“.	Erkenntnisgewinn: 0
„Kam die Person mit dem Auto oder mit der U-Bahn?“	Antwort: „Mit dem Auto“	Erkenntnisgewinn: 50 %
„Kam die Person mit dem Bus oder der U-Bahn?“	Antwort: „Mit dem Auto“	Erkenntnisgewinn: 100 %

Bei der letzten Antwort wird nur die sogenannte „Überhang-Antwort“ verwertet, was inhaltlich über die Suggestion hinausgeht und was an Information von der Auskunftsperson kommt.

170 Unbenommen ist es einem **Rechtsanwalt**, in einem Prozess **geschlossene Fragen** zu stellen, die aus Sicht des Fragenden eine bestimmte Antwort im Sinne eines „Ja“ oder „Nein“ verlangen. Denn der Grundsatz der Zweiteilung aus § 69 StPO mit seinem flankierenden aussagepsychologischen Gebot von offenen Fragen richtet sich nur an das Gericht (bzw. über § 161a Abs. 1 Satz 2 StPO auch an die Staatsanwaltschaft), nicht auch an die anderen Beteiligten, also insbesondere nicht auch an Rechtsanwälte. Deren Rechte und Pflichten werden allein durch das Fragerecht bestimmt. Zu weitgehend ist die Ansicht vereinzelter Anwaltsautoren, der Verteidiger habe auch die Möglichkeit, sich vom Zeugen alle oder ausgewählte Fragen nur mit einem klaren „Ja“ oder „Nein“ beantworten zu lassen.[203] § 240 StPO gibt dem Anwalt das *Frage*recht, nicht auch das *Antwort*recht. Der Fragende bestimmt daher allein die Fragen, die Antworten bestimmt hingegen allein die Auskunftsperson.[204]

171 Über geschlossene Fragen können **Rechtsanwälte** auch den eigenen **Mandaten** in der Hauptverhandlung „am besten“ (taktisch) **lenken**, sehr effektiv die Richtung eines Gesprächs steuern, ohne direkt zu sagen, was der Mandant tun soll. Das kann sich anbieten, wenn man den Mandaten vor Gericht nicht „laufen lassen“ kann oder will. Stattdessen wird der Mandant durch die Fragetechnik an die Hand genommen und quasi selbst zur Verbalisierung einer Einsicht und zu einer bestimmten Handlung „geführt“. Hier ist ein Beispiel aus einer der Hauptverhandlung der Verfasser, bei dem der Anwalt durch geschlossene Fragen den eigenen Mandanten dazu bringt, sich beim Opfer zu entschuldigen und ein Angebot zum Schadensersatz zu machen, ohne dass er es offen fordert:

172 Anwalt (an den eigenen Mandanten):

1. „Haben Sie inzwischen verstanden, dass das, was passiert ist, dem Opfer erheblich geschadet hat?“
2. „Ist Ihnen klar geworden, dass dieser Schaden nicht nur materiell, sondern auch emotional war?“
3. „Stimmen Sie zu, dass Sie dafür die Verantwortung tragen?“
4. „Ist es Ihnen persönlich unangenehm, was dem Opfer durch Ihr Verhalten widerfahren ist?“
5. „Finden Sie auch, dass eine Entschuldigung in so einem Fall ein Zeichen von Stärke und Einsicht ist?“
6. „Sind Sie bereit, das hier und heute auch auszudrücken, sich zu entschuldigten?“
7. „Können Sie sich vorstellen, dem Opfer ein konkretes, finanzielles Wiedergutmachungsangebot zu machen?“
8. etc.

173 Jede dieser Fragen ist geschlossen, sie erfordert nur ein Ja (oder Nein). Der Anwalt zwingt seinen Mandanten zu keiner Aussage, aber führt ihn schrittweise zu

---

203 So aber Gerst, Zeugen in der Hauptverhandlung, 2. Aufl., § 240 Rn. 17; Sommer, Effektive Strafverteidigung, Rn. 930.

204 Siehe Form, Inhalt und Umfang des Fragerechts Rn. 496.

einer inneren wie äußeren Bereitschaft, Verantwortung zu übernehmen. Das Ganze wirkt nicht manipulativ, sondern wie ein Dialog über Einsicht und Konsequenz – gesteuert durch gezielte Fragen. Bei der Gelegenheit sammelt der Anwalt für seinen Mandaten wichtige Strafzumessungsgesichtspunkt, neben einem Geständnis und Reue ggf. auch Entschuldigung, einen Täter-Opfer-Ausgleich nach § 46b StGB.

7. Klärung von Widersprüchen und Präsentation von Beweisen (PEEKAA)

Die vierte Phase im PEEKAA-Modell betrifft[205] – nach der Planung, dem Einstieg/Beziehungsaufbau, dem ersten freien Bericht – die Klärung. Diese betrifft – insbesondere bei der Vernehmung von Verdächtigen und Beschuldigten – den Umgang mit **Widersprüchen** bzw. die Frage, wann die Befragungsperson **Beweise** offenlegen.[206] Bei Zeugen ist insgesamt zu überlegen, inwieweit ihnen Beweismittel offengelegt werden.[207] Deshalb sollte man sich bereits bei der Vorbereitung/Planung sollte auch Gedanken machen, wie und wann man die bereits vorhandene Beweise und Informationen während der Befragung offen- und ggf. vorlegt werden. Die Klärung sollte **nicht wertend** erfolgen, es soll der Auskunftsperson die **Möglichkeit zur Kommentierung gegeben werden.**[208] Während der Präsentation der Beweise sollten Vernehmende einen ruhigen, sachlichen und offenen Tonfall beibehalten.[209] Schadenfreude oder Überheblichkeit sollten vermieden werden, da dies sehr wahrscheinlich die weitere Kommunikation „zerstört", unabhängig von der Schuld oder Unschuld der Beschuldigten.[210] 174

Der sogenannten **strategischen Offenlegung** von Beweismitteln liegt die Vorstellung zugrunde, dass die Befragungsperson die Offenlegung detaillierter Beweismittel schrittweise und möglichst spät, bis zu diesem Stadium der Befragung aufschieben sollte – soweit dies rechtlich zulässig[211] ist und fair umgesetzt werden kann. Der **Zeitpunkt der Offenlegung potenzieller Beweismittel** kann ein wirksames Mittel sein, um die Zuverlässigkeit der Aussagen des Befragten zu bestimmen. Denn wenn Beweise zu früh vorgelegt werden, dann kann dadurch das Gedächtnis von Unschuldigen „verunreinigt" werden.[212] Oder/und es wird die Möglichkeit genommen, die Sicht frei darzulegen und ggf. die Unschuld „zu beweisen" und Erklärungen zu liefern.[213] Schuldige Täter erhalten hingegen bei zu früher Offenlegung von Beweisen die Gelegenheit, Erklärungen zu erfinden, um die vorgelegten Beweise zu widerlegen. Es kann auch dazukommen, dass spätere Aussagen nur das widerspiegeln, was der Befragte während des Gesprächs durch die Klärung/Offenlegung gelernt hat oder denkt, dass er es sagen sollte, anstatt das Ergebnis authentischer Erinnerungen zu sein. „Strategisches Abklären und Präsentieren möglicher Beweise ermöglicht es ..., die Anga- 175

---

205 Siehe Prozess der Vernehmung: PEEKAA Rn. 32.

206 Der gesetzgeberischen Konzeption (Grundsatz der Zweiteilung samt „Aufklärung") folgend werden bereits im Zusammenhang mit dem Bericht – und nicht erst bei der „Klärung" – (erste) Fragen gestellt.

207 Siehe Irrtum, Fehlinformationseffekt/Post-event-Informationen Rn. 896.

208 May/Fashing/Milne/Gaedt/Schneider: Die untersuchende Vernehmung als (internationale) Reaktion auf falsche Geständnisse: ein forschungsbasierter und praxiserprobter Vernehmungsansatz in Praxis der Rechtspsychologie 2022, S. 127, 133, 134.

209 Siehe Einstieg und Beziehungsaufbau (Rapport) Rn. 76.

210 CTI, CTI Training Tools 1/2017, Die untersuchende Vernehmungstechnik, Seite 10/12.

211 Es gibt grundsätzlich keine Verpflichtung, vorhandene Beweise in einer Vernehmung eines Beschuldigten oder Verdächtigen offen zu legen. Allein der Beschuldigte hat ggf. die Möglichkeit, die Beweise über eine Akteneinsicht einzusehen.

212 Siehe Fehlinformationseffekt/Post-event-Informationen Rn. 896.

213 Prinzipien zu effektiven Vernehmungen für Ermittlungen und Informationssammlungen („Méndez-Prinzipien"), Absatznummer 97.

ben aussagender Personen gründlich zu prüfen, bevor sie zum nächsten Thema übergehen, und trägt so dazu bei, dass die Unschuldsvermutung gewahrt bleibt, während gleichzeitig Fälle gegen schuldige Beschuldigte gestärkt werden, indem die nachträgliche Erfindung eines Alibis verhindert wird."[214]

176 Es kann auch vorkommen, dass die **Aussagebereitschaft** abnimmt bzw. die Kommunikation während des Gesprächs gänzlich abbricht, der Informationsfluss unterbrochen wird. Das Risiko hierfür ist in der Regel gerade dann hoch, wenn die Beweise präsentiert werden. Dies ist ein weiterer Grund, warum alle untersuchungsrelevanten Themen vor der Offenlegung von Beweismitteln behandelt werden sollten. In diesem Fall kann der Befrager eine Pause vorschlagen. Erweist sich die Pause als nicht ausreichend, dann muss die Suche nach weiteren Informationen auf das nächste Gespräch verschoben werden.

177 Bei der **Präsentation** muss offengelegt werden, um **welche Beweise** es geht und was sie beweisen könnten, damit der Verdächtige und ggf. sein Anwalt eine faire Einschätzung der Zuverlässigkeit der Beweise der Befragungsperson erhält. Das bedeutet auch, dass der Verdächtige ggf. *vor* der Befragung bereits darüber informiert werden muss, *dass* es möglicher Weise Beweise gibt, diese aber erst später vorgelegt werden. Bei der Präsentation ist zu überlegen, ob *detaillierte* Informationen über die Beweise offengelegt werden sollten. Beweismittel könnten (wenn und soweit rechtlich zulässig!) vielmehr auch nur in groben Zügen benannt werden (statt: „Wir haben einen Fingerabdruck von Ihnen an der Innen-Klinke der Hauseingangstüre sowie am Badezimmerspiegel sowie ein Haar im Bett gefunden" vielmehr „Wir haben einen Fingerabdruck und ein Haar von Ihnen im Haus gefunden"). Dies ermöglichten eine Gegenprüfung und Kontrolle der Informationen für den Fall, dass der Verdächtige die Informationen nicht im Rahmen seiner Befragung nutzt und/oder beschließt, seine Geschichte nach deren Offenlegung zu ändern oder zu ergänzen.

178 Äußern sich Beschuldigte/Verdächtige zu den gegen sie erhobenen Vorwürfen, dann stellt sich mitunter auch die Frage, ob ihre Aussagen **Täterwissen**, also Informationen enthalten, die lediglich der Täter haben kann. Dieses Täterwissen ist jedoch nur dann von Bedeutung, wenn auszuschließen ist, dass ein solches Wissen gerade durch Befragungsvorgaben erworben werden konnte (wenn es sich nicht um naheliegende Schlussfolgerungen handelt).[215] Auch insoweit eine strategische Offenlegung von möglichen Beweisen angezeigt.

> **Beispiel:**[216] Im bereits erwähnten Beispiel[217] wurde in der vergangenen Nacht in einen Zeitungsladen eingebrochen, wobei eine der Scheiben zu Bruch ging. Auf der *Innen*seite einer Glasscherbe (des Fensters) hat die Polizei einen Fingerabdruck des bereits verurteilten Einbrechers namens Billy John gefunden und sichergestellt. Der Fingerabdruck könnte darauf hindeuten, dass Herr John der Einbrecher sein könnte. An dieser Stelle soll in strafprozessualer Hinsicht davon ausgegangen werden, dass Herr John noch kein Beschuldigter ist, sondern allenfalls verdächtiger Zeuge. Er wurde (zu Recht) von den Strafverfolgungsbehörden weder förmlich oder noch faktisch „als Beschuldigter" angesehen („Willensakt der Strafverfolgungsbehörde").[218]

---

214 Ehemaliger UN-Sonderberichterstatter über Folter, Juan Mendez, Bericht an den UN-Menschenrechtsrat, 2016 (UN Doc A/71/298), aus CTI, CTI Training Tools 1/2017, Die untersuchende Vernehmungstechnik, Seite 8/12.

215 Gubi-Kelm/May/Schmitt/Bitzigeio/Rick/Püschel: Interdisziplinäre Betrachtung eines Mordes, den es nicht gab – der Fall Manfred G, S. 10/47.

216 Sinngemäß aus dem Manual on Investigative Interviewing for Criminal Investigation der UN, Seite 39 ff.

217 Siehe Rn. 60.

218 Siehe Rn. 357; LR/Erbs, StPO, 27. Auflage 2018, § 163a Rn. 11; KK/Griesbaum, § 163a, Rn. 2; BGH, Beschl. v. 28.2.1997 – StB 14/96.

Aufgrund eines objektiven Maßstabs im vorliegenden Einzelfall, anhand der den Strafverfolgungsbehörden zur Verfügung stehenden tatsächlichen Erkenntnisse ist zudem noch kein Grad eines Tatverdachts so stark[219] bzw. hat sich noch nicht so konkret und ernsthaft/ernstlich.[220] verdichtet, dass er ernstlich als Täter in Betracht kommt („Grad des Tatverdachts").[221] Um das Risiko zu verringern, dass Informationen über den potenziellen Beweis sein Gedächtnis verunreinigen, oder dass Herr John seine Geschichte an den Beweis anpasst, sollten die Informationen über den gesicherten Fingerabdruck zurückgehalten werden, bis die alternativen Erklärungen in der Befragung untersucht wurden. Das bedeutet ggf. auch, dass Herr John als Verdächtiger[222] *vor* der Befragung darüber informiert werden sollte, dass es einige Beweise gibt, diese aber erst später vorgelegt werden. Falls erforderlich, muss ihm mitgeteilt werden, dass dieses Verfahren zu seinem eigenen Schutz angewendet wird, um seine Antwort, seine Erinnerung nicht zu verfälschen. Nehmen wir an, dass Herr John bereits in Schritt 1, dem ersten freien Bericht, über den Verdacht und Gegenstand der Befragung/Vernehmung informiert wurde und jegliche Beteiligung an dem Einbruch abgestritten hat. In diesem Fall könnte die Klärung durch Präsentation von Beweisen und wie folgt aussehen:

Interviewer: „Herr John, wie Sie wissen, werden Sie verdächtigt, in den Mercure Shop an der Ecke Beethovenstraße/Karlsstraße eingebrochen zu sein. (Ich möchte Ihnen ein Bild von dem Ort zeigen, damit wir sicher sind, dass wir über denselben Ort sprechen).[223] Ich möchte, dass Sie gründlich und konzentriert nachdenken und mir sagen, ob Sie jemals an diesem Ort gewesen sind. Wenn ja, erzählen Sie mir so detailliert wie möglich von den Umständen. Bitte lassen Sie nichts aus, denn alle Details könnten von Bedeutung sein. Ich werde mir Notizen machen und mein Bestes tun, Sie nicht zu unterbrechen. Ist das für Sie verständlich und in Ordnung? Wenn Sie so weit sind, erzählen Sie mir detailliert von allen Kontakten, die Sie mit diesem Ort hatten."

Billy John: „Ich habe Ihnen bereits gesagt, dass ich mir sicher bin, dass ich nie an diesem Ort gewesen bin. Ich habe den Laden nicht besucht, und ich bin ganz sicher nicht dort eingebrochen.!"

Interviewer: „Ok. Verstehe ich Sie richtig, dass Sie meinen, Sie waren noch nie in dem Laden?"

Billy John: „Richtig – niemals!"

Interviewer: „Nun, Herr John, können Sie mir dann erklären, wie es sein kann, dass unsere forensischen Experten einen Fingerabdruck, der als Ihrer identifiziert wurde, auf einer der zerbrochenen Fensterscheiben in diesem bestimmten Zeitungsladen gesichert haben?"

Billy John: „Hmm – meine Fingerabdrücke? Ich glaube, ich möchte einen Anwalt befragen."

Interviewer: „Ok. Das ist Ihr gutes Recht. Dann beenden wir die Befragung an dieser Stelle, richtig?"

Billy John: „Ja, bitte."

Vermerk: Es ist 14.30 Uhr, und der Herr John hat um eine Unterbrechung der Befragung gebeten, um sich mit einem Verteidiger zu beraten.

---

219 BGH, Beschl. v. 19.10.2011 – 1 StR 476/11.

220 Siehe Rn. 363; BGH, Beschl. v. 7.9.2017 – 1 StR 186/17; BGH, Urt. v. 3.7.2007 – 1 StR 3/07; BGH, Beschl. v. 19.10.2011 – 1 StR 476/11; BGH, Beschl. v. 15.9.2004 – 1 StR 304/04; KK/*Griesbaum*, § 163a Rn. 2.

221 Siehe Rn. 359.

222 Nach Belehrung über sein Auskunftsverweigerungsrecht gemäß § 55 StPO.

223 Vorsicht: ein Bild kann bereits zu viele Informationen enthalten. Siehe Vorhalt Rn. 267.

8. Abschluss (PEEKAA)

179 Der fünfte und vorletzte Schritt im PEEKAA- Modell betrifft[224] – nach der **Pl**anung, dem **E**instieg/Beziehungsaufbau, dem **e**rsten freien Bericht, der **Kl**ärung – den **A**bschluss. Eine gute Befragung sollte auch ein **gutes Ende**, einen guten Abschluss haben. Dazu sollte das Gespräch respektvoll und mit einer professionellen Note beendet werden.[225] Ein gutes Ende erhöht nämlich insgesamt die Wahrscheinlichkeit, dass der Weg, die Kanäle für künftige Kommunikation offenbleiben, es vermeidet mögliche Missverständnisse und kann das gegenseitige Vertrauen stärken.

180 Im Rahmen des Abschlusses sollte überprüft werden, ob **alle Themen** und **Fragen** (aus dem Befragungsplan) auch **beantwortet** wurden.

181 Nach dem Hinweis, dass die Befragung nun gleich zu Ende ist sollte am Ende des Gesprächs die befragte Person auch gefragt werden, ob sie ihrerseits **Fragen, Erklärungen oder Anmerkungen** zum Gespräch oder zur Untersuchung im Allgemeinen/zum Ermittlungsverfahren hat.[226] Wenn die Befragung ergebnisoffen und fair wie oben beschrieben durchgeführt wurde, dann kann auch diese Frage dazu beitragen, dass der Befragte das Gefühl hat, fair behandelt worden zu sein. Auch deswegen sollte das Gespräch nicht abrupt beendet werden.[227] Sind mehr als zwei Personen anwesend (z. B. ein Strafverteidiger oder ein gesetzlicher Vormund o. ä.), dann sollte der leitende Befrager auch prüfen, ob einer von ihnen weitere Fragen oder Anmerkungen hat, bevor er das Gespräch beendet.

182 Falls ein schriftliches Protokoll erstellt wurde (anstelle einer Video- oder Audioaufzeichnung), sollte die befragte Person gebeten werden, dieses zur Bestätigung der Korrektheit zu unterschreiben. Jegliche Änderung sollte nachvollziehbar notiert und protokolliert werden. Die Weigerung der befragten Person, das Protokoll zu unterschreiben, sollte ebenfalls protokolliert werden ggf. mit dem angegebenen Grund hierfür.[228]

183 Am Ende der Befragung sollte der befragende Beamte den Befragten in angemessener Weise über die **nächsten Schritte** des Verfahrens informieren. Auch hier hat der Befrager sicher zu stellen, dass die befragte Person die Möglichkeit bekommt, sich zu dem weiteren Vorgehen– falls gewünscht – zu äußern.[229] In diesem Zusammenhang empfiehlt es sich für die Befragungsperson, auch die eigene **Erreichbarkeit** und **Kontaktdaten,** durch Überreichung einer Visitenkarte o. ä. mitzuteilen. Auch ein Hinweis, dass die Türen stets offenstehen und die Auskunftsperson sich stets melden darf, falls sie weiteren Gesprächsbedarf hat oder ihr noch etwas eingefallen ist, ist stets angebracht.

184 Für ein gutes Ende sollte man auch abschließend eine **Wertschätzung** und einen **Dank** ausdrücken („Danke, das war für uns sehr hilfreich" – „Ich habe keine weiteren Fragen. Vielen Dank für Ihre Geduld und Ihre Auskünfte") oder sonst eine respektvolle Abschlussformulierung und **Verabschiedung** verwenden.[230]

224 Siehe Prozess der Vernehmung: PEEKAA Rn. 32.
225 Prinzipien zu effektiven Vernehmungen für Ermittlungen und Informationssammlungen („Mendez-Prinzipien"), Absatznummer 128.
226 CTI, CTI Training Tools 1/2017, Die untersuchende Vernehmungstechnik, Seite 10/12.
227 CTI, CTI Training Tools 1/2017, Die untersuchende Vernehmungstechnik, Seite 10/12.
228 Prinzipien zu effektiven Vernehmungen für Ermittlungen und Informationssammlungen (Méndez-Prinzipien), Absatz-Nr. 129.
229 Sinngemäß aus UN Manual on Investigative interviewing, Seite 62.
230 CTI, CTI Training Tools 1/2017, Die untersuchende Vernehmungstechnik, Seite 10/12.

9. Auswertung (PEEKAA)

Der letzte Schritt im PEEKAA-Modell betrifft[231] – nach der Planung, dem Einstieg/Beziehungsaufbau, dem ersten freien Bericht, der Klärung und dem Abschluss – die **Auswertung** und Bewertung.[232] Bei der Auswertung werden die erhaltenen Informationen auf ihre Relevanz und Zuverlässigkeit für die Untersuchung überprüft und mit anderen belastbaren/überprüfbaren Informationen abgeglichen. Die Informationen sollten auch dann genutzt werden, um die zu Beginn und während der Befragung formulierten konkurrierenden Hypothesen zu prüfen und weiter zu beantworten. Auch hier ist wichtig, dass die Befragungsperson offen für die Formulierung neuer Hypothesen ist. **185**

1) Wurden die -in der Planungsphase gesteckten – Ziele des Gesprächs erreicht?
2) Welche Informationen sind neu und wie sind diese zu bewerten?
3) Welche Konsequenzen und ggf. Anschlussermittlungen (zur Überprüfung) ergeben sich daraus?

Im Rahmen der Auswertung werden auch die **Leistung der Befragungsperson** und der **Prozess** der Befragung selbst **bewertet**, am besten durch Vorgesetzte, einen Supervisor und/oder Kollegen. Für diesen Schritt ist unabdingbar, dass das gesamte Gespräch audio(visuell) aufgezeichnet wurde. Bei der Prozessbewertung geht es insgesamt um die Frage, wie die Befragung verlief und was in Zukunft verbessert werden könnte und damit auch um die Bewertung der Interviewerkompetenz, um das Erkennen von (in)effektiven Verhalten (bspw. Rapport, aktives Zuhören, Wahrung der Autonomie bzw. Druck, Suggestion u. v. m.), der Prüfung der Einhaltung von PEEKAA und auch insgesamt die Reaktionen des Befragten. Auch geht es um die Frage, ob es eine **Vulnerabilität** gab und diese ausreichend berücksichtigt wurde.[233] **186**

Die Art der Befragung wird analysiert etwa im Hinblick auf die verwendeten Aufforderungen und **Fragen**: Hierfür empfiehlt sich eine Codierung, etwa: **187**

Frageart	**Kurzcode**	**Wirkung auf Aussagequalität**	**Empfehlung**
Offene Aufforderung	OA	Fördert Erinnerungsleistung	Immer bevorzugen
Freier Bericht	FB	Ziel der Befragung	Immer bevorzugen
Offene Frage	OF	Fördert Erinnerungsleistung	Immer bevorzugen
Themenspezifische Aufforderung	TSA	Fördert Erinnerungsleistung zu Stichwörtern	Immer bevorzugen
Spezifische Frage	SF	Fokus auf Details, sofern nicht suggerierend	Zielgerichtet verwenden
Geschlossene Frage	GF	reduziert Antwortspielraum	Vermeiden
Suggestivfrage	SUGF	Verfälscht potenziell, erzeugt Erwartungsdruck	Vermeiden
Suggestive Rückmeldung	SUGR	Verfälscht potenziell, erzeugt Erwartungsdruck	Vermeiden
Suggestive Aufforderung	SUGA	Verfälscht, enthält nicht benannte Details	Vermeiden
Rhetorische Frage	RF	Kein Erkenntnisgewinn, wertend	Vermeiden
Konfrontative Frage	KON	Druck	Vermeiden

231 Siehe Prozess der Vernehmung: PEEKAA Rn. 32.

232 Prinzipien zu effektiven Vernehmungen für Ermittlungen und Informationssammlungen („Mendez-Prinzipien"), Absatznummer 131.

233 Vgl. auch ORBIT (Observation of Rapport-Based Interviewing Techniques), als System zur Bewertung der Qualität von Vernehmungen.

187

Frageart	Kurz-code	Wirkung auf Aussagequalität	Empfehlung
Nonverbale Bestätigung	NV	Kann beeinflussen (z. B. Nicken)	Vorsicht, Kontext beachten
Sachliche Rückmeldung	SM	Unterstützt Gesprächsatmosphäre	Empfohlen

Beispiel eine Vernehmungsperson (VP) wegen Diebstahls:[234]

Minute	Aussage	Codierung	Bewertung
00:00	VP: Sie wissen, warum Sie heute hier sind?	GF	Geschlossene Frage – hier neutral, da offene Hinführung zum Gegenstand der Vernehmung
00:03	BS: Ja, wegen des Diebstahls im Supermarkt.		
00:06	VP: Erzählen Sie bitte in Ihren eigenen Worten, was passiert ist.	OA	✓ offene Aufforderung zum freien Bericht – sehr gut – zu ergänzen um *alles* und *detailliert* t
00:10	BS: Ich war im Supermarkt, wollte nur eine Cola kaufen.	FB	✓ Freier Bericht – erwünscht. Aber: Nicht detailliert genug
00:13	VP: Was ist danach passiert?	OF	✓ zielführend – besser: ergänzender Bericht („alles" und „detailliert")
00:15	BS: Ich bin zur Kasse, hab gezahlt, dann bin ich raus.	FB	✓ Weiterer freier Bericht. Aber: nicht detailliert genug
00:18	VP: Hatten Sie sonst noch etwas bei sich?	GF	✗ Geschlossene Frage/Suggestivfrage ⚠ Hier beginnt bereits das „Frage-Antwort-Spiel". Durch den Bericht wurde noch kein ausreichendes Bild gewonnen
00:20	BS: Nein.		
00:22	VP: Haben Sie vielleicht vergessen, etwas zu bezahlen?	SUG	✗ Suggestivfrage – vermeiden
00:24	BS: Nein, ich hab bezahlt, was ich hatte.		
00:26	VP: Die Kassiererin hat ausgesagt, Sie hätten eine Flasche Wodka in der Jackentasche gehabt.	Klärung/ KON	✗ Konfrontativ – zu frühe Klärung. Gespräch mit Kassiererin hätte Gegenstand des freien Berichts sein sollen.
00:29	BS: Das stimmt nicht.		–
00:32	VP: Und das überrascht Sie jetzt?	RF	✗ Rhetorisch – wertend, vermeiden
00:34	BS: Ja, total.		–
00:36	VP: Wollen Sie wirklich dabei bleiben, dass Sie nichts mitgenommen haben, ohne zu zahlen?	KON	✗ Konfrontation – Druck erzeugend, vermeiden
00:38	BS: Ja.		–

234 Frei erfunden, nur zu Darstellungs- und Illustrationszwecken.

Minute	Aussage	Codierung	Bewertung
00:40	VP: Gut, oder auch nicht. Wenn das Ihre Aussage ist, dann nehmen wird das so auf.	KON	✗ Konfrontation – Druck erzeugend, Wertungen vermeiden
00:42	BS: Okay.		–

Abschließend kann eine Aussage mit diesen Codierungen mit Blick auf **Technik** der Befragung und **Qualität** bewertet werden.
Diese Analyse der Qualität steht natürlich auch jedem anderen offen, im vorliegenden Kontext insbesondere Verteidigern, um damit zu argumentieren.

10. Praxisprobleme

188 Der vorgenannte – sich an der Wahrheitsfindung orientierende – Prozess PEEKAA[235] und die sich daraus ergebenden Technikregeln sind ausgesprochen wichtig. All das wissen viele Leser. Dennoch begehen die meisten, einschließlich der Verfasser, in Vernehmungssituationen immer wieder etliche Fehler. Es ist ein lebenslanger Weg, durch Schulung und Training(!)[236], durch Offenheit und durch die Bereitschaft, Neues zu erlernen und Altes zu hinterfragen, nach und nach zu einer immer besseren Qualität von Befragungen zu gelangen. Die Praxis der Befragung stellt alle Beteiligten vor Herausforderungen, gerade auch die Befragungsperson. Weil wir Menschen sind, sollen nachfolgend der Einfluss von Rollenprägungen, Erkenntnisinteressen, Erwartungshaltungen und Vorurteile in den Blick genommen werden. Die nachfolgenden Punkte sind auch deshalb gefährlich für die Suche nach der Wahrheit, weil vieles auch unbewusst passiert.

10.1 Rollenprägung und Erkenntnisinteresse

189 Die Taktik ist auch dem Umstand geschuldet, dass verschiedene Beteiligte einer Befragung aufgrund unterschiedlicher **Rollen** auch **unterschiedliche Erkenntnisinteressen** haben; je nachdem, welches übergeordnete Interesse sie mit der Befragung verfolgen. Das gilt gerade in **Prozessen** und in dortigen Vernehmungen, wo es im Besonderen möglich ist, eigene taktische Überlegungen aufgrund abweichender Erkenntnisinteressen umzusetzen. Schon im Ausgangspukt haben Richter, Staatsanwälte und Rechtsanwälte in ein und demselben Verfahren unterschiedliche Rollen und verfolgen daher mitunter auch unterschiedliche Erkenntnisinteressen. Sie wollen von den einzelnen Auskunftspersonen Unterschiedliches wissen.

190 Die **Richter** und **Staatsanwälte** haben vom Grundsatz her ein umfassendes Erkenntnisinteresse. Sie sollen – auch im Zivilrecht! – ermitteln, was tatsächlich geschehen ist, sie sind an der Wahrheit interessiert, sie sollen einen Sachverhalt untersuchen. Das gleiche Ziel verfolgen auch viele andere, Polizei, Zoll, Compliance-Untersuchungen, interne Ermittlungen, Verfahren mit Amtsaufklärung u. v. m. Das Erkenntnisinteresse der **Rechtsanwälte** in einem Prozess wiederum ist häufig beschränkt, einseitig und auf die persönlichen Einstellungen und Interessen des Mandanten ausgerichtet. Je nachdem, wen sie vertreten – den Kläger oder den Beklagten, den Angeklagten oder die **Nebenklage** – wollen sie von der jeweiligen Auskunftsperson das eine oder das andere, mehr oder weniger oder manchmal auch gar nichts erfahren. Was die richtige Frage und Antworten sind, kann völlig unterschiedlich sein. Anwälte können vernehmungstaktisch vorgehen, indem sie die Auskunftsperson im weiteren Sinne „stärken" und un-

235 Siehe Prozess der Vernehmung: PEEKAA Rn. 32.
236 Prinzipien zu effektiven Vernehmungen für Ermittlungen und Informationssammlungen („Méndez-Prinzipien"), Prinzip 4.

terstützen. Der Anwalt kann bei der Befragung „seines“ Zeugen/Mandanten allein durch die sprachliche Gestaltung seiner ergänzenden Fragen unterstützend wirken und Sicherheit zu vermitteln suchen. Auch das Gegenteil kann der Fall sein. Versuche, „gegnerische“ Zeugen zu verunsichern und die Aussage in ihrer Bestimmtheit abzuschwächen, spielen nicht nur im forensischen Alltag eine große Rolle. Es dürfte aber auf der anderen Seite selten Gewinn bringen, auch wenn der Mandant die Tat bestreitet, bei einer relativ dichten Beweislage den Opferzeugen allzu intensiv zu befragen oder zu bedrängen. Abgesehen vom schlechten Eindruck, der dadurch entstehen kann und der unbewusst an irgendeiner Stelle, u. U. bei der Strafhöhe, in die Entscheidung einfließen könnte, wird der Zeuge vielleicht auf den starken Druck hin auch noch Dinge preisgeben, die er, weil sie ihm zu unangenehm waren, bislang nicht erwähnt hatte, die aber für den Mandanten besonders negativ sind. Die bislang ein wenig vage Aussage des Ladendetektivs, der einen Diebstahl beobachtet haben will, könnte, bei allzu intensiver Befragung, für den Angeklagten immer verhängnisvoller werden. Plötzlich „erinnert“ sich der Zeuge daran, dass der Angeklagte bereits die Verpackung der Ware geöffnet hatte u. ä.

191 Je nach Erkenntnisinteresse und Position muss der Fragesteller unterschiedlich vorgehen und sich bestenfalls bewusst durch unterschiedliche taktische Erwägungen in die Befragungen einbringen. Zur Vermeidung von Missverständnissen: Taktik des Anwalts heißt – ebenso wenig wie in anderen prozessualen Situationen – nicht, unfaire oder verbotene Methoden (vgl. etwa § 136a StPO) anzuwenden. Taktik hat seine Grenzen zudem bei der Wahrheitspflicht (§ 138 ZPO, § 263 StGB) sowie dem Sachlichkeitsgebot (§ 43a BRAO). **Taktik des Anwalts** mit **legalen Methoden** hingegen ist nicht nur legitim, sogar mitunter geboten.

192 Bei all den Befragungen werden nicht nur aufgrund unterschiedlicher Rollen unterschiedliche Erkenntnisinteressen verfolgt. Die Beteiligten sind zudem nicht wirklich „frei“. Bei jedem kommt ein **„persönlicher Hintergrund“**[237] hinzu. Dieser „Hintergrund“ wirkt sich zum großen Teil unbewusst aus. In jeder Robe steckt ein Mensch! Wir alle wurden geprägt durch eine Vielzahl von Einflüssen und Erfahrungen. Unser persönlicher oder privater Hintergrund hat beträchtliche Auswirkungen darauf, wie wir in Vernehmungen vorgehen. Dieser „Hintergrund“ gibt für vieles eine Erklärung und zeigt, dass es nicht unbedingt „böse“ gemeint ist, wenn zum Beispiel der Richter den Angeklagten, schon lange bevor seine Schuld erwiesen ist, unfreundlich oder gar tendenziös befragt; oder wenn der Richter mit dem Klägervertreter, weil er dessen Rechtsansicht für abwegig hält, im Vergleichsgespräch ironisiert und von oben herab spricht; oder wenn der Staatsanwalt die entlastenden Punkte im Verfahren einfach nicht wahrnimmt und den Zeugen nicht danach befragt, seine Aussage übermäßig stark in Zweifel zieht und dann gar die Zulässigkeit entsprechender Fragen des Verteidigers rügt; oder wenn der Rechtsanwalt einen Beweisantrag stellt, der den anderen Beteiligten nicht besonders sinnvoll erscheint und die Dauer des Verfahrens erheblich verlängern wird.

193 Etliches hat dazu beigetragen, dass wir Juristen wurden. Unser Berufsweg ist von Erfolgen und Misserfolgen begleitet. Wir befinden uns nun in unterschiedlichen Positionen, die wir akzeptieren oder gegen die wir innerlich revoltieren. Kaum einer von uns ist wirklich unabhängig. Die meisten Anwälte müssen irgendwann auf die Wünsche der Mandanten Rücksicht nehmen und sich danach richten. Die meisten Richter und Staatsanwälte wollen auf der begrenzten Karriereleiter

---

237 Vgl. zu diesem Thema: Wendler, A., „Einen Schritt tiefer gehen ...“ – Einzelne Situationen in der Kommunikation im Strafprozess, in denen früher erlebte Verletzungen wiederholt werden, in Nagler, A. (Hrsg.), Kultur der Strafverteidigung. S. 85–112. Die Schriftenreihe der Strafvereinigungen. 2011. Berlin: Verlag Thomas Uwer.

wenigstens kleine Schritte aufwärts gelangen. Sie werden immer wieder von ihren Vorgesetzten beurteilt. (Es verlangt allerhand „Standing", kurz vor der Bewerbung auf eine Beförderungsstelle in einer Kammerberatung mehrmals gegen das Votum des Vorsitzenden zu stimmen, der demnächst ein Dienstzeugnis schreiben wird. – Der *freie* Richter!). Die Arbeit der „Staatsjuristen" wird wie in der Schule benotet. Dabei rückt in der heutigen Zeit, in der in vielen Bereichen die Aktenberge beinahe nicht mehr zu bewältigen sind, das Kriterium der Quantität anstatt der Qualität immer mehr in den Vordergrund. Oft führen Berufswege nicht andauernd nur nach oben.
All das tragen oder manchmal auch schleppen wir wie in einem unsichtbaren Rucksack mit uns herum, wenn wir eine Vernehmung oder Befragung durchführen. Und all das hat seine Auswirkungen. Auch das soll in den folgenden Kapiteln ein wenig Beachtung finden. Dabei wird sich nicht vermeiden lassen, immer wieder auf das „Grundwissen" aus der Vernehmungs- und Fragetechnik zurückzugreifen und das eine oder andere zu wiederholen, jedoch stets unter Berücksichtigung der in diesem Buch im Vordergrund stehenden Thematik: Die Vernehmungs-TAKTIK.

Fazit: Vernehmungstechnik ist, insbesondere im forensischen Bereich, für manche Beteiligte immer zugleich auch Vernehmungs-TAKTIK!

10.2 Erwartungshaltungen

Der erste Zeuge des Staatsanwalts war ein Hauptmann der Carabinieri … **194**
„Gut, Tenente Moroni, dann erzählen Sie dem Gericht jetzt noch einmal, welche Rolle Sie bei dieser Sache gespielt haben, ich meine bei den Ermittlungen im Zusammenhang mit der Entführung und Tötung des kleinen Rubino."
„Am 8. August gegen 19.50 Uhr ging bei unserer Notrufzentrale ein Anruf ein, mit dem das Verschwinden eines neunjährigen Jungen namens Francesco Rubino gemeldet wurde. Anrufer war der Großvater des Jungen, bei dem der Kleine seine Sommerferien verbrachte. Die Eltern leben, wenn ich mich nicht irre, getrennt …"
„Sparen Sie sich überflüssige Details und bleiben Sie bei der Sache."
Der Tenente schien drauf und dran, etwas zu erwidern. Diese Unterbrechung hatte ihm überhaupt nicht gefallen. Nach einer kurzen Pause setzte er seine Aussage fort.
„Unmittelbar nach Eingang des Notrufs wurde ich informiert und schickte daraufhin eine Funkstreife zum Ferienhaus der Großeltern …"
„Das sich wo befand?"
„In Capitolo – ich wollte es eben sagen …"

Diese Passage stammt aus dem Roman eines preisgekrönten Autors, der als Staatsanwalt arbeitet und daher genau weiß, wie Befragungen bei Gericht ablaufen.[238] Die Geschichte spielt, wie man sofort zumindest aus den Namen der Beteiligten erkennt, im Heimatland des Verfassers, in Italien. Beim Ort des Geschehens könnte es sich auch um ein deutsches Gericht handeln. Der **Richter** hat offensichtlich eine **Erwartungshaltung**, an den Zeugen, die seiner Rolle geschuldet ist. Er möchte nicht mit aus seiner Sicht „überflüssigen Details" belastet werden und er unterbricht den freien Bericht des Zeugen schon nach wenige Sätzen, um das Wesentliche durch Befragung in Erfahrung zu bringen. Die **Richter** handeln nicht etwa aus „böser Absicht". Wenn man (zuvor) eine Akte liest, entsteht bei den Richtern, den Staatsanwälten und gleichermaßen bei den Rechtsanwälten eine Vorstellung darüber, was geschehen ist und dem Verfahren zugrunde liegt. Diese Vorstellung ist in der Praxis geprägt von der jeweiligen **Rolle** oder Position, die die Betreffenden innehaben. Der Anwalt des Klägers liest die Akte unbewusst „anders" als der Anwalt des Beklagten; gleiches gilt für **195**

238 Gianrico Carofiglio, Reise in die Nacht, S. 155.

den Richter, den Staatsanwalt, den Verteidiger und den Nebenklagevertreter. Alle entwickeln automatisch unbewusst eine Art Erwartungshaltung, was die Auskunftsperson in der Befragung sagen wird (bzw. sagen *soll*, damit die Erwartung bestätigt wird). So besteht in der Vernehmung eine Tendenz, das, was man erwartet, was man hören will, tatsächlich auch zu *hören*, relativ unabhängig davon, wie eindeutig es tatsächlich gesagt wurde. Der Richter will die aus seiner Sicht wichtigen Punkte abhaken, um mit dem Prozess voranzukommen. Das kann dazu führen, dass er, ähnlich wie in dem Romanbeispiel, die Auskunftsperson – ohne böse Hintergedanken – erheblich leitet. Er gibt ihr und ihrer Aussage zu wenig Raum, macht ihr zu rasch Vorhaltungen, „erinnert" sie an das, was sie früher gesagt hat usw. Die vorgenannte Tendenz erhöht sich aufgrund der in den vergangenen Jahren ständig gestiegenen Arbeitsbelastung oder oftmals Arbeits*über*lastung. Denn viele Richter stehen andauernd unter Zeitdruck und müssen ihre Verhandlungen in Eile durchführen. Das führt zur Gefahr, dass innere Erwartungen durch die Befragung nur noch abgehakt werden.

196 Der **Staatsanwalt** hegt vielleicht ein wenig mehr „Hintergedanken". Zwar bezeichnete man die Staatsanwaltschaft gemeinhin als die „objektivste Behörde der Welt". Denn die Staatsanwaltschaft hat nicht nur die belastenden, sondern auch die zur Entlastung dienenden Umstände objektiv zu ermitteln. Und die Staatsanwaltschaft ist „Wächterin des Rechts". Doch kommt man gelegentlich nicht mehr daran vorbei, diesen sehr hohen Anspruch zu relativieren. Die Verfasser – selbst langjährig als Staatsanwalt tätig – müssen nach jahrzehntelanger Erfahrung einräumen, dass, vermutlich wiederum wegen der enormen Belastung und des nie endenden Drucks, Auskunftspersonen (nicht nur Angeklagte, sondern genauso Zeugen) durch die Staatsanwaltschaft mitunter einseitig befragt werden; einseitig im Sinne einer Bestätigung der belastenden Angaben. Wir alle sind durch die **Rolle**, die wir innehaben, **geprägt**. Die Verfasser haben in einer Vielzahl von Fällen erlebt, dass ein Gericht den Strafantrag der Staatsanwaltschaft unterschritten hat, worauf des Öfteren Rechtsmittel eingelegt wurden. Auch das Umgekehrte kam immer wieder vor, der Antrag der Staatsanwaltschaft wurde deutlich überschritten. In solchen Fällen kann keiner der Verfasser von einer Rechtsmitteleinlegung der Staatsanwaltschaft *zugunsten* eines Angeklagten berichten. Gleiches gilt für die Frage eines Beweisantrags der Staatsanwaltschaft zum Beweis einer für den Angeklagten günstigen Tatsache oder Rechtsmittel, die von der Staatsanwaltschaft ausdrücklich zugunsten des Verurteilten (vgl. § 296 Abs. 2 StPO, RiStBV Nr. 147 Abs. 3 sowie § 301 StPO) eingelegt werden.

Fazit: Richter, aber auch oder erst recht Staatsanwälte, müssen sich ihren unbewussten Wunsch, in der Verhandlung das Aktenmaterial bestätigt zu sehen, bewusst machen, um sich Unvoreingenommenheit zu bewahren und so früher für Neues offen zu sein.

197 Die nahezu immer bestehende Erwartungshaltung der Beteiligten macht **blind fürs Neue.**[239] Um sich für eine möglicherweise neue, andere Betrachtung und Bewertung der Geschehnisse zu öffnen, muss in der Praxis erst eine gewisse „Schwelle" erreicht werden. Der Richter läuft Gefahr, die Angaben der Auskunftsperson so zu *hören* und unbewusst anzupassen, dass seine Erwartung bestätigt wird. Erst wenn das Auskunftsmaterial ausreichend weit davon abweicht, wird er „bereit" sein, sich gedanklich darauf einzulassen, dass die Ereignisse ja auch ganz anders abgelaufen sein könnten. Erst dann wird er sich der Auskunftsperson wirklich offen zuwenden und versuchen, quasi neugierig darauf, was denn nun tatsächlich geschehen ist, herauszubekommen, was die betreffende Auskunftsperson *wirklich* berichten kann.

239 Siehe auch Tunnelblick, Bestätigungsfehler Rn. 46.

198 Dieser „gesunden Neugier“ wirkt der große Zeitdruck entgegen, der mittlerweile nahezu in jeder Verhandlung besteht. Die immer weiterwachsende Belastung aller Beteiligten führt insbesondere bei denen, die durch ihre Befragung eine Vernehmung im forensischen Bereich am stärksten beeinflussen, nämlich bei den Richtern, beinahe zwangsläufig zu einer erheblichen Qualitätsverschlechterung. Sie selbst können dem nur dadurch entgegenwirken, dass sie sich ihre Erwartungshaltungen immer wieder deutlich vor Augen führen und so bewusst versuchen, sich für mögliche Alternativen zu öffnen.[240] Allein das wird schon zu einer anderen Befragungsart führen und am Ende vielleicht bisweilen sogar zu einer Beschleunigung des Verfahrens. Überhaupt sollte man sich eine **offene Denkweise** und Unvoreingenommenheit bewahren, sich einem Sachverhalt offen nähern und Vernehmungen offen führen, indem sie alle möglichen Erklärungen von Anfang an aktiv und durchgehend formulieren und untersuchen. Sonst entstehen Tunnelblick und Bestätigungsfehler. Dieser Ansatz ist auch ein **Kernelement** der sog. **untersuchenden Vernehmung**[241] und internationaler Vernehmungsstandards, wie den Prinzipien zu effektiven Vernehmungen für Ermittlungen und Informationssammlungen („Méndez-Prinzipien“[242]).

199 Die Vorbefassung führt leider allzu oft dazu, dass Beteiligte sich ein Bild davon macht, wie es wahrscheinlich war. Strafrechtsverteidiger gehen in diesem Zusammenhang sogar so weit zu behaupten, dass die vom Richter erwartete Unvoreingenommenheit „blanke Illusion“ sei, „wenn Sachverhaltsbilder und Wertungsstrukturen durch die Unterschrift unter einen Eröffnungsbeschluss oder gar einen Haftbefehl fixiert sind. Wer sich nur entfernt mit dem dominierenden Phänomen des „Primings“ bei Entscheidungen befasst hat, weiß, dass er [Anmerkung: der Richter] nicht mehr autonomer Entscheidungsträger sein kann.“[243]. Die Beteiligten, die vom Prozessausgang her betrachtet nicht daran interessiert sind, dass sich das Aktenmaterial bestätigt, müssen während ihrer Befragung darauf hinwirken, dass eine „Schwelle des Zweifels“ erreicht wird, ab der wieder Offenheit für unerwartete Erkenntnisse besteht. In Fällen, in denen die Leitung der Auskunftsperson durch den Vorsitzenden, bewusst oder unbewusst, zu stark erfolgt, wird ein frühes Einschreiten durch den Anwalt unabdingbar sein.

200 Der erste Schritt muss sein, der Auskunftsperson genügend Raum (zum freien Bericht) zu geben. D. h. die Auskunftsperson muss, ohne direkt auf das Beweisthema hingeleitet worden zu sein, – so wie es die Prozessordnungen vorsehen[244] – im Zusammenhang ohne Fragen oder andere Unterbrechungen den **Bericht** abgeben und abgeben *dürfen*, ehe eine Befragung beginnt.[245] Bei allem Verständnis für die reale Belastungssituation der Richter: Ein Rechtsstaat darf sich Qualitäts*einbußen oder gar* Qualitäts*verlust* nicht leisten. Spätestens ab da kann man von den anderen Beteiligten, insbesondere den Rechtsanwälten, kein Verständnis und keine Rücksichtnahme mehr erwarten. Das bedeutet für Rechtsanwälte, dass sie, wenn das für ihre Mandanten im betreffenden Verfahren von Bedeutung ist, auf die Einhaltung dieser unstreitig richtigen „Regeln“ (z. B. ein ungestörter, ausführlicher Bericht vor dem Einstieg in die Befragung usw.) bestehen bzw. dafür sorgen müssen, auch wenn der Richter dies vielleicht nicht goutiert.[246]

201 Natürlich leiten auch die **Anwälte** Auskunftspersonen in der Vernehmung. Oft geschieht das unbewusst, so wie gelegentlich bei der Staatsanwaltschaft geprägt von der Rolle, die man ausfüllt. Das Leiten kann und darf innerhalb der vom

---

240 Siehe auch Aktive Suche nach alternativen Erkläringen/Hypothesen Rn. 44.
241 Siehe Aktive Suche nach alternativen Erklärungen/Hypothesen Rn. 44.
242 Siehe Internationale Standards Rn. 18.
243 Sommer, Über Macht und Verantwortung, StraFo 2017, 1, 3.
244 Vgl. § 396 Abs. 1 ZPO, § 69 Abs. 1 S. 1 StPO.
245 Siehe Grundsatz der Zweiteilung Rn. 129.
246 Siehe Grundsatz der Zweiteilung Rn. 129.

Gesetz vorgegebenen und vom Gericht zu überwachenden Grenzen aber auch bewusst erfolgen. Dabei hat sich der Rechtsanwalt an den Interessen seines Mandanten zu orientieren. Ein bestimmter für den Mandanten ungünstiger Punkt wird in der Befragung ausgespart, ein anderer, den Klaganspruch unterstützender, dafür mehrfach besonders betont. Anwälte können im Rahmen der Befragung in vielfacher Sicht taktisch bewusst agieren und lenken. Fraglich ist die bereits angesprochene Ansicht in der Literatur, wonach gar die gesamte Gesprächssituation einzig und allein vom Befragenden bestimmt werden kann, so dass er den Zeugen auch mitten in der Beantwortung einer Frage unterbrechen und anweisen kann, nicht weiter auf diese Frage zu antworten.[247] Die Beantwortung der Frage kann aber dahinstehen. Denn den anderen Prozessbeteiligten ist es jedenfalls unbenommen, die Frage, deren Beantwortung unterbrochen wurde, im Rahmen der (erneuten) Ausübung des eigenen Fragerechts aufzugreifen. Zu weitgehend ist jedenfalls die Auffassung mancher (Anwalts-) Autoren, der Verteidiger habe auch die Möglichkeit, sich vom Zeugen alle oder ausgewählte Fragen mit einem klaren „Ja" oder „Nein" beantworten zu lassen.[248] Der Fragende bestimmt allein die Fragen. Die Antworten bestimmt hingegen allein die Auskunftsperson. Unbenommen ist es einem Verteidiger dabei aber, geschlossene Fragen zu stellen, die aus Sicht des Fragenden eine bestimmte Antwort im Sinne eines Ja oder Nein verlangen, wenngleich damit aussagepsychologisch ein geringer Erkenntnisgewinn verbunden ist.[249] Im Strafprozess können Anwälte nicht nur die Position der Verteidigung innehaben, sondern auch eine ganz andere: Die Vertretung der **Nebenklage**. Automatisch werden sie sich anders, dieser „Rolle" entsprechend verhalten. Doch was ist ihre Rolle? Die Nebenklage wird nicht selten gesehen als (oder verwechselt mit) Gehilfe der Staatsanwaltschaft oder gar als zweiter Ankläger. Das kann zu unschönen Situationen führen. Es ist weder nötig – der Staatsanwalt kann fast immer seine Position selbst ausreichend vertreten –, noch wird es der eigentlichen Bestimmung und Aufgabe der Nebenklage gerecht. Man weiß inzwischen allgemein, Opfern ist in erster Linie daran gelegen, dass ihnen geglaubt und dass der Täter überhaupt zur Rechenschaft gezogen wird und nicht ungeschoren davonkommt. Die Höhe der Strafe ist oft sekundär. Die Verfasser sehen die Bestimmung und Aufgabe der Nebenklage darin, dass die Position des Opfers in all seinen Belangen und Interessen deutlicher gemacht und gestärkt sowie der Zeuge während der Verhandlung unterstützt werden soll. Das dient in den betreffenden Verfahren einer gerechteren Entscheidungsfindung.

Fazit: Wir müssen uns bewusst sein, dass wir durch unsere Rollen geprägt sind, was häufig zu einer gewissen Einseitigkeit führt. Wir müssen von Anfang an offen denken und uns Unvoreingenommenheit durchgängig bewahren.

202 In diesem Zusammenhang stellt sich bisweilen ein durch das Gesetz vorgegebenes Spezialproblem. Nach § 397 Abs. 1 Satz 1 StPO haben Nebenkläger das **Recht auf ständige Anwesenheit** im Prozess. Das gilt auch für die Vernehmung des Angeklagten zur Sache. Andererseits besteht die Unschuldsvermutung. Letztlich sind Nebenkläger Zeugen, wie alle anderen auch. Auch sie müssen vom Inhalt ihrer Angaben *über*zeugen, auch bei ihren Aussagen gilt eine neutrale Anfangswahrscheinlichkeit für deren Zuverlässigkeit.[250] Dann leuchtet es aber sofort ein, dass sie während der Einlassung des Angeklagten zu den Vorwürfen nicht anwesend sein dürfen. Wenn sie auf ihr Anwesenheitsrecht bestehen, kann das u. U. kontraproduktiv sein. Möglicherweise wird es für sie dann schwieriger, eine qualitativ ausreichend gute Aussage abzugeben. Für die Verteidigung wird

247 So aber Gerst, Zeugen in der Hauptverhandlung, 2. Aufl., § 240, Rz 17.
248 So aber Sommer, Effektive Strafverteidigung, Rz 930.
249 Siehe Geschlossene Fragen Rn. 167.
250 Siehe Neutrale Anfangswahrscheinlichkeit Rn. 661.

es einfacher, ihre Angaben als reaktiv auf die Einlassung des Angeklagten ausgerichtet anzugreifen. Neue Fragen, die sich aus der Vernehmung des Angeklagten ergeben, kann man ihnen nicht stellen, da sie sich ja bereits darauf innerlich vorbereiten konnten, usw. Es ist deshalb Anwälten zu empfehlen, ihren Mandanten diese Problematik klarzumachen, damit sie dann von sich aus auf das Anwesenheitsrecht jedenfalls während der Vernehmung des Angeklagten verzichten. Ob ein Opfer überhaupt am Prozess teilnimmt oder sich das lieber ersparen will, ist eine Frage, die nicht allgemein beantwortet werden kann. Der eine will sich, um besser mit den Ereignissen fertig werden zu können, allem „stellen" und Auge in Auge den Angeklagten sehen; der andere will so wenig wie möglich nochmals in die Geschehnisse „einsteigen" müssen und überlässt das lieber alles seinem Anwalt.

Im Zusammenhang mit dem Thema „Rollen" kann man für Prozesse schließlich noch die **Schöffen** erwähnen. Ihr Rollenverständnis ist unterschiedlich. Manche wollen sich mehr einbringen, andere verlassen sich sehr stark auf das Gericht. Die einen sehen sich als wichtige Mitwirkende, die anderen halten sich eher zurück, da sie die rechtlichen Fragen und, wie sie sagen, vieles andere ohnehin nicht beurteilen können. Die Verfasser haben sämtliche „Typen" unter Schöffen erlebt. Ihr Verhalten wird sicherlich auch beträchtlich durch die Art der Behandlung seitens der Richter geprägt. Viele Anwälte haben berichtet, dass es für sie lohnend sein kann, die Schöffen stärker „einzubeziehen". Die Anwälte wenden sich in der mündlichen Verhandlung anstatt an den Berufsrichter mehr an die Schöffen, um sie in ihr Aufmerksamkeitsfeld zu ziehen. Dies kann durch eine direkte Ansprache oder auch durch vermehrte Blickkontakte u. ä. erfolgen. 203

Auch ein **Zeuge** kann ein eigenes Rollenverständnis haben, nämlich dem „Kläger" durch die Zeugenaussage zu seinem guten Recht zu verhelfen, oder den Richter davon zu überzeugen, dass „unser" Auto sich verkehrsordnungsgemäß verhalten hat. Bei der Befragung des gegnerischen Zeugen führt dessen Rollenverständnis ggf. dazu, dass er sich angegriffen fühlt und sich daher „verteidigen" will (siehe sogleich, Rollenprägung und Kommunikation). Dem kann argumentativ vorgegriffen/begegnet werden. Allein der Hinweis auf die Unschuldsvermutung und die Rolle des Verteidigers, als dem Gericht gleichgestelltes Organ der Rechtspflege allgemeine und legitime Rechte des Angeklagten wahrzunehmen, bewirkt mitunter Wunder. 204

Für die Befragungsperson ist es zu Beginn einer Befragung, die unter Mitwirkung verschiedener Beteiligten stattfindet, wichtig, sich die Rolle der an der Befragung Beteiligten und – aus deren Sicht – deren Rollenverständnis noch einmal vor Augen zu führen. Das Rollenverständnis wird das Verhalten der Beteiligten während der Befragung beeinflussenden, gar prägen. Dies zu wissen kann eine Befragung erheblich erleichtern. 205

10.3 Rollenprägung und Kommunikation

Die Rollen und Positionen, die die Beteiligten einnehmen haben auch in **kommunikativer Hinsicht** mitunter weitreichende Folgen. So können Befragung von **Zeugen**, die sich, aus welchem Grund auch immer, rasch und leicht angegriffen fühlen, problematisch werden. Solche Personen neigen dazu, sich im weiteren Sinne „zu verteidigen". Das tun sie bisweilen, indem sie in ihren Angaben inhaltlich „nachfüttern".[251] Dass sich jemand besonders leicht angegriffen fühlt in einer Vernehmung, kann und wird auch an seiner (vermeintlichen) Rolle bzw. an seinem **Rollenverständnis** liegen. 206

Man erlebt es nicht selten, dass der **Verteidiger** erbost auf einen an sich guten Hinweis des **Staatsanwalts** reagiert. Oder der Staatsanwalt oder der Richter ist 207

251 Vgl. dazu Rn. 283, „Eichentüren-Fall" Rn. 286.

beinahe verärgert, wenn der Verteidiger in der Verhandlung eine, objektiv betrachtet völlig angebrachte Frage oder einen zur Wahrung der Interessen des Mandanten sinnvollen Beweisantrag stellt. Eine Vielzahl, der von Anwälten in Strafverhandlungen gestellten Beweisanträge sind durchaus sinnvoll, denn sie tragen zu einer besseren Aufklärung der Geschehnisse bei. Dennoch wird auch auf den sinnvollen Beweisantrag von Seiten des Gerichts mit Unverständnis, gar Ärger reagiert.[252] Das haben die Verfasser oftmals selbst erlebt und in vielen Seminaren als leidvolle Erfahrung von Anwälten gehört. Leider war die Reaktion der Richter und Staatsanwälte – insoweit müssen sich auch die Verfasser „an die eigene Nase greifen" – nicht immer angemessen. Offensichtlich ist, dass die Rolle der Handlenden hierbei Einfluss auf die Art der (nonverbalen) Kommunikation nimmt. Ein Stirnrunzeln oder ein genervtes, deutlich vernehmbares Ausatmen oder der richterliche Hinweis „Das bringt doch nichts" waren die harmloseren Reaktionen. Immer wieder hat sich aber gezeigt, dass es durchaus Gewinn bringend war, dem Antrag der Verteidigung nachzugehen. An sich hat in diesen Fällen der Verteidiger die Arbeit der Staatsanwaltschaft oder des Gerichts nachgeholt. Denn eigentlich hätte ja schon die Staatsanwaltschaft als objektive Behörde auch diese Entlastungsmomente aufklären müssen. Dass es ein Rollenverständnis gibt, das sich auf die Wahrnehmung und auf das Verhalten der einzelnen Beteiligten auswirkt, lässt sich nicht wegdiskutieren. Solche Beispiele belegen das.

208 Es ist für die Reaktion des Richters auf einen Beweisantrag sicherlich von Bedeutung, welche Formulierungen der Anwalt wählt, wenn er sein Anliegen vorbringt. *„Da muss ich jetzt aber einen Beweisantrag stellen …"* – In diesem Satz stecken einige Botschaften, die der **Richter** unbewusst „hört" und über die er wenig erfreut sein wird. Es sind Botschaften wie: *„Du hast etwas vergessen. – Ich bin „klüger", ein besserer Jurist als du. – Ich streue dir Sand ins Getriebe. – Ich will dich ärgern. – Das wird dich Zeit kosten. Usw."* – Diese Botschaften, auch wenn der Anwalt tatsächlich keine von ihnen gemeint hat, sondern nur darauf hinweisen wollte, dass es einen klärungsbedürftigen Punkt gibt, können dazu führen, dass der Richter sich im weitesten Sinn angegriffen fühlt und innerlich in eine Art Verteidigungshaltung geht. Dann besteht die Gefahr, dass er sich wenig für den Inhalt des Beweisantrags öffnet, sondern mehr darüber nachdenkt, wie er den Antrag ablehnen kann. Die Sachebene gerät in den Hintergrund. Vielleicht will der Anwalt das, vielleicht will er Emotionen schüren, provozieren, was auch immer. Denn das kann aus taktischen Gründen durchaus in der einen oder anderen Situation gewinnbringend für seinen Mandanten sein. Vielleicht will der Anwalt das aber auch nicht, sondern er will nur, dass einem aus seiner Sicht wichtigen Punkt noch weiter nachgegangen wird. Dann sollte er eine andere, eine verträglichere Formulierung wählen. *„Sie haben gerade XY erwähnt. Mir ist dabei ein Gedanke gekommen, warum wir (vielleicht) insoweit noch der Frage Z ein wenig genauer nachgehen sollten. Ich hätte* (oder, wenn das für Sie, den Leser, zu „devot" klingt, *habe*) *dazu folgende Anregung …"* – Das weitere Verhalten des Anwalts ist dann davon abhängig, wie der Richter reagiert. Es ist und bleibt dem Anwalt unbenommen, nach und nach seine Formulierungen zu verschärfen.

Fazit: Man muss das Rollenverständnis berücksichtigen und in die Befragungs-/Vernehmungs-Taktik mit einbeziehen.

10.4 Vorurteile

209 Alle berufstätigen Menschen habe Vorerfahrungen und damit auch – weil Mensch – **Vorurteile**. Auch **Richter**, denn auch sie sind nur Menschen. Es ist müßig sich darüber zu beklagen, besser ist, sich der Vorurteile bewusst zu wer-

252 Zu den kommunikativen Tipps für solche Situationen, siehe auch Rn. 1094.

den und ihnen aktiv, insbesondere kommunikativ zu begegnen. Die Vorurteile sind Teil der Wahrnehmung und werden sicher zumindest die Kommunikation prägen. Für Richter und Anwälte lohnt es sich daher gleichermaßen einen Blick darauf zu nehmen, wie wir uns gegenseitig sehen, welche Vorurteile wir übereinander haben. Zahlreiche Seminare auch für die Justiz, Gespräche mit Richterkollegen können wie folgt zusammengefasst werden: (Manche) Richter haben Vorurteile *über Anwälte*, und zwar wie folgt:

1. Anwälte machen das große Geld und ich mache ihre Arbeit.
2. Anwälte sind nicht gut vorbereitet.
3. Wir Richter sind die besseren Juristen (Es gibt aber auch Ausnahmen).
4. Anwälte kennen die Akten nicht genau.
5. Anwälte sind unpünktlich.
6. Anwälte verwenden einfach „Textbausteine".
7. Je mehr der Anwalt schreibt, desto weniger hat er zu sagen, desto weniger Inhalt hat sein Vortrag.
8. Der Anwalt will mich ärgern, mir Schwierigkeiten bereiten.
9. Der Anwalt verdient daran, wenn er das Verfahren verlängert („aufplustert").

Nochmals: Es ist müßig, sich über die Berechtigung dieser Vorurteile zu unterhalten. Nehmen wir an der Stelle einfach hin, dass ein Anwalt solchen Vorurteilen im Prozess begegnen kann. Die Kenntnis über das Bestehen von Vorteilen ist wichtig, da diese auch die **Kommunikation** untereinander bestimmen. Es besteht die naheliegende Gefahr, dass Botschaften der Kommunikation im Sinne einer Bestätigung des Vorurteils interpretiert werden. In der Kommunikation untereinander sollte man sich darauf einstellen und überlegen, wie man bspw. als Anwalt einem Vorurteil begegnen oder es vielleicht bewusst argumentativ „bedienen" kann. Insbesondere Punkt 8 und 9 der vorgenannten Liste (der Anwalt will mich ärgern, mir Schwierigkeiten bereiten – der Anwalt verdient daran, wenn er das Verfahren verlängert („aufplustert")) sollten tunlichst in einem Prozess bedient werden, wenn der Anwalt den Prozess verzögernde (Beweis-)Anträge stellt. Wird ein Antrag nicht auch kommunikativ begleitet, dass besteht die naheliegende Gefahr, dass der Gesprächspartner, der Richter, den Antrag im Sinne der vorgenannten Punkte interpretiert und sich gegebenenfalls bestätigt sieht. Dies gilt es insbesondere auch im Rahmen der Vernehmung zu berücksichtigen. So manche Diskussion um die Zulässigkeit (Sinnhaftigkeit?) von Fragen könnte vor dem Hintergrund des Gesagten ganz anderes geführt werden. Anwälte machen den Erzählungen zufolge mitunter häufig die Erfahrung, dass sie bei der Ausübung ihres Fragerechts vom Gericht unterbrochen werden, das Gericht Frage anderer als „unzweckmäßig", „unverständlich", „nicht zielführend", „umständlich" o. ä. beanstandet oder den Vorwurf einer (angeblich) unzulässigen Wiederholungsfrage erhebt („Die Frage wurde doch jetzt schon zum x-ten Male gestellt und beantwortet. Was soll die nochmalige Frage denn bringen"). Es ist unstreitig, dass ein Vorsitzender außerhalb der Beanstandungsbefugnis und -pflicht von allein unzulässigen Fragen hierzu in der Regel keinerlei Grundlage hat und der Vorwurf einer unzulässigen Wiederholungsfrage unberechtigt ist.[253] Deshalb könnte ein Anwalt die Frage und den Streitpunkt mit dem Gericht auf allein juristischem Boden ausfechten. Oftmals wird das aber nicht zielführend sein, weil das Gericht in dem einen oder anderen Fall im Grunde und unausgesprochen der Auffassung ist, dass der Anwalt ärgern und Schwierigkeiten bereiten will, er daran verdient, wenn das Verfahren sich verlängert. Mit allein juristischen Argumenten lässt sich diesem Vorurteil nicht begegnen. In kommunikativer Hinsicht anzuraten wäre dem Anwalt daher, auf der einen Seite Ausführungen zur Zulässigkeit der Frage einerseits, aber auch vielleicht zum Hintergrund der Fragen zu machen bzw. jedenfalls das **Vorgehen** zu **erklären**. Statt „Ich bestehe darauf die Frage stellen zu dürfen, denn sie ist 210

253 Siehe auch Fallgruppen – (un)zulässiger Fragen, Wiederholungsfrage, Rn. 516.

nicht unzulässig“ wäre ggf. ein „Sie haben Recht, ich möchte die Vernehmung wahrlich nicht verzögern. Mir ist im Nachgang auch zu Ihren Fragen gerade eben noch ein Gedanke gekommen“ hilfreicher, gegebenenfalls mit dem Angebot, den Hintergrund (in Abwesenheit des Zeugen) gerne zu erklären; flankiert mit der – aus Sicht des Richters stets „hilfreichen“ – Bemerkung des Anwalts: “Dann geht es insgesamt auch sehr viel schneller!“.

211 Der Vollständigkeit halber sollen die in den Anwaltsseminaren am häufigsten benannten Vorurteile der Anwälte *über* Richter nicht unerwähnt bleiben:
1. Richter glauben, die besseren Juristen zu sein.
2. Richter wollen immer Recht haben.
3. Richter haben schon ihre feststehende Meinung
4. Richter sind (lese-)faul/Vergleichsfans.
5. Richter fühlen sich immer arbeitsüberlastet.
6. Richter sind unzufrieden mit der Besoldung/Neid auf Anwaltsverdienst.
7. Richter lesen nur Standardliteratur.
8. Richter haben eine mangelhafte Serviceorientierung.
9. Richter sind gutachtengläubig.

212 Wenn ein Leser als Anwalt auch nur bei einer der vorgenannten Aussagen „stimmt“ gedacht hat – und das hat er, ganz sicher – dann unterliegt er den gleichen stereotypen Wahrnehmungsmechanismen wie auch Richter. Das muss auch so sein, denn auch Anwälte sind nur Menschen.

10.5 „Spezielle“ Techniken: Reid-Technik, Maximierung/Minimierung, Verhaltens-Analyse-Interview u. v. m.

213 Es gibt – im Internet – spezielle Befragungstechniken, die mitunter als die „erfolgreichste Verhörtechnik“ oder „Wunderwaffe der Ermittler“ dargestellt wird. Hierzu gehören die Reid-Technik, das Verhaltens-Analyse-Interview, der Baseline-Approach etc.

214 Die Reid-Technik ist eine Methode zur Befragung von Verdächtigen, die in den 1940ern von dem Polizisten E. Reid zu Zeiten von Al Capone[254] entwickelt wurde. Sie ist eine der bekanntesten und am häufigsten verwendeten Verhörtechniken (und allein hier ist die Verwendung des Wortes „Verhör“ richtig) in den USA. Die Reid-Technik basiert auf zwei Prozessen: (1) den Widerstand und das Abstreiten der Beschuldigten zu überwinden und (2) den Wunsch nach einem Geständnis zu verstärken. Die erste Phase der Reid-Technik besteht aus einem informellen Gespräch. Dabei sollen Vernehmende Informationen über die Verdächtigten erhalten, die sie später gegen sie einsetzen können. Außerdem geht es um eine Verhaltensanalyse zur Einschätzung von Lügen, es soll anhand von verbalen und nonverbalen Signalen der vernommenen Person beurteilt werden, ob sie schuldig sind („behavior analysis interview“ oder Verhaltens-Analyse-Interview). Wenn die Vernehmenden eine Schuld vermuten, beginnt die zweite Phase, die „offizielle“ Vernehmung, das „Verhör“. Diese hat neun Schritte zum Gegenstand, in denen die Vernehmenden die Schwere der Tat und die Folgen eines Geständnisses herunterspielen (**Minimierung**) und die Beweislage und die Konsequenzen von abwehrenden Aussagen übertreiben (**Maximierung**).

215 Die Reid-Technik (wie auch insgesamt das Verhaltens-Analyse-Interview und der Baseline-Approach) sind **wissenschaftlich nicht belegt**. Sie missachten schon im Ausgangspunkt umfangreiche Forschungsarbeiten, wonach Lügen nicht anhand von nonverbalen, paraverbalen o. ä. Indikatoren erkennbar sind.[255] Die Technik der Maximierung und Minimierung ist zudem explizit **geständnisorientiert** und

---

254 17.1.1899 bis 25.1.1947.

255 Siehe Taschenspieltricks/Ungeeignete Methoden zur Aufdeckung von Lügen (im forensischen Alltag), Körpersprache, Micro-Expressionen, Augenbewegungen, Baseline u. v. m., Rn. 598.

nicht ergebnisoffen.[256] Die Reid-Technik und ihre risikoreichen Befragungstaktiken der Minimierung und Maximierung werden insgesamt in der internationalen Forschung kritisiert und einhellig abgelehnt.[257] Zu Recht: Weil sie geständnisorientiert und nicht ergebnisoffen sind fördern sie den Tunnelblick (conformation bias, Bestätigungsfehler)[258] und bedienen sich teils **verbotener Methoden** i. S. d. § 136a StPO in Form der Täuschung (nicht vorhandener Beweismittel), Übermüdung, etc, sie sind die Ursache für **falsche Geständnisse.**[259] Das im Internet frei zugängliche Verhör (!) des Michael Crow (Interrogation or Child Abuse? | National Geographic) ist ein warnendes, äußerst bedrückendes Beispiel dieser Art der Vernehmung. Das einzig Gute an der Vernehmung ist: sie wurde audiovisuell aufgezeichnet und jedermann kann nachvollziehen, was passiert ist. Der Prozess ist transparent. Die Erkenntnisse aus diesen Techniken haben zu den dargestellten internationalen Vernehmungsstandards[260] geführt. Da die Reid-Methode (zu Recht) keine seriöse Kundschaft (mehr) hat, wird auf eine nähere Darstellung dieser Vernehmungsmethoden verzichtet. Die Verfasser haben jedoch Erkenntnisse, dass die Reid-Technik, zumindest Teile davon, in einigen Bundeländern bei der Polizei gelehrt und auch angewendet wird.

Die Reid-Technik und auch andere Techniken (hierzu gehören **RPM-Methode** (Rationalisierung, Projektion, Minimierung), **Mr. BIG-Technik,**[261] das **Zick-Zack-Verhör,**[262] die **Sondierungstaktik,**[263] die **Überrumpelungstaktik,**[264] die **Überzeugungstaktik,**[265] die **Zermürbungstaktik**[266] sind allesamt abzulehnen. Sie nutzen die Maximierung und Minimierung bzw. Elemente davon, basieren 216

256 Schneider, T./May, L. Minimierende und maximierende Vernehmungstaktiken: Risiko falscher Geständnisse und sozialpsychologische Wirkmechanismen, Forensische Psychiatrie, Psychologie, Kriminologie (2021), 355–367.

257 May L./ Schneider T./ Okulicz-Kozaryn M., Notwendigkeit einer kritischen Prüfung von Methoden zur Lügenerkennung und Vernehmungstaktiken zur Informationsgewinnung von Beschuldigten: ein Positionspapier aus Psychologie und Polizei, Forensische Psychiatrie, Psychologie, Kriminologie (2022); Schuster in: Löwe-Rosenberg, StPO, Band 9/1, 27. Auflage, Vorbemerkungen, Rz 10; May/Fashing/Milne/Gaedt/Schneider (2022). Die untersuchende Vernehmung als (internationale) Reaktion auf falsche Geständnisse: ein forschungsbasierter und praxiserprobter Vernehmungsansatz. Praxis der Rechtspsychologie, 32 (2), 127–158; Schneider, T./Hunscher, M./Geven, L. Schell-Leugers, J./May, L., What Do Legal Professionals Know About False Confessions? A Survey With Defense Attorneys, Public Prosecutors, and Criminal Judges, American Psychological Association, Psychology, Public Policy, and Law (2025); Geipel, Handbuch der Beweiswürdigung, 3. Auflage 2017, Rn. 273; Schuster in: Löwe-Rosenberg, StPO, Band 9/1, 27. Auflage, Vorbemerkungen, Rz 10.

258 Siehe Rn. 46.

259 Vernehmungsbedingt falsche Geständnisse, siehe Rn. 713.

260 Siehe Untersuchende Vernehmung, PEACE, PEEKAA Rn. 19.

261 Schneider, T./May, L. Minimierende und maximierende Vernehmungstaktiken: Risiko falscher Geständnisse und sozialpsychologische Wirkmechanismen, Forensische Psychiatrie, Psychologie, Kriminologie (2021), 355–358.

262 Empfohlen in Bender/Nack/Schwarz, 6. Auflage, Rz 1112, allerdings mit dem fragwürdigen Hinweis, dass „nicht vorschnell auf Lüge geschlossen werden" dürfe, wenn die Auskunftsperson die Vernehmung „nicht „schadlos" übersteht".

263 May/Fashing/Milne/Gaedt/Schneider (2022). Die untersuchende Vernehmung als (internationale) Reaktion auf falsche Geständnisse: ein forschungsbasierter und praxiserprobter Vernehmungsansatz. Praxis der Rechtspsychologie, 32 (2), 127, 141 (15/25).

264 May/Fashing/Milne/Gaedt/Schneider (2022). Die untersuchende Vernehmung als (internationale) Reaktion auf falsche Geständnisse: ein forschungsbasierter und praxiserprobter Vernehmungsansatz. Praxis der Rechtspsychologie, 32 (2), 142 (16/25).

265 May/Fashing/Milne/Gaedt/Schneider (2022). Die untersuchende Vernehmung als (internationale) Reaktion auf falsche Geständnisse: ein forschungsbasierter und praxiserprobter Vernehmungsansatz. Praxis der Rechtspsychologie, 32 (2), 142 (16/25).

266 May/Fashing/Milne/Gaedt/Schneider (2022). Die untersuchende Vernehmung als (internationale) Reaktion auf falsche Geständnisse: ein forschungsbasierter und praxiserprobter Vernehmungsansatz. Praxis der Rechtspsychologie, 32 (2), 142 (16/25).

auf nicht evidenzbasierten „Erfahrungswissen“ und können nicht nur zu falschen Angaben, sondern auch zu falschen Geständnissen führen können.[267] Die Gefahr, die von dieser Denkweise ausgeht, sollte nicht unterschätzt werden. Empirische Untersuchungen gerade auch für Deutschland haben gezeigt: Auch wenn die meisten der als häufig verwendeten Vernehmungstechniken dem informationssammelnden Ansatz und damit dem Ansatz mit der höheren empirischen Evidenz zuzurechnen sind, wurden geständnisorientierte Techniken auch in nicht geringem Umfang benannt. So wurden in einer Studie immerhin von 40 % der Befragten Polizisten Appelle an das Gewissen der Beschuldigten, von 35 % die Betonung der Vorteile eines Geständnisses und von 33 % der Befragten das Hinweisen auf Konsequenzen bei mangelnder Kooperation als häufige oder regelmäßige Vernehmungsmethode genannt.[268]

11. Unbewusste und bewusste Einflussnahmen der Befragung – Taktik

217 Die Grundlage vieler beruflichen wie privaten Entscheidung sind Informationen. Auch ein „richtiges“ Urteil setzt denknotwendiger Weise eine richtige Sachverhaltsfeststellung voraus. Durch Befragung einer Auskunftsperson soll dabei vielfach geklärt werden, was tatsächlich geschehen ist. Die Art und Weise der Befragung wurde auch von den Autoren schon vielfach ausgewertet. Es wurde zusammengefasst festgestellt, dass die Befragungsperson viel zu großen Einfluss auf die Auskunftsperson nimmt und dadurch insbesondere durch falsche Technik der Befragung das Informationsmaterial verfälscht. Das läuft jeder Wahrheitsfindung zuwider.

218 Die Befragung ist ein Prozess, der von der Rolle und den damit verfolgten Erkenntnisinteressen, die Erwartungshaltung und die Art und Weise der Befragung bestimmt wird. Die Verfasser haben im Laufe ihrer beruflichen Tätigkeit festgestellt, dass im Prozess der Befragung vielfach auf mitunter „subtilen Ebenen“ Einfluss auf den Inhalt von Aussagen genommen wird. Diese Beeinflussung erfolgt oftmals **unbewusst.** Die nachfolgenden Ausführungen sollen deshalb auch häufige Fehler in der Befragung von Augen führen.

219 Die Einflussnahme geschieht mitunter nicht nur unbewusst, sondern auch **bewusst**. Letztlich gilt: **Jede Befragungs- und Fragetechnik, insbesondere im forensischen Bereich, ist (aus Anwaltssicht) immer zugleich Befragungs-TAKTIK!** Die Möglichkeiten taktischen Vorgehens sind **vielfältig**, etwa durch die „richtige“/„falsche“ Technik, durch die sprachliche Gestaltung von Fragen, durch die Einleitung von Fragen/Vorspann, durch Verunsicherung, durch Suggestivfragen, durch Druck/„Strafrabatt“. Wegen der Möglichkeiten des Lenkens durch das Stellen von geschlossenen Fragen darf an dieser Stelle auf die Ausführungen weiter oben[269] verwiesen werden. Gleiches gilt für die überfordernde/verunsichernde Detailfragen und die „Bohrtechnik“[270] bzw. die Lenkung durch den Ankereffekt.[271]

220 Ob und wie die Leser das taktische Wissen gewinnbringend in ihrem (Berufs-)Alltag einsetzen können, damit befassen sich dieses und die alle auch folgenden Kapitel. Vernehmungstechnik und erst recht Vernehmungstaktik lassen sich in

---

267 Siehe Falsches Geständnis Rn. 713.

268 Schell-Leugers, J. M./Hittmeyer, N./Volbert, R./Tamm, A./Kassin, S. : Polizeiliche Beschuldigtenvernehmung: Vernehmungspraxis der Sicht von Polizeibeamtinnen und -beamten in Deutschland, MschrKrim 2024, 107(2): 164, 174.

269 Vgl. Rn. 167.

270 Vgl. Rn. 146.

271 Siehe Rn. 939.

einem Buch insoweit nur begrenzt darstellen, als es sich bei Befragungen oder Vernehmungen immer um dynamische Prozesse handelt. Dort werden viele unterschiedliche Faktoren wirksam, auf die je nach der Interessenlage im Einzelfall unterschiedlich reagiert werden kann und muss. Deshalb sollte man nicht in erster Linie über Vernehmungstechnik und -taktik lesen. Am meisten kann man in der praktischen Anwendung und in der Beobachtung lernen. Den größten Nutzen zieht man aus entsprechenden Übungen oder Trainings. Dem wird im Folgenden in der Weise Rechnung getragen, dass möglichst viele Beispiele und Sequenzen aus Verfahren und dem Befragungsalltag dargestellt werden, in denen einige der typischen Mechanismen exemplarisch aufgezeigt werden können.

Aus der Perspektive von Polizei, Staatsanwaltschaft und Gericht und jedermann, 221
dessen Tätigkeit von der **Amtsaufklärung** geprägt ist, sollten taktische Erwägungen in den **Hintergrund** treten. Eine Befragung/Vernehmung sollte vom Geist der untersuchenden Vernehmung, der Amtsermittlung und dem Wahrheitsanspruch geprägt sein. Gleichzeitig ist ein fundiertes Wissen über taktische Mittel unerlässlich – nicht, um sie anzuwenden, sondern um mögliche taktische Einflussnahmen durch andere Verfahrensbeteiligte zu erkennen, einzuordnen und im Prozessverlauf sachgerecht bewerten und beantworten zu können.

11.1 Unterbrechung der Auskunftsperson

In technischer Hinsicht wird das Unterbrechen der Auskunftsperson der häu- 222
figste und auch für die Wahrheitsfindung der gravierendste Fehler sein. Mit dem frühzeitigen Unterbrechen des Berichts geht immer ein Informationsverlust einher. Lügner werden es begrüßen, wenn ihnen frühzeitig Fragen gestellt werden, da es für einen Lügner sehr viel leichter ist, Fragen zu beantworten, als frei zu berichten. Mit dem frühzeitigen Unterbrechen des Berichts wird es viel schwieriger werden, eine erlogene, kreierte Geschichte zu identifizieren. Das Ziel der Befragung ist, erlässliche Fakten hervorzubringen. Die Analyse von hunderten von Befragungen durch die Herausgeber hat indes ergeben, dass bei (polizeilichen/staatsanwaltschaftlichen/gerichtlichen) Befragungen zu wenig Fakten erhoben werden. Hierfür ist oftmals eine Zeitnot verantwortlich, oft werden auch innere Erwartungshaltungen schlicht abgehakt, gemeinsame Rekonstruktionsprozesse dominieren. Das Ergebnis der Analyse ist: die Befragungsperson hat viel zu viel Einfluss! Eine Ursache hierfür ist auch eine viel zu frühe Unterbrechung der Auskunftsperson:

> Hierzu ein **Beispiel:** In einem echten (auf Video aufgenommenen Schieds-)Verfahren ging es um die Aufarbeitung eines Verkehrsunfalls, bei dem eine Fußgängerin vom Lenker eines Kleintransportwagens angefahren worden war. Der Autofahrer behauptete, die Frau habe aus seiner Sicht von rechts zwischen zwei geparkten Fahrzeugen herauskommend unvermittelt die Straße betreten, so dass er nicht mehr rechtzeitig habe anhalten können. Die Frau hingegen trug vor, sie sei aus Sicht des Fahrers von links gekommen und habe die Fahrbahn beinahe schon überquert gehabt, als sie von dem Wagen erfasst wurde. Das Verfahren ist es wert, es unter dem Gesichtspunkt frühzeitige Unterbrechung analysiert zu werden. Der beschuldigte Fahrer, ein Ungar, begann seine Schilderung in gebrochenem Deutsch (vgl. zur Übersetzungsproblematik, Rn. 943, 956):
> „*Es war am Frühlingsanfang, es war sehr schlechtes Wetter …*"
> Schon da, also nach gerade einmal neun (!) Worten, wurde er vom Richter, immerhin ein Senatsvorsitzender an einem Oberlandesgericht, unterbrochen:
> „*Frühlingsanfang? Am 5. November!?*"
> Dazu lachte der Richter.
> Daraufhin der Fahrer:
> „*Das war vor vier Jahren.*"
> Der Richter:

„Frühlingsanfang? Aber in Ungarn ist November nicht Frühling."
Nun folgte das Publikum, die Öffentlichkeit, dem Beispiel des Richters und lachte ebenfalls – auf Kosten des Zeugen. Auch dieser lächelte, allerdings in hohem Maße gequält. Seine Körperhaltung wirkte, als fühle er sich gerade sehr unwohl. Er zuckte nur mit den Achseln.
Der Richter fuhr (anstelle des Zeugen) fort:
„Also, es war schon im November. Und wie ging's weiter?" (Leerfrage)
An sich war die Nachfrage des Richters auf den Widerspruch hin, November und Frühling, durchaus angebracht. Er musste klären, wie gut das Erinnerungsvermögen des Zeugen nach einem Zeitablauf von mehr als vier Jahren war, ob er überhaupt noch echte Erinnerungen an die Geschehnisse hatte. Es war jedoch nicht der richtige Zeitpunkt für die Nachfrage. Und die Art und Weise, wie der Richter seine „Fragen" formulierte, war unangemessen und kontraproduktiv. Die Formulierungen zeigten, dass seine Frage nicht auf die Klärung der Erinnerungsfähigkeit des Zeugen abzielte. Vielmehr handelte es sich lediglich um einen unangebrachten Scherz. Dafür erntete der Richter einige Lacher im Publikum. Die Feststellungen, wie sich der Unfall zugetragen hatte, wurden dadurch immer schwieriger. Der Zeuge war verärgert. Er ließ seinen Groll erkennen und den Richter dies auch in der Weise spüren, dass seine Bekundungen in der Folge immer spärlicher wurden. So „rächte" er sich sozusagen für die schlechte Behandlung. Jener Richter hat damit eine grundlegende Erkenntnis und die wichtigste Grundregel für alle Befragungen im juristischen Bereich außer Acht gelassen: Die Auskunftspersonen besitzen etwas, das die Vernehmungspersonen erhalten wollen: Informationen, Erinnerungen über Wahrnehmungen. Folglich müssen die Vernehmungspersonen sich um die Auskunftspersonen „bemühen" (Rapport).[272] Dies ist die Aufgabe der Vernehmungsperson. Nur so kann eine, wirklich Nutzen bringende Befragung entstehen.

Fazit: Die Vernehmungsperson muss sich um die Auskunftsperson „bemühen".

223 Das obige Beispiel ist typisch (für gerichtliche Befragungen) und zeigt zunächst nochmals exemplarisch, wie groß die **Versuchung** ist, den Bericht der **Auskunftsperson zu unterbrechen**. Oft will man einfach nur der Auskunftsperson auf die Sprünge verhelfen. Es liegt auf der Hand, dass es besser gewesen wäre, wenn der Richter nur zugehört und den Zeugen ungestört hätte berichten lassen. Erst danach hätte er versuchen sollen, die Unklarheit des Datums zu bereinigen. Vielleicht wäre das gar nicht mehr erforderlich gewesen. Wie oft klärt sich eine Frage von allein, wenn wir unserem Impuls, sofort nachzuhaken, *nicht* folgen, sondern einfach weiter zuhören.

224 Ein Fehler ist es auch, die Auskunftsperson zu unterbrechen, um sie zu bitten, die Dinge „der Reihe nach" zu erzählen oder gleich „zur Sache" zu kommen. Wenn man ein auch nur geringfügig komplexes Geschehen ohne eigenen Erlebnishintergrund beschreibt, braucht man, sozusagen um sich daran „durchzuhangeln", eine Art „roten Faden". Das ist in der Regel die Chronologie (*… und dann …*). Daher wird eine ungesteuerte, **nichtchronologische**, eine nicht geordnete **Erzählweise** meist ein gehaltvolles **Realkennzeichen/Realitätskriterium** sein.[273] Es wird zerstört, wenn man die Auskunftsperson unterbricht. Zudem sollte die Auskunftsperson die Autonomie haben, ihre Geschichte auf ihre Art zu erzählen.[274]

---

272 Siehe Einstieg und Beziehungsaufbau (Rapport), Rn. 76.
273 Siehe Realkennzeichen Ungesteuertheit/Nichtsteuerung, Rn. 753.
274 Siehe Erster freier Bericht, Rn. 121.

225 Dass die Forderung, den Bericht nicht zu unterbrechen, richtig ist, lässt sich leicht „nachweisen", indem man die Rollen austauscht. Der Prozessvertreter der bei dem Unfall verletzten Frau könnte ein Interesse daran haben, den Zeugen, der das Geschehen für seine Mandantin „ungünstig" schildert, zu irritieren und zu verunsichern. Er könnte vielleicht sogar bewusst (Vernehmungstaktik!) anstelle des Richters, aber in dessen Art oder noch deutlich weniger freundlich sofort eingreifen: *„Halt, halt, hohes Gericht. Da muss ich gleich eine Frage stellen. Da stimmt was nicht. Also Herr Zeuge, was soll denn das? Sie haben gerade vom Frühlingsanfang gesprochen. Wir wissen aber aus der Akte, dass der Unfall am 5. November passiert ist. So geht's nicht! Wann soll das denn nun gewesen sein? Können Sie sich überhaupt noch an das Ganze erinnern…"* Dabei schüttelt der Anwalt ungläubig den Kopf, lehnt sich erkennbar nach vorne und zeigt gar mit dem Finger auf den Zeugen. In einem solchen Fall werden vermutlich etliche Richter, vielleicht auch der gegnerische Anwalt, eingreifen. *„Herr Rechtsanwalt, bitte, Sie können den Zeugen doch nicht gleich unterbrechen und so angreifen. Vielleicht hat er sich ja nur versprochen."* Dass ein solches offensives Intervenieren mit großer Wahrscheinlichkeit beanstandet werden würde, „beweist", dass es seitens *jeder* Vernehmungsperson, also auch seitens der Richter nicht zulässig ist. Würde es allerdings unbeachtet bzw. unkommentiert bleiben, dann würde es in jedem Fall die gewollte Wirkung, eine gewisse „Einschüchterung" des Zeugen, erzielen. Möglicherweise geschieht dies sogar trotz einer Beanstandung des Vorgehens des Anwalts durch das Gericht.

226 Noch ein weiteres Beispiel aus einem echten Prozess zum Problem der Unterbrechung. Es geht um einen Verkehrsunfall von zwei aus verschiedenen Richtungen kommenden Fahrzeugen auf einer Kreuzung. Beide Fahrer behaupten, bei grünem Lichtzeichen der Ampel in den Kreuzungsbereich eingefahren zu sein.

> Zeugin:
> *„Ich bin die Straße entlanggefahren, wollte die Kreuzung überqueren, da ich grün hatte. Als ich die Hälfte drüber war, kam dann der Herr S. Ich versuchte noch zu bremsen, was mir nicht ganz gelang, und da bin ich halt mit ihm zusammengestoßen. …"*
> Vorsitzender:
> *„Ja, danke schön, aber Frau E. sind Sie mir bitte nicht böse, das Gericht hätte gern mehr erfahren über die Situation, bevor Sie in die Kreuzung einfuhren, ob Sie da allein waren oder ob vor oder hinter Ihnen andere Autos waren. Wie die Ampel, als Sie sich angenähert haben, umgesprungen oder nicht umgesprungen ist. Die Situation, falls Sie sich erinnern, hätten wir schon noch etwas- plastischer gehört."*
> Zeugin:
> *„Also, die Ampel war grün. Ich bin höchstens 40 gefahren, vielleicht auch noch weniger. Und plötzlich kam dann halt das Auto vor mich. Und ich sah nur noch einen Weg: Bremsen. Ich war angeschnallt. Und außerdem auch noch allein im Auto …"*
> Vorsitzender:
> *„Darf ich Sie noch mal unterbrechen, sind Sie mir bitte nicht böse. Aber wenn Sie sich einer Ampel annähern, steht die vielleicht schon lange auf grün, ich weiß es nicht? Oder sie springt gerade um auf grün. Haben Sie da gar keine Erinnerung mehr, wie die Situation war, als Sie sich dieser beampelten Kreuzung genähert haben?"*

227 Die vom Vorsitzenden im vorgenannten Beispiel verwendete Formulierung „beampelte Kreuzung" braucht nicht kommentiert zu werden. Dass man derartiges Juristendeutsch nicht verwenden sollte, versteht sich von selbst.[275] Auch soll die Fragenhäufung[276] an dieser Stelle nur festgestellt und nur insoweit kommentiert

275 Vgl. dazu Juristen-Deutsch, Rn. 97.
276 Siehe auch Fragenhäufung Rn. 232.

werden, als von den sechs Fragen sie nur die erste beantwortete, nämlich dass sie allein war. Sie hat viele Fragen gehört und damit die Botschaft erhalten, *ich* (Richter) *will viel wissen, du* (Zeugin) *sollst viel sagen*. Darauf reagiert sie. Weil sie die einzelnen Inhalte der Fragen in der Anhäufung gar nicht richtig mitbekommen hat oder sich nicht mehr daran erinnert, sagt sie einfach alles, was ihr gerade in den Kopf kommt. Sie gibt auch Antworten auf Fragen, die ihr gar nicht gestellt wurden (welche Geschwindigkeit sie einhielt, dass sie angeschnallt war). Der Vorsitzende wollte offensichtlich mehr über die Situation der Annäherung an die Kreuzung erfahren. Er forderte sie mit seinen Fragen auf, eine genauere Schilderung der gesamten Situation zu geben. Die Zeugin berichtet nun tatsächlich etwas „Neues" (Geschwindigkeit, Anschnallsituation). Sie kommt dem an sie gerichteten Wunsch, ausführlicher über die Situation zu berichten, aber nicht nach. Die sich darauf beziehenden Fragen bleiben offen. Der Richter hätte die Zeugin dazu bringen sollen, das Geschehen ganz ausführlich zu schildern, etwa ab dem Zeitpunkt, als sie mit ihrem Fahrzeug etwa 100 Meter von der Kreuzung entfernt war. Erinnerungspsychologisch wäre in einer solchen Situation ohnehin zu erwarten, dass die Fahrerin nicht mehr berichten kann, weder über die Annäherung an die Kreuzung und die Ampel und auch nicht an die für sie geltende Ampelschaltung (sog. Routinehandlung).[277]

228 Als Fragesteller sollte man die Auskunftsperson nicht unterbrechen. Es geht in einer Vernehmung nicht darum, Höflichkeitsregeln einzuhalten, sondern möglichst zuverlässiges Auskunftsmaterial zu erlangen. Die Auskunftsperson besitzt das, was die Vernehmungsperson haben will, Wissen über ein Geschehen. Umgekehrt sollte sich die Vernehmungsperson stets und ohne jegliche Missbilligung von der Auskunftsperson unterbrechen lassen, denn anscheinend will die Auskunftsperson in dem Moment spontan etwas loswerden.

Fazit: Keine Unterbrechung der Auskunftsperson, umgekehrt soll die Vernehmungsperson sich unterbrechen lassen.

229 Aus Sicht von Anwälten kann man sich unter taktischen Gesichtspunkten auch ganz anders verhalten, die Auskunftsperson frühzeitig unterbrechen und den Redefluss der Auskunftsperson unterbinden oder spontane Äußerungen gerade verhindern. Dann könnte man als Rechtsanwalt so reagieren: *„Also Augenblick mal, Herr X. So geht's nicht. Wir sind hier vor Gericht. Da kann nicht jeder losreden, wie ihm der Schnabel gewachsen ist. Ich lasse Sie ausreden und dann verlange ich von Ihnen, dass auch Sie mich ausreden lassen. Ein gewisses Mindestmaß an Höflichkeitsregeln muss man schon einhalten."* – Die Auskunftsperson, die so angegangen wurde, wird nicht mehr viel sagen. Das Unterbrechen des Zeugen geht natürlich auch ganz höflich: *„Ah, Frau Z. Darf ich Sie bitte kurz unterbrechen. Ich mache das sehr ungern. Aber mir ist gerade was eingefallen und ich befürchte, diesen Punkt gleich wieder zu vergessen. Lassen Sie mich bitte kurz in meinen Unterlagen was nachschauen. Einverstanden? (blätter, blätter, blätter … blätter, und nach ein paar (vielen) Sekunden). Da habe ich es: ich möchte Sie gerne noch zu diesem Punkt hier befragen (und das Thema wird gewechselt). Die anderen Verfahrensbeteiligten müssten die Situation durch einfaches Beobachten bemerken. Ihnen wäre es unbenommen, selbst auf das Thema zurück zu kommen und die (aus Anwaltssicht ungewollten) Fragen erneut zu stellen."*

Fazit: Die Auskunftsperson darf nicht unterbrochen werden, es sei denn aus taktischen Gründen.

277 Vgl. sog. Routinehandlungen Rn. 868.

Im vorgenannten **Beispiel**, in dem der Vorsitzende die Zeugin **erneut unterbrochen** hat, um über Situationsfragen das wahre Wissen der Zeugin über die Ampelschaltung zu prüfen („Haben Sie da gar keine Erinnerung mehr, wie die Situation war, als Sie sich dieser beampelten Kreuzung genähert haben?") ging es wie folgte weiter: 230

Zeugin:
„Sie war grün."
Vorsitzender:
„War sie, als Sie sich annäherten, als Sie noch 100 Meter weg waren, auch schon grün? Oder haben Sie da keine Erinnerung mehr, wie lang sie schon grün war?"
Zeugin:
„Ich weiß nur, wie ich drüber gefahren bin, dass es grün war."
Vorsitzender:
„Nur das Wissen haben Sie noch in Erinnerung."
Zeugin:
„Ja, weil man guckt ja normalerweise drauf, ist es grün oder springt sie auf gelb oder ist es rot."
Vorsitzender:
„Nun, manchmal schaut man ja schon bei der Annäherung drauf, nicht, ob man bald bremsen muss oder so. Wie war denn die sonstige Situation? Waren Sie das einzige Auto, das sich hier der Ampel angenähert hat?"
Zeugin:
„Ja, hinter mir und hinter dem Herrn S. war kein Auto und vor mir auch keins."
Vorsitzender:
„Danke schön."

Spätestens jetzt steht fest, dass die Zeugin entweder lügt, weil sie weiß, dass sie rot hatte, oder jedenfalls keine echte Erinnerung an die Ampelschaltung besitzt. Dies wäre erinnerungspsychologisch bei einer Routinehandlung wie Autofahren stimmig und zu erwarten.[278] Letzteres ist aufgrund der von ihr verwendeten Formulierung, *„man guckt ja normalerweise drauf, ist es grün oder springt sie auf gelb oder ist es rot"*, wahrscheinlicher (vgl. auch Beispiel „Eichentüren", als der Zeuge sagt: *„Im Grunde genommen war es klar, dass die Eichentüren teurer sind."*[279]). Auf die Bemühungen des Richters, abzuklären, wie sicher ihre Erinnerungen an die grüne Ampelschaltung tatsächlich sind, ist nichts gekommen, außer der stereotypen Wiederholung der Behauptung, grün gehabt zu haben. Die Zeugin hat etwas bezeugt, aber nicht davon *über*zeugt. Dennoch wird ihre Aussage vor Gericht oftmals durchschlagen, weil sie scheinbar im juristischen Kern (Farbe der Ampel) „eindeutig" war.[280] 231

11.2 Fragenhäufung

Eine der wichtigsten Grundregeln der Fragetechnik ist das **Verbot der Fragenhäufung**. Fragen sollen kurz sein und immer nur einen einzigen Punkt betreffen.[281] Eine kleine (wissenschaftlich natürlich nicht ernst zu nehmende) „Erhebung" der Verfasser in ihren Gerichten hat ergeben, dass – egal, wer sie stellte – in knapp 90 % der Fälle mehrere Fragen miteinander verbunden wurden. Von daher erscheint es gerechtfertigt, zu diesem Thema ein paar Sätze zu „wiederholen". 232

Hierfür erneut ein Ausschnitt aus einem echten Verfahren, die Aufarbeitung eines/des bereits im Kapitel zuvor erwähnten Verkehrsunfalls. Eine Fahrerin be- 233

278 Siehe Erinnerung. Routinehandlung Rn. 868.
279 Siehe Rn. 286.
280 Siehe Taschenspieltricks/Ungeeignete Methoden zur Aufdeckung von Lügen (im forensischen Alltag), „Eindeutigkeit" (bei Kurzaussagen – juristischer Kernbereich) Rn. 609.
281 Siehe Aufklärung, Rn. 144.

richtete, wie sie bei grüner Ampelschaltung in die Kreuzung eingefahren sei, wo es dann zur Kollision mit dem Fahrzeug des Beklagten kam, der seinerseits ebenfalls behauptete, grün gehabt zu haben. Die Aussage der Fahrerin war zwar eindeutig, aber letztlich inhaltsleer:

> Zeugin:
> *„Ich bin die Straße entlang gefahren, wollte die Kreuzung überqueren, da ich grün hatte. Als ich die Hälfte drüber war, kam dann der Herr S. Ich versuchte noch zu bremsen, was mir nicht ganz gelang, und da bin ich halt mit ihm zusammengestoßen. …"*
> Vorsitzender:
> *„Ja, danke schön, aber Frau E. sind Sie mir bitte nicht böse, das Gericht hätte gern mehr erfahren über die Situation, bevor Sie in die Kreuzung einfuhren, ob Sie da allein waren oder ob vor oder hinter Ihnen andere Autos waren, wie die Ampel, als sie sich angenähert haben, umgesprungen ist oder nicht umgesprungen ist, die Situation, falls Sie sich erinnern, hätten wir schon gern noch etwas plastischer gehört."*

234 Der Vorsitzende stellt der Zeugin eigentlich sechs Fragen, (1) ob sie allein war, (2) ob vor ihr, (3) ob hinter ihr andere Fahrzeuge fuhren, (4) welche Farbe die Ampel hatte bei der Annäherung, (5) ob die Farbe wechselte, (6) ob sie nicht wechselte, und außerdem wünscht er (7) eine genauere Schilderung der gesamten Situation, bevor die Zeugin in die Kreuzung einfuhr.

235 **Fragenhäufung** führt zunächst einmal zu **Verwirrung der Auskunftsperson**. Sie fühlt sich überfordert. Kaum jemand ist in der Lage, sich in einer angespannten Situation – und das ist eine Vernehmung vor Gericht fast immer für die Auskunftsperson – mehrere zugleich an ihn gerichtete Fragen zu merken.[282] Auch die Vernehmungsperson ist überfordert; sie kann sich nicht merken, welche der Fragen beantwortet wurden und welche offen blieben. Daraus folgt zwangsläufig, dass in der Regel nicht alle Fragen „abgearbeitet" werden. Es kommt rasch zu **Informationsverlust**. Das kann nicht im Interesse des Gerichts liegen, hingegen durchaus im Interesse einer Partei oder eines Angeklagten. Anwälte werden deshalb das hier zur Fragenhäufung Geschriebene aus einem anderen Blickwinkel betrachten (Vernehmungs-*Taktik*).

> Ein **Musterbeispiel** dafür, wie man nicht fragen sollte, ist die Vernehmung von Alexander Schalck-Golodkowski vor dem Untersuchungsausschuss des Bundestages, durch einen Juristen, Otto Schily:
> Vorsitzender:
> *„Herr Dr. Schalck, Sie haben mit Begeisterung beim Mauerbau mitgewirkt. Haben Sie später aus der Tatsache, dass Westberliner Bürger ihre Verwandten in Ost-Berlin besuchen wollten, Kapital für die DDR herausgeschlagen? Ist es richtig, dass Sie Dr. König für die Ausreise von Kindern nach West-Berlin 2,9 Millionen Mark abgefordert haben? Inwieweit waren Sie beim Freikauf politischer Haftlinge beteiligt? Hing die Anzahl der Häftlinge, die ausgekauft worden sind, von der Devisenknappheit der DDR ab? Hat der Schießbefehl und die Verminung der innerdeutschen Grenze bei den Gesprächen mit deutschen Politikern eine Rolle gespielt? Haben Sie diesen Schießbefehl und die Verminung als Verhandlungsobjekt erfolgreich bei der Devisenbeschaffung eingesetzt? Für Simon Goldenberg sollte nachträglich eine Einbürgerungsurkunde der DDR ausgestellt werden. Welches Interesse hatten Franz Josef Strauß oder Marz oder Sie an diesen falschen Dokumenten und welche Rolle spielte Simon Goldenberg in dem Verhältnis Strauß-Marz-Schalck-Golodkowski?"*
> Schalck:
> *„Zur Beantwortung dieser Fragen brauche ich eine Stunde."*

---

282 Siehe auch Kurzzeitgedächtnis, „Millersche Zahl" Rn. 856.

Vorsitzender:
„Herr Schalck ich bitte Sie wirklich, im Interesse auch der Aufklärung der deutschen Öffentlichkeit-West und vor allen Dingen -Ost, sich so kurz zu fassen, wie es irgend geht. Es gibt Ihr Interesse, aber es gibt auch ein Interesse derjenigen, die Informationen haben möchten.“
Schalck:
„Sie bestimmen die Fragen, und ich bestimme die Antworten.“

236 Durch **Fragenhäufung gewinnt** eine „dolose“ **Auskunftsperson**, ein Lügner, **Zeit**, um sich Antworten zurechtzulegen. Er kann einzelne Fragen herausgreifen und leichter andere, unangenehme vernachlässigen bzw. unbeantwortet lassen, ohne dass dies auffällt. Nicht „dolose“ Auskunftspersonen selektieren ebenfalls. Sie haben eine Tendenz, auf diejenigen Fragen eine Antwort zu geben, die nach ihrer Einschätzung wichtig sind bzw. die sie beim Hören am stärksten berührt haben. Dass diese Einschätzung von der Auffassung der anderen Beteiligten abweichen kann, liegt auf der Hand. Am zweitwahrscheinlichsten sind Antworten auf diejenigen Fragen, die aus Sicht der Auskunftsperson am einfachsten zu beantworten sind. Dann folgen Antworten auf die zuletzt gestellten Fragen, weil sie relativ gut für kurze Zeit im Gedächtnis haften bleiben.[283]

237 Fragehäufungen können damit auch zu einer **Politiker-Antwort** führen. Wenn mehrere Fragen gestellt werden, von denen einige schwierig oder unbequem sind, dann wählen geschulte Politiker gezielt die anderen Fragen aus, die leichter zu beantworten sind, oder man beantwortet keine der Fragen und lenkt das Gespräch auf ein anderes Thema um. Das wird bei Fragehäufungen in der Regel auch niemandem auffallen. Im Kanzlerduell zwischen Angela Merkel und Martin Schulz zur Bundestagswahl 2017 befragte der Moderator Herrn Schulz wie folgt:

„Herr Schulz, erste Frage geht an Sie. Nach Ihrer Nominierung waren Sie im Februar, März in den Umfragen ganz, ganz oben, fast schon auf dem Weg ins Kanzleramt. Danach kam der Absturz. Liegt es daran, dass Sie bei vielen Bürgern doch noch ziemlich unbekannt sind, oder liegt es daran, dass Sie keine Regierungserfahrung haben, weder im Land noch in der Bundespolitik? Haben Sie auch keine bundespolitische Erfahrung? Oder was glauben Sie, woher kommt es, dass so viele Bürger Ihnen ihr Vertrauen nicht schenken wollen?“

Die Frage ist, besser die Fragen sind, angesichts Ihrer Länge und Komplexität schwer verständlich, enthalten aber im Kern eine zentrale Botschaft. Wenn man sie auf das Wesentliche reduziert, lautet sie etwa so: *„Wie erklären Sie sich, dass Ihre anfängliche Beliebtheit so stark zurückgegangen ist?“* Der Moderator stellt darüber hinaus zwei mögliche Erklärungen zur Auswahl: Martin Schulz sei zu unbekannt für viele Wähler. Er habe keine Regierungserfahrung auf Bundes- oder Landesebene. Zusätzlich wird ihm indirekt das Misstrauen vieler Bürger vorgehalten (*„dass so viele Bürger Ihnen ihr Vertrauen nicht schenken wollen“*).
Herr Schulz antwortete:
„Ich glaube, dass wir einen überraschenden Anstieg in den Umfragen hatten, unmittelbar nach meiner Nominierung. Wir haben dann Landtagswahlen verloren. Das war für uns sehr bitter. Und wir sind jetzt, drei Wochen vor der Bundestagswahl, in einer Situation, wo, wenn ich den Umfragen, die Sie zitiert haben, glaube, ungefähr jeder zweite deutsche Bürger noch nicht entschieden ist. Und unser Duell heute Abend dient sicher dazu, die Fragen, die die Menschen da haben, zu beantworten.“

238 Damit beantwortet er die Frage nicht. Er beschreibt vielmehr den Verlauf der Umfragen (Anstieg, dann Rückgang), erwähnt die Landtagswahlniederlagen, aber ohne Erklärung, wie diese mit seinem persönlichen Vertrauensverlust zusammenhängen und lenkt dann auf die Unentschiedenheit der Wähler und die Bedeutung des TV-Duells um. Dem Moderator ist offensichtlich nicht aufgefal-

283 Siehe Kurzzeitgedächtnis Rn. 856.

len, dass seine Frage nicht beantwortet wurde. Denn statt eines „Herr Schulz, Sie haben meine Frage nicht beantwortet" ging die nächste Frage an Frau Merkel. Das Duell „heute Abend" diente damit sicher nicht – wie Schulz meinte – „dazu, die Fragen, die die Menschen da haben, zu beantworten".

Fazit: Fragenhäufung führt zu Informationsverlust.

11.3 Inhaltliche Vorgaben

239 Eine sehr starke Möglichkeit der Lenkung in der Befragung besteht dadurch, dass mit der Frage **inhaltliche Vorgaben/Angaben** gemacht werden. Der „Fehler" resultiert aus dem Umstand, dass keine offenen, themenbezogenen bzw. spezifischen Fragen[284] gestellt werden, sondern die Fragen mit mitunter zahlreichen Angaben verbunden werden. In Bezug auf die streitige Frage der Ampelfarbe[285] fragt zum Beispiel der Vorsitzende nicht nur „Wie war die Ampelschaltung im Moment der Annäherung?", sondern er nennt verschiedene Möglichkeiten, „Das Gericht hätte gern mehr erfahren über die Situation, bevor Sie in die Kreuzung einfuhren. Ob Sie da allein waren oder ob vor oder hinter Ihnen andere Autos waren. Wie die Ampel, als Sie sich angenähert haben, umgesprungen oder nicht umgesprungen ist. Die Situation, falls Sie sich erinnern, hätten wir schon noch etwas- plastischer gehört." Damit macht man es der Auskunftsperson leicht. Sie kann sich die verschiedenen „Angebote" anschauen und die Variante wählen, die aus ihrer Sicht am besten passt. Das ist besonders problematisch, wenn die Auskunftsperson nicht – wenn es das überhaupt gibt – neutral ist, sondern ein Interesse am Prozessausgang hat.

240 Inhaltliche Vorgaben kommen im Gerichtsalltag sehr häufig vor. Meistens will die Vernehmungsperson auf diese Weise der Auskunftsperson „auf die Sprünge verhelfen". Die Auskunftsperson zögert ein wenig mit einer Antwort, überlegt einen Moment lang. Nun bietet man ihr quasi als „Assoziation" verschiedene denkbare Varianten an und hofft, dass ihr so einfällt, wie es damals war. Sie soll in ihrem Inneren die verschiedenen vorgegebenen Bilder abgleichen, ob sich eines bzw. welches sich mit ihrer Erinnerung deckt. Tatsächlich geht aber in der Auskunftsperson etwas Anderes vor. Sie **rekonstruiert** das, worüber sie berichten soll. Sie setzt die Geschehnisse wie ein Puzzle zusammen. Wenn ein Puzzlestück, das ihr angeboten wird, passt, wird es verwendet. Am Ende entsteht so ein Gesamtbild. Anders als beim Puzzeln gibt es jedoch in der Regel eine ganze Reihe von weiteren Puzzlestücken, die ebenfalls passen würden. Und wenn man die verwendet, entsteht am Ende ein ganz anderes Bild. Die „richtigen Puzzlestücke" bleiben im Gedächtnis der Auskunftsperson. Sie hat die Tendenz, die ihr präsentierten Teile zu verwenden.

Beispiel: In einem Prozess geht es um die Aufarbeitung einer Körperverletzung. Da die Tat am frühen Abend geschehen ist, will der Staatsanwalt wissen, ob der Zeuge den Angeklagten so genau gesehen hat, dass er ihn am nächsten Tag wiedererkennen konnte.
Die Frage müsste in etwa lauten: „*Wie waren die Lichtverhältnisse?*"
Der Staatsanwalt stellt sie tatsächlich so, worauf der Zeuge jedoch die Stirn runzelt, vernehmbar ausatmet, den Blick anhebt, sich am Kinn reibt und erst mal schweigt. Anstatt genau das zu konstatieren, am besten auch zu protokollieren und daraus einen Schluss zu ziehen (vielleicht den, dass der Zeuge keine echte Erinnerung an die Lichtverhältnisse hat), wird nun versucht, doch etwas aus ihm herauszubekommen. Das wird funktionieren. Die Frage ist allerdings, ob es tatsächlich Erinnerungen sind, die man erfahren wird.

---

284 Siehe Rn. 143.
285 Siehe Beispiel oben, Unterbrechung Rn. 226.

Staatsanwalt: „*War's an dem Tag noch hell oder war's schon dunkel? Wissen Sie noch, wie das Wetter war? Das spielt ja auch eine Rolle für die Frage, wann es dunkel wird. Waren die Straßenlaternen schon an? Es war ja immerhin schon nach acht. Oder die Autos, hatten die Licht an? Überlegen Sie noch mal!*"
Im „Halb-Bewusstsein" des Zeugen laufen nun Überlegungen ab: „*Ich bin mir sicher, dass ich den Täter am nächsten Tag genau wiedererkannt habe. Dann kann es nicht ganz dunkel gewesen sein. Aber es war ja schon nach acht. Dann müssen die Lichter an gewesen sein. Das Wetter war auch nicht so gut. Doch, dann waren die Lichter mit Sicherheit an. Ja, jetzt fällt's mir ein. Der Angeklagte stand direkt unter einer Laterne …*"

Das Beispiel ist erneut überpointiert, zeigt aber dennoch einen **typischen Mechanismus**, dass vom Ergebnis her (*ich bin mir sicher, ihn wiedererkannt zu haben*) unbewusst auf Anderes geschlossen wird (*also war es hell*), das dann von der Auskunftsperson selbst für eine Erinnerung gehalten und als eine Erinnerung präsentiert wird. Die Frage, ob der Zeuge den Angeklagten angesichts der Lichtverhältnisse überhaupt ausreichend genau hat sehen können, bleibt letztlich ungeklärt. 241

Fazit: Der Vorgang der unbewussten Rekonstruktion anstelle der Schilderung von Erinnerungen wird durch inhaltliche Vorgaben stark begünstigt.

und

Fazit: Man sollte sich mit „Nicht-Antworten" zufriedengeben, unklare Angaben öfter hinnehmen und entsprechend bewerten.

11.4 Verunsicherung/Wertungen

Die gerade eben vorgestellte Vorgehensweise kann nicht im Interesse des Gerichts liegen, weil es an einer guten und damit unbeeinflussten Auskunft interessiert sein sollte. Ein Angeklagter oder eine Partei haben aber vielleicht ganz andere Interessen. Ihre Anwälte sollen diese Interessen vertreten. Sie werden deshalb auch die Anmerkungen zu den Fragen mit inhaltlichen Vorgaben aus einem anderen Blickwinkel betrachten (Vernehmungs-TAKTIK). Ein Verteidiger könnte im obigen Beispiel versuchen, den Zeugen durch inhaltliche Vorgaben in die andere Richtung zu lenken, nämlich dass er den Angeklagten nicht genau erkennen konnte: 242
„*Wie waren denn eigentlich die Lichtverhältnisse? Es war ja schon spät, weit nach acht. Das Wetter war sehr trüb. Meines Wissens hatte es den ganzen Tag über immer wieder geregnet. Man weiß ja, wie schlecht man da sieht. Autos fahren dort auch nur wenige. Und Sie standen doch ein ganzes Stück entfernt. Mein Mandant befand sich auch nicht in der Nähe einer Laterne. Überlegen Sie noch mal!*"
Im „Halb-Bewusstsein" des Zeugen laufen nun vielleicht andere Überlegungen ab: „*Eigentlich bin ich mir ja sicher, dass ich den Täter am nächsten Tag genau wiedererkannt habe. Aber andererseits: Das Wetter war an dem Tag wohl tatsächlich nicht so toll. Doch, stimmt, es hat auch mal geregnet. Kann schon sein, dass man da nicht so gut sehen kann. Es war spät, deutlich nach acht, kann sein. Stimmt, Autos hab' ich keine gesehen. Ich stand ein ganzes Stück weit entfernt vom Angeklagten. Gut möglich, dass es in seiner Nähe keine Laterne gab …*"
Vermutlich wird die Antwort des Zeugen ein wenig anders klingen als diejenige, die er auf die Fragen des Staatsanwalts gibt.

Beide Male hatte der Zeuge keine richtige Erinnerung an die Lichtverhältnisse, war sich aber sicher, die Person wiedererkannt zu haben. Im folgenden **Beispiel** soll er sich nun tatsächlich noch an die Lichtverhältnisse erinnern können. Dennoch will der Verteidiger seine Aussage schwächen. 243

Verteidiger:
„Ich habe da noch mal eine Frage an Sie. Wir haben jetzt schon von mehreren anderen Zeugen gehört, dass der Vorfall wohl eher erst ***weit nach acht*** *passiert ist. Wir wissen auch, dass das* **Wetter** *an diesem Tag* ***sehr schlecht*** *war. Es hatte den ganzen Tag geregnet. Da sieht man sowieso wenig. Es soll zudem schon recht früh dämmrig gewesen sein. Sie standen* ***ziemlich weit weg.*** *Nun haben wir von den anderen Zeugen gehört, dass sie alle die Person nicht richtig erkennen konnten. Überlegen Sie doch bitte noch mal. Es geht hier um Einiges und Sie tragen mit die Verantwortung, für das, was das Gericht am Ende feststellt. Sind Sie sich wirklich absolut sicher, dass Sie meinen Mandanten, trotz der Dunkelheit und der weiten Entfernung, anders als alle anderen Zeugen ganz genau erkannt haben?"*

244 Nach dieser Einleitung könnten dem Zeugen doch langsam Zweifel kommen. Alle anderen Zeugen sagen also, dass es schon dunkel war. Ja, stimmt, so toll war das Wetter an diesem Tag tatsächlich nicht. Alle anderen haben ihn nicht wiedererkannt. Na ja, ganz sicher kann man sich nie sein. Und wenn ich mir's jetzt noch mal genau überlege. Tja, absolut sicher bin ich mir nun doch nicht … – Nicht mehr! Solche Gedanken sind im Kopf der Auskunftsperson abgelaufen und haben sie verunsichert. Am Ende traut der Zeuge seiner Erinnerung vielleicht selbst nicht mehr ganz. Letztlich hat der Verteidiger ihn durch seine Fragen **verunsichert** und so aus einer sicheren, eine unsichere Aussage gemacht. Das Beispiel zeigt, weshalb Fragen grundsätzlich **keine Einleitung** vorangeschickt werden sollte.[286]

245 Die vorgenannte Art der Befragung durch den Verteidiger ist auch deshalb besonders gefährlich, weil er nicht nur durch inhaltliche Vorgaben den Zeugen in die andere Richtung zu lenken versucht. Er würzt die inhaltlichen Angaben auch noch durch eine Reihe von **Wertungen** an. Aus dem Fakt Uhrzeit: „20:22 Uhr" wird „weit nach acht", aus dem Fakt Wetter: „leicht bewölkt, es hatte ab und zu geregnet" wird „Wetter an diesem Tag sehr schlecht" und „den ganzen Tag geregnet". Da sieht man sowieso wenig" und aus dem Fakt Entfernung: „15 Meter" wird „Sie standen ziemlich weit weg" etc.

246 Diese Methode nutzend könnte die Fakten auch mit einer gegenteiligen Wertung verbunden werden: *„Ich habe da noch mal eine Frage an Sie. Wir haben jetzt schon von mehreren anderen Zeugen gehört, dass der Vorfall* ***recht früh am Abend*** *passiert ist. Wir wissen auch, dass an diesem Tag das* **Wetter** *und die* ***Sicht ganz gut*** *waren. Sie standen* ***nah dran.*** *Wir haben von den anderen Zeugen gehört, dass sie alle die Person gut beschreiben können. Sie waren sich bei der Polizei sicher absolut sicher, dass Sie den Angeklagten ganz genau erkannt haben. Können Sie uns das nochmals bestätigen?"*

Fazit: Fragen sollten keine inhaltliche Vorgaben und schon gar keine Wertungen enthalten. Auskunftspersonen können verunsichert werden.

11.5 Einleitung von Fragen

247 Eng verwandt mit dem oben dargestellten „Inhaltliche Vorgaben" machen einer geht ein anderer Aspekt. Praktisch in jedem Gerichtssaal werden Auskunftspersonen dadurch gelenkt, dass man, wer auch immer, der Frage einen **Vorspann** voranstellt. Der Mehrzahl der Fragen im forensischen Bereich geht eine Art „Einleitung" voraus. Das ist in mehrfacher Hinsicht problematisch.
Die Ein- oder Hinleitung auf eine Frage enthält nahezu immer Sachinformationen und häufig auch persönliche Wertungen oder Bewertungen. Dadurch wird die Auskunftsperson in eine bestimmte Richtung gelenkt.

---

286 Siehe sogleich Einleitung von Fragen Rn. 247.

Das ist besonders dann der Fall, wenn eine Art **Zusammenfassung** des bisher Gesagten oder des Prozessstands vorausgeschickt wird. Außerdem läuft man Gefahr, durch die einleitenden Worte zu früh Informationen, Bedenken, Zweifel etc. preiszugeben. Die Befragungsperson soll sich offen zeigen und halten, den Sachverhalt untersuchen. Die Auskunftsperson soll sich mit ihrer Aussage dabei auch so wenig wie möglich auf das Tatsachenwissen und die Einstellung der Befragungsperson zu einem Beweisthema einstellen können. Insoweit ist ihr gegenüber – jedenfalls zu Anfang – nur so viel Preis zu geben, wie es für die Befragung unbedingt nötig ist.[287] Die (zu) frühe Selbstoffenbarung geschieht sehr rasch, wenn man **erklärt**, **warum** eine **Frage** gestellt wird.

Beispiel:
„Sie haben gesagt, … Wir haben aber von der Zeugin X erfahren, dass … Wenn man nun berücksichtigt, dass … Dazu meine Frage: …?“

Unabhängig von ihrem Bildungsgrad haben Auskunftspersonen ein in hohem Maße feines Gespür dafür, herauszuhören, worauf die Frage abzielt, worum es geht, an welchem Punkt die Vernehmungsperson Zweifel hat usw. Eine kleine (zwar wissenschaftlich nicht haltbare, dennoch spannende) Untersuchung eines der Verfasser hat ein beeindruckendes Ergebnis erbracht: In den betreffenden Verhandlungen (vor Großen Strafkammern an einem Landgericht einer Großstadt in Süddeutschland) wurde seitens der Richter in 48 %, seitens der Staatsanwälte in 59 % und seitens der Anwälte in 84 % der Fälle auf die eigentliche Frage durch einen Vorspann hingeleitet. Etwa in zwei Dritteln der Einleitungen waren Sachinformationen enthalten. Knapp die Hälfte der Einleitungen enthielt bereits vorab einen Hinweis auf die erwartete bzw. gewünschte Antwort. Dennoch wurden die Einleitungen nur in drei (!) Fällen als unzulässig gerügt.[288] 248

Fazit: Einer Frage sollte grundsätzlich keine Einleitung vorausgehen und auch nicht erklärt werden.

Weil durch die Einleitung einer Frage so rasch lenkend auf die Auskunftsperson eingewirkt wird, machen manche Prozessbeteiligte davon **bewusst Gebrauch** (Vernehmungstaktik). Es wäre „naiv“ zu glauben, dass Anwälte nicht auch *absichtlich* gegen die Regeln der Vernehmungs- und Fragetechnik verstoßen. Sie haben ggf. ein anderes Erkenntnisinteresse. Ihr Ziel ist jedenfalls, von einer Auskunftsperson möglichst solches Auskunftsmaterial zu erlangen, das für den jeweiligen Mandanten in der jeweiligen Prozesssituation günstig ist.[289] Oder der „taktische Einsatz“ eines Vorspanns zu einer Frage erfolgt intuitiv. Die nicht immer einfach zu erkennende Grenze zur Manipulation und damit die Zulässigkeitsgrenze ist fließend. Wo sie im Einzelfall liegt, bestimmt der die Verhandlung leitende Richter. 249

Nicht selten wird mit der **Zusammenfassung** des bereits Gesagten bewusst geleitet. *„Sie haben vorhin gesagt … Dazu noch eine Frage.“* Die Zusammenfassung ist immer eine Verkürzung des Gesagten. Natürlich lässt man das weg, was für den Mandanten besonders negativ klingt. Anderes, vielleicht weniger Wichtiges, aber für den Mandanten Positives wird hervorgekehrt, nochmals besonders betont. Häufig wird die bisherige Aussage ein wenig „uminterpretiert“. Wenn sich der Anwalt mit der Zusammenfassung zu weit von dem entfernt, was die Auskunftsperson tatsächlich berichtet hat, wird der Richter darauf hinweisen (*„Also so hat der Zeuge das nicht gesagt, Herr Rechtsanwalt…“*). Wenn er jedoch nur wenig abweicht, das Gesagte nur ein bisschen tendenziell günstiger für den Mandanten 250

---

287 Siehe Themenbezogene Aufforderung/Frage (Stichwörter und Details) Rn. 143.
288 Siehe Fragerecht, Form, Inhalt und Umfang des Fragerechts, Rn. 495.
289 Vgl. Unbewusste und bewusste Einflussnahmen der Befragung – Taktik Rn. 219.

„zusammenfasst", besteht die Möglichkeit, dass dies hingenommen wird. Der Richter will vielleicht nicht in eine Diskussion oder einen Streit eintreten und nimmt deshalb die, wie er meint, vernachlässigbare Abweichung hin. Die Auskunftsperson will meistens nur möglichst rasch die Befragung hinter sich bringen. Sie wird denken, *na ja, ganz so hab' ich's nicht gesagt, aber das trifft's schon einigermaßen*. In jedem Fall wird auf diese Weise das Auskunftsmaterial verändert, von Frage zu Frage mehr; und das kann sich am Ende auswirken.

Hierzu ein **Beispiel** aus dem schon angesprochenen **echten Verfahren**, bei dem es um die Ampelschaltung für zwei Unfallbeteiligte ging und in dem nun vermutlich nur intuitiv geleitet wurde:
Rechtsanwalt:
„Ich hätte noch eine Frage an Herrn S. Herr S., Sie sagten, Sie seien in Gedanken versunken gewesen. Die Frage ganz konkret: Sie können doch heute nicht mehr sagen, war die Ampel grün (kleine Pause) *oder war sie rot."* (kleine Pause)
Der Beklagte hatte in seiner Sachverhaltsschilderung unter anderem gesagt, er gehe davon aus, grün gehabt zu haben. Nun versucht der gegnerische Anwalt, die gesamte Aussage zu ändern, indem er diesen einen Satz herausgreift, interpretiert, umformuliert und sich dabei nach und nach immer weiter vom dem entfernt, was tatsächlich gesagt wurde. Der Beklagte kann dem nicht viel entgegenhalten. Solange sich die Veränderungen noch in einer gewissen Bandbreite halten, nimmt er sie hin. Bislang stimmt es ja irgendwie noch, was der Anwalt vorträgt, wenn auch der Beklagte seinen Satz anders gemeint hatte. (Er war schon in Gedanken versunken. Das ist richtig. Aber er war sich trotzdem sicher, bei grün in die Kreuzung eingefahren zu sein. Das fehlt nun.) Der Anwalt fährt fort:
Rechtsanwalt:
„Ich meine, man sieht das ja so irgendwie, wie eine Kamera, ist es rot (kleine Pause), *ist es jetzt grün* (kleine Pause), *vielleicht gelb."* (Auswahlfrage)
Diese Behauptung ist abenteuerlich. Man nimmt einen Vorgang gerade nicht wie eine Kamera wahr,[290] schon gar nicht bei einer grünen Ampel, bei der das Problem fehlender (echter) Erinnerungen an sogenannte **Routinehandlungen** hinzukommt.[291] Dennoch macht der Anwalt mit diesem Vorhalt Punkte. Er hat bislang 57 Worte gesagt, aber entgegen seiner zweifachen Ankündigung noch keine einzige Frage gestellt. Vielmehr hat er dem Beklagten Worte in den Mund gelegt oder genauer, er hat anstelle des Beklagten dessen Aussage gemacht. Da seine Uminterpretation noch immer nicht wirklich falsch ist, kann der Beklagte nicht ernsthaft dagegen angehen. Ein zaghafter Versuch:
Beklagter:
„Ja, (kleine Pause) *ich kann nur sagen …"* – Der Anwalt geht sofort dazwischen. Jetzt will er den Beklagten nicht zu Wort kommen und dann vielleicht revidieren lassen. Auch das tut er mit Erfolg, indem er ihn unterbricht.
Rechtsanwalt:
„Sie können doch konkret nicht sagen, ich bin bei grün auf die Kreuzung zugefahren. Oder bei rot auf die Kreuzung zugefahren (kleine Pause)."
Weitere 21 Worte. Weiterhin die Aussage des Beklagten, abgegeben vom gegnerischen Anwalt. Inhaltlich wird es für den Beklagten immer schlimmer. Und da nach wie vor das, was der Rechtsanwalt sagt, nicht ganz falsch ist, vermag der Beklagte sich nicht zu wehren. Doch nun begeht der Anwalt einen „Fehler". Er verlässt die Bandbreite der „zulässigen" Abweichung.
Rechtsanwalt:
„Sie haben doch die Ampel selbst gar nicht (kleine Pause), *ich sag' mal, wahrgenommen."*

290 Vgl. Rn. 810, 852.
291 Vgl. Rn. 868.

> Das war zu viel. Das lässt sich der Beklagte nicht gefallen.
> Beklagter:
> *„Ja sicher hab' ich sie wahrgenommen; sonst wär' ich nicht drübergefahren."*

Trotz dieses kleinen Missgeschicks zuletzt hat der Anwalt mit seiner „Frage", die er nie gestellt hat (!), vermutlich allerhand Wirkung erzielen können. Formulierungen wie, der Beklagte kann nicht sagen, ob er grün, rot oder gelb hatte, bleiben bei den Prozessbeteiligten hängen.

Natürlich legen auch Richter und Staatsanwälte der Auskunftsperson Angaben **251**
in den Mund, die diese so zumindest vielleicht nicht gemacht hätte.

> Wieder ein **Beispiel** aus einem echten Verfahren:
> Ein Gastwirt hatte neue Speisekarten drucken lassen. Als besonders strapazierfähiges Papier war sogenannte „Elefantenhaut" gewählt worden. Weil er nicht zufrieden war – die Karten enthielten Druckfehler und das Papier war zu biegsam –, verweigerte der Wirt die Zahlung. Die Druckfirma verklagte ihn daraufhin. Nachdem so ziemlich alles streitig geblieben war, wurden zwei Zeuginnen vernommen. Die Zeugin F. war eine Mitarbeiterin der klagenden Firma, die Zeugin K. eine Mitarbeiterin des Gastwirts.
> Richter:
> *„Was wissen Sie über die Bestellung der neuen Speisekarten? Was hat er haben wollen? Was hat er gesagt, was er will?"* – (Drei Fragen auf einmal!)
> Zeugin F:
> *„Er braucht 'ne Speisekarte mit dem vorgegebenen Inhalt. Äh, und das Material sollte bestmöglich sein …"* (wird unterbrochen)
> Richter:
> *„Und dann haben Sie doch das Wort, das hat er ja wahrscheinlich noch gar nie gehört gehabt, dass es dafür eine „Elefantenhaut" gibt, ins Gespräch gebracht."* (Schlecht formulierte Anstoßfrage)
> Zeugin F:
> *„Ja. Nachdem er nicht weiter nachgefragt hat, sondern mir geglaubt hat, dass das fest ist, wenn ich das sag', ging ich davon aus, dass er weiß, wovon ich spreche."*

Was hätte die Zeugin nach diesem Hinweis noch anderes sagen sollen? Was **252**
tatsächlich gesprochen und vereinbart wurde, bleibt offen. Man sieht ein weiteres Mal, wie wichtig und wie sinnvoll es ist, den Bericht der Auskunftsperson möglichst nicht zu unterbrechen.[292]

> Richter:
> *„Erzählen Sie ein bisschen. Was haben Sie mitgekriegt von der Neubestellung der Speisekarten?"*
> Zeugin K:
> *„Hauptsächlich hab' ich mitbekommen, dass wir eine neue Speisekarte brauchten, weil die Preise zum Teil überholt waren und dass das Ganze ziemlich eilig war."*
> Richter (unterbricht die Zeugin):
> *„Ja was heißt jetzt, wir brauchten? Haben Sie eine gebraucht oder sind Sie eine Freundin von ihm?"*
> Zeugin K:
> *„Nee, eigentlich nicht, aber ich rede von uns als Arbeitsteam. Wir, das ist der Oberwirt."*
> Diese Zwischenfrage ist – zumindest an dieser frühen Stelle – unnötig. Es liegt ohnehin sehr nahe, wen die Zeugin mit „wir" meint. Der Richter sollte ihr einfach weiter zugehören. Vieles klärt sich von selbst, wenn man ein wenig abwartet. So bringt er die Zeugin in ihrem Redefluss durcheinander. Man weiß nicht, was sie noch von sich aus gesagt hätte. Es besteht eine hohe Gefahr des Informationsverlusts.

---

292 Siehe Bericht Rn. 128.

Im besagten Verfahren nahm auch der Anwalt durch die Art seiner Befragung Einfluss auf die Auskunftsperson:
Anwalt:
„Ist es richtig? Es wurden auf der Korrekturfahne Änderungen vorgenommen, haben Sie vorhin gesagt. Aber Sie haben nicht gesehen, welche Änderungen da vorgenommen wurden. Oder Sie haben nur gesehen, dass da auf dem Papier etwas eingetragen worden ist."
Zeugin K:
„Ja."
Anwalt (fährt sogleich fort):
„Aber Sie haben nicht gesehen, welche Änderungen."
Der Anwalt macht anstelle der Zeugin ihre gesamte Aussage. Sie sagt nur ein einziges Wort.

Fazit: Wenn einer Frage eine Einleitung vorausgeht, ist in erhöhtem Maß auf deren inhaltliche Korrektheit zu achten, zumal versucht werden könnte, die Antwort der Auskunftsperson bewusst zu leiten.

11.6 Juristische Bewertungen im Hinterkopf

253 Allein die **Fragen**, ihr Inhalt, **wirken** sich in der Regel bereits **auf die Aussage** aus. Das kann bewusst eingesetzt werden und ist dann natürlich höchst problematisch. Es kann aber auch unbewusst „passieren", weil die Vernehmungsperson allein entsprechend ihrer Erwartungshaltung in eine bestimmte „Richtung" fragt und dadurch die Aussage dorthin lenkt, ohne es selbst zu bemerken.
Dazu ein von einem der Verfasser erlebtes **Beispiel**, das für den Betroffenen beinahe sehr weitreichende Folgen gehabt hätte: Drei junge, reichlich alkoholisierte Männer hatten eine junge Frau auf der Straße angesprochen und versucht, mit ihr zu flirten. Nachdem die Frau die Annäherungsversuche eindeutig abgewehrt hatte, hatten die Jugendlichen sie immer intensiver bedrängt. Irgendwie hatten sie an ihrer Sporttasche gezogen und waren damit lachend weggerannt. Wenig später hatten sie die Tasche in einen Vorgarten geworfen. Es stellte sich die Frage, wie ihr Verhalten rechtlich zu qualifizieren war. Lag ein Vermögensdelikt vor, ein Raub mit einer Mindeststrafe von einem Jahr, oder war das Ganze als „Bubelei", rechtlich vielleicht als eine Nötigung o. ä., zu bewerten?

Beschuldigter:
„Ich weiß, dass es zu Streitigkeiten mit dem Mädchen kam. Sie war ca. 23 Jahre alt. Ich bin der Meinung, dass sie mit ihrer Tasche herumgefuchtelt hat."
Polizeibeamter:
„Hat sie mit der Tasche ‚herumgefuchtelt' oder hat sie versucht, die Wegnahme der Tasche zu verhindern, indem sie diese festhielt?"

254 Der Beamte hat erkennbar im Hinterkopf die Vorstellung, es könnte ein Raub sein. Mit seiner Frage will er offensichtlich die Tatbestandsmerkmale prüfen. Er verwendet dabei juristische Fachausdrücke, die im allgemeinen Sprachgebrauch bekannt sind, aber von Nicht-Juristen nicht zwingend deckungsgleich benutzt werden.[293] Er fragt, ob die junge Frau die „Wegnahme" verhindern wollte. Damit zielt er darauf ab, ob ein Bruch fremden und die Begründung neuen, eigenen Gewahrsams vorlag. Die Frage, so wie sie vordergründig nach ihrem Wortlaut gestellt wird, ist überflüssig. Es wäre absurd, davon auszugehen, dass die Frau den Jungs einfach ihre Tasche überlässt. Natürlich will sie, zumindest auch, eine Wegnahme verhindern. Es geht aber darum, was die Täter mit der Tasche anfangen wollten. Wollten sie die junge Frau nur ärgern oder wollten sie an den

293 Siehe (Sprachliche) Anpassung an die Auskunftsperson Rn. 93, Juristendeutsch Rn. 97.

Inhalt der Tasche gelangen? Der Beschuldigte versteht das Wort „Wegnahme". Er versteht es aber sicherlich nicht im „juristischen Sinn".

Beschuldigter:
„Sie schlug mit der Tasche um sich."
Polizeibeamter:
„Warum schlug sie mit der Tasche um sich?"
Beschuldigter:
„Wahrscheinlich, weil wir sie blöd angemacht haben. Ich weiß noch, dass ich das Mädchen an den Armen ergriffen habe, damit sie ihre Arme nicht mehr bewegen konnte. Ich meine, ich hielt ihre Oberarme mit meinen Händen umfasst."
An dieser Stelle „klingelt" es im Kopf des Beamten: *Der Beschuldigte hält die Frau fest. Wenn jetzt die Tasche wegkommt, dann ist das ein Raub*, „subsumiert" er, wie er es gelernt hat. Dabei verliert er ein wenig aus den Augen, dass er eigentlich klären sollte, was war los, und nicht gerade eine Klausur schreibt.
Polizeibeamter:
„Hat der R. zu diesem Zeitpunkt dem Mädchen die Sporttasche weggerissen?"
Beschuldigter:
„Ich weiß nicht, ob R. zu diesem Zeitpunkt dem Mädchen die Tasche weggerissen hat. Ich habe zwar mehrere Rucke an den Armen verspürt, kann jedoch nicht sagen, ob dies von Abwehrbewegungen des Mädchens herrührte oder ob R. die Sporttasche weggerissen hat."
Polizeibeamter:
„Haben Sie sich zu irgendeinem Zeitpunkt Gedanken darüber gemacht, ob sich in der Sporttasche Geld befindet?"
Immer deutlicher wird, wie stark der Beamte vom „Ergebnis" her fragt.
Beschuldigter:
„Ich kann jetzt nicht mehr sagen, ob ich mir das so genau überlegt habe."
Polizeibeamter:
„Halten Sie es für möglich, dass dem Mädchen aus ‚heiterem Himmel' die Tasche weggerissen wurde?"
Der Beamte scheint innerlich davon überzeugt zu sein, dass ein Raub vorliegt. Dies „will" er nun durch die Angaben des Beschuldigten endgültig bestätigt bekommen.
Beschuldigter:
„Nein, ich gehe davon aus, dass irgendeiner den Entschluss gefasst hat, dem Mädchen die Tasche wegzunehmen."
„Ich gehe davon aus", heißt eigentlich: *„Ich weiß es nicht."* So, wie der Beschuldigte befragt wird, ist aber vorhersehbar, dass er sich praktisch nicht „traut", etwas anderes zu sagen als das, was der Beamte von ihm hören will. Natürlich hat man die Tasche nicht „aus heiterem Himmel" weggerissen. Es fehlt jetzt zum Raub nur noch die Zueignungsabsicht. Dementsprechend lautet die nächste Frage:
Polizeibeamter:
„Was würden Sie als Grund für die Wegnahme angeben?"
Aus den bisherigen Angaben des Beschuldigten weiß man, dass er – sofern er nicht insgesamt lügt, was in dem Fall fern lag – den Grund nicht kennt, dass es vielleicht gar keinen Grund im „rechtlichen Sinn" gab. Dass seine Antwort jedoch anders klingen wird, ist bei dieser Art der Befragung vorhersehbar.
Beschuldigter:
„Ich meine, dass wir kein Geld mehr zum Vertrinken hatten und davon ausgegangen sind, dass sich in der Sporttasche Geld befindet. Ob dies genau so war, kann ich jedoch nun nicht mehr angeben. Ich sehe ein, dass es nicht recht war, dem Mädchen die Tasche wegzunehmen. Ich kann mir die ganze Sache nur durch den Alkoholkonsum erklären."

255 Seine „Erklärung“ ist reine Spekulation. Es ist eine Schlussfolgerung, zu der ihn der Polizeibeamte mit seinen Fragen hingeleitet hat: *So muss es wohl gewesen sein*. Tatsächlich kam es aufgrund dieses „Geständnisses“ zu einer Anklage wegen Raubs. In der Hauptverhandlung sagte der junge Mann inhaltlich genau das Gleiche. Dennoch ging auch der Staatsanwalt nicht mehr von einem Vermögensdelikt, sondern einer völlig unangemessenen „Anmache“ der Jungs aus. Das Verfahren wurde gegen Zahlung von Geldauflagen eingestellt.[294]

256 Um zu vermeiden, dass man unbewusst durch Fragen leitet, sollte man möglichst erst spät juristische Bewertungen vornehmen. Von der „Idealvorstellung“ her betrachtet, sollte die Vernehmung praktisch abgeschlossen sein, ehe man zum ersten Mal über die rechtliche Einordnung nachdenkt. Dieses Ideal ist zwar eine „Vorstellung“, aber sie führt zu größerer Offenheit und damit zu einer höheren Chance, das herauszufinden, was wirklich geschehen ist, und es dann juristisch richtig(er) zu bewerten. Alternativ bzw. besser umsetzbar ist, dass man sich eine **untersuchende Denkweise** bewahrt und aktiv alle **alternativen Hypothesen** aufstellt und prüft.[295] Damit vermeiden wir Bestätigungsfehler und einen Tunnelblick.

257 Ähnlich verhält es sich in dem Mitte 2020 veröffentlichten Video über die polizeiliche Vernehmung des Hauptbeschuldigten und später rechtskräftig Verurteilten **Stephan E.** im Mordfall des Kassler Regierungspräsidenten **Walter Lübcke**. Es zeigt Ausschnitte der Vernehmung des Beschuldigten von Mitte 2019, als dieser als Beschuldigter wegen Mordes festgenommen worden war. Zehn Tage legte er vor Beamten ein Geständnis ab, ohne Anwesenheit eines Anwalts. Vor laufender Kamera gibt er zu, den CDU-Politiker in der Nacht zum 2. Juni 2019 auf seiner Terrasse mit einem Revolver erschossen zu haben. In dem veröffentlichten Video beschreibt E., wie er in der Tatnacht gegen 23:00 Uhr zum Haus von Walter Lübcke geschlichen ist und ihn erschoss wie folgt:

Frage:	Mussten Sie da über einen Zaun?
Antwort:	Ich bin unter dem Zaun, durch den Zaun durch.
Frage:	Unten drunter oder obendrüber?
Antwort:	Neee, ich habe den runtergetreten und bin so, habe mich so durch die Litzen.
Frage:	Also zwei Litzen, eine oben und ein unten?
Antwort:	Ich bin diese Mauer hochgegangen.
Frage:	Ja. Auf direktem Weg?
Antwort:	Auf direktem Weg. Ich hatte die Waffe schon in der Hand.
Frage:	Angelegt?
Antwort:	Angelegt.
Frage:	Worauf haben Sie gezielt?
Antwort:	Ich hatte den Hahn gespannt, ich hatte noch nicht gezielt, so wie Sie das meinten.
Frage:	Waffe in der Hand?
Antwort:	Waffe so in der Hand (Ernst hält seine Hand mit geradem Arm auf Hüfthöhe).
Frage:	Gespannt?
Antwort:	Gespannt.
Frage:	Tatentschluss war klar?
Antwort:	Tatentschluss war klar. Ich bin dann hin und hab geschossen.
Frage:	Gezielt?
Antwort:	Ich habe auf Kopfhöhe gehalten und habe abgedrückt.
Frage:	Sie kamen aus der Dunkelheit?
Antwort:	Er hat mich noch gesehen.

294 Dieses Beispiel findet sich auch bei Wendler, in Deckers/Köhnken, S. 208 f.
295 Siehe Aktive Suche nach alternativen Erklärungen/Hypothesen, Rn. 44.

Frage: Hat er zu Ihnen geschaut?
Antwort: Er hat meinen Schatten gesehen. Er wollte schauen. Und in dem Moment ist der Schuss gefallen. Er hat mich wahrscheinlich so nicht gesehen. Aber er hat meinen Schatten wahrgenommen und dann ist der Schuss gefallen

258 Es ist offensichtlich, dass der vernehmende Beamte eine absichtliche Tötung und die Mordmerkmale im Hinterkopf hat und sprichwörtlich abfragt. Bei einem Teil der Fragen (siehe (?)) kann man sich nicht einmal sicher sein, ob es sich wirklich um Fragen oder vielmehr um Feststellungen handelt.

Fazit: Die Befragung nicht mit juristischen Bewertungen im Hinterkopf durchführen.

11.7 Suggestivfragen

259 Unter Suggestion[296] versteht man im vorliegenden Kontext jede Form der Beeinflussung, durch die eine Person Informationen übernimmt, welche ihr durch Gespräche, Befragungen oder nachträgliche Informationen übermittelt worden sind. Daher sind inhaltliche Vorgaben immer auch Suggestionen.[297] Das Gefährliche an suggestiven Fragen[298] zu einem tatsächlichen Erlebnis ist, dass sie unbewusst zu einer entsprechenden Veränderung der Aussage und damit ggf. zu einer Falschinformation führen können. In diesem Zusammenhang spielen auch Denkmuster der Auskunftsperson, wie Stereotype, Erwartungsmuster und Vorurteile eine große Rolle und bieten einen fruchtbaren Boden für Suggestivfragen.[299] Das suggerierte Ereignis kann dabei für die betroffene Person eine subjektive Wahrheit darstellen. Insbesondere Kinder oder Auskunftspersonen mit niedrigerem Intellekt neigen dazu, einem solchen suggestiven Druck nachzugeben. Der Effekt kann dabei umso stärker sein, je schwächer oder unsicherer die Erinnerung des Aussagenden oder je vulnerabel[300] die Auskunftsperson ist.

260 Die **„Sam Stone"-Studie** zeigt eindrucksvoll, wie leicht Kinder durch suggestive Fragen und stereotype Vorannahmen in ihrer Erinnerung beeinflusst werden können – bis hin zur falschen Beschuldigung einer unschuldigen Person. Die Studie wurde Anfang der 1990er Jahre von den renommierten Psychologen Stephen Ceci und Maggie Bruck durchgeführt. Ihr Ziel war es herauszufinden, inwieweit Kinder durch gezielte sprachliche Rahmung und Vorinformationen zu falschen Aussagen über ein tatsächlich harmloses Ereignis verleitet werden können. Im Versuchsaufbau wurde Kindern im Vorschulalter angekündigt, dass ein Mann namens Sam Stone die Kindergartengruppe besuchen werde. Die Kinder wurden in verschiedene Gruppen eingeteilt. In einer Gruppe erhielten die Kinder keinerlei Vorinformation – Sam Stone wurde einfach angekündigt und erschien kurz darauf, ohne irgendeine auffällige Handlung zu vollziehen. In einer zweiten Gruppe wurde den Kindern vorab erzählt, Sam Stone sei ein wenig tollpatschig und neige dazu, Dinge kaputt zu machen. In einer dritten Gruppe wurde nicht nur diese Stereotypisierung vorgenommen, sondern im Anschluss an den Besuch auch wiederholt suggestiv befragt, etwa mit Fragen wie: „Weißt du noch, wie Sam das Buch zerrissen hat?" – obwohl objektiv nichts dergleichen

296 Die Definition im Duden: Geistig-psychische Beeinflussung eines Menschen mit dem Ziel, ihn zu einem bestimmten Verhalten zu veranlassen – http://www.duden.de/rechtschreibung/Suggestion.

297 Zum taktischen Einsatz vom Ankereffekt siehe unten Rn. 939.

298 Zur rechtlichen (Un)Zulässigkeit von Suggestivfragen, Fallgruppen – (un)zulässiger Fragen, Rn. 516.

299 Siehe unten Stereotype, Erwartungsmuster und Vorurteile Rn. 828.

300 Siehe Macht(un)gleichgewicht – Vulnerabilität – Kinder, etc. Rn. 317.

geschehen war. Der eigentliche Besuch von Sam Stone verlief völlig unspektakulär: Er betrat kurz den Raum, begrüßte die Kinder freundlich, setzte sich für einen Moment und ging dann wieder. Es geschah nichts, was Anlass zur Beanstandung gegeben hätte. Die Reaktionen der Kinder fielen jedoch drastisch unterschiedlich aus – abhängig von den zuvor vermittelten Informationen und der Art der Befragung. Kinder der neutralen Gruppe blieben in ihrer Erinnerung weitgehend korrekt: Sie beschrieben, dass Sam Stone nichts Besonderes gemacht habe. In der Gruppe mit der stereotypen Vorankündigung jedoch begannen viele Kinder, von angeblichen Missgeschicken Sam Stones zu berichten – etwa, dass er ein Buch oder ein Tuch beschmutzt oder beschädigt habe. Besonders alarmierend waren die Ergebnisse in der dritten Gruppe: Kinder, die sowohl einer Vorinformation als auch einer suggestiven Befragung ausgesetzt waren, entwickelten zunehmend falsche, aber sehr konkrete Erinnerungen. Manche beschrieben detailliert, wie und wo Sam Stone etwas zerstört habe – sogar mit räumlichen Angaben, obwohl derartige Ereignisse nie stattgefunden hatten. Die Sam-Stone-Studie macht deutlich, wie stark kognitive Erwartungshaltungen (z. B. durch Stereotype) und sprachlich gefärbte Fragestellungen (kindliche) Wahrnehmung und Erinnerung verzerren können. Selbst ursprünglich richtige Aussagen („Er hat nichts gemacht“) wurden durch wiederholte Suggestion unterwandert und durch konstruierte Erinnerungen ersetzt.[301] Die Studie zeigt, wie wichtig der freie Bericht und offene Fragen sind, sie öffnen den Raum für verschiedene Versionen der Geschichte, ohne etwas zu unterstellen. Sie reduzieren die Wahrscheinlichkeit, dass Stereotype, Erwartungsmuster und Vorurteile etc. den Antwortverlauf steuern.

261 Suggestivfragen[302] im hier dargelegten Sinn sollten technisch gänzlich vermieden werden.

Fazit: Ins Protokoll sind alle Fragen, Vorhalte und sonstigen Einschübe im Wortlaut aufzunehmen.

Fazit: Suggestivfragen sind zu vermeiden.

262 In dem oben (siehe Einleitung von Fragen) bereits genannten Beispiel, in dem ein Gastwirt eine neue Speisekarte, auf besonders strapazierfähiges Papier genannte „Elefantenhaut“ hatte drucken lassen, hatte die Zeugin, eine Mitarbeiterin des Gastwirts, ausgesagt. Danach habe sie mitbekommen, dass ihr Chef, der Oberwirt, eine neue Speisekarte benötigte, weil die Preise zum Teil überholt waren und, dass das Ganze ziemlich eilig gewesen sei. Streitig war u. a., wie es überhaupt zur Bestellung kam.

> **Fortsetzung des Beispiels** (Druck von Speisekarten):
> Richter:
> *„OK. Also Sie haben gehört, dass er eine neue Speisekarte braucht. Das ist das Einzige, was unbestritten ist bis jetzt.“*
> Zeugin K:
> *„Die Frau F hatte sich dann angeboten, das Ganze irgendwie zu managen, und ich habe mitbekommen, wie sie die Korrekturfahnen abgeholt hat und dass wir da in dem Zusammenhang über die Elefantenhaut gesprochen haben und, äh, ja, die Fehler korrigiert haben.“*
> Richter:
> *„Hat er mal zugegeben, dass er eine Elefantenhaut bestellt hat?“*

301 Siehe auch Irrtum, Gedächtnis, Fehlinformationseffekt/Post-event-Informationen Rn. 896.
302 Siehe Suggestivfrage Rn. 259.

Eine hoch suggestive Frage, die zu stellen vermutlich manchem Anwalt untersagt werden würde. Auch das Wort „zugegeben", lenkt in eine unpassende Richtung. Vor allem findet man mit dieser Frage nicht heraus, wie es tatsächlich zu der Bestellung gekommen ist und was man bezüglich der Elefantenhaut besprochen hat. 263

Zeugin K:
„Bei dem Gespräch war ich selber dabei und wir konnten uns beide unter dem Begriff nichts vorstellen. Wir haben aber beide mit unserer alten Karte immer den Vergleich gezogen, sie soll genauso aussehen."

Der Anwalt der klagenden Firma greift die „Steilvorlage" des Gerichts auf und lenkt die Zeugin mit einer (verneinenden[303]) Frage, die keine wirkliche Frage ist, in die von ihm gewünschte Richtung, dass sie letztlich gar nichts weiß.

Rechtsanwalt:
„Ist es richtig? Es wurden auf der Korrekturfahne Änderungen vorgenommen, haben Sie vorhin gesagt. Aber Sie haben nicht gesehen, welche Änderungen da vorgenommen wurden. Oder Sie haben nur gesehen, dass da auf dem Papier was eingetragen worden ist."
Zeugin:
„Ja."

Fazit: Eine Vernehmungspersonen darf einer Auskunftsperson keine Worte in den Mund legen oder gar an ihrer Stelle Angaben machen.

Suggestivfragen werden in Teilen bewusst als **Testfragen** eingesetzt werden. Es gilt die „Faust-Regel": Die Korrektur einer (bewusst) falschen Suggestion spricht für die Schilderung von Geschehnissen mit eigenem Erlebnishintergrund. Geht die Auskunftsperson auf die (falsche) Suggestion ein, bedeutet das aber keinesfalls zwingend, dass ihre Angaben unrichtig sind. Die Kraft der Suggestion kann einfach zu stark gewesen sein. 264

11.8 (Falsche) Vorhalte

Der sog. **Vorhalt**[304] kommt (in Strafverfahren), bei der Befragung von Angeklagten, Zeugen und Sachverständigen sehr **häufig** vor. In der **Praxis** erfolgen Vorhalte in **vielfacher Hinsicht**, mittels Vernehmungsniederschriften, schriftlichen Erklärungen, früheren Zeugenaussagen, früheren eigenen Aussagen, unmittelbar vorangehenden Angaben der befragten Person, Angaben anderer Auskunftspersonen, Beweisgegenständen, Augenscheingegenständen, sonstigen Beweisergebnissen, wissenschaftlichen Ausarbeitungen, Denk- oder Erfahrungsgesetzen, offenkundigen Tatsachen, sonstigen Akteninhalten, privaten Wissen der fragenden Personen oder E-Mail-, Chat-, Tonband-, Film- und Videoaufzeichnungen. Der Vorhalt kann entweder durch eine Frage oder eine Aufforderung zur Stellungnahme erfolgen. Auch erfolgen Vorhaltungen mit dem Vorwurf tatsächliche oder vermeintliche unvollständige Angaben zu vervollständigen, genauer zu beschreiben oder zu korrigieren.[305] Vorgehalten werden kann **alles**. 265

Der Vorhalt soll eines der bedeutsamsten Hilfsmittel zur Herbeiführung einer wahren und vollständigen Aussage sein.[306] Der zulässige Zweck des Vorhaltes sei die Prüfung der „Glaubwürdigkeit" und Richtigkeit der Angaben der befragten 266

303 Vgl. Rn. 292.
304 Siehe Fachausdrücke Rn. 108. Das Wort Vorhalt sollte gänzlich vermieden werden. Statt „Ich möchte Ihnen vorhalten …" etwa durch „Ich möchte Ihnen zeigen/ vorlesen …". Siehe auch am Ende dieses Abschnitts.
305 Bericht der Expertinnen- und Expertengruppe zur Dokumentation der strafgerichtlichen Hauptverhandlung – Anlagenband –, Seite 55.
306 BGH, Urt. v. 2.4.1958 – 2 StR 96/58.

Person und/oder „die Auffrischung“ bzw. Unterstützung ihres Gedächtnisses,[307] er diene mithin auch der Vervollständigung, der Erhärtung oder der Korrektur erfolgter Angaben und/oder Verdeutlichung von Widersprüchen, Aufdeckung von Ungereimtheiten.

267 Die letztgenannten Ausführungen bedürfen der Klarstellung, in mehrfacher Hinsicht:

1) Das bedeutsamste Hilfsmittel zur Herbeiführung einer wahren und vollständigen Aussage ist das Einfordern eines freien Berichts.[308]
2) Ein Vorhalt dient nie der Prüfung der „Glaubwürdigkeit“. Um die Glaubwürdigkeit geht es nicht, sondern allein um die Glaubhaftigkeit von Angaben.[309]
3) Der Vorhalt kann der Überprüfung der Richtigkeit der Angaben der befragten Person dienen. Das ist richtig. Dabei geht es allein darum, die Sicht der Auskunftsperson und ihre Erinnerungen – nach einem Bericht und Fragen – auch auf einen bestimmten (ggf. widersprechenden) Punkt zu lenken und sie hierzu anzuhören, diesen Punkt zu klären.[310] Gerade in Strafverfahren dient der Vorhalt aber oftmals zur **Abkürzung** einer Aussage, der **Umgehung des freien Berichts** und zur **Umgehung des Unmittelbarkeitsprinzips.** Dem Zeugen wird der Inhalt von Urkunden und der „Akteninhalt“ – mitunter unzulässiger Weise bereits unmittelbar zu Beginn der Befragung, siehe hierzu sogleich -vorgehalten. Die einzige Aufgabe des Zeugen besteht darin, zu nicken oder „Ja, das stimmt zu sagen“. Auf diesem Weg werden informell über den Zeugenbeweis Urkunden und der „Akteninhalt“ verwertet,[311] ohne dass der Zeuge überhaupt hierzu (detaillierte) Angaben gemacht hat. Das ist **unzulässig.** Eine Konfrontation des Zeugen mit vorhergehenden eigenen Bekundungen oder anderen Zeugenaussagen ist deshalb überhaupt nur denkbar, wenn der Vorhalt nicht zum bloßen Abknicken des Akteninhalts führt.[312]
4) Ein Vorhalt soll der **„Auffrischung“** bzw. „Unterstützung“ des **Gedächtnisses** dienen. Dieser Gedanke der „Auffrischung“ ist gefährlich und darf nicht dazu führen, dass Erinnerungen an das Vorgehaltene angepasst werden, auch um kognitive Konsistenz herzustellen. Wie ist denn eine Aussage zu bewerten, wenn sich ein Zeuge erst auf Vorhalt an etwas „erinnert“, was er zuvor nicht erinnert und nicht berichtet hat? Gerade deshalb muss sorgsam abgewogen werden, ob und wie man überhaupt Bilder, Fotographien, Karten, goolge-maps etc. im Rahmen eines Vorhalts zeigt. Die Erinnerung kann nicht besser sein als das Bild etc. Damit verwirren sie, die Auskunftsperson passt ggf. ihre Erinnerung an die „harten Fakten“ an. Besser kann es sein, einen Zeugen ohne Vorhalt zu bitten, seine Erinnerung an Örtlichkeiten und Situationen aufzumalen, zu zeichnen. Denn die Erinnerung des Zeugen wird vor dem Hintergrund von Wahrnehmung und Vergessen niemals so detailliert sein, wie der Vorhalt. Damit ist die Gefahr von **Verwirrung, Suggestion und Fehlinformationseffekt** zu groß.[313]

268 In strafgerichtlichen Hauptverhandlungen wird der **Zeuge/Polizeibeamte** oftmals nach der Belehrung vom Vorsitzenden sofort mit z. B. dem Inhalt des Protokolls seiner – den Angeklagten belastenden – Vernehmung im Ermittlungsverfahren „konfrontiert“. Dem Zeugen werden von Anfang an **passagenweise**

307 Meyer-Goßner/Schmitt, StPO 67. Aufl. 2024, § 69 StPO, Rn. 7.
308 Siehe oben Erster freier Bericht Rn. 116 ff.
309 Siehe Persönlichkeitsbezogene Bewertung/Glaubwürdigkeit/Leumund Rn. 565.
310 Siehe Klärung von Widersprüchen und Präsentation von Beweisen Rn. 174.
311 Eschelbach in KMR, 32. EL, Vor § 226 StPO, Rn. 26 f.; Maier, in: Münchener Kommentar zur StPO, 2. Auflage 2023, § 69, Rz 21.
312 Hierzu und weiterführend: Eschelbach in KMR, 32. EL, Vor § 226 StPO, Rn. 27 f.
313 Siehe auch, Irrtum, Fehlinformationseffekt/Post-event-Informationen Rn. 896, Suggestion Rn. 916.

Auszüge daraus **vorgehalten**. In einem echten Verfahren wurde ein Polizeibeamter zu den Angaben der Unfallbeteiligten am Unfallort befragt. Es war zwischen Kläger und Beklagter streitig, ob der der Fahrer (Beklagter) die Fußgängerin, Frau K. (Klägerin) hat sehen und den Unfall/Personenschaden verhindern können. Das Gericht hat hierzu Beweis erhoben durch Vernehmung die den Unfall aufnehmenden Polizeibeamten. Eine entscheidende Rolle sollen dabei die Feststellungen im Bericht der Polizeibeamten spielen.

Vorsitzender:
„Die Polizei, dein Freund und Helfer. Sie haben damals die polizeiliche Aufnahme gemacht, dieses Unfalls. Haben Sie auch die Skizze gemacht? Und das [der Richter zeigte an dieser Stelle auf die sich in seinen Händen befindliche Unfallskizze] ist wohl das eingezeichnete Fahrzeug, das sie noch gesehen haben. Das Fahrzeug haben Sie so eingezeichnet, wie Sie es gefunden haben. Dann haben Sie so es eingemessen, also das ist ziemlich zuverlässig."
Polizist:
„So war es, sonst hätte ich es ja nicht so notiert."

Das ist zunächst eine mindestens bemerkenswerte Hinleitung/Eröffnung der Be- 269
fragung eines Polizeibeamten als Zeuge. Der Richter macht die Aussage gleich selbst. Woher will der Richter wissen, dass die (Ein)Vermessung „zuverlässig" ist? Ein Schelm, der Böses dabei denkt und den Angaben eines Polizeibeamten per se eine besondere Glaubwürdigkeit[314] beimisst (was falsch und unzulässig ist)? Zuverlässig ist eine Wertung, es fehlen gänzlich die der Bewertung zugrunde liegenden Fakten. Wie wurde eingemessen? Wer war daran wie beteiligt und wie und wann wurde die Befunde in die Skizze, in schriftlichen Bericht übertragen? Wurde die (Ein)Vermessung überprüft? Wer übernimmt die Verantwortung für dir Richtigkeit der Angaben?

Vorsitzender
Und woher stammt jetzt ihre Meinung über die Fußrichtung der Frau K.?
Polizist:
„Ich nehme an, dass die von dem Pkw-Fahrer, von dem VW-Bus Fahrer kommt."

Die Art und Weise der Befragung des Zeugen durch den Vorsitzenden ist bean- 270
standungswürdig und kann beanstandet werden. Zur Vermeidung von Wiederholungen wird auf die Ausführungen zum Grundsatz der Zweiteilung verwiesen.[315]

Der Vorhalt ist zudem ein **Vernehmungsbehelf** und kein Beweismittel eigener 271
Art, insbesondere kein Urkundenbeweis für die vorgehaltenen Texte.[316] Im Gegensatz zum Urkundenbeweises ist nicht der Inhalt des Vorhaltes, sondern nur die Reaktion der befragten Person, der sog. **Überhang**, als Gegenstand der Beweiswürdigung zugänglich und kann nur als Teil des Personalbeweises dem Urteil zugrunde gelegt werden.[317] Kann die Auskunftsperson zum Inhalt der Urkunde auf Vorhalt keine Angaben machen, dann ist ihre Aussage „unverwertbar" i. S. v. gänzlich unergiebig und es muss etwa zum förmlichen Urkundenbeweis übergegangen werden. Die Aussage des Zeugen im Fallbeispiel „Ja, das stimmt so." ist aussagepsychologisch ein Nullum.

Über den Vorhalt werden in der Praxis ganze Vernehmungen gestaltet. Über ihn 272
werden ganze (Ermittlungs-)Berichte, (Konto-/ Chat-)Auswertungen, Vernehmungsprotokolle etc. eingeführt, die Aussage damit praktisch vom Gericht selbst

314 Siehe Persönlichkeitsbezogene Bewertung/Glaubwürdigkeit/Leumund Rn. 563.
315 Siehe Grundsatz der Zweiteilung Rn. 129.
316 BGH, Urt. v. 2.4.1958 – 2 StR 96/58 Meyer-Goßner/Schmitt, StPO, 67. Aufl. 2024, § 249 Rn. 28.
317 BGH, Urt. v. 24.10.1957 – 4 StR 320/57; BGH, Beschl. v. 28.5.2002 – 5 StR 16/02; BGH, Beschl. v. 29.6.2021 – 3 StR 1565/21; BGH, Beschl. v. 25.4.2023 – 4 StR 38/23.

„gemacht" und der Prozess damit erheblich gelenkt. Das ist für die Wahrheitsfindung fatal. Dem Vorhalt sind zudem **Grenzen** gesetzt. Der Vorhalt ist **unzulässig**, insbesondere wenn es sich um **längere** oder **komplexere** Ausführungen handelt oder wenn die Auskunftsperson den Sinn der schriftlichen Erklärung auf den Vorhalt hin nicht richtig oder nur unvollständig erfassen kann oder wenn sie sich an den **genauen Wortlaut** eines Schriftstücks nicht erinnern kann.[318] Andersherum formuliert: Der Vorhalt ist nur zulässig, wenn er sich – bei Urkunden – auf kurze Passagen bezieht und es auf den konkreten Wortlaut nicht ankommt. Die Grenzen sind der Leistungsfähigkeit des Gedächtnisses geschuldet.

Fazit: Der Vorhalt hat Grenzen und nur die Reaktion auf den Vorhalt, der sog. **Überhang**, ist Gegenstand der Beweiswürdigung.

273 Eine erhebliche Gefahr geht auch von **inhaltlich falschen Vorhalten** aus. In dem schon viel zitierten Fall der streitigen Ampelschaltung Rot – Grün hatte der Vorsitzende die Zeugin E. vielfach zu ihrer Erinnerung befragt, ob die Ampel bei der Annäherung umgesprungen ist oder nicht, ob die Ampel schon bei der Annäherung grün zeigte, wie die Situation war, als Frau E. sich der „beampelten Kreuzung" genähert hat. Die Zeugin E. konnte auf die Situationsfragen[319] – aus erinnerungspsychologischer Sicht, sog. Routinehandlung – naherliegender Weise keine Angaben machen. Sie wiederholte stereotyp das Beweisthema *„Die Ampel war grün"* bzw. *„Ich weiß nur, wie ich drübergefahren bin, dass sie Grün war"*, was der Vorsitzende mit *„Nur das wissen Sie noch"* treffend zusammengefasst hatte. Der Vorsitzende gab nun das Fragerecht weiter an die Bericht erstattende Beisitzerin, die die Aussage von Frau E. wie folgt als Vorhalt zusammenfasste:

Richterin:
„Also, ich habe Sie richtig verstanden. Als Sie sich annäherten, war es schon grün und Sie sind dann bei grün weitergefahren."
Zeugin (leise):
„Ja."

Genau das hatte die Zeugin *nicht* gesagt! Aber es liegt auf der Hand, dass die Fahrerin E. diesen intensiven **Vorhalt** (nicht als Frage: *„Habe ich Sie richtig verstanden?"*, sondern als Feststellung, *„Also, ich habe Sie richtig verstanden"*) zumal aus dem Munde einer Richterin „bestätigt". Sie bestätigt nicht die Tatsache, sondern nur den Vorhalt. Das kann sich dennoch auswirken. Denn alle Beteiligten hören nun wie in einer Art Zusammenfassung nochmals die angebliche Aussage der Zeugin, nur eben anders, als sie tatsächlich erfolgt ist. Die Anwälte hören zugleich, wie die Richterin die Angaben der Zeugin verstanden bzw. interpretiert hat. Daraufhin müsste der Vertreter des Beklagten eingreifen und richtigstellen. *„Frau Richterin, das stimmt nicht. Das hat die Zeugin gerade nicht gesagt. Ihr Kollege hat sie mehrfach nach der Ampelstellung bei der Annäherung an die Kreuzung befragt, und dazu konnte die Zeugin uns nichts sagen."* Über diese Fakten darf nun keine Diskussion entstehen, vor allem nicht im Beisein der Zeugin. Was sie gesagt hat, steht fest. Genau das muss auch protokolliert werden. Wenn nicht wörtlich mitprotokolliert und/oder aufgezeichnet wurde, dann muss der Anwalt als Nachweis seine eigenen Notizen über die Angaben der Zeugin vorlegen.

318 Mehrseitige Tabellen: BGH, Beschl. v. 26.6.2019 – 2 StR 415/18; Beschl. v. 8.2.2023 – 2 StR 204/22; hohe Anzahl von Kontoauszügen und Einzelbuchungen: BGH, Beschl. v. 30.8.2011 – 2 StR 652/10; Aufzeichnungen über den Inhalt von Telefongesprächen: BGH, Beschl. v. 9.5.2001 – 2 StR 111/01; inhaltlich wie sprachlich komplex gestaltete Textpassagen eines Gutachtens: BGH, Urt. v. 6.9.2000 – 2 StR 190/00; Inhalt eines Protokolls einer Vernehmung: BGH, Beschl. v. 29.6.2021 – 3 StR 156/21; BGH, Beschl. v. 25.4.1991 – 5 StR 164/91; großzügiger indes BGH, Beschl. v. 27.11.2024 – 3 StR 308/24.

319 Siehe Situationsfragen Rn. 158.

Wenn der Anwalt nicht wörtlich mitgeschrieben hat, dann ist der Kampf um die Aussage und deren Deutung verloren, bevor der Kampf überhaupt begonnen hat. Keinesfalls darf man die Zeugin erneut befragen. Dem in derartigen „Diskussionen" oft zu hörenden Vorschlag, *„Fragen wir die Zeugin doch einfach noch mal, wie sie es gemeint hat."*, steht die Unzulässigkeit auf die Stirn geschrieben. Es geht nicht darum, wie sie es *gemeint* hat, sondern darum, was sie *gesagt* hat. Vor allem hat die Zeugin, wenn man sie zu diesem Punkt nochmals befragt, wahrscheinlich inzwischen erkannt, was sie „falsch" gemacht hat, und „gelernt", es nunmehr „richtig" zu stellen.

Der Vorsitzende würde es vermutlich nicht zulassen, wenn der Anwalt der Kläge- 274
rin auf dieselbe Weise wie die Beisitzerin vorgehen würde: *„Hohes Gericht, Entschuldigung, dass ich unterbreche. Nur eine kurze Frage an die Zeugin. Also, ich habe Sie richtig verstanden. Als Sie sich annäherten, war schon grün und Sie sind dann bei grün weitergefahren."* Denn damit würde der Anwalt in höchstem Maße lenken. Falls der Vorsitzende dies nicht bemerken würde, läge es am Anwalt des Beklagten, diesen Vorhalt zu rügen. Würde von keiner Seite eingegriffen werden, dann dürfte der Anwalt der Klägerin einen „Punktsieg" davongetragen haben.

Fazit: Inhaltlich unzutreffende Vorhalte müssen erkannt werden, denn sie können eine beträchtliche Wirkung entfalten.

Noch ein(mal) paar Gedanken zu den bei Gericht sehr häufig vorkommenden 275
Vorhalten an Auskunftspersonen. Welch starke Kraft suggestive Vorhalte haben können, hat das Beispiel gezeigt.[320] Aber auch andere, nicht suggestive Vorhalte wirken auf die Auskunftsperson und beeinflussen das, was sie sagt. Es kommt auf die Formulierung an. Wieder gilt: Der Ton macht die Musik. Welchen „Ton" man wählt, hängt, wie immer, von der jeweiligen Situation und Position im Verfahren und damit vom jeweiligen Erkenntnisziel ab. *„Da muss ich Ihnen aber vorhalten, bei der Polizei, Blatt 362 der Akten, haben Sie noch etwas ganz Anderes gesagt."*, kommt völlig anders an als die Formulierung, *„Inzwischen ist ja allerhand Zeit vergangen, schauen wir mal nach, wie Sie das Ganze bei der Polizei geschildert haben."* Es hängt von der Rolle (Gericht, Staatsanwaltschaft, Verteidigung, Nebenklage, Klage-Vertretung, Beklagten-Vertretung) ab, ob man defensiv, vermittelnd oder mehr aggressiv, offensiv vorgeht, ob man die Auskunftsperson unterstützen und stärken oder eher verunsichern, angreifen und schwächen will.

11.9 Back Channels

Weiter oben[321] ist bereits ein Verfahren angesprochen wurden, in dem es um 276
die Aufarbeitung eines Verkehrsunfalls, bei dem eine Fußgängerin vom Lenker eines Kleintransportwagens angefahren worden war. Es ging um die Frage der Vermeidbarkeit, und von welcher Seite die Fußgängerin kam. Die Aussage des Autofahrers (aus seiner Sicht von rechts zwischen zwei geparkten Fahrzeugen herauskommend) widersprach der der Fußgängerin (aus Sicht des Fahrers von links kommend und habe die Fahrbahn beinahe schon überquert gehabt, als sie von dem Wagen erfasst wurde). Der beschuldigte Fahrer, ein Ungar, hatte seine Aussage gerade erst begonnen, als er nach gerade einmal neun (!) Worten vom Richter unterbrochen wurde. Der Zeuge hatte gerade ausgesagt, dass der Vorfall sich bei „Frühlingsanfang" zugetragen habe. Der Richter wusste aus der Akte, dass es aber Herbst gewesen, der Unfall am 5. November passiert war. Seine Erwartungshaltung an den Zeugen wurde enttäuscht und er unterbrach ihn sogleich: *„Frühlingsanfang?!? Am 5. November?!?"*

320 Zu suggestiven Vorhalten und konfrontativer Vernehmung, vgl. BGH, Urt. v. 13.1.2009 – 4 StR 301/08, Mordfall Pascal.

321 Siehe Fn. 222.

Dazu lachte der Richter.
Daraufhin der Fahrer: „*Das war vor vier Jahren.*"
Der Richter: „*Frühlingsanfang? Aber in Ungarn ist November nicht Frühling.*"
Nun folgte das Publikum, die Öffentlichkeit, dem Beispiel des Richters und lachte ebenfalls – auf Kosten des Zeugen.

277 Die Unterbrechung/Frage des Richters und auch sein Lachen wurden zudem durch ein Kopfschütteln und Stirnrunzeln begleitet. Solche kleinen „Gesten" (negativ: Stirnrunzeln, lautes Ausatmen, in den Akten blättern – oder positiv: Kopfnicken, Lächeln etc.) kennt man unter dem Begriff **Back Channels**[322] (auch Rückmeldesignale). Das sind **kurze verbale** oder **nonverbale Reaktionen**, die Zuhörer während des Sprechens eines anderen geben, ohne selbst die Sprecherrolle zu übernehmen. (Positive) Verbale Backchannels sind „mhm", „ja", „genau", „ach so", „aha. Nonverbale sind etwa Nicken, Lächeln, Blickkontakt. Diese Phänomene spielen eine große Rolle in der direkten Kommunikation. Dadurch wird vom Hörer Verständnis, nicht zwingend Akzeptanz, der erfolgten Aussage signalisiert und „grünes Licht" zum Weiterreden gegeben. Sie zeigen an, dass der Zuhörer aufmerksam ist, versteht, zustimmt oder dem Gespräch folgt.[323]

278 Nicht alle Rückmeldesignale während eines Gesprächs fördern den Kommunikationsfluss oder motivieren den Sprecher. Es gibt auch **negative verbale** und **nonverbale Backchannels**, die den Gesprächspartner behindern, irritieren oder entmutigen können. **Verbal** äußert sich dies etwa in abwertenden Zwischenbemerkungen wie „Hä?", „Ja klar" Aha", oder einem sarkastischen „Super". Auch ungeduldige Kommentare wie „Komm zum Punkt" oder „Das weiß ich doch schon" wirken entwertend und bremsen den Redefluss. **Nonverbal** können Desinteresse und Ablehnung durch bestimmte Gesten oder Mimik signalisiert werden. Dazu gehören etwa demonstratives Augenrollen, Seufzen, das ständige Kontrollieren des Handys oder der Uhr, das Abwenden des Körpers und verschränkte Arme. Ebenso können gezielte Blickvermeidung oder ständiges Gähnen als Zeichen von Gleichgültigkeit oder Ungeduld wahrgenommen werden. Diese Signale wirken oft subtil, können aber stark demotivierend auf den Sprecher wirken, da sie mangelndes Interesse oder sogar Ablehnung signalisieren.

279 Die Richtung von verbalen Back Channels wird vor allem durch den Tonfall und meist durch eine begleitende körpersprachliche Haltung oder Geste geprägt. Wichtig ist zu wissen, dass wir ständig solche Signale aussenden. In der Regel ist uns das nicht bewusst. Die Auskunftspersonen nehmen sie aber, ebenfalls in der Regel unbewusst, wahr und reagieren darauf. Es gilt also, sich vor dem Aussenden von ungewollten, weil dem Fortgang der Vernehmung bzw. dem taktischen Ziel der Befragung nicht zuträglichen Signalen zu hüten. Nach Tests der Verfasser verfügen die Auskunftspersonen – auch hier relativ unabhängig von ihrem Bildungsgrad – über ein feines Gespür dafür, Back Channels zutreffend zu interpretieren. Das ist ihnen häufig selbst gar nicht bewusst. Wenn man sie befragt, was gerade in ihnen vorgeht, sind sie oft nicht in der Lage, diese Vorgänge transparent zu machen. Aus ihrem Antwortverhalten erkennt man aber eindeutig, dass sie quasi „intuitiv" bemerkt haben, was der Gegenüber sie durch Back Channels hat wissen lassen. Das kann kontraproduktiv sein. Ein Anwalt verschießt dadurch möglicherweise zu früh seine „Munition".

280 Umgekehrt können solche Signale bewusst am jeweiligen Erkenntnisziel orientiert eingesetzt werden, um die Auskunftsperson zu motivieren oder zu verunsi-

---

322 Der Oberbegriff lautet Rezipienzsignale. Er ist weiter gefasst als „Backchannels" und bezeichnet jegliche Zeichen, dass ein Zuhörer die Äußerung aufnimmt, also rezipiert (lat. *recipere* = aufnehmen). Backchannels sind insoweit eine Unterform der Rezipienzsignale. Hinzukommen Körpersprache und paralinguistische Signale (Tonfall, Atemgeräusche etc.).

323 Für gute Backchanels während des Berichts, siehe Kontakt herstellen und halten Fn. 87.

chern. Wo die (fließende) **Grenze des Zulässigen** liegt, wenn ein solches Verhalten bewusst aus (vernehmungs-)taktischen Gründen eingesetzt wird, bestimmt kein Gesetz, sondern im Einzelfall derjenige, der die Verhandlung leitet.

Vernehmungspersonen unterschätzen oft den Einfluss ihres eigenen Interaktionsverhaltens auf das verbale und nonverbale Verhalten der Auskunftsperson. Es ist zu erwarten, dass eine Person, die das Misstrauen ihres Gegenübers bemerkt, sich verstärkt um eine glaubwürdige Selbstdarstellung bemüht. Das hat zur Folge, dass Täuschungen vom Gegenüber schwerer erkannt werden können („Impression-Management-Theorie“[324]). Umgekehrt kann das Wahrnehmen von Misstrauen auch zu einer erhöhten Erregung führen, die dann genau diejenigen Ausdrucksverhaltensweisen produziert, die von der Vernehmungsperson als Täuschungshinweise interpretiert werden. Letzteres geschieht insbesondere dann, wenn die Auskunftsperson keine Möglichkeit hat, das von ihr wahrgenommene Misstrauen abzubauen (vgl. „Arousal-Theorie“[325]). Sie wird dann immer nervöser, was die Vernehmungsperson weiter als Bestätigung ihres Verdachts ansieht.[326] Dahinter steht die psychologische Regel: Wenn eine Auskunftsperson erkennt, dass die Vernehmungsperson gegen sie einen (begründeten oder auch nicht begründeten) Verdacht der Lüge hegt, dann löst das bei der Auskunftsperson als Reaktion Verhaltensweisen aus, die ihrerseits von der Vernehmungsperson wiederum als Bestätigung ihres Verdachts einer Lüge interpretiert werden. Das Vorurteil verfestigt sich, eine sogenannte „Self-Fulfilling Prophecy“.[327] 281

Fazit: Back Channels müssen beachten und bewusst eingesetzt werden.

11.10 Zu frühe Fragen/unnötige Einengung der Befragung

Der in einer Befragung stattfindende Kommunikationsvorgang wurde intensiv untersucht. Dabei wurde u. a. festgestellt, dass es sich häufig um einen gemeinsamen Rekonstruktionsprozess handelt, bei dem der Fragende mitunter großen Einfluss nimmt, indem er die Geschehnisse mit der Auskunftsperson quasi „aushandelt“, sodass es sich weniger um eine freie Berichterstattung über Wahrnehmungen oder nicht einmal um ein reines „Frage-Antwort-Spiel“ handelte. 282

In einem echten Verfahren wünschte der Bauherr nach dem Einbau von Türen in seinem Haus Änderungen, anstatt Mahagonitüren lieber solche aus Eichenholz. In Absprache mit dem Architekten schickte er seinen Vater (W.) zur Lieferfirma. Der wählte das andere (teurere) Holz aus. Die Türen wurden sodann ausgewechselt. Nach Bauabschluss kam es zu dem beinahe vorhersehbaren Streit, ob der Bauherr den entstandenen Mehrpreis zu bezahlen hat. So sei es vereinbart gewesen, trägt die klagende Baufirma vor. Der Bauherr behauptet das Gegenteil. Die klagende Firma benennt als Zeugen den Verkäufer der Türen zum Beweis 283

---

324 Die Impression-Management-Theorie geht davon aus, dass Menschen sich ständig darum bemühen, den Eindruck, den sie auf andere machen, zu steuern und zu kontrollieren (Snyder 1981, S. 122). Im Mittelpunkt steht also der strategische und taktische Einsatz der Selbstpräsentation. Dabei werden die potenziellen Reaktionen und Erwartungen des Gegenübers ständig antizipiert (Weißhaupt 1997, S. 38 ff.).

325 Die Arousal-Theorie beschäftigt sich u. a. mit dem sogenannten Yerkes-Dodson-Gesetz, demzufolge schwierige Aufgaben mit zunehmender Erregung schlechter, einfachere hingegen besser bewältigt werden (Kaufmann 1999), siehe auch Irrtum

326 Vgl. unten „Othello-Effekt“ – Rn. 589.

327 Selbsterfüllende Prophezeiung ist eine vom Soziologen R.K. Merton eingeführte Bezeichnung für eine sich selbst bestätigende Vorhersage. Wenn eine Person von einer bestimmten Sache glaubt, sie sei wahr und werde eintreten, trägt sie durch ihre Handlung und ihr Verhalten dazu bei, dass diese Prophezeiung auch tatsächlich eintritt. Beispiel: Rosenthal und Jacobsen haben in Untersuchungen gezeigt, dass Lehrer, die experimentell dazu bewegt wurden, einen Schüler als dumm einzuschätzen, durch ihr Verhalten tatsächlich dessen schulische Entwicklung verzögerten („Rosenthal-Effekt“).

dafür, dass bei dem Gespräch zwischen ihm und dem Vater des Bauherrn ein zu zahlender Mehrpreis vereinbart worden sei. Auf die Bitte des Vorsitzenden, zu erzählen, wie es zu der „Umbestellung“ der Türen kam, schilderte der Zeuge:

Vorsitzender:
„Sie sind als Zeuge benannt für die Vorgänge, die zur Umbestellung der Mahagonitüren in Eichentüren geführt haben. Ja, und Sie sind ein Mitarbeiter der Klägerin, der Firma X. Können Sie uns ein bisschen erklären, wie es dazu kam? Was wissen Sie denn?“

Zeuge:
„Ja, an sich ist es so gelaufen, dass im Auftrag Y. (Bauherr) wir die Mahagonitüren eingebaut haben. Nachdem die Türen eingebaut waren, hat der Architekt mich angerufen und hat gesagt, der Kunde möchte Eichentüren. Er ist mit den Mahagonitüren nicht zufrieden und nicht glücklich. Können wir das machen? Das musste auch alles sehr schnell gehen. Dann hab' ich gesagt, wenn wir diese Türen im Lager haben, können wir's kurzfristig machen. Dann ist der Herr W. (Vater des Beklagten) zu uns gekommen in die Firma, hat sich die Türen angeschaut und hat sich dann welche ausgesucht, die bauseits, also lagermäßig vorhanden waren. Und dann haben wir die Türen, Mahagoni- gegen Eichentüren, ausgetauscht.“

284 Zum Beweisthema Vereinbarung eines Mehrpreises hatte der Zeuge nichts erwähnt. Das ist bemerkenswert im Sinne von wert bemerkt zu werden. Doch auf Frage äußern viele Teilnehmer, dass der Zeuge offensichtlich zum Mehrpreis nichts zu sagen hatte, ein solcher also auch nicht vereinbart war. Das wäre aber vorschnell. Denn der Vorsitzende hat durch die Frage das Beweisthema eingeengt, denn der Vorsitzende hatte ihn explizit nur nach der „Umbestellung“ gefragt. Würde der Zeuge auch nach der vernehmungstechnisch gebotenen (weiteren) Aufforderung eines (ergänzenden) Berichts[328] nichts zum Mehrpreis sagen, dann würde das an Gewicht gewinnen. Dann wäre diese „Nicht-Schilderung“ mehr als *bemerkens*wert. In dem Prozess hat sich der Vorsitzende aber leider nicht an die Technik-Regeln gehalten. Vielmehr ist er sofort mit einer in hohem Maße suggestiven Frage unmittelbar auf das Beweisthema zu sprechen gekommen.

Vorsitzender:
„Hat man da jetzt darüber gesprochen, wer den Mehrpreis zu bezahlen hat?“

Ungeschickter hätte man es kaum machen können. Der Zeuge wird mit der Nase auf den Mangel in seiner Aussage hingestoßen. Wenn es stimmt, was von Teilnehmern in Seminaren immer wieder behauptet wird, dass eine solche Vorgehensweise keineswegs unüblich sei, dann lässt sich das nur mit dem enormen Zeitdruck erklären, unter dem die Richter stehen (der Vorsitzende will, dass der Zeuge rasch „zur Sache“ kommt). Rechtfertigen lässt sie sich damit freilich nicht.

285 Wie sollte ein Anwalt auf eine derartige Befragung des Gerichts reagieren? Aus **vernehmungs*taktischer* Sicht** der Anwälte hängt deren **Reaktionsweise** davon ab, welches Erkenntnisinteresse sie haben, wen sie in dem Prozess vertreten. Der **Beklagtenvertreter** könnte versucht sein, sich einzuschalten mit dem Hinweis, dass der Vorsitzende den Zeugen gerade sehr stark leitet. Es ist zweifelhaft, ob das sinnvoll wäre. Man kann die Frage des Richters nicht ungeschehen machen. Der Zeuge hat sie gehört. Dann hat er auch erkannt, woran es (aus Sicht der Klägerin) in seiner Aussage mangelt. „Das Kind ist schon in den Brunnen gefallen.“ Vielleicht wäre eine Diskussion mit dem Vorsitzenden an dieser Stelle, jedenfalls im Beisein des Zeugen, im Endeffekt kontraproduktiv, weil damit der „Mangel“ in der Aussage noch mehr betont und der Zeuge noch mehr „aufgefordert“ werden würde, inhaltlich nachzubessern. Vermutlich wäre es für den Beklagtenvertreter ratsam(er), Zähne knirschend zu schweigen und erst einmal ab-

328 Siehe oben Ergänzender Bericht Rn. 138.

zuwarten (und auf Situationsfragen[329]) auszuweichen. Der **Klägervertreter** könnte sich zufrieden zurücklehnen und nichts tun. Der Richter hat ja für ihn die „Arbeit“ getan.

Sehr interessant war in dem Verfahren die Antwort des Zeugen auf die suggestive Frage des Vorsitzenden. **286**

> Verkäufer:
> *„Ja. Im Grunde genommen war es klar, dass die Eichentüren teurer sind. Ja, und das ist auch gesagt worden.“*

Der Zeuge reagierte im vorliegenden Fall „überraschend“ resistent auf die Suggestion. Anstatt die „Lücke“ in seiner Aussage sogleich aufzufüllen, gibt er eine wiederum sehr *bemerkens*werte Antwort. Ein wenig ausweichend bringt er eine Art „Floskel“, *„Im Grunde genommen war es klar, dass die Türen teurer sind.“* Im Passiv fügt er hinzu, *„Das ist auch gesagt worden.“* – Nicht, *„Ich habe ihn darauf hingewiesen.“*, sondern *„Es ist gesagt worden.“* Was soll das heißen? Wer ist „es“? Wie lief das Gespräch ab? Wie eindeutig war die Vereinbarung, welche auch immer? Wie hat der andere reagiert? Gab es keinen Versuch, doch etwas auszuhandeln? Usw. All das bleibt unklar, wie in einem Nebel. Man ist beinahe geneigt, in die Erwiderung des Zeugen das Wörtchen *„bestimmt“* oder *„sicherlich“* hineinzuhören: *„Das ist bestimmt auch gesagt worden…“* Genauso verräterisch ist die seltsame Floskel: *„Im Grunde genommen war es klar…“* Was bedeutet „Im Grunde genommen“? Für wen war es klar? Für ihn, den Verkäufer, so dass gar nicht mehr darüber gesprochen werden musste?

Nachdem der Zeuge von sich aus in seinem (kurzen) Bericht die Vereinbarung eines Mehrpreises mit keinem Wort erwähnt hat und dann auf eine hoch suggestive Frage hin dermaßen ausweichend antwortet, kann mit großer Wahrscheinlichkeit davon ausgegangen werden, dass er keine konkreten Erinnerungen an das Gespräch, geschweige denn an das Beweisthema hat.[330] Das ist auch erinnerungspsychologisch zu erwarten, weil es sich bei Arbeit – wie in vielen Beweisaufnahmen auch – um eine klassische Routinehandlung handelt. Routinehandlungen erzeugen keine langfristigen Erinnerungen, aus mehreren Gründen: Da Routinehandlungen oft automatisch und ohne viel bewusste Aufmerksamkeit ausgeführt werden, werden sie weniger wahrscheinlich im Langzeitgedächtnis gespeichert. Routinehandlungen sind zudem oft mit geringer emotionaler Intensität verbunden, was dazu führt, dass sie weniger intensiv verarbeitet werden und daher weniger wahrscheinlich im Langzeitgedächtnis gespeichert werden.[331] Wie emotional die Mehrpreisvereinbarung war, ist leicht herauszubekommen, etwa mit der Frage: „Herr Zeuge, wie ging es Ihnen damals/Gabs was Besonderes?“. Wenn der Zeuge daraufhin antwortet. „Ich verstehe die Frage nicht. Wie soll es mir gegangen sein? Das war ein normales Gespräch“, dann ist erinnerungspsychologisch zu erwarten, dass er keine Erinnerung hat. Durch Situationsfragen[332] könnte man das wahre Wissen des Zeugen weiter prüfen, etwa mit **Fragen zu Nebensächlichkeiten**, nebensächliche Geschehnisse oder Gegebenheiten oder das zeitliche **Vor- und Nach(tat)geschehen** abgefragt werden. Da es vorliegend auf eine Mehrpreisvereinbarung im Bau ankommt, dann könnten Situationsfragen lauten: „Was wissen Sie sonst noch von diesem Tag? Schildern Sie mir bitte, was Sie vor dem Gespräch getan haben. Was danach? Wo fand das Gespräch statt (Büro, Lager, im Freien – diese Möglichkeiten nicht vorgeben!)? Worüber wurde noch gesprochen? Wann hat das Gespräch stattgefunden (am Vormittag, am Nachmittag – nichts vorgeben!)? Wie sah der Gesprächspartner aus? Wie war er **287**

329 Siehe Situationsfragen Rn. 158.
330 Wegen der Notwendigkeit und Fragen der Protokollierung, siehe Rn. 392.
331 Siehe Routinehandlungen Rn. 868.
332 Siehe Situationsfragen Rn. 868.

gekleidet? Welche Gespräche, mit wem, worüber haben Sie an jenem Tag außerdem noch geführt? Kam es an jenem Tag zu weiteren Vertragsabschlüssen?" usw. Wenn der Zeuge echte Erinnerung an das Gespräch und die Mehrpreisvereinbarung hat, dann müsste er viele Fragen beantworten können. (Episodischen) Erinnerungen sind immer eine kontextbezogene (kleine) Geschichte.[333] Am Ende wird die dünne Aussage des Zeugen vielleicht auch in der Weise „übersetzt" werden können: *„Ich kann mich an das Ganze im Einzelnen nicht mehr genau erinnern. Ich führe jeden Tag solche Gespräche. Aber das weiß doch jeder, dass Eichentüren viel teurer sind. Da braucht man doch gar nicht drüber reden. Ich denke, dass wir bestimmt auch darüber gesprochen haben, und dann hab' ich sicherlich gesagt, dass wir den Mehrpreis nicht übernehmen können …"*

11.11 Angriff und Verteidigung – Kommunikative Folgen

288 In dem gerade genannten echten Verfahren wünschte ein Bauherr nach dem Einbau von Türen in seinem Haus Änderungen, anstatt Mahagonitüren lieber solche aus Eichenholz. Die Parteien stritten um die Frage, wer den Mehrpreis zu bezahlen hat. Die klagende Firma benennt als Zeugen den Verkäufer der Türen zum Beweis dafür, dass bei dem Gespräch zwischen ihm und dem Vater des Bauherrn ein zu zahlender Mehrpreis vereinbart worden sei. Auf die im Verlauf der Vernehmung gestellte Frage des Vorsitzenden *„Hat man da jetzt darüber gesprochen, wer den Mehrpreis zu bezahlen hat?"* antwortete der Verkäufer: *„Ja. Im Grunde genommen war es klar, dass die Eichentüren teurer sind. Ja, und das ist auch gesagt worden."*
Die Antwort des Zeugen gefiel dem Vorsitzenden nicht, denn er sagte daraufhin:

> Vorsitzender:
> *„Also, mir kommt es nicht darauf an, ob etwas klar war, sondern ob …"*

Diese Formulierung erhielt durch das begleitende Kopfschütteln des Vorsitzenden noch mehr Schärfe. Dadurch fühlte sich der Zeuge im weitesten Sinn angegriffen. Es spielt keine Rolle, ob er sich das bewusst machte oder nicht.[334] **Wenn man angegriffen wird, verteidigt man sich.** Hier wird der Zeuge auf der Beziehungsebene (wie man sich gegenseitig behandelt) angegriffen. Würde er auf derselben Ebene reagieren, könnte er etwa entgegnen: *„Ich finde Ihren Ton nicht ganz angemessen…"* Natürlich wäre das nicht statthaft. Folglich verlagert er seine „Verteidigung", seine Reaktion, seine Entgegnung auf eine andere Ebene und zwar vorliegend auf die Sachebene.

> Verkäufer:
> *„Ja, das ist richtig. Aber das ist mit Sicherheit gesagt worden, denn es kann nicht sein …"*

Der Zeuge bessert inhaltlich nach. Er macht seine vorherigen Angaben, wie es der Richter „wünscht", „sicherer". Freilich nur verbal. Und wenn der Zeuge nur sagt, *„mit Sicherheit"*, so ist das mit Sicherheit keine Erinnerung! Auffälligerweise bleibt er (noch) nach wie vor im Passiv. Dass der Zeuge so oder ähnlich reagieren, dass er inhaltlich nachfüttern würde, war erwartbar. Folglich dürfen diejenigen, die ein umfassendes Erkenntnisinteresse haben, also Richter und Staatsanwälte, so nicht vorgehen. Äußerungen wie **„mit Sicherheit"**, **„hundert-" oder gar „tausendprozentig"** sowie **„Ich schwöre"** sind letztendlich nichtssagende Holphrasen. Sie sind oftmals das Ergebnis auf einen Angriff, eines zu forschen Vernehmungsstils. Gerade auch bei Anwälten sind solche forschen Vernehmungsstile gelegentlich zu beobachten, weil sie einen Zeugen testen, im Sinne des Mandanteninteresses vielleicht sogar beeinflussen, verunsichern wollten. Oftmals handelt es sich um einen völlig fehlgeschlagenen Plan, weil der Zeuge den Angriff spürt und nachbessert. Letzte Zweifel werden so vom Zeugen kurzerhand ausge-

---

333 Siehe Langzeitgedächtnis, episodisches Gedächtnis Rn. 857, 860.
334 Siehe Back Channels.

räumt und die Meinung zu einem Thema wird immer sicherer. „Wenn ich mir es nochmals überlege. Nein, das war mit Sicherheit, ganz sicher so". So kommen dann auch Aussagen zustande, die an „Eindeutigkeit" zunehmen.[335]

289 Aus Anwaltssicht muss man in der Regel geschickter vorgehen. Zur Verdeutlichung als Einschub stark überpointiert, wie der Rechtsanwalt der klagenden Firma hätte eingreifen können, um taktisch die Aussage des Zeugen in eine für seine Mandantin *günstige* Richtung zu lenken:

> Verkäufer:
> *„Ja. Im Grunde genommen war es klar, dass die Eichentüren teurer sind. Ja, und das ist auch gesagt worden."*
> Vertreter der Klägerin:
> *„Hohes Gericht, Entschuldigung, aber da muss ich gleich kurz unterbrechen. – Herr A., wir haben uns ja im Vorfeld des Prozesses unterhalten und Sie haben mir gesagt, was Sie wissen, dass Sie den Mehrpreis ausdrücklich vereinbart haben. Daraufhin habe ich Sie hier als Zeuge benannt und nun kommen Sie und drücken sich so seltsam aus. Wie war das nun? Haben Sie ihn auf den Mehrpreis hingewiesen oder was war?"*

Wenn man das im vorliegenden Zusammenhang liest, so springt die Unzulässigkeit eines solchen Vorhalts geradezu ins Auge. Ob in einer Verhandlung jeder Richter dies bemerken würde, wagen die Verfasser zu bezweifeln. Der Anwalt macht ja anscheinend nicht „Böses". Er räumt offen ein, vorher mit dem Zeugen geredet zu haben, und versucht nun – vordergründig – zu ermitteln, was „sein" Zeuge tatsächlich weiß. „Hintergründig" hilft er ihm freilich mit Nachdruck „auf die Sprünge". Mit großer Wahrscheinlichkeit wird sich dieser Zeuge jetzt genau an die Vereinbarung „erinnern".

290 **Vorwurfsvolle Fragen** oder **Vorhalte** sind immer hochproblematisch. Beispiel: *„Warum sind Sie denn überhaupt noch mit ihm in seine Wohnung gegangen, wenn er doch vorher in dem Lokal schon einmal, wie Sie sagen, zudringlich geworden war?"* (Originalzitat). Die Zeugin hörte die offensichtliche Missbilligung ihres Verhaltens seitens des Vorsitzenden (*„Das war aber ganz schön leichtsinnig."*) und den darin enthaltenen Vorwurf (*„Das macht man doch nicht. Dann sind Sie selbst schuld."*), wenn nicht sogar Zweifel an ihrer Aussage (*„Wollten Sie nicht vielleicht doch freiwillig …"*).[336] Die Vernehmungsperson muss sich mit (negativen) Wertungen zurückhalten.

291 In dem Verfahren mit dem Austausch der Türen übernahm nun der Vorsitzende beinahe ein wenig die Rolle des Klagevertreters, indem er fortfuhr:

> Vorsitzender:
> *„Mit Sicherheit, das ist für mich, dass Sie nicht sicher sind, sonst müssten Sie es genau wissen …"*
> Verkäufer:
> *„Ja, das ist gesagt worden."*
> Vorsitzender:
> *„Sie haben den Herrn W. darauf hingewiesen, dass die Türen teurer sind?"*
> Verkäufer:
> *„Mehr kosten."*

Der Vorsitzende bringt seine Bedenken weiterhin deutlich zum Ausdruck, was er im Rahmen einer Klärung[337] auch machen dürfte. Seine Formulierungen sind aber mehr als ungeschickt, sie sind ein Frontalangriff. Sie führen nicht dazu,

---

335 Siehe auch Taschenspieltricks/Ungeeignete Methoden zur Aufdeckung von Lügen, Eindeutigkeit" (bei Kurzaussagen – juristischer Kernbereich) Rn. 609.

336 Siehe auch Die vier Botschaften einer Nachricht Rn. 1089.

337 Siehe Klärung von Widersprüchen und Präsentation von Beweisen, Rn. 174.

dass die Auskunftsperson ihre eigenen Angaben hinterfragt und versucht, sich genau(er) zu erinnern, sondern dass sie eben einfach nachbessert. Die Aussage wird so nach und nach immer „sicherer", jedenfalls immer bestimmter werden.[338]Eigentlich sagt der Zeuge gar nicht viel, sondern der Vorsitzende macht, anstatt Fragen zu stellen und den Zeugen antworten zu lassen, für ihn die Aussage („*Sie haben den Herrn W. darauf hingewiesen, dass die Türen teurer sind?*"). Ein Richter oder ein Staatsanwalt darf das nicht tun. Ein Rechtsanwalt wird vielleicht versuchen, ob er damit „durchkommt".

Fazit: Wenn man eine Auskunftsperson im weiteren Sinn „angreift", wird sie sich „verteidigen", oftmals auf der Sachebene, indem sie ihre Aussage inhaltlich nachbessert.

11.12 Verneinende Fragen

292 In dem im Abschnitt zuvor geschilderten Fall über Austausch von Türen, Mahagoni gegen Eichenholz hat nun der Vorsitzende einen guten Gedanken:

> Vorsitzender:
> „*Hat er nicht gefragt, wie viel? Also ich hätt' gefragt, wie viel mehr kosten sie denn.*"
> Verkäufer:
> „*Ja, das mag sein, dass das im Moment nicht zur Sprache gekommen ist, wie viel mehr. Ja, aber es war ganz eindeutig, dass ich gesagt habe, die Türen sind teurer, denn ich kann keine Eichentüren zu Mahagonipreis verkaufen.*"

Im Anschluss gibt der Vorsitzende das Fragerecht weiter an die Anwälte. Auf die unlogische Erklärung des Zeugen wird von keiner Seite eingegangen. Er behauptet: Es könne sein, dass man nur über das Faktum Mehrpreis gesprochen hat, über die Höhe des Mehrpreises jedoch nicht. Absurd – ein Verkäufer weist einen Kunden darauf hin, dass er mehr zu bezahlen hat und der will dann nicht wissen, wie viel mehr! Die Aussage wäre jedenfalls eine Frage wert.

293 Nach all dem (auf ungeschickte Weise) Insistieren wechselt der Zeuge zuletzt sogar noch zur aktiven Ausdrucksweise. Aus einem stereotyp wiederholten „*Das ist gesagt worden*" (mögliche „Übersetzung": „*Das kann gar nicht anders gewesen sein*") wird schließlich: „*Es war eindeutig, dass ich gesagt habe...*". Und er greift nochmals seine Eingangsantwort („*Im Grunde genommen war es klar ...*") auf: „*... denn ich kann keine Eichentüren zu Mahagonipreis verkaufen.*"

294 Es schließt sich ein „schönes" **Beispiel** dafür an, warum man **keine verneinenden Fragen**stellen sollte. Offensichtlich hatte es einen zweiten Besuch des Vaters des Beklagten beim Zeugen gegeben. Der Beklagte selbst fragte den Zeugen:

> Beklagter:
> „*Sie erinnern sich aber **nicht**, dass beim zweiten Besuch meiner Eltern, speziell meines Herrn Vater bei Ihnen, er Ihnen auch gesagt hat, dass die Mehrkosten für Türen er **nicht** tragen würde. Daran erinnern Sie sich **nicht**?*"

Die erste Frage mit der doppelten Verneinung ist schon schwer zu verstehen. Müsste der Zeuge – im Sinn der Klägerin bzw. umgekehrt im Sinn des Beklagten mit Ja oder Nein antworten? Die Antwort des Zeugen auf die letzte Frage „Daran erinnern Sie sich nicht" bräuchte man gar nicht mitzuteilen. Der Leser kennt sie im Voraus.

> Verkäufer:
> „*Nein. Daran erinnere ich mich nicht. Nein.*"

338 Beharrungstendenz.

Ein weiteres **Beispiel** für eine ungeschickt gestellte verneinende Frage: **295**
Eine Versicherungsnehmerin machte Schadensersatzansprüche geltend. Bei einer Feier war eine Flasche Sekt zu Bruch gegangen. Der Teppichboden und die Wand waren stark befleckt. Ein Sacharbeiter der Versicherungsgesellschaft ging in die Wohnung, um das Schadensbild zu überprüfen. Als ihm an der Geschehensschilderung der Versicherungsnehmerin Zweifel kamen, sagte er zu ihr: *„Die Flasche haben sie nicht mehr?“* Natürlich war die Antwort: *„Nein, die habe ich gleich entsorgt.“* – Das hat in dem Fall die Position des Sachbearbeiters geschwächt. Er hatte mit der verneinend formulierten Frage praktisch im Voraus „Verständnis“ dafür ausgedrückt, dass der den Schaden verursachende Gegenstand nicht mehr zur Überprüfung zur Verfügung stand. Geschickter wäre eine Formulierung gewesen wie: *„Zeigen Sie mir jetzt mal bitte die Flasche.“* – VN: *„Äh, die habe ich weggeworfen.“* – SB: *„Wie, die haben Sie weggeworfen? Oh, das ist aber schlecht…“* – Auch wenn es sich vielleicht nicht um eine Obliegenheitsverletzung gehandelt haben mag, es hätte die Versicherungsnehmerin gleich in eine schwächere Gesprächs- und Verhandlungsposition versetzt. Sie hätte auf den Meta-Ebenen[339] Botschaften gehört wie: *„Das kommt mir verdächtig vor. Das hätten Sie nicht tun dürfen. Das geht nicht.“* usw.

Weil die Antworten auf verneinende Fragen in der entsprechenden Situation praktisch schon vorher feststehen, sind sie vom Grundsatz her nicht zulässig.

Beispiel: *„Ja, haben Sie denn nicht sofort gebremst, als Sie den Fußgänger auf der Fahrbahn gesehen haben?“* – Antwort, vermutlich nicht: *„Nein, ich hab' noch mal Gas gegeben.“*, sondern: *„Natürlich hab' ich sofort gebremst!“*

Fazit: Keine verneinenden Fragen stellen (lassen)!

11.13 Zu frühe Selbstoffenbarung/Festlegevernehmung

Die Befragung verfolgt bekanntermaßen das Ziel, von der Auskunftsperson möglichst umfangreiche, präzise und zuverlässige Informationen über das betreffende Thema zu erlangen. Der Informationsfluss sollte daher (ausschließlich) von der Auskunftsperson hin zur Befragungsperson erfolgen. Die Auskunftsperson darf dabei inhaltlich nicht durch die Befragungsperson gelenkt werden. Der Sachverhalt soll ergebnisoffen untersucht werden.[340] Hierzu gehört zunächst, dass der Redeanteil ganz überwiegend bei der Auskunftsperson liegt. Auch darf die Auskunftsperson nicht durch eine (**zu**) **frühe Selbstoffenbarung** der Befragungsperson gelenkt werden, etwa durch Offenlegung von Zweifeln an der Wahrhaftigkeit der Aussage einerseits und durch Offenlegung eigener Befragungstaktiken und eigenen Wissens andererseits. Dabei ist insbesondere im Zusammenhang mit Einleitungen von Fragen Vorsicht geboten.[341] Im forensischen Alltag wird der Frage oftmals ein Vorspann voranstellt, der als Ein- oder Hinleiten gedacht ist und immer Sachinformationen oder Bewertungen enthält. Dadurch wird die Auskunftsperson in eine bestimmte Richtung gelenkt. Aus alldem folgt auch, dass für eine Frage keine Begründungen gegeben werden sollte, warum die Frage gestellt wird. Die Auskunftsperson soll sich mit ihrer Aussage so wenig wie möglich auf das Tatsachenwissen und die Einstellung der Befragungsperson zu einem Beweisthema einstellen können. Insoweit ist ihr gegenüber jedenfalls zu Anfang nur so viel Preis zu geben, wie es für die Befragung unbedingt nötig ist. Die Auskunftsperson soll sich zum Beweisthema bzw. zu bestimmten Sachverhalten positionieren, eindeutig festlegen. Erst im späteren Verlauf kann es erforderlich werden, verfügbare Ermittlungserkenntnisse nicht **296**

339 Vgl. Rn. 1089.
340 Siehe Aktive Suche nach alternativen Erklärungen/Hypothesen Rn. 44.
341 Siehe Einleitung von Fragen Rn. 247.

mehr zurückzuhalten, sondern strategisch zu verwenden, durch konkrete Vorhalte oder sonstige Präsentation, um mögliche Widersprüche aufzuzeigen und zu klären.[342] Dabei sollte den Aussagenden die Gelegenheit zu Angaben im Zusammenhang, für weitere freie Berichte zur Kommentierung gegeben werden. Auch hierbei ist nochmals in Erinnerung zu rufen, dass man die Widersprüche nicht wertend präsentiert und sich weiter ergebnisoffen verhält. Vielleicht ist es tatsächlich ein Widerspruch. Vielleicht gibt es aber auch eine ganz einfache Erklärung und der scheinbare Widerspruch löst sich in Luft auf.

11.14 Negative Ansprache

297 Grundsätzlich sollte eine negative Ansprache der Auskunftsperson vermieden werden.

Negativ-**Beispiel**:
- *„Haben Sie keinen Verdacht geschöpft? Ist Ihnen das nicht komisch vorgekommen?"*
- *„Haben Sie nicht nochmals nachgefragt, wie hoch der Mehrpreis sein sollte?"*

Mit der negativen Ansprache sendet man auf der **„Meta-Ebene"** allerlei (negative) **Botschaften**, gar Vorwürfe, etwa des Inhalts „Das macht man doch!" und „Dann sind Sie selbst schuld". Die Auskunftsperson hört[343] nur die Missbilligung ihres Verhaltens und den darin enthaltenen Vorwurf und nicht den sachlichen Anteil der Frage. Hinzu kommt, dass jeder Angriff eine Reaktion erzeugt, in der Regel einen Gegenangriff oder ein Nachbessern. Entsprechend wird ihre Antwort sein. Entweder wird die Auskunftsperson behaupten, sehr wohl nachgefragt zu haben, oder sie wird eine Erklärung liefern, warum das in diesem Fall nicht nötig war.

- Falsch: *„Haben Sie nicht nach dem Ölverbrauch gefragt?"*
  Besser: *„Über was haben Sie sonst noch gesprochen?"*
  Noch besser: *„Erzählen Sie mir alles und detailliert über das Gespräch mit dem Verkäufer?"*

12. Vernehmung

298 Unter dem Begriff Vernehmung wird allgemein eine Befragung verstanden, die von einem **Staatsorgan in amtlicher Funktion** mit dem Ziel der Gewinnung einer **Aussage** durchgeführt wird. Die Befragung erfolgt daher anhand eines **rechtlichen Rahmens**, der eine Reihe von Vorgaben über den Inhalt und den genauen Ablauf der Befragung vorgibt. Hierzu gehören insbesondere Belehrungen über das Aussageverweigerungsrecht beim **Beschuldigten**, über die Verpflichtung zu wahrheitsgemäßen Angaben beim **Zeugen** und etwaige Auskunfts- oder Zeugnisverweigerungsrechte.

299 Für eine Vernehmung gilt uneingeschränkt das zuvor für die Befragung Ausgeführte. Zur Vermeidung von Wiederholungen kann auf die dortigen Ausführungen verwiesen werden.[344] Vernehmungen von Polizei und Staatsanwaltschaft sollten sich daher an der **untersuchenden Vernehmung** samt der elementaren **Hypothesenbildungen** und am dargestellte Prozess **PEEKAA**[345] orientieren. Die untersuchende Vernehmung und die investigative Denkweise gilt dabei für alle, für **Richter**, **Staatsanwälte, Polizeibeamte** etc.

300 Wie bereits eingangs ausgeführt, sollte bei der Vernehmung im Übrigen nicht zwischen **Verdächtigen/Beschuldigten** und **Zeugen** unterschieden werden, zu-

342 Siehe Erklärung von Widersprüchen und Präsentation von Beweisen Rn. 174.
343 Siehe Die vier Botschaften einer Nachricht Rn. 1089.
344 Siehe Prozess der Vernehmung Rn. 19 ff.
345 Siehe Prozess der Vernehmung PEEKAA Prozess der Vernehmung Rn. 32 ff.

mal der beste „Zeuge“ einer Straftat oft die Person ist, die sie begangen hat.[346] Denn die grundlegenden psychologischen Mechanismen wie das menschliche Gedächtnis, das Denken und die Entscheidungsfindung unterscheiden nicht zwischen Zeugen und Verdächtigen/Beschuldigten und sind vielmehr in der allgemeinen menschlichen Natur verwurzelt. Beschuldigtenvernehmungen im Beisein eines Verteidigers sind ebenfalls grundsätzlich **nicht anders** durchzuführen als ohne seine Anwesenheit. Bei Vernehmungen in Anwesenheit muss nur sichergestellt werden, dass der Anwalt sich jederzeit und auch ungestört mit dem Beschuldigten besprechen kann.
Auf besonders beachtenswerte Punkte soll nachfolgend eingegangen werden.

12.1 (Bessere) Behandlung von Auskunftspersonen

Die Befragungen von Auskunftspersonen im forensischen Bereich, also durch Gericht, Staatsanwaltschaft und Polizei haben das Ziel, wahre und irrtumsfreie Angaben zu erhalten bzw. solche Geschehensschilderungen, die sich gut auf Wahrheit und Irrtumsfreiheit überprüfen lassen. Solche Schilderungen erlangt man wie eingangs bereits ausgeführt am ehesten, wenn sich die Auskunftsperson möglichst „wohl“ fühlt.[347] Hierzu müssen alle die Auskunftsperson beeinflussenden negativen Faktoren (zunächst) so gering wie möglich gehalten werden. Zudem leuchtet es im Sinne der Wahrheitsfindung unmittelbar ein, dass zwischen der Befragungs- und der Auskunftsperson ein die Befragung begünstigendes Klima, eine gute Stimmung, herrschen sollte. Für den sog. **Rapport** muss sich der Richter/Staatsanwalt/Polizist und ggf. der Anwalt als Befragungsperson in vielfacher Hinsicht um die Auskunftsperson bemühen. Es ist Aufgabe der Vernehmungsperson, so gut es geht, die Voraussetzungen dafür zu schaffen. Die Möglichkeiten hierzu sind auch im Prozess vielfältig. **301**

Für den Richter beginnt die „Pflicht“, für gute Bedingungen in der Vernehmung zu sorgen, lange vor dem Prozesstag. Die Zeit, die hierfür investiert wird, macht sich in den meisten Fällen mit „Zinsen“ bezahlt. Der Leitsatz lautet: Wie kann ich, trotz meiner eigenen Zwänge und Bedürfnisse, die Vernehmung für die Auskunftsperson so angenehm wie möglich oder möglichst wenig unangenehm gestalten. Mit diesem Gedanken im Hinterkopf sollte die gesamte Planung erfolgen. Dann wird man bei der **Ladung** nach dem Wohnort des Zeugen schauen und bei der Terminierung auf eine besonders lange Anreise Rücksicht nehmen. Den Wunsch nach einer **Verschiebung des Termins** wegen wichtiger anderer Termine wird man, wenn es sich nicht erkennbar um eine „Ausrede“ handelt, ernst nehmen und zumindest in der oben geschilderten Weise (persönlich) darauf reagieren. Das gilt in ganz besonderem Maß für Terminverlegungswünsche von Anwälten, die letztlich bei Gericht ihren Lebensunterhalt verdienen und nicht nur einen Termin wahrzunehmen haben. **302**

Ein wichtiger Hinweis zu **Terminabsprachen**: Zumindest in Prozessen am Landgericht ist es mittlerweile wohl durchgängig üblich, die Verhandlungstermine vorab mit den Anwälten abzusprechen. Es scheint eine Ausnahme zu geben, denn da hören die Verfasser in Seminaren immer wieder Klagen: Die Nebenklagevertreter. Sie werden zwar ausreichend früh über die geplanten Termine informiert, auf Verschiebungswünsche wegen Terminkollisionen wird aber, so die Berichte, häufig nicht eingegangen. Ihre Teilnahme am Termin ist für das Gericht ja auch nicht zwingend. Sie ist aber für die Nebenkläger häufig wichtig. Deshalb sollten Nebenklagevertreter gleich behandelt werden wie Verteidiger. **303**

---

346 May, L./Fahsing, I./Kelly, C. E. Barela, S./Milne, R./Bull, R.: What is investigative interviewing (and what is it not)? A primer on the ethos of suspect interviewing, Journal of Criminal Psychology (2025), Seite 9 von 17

347 Siehe Einstieg und Beziehungsaufbau (Rapport) Rn. 76.

304 Mit dem obigen Leitsatz im Hinterkopf (Wie kann ich die Auskunftsperson unterstützen) wird jeder Richter die Zeugen **gestaffelt** und nicht gleich zum Beginn der Verhandlung **laden**. So verärgert, wie es der Richter ist, der (als Privatpatient) sich bei seinem Arzt einen Termin hat geben lassen und dann pünktlich um 15.30 Uhr die Praxis betritt, um festzustellen, dass fünf weitere Patienten auf denselben Zeitpunkt einbestellt worden sind, so verärgert ist – mit Recht – ein Zeuge in der entsprechenden Situation bei Gericht. Dazu taucht von Richtern immer wieder der Einwand auf: *„Was mache ich, wenn ein Zeuge nicht kommt? Dann muss ich warten und mein gesamter Zeitplan gerät durcheinander.“* Dieser Einwand ist in mindestens 90 Prozent der Fälle nicht stichhaltig. Nur selten sind es die Richter, die warten müssen; und wenn doch, dann oft wegen eines Fehlers oder Problems auf „staatlicher Seite“ (z. B. die Vollzugsanstalt hat den Angeklagten nicht rechtzeitig zum Gerichtsgebäude transportiert/„verschubt“ o. ä.). Alle Untersuchungen der Autoren und zahlreiche Berichte auch von Anwälten belegen, dass in Gerichtsverfahren ganz überwiegend Beteiligte warten müssen, Zeugen zum Teil sehr lange Zeit, über mehr als eine Stunde! Natürlich sind die Betroffenen verärgert. Zu Recht! Damit ist schon von Anbeginn kein günstiges Aussageklima geschaffen.
Hier als verbürgtes Beispiel dafür, dass Auskunftspersonen bei Gericht nicht immer ausreichend gut behandelt werden, der Brief eines Zeugen (wie aus der Akte erkennbar war, kein „Querulant“) an eine Kammer:

Geschäftsnummer: … Ladung zum Termin: … Im Rechtsstreit: …
Sehr geehrte Damen und Herren,
zu dem o. g. Termin werde ich nicht erscheinen.
Ich halte es schlichtweg für eine Unverfrorenheit, was mir als Zeuge hier zugemutet wird.
Durch einen mehr als unglücklichen Umstand war ich Zeuge eines leichten Verkehrsunfalls (in Zukunft schaue ich übrigens immer weg), bei dem lediglich geringer Blechschaden an zwei ohnehin schrottreifen Fahrzeugen – ohne verletzte Personen – entstand. Eigentlich wollte ich rasch vorbeifahren, wurde jedoch von einem Fahrzeugführer, es war glaube ich Herr H., gebeten, ihm meine Visitenkarte zu überreichen, falls Rückfragen wären. Das hätte ich nicht tun sollen.
Ich musste zur Zeugenvernehmung nach S. fahren und musste stehend, umgeben von allerlei üblem Gesinde, einem unfreundlichen Polizisten über eine Stunde Rede und Antwort stehen. Das war im Januar 2006. Im August 2007 wurde ich als Zeuge zur Gerichtsverhandlung vorgeladen. Nach über 3 Stunden Wartezeit, es war dabei nur noch ein weiterer Zeuge anwesend, wurde ich als Zeuge gehört, kam mir dabei aber eher als Angeklagter vor.
Und jetzt wieder eine erneute Vorladung zum Termin am …
Dafür stehe ich nicht mehr zur Verfügung, selbst wenn Sie mich in Handschellen vorführen müssten.
Ich bin ein absolut unbescholtener Bürger, habe aber den Glauben an die deutsche Justiz schlicht verloren. Es geht bei der Verhandlung nicht um Mord, Totschlag oder sonstige Gewaltverbrechen, es geht schlicht und einfach um einen leichten Blechschaden an zwei uralten Fahrzeugen. Ich habe alles in bestem Wissen und nach bestem Gewissen von mir gegeben. Jede neue Aussage nach zwei Jahren wäre eine reine Zumutung.
Als sogenannter „Besserverdiener“ zahle ich jeden Monat immense Steuern, die auch der Justiz zugute kommen. Haben Sie denn wirklich nichts Besseres zu tun?
In der Hoffnung, dass meine Zeilen bei Ihnen zu den entsprechenden Eingebungen führen, verbleibe mit freundlichen Grüßen und dem sicheren Vorsatz, am o. g. Termin nicht zu erscheinen.
Anlage: Ladung zu meiner Entlastung zurück

Wie würden Sie auf ein solches Schreiben reagieren? Diese Frage haben wir in zahlreichen Seminaren an Richter gestellt. Einige erwogen auch eine Vorführung durch die Polizei. Leider nur eine Minderheit plädierte dafür, entweder in einem **Brief/E-Mail** oder ausnahmsweise sogar in einem **Telefongespräch** Verständnis für die Situation des Zeugen zu zeigen, aber auch um Verständnis dafür zu bitten, dass das Interesse an der Wahrheitsfindung Vorrang haben muss. In dem betreffenden Verfahren, aus dem der abgedruckte Brief stammt, führte die Kontaktaufnahme durch den Berichterstatter dazu, dass gerade durch die dann später in einer freundlichen Atmosphäre erfolgte Aussage dieses Zeugen das Verfahren rasch zu einem Abschluss geführt werden konnte. 305

Gegen solche und ähnliche Anregungen wird immer noch, insbesondere von Richtern an Amtsgerichten, argumentiert, sie seien aufgrund des enormen Zeitdrucks gar nicht in der Lage, sich an die an sich sinnvollen Empfehlungen zu halten. Andernfalls werde ihr Referat in Kürze abstürzen. Die Verfasser waren teilweise auch als Amtsrichter tätig und erlauben sich deshalb zu sagen, dass es sich bei den Gegenargumenten jedenfalls zum Teil um „Ausreden" handelt. Die Verfasser haben erlebt, ebenso wie inzwischen sehr viele andere Kollegen, die solche Anregungen aufgenommen haben, wie diese Anregungen im Gegenteil nach einer kurzen Phase der Eingewöhnung zur Beschleunigung der Arbeit beigetragen haben. Auskunftswilligere und mehr zur Mitarbeit bereite Zeugen machen rascher dem Verfahren dienliche Angaben. Festzustellen, ob jemand die Wahrheit sagt oder lügt, gelingt wesentlich schneller. Parteien, die sich gut behandelt fühlen, sind eher damit einverstanden, wenn es angemessen ist, sich auf eine gütliche Verfahrenserledigung einzulassen. Auch wenn dies nicht sicher belegbar ist, stellen die Verfasser die Behauptung auf, dass sogar bei Angeklagten, die sich vom Gericht in ihrer Person angemessen behandelt fühlen, eine höhere Bereitschaft besteht, das Urteil zu akzeptieren. 306

Fazit: Um gutes Auskunftsmaterial im Rahmen einer Befragung zu erlangen, sollte man den folgenden Gedanken im Hinterkopf haben: Wie kann ich – trotz meiner eigenen Zwänge und Bedürfnisse – die Vernehmung für die Auskunftsperson so angenehm wie möglich oder möglichst wenig unangenehm gestalten?

In den letzten Jahren sind in der Justiz einige Programme „entwickelt" worden, die dem Schutz von Zeugen dienen und für eine bessere Behandlung von Zeugen sorgen sollen.[348] Dazu gehören auch in einigen Bundesländern neu gefasste **Ladungsformulare**, denen ohne großen Aufwand die Kopie eines Stadtplans mit markiertem Gerichtsgebäude und dem Hinweis auf Parkmöglichkeiten beigefügt werden kann. Im Gegensatz zu den früheren Formularen, die an eine Karte im alten Monopoly-Spiel erinnert haben, nach der man sich *direkt* ins Gefängnis begeben musste, findet sich in den neuen Formularen immer wieder das Wort „bitte". Neben einer allgemein freundlicheren, Angst nehmenden Formulierung erscheint den Verfassern von Bedeutung, bereits an dieser Stelle eine Sprache zu finden, die der Auskunftsperson vertraut ist. Es sollte schon bei den Ladungsformularen das Juristen-Deutsch, jede Form von Amtssprache vermieden werden.[349] 307

348 Das Wort „entwickelt" ist in Anführungszeichen gesetzt, weil solche und ähnliche Programme von den Verfassern und anderen bereits ein gutes Jahrzehnt zuvor propagiert und im eigenen Bereich angewandt worden sind. – Auf die durch das Gesetz zur Verbesserung der Rechte von Verletzten im Strafverfahren (Opferrechtsreformgesetz – OpferRRG) v. 24.6.2004 neu gefasste Vorschrift des § 48 StPO (dort Absatz 2) sei hingewiesen: „Die Ladung der Zeugen geschieht unter Hinweis auf verfahrensrechtliche Bestimmungen, die dem Interesse des Zeugen dienen, auf vorhandene Möglichkeiten der Zeugenbetreuung und auf die gesetzlichen Folgen des Ausbleibens."

349 Siehe Sprachliche Anpassung an die Auskunftsperson Rn. 93.

308 Es kommt auch immer wieder vor, dass **Polizeibeamte** negative Erfahrungen vor Gericht sammeln, sich eher schlecht behandelt fühlen. Beispiel: Der Beamte teilt dem Gericht vor der Verhandlung mit, dass er auf einen Zeitpunkt genau zwei Stunden nach dem Ende seiner Nachtschicht geladen worden ist, und fragt an, ob sein Erscheinen entbehrlich sei oder ob an seiner Stelle vielleicht einer seiner Kollegen kommen könne. Vom Gericht erhält er daraufhin nur eine kurze Notiz, schlimmstenfalls ohne Anrede und ohne Unterschrift: *„Auf richterliche Weisung wird Ihnen mitgeteilt, dass auf Ihr Erscheinen nicht verzichtet werden kann."* Todmüde begibt sich der Beamte pünktlich um 9 Uhr am Verhandlungstag zum Gericht, findet aber zusammen mit drei weiteren Zeugen den Sitzungssaal verschlossen vor. Der Richter kommt erst knapp 20 Minuten später. Ohne Kommentar geht er an den Zeugen vorbei in sein Beratungszimmer. Der Urkundsbeamte, der den Saal aufschließt, erklärt den Wartenden, dass es in einem anderen Fall Probleme gibt, weshalb der Richter noch habe telefonieren müssen. Schließlich beginnt die Verhandlung. Alle Zeugen werden in den Saal gerufen. Wenn der Richter es ganz schlecht macht, dann belehrt er sie und verweist sie zusammen dann in den „Abstand" (§ 58 Abs. 1 StPO), wie es im Juristen-Deutsch so „schön" heißt. Sie müssen wieder vor dem Saal warten, denn natürlich beginnt die Verhandlung nicht sogleich mit den Zeugenvernehmungen. Irgendwann wird dann ein Zeuge nach dem anderen vernommen. Zuletzt wird der Polizeibeamte in den Saal gerufen. *„Ich habe eine erfreuliche Nachricht für Sie. Wir stellen das Verfahren ein. Deshalb können wir auf ihre Vernehmung verzichten. Sie können schon wieder gehen. Auslagen hatten Sie ja keine, oder …?"* Ob der Beamte sich wirklich freut?

309 Sehr gute Erfahrungen haben die Verfasser damit gemacht, dass in schwierigen Vernehmungssituationen (jede Art von Opferzeugen und allgemein bei Kindern) der Auskunftsperson angeboten wird, vor ihrer Vernehmung einmal den **Gerichtssaal** zu **besichtigen**. Von diesem Angebot wird in den meisten Fällen Gebrauch gemacht. Die Zeugen vereinbaren mit dem Urkundsbeamten[350] einen Termin. Die beiden besichtigen den Saal. Der Urkundsbeamte erklärt in wenigen Worten, wie die Verhandlung in etwa ablaufen wird, zeigt den Zeugen, wo sie und wo die anderen Beteiligten sitzen werden usw. In der Regel ergibt sich eine kurze Unterhaltung zwischen den Beiden. Zu Fragen zum Verfahren gibt der Urkundsbeamte selbstverständlich keine Auskünfte. Dieser kleine zusätzliche Arbeitsaufwand wurde von den Urkundsbeamten ausnahmslos gerne auf sich genommen; möglicherweise, weil sie, indem ihnen ein wenig mehr Verantwortung überlassen wurde, sich und ihre Arbeit im weiteren Sinne „aufgewertet", mehr geschätzt fühlten. Eine gewisse Zeit haben die Verfasser nach den Prozessen die betreffenden Zeugen bzw. ihre Anwälte (etwa in Nebenklagefällen) befragt, ob diese „Serviceleistung" sinnvoll und hilfreich war. In 100 % (!) der Fälle wurde dies bejaht und oft in den höchsten Tönen gelobt. Die Verfasser sind davon überzeugt, dass auch in nahezu 100 % der Fälle dadurch die freilich ergebnisoffenen, untersuchenden Vernehmungen in den Hauptverhandlungen besser abliefen.

310 Trotz gestaffelten Ladens und sonstiger Bemühungen werden sich **Wartezeiten** bei Gericht nicht vermeiden lassen. Man kann damit unterschiedlich umgehen. Als die Verfasser vor etwa vier Jahrzehnten entsprechende Anregungen gaben und Vorschläge machten, wurden sie oftmals belächelt (oder mehr). Heute ist es keine Seltenheit mehr, wenn Richter dafür sorgen, dass es vor ihrem Gerichtssaal ausreichend Sitzmöglichkeiten gibt. Sie legen dort Illustrierten (die Aktualität ist von sekundärer Bedeutung) und Rätselhefte aus. Es gibt Hinweisschilder auf

350 Zur Vermeidung der Besorgnis der Befangenheit. Es spricht aber auch nichts dagegen, dass es der Richter selbst macht, dann aber nach vorheriger Unterrichtung (ggf. Beteiligung) des Staatsanwalts und des Anwalts des Angeklagten.

in größeren Gerichtsgebäuden mittlerweile installierte Getränkeautomaten. Wichtig erscheint es den Verfassern, die Wartenden nicht einfach nur sich selbst zu überlassen, sondern ihnen zu zeigen, dass man sie und ihre persönlichen Belange wahr- und ernst nimmt. Richter können und sollten die Verhandlung kurz unterbrechen und einen Zeugen, der vor dem Saal wartet, hereinrufen. *„Ich weiß, wir haben geplant, Sie jetzt zu vernehmen. Das wird aber nicht klappen, wir sind nicht mehr im zeitlichen Plan. Das tut mir sehr leid. Ich habe versucht, Sie erst zu dem Zeitpunkt zu laden, an dem wir Sie benötigen. Leider hat sich die Verhandlung nun doch anders entwickelt. Meine Planung war falsch, ich bitte Sie um Nachsicht. Ich kann trotz allem nicht auf Ihre Vernehmung verzichten. Wir brauchen Ihre Angaben. Sie müssen noch eine Weile warten. Ich schätze …. Minuten. Ich denke, um … Uhr könnte realistisch sein. Vielleicht möchten Sie inzwischen einen Kaffee trinken oder Spazieren gehen. Im zweiten Geschoss steht auch ein Getränkeautomat. Ich werde Sie dann hoffentlich pünktlich hereinrufen. Ist das O.K. für Sie?“* Die **Diktion**, wie man eine solche kleine Ansprache formuliert, ist jedem Einzelnen überlassen. Wichtig sind allein die in ihr enthaltenen **Botschaften**: Der Richter muss zum Ausdruck bringen, dass er die wartende Person wahrnimmt. Er übernimmt die **Verantwortung für das Warten**. Er erklärt ihr, dass dies nicht auf bösem Willen oder Unachtsamkeit, sondern auf unabänderlichen Gegebenheiten beruht. Denn: Das Problem an Prognosen ist: sie betreffen die Zukunft. Er bittet seine Unterstützung an. Er dankt. Ein Zeuge, der von einem Richter solche oder ähnliche Sätze hört, wird den Gerichtssaal anschließend nicht glücklich und zufrieden verlassen, aber er wird Verständnis haben und deshalb weiterhin auskunftsbereit(er) sein.

Auch das Folgende wurde lange Zeit belächelt, hat aber inzwischen ein wenig Schule gemacht und ist auch Ausfluss von Rapport. Diejenigen, die es übernommen haben, berichten wieder ausnahmslos von guten Erfahrungen damit. Besonders anstrengend sind längere Vernehmungen oder Befragungen vor allem zu problematischen, sehr persönlichen oder intimen Themenbereichen (Opfer von Gewalt- oder Sexualstraftaten oder Befragungen in Familienrechtsverfahren). Hier fühlen sich die **Auskunftspersonen** nahezu immer unwohl. Sie sind angespannt. Das führt unwillkürlich zu einem „trockenen Mund“. Steht nun **ein Glas Wasser** bereit, wird dieses „Angebot“, ohne darüber nachzudenken, gerne angenommen. Wenn schon der Moderator in einer Quizsendung im Fernsehen, das mit seinen Gästen immer so handhabt, warum sollte das nicht (oder nicht erst recht) ein Richter tun? Wie unangenehm, wenn – was einer der Verfasser erlebt hat – eine weinende Zeugin mehrfach fragt, ob sie etwas zu trinken bekommen könnte, und das Gericht nicht darauf vorbereitet ist.[351] Aus gleichem Grund sollten auch immer **Taschentücher** bereit liegen. Vernehmungen können sehr emotional sein, aus welchem Grund auch immer. Es gibt für einen **Zeugen** nichts schlimmeres, als beim Weinen kein Taschentuch zu Händen zu haben und die „Angelegenheit“ mit bloßen Händen bereinigen zu müssen. Die vorstehenden Überlegungen gelten selbstredend auch im Strafprozess für den **Angeklagten**, eine Partei oder den **Beschuldigten** im Ermittlungsverfahren. Nicht vergessen sollte man die **Dolmetscher**, die in größeren Verfahren oftmals einen ganzen Tag lang im Gerichtssaal sitzen und beinahe die gesamte Zeit reden müssen.[352] **311**

Nach bzw. während längeren Vernehmungen oder Befragungen sollte stets an eine (kurze) **Pause** gedacht werden. Bisweilen reicht schon allein die Rückfrage bei den Beteiligten, ob eine solche notwendig sei. Auch dies fördert die Auskunftsbereitschaft und schafft eine bessere Atmosphäre. **312**

351 In dem Verfahren „durfte“ die Zeugin schließlich in der Toilette aus dem Wasserhahn am Handwaschbecken trinken.

352 Siehe unten Dolmetscher, Qualität der Übersetzung Rn. 952.

Fazit: Es kann nicht oft genug wiederholt werden: Um gutes Auskunftsmaterial zu erlangen, sollten Richter den Gedanken im Hinterkopf haben: Wie kann ich, trotz meiner eigenen Zwänge und Bedürfnisse, die Vernehmung für die Auskunftsperson so angenehm wie möglich oder möglichst wenig unangenehm gestalten.

313 Für **Transparenz** zu sorgen, ist oft ein probates Mittel, um gar drohende Konflikte zu vermeiden oder um zur Deeskalation beizutragen. Denn es gilt der Satz: „Je weniger ich etwas verstehe, desto weniger gern lasse ich mich darauf ein." Je mehr man also vorab – nicht danach, denn das hat dann eher einen rechtfertigenden Charakter! – erklärt, warum man etwas Bestimmtes macht, desto höher ist die Chance der Akzeptanz. Der Richter kann auf den Einwand des Zeugen, *„Ich habe doch schon alles bei der Polizei gesagt."*, entweder entgegnen, *„Das ist egal, Sie müssen es hier nochmals schildern."* Oder er kann erwidern, *„Ich weiß, aber im Strafprozess gilt das Prinzip, dass man nur verwenden darf, was vor Gericht, also im Gerichtssaal gesagt wird. So sieht es das Gesetz vor. Die Kollegen/Schöffen kennen auch gar nicht die Akten. Deshalb bitte ich Sie…"* Welche Variante mehr Nutzen bringt und daher besser ist, steht außer Frage. Noch besser wäre es, den kleinen Hinweis an den Zeugen, warum er bei Gericht alles nochmals schildern soll, von vornherein der Vernehmung vorauszuschicken. Gleiches gilt auch für den Anwalt im Strafprozess. Auch für ihn kann es nutzbringend sein, für Transparenz gegenüber dem Gericht oder der Auskunftsperson zu sorgen und damit die Akzeptanz der Beteiligten für das eigene Verhalten zu schaffen bzw. zu erhöhen.[353]

12.2 Verbindliche Vorgaben für die Art der Befragung

314 Zu Beginn einer Vernehmung müssen die dafür **verbindlichen Vorgaben** eingehalten werden. Hierzu muss ggf. den zu befragenden Personen der Anlass und der Grund der Vernehmung und die geltenden Formalitäten, Rechte und Pflichten verständlich erklärt werden. Vernehmende müssen Beschuldigten u. a. den Tatvorwurf verständlich erklären, sowie, dass sie die Freiheit haben, sich zu äußern oder nicht zur Sache auszusagen und das Recht auf Verteidigerkonsultation haben etc.

315 Auch der eingangs vorgestellte Grundsatz der allgemeinen Befragungslehre, der **Grundsatz der Zweiteilung** (erst der Bericht, dann die Aufklärung insb. durch Fragen) entspricht gesetzlichen und auch verbindlichen Vorgaben zur Vernehmung (von Zeugen, vgl. §§ 69 Abs. 1 StPO, § 396 Abs. 1 ZPO). Daher ist die Einhaltung des Grundsatzes höchstrichterlich vorgeschrieben.[354] Soweit der Vorsitzende es versäumt, dem Zeugen tatsächlich Gelegenheit zu einem zusammenhängenden Bericht zu geben und vielmehr sogleich oder verfrüht etwa frühere Aussageprotokolle durch einen Vorhalt abprüft, ist dies im Strafrecht – bei entsprechender Protokollierung – auch mit der Revision angreifbar. Ob es dafür auch eine Beanstandung nach § 238 Abs. 2 StPO bedarf und gleichzeitig auch ein Verstoß gegen § 244 Abs. 2 StPO vorliegen muss ist streitig.[355] Im Zivilprozessrecht bedarf es einer Verfahrensbeanstandung nach § 295 ZPO.[356]

---

353 Siehe in diesem Zusammenhang auch Beispiel bei Rn. 1094.

354 Siehe Grundsatz der Zweiteilung Rn. 129.

355 Keine Beanstandung erfordern: BGH, Urt. v. 7.12.1954, 1 StR 317/53: „§ 69 StPO ist eine zwingende Vorschrift; auf ihre Beachtung kann nicht verzichtet werden … Daher entkräftet es die Rüge nicht, dass der Angeklagte und sein Verteidiger oder dessen Unterbevollmächtigte der Vernehmung beigewohnt haben und weder dabei noch in der Hauptverhandlung Einwendungen erhoben haben", so auch BGH, Urt. v. 21.10.1952 – 1 StR 287/52; a. A. BGH, Urt. v. 25.1.1972– 1 StR 142/71.

356 Greger in: Zöller, Zivilprozessordnung, 35. Auflage 2024, § 396 ZPO, Rz 1 mit Verweis auf BGH, Urt. v. 24.1.2006 – XI ZR 384/03

Wichtig: Dieser Grundsatz der Zweiteilung richtet sich dabei nur an das Gericht (bzw. über §§ 161a Abs. 1 Satz 2 StPO auch an die Staatsanwaltschaft), nicht auch an die anderen Beteiligten, also insbesondere nicht auch an Rechtsanwälte. Deren Rechte und Pflichten werden durch das Fragerecht bestimmt. 316

Fazit: Der Grundsatz der Zweiteilung ist für das Gericht eine zwingende Vorschrift. Die „abhakende" Vernehmung über ständige Vorhalte ist unzulässig.

12.3 Macht(un)gleichgewicht – Vulnerabilität – Kinder, etc.

Vernehmungen, also Befragung von einem Staatsorgan in amtlicher Funktion mit dem Ziel der Gewinnung einer Aussage können auch durch ein Machtungleichgewicht und **Vulnerabilität** (Verletzbarkeit, Empfindlichkeit oder Schutzbedürftigkeit) gekennzeichnet sein. Gerade Beschuldigte befinden sich in einer verletzlichen, vulnerablen Situation, die auf diese ungleiche Machtgleichgewicht zurückzuführen ist. Das **Machtungleichgewicht** ist besonders ausgeprägt, wenn eine beschuldigte Person inhaftiert ist und somit in Bezug auf die Ausübung und den Genuss ihrer (Menschen)Rechte vollständig von den Behörden abhängig ist. Die Vernehmungspersonen müssen sich der möglichen Auswirkungen des Machtungleichgewichts bewusst sein, einschließlich der Folgen davon. Das Machtungleichgewicht kann z. B. dazu führen, dass ein Beschuldigter beunruhigt ist, gar Angst verspürt. Solche Reaktionen können die körperlichen, kognitiven und emotionalen Reaktionen einer Person auf eine Befragung beeinflussen. Sie können die befragte Person daran hindern, die gestellten Fragen und die möglichen Auswirkungen ihrer Antworten zu verstehen und sich darauf einzustellen. Sie können auch die Fähigkeit der befragten Person beeinträchtigen, in ihrem eigenen Interesse fundierte Entscheidungen zu treffen oder detaillierte und genaue Angaben zu machen. Im schlimmsten Fall kann der erhöhte Stress, den manche Befragte empfinden, die Erinnerungsfähigkeit beeinträchtigen und zu falschen Informationen führen. Einige Befragte sind deshalb vulnerabler, weil spezifische andere Risikofaktoren hinzukommen. Vulnerabilität kommt **von innen**, oder **außen**. Risikofaktoren[357] können beispielsweise sein: 317

1. Alter, Geschlecht, Gender, Geschlechtsidentität oder -ausdruck oder sexuelle Orientierung
2. Nationalität oder ethnische Zugehörigkeit
3. Kultureller oder religiöser Hintergrund
4. Körperliche, geistige oder psychische Behinderung
5. Kommunikationsschwierigkeiten
6. Verständnisschwierigkeiten (einschließlich Sprachbarrieren)
7. Unfähigkeit zu lesen und/oder zu schreiben
8. Altersbedingte Erkrankungen wie Demenz
9. Zugehörigkeit zu einer Minderheitengruppe oder einer sozioökonomischen Randgruppe.

Vulnerabilität ist dabei als ein **dynamisches** und sich **veränderndes** Phänomen zu verstehen, was bedeutet, dass es weitere situationsbedingte Merkmale gibt, die eine höhere Vulnerabilität mit sich bringen, wie[358]: 318

1. Gesundheitszustand, wie etwa eine Verletzung, Krankheit, Depression, Angstzustände, Berauschung, Alkoholintoxikation, posttraumatische Belastungsstörung oder andere geschwächte oder veränderte Zustände

357 Vgl. Prinzipien zu effektiven Vernehmungen für Ermittlungen und Informationssammlungen („Méndez-Prinzipien"), Absatznummer 135

358 Vgl. Prinzipien zu effektiven Vernehmungen für Ermittlungen und Informationssammlungen („Méndez-Prinzipien"), Absatznummer 136

2. Frühere traumatische Erlebnisse, beispielsweise bei Opfern oder Zeugen/Zeuginnen von Missbräuchen oder Menschenrechtsverletzungen
3. Einwanderungsstatus, etwa bei Asylsuchenden oder Geflüchteten, nicht erfassten Wanderarbeitnehmer/innen, illegalen Migranten/Migrantinnen oder Opfern von Menschenhandel
4. Schwangere oder stillende Mütter, oder primäre Bezugspersonen, die keine Möglichkeit hatten, eine alternative Betreuung zu organisieren
5. Art der untersuchten Straftat, z. B. Pädophilie, politische Straftaten oder terroristische Handlungen

319 Die Risiken können in Abhängigkeit von Faktoren wie Kontext, Kultur und Zeit unterschiedlich stark sein. Umstände, die auf eine besondere Vulnerabilität hindeuten, können **dauerhaft** oder **vorübergehend** auftreten. In manchen Fällen kann die besondere Vulnerabilität der Personen offensichtlich und bereits protokolliert sein. In anderen Fällen ist diese nicht bekannt oder nicht ohne weiteres ersichtlich. Die besondere Vulnerabilität kann auch das Ergebnis verschiedener sich wechselseitig beeinflussender Faktoren sein, die zu besonderen Lebenssituationen und -erfahrungen sowie zu einer besonders hohen Anfälligkeit für Diskriminierung und Misshandlungen führen.[359]

320 Man muss sich vergegenwärtigen, dass Vulnerabilität **jeden** treffen kann. Nach bspw. „nur 10 Stunden" Vernehmung hat jeder Konzentrationsschwächen und man ist möglicherweise nicht mehr in der Lage, seine Rechte vollständig wahrzunehmen oder den Vernehmungsprozess in vollem Umfang zu verstehen und sich entsprechend zu verhalten.

321 Vernehmungspersonen sollte bewusst sein, dass sie mit gewissen Verhaltensweisen die Vulnerabilität von Personen erhöhen können, und sie sollten sicherstellen, dass diese Verhaltensweisen nicht die Antworten der Befragten **beeinflussen**.[360] Dies umfasst insbesondere:

a. **Suggestibilität**, wobei befragte Personen, speziell Kinder und Personen mit psychosozialen oder intellektuellen Beeinträchtigungen, sehr anfällig für leitende und suggestive Fragen oder auch für Vernehmungsdruck und Täuschungen sind. Das kann zu falschen oder unzuverlässigen Informationen führen
b. **Zustimmung**, d. h. die Tendenz, ohne nachzudenken zu bejahen, in der Regel, um die Befragung schnellstmöglich zu beenden.
c. **Nachgeben** (Compliance), wobei die befragte Person das sagt, was sie denkt, dass der/die Vernehmer/in hören will, um vorteilhafte Reaktionen zu bekommen und Missbilligung oder Misshandlung zu vermeiden

322 Die Vernehmungsperson hat deshalb die Pflicht, den fairen Ablauf der Vernehmung zu gewährleisten und die vulnerablen Rechte der betroffenen Person zu schützen. Die zu treffenden Maßnahmen sind vielschichtig, dazu gehören insbesondere:

1. Erkennen der Vulnerabilität[361]
   - Achtsam auf Verhalten, Sprache, nonverbale Signale achten.
   - Bei Unsicherheit ggf. Fachkräfte (z. B. Psychologen) hinzuziehen.
2. Anpassung der Vernehmungssituation
   - Rapport. Vorhersehbar agieren, Bereitschaft/Fürsorge/Aufmerksamkeit zeigen
   - Einfachere Sprache verwenden.

---

359 Vgl. Prinzipien zu effektiven Vernehmungen für Ermittlungen und Informationssammlungen („Méndez-Prinzipien"), Absatznummer 137

360 Vgl. Prinzipien zu effektiven Vernehmungen für Ermittlungen und Informationssammlungen („Méndez-Prinzipien"), Absatznummer 140.

361 Siehe PEEKAA, Planung Rn. 40.

- Vernehmungsdauer anpassen, ggf. Pausen einlegen.
- Ruhige, geschützte Umgebung schaffen.
- Begleitperson oder Vertrauensperson zulassen (z. B. bei Kindern, Opfern).
- Dolmetscher beiziehen bei Sprachbarrieren.

3. Rechte deutlich machen
   - Rechte (z. B. Aussageverweigerung, anwaltlicher Beistand) klar, einfach und verständlich erläutern.
   - Überprüfen, ob die betroffene Person das Gesagte verstanden hat.
4. Dokumentation
   - Besonderheiten dokumentieren (z. B. Pausen, Verständnisschwierigkeiten, Unterstützungspersonen).
   - Auch Zweifel an der Vernehmungsfähigkeit vermerken.
5. Besondere Schutzmaßnahmen
   - Bei Kindern oder Traumatisierten ggf. Videovernehmung oder Vernehmung durch speziell geschulte Personen.
   - Schutz vor Konfrontation mit Täter sicherstellen.

Eine Vernehmung von Personen in vulnerablen Situationen erfordert daher von Anbeginn das Erkennen (in der Planung) und Berücksichtigen der spezifischen Bedürfnisse. Befragungspersonen sollten in (besonderen) vulnerablen Situationen ein **spezielles Training** absolviert haben oder von einem entsprechenden **Experten** begleitet werden.[362] **323**

Gerade auch die **Vernehmung von Kindern** erfordert besondere Sorgfalt und ggf. tiefergehende **Fachkenntnis**, da Kinder in ihrer kognitiven und emotionalen Entwicklung spezifische Bedürfnisse und Vulnerabilitäten aufweisen. Im Folgenden werden nur zentrale Aspekte beleuchtet, die bei der Vernehmung von Kindern zu berücksichtigen sind. Die Grundsätze für die Befragung von Kindern unterscheiden sich nicht von den Grundsätzen für die Befragung von Erwachsenen. Dennoch ist zu beachten: **324**

Die Entwicklung der **Sprache von Kindern** wird durch viele individuelle und soziale/umweltbezogene Faktoren beeinflusst, wie z. B. die Art der Konversation zwischen Eltern und Kind im Elternhaus und die intellektuellen Fähigkeiten des Kindes. Typischerweise entwickelt sich die erzählende Sprache jedoch in der frühen Kindheit, wenn Kinder zunächst lernen, isolierte und auffällige Ereignisse zu erzählen. Die Erzählungen von sehr jungen Kindern (z. B. Vorschulkindern) enthalten in der Regel nur Schlüsselwörter oder Akteure mit wenigen grammatikalischen Elementen der Geschichte. So sind beispielsweise viele Dreijährige normalerweise in der Lage, Ereignisketten zu produzieren, die durch „und“ verbunden sind (z. B. „Wir gingen in den Park, Jason fiel um und wir fütterten die Enten“). Solche frühen Erzählungen enthalten jedoch keine Hinweise auf Ursache und Wirkung und die Folgen von Handlungen. Außerdem spiegeln sie in der Regel nicht die richtige zeitliche Abfolge der Ereignisse wider, die Aussagen sind ungesteuert.[363] Die Aktivität bzw. das Ereignis, das für das Kind am wichtigsten war, wird oft zuerst erwähnt, während andere Aktivitäten/Ereignisse erst später oder gar nicht erwähnt werden.[364] **325**

Mehrfache Vernehmungen können für Kinder eine erhebliche **psychische Belastung** darstellen. Daher sollte die Anzahl der Vernehmungen so gering wie möglich **326**

---

362 Vgl. Prinzipien zu effektiven Vernehmungen für Ermittlungen und Informationssammlungen („Méndez-Prinzipien“), Absatznummer 147; zur Pflicht auf Hinzuziehung von Sachverständigen, siehe Besonderheitenrechtsprechung Rn. 628.

363 Siehe Realkennzeichen der Ungesteuertheit/Nichtsteuerung Rn. 753.

364 Powell, M. B./Snow, P. C., Guide to questioning children during the free-narrative phase of an investigative interview, Australian Psychologist, March 2007 42(1): 57, 58.

gehalten werden. Die Richtlinien für das Strafverfahren und das Bußgeldverfahren (RiStBV) betonen in Nummer 19 Absatz 1, dass wiederholte Vernehmungen von Kindern und Jugendlichen vor der Hauptverhandlung wegen der damit verbundenen seelischen Belastung nach Möglichkeit zu vermeiden sind. Nach RistBV Nr. 19 Absatz 2 soll bei Zeugen unter achtzehn Jahren zur Vermeidung wiederholter Vernehmungen von der Möglichkeit der **Aufzeichnung in Bild und Ton** Gebrauch gemacht werden. Nach § 58a StPO „kann" die Vernehmung eines **Zeugen** in Bild und Ton aufgezeichnet werden. Sie soll nach Würdigung der dafür jeweils maßgeblichen Umstände aufgezeichnet werden und als richterliche Vernehmung erfolgen, wenn 1. damit die schutzwürdigen Interessen von Personen unter 18 Jahren sowie von Personen, die als Kinder oder Jugendliche durch bestimmte, in § 255a Absatz 2 StPO genannten Straftaten verletzt worden sind, besser gewahrt werden können oder 2. zu besorgen ist, dass der Zeuge in der Hauptverhandlung nicht vernommen werden kann und die Aufzeichnung zur Erforschung der Wahrheit erforderlich ist.

327 Kinder im Alter von etwa 3 Jahren[365] können in der Regel genaue[366] Beschreibungen von Erlebnissen liefern, vorausgesetzt, sie haben die Einzelheiten des Ereignisses kodiert und sie verstehen die Fragen. Es ist jedoch nicht einfach, **Fragen fach- und altersgerecht** zu formulieren, wenn die Befragungsperson nicht über eine umfassende Ausbildung in der kindlichen Entwicklung verfügen oder nicht täglich mit kleinen Kindern sprechen.[367] Die **Art der Fragen**, mit denen die Kinder ihre Erlebnisse schildern, wirkt sich sowohl auf die Quantität als auch auf die Qualität der erhaltenen Informationen aus.[368] Einerseits können Kinder, die mit **offenen Aufforderungen** zum freien Erinnern befragt werden (z. B. „Erzählen Sie mir, was passiert ist."), ihre Schilderungen zwar kurz halten, aber mit größerer Wahrscheinlichkeit genau sein. Zusätzliche offene Aufforderungen können verwendet werden, um nachzufassen und so Erklärungen oder weitere Details zu eruieren (z. B. „Du hast [Person/Objekt/Handlung] erwähnt. Erzähl mir mehr darüber."; „Was ist dann passiert?"). Auch wenn jüngere Kinder als Antwort auf offene Fragen kürzere und weniger detaillierte Berichte über erlebte Ereignisse geben als ältere Kinder und Erwachsene, sind ihre Berichte nicht weniger genau. Andererseits steigt die Wahrscheinlichkeit falscher Antworten beträchtlich, wenn Kinder mit geschlossenen Erkennungsfragen befragt werden (z. B. „Hat er dich mit den Fingern berührt?"; „War das tagsüber oder nachts?"). Bei jüngeren Kindern ist die Wahrscheinlichkeit höher als bei älteren Kindern und Erwachsenen, dass sie bei geschlossenen Fragen falsche Angaben machen.[369]

328 **Fragen** an Kinder (wie sonst auch[370]) müssen insb. **kurz** sein. Viele Kinder haben eine begrenzte **Aufmerksamkeitsspanne** und eine begrenzte sprachliche Verarbeitungskapazität. Lange Fragen (d. h. solche mit vielen Details, die sie aufnehmen müssen) sind für Kinder schwerer zu verarbeiten. Fragen (wie sonst auch) dürfen nur einen einzigen Punkt betreffen. Vielschichtige oder eingebettete Fragen sind offensichtlich problematisch, denn wenn viele Unterpunkte

---

365 Gubi-Kelm, S. Gedächtnispsychologie – Wissenschaftliche Erkenntnisse für das forensische Verfahren, in: Die Erhebung und Bewertung von Zeugenaussagen im Strafprozess (Hrsg. Köhnken/Deckers), 4. Auflage 2020, Seite 93, 105.

366 Das betrifft die Qualität der Angaben, weniger der Quantität.

367 Powell, M. B./Snow, P. C., Guide to questioning children during the free-narrative phase of an investigative interview, Australian Psychologist, March 2007 42(1): 57, 59 ff.

368 Guadagno, B. L./Powell, M. B., An examination of the prevalence of temporally leading questions in child witness interviews, in: International Journal of Police Science & Management Volume 16 Number 1, (2016), 16.

369 Andrews, S.J./Lamb, M. E/Lyon, T.D., Question Types, Responsiveness and Self-contradictions when Prosecutors and Defense Attorneys Question Alleged Victims of Child Sexual Abuse, in: Applied Cognitive Psychology, Appl. Cognit. Psychol. 29: 253, 254.

370 Siehe Themenbezogene Aufforderung/Frage Rn. 144.

oder qualifizierende Sätze in einer Frage enthalten sind, ist es für das Kind nicht klar, auf welche Bestandteile der Frage es antworten soll.

Die Fragen und **angesprochenen Details** müssen von einem Kind in diesem Alter sinnvoll beantwortet werden können. Häufig kommt es zu Missverständnissen, weil das geforderte Konzept zu komplex für den kognitiven Entwicklungsstand des Kindes ist. Gerade bei der Befragung von Kindern ist es sehr wichtig, dass der Befrager sich nur auf Aktivitäten oder Details des mutmaßlichen Ereignisses beziehen, die das Kind **bereits erwähnt** hat oder die sich als wahr erwiesen haben. Es ist vielleicht nicht möglich, solche Fragen vollständig zu vermeiden, aber man muss sich darüber im Klaren sein, dass jedes neue Detail, das vom Interviewer erwähnt wird, den späteren Bericht des Kindes über ein Ereignis möglicherweise verunreinigen könnte, unabhängig davon, wie dieses Detail eingeführt wurde.[371] 329

Entscheidend für eine Befragung ist – neben der sorgfältigen Planung, dem Einstieg und Rapportaufbau – auch die **Vermeidung von Druck**. Kinder benötigen mehr Zeit, um die Aufgabe zu verstehen, die Fragen zu begreifen, über die Frage nachzudenken, die Informationen im Gedächtnis abzurufen, diese in Worte zu fassen und auszusprechen. 330

Kinder und andere vulnerable Personen sind besonders anfällig für **Suggestion.**[372] Kleine Kinder, insbesondere Vorschulkinder, sind empfänglicher für Suggestion als ältere Kinder und Erwachsene.[373] Ist der Befrager Erwachsener, geben Kinder suggestiven Einflüssen eher nach und tendieren dazu, auf jeden Fall eine Antwort geben zu wollen. Kinder erwarten von Erwachsenen, dass die gestellten Fragen und darin enthaltenen Informationen sinnvoll sind, durch den Status des Befragers (z. B. Polizeibeamter o. ä.), wird eine Autoritätsbeziehung in der Befragungssituation oft verstärkt. Kinder gehen oftmals davon aus, dass die erwachsenen Autoritätsperson bereits weiß, was geschehen ist. Sie sind nicht in der Lage zu erkennen, dass das, was „in ihrem Kopf ist", nicht das gleiche ist, wie das in den Köpfen der anderen. Wenn Kinder zusätzlich den Eindruck haben, der Befrager wisse schon von wesentlichen Aspekten des fraglichen Ereignisses, sind Kinder unter der Voraussetzung eigener Unsicherheit über die zutreffende Antwort geneigt, die vorhandenen Hinweise in ihre Antwort zu integrieren, es besteht die **Tendenz nachzugeben.** Untersuchungen haben erbracht, dass Kinder häufiger als Erwachsene nicht zu ihren Erinnerungslücken stehen. Sie denken, dass Ihre Aufgabe vor allem darin besteht, lediglich zu bestätigen, was die Befragungsperson – die nach ihrer Meinung ja bereits alles weiß – ihnen nahelegt. Es besteht die **Tendenz zu bejahen**, ohne nachzudenken, um die Befragung schnellstmöglich zu beenden oder um vorteilhafte Reaktionen zu bekommen und Missbilligung zu vermeiden. Das gilt auch dann, wenn sie in kindgerechter Sprache darauf hingewiesen werden, dass Erinnerungslücken „vollkommen normal" seien. Eine Vulnerabilität schließt nicht unbedingt aus, dass eine befragte Person zuverlässige Informationen liefert. Die im Bericht über ein Erlebnis gemachten Angaben von vulnerablen Personen können durchaus korrekt sein. Es ist bei Vernehmungen von Kindern und anderen vulnerablen Personen besonders wichtig, nicht zu früh in die Aufklärung mit seinen Fragen einzusteigen. Fehler treten gerne auf, wenn gezielte Fragen beantwortet werden 331

---

371 Powell, M. B./Snow, P. C., Guide to questioning children during the free-narrative phase of an investigative interview, Australian Psychologist, March 2007 42(1): 57, 60.

372 Agnew, S. E./Powell, M. B., The Effect of Intellectual Disability on Children's Recall of an Event Across Different Question Types, in: Law and Human Behavior, Vol. 28, No. 3, June 2004, 273, 274; siehe hierzu auch Irrtum, Suggestion Rn. 916.

373 Andrews, S.J./Lamb, M. E/Lyon, T.D., Question Types, Responsiveness and Self-contradictions when Prosecutors and Defense Attorneys Question Alleged Victims of Child Sexual Abuse, in: Applied Cognitive Psychology, Appl. Cognit. Psychol. 29: 253, 254.

sollen. Um dies zu verhindern, sollen Fragen so lange zurückgestellt werden, bis der Zeuge mit eigenen Worten frei berichtet hat, was geschehen ist. Und wenn Fragen gestellt werden, dann unbedingt offene Fragen.[374]
Auch die Vernehmung von **traumatisierten Auskunftspersonen** benötige speziell ausgebildeter Vernehmungspersonen.

12.4 Kontaktgespräche mit dem Beschuldigten im Ermittlungsverfahren, „formlose“ Vorgespräche[375]

332 Im kriminalistischen Schrifttum werden zum Teil **vertrauensbildende Vorgespräche** vor einer geplanten Vernehmung im Ermittlungsverfahren empfohlen. „Jede polizeiliche Vernehmung stellt für die Aussageperson eine psychische Belastung dar. Davon ausgehend hat das Kontaktgespräch nicht die Beweisführung im Sinn, sondern soll zum einen zu einer vorteilhaften Vernehmungsatmosphäre hinführen […].“[376] Ein solches Gespräch bedürfe „keiner vorherigen Belehrung, da in dieser Phase noch nicht über den relevanten Sachverhalt gesprochen wird“.

333 Auf diese Empfehlungen möchten die Verfasser eingehen, weil die Empfehlung äußerst problematisch sein kann: Zutreffend ist, dass „nicht über den relevanten Sachverhalt“ gesprochen werden, ein solches Vorgespräch also **keinerlei inhaltlichen Bezug zum Tatvorwurf** haben darf. Gespräche mit inhaltlichem Bezug sind stets Vernehmungen, für die Belehrungspflichten gelten. Angaben mit inhaltlichem Bezug im Rahmen eines solchen Vorgesprächs sind aufgrund unterbliebener Belehrung des Beschuldigten nach § 163a Abs. 4 Satz 1, Satz 2 i. V. m. § 136 Abs. 1 Satz 2 StPO nicht verwertbar.[377] Ein solcher inhaltlicher Bezug wird im Übrigen auch schon dann hergestellt, falls das Vorgespräch vor der „eigentlichen“ Vernehmung mit dem Ziel geführt wird, die protokollierte Vernehmung zu straffen. Auch solche Gespräche sind rechtlich Bestandteil der Vernehmung.[378]

334 Große Teile des strafrechtlichen Schrifttums halten solche Vorgespräche, die vor einer geplanten Vernehmung mit dem Beschuldigten ohne Eröffnung des Tatvorwurfs und Beschuldigtenbelehrung geführt werden, per se für unzulässig.[379] Das ist zutreffend, wenn sie über einen unverfänglichen Small-Talk[380] hinausgehen. Solche Vorgespräche schüren das Misstrauen eines jeden Verteidigers (und auch Staatsanwalts und Richters) und haben sich schon oft als Fehlerquelle erwiesen, insbesondere wenn solche Gespräche über einen langen Zeitraum geführt wurden und auch nicht (auf Video) dokumentiert wurden.[381] Solche informellen Gespräche sind die Grundlage vieler Justizirrtümer. Die Ermittlungsbehörden täten gut daran, auf solche Vorgespräche vor der „eigentlichen“ Vernehmung zu verzichten. Bei Vernehmung von Verdächtigen oder Beschuldigten im Ermitt-

---

374 Vgl. Prinzipien zu effektiven Vernehmungen für Ermittlungen und Informationssammlungen („Méndez-Prinzipien“), Absatznummer 144.

375 Ein Teil der nachfolgenden Ausführungen zum Ermittlungsverfahren stammen aus: Der Strafprozess, Strategie und Taktik im Ermittlungsverfahren, Rinklin/Maurer (Hrsg), Deubner Verlag, in dem der Verfasser Dr. Maurer die Kapitel 7 (Polizeiliche Vernehmung) und 14 (Richterliche und staatsanwaltliche Vernehmungen) verfasst hat.

376 Bund Deutscher Kriminalbeamter, Pocket-Tipps, Vernehmungen I (2015), S. 20; vgl. auch Eisenberg, Beweisrecht der StPO, Rn. 581a m. w. N.

377 BGH, Urt. v. 3.7.2007 – StR 3/07; BGH, Urt. v. 18.12.2008 – 4 StR 455/08; BGH, Urt. v. 3.5.2018 – 3 StR 390/17.

378 LR/Erb, 27. Aufl. 2018, § 163a Rn. 18.

379 Prinzipien zu effektiven Vernehmungen für Ermittlungen und Informationssammlungen („Méndez-Prinzipien“), Absatznummer 66; MüKo-StPO/Schuhr, § 136 Rn. 25; Eisenberg, Beweisrecht der StPO, Rn. 581a; Artkämper, Die „gestörte“ Hauptverhandlung, Rn. 541.

380 Siehe Einstieg und Beziehungsaufbau Rn. 76.

381 So bspw. im Fall Rudi Rupp, Gubi-Kelm/May/Gundlach/Rick/Püschel, Der Fall Rudolf R. – eine interdisziplinäre Analyse, Archiv für Kriminologie 2023, S. 3/39. – sowie im „Badewannenmord“, vgl. Gubi-Kelm/May/Schmitt/Bitzigeio/Rick/Püschel: Interdisziplinäre Betrachtung eines Mordes, den es nicht gab – der Fall Manfred G, S. 20/47.

lungsverfahren ist zu empfehlen, zu Beginn aktiv etwaige informellen Gespräche zum Gegenstand der Vernehmung zu machen und zu dokumentieren, dass es solche nicht gab, sie aktiv auszuschließen und dies (aufgrund audiovisueller Vernehmung) zu dokumentieren. Etwa im Sinne von:

Vernehmungsperson:	Lassen Sie uns kurz darüber sprechen, wie lange wir uns kennen?
Beschuldigter:	Ja, Sie haben mich von der Zelle hierhergebracht.
Vernehmungsperson:	Haben wir uns vorher schon mal gesehen?
Beschuldigter:	Nein, haben wir nicht.
Vernehmungsperson:	Können Sie kurz zusammenfassen, über was wir gesprochen haben, seit ich Sie abgeholt habe?
Beschuldigter:	Wir haben über Fußball gesprochen.
Vernehmungsperson:	Haben wir außer Fußball sonst noch was besprochen?
Beschuldigter:	Nein, haben wir nicht.

Im Rahmen der Ausführungen zur Protokollierung empfehlen wir die Audiovisuelle Vernehmung, bei der die Kamera noch vor der Begrüßung angeschaltet und erst nach der Verabschiedung ausgeschaltet wird.[382] So wird der gesamte Prozess der Befragung einschließlich etwaiger Vorgespräche transparent.

Ein solches Kontaktgespräch oder „formloses“ Vorgespräch, das über belanglosen Small-Talk hinausgeht, ist als Untersuchungshandlung nach § 168b Abs. 1 StPO **zwingend zu protokollieren**.[383] Die Protokollierung von Einzelheiten der Durchführung und des Verlaufs einer „Untersuchungshandlung“ ist zwingend geboten, wenn das Ergebnis einer näheren Begründung bedarf oder die Umstände, die zu ihm geführt haben, für das weitere Verfahren festgehalten werden müssen,[384] insbesondere weil sie für die spätere Beweiswürdigung in der Hauptverhandlung eine Rolle spielen können.[385] Dies ist bei richtigem Verständnis bei Kontaktgesprächen bzw. „formlosen“ Vorgesprächen im hier diskutierten Sinn stets der Fall, um z. B. dem Staatsanwalt bei der abschließenden Verfügung, dem später mit der Sache befassten Gericht sowie dem Verteidiger „ein lückenloses, zuverlässiges Bild von dem bisherigen Verfahrensablauf und den dabei gewonnenen Erkenntnissen zu vermitteln“:[386] Es muss in einem rechtsstaatlichen Verfahren schon der bloße Anschein vermieden werden, die Ermittlungsbehörden wollten etwas verbergen.[387] 335

Hervorzuheben ist in diesem Zusammenhang, dass eine Ermittlungsperson später im Zeugenstand vor Gericht auch *ungefragt* Vorgespräche vor einer förmlichen Vernehmung offenzulegen hat, um nicht seine strafbewehrte Wahrheitspflicht als Zeuge zu verletzen. Gegenstand der Vernehmung zur Sache im Strafprozess ist allgemein der „Gegenstand der Untersuchung“ nach § 69 Abs. 1 StPO, der dem Zeugen vor seiner Vernehmung zu bezeichnen ist. Er hat von sich aus alles anzugeben, was er in diesem Zusammenhang als wesentlich erkennt. Hierzu gehören auch Vorgespräche vor einer förmlichen Vernehmung.[388] 336

12.5 Einstieg in die Vernehmung – Rapport/Beziehungsaufbau

Gerade „gute“ Vernehmungen zeichnen sich durch einen Rapport, einen Beziehungsaufbau aus. Insoweit kann auf die Ausführungen zum Einstieg und Beziehungsaufbau (Rapport) verwiesen werden.[389] Eine gute Beziehung bedeutet, dass die Vernehmungsperson eine auf Vertrauen und Achtung basierende Verbindung zu der befragten Person aufbaut. Dazu ist es erforderlich, echte Empathie zu 337

---

382 Siehe Audiovisuelle Vernehmung Rn. 393.
383 LR/Erb, 27. Aufl. 2018, 168b Rn. 3.
384 BVerfG, Kammerbeschl. v. 14.7.2016 – 2 BvR 2474/14.
385 LR/Erb, 27. Aufl. 2018, § 168b Rn. 6.
386 KK/Schmitt, § 168b, Rn. 2.
387 BVerfG, Kammerbeschl. v. 14.7.2016 – 2 BvR 2474/14.
388 BGH, Beschl. v. 23.11.2020 – 5 StR 172/20, siehe auch oben Bericht Rn. 345.
389 Siehe oben Rn. 76.

zeigen und der befragten Person zu versichern, dass sie eine faire Behandlung erhalten wird.[390] Empathie heißt gerade bei Beschuldigtenvernehmung nicht, die (mögliche) Tat zu billigen oder gutzuheißen. Es gilt aber die **Autonomie** der Verdächtigen und Beschuldigten zu akzeptieren, den Befragten als Mensch **respektvoll** zu behandeln, ehrliches **Interesse** für die befragte Person und für seiner „Geschichte" zu signalisieren, **Aufmerksamkeit** und **Geduld** zu zeigen und **nichts zu bewerten.**[391] Es ist Aufgabe der Vernehmungsperson, so gut es geht, die Voraussetzungen dafür zu schaffen. Nicht anderes gilt auch für eine Vernehmung von Zeugen, Verdächtigen Beschuldigten und Angeklagten.

338 Rapport wird auch den Ablauf der Vernehmung prägen. So spielt der **Einstieg in die Vernehmung** auch vor Gericht eine wichtige Rolle. Die Auskunftsperson sollte im Gerichtssaal etc. mit ihrem **Namen** (auch bei Polizeibeamten) begrüßt und angesprochen werden. Wenn man jemanden beim Namen anspricht, so sollte man sich auch selbst mit Namen vorstellen. Man befolgt damit nicht nur ein Gebot der Höflichkeit, sondern man betont nochmals und intensiver die Ebene, auf der die Befragung stattfinden soll. Damit gibt der Richter nichts preis von seiner Stellung oder gar von seiner Autorität. Es ist jederzeit möglich, diese „freundliche(ere)" Ebene wieder zu verlassen, wenn es zweckdienlich erscheint. Das **„Switchen"** innerhalb verschiedener Ebenen strahlt Kompetenz und Souveränität aus, was bei der Leitung der Vernehmung und der gesamten Verhandlung von Nutzen ist, gerade auch dann, wenn Eskalationen drohen.

339 Gerade für Gerichtsprozesse empfehlen die Autoren den die Verhandlung leitenden Richtern bei der Befragung (von Zeugen) daneben auch eine **personelle Orientierung** zu geben. Hierfür bietet es sich an, nicht nur alle im Gerichtssaal anwesenden Verfahrensbeteiligten mit Namen vorzustellen/anzusprechen. Auch kann es hilfreich sein, neben dem Namen auch die Funktionsbezeichnung zu nennen, um für die notwendige Transparenz zu sorgen. Gerade in Gerichtsprozess oder bei der Beteiligung einer Vielzahl von Personen wird ein Zeuge als Auskunftsperson nicht (mehr) wissen, wer gerade Fragen an ihn richtet und was dessen prozessuale Rolle ist. Die Fragen können je nach Prozess von völlig unterschiedlichen Beteiligten, einem Verteidiger, dem gerichtsmedizinischen oder psychologischen Sachverständigen, dem Nebenklägervertreter etc. kommen. Der Auskunftsperson kann es dabei helfen, sich nicht ganz „so verloren" vorzukommen, wenn zum Namen auch die Funktion genannt wird. „Frau Y, haben Sie als Verteidigerin des Herrn A noch Fragen?" – „Herr X, haben Sie als gerichtsmedizinischer Sachverständiger noch Fragen an den Zeugen." Auch im weiteren Fortgang der Verhandlung sollte man beim Gebrauch des Namens bleiben – nicht: *„Jetzt kann der Beklagtenvertreter noch Fragen stellen."*

340 Auch in gerichtlichen Vernehmungen kann es sich – falls passend – anbieten, vor der Vernehmung mit einem kleinen **Small-Talk** zu beginnen. Selbstverständlich ist, dass dieser Small-Talk keinerlei inhaltlichen Bezug zum Gegenstand der Vernehmung haben darf. Es kann nur um Belanglosigkeiten gehen. Ein, zwei belanglose Sätze reichen aber, um der Auskunftsperson ein wenig von ihrer Anspannung zu nehmen. Welche Wirkungen solche scheinbaren Belanglosigkeiten haben, hat einmal ein Münchner Strafverfahren gegen einen bekannten Fußballmanager wegen Steuerhinterziehung gezeigt. Der Vorsitzende gratulierte gleich zu Beginn dem Angeklagten zur kurz zuvor erfolgten Geburt seines Enkels. Natürlich hatte der Enkel nichts mit dem Prozess zu tun. Nahezu alle Medien berichteten dennoch von der Gratulation, und zwar ausnahmslos posi-

---

390 Prinzipien zu effektiven Vernehmungen für Ermittlungen und Informationssammlungen („Méndez-Prinzipien"), Absatznummer 30.

391 Siehe auch Prinzipien zu effektiven Vernehmungen für Ermittlungen und Informationssammlungen („Mendez-Prinzipien"), Absatznummer 72, 106.

tiv. In diesem Zusammenhang ist ggf. auch die Vernehmungsfähigkeit (Alkohol, Drogen, Übermüdung o. ä.) und Vulnerabilität[392] zu (über)prüfen.

341 Rapport prägt den Ablauf auch von Vernehmungen, als zu Beginn für **Transparenz** gesorgt werden sollte, indem der inhaltliche bzw. zeitliche **Ablauf** ge- und erklärt wird, auf **Rahmenbedingungen** (Sicherheitsvorkehrungen, Aufnahmegeräte, Toilettenpause etc.) und **Fragen** der Auskunftsperson eingegangen wird.

Fazit: Auch vor Gericht geht einer guten Vernehmung eine Einstiegsphase zum Rapportaufbau voraus.

12.6 Belehrung von Zeugen

342 Nach der vorgenannten Einstiegsphase folgt die **Belehrung** von Zeugen. Wenn man die Zeugen gestaffelt lädt, vermeidet man automatisch die hoch problematischen Sammelbelehrungen. Erhebungen der Verfasser durch Befragungen von Zeugen nach Sammelbelehrungen haben erbracht, dass – relativ unabhängig vom Bildungsgrad – nur sehr wenig vom Inhalt der Worte des jeweiligen Richters verstanden wurde. Floskelhafte Belehrungen („*Falschaussage wird streng bestraft. Meineid nicht unter einem Jahr. Aber auch die uneidliche/fahrlässige Falschaussage ist strafbar …*") konnten inhaltlich praktisch nie wiedergegeben werden. Hängen blieb allein, dass irgendwas/falsche Angaben strafbar ist/sind. Das hatten die Zeugen allerdings schon zuvor gewusst. Man hätte sich etliche Worte sparen können. Die für Juristen eindeutige Unterscheidung zwischen eidlicher und uneidlicher Aussage wurde nicht selten in der Weise missverstanden, dass – genau umgekehrt – nur bei Vereidigung eine ernsthafte Bestrafung erfolgen würde (auch das wieder relativ unabhängig vom Bildungsgrad!). Der Tenor der Antworten lautete: „*Ich habe gar nicht richtig zugehört. Ich habe mich umgeschaut nach dem Richter und dem Staatsanwalt und den anderen Zeugen. Da war die Belehrung schon vorbei.*" Jeder dachte, das geht nicht so sehr mich etwas an, sondern mehr die anderen, neben mir stehenden Zeugen. Nicht selten waren Zeugen auch darüber verärgert, „gleich mit einer so unfreundlichen Belehrung begrüßt zu werden" (Zitat). Der Ton macht die Musik. Es gilt, eine zur eigenen Diktion passende (Authentizität), freundliche (wenn kein „Angriff", dann keine „Abwehr"), eindeutig verstehbare (kein Juristen-Deutsch) und ernstzunehmende (Wahrheits-*Pflicht*) Formulierung zu finden.

343 Zeugen werden (nach § 57 StPO) vor der Vernehmung „zur Wahrheit ermahnt und über die strafrechtlichen Folgen einer unrichtigen oder unvollständigen Aussage belehrt. Auf die Möglichkeit der Vereidigung werden sie hingewiesen. Im Fall der Vereidigung sind sie über die Bedeutung des Eides und darüber zu belehren, dass der Eid mit oder ohne religiöse Beteuerung geleistet werden kann." Den Verfassern erscheinen in diesem Zusammenhang **zwei Botschaften** wichtig, die mit der Belehrung ins Bewusstsein von Zeugen gebracht werden sollten:

(1) **Motivation**/Förderung der Auskunftsbereitschaft und
(2) **ernsthafte Warnung**, bewusst unrichtige Angaben zu machen.

344 Hier nur ein verkürztes **Beispiel**: „Ihre Aussage ist wichtig. Wir waren nicht dabei, sollen uns aber ein Bild machen, was passiert ist. Nur mit Hilfe von Angaben von Zeugen, von Ihnen, können wir ermitteln, was tatsächlich geschehen ist. …" (Motivation) „Weil die Aussagen von Zeugen so wichtig sind, wird es streng bestraft, wenn man etwas Falsches sagt, wenn Sie etwas Falsches sagen. Da drückt niemand ein Auge zu. Unter Umständen gibt es schon Mindeststrafen für Falschaussagen von einem Jahr Freiheitsstrafe (eindeutige Warnung). Auch

392 Siehe Macht(un)gleichgewicht – Vulnerabilität – Kinder, etc. Rn. 317.

solche, ein wenig differenziertere Belehrungen kann man, der eigenen Diktion entsprechend, in ein „wiederholbares Sprüchlein" bringen, ohne dass es sich am Ende wie eine „unwichtige, allein dem Gerichtsritual entsprechende Floskel" anhört. Man sollte sich als Richter mehrere „Belehrungsmodelle" zurechtlegen für unterschiedliche Zeugen-Typen.

345 Gemäß § 69 Abs. 1 Satz 2 StPO ist dem Zeugen vor seiner Vernehmung der „Gegenstand der Untersuchung" und die Person des Beschuldigten, sofern ein solcher vorhanden ist, zu bezeichnen. Der Zeuge ist sodann zu veranlassen, das, was ihm von dem Gegenstand seiner Vernehmung bekannt ist, im Zusammenhang anzugeben. Hervorzuheben ist im Zusammenhang mit dem Bericht, dass ein Zeuge (jedenfalls im Strafprozess) seine **Wahrheitspflicht** nicht nur **verletzt**, wenn er Tatsachen, die für den Gegenstand der Vernehmung erheblich sind, falsch wiedergibt. Er verletzt sind auch dann, wenn er Tatsachen **erkennbar verschweigt**. Ein Zeuge darf sich nämlich vor Gericht nicht auf das bloße Beantworten von Fragen beschränken. Gegenstand der Vernehmung zur Sache im Strafprozess ist allgemein der „Gegenstand der Untersuchung" nach § 69 Abs. 1 StPO, der dem Zeugen vor seiner Vernehmung zu bezeichnen ist. Der Zeuge hat von sich aus alles anzugeben, was er in diesem Zusammenhang als wesentlich erkennt. Er verletzt seine Wahrheitspflicht vor Gericht, wenn er Tatsachen, die für den Gegenstand der Vernehmung erheblich sind, die mit der Beweisfrage für ihn erkennbar im Zusammenhang stehen verschweigt; selbst wenn der Zeuge nicht ausdrücklich danach gefragt wird.[393] Eine Aussage (im Sinne des § 153 StGB) umfasst nämlich alle zum Zeitpunkt der Äußerung potenziell erheblichen Tatsachen, die mit der Tat im Sinne des § 264 StPO zusammenhängen oder zusammenhängen können. Dies gilt auch für Polizeibeamte. Sie haben bspw. im Zeugenstand vor Gericht ungefragt (!) Vorgespräche mit einem Beschuldigten vor einer förmlichen, der „eigentlichen" Vernehmung offenzulegen, um nicht seine strafbewehrte Wahrheitspflicht als Zeuge zu verletzen. Der BGH scheint die Rechtslage für den Zivilprozess anders zu sehen. *„Anders als im Zivilprozess existiert im Strafprozess eine Begrenzung des Umfangs der Zeugnispflicht auf die im Beweisbeschluss in bestimmter Form bezeichnete Beweisfrage nicht."* Soweit erkennbar, wurde dieser Nebensatz in einer strafrechtlichen Entscheidung des BGH nicht weiter aufgegriffen oder kommentiert. Mit Blick auf § 396 ZPO, wonach ein Zeuge auch im Zivilprozess zu veranlassen ist, *„dasjenige, was ihm von dem Gegenstand seiner Vernehmung bekannt ist, im Zusammenhang anzugeben"* scheint die Unterscheidung des BGH zweifelhaft. Die Befragung wird auch im Zivilprozess nicht durch den Beweisbeschluss begrenzt.[394]

346 Deshalb muss (im Strafprozess) nach unserer Meinung auch darüber belehrt werden, dass ein Zeuge nicht nur Fragen richtig, also wahrheitsgemäß zu beantworten hat. Es muss nach Ansicht der Verfasser auch darüber belehrt werden, dass das bloße Nichterwähnen wichtiger Punkte, die zum zuvor offengelegten Gegenstand der Untersuchung – auch ohne Frage – eine bewusst unwahre Aussage, eine strafbare Lüge darstellen kann. Ein Zeuge darf sich vor Gericht nicht auf das bloße Beantworten von Fragen beschränken. Gegenstand der Vernehmung zur Sache (im Strafprozess) ist allgemein der „Gegenstand der Untersuchung" nach § 69 Abs. 1 StPO, der dem Zeugen vor seiner Vernehmung zu bezeichnen ist. Er hat von sich aus alles anzugeben, was er in diesem Zusammenhang als wesentlich erkennt. Er verletzt seine Wahrheitspflicht vor Gericht, wenn er Tatsachen, die für den Gegenstand der Vernehmung erheblich sind, die mit der Beweisfrage für ihn erkennbar im Zusammenhang stehen verschweigt; selbst wenn der Zeuge nicht ausdrücklich danach gefragt wird.

---

393 Zuletzt BGH, 5 StR 172/20.

394 Greger, in: Zöller, Zivilprozessordnung, 35. Auflage 2024, § 396, Rz 3.

Beispiele:
Bei Polizeibeamten, die öfters bei Gericht aussagen und die Belehrung genau kennen, könnte man mehr die Irrtumsmöglichkeiten betonen und auf eine erkennbare **Trennung von originären Erinnerungen und** von in den Unterlagen nochmals **Nachgelesenem** hinwirken.[395]
Opferzeugen sollte gezeigt werden, dass man ihre Lage, sofern sie die Wahrheit sagen, sieht und berücksichtigt. Man sollte aber, schon um jeden Eindruck der Voreingenommenheit zu vermeiden, ihnen auch zeigen, dass für sie die gleichen Regeln gelten wie für andere Zeugen. Das geht etwa, indem man für mehr Transparenz sorgt. *„Im Strafprozess gilt die sogenannte Unschuldsvermutung. Ein Angeklagter wird bis zu seiner Verurteilung als unschuldig angesehen. Nicht alle Zeugen sagen die Wahrheit. Deshalb muss ich/müssen wir auch Ihre Angaben überprüfen. …"*
Belehrungen wie *„Wir müssen Sie jetzt vernehmen. Wir wissen, dass das schlimm für Sie ist. Es lässt sich aber nicht vermeiden. Sagen Sie gleich, wenn es zu viel wird. Wir können dann gern eine Pause machen …"* sind unangebracht. Sie können die Frage der Befangenheit hervorrufen, denn es gilt die Unschuldsvermutung und es gilt zu klären, ob und was passiert ist. Die Einleitung enthält zudem auf den Meta-Ebenen die Botschaften: Jetzt kommt etwas ganz Schreckliches. Wir machen das nur in Ausnahmefällen. Sie sind ein solcher Ausnahmefall. Wahrscheinlich werden Sie die Vernehmung nicht durchhalten. Wir machen dann eine Pause, damit Sie sich wieder einigermaßen erholen können, usw.[396]

Fazit: Keine Sammel-Belehrungen! Individuelle Formulierungen verwenden, Auskunftsbereitschaft fördern (Motivation), Strafbarkeit falscher Angaben greifbar aufzeigen! Meta-Ebenen beachten!

Nun endlich kann die Vernehmung mit dem Grundsatz der Zweiteilung beginnen.

12.7 Beschuldigtenbelehrung (im Ermittlungsverfahren), Aussageverweigerungsrecht und Einflussnahme

12.7.1 Beschuldigtenbelehrung. Gemäß § 163a Abs. 4 Satz 1 StPO ist dem Beschuldigten zunächst zu eröffnen, **welche Tat** ihm zur Last gelegt wird. Die Mitteilung des strafrechtlichen Vorwurfs bezieht sich auf die Tat im verfahrensrechtlichen Sinne gem. § 264 StPO.[397] Die Zielrichtung des Vorwurfs ist so zu erläutern, dass sich der Beschuldigte sachgerecht verteidigen kann.[398] Unbeschadet der – stets gegebenen, praktisch besonders bei polizeilichen Vernehmungen bedeutsamen – Möglichkeit, aus ermittlungstaktischen Gründen nicht jedes schon bekannte Detail offenzulegen, ist dem Beschuldigten der ihm vorgeworfene **Sachverhalt zumindest in groben Zügen** zu eröffnen.[399] Der Vernehmende darf sich nicht auf eine schlagwortartige Bezeichnung des in Betracht kommenden Straftatbestands beschränken.[400] Der Polizeibeamte sollte daher dem Beschuldigten den historischen Lebenssachverhalt eröffnen, der Gegenstand der Vernehmung sein wird.[401] Hinsichtlich der Ausgestaltung der Eröffnung im Einzelnen hat also der Vernehmende einen gewissen Beurteilungsspielraum.[402] Des- 347

395 Siehe Fehlinformationseffekt/Post-event-Informationen Rn. 896.
396 Beispiel von Wendler, in Römermann/Paulus, Rn. 42.
397 KK/Diemer, § 136 Rn. 8.
398 BGH, Urt. v. 26.4.2017 – 2 StR 247/16.
399 BGH, Beschl. v. 6.3.2012 – 1 StR 623/11.
400 Rinklin, Hauptverhandlung, Kap. 12, S. 511; KK/Diemer, § 136 Rn. 8, Meyer-Goßner/Schmitt, 67. Aufl. 2024, § 136 Rn. 6.
401 Artkämper, Die „gestörte" Hauptverhandlung, Rn. 547.
402 BGH, Urt. v. 26.4.2017 – 2 StR 247/16; Meyer-Goßner/Schmitt, 67. Aufl. 2024, § 163a Rn. 4.

sen Grenzen sind überschritten, wenn dem Beschuldigten eines Gewaltdelikts der Tod des Opfers nicht eröffnet wird.[403] Die **Beweismittel** für den Tatverdacht müssen indes **nicht** genannt werden. Dies ergibt sich bereits aus dem Wortlaut der Vorschrift, wonach die Tat und nicht die Beweismittel zu eröffnen sind, sowie aus § 147 Abs. 2 StPO, wonach Akteneinsicht versagt werden kann, soweit dies den Untersuchungszweck gefährdet.[404] Bei **mehreren Taten** kann die Vernehmung zunächst auf nur eine Tat beschränkt werden, sofern eine Trennung sachlich möglich ist.[405] Bei der polizeilichen Vernehmung geht es dabei nur um die Tat als solche, **nicht** auch um deren rechtliche Bewertung. Im Gegensatz zur richterlichen oder staatsanwaltlichen Vernehmung ist daher die Angabe der in Betracht kommenden **Strafvorschriften** nicht erforderlich (vgl. demgegenüber §§ 136 Abs. Satz 1, ggf. i. V. m. § 163a Abs. 3 Satz 2 StPO). Untersagt ist es aber auch der Polizei nicht, die einschlägigen Strafvorschriften zu nennen.[406]

348 Zu Beginn einer Vernehmung müssen – wie ausgeführt – die dafür verbindlichen Vorgaben eingehalten werden. An dieser Stelle soll bei der **Beschuldigtenbelehrung** (im Ermittlungsverfahren) auch auf die über das Aussageverweigerungsrecht speziell auf die mögliche Einflussnahme zur Ausübung des Rechts (durch Richter, Staatsanwalt oder Polizei) eingegangen werden. Nach §§ 163a Abs. 4 Satz 2, 136 Abs. 1 Satz 2 StPO ist der Beschuldigte darauf hinzuweisen, dass es ihm nach dem Gesetz freisteht, sich zu der Beschuldigung zu äußern oder nicht zur Sache auszusagen. Durch die Belehrung soll gegenüber dem Beschuldigten eindeutig klargestellt werden, dass es ihm freisteht, nicht auszusagen, obwohl ihn ein Richter, Staatsanwalt oder Polizeibeamter in amtlicher Eigenschaft befragt. Das Belehrungsgebot will sicherstellen, dass der Beschuldigte vor der irrtümlichen Annahme einer Aussagepflicht bewahrt wird, zu der er möglicherweise gerade durch die Konfrontation mit dem amtlichen Auskunftsverlangen veranlasst werden könnte. Das Schweigerecht bezieht sich nur auf „Angaben zur Sache", also auf die „persönlichen Verhältnisse" i. S. d. § 136 Abs. 3 StPO und den Tatvorwurf, jedoch nicht auf die Pflicht zur Angabe der Personalien, die der Identitätsfeststellung dienen.[407] Zu den Personalien gehören Vor-, Familien- und Geburtsname, Ort und Tag der Geburt, Familienstand, Beruf, Wohnort, Wohnung und Staatsangehörigkeit (vgl. § 111 OWiG).[408] Etwas anderes kann allerdings dann gelten, wenn die Angaben für die Schuldfrage von Bedeutung sind.[409] Angaben zu den Einkommensverhältnissen[410] oder Vorstrafen[411] gehören hierzu indes nicht und sind stets Angaben zur Sache. Der BGH empfiehlt, die Belehrung in den Worten des § 136 Abs. 1 Satz 2 StPO zu erteilen. Zwingend ist das nicht, weswegen es auch nicht ohne weiteres einen Verfahrensfehler darstellt, wenn die Worte des Gesetzes nicht benutzt werden.[412] Maßgebend ist danach allein, dass die Belehrung dem Beschuldigten Klarheit über seine Aussagefreiheit verschafft und eine diesbezügliche Fehlvorstellung aus-

---

403 BGH, Beschl. v. 6.3.2012 – 1 StR 623/11.

404 KK/Diemer, § 136 Rn. 8; Meyer-Goßner/Schmitt, 67. Aufl. 2024, § 136 Rn. 6; a. A. LR/Gleß, § 136 Rn. 24, der eine Einschränkung analog zu § 147 Abs. 2 StPO zulässt.

405 BGH, Urt. v. 26.4.2017 – 2 StR 247/16; Meyer-Goßner/Schmitt, 67. Aufl. 2024, § 136 Rn. 6; KK/Diemer, § 136 Rn. 8; a. A. LR/Gleß, § 136 Rn. 24 ff.

406 LR/Erb, § 163a Rn. 87.

407 Meyer-Goßner/Schmitt, 67. Aufl. 2024, § 136 Rn. 5.

408 A.A. LR/Gleß, § 136 Rn. 15, wonach Angaben über Familienstand, Beruf oder Wohnung für die Identitätsfeststellung regelmäßig nicht erforderlich sind.

409 Burhoff, Ermittlungsverfahren, Rn. 3415; a. A. KK/Diemer, § 136 Rn. 7, und Meyer-Goßner/Schmitt, 67. Aufl. 2024, § 136 Rn. 5, wonach Angaben zu den Personalien nach § 111 OWiG nicht verweigert werden dürfen, auch wenn das auf eine Selbstbelastung hinausläuft; zum Streitstand LR/Gleß, § 136 Rn. 16 ff. m. w. N.

410 Meyer-Goßner/Schmitt, 67. Aufl. 2024, § 136 Rn. 5.

411 LR/Gleß, § 136 Rn. 15.

412 KK/Diemer, § 136 Rn. 12.

schließt.[413] Die Belehrung ist nach § 168b Abs. 3 Satz 1 StPO zwingend zu **dokumentieren.**[414]

Aus einem Schweigen des Beschuldigten dürfen keine **nachteiligen Schlüsse** gezogen werden.[415] Der **Grundsatz der Selbstbelastungsfreiheit** ist im Rechtsstaatsprinzip verankert und hat Verfassungsrang. Deshalb unterliegt die Aussage des Beschuldigten einem **Verwertungsverbot**, wenn er unter Verstoß gegen die Belehrungspflicht über das Aussageverweigerungsrecht gemäß §§ 163a Abs. 4 Satz. 2, 136 Abs. 1 Satz 2 StPO vernommen worden ist.[416] Das Verwertungsverbot wegen unterbliebener Belehrung eines Beschuldigten gilt nach ganz h. M. im Schrifttum auch im Ordnungswidrigkeitenverfahren.[417] Ein danach bestehendes Beweisverwertungsverbot gilt grundsätzlich nur für diejenige Aussage, die durch den Verfahrensfehler herbeigeführt worden ist. Und zwar für die gesamte Aussage. Für Fälle einer Vernehmung des Beschuldigten unter Verstoß gegen die Belehrungspflicht gem. § 136 Abs. 1 Satz 2 StPO ist nach der Rechtsprechung des BGH aber anerkannt, dass dieser Verfahrensfehler zur Unverwertbarkeit auch von dessen späteren Aussagen nach der Belehrung als Beschuldigter führen kann. Denn die unterbliebene Beschuldigtenbelehrung wirkt regelmäßig bei weiteren Vernehmungen in dem Sinne fort, dass der Beschuldigte glaubt, seine frühere, unter Verstoß gegen die Belehrungspflicht gem. § 136 Abs. 1 Satz 2 StPO zustande gekommene Aussage nicht mehr aus der Welt schaffen zu können. Deshalb ist der Beschuldigte in diesen Fällen zu Beginn einer späteren Vernehmung durch eine sogenannte **qualifizierte Belehrung** auf die Unverwertbarkeit seiner früheren Aussage hinzuweisen:[418] Erforderlich ist dabei eine echte Belehrung. Diese wird nicht durch eine Pause zwischen zwei Vernehmungen ersetzt.[419] Unterbleibt die gebotene qualifizierte Belehrung, folgt daraus jedoch wiederum nicht ohne weiteres ein Verwertungsverbot in Bezug auf die neuerliche Aussage. Es ist vielmehr wie in anderen Fällen einer fehlerhaften Erkenntnisgewinnung eine Abwägung vorzunehmen. In deren Rahmen kommt dem Verstoß gegen die Pflicht zur qualifizierten Belehrung regelmäßig nicht dasselbe Gewicht zu wie der vorangegangenen Beeinträchtigung der Selbstbelastungsfreiheit durch den Verstoß gegen die Belehrungspflicht gem. § 136 Abs. 1 Satz 2 StPO, weil der Beschuldigte bei der späteren Vernehmung zumindest nach § 136 Abs. 1 Satz 2 StPO auf sein Schweigerecht hingewiesen wurde. Im Übrigen ist – wie auch sonst – das staatliche Interesse an der Sachaufklärung zu berücksichtigen.[420] Der Verteidiger muss ggf. in der Hauptverhandlung der Verwertung der Angaben des (zu Unrecht nicht belehrten) beschuldigten Mandanten widersprechen, und zwar sowohl hinsichtlich derjenigen Angaben, die vor der Beschuldigtenbelehrung gemacht wurden, als auch hinsichtlich derjenigen, die nach der ordnungsgemäßen Belehrung dann noch als Beschuldigter gemacht wurden. 349

413 BGH, Urt. v. 29.4.2010 – 3 StR 63/10; Meyer-Goßner/Schmitt, 67. Aufl. 2024, § 136 Rn. 8.

414 Siehe Rn. 7.39, 7.10.

415 St. Rspr., BGH, Beschl. v. 17.7.2019 – 4 StR 150/19, BGH, Beschl. v. 5.7.2018 – 1 StR 42/18; BGH, Beschl. v. 28.5.2014 – 3 StR 196/14; Meyer-Goßner/Schmitt, 67. Aufl. 2024, § 261 Rn. 15 ff.; KK/Diemer, § 136 Rn. 10.

416 St. Rspr, seit BGH, Beschl. v. 27.2.1992 – 5 StR 190/91; BGH, Urt. v. 6.3.2018 – 1 StR 277/17; BGH, Urt. v. 3.5.2018 – 3 StR 390/17; Rinklin, Hauptverhandlung, Kap. 17, S. 865 f.

417 OLG Bamberg, Beschl. v. 27.8.2018 – 2 Ss OWi 973/18 m. w. N der insoweit einhelligen Literatur.

418 Grundlegend BGH, Urt. v. 18.12.2008 – 4 StR 455/08; BGH, Urt. v. 3.5.2018 – 3 StR 390/17 m. w. N.

419 Thomas Hillenbrand/Detlef Burhoff/Dr. Benedikt Mick/Silvia Uschinski/Annika Hirsch in: Burhoff, Handbuch für das strafrechtliche Ermittlungsverfahren, 10. Auflage 2025, P, Polizeiliche Vernehmung, Beschuldigter, Beweisverwertungsverbote, Rn. 3940.

420 BGH, Urt. v. 3.5.2018 – 3 StR 390/17 m. w. N.; OLG München, Beschl. v. 9.3.2009 – 4 St RR 012/09; Rinklin, Hauptverhandlung, Kap. 17, S. 869 ff.

350 **12.7.2 Aussageverweigerungsrecht und Einflussnahme.** Entschließt sich der Beschuldigte, nicht auszusagen, dann stellt sich die Frage, ob der Vernehmende, im Ermittlungsverfahren der Polizist oder Staatsanwalt, hierauf Einfluss nehmen darf. Als Grundsatz ist festzuhalten: Der Vernehmende muss sich grundsätzlich jeder **Einflussnahme** auf diesen Entschluss enthalten.[421] Entsprechendes gilt, wenn der Beschuldigte, was zulässig ist, erklärt hat, er wolle nur zu bestimmten Komplexen aussagen. Auch dann muss sich der Vernehmungsbeamte damit grundsätzlich zufriedengeben.[422] Fraglich ist indes, wann von einer Einflussnahme in diesem Sinn gesprochen werden kann. Bedenklich erscheint dem BGH, wenn man einem Beschuldigten nach dessen Berufung auf das Aussageweigerungsrecht anbietet, mal „miteinander sprechen" zu wollen. Durch dieses Verhalten könnte bei einem Beschuldigten der fehlerhafte Eindruck hervorgerufen werden (vgl. auch § 136a Abs. 1 Satz 1 StPO), ein solches bloßes „Gespräch" unterscheide sich in seiner Verwertbarkeit von einer „förmlichen" Vernehmung.[423] Hat demgegenüber ein (festgenommener) Beschuldigter nach Belehrung erklärt, keine Aussage machen zu wollen, lässt er sich dann aber auf „ein mehrstündiges auch den Tatvorwurf betreffendes – Gespräch mit den Polizeibeamten" auf der Dienststelle in Anwesenheit von mehreren Ermittlungsbeamten ein, kann der Inhalt dieses Gesprächs gegen ihn verwendet werden, soweit nicht der Eindruck erweckt wird, das „Gespräch" sei privater, vertraulicher Natur und von der Verwertung im Verfahren gegen ihn ausgeschlossen.[424] Darüber hinaus kann stetiges Auffordern zu berichten oder stetige Nachfragen ohne zureichenden Grund das Schweigerecht des unverteidigten Beschuldigten entwerten. Nachfragen sind nach ausdrücklicher Ausübung des Schweigerechts zwar dann ausnahmsweise unproblematisch, wenn neue Informationen erlangt worden sind, zu denen sich der Beschuldigte noch nicht positionieren konnte, eine neue prozessuale Situation eingetreten oder eine gewisse Zeitspanne verstrichen ist, in denen sich die Auffassung des Beschuldigten geändert haben kann. Jenseits solcher neuen Umstände oder eines möglichen Sinneswandels darf das Schweigerecht jedenfalls bei einem unverteidigten Beschuldigten nicht dadurch missachtet werden, dass beständig auf verschiedenen Wegen versucht wird, den Beschuldigten doch noch dazu zu bringen, Angaben in der Sache zu machen.[425]

351 Zulässig soll sein, dass der Vernehmende den Beschuldigten auf die **nachteiligen Folgen** einer Aussageverweigerung **hinweisen** kann.[426] Dies ist **problematisch**. Solche Hinweise können nur in seltenen Fällen denkbar sein, etwa wenn mögliche entlastende Umstände, die allein er kennen kann, nur aufgeklärt werden können, wenn er sie nennt.[427] Auf die Entschließungsfreiheit des Beschuldigten darf sonst kein Einfluss genommen werden. Dies widerspricht der Beweislast des Anklägers, dem Schutz vor Selbstbelastung und dem Recht des Verdächtigen auf Schweigen. Verboten sind selbstredend auch Drohung oder das Versprechen eines gesetzlich nicht vorgeschriebenen Vorteils.[428] Gleiches gilt für den Fall, dass ein Vernehmungsbeamter Maßnahmen in Aussicht stellt, auf deren Anordnung der Vernehmende Einfluss zu haben behauptet, etwa indem er den Eindruck erweckt, der Beschuldigte könne den Erlass eines Untersuchungshaftbefehls und

---

421 Thomas Hillenbrand/ Detlef Burhoff/ Dr. Benedikt Mick/ Silvia Uschinski/ Annika Hirsch in: Burhoff, Handbuch für das strafrechtliche Ermittlungsverfahren, 10. Auflage 2025, P, Polizeiliche Vernehmung, Beschuldigter, Belehrungspflichten Rn. 3905.

422 Burhoff, Ermittlungsverfahren, ebenda.

423 BGH, Beschl. v. 10.1.2006 – 5 StR 341/05.

424 BGH, Beschl. v. 24.1.1995 – 5 StR 577/94.

425 BGH, Beschl. v. 10.1.2006 – 5 StR 341/05.

426 Meyer-Goßner/Schmitt, StPO 67. Aufl. 2024, § 136, Rn. 8, Burhoff, Ermittlungsverfahren, Rn. 3409.

427 Gleß, in: Löwe-Rosenberg, StPO, 28. Auflage 2025, § 136, Rn. 34.

428 KK/Diemer, § 136, Rn. 12; Gleß, in: Löwe-Rosenberg, StPO, 28. Auflage 2025, § 136, Rn. 34.

damit auch den Vollzug der Untersuchungshaft nur durch ein Geständnis verhindern.[429]

Praktiker argumentieren manchmal, dass „**Beschuldigte** manchmal **motiviert werden müssen**“, dass es Aufgabe der Befragungsperson sei, Verdächtige zu einer Aussage zu motivieren, indem sie ihnen oft nahelegen, dass es in ihrem Interesse sei, auf ihr Recht zu schweigen zu verzichten. Das trifft **nicht** zu: Der Versuch, Verdächtige zum Reden oder zu einem Geständnis zu bewegen, beeinträchtigt die Rechte der Verdächtigen. Der unvoreingenommene Befrager ist gleichermaßen an belastenden und entlastenden Informationen interessiert. Das Bestreben, Verdächtige dazu zu bewegen, auf ihr Schweigerecht zu verzichten und eine Aussage zu machen, ist jedoch häufig bei geständnisorientierten Vernehmungen[430] zu beobachten und kann somit auf ein bestätigendes Denken hindeuten. In solchen Fällen kann der Prozess beispielsweise einen fließenden Übergang von der Ermutigung des Verdächtigen zu einer Aussage beinhalten, wobei sowohl subtile als auch direkte Manipulationen eingesetzt werden, um letztlich ein Geständnis zu erreichen.[431] **352**

12.7.3 Zeuge, Verdächtigter, Beschuldigter. Für das Ermittlungsverfahren ist zu bedenken: Aufgrund der Gesamtverantwortung der Staatsanwaltschaft für das Ermittlungsverfahren hat sie insbesondere den **Status** des zu Vernehmenden als **Zeuge** oder **Beschuldigter** frühzeitig klarzustellen und durch allgemeine Weisungen im Voraus oder durch konkrete Einzelweisungen eine ordnungsgemäße, rechtzeitige Beschuldigtenbelehrung gem. § 136 Abs. 1 Satz 2, § 163a Abs. 4 StPO sicherzustellen. Wird ein Tatverdächtiger dennoch zu Unrecht als Zeuge vernommen, so hat auch die Staatsanwaltschaft wegen des Belehrungsverstoßes in Form einer „qualifizierten Belehrung“ darauf hinzuwirken, dass der Tatverdächtige bei Beginn der nachfolgenden Vernehmung als Beschuldigter auf die Nichtverwertbarkeit der früheren Angaben hingewiesen wird.[432] **353**

Die Frage, ob jemand Zeuge, (noch) Verdächtigter oder (schon) Beschuldigter ist, ist für die einzuhaltenden, dem Schutz von Beschuldigten dienenden Verfahrensvorschriften[433] und die Frage der Verwertbarkeit von Äußerungen in einem späteren Verfahrensabschnitt von wesentlicher Bedeutung.[434] Für die Vernehmung kennt die StPO eigentlich nur die Unterscheidung zwischen Zeuge und Beschuldigter. Eine Auskunftsperson ist daher **entweder Beschuldigter oder Zeuge,** niemals beides.[435] Die Rollen sind verfahrensbezogen zu bestimmen. Ordnet das Gericht in einer Verhandlung die Vernehmung eines nicht angeklagten, mutmaßlichen Tatbeteiligten an, hat er – unabhängig von der Stärke des Tatverdachts – die Stellung eines nach § 55 StPO zu belehrenden Zeugen. **354**

Der Begriff des Beschuldigten wird an verschiedenen Stellen in der StPO vorausgesetzt, er ist aber – im Gegensatz zum Begriff des Angeschuldigten und des Angeklagten[436] – nicht legaldefiniert. Zunächst ist ein Beschuldigter die Person, **355**

429 OLG Frankfurt, Beschl. v. 25.11.1997 – 1 Ws 165/97.

430 Siehe Rn. 215.

431 May, L./Fahsing, I./Kelly, C. E. Barela, S./Milne, R./Bull, R., What is investigative interviewing (and what is it not)? A primer on the ethos of suspect interviewing, Journal of Criminal Psychology (2025), Seite 8 von 17.

432 Grundlegend zur Gesamtverantwortung der StA: BGH, Beschl. v. 27.5.2009 – 1 StR 99/09.

433 BGH, Beschl. v. 27.2.1992 – 5 StR 190/91.

434 Die nachfolgenden Ausführungen stammen aus: Der Strafprozess, Strategie und Taktik im Ermittlungsverfahren, Rinklin/Maurer (Hrsg), Deubner Verlag, in dem der Verfasser Dr. Maurer die Kapitel 7 (Polizeiliche Vernehmung) und 14 (Richterliche und staatsanwaltliche Vernehmungen) verfasst hat.

435 Grundlegend BGH, Urt. v. 18.10.1956 – 4 StR 278/56.

436 Vgl. § 157 StPO „Im Sinne dieses Gesetzes ist Angeschuldigter der Beschuldigte, gegen den die öffentliche Klage erhoben ist, Angeklagter der Beschuldigte oder Angeschuldigte, gegen den die Eröffnung des Hauptverfahrens beschlossen ist.

gegen die ermittelt wird, bis zur Erhebung der Klage (**Beschuldigter im engeren Sinn**). Anschließend umfasst diese Bezeichnung auch den Angeschuldigten und den Angeklagten (**Beschuldigter im weiteren Sinn**).[437] Für den Beschuldigtenbegriff der §§ 136, 163a StPO existiert in Rechtsprechung und Literatur keine einheitliche Begriffsbestimmung.[438] Nach der Rechtsprechung vereint der Beschuldigtenbegriff „subjektive und objektive Elemente. Die Beschuldigteneigenschaft setzt – subjektiv – den Verfolgungswillen der Strafverfolgungsbehörde voraus, der sich – objektiv – in einem Willensakt manifestiert."[439] Die Beschuldigtendefinition soll sich dem Grunde nach an § 397 AO[440] anlehnen.[441]

356 Der Begriff des Beschuldigten lässt sich in verschiedene Richtungen eingrenzen. Allein das Bestehen eines Tatverdachts gegen eine bestimmte Person reicht nicht. §§ 55, 60 Nr. 2 StPO zeigen, dass bei Vernehmungen auch Fallgestaltungen möglich sind, in denen ein tatverdächtiger Zeuge vernommen werden darf, ohne dass er Beschuldigter wäre. Hinzutreten muss daher ein **Willensakt der Strafverfolgungsbehörden**. Andererseits wird die Beschuldigteneigenschaft stets auch ohne objektiven (gar starken) Tatverdacht durch einen Willensakt der Strafverfolgungsbehörden begründet, wenn gegen eine Person „als Beschuldigter" ermittelt wird. **Kinder** unter 14 Jahren können nicht Beschuldigte sein, da aufgrund ihrer Schuldunfähigkeit (§ 19 StGB) ein Verfahrenshindernis besteht.[442] Ist nur der Tatverdacht, aber noch keine bestimmte Person als Tatverdächtiger erkennbar, so kann naturgemäß noch niemand als Beschuldigter behandelt werden.
Vom Vorliegen eines Beschuldigten – und nicht nur eines Zeugen oder verdächtigen Zeugen – ist auszugehen,

a) wenn eine bestimmte Person von den Strafverfolgungsbehörden förmlich oder faktisch „als Beschuldigter" angesehen wird, und zwar unabhängig vom aus Sicht der Verfolgungsbehörden objektiven Vorliegen eines Tatverdachts (nachfolgend „**Willensakt** der Strafverfolgungsbehörde"), oder
b) wenn gegen eine bestimmte Person aufgrund eines objektiven Maßstabs, anhand der den Strafverfolgungsbehörden zur Verfügung stehenden tatsächlichen Erkenntnisse der Grad eines Tatverdachts so stark ist bzw. sich so verdichtet hat, dass er **ernstlich** als Täter in Betracht kommt (nachfolgend „Grad des Tatverdachts").

357 **12.7.3.1 Willensakt der Strafverfolgungsbehörde.** Sieht die Strafverfolgungsbehörde eine bestimmte Person ausdrücklich als Beschuldigten an, so liegt darin ein förmlicher oder zumindest faktischer Willensakt der Strafverfolgungsbehörden. Die Beschuldigteneigenschaft ist aufgrund dessen stets zu bejahen, zwar unabhängig davon, ob ein personenbezogener Anfangsverdacht i. S. d. § 152 Abs. 2 StPO vorgelegen hat.[443] Ein solcher Willensakt kann sich dem äußeren Befund nach manifestieren, etwa durch die förmliche Einleitung eines Ermittlungsverfahrens, aber auch durch die schriftliche Bezeichnung als „Beschuldigter" (Beschriftung eines Aktenordners, Einleitungsvermerks o. Ä.) oder durch die ausdrückliche mündliche Erklärung der Polizei gegenüber einer Person, gegen

---

437 LR/Erbs, 27. Auflage 2018, § 163a, Rn. 7.
438 LR/Erbs, 27. Auflage 2018§ 163a Rn. 9.
439 BGH, Urt. v. 3.7.2007 – 1 StR 3/07.
440 § 397 Abs. 1 AO: „Das Strafverfahren ist eingeleitet, sobald die Finanzbehörde, die Polizei, die Staatsanwaltschaft, eine ihrer Ermittlungspersonen oder der Strafrichter eine Maßnahme trifft, die erkennbar darauf abzielt, gegen jemanden wegen einer Steuerstraftat strafrechtlich vorzugehen."
441 BGH, Beschl. v. 27.2.1992 – 5 StR 190/91; LR/Erbs, 27. Auflage 2018, § 163a Rn. 9.
442 Meyer-Goßner/Schmitt, StPO 67. Aufl. 2024, Einl. Rn. 76; KK/Diemer, § 136 Rn. 4; natürlich dürfen einem Kind, gegen das irrtümlich ermittelt wird, die Rechte des Beschuldigten nicht vorenthalten werden, sodass es jedenfalls als Beschuldigter zu behandeln ist.
443 LR/Erbs, § 163a, 27. Auflage 2018, Rn. 11; KK/Griesbaum, § 163a, Rn. 2; BGH, Beschl. v. 28.2.1997 – StB 14/96.

sie werde jetzt „als Beschuldigter“ ermittelt.[444] Ohne einen förmlichen schriftlichen oder mündlichen Willensakt beurteilt sich das Vorliegen der Beschuldigteneigenschaft danach, wie sich das **Verhalten der Ermittlungsbehörden** faktisch nach außen, insbesondere in der Wahrnehmung des davon Betroffenen darstellt. Eingriffsmaßnahmen, die an einen Tatverdacht anknüpfen, begründen grundsätzlich die Beschuldigteneigenschaft des von der Maßnahme Betroffenen, weil sie regelmäßig darauf abzielen, gegen diesen wegen einer Straftat strafrechtlich vorzugehen, und ebenfalls auf den Verfolgungswillen der Strafverfolgungsbehörde schließen lassen. Polizeiliche Verhaltensweisen wie die Mitnahme eines Befragten zur Polizeiwache, die Durchsuchung seiner Wohnung oder seine vorläufige Festnahme belegen dabei schon ihrem äußeren Befund nach, dass der Polizeibeamte dem Befragten als Beschuldigtem begegnet, mag er dies auch nicht zum Ausdruck bringen.[445] Bei Vorliegen einer **Strafanzeige** wird der angezeigte Tatverdächtige jedenfalls dann Beschuldigter sein, wenn aufgrund der Anzeige gegen ihn aufgrund eines Willensakts auch Ermittlungen „als Beschuldigter“ aufgenommen werden, er insbesondere hierzu vernommen wird.[446] Die Beschuldigteneigenschaft ist zu verneinen, wenn die Anzeige lediglich entgegengenommen, das Verfahren aber ohne irgendeine Ermittlungshandlung eingestellt wird, weil das angezeigte Verhalten unter keinen Straftatbestand fällt.[447]

Zu beachten ist, dass auch bei Vorliegen eines Anfangsverdachts einer Straftat i. S. d. § 152 Abs. 2 StPO ein Rückgriff auf präventiv-polizeiliche Ermächtigungsgrundlagen rechtlich möglich bleibt, sodass es zu echten doppelfunktionalen Maßnahmen (sog. **legendierte Kontrollen**) kommen kann. Insbesondere bei sogenannten Gemengelagen, in denen die Polizei sowohl repressiv als auch präventiv agieren kann und will, bleiben strafprozessuale und gefahrenabwehrrechtliche Maßnahmen grundsätzlich nebeneinander anwendbar.[448] **358**

12.7.3.2 Grad des Tatverdachts. Bei der Frage der Beschuldigteneigenschaft kommt zuletzt dem Grad des Verdachts auf eine strafbare Handlung besondere Bedeutung zu. Dieser kann die Beschuldigteneigenschaft auch ohne förmlichen oder faktischen Willensakt der Strafverfolgungsbehörden begründen. Grundsätzlich steht den Strafverfolgungsbehörden ein **Beurteilungsspielraum** bzw. Ermessensspielraum zu.[449] Der Beurteilungsspielraum hat dabei auch eine schützende Funktion.[450] Denn bei vorschneller Bejahung eines Tatverdachts wird der Verdächtige mit einem Ermittlungsverfahren überzogen, das erhebliche nachteilige Konsequenzen für ihn haben kann, was nicht nur für Tötungsverfahren oder Verfahren wegen Kindesmissbrauchs von großer Bedeutung sein kann. Im Rahmen der gebotenen sorgfältigen Abwägung aller Umstände des Einzelfalls kommt es dabei darauf an, inwieweit der Tatverdacht hinsichtlich Tat und Täter auf der Grundlage von hinreichend gesicherten Erkenntnissen[451] beruht. Es geht **359**

444 Rinklin, Hauptverhandlung, Kap. 12, S. 507.
445 BGH, Beschl. v. 9.6.2009 – 4 StR 170/09.
446 Meyer-Goßner/Schmitt, StPO 67. Aufl. 2024, Einl. Rn. 77.
447 LR/Erbs, 27. Auflage 2018, § 163a Rn. 13.
448 Umfassend BGH, Urt. v. 26.4.2017– 2 StR 247/16; Hamburgisches OVG, Beschl. v. 7.8.2018 – 4 So 24/18.
449 Die Bezeichnung ist nicht einheitlich, in BGH, Beschl. v. 27.2.1992 – 5 StR 190/91, und BGH, Beschl. v. 27.2.1992 – 5 StR 190/91, und BGH, Beschl. v. 18.7.2007 – 1 StR 280/07 wird von Beurteilungsspielraum, in BGH, Urt. v. 31.5.1990 – 4 StR 112/90 von Ermessensspielraum gesprochen. Der Unterschied ist rein semantischer Natur und inhaltlich ohne Belang. Künftig wird nur noch von Beurteilungsspielraum gesprochen.
450 BGH, Urt. v. 3.7.2007 – 1 StR 3/07; BGH, Beschl. v. 19.10.2011 – 1 StR 476/11; KK/Griesbaum, § 163a Rn. 2.
451 BGH, Beschl. v. 6.6.2019 – StB 14/19.

um die Frage, ob ein Tatverdacht konkret und ernsthaft/ernstlich[452] bzw. ein starker Tatverdacht[453] besteht. Ein **Anfangsverdacht** i. S. d. § 152 Abs. 2 StPO allein genügt für sich genommen nicht.[454] Allerdings wird auch kein dringender Verdacht i. S. d. § 112 Abs. 1 Satz 1 StPO gefordert.

360 Der **Beurteilungsspielraum** darf nicht mit dem Ziel missbraucht werden, den Zeitpunkt der Bejahung der Beschuldigteneigenschaft und der Belehrung nach § 136 Abs. 1 Satz 2 StPO möglichst weit hinauszuschieben.[455] Die Grenzen des Beurteilungsspielraums sind auch überschritten, wenn der Tatverdacht objektiv so stark ist bzw. sich so verdichtet hat, dass es sich als sachlich unvertretbar erweist, einen Tatverdacht zu verneinen. Allein der Grad des Tatverdachts führt dazu, dass die Person unabhängig von einem Verfolgungsakt der Strafverfolgungsbehörden als Beschuldigter zu behandeln ist. Der **Willkürmaßstab** ist allein auf Grundlage der den Ermittlungsbehörden bekannten Tatsachen zu bestimmen.[456] Ein auch subjektiv auf Umgehung der Beschuldigtenrechte gerichtetes, bewusst missbräuchliches Verhalten des Vernehmenden ist nicht erforderlich. Der Beurteilungsspielraum des Vernehmenden verengt sich in Abhängigkeit von der Intensität des Verdachts dergestalt, dass der Beschuldigtenstatus automatisch begründet wird.[457]

361 Eine **Ausnahme** scheint die Rechtsprechung in den Fällen zu machen, in den zwar objektiv, aufgrund der bekannten Tatsachenbasis noch kein Tatverdacht bejaht werden muss, ein Tatverdacht aber „auf kriminalistischer Erfahrung beruht".[458] Mit dieser Formulierung nähert sich die Rechtsprechung vereinzelt dem Verdachtsgrad des Anfangsverdachts an.[459] Diese vereinzelt gebliebenen Ansätze widersprechen der vom BGH in diesem Zusammenhang zuletzt und häufiger verwendeten Formulierung, dass „der Tatverdacht auf hinreichend gesicherten Erkenntnissen hinsichtlich Tat und Täter" beruhen bzw. „konkret und ernsthaft" sein muss. Eine Bezugnahme auf die allgemeine kriminalistische Erfahrung ist zu unsicher.[460]
Kommen mehrere Personen alternativ als Tatbeteiligte in Betracht, so ist die Frage des Vorliegens eines Tatverdachts für jeden getrennt zu beantworten.[461]

362 **12.7.3.3 Einzelfragen bei Befragungen/Vernehmungen.** Die Beschuldigteneigenschaft kann bei Vernehmungen schwieriger zu bestimmen sein, weil die strafprozessuale Maßnahme der Vernehmung auch gegenüber Nichtbeschuldigten ergriffen werden kann und eine Vernehmung nicht ohne weiteres auf den Verfolgungswillen gegenüber der Auskunftsperson schließen lässt. Die Vernehmung ist neutral. §§ 55, 60 Nr. 2 StPO zeigen zudem, dass bei Vernehmungen Fallgestaltungen möglich sind, in denen auch ein **Verdächtiger als Zeuge** vernommen werden darf, ohne dass er Beschuldigter wäre und über seine Beschuldigtenrechte belehrt werden müsste. Der Vernehmende darf dabei auch die Verdachtslage weiter abklären. Ein Polizeibeamter ist z. B. nicht gehindert, den Vernommenen

---

452 BGH, Beschl. v. 7.9.2017 – 1 StR 186/17; BGH, Urt. v. 3.7.2007 – 1 StR 3/07; BGH, Beschl. v. 19.10.2011 – 1 StR 476/11; BGH, Beschl. v. 15.9.2004 – 1 StR 304/04; KK/Griesbaum, § 163a Rn. 2.

453 BGH, Beschl. v. 19.10.2011 – 1 StR 476/11.

454 BGH, Beschl. v. 6.6.2019 – StB 14/19.

455 BGH, Beschl. v. 27.2.1992 – 5 StR 190/91; BGH, Urt. v. 3.7.2007 – 1 StR 3/07.

456 BGH, Beschl. v. 6.6.2019 – StB 14/19; BGH, Urt. v. 16.2.1995 – 4 StR 729/94; BGH, Beschl. v. 7.7.2010 – 5 StR 555/09.

457 BGH, Urt. v. 3.7.2007 – 1 StR 3/07; BGH, Beschl. v. 18.7.2007 – 1 StR 280/07; KK/Griesbaum, § 163a Rn. 2; Artkämper, Die „gestörte" Hauptverhandlung, Rn. 525.

458 BGH, Beschl. v. 18.7.2007 – 1 StR 280/07, sowie BGH, Urt. v. 3.7.2007 – 1 StR 3/07.

459 Vgl. Meyer-Goßner/Schmitt, StPO 67. Aufl. 2024, § 152 Rn. 4.

460 So auch Meyer-Goßner/Schmitt, 67. Aufl. 2024, § 163a Rn. 4a; Weil, Juris Monatszeitschrift (jM) 2020, 32.

461 LR/Erbs, 27. Auflage 2018, § 163a Rn. 15.

mit dem Tatverdacht zu konfrontieren, hierauf zielende Vorhalte und Fragen sind nicht ohne weiteres ein hinreichender Beleg dafür, dass der Vernehmende dem Vernommenen gerade als Beschuldigten gegenübertritt. Eine Vernehmung eines Beschuldigten liegt – dem formellen Beschuldigtenbegriff folgend – unproblematisch vor, wenn die Person „als Beschuldigter" vernommen werden soll. Wird gegen eine bestimmte Person wegen einer konkreten Tat ermittelt, so muss diese auch als Beschuldigter behandelt werden.[462] Irrelevant ist auch hier, wie intensiv der die Ermittlungen auslösende Verdacht ist, ob überhaupt ein Tatverdacht besteht.[463] Folgt die Beschuldigteneigenschaft nicht aus einem Willensakt der Strafverfolgungsbehörde, so kann sich der subjektive Verfolgungswille insbesondere aus dem Ziel, der Gestaltung oder den Begleitumständen der Befragung ergeben. Maßgebend ist dabei, wie sich das Verhalten der Strafverfolgungsbehörden nach außen, auch in der Wahrnehmung des Befragten darstellt. Es gibt polizeiliche Verhaltensweisen, die schon nach ihrem äußeren Befund belegen, dass der Polizeibeamte dem Befragten als Beschuldigten begegnet, mag er dies auch nicht zum Ausdruck bringen. Das wird etwa für Gespräche gelten, die der Beamte mit einem Verdächtigen führt, den er im Kraftfahrzeug der Polizei mit zur Polizeiwache nimmt, sobald der Betroffene vorläufig festgenommen worden ist, oder bei einer beim Verdächtigen vorgenommenen Durchsuchung.[464] Der Tatverdacht kann sich auch erst im Rahmen der Befragung oder Vernehmung ergeben.

Die StPO kennt den Begriff des **Verdächtigen** nicht. Sie kennt nur die Verfahrensrolle des Beschuldigten einerseits und des Zeugen andererseits. Ein Beschuldigter ist nach vorstehenden Ausführungen anhand des Willensakts der Strafverfolgungsbehörden bzw. des Grads des Tatverdachts zu bestimmen. Ein **Verdächtiger** (besser verdächtiger Zeuge) ist daher 1.) eine bestimmte Person, 2.) die von den Strafverfolgungsbehörden nicht ausdrücklich „als Beschuldigter" angesehen wird oder gegen die Strafverfolgungsmaßnahmen „als Beschuldigter" ergriffen worden sind und 3.) gegen die ein Tatverdacht objektiv noch nicht so stark ist bzw. sich noch nicht so verdichtet hat, dass sie ernstlich als Täter in Betracht kommt.[465] Liegt danach kein Beschuldigter vor, handelt es sich prozessual um einen **Zeugen**, ggf. einen verdächtigen, nach § 55 StPO zu belehrenden Zeugen. Von der Zeugen- zur Beschuldigtenvernehmung muss übergegangen werden, sobald die Beschuldigteneigenschaft zu bejahen ist. Das ist insbesondere dann der Fall, wenn sich der Verdacht so verdichtet hat, dass die vernommene Person „ernstlich" als Täter in Betracht kommt.[466] **363**

12.7.3.4 Ende der Beschuldigteneigenschaft. Die Beschuldigteneigenschaft endet mit der **Erledigung** der Beschuldigung. Dies geschieht insbesondere durch die Einstellung nach § 170 Abs. 2 StPO, §§ 153 ff. StPO und später mit der rechts- bzw. bestandskräftigen Erledigung des Verfahrens durch Urteil, Strafbefehl, Einstellungsbeschluss nach den §§ 206a, 206b StPO oder Nichteröffnungsbeschluss nach § 204 StPO. Demgegenüber wird die Beschuldigteneigenschaft nicht beendet durch die vorläufige Einstellung nach § 205 StPO analog (durch die Staatsanwaltschaft)[467] oder die Einstellung nach § 154 (a) StPO durch die Staatsanwaltschaft, da sie das Verfahren – jedenfalls bei sachlich einleuchtendem Grund – bis zur Verjährung wiederaufnehmen kann.[468] **364**

---

462 LR/Erbs, 27. Auflage 2018, § 163a Rn. 13.
463 LR/Erbs, 27. Auflage 2018, § 163a Rn. 11; KK/Griesbaum, § 163a Rn. 2; BGH, Beschl. v. 28.2.1997 – StB 14/96.
464 BGH, Beschl. v. 27.2.1992 – 5 StR 190/91.
465 BGH, Beschl. v. 15.9.2004 – 1 StR 304/04.
466 BGH, Beschl. v. 19.10.2011 – 1 StR 476/11; BGH, Beschl. v. 15.9.2004 – 1 StR 304/04.
467 Meyer-Goßner/Schmitt, 67. Aufl. 2024, § 205 Rn. 5.
468 Meyer-Goßner/Schmitt, 67. Aufl. 2024, § 154 Rn. 15, 21a und § 154a Rn. 19; KK/Diemer, § 154 Rn. 20– § 154 Abs. 3–5 regeln die Wiederaufnahme eines gem. § 154 Abs. 2 StPO durch Gericht eingestellten Verfahrens.

12.8 Reihenfolge der Befragung

365 Im **Zivilprozess** wird die Reihenfolge der Befragung von Zeugen stark vom Beibringungsgrundsatz geprägt werden. Das Gericht darf grundsätzlich nicht selbstständig ermitteln. Die Parteien müssen den Prozessstoff (also die Tatsachen, Beweismittel etc.) selbst vorbringen und beweisen. Das Gericht ist an das gebunden, was die Parteien vorbringen. Die Reihenfolge der Vernehmung von Zeugen hängt deshalb maßgeblich davon ab, welche Partei welchen Zeugen für welche Tatsachenbehauptung benennt. Daher wird zuerst der Zeuge einer Partei vernommen, die für eine Behauptung beweispflichtig ist.

366 Im **Strafprozess** findet seitens der Richter mit der Entscheidung, welche Zeugen wann zu vernehmen sind, eine wesentlich stärkere Einflussnahme auf den Prozessverlauf statt als im Zivilprozess. Nicht selten lassen sich die Richter dabei durch die Vorgaben in der Anklageschrift leiten. Dort ist überwiegend eine Ordnung nach Gewicht des Aussageinhalts anzutreffen. Der Staatsanwalt ist Berichten zufolge oftmals davon geleitet, das Anklageziel, eine Verurteilung, durchzusetzen. Dementsprechend werden oft zuerst diejenigen Zeugen angeführt, die die Anklage am besten stützen. Ein Entlastungszeuge wird möglicherweise gar nicht als Beweismittel benannt, denn er beweist für den angeklagten Sachverhalt nichts. Übernimmt der Richter diesen „Vorschlag“ der Befragungsreihenfolge und lädt einfach die in der Anklageschrift angeführten Zeugen, mitunter sogar in der dortigen Reihenfolge, so macht er sich eigentlich im weitesten Sinn zum „Helfer“ der Staatsanwaltschaft. Das darf nicht sein. Natürlich hat erst recht im Strafprozess eine bewusste Planung der Ladungsreihenfolge von Zeugen zu erfolgen, und zwar ausschließlich orientiert am Ziel der Wahrheitsfindung. Das verlangt jedoch vom Richter zumindest in Fällen, in denen der Angeklagte bestreitet, ein hohes Maß an Offenheit.

367 Die **Richter** haben eine **Erwartung, wie** das ganze Verfahren, also der jeweilige Prozess, in etwa ablaufen wird oder soll. Gemäß dieser Erwartung planen sie. Als erstes suchen sie nach einem passenden Termin für die Verhandlung. Dabei schätzen sie zunächst einmal die Dauer des Verfahrens ab. Dann überlegen sie, welche Zeugen oder weitere Beteiligten benötigt werden. Hier ist man sicherlich dann noch offen für unerwartete Entwicklungen, wenn man *alle* für die Entscheidung möglicherweise erheblichen Auskunftspersonen und nicht nur die unbedingt notwendigen lädt. Bereits an dieser Stelle findet aber in den meisten Fällen der Zeitdruck (negativen) Eingang in das Verfahren. Natürlich besteht eine Tendenz, auf weniger wichtige Zeugen zu verzichten. Die Entscheidung, wer weniger wichtig ist, setzt jedoch eine Bewertung voraus: Spätestens jetzt ist der Richter somit nicht mehr absolut objektiv. Danach folgt ein wichtiger „Schritt“: Die Planung, in welcher **Reihenfolge** die Befragungen oder Vernehmungen durchgeführt werden sollen. Die Reihenfolge der Vernehmung von Zeugen steht im pflichtgemäßen richterlichen Ermessen.[469] Rechtsanwälte nehmen darauf nur äußerst selten Einfluss. Damit verzichten sie aber auf eine nicht zu unterschätzende Gestaltungsmöglichkeit.[470]

368 An dieser Stelle findet sich zumindest in länger dauernden Verfahren ein von Rechtsanwälten unterschätzter und kaum genutzter Ansatzpunkt für eine **„taktische“ Einflussnahme** auf den Prozessverlauf. Es besteht ohne Zweifel ein An-

469 BGH, Beschl. v. 9.10.2024 – 2 StR 182/24

470 Die förmliche Beanstandung allein der Reihenfolge der Befragung oder Vernehmung wird in der Regel unzulässig sein, da lediglich eine Anordnung formeller Verhandlungsleitung durch den Vorsitzenden im Sinne des § 238 Abs. 1 StPO angegriffen wird. Nur soweit die Beanstandung mit einem schlüssigen Vortrag eines rechtlich unzulässigen Eingriffs in prozessuale Rechte unter Darlegung eigener Beschwer erfolgen kann, ist der Weg über die Beanstandung einer Maßnahme der Sachleitung im Sinne des § 238 Abs. 2 StPO eröffnet.

spruch auf einen unvoreingenommenen Aufbau der Verhandlung. In der Rechtswirklichkeit lässt es sich wohl einfach nicht vermeiden, dass die Richter mit einer vom Akteninhalt geprägten Einstellung eine Verhandlung durchdenken und planen. Und natürlich hängt der Grad der Offenheit auch vom Umfang und Ausmaß der Beweislage ab. Je eindeutiger sie ist (Extrembeispiel: Ein vollumfängliches, detailliertes, mithin glaubhaftes Geständnis), desto weiter darf sich der Richter von anderen („taktischen") Erwägungen zur Planung leiten lassen. Jedenfalls müsste das Gericht gegenüber Anregungen eines Verteidigers zur Vernehmungsreihenfolge, wenn diese sich mit dem Ziel der Wahrheitsfindung vereinbaren lassen, offen sein. Verteidigern kann nur angeraten werden, auch hier zu versuchen, Einfluss auf den Prozess und die Reihenfolge der Ladung von Zeugen zu nehmen, durch Gespräche mit dem Vorsitzenden (vor der Terminierung bzw. Ladung der Zeugen). Prozessökonomie darf nicht zu Lasten der Wahrheitsfindung gehen.

Fazit: Die Reihenfolge der (Ladung und) Befragung kann sich in erheblichem Maß auf den (strafrechtlichen) Prozessverlauf auswirken. Richter müssen sich dessen bewusst sein und haben dies grundsätzlich, ausgerichtet am Ziel der Sachverhaltsaufklärung, zu berücksichtigen.
Anwälte sollten in geeigneten Fällen auf die Vernehmungsreihenfolge Einfluss nehmen.

12.8.1 Verschiedene Möglichkeiten der Befragungsreihenfolge. Es gibt im Wesentlichen zwei Möglichkeiten bei der Entscheidung über die Befragungsreihenfolge: Man kann sich an den Personen der Beteiligten und ihren Positionen im Verfahren oder am Inhalt des Prozessstoffs orientieren. Am häufigsten ist im Gerichtsalltag wohl die **personale Ordnung** anzutreffen. **369**
Es liegt auf der Hand, dass sich ein Verfahren ganz unterschiedlich entwickeln kann, je nachdem, ob man zuerst den Beklagten und dann den Kläger vernimmt oder ob man umgekehrt vorgeht. Im **Strafprozess** hat der Angeklagte das Recht, als erster die Geschehnisse aus seiner Sicht darzustellen (§ 243 Abs. 4 Satz 2 StPO). Das belegt auch, dass der Gesetzgeber davon ausgeht, diese erste Aussage habe ein besonderes Gewicht, welcher Art auch immer. In einem **Zivilprozess** hat auch die Geschehensschilderung durch die **Parteien** selbst eine tragende Rolle. Dies gilt zumindest dann, wenn sie am streitigen Geschehen beteiligt oder wenigstens dabei zugegen waren. Sie wissen in aller Regel, was sich tatsächlich ereignet hat. Also müssen zuerst einmal sie dazu auch ausführlich gehört und befragt werden. Die Rechtsprechung hat die große Bedeutung der Angaben der Parteien, egal ob es sich um Parteivernehmungen (§ 448 ZPO) oder formlose Parteianhörungen (§ 141 ZPO) handelt, erkannt. Das hat zu verschiedenen, richtungsweisenden Entscheidungen geführt. Sie zielen letztlich darauf ab, möglichst oft (auch) die Parteien zu hören, und sie betonen, dass den Angaben der Parteien gleich viel Bedeutung zukommen soll wie Bekundungen von Zeugen. Die Entwicklung und der Stand der Rechtsprechung dazu lassen sich zusammengefasst in einer Entscheidung des Bundesverfassungsgerichts nachlesen.[471]

Fazit: Die hinter der Rechtsprechung zu den Vier-Augen-Gesprächen stehenden Überlegungen sind immer zu beachten und sollten auf alle vom Inhalt her vergleichbaren Situationen ausgedehnt werden.

Was die **Reihenfolge** der Vernehmungen von **Zeugen** angeht, gibt es unterschiedliche Möglichkeiten, die im Gerichtsalltag auch alle anzutreffen sind. Welche der Richter im einzelnen Fall wählt, setzt erneut eine bewertende Entschei- **370**

471 BVerfG, stattgebender Kammerbeschl. v. 21.2.2001 – 2 BvR 140/00.

dung voraus. Oft wird leitendes Motiv sein, das Verfahren möglichst effizient zu bearbeiten. Effizient bedeutet für einen Richter: Der Prozess soll zu einem raschen und angemessenen Abschluss kommen. Was ein angemessener Abschluss ist, wird nun aber seitens der Parteien oft unterschiedlich und oft anders als vom Gericht gesehen. Hält der Richter – sei es auch ihm selbst gar nicht richtig bewusst – den Klaganspruch eher für begründet, liegt für ihn nahe, erst mehrere vom Kläger benannte Zeugen zu hören. Scheint die Beweis- oder vielleicht auch die Rechtslage unklar zu sein, mögen im (Hinter-)Kopf des Richters Gedanken an einen Vergleich auftauchen und er könnte zwei sich eindeutig widersprechende Zeugen unmittelbar hintereinander laden. Schon dieses kleine Beispiel zeigt, dass auch für die Richter das Thema Vernehmungs-TAKTIK eine erhebliche Rolle spielt, derer sie sich allerdings oftmals nicht wirklich bewusst sind.

371 Ziel der „Taktik" der Richter müsste eigentlich sein, herauszufinden, ob eine tatsächliche Behauptung für wahr oder für nicht wahr zu erachten ist (§ 286 Abs. 1 Satz 1 ZPO). Wenn sie sich daran ausrichten, erlangen sie und erhalten sie sich die größtmögliche Objektivität.

> Letztlich kann die Befragungsreihenfolge entweder
> - nach Lagern geordnet,
> - nach der Bedeutung und Gewichtigkeit der Aussagen geordnet oder
> - inhaltlich aufeinander aufbauend geordnet
>
> erfolgen. In dieser Reihenfolge nimmt auch das Gewicht einer (bewussten oder unbewussten) Vorbewertung zu.

372 **12.8.2 Besonderheiten im Zivilprozess.** Richter müssten sich eigentlich immer in erster Linie am Ziel der Wahrheitsfindung orientieren. Dieses quasi höchste Ziel besteht auch im Zivilprozess[472] (genauso wie die Wahrheitspflicht der Parteien!). Überlagert wird das Ziel der Wahrheitsfindung – und damit die Befragungstaktik – im Zivilprozess jedoch durch **Beweislastfragen** und durch den **Beibringungsgrundsatz** (bzw. Verhandlungsgrundsatz) mit seinen sich aus der Wahrheitspflicht der Parteien ergebenden Grenzen (§§ 128, 138 f., 253 ZPO) im Gegensatz zu dem den Strafprozess prägenden **Untersuchungsgrundsatz** (§ 244 Abs. 2 StPO).

Beispiel: Wenn ein Kläger die Rückzahlung eines Darlehens einklagt und der Beklagte behauptet, der Geldbetrag sei geschenkt worden, so trifft den Kläger die Darlegungs- und Beweislast für die Leistung der Darlehensvaluta und insbesondere dafür, dass er den unstreitig zur Verfügung gestellten Betrag als Darlehen und nicht aus einem anderen Rechtsgrund, wie z. B. zur Erfüllung eines Schenkungsversprechens, gegeben hat.[473] Nach dem Beibringungsgrundsatz muss die klagende Partei alle Tatsachen vortragen, die zur Erfüllung des gesetzlichen Tatbestands gehören, im Beispiel also auch dass man sich geeinigt hatte, das Geld werde als Darlehen überlassen. Gelingt dies nicht, so ist die Klage ohne (weitere) Beweisaufnahme und ohne Vernehmung von Zeugen abzuweisen.[474] Hier wird bereits die **Befragungstaktik** der beteiligten Prozessbevollmächtigen bei einer **Anhörung des Klägers** davon bestimmt sein, je nach Position herauszuarbeiten, dass es sich tatsächlich oder eben gerade nicht um ein Darlehen gehandelt hat.

Die **Reihenfolge der Vernehmung** eventuell angebotener Zeugen wird gewöhnlich vorgegeben sein durch die Beweislast: Zuerst sind die klägerischen Zeugen zu vernehmen. Kann der Kläger mit den von ihm benannten Beweismit-

---

472 Vgl. BVerfG, Beschl. v. 12.12.2012 – 2 BvR 1750/12.
473 BGH, Urt. v. 14.11.2006 – X ZR 34/05; St. Rspr. seit BGH, Urt. v. 24.5.1976 – III ZR 63/74.
474 Instruktives Beispiel einer teilweise hinreichenden, teilweise jedoch nicht hinreichenden Darlegung der Darlehensgewährung: KG, Urt. v. 8.2.2006 – 25 U 32/05.

teln den Beweis seiner Behauptung nicht erbringen, wird es in der Regel nicht mehr zur Vernehmung der (präsenten) Gegenzeugen kommen, es sei denn der Kläger beruft sich in der mündlichen Verhandlung nunmehr auf sie. Denn Zeugen des Beweisgegners sind im Zweifel nur hilfsweise für den Fall benannt, dass der Beweis zunächst als erbracht angesehen werde.

12.8.3 Sexualdelikte: Abweichende Vernehmungsreihenfolge. In Strafprozessen gibt es eine **besondere Konstellation**, in der es angezeigt sein kann, eine andere Vernehmungsreihenfolge einzuhalten als sonst üblich. Wenn bei einer Straftat, durch die das Opfer stark emotional belastet oder gar traumatisiert wurde, nach der Aktenlage ein sehr hoher Tatverdacht besteht, dann sollte versucht werden, dem Opfer die erneute Schilderung der Geschehnisse in einer Hauptverhandlung zu ersparen. Denn eine solche Vernehmung ist für die Betroffenen in aller Regel problematisch und kann **re-traumatisierend** wirken. Deshalb sollte die Vernehmung dieser Opfer so spät wie möglich eingeplant werden. Zuvor sollte versucht werden, durch die Befragung sämtlicher sonst in Betracht kommenden Zeugen und durch das Einführen weiterer Beweismittel die Beweislage möglichst stark zu verdichten. Vielleicht wird der Angeklagte sich entscheiden, ein Geständnis anzugeben. Je früher ein solches Geständnis erfolgt, desto stärker kann eine Berücksichtigung bei den Rechtsfolgen, also bei der Strafhöhe stattfinden. Dies wird in der Praxis, nicht zuletzt im Hinblick auf die Regelung und Rechtsprechung zu den sogenannten „Deals“[475], durchaus mit teilweise sehr konkreten „Angeboten“[476] besprochen. So kann sich der Angeklagte ein für ihn „greifbares“ Bild machen und weiß, was auf ihn zukommt. 373

12.9 Vernehmung von Polizeibeamten[477]

12.9.1 Rollenprägung – negative Vorerfahrungen. Ein anderes, ebenfalls beinahe „klassisches“ Beispiel ist die strafgerichtliche **Vernehmung von Polizeibeamten.** Viele haben schon sehr viele negative Erfahrungen im Zusammenhang mit ihrer Vernehmung gemacht, die Rollenbilder entstehen lassen und die dann in einer gerichtlichen Vernehmung Auswirkungen entfalten können. Viele Polizeibeamte sehen im Verteidiger eine Art „natürlicher Feind“. Der Anwalt versucht, das Ermittlungsergebnis zu verwässern, bestenfalls zu zerstören, und kritisiert deren Ermittlungen. Wenn der Strafverteidiger den Polizeibeamten befragt, dann erwartet dieser nicht selten vorwurfsvolle Fragen, was sich auch sogleich an seiner Körpersprache erkennen lässt.[478] Die Sichtweise mag nachvollziehbar sein, blendet aber jedenfalls im Ausgangspunkt den Umstand aus, dass der Verteidiger auch den Interessen des Mandanten verpflichtet ist. Natürlich werden Polizeibeamte auch von Anwälten des Öfteren schlecht behandelt, vielleicht aufgrund **negativer Vorerfahrungen** des Anwalts mit einem anderen Beamten. Sie werden unangemessen aggressiv angegangen, von „oben herab“ behandelt oder der Anwalt spricht ironisierend mit dem Polizeibeamten. 374

Aber auch dem Gericht gegenüber sind Polizeibeamte bisweilen ähnlich kritisch eingestellt, weil dieses bei der Ladung keine Rücksicht auf Nachtschichten nimmt oder der Richter sie vor der Vernehmung – aufgrund von Sammelladungen – mitunter sehr lange auf den Gerichtsgängen warten lässt.[479] Oftmals werden sie 375

475 § 257 c StPO; das BVerfG hat die Regelung für verfassungskonform erklärt: Urt. v. 19.3.2013, 2 BvR 2628/10, 2 BvR 2883/10, 2 BvR 2155/11.

476 § 257 c Abs. 3 S. 2 StPO: Es (das Gericht) kann dabei unter freier Würdigung aller Umstände des Falles sowie der allgemeinen Strafzumessungserwägungen auch eine Ober- und Untergrenze der Strafe angeben.

477 Ein Teil der nachfolgenden Ausführungen stammen aus: Der Strafprozess, Strategie und Taktik in der Hauptverhandlung, Rinklin (Hrsg), Deubner Verlag, in dem der Verfasser Dr. Maurer die Kapitel 13 (Fragerecht) und 14 (Protokollierungsanträge) verfasst hat.

478 Gerst, Zeugen in der Hauptverhandlung, 2. Aufl., Teil 1, Kap. 3, B, I, Rn. 10

479 Siehe auch (Bessere) Behandlung von Auskunftspersonen Rn. 301.

auch nur in den Gerichtssaal gerufen, zur Verkündung der „erfreulichen" Nachricht, das Verfahren eingestellt wird, deshalb auf die Vernehmung verzichtet werden kann. Wenn Polizeibeamte erleben, dass ein Angeklagter, aus ihrer Sicht zu Unrecht, freigesprochen oder eine sehr niedrige Strafe verhängt wird, wenn sie also den Verfahrensausgang für falsch oder extrem unangemessen halten, kann der Gedanke aufkommen: *„Dann hätte ich mir die viele Arbeit ja sparen können."* Sie fühlen sich und ihre Tätigkeit als nicht wertgeschätzt. Das kann sie prägen und ihre zukünftige Arbeitsweise und ihre grundsätzliche Haltung beeinflussen. Deshalb sollte man sich auch all dieser „psychologischen Momente" bewusst sein und sie in einer Vernehmung bedenken und, je nachdem, was man erreichen will, berücksichtigen. Ein kurzer Anruf oder eine E-Mail des Richters, in dem er Verständnis für das Anliegen jenes Beamten, der Nachtschicht hat, zeigt und kurz erklärt, warum er dennoch den Termin nicht verschieben und nicht auf die Ladung verzichten kann, könnte viel bewirken. Ein solcher Richter würde sich auch für seine Verspätung entschuldigen. Er würde ohnehin die einzelnen Zeugen gestaffelt und nicht gleich auf den Sitzungsbeginn laden. Deshalb hätte er dann in seiner Verhandlung Zeugen zur Verfügung, die aufgrund ihrer positiven Einstellung wesentlich mehr zur Auskunft und zur Mitarbeit bereit sind.

376 Bei allem gilt auch bei der Vernehmung von Polizeibeamten: Auskunftspersonen haben meistens eher wenig Interesse an einem Kontakt mit der Vernehmungsperson. Sie müssen vor Gericht erscheinen, weil sie als Partei im Zivilprozess ihr „Recht erstreiten" wollen, als Zeugen einer meist in hohem Maße lästigen und mitunter undankbaren staatsbürgerlichen Pflicht nachkommen müssen oder im Strafprozess (gar in Handschellen) aus der Untersuchungshaft vorgeführt werden. Die fehlende Auskunftsbereitschaft kann durch eine gute Behandlung ein klein wenig verbessert werden. Das gilt gerade auch bei der Vernehmung von Polizeibeamten. Der **Anwalt**, der von dem Polizeibeamten etwas will, nämlich Angaben, mit denen er weiterarbeiten kann, wird sich um ihn genauso wie um andere Zeugen „bemühen" müssen; er wird einen freundlichen Ton anschlagen, Verständnis zeigen, die Arbeit loben usw. Vor diesem Hintergrund sollte der Strafverteidiger – wie übrigens sonst auch – versuchen, vorwurfsvolle Fragen zu vermeiden. Vorwurfsvolle Fragen bauen eine Konfrontationsstellung auf, selbst wenn der Vorwurf in der Sache gerechtfertigt sein sollte. Wer angegriffen wird, verteidigt sich. Nichts anderes gilt für die Vernehmung von Polizisten. Vor jedem Vorwurf an den Polizeibeamten sollte sich der Verteidiger zudem die Frage stellen, ob der Polizist der richtige Adressat ist. Es macht eigentlich keinen Sinn, den Polizeibeamten wegen Ermittlungsfehler zu kritisieren. Der richtige Adressat für Kritik ist einzig die Staatsanwaltschaft. Allein sie trägt die gesetzliche Verantwortung für ihr (!) Ermittlungsverfahren. Es ist der Staatsanwalt, der die Ermittlungen zu leiten, zu überwachen und zu koordinieren und bei Fehlern einzugreifen hat. Die Verfasser können selbst anhand der Beobachtungen in einer Vielzahl von Prozessen feststellen: Es wird dem Verteidiger selten etwas nützen, die polizeiliche Ermittlungsarbeit pauschal zu kritisieren oder den Ermittlungsbeamten aggressiv zu befragen. Nicht selten erreicht der Verteidiger bei pauschalen Angriffen eine Solidarisierung des Gerichts mit dem Polizisten und damit genau das Gegenteil. Der Verteidiger sollte seine Aufmerksamkeit vielmehr darauf lenken, dass die Vernehmung von Polizeibeamten in der Hauptverhandlung keine reine Bestätigungsvernehmung wird. Er kann und sollte zudem die Ermittlungen und insbesondere die Vernehmungsprotokolle darauf überprüfen, ob sie lege artis durchgeführt wurden. Durch den Nachweis der Nichtbeachtung von Rechtsvorschriften können vielleicht Zweifel geweckt werden und „der Zweifel ist der Freund des Verteidigers".

Fazit: Bei der Vernehmung von Polizeibeamten sind Rollenbilder und Vorurteile besonders zu berücksichtigen.

377 **12.9.2 Besonderheiten bei der Vernehmung von Polizeibeamten als Zeuge.** Die **Befragung von Polizeibeamten als Zeuge** erfolgt grundsätzlich nach denselben Grundsätzen wie bei jeder anderen Zeugenvernehmung auch. Aufgrund seiner Ausbildung und Erfahrung wird von dem Polizeibeamten ein professionelles Zeugenverhalten und speziell eine objektive, vorurteilsfreie und sachliche Aussage erwartet. In der Gerichtspraxis ist das Auftreten eines Polizeibeamten als „Berufszeuge" auch von einem erheblichen Vertrauensvorschuss geprägt, speziell seitens des Gerichts und der Staatsanwaltschaft. Wichtig ist in diesem Zusammenhang dennoch die aussagepsychologische Erkenntnis, dass **Polizeibeamte „keine besseren Zeugen"**[480] sind und ihnen kein Vertrauensvorschluss gewährt werden darf, nur weil sie Polizeibeamte sind und einen guten Leumund genießen.[481] Auch ihre **Schätzungen** (zu Zeit, Geschwindigkeit, Abstand etc.) sind nicht besser als die eines Ottonormalbürgers.[482]

378 Vielfache Untersuchungen haben insbesondere gezeigt, dass Polizeibeamte genauso falsch wahrnehmen bzw. sich genauso falsch erinnern. Ihr Beruf bringt es ggf. mit sich, dass sie eine Art von Ermittlungshandlung (die Unfallaufnahme, die Beschuldigtenvernehmung, die kriminaltechnische Untersuchung etc.) vielfach vor und nach dem eigentlichen Beweisthema erbracht haben. Dabei handelt es sich vielfach um **Routinehandlungen**[483], die durch mehrfaches Wiederholen schon zur Gewohnheit geworden sind und – von Besonderheiten im Einzelfall abgesehen – keine bewusste Aufmerksamkeit mehr erfordern. Auskunftspersonen geben auf Fragen zu Routinehandlungen i. d. R. auch eine Antwort, sie meinen auch, sich erinnern zu können. In Wahrheit gibt es aber an Routinehandlungen keine wirkliche Erinnerung. Solche Handlungen schaffen allenfalls den Sprung ins Kurzzeitgedächtnis, eine Verfestigung im Langzeitgedächtnis erfolgt i. d. R. nicht. Denn es ist gefestigte psychologische Erkenntnis, dass Erinnerungen mit Emotionen verknüpft sind. Je weniger alltäglich eine Situation ist, desto wahrscheinlicher ist eine Erinnerung. Erinnert werden die Sonderfälle. Die meisten Verfahren, über die Polizisten berichten, zeichnen sich aber vielmehr durch ein hohes Maß an inhaltlicher Identität und monotoner Routine der Ermittlungen aus. Ausnahmefälle bilden lediglich Vorgänge mit besonderen Auffälligkeiten bezüglich der beteiligten Personen oder des Handlungsablaufs.[484] Eine Auskunftsperson kann daher allenfalls berichten, wie sie sich in solchen Situationen üblicherweise verhält. In der Gerichtspraxis haben deshalb insbesondere Polizeibeamte an das konkrete Beweisthema oftmals **keine echte Erinnerung** mehr.[485] In solchen Fällen darf sich die Befragungsperson nicht damit begnügen, dass der Beamte, der sich an den Vorfall nicht mehr erinnert, auf die von ihm erstattete Anzeige einfach Bezug nimmt. Die Beweiswürdigung darf sich auch nicht damit begnügen, die allgemeine Zuverlässigkeit des Zeugen als gerichtsbekannt vorauszusetzen.[486]

379 Richter behelfen sich im **Gerichtsalltag** häufig dadurch, dass sie sich vom Polizeibeamten die Richtigkeit der Feststellung bestätigen lassen, oftmals durch einen **Vorhalt**[487] der entsprechenden Passagen des Berichts oder einer Vernehmung, verbunden mit der anschließenden Frage, ob das „so richtig ist". Der Polizist kennt die ihm zugewiesene Rolle und die Erwartungshaltung des Richters und wird die gewünschte Richtigkeitserklärung oftmals auch ohne

480 Hof, HRRS 2015, 277, 278.
481 Siehe Aussagen von Personen mit gutem/schlechtem Leumund/Polizeibeamte Rn. 565.
482 Siehe Detail, Schätzungen Rn. 931.
483 Siehe Routinehandlungen Rn. 868.
484 Hof, HRRS 2015, 277, 280.
485 Gerst, Zeugen in der Hauptverhandlung, 2. Aufl., Teil 1, Kapitel 3, B, I, Rn. 6.
486 OLG Stuttgart, Beschl. v. 12.4.2010 – 4 Ss 62/10.
487 Siehe auch Vorhalt Rn. 265.

echte Erinnerung abgeben. Eine solche **reine Bestätigungsvernehmung** und **Reproduktion des Akteninhalts** ist der Wahrheitsfindung abträglich und das Ergebnis der Befragung gänzlich unergiebig, zumal bei einem derartigen Vorhalt nur der Überhang verwertbar ist. Derartigen Abläufen und „verkapptem Urkundenbeweis" gilt es, von Seiten der Verteidigung von Beginn an entgegenzuwirken.[488] Die Verteidigung muss in derartigen Sachverhaltskonstellationen darauf achten, dass die Befragung dem **Grundsatz der Zweiteilung** folgt, der Polizist daher zunächst frei berichtet. Im Rahmen des eigenen Fragerechts kann versucht werden, etwaige Erinnerungslücken herauszuarbeiten. Das Mittel der Wahl sind auch in diesem Zusammenhang die sogenannten **Situationsfragen**[489] zu nebensächlichen Geschehnissen oder Gegebenheiten oder zum zeitlichen Vor- und Nachgeschehen, mit denen also das „wahre" Wissen der Auskunftsperson geprüft werden soll. Sie sind gerade für das Aufdecken fehlender Erinnerung sehr wichtig und daher nie sachfremd und unzulässig.[490] Zu Beginn einer Vernehmung sollte der Verteidiger vielmehr fragen, ob und **wie** der Polizeibeamte sich auf die Vernehmung **vorbereitet** hat und ob er Aufzeichnungen, Berichte, Protokolle vor der Aussage durchgelesen hat. Die Frage eines Anwalts an den Polizeizeugen nach der Vorbereitung ist wichtig, um herauszufinden, ob der Polizist tatsächlich Erinnerungen an das Erlebte wiedergibt oder nur Erinnerungen an Erinnerungen (was er zuvor gelesen hat). Die Frage ist für den Beweiswert der Angaben entscheidend. Aus aussagepsychologischer Sicht ist das Durchlesen von Unterlagen zur Vorbereitung auf die Vernehmung nicht unproblematisch. Die Erinnerung an das damalige Ereignis verändert sich durch das Studium der Unterlagen.[491] Nach dem Durchlesen glaubt der Zeuge nicht selten, sich nunmehr besser zu erinnern. Im Extremfall gibt der Zeuge lediglich sinngemäß den Inhalt von Unterlagen wieder, nicht aber seine originäre („lebendige") Erinnerung. Er wird schlimmstenfalls ein **„Zeuge vom Aktenlesen"**.[492] Es besteht daher stets die Gefahr, dass die Vorbereitung das Erinnerungsbild des Polizisten erheblich verfälscht und etwaige Fehler verstärkt, die bereits in seiner **ursprünglichen** Dokumentation eingeflossen sind.[493] Der Verteidiger könnte ggf. auch fragen, ob sich der Polizeibeamte mit seinen Kollegen über einen bestimmten Vorgang unterhalten hat; denn **Diskussionen in einer Gruppe** können seine Erinnerung ebenfalls beeinflusst haben. Es besteht die naheliegende Gefahr, dass die Erinnerungen sich vermischen. An die Stelle der eigenen Wahrnehmung tritt dann aber leider das, auf was man sich im Kollegenkreis als wahrgenommenes Ereignis geeinigt hat.[494]

380 Die gängige Praxis, den Inhalt von Urkunden über einen Vorhalt in einen Prozess einzuführen ist unzulässig, der Wahrheitsfindung unwürdig und vor allem auch unnötig. Will der Richter die Details eines Berichts oder einer protokollierten Aussage in den Prozess einführen, so bietet eine sogenannte **vernehmungsergänzende Verlesung** von „schriftlichen Erklärungen", die zu Beweiszwecken erstellt wurden, einen Ausweg. Die vernehmungsergänzende Verlesung ist neben der Vernehmung der Person, die sie errichtet hat und deren Wahrnehmung darin enthalten ist, uneingeschränkt **zulässig**, auch wenn eine ständige Rechtsprechung hierzu noch nicht besteht. Wird ein Polizeibeamter daher vernommen, so dürfen die von ihm verfassten **Berichten, Vermerke, Auswertungen, Strafanzeigen** über einen von ihm festgestellten

488 Gerst, Zeugen in der Hauptverhandlung, 2. Aufl., Teil 1, Kapitel 3, B, I, Rn. 6.
489 Siehe Situationsfragen Rn. 158.
490 KK/Schneider, 9. Aufl., § 241 Rn. 7.
491 Siehe Irrtum, Fehlinformationseffekt/Post-event-Informationen Rn. 899.
492 Hof, HRRS 2015, 277, 279.
493 Gerst, Zeugen in der Hauptverhandlung, 2. Aufl., Teil 1, Kap. 3, B, II, Rn. 32.
494 Sog. Gruppenaussage oder Gruppenerinnerung, vgl. Hof, HRRS 2015, 277, 280.

Sachverhalt ohne weiteres verlesen werden.[495] Der Urkundeninhalt wird dann nach vollständiger Einvernahme der Auskunftsperson unmittelbar nach § 249 StPO durch **Urkundenbeweis** in die Hauptverhandlung eingeführt. Damit wird auch nicht gegen den Grundsatz der persönlichen Vernehmung des § 250 Satz 2 StPO verstoßen, da die Vernehmung nicht „ersetzt", sondern ergänzt wird. Durch die bloße Verlesung der Urkunde kann indes nur ihr Inhalt und nicht auch ihre Richtigkeit festgestellt werden. Letzteres geht aber in Zusammenhang mit der Zeugenvernehmung. Die Befragungsperson muss hierfür im Rahmen der Befragung vier Fragen klären, und zwar (1.) ob der Polizeibeamte die volle Verantwortung für den Inhalt seiner „schriftlichen Erklärung" übernimmt, (2.) in welcher Weise er bei deren Abfassung beteiligt gewesen ist sowie (3.) ob und inwieweit ein Irrtum ausgeschlossen ist und (4.) warum es verständlich erscheint, dass der Polizeibeamte den Vorfall/Vorgang nicht mehr in Erinnerung hat. Ein Tatrichter hat dies in den Urteilsgründen sodann darzulegen.[496] Bei der Verlesung von protokollierten Zeugenaussagen ist streitig, wer Bezugsperson der Ergänzung ist, ob das Protokoll ergänzend zur Vernehmung des Zeugen – so die Rechtsprechung[497] – oder zu dessen Verhörsperson[498] verlesen werden darf. Die zur Vernehmung der Verhörsperson hinzutretende ergänzende Verlesung von (polizeilichen) Vernehmungsprotokollen eines *Beschuldigten* soll hingegen gegen §§ 250, 254 verstoßen.[499]

12.10 Sitzordnung

381 Im Bereich **Sitzordnung** der Beteiligten hat sich nicht nur in Zivilrechtsverfahren in den letzten Jahren aufgrund von aus dem Bereich der Mediation stammenden Überlegungen und Anregungen allerhand getan. Jedem leuchtet ein, dass es für die Erzielung von Konsens förderlich ist, wenn alle zusammen an einem („runden") Tisch sitzen. Wer im Einzelfall neben wem Platz nimmt (oder „auf sanfte Weise einen Platz zugewiesen bekommt"), ist weniger eine Frage des persönlichen Geschmacks als wiederum der Taktik. Was ist meine „Rolle" (als Richter) gerade in diesem Prozess? Inwieweit will ich (wohin?) leiten? Setze ich mich zwischen die Parteien oder ihnen gegenüber? Will ich unmittelbaren Kontakt zu den Parteien und die Anwälte ein wenig „in den Hintergrund rücken"? Will ich den Anwalt als „Puffer" oder aber als „Brücke" zwischen mir und der Partei? Wie nah sollen sich die gegnerischen Parteien kommen? Führt in dem betreffenden Verfahren die „Nähe" zu Entspannung oder eher zu Konfrontation? Beides kann gewollt sein! Wie stehen die Anwälte zueinander? All das und vieles mehr sind lohnende Überlegungen. Zahlreiche Tests mit den unterschiedlichsten Ansätzen haben immer wieder eindrücklich belegt, wie weitreichend die (Aus-)Wirkungen solcher – wie früher behauptet wurde – „Kleinigkeiten" sind. Sie sind größer als etliches, das auf der verbalen Ebene geschieht.

382 Das oben[500] gezeigte Bild einer guten Sitzordnung für eine Befragung stößt in der Rechtswirklichkeit an Grenzen, spätestens wenn man einen Gerichtssaal betritt. Aber auch da muss man nicht alles als gegeben hinnehmen. Kleinste Verän-

---

495 LR/Mosbacher, 27. Aufl., § 249 Rn. 95; Mosbacher, NStZ 2014, 1; auch der BGH geht im Beschl. v. 26.6.2019 – 2 StR 415/18 selbstredend davon aus, dass komplexe Aufstellungen eines Zeugen zu Beweiszwecken verlesen werden können; BGH, Beschl. v. 19.12.2023 – 4 StR 325/23; BGH, Beschl. v. 25.11.2021 – 5 StR 542/20; vgl. auch MüKoStPO/Kreicker, 2. Aufl. 2024, StPO § 251 Rz 6 und § 250, Rz 22–25.

496 OLG Düsseldorf, Beschl. v. 15.3.1999 – 2a Ss (OWi) 58/99 – (OWi) 15/99 II

497 So BGH Beschl. v. 10.2.2025 – 5 StR 113/25; BGH, Urt. v. 17.7.2025 – 4 StR 298/24; BGH, Beschl. v. 19.12.2023 – 4 StR 325/23; BGH, Beschl. v. 1.4.2025 – 3 StR 608/24; bereits BGH, Urt. v. 16.2.1965 – 1 StR 4/65; MüKoStPO/Kreicker, 2. Aufl. 2024, StPO § 250 Rn. 22–25.

498 Mosbacher NStZ 2014 hält die Verlesung der „Berichtsurkunde" der Vernehmungsperson ergänzend zu deren Einvernahme für zulässig.

499 LR/Mosbacher, 27. Aufl., § 254, Rn. 9 m. w. N.

500 Siehe Sitzordnung Rn. 70.

derungen können sinnvoll sein. Manchmal reicht es sogar schon aus, dass man die bestehenden „Verhältnisse“ thematisiert. *„Ich bin nicht glücklich damit, wie wir jetzt in diesem Saal sitzen; ich hier oben und Sie da unten und dann auch noch weit voneinander entfernt …“* Ein solcher einleitender Satz entfaltet (s)eine Wirkung. Vor allem zeigt er viel von der (inneren) Haltung desjenigen, der ihn ausspricht. Allein schon das wird goutiert werden.

383 Auch für Anwälte ist es lohnend, sich im Gerichtssaal bewusst auf den einen oder auf einen anderen Stuhl zu setzen. Es gilt grundsätzlich das Gleiche wie oben gesagt, aber eben aus der Sicht der jeweiligen Partei. Soll der Mandant einen direkten Kontakt zum Richter haben oder will der Anwalt im Prozess stärker auf ihn bzw. auf sein Verhalten einwirken und ihn kontrollieren können? Wie nah oder fern soll der Abstand zur Gegenseite sein? Letzteres kann in „emotionalisierten“ Verfahren eine große Rolle spielen. Wie oft geht es in Wahrheit nicht um die (im Streit befindliche) Sache? Wer einmal in einem WEG-Verfahren oder in einem Familienrechtsstreit tätig war, weiß das. Die gegnerische Partei – aber häufig auch der eigene Mandant – hört nur einen Teil der Sachargumentation, dafür aber eine Menge an Botschaften auf der Beziehungsebene.[501] Nahezu regelmäßig werden Fakten mit Meinungen und/oder Gefühle vermengt. Insoweit kann es sehr hilfreich sein, immer wieder für eine klarere Trennung zwischen Fakten und Meinungen/Gefühlen zu sorgen. Wer das tut, der Anwalt, der Richter oder der gegnerische Anwalt, spielt oftmals keine Rolle. Der Strafprozess ist – lässt man die leider inzwischen in beängstigendem Maß angestiegene Zahl von Prozessen außer Acht, in denen, von welcher Seite auch immer, ein Deal nicht nur angestrebt, sondern beinahe „aufgedrängt“ wird – weniger auf Verhandlung im ursprünglichen Wortsinn, im Sinn des gemeinsamen Erarbeitens eines Ergebnisses ausgerichtet. Es geht mehr um Aufklärung von Geschehnissen und um Bestrafung. Die Beteiligten, Richter wie Anwälte, haben andere Rollen inne als im Zivilprozess. Dennoch gilt das Gesagte auch hier. Jeder Richter sollte sich einmal auf den Stuhl nicht nur der Zeugen, sondern auch aller anderen Beteiligten setzen, ganz besonders auch auf den Stuhl des Verteidigers. Er wird sich mit Sicherheit anschließend seine Gedanken machen. Die Richter, die das tatsächlich einmal tun, werden dann auch für den Antrag eines Verteidigers Verständnis haben, der moniert, dass er den Zeugen während der Vernehmung nur im Profil sehen kann. Der persönliche Eindruck fehlt ohne **direkten Blick auf die Auskunftsperson**.

384 Weil für die **Verteidiger** während der Verhandlung ständig ein **direkter Kontakt zum Angeklagten** möglich sein muss, wird ihnen inzwischen wohl ausnahms- und problemlos gestattet, nebeneinander zu sitzen.[502] Gleiches gilt oder sollte gelten für die Nebenklage oder den Beistand nach § 406f StPO. Dann darf freilich in einer entsprechenden Situation an einen Zeugen nicht die Frage gerichtet werden: *„Erkennen Sie den Angeklagten wieder?“* Der Zeuge wird aus der Sitzposition Rückschlüsse ziehen. Den Verfassern sind dazu eindrückliche Erlebnisse bekannt. In zwei verschiedenen Strafverfahren ging es um die Wiedererkennung des Angeklagten. Bei der Polizei waren sich die jeweiligen Zeugen ganz sicher gewesen. In der Hauptverhandlung tauschten, auf Anregung des Verteidigers, er und der Angeklagte die Plätze. Der Angeklagte zog sich die Robe des Verteidigers über. Die Zeugen, in einem Fall ein Polizeibeamter, „erkannten“ beide Male sodann den Verteidiger wieder als die Person, die die Tat, jeweils eine Körperver-

---

501 Vgl. unten Rn. 1090, 1094.

502 Die Anordnungen des Gerichts betreffend Sitzordnung dürften in der Regel als Maßnahme der Sachleitung über § 238 Abs. 2 StPO angegriffen werden können, wenn es um den direkten Kontakt zum Mandanten geht. Der direkte Kontakt ist elementares Recht der Verteidigung, weswegen anderslautende Anordnungen einen rechtlich unzulässigen und beschwerenden Eingriff in prozessuale Rechte darstellen.

letzung, begangen habe. In einem anderen Verfahren ließ man in einer ähnlichen Konstellation den Angeklagten hinten im Gerichtssaal neben zwei Büroangestellten des Verteidigers Platz nehmen. Ein dritter Angestellter setzte sich zum Verteidiger. Beinahe erwartungsgemäß wurde er von dem Zeugen als Täter „identifiziert".[503,504,505]

Solche und ähnliche „ungewöhnlichen Maßnahmen" werden – so haben Anwälte es den Verfassern berichtet – von Richtern und Staatsanwälten bisweilen als unangemessen oder gar als der Würde und dem Ansehen eines Gerichts abträglich angesehen. Sie stehen nicht in der Prozessordnung. Aber keine Prozessordnung verbietet sie! Wie die Fälle gezeigt haben, dienen sie der Wahrheitsfindung. Deshalb kann die Würde des Gerichts nicht darunter gelitten haben oder aber sie muss eben vor dem höheren Gut (Wahrheitsfindung und letztlich Gerechtigkeit) zurückstehen. Das Ansehen der Richter, die jene Verfahren damals geleitet haben, ist jedenfalls gestiegen.

In jedem Fall muss sich ein Gericht der verstärkten Suggestibilität eines Zeugen in der Identifizierungssituation im Rahmen einer Konfrontation mit dem Verdächtigen in der Rolle des Angeklagten bewusst sein und sie auch im Urteil erörtern.[506] Die Beweiswürdigung muss mitteilen, wie der Vorgang des Wiedererkennens in der Hauptverhandlung erfolgt ist. Dabei sind alle verzerrend bzw. suggestiv wirkenden Faktoren darzulegen und bei der Überzeugungsbildung zu berücksichtigen.[507,508]

Fazit: Die Möglichkeiten, durch situative „Maßnahmen" (Sitzordnung, direkter Blickkontakt etc.) auf besseres Auskunftsmaterial hinzuwirken, sollten von allen Beteiligten berücksichtigt und ausgeschöpft werden.

Fazit: Bei einer Gegenüberstellung sind situative Einflüsse so weit wie möglich zu eliminieren. Der Vorgang des Wiedererkennens in einer Hauptverhandlung muss im Urteil beschrieben werden. Dabei sind alle verzerrend bzw. suggestiv wirkenden Faktoren darzulegen und bei der Überzeugungsbildung zu berücksichtigen.

12.11 Diskussion über Formalien

Vor Gericht kommt es ab und zu aus Anlass oder bei Gelegenheit einer Verneh- 385
mung zu Diskussionen zwischen Gericht und Verteidigung. Diese können für die Wahrheitsfindung sehr gefährlich sein und dieser zuwiderlaufen. Die bloße Diskussion und erst recht der **Streit** um die Zulässigkeit einer Vorgehensweise oder eines Vorhalts oder einer Frage usw. hat praktisch immer **Auswirkungen** unterschiedlicher Art. Wie es sich auf die beiden unmittelbaren „Kontrahenten" (Richter und Anwalt) auswirkt, soll an dieser Stelle offengelassen werden, denn das ist von zahlreichen Variablen abhängig. Die Auswirkungen auf die **Auskunftspersonen** aber sind von der Tendenz her in der Regel gleich oder ähnlich. Zunächst einmal wird – was nicht gewollt ist – ihre Aussage beeinflusst, ganz egal, in welche Richtung. Die Auskunftsperson erhält außerdem auf indirekte

503 Zur besonderen Fehleranfälligkeit von Wiedererkennungen nach vorangegangener Wahl- oder Einzellichtbildvorlage siehe OLG Stuttgart, Beschl. v. 6.5.2010 – 4 Ss 66/10 – und vgl. Wahllichtbildvorlagen Rn. 912.

504 Vgl. unten Rn. 907.

505 Siehe auch LG Karlsruhe, 29.5.2012 – 8 O 78/12: Die Klage des FC Bayern München gegen einen „Fan" auf 15.000 € Entschädigung für die Buße, die der Verein wegen Abbrennens von Feuerwerkskörpern an die UEFA hatte bezahlen müssen, wurde abgewiesen, weil zwei von drei Belastungszeugen einen im Zuschauerraum sitzenden, unbeteiligten Anwalt als Täter identifiziert hatten.

506 BGH, Beschl. v. 25.1.2006 – 5 StR 593/05.

507 OLG Stuttgart, Beschl. v. 6.5.2010 – 4 Ss 66/10.

508 Vgl. auch Identifizierung Rn. 906.

Weise etliche, möglicherweise ihr bislang nicht bekannte Informationen zu ihrer Aussage. Sie „lernt“ aus der Diskussion der anderen nicht nur die allgemeine Brisanz ihrer Angaben kennen, sondern erfährt auch noch, was sie vielleicht bis dahin nicht wusste, welche einzelnen Punkte in ihrer Aussage für wen der Beteiligten welche genauere Bedeutung haben. Je nach ihrer Position (Interesse am Prozessausgang, Beziehung zu einem der Beteiligten o. ä.) wird sie das lenken. Aber auch ohne jede „innere Beteiligung“ am Prozess ergeben sich Auswirkungen. Vielleicht goutiert die Auskunftsperson es, wie der Richter den Anwalt zurechtweist, oder sie findet die Vorgehensweise oder den Ton des Richters nicht angemessen. In beiden Fällen kann es zu einer kleinen innerlichen Solidarisierung mit einer der beiden Seiten kommen. Sie wiederum kann zu (unbewussten) Veränderungen in der Aussage führen. Das mögen dann nur Nuancen sein, aber selbst Nuancen können weitreichende Folgen nach sich ziehen.

386 Deshalb ist es außerordentlich wichtig, dass die betreffende **Auskunftsperson** im Fall einer auch noch so kurzen Diskussion über „formale Aspekte“ ihrer Angaben den Raum verlässt. Sie **darf** vom Grundsatz her **bei allem, was über ihre bloßen Angaben hinausgeht, nicht zugegen sein**! Daraus können Anwälte einen gewissen Nutzen ziehen. Moniert beispielsweise ein Vorsitzender die Frage („*Das hat doch mit der Sache nichts zu tun …*“), dann kann der Rechtsanwalt seine Bereitschaft signalisieren, die Hintergründe der Frage zu erläutern: „*Ich verstehe Ihren Einwand, aber ich habe die Frage mit Bedacht gestellt. Natürlich erkläre ich Ihnen gern, warum. Sie haben sicherlich Verständnis, dass der Zeuge dabei nicht anwesend sein kann. Das liegt ja auf der Hand. Wenn Sie wollen, schicken Sie den Zeugen bitte eine Weile hinaus und ich werde …*“ Vielleicht wird der Vorsitzende an der Stelle den Anwalt unterbrechen: „*Egal, stellen Sie die Frage.*“ Aus Sicht des Vorsitzenden lohnt sich der Aufwand nicht. Und vom Grundsatz her sind ohnehin die allermeisten Fragen zulässig (§ 397 ZPO oder § 241 Abs. 2 StPO).[509] Sollte einmal der Wunsch verweigert werden, dass die Auskunftsperson während der Diskussion über die Zulässigkeit einer Frage o. ä. den Raum verlässt, darf nicht vergessen werden, über die ablehnende Anordnung des Vorsitzenden einen **Gerichtsbeschluss** herbeizuführen, um eine Rügemöglichkeit zu erlangen.[510]

Fazit: Bei einer Diskussion um „Formalien“ der Aussage darf die Auskunftsperson nicht zugegen sein.

12.12 Protokoll[511]

387 **12.12.1 Praxis der Protokollierung.** Eingang des Buchs wurde dargelegt, wie die Rollen, das Erkenntnisinteresse und die Erwartungshaltung die Art und Weise der Befragung prägen. Die aufgezeigten Sichtweisen, gar Fehler setzen sich häufig dann auch im Protokoll fort, weil unterschiedliche Auffassungen darüber bestehen, was „wesentlich“ ist, was es wert ist, protokolliert zu werden.

388 An dieser Stelle soll nochmals auf das schon genannte echten Verfahren zurückgekommen werden, in dem der Bauherr nach dem Einbau von Türen in seinem Haus Änderungen wünschte, anstatt Mahagonitüren lieber solche aus Eichenholz. Zur Wiederholung: In Absprache mit dem Architekten schickte er seinen Vater (W.) zur Lieferfirma. Der wählte das andere (teurere) Holz aus. Die Türen wurden sodann ausgewechselt. Nach Bauabschluss kam es zu dem beinahe vorhersehbaren

509 Siehe Fragerecht und Fallgruppen – (un)zulässiger Fragen Rn. 516.

510 Mit der h. M. sollte bei jeglichen Einschränkungen des Fragerechts ggf. eine Entscheidung nach § 238 Abs. 2 StPO eingeholt werden, vgl.: BGH, Beschl. v. 18.1.1996 – 4 StR 711/95; BGH, Beschl. v. 11.11.2004 – 1 StR 424/04; KK-StPO/Schneider, 9. Aufl. 2023, StPO § 241 Rn. 19

511 Ein Teil der nachfolgenden Ausführungen stammen aus: Der Strafprozess, Strategie und Taktik in der Hauptverhandlung, Rinklin (Hrsg), Deubner Verlag, in dem der Verfasser Dr. Maurer die Kapitel 13 (Fragerecht) und 14 (Protokollierungsanträge) verfasst hat.

Streit, ob der Bauherr den entstandenen Mehrpreis zu bezahlen hat. So sei es vereinbart gewesen, trägt die klagende Baufirma vor. Der Bauherr behauptet das Gegenteil. Die klagende Firma benennt als Zeugen den Verkäufer der Türen zum Beweis dafür, dass bei dem Gespräch zwischen ihm und dem Vater des Bauherrn ein zu zahlender Mehrpreis vereinbart worden sei. Auf die Bitte des Vorsitzenden, zu erzählen, wie es zu der „Umbestellung" der Türen kam, schilderte der Zeuge:

> Vorsitzender:
> *„Hat man da jetzt darüber gesprochen, wer den Mehrpreis zu bezahlen hat?"*
> Verkäufer:
> *„Ja. Im Grunde genommen war es klar, dass die Eichentüren teurer sind. Ja, und das ist auch gesagt worden."*

Zur Wiederholung: Der Zeuge reagierte im vorliegenden Fall überraschend resistent auf die Suggestion. Anstatt die „Lücke" in seiner Aussage sogleich aufzufüllen, gibt er eine wiederum sehr *bemerkens*werte Antwort. Ein wenig ausweichend bringt er eine Art „Floskel", *„Im Grunde genommen war es klar, dass die Türen teurer sind."* Im Passiv fügt er hinzu, *„Das ist auch gesagt worden."* – Nicht, *„Ich habe ihn darauf hingewiesen."*, sondern *„Es ist gesagt worden."* Was soll das heißen? Wer ist „es"? Wie lief das Gespräch ab? Wie eindeutig war die Vereinbarung, welche auch immer? Wie hat der andere reagiert? Gab es keinen Versuch, doch etwas auszuhandeln? Usw. All das bleibt unklar, wie in einem Nebel.

Das jetzt sofort – genau an dieser Stelle – zu erkennen, ist von großer Bedeutung, 389
vor allem für den Beklagtenvertreter. Denn nun werden sich Fragen anschließen, Fragen des Vorsitzenden, vielleicht auch des gegnerischen Anwalts. Der Zeuge wird antworten. Weitere Fragen und Antworten werden folgen. Es entsteht ein kommunikativer Prozess, in dem die Beteiligten sozusagen miteinander etwas „aushandeln", nämlich die Aussage des Zeugen. Das „Endprodukt" wird sich dann aber mit Sicherheit nicht mit seinen tatsächlichen Erinnerungen decken. Obwohl diese allererste Antwort des Zeugen so wichtig für die Feststellung ist, was wirklich geschehen ist, und dafür, ob die Klägerin mit diesem Zeugen Beweis führen kann, wagen die Verfasser zu behaupten, dass in der Praxis – da das Protokoll nicht aus einer Aufzeichnung transkribiert wird – in mindestens 75 % aller Gerichtsverfahren dieser Satz nicht (so) in ein **Protokoll** gelangen würde. Vielleicht „bringt" er nichts, auf den ersten Blick jedenfalls; er hilft nicht weiter. Das ist nicht das, was der Vorsitzende vielleicht aufgrund seiner Rolle, seinem Erkenntnisinteresse und seiner Erwartungshaltung hören will. Damit kann er den Rechtsstreit nicht entscheiden (siehe „Erwartungshaltung des Gerichts". Der Satz ist quasi nicht „wert", in ein Protokoll aufgenommen zu werden. Vielleicht hat der Richter den Satz auch aufgrund beschränkter Simultankapazitäten[512] nicht (richtig) mitbekommen. Tatsächlich ist er aus Sicht des Beklagten jedoch wahrscheinlich der wichtigste in der gesamten Aussage des Zeugen. Deshalb muss der Anwalt des Beklagten dafür sorgen zum einen, dass das Gericht die Brisanz dieses Satzes bemerkt – etwa in einer Stellungnahme zum Beweisergebnis noch innerhalb der mündlichen Verhandlung –, und zum anderen, dass er ins Protokoll aufgenommen wird. Andernfalls geht der Anwalt ein großes Risiko ein. Denn was will er machen, wenn am Ende im Urteil steht: *„Aufgrund der detailreichen Angaben des Zeugen ist das Gericht davon überzeugt, dass er sich genau daran erinnert, den Vater des Beklagten ausdrücklich auf den Mehrpreis hingewiesen zu haben."*? Wie soll dann in der Rechtsmittelbegründung[513] dargetan werden, dass die Aussage des Zeugen – und zwar am entscheidenden Punkt! – alles andere als detailreich und seine Erinnerung nie und nimmer genau war bzw. dass seine Angaben durch Suggestion beeinflusst wurden?

512 Siehe Irrtum, Beschränkte Simultankapazität – Multitasking Rn. 844.
513 § 520 Abs. 3 S. 2 Nr. 3 ZPO.

Fazit: Die *tatsächlich* wichtigen Teile in einer Aussage müssen von den Beteiligten erkannt werden. *Sie* gehören ins Protokoll. Angaben, die einen Schluss auf echte Erinnerungen oder auf das Gegenteil zulassen, sollten ins Protokoll aufgenommen werden.

und

Fazit: Das Protokoll muss den Ablauf der Befragung und nicht ihr „Ergebnis" so genau wie möglich wiedergeben.

390 Das vielfach in der Praxis erstellte Protokoll protokolliert oftmals nicht mehr die Vernehmung und deren Verlauf, sondern das Ergebnis einer längeren kommunikativen Interaktion.[514] Es gibt immer nur einen Teil des gesprochenen Worts wieder. Zudem tritt im Zuge der Protokollierung ein signifikanter **Informationsverlust** ein, etwa weil häufig substanzielle Details nicht protokolliert werden. Die Literatur weist – zutreffend – auf die Erfahrung hin, dass es für einen Beschuldigten in aller Regel dennoch so gut wie unmöglich ist, von den polizeilichen Niederschriften seiner Vernehmung loszukommen. Weicht ein Beschuldigter später von der protokollierten Aussage ab, so werden i. d. R. die Verhörpersonen über das Zustandekommen und den Inhalt der polizeilichen Niederschrift als Zeugen vernommen.[515]

391 Auch polizeiliche Protokolle perpetuieren den Sachverhalt nahezu unverrückbar. Dagegen ist nichts einzuwenden, sofern die Vernehmung und die Protokollierung technisch zutreffend zustande gekommen sind und das Protokollierte den Verlauf der Vernehmung zutreffend wiedergibt. Das ist aber leider oft nicht der Fall. Es soll vernehmenden Beamten an der Stelle gar nicht unterstellt werden, dass sie absichtlich unzutreffende Protokolle produzieren. Das Protokoll ist schon dann fehlerhaft, wenn sich aus ihm nicht die eigentliche Vernehmung und deren Verlauf ergeben. Dazu müssten die Protokolle Wortprotokolle sein. Andernfalls enthalten sie zwangsläufig Fehler und laufen der Wahrheitsfindung zuwider. Durch die nicht wörtliche Verschriftlichung bleiben Inhalt und Bedeutung der Aussage praktisch nie unberührt. Hinzu kommt, dass die Befragung gelegentlich dem schlichten Abhaken einer durch die bisherigen Ermittlungen hervorgerufenen inneren Erwartungshaltung gleicht. Damit droht die Gefahr, dass protokollierte Vernehmungen nicht mehr den tatsächlichen Kommunikationsprozess im Ermittlungsverfahren abbilden, sondern lediglich das vom Protokollierenden intendierte Bild. Aus den Angaben eines Beschuldigten zu einem „Fahrradreifen" und einem „Zaun" wird z. B. im Protokoll eine „Fahrradfelge" und ein „Brückengeländer", weil es zum bisherigen Ermittlungsergebnis „besser" passt.[516]

392 **12.12.2 Sinn und Zweck des Protokolls im Allgemeinen.** Vernehmungsprotokolle werden in der rechtswissenschaftlichen Diskussion[517] meist vier Grundfunktionen zugeschrieben: So macht die Verschriftlichung die Aussage der befragten Person *unabhängig von Ort und Zeit* der Vernehmung und trägt so zur Konstitution des Sachverhalts bei (sog. **Perpetuierungsfunktion**). Dadurch werden Protokolle auch überprüfbar gemacht für die Frage, ob in der betreffenden Vernehmung, vorschriftsgemäß verfahren wurde (sog. **Kontrollfunktion**). Damit wirken Protokolle auch präventiv auf die Einhaltung der Verfahrensgarantien und -rechte (sog. **Garantiefunktion**). Protokolle sind zuletzt in (Ermitt-

514 Vgl. auch Vollbert, Wie man schwierige Beurteilungen noch schwerer machen kann – Zur Protokollierung von Zeugenaussagen in Ermittlungsverfahren, AnwBl. Online 2017, 741–746

515 Kritisch Dahs, C I.2, Rn. 250; auch Sommer, StraFo 2018, 451–458.

516 Sommer, StraFo 2018, 451, 454 m. w. N.

517 Umfassend Capus/Stoll/Vieth, Zeitschrift für Rechtssoziologie 2014, 225, 226.

lungs-/Gerichts-) Verfahren auch Beweismittel (sog. **Beweisfunktion**). Diese Beweisfunktion beruht auf der Annahme, dass Protokolle das Geschehen in der Vernehmung korrekt wiedergeben. Und genau hier liegt das größte Problem, sofern es sich um verschriftete, aber nicht auch wörtlich protokollierte (und aufgezeichnete) Aussagen handelt.

12.12.3 Audiovisuelle Aufzeichnung. Internationale Vernehmungsmodelle und Untersuchungen empfehlen schon seit langem den transparenten Einsatz von Videoaufzeichnungen (künftig auch **A**udio**v**isuelle **V**ernehmung, kurz AVV) für die gesamte Vernehmung, als effektives Mittel zur Verbesserung der Beweiserhebung, aber auch zum Schutz vor Missbrauch. Diese AVV wird anschließend (soweit erforderlich) in Textform transkribiert, als Protokoll.[518] Die AVV muss nach Ansicht der Verfasser auch in Deutschland bei allen Vernehmungen zum Standard werden. Nicht nur aufgrund der Grenzen des menschlichen Gedächtnisses[519] gelingt es ohne technische Unterstützung nicht, alle gesprochenen Inhalte in Vernehmungen zuverlässig zu dokumentieren. 393

Ein **Zeuge** hat, soweit er zur Aussage verpflichtet ist, auch die AVV als Bestandteil der Zeugenpflicht zu **dulden**. Das hindert natürlich nicht, den Grund und die Sinnhaftigkeit des Vorgehens zu erklären und um Verständnis für die Aufzeichnung zu werben. Seines Einverständnisses bedarf es nur bei einer polizeilichen Vernehmung ohne Erscheinenspflicht (vgl. § 163 Abs. 3 S. 1 StPO).[520] Doch ist stets zu empfehlen, das Einverständnis des Zeugen zu erlangen, weil nur dann eine brauchbare Aufzeichnung erwartet werden kann.[521] Bei Beschuldigten steht die AVV nach § 136 Abs. 4 Satz 1 StPO[522] allein im Ermessen der Befragungsperson. Die Verhältnismäßigkeit der AVV bei Beschuldigten ergibt sich auch daraus, dass der Beschuldigte stets die Möglichkeit hat, die Aussage zu verweigern und damit auch eine Aufzeichnung zu vermeiden.[523] Eine gute Vernehmungsperson wird aber nachfolgende Gründe zu Felde führen können, um die Aufzeichnung nachvollziehbar und sinnvoll erscheinen zu lassen. 394

Die AVV ermöglicht es der Befragungsperson, sich auf die Befragung zu konzentrieren, anstatt alle Informationen manuell eintippen oder Notizen machen zu müssen. Dies ist aufgrund der beschränkten Simultankapazität[524] nicht möglich. Die AVV **reduziert** die **kognitive Belastung**. In Einklang damit zeigte sich in einem Experiment, dass dokumentierte Aussagen nur etwa zwei Drittel, der von den befragten Personen berichteten Informationen beinhalteten, wenn Befragende diese unmittelbar nach der Befragung verfassten. Forschungsarbeiten fanden auch, dass simultan erstellte Protokolle (handschriftlich oder per Computer) unvollständig und ungenau sind.[525] Die Aufzeichnung ermöglicht der Befragungsperson, aktiv zuzuhören und **verbessert die Kommunikation** mit der Auskunftsperson. Folglich kann der Befragte seinen Bericht ohne ständige Unterbrechungen vortragen. Die AVV sichert das wichtigste Beweismittel – die münd- 395

518 Prinzipien zu effektiven Vernehmungen für Ermittlungen und Informationssammlungen („Mendez-Prinzipien"), Absatznummer 99, 160, 176 m. w. N.

519 Siehe Irrtum, Kurzzeitgedächtnis Rn. 856.

520 KK-StPO/Bader, 9. Aufl. 2023, StPO § 58a Rn. 8.

521 BT-Drs. 13/7165, 6 – zu weitergehenden Belehrungs- und Hinweispflichten, siehe § 58a StPO.

522 § 136 Abs. 4 StPO gilt zunächst nur für richterliche Vernehmungen vor und außerhalb der Hauptverhandlung. Über § 163a Abs. 3 S. 2 bzw. Abs. 4 S. 2 gilt die Vorschrift auch für Vernehmungen durch die Staatsanwaltschaft bzw. Polizei.

523 HK-GS/Christian Jäger, 5. Aufl. 2022, StPO § 136 Rn. 29c.

524 Siehe Beschränkte Simualtankapazität Rn. 844.

525 Weiterführend May, Fashing, Milne, Gaedt, Schneider, Die untersuchende Vernehmung als (internationale) Reaktion auf falsche Geständnisse: ein forschungsbasierter und praxiserprobter Vernehmungsansatz in Praxis der Rechtspsychologie 2022, S. 127 ff. m. w. N.; Gubi-Kelm/May/Schmitt/Bitzigeio/Rick/Püschel: Interdisziplinäre Betrachtung eines Mordes, den es nicht gab – der Fall Manfred G, S. 13/47 m. w. N.

liche Aussage – in ihrer ursprünglichen Form. Sie erzeugen eine **vollständige** und **rechtsgültige Darstellung** der Informationen und des Gesprächsverlaufs (sie sichern Beweise, erfüllen damit die vorgenannte Beweisfunktion vollständig und minimieren Justizirrtümer).

396 Ohne eine AVV ist der **Prozess** der Vernehmung nicht **transparent** genug. Selbst ein mitstenografiertes Wortprotokoll mit allen Äußerungen ist letzten Endes intransparent. Denn ein geschriebenes „Bitte teilen Sie mir alles mit" lässt nicht erkennen, in welche Form es geäußert worden, ob es ggf. lautstark geschrien und mit einem lauten, ggf. einschüchternden Schlag mit der flachen Hand auf den Tisch begleitet wurde. Nur eine AVV ist gänzlich unverfälscht und bietet auch umfassendere Auswertungs-, Interpretations- und Analysemöglichkeiten als ein schriftliches Protokoll. Die AVV ist grundsätzlich auch für die Inhalts-, Struktur- und Konstanzanalyse voll **analysefähig**, wenngleich der persönliche und unmittelbare persönliche Eindruck sowie die Möglichkeit von Fragen fehlen. Eine AVV ist einem Wortprotokoll (mit *allen* Äußerungen, *wörtlich* wiedergeben) überlegen, da nur sie auch die nonverbale Kommunikation mit aufzeigt. Nur mit einer AVV können pantomimische Darstellungen bspw. der Art und Weise eines Messerstiches (schlitzen, stoßen, sägen, hacken …) oder Würgegriffes richtig transportiert werden. Nur die AVV lässt die **nonverbale Kommunikation** der Beteiligten erkennen.

397 Nicht unerwähnt bleiben soll, dass mit der AVV auch eine **„bildliche Bewertung"** der Vernehmung mit einfließen kann. Das wäre mit Blick auf die Aussagekraft von nonverbalem Verhalten/Körpersprache problematisch.[526] Gerade bei ungeschulten Betrachtern (Schöffen?) könnte bei der Betrachtung einer AVV die Gefahr der Über- oder Fehlbewertung von einzelnen Verhaltenselementen und körperlichen Reaktionen entstehen, weil Nebensächliches (unmerklich) in den Vordergrund gerückt werden und in der Beweiswürdigung eine Rolle spielen könnte, die ihnen aber keinesfalls zukommt. Die hohe Wirkmacht der Bilder könnte sich negativ auswirken und die inhaltliche Information in den Hintergrund drängen.[527] Dieser Nachteil ist in einer Abwägung gegenüber den genannten Vorteilen aber nachrangig, auch weil die Aussagekraft von nonverbalem Verhalten begleitend erklärt und bestenfalls dadurch ausgeblendet werden kann. Auch soll nicht unerwähnt bleiben, dass nach wie vor ein Defizit an empirischen Befunden im Kontext zu den (Aus-)Wirkungen einer Videoaufzeichnung auf das Aussageverhalten von Zeugen festzustellen ist.[528] Wenn man sich den Erfolg des TV-Formats Big Brother, Das Sommerhaus der Stars, Ich bin ein Star – holt mich hier raus u. v. m. hingegen vor Augen führt, dann vergessen Menschen eine Kamera recht schnell. Auch die internationalen Erfahrungen insb. aus Großbritannien und Norwegen zeigen, dass die AVV kein Hemmnis für die Kommunikation selbst mit Beschuldigten ist.

398 AVV können auch Vernehmende vor falschen Anschuldigungen in Bezug auf Misshandlung, Zwang, Manipulation oder Nichteinhaltung rechtlicher Vorgaben **schützen** und helfen, die mitgeteilten Informationen zu organisieren und zu analysieren.[529] Die AVV liegt daher sowohl im Interesse der Vernehmungsperson als auch der Befragten, sollte eine Verfehlung im Raum stehen. AVV werden daher – zu Recht – als Mindestanforderung für eine professionelle Vernehmung betrachtet.

---

526 Siehe Körpersprache, Micro-Expressionen, Augenbewegungen, Baseline u. v. m. Rn. 599.

527 Bericht der Expertinnen- und Expertengruppe zur Dokumentation der strafgerichtlichen Hauptverhandlung, Juni 2021, Anlagenband, Seite 129 unter Verweis auf Michel, Die audiovisuelle Dokumentation der Beschuldigtenvernehmung im Ermittlungsverfahren, Diss., 2018, S. 117, 199.

528 Bericht der Expertinnen- und Expertengruppe zur Dokumentation der strafgerichtlichen Hauptverhandlung, Juni 2021, Anlagenband, S. 133 – 144, 145 m. w. N. auch zur weltweiten Praxis.

529 Die untersuchende Vernehmungstechnik, CTI Training Tools 1/2027, S. 4/12

Die AVV sollte die **gesamte Vernehmung** beinhalten.[530] Das Einschalten der Aufzeichnungstechnik ist damit der erste Akt in einer Vernehmung, noch vor der Begrüßung, das Abschalten der Letzte, nach der Verabschiedung. Damit wird der gesamte Prozess der Befragung **transparent** und nachvollziehbar. **399**

Idealerweise werden für eine AVV – jedenfalls bei Beschuldigtenvernehmungen – **drei Kameras** eingesetzt, 1) für die zu vernehmende Person (Großaufnahme), 2) Vernehmungsperson und Auskunftsperson (um auch nonverbale Kommunikation der Beteiligten zu erfassen) und 3) Raumtotale ((ggf. 360 Grad Kamera, für den Gesamteindruck sowie zur Dokumentation aller im Raum befindlichen Personen). Wird nur die befragte Person gezeigt, wird die Wahrnehmung jener verzerrt, die sich das Video später ansehen.[531] Bei der Vernehmung von Kindern ist gemäß RiStBV Nr. 19 Abs. 2 Satz 2 darauf zu achten, dass die vernehmende Person und der Zeuge gemeinsam und zeitgleich in Bild und Ton aufgenommen werden. **400**

Die AVV wirkt **präventiv** auf die Einhaltung der Verfahrensgarantien und -rechte. Aufzeichnungen können bei der Organisation und damit **Analyse** der bereitgestellten Informationen helfen (hierfür gibt es Softwarelösungen). Aufzeichnungen sind auch hervorragende Werkzeuge für die **Auswertung**[532] und das **Feedback** zu der Vernehmung sowie für **Schulungen** und **Forschung**. **401**

Die AVV **reduziert** zudem die **Dauer** der Vernehmung erheblich. Das leuchtet unmittelbar ein, da bei einem normalen Sprechtempo ca. 120 – 160 Wörter/Minute gesprochen werden. Ein deutsches Wort hat im Schnitt etwa 5 – 6 Buchstaben + 1 Leerzeichen. Bei 140 Wörtern pro Redezeitminute und durchschnittlich 6,5 Zeichen bedeutet dies 910 Zeichen/Minute. Ein versierter (!) Tastaturschreiber, also jemand mit guter Tippgeschwindigkeit, kann je nach Erfahrung und Übung zwischen 200 (normal) und 400 (sehr gut) Anschläge pro Minute (APM) schaffen. Bei einer Tippgeschwindigkeit von angenommenen 300 APM benötigt man demnach ca. 3 Minuten für 910 Zeichen. Das bedeutet: Man kann in zeitlicher Hinsicht mit der AVV von 910 Zeichen/Minute nur mithalten, wenn man *un*vollständig mitschreibt und protokolliert.[533] Das läuft jeder Wahrheitsfindung und Beweisfunktion zuwider. **402**

Die AVV hat einzig in der **Nachbearbeitung** einen unbestreitbaren zeitlichen **Mehraufwand.** In der Praxis haben sich bei manueller Verschriftlichung Erfahrungswerte von ca. 1:8 bis 1:12 (Verhältnis Aufnahmedauer/Nachbearbeitungsaufwand) herauskristallisiert.[534] Dieser ist mit Blick auf die Vorteile jedoch hinzunehmen. Was das Ausland „kann", was internationale Standards als Mindeststandard empfehlen, das muss auch Deutschland mit seiner Justiz etc. leisten können. Es bestehen bereits heute zahlreiche KI-basierte Softwarelösungen, die speziell für die Transkription audiovisueller Aufzeichnungen entwickelt wurden, Hilfen, die demnach eine AVV mit wenigen Klicks in wenig Zeit, mit hoher Erkennungsgenauigkeit und Datenschutzkonform transkribieren und einfache Nachbearbeitungsmöglichkeiten bieten. Die Auswertung von Testserie in der Schweiz hat gezeigt, dass die oben dargestellte Erfahrungsbandbreite von ca. 1:8 bis 1:12 (Verhältnis Auf- **403**

---

530 Bei Vernehmungen von Kindern schreibt RiStBV Nr. 19 Abs. 2 Satz 2 vor: „Hierbei ist darauf zu achten, dass … im Falle des § 52 StPO auch die Belehrung und die Bereitschaft des Zeugen zur Aussage (§ 52 Absatz 2 Satz 1 StPO) dokumentiert werden."

531 FN 79 der der Prinzipien zu effektiven Vernehmungen für Ermittlungen und Informationssammlungen („Mendez-Prinzipien") m. w. N.

532 Siehe PEEKAA, Auswertung Rn. 185.

533 Vgl. Imseng D./ Kind A., Der Einsatz von Spracherkennungstechnologie bei der Erstellung von Vernehmungsprotokollen, Kriminalistik 2025, 112, 113 mit ähnlichem Ergebnis.

534 Imseng D./ Kind A., Der Einsatz von Spracherkennungstechnologie bei der Erstellung von Vernehmungsprotokollen, Kriminalistik 2025, 112, 113.

nahmedauer/Nachbearbeitungsaufwand) mit dem Einsatz von KI bereits heute auf ca. 1:3 bis 1:6 gesenkt werden kann.[535]

404 Einer AVV wird in Teilen entgegengehalten, dass sie „ausufern" kann, dass der Gesprächsverlauf sprunghaft und ungeordnet, schwer verständlich sei. Ein schriftliches Protokoll könne hingegen gestrafft, gegliedert und fokussiert auf juristisch Relevantes ausfallen. Das stimmt, hängt aber auch von der Vernehmungsperson ab und ggf. ihrer Fähigkeit zur Strukturierung und Anleitung ab und ist jedenfalls kein Argument gegen die AVV. Denn die AVV ist nur eine vorläufige technische Aufzeichnung. Sie tritt (soweit das Gesetz überhaupt eine Verschriftlichung fordert, siehe etwa § 160a Abs. 2 ZPO, § 168a Abs. 2 Satz 2 StPO) zu dem Protokoll hinzu. Das Protokoll kann daher durchaus gestrafft, gegliedert und fokussiert auf juristisch Relevantes ausfallen, jedenfalls soweit auf den „Eingriff" hingewiesen wird. Jedem ist es aber unbenommen, sich das Original selbst anzuschauen, das gestraffte Protokoll ggf. zu überprüfen.

405 Warum hierzulande Ermittler und Richter und auch die Politik einer umfassenden AVV von Vernehmungen **Skepsis** oder gar **Ablehnung** entgegenbringen und deren Einsatz scheuen, ist für die Verfasser **nicht nachvollziehbar**. Eine 2025 veröffentlichte Untersuchung kam zu dem (erschreckenden) Ergebnis, dass nur 18 % der befragten Staatsanwälte und 24 % der befragten Strafrichter angaben, dass alle Vernehmungen von Verdächtigen aufgezeichnet werden sollten.[536] Aber: Eine nur schriftlich protokollierte Vernehmung ist ohne AVV bedingt aussagekräftig.

406 Es gibt bereits schon heute zahlreiche Möglichkeiten, aber leider keine *flächendeckende Verpflichtung* dazu. Nach § 58a StPO „kann" die richterliche Vernehmung eines **Zeugen** in Bild und Ton aufgezeichnet werden. Sie soll nach Würdigung der dafür jeweils maßgeblichen Umstände aufgezeichnet werden und als richterliche Vernehmung erfolgen, wenn 1. damit die schutzwürdigen Interessen von Personen unter 18 Jahren sowie von Personen, die als Kinder oder Jugendliche durch bestimmte, in § 255a Absatz 2 StPO genannten Straftaten verletzt worden sind, besser gewahrt werden können oder 2. zu besorgen ist, dass der Zeuge in der Hauptverhandlung nicht vernommen werden kann und die Aufzeichnung zur Erforschung der Wahrheit erforderlich ist. Diese Möglichkeit steht gemäß § 163 Abs. 3 Satz 2 StPO auch für polizeiliche und gemäß § 161a Abs. 1 Satz 2 StPO für staatsanwaltliche Vernehmungen zur Verfügung. Nach RiStBV Nr. 19 Absatz 2 soll bei Zeugen unter achtzehn Jahren zur Vermeidung wiederholter Vernehmungen von der Möglichkeit der Aufzeichnung in Bild und Ton Gebrauch gemacht werden.

407 Nach § 136 Abs. 4 StPO „kann" die richterliche Vernehmung des **Beschuldigten** in Bild und Ton aufgezeichnet werden. Sie „ist" aufzuzeichnen, wenn 1. dem Verfahren ein vorsätzlich begangenes Tötungsdelikt zugrunde liegt und der Aufzeichnung weder die äußeren Umstände noch die besondere Dringlichkeit der Vernehmung entgegenstehen oder 2. die schutzwürdigen Interessen von Beschuldigten, die erkennbar unter eingeschränkten geistigen Fähigkeiten oder einer schwerwiegenden seelischen Störung leiden, durch die Aufzeichnung besser gewahrt werden können. Nach § 160a Abs. 2 Satz 2 ZPO können Aussagen nach § 160 Absatz 3 Nummer 4, also die Aussagen der Zeugen, Sachverständigen und vernommenen Parteien oder das Ergebnis eines Augenscheins nach § 160 Ab-

535 Imseng D./ Kind A., Der Einsatz von Spracherkennungstechnologie bei der Erstellung von Vernehmungsprotokollen, Kriminalistik 2025, 112, 116.

536 Schneider, T./Hunscher, M./Geven, L./Schell-Leugers J./May L.: What Do Legal Professionals Know About False Confessions? A Survey With Defense Attorneys, Public Prosecutors, and Criminal Judges, American Psychological Association, Psychology, Public Policy, and Law (2025), Seite 9/10.

satz 3 Nummer 5 ZPO in Ton oder in Bild und Ton vorläufig aufgezeichnet werden. Dies gilt über die Verweise in § 163a Abs. 3 Satz 2 bzw. Abs. 4 Satz 2 StPO auch für Vernehmungen durch die Staatsanwaltschaft und die Polizei. Gemäß § 273 Absatz 2 Satz 2 StPO kann der Vorsitzende auch anordnen, dass anstelle der schriftlichen Dokumentation einzelne Vernehmungen im Zusammenhang (jedenfalls) als Tonaufzeichnung zur Akte genommen werden.

Die AVV muss (jedenfalls in Ermittlungsverfahren) der **Standard** werden.[537] Sie sollten **jede Vernehmung** betreffen, Zeugen, Opferzeugen, Verdächtige, Beschuldigte. Die AVV muss dabei grds. als **Pflicht** ausgestaltet werden. Die AVV darf nicht zur Disposition und in das Belieben der die Vernehmung Durchführenden gestellt werden. Wie ausgeführt. Die AVV muss die **gesamte Vernehmung** beinhalten. Das Einschalten der Aufzeichnungstechnik ist damit der erste Akt in einer Vernehmung, noch vor der Begrüßung, das Abschalten der Letzte, nach der Verabschiedung. **408**

12.12.4 Mindestanforderungen an „einfache" Protokolle. Eine AVV mit anschließendem Transkript (soweit erforderlich) sollte wie soeben ausgeführt der Mindeststandard jeder Vernehmung sein. Einfache schriftliche Protokolle sind aber leider die Regel und sollen es aktuell nach dem Willen des Gesetzgebers auch bleiben. Wir widmen uns mit nachfolgenden Ausführungen dem einfachen schriftlichen Protokoll nur deshalb, weil es aus dem Alltag derzeit nicht wegzudenken ist, es unsere heutige „Kultur" der Vernehmung widerspiegelt. Einfache schriftliche Protokolle ohne dahinterstehende AVV sind nach Ansicht der Verfasser für die Dokumentation des Prozesses einer Vernehmung nur von bedingter Aussagekraft und haben bedingten Beweiswert. **409**

Bei richtiger Vernehmung wird/muss das Protokoll den Grundsatz der Zweiteilung widerspiegeln. Aber auch sonst muss ausgehend von der Beweisfunktion eines Protokolls als Grundsatz für jedes einfache Protokoll postuliert werden, dass es einer AVV[538], zumindest einer Tonvernehmung möglichst nahekommen sollte. Das bedeutet als **erstes**, dass an sich auch all das, was von der Kamera an **„Bildern"** festgehalten wird, wenn es wichtig sein oder werden könnte, ins Protokoll aufgenommen werden sollte. In Polizeiprotokollen findet man inzwischen erfreulicherweise immer häufiger Hinweise auf das Verhalten der Auskunftsperson, wie sie reagiert oder nicht reagiert hat, welche Gefühle erkennbar wurden usw. Wichtig ist zu beachten, dass ein Protokoll beschreiben und nicht bewerten soll. Dass jemand bei einer bestimmten Frage in Tränen ausgebrochen ist, gehört ins Protokoll; nicht, wie die Vernehmungsperson dies interpretiert, welchen Schluss sie daraus gezogen hat. **410**

Das bedeutet weiterhin als **zweites**, dass an sich auch das Verhalten der Vernehmungsperson, soweit dadurch auf die Auskunftsperson und ihre Angaben Einfluss genommen wird, festgehalten werden sollte. Wenn jemand eine Frage stellt, nimmt er immer, in unterschiedlichem Ausmaß, Einfluss. Wer fragt, führt. Deshalb ist eine **Antwort ohne mitprotokollierte Frage** noch weniger wert gelesen zu werden. Der häufig zu lesende Vorspann „Auf Frage", bringt nichts. *Was* gefragt wurde, ist von Interesse. Auch, was man immer wieder liest, die Frage in die Antwort „einzuflechten" (*Wenn ich gefragt werde, ...*), ist unsinnig.[539] Es wird der Eindruck erweckt, die Auskunftsperson habe den Inhalt ihrer Aussage von sich aus produziert, während sie tatsächlich vielleicht nur auf die in der Frage oder im Vorhalt enthaltene Suggestion oder inhaltliche Vorgabe eingegangen ist. Warum nicht gleich die **Fragen protokollieren**? Das ist einfacher, kaum länger und vor allem ehrlicher. **411**

---

537 Unter Berücksichtigung von Persönlichkeitsrechten, datenschutzrechtlicher Belange etc.

538 Audio Visuelle Vernehmung.

539 Vgl. Rn. 480.

412 Das bedeutet schließlich als **drittes**, dass das, was die Auskunftsperson sagt, **so genau wie möglich, wörtlich** ins Protokoll gelangen sollte: Keine Veränderung der Wortwahl, keine Umformulierungen, keine Strukturierung der Angaben, möglichst wenig Kürzungen. Nach Nr. 45 Abs. 2 RistBV empfiehlt es sich für bedeutsame Teile der Vernehmung, also Fragen, Vorhalte und Antworten, möglichst wörtlich in die Niederschrift aufzunehmen. Legt der Beschuldigte ein Geständnis ab, so sind zudem die Einzelheiten der Tat möglichst in seinen eigenen Worten wiederzugeben. Es ist darauf zu achten, dass besonders solche Umstände aktenkundig gemacht werden, die nur der Täter wissen kann. Die Namen der Personen, die das Geständnis mit angehört haben, sind zu vermerken. Eine Protokollierung von Untersuchungshandlungen der Ermittlungsbehörden, und damit von Vernehmungen, ist insoweit zwingend geboten,[540] wenn und soweit sie für die spätere Beweiswürdigung eine Rolle spielen können.[541] Es gilt der Grundsatz der **Aktenwahrheit** und der **Aktenvollständigkeit**.[542]

413 Wird mit der **inhaltlichen Qualität** der Aussage argumentiert, muss sichergestellt sein, dass die relevanten Aussageinhalte tatsächlich von der Auskunftsperson selbst und auf genau diese Art und Weise geäußert wurden. Auch zur **Glaubhaftigkeitsbeurteilung** der Angaben von Beschuldigten bedarf es einer wortgetreuen Dokumentation. Studien belegen, dass auf der Basis zusammenfassender Protokolle oder Frage-Antwort-Protokolle, die den *Verlauf* einer Vernehmung nicht wörtlich wiedergeben, nicht zuverlässig geprüft werden kann, etwa ob Beschuldigte echtes Täterwissen besitzen, da vermeintliches Täterwissen auch durch nicht oder anders protokollierte Fragen, Vorhalte etc. kommuniziert sein können.[543]

414 All das ist leicht empfohlen, es ist aber ohne AVV praktisch **nicht zu leisten**. Erst recht nicht, wenn man **alleine** ist. Der Vernehmende muss sich auf die Vernehmung und die Auskunftsperson kümmern. Eine Vernehmung leiten und gleichzeitig protokollieren das ist wie Tennis und Fußball gleichzeitig spielen. Es geht aufgrund der beschränkten Simultankapazität[544] nicht. Schlicht unsäglich wird es nach Ansicht der Verfasser, wenn der Vernehmende allein ist und mit der Zweifingermethode in den PC tippt. Es widerspricht zudem den Grundsätzen des Rapports, wenn die Vernehmungsperson während der Befragung sich umfangreiche Notizen machen muss. Die Vernehmungsperson benötigt daher eine weitere Kraft, die schreibt, protokolliert. Auch hier zeigt sich wieder einen Nachteil der Verkleinerung der Spruchkörper und der Verlagerungen der Verhandlungen auf Einzelrichter. Umso mehr sollte man sich an der Idealvorstellung (Filmkamera) orientieren. Allein das wird bereits zu besserer Qualität führen.

Fazit: Jedes Protokoll sollte dem Idealbild einer audiovisuellen Vernehmung so nahe wie möglich kommen.

415 An dieser Stelle passt es, die **Geschichte aus dem italienischen Roman** wieder aufzugreifen, denn auch da wird über die Protokollierung gestritten.

Der Staatsanwalt:
„Herr Vorsitzender, der Verteidiger kann einen Zeugen nicht darüber ausfragen, wie er ein Protokoll aufgenommen hat, ob er dazu ein Tonbandgerät oder einen Stift oder einen Computer benutzt hat. Das ist unzulässig!"

540 BVerfG, Kammerbeschl. v. 14.7.2016 – 2 BvR 2474/14.
541 LR/Erb, 27. Aufl. 2018, § 168b Rn. 6.
542 BVerfG, Kammerbeschl. v. 14.7.2016 – 2 BvR 2474/14; LR/Erb, 27. Aufl. 2018, § 168b Rn. 1; KK/Schmitt, § 168b Rn. 1.
543 Gubi-Kelm/May/Schmitt/Bitzigeio/Rick/Püschel: Interdisziplinäre Betrachtung eines Mordes, den es nicht gab – der Fall Manfred G, S. 13 und 21/47.
544 Siehe Beschränkte Simultankapazität – Multitasking Rn. 844.

Der Verteidiger:
„Herr Vorsitzender, uns geht es lediglich darum, zu verstehen, wie bestimmte Aussagen protokolliert wurden. Und das nur, weil wir ausschließen möchten, dass es – wenn auch unfreiwillig, denn keiner zweifelt an der guten Absicht der Ermittler –, dass es also zu einer Beeinflussung der Zeugen oder zu Fehlinterpretationen ihrer Aussagen kam."[545]
Dies führte der Rechtsanwalt später in seinem Plädoyer noch genauer aus:
„In dem besagten Protokoll finden sich Ausdrücke, wie: ‚beim Betreiben vorgenannten Gaststättenbetriebs werde ich unterstützt...' et cetera. So drückt sich der Zeuge Renna selbstverständlich nicht aus. Und natürlich wissen wir auch nicht, welche Fragen ihm gestellt wurden. Wir wissen es nicht, weil in dem Protokoll auf die bequeme, bürokratische Formel ‚auf die Frage antwortend' zurückgegriffen wird. Was heißt das: ‚auf die Frage antwortend'? Welche Fragen wurden dem Zeugen gestellt? Waren es Fragen, die ihn beeinflusst haben? Waren es Fragen, die eine Antwort suggerierten? Waren es Fragen, mit denen ungewollt eine Erinnerung konstruiert wurde?"[546]

Das Verfahren in dem Roman endete mit einem Freispruch. Wir betonen nochmals ausdrücklich, der Autor ist ein italienischer Staatsanwalt. Er weiß, wovon er spricht; und wir alle, die Leser und Leserinnen und die Verfasser, wissen, dass seine Beobachtungen durchaus auch aus einem deutschen Gerichtssaal stammen könnten. Möge dieses Buch ein kleiner Beitrag sein zur Verbesserung der hohen, aber niemals genügend hohen Qualität der Arbeit, die wir Juristen und Juristinnen leisten.

12.12.5 Protokollierung (von Aussagen) – Einflussnahmemöglichkeiten des Anwalts. Die Protokollierung liegt in den Händen der Polizei/Staatsanwaltschaft bzw. des Gerichts. Die „andere" Seite ist damit in einer weit ungünstigeren Position, was die Möglichkeiten der Protokollierung anbelangt. Eine ganze Reihe von Studien hat gezeigt, dass die Art und Weise der **Protokollierung** im Strafrecht tendenziell die Seite der Strafverfolger begünstigt und die **Verteidigung schwächt.**[547] Die Möglichkeiten der Abweichung zwischen tatsächlichem Ereignis und dem Inhalt der Protokollierung durch Polizei/Staatsanwaltschaft/Gericht hierüber sind vielfältig.[548] Rechtsanwälte müssen dabei besonders wachsam sein, um **Falschprotokollierungen** zu verhindern, die den Fall ungünstig entscheiden können, und zwar unrettbar über Instanzen hinweg. Es ist daher Aufgabe und auch ein Recht des Anwalts, diese Fehlerquellen stets im Blick zu haben, auf entsprechende **Protokollierung** hinzuwirken und gegebenenfalls sofort **Einwendungen** gegen die Richtigkeit und/oder Unvollständigkeit des Protokolls zu erheben. Im Worst-Case-Szenario muss erwogen werden, ob sich der Mandant auf Rat seines Verteidigers der weiteren Befragung (im Ermittlungsverfahren) verweigert, auch als Zeuge. Es versteht sich von selbst, dass in einem Prozess Einwendungen nicht erst nach der Entlassung des Zeugen gestellt werden sollte, weil der Zeuge dann nicht gefragt werden kann. Im Ermittlungsverfahren erlangt der Verteidiger die Hoheit über die „richtige Protokollierung" nur dann absolut sicher, wenn die Vernehmung vollständig als Wortprotokoll erstellt wird oder er andernfalls eine Vernehmungssituation des Mandanten vermeidet. Erfordert die Verteidigung im Ermittlungsverfahren Alternativdarstellungen, so ist der Verteidigerschriftsatz wahrscheinlich der gefahrlosere Weg der Einlassung.[549] **416**

545 Gianrico Carofiglio, Reise in die Nacht, S. 184.
546 Gianrico Carofiglio, Reise in die Nacht, S. 263.
547 Capus/Stoll/Vieth, Zeitschrift für Rechtssoziologie 2014, 225, 238.
548 Sommer, StraFo 2018, 451 ff.
549 Sommer, StraFo 2018, 451, 457.

417 **12.12.5.1 Notwendiger Protokollinhalt im Ermittlungsverfahren, § 168b StPO.**[550] Die Vorschriften zur Protokollierung (richterlicher und) ermittlungsbehördlicher Vernehmungen gemäß §§ 168b, 168a, 168 StPO[551] wurden durch das zum 1.7.2021 in Kraft getretene Gesetz zur Fortentwicklung der Strafprozessordnung und zur Änderung weiterer Vorschriften und der Änderungen grundlegend neu gestaltet. Dies betrifft insb. § 168a StPO, durch den **alle Formen der Dokumentation** einer richterlichen Untersuchungshandlung außerhalb der Hauptverhandlung beziehungsweise – über den Verweis in § 168b Absatz 2 Satz 1 StPO – einer staatsanwaltlichen und polizeilichen[552] Vernehmung erfasst werden sollen und ihr Verhältnis untereinander regelt. Die Reform war angesichts der *„technischen Entwicklung und auch der neuen rechtlichen Vorgaben im Bereich der Beschuldigten- und Zeugenvernehmungen"* als erforderlich angesehen worden. Der Gesetzgeber hatte insbesondere die auf eine digitale Arbeitsweise zugeschnittenen Anforderungen im Blick.[553] Durch die Reform wurde die früher gebräuchliche Unterscheidung zwischen Protokoll einerseits und vorläufiger Aufzeichnung im Sinne des §§ 168 Abs. 2 StPO in einer gebräuchlichen Kurzschrift, mit einer Kurzschriftmaschine, mit einem Tonaufnahmegerät oder durch verständliche Abkürzungen aufgehoben. Zu unterscheiden ist jetzt insbesondere die Form der Protokollierung (Wortprotokoll oder zusammenfassendes Inhaltsprotokoll,) die Protokollierung *während* oder *nach* der Vernehmung sowie die Art der – neben die Protokollierung tretenden – Aufzeichnung der Vernehmung (wörtliche oder zusammenfassende Aufzeichnung).

418 Gemäß § 168b Abs. 2 StPO *„soll"* über jede ermittlungsbehördliche Vernehmung von Beschuldigten (Zeugen und Sachverständigen ein **Protokoll** aufgenommen.[554] Eine Ausnahme von der Fertigung eines Protokolls kennt das Gesetz (nur), *„soweit dies ohne erhebliche Verzögerung der Ermittlungen geschehen kann"*. Die StPO sieht daher – leider – keine *umfassende Pflicht* zur Protokollierung[555] von Vernehmungen vor.

419 **12.12.5.1.1 Mindestinhalt.** Wenn ein Protokoll aufgenommen wird, dass *„muss"* es als **Mindestinhalt** nach § 168a Abs. 1 (i. V. m. § 168b Abs. 2) StPO den Ort und Tag der *„Verhandlung"*/der Vernehmung sowie die Namen der mitwirkenden und beteiligten Personen angeben und ersehen lassen, ob die wesentlichen Förmlichkeiten des Verfahrens beachtet wurden. Die Reform 2021 hat insoweit nichts verändert. Bei ermittlungsbehördlichen Vernehmungen des Beschuldigten *„sind"* zudem gemäß § 168b Abs. 2 StPO inhaltlich die in § 163a StPO sowie die in § 58 Abs. 2 S. 2 StPO im Zusammenhang mit der Gegenüberstellung vorgeschriebenen Belehrungen des Beschuldigten zu dokumentieren. Diese Dokumentationspflicht umfasst weiter sämtliche Belehrungspflichten, auch die aus § 187 GVG und nach § 168b Abs. 3 Satz 2 StPO, und gilt ausdrücklich auch für die Entscheidung des Beschuldigten, ob er vor seiner Vernehmung einen Verteidiger beauftragen möchte.[556]

---

550 Ein Teil der nachfolgenden Ausführungen zum Ermittlungsverfahren stammen aus: Der Strafprozess, Strategie und Taktik im Ermittlungsverfahren, Rinklin/Maurer (Hrsg), Deubner Verlag, in dem der Verfasser Dr. Maurer die Kapitel 7 (Polizeiliche Vernehmung) und 14 (Richterliche und staatsanwaltliche Vernehmungen) verfasst hat.

551 Die §§ 271–274 StPO sind Spezialvorschriften und gelten ohnehin nur für die Hauptverhandlung.

552 Seit einer Gesetzesänderung 2013 betrifft § 168b StPO alle „Untersuchungshandlungen der Ermittlungsbehörden" und gilt seitdem zweifelsfrei nicht nur für staatsanwaltliche, sondern auch für die Protokollierung polizeilicher Vernehmungen.

553 BT – Drs 19/27654, S. 42.

554 Siehe auch Nr. 45 Abs. 1 RistBV, wonach die Belehrung ebenfalls „aktenkundig" zu machen ist.

555 § 136 Abs. 4 Satz 2 StPO betrifft nicht die Protokollierung, sondern die getrennt zu behandelnde Frage der Aufzeichnung.

556 Meyer-Goßner/Schmitt, 67. Aufl. 2024, § 168b Rn. 3; KK/Schmitt, § 168b, Rn. 6.

Dieser **Verpflichtung zur Dokumentation der Belehrung** und des genauen Inhalts (wann, von wem und wie) werden die Vernehmungsniederschrift in der Praxis vielfach nicht hinreichend gerecht. Leerformeln wie „wurde gesetzlich belehrt" oder „wurde auf seine gesetzlichen Rechte hingewiesen" sollten (in der Hauptverhandlung) Anlass für Nachfragen sein. Das Vorliegen oder Nichtvorliegen eines Verfahrensverstoßes wird in der Hauptverhandlung nach der Rechtsprechung des BGH im Wege des Freibeweisverfahrens geklärt.[557] **420**

12.12.5.1.2 Sachlicher Inhalt. Weitergehende verpflichtende Vorgaben über die Protokollierung des Inhalts der Vernehmung fehlen. Der sachliche Inhalt des Protokolls ergibt sich vielmehr nur aus dem Sinn und Zweck. Bei der Protokollierung von Vernehmungen ist daher entsprechend § 68, § 69 und § 136 StPO deren Inhalt wiederzugeben. Nach § 45 RiStBV empfiehlt es sich für bedeutsame Teile der (Beschuldigten-)Vernehmung, die Fragen, Vorhalte und Antworten möglichst wörtlich in die Niederschrift aufzunehmen. In der Praxis umfasst die Dokumentation von Vernehmungen daher eine große Breite von möglichen Protokollierungsformen. **421**

12.12.5.1.3 Art der Protokollierung (Wort- und Inhaltsprotokoll). Die **Art der Protokollierung** von Vernehmungen im Ermittlungs- und Zwischenverfahren ist durch die Reform 2021 grundlegend geändert worden. Nach § 168a Abs. 2 StPO (i. V. m. § 168b Abs. 2 StPO) „kann" das Protokoll in Form einer wörtlichen Wiedergabe der Vernehmung als sog. **Wortprotokoll** oder in der Form einer sinngemäßen Zusammenfassung ihres Inhalts als sog. **Inhaltsprotokoll** erstellt werden. Für das Inhaltsprotokoll ist es der Gesetzeslage nach unerheblich, ob die Zusammenfassung aus dem Gedächtnis, anhand von Notizen während der Verhandlung, einer Mitschrift oder einer Aufzeichnung gefertigt wird. Nach Nr. 5b RiStBV soll bei der vorläufigen Aufzeichnung von Protokollen nach § 168a Absatz 2 StPO vom Einsatz technischer Hilfsmittel (insbesondere von Tonaufnahmegeräten) möglichst weitgehend Gebrauch gemacht werden. Angesichts der Begrenztheit menschlichen Erinnerungsvermögens ist eine Zusammenfassung aus dem Gedächtnis sinnlos. **422**

Das Gesetz gibt **nicht** vor, welche Art des Protokolls, Wortprotokoll oder Inhaltsprotokoll, **vorrangig** zu erstellen ist. Dies ist anhand der Umstände des Einzelfalles nach *„pflichtgemäßem Ermessen"* festzulegen. Nach Nr. 45 Abs. 2 Satz 1 RiStBV empfiehlt es sich für bedeutsame Teile der Vernehmung, also Fragen, Vorhalte und Antworten, möglichst wörtlich in die Niederschrift aufzunehmen. Legt der Beschuldigte ein **Geständnis** ab, so sind nach Nr. 45 Abs. 2 Satz 2 – 4 RiStBV die Einzelheiten der Tat möglichst in seinen eigenen Worten wiederzugeben. Es ist darauf zu achten, dass besonders solche Umstände aktenkundig gemacht werden, die nur der Täter wissen kann. Die Namen der Personen, die das Geständnis mit angehört haben, sind zu vermerken. Eine Protokollierung von Untersuchungshandlungen der Ermittlungsbehörden, und damit von Vernehmungen, ist insoweit zwingend geboten,[558] wenn und soweit sie für die spätere Beweiswürdigung eine Rolle spielen können.[559] Die RiStBV gelten nach deren Einführungsbestimmungen *„vornehmlich für den Staatsanwalt"*. Einige Hinweise *„wenden sich aber auch an den Richter"*. Deren Grundsätze werden aber auch von den Polizeibehörden berücksichtigt werden müssen. Vor diesem Hintergrund ist bei der Protokollierung einer Vernehmung einem Wortprotokoll im Sinne des § 168a Abs. 2 Satz 1 (i. V. m. § 168b Abs. 2 Satz 1) StPO aussagepsychologisch gegenüber der alternativ **423**

---

557 St. Rspr.: BGH, Beschl. v. 2.5.2019 – 3 StR 21/19; BGH, Beschl. v. 25.9.2018– StB 40/18; BGH, Urt. v. 8.8.2018 – 2 StR 131/18, vgl. nur Meyer-Goßner/Schmitt, 67. Aufl. 2024, § 136 Rn. 23; § 136a Rn. 32.

558 BVerfG, Kammerbeschl. v. 14.7.2016 – 2 BvR 2474/14.

559 LR/Erb, 27. Aufl. 2018, § 168b Rn. 6.

möglichen Zusammenfassung des Inhalts (sog. Inhaltsprotokoll) unbedingt der Vorzug zu geben.[560] Vor dem Hintergrund des Grundsatzes der **Aktenwahrheit** und der **Aktenvollständigkeit**[561] dürfte für *„bedeutsame Teile"* der Vernehmung insoweit auch kaum ein Auswahlermessen für ein anderes Vorgehen bestehen. Wird über die Vernehmung des Beschuldigten ausnahmsweise kein Protokoll gefertigt, so ist das Ergebnis aktenkundig zu machen. Ein solcher **Aktenvermerk** darf jedoch nur bei Vernehmungen gefertigt werden, deren Ergebnis für die Entscheidung ohne oder nur von geringer Bedeutung ist.[562]

424 Nach § 168a Abs. 2 Satz 1 StPO (i. V. m. § 168b Abs. 2 StPO) kann das das Protokoll über eine Vernehmung – sowohl als Inhaltsprotokoll als auch als Wortprotokoll – sowohl **während** der laufenden Verhandlung/Vernehmung als auch **nach** deren Abschluss erstellt werden. Das **während der Verhandlung**/Vernehmung gefertigte **Wort- oder Inhaltsprotokoll** ist gemäß § 168a Abs. 3 Satz 1 StPO den beteiligten Personen, soweit es sie betrifft, zur **Genehmigung** auf einem Bildschirm anzuzeigen, vorzulesen oder zur Durchsicht vorzulegen, ein Verzicht hierauf ist aber möglich § 168a Abs. 3 StPO. Auf die Übernahme der Regelung im alten § 168a Absatz 3 Satz 3 StPO, nach der das erstellte Protokoll von den Beteiligten zu signieren oder zu unterschreiben oder darin anzugeben ist, weshalb dies unterblieben ist, wurde in der Reform verzichtet. An ihre Stelle tritt die nunmehr in § 168a Absatz 6 Satz 1 StPO geregelte Aufnahme der Genehmigung oder etwaiger **Einwendungen** in das Protokoll. Die Verfasser empfehlen – wie ausgeführt – die audiovisuelle Vernehmung (AVV) als Regelfall. In diesen Fällen empfiehlt es sich, das schriftliche Protokoll nach der Vernehmung zu erstellen, auf Grundlage der Aufzeichnung. Jeglicher Vorteil einer AVV ist dahin, wenn man während der Vernehmung versucht, ein schriftliches Protokoll als Wortprotokoll zu erstellen. So schnell tippt niemand, das Protokoll wird in der Regel defizitär ausfallen.[563]

425 Die in der Praxis anzutreffende Gepflogenheit, die vernommene Person auf jeder Seite des Vernehmungsprotokolls unterschreiben zu lassen, um den Beweiswert des Protokolls zu erhöhen, findet im Gesetz keine Stütze. Sie läuft auch in den meisten Fällen leer, weil nach dem Unmittelbarkeitsgrundsatz, von den Fällen der §§ 251, 253 und 254 StPO abgesehen, ohnehin der der Vernehmende über die Verhandlung selbst vernommen werden muss. Wird das Vernehmungsprotokoll ausnahmsweise durch Verlesung in die Hauptverhandlung eingeführt, so gilt der Grundsatz der freien Beweiswürdigung uneingeschränkt.

426 Nach **nachträglich** gefertigte **Inhaltsprotokoll** ist ebenfalls – wie das während der Vernehmung gefertigte Wort oder Inhaltsprotokoll – gemäß § 168a Abs. 4 StPO nach dem Grundsatz, dass jede weiterreichende Interpretation grundsätzlich der Genehmigung durch die Beteiligten bedarf, den an der Verhandlung beteiligten Personen zur **Genehmigung** zu übermitteln. Ein Verzicht auf diese nachträgliche Übermittlung des Protokolls zur Genehmigung ist möglich und kann von dem jeweiligen Beteiligten während der Verhandlung, aber auch noch nach deren Abschluss, erklärt werden. Dabei ist es unerheblich, ob die nachträgliche Zusammenfassung aus dem Gedächtnis, anhand von Notizen während der Verhandlung, einer Mitschrift oder einer Aufzeichnung gefertigt wird. Entscheidend ist allein, dass das Protokoll erst nach dem Abschluss der Vernehmung gefertigt wird, und dass dies nicht durch eine wörtliche Übertragung eines vollständigen Verhandlungsmitschnitts nach Absatz 5 oder einer zusammenfassen-

---

560 Zur Fehleranfälligkeit, siehe auch Kurzzeitdächtnis Rn. 856.

561 BVerfG, Kammerbeschl. v. 14.7.2016 – 2 BvR 2474/14; LR/Erb, 27. Aufl. 2018, § 168b Rn. 1; KK/Schmitt, § 168b Rn. 1.

562 KK/Schmitt, § 163a Rn. 31.

563 Siehe oben: Audivisuelle Aufzeichnung Rn. 393.

den Aufzeichnung nach Absatz 3 erfolgt. Damit wurde zugleich klargestellt, dass auch beim Vorliegen einer vollständigen Aufzeichnung neben den in Absatz 5 geregelten Wortlautprotokollen nach wie vor die praktikableren Inhaltsprotokolle zulässig sind.

Wird das Protokoll nach der Verhandlung durch die **wörtliche Übertragung** einer Aufzeichnung als **Wortprotokoll** erstellt, muss es den Beteiligten **nicht** zur **Genehmigung** vorgelegt werden. Die Person, welche die Übertragung hergestellt oder eine maschinelle Übertragung überprüft hat, versieht nach § 168a Abs. 5 StPO diese mit ihren Namen und dem Zusatz, dass die Richtigkeit der Übertragung bestätigt wird. Die Regelung in Absatz 5 erfasst dabei die Fälle der wörtlichen Übertragung von Aufzeichnungen sowohl im Fall eines **vollständigen** Verhandlungsmitschnitts als auch im Fall der **zusammenfassenden** Aufzeichnung des Inhalts der Vernehmung.[564] 427

12.12.5.1.4 Aufzeichnung der Vernehmung. Die Vernehmung „kann" gemäß § 168a Abs. 2 Satz 2 StPO aufgezeichnet werden, und zwar in **Bild und Ton** – wie es § 58a StPO für Zeugenvernehmungen (gegebenenfalls in Verbindung mit § 161a Absatz 1 und § 163 Absatz 3 StPO) und § 136 Absatz 4 StPO für Beschuldigtenvernehmungen (gegebenenfalls in Verbindung mit § 163a Absatz 3 und 4 StPO) schon (verpflichtend) vorsehen ist – oder **nur** in **Ton** (durch ein Diktiergerät). § 168a Abs. 2 StPO liegt das Verständnis zugrunde, dass das Protokoll die verschriftete Form des Inhalts der Verhandlung darstellt und **Aufzeichnungen** der Vernehmungen **neben** das verschriftete **Protokoll** gemäß den §§ 168 bis 168b treten.[565] Auch eine vollständige Aufzeichnung ebenso wie etwa eine stenografische Mitschrift ersetzen das das Protokoll weiterhin nicht. Gleiches gilt für die zusammenfassende Aufzeichnung des Inhalts einer Vernehmung während der Verhandlung. Auch hier ersetzt das aufgezeichnete Diktat nicht die anschließende Überführung der Aufzeichnung in ein schriftliches Protokoll. Eine Aufzeichnung ist zwar eine Form der Dokumentation, aber nicht das Protokoll selbst. Dahinter steht die Erwägung, dass (Bild-)Ton-Aufzeichnungen zwar ebenfalls eine Form der Dokumentation darstellen, die klassischen Niederschriften sich aber als übersichtlicher und zweckmäßiger erweisen und den Anforderungen der Praxis besser Rechnung tragen. 428

Zu unterscheiden ist nach § 168a Abs. 2 Satz 2 StPO vielmehr die **wörtliche Aufzeichnung**, in Form eines Bild-/Ton- oder Tonmitschnitts oder durch eine stenografische Mitschrift und die **zusammenfassende Aufzeichnung**, die eine schriftliche oder – typischerweise mittels eines Diktiergeräts – technisch aufgezeichnete Wiedergabe des Inhalts der Verhandlung in den eigenen Worten des Verhandlungsführers darstellt. 429

Die **zusammenfassende Aufzeichnung während** der Vernehmung ist – wie auch das während der Vernehmung erstellte Protokoll – gemäß § 168a Abs. 3 StPO vorher den beteiligten Personen, soweit es sie betrifft, zur **Genehmigung** auf einem Bildschirm anzuzeigen, vorzulesen oder zur Durchsicht vorzulegen, ein Verzicht hierauf ist aber möglich. Sie ersetzt nicht die anschließende wortgetreue Überführung der Aufzeichnung in ein schriftliches Protokoll. 430

In der Praxis wird regelmäßig angenommen, dass mit der Übertragung der Aufzeichnung in ein schriftliches Protokoll eine wortgenaue Transkription – ähnlich wie bei der Übertragung der vorläufigen Aufzeichnung nach dem alten § 168a Absatz 2 StPO – verbunden ist. Nach dem Wortlaut ist diese Auslegung nicht zwingend. In den Fällen der **wörtlichen Übertragung** von Aufzeichnungen in das Protokoll, sowohl im Fall eines vollständigen Verhandlungsmitschnitts als 431

564 BR-Drs. 57/21, S. 102; BT-Drs. 19/27654, S. 91.
565 BR-Drs. 57/21, S. 100; BT-Drs. 19/27654, S. 89.

auch im Fall der zusammenfassenden Aufzeichnung des Inhalts bedarf es keiner gesonderten Genehmigung durch die Beteiligten, die für den Fall der zusammenfassenden Aufzeichnung bereits unmittelbar im Zusammenhang mit der Aufzeichnung erfolgt. Stattdessen enthält § 168a Absatz 4 Satz 2 und 3 StPO die Bestimmung, dass derjenige, der die wörtliche Übertragung vornimmt, die Richtigkeit der Übertragung zu bestätigen hat. Davon wird nach den Gesetzesmaterialien nicht nur die händische Übertragung, sondern auch die Prüfung einer maschinellen Übertragung, etwa durch eine Transkriptionssoftware, erfasst werden.

432 Nach § 168a Abs. 2 Satz 3 StPO ist – wie schon unter § 168a Absatz 4 Satz 4 stopp a. F. – der Nachweis der Unrichtigkeit des Protokolls anhand der Aufzeichnung zulässig.

433 Nach der Rechtsprechung können Tonbandaufnahmen zum Zwecke des Vorhalts gegenüber dem Vernommenen als auch dem als Zeugen zu vernehmenden Polizeibeamten verwertet werden. Das Tonband selbst kann zudem als Augenscheinsobjekt zum Beweis des Inhalts der Aussage herangezogen werden.[566]

434 **12.12.5.2 Notwendiger Protokollinhalt im Zivilprozess.** Der notwendige Protokollinhalt der Aussagen der Zeugen, Sachverständigen und vernommenen Parteien im Zivilprozess ergibt sich aus § 160 Abs. 3 Ziff. 4 ZPO mit der Beweiskraft nach §§ 165, 415 ff. ZPO. Nach § 160a Abs. 2 Satz 2 ZPO können Aussagen nach § 160 Absatz 3 Nummer 4, also die Aussagen der Zeugen, Sachverständigen und vernommenen Parteien oder das Ergebnis eines Augenscheins nach § 160 Absatz 3 Nummer 5 ZPO in Ton oder in Bild und Ton vorläufig aufgezeichnet werden. Wenn dies nach Satz 2 geschieht, dann muss dies zunächst lediglich in dem Protokoll vermerkt werden. Das Protokoll ist nach Satz 3 dann um den Inhalt der vorläufigen Aufzeichnungen zu ergänzen, wenn eine Partei dies bis zum rechtskräftigen Abschluss des Verfahrens beantragt oder das Rechtsmittelgericht die Ergänzung anfordert. Sind Aussagen nach § 160 Absatz 3 Nummer 4 in Ton oder in Bild und Ton unmittelbar aufgenommen und ist zugleich das wesentliche Ergebnis der Aussagen vorläufig aufgezeichnet worden, so kann nach Satz 4 eine Ergänzung des Protokolls nur um das wesentliche Ergebnis der Aussagen verlangt werden.

435 Die Protokollinhalt ist auch im Zivilprozess wesentliche Grundlage auch für eine Prüfung der Ordnungsmäßigkeit des erstinstanzlichen Verfahrens durch das Rechtsmittelgericht. Ein Anwalt hat daher auch hier sofort oder jedenfalls vor Schluss der mündlichen Verhandlung entsprechende Anträge, ohne Aufzeichnung einer Vernehmung einen **Protokollaufnahmeantrag** nach § 160 Abs. 4 ZPO zu stellen. Die Beteiligten können nach dessen Satz 1 beantragen, dass bestimmte Vorgänge oder **Äußerungen** in das Protokoll aufgenommen werden. Zu den Vorgängen und Äußerungen gehören insbes. Erklärungen, Äußerungen, Gesten oder sonstiges Verhalten sowohl eines der Beteiligten selbst als auch ggf. einer am Rechtsstreit nicht beteiligten Person.[567] Äußerungen können auch Erklärungen der Parteien bei der informatorischen Anhörung nach § 141 ZPO sein, oder die in einem Vergleichsgespräch abgegebenen Erklärungen.[568] Für das amtsgerichtliche Verfahren ist § 510 a ZPO zu beachten. Das Gericht kann nach § 160 Abs. 4 Satz 2 ZPO von der Aufnahme (nur) absehen, wenn (!) es auf die Feststellung des Vorgangs oder der Äußerung *nicht* ankommt. Anders formuliert: Das Gericht kann von der Aufnahme nicht absehen, wenn es auf die Feststellung des Vorgangs oder der Äußerung ankommt, soweit ein anerkennenswertes Inte-

566 BGH, Urt. v. 14.6.1960 – 1 StR 73/60.
567 BeckOK ZPO/Wendtland, 56. Ed. 1.3.2025, ZPO § 160 Rn. 26.
568 Stein/Roth, 23. Aufl. 2016, ZPO § 160 Rn. 31.

resse an ihrer Feststellung bestehen kann; etwa, weil sie geeignet sind, in die **Beweiswürdigung** (§ 286 ZPO) einzufließen, von Bedeutung für ein **anderes Verfahren** sein können oder z. B. auch der **Dokumentation von Straftaten** (beleidigende Äußerungen, Prozessbetrug) dienen sollen.[569] Nicht erforderlich ist, dass es sich bei dem zu protokollierenden Ereignis um einen wesentlichen Vorgang i. S. v. § 160 Abs. 2 ZPO handelt.[570] Allerdings hat der Anwalt kaum eine rechtliche Handhabe gegen eine ablehnende Entscheidung des Gerichts, da diese gemäß § 160 Abs. 4 Satz 3 ZPO nicht selbstständig angreifbar ist. Zudem werden auch im Zivilprozessrecht die gleichen Ablehnungsgründe wie im Strafprozess gelten, wonach es praktisch nie auf den genauen Wortlaut, sondern nur den Inhalt ankomme.[571] Ohne einen Protokollaufnahmeantrag nach § 160 Abs. 4 ZPO ist aber eine Verfahrensrüge im Rechtsmittelzug nach § 295 Abs. 1 ZPO nicht mehr möglich. Die Ablehnung der Aufnahme erfolgt durch Beschluss. Die Entscheidung muss unverzüglich erfolgen.[572] Es ist für den Anwalt zu empfehlen, einen Beschluss nach Abs. 4 herbeizuführen, wenn das Gericht einen Protokollierungsantrag ablehnt.[573]

Das Problem für den Anwalt ist, dass das Gericht im Beschluss, der die Aufnahme in das Protokoll ablehnt, nach h. M. den Antrag nicht wörtlich wiedergeben muss. Denn der Umfang der Protokollierungspflicht ergibt sich aus § 160 Abs. 3 ZPO, nach dessen Nr. 2 die „Anträge“ zu protokollieren sind, worunter die Sachanträge (Antrag aus der Klage usw.), aber nicht eventuelle Prozessanträge fallen. Es bleibt daher nichts anders übrig, als – notfalls handschriftlich – den Wortlaut des Antrags schriftlich zu formulieren, zu unterzeichnen und dem Gericht zu den Akten zu geben. Mit der Übergabe wird das Schriftstück als Schriftsatz Bestandteil der Akte und ist vom Gericht wie jeder andere Schriftsatz zu den Akten zu nehmen und zu bearbeiten.[574] Bei fehlender Einigungsbereitschaft des Gerichts über den Inhalt der Protokollierung ist notfalls am Ende der Zeugenvernehmung die Abspielung des zumeist diktierten Protokolls gemäß § 162 Abs. 2 Satz 2 (i. V. m. § 160 Abs. 3 Nr. 4) ZPO zu verlangen. Sodann wird die ebenfalls nach § 162 Abs. 2 Satz 2 ZPO erforderliche Genehmigung des Protokolls, welche auch der Prozessbevollmächtigte erklären muss, verweigert.[575] Das in der Praxis übliche „nach Diktat genehmigt“ kann allerdings als Verzicht auf die Abspielung des Diktierten und Genehmigung des Protokolls i. S. d. § 162 Abs. 2 ZPO ausgelegt werden. Auch ist zu empfehlen, dass der Anwalt verlangt, dass die Gründe für die Verweigerung der Genehmigung ebenfalls protokolliert werden.[576] **436**

Nach dem Schluss der mündlichen Verhandlung kann kein Antrag auf Protokollierung mehr gestellt werden[577], allenfalls noch ein Antrag auf **Protokollberichtigung.** Unrichtigkeiten des Protokolls können zwar jederzeit von Amts wegen oder auf Antrag berichtigt werden, § 164 Abs. 1 ZPO.[578] Ob ein Rechtsmittel gegen die Ablehnung einer Protokollberichtigung zulässig ist, muss differenziert beurteilt werden. Soweit sich der abgelehnte Berichtigungsantrag auf Angaben im Protokoll bezieht, die das Beschwerdegericht nicht aus eigener Anschauung beurteilen kann, wird die sofortige Beschwerde als unzulässig erachtet. Geht es aber um eine Unrichtigkeit des Protokolls, die sich aus den Akten selbst ergeben **437**

569 BeckOK ZPO/Wendtland, 56. Ed. 1.3.2025, ZPO § 160 Rn. 26.
570 BeckOK ZPO/Wendtland, 56. Ed. 1.3.2025, ZPO § 160 Rn. 26.
571 Siehe Antrag auf wörtliche Protokollierung, § 273 Abs. 3 StPO Rn. 445.
572 Anders/Gehle/Bünnigmann, 83. Aufl. 2025, ZPO § 160 Rn. 26.
573 Stein/Roth, 23. Aufl. 2016, ZPO § 160 Rn. 32.
574 So auch Schultzky in: Zöller, Zivilprozessordnung, 35. Auflage 2024, § 160 ZPO Rn. 15, 16.
575 Anwaltliche Taktik beim Zeugenbeweis, S. 185, 187.
576 Anwaltliche Taktik beim Zeugenbeweis, S. 185, 187
577 Stein/Roth, 24. Aufl. 2024, ZPO § 160 Rn. 30.
578 Stein/Roth, 24. Aufl. 2024, ZPO § 160 Rn. 30.

soll, ist eine sofortige Beschwerde zulässig.[579] Umgekehrt ist gegen die Protokollberichtigung nach § 164 ZPO kein Rechtsmittel gegeben. Ein Rechtsmittel wegen des Wortlauts der Protokollierung einer vom Zeugen als richtig genehmigten Aussage ist jedenfalls aussichtslos.[580]

438 **12.12.5.3 Notwendiger Protokollinhalt im Strafprozess. – 12.12.5.3.1 Amtsgerichtliches Inhaltsprotokoll, § 273 Abs. 2 Satz 2 StPO.** Für den **Strafprozess** bieten die §§ 273 ff. StPO vorrangige Spezialregelungen gegenüber den im Ermittlungsverfahren geltenden §§ 168 ff. StPO. Im Strafprozess muss das Protokoll gemäß § 273 Abs. 1 StPO den Gang und die Ergebnisse der Hauptverhandlung im Wesentlichen wiedergeben.

439 Gemäß § 273 Abs. 2 Satz 1 StPO sind aus der Hauptverhandlung vor dem **Strafrichter** und dem **Schöffengericht** außerdem die „wesentlichen Ergebnisse der Vernehmungen" der Angeklagten, Zeugen und Sachverständigen in das Protokoll aufzunehmen, soweit nicht alle zur Anfechtung Berechtigten auf Rechtsmittel verzichten oder innerhalb der Frist kein Rechtsmittel eingelegt wird. Aussagen bzw. Einlassungen der jeweiligen Vernehmungspersonen sind einzeln festzuhalten, eine Zusammenfassung mehrerer Aussagen ist unzulässig.[581] In erstinstanzlichen Verfahren vor dem Landgericht oder Oberlandesgericht wird über Aussagen von Zeugen und Sachverständigen oder Einlassungen des Angeklagten nur ein Verlaufsprotokoll gem. § 273 Abs. 1 StPO ohne Wiedergabe des Inhalts der Aussagen erstellt.

440 Die Wiedergabe des wesentlichen Inhalts der Aussage einzelner Vernehmungen vor dem Strafrichter oder dem Schöffengericht steht systematisch im Zusammenhang mit § 325 StPO, der für das Berufungsverfahren den allgemeinen Grundsatz der Unmittelbarkeit und Mündlichkeit der Beweiserhebung einschränkt und die Verlesung des nach § 273 Abs. 2 Satz 1 StPO protokollierten wesentlichen Inhalts einer Vernehmung von Angeklagten, Zeugen oder Sachverständigen ermöglicht.[582] Die Verlesbarkeit wird nämlich auf Niederschriften der Aussagen der in der Hauptverhandlung des ersten Rechtszugs vernommenen Beweispersonen nach § 273 Abs. 2 Satz 1 StPO ausgedehnt, auch wenn dies nach §§ 251, 253 StPO nicht zulässig wäre. Freilich müssen die in § 325 StPO genannten Voraussetzungen dafür gewahrt sein, also die Verfahrensbeteiligten zustimmen und die Auskunftsperson nicht vorgeladen und die Vorladung von dem Angeklagten nicht rechtzeitig beantragt worden ist.[583]
In der Praxis der Berufungsverfahren spielt die förmliche Verlesung erstinstanzlich protokollierter Aussagen jedenfalls über § 325 StPO kaum eine Rolle. Im Gegensatz hierzu steht der Vorhalt solcher protokollierten Aussagen. Sätze wie „Da muss ich Ihnen aber das Protokoll erster Instanz vorhalten, da steht …" sind von Seiten des Gerichts genauso häufig zu hören wie von Seiten der Staatsanwaltschaft oder der Verteidiger. Das ist mitunter fatal!

441 Nach § 273 Abs. 2 Satz 1 StPO muss nur der **„wesentliche Inhalt der Aussagen"**, also nicht der Wortlaut, protokolliert werden. Der Inhalt ist in verkürzter, knapper Form und zusammengefasst zu protokollieren.[584] Ein Wortprotokoll ist

579 OLG Frankfurt/M., 15 W 38/07; OLG Schleswig, 5 W 7/11; OLG Düsseldorf, 9 W 85/01; zusammenfassend OLG Frankfurt, 19 W 8/13.

580 BGH, Beschl. v. 14.7.2004 – XII ZB 268/03.

581 SK-StPO/Frister, § 273 Rn. 25.

582 Meyer-Goßner/Schmitt, StPO, 67. Aufl. 2024, § 325 Rn. 11; LR/Stuckenberg, 27. Aufl. 2021, § 273 Rn. 38 f.; LR/Gössel, 26. Aufl. 2012, § 325 Rn. 1; SK-StPO/Frister, § 273 Rn. 28.

583 Vgl. LR/Gössel, 26. Aufl. 2012, § 325 Rn. 8 f., 15.

584 Meyer-Goßner/Schmitt, StPO, 67. Aufl. 2024, § 273 Rn. 15; LR/Stuckenberg, 27. Aufl. 2021, § 273 Rn. 41; SK-StPO/Frister, § 273 Rn. 25; MüKoStPO/Valerius, § 273 Rn. 41; Gerst, StRR 2012, 324, 325 spricht von „Rumpfdokumentation".

nur in § 273 Abs. 3 StPO vorgesehen.[585] Dem Vorsitzenden oder Urkundsbeamten ist es natürlich unbenommen, umfassender zu protokollieren. Aus § 273 Abs. 1 StPO folgt kein Verbot von Wort- oder ausführlichen Inhaltsprotokollen, § 273 Abs. 2 Satz 1 StPO regelt nur den Mindestinhalt.[586] In der Praxis nimmt diese Zusammenfassung häufig der **Urkundsbeamte** vor, und zwar so, wie er ihn – ohne Akten-kenntnis oder juristische Grundausbildung – versteht. Damit ist der Beweiswert dieser Protokollierung erheblich beeinträchtigt, selbst wenn der Vorsitzende zusammen mit dem Urkundsbeamten darüber entscheidet oder der Vorsitzende den Urkundsbeamten zulässigerweise anweist, was als wesentlich festzuhalten ist. In der Regel ist der **Beweiswert sehr gering.**[587] Aufgrund der mit der Zusammenfassung notwendigerweise zusammenhängen-den (unbewussten) Selektion, Veränderung und/oder Ergänzung wird der Inhalt der Aussage stets verändert und es werden gar Missverständnisse oder Missinterpretationen und sonstige Fehler nahezu unrettbar „für die Ewigkeit in Zement gegossen".

Die **Beweiskraft des Protokolls** gem. § 274 StPO beschränkt sich nur auf die Tatsache, dass der Angeklagte oder Beweisperson vernommen wurde. Für den Inhalt der Aussage ist es nicht beweiskräftig, insoweit sind nur die Urteilsgründe maßgebend.[588] **442**
Ein Verteidiger kann in diesem Zusammenhang nur Anregungen geben, da er und die anderen Verfahrensbeteiligten auch insoweit kein Antragsrecht haben.[589] Wenn der Vorsitzende nicht von sich aus oder auf Frage hierzu Auskunft gibt, dann muss in Erwägung gezogen werden, nach § 273 Abs. 3 StPO die vollständige Niederschreibung des Wortlauts der aus Sicht des Mandanten wesentlichen Inhalte der Aussage zu beantragen.

Das Protokoll über eine frühere Hauptverhandlung, in das gem. § 273 Abs. 2 StPO das wesentliche Ergebnis der Vernehmung eines Zeugen aufgenommen worden ist, stellt darüber hinaus eine nach § 251 Abs. 2 StPO verlesbare Niederschrift dar.[590] Dem Umstand, dass die Aussage nur sinngemäß und verkürzt festgehalten worden sein könnte, ist freilich im Rahmen der Beweiswürdigung Rechnung zu tragen; bei der Bewertung der Zuverlässigkeit des Inhalts ist Zurückhaltung geboten.[591] **443**

Widersprüche zwischen einer nach § 273 Abs. 2 Satz 1 StPO zusammengefasst **protokollierten Aussage** und dem **Urteil** können nach vorherrschender Ansicht i. d. R. wegen des Rekonstruktionsverbots weder im Rahmen der Sachrüge noch mit der die Protokollwidrigkeit behauptenden Verfahrensrüge gerügt werden.[592] Den Inhalt der Hauptverhandlung festzustellen und zu würdigen, ist allein Sache des Tatgerichts; der dafür bestimmte Ort ist das Urteil. Das Tatgericht entscheidet gem. § 261 StPO nach seiner freien, aus dem Inbegriff der Verhandlung geschöpften Überzeugung, nicht aufgrund des Protokolls, für dessen Inhalt allein der Vorsitzende und der Urkundsbeamte der Geschäftsstelle die Verantwor- **444**

585 A.A. Meyer-Mews, NJW 2002, 103, 104, der speziell in der „Aussage-gegen-Aussage-Konstellation" einen Anspruch auf Führung eines Wortlautprotokolls in der Beweisaufnähme annimmt.
586 Meyer-Mews, NJW 2002, 103, 104.
587 LR/Stuckenberg, 27. Aufl. 2021, § 273 Rn. 136; LR/Sander/Cirener, 27. Aufl. 2019, § 251 Rn. 43; Meyer-Goßner/Schmitt, StPO 67. Aufl. 2024, § 273 Rn. 14.
588 Meyer-Goßner/Schmitt, StPO, 67. Aufl. 2024, § 273 Rn. 17 und § 274 Rn. 10; MüKoStPO/Valerius, § 273 Rn. 43; LR/Stuckenberg, 27. Aufl. 2021, § 273 Rn. 44.
589 Meyer-Goßner/Schmitt, StPO, 67. Aufl. 2024, § 273 Rn. 14; LR/Stuckenberg, 27. Aufl., § 273 Rn. 41; SK-StPO/Frister, § 273 Rn. 26.
590 BGH, Urt. v. 21.7.1971 – 2 StR 199/71; BGH, Beschl. v. 18.2.1981 – 3 StR 269/80; Meyer-Goßner/Schmitt, StPO 67. Aufl. 2024, § 251 Rn. 30; KK/Diemer, 9. Aufl. 2023, § 251 Rn. 16.
591 BGH, Urt. v. 15.5.1975 – 4 StR 157/75; LR/Sander/Cirener, 27. Aufl. 2019, § 251 Rn. 43; KK/Diemer, 9. Aufl. 2023, § 251 Rn. 16.
592 Meyer-Goßner/Schmitt, StPO, 67. Aufl. 2024, § 273 Rn. 36; LR/Stuckenberg, 27. Aufl. 2021, § 273 Rn. 68 m. w. N., auch zur abweichenden Mindermeinung.

tung tragen (§ 271 Abs. 1 StPO), das regelmäßig nicht vorgelesen und erst nach der Verkündung des Urteils abgeschlossen wird.[593]

445 **12.12.5.3.2 Antrag auf wörtliche Protokollierung, § 273 Abs. 3 StPO.** Gemäß § 273 Abs. 3 Satz 1 StPO kommt eine wörtliche Protokollierung in Betracht, wenn es auf die Feststellung eines **Vorgangs** in der Hauptverhandlung, des **Wortlauts** einer **Aussage** oder **Äußerung** ankommt. Dies kann sowohl in Verfahren vor dem **Strafrichter** oder dem **Schöffengericht** der Fall sein, wo nur ein i. d. R. „dürftiges" Inhaltsprotokoll gem. § 273 Abs. 2 StPO erstellt wird, oder auch in Verfahren vor dem **Landgericht** oder **Oberlandesgericht**, wo ein – in Bezug auf Aussagen – völlig „aussageloses" Verlaufsprotokoll gem. § 273 Abs. 1 StPO geführt wird.

446 Eine wörtliche Protokollierung kann von Amts wegen oder auf Antrag erfolgen, wenn es auf die Feststellung **„ankommt"**, d. h. wenn an der Protokollierung ein **rechtliches Interesse** besteht. Natürlich folgt weder aus § 273 Abs. 1 noch aus Abs. 3 Satz 2 StPO, dass es dem Gericht untersagt wäre, umfassender zu protokollieren. Ein gesetzliches Verbot, Wort- oder Inhaltsprotokolle aufzunehmen, besteht nicht.[594] Wenn dieses rechtliche Interesse gegeben ist, dann haben die Verhandlungsbeteiligten auch einen **Anspruch** auf Protokollierung.[595] Die Entscheidung steht – da Rechtsfrage – **nicht** im **Ermessen** des Vorsitzenden[596], wobei die Ablehnung der vollständigen Niederschreibung nach h. M. nicht revisibel ist. Ein Anspruch auf Protokollierung besteht aber nur dann, wenn der Vorsitzende und der Urkundsbeamte übereinstimmend feststellen, dass sie den zu protokollierenden Vorgang oder die entsprechende Äußerung auch **tatsächlich wahrgenommen** haben.[597] Hat ihn nur einer wahrgenommen, ist er zu protokollieren, wenn auch mit dem die Beweiskraft mindernden Vermerk, dass der Vorgang nur von einem der beiden bezeugt wird.[598]

447 Der Vorgang oder die wörtliche Beurkundung kann das **laufende Verfahren** betreffen, aber auch ein **anderes Verfahren.**

448 Der Antrag auf Protokollierung gem. § 273 Abs. 3 StPO ist gem. § 273 Abs. 1 StPO – wie jeder andere Antrag auch – ins **Protokoll** aufzunehmen.[599] Wird ihm entsprochen, genügt es, wenn das Protokoll feststellt, dass die Protokollierung auf Antrag des betreffenden Verhandlungsbeteiligten angeordnet wurde. Wie bei jedem anderen Antrag auch muss der Vorsitzende einen Protokollierungsantrag nicht sofort entgegennehmen oder verbescheiden. Der Vorsitzende kann auch einen solchen Antrag zurückstellen und den Antragsteller über seine allgemeine Sachleitungsbefugnis gem. § 238 Abs. 1 StPO auf einen späteren Zeitpunkt verweisen, um die Befragung eines Zeugen oder Sachverständigen ungestört zu Ende zu führen. Lehnt der Vorsitzende den Antrag ab, ist der Inhalt des Antrags im Protokoll festzuhalten. Der Antrag muss die zu protokollierende Tatsache genau bezeichnen und darlegen, worin sein rechtliches Interesse an der Beurkundung besteht.[600] Ein unsubstantiierter Antrag, etwa alle Wahrnehmungen des Gerichts bei einer Augenscheinseinnahme in einem Protokoll festzulegen, ist unzulässig.[601] Revisionsrechtlich wird die Rechtsposition zum Beweis

---

593 OLG Brandenburg, Beschl. v. 25.3.2009 – 1 Ss 15/09.
594 Meyer-Mews, NJW 2002, 103, 104.
595 SK-StPO/Frister, § 273 Rn. 40; MüKoStPO/Valerius, § 273 Rn. 59.
596 Meyer-Goßner/Schmitt, StPO, 67. Aufl. 2024, § 273 Rn. 29.
597 SK-StPO/Frister, § 273 Rn. 40; MüKoStPO/Valerius, § 273 Rn. 59.
598 LR/Stuckenberg, 27. Aufl. 2021, § 273 Rn. 60.
599 MüKoStPO/Valerius, § 273 Rn. 28.
600 Meyer-Goßner/Schmitt, StPO, 67. Aufl. 2024, § 273 Rn. 27; SK-StPO/Frister, § 273 Rn. 39; MüKoStPO/Valerius, § 273 Rn. 58.
601 OLG Bremen, Beschl. v. 14.1.1986 – Ss 57/85.

des Vorgangs oder der Äußerung allein durch den Antrag noch nicht verbessert. An der Beweiskraft des Protokolls gem. § 274 StPO nimmt nämlich nur die Tatsache teil, dass ein Antrag gestellt wurde. Die Begründung und der dem Antrag zugrunde liegende, ggf. ausführlich geschilderte Vorgang oder die Äußerung nehmen erst dann teil, wenn sie gem. § 273 Abs. 3 Satz 3 StPO vorgelesen und genehmigt werden. Dennoch wird der Antrag auch im Fall der Ablehnung „aktenkundig" und über das Protokoll für das Revisionsgericht zumindest „faktisch" festgehalten.[602] Neben dem Antrag sind auch dessen Ablehnung und dessen Begründung zu protokollieren.

Antragsberechtigt ist nach dem Wortlaut von § 273 Abs. 3 Satz 1 StPO eine „an der Verhandlung beteiligte Person". Damit sind unzweifelhaft der Angeklagte, der Verteidiger und der Staatsanwalt gemeint, über §§ 444 Abs. 2 Satz 2, 427 Abs. 1 Satz 1 StPO auch der Nebenbeteiligte. Nach umstrittener Ansicht haben das Recht auch die Berufsrichter und die Schöffen[603], nicht aber der Nebenkläger, dessen Rechte abschließend in § 397 Abs. 1 Satz 3 StPO niedergelegt sind.[604] Zeugen und Sachverständige sind – entgegen der h. M. – antragsberechtigt, soweit sie durch den Vorgang oder die Aussage/Äußerung in eigenen Rechten betroffen sind, etwa weil sie beleidigt wurden.[605] **449**

In **zeitlicher Hinsicht** gibt § 273 Abs. 3 StPO keinerlei Vorgaben. Der Antrag muss keinesfalls „unverzüglich" gestellt werden, ein später gestellter Antrag kann nicht präkludiert sein. Möglich wäre auch ein entsprechender Antrag am auf den Vorgang, die Aussage oder Äußerung in der Hauptverhandlung folgenden Sitzungstag. Ein solches Zuwarten birgt aber aufgrund des Zeitablaufs Streit über das tatsächliche Geschehen in der Hauptverhandlung. Ein Antrag auf Protokollierung muss abgelehnt werden, wenn der Vorsitzende und der Urkundsbeamte übereinstimmend feststellen, dass sie den zu protokollierenden Vorgang oder die entsprechende Äußerung nicht auch tatsächlich wahrgenommen haben oder sich nicht mehr daran erinnern. Ein direkt an das Geschehnis anknüpfender Protokollierungsantrag ist daher zwar nicht zwingend, ein Antrag im unmittelbaren zeitlichen Zusammenhang aber vorzugswürdig.[606] **450**

Die in Betracht kommenden **Vorgänge** sind ihrer Art nach grundsätzlich **nicht begrenzt.** Es muss sich – dem Wortlaut folgend – aber um einen Vorgang handeln, der sich „in der Hauptverhandlung" zugetragen hat. Vorgänge außerhalb des Sitzungssaals, vor oder sonst außerhalb der Hauptverhandlung oder während Pausen sind damit nicht erfasst.[607] **451**

Bei dem zu protokollierenden Vorgang muss es sich um keine wesentliche Förmlichkeit des Verfahrens handeln. Ein **rechtliches Interesse** an der Protokollierung speziell von Vorgängen kommt gerade für alle Vorgänge in Betracht, die **normalerweise nicht** – als wesentliche Förmlichkeit – **protokolliert** werden. Alternativ kommen Vorgänge in Betracht, die zwar – als wesentliche Förmlichkeit – ohnehin in das Protokoll aufgenommen werden müssen, bei denen aber eine **ausführlichere Darstellung** oder das Festhalten **besonderer Einzelheiten** aufschlussreich oder für den **Nachweis eines Verfahrensverstoßes** bedeutsam erscheint.[608] **452**

---

602 Schlothauer, StV 1992, 134, 141.
603 SK-StPO/Frister, § 273 Rn. 39.
604 Meyer-Goßner/Schmitt, StPO, 67. Aufl. 2024, § 273 Rn. 26; MüKoStPO/Valerius, § 273 Rn. 57; LR/Stuckenberg, 27. Aufl. 2021, § 273 Rn. 56.
605 SK-StPO/Frister, § 273 Rn. 39.
606 Gerst, StRR 2012, 324, 327; Breyer/Endler, in: Breyer/Endler, AnwF StrafR, Rn. 524.
607 Meyer-Goßner/Schmitt, StPO, 67. Aufl. 2024, § 273 Rn. 19; LR/Stuckenberg, 27. Aufl. 2021, § 273 Rn. 47; SK-StPO/Frister, § 273 Rn. 31; MüKoStPO/Valerius, § 273 Rn. 49.
608 LR/Stuckenberg, 27. Aufl. 2021, § 273 Rn. 48 f., 59; SK-StPO/Frister, § 273 Rn. 33.

453 Für das **laufende Verfahren** kann eine Protokollierung geboten sein, weil der Vorgang, z. B. die Ablehnung oder geistige Abwesenheit (z. B. das Schlafen) eines Richters, einen für die Revision möglicherweise relevanten Verfahrensfehler begründen könnte. Ein rechtliches Interesse an der Protokollierung von Umständen kann auch darin bestehen, dass diese für die freie Beweiswürdigung von Bedeutung sein können, z. B. eine nonverbale Kommunikation, etwa eine bestimmte Mimik bzw. Gestik oder Kontaktversuche zwischen Richter und Zeugen oder Zeugen und Angeklagten u. v. m.[609]

454 Die Protokollierung kann im Hinblick auf ein **anderes Verfahren** geboten sein, wenn der Vorgang etwa Grund für die Einleitung eines **Strafverfahrens** (z. B. wegen Beleidigung, vgl. auch Nr. 144 Abs. 2 Satz 2 RiStBV; siehe auch § 183 GVG) sein kann oder allgemein Einfluss auf ein anderes **(Zivil-)Verfahren** haben oder Anlass für eine **disziplinarische Ahndung** (z. B. Anzeige bei der Anwaltskammer) geben kann.[610]

455 Nach § 273 Abs. 3 Satz 1 StPO kann auch der **Wortlaut** einer Aussage oder einer Äußerung festgehalten werden. Unter **Aussage** wird dabei die Einlassung des Angeklagten oder die Aussage einer Beweisperson verstanden, während **Äußerungen** alle sonstigen Bemerkungen sind, die von jeder im Sitzungssaal anwesenden Person stammen können.[611]

456 Auch diese müssen – dem Wortlaut folgend – **„in** der Hauptverhandlung" gemacht worden sein. Nach st. Rspr. ist jedoch die Beurkundung eines unmittelbar im Anschluss an die Urteilsverkündung und damit *nach* Ende der Hauptverhandlung (vgl. § 260 Abs. 1 StPO) erklärten **Rechtsmittelverzichts** zulässig, wenngleich sich die Beweiskraft des § 274 StPO hierauf nicht erstreckt.[612]

457 Die Aussagen und Äußerungen können prinzipiell **im Ganzen** oder nur **zum Teil** wörtlich protokolliert werden.[613] Auch insoweit kommt eine wörtliche Protokollierung aber nur dann in Betracht, wenn und soweit es auf die Feststellung **„ankommt"**, d. h. wenn an der Protokollierung ein **rechtliches Interesse** besteht. Ein rechtliches Interesse kann damit begründet werden, dass eine wörtliche Protokollierung für den **Nachweis eines Verfahrensverstoßes** bedeutsam ist.[614] Auf der anderen Seite genügt es **nicht**, dass der Verteidiger die Protokollierung als **Erleichterung** für die Führung seiner Verteidigung wünscht. Hält er es aus diesem Grund für notwendig, den Wortlaut von Äußerungen festzuhalten, bleibt es ihm unbenommen, diesen mitzuschreiben oder durch **Hilfspersonen/Stenographen** mitschreiben zu lassen.[615]

458 Was genau unter dem „rechtlichen Interesse" im Zusammenhang mit der Würdigung von **Aussagen** zu verstehen ist, ist umstritten. Die vorherrschende Meinung ist jedenfalls „gerichtsfreundlich". Man könnte (sollte?) auf dem Standpunkt stehen, dass ein rechtliches Interesse schon dann besteht, wenn durch die **Fixierung des Inhalts** einer Aussage die **Beweiswürdigung** des erkennenden Gerichts beeinflusst werden kann, etwa weil die Aussage im Rahmen der abschließenden Beweiswürdigung von Bedeutung oder auch entscheidungserheb-

---

609 SK-StPO/Frister, § 273 Rn. 33; Meyer-Goßner/Schmitt, StPO, 67. Aufl. 2024, § 273 Rn. 19; zur Protokollierung körpersprachlicher Auffälligkeiten siehe Rn. 435 und 451.

610 Meyer-Goßner/Schmitt, StPO, 67. Aufl. 2024, § 273 Rn. 23; LR/Stuckenberg, 27. Aufl., § 273 Rn. 49; SK-StPO/Frister, § 273 Rn. 34.

611 LR/Stuckenberg, 27. Aufl. 2021, § 273 Rn. 50; Meyer-Goßner/Schmitt, StPO, 67. Aufl. 2024, § 273 Rn. 20; SK-StPO/Frister, § 273 Rn. 35.

612 Eingehend LR/Stuckenberg, 27. Aufl. 2021, § 273 Rn. 21; MüKoStPO/Valerius, § 273 Rn. 24.

613 MüKoStPO/Valerius, § 273 Rn. 50; Meyer-Goßner/Schmitt, StPO, 67. Aufl. 2024, § 273 Rn. 20.

614 LR/Stuckenberg, 27. Aufl. 2021, § 273 Rn. 59.

615 Meyer-Goßner/Schmitt, StPO, 67. Aufl. 2024, § 273 Rn. 27; LR/Stuckenberg, 27. Aufl. 2021, § 273 Rn. 50.

lich sein könnte, oder aber auch, um durch die Festlegung des Wortlauts einer Fehldeutung bei der Urteilsberatung vorzubeugen, schließlich aber auch, um – je nach vertretener Rechtsauffassung – vorsorglich ein Einfallstor für eine Verfahrensrüge (§§ 244 Abs. 2, 261 StPO) zu haben.

Die **vorherrschende Meinung** erkennt ein solches Recht auf Protokollierung von Aussagen nicht an.[616] Die Protokollierungsbedürftigkeit bei Aussagen und Äußerungen besteht danach noch nicht bei deren Beweis-/Entscheidungserheblichkeit schlechthin.[617] Es reiche danach eben **nicht** aus, dass es nur **allgemein** auf den **Inhalt** ankommt. Vielmehr muss es danach **gerade** auf den **genauen Wortlaut** der Aussagen/Äußerungen ankommen, etwa wenn eine Aussage je nach ihrer genauen Formulierung unterschiedlich gedeutet werden kann.[618] Dies ist aber selten der Fall. **459**

An der vorherrschenden Meinung ist **Kritik** angebracht.[619] Zunächst scheint eine **Differenzierung** zwischen Inhalt und Wortlaut schon **nicht möglich**, da die Protokollierung des Wortlauts stets auch die Fixierung des Inhalts zum Gegenstand hat.[620] Auf der anderen Seite soll nicht negiert werden, dass es weder sinnvoll noch praktisch möglich erscheint, sämtliche möglicherweise für die Beweiswürdigung oder etwaige Beweisanträge bedeutsamen Teile der Aussage eines Zeugen wörtlich zu protokollieren. Das **Gesetz** sieht die Protokollierung des Wortlauts einer Aussage auch als **Ausnahmefall** vor. Dennoch kann kein Zweifel an einem rechtlichen Interesse der Prozessbeteiligten an der Protokollierung auch für den Fall schlicht **bedeutsamer Teile** von Aussagen von Angeklagten oder Zeugen bestehen oder auch für bedeutsame Teile in **„Aussage-gegen-Aussage-Konstellationen“**.[621] Hierfür spricht auch, dass es nicht nur den Erkenntnissen der Aussagepsychologie, sondern auch der ständigen Rechtsprechung des BGH entspricht, dass sich die notwendige Aussageanalyse gerade ausgehend vom Wortlaut der Aussage auch mit den Realkriterien etwa des Details und der Konstanz auseinanderzusetzen hat.[622] Hierfür ist eine Protokollierung an sich nicht zwingend, ein berechtigtes Interesse besteht auch vor diesem Hintergrund gleichwohl daran. **460**

Der Kampf ums Protokoll kann sich zur Festschreibung eines Sachverhalts lohnen.[623] Es darf aber auch nicht aus dem Auge verloren werden, dass Druck Gegendruck erzeugt und ein „gewonnener“ Protokollierungsantrag sich als Pyrrhussieg herausstellen kann. Vor diesem Hintergrund sollte sich ein Protokollierungsantrag immer auf die wesentlichen Teile beschränken und – in Anbetracht der „leichten“ Ablehnungsmöglichkeiten und nach h. M. mangelnden Revisibilität – nie zu verfahrensfremden Zwecken gestellt werden. **461**

Kommt es dem Verteidiger nicht nur auf den Wortlaut einer Aussage im laufenden Verfahren an, sondern auch darauf, die **Konstanz** der Aussagen bzw. deren Wechselhaftigkeit und **Widersprüchlichkeit** festzuschreiben oder das Aussageverhalten während des bisherigen Verfahrens insgesamt zu dokumentieren, dann muss beantragt werden, die **Niederschriften früherer** polizeilicher, staatsanwaltschaftlicher und richterlicher **Vernehmungen** oder sonstiger schriftlicher Äußerungen des Zeugen oder Angeklagten zu **verlesen**.[624] Für einen **Urkundenbe-** **462**

---

616 Zum Meinungsstand: LR/Stuckenberg, 27. Aufl. 2021, § 273 Rn. 57 Fn. 201.
617 SK-StPO/Frister, § 273 Rn. 36; KK/Greger, 8. Aufl., § 273 Rn. 23.
618 Meyer-Goßner/Schmitt, StPO, 67. Aufl. 2024, § 273 Rn. 22; MüKoStPO/Valerius, § 273 Rn. 53.
619 So auch Burhoff, Hauptverhandlung, 11. Aufl. 2025, Protokoll der Hauptverhandlung, wörtliche Protokollierung, Rn. 2632.
620 LR/Stuckenberg, 27. Aufl. 2021, § 273 Rn. 50.
621 Meyer-Mews, NJW 2000, 103, 104, der sich weitergehend für ein Wortprotokoll ausspricht; a. A. Uetermeier, NJW 2002, 2298, 2299.
622 St. Rspr., grundlegend BGH, Urt. v. 30.7.1999 – 1 StR 618/98; BGH, Urt. v. 6.12.2016 – 5 StR 179/16.
623 Schlothauer, StV 1992, 134, 140.
624 Schlothauer, StV 134, 140.

weisantrag gelten aber **Besonderheiten**: Es ist zu **unterscheiden**, ob sich die Urkunde, die nach Ansicht des Verteidigers verlesen werden muss, in den Gerichtsakten befindet, von denen das Gericht Gebrauch machen will, oder ob sie sich z. B. in einem Beweismittelordner, den das Gericht nicht benutzen will, befindet.[625] Bei den sich regelmäßig in den Strafakten befindlichen Vernehmungsniederschriften handelt es sich um **präsente Beweismittel**.[626] Sofern das Gericht nicht zu erkennen gegeben hat, dass es ihnen Beweismittelqualität beimisst, ist ein Beweisantrag i. S. d. § 245 Abs. 2 StPO zu stellen.[627]

463 **Ergänzend** sollte die **Vernehmung des früheren Verhörsbeamten** zum Beweis dafür beantragt werden, dass sich der Zeuge oder Angeklagte tatsächlich so geäußert hat, wie dies schriftlich niedergelegt ist. Parallel zu dessen Vernehmung sollte dann auch die **vernehmungsergänzende Verlesung** der Niederschrift über die frühere Vernehmung nach § 249 Satz 1 StPO beantragt werden, wodurch der Beweis über den protokollierten Inhalt der Vernehmung im Urkundenbeweis geführt wird.[628]

464 **12.12.5.3.3 Festschreibung der Einlassung des Angeklagten.** Nach § 243 Abs. 5 Satz 2 StPO hat der Angeklagte das Recht, sich **zur Sache** einzulassen. Ein Wortprotokoll wird hierzu nicht geführt, allenfalls ein Inhaltsprotokoll gem. § 273 Abs. 2 Satz 1 StPO. Praktische Folge davon ist nach Ansicht von offensichtlich justizkritischen Teilen der Literatur eine „vielfach anzutreffende entstellende, abwertende oder selektive Darstellung der Einlassung des Angeklagten in den Urteilsgründen".[629] Nicht nur deshalb gibt es verschiedene Versuche von Verteidigern, die Einlassung des Angeklagten festzuschreiben, etwa indem (1) die schriftliche Einlassung als Anlage zum Protokoll gegeben wird, (2) ein Beweisantrag auf Verlesung der schriftlichen Einlassung oder (3) ein Antrag auf wörtliche Protokollierung gem. § 273 Abs. 3 StPO gestellt wird.[630]

465 Der Angeklagte, der sich zur Sache äußern möchte, hat dies grundsätzlich **mündlich** zu tun.[631] Anerkannt ist aber, dass ein Angeklagter sich **vorgefertigter oder ausformulierter Texte als Redehilfe** bedienen und der Angeklagte diese auch verlesen kann.[632] Eine Vertretung durch den Verteidiger ist dabei nicht möglich. Äußert sich der Verteidiger in Form eines Schriftsatzes zur Sache, handelt es sich grundsätzlich um eine Prozesserklärung des Verteidigers, die dieser aus eigenem Recht und in eigenem Namen abgibt, und nicht um eine Sacheinlassung des Angeklagten. Ihrer Bedeutung nach ist sie einem Parteivorbringen im Zivilprozess vergleichbar. Gleiches gilt grundsätzlich für Erklärungen, die der Verteidiger in der Hauptverhandlung zur Sache abgibt. Anerkannt ist aber die Übermittlung einer Erklärung des Angeklagten durch den Verteidiger, so der Angeklagte sich die Erklärung **eindeutig** zu eigen macht.[633] Die Erklärung des Angeklagten in seinem letzten Wort, er schließe sich den Ausführungen seines Verteidigers an, reicht nicht aus.[634] Die Erklärung des Angeklagten, dass er sich die Erklärung des Verteidigers zu eigen macht, ist als **wesentliche Förmlichkeit** des Verfahrens in der Sitzungsniederschrift zu protokollieren.[635]

---

625 Burhoff, Hauptverhandlung, 11. Auflage 2025, Beweisantrag, Formulierung: Urkundenbeweis, Rn. 1153.
626 BGH, Beschl. v. 21.5.2015 – 4 StR 554/14.
627 KK/Krehl, 8. Aufl., § 245 Rn. 13.
628 Vgl. eingehend LR/Mosbacher, 27. Aufl., § 249 Rn. 95; Mosbacher, NStZ 2014, 1 ff.
629 Klemke, StrafFo 2013, 107; ähnlich Schlothauer, StV 1992, 134.
630 Klemke, StrafFo 2013, 107.
631 BGH, Beschl. v. 27.3.2008 – 3 StR 6/08; KK/Schneider, 9. Aufl. 2023, § 243 Rn. 86.
632 BGH, Urt. v. 09.1.1953 – 1 StR 623/52; BGH, Urt. v. 24.9.1963 – 1 StR 185/63.
633 BGH, Urt. v, 11.3.2020 – 2 StR 69/19.
634 KK/Schneider, 9. Aufl. 2023, § 243 Rn. 89.
635 Eingehend KK/Schneider, 9. Aufl. 2023, § 243 Rn. 89; BGH, Beschl. v. 27.2.2007 – 3 StR 38/07.

Häufig wird diese schriftliche Erklärung sodann zum **Protokoll** gereicht. Dieses Vorgehen ändert nichts daran, dass sich der Angeklagte damit mündlich geäußert und das Gericht den Inhalt dieser Äußerung in den Urteilsgründen festzustellen hat. Zum **Bestandteil des Hauptverhandlungsprotokolls** ist sie dadurch nicht geworden.[636] Der Richter ist nicht einmal verpflichtet, eine solche Erklärung zum Protokoll zu nehmen. Er hat die Urkunde nur entgegen und zu den Akten zu nehmen. Sie wird damit nur Aktenbestandteil und ist strafprozessual nach Maßgabe der **Amtsaufklärungspflicht** verwertbar.[637] Nimmt der Richter die schriftliche Einlassung dennoch zu Protokoll, so ist dies **revisionsrechtlich unschädlich**, der Text wurde nur vorgelesen, nicht auch verlesen. Allein maßgeblich ist, was das Gericht im Urteil als Einlassung feststellt. Eine Rekonstruktion der Einlassung ist dem Revisionsgericht verwehrt. Der Inhalt der Einlassung wird durch das vom Verteidiger gefertigte Schriftstück nicht bewiesen, weil sich mit den dort zur Verfügung stehenden Mitteln nicht feststellen lässt, ob das vom Verteidiger in der Hauptverhandlung Vorgetragene mit den im Schriftstück festgehaltenen Angaben wirklich übereinstimmt. Folglich ist es dem Angeklagten verwehrt, eine „Inbegriffsrüge" nach § 261 StPO darauf zu stützen, dass die Urteilsfeststellungen über den Inhalt seiner Einlassung mit der einverständlich vorgelesenen Erklärung des Verteidigers nicht übereinstimmen.[638] 466

Erst recht kann das **Gericht nicht verpflichtet** werden, einen **vorbereiteten Text selbst zu verlesen**.[639] Die nach § 243 Abs. 4 Satz 2 StPO vorgesehene Form der Einlassung des Angeklagten kann nicht dadurch umgangenen werden, dass dieser seine Einlassung schriftlich niederlegt, zur Akte oder zum Protokoll reicht und er ggf. einen **Beweisantrag auf Verlesung** des Wortlauts im Urkundenbeweis stellt.[640] Dem Antrag kann schon vor dem Hintergrund des in § 250 StPO normierten Unmittelbarkeitsprinzips nicht nachgegangen werden. Ausgehend hiervon versteht es sich von selbst, dass schriftlich festgehaltene Erklärungen des Angeklagten gegenüber seinem Verteidiger gem. § 250 StPO zu Beweiszwecken nicht durch Verlesung von Aufzeichnungen, sondern allenfalls durch Vernehmung des Verteidigers als Zeuge in die Hauptverhandlung eingeführt werden können. Die von den Verteidigern gestellten Anträge auf Verlesung der Schreiben als Urkunden sind zudem schon keine ordnungsgemäßen Beweisanträge. Sie enthalten keine Bezeichnung und Behauptung einer bestimmten Beweistatsache. Dass ein Angeklagter eine schriftliche Stellungnahme abgegeben hat, ist kein für den Schuld- oder Strafausspruch relevanter Umstand. Die Behauptung, der Vorgang habe sich wie in dem Schriftstück niedergelegt zugetragen, kann durch deren Verlesung nicht bewiesen werden. Freilich darf der Tatrichter das ihm zugegangene **Schriftstück nicht einfach ignorieren**. Das Gericht ist verpflichtet, eine schriftliche Stellungnahme des Angeklagten zur Kenntnis zu nehmen. Insofern ist die Verfahrensweise, eine Entgegennahme der Erklärung abzulehnen und diese gar zu zerreißen, fehlerhaft.[641] 467
Verliest das Gericht hingegen (ausnahmsweise/fälschlicherweise?) die verschriftete Einlassung des Angeklagten, so ist der Wortlaut der Urkunde in die Haupt-

636 BGH, Beschl. v. 10.11.2008 – 3 StR 390/08.
637 KK/Schneider, 9. Aufl. 2023, § 243 Rn. 94
638 KK/Schneider, 9. Aufl. 2023, § 243 Rn. 92.
639 BGH, Beschl. v. 27.3.2008 – 3 StR 6/08.
640 BGH, Urt. v. 21.7.1994 – 1 StR 83/94; KK/Schneider, 9. Aufl. 2023, § 243 Rn. 92, 93; a. A. Schlothauer, StV 1992, 134, 140 für vor Beginn der Verhandlung zur Akte gereichte Erklärungen des Angeklagten; zur Bewertung von schriftlichen Erklärungen des Angeklagten/des Verteidigers für den Angeklagten auch Mosbacher, NStZ 2014, 1, 3; zu Sachdarstellungen in Schriftsätzen des Verteidigers als Einlassung des Angeklagten BGH, Urt. v. 11.3.2020 – 2 StR 69/19; OLG Koblenz, Beschl. v. 12.5.2016 – 2 OLG 4 Ss 54/16.
641 BGH, Beschl. v. 18.9.2012 – 3 StR 348/12.

verhandlung eingeführt und muss deshalb in der Revisionsinstanz als Maßstab zur Überprüfung der Beweiswürdigung herangezogen werden.[642]

468 **12.12.5.3.4 Protokollierung von Falschaussagen/Straftaten, § 183 GVG.** Nach **§ 183 Satz 1 GVG** hat das „Gericht“ (also nicht allein der Vorsitzende) in den Fällen, in denen eine **Straftat** „in“ der Sitzung begangen wird, den Tatbestand festzustellen. Straftaten im Sinne dieser Norm ist jede tatbestandsmäßige, rechtswidrige und schuldhafte Handlung, die in einem Gesetz mit Strafe bedroht ist. Damit kommen insbesondere **Falschaussagen** und **Meineid**, aber auch Tätigkeiten, Beleidigungen, Sachbeschädigungen in Betracht.[643] In welcher Weise das Gericht den **Sachverhalt festzustellen** hat, hängt von den besonderen Umständen des Falls ab. In der Regel wird das Gericht die Straftat **protokollieren** müssen. § 183 Satz 1 GVG begründet nicht eine nach Ermessen wahrzunehmende Befugnis des Gerichts, sondern auch eine **Verpflichtung.**[644] Insoweit können von einem Verteidiger auch insoweit entsprechende **Protokollierungsanträge** gestellt werden. Entscheidend für die Protokollierung ist, ob aus der Sicht des Gerichts der Verdacht einer Straftat vorliegt. Eine **Protokollierung** nach § 183 GVG kann daher **nicht erzwungen** werden.[645] Protokollierungsanträge können während nicht abgeschlossener Vernehmung (d. h. vor der Entlassung des Zeugen) aus Richtersicht „leicht“ abgelehnt werden, da eine Falschaussage erst mit Abschluss der Vernehmung vollendet wäre und eine protokollierungsbedürftige Straftat oftmals erst in der abschließenden Beweiswürdigung geprüft und festgestellt werden kann. Der Versuch ist straflos.

469 **12.12.5.3.5 Zeitpunkt der Fertigstellung des Protokolls; Abschriften.** Das Protokoll ist gem. § 272 StPO „über die Hauptverhandlung“ zu führen, d. h. über die Hauptverhandlung als Ganzes. Das Protokoll ist – auch im Falle einer mehrtätigen Verhandlung – als Einheit zu verstehen.[646] Bestandteil der Akten wird das Protokoll erst nach der **Fertigstellung** i. S. d. § 271 Abs. 1 Satz 2, § 273 Abs. 4 StPO; bei einer mehrtägigen Verhandlung daher erst, wenn die Urkundsperson und der Vorsitzende nach Schluss der Hauptverhandlung den letzten Teilabschnitt und damit die ganze Niederschrift **unterschrieben** haben. Die Erstellung von Abschnittsprotokollen vor der Fertigstellung ist nicht vorgeschrieben. Von einem Verteidiger können vorher **keine (Zwischen-)Abschriften** oder Ablichtungen, auch nicht im Entwurf, verlangt werden. Die Verteidigung kann vor der Fertigstellung auch nicht über § 147 StPO Einsicht in ein noch nicht bei den Akten befindliches Teilprotokoll oder einen Protokollentwurf verlangen.[647] Während einer laufenden Hauptverhandlung kann der Verteidiger lediglich Abschriften von **verkündeten Beschlüssen** verlangen (§ 35 Abs. 1 Satz 2 StPO).

470 **12.12.6 Protokollierungsfehler. – 12.12.6.1 Der Weite Weg des Protokolls.** Das Protokoll hat – wie zuvor ausgeführt[648] – insb. auch **Beweisfunktion**, die auf der Annahme beruht, dass Protokolle das Geschehen in der Vernehmung korrekt wiedergeben. Über die Vernehmung wird in der Regel ein schriftliches Protokoll gefertigt, das aber kein Wortprotokoll ist. Die Erfahrung zeigt, dass die meisten

642 BGH, Urt. v. 24.10.2024 – 4 StR 249/24; BGH, Beschl. v. 14.8.2003– 3 StR 17/03; KK/Schneider, 9. Aufl. 2023, § 243 Rn. 92.

643 KK/Diemer, 9. Aufl. 2023, § 183 GVG Rn. 1; Breyer/Endler, AnwF StrafR, Rn. 523.

644 LR/Wickern, 27. Aufl. 2022, § 183 GVG Rn. 1; Nierwetberg, NJW 1996, 432, 433.

645 Heinrich, Konfliktverteidigung im Strafprozess, Kap. 12 Rn. 29; KK/Diemer, 9. Aufl. 2023, § 183 GVG Rn. 2.

646 BVerfG, Nichtannahmebeschl. v. 11.11.2001 – 2 BvR 1151/01; BGH, Urt. v. 20.11.1961 – 2 StR 395/61; LR/Stuckenberg, 27. Aufl. 2021, § 271 Rn. 10.

647 BGH, Beschl. v. 29.10.1980 – StB 43/80; LR/Stuckenberg, 27. Aufl. 2021, § 271 Rn. 38; Meyer-Goßner/Schmitt, StPO, 67. Aufl. 2024., § 271 Rn. 19.

648 Siehe oben Sinn und Zweck des Protokolls im Allgemeinen Rn. 392.

schriftlichen Protokolle das Geschehen in der Vernehmung *nicht* korrekt wiedergeben. Das hat verschiedene Ursachen:

471 Selten machen sich die Juristen in diesem Zusammenhang hinreichende Gedanken darüber, wie weit verzweigt der Weg vom eigentlichen Ereignis, über das die Auskunftsperson zu berichten hat, zum protokollierten Ereignis ist. Die nachfolgende Grafik soll dies verdeutlichen:

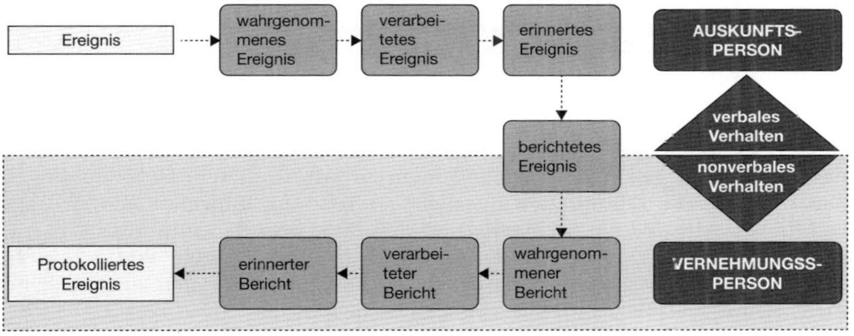

Protokollierungsfehler treten leider viel zu häufig auf. Das hängt zunächst schlicht und einfach mit dem Umstand zusammen, dass die meisten Protokolle *keine Wortprotokolle* sind. Damit enthalten sie *zwangsläufig* Fehler. Durch die Verschriftlichung bleiben Inhalt und Bedeutung der Aussage praktisch nie unberührt.

472 Der in einer Befragung stattfindende Kommunikationsvorgang wurde zum Teil intensiv untersucht. Dabei wurde festgestellt, dass es sich sehr häufig um einen gemeinsamen ***Rekonstruktionsprozess*** handelt, bei dem der Fragende mitunter großen Einfluss nimmt, indem er die Geschehnisse mit der Auskunftsperson miteinander „aushandelt". Das danach erstellte Protokoll protokolliert oftmals damit nicht mehr die Vernehmung und deren Verlauf, sondern das *Ergebnis* einer längeren kommunikativen *Interaktion*. Es gibt immer nur *verändert* Teile der gesprochenen Worte wieder. Das ist für die Rechtsfindung fatal!

> Wenn es etwa in einem Protokoll einer Zeugenbefragung lautet:
> *„Frage: Ich will aussagen. Zur Sache erkläre ich: …"*

473 dann muss man bei der Vernehmung nicht dabei gewesen sein, um zu erkennen, dass die Auskunftsperson so, mit diesen Worten sicher nicht ausgesagt hat. Es wurde offensichtlich etwas anderes protokolliert. Wenn aber was anderes protokolliert wurde, dann ist das Protokoll in seiner Beweisfunktion wertlos.

474 Zusammenfassen lassen sich die Protokollierungsfehler in einer denkbar einfachen Art und Weise: das Protokoll ist immer dann fehlerhaft, wenn sich aus dem Protokoll nicht die eigentliche Vernehmung und deren Verlauf ergibt. Dies ist etwa dann der Fall, wenn 1.) ***selektiv*** protokolliert wird, 2.) Aussageelemente ***verändert*** festgehalten oder 3.) Informationen **ergänzt** werden, die keine Basis im Gespräch hatten, wobei eine klare Abgrenzung dieser drei Gruppen nicht immer möglich ist.

475 **12.12.6.2 Selektive Protokollierung. Selektive**, also nicht vollständige **Protokollierungen** sind sehr häufig anzutreffen.
Als **Kardinalfehler** muss es bezeichnet werden, wenn Fragen und Vorhalte nicht mitprotokolliert werden. Dabei ist es eine Binsenweisheit, dass die Antwort *maßgeblich* davon beeinflusst wird, welche Frage gestellt und wie die Frage formuliert

worden ist. Eine Antwort ohne mitprotokollierte Frage („Auf Frage: ...") ist höchstens die Hälfte wert (oft weniger).
Auch wird oft die Aussagenentstehung, Denkpausen, Versprecher etc. unterschlagen:

> (Negativ-)Beispiel:
> Tatsächliche Frage:
> „Auf welche Ampel haben Sie eigentlich geschaut?"
> Tatsächliche Antwort:
> „Was fragen Sie mich jetzt? (Pause) Die rechte. (Pause) Nein, die linke. Die andere ist ja für Rechtsabbieger."
> Protokoll:
> „Auf Frage: Ich habe auf die linke Ampel geschaut."

476 Auch besteht eine hohe Tendenz, vage Aussagen oder Unsicherheiten („ich erinnere mich nicht genau", „vielleicht") nicht zu protokollieren. Untersuchungen haben in diesem Zusammenhang auch gezeigt, dass Informationen, die aus rechtlicher Sicht für die Sachverhaltsbeschreibung von Bedeutung sind, bevorzugt aufgenommen werden. In der schriftlich fixierten Aussage wird den (polizeilichen) Relevanzsetzungen bzw. den Tatbestandsmerkmalen entsprechend mehr Raum gewährt als im tatsächlichen Gespräch.

477 Die **Selektivität** kann stets zu **Fehlinterpretationen** führen. Werden gewisse Gesprächspassagen nicht protokoliert (z. B. wegen Zeitdrucks, weil es sich um scheinbar nebensächliche Aussagenteile handelt etc.) könnten stets relevante Informationen verloren gehen oder Widersprüche entstehen, obwohl sie tatsächlich in der Vernehmung kohärent vorgebracht wurden.

478 **12.12.6.3 Ergänzende Protokollierung.** Das **Ergänzen** von Elementen ist häufig bei aktenmäßig zwar bekannten, aber von der Auskunftsperson selbst nicht berichteten – weil nicht erinnerten – Details anzutreffen. So werden beispielsweise genaue Angaben zum Ort oder Zeitpunkt des Tatgeschehens oder andere Details – ggf. aus einem Vorhalt heraus – ins Protokoll aufgenommen, die tatsächlich nicht Gegenstand der Aussage waren.
Gerade im Zusammenhang mit der unterbliebenen Protokollierung von Fragen kommt es zu wesentlichen Ergänzungen und Verzerrungen der Aussage, weil die suggestiven oder inhaltlichen Einflüsse in der Frage nicht offengelegt werden.

> Frage: *„Haben Sie gesehen, wie der Mann mit dem blauen Messer bewaffnet auf die Straße ging und schreit: „Ich bringe euch alle um"?*
> Antwort: *„Ja"*.
> Protokoll: Auf Frage: *„Ich habe dann gesehen, wie der Mann mit dem blauen Messer bewaffnet auf die Straße ging und schrie: „Ich bringe euch alle um"."*

479 **12.12.6.4 Modifizierende Protokollierung.** Eine **Modifikation** ist häufig allein schon in der *„Übersetzung"* der mündlichen Rede in Schriftform festzustellen. Es besteht ein Zielkonflikt zwischen der Vollständigkeit und der Lesbarkeit des Protokolls, allein schon, weil die wörtliche Protokollierung in der Regel schwer(er) lesbar ist. So werden Pausen, Verzögerungslaute („äh" etc.), Satzabbrüche, Wiederholungen, Formulierungsschwierigkeiten nicht vermerkt. Durch die Glättung des Sprachstils werden vage, unsichere oder ausweichende Antworten in sichere und präzise Aussagen transformiert. Auch werden häufig umgangssprachliche oder mundartliche Ausdrucksweisen in „korrekte" Standardsprache überführt. Auch ist in der Regel die schriftliche Version klarer strukturiert als im mündlichen Vortrag. Dem besseren Verständnis wegen wird die Aussage chronologisch(er) dargestellt oder es werden umständliche, zweideutige oder unsichere Redewendungen in klare und sichere Aussagen umformuliert oder dem angeblich besseren Verständnis wegen ins Hochdeutsche oder gar Juristische übersetzt.

„Kaum hatte ich mich wieder gefangen, da packte er mich an der Gurgel."
Protokoll:
„Ich hatte mich noch nicht vom ersten Schreck erholt, als der Beklagte auf mich zustürmte und mich am Hals ergriff."

480 Eine andere, leider aber häufig anzutreffende andere Form der Modifikation ist die Unart, Fragen und Antworten zu *einer* Aussage „zusammen zu flechten", so dass alles wie ein zusammenhängender Bericht oder gar Monolog erscheint. Auch die Protokollierung in indirekter Rede statt in ich-Form gehört hierzu.

481 **12.12.6.5 Praxis-Tipp zur Protokollierung.** Eine audiovisuelle Vernehmung mit der Möglichkeit der wörtlichen Protokollierung der Aussage sollte das Ziel sein. Wenn der Vernehmende (oder der Protokollführer) aber nicht die Stenografie beherrscht bzw. keine Aufzeichnungen nutzt, dann hat er bei jeder – nicht ganz kurzen – Aussage ein Problem.[649] Er steckt in dem Dilemma, das sich auch dem Zeitpunkt der Protokollierung ergibt. Protokolliert werden kann grundsätzlich während oder nach der Vernehmung, und zwar jeweils direkt nach den einzelnen Redebeiträgen (sog. Zug-um-Zug-Protokollierung), nach längeren Gesprächssequenzen (sog. Abschnitts-Protokollierung) oder erst am Schluss der Vernehmung (sog. zusammenhängende Protokollierung) protokolliert werden kann.

482 Die **Zug-um-Zug-Protokollierung** während der Vernehmung ist zwar Garant dafür, dass mit Frage und Antwort protokolliert werden kann. Im Gegensatz zur Abschnittsprotokollierung wird auch insgesamt wörtlicher protokolliert werden. Das sich dadurch ergebende Teildiktat unterbricht aber die Vernehmung, sie stört die Auskunftsperson im Redefluss; Lügner gewinnen zudem Zeit.

483 Die **nachträgliche Protokollierung** am Ende birgt die große Gefahr mit sich, dass Einzelheiten vergessen werden bzw. Kürzungen, Strukturierungen und/oder Zusammenfassungen vorgenommen werden. Es kommt immer zu einer Modifikation der Aussage, weil es schlicht nicht möglich ist, sich mehrere Wörter (!!!) (erst recht nicht mehrere Sätze) im O-Ton zu merken. Das hängt mit unserem Kurzzeitgedächtnis (gelegentlich auch Arbeitsgedächtnis genannt) zusammen,[650] dass erstens nur kleine Informationsmengen (max. 5 +/- 2, sog. Millersche Zahl), und das zweitens nur für kurze Zeit, nämlich für ungefähr nur 30 Sekunden behalten kann. Ob das nun eine 10-stellige Zahl ist oder 1 (!!!) Satz aus 10 Wörtern ist, ist dabei egal. Am schlimmsten – eigentlich unzulässig – ist eine nachträgliche Zusammenfassung, wenn die Auskunftsperson schon nicht mehr zugegen ist.

484 Meist wird eine **„Mischform"** die besten Ergebnisse bringen. Vor- und Nachgeschichte werden eher zusammengefasst, freilich mit Stichworten zu Besonderheiten (Grad der Detaillierung, Struktur der Aussage etc.) festgehalten. Die Angaben der Auskunftsperson zum Kerngeschehen müssen möglichst wortgetreu festgehalten werden (vgl. auch Nr. 45 Abs. 2 Satz 1 RiStBV: „Für bedeutsame Teile der Vernehmung empfiehlt es sich, die Fragen, Vorhalte und Antworten möglichst wörtlich in die Niederschrift aufzunehmen").

12.13 Fragerecht[651]

485 Die Vernehmung eines Zeugen, Sachverständigen (oder Angeklagten) sollte in der Zweiteilung von Bericht und Verhör stattfinden. Der Vorsitzende dominiert – kraft der ihm obliegenden Verhandlungsführung – die Sachverhaltserhebung durch die Vernehmung von Zeugen und Sachverständigen. Im Anschluss an die

649 Details hierzu, siehe auch Audiovisuelle Aufzeichnung Rn. 393.

650 Siehe Irrtum Kurzzeitgedächtnis Rn. 856.

651 Ein Teil der nachfolgenden Ausführungen stammen aus: Der Strafprozess, Strategie und Taktik in der Hauptverhandlung, Rinklin (Hrsg), Deubner Verlag, in dem der Verfasser Dr. Maurer die Kapitel 13 (Fragerecht) und 14 (Protokollierungsanträge) verfasst hat.

Vernehmung durch den Vorsitzenden haben die übrigen Verfahrensbeteiligten ein Fragerecht, wobei die Trennlinie zwischen dem Fragerecht der übrigen Richter auf der einen und den übrigen Verfahrensbeteiligten auf der anderen Seite verläuft. Der Anwalt ist zumeist in einer misslichen Lage, er ist als Letzter „dran", nachdem das Gericht und auch die Staatsanwaltschaft die Auskunftsperson mehr oder weniger ausführlich befragt haben.

486 Gerade deshalb hat der Anwalt bei der Befragung durch andere Prozessbeteiligte, insbesondere durch die Richter und den Staatsanwalt oder die Verteidiger von Mitangeklagten, zunächst darauf zu achten, dass die Befragung durch die anderen Beteiligten „lege artis" erfolgt und deren Einfluss auf die Auskunft bspw. allein durch die Art der Fragestellung möglichst gering gehalten wird.

487 **12.13.1 Zeitpunkt/Reihenfolge – Möglichkeiten taktischer Einflussnahme.** Im Zivil- oder Strafprozess (vgl. § 240 StPO, § 397 ZPO) vernimmt zunächst der Vorsitzende die Auskunftsperson. Schon während seiner eigenen Vernehmung kann der Vorsitzende Zwischenfragen anderer zulassen.[652] Ansonsten hat der Vorsitzende einem Verlangen auf Ausübung des Fragerechts anderer Prozessbeteiligter und auf Worterteilung hierzu erst dann nachzukommen, wenn er selbst die Vernehmung des Angeklagten, Zeugen oder Sachverständigen beendet hat. Wie es jedoch nach der Vernehmung durch den Vorsitzenden weitergeht, überlässt das Gesetz den Vorsitzenden.

488 Im **Zivilverfahren** bestimmt zunächst § 396 Abs. 3 ZPO, dass der Vorsitzende jedem Mitglied des Gerichts auf Verlangen zu gestatten hat, Fragen zu stellen, in der Praxis zuerst dem Berichterstatter, dann dem weiteren Beisitzer. § 397 Abs. 1 ZPO bestimmt, dass die Parteien kein eigenes Fragerecht haben. Ihre Rechte beschränken sich darauf, einem Zeugen über das Gericht Fragen vorlegen zu lassen. Der Vorsitzende kann den Parteien jedoch gem. § 397 Abs. 2 gestatten, unmittelbar Fragen an den Zeugen zu richten. Die Anwälte der Parteien können gemäß § 397 Abs. 2 ZPO verlangen, dass das Gericht ihnen gestattet, selbst Fragen an den Zeugen zu stellen. Dabei muss nicht vorher mitgeteilt werden, welche Fragen gestellt werden sollen. Das Fragerecht ermöglicht es, unerörtert gebliebene Tatsachen zur Sprache zu bringen und Mängel von Aussagen zu beleuchten, die anderenfalls Gefahr laufen, in der gerichtlichen Beweiswürdigung überbewertet zu werden. Das Fragerecht bildet damit im Interesse vollständiger Sachaufklärung ein **wichtiges Gegengewicht** zu der durch Aktenkenntnis und vorläufige Verdachtsbewertung möglicherweise thematisch verengten Befragung durch die anderen Beteiligten. Für jeden Frageberechtigten bedeutet das Fragerecht zunächst, das er – ununterbrochen und entsprechend dem eigenen Konzept – Fragen stellen kann, um so das **Wissen** der – in der Regel vom Vorsitzenden bereits vernommenen – Beweisperson **bestmöglich** und prinzipiell in jeder Richtung **auszuschöpfen**. In der Regel wird der Vorsitzende das Fragerecht zunächst derjenigen Partei einräumen, die den Zeugen benannt hat. Daraus resultiert: Die Möglichkeiten von Anwälten, bereits an dieser Stelle taktisch Einfluss zu nehmen, sind eher gering. Aus taktischen Gründen wird der Prozessbevollmächtigte nach einer Vernehmung des von ihm benannten Zeugen, wenn dieser erkennbar die Beweisbehauptung in überzeugender Weise bestätigt hat, (zunächst) auf das Fragerecht verzichten. Damit wird das Risiko vermieden, dass der Zeuge auf eine Zusatzfrage hin doch noch eher Ungünstiges für die eigene Partei aussagt. Einer der Verfasser hat einmal erlebt, nachdem eine aus prozesstaktischen Gründen ungeschickte Zusatzfrage gestellt und beantwortet worden war, dass der Gegenanwalt hämisch konterte: „Si tacuisses!"[653] Man mag geltend machen, dass diese Vernehmungsreihenfolge dem Ziel der Wahrheitsfindung im Zivil-

652 Meyer-Goßner/Schmitt, StPO, 67. Aufl. 2024, § 240, Rz 6.

653 Boethius (ca. 475–525 n. Chr.): „Si tacuisses, philosophus mansisses", lat.: „Wenn du geschwiegen hättest, wärest du ein Philosoph geblieben."

prozess zuwiderläuft. Insoweit zeigt die Praxis, dass sich bei streitigen Sachverhalten auch im Zivilprozess durch die gegensätzlichen Aufgaben der beteiligten Prozessbevollmächtigten ähnlich wie im Strafprozess oftmals im Rahmen des Verhörs ein Hin und Her der Befragung ergibt. Der Vorsitzende wird hier durch Lenkungsmaßnahmen auf eine faire Handhabung mit dem Ziel der Sachverhaltsaufklärung hinwirken.

Fazit: Auch im Zivilprozess sollten sich die Richter bei ihrer Vorgehensweise im jeweiligen Prozess immer am Ziel der Sachverhaltsaufklärung (Wahrheitsfindung) ausrichten.

Im **Strafprozess** haben gemäß § 240 Abs. 1 und 2 StPO alle Mitglieder des Spruchkörpers (Vorsitzender, beisitzende Richter und Schöffen, vgl. § 30 GVG), der Staatsanwalt, der Angeklagte und sein Verteidiger das Fragerecht. Bei der Reihenfolge der Befragung werden überwiegend starre „Regeln" eingehalten. Meist erhält nach dem Vorsitzenden und gegebenenfalls den Beisitzern und Schöffen zunächst der Staatsanwalt und erst dann der Verteidiger das Fragerecht. Die Vorsitzenden scheinen sich an der über § 258 StPO vorgegebenen Reihenfolge für den Schlussvortrag zu orientieren. Nicht selten kommt auch noch der Vertreter der Nebenklage vor der Verteidigung zu Wort (vgl. § 397 StPO). Einzig Sachverständige, soweit im Verfahren zugegen, müssen sich mit ihren Fragen noch länger als der Verteidiger gedulden. In Seminaren der Verfasser sowohl innerhalb der Justiz als auch bei Anwälten stößt es immer wieder auf Überraschung, wenn darauf hingewiesen wird, dass diese Reihenfolge vom Gesetz nicht zwingend vorgegeben ist.[654] Das Gesetz bestimmt lediglich, dass zuerst der Vorsitzende das **Vernehmungs- und Fragerecht** hat (§§ 243 Abs. 5 Satz 2, 238 Abs. 1 StPO). Dies liegt im Strafprozess nahe, da das Gericht zur Erforschung der gesamten Wahrheit verpflichtet ist und die Befragung daran zu orientieren hat. Entgegen dem weit verbreiteten Irrglauben selbst unter Richtern liegt es sodann in einem von Aufklärungspflicht und prozessualer Zweckmäßigkeit bestimmten Ermessen des Vorsitzenden im Rahmen der allgemeinen Verhandlungsleitung, in welcher Reihenfolge er den übrigen Beteiligten das Wort zur Ausübung des Fragerechts einräumt.[655] Beim Fragerecht mehrerer Verfahrensbeteiligter ist der Vorsitzende daher an **keine bestimmte Reihenfolge** gebunden. **489**

Wäre die Staatsanwaltschaft tatsächlich die „objektivste Behörde der Welt", läge es nahe, als zweitem ihrem Vertreter das Fragerecht zu überlassen. Sie ist es aber nicht immer. In aller Regel vertritt der Staatsanwalt seine Anklage, d. h. er versucht, sie „durchzusetzen", ihre Richtigkeit zu bestätigen, den Angeklagten zu überführen. Deswegen gehen auch Staatsanwälte ebenso wie Anwälte innerhalb ihrer Befragung *taktisch* vor. Um nicht falsch verstanden zu werden, sei nochmals ganz deutlich gesagt, dass es nicht zu bemängeln ist, wenn sich dieses taktische Vorgehen am Ziel der Wahrheitsfindung *insgesamt* orientiert. Die Verfasser haben aber leider einige Male erlebt, dass Staatsanwälte vermutlich aufgrund ihres Rollenverständnisses Entlastungszeugen – ohne nachvollziehbaren Anlass – genau in der gleichen Weise angegriffen und ihre Angaben zu relativieren versucht haben, wie das nicht selten Anwälte bei den Belastungszeugen versuchen. Es ist dem Anwalt daher unbenommen, den Richter ggf. frühzeitig um eine Worterteilung für Fragen zu ersuchen und die „übliche" Praxis, wonach nach der Befragung durch das Gericht **490**

---

654 Vgl. § 240 StPO und BGH, Urt. v. 12.11.1968 – 1 StR 358/68; Ausnahme § 241a StPO: „Die Vernehmung von Zeugen unter sechzehn Jahren wird allein von dem Vorsitzenden durchgeführt. Die in § 240 Abs. 1 und Abs. 2 Satz 1 bezeichneten Personen können verlangen, dass der Vorsitzende den Zeugen weitere Fragen stellt. Der Vorsitzende kann diesen Personen eine unmittelbare Befragung der Zeugen gestatten, wenn nach pflichtgemäßem Ermessen ein Nachteil für das Wohl der Zeugen nicht zu befürchten ist."

655 KK/Schneider, 9. Aufl. 2023, § 240 Rn. 8; Becker, in: Löwe-Rosenberg, StPO, 27. Aufl., § 240 Rn. 12.

zunächst der Staatsanwaltschaft das Fragerecht eingeräumt wird, zu durchbrechen. Ein solches Ersuchen kann aus Anwaltssicht geradezu geboten sein. Natürlich hat derjenige, der **zuerst drankommt**, einen **Vorsprung** oder **Vorteil**. Anwälte erwähnen im Zusammenhang mit der Situation ihres Fragerechts immer wieder das Bild einer „abgemähten Wiese". Auch müssen sich Anwälte viel öfter als die Vertreter der Staatsanwaltschaft vom Vorsitzenden den (in der Regel unzutreffenden) Vorwurf der Wiederholungsfrage gefallen lassen. Aus Sicht der Verfasser ist wichtig, dass sich sämtliche Beteiligten, insbesondere natürlich diejenigen, die in der Verhandlung den Vorsitz haben, all dessen bewusst sind und solche Erwägungen im jeweiligen Einzelfall einfließen lassen. Dann kann es durchaus angebracht und sinnvoll sein, d. h. im Interesse der Wahrheitsfindung liegen, von den eingefahrenen „Regeln" abzuweichen und das Fragerecht in einer anderen Reihenfolge zu erteilen, dem Verteidiger vor dem Staatsanwalt. Keinesfalls darf es als unangebrachtes Ansinnen der Verteidigung angesehen werden, wenn um eine veränderte Befragungsreihenfolge gebeten oder ein entsprechender Antrag gestellt wird. In rechtlicher Hinsicht ist darauf hinzuweisen, dass der Antrag auf Erteilung des Fragerechts durch den Vorsitzenden regelmäßig mit einer Anordnung der sog. formellen Verhandlungsleitung im Sinne des § 238 Abs. 1 StPO einhergeht, die als solche über § 238 Abs. 2 StPO nicht angegriffen werden kann. Eine Beanstandung wäre in der Regel unzulässig. Nur so weit die Beanstandung mit einem schlüssigen Vortrag eines rechtlich *unzulässigen* Eingriffs in prozessuale Recht unter Darlegung eigener Beschwer erfolgen würde, wäre der Weg über die Beanstandung einer Maßnahme der Sachleitung im Sinne des § 238 Abs. 2 StPO eröffnet. Unbeschadet davon ließe sich ein solcher Antrag der Verteidigung in entsprechenden Fällen aber sicherlich in manchen Fällen dennoch zutreffend begründen. Ist der Zeuge ausdrücklich von der Verteidigung benannt worden, so kommt es im Gerichtsalltag immer wieder vor, dass der Vorsitzende gleich zu Beginn das Fragerecht dem Verteidiger überlässt. Aus Rückkopplungen, die die Verfasser in Seminaren erhalten, wissen sie, dass es erfreulicherweise eine Reihe von Richtern gibt, die allgemein bei der Verteilung des Fragerechts die Belange der Rechtsanwälte mehr sehen und demgemäß die Verteilung von Fall zu Fall unterschiedlich vornehmen.

491 Wenn man nun als **Anwalt** im Strafprozess tatsächlich erst **zuletzt** an die Reihe kommt, macht u. U. ein kurzer **einleitender Satz** Sinn, der der Befragung vorausgeschickt wird. *„Sie sind jetzt schon vieles gefragt worden, vom Gericht, von der Frau Staatsanwältin, und nun komme ich auch noch und habe Fragen an Sie. Aber das Gesetz sieht es so vor, dass ich die Sache nochmals aus der Sicht des Angeklagten beleuchte."* Ein solcher Satz schafft Transparenz. Er enthält die Botschaft, dass es kein „böser Wille" und kein „unlauteres Ansinnen" des Verteidigers ist, wenn er nun auch noch Fragen an den Zeugen richtet, dass er ihn damit nicht „nerven" will, sondern dass er einfach seiner sich aus dem Gesetz ergebenden Verpflichtung nachkommt. Der Zeuge hat dann vielleicht eine größere Auskunftsbereitschaft und ist eher bereit, eine möglicherweise ja tatsächlich bereits gestellte Frage nochmals ernsthaft zu beantworten. Nicht selten haben im Strafprozess die Zeugen eine (bewusste und vielleicht begründete oder eine unbewusste und irrationale) feindliche Einstellung gegenüber dem Angeklagten, gelegentlich sogar, ohne selbst im Verfahren betroffen zu sein, etwa allein wegen des Straftatvorwurfs. Der Verteidiger wird dann quasi als der Verbündete des Angeklagten und ebenfalls als ein „Feind" gesehen. Dann können solche oder ähnliche einleitende Sätze manchmal für ein wenig Entspannung und Versachlichung sorgen.

Fazit: Richter sollten das Fragerecht nicht, ohne darüber nachzudenken, immer in ein und derselben Reihenfolge verteilen. Anwälte sollten in Fällen, in denen dies sinnvoll erscheint, z. B. bei Zeugen, die für ihren Mandanten – positiv oder negativ – von besonderer Wichtigkeit sind, darauf hinwirken, das Fragerecht zu einem früheren Zeitpunkt zu erhalten.

Das in § 240 Abs. 2 StPO – und auch in Art. 6 Abs. 3 Buchst. d) EMRK niedergelegte – Fragerecht des **Angeklagten** ist **unabhängig**, insbesondere etwa vom Fragerecht des Verteidigers.[656] Der Verweis auf das Fragerecht des Verteidigers kann die Besorgnis der Befangenheit begründen.[657] Das Fragerecht des Angeklagten ist dabei unabhängig von seiner Befugnis, sich zur Sache einzulassen. Auch einem schweigenden Angeklagten darf das Fragerecht daher nicht verweigert werden. Seine **Fragen** sind **keine eigene Aussage** zur Sache, selbst dann, wenn er einen Vorhalt macht oder seiner Frage kurze Prämissen voranstellt.[658] Das Fragerecht des Angeklagten erlischt auch nicht durch seine Abwesenheit oder durch einen Ausschluss von der Anwesenheit gem. § 247 StPO.[659] In diesem Fall ist nachträglich Gelegenheit zur Fragestellung zu geben, nachdem er vom Vorsitzenden über das Geschehen in seiner Abwesenheit informiert wurde.[660] Ob es sinnvoll ist, den Mandanten selbst Fragen an Zeugen und Sachverständige stellen zu lassen, kann nicht allumfassend beantwortet werden und wird auch vom Mandanten abhängen. Im Allgemeinen ist es **nicht ratsam**, den **Mandanten Fragen stellen zu lassen**. Oft handelt es sich nicht um Fragen, sondern um mehr oder minder zweckmäßige Erklärungen, die gegen den Angeklagten verwendet werden können. Besser ist es, sich mit dem Mandanten über die Frage zu verständigen und diese selbst zu stellen, falls sie sachdienlich ist.[661] **492**

12.13.2 Form, Inhalt und Umfang des Fragerechts. Zunächst ist festzuhalten, dass das Fragerecht nicht nur für eine einzelne Frage erteilt wird, sondern für eine ggf. aus mehreren Fragen bestehende Befragung.[662] Der Vorsitzende erteilt das Wort zur Ausübung des Fragerechts insgesamt. **493**

Für den **Inhalt** und **den Umfang des Fragerechts** gibt es – von § 397 Abs. 3 ZPO bzw. § 241 Abs. 2 StPO abgesehen keine dezidierten Vorgaben. Der Befragende ist daher in der Wahl der Form und des Inhalts seiner Befragung **grundsätzlich frei**. Einzig aus § 69 Abs. 2 Satz 1 StPO lässt sich ableiten, dass Fragen der Konzeption nach „zur Aufklärung und zur Vervollständigung der Aussage sowie zur Erforschung des Grundes, auf dem das Wissen des Zeugen beruht", gestellt werden dürfen. Das Fragerecht hat den Zweck, Lücken in der bisherigen Fragestellung zu schließen, die bei der Vernehmung durch den Vorsitzenden und der Befragung durch andere Beteiligte offengeblieben sind. Es dient ferner dazu, Erinnerungsfehler oder fehlerhafte Wiedergaben von Erinnerungsinhalten zu beheben, einseitige Darstellungen zu korrigieren, schließlich auch dazu, Widersprüche aufzudecken oder Glaubhaftigkeitsbedenken zu verfolgen.[663] **494**

Gefordert wird aus Sinn und Zweck des Fragerechts, dass möglichst **einzelne, klar umrissene Fragen** gestellt werden.[664] Vorangestellte, kurze Vorhalte und kurze Erläuterungen zum besseren Verständnis von Fragen sind zulässig.[665] Obgleich der Befragende in der Wahl von Form und Inhalt seiner Befragung man- **495**

---

656 Becker, in: Löwe-Rosenberg, StPO, 27. Aufl. 2019, § 240 Rn. 7; MüKoStPO/Gaede, § 240 Rn. 13.
657 BGH, Beschl. v. 4.10.1984 – 4 StR 429/84.
658 KMR/Eschelbach, 82. EL, § 240 Rn. 19 f.
659 MüKoStPO/Gaede, § 240 Rn. 13; KK/Schneider, 8. Aufl., § 240 Rn. 3.
660 KMR/Eschelbach, 82. EL, § 240 Rn. 19; Becker, in: Löwe-Rosenberg, StPO, 27. Aufl., § 240 Rn. 7.
661 Dahs, C. Rn. 538.
662 KMR/Eschelbach, 82. EL, § 240 Rn. 9; SK-StPO/Frisch, § 240 Rn. 4.
663 KMR/Eschelbach, 82. EL, § 240 Rn. 13.
664 Meyer-Goßner/Schmitt, StPO, 67. Aufl. 2024, § 240 Rn. 5; Becker, in: Löwe-Rosenberg, StPO, 27. Aufl., § 240 Rn. 16; KMR/Eschelbach, 82. EL, § 240 Rn. 8.
665 KMR/Eschelbach, 82. EL, § 240 Rn. 16; Meyer-Goßner/Schmitt, StPO, 67. Aufl. 2024, § 240 Rn. 5; KK/Schneider, 9. Aufl. 2023, § 240 Rn. 5; kritisch mit Blick auf das Fragerecht des Angeklagten bzw. seines Verteidigers insbesondere bei Belastungszeugen MüKoStPO/Gaede, § 240 Rn. 7.

gels dezidierter Vorgaben im Übrigen frei zu sein scheint, ist das Fragerecht dennoch nicht grenzenlos:

- Die Vorschrift des § 240 StPO gestattet zunächst das Stellen von Fragen, also nicht die Abgabe von Erklärungen oder Statements erläuternder Art.[666]
- Nicht umfasst ist zudem eine schriftliche Befragung von Auskunftspersonen.[667]
- Das Fragerecht schließt auch nicht die Befugnis ein, von einem Zeugen zu verlangen, dass er Wahrnehmungen nach der Fragestellung erst noch macht, also vor der Befragung Unterlagen sichtet.
- Ein Anwalt kann von einem Zeugen nicht – wie bei der Vernehmung durch den Vorsitzenden – verlangen, einen zusammenhängenden Bericht (i. S. d. § 69 Abs. 1 StPO) oder komplexe Erklärungen zu einem ganzen Sachverhaltskomplex abzuleisten, da es sich bei der Ausübung des Fragerechts um keine Vernehmung handelt.[668]
- Unzulässig sind zusammenfassende Darlegungen zum bisherigen Aussageverhalten des Befragten oder aber verkappte Plädoyers.[669] Derartige Äußerungen sind vom Fragerecht schon sprachlich nicht umfasst, zumal die Verfahrensbeteiligten im Verlauf der Hauptverhandlung hierzu später Gelegenheit haben (§§ 257, 258 StPO).

496 Fraglich ist in diesem Zusammenhang die Ansicht in der Literatur, wonach die gesamte **Gesprächshoheit** nach Worterteilung durch den Vorsitzenden allein beim Befragenden liegt, mit der angeblichen Folge, dass er den Zeugen auch mitten in der Beantwortung einer Frage unterbrechen und anweisen kann, nicht weiter auf diese Frage zu antworten.[670] Der Streit um die Beantwortung der Frage kann aber dahinstehen. Denn den anderen Prozessbeteiligten ist es jedenfalls unbenommen, die Frage, deren Beantwortung unterbrochen wurde, im Rahmen der (erneuten) Ausübung des eigenen Fragerechts aufzugreifen. Zu weitgehend ist jedoch die Ansicht vereinzelter Anwaltsautoren, der Verteidiger habe auch die Möglichkeit, sich vom Zeugen alle oder ausgewählte Fragen nur mit einem klaren „Ja“ oder „Nein“ beantworten zu lassen.[671] § 240 StPO gibt dem Anwalt das Fragerecht, nicht auch das Antwortrecht. Der Fragende bestimmt daher allein die Fragen, die Antworten bestimmt hingegen allein die Auskunftsperson. Unbenommen ist es einem Verteidiger dabei aber, geschlossene Fragen zu stellen, die aus Sicht des Fragenden eine bestimmte Antwort im Sinne eines Ja oder Nein verlangen, wenngleich damit aussagepsychologisch ein geringer Erkenntnisgewinn verbunden ist.

497 Das Fragerecht kann vom Verteidiger grundsätzlich gegenüber **Zeugen und Sachverständigen** während der ganzen Befragung wahrgenommen werden, auch mehrmals, wenn etwa die Befragung durch andere Frageberechtigte den Bedarf einer ergänzenden/erneuten Befragung hervorgebracht hat. Das Fragerecht besteht bei Zeugen und Sachverständigen aber so lange fort, bis diese –

---

666 KK/Schneider, 9. Aufl. 2023, § 240 Rn. 5.

667 KMR/Eschelbach, 82. EL, § 240 Rn. 13.

668 Meyer-Goßner/Schmitt, StPO, 67. Aufl. 2024, § 240 Rn. 5; Becker, in: Löwe-Rosenberg, StPO, 27. Aufl., § 240 Rn. 16; kritisch, insbesondere unter Verweis auf Art. 6 Abs. 3 Buchst. d) EMRK: HK/Julius/Barrot, § 240 Rn. 11; Gerst, Zeugen in der Hauptverhandlung, 2. Aufl. § 240 Rn. 10; Sommer, Effektive Strafverteidigung, Rz 908; KMR/Eschelbach, 82. EL, § 240 Rn. 14; MüKoStPO/Gaede, § 240 Rn. 7; KK/Schneider, 9. Aufl. 2023, § 240 Rn. 5, sofern die befragte Auskunftsperson von sich aus erstmals einen bislang noch nicht erörterten Themenbereich anspricht – wobei es sich schlicht um eine Frage der Fragestellung handelt: Statt „Berichten Sie bitte nochmals“ könnte der Verteidiger auch eine Frage stellen i. S. v. „Was ist damals passiert?“

669 KK/Schneider, 9. Aufl. 2023, § 240 Rn. 5 m. w. N.; KMR/Eschelbach, 82. EL, § 240 Rn. 16.

670 So aber Gerst, Zeugen in der Hauptverhandlung, 2. Aufl., § 240 Rn. 17.

671 So aber Sommer, Effektive Strafverteidigung, Rn. 930; Gerst, Zeugen in der Hauptverhandlung, 2. Aufl., § 240 Rn. 17.

nach entsprechender Anhörung der Frageberechtigten – **entlassen** worden sind. Im **Strafprozess** ist nach der **Entlassung** gemäß § 248 Satz 2 StPO über das Begehren, an den Zeugen oder Sachverständigen weitere Fragen zu richten, nur noch nach den Maßstäben des **Beweisantragsrechts** zu befinden. Der Antrag, einen bereits vernommenen Zeugen noch einmal zu vernehmen, ist aber nur dann ein Beweisantrag, wenn er auch eine **neue Beweisbehauptung** enthält.[672] Der Antrag auf schlichte Wiederholung der Beweiserhebung zu einer bereits abgehandelten Beweisfrage ist daher eine nicht nach § 244 Abs. 6 StPO zu bescheidende **Beweisanregung.** Das Gericht braucht einem solchen Ansinnen nur im Rahmen der Aufklärungspflicht nachzukommen, ohne an die Ablehnungsgründe des § 244 Abs. 3 StPO gebunden zu sein.[673] Für die Bewertung eines Beweisantrags auf erneute Vernehmung eines Zeugen oder Sachverständigen ist irrelevant, ob die Auskunftsperson nach der Entlassung noch **im Sitzungssaal anwesend** geblieben ist. Die Zurückweisung eines solchen Antrags richtet sich trotz Anwesenheit des Zeugen nicht nach den engeren § 245 Abs. 2 StPO, sondern nach § 244 Abs. 3–5 StPO, weil es sich **nicht** um ein **präsentes Beweismittel** in diesem Sinn handelt. Ist das präsente Beweismittel nämlich ein Zeuge oder Sachverständiger, so ist das Gericht jedenfalls nur dann verpflichtet, dieses präsentierte Beweismittel auszuschöpfen, wenn der Verteidiger/Angeklagte auch das förmliche Selbstladeverfahren über einen Gerichtsvollzieher nach §§ 220, **38** StPO eingehalten hat.[674]

Im Zivilprozess stellt § 398 Abs. 1 ZPO die wiederholte Vernehmung des Zeugen **498**
in das Ermessen des Prozessgerichts.

Der Fragesteller hat grundsätzlich einen **Anspruch auf Beantwortung** seiner **499**
zulässigen Frage und Wahrnehmung der Äußerung und des Äußerungsverhaltens durch die erkennenden Richter.[675] Der Vorsitzende muss zur Durchsetzung des Anspruchs auf Beantwortung daher – vorbehaltlich seines Beanstandungsrechts – dafür Sorge tragen, dass die gestellten Fragen auch beantwortet werden, und zwar bei Zeugen und Sachverständigen ggf. mit den **Zwangsmitteln** des § 70 StPO. Wenn dessen Voraussetzungen vorliegen, dann ist der Richter verpflichtet, das Ordnungsgeld festzusetzen. Er darf hiervon nicht nach seinem Ermessen absehen.[676] Der Anspruch auf Beantwortung einer Frage findet seine Grenzen in den **Zeugnis- und Auskunftsverweigerungsrechten** (vor allem nach §§ 52, 53, 55 StPO). Aufgrund der **Selbstbelastungsfreiheit** besteht zudem kein durch Rechtszwang durchsetzbares Recht auf die Befragung eines Angeklagten gegen seinen Willen. Vielmehr setzt sich das **Schweigerecht des Angeklagten** durch.[677]

Kein Fragerecht besteht über § 240 StPO **gegenüber** den erkennenden **Rich-** **500**
tern, dem Sitzungsvertreter der **Staatsanwaltschaft** oder dem **Verteidiger**.[678] Deren Vernehmung und Befragung kann nur förmlich als Zeuge und ggf. durch einen entsprechenden Beweisantrag erreicht werden.[679] Bei Vorgängen innerhalb der Hauptverhandlung handelt es sich aber mangels Bezugs zur Schuld- oder Rechtsfolgenfrage schon um keine Beweistatsache; eine Beweiserhebung hierzu wäre unzulässig.[680] Außerhalb der Sachaufklärung ist es einem Vorsitzenden un-

---

672 BGH Urt. v. 21.6.1995 – 2 StR 67/95.
673 BGH, Beschl. v. 18.7.2001 – 3 StR 211/01.
674 BGH, Beschl. v. 14.7.1981– 1 StR 385/81 für den in die Sitzung „gestellten" Sachverständigen.
675 KMR/Eschelbach, 82. EL, § 240 Rd. 17; MüKoStPO/Gaede, § 240 Rn. 4; Becker, in: Löwe-Rosenberg, StPO, 27. Aufl., § 240 Rn. 17.
676 LR/Bertheau/Ignor, 27. Aufl., § 70 Rn. 11.
677 MüKoStPO/Gaede, § 240 Rn. 8.
678 KK/Schneider, 9. Aufl. 2023, § 240 Rn. 2; KMR/Eschelbach, 82. EL, § 240 Rn. 8; MüKoStPO/Gaede, § 240 Rn. 9; Becker, in: Löwe-Rosenberg, StPO, 27. Aufl., § 240 Rn. 10.
679 Becker, in: Löwe-Rosenberg, StPO, 27. Aufl., § 240 Rn. 10.
680 Meyer-Goßner/Schmitt, 63. Aufl., § 244 Rn. 49.

benommen, im Rahmen seiner allgemeinen Verhandlungsleitung aus § 238 Abs. 1 StPO Fragen an den Staatsanwalt oder Verteidiger etwa zu **verfahrenstechnischen Punkten**[681] oder zu Punkten zu richten, die dem **Freibeweisverfahren** zugänglich sind. Ein Anwalt kann einen erkennenden Richter oder den Sitzungsvertreter der Staatsanwaltschaft außerhalb von § 240 Abs. 1 StPO allenfalls um Abgabe einer **dienstlichen Erklärung** bitten. Der Antrag enthält jedoch keine Beweistatsache, er stellt damit keinen Beweisantrag dar. Dienstliche Äußerungen kann nur der jeweilige Dienstvorgesetzte verlangen. Im Rahmen der StPO sieht nur § 26 Abs. 3 ausschließlich im Rahmen eines Ablehnungsverfahrens die Notwendigkeit einer dienstlichen Erklärung vor. Im Übrigen gibt es keine Antwortpflicht, weswegen aus der Weigerung zur Abgabe auch keinerlei Schlüsse gezogen werden dürfen.[682]

501 **12.13.3 Beanstandung von Fragen des Anwalts. – 12.13.3.1 Strafprozessrecht.** Nach § 241 Abs. 2 StPO kann der Vorsitzende **ungeeignete** oder **nicht zur Sache gehörende Fragen** zurückweisen. Das Beanstandungsrecht hat daher (zunächst) allein der Vorsitzende. Er kann in den Grenzen des § 241 Abs. 2 StPO Fragen der Staatsanwaltschaft, des Angeklagten, des Verteidigers sowie der Schöffen (nicht auch der beisitzenden Berufsrichter, siehe hierzu § 242 StPO) beanstanden und zurückweisen. Die Norm dient insbesondere dem Schutz von Angeklagten sowie Zeugen und Sachverständigen vor einer ihre Persönlichkeitsrechte verletzenden Vernehmung und Befragung, aber auch der Konzentration der Befragung und damit der Vermeidung von Verfahrensverzögerungen.[683]

502 Die Beanstandung und Zurückweisung erfolgt gem. § 241 Abs. 2 StPO zunächst durch prozessleitende **Verfügung des Vorsitzenden**, die – obschon § 34 StPO nicht einschlägig ist – einer kurzen Begründung bedarf, damit der Frage-steller sein weiteres Vorgehen darauf einrichten kann.[684] Ob der Vorsitzende vor seiner Verfügung noch einen Hinweis auf bestehende Bedenken für geboten erachtet, entscheidet er nach seinem Ermessen; er ist zu keinem Hinweis verpflichtet.[685] Es genügt, dass er seine Entscheidung zur Zurückweisung begründet und dadurch Reaktionsmöglichkeiten eröffnet. Eine Zurückweisung der Frage durch den Vorsitzenden oder das Gericht ist entbehrlich, wenn der Fragesteller nach einem Hinweis auf die Frage verzichtet.[686]

503 Die Frage der Beanstandung steht trotz der Formulierung „kann“ nicht im Ermessen des Vorsitzenden, er hat im Rahmen seiner Sachleitungsbefugnis die Rechtmäßigkeit des Verfahrens stets zu wahren. Mit dem **Beanstandungsrecht** korrespondiert daher eine **Beanstandungspflicht** des Vorsitzenden[687], wobei ihm ein Beurteilungsspielraum zuzubilligen ist.[688] Der Vorsitzende muss unzulässige Fragen zurückweisen.

504 Statt einer Beanstandung durch prozessleitende Verfügung gem. § 241 Abs. 2 StPO kann der Vorsitzende alternativ sogleich die **Entscheidung des Gerichts** gem. § 242 StPO herbeiführen. Er muss diesen Weg einschlagen, wenn es um die Beanstandung einer Frage eines beisitzenden Berufs-richters geht, weil in § 241 Abs. 2 StPO die Norm des § 240 Abs. 1 StPO nicht aufgeführt ist. Hält der

681 Becker, in: Löwe-Rosenberg, StPO, 27. Aufl., § 240 Rn. 10.
682 Unzutreffend Gerst, Zeugen in der Hauptverhandlung, 2. Aufl., § 240 Rn. 7.
683 KK/Schneider, 9. Aufl. 2023, § 241 Rn. 1; MüKoStPO/Gaede, § 241 Rn. 1.
684 KK/Schneider, 9. Aufl. 2023, § 241 Rn. 14; Meyer-Goßner/Schmitt, StPO, 67. Aufl. 2024, § 241 Rn. 17; Becker, in: Löwe-Rosenberg, StPO, 27. Aufl., § 241 Rn. 22; KMR/Eschelbach, 82. EL, § 241 Rn. 32.
685 Meyer-Goßner/Schmitt, StPO, 67. Aufl. 2024, § 241 Rn. 16; KK/Schneider, 9. Aufl. 2023, § 241 Rn. 13.
686 KMR/Eschelbach, 82. EL, § 241 Rn. 31.
687 Vgl. SK-StPO/Frisch, § 241 Rn. 21.
688 KMR/Eschelbach, 82. EL, § 241 Rn. 32.

Vorsitzende eine Frage für unzulässig, dann muss er einen Gerichtsbeschluss gem. § 242 StPO herbeiführen.[689]

Die **Möglichkeit der Beanstandung** von Fragen haben auch die Verteidiger und alle anderen Prozessbeteiligten, also die übrigen Mitglieder des Gerichts, der befragte Angeklagte, der Zeuge und der Sachverständige sowie der Staatsanwalt.[690] Sie haben nach § 242 StPO das Recht, Fragen des Vorsitzenden oder der Beisitzer über einen Gerichtsbeschluss rügen und überprüfen zu lassen, ganz gleich, ob die Fragen an eine Beweisperson oder einen Angeklagten gerichtet sind.[691] Gleiches gilt, wenn das Verlangen eines Verfahrensbeteiligten, an einen Angeklagten, Zeugen oder Sachverständigen eine Frage zu stellen, vom Vorsitzenden nicht beachtet wird.[692] Im Falle des § 242 StPO entscheidet das Gericht durch Beschluss, der alsbald, also spätestens vor Abschluss der jeweiligen Beweisaufnahme, ergehen muss und zu begrün-den ist (vgl. § 34 StPO), damit der Fragesteller sein weiteres Prozessverhalten darauf einstellen kann und dem Revisions-gericht eine Nachprüfung möglich ist. Das Gericht muss insbesondere darlegen, ob es eine Frage als ungeeignet oder nicht zur Sache gehörig ansieht und auf welche Um-stände sich seine Bewertung stützt.[693] Eine Zurückweisung des Inhalts, die Frage gehöre „nicht zum Beweisthema", reicht nicht. Erforderlich ist eine eingehende Darlegung der Umstände, die zur Zurückweisung der Frage führen müssen.[694] 505

In der Praxis sollte ein Verteidiger wegen dieses engen Prüfungsmaßstabs Vorsicht walten lassen, wenn es um die Beanstandung von Fragen des Gerichts geht. Ein Angriff erzeugt i. d. R. einen Gegenangriff. Vor jeder förmlichen Beanstandung von Fragen des Gerichts sollte auf jeden Fall das Gespräch gesucht werden, in dem das berechtigte Anliegen offen artikuliert wird. Denn auch hier gilt: Angriff erzeugt Gegenangriff, Druck einen Gegendruck. Ob die Auskunftsperson dabei zugegen sein sollte, ist auch eine Frage der Anwaltstaktik. Keinerlei Zurückhaltung durch einen Verteidiger ist indes geboten, wenn das Gericht einen falschen Vorhalt macht! 506

Ungeeignet sind i. d. R. Fragen, die in tatsächlicher Hinsicht nichts zur Wahrheitsfindung über den Gegenstand der Anklage beitragen können oder aus rechtlichen Gründen nicht gestellt werden dürfen[695], mithin Fragen, die den prozessualen Zweck nicht erfüllen.[696] In tatsächlicher Hinsicht ungeeignet ist daher ganz allgemein eine Frage, deren Beantwortung dem Richter für seine Entscheidung keine Grundlage für eine Tatsachen-erkenntnis bieten kann. Hierzu gehören etwa Fragen an den Zeugen nicht nach dessen Tatsachenwahrnehmung, sondern nach dessen Werturteil oder nach dessen Einschätzung zu Rechtsfragen.[697] **Aus Rechtsgründen ungeeignet** sind Fragen, die der Wahrheitsfindung schlechterdings nicht dienen können, da sie Themen betreffen, über die aus strafprozessualen oder verfassungsrechtlichen Gründen kein Beweis erhoben werden darf.[698] 507

---

689 Becker, in: Löwe-Rosenberg, StPO, 27. Aufl., § 241 Rn. 5.

690 Meyer-Goßner/Schmitt, StPO, 67. Aufl. 2024, § 242 Rn. 3 und § 241 Rn. 20.

691 KK/Schneider, 9. Aufl. 2023, § 241 Rn. 5; Becker, in: Löwe-Rosenberg, StPO, 27. Aufl., § 242 Rn. 1; KMR/Eschelbach, 82. EL, § 241 Rn. 8; Meyer-Goßner/Schmitt, StPO, 67. Aufl. 2024, § 242 Rn. 1.

692 KMR/Eschelbach, 82. EL, § 240 Rn. 36.

693 BGH, Beschl. v. 17.11.2000 – 3 StR 389/00; Meyer-Goßner/Schmitt, StPO, 67. Aufl. 2024, § 242 Rn. 3 unter Verweis auf § 241 Rn. 21; KK/Schneider, 9. Aufl. 2023, § 241 Rn. 20; MüKoStPO/Gaede, § 241 Rn. 38.

694 BGH, Beschl. v. 26.5.2009 – 5 StR 126/09.

695 Meyer-Goßner/Schmitt, StPO, 67. Aufl. 2024 , § 241, Rn. 15; KK/Schneider, 9. Aufl. 2023, § 241 Rn. 6.

696 KMR/Eschelbach, 82. EL, § 241 Rn. 9.

697 MüKoStPO/Gaede, § 241 Rn. 9.

698 Becker, in: Löwe-Rosenberg, StPO, 27. Aufl., § 241 Rn. 7; BGH, Urt. v. 29.9.1959 – 1 StR 375/59.

508 **Nicht zur Sache gehörende**, also sachfremde **Fragen** sind Fragen, die weder unmittelbar noch mittelbar in Beziehung zum Gegenstand der Untersuchung oder zu den Rechtsfolgen stehen, die mithin offensichtlich „gänzlich neben der Sache liegen“ und einen anderen als den angeklagten Sachverhalt betreffen oder die erkennbar nur (!) verfahrensfremden Zwecken dienen sollen.[699] Diese Zurückweisungsvariante darf nicht dahin missverstanden werden, als wäre es stets ausgeschlossen, andere als die unmittelbar angeklagten Sachverhalte in einer Befragung zu thematisieren. Solange sich der Verteidiger ernsthaft um Aufklärung bemüht, ist die Zurückweisung einer Frage unzulässig.[700] Da ein Sachzusammenhang besonders bei Indiz- und Strafzumessungstatsachen auch in sehr weitem Umfang noch bestehen kann, ist die Annahme einer sachfremden Frage nur gerechtfertigt, wenn die Frage erkennbar nicht im Entferntesten mit dem Untersuchungsgegenstand zu tun hat.[701] Dagegen genügt es für die Zulässigkeit einer Frage, wenn zwischen ihr und irgendeinem entscheidungserheblichen Umstand auch nur ein mittelbarer Bezug bestehen kann.[702] Fragen nach der allgemeinen Erinnerungsfähigkeit, speziellen Glaubwürdigkeit, Vorstrafen u. v. m. sind daher i. d. R. zulässig. Erwägungen, die im Strafprozess nach Maßgabe des § 244 Abs. 3 Satz 2 StPO zur Ablehnung eines Beweisantrags wegen Bedeutungslosigkeit der unter Beweis gestellten Tatsache, wegen Offenkundigkeit oder Ungeeignetheit führen können, rechtfertigen nicht die Zurückweisung einer Frage nach § 241 Abs. 2 StPO[703], da mit ihnen unnötige Beweiserhebungen vermieden werden sollen, während die Befragung bereits Teil der als notwendig erachteten Beweiserhebung ist.[704] Die Ablehnungsgründe des Beweisantragsrechts nach § 244 Abs. 3 Satz 2 StPO sind hier auch nicht entsprechend anwendbar.[705] Auch die Wahrunterstellung einer Tatsache, die aufgeklärt werden soll, ist aus dem auch in § 245 Abs. 2 Satz 3 StPO niedergelegten Gedanken der Ausschöpfung eines präsenten Beweismittels heraus unstatthaft.[706]

509 Ungeeignete oder nicht zur Sache gehörende Fragen lassen sich in der Auslegung, die sie in Rechtsprechung und Schrifttum gefunden haben, begrifflich nicht immer klar unterscheiden. Ihre Merkmale überschneiden sich, wobei der Begriff der Ungeeignetheit der weitere ist, nicht zur Sache gehörende Fragen daher stets auch ungeeignet sind. Maßgebliche Kriterien für Beanstandungen sind die Prozessordnungswidrigkeit einer Frage sowie deren fehlende Eignung, einen Beitrag zur Wahrheitsfindung zu leisten.[707] Beide Fallgruppen werden von der Literatur auch unter dem **Oberbegriff der Unzulässigkeit** zusammengefasst.[708]

510 Da die Rechtsprechung an der klaren Abgrenzung von „ungeeigneten“ und „nicht zur Sache gehörenden“ Fragen festhält[709], muss einem Anwalt bei der (spätestens über § 238 Abs. 2 StPO) rechtlich gebotenen Begründung einer Beanstandung von Fragen anderer Prozessbeteiligter oder der Beanstandung einer

699 KK/Schneider, 9. Aufl. 2023, § 241 Rn. 7; vgl. auch mit Beispielen Becker, in: Löwe-Rosenberg, StPO, 27. Aufl., § 241 Rn. 7; Meyer-Goßner/Schmitt, StPO, 67. Aufl. 2024, § 241 Rn. 12; MüKoStPO/Gaede, § 241 Rn. 25.
700 Dahs, C. Rn. 532.
701 KMR/Eschelbach, 82. EL, § 241 Rn. 9.
702 Becker, in: Löwe-Rosenberg, StPO, 27. Aufl., § 241 Rn. 7.
703 Gerst, Zeugen in der Hauptverhandlung, 2. Aufl., § 241 Rn. 14.
704 HK/Julius/Barrot, § 241 Rn. 9; MüKoStPO/Gaede, § 241 Rn. 7.
705 KMR/Eschelbach, 82. EL, § 241 Rn. 9; Becker, in: Löwe-Rosenberg, StPO, 27. Aufl., § 241 Rn. 10; MüKo StPO/Gaede, § 241 Rn. 27.
706 Meyer-Goßner/Schmitt, StPO, 67. Aufl. 2024, § 241 Rn. 10; KK/Schneider, 9. Aufl. 2023, § 241 Rn. 7; Becker, in: Löwe-Rosenberg, StPO, 27. Aufl., § 241 Rn. 11.
707 KK/Schneider, 9. Aufl. 2023, § 241 Rn. 6.
708 Becker, in: Löwe-Rosenberg, StPO, 27. Aufl., § 241 Rn. 6; KK/Schneider, 9. Aufl. 2023, § 241 Rn. 6; KMR/Eschelbach, 82. EL, § 241 Rn. 9; MüKoStPO/Gaede, § 241 Rn. 7.
709 Vgl. BGH, Beschl. v. 17.11.2000 – 3 StR 389/00.

Zurückweisung seiner Fragen geraten werden, die Terminologie des Gesetzes zu verwenden.[710]

Mit § 241 Abs. 2 StPO ist dem Vorsitzenden daher kein Mittel an die Hand gegeben, seine eigenen Vorstellungen zur opti-malen Befragung von Auskunftspersonen an die Stelle jener der Befragenden selbst zu setzen.[711] **Prüfungsmaßstab** bei der Beanstandung von Fragen (durch den Vorsitzenden) ist allein die Ungeeignetheit und Sachfremdheit bzw. die (Un-)Zulässigkeit. Nur „unzweckmäßige“, „unverständliche“, „nicht zielführende“, „umständliche“, aus Richtersicht zur Wahrheitserforschung „nicht erforderliche“ Fragen u. v. m. können auch über § 241 Abs. 2 StPO nicht beanstandet oder zurückgewiesen werden.[712] Darauf, ob die Frage nach Meinung des Gerichts auf der Grundlage einer (vorläufigen) Bewertung erheblich ist, kommt es ebenso wenig an.[713] Vielmehr muss das Gericht zunächst die Antwort der Auskunftsperson auf die gestellte Frage hören, um sodann darüber zu befinden, ob sie für die Wahrheitsfindung erheblich ist.[714] Anders liegt der Fall nur dann, wenn der Beantwortung aus Sicht des Gerichts bedeutungsloser Fragen höherrangige Interessen der Beweisperson oder der Öffentlichkeit entgegenstehen, etwa bei bloßstellenden Fragen i. S. d. § 68 StPO.[715] 511

Die **Zurückweisung** betrifft nur die **einzelne Frage**, sie entzieht dem Berechtigten das Fragerecht als solches dem-nach nicht.[716] Eine zurückgewiesene Frage darf nicht beantwortet und später nicht mehr gestellt werden.[717] Die Beweisperson ist von ihrer Beantwortung befreit.[718] Ist die Frage schon vor der Zurückweisung beantwortet worden, so ist die Antwort kein Bestandteil der Aussage, im Verfahren darf sie nicht verwertet werden.[719] Die Notwendigkeit der Entscheidung über die Zurückweisung entfällt daher nicht deshalb, weil die Auskunftsperson vorschnell geantwortet hat.[720] Die Zurückweisung hindert den Fragesteller nicht, in einer anderen Form zu fragen, die den Grund der Zurückweisung vermeidet. 512

Werden trotz Zurückweisung gleichwohl weitere Fragen gestellt, so umfassen die erstmalige Zurückweisung und der erstmalige Gerichtsbeschluss nach § 238 Abs. 2 StPO auch deren Zurückweisung. Solche Fragen darf der Vorsitzende durch Bezugnahme auf den Gerichtsbeschluss ohne weitere Begründung zurückweisen. Einer erneuten Entscheidung durch das Gericht nach § 238 Abs. 2 StPO bedarf es in solchen Fällen nicht mehr.[721] 513

Die Zurückweisung der Frage bedarf **nicht** der **Protokollierung** nach § 273 Abs. 1 StPO, wenn die Anordnung des Vorsitzenden von keinem Verfahrensbe- 514

710 KK/Schneider, 9. Aufl. 2023, § 241 Rn. 6.

711 Gerst, Zeugen in der Hauptverhandlung, 2. Aufl., § 241 Rn. 13.

712 Meyer-Goßner/Schmitt, StPO, 67. Aufl. 2024, § 242 Rn. 2; Gerst, Zeugen in der Hauptverhandlung, 2. Aufl., § 241 Rn. 13; KMR/Eschelbach, 82. EL, § 241 Rn. 9.

713 BGH, Urt. v. 20.11.1984 – 5 StR 648/84.

714 BGH, Beschl. v. 27.9.1983 – 1 StR 569/83; KK/Schneider, 9. Aufl. 2023, § 241 Rn. 7; Meyer-Goßner/Schmitt, StPO, 67. Aufl. 2024, § 241 Rn. 13.

715 Becker, in: Löwe-Rosenberg, StPO, 27. Aufl., § 241 Rn. 10 mit weiteren Beispielen.

716 Meyer-Goßner/Schmitt, StPO, 67. Aufl. 2024, § 241 Rn. 6; Becker, in: Löwe-Rosenberg, StPO, 27. Aufl., § 241 Rn. 23.

717 KK/Schneider, 9. Aufl. 2023, § 241 Rn. 14.

718 MüKoSt-PO/Gaede, § 241 Rn. 29.

719 KMR/Eschelbach, 82. EL, § 241 Rn. 34; Becker, in: Löwe-Rosenberg, StPO, 27. Aufl., § 241 Rn. 23; kritisch MüKo StPO/Gaede, § 241 Rn. 29 mit Blick auf die allgemeine Diskussion über Verwertungsverbote, wonach die Antwort jedenfalls entlastend verwertet werden dürfe.

720 KK/Schneider, 9. Aufl. 2023, § 241 Rn. 14; Becker, in: Löwe-Rosenberg, StPO, 27. Aufl., § 241 Rn. 23.

721 BGH, Beschl. v. 5.11.2003 – 1 StR 368/03; KMR/Eschelbach, 82. EL, § 241 Rn. 33; MüKoStPO/Gaede, § 241 Rn. 30.

teiligten beanstandet wird.[722] Ruft der Fragesteller hingegen das Gericht nach § 238 Abs. 2 StPO oder nach § 242 StPO an, dann ist der gesamte Vorgang zu protokollieren. In diesem Fall hat der Anwalt darauf zu achten, dass die **konkrete Frage im Wortlaut**, ihr **Adressat**, ihre **Zurückweisung** durch Verfügung des Vorsitzenden oder der Gerichtsbeschluss gem. § 242 StPO bzw. die Anrufung des Gerichts gem. § 238 Abs. 2 StPO vollständig in die **Sitzungsniederschrift** aufgenommen werden.[723]

515 **12.13.3.2 Zivilprozess.** Im **Zivilprozessrecht** existiert über § 397 Abs. 3 ZPO hinaus, wonach über „die Zulässigkeit der Frage" das Gericht (durch förmlichen Beschluss[724]) entscheidet, keine ausdrückliche Regelung. Die Grenzen des Fragerechtes ergeben sich dort aus dem Zweck der Befragung, der die Ausschöpfung des Beweismittels ist. Unzulässig sind daher Fragen, die mit dem Beweisthema nichts zu tun haben oder Ausforschungsfragen, unzulässige Fragen wegen Zeugnisverweigerung aus persönlichen Gründen (§ 383 Abs. 3 ZPO) oder Amtsverschwiegenheit (§ 376 ZPO), ggf. Suggestivfragen, Fragen nach Werturteilen und nicht tatsächlichen Wahrnehmungen etc. oder Fragen, welche die Verschwiegenheitspflicht eines Zeugen nicht beachten. Bei Streit über die Zulässigkeit von Fragen entscheidet das Gericht nach § 140, 397 Abs. 3 ZPO durch Beschluss; dieser kann nicht selbstständig, sondern nur zusammen mit dem Urteil angefochten werden. Lässt das Gericht im Zivilprozess eine Frage nicht zu, so sollte sofort oder jedenfalls vor Schluss der mündlichen Verhandlung[725] einen **Protokollaufnahmeantrag** nach § 160 Abs. Abs. 4 ZPO gestellt werden.[726] Entweder direkt als „Äußerung" oder auch als „Vorgang", denn dazu zählt alles, was für das Verfahren von Bedeutung sein kann.[727] Das Problem für den Anwalt ist wie bereits bei der Protokollierung dargestellt, dass das Gericht im Beschluss, der die Aufnahme in das Protokoll ablehnt, nach h. M. den Antrag nicht wörtlich wiedergeben muss. Denn der Umfang der Protokollierungspflicht ergibt sich aus § 160 Abs. 3 ZPO, nach dessen Nr. 2 die „Anträge" zu protokollieren sind, worunter die Sachanträge (Antrag aus der Klage usw.), aber nicht eventuelle Prozessanträge fallen. Es bleibt daher nichts anders übrig, als – notfalls handschriftlich – den Wortlaut des Antrags schriftlich zu formulieren, zu unterzeichnen und dem Gericht zu den Akten zu geben. Mit der Übergabe wird das Schriftstück als Schriftsatz Bestandteil der Akte und ist vom Gericht wie jeder andere Schriftsatz zu den Akten zu nehmen und zu bearbeiten.[728]

516 **12.13.3.3 Fallgruppen – (un)zulässiger Fragen.** Ob eine Frage beanstandet wird, hängt wesentlich auch von der Form der Fragestellung ab. Ruhiger Ton und sachliche Formulierung der Frage vermeiden im Allgemeinen ihre Beanstandung.[729] Ob eine Frage tatsächlich unzulässig ist, lässt sich i. d. R. nur nach den jeweiligen Besonderheiten des Einzelfalls beurteilen. Grob lassen sich folgende, forensisch häufig vorkommende Fallgruppen unterscheiden, die aber keinen Anspruch auf Vollständigkeit erheben:

---

722 Meyer-Goßner/Schmitt, StPO, 67. Aufl. 2024, § 241 Rn. 18; KK/Schneider, 9. Aufl. 2023, § 241 Rn. 15; Becker, in: Löwe-Rosenberg, StPO, 27. Aufl., § 241 Rn. 25; KMR/Eschelbach, 82. EL, § 241 Rn. 39; kritisch MüKoStPO/Gaede, § 241 Rn. 34.

723 MüKoStPO/Gaede, § 241 Rn. 34; Becker, in: Löwe-Rosenberg, StPO, 27. Aufl., § 241 Rn. 25.

724 Greger in: Zöller, Zivilprozessordnung, 35. Auflage 2024, § 397 ZPO, Rz 3.

725 Ein danach gestellter Antrag kann allenfalls als Protokollberichtigungsantrag nach § 164 ZPO ausgelegt werden.

726 Diese Norm lautet: „Die Beteiligten können beantragen, dass bestimmte Vorgänge oder Äußerungen in das Protokoll aufgenommen werden. Das Gericht kann von der Aufnahme absehen, wenn es auf die Feststellung des Vorgangs oder der Äußerung nicht ankommt. Dieser Beschluss ist unanfechtbar; er ist in das Protokoll aufzunehmen."

727 Stein/Roth, 24. Aufl. 2024, ZPO § 160 Rn. 31.

728 So auch Schultzky in: Zöller, Zivilprozessordnung, 35. Auflage 2024, § 160 ZPO Rn. 15, 16.

729 Dahs, C. Rn. 532.

- Fragen, die auf die Überprüfung der **Glaubwürdigkeit** des Zeugen zielen, sind regelmäßig gemäß § 395 Abs. 2 Satz 2 ZPO bzw. § 69 Abs. 4 StPO zulässig.[730] Insoweit ist aber Vorsicht geboten, sofern Teile der Literatur ausführen, dass solche Fragen „stets" zulässig seien.[731] Im Zentrum der Glaubhaftigkeitsanalyse steht zunächst nicht die allgemeine Glaubwürdigkeit der Aussageperson, sondern die Glaubhaftigkeit ihrer Angaben. Von Interesse kann daher allenfalls die sogenannte spezielle Glaubwürdigkeit i. S. d. Glaubwürdigkeit im Hinblick auf die Aussage zum jeweiligen Verfahrensgegenstand sein. Etwaiges Vorbringen zur „allgemeinen Glaubwürdigkeit" einer Aussageperson betrifft hingegen die Frage, ob man der Auskunftsperson hinsichtlich sonstiger Angelegenheiten außerhalb des Verfahrens grundsätzlich Glauben schenken kann.[732]
- Fragen zur allgemeinen Glaubwürdigkeit sind i. d. R. aus tatsächlichen Gründen ohne Bedeutung für die Glaubhaftigkeit der Angaben, sofern die befragten Umstände nicht jedenfalls mittelbar als Indiztatsache aufgrund etwa situativer, personeller Vergleichbarkeit o. Ä. ausnahmsweise einen Rückschluss auch für das Verfahren zulassen. Ein solcher Zusammenhang kann auch bei Fragen an einen Zeugen nach **Vorstrafen** bestehen, wenn sie zur Beurteilung der Glaubwürdigkeit der Auskunftsperson notwendig sind, weil ein innerer Zusammenhang zwischen den in Rede stehenden Vorstrafen und der speziellen Glaubwürdigkeit des Zeugen vorstellbar ist.[733] Dies wird insbesondere dann der Fall sein können, wenn eine Aussage-gegen-Aussage-Situation gegeben ist und/oder der Zeuge wegen Aussagedelikten nach §§ 153 ff. StGB, wegen Vortäuschung einer Straftat (§ 145d StGB), falscher Anschuldigung nach § 164 StGB, u. U. aus Vermögensdelikten nach den §§ 242, 246, 263 StGB oder wegen Taten vorbestraft ist, die einer täuschungsbereiten und rechtsfeindlichen Gesinnung entsprungen sind.[734] Noch nicht rechts-kräftig abgeurteilte Straftaten eines Zeugen oder Sachverständigen können ebenfalls hinterfragt werden.[735]
- Unter Umständen sind daher auch **Fragen zum privaten Lebens- oder Intimbereich** möglich, sofern sich daraus indizielle Schlüsse auf die Zuverlässigkeit der Angaben der Auskunftsperson herleiten lassen.[736] Erforderlich ist eine Abwägung im Einzelfall.[737] In Zweifelsfällen geht die Wahrheitserforschung dem Interesse der Auskunftsperson an der Erhaltung ihres Ansehens vor.[738] Vor der Zurückweisung wegen Unzulässigkeit muss stets geprüft werden, ob die nachteiligen Auswirkungen der Beantwortung der Frage durch Schutzmaßnahmen nach § 171b Abs. 1 Satz 1 GVG gemildert werden.[739]
- Im Zusammenhang mit der Überprüfung der Glaubhaftigkeit der Angaben eines Zeugen können **Situationsfragen**, also Fragen, die die **Erinnerungsfähigkeit** eines Zeugen überprüfen sollen, in aller Regel nicht zurückgewiesen werden.[740] Dies gilt insbesondere für sogenannte Situationsfragen zu nebensächlichen Geschehnissen oder Gegebenheiten oder zum zeitlichen Vor- und Nachgeschehen, mit denen also das „wahre" Wissen der Auskunftsperson geprüft werden soll. Sie sind gerade für das Aufdecken von Lüge oder fehlender Erinnerung sehr wichtig und daher nie sachfremd und unzulässig, wenn die Fragen

730 HK/Julius/Barrot, § 241 Rn. 11; BeckOK StPO/Gorf, 54. Ed., § 241 Rn. 14 und 14.1
731 Meyer-Goßner/Schmitt, StPO, 67. Aufl. 2024, § 241 Rn. 14; Gerst, Zeugen in der Hauptverhandlung, 2. Aufl., § 241 Rn. 33.
732 Vgl. BGH, Urt. v. 5.10.1993 – 1 StR 547/93.
733 KK/Schneider, 9. Aufl. 2023, § 241 Rn. 9; KMR/Eschelbach, 82. EL, § 241 Rn. 26.
734 Ignor/Berthau, in: Löwe-Rosenberg, StPO, 27. Aufl., § 68a Rn. 12; KK/Schneider, 9. Aufl. 2023, § 241 Rn. 9.
735 Ignor/Berthau, in: Löwe-Rosenberg, StPO, 27. Aufl., § 68a Rn. 11.
736 KK/Schneider, 9. Aufl. 2023, § 241 Rn. 7.
737 KMR/Eschelbach, 82. EL, § 241 Rn. 25, 28.
738 Sommer, StraFo 2010, 102, 104.
739 KK/Schneider, 9. Aufl. 2023, § 241 Rn. 9.
740 Meyer-Goßner/Schmitt, StPO, 67. Aufl. 2024., § 241 Rn. 14; BeckOK StPO/Gorf, 54. Ed., § 241 Rn. 14.1; SK-StPO/Frisch, § 241 Rn. 20.

erkennen lassen, dass sie auf die Prüfung der Glaubhaftigkeit der gemachten Angaben abzielen. Das Gleiche gilt aber auch, wenn zur Überprüfung wahrer Erinnerungen auf verfahrensfremde Vorgänge Bezug genommen wird.[741] Angesichts von vielen Fragen in den Seminaren der Verfasser soll an dieser Stelle wiederholt werden, dass auch im Zivilprozess nichts anderes gilt.[742]

- Fragen, die der Überprüfung der **Aussagekonstanz**, mithin der Überprüfung der früheren Aussage dienen und bestimmte, durch eine allgemeine Aussage noch nicht beantwortete Einzelheiten betreffen, sind nicht ungeeignet.[743]
- Begehrt der Fragende schlicht die Wiederholung einer Auskunft, die der Befragte ihm oder einem anderen Frageberechtigten schon klar, erschöpfend und widerspruchsfrei erteilt hat, so wird seine **Wiederholungsfrage** grundsätzlich für aus tatsächlichen Gründen ungeeignet und daher für unzulässig gehalten.[744] Der Zurückweisungsgrund der Wiederholungsfrage ist schnell formuliert, er dürfte in der Praxis jedoch selten stichhaltig sein. Bei der pauschalen Annahme der Unzulässigkeit wiederholender Fragen wird davon ausgegangen, dass der Vorsitzende als neutraler Richter prinzipiell bereits nach allen Richtungen die Sache im Rahmen seiner Vernehmung von Amts wegen aufgeklärt hat und dass durch die Wiederholung einer dermaßen thematisch vollständig beantworteten Frage nichts zur Wahrheitsfindung beigetragen werden könne. Darauf aufbauend wird die Wiederholungsfrage als unzulässig angesehen, weil das Frage-recht nicht dazu diene, die erschöpfende Vernehmung durch den Vorsitzenden zu wiederholen.[745] Für die Praxis der Vernehmung ist in diesem Zusammenhang die gesicherte Erkenntnis der Wahrnehmungsforschung zu berücksichtigen, dass die Art der Befragung durch den Vorsitzenden selten erschöpfend ist, sondern wesentlich auch von seiner Vorprägung, seinen Vorurteilen oder schlicht von der Aktenkenntnis abhängt und es im Zusammenhang mit der Befragung durch den Vorsitzenden oftmals um das bloße Abprüfen des Akteninhalts oder das Abhaken innerer Erwartungshaltungen in der Hauptverhandlung geht, wodurch der Wahrheitsforschung ein Bärendienst erwiesen wird.[746] Strafrechtsverteidiger gehen in diesem Zusammenhang sogar so weit zu behaupten, dass die vom Richter erwartete Unvoreingenommenheit blanke Illusion sei, wenn Sachverhaltsbilder und Wertungsstrukturen durch die Unterschrift unter einen Eröffnungsbeschluss oder gar einen Haftbefehl fixiert seien.[747] Der Fall der unzulässigen Wiederholungsfrage setzt jedenfalls einen exakt identischen Inhalt voraus, was mangels Wortprotokolls in der Praxis schon schwerlich festzustellen sein wird. Kein Fall der schlichten Wiederholungsfrage liegt daher schon dann vor, wenn die Frage etwa der Präzisierung der Aussage[748] oder der Klarstellung dient oder wenn sich der Fragegegenstand oder die persönliche oder prozessuale Rolle verändert hat.[749] Letztlich kann eine Wiederholungsfrage auch der Überprüfung der Aussagekonstanz dienen. Damit ist sie als Mittel der Konstanzanalyse zur Prüfung der Glaubhaftigkeit von Angaben anerkannt.[750] Solche Wiederholungsfragen dienen der Sachverhaltsaufklärung und sind zulässig.[751] Daher kann eine Wiederholungs-

741 KK/Schneider, 9. Aufl. 2023, § 241 Rn. 7.
742 Siehe oben Situationsfragen Rn. 158.
743 BGH, Beschl. v. 14.10.1980 – 5 StR 206/80.
744 Meyer-Goßner/Schmitt, StPO, 67. Aufl. 2024, § 241 Rn. 15; HK/Julius/Barrot, § 241 Rn. 10; KK/Schneider, 9. Aufl. 2023, § 241 Rn. 12; Becker, in: Löwe-Rosenberg, StPO, 27. Aufl., § 241 Rn. 13.
745 vgl. KMR/Eschelbach, 82. EL, § 241 Rn. 11; MüKoStPO/Gaede, § 241 Rn. 19.
746 Kassebohm, NJW 2009, 200.
747 Sommer, StraFo 2017, 1.
748 BGH, Urt. v. 22.4.1952 – 1 StR 96/52; BGH, Beschl. v. 14.10.1980 – 5 StR 206/80.
749 Meyer-Goßner/Schmitt, StPO, 67. Aufl. 2024, § 241 Rn. 15; HK/Julius/Barrot, § 241 Rn. 10; KK/Schneider, 9. Aufl. 2023, § 241 Rn. 12; KMR/Eschelbach, 82. EL, § 241 Rn. 10.
750 KMR/Eschelbach, 82. EL, § 241 Rn. 12; kritisch KK/Schneider, 9. Aufl. 2023, § 241 Rn. 12.
751 BGH, Beschl. v. 14.10.1980 – 5 StR 206/80; Gerst, Zeugen in der Hauptverhandlung, 2. Aufl., § 241 Rn. 29 ff.; KMR/Eschelbach, 82. EL, § 240 Rn. 15.

frage nur ausnahmsweise unzulässig sein, etwa wenn die Wiederholungsfrage einen sehr einfachen und bereits vollumfänglich beantworteten Komplex betrifft oder die erste Fragestellung und deren vollidentische Wiederholung innerhalb ein und derselben Anhörung der Auskunftsperson zeitlich sehr nah zusammen-liegen, so dass eine vergleichende Betrachtung sinnlos ist.[752]

- **Suggestivfragen** gelten in Teilen der Literatur weithin bzw. regelmäßig allgemein als aus tatsächlichen Gründen ungeeignet und daher als unzulässig.[753] Unter Suggestivfragen werden Fragen verstanden, die so formuliert sind, dass sie der Beweisperson eine bestimmte Antwort „in den Mund legen" oder sie zu einer mehrdeutigen oder missverständlichen Antwort drängen.[754] Doch so allgemein dürfte die Aussage nicht richtig sein.[755] Es ist zum einen überhaupt kaum möglich, nicht-suggestive Leerfragen zu stellen. Ein „Wer" suggeriert jemanden, ein „Wo" suggeriert einen Ort, ein „Wann" einen Zeitpunkt, etc. Suggestivfragen können auch dazu dienen, bspw. die Zuverlässigkeit und Glaubhaftigkeit der Aussage zu überprüfen.[756] Fragen zur Glaubwürdigkeit sind gem. § 395 Abs. 2 Satz 2 ZPO bzw. § 69 Abs. 4 StPO zulässig. Sie können auch der Beantwortung der Frage dienen, ob der Zeuge (un-)sicher oder (un-) beeinflussbar ist[757], in welchem Maß der Zeuge eine Suggestibilität aufweist, glaubwürdig ist.[758] Für die Wahrheitssuche kann es signifikant sein, wenn die Aussageperson auf eine Suggestion gerade nicht reagiert. Letztlich kann nur darum gehen, einen bestimmten Grad der suggestiven Beeinflussung durch Zurückweisung von Fragen zu eliminieren.[759] Das Maß ist jedenfalls (erst) dann überschritten und eine Suggestivfrage unzulässig, wenn sie täuschungsähnlichen Charakter hat und systemwidrig auf die Überrumpelung etwa von Kindern oder Minderbegabten oder auf die gezielte Verwirrung (etwa mit falschen Vorhalten) abzielt.[760] Unstreitig dürfte zudem sein, dass die Antwort auf eine Suggestivfrage i. d. R. kaum Erkenntnisgewinn bringt, sofern nicht über die in der Frage enthaltene oder nahegelegte Suggestion hinaus geantwortet wird (sog. Überhang).
- Unzulässig (weil ungeeignet aus tatsächlichen Gründen) sind Fragen, zu deren Beantwortung der Befragte nach seiner Stellung im Prozess nicht berufen ist (sog. **funktionsfremde Fragen**). Ein Zeuge bspw. soll über Wahrnehmungen und die zugrunde liegenden inneren oder äußeren Tatsachen berichten. Fragen nach seiner persönlichen **Meinung**, seinem **Werturteil**, seiner rechtlichen Beurteilung sind daher funktionsfremd und regelmäßig unzulässig.[761] In diese Kategorie fallen i. d. R. auch **Schätzfragen**.[762] Etwas anderes kann dann gelten, wenn die Frage geläufige wertende oder rechtliche Begriffe betrifft oder wenn mit der Frage erkenn-bar nach den ihr zugrunde liegenden

752 Gerst, Zeugen in der Hauptverhandlung, 2. Aufl., § 241 Rn. 32; kritisch auch MüKoStPO/Gaede, § 241 Rn. 20.

753 Becker, in: Löwe-Rosenberg, StPO, 27. Aufl., § 241 Rn. 14; Meyer-Goßner/Schmitt, StPO, 67. Aufl. 2024, § 241 Rn. 15; Artkämper, Die „gestörte" Hauptverhandlung, Rn. 1078.

754 BeckOK StPO/Gorf, 54. Ed., § 241 Rn. 7; Becker, in: Löwe-Rosenberg, StPO, 27. Aufl., § 241 Rn. 14.

755 So auch z. B. Bender/Häcker/Schwarz, Tatsachenfeststellung vor Gericht, Rn. 1008; Gerst, Zeugen in der Hauptverhandlung, 2. Aufl., § 241 Rn. 25; KMR/Eschelbach, 82. EL, § 241 Rn. 15; MüKoStPO/Gaede, § 241 Rn. 23; Geipel, Handbuch der Beweiswürdigung, 3. Auflage 2017; § 30, Rz 253.

756 Balzer, Beweisaufnahme und Beweiswürdigung im Zivilprozess, 5. Auflage B. Die Beweismittel und ihre Erschließung im Einzelnen, Rn. 180.

757 HK/Julius/Barrot, § 241 Rn. 8.

758 KMR/Eschelbach, 82. EL, § 241 Rn. 17; MüKoStPO/Gaede, § 241 Rn. 23.

759 KMR/Eschelbach, 82. EL, § 241 Rn. 15.

760 Becker, in: Löwe-Rosenberg, StPO, 27. Aufl., § 241 Rn. 14.

761 Meyer-Goßner/Schmitt, StPO, 67. Aufl. 2024 , § 241 Rn. 15; KK/Schneider, 9. Aufl. 2023, § 241 Rn. 10; KMR/Eschelbach, 82. EL, § 241 Rn. 21; Greger in: Zöller, Zivilprozessordnung, 35. Auflage 2024, § 397 Rz 3.

762 Artkämper, Die „gestörte" Hauptverhandlung, Rn. 1121.

Tatsachen gefragt werden soll.[763] Jedenfalls sollte einer Frage nach „einfachen Wertungen“ immer auch die An-schlussfrage folgen, welche Tatsachen dieser Wertung zugrunde liegen. Ob damit auch die regelmäßig gestellte Frage von Vorsitzenden an Polizeibeamte, ob ihnen eine im Rahmen der Ermittlungstätigkeit befragte Zeugenperson bei der Vernehmung „glaubhaft“ erschienen sei, schon unzulässig ist[764], ist zweifelhaft, jedenfalls eine Frage des Einzelfalls. Regelmäßig unzulässig sind auch Fragen nach der Einschätzung über einen hypothetischen Verlauf. Eine Ausnahme kann allenfalls dann gelten, wenn schon das materielle Strafrecht (etwa bei Unterlassungsdelikten) auf eine hypothetische Entwicklung in der Zukunft abstellt.[765]

- Unzulässig (weil ungeeignet aus tatsächlichen Gründen) ist es des Weiteren, von einem **Sachverständigen** eine gutachterliche Auskunft zu verlangen, die zwar nicht über den Gutachtensauftrag hinausgeht[766], aber außerhalb seines Sachgebiets liegt, den Gegenstand des Gutachtensauftrags überschreitet[767] oder deren Beantwortung eine Rechtsfrage betrifft, die das Gericht zu beantworten hat, wie etwa die Frage der Erheblichkeit der Verminderung der Steuerungsfähigkeit i. S. d. § 21 StGB.[768]
- **Gesetzeswidrige Fragen** sind aus rechtlichen Gründen ungeeignet und unzulässig, etwa weil
  - sie auf die Bekundung von Tatsachen abzielen, hinsichtlich derer ein **Beweiserhebungsverbot** besteht.[769] Dies kann richtigerweise aber nur für den Fall gelten, dass ein Beweiserhebungsverbot aus dem bisherigen Inbegriff der Hauptverhandlung oder mit Mitteln des Freibeweises[770] auch tatsächlich erwiesen ist. Das ist in der Hauptverhandlung selten der Fall, zumal eine fehlerhafte Beweiserhebung im Ermittlungsverfahren nicht zwangsläufig auch zu einem Verwertungsverbot in der Hauptverhandlung führt. Zudem ist ein Verwertungsverbot für den Angeklagten i. d. R. disponibel, wenn kein Kernbereich betroffen ist.[771] Im Übrigen bedarf es daher grundsätzlich einer Einzelprüfung, ob und inwieweit ein Verstoß gegen ein Beweiserhebungsverbot auch ein Beweisverwertungsverbot zur Folge hat. Bei dieser Sachlage wird gem. § 244 Abs. 2 StPO zur Beurteilung der Frage, ob ein Verwertungsverbot vorliegen könnte, bspw. eine Vernehmung von Zeugen zu den Umständen und dem Inhalt etwa einer Vernehmung erforderlich und Fragen werden in diesem Zusammenhang nicht unzulässig sein. Im Zusammenhang mit einer gerichtlichen Vernehmung kann sich die Frage eines Beweiserhebungsverbots praktisch nur in bereits erwiesenen und nicht disponiblen Fällen des § 136a StPO oder in bereits erwiesenen Kernbereichsverletzungen stellen. § 136 Abs. 3 Satz 2 StPO verbietet dann auch die Beweiserhebung in der Hauptverhandlung[772];
  - sie nicht beantwortet werden müssen, wie z. B. Fragen nach dem **Wohnort** des Zeugen im Fall des § 68 Abs. 2 und 3 StPO[773];

763 Becker, in: Löwe-Rosenberg, StPO, 27. Aufl., § 241 Rn. 16; Artkämper, Die „gestörte“ Hauptverhandlung, Rn. 1084, die Straße ist „rutschig“, der Verkehr „dicht“.

764 So Gerst, Zeugen in der Hauptverhandlung, 2. Aufl., § 241 Rn. 17.

765 MüKoStPO/Gaede, § 241 Rn. 12; Becker, in: Löwe-Rosenberg, StPO, 27. Aufl., § 241 Rn. 15.

766 HK/Julius/Barrot, § 241 Rn. 12.

767 KK/Schneider, 9. Aufl. 2023, § 241 Rn. 10; abweichend Becker, in: Löwe-Rosenberg, StPO, 27. Aufl., § 241 Rn. 16 mit Fn. 62.

768 KMR/Eschelbach, 82. EL, § 241 Rn. 21; Becker, in: Löwe-Rosenberg, StPO, 27. Aufl., § 241 Rn. 16.

769 etwa Gerst, Zeugen in der Hauptverhandlung, 2. Aufl., § 241 Rn. 19.

770 Meyer-Goßner/Schmitt, StPO, 67. Aufl. 2024, § 244 Rn. 9.

771 Meyer-Goßner/Schmitt, StPO, 67. Aufl. 2024, § 100a Rn. 28.

772 Meyer-Goßner/Schmitt, StPO, 67. Aufl. 2024, § 136a Rn. 29.

773 KK/Schneider, 9. Aufl. 2023, § 241 Rn. 8.

  - sie **entehrende oder den privaten Lebensbereich** betreffende Tatsachen nach § 68a StPO zum Gegenstand haben, deren Beantwortung zur Erforschung der Wahrheit nicht erforderlich sind. Solche Fragen sind nur zulässig, wenn das Gericht seiner Pflicht, die Wahrheit zu ergründen, nicht uneingeschränkt nachkommen kann, ohne Fragen an den Zeugen zu richten, deren Beantwortung ihm oder einem Angehörigen zur Unehre gereichen kann (zu Vorstrafen des Zeugen siehe oben, „Vorstrafen"). Nur in diesen Fällen geht die Pflicht zur Erforschung der Wahrheit dem Interesse des Zeugen an der Erhaltung seines Ansehens und des seiner Angehörigen vor.[774] In diesen Fällen kann dann aber auch der Ausschluss der Öffentlichkeit nach § 171b Abs. 1 Satz 1 GVG in Erwägung gezogen werden könnten[775];
  - sie sich auf den Inhalt getilgter oder tilgungsreifer Eintragungen im **Bundeszentralregister** beziehen;
  - ihnen ein berechtigt ausgeübtes Zeugnis- oder Auskunftsverweigerungsrecht gem. **§§ 52, 53, 53a, 55 StPO** entgegensteht.[776] Entsprechendes gilt für das Schweigerecht des Angeklagten[777];
  - für deren Beantwortung es an der erforderlichen **Aussagegenehmigung** (§ 54 StPO) fehlt[778];
  - sie nur unter Verstoß gegen strafbewehrte oder im Strafprozess zu respektierende Geheimhaltungsverpflichtungen beantwortet werden[779];
  - sie nach prozessualen Maßstäben (vgl. § 136a i. V. m. § 69 Abs. 3, § 72 StPO; § 252 StPO, Beweiserhebungsverbote; § 68a StPO) nicht gestattet werden dürfen;
  - ein Richter auch im Zeugenstand nicht nach Dingen gefragt werden darf, die dem **Beratungsgeheimnis** nach §§ 43, 45 DRiG unterliegen.[780]
- Irrelevant für die Frage der Zulässigkeit einer Frage ist die Tatsache, dass ein Zeuge sich im **Zeugenschutzprogramm** befindet, soweit dem Persönlichkeitsschutz – etwa über das ZSHG – kein gesetzlicher Vorrang eingeräumt ist.[781] Fragen, durch deren Beantwortung ein in ein Zeugenschutzprogramm aufgenommener Zeuge ihm bekannt gewordene Erkenntnisse über Zeugenschutzmaßnahmen offenbaren müsste, sind daher nicht von vornherein unzulässig. Derartige Fragen können jedoch zurückgewiesen werden, wenn ihre Beantwortung zur Überzeugung des Tatrichters für den Schuldspruch und den Rechtsfolgenaus-spruch ohne Bedeutung und daher nach den Maßstäben der Aufklärungspflicht nicht geboten ist.[782]
- Irrelevant für die Frage der Zulässigkeit einer Frage ist ferner, ob **Geschäfts- oder Betriebsgeheimnisse** betroffen sind[783], zu deren Schutz aber eine Entfernung der Öffentlichkeit nach § 172 Nr. 2, 3 GVG in Betracht zu ziehen ist.

---

774 BGH, Urt. v. 10.11.1967 – 4 StR 512/66; KK/Schneider, 9. Aufl. 2023, § 241 Rn. 9.

775 Gerst, Zeugen in der Hauptverhandlung, 2. Aufl., § 241 Rn. 21.

776 Zu Letztem: BGH, Urt. v. 15.12.2005 – 3 StR 281/04; i. Ü. KK/Schneider, 9. Aufl. 2023, § 241 Rn. 8; Becker, in: Löwe-Rosenberg, StPO, 27. Aufl., § 241 Rn. 17.

777 SK-StPO/Frisch, § 241 Rn. 14; KMR – Kommentar zur Strafprozessordnung, Lfg. 82. (1.5.2017), § 241, Rz 22.

778 BGH, Urt. v. 15.12.2005 – 3 StR 281/04; KK/Schneider, 9. Aufl. 2023, § 241 Rn. 8.

779 KK/Schneider, 9. Aufl. 2023, § 241 Rn. 8.

780 BGH, Urt. v. 15.12.2005 – 3 StR 281/04; Becker, in: Löwe-Rosenberg, StPO, 27. Aufl., § 241 Rn. 17; BeckOK StPO/Gorf, 54. Ed., § 241 Rn. 10.2.

781 Vgl. § 3 ZSHG; KK/Schneider, 9. Aufl. 2023, § 241 Rn. 8; Meyer-Goßner/Schmitt, StPO, 67. Aufl. 2024, § 241 Rn. 15; HK/Julius/Barrot, § 241 Rn. 9; Gerst, Zeugen in der Hauptverhandlung, 2. Aufl., § 241 Rn. 20.

782 BGH, Urt. v. 15.12.2005 – 3 StR 281/04.

783 Becker, in: Löwe-Rosenberg, StPO, 27. Aufl., § 241 Rn. 8; Meyer-Goßner/Schmitt, StPO, 67. Aufl. 2024, § 241 Rn. 15; MüKoStPO/Gaede, § 241 Rn. 17; vgl. auch OLG Koblenz, Urt. v. 7.10.1982 – 1 Ss 396/82, wonach die Aufklärung stets unbegrenzten Vorrang hat.

517 **12.13.4 Konfliktsituation Fragerecht – zielgerichtete Kommunikation.** Gerade die Ausübung des Fragerecht führt zu konfliktträchtigen Situationen vor Gericht. So passiert es mitunter häufig, dass der Rechtsanwalt gerade noch an den Zeugen eine Frage stellen will, als er sogleich vom Gericht oder von der Staatsanwaltschaft unterbrochen: *„Herr Rechtsanwalt, diese Frage ist doch schon mehrmals gestellt worden…“* Der Anwalt verspürt den Impuls, dagegen zu halten. Ursächlich dafür sind die Du- bzw. Ich-Botschaften des Gerichts, die der Anwalt hört (siehe oben Sprachgesetze: „Du Anwalt nervst mich mit Deinen Fragen“– „Ich bin genervt von Dir und Deiner Fragestellung“). Darauf reagiert der Anwalt zumindest in Gedanken mit: „Das ist jetzt mein Fragerecht. Das lasse ich mir nicht beschneiden.“ Er könnte in eine Diskussion eintreten. Man würde darüber streiten, ob die Frage tatsächlich schon (mehrmals) gestellt worden ist, ob und warum es Sinn macht, sie vielleicht noch einmal zu stellen, wie sich die obergerichtliche Rechtsprechung zum wiederholten Stellen von Fragen verhält, was die obergerichtliche Rechtsprechung allgemein zur Beschneidung des Fragerechts der Verteidigung entschieden hat usw. Eine solche Diskussion könnte jedoch vielleicht dem Ziel des Anwalts entgegenlaufen, die Frage tatsächlich nochmals zu stellen, damit aber neue Erkenntnisse zu erlangen und die bisherige Meinung des Gerichts und der Staatsanwaltschaft dadurch zu beeinflussen. Dieses beinahe „klassische“, weil von fast jedem Anwalt schon einmal erlebte Beispiel könnte sich folgendermaßen weiterentwickeln: Es wird eine Weile über die Zulässigkeit der Frage gestritten. Dann sagt der Richter erkennbar genervt: *„Herr Rechtsanwalt, stellen Sie Ihre Frage.“* Nun blättert er in seinen Akten und zeigt offen, dass er kaum zuhört. Damit bringt er zum Ausdruck, dass er die Frage für überflüssig hält. Seine innere Bereitschaft, eine möglicherweise doch unerwartete Antwort wahrzunehmen, ist gering. Seine bisherige Meinung zum Verfahrensstand verfestigt sich noch mehr. Irgendwann wird der Richter sagen: *„Herr Rechtsanwalt, haben Sie noch eine Frage oder können wir jetzt weitermachen?“* Der Anwalt hat in dem Beispiel zwar „gesiegt“, er hat seine Frage gestellt. Es war jedoch ein Pyrrhussieg. Man hat nicht mehr richtig zugehört. Das, was der Zeuge gesagt hat, wurde inhaltlich nicht oder nur am Rand wahrgenommen. Darüber hinaus wurde für alle Anwesenden überdeutlich, wie der Richter den Anwalt „abgestraft“ hat. Dies hat nicht nur sein Mandant bemerkt, sondern auch der Zeuge. Vielleicht hat ihm das sogar gefallen. Letztlich könnte die Position des Anwalts durch diesen „Sieg“ im weiteren Sinne eher geschwächt worden sein.

518 Wie hätte der Anwalt vorgehen können, wenn sein Ziel ist: Ich will die Frage stellen und ich will, dass die anderen aufmerksam und unvoreingenommen zuhören und den Inhalt der Antwort aufnehmen? Dazu überlegen wir, was der Richter mit seinem Einwand, die Frage sei bereits mehrfach gestellt, zum Ausdruck bringt, was sozusagen seine „Hintergedanken“ sind. Von den Fakten (Sachebene) her dürfte es zutreffen, dass die Frage tatsächlich bereits gestellt worden war. Der Richter lässt durch seinen Einwand auf den ersten Eindruck hin erkennen, dass er genervt ist, jedenfalls in Eile ist; dass er sich bereits ein Bild von der Sache gemacht hat; dass er davon ausgeht, die Antwort auf die Frage könne keine weitere Erhellung bringen; dass er selbst an alle wichtigen Fragen denkt; dass ihn der Anwalt nervt und vieles mehr. Letztlich wissen wir es nicht, denn sagen tut der Richter hierzu nichts. Wir interpretieren aber seine Worte.

519 Der Anwalt könnte nun in seiner Reaktion auf diese Aspekte eingehen. Anstatt unter Berufung auf die obergerichtliche Rechtsprechung über die Zulässigkeit der Frage zu streiten (was dem Richter im Zweifel sowieso nicht gefällt und wodurch er sich eher provoziert fühlt), könnte der Anwalt erwidern: *„Ja, das stimmt, die Frage ist tatsächlich bereits gestellt worden.“* Indem er dem Richter recht gibt, nimmt er ihm bereits viel „Wind aus den Segeln“. Eine solche Reaktion hat der Richter nicht erwartet. *„Ja, das stimmt; ich möchte die Frage aber trotzdem gerne nochmals stellen. Ich hatte mir vorhin überlegt, ob ich noch einen Beweisantrag*

bringen muss. Das können wir uns dann vielleicht sparen. Ich hatte nämlich gerade eine ganz interessante, neue Idee, warum ich diese Frage nochmals an den Zeugen richten will … – Mit dieser Antwort erkennt der Anwalt die Position, die Stellung des Richters als Leiter des Verfahrens (vgl. Rollenverständnis!) an. Er bestätigt seine „Kompetenz", dass er, der Richter, alle wichtigen Fragen bedacht hat. Der Anwalt geht auf die Eile des Richters ein (man könnte mit dieser Frage sogar Zeit einsparen). Er weckt sein Interesse (eine interessante und neue Idee) und fördert so die Bereitschaft, offener zuzuhören. Nun könnte der Richter vielleicht erwidern: *„Aha. Gut, machen Sie mal."*
Dieses natürlich stark überpointierte Beispiel soll zeigen, wie viel in der forensischen Kommunikation auf unbewusster Ebene auf die Beteiligten einwirkt. Es zeigt auch, wie stark auf subtile Weise Einfluss genommen werden kann, welch beträchtliche Möglichkeiten sämtliche Beteiligten durch eine **zielgerichtete Kommunikation** haben (**Vernehmungs-TAKTIK**).

Fazit: Anwälte müssen ihre prozessualen Rechte in einer Weise erkämpfen, die sich am Ziel ihres Mandats orientiert.

12.13.4.1 Unterbrechung des Fragerechts durch den Vorsitzenden. Nicht nur die Auskunftspersonen werden vom Vorsitzenden **unterbrochen**. In Prozessen ist oft zu beobachten, dass der **Vorsitzende** auch **Anwälte** und andere Verfahrensbeteiligte während der Ausübung ihres Fragerechts **ungefragt unterbricht**, die Frage umformuliert und/oder die Vernehmung (wieder) an sich zieht. Das dürfte, selbst wenn es nicht „böse" gemeint ist, an sich nicht sein. *„Ah ja, das ist eine gute Frage, Herr Rechtsanwalt. Herr Zeuge, was sagen Sie dazu und, noch hinzukommend, wie verhält es sich mit …?"* Indem der Richter die Frage übernimmt und die Vernehmung (wieder) an sich reißt, durchkreuzt er möglicherweise das Konzept des Anwalts. Das ist zum einen unfair, zum anderen aber auch unzulässig. **520**

Es steht außer Frage, dass der **Vorsitzende nicht berechtigt** ist[784], ohne Zustimmung **521**

- das eingeräumte **Fragerecht** zu **unterbrechen**, um bspw. eine zulässige Frage in einer anderen Form selbst zu stellen oder ungefragt einzelne „vergessene" oder neu aufgekommene **Fragen an sich zu ziehen**,
- eine Frage eines anderen Prozessbeteiligten in einer ihm als „richtig" erscheinenden Form zu stellen oder
- das gewährte Fragerecht insgesamt ohne sachlichen Grund zu entziehen.

Denn ein Verfahrensbeteiligter kann seinen gesetzlichen **Anspruch** auf Befragung eines Zeugen nur dann sinnvoll und auch unter taktischen Erwägungen effektiv ausüben, wenn er Gelegenheit erhält, alle zulässigen Fragen **im Zusammenhang** zu stellen.[785] Auch deshalb ist eine gerichtliche Vorgabe, das Fragerecht nur in einer bestimmten Reihenfolge zu bestimmten Komplexen auszuüben, grundsätzlich unzulässig, gerade auch weil es unter Umständen unmöglich macht, ein vorbereitetes Vernehmungskonzept umzusetzen.[786] Außerhalb der Beanstandungsbefugnis und -pflicht nach § 241 Abs. 2 StPO hat der Vorsitzende auch keinerlei Grundlage, auf der er eine Frage anderer als „unzweckmäßig", „unverständlich", **522**

784 Meyer-Goßner/Schmitt, StPO, 67. Aufl. 2024, § 240 Rn. 9; HK/Julius/Barrot, § 241 Rn. 13; Becker, in: Löwe-Rosenberg, StPO, 27. Aufl., § 240 Rn. 17; KK/Schneider, 9. Aufl. 2023, § 240 Rn. 8; Sommer, StraFo 2010, 102, 107; BeckOK StPO/Gorf, 54. Ed., § 240 Rn. 10; KMR/Eschelbach, 82. EL, § 240 Rn. 12; MüKoStPO/Gaede, § 240 Rn. 20; Becker, in: Löwe-Rosenberg, StPO, 27. Aufl., § 240 Rn. 17; SK-StPO/Frisch, § 240 Rn. 13.

785 Grundlegend OLG Hamm, Beschl. v. 7.6.1993 – 2 Ss 207/93.

786 OLG Stuttgart, Beschl. v. 9.7.2024 – 7 ORs 28 SRs 899/23, jedenfalls soweit zwischen den Komplexen/Taten ein enger sachlicher und zeitlicher Zusammenhang besteht

„nicht zielführend", „umständlich" o. Ä. beanstanden oder das Fragerecht auch nur zeitweise unterbrechen könnte. Lediglich bei Zweifeln hinsichtlich der Zulässigkeit kann er eine Ergänzung oder Erläuterung der Frage verlangen und auf seine Bedenken hinweisen.[787]

523 An diesen Grundsätzen ändert richtigerweise auch der von einigen Vorsitzenden oder der Literatur[788] zum Beleg des Gegenteils angeführte Beschluss des **BGH vom 23.11.1994 – 2 StR 593/94** nichts. Zwar lautet es im Orientierungssatz apodiktisch:
„*Ein Recht des Verteidigers, eine einmal begonnene Zeugenbefragung ohne Unterbrechung fortzusetzen und zu Ende zu führen, gibt es nicht.*" Bei genauer Lektüre des Beschlusses wird offenkundig, dass die Entscheidung auf einem vergleichsweise atypischen Vorgang beruhte und für einen „Durchschnitt der Hauptverhandlung" keine Allgemeingültigkeit für sich in Anspruch nehmen kann.[789] In dem betreffenden Fall des BGH lag diese Besonderheit vor: Anlass für die Unterbrechung des Verteidigers während seiner Zeugenbefragung durch den Vorsitzenden war, dass ein Mitangeklagter erklärte, er wolle sich nunmehr zum Tatvorwurf äußern. In *diesem* Fall sei das Gericht nicht verpflichtet, dem Verteidiger zunächst die Fortsetzung und Beendigung der Zeugenbefragung zu gestatten. Diese Rechtsprechung entwertet zudem das Fragerecht und verkennt, dass die Fragen auch aus Gründen der effektiven Verteidigung im Zusammenhang gestellt werden können und die Auskunftsperson spontan antworten muss.[790]

524 Die oft stattfindende Unterbrechung des Fragerechts eines Anwalts (durch den Vorsitzenden) ist, wie eingangs ausgeführt, eine Unart und vom Anwalt genauso wenig hinzunehmen, wie auch Vorsitzende sich i. d. R. von Anwälten unterbrechen lassen wollen. Bei der Reaktion des Anwalts auf die Unterbrechung seines Fragerechts ist aber auch stets taktisch zu berücksichtigen, dass die **Unterbrechung durch den Richter** aus Anwaltssicht zwar äußerst ärgerlich ist, diese aber **revisionsrechtlich** wohl nicht sanktionierbar ist. Eine schlichte Unterbrechung wird schon nicht mit einer gänzlichen Verletzung des Fragerechts verglichen werden können. Ein Urteil wird auf einem solchen Fehler aber jedenfalls wohl kaum beruhen können, da der Anwalt die berechtigt erstrebte Information im weiteren Verlauf der Vernehmung nach der Unterbrechung noch erhalten kann.[791]

525 Soweit erkennbar, hat sich bisher **einzig** das **OLG Hamm** im Beschluss vom 7.6.1993 – 2 Ss 207/93 mit der Frage der Konsequenzen einer Unterbrechung durch den Richter auseinandergesetzt und dabei im Rahmen eines Revisionsverfahrens **im Sinne „der Anwälte"** entschieden. Im zugrunde liegenden Fall hatte das Tatgericht das dem Anwalt bereits eingeräumte Fragerecht unterbrochen, damit die Staatsanwaltschaft ihre Fragen an den Zeugen stellen konnte. Anschließend wurde dem Verteidiger wieder gestattet, (weitere) Fragen an den Zeugen zu stellen. Das OLG Hamm hob das Urteil deswegen aufgrund einer Verfahrensrüge über § 338 Nr. 8 StPO auf und führte hierzu aus:

„*Ein Verfahrensbeteiligter kann seinen gesetzlichen Anspruch auf Befragung eines Zeugen nur dann sinnvoll und effektiv ausüben, wenn er die Gelegenheit erhält, alle zulässigen Fragen im Zusammenhang zu stellen. Solange der Verfahrensbeteiligte, dem vom Vorsitzenden im Rahmen seiner Verhandlungsleitung das Fragerecht eingeräumt worden ist, dieses Recht sach- und prozessordnungsgemäß ausübt, darf ihn der Vorsitzende oder das*

787 BGH, Urt. v. 2.5.1961 – 5 StR 579/60; Becker, in: Löwe-Rosenberg, StPO, 27. Aufl., § 240 Rn. 14 und 17.

788 Vgl. etwa BeckOK StPO/Gorf, 54. Ed., § 240 Rn. 10.

789 Gerst, Zeugen in der Hauptverhandlung, 2. Aufl., § 240 Rn. 17; siehe auch MüKoStPO/Gaede, § 240 Rn. 28: „eine zu Recht vereinzelt gebliebene Entscheidung".

790 SK-StPO/Frisch, § 240 Rn. 13; Degener, StV 2002, 618.

791 Vgl. BGH, Beschl. v. 15.3.2001 – 5 StR 591/00 zum Beruhen bei der Verletzung des Fragerechts.

Gericht nicht ohne sachlichen Grund unterbrechen. … Erst recht darf der Vorsitzende oder das Gericht nicht gegen den Willen des Fragenden einem anderen Verfahrensbeteiligten das Fragerecht einräumen, bevor der Fragende alle zulässigen Fragen an den Zeugen gestellt hat. Denn der Verfahrensbeteiligte, dem gemäß § 240 Abs. 2 Satz 1 StPO gestattet worden ist, Fragen an einen Zeugen zu stellen, muss davor geschützt werden, daß einem anderen Verfahrensbeteiligten – möglicherweise aus prozesstaktischen Gründen – vorab das Recht eingeräumt wird, den Zeugen zu befragen. Würde man die Vorgehensweise der Kammer billigen, so könnte ein Verfahrensbeteiligter das Fragerecht eines anderen Verfahrensbeteiligten aushöhlen, sobald es ihm opportun erschiene. Daß diese Vorgehensweise prozessual unzulässig ist, liegt auf der Hand. …
Obwohl dem Verteidiger das Fragerecht durch den zitierten Gerichtsbeschluss nicht endgültig entzogen worden ist, ist die Verteidigung in einem für die Entscheidung wesentlichen Punkt behindert worden, so dass das Urteil auf der Gesetzesverletzung beruht (§§ 338, 337 StPO). Es kann nicht ausgeschlossen werden, dass das Verteidigungskonzept durch die vorübergehende Unterbrechung des Fragerechts beeinträchtigt worden ist. Darüber hinaus hat der Vertreter der Staatsanwaltschaft möglicherweise nach der zu diesem Zeitpunkt fehlerhaften Einräumung des Fragerechts Fragen an den Zeugen … gestellt, die der Verteidiger auch noch zu stellen beabsichtigte. Die vom Vertreter der Staatsanwaltschaft gestellten Fragen durfte der Verteidiger aber grundsätzlich nicht mehr wiederholen, da sie jetzt ungeeignet im Sinne von § 241 Abs. 2 StPO geworden waren (vgl. Kleinknecht, a. a. O., § 241 Rdnr. 15 m. w. N.). Auf der Aussage des Zeugen … beruht schließlich (auch) die Beweiswürdigung des Landgerichts.“

Die Gegenmeinung wird sich demgegenüber auf den vorgenannten Beschluss des BGH vom 23.11.1994[792] beziehen. **526**

Allenfalls **aus wichtigem Anlass** kann es im Einzelfall angezeigt sein, aus Gründen der Amtsaufklärung gem. § 244 Abs. 2 StPO die **Befragung** einer Auskunftsperson ohne Zustimmung des Frageberechtigten zu **unterbrechen**, etwa um die dringende Gefahr eines **Beweismittelverlusts** an anderer Stelle zu verhindern.[793] Die schlichte Ankündigung eines anfänglich schweigenden (Mit-)Angeklagten, nunmehr doch aussagen zu wollen, rechtfertigt i. d. R. keine Unterbrechung der Befragung eines Zeugen oder Sachverständigen.[794] **527**

Mit dem Anspruch einher geht auch die **Verpflichtung des Vorsitzenden**, ein **Unterbrechungsansinnen anderer Prozessbeteiligter** in „fremde“ Fragerechte hinein **strikt** zu **unterbinden**, er darf auch auf solche Zwischenfragen nicht hinwirken.[795] **528**

Verteidiger werden nicht nur durch das Gericht, sondern auch durch den Vertreter der Staatsanwaltschaft oder auch andere Anwälte unterbrochen. Das Beanstandungsrecht hat einzig der Vorsitzende, ebenso liegt die Verhandlungsführung **alleinig** beim **Vorsitzenden.** **529**

Die größte Herausforderung wird in diesem Zusammenhang für Anwälte aber darin bestehen, dem Richter den Standpunkt und „die Bitte“ auf ungestörte Ausübung des Fragerechts „schonend“ beizubringen. **Kommunikativ** ist dies es für einen Rechtsanwalt sicherlich **nicht** ganz **einfach**, einen Richter darauf hinzuweisen, dass er sich gerade unangemessen in das Fragerecht des Anwalts **530**

---

792 BGH, Beschl. v. 23.11.1994 – 2 StR 593/94

793 KK/Schneider, 9. Aufl. 2023, § 240 Rn. 8; Gerst, Zeugen in der Hauptverhandlung, 2. Aufl., § 240 Rn. 17; KMR/Eschelbach, 82. EL, § 240 Rn. 12; Becker, in: Löwe-Rosenberg, StPO, 27. Aufl., § 240 Rn. 17; SK-StPO/Frisch, § 240 Rn. 13.

794 KK/Schneider, 9. Aufl. 2023, § 240 Rn. 8 m. w. N.; KMR/Eschelbach, 82. EL, § 240 Rn. 12; Becker, in: Löwe-Rosenberg, StPO, 27. Aufl., § 240 Rn. 17, wonach die Sachaufklärung eine Unterbrechung gebieten „kann“.

795 Gerst, Zeugen in der Hauptverhandlung, 2. Aufl., § 240 Rn. 17; KK/Schneider, 9. Aufl. 2023, § 240 Rn. 8.

einmischt. Viele Anwälte behaupten, Richter seien relativ rasch „beleidigt". Ob dem so ist oder nicht, lassen wir dahingestellt. Es empfiehlt sich in jedem Fall, die **„negativen" Ich-**, **Du-** und **Beziehungs-Botschaften**[796] an den Richter (*ich ärgere mich über dich/du unterbrichst mich/das tut man nicht*) **gering** zu **halten** und die **„positiven" Ich-Botschaften** zu **betonen**, z. B.: *„Entschuldigung, Herr Richter, Sie haben mir vorhin das Fragerecht überlassen. Ich habe den Zeugen daraufhin etwas gefragt. Wenn Sie nun dazu auch eine Frage stellen, komme ich in meinem Konzept durcheinander … Ich verliere den Faden … Dann gibt's bald ein Durcheinander …"* Der „Vorwurf" an den Richter ist gering. Der Anwalt macht sich selbst „klein" (Ich-Botschaft: *Ich komme aus meinem Konzept*), bietet einen sachlichen Grund an, warum er seine Fragen ungestört stellen möchte (*er verliert den Faden*) und benennt eine letztlich auch für den Richter negative Konsequenz (*es entsteht ein alle behinderndes Durcheinander*). Natürlich ist das Beispiel überpointiert.

Fazit: Es ist zumindest unfair und ohne Sachgründe auch unzulässig, einen Anwalt die Befragung nicht zu Ende führen zu lassen.

531 **12.13.4.2 Unterbrechung des Fragerechts durch andere Prozessbeteiligte.** Verteidiger werden nicht nur durch das Gericht, sondern auch durch den Vertreter der Staatsanwaltschaft oder auch andere Anwälte unterbrochen. Das Beanstandungsrecht hat und die Verhandlungsführung liegt **einzig** beim **Vorsitzenden.** Beanstandungen und Unterbrechungen **durch andere** Prozessbeteiligten können und sollten von Anbeginn unter Verweis auf die Verhandlungsführung des Vorsitzenden konsequent **unterbunden** werden, um das eigene Konzept ungestört verfolgen zu können. Bei Unterbrechungen muss immer auch im Auge behalten werden, dass der Zeuge vielleicht aus dem Unterbrechungsvorbringen durch bloßes Zuhören „lernt".[797]

532 In Prozessen kann nicht selten beobachtet werden, dass Parteien und Parteivertretern viel oder zu viel Raum gelassen wird. Das mag verschiedene Ursachen haben. Es kann jedenfalls problematisch sein. Denn eindeutig zu viel Raum wird gegeben, wenn dadurch der Prozessstoff in eine falsche Richtung geleitet wird.

Auch dazu ein **Beispiel** aus einem echten Verfahren:
An einer mit Ampeln versehenen Kreuzung war es zur Kollision zweier Fahrzeuge gekommen. Sowohl der Fahrer des einen als auch die Fahrerin des anderen Autos behaupteten, bei grün in die Kreuzung eingefahren zu sein. Irgendwann kam der Rechtsanwalt des Fahrers auf die Idee, nachzuhaken, ob die Unfallgegnerin angesichts mehrerer vorhandener Ampeln überhaupt auf die für ihre Fahrspur gültige Lichtzeichen geblickt hatte.
Rechtsanwalt A:
„Frau E. Auf welche Ampel haben Sie eigentlich geschaut, als Sie zur Kreuzung kamen?"
Fahrerin:
„Oh je, was fragen Sie mich jetzt?"
Sie konnte auf die – sehr gute – Situationsfrage erkennbar keine Antwort geben, obwohl sie zuvor immer wieder gesagt hatte, dass sie mit absoluter Sicherheit bei grün eingefahren sei. Das wisse sie hundertprozentig. Nun wusste sie nicht einmal, wo sie das grüne Licht gesehen hatte. Sie saß nur schweigend da und blickte Hilfe suchend zu ihrem Anwalt. Dieser Blick verriet mehr als viele Worte. Er (be-)sagte: *„Ich hab' keine Ahnung. Ich bin tief getroffen. Ich weiß nicht, was ich tun soll.* (Selbstoffenbarungsebene). *Sie sind mein Anwalt. Sie sind dafür zuständig, etwas zu tun, mich zu unterstützen. Sie können das doch sicher auch.* (Beziehungsebene) *Tun Sie was! Helfen Sie mir!"*

---

796 Siehe Die vier Botschaften einer Nachricht Rn. 402.
797 Siehe auch Diskussion über Formalien Rn. 385.

(Appellebene) Der Rechtsanwalt verstand die auf den **Meta-Ebenen** ausgesandten Botschaften und schaltete sich, sei es bewusst oder intuitiv, auf alle Fälle in vernehmungstaktisch geschickter Weise ein. Er richtete an seinen Kollegen (!) eine Gegenfrage.
Rechtsanwalt B:
„Ja, Herr Kollege, vielleicht die Gegenfrage, welche Ampel meinen Sie?"
Diese (**Gegen-**)**Frage** ergibt keinerlei Sinn und hat einen allein taktischen Hintergrund. Natürlich sollte abgeklärt werden, ob die Frau möglicherweise auf eine für den abbiegenden Verkehr anders geschaltete Ampel geblickt haben könnte. Das wusste jeder, auch Rechtsanwalt B. Letztlich aber war es ganz egal, was er fragen würde. Er musste nur irgendwie eingreifen, seine Mandantin aus der Schusslinie bringen und erst mal Zeit gewinnen. Das gelang ihm mit dieser unsinnigen Gegenfrage.
Rechtsanwalt A hatte seine Frage, indem er sie relativ offen formuliert hatte, in der Situation durchaus richtig gestellt. Unglücklicherweise ging er nun aber auf den **„Schein"-Einwand** seines Kollegen ein. Daraufhin entspann sich ein mehrere Sätze andauernder Dialog, ein Hin und Her zwischen den beiden Anwälten. Währenddessen ging das Aussageverhalten der Frau, ihre auffällige Reaktion bzw. Nicht-Reaktion, die offenbart hatte, dass sie auf jene naheliegende Frage keine Antwort geben konnte oder geben wollte, völlig unter.
Rechtsanwalt A:
„Nun es gibt mehrere Ampeln da, Herr Kollege. Es gibt vier, und ich könnte mir vorstellen, dass Ihre Mandantin, wenn sie so sehr genau weiß, dass sie grün hatte, eigentlich auch wissen müsste, auf welcher der vier Ampeln sie dieses grüne Licht gesehen hat…"
Viel zu viele Worte. Rechtsanwalt A hätte schlicht auf der Beantwortung seiner Frage bestehen oder die fehlende Antwort der Frau entsprechend aufgreifen, bewerten und ins Bewusstsein der Richter bringen müssen. In etwa so: *„Bitte, Herr Kollege, unterbrechen Sie mich nicht. Frau E, nochmals die Frage, auf welche Ampel haben Sie geschaut?"* Oder: *„Herr Vorsitzender, ich hätte gerne meine Frage und dass die Zeugin darauf keine Antwort gegeben hat, protokolliert."*
Die Fahrerin antwortete nun aber doch noch:
Fahrerin:
„Unten die … (Pause) *… nee, kann nicht sein …* (Pause)*… oben …* (Pause)."
Die „Wanderung" einer Erinnerung. Durch diese Antwort wird noch deutlicher, dass Frau E, sofern sie nicht lügt, keine Ahnung hat, wo sie grün gesehen hat. Sie erschließt sich ihre Antwort vom Ergebnis her[798], so wie es gewesen sein muss, damit sie keine Schuld am Unfall trägt. Auch oder noch mehr dies hätte der gegnerische Anwalt A sofort aufgreifen müssen.
Tatsächlich kam aber Rechtsanwalt B seiner Mandantin erneut zu Hilfe. Er legte ihr die Verkehrsunfallsskizze vor und zeigte mit einem Finger auf die entsprechende Ampel.
Rechtsanwalt B:
„Schauen Sie es doch auf der Skizze an! Die oben zur Mitte."
Fahrerin:
„Ja, oben, die zur Mitte."
Ein unzulässiger Vorgang. Doch er wurde von keinem der Beteiligten bemerkt. Rechtsanwalt B gibt anstelle seiner Mandantin die Antwort. Natürlich sagt er nicht, was sie in Erinnerung hat (das kann er ja nicht wissen), sondern das, was für einen Prozesssieg gesagt werden muss. Hier hätte Rechtsanwalt A sofort dazwischen gehen müssen: *„Herr Kollege, waren Sie damals auch dabei?"*
Die Richter hatten den Vorgang nicht richtig wahrgenommen. Deshalb kam die Nachfrage:

798 Vgl. Auffüllungsneigung Rn. 826.

Vorsitzender:
„Ich hab's nicht genau verstanden. Rechts unten oder rechts oben?"
Gemeinsam mit ihrem Anwalt erwiderte die Zeugin:
„Die oben zur Mitte."
Erinnern wir uns an ihre spontane Reaktion („*Oh je, was fragen Sie mich jetzt?*") und ihre allererste Antwort („*Unten die ...*")!
Im Gerichtsprotokoll war übrigens Folgendes zu lesen:
A. Fr. des Bekl.-Vertr.: „Ich habe auf die obere Ampel geschaut."
Es wäre, wenn schon das Gericht nicht ausreichend achtsam gewesen ist, Aufgabe des anderen Anwalts gewesen, eine solche falsche Protokollierung zu unterbinden. Das Protokoll hätte in etwa lauten müssen:
Bekl.-Vertr.:
„Auf welche Ampel haben Sie geschaut?"
Zeugin:
Schweigen ... „Unten" ... Pause ... „Nee, oben" ... Pause ... „Die zur Mitte."

533 Es ist bedauerlich, dass die Richter den Vorgang nicht richtig wahrgenommen hatten. Aber es verwundert auch nicht. Es ist alles andere als eine einfache Aufgabe, eine Straf- oder Zivilgerichtsverhandlung zu leiten und dabei sämtlichen aussagepsychologischen „Forderungen" gerecht zu werden. Man hat Gedanken an die unterschiedlichsten Dinge im Kopf und muss auf eine Vielzahl von Geschehnissen achten und reagieren. Was habe ich bereits gefragt? Was will ich noch wissen? Wie kann ich die bisherigen Angaben bewerten? Was folgt rechtlich daraus? Wie sieht das mit dem Protokollieren aus? U.v.m. Man muss blitzschnell entscheiden. Ist der neue Vortrag verspätet? Ist der Einwand des Staatsanwalts zutreffend? Wie ist der Antrag des Verteidigers rechtlich zu bewerten? Wie vermeide ich jeden revisionsrechtlich relevanten Fehler? Etc. Zugleich muss man „den Fall managen". Wie bin ich in meinem Zeitplan? Was mache ich, wenn der verspätete Zeuge gar nicht erscheinen wird? Wie reagiere ich auf die unangemessen und störend lachenden Zuschauer? Usw. Der Vorsitzende befindet sich in einer hoch komplexen und komplizierten Situation. Dadurch, dass zugleich auf so viele unterschiedliche Dinge geachtet werden muss, wird Konzentration gebunden, die an anderer Stelle fehlt. Das Phänomen der sogenannten **„beschränkten Simultankapazität"**[799] führt dazu, dass es beinahe zwangsläufig zu Ungeschicklichkeiten oder „Fehlern" kommen muss. Eine einzelne Person ist eigentlich überfordert. Gleichwohl ist zu befürchten, dass die gerichtlichen Spruchkörper in der Anzahl der Beteiligten immer weiter verkleinert werden. Die dadurch mit Sicherheit entstehende (weitere) Qualitätseinbuße nimmt man leider nahezu klaglos hin.

534 Natürlich gehören Hinweise auf bemerkenswertes Verhalten einer Auskunftsperson, wie langes Schweigen oder auffällig zögerliches Sprechen, auch in das **Protokoll.**[800] Das gilt umso mehr für die sehr aussagekräftige Antwort von Frau E. auf die (zwingend zu protokollierende) Frage: „Unten" ... Pause ... „Nee, oben" ... Pause ... „Die zur Mitte." Auch der Anwalt sollte auf eine Protokollierung drängen. Er wird auf verlorenem Posten stehen, wenn er nicht selbst die Frage und die Antwort möglichst wörtlich mitgeschrieben hat. Nach einem **fehlerhaften Diktat** des Protokolls muss der betroffene Anwalt **sofort** den Text **beanstanden**, weil im Nachhinein nicht mehr feststellbar ist, dass in Wahrheit etwas Anderes gesagt wurde. Stellt der Anwalt nachträglich einen Protokollberichtigungsantrag, wird er sich fragen lassen müssen, warum er nicht sofort reagiert hat, als man die Situation noch hätte besser klären können. Solche Bean-

799 Die Konzentration auf einen Vorgang verringert stark die Fähigkeit, andere, zugleich ablaufende Vorgänge gleichermaßen gut wahrzunehmen und zu beachten – vgl. Rn. 844.
800 Vgl. Rn. 475.

standungen sind absolut üblich. Viele Anwälte passen genau auf, was diktiert wird.

Es ist eine anwaltliche Aufgabe in der Vernehmungssituation beim Zivilgericht, Fehler des Protokolls stets im Blick zu haben und gegebenenfalls sofort Einwendungen gegen die Richtigkeit und/oder Vollständigkeit des Protokolls zu erheben. Der Anwalt sollte sofort einen Antrag auf Berichtigung stellen, wenn ein bloßer Hinweis nicht ausreicht. Ob ein Rechtsmittel gegen die Ablehnung einer Protokollberichtigung zulässig ist, muss differenziert beurteilt werden. Soweit sich der abgelehnte Berichtigungsantrag auf Angaben im Protokoll bezieht, die das Beschwerdegericht nicht aus eigener Anschauung beurteilen kann, wird die sofortige Beschwerde als unzulässig erachtet.[801] Geht es aber um eine Unrichtigkeit des Protokolls, die sich aus den Akten selbst ergeben soll, ist eine sofortige Beschwerde zulässig. Umgekehrt ist gegen die Protokollberichtigung nach § 164 ZPO kein Rechtsmittel gegeben. Ein Rechtsmittel wegen des Wortlauts der Protokollierung einer vom Zeugen als richtig genehmigten Aussage ist daher nach Auffassung der Verfasser aussichtslos. 535

Fazit: Anwälte müssen sich gegenseitig kontrollieren.

und

Fazit: Anwälte müssen auf eine richtige Protokollierung bestehen.

12.13.4.3 Beschränkung und Entzug des Fragerechts. Die Vorschrift des § 241 Abs. 2 StPO betrifft ihrem Regelungscharakter und Wortlaut nach nur die Zurückweisung von vereinzelt unzulässigen Fragen. Als elementares Verteidigungsrecht ist das Fragerecht „als Ganzes“ – sprich für das ganze Verfahren – grundsätzlich nicht entziehbar. Der Vorsitzende ist zunächst gehalten, jede **einzelne Frage** als unzulässig zurückzuweisen.[802] 536

Wenn ein Verfahrensbeteiligter einem Zeugen oder Sachverständigen nicht nur vereinzelt, sondern **trotz Abmahnung wiederholt** als unzulässig zurückgewiesene Fragen stellt, so kann der Vorsitzende das Fragerecht beschränken. Rechtsgrundlage dürfte dafür allein § 238 Abs. 1 StPO sein.[803] Der Vorsitzende kann das unmittelbare **Fragerecht beschränken** und bspw. dem missbräuchlich agierenden Angeklagten vorschreiben, Fragen nicht mehr direkt, sondern nur noch über seinen Verteidiger an die Auskunftsperson zu richten.[804] Der Vorsitzende kann im Falle wiederholten Missbrauchs alternativ auch aufgeben, ihm alle künftigen Fragen vorab zwecks Prüfung der Zulassung vorzutragen[805] oder keine Fragen mehr zu einem bestimmten, die unzulässigen Fragen betreffenden Themenkomplex zu stellen.[806] 537

---

801 OLG Frankfurt, Beschl. v. 30.4.2007 – 15 W 38/07; Schleswig-Holsteinisches OLG, Beschl. v. 25.2.2011 – 5 W 7/11; OLG Düsseldorf, Beschl. v. 29.10.2001 – 9 W 85/01; Abramenko, NJW 2003, S. 1356, 1357 m. w. N.; Schultzky in: Zöller, Zivilprozessordnung, 35. Auflage 2024, § 164 ZPO, Rd-Nr. 11; zusammenfassend OLG Frankfurt, Beschl. v. 11.2.2013 – 19 W 8/13.

802 KK/Schneider, 9. Aufl. 2023, § 241 Rn. 15; Becker, in: Löwe-Rosenberg, StPO, 27. Aufl., § 241 Rn. 23; Meyer-Goßner/Schmitt, StPO, 67. Aufl. 2024, § 241 Rn. 6; BeckOK StPO/Gorf, 54. Ed., § 241 Rn. 19; MüKoStPO/Gaede, § 241 Rn. 31.

803 so auch KK/Schneider, 9. Aufl. 2023, § 241 Rn. 17.

804 KK/Schneider, 9. Aufl. 2023, § 241 Rn. 17 m. w. N.

805 BGH, Beschl. v. 18.2.1981 – 3 StR 269/80; KMR/Eschelbach, 82. EL, § 241 Rn. 35; Becker, in: Löwe-Rosenberg, StPO, 27. Aufl., § 241 Rn. 24; Meyer-Goßner/Schmitt, StPO, 67. Aufl. 2024, § 241 Rn. 6; KK/Schneider, 9. Aufl. 2023, § 241 Rn. 16.

806 BGH, Beschl. v. 5.11.2003 – 1 StR 368/03.

538 Wenn auch diese Beschränkung nicht ausreicht, einem Missbrauch des Fragerechts entgegenzuwirken, dann kann das **Fragerecht** diesem Fragesteller als **letztes Mittel** zur Sicherung des ordnungsgemäßen Verfahrensgangs – über § 238 Abs. 1 StPO – **entzogen** werden.[807] Für einen Entzug des Fragerechts muss aber feststehen, dass weiterhin keine sachdienlichen Fragen mehr zu erwarten sind und das Fragerecht nur zu prozesswidrigen Zwecken ausgeübt werden soll. Bei einem derart gravierenden Eingriff müssen aber mildere Mittel sich zuvor als nicht ausreichend erwiesen haben.

539 In welchem **Umfang** das Fragerecht dabei entzogen werden kann, ist **unklar.** In Teilen der Literatur wird vertreten, dass das Fragerecht nur für bestimmte, genau zu begrenzende **Verfahrensabschnitte** entzogen werden könne[808] bzw. dass sich der Entzug des Fragerechts nur für die jeweils **laufende Vernehmung eines konkreten Zeugen** auswirken könne.[809] Gelange der Vorsitzende aber auch zu der Einschätzung, dass zulässige Fragen überhaupt nicht mehr zu erwarten sind, weil der Fragende seine Befugnis nach § 240 Abs. 2 StPO nur noch zu prozesswidrigen Zwecken einsetzen werde, so könne der Vorsitzende nach anderen Teilen der Literatur diesem nach § 238 Abs. 1 StPO das Fragerecht aber auch für die **andauernde Hauptverhandlung**, also nicht nur für einen **bestimmten Verhandlungstag**, gänzlich entziehen.[810] Wie bereits bei der Zurückweisung so bedarf es erst recht auch bei der Beschränkung oder gar dem Entzug des Fragerechts – jedenfalls auf entsprechenden Antrag nach § 238 Abs. 2 StPO hin – eines **ausführlich begründeten Beschlusses**, aus dem sich ergibt, worauf die Entscheidung sich stützt.[811]

540 Vom Vorsitzenden verfügte **Beschränkungen** des Fragerechts, die also über die Beanstandung einzelner Fragen hinausgehen, sind stets zu **protokollieren**, selbst wenn der hiervon betroffene Verfahrensbeteiligte keine Entscheidung des Gerichts herbeigeführt hat.[812]

541 **12.13.4.4 Revision.** Die Zurückweisung einer Frage nach § 241 Abs. 1 StPO, eine Beschränkung oder gar der Entzug des Fragerechts durch den Vorsitzenden nach § 238 Abs. 1 StPO kann mit einer **Verfahrensrüge** nach §§ 336, 337 bzw. § 338 Nr. 8 StPO gerügt werden.[813] In allen Fällen der **Zurückweisung** einer Frage **durch den Vorsitzenden** muss der **Zwischenrechtsbehelf nach § 238 Abs. 2 StPO** genutzt worden sein, um eine Präklusion einer entsprechenden Verfahrensrüge in der Revision zu vermeiden.[814] Fraglich ist mitunter, ob das Urteil auf der Verletzung des Fragerechts **beruht.** Letztlich ist es immer eine Frage des Einzelfalls. Die Frage ist einfacher zu beantworten, wenn das Fragerecht wegen angeblichen Missbrauchs als Ganzes rechtsfehlerhaft entzogen oder schon gar nicht erteilt worden ist. Schwerer fällt die Antwort auf die Frage der Folgen

---

807 KK/Schneider, 9. Aufl. 2023, § 241 Rn. 17; BeckOK StPO/Gorf, 54. Ed., § 241 Rn. 20; HK/Julius, § 241 Rn. 9; kritisch KMR/Eschelbach, 82. EL, § 241 Rn. 37, wonach es an einer „gesetzlichen Legitimation für eine in § 241 Abs. 2 StPO gerade nicht vorgesehene Entziehung des Fragerechts" fehle.

808 Meyer-Goßner/Schmitt, 67. Aufl. 2024, § 241 Rn. 6; BeckOK StPO/Gorf, 54. Ed., § 241 Rn. 20.

809 SK-StPO/Frister, § 241 Rn. 27.

810 KK/Schneider, 9. Aufl. 2023, § 241 Rn. 18 unter Verweis auf BGH, Beschl. v. 13.2.1973 – 5 StR 577/72, bei Dallinger, MDR 1973, 371, 372; OLG Karlsruhe, Beschl. v. 20.10.1977 – 3 Ss 314/77; Becker, in: Löwe-Rosenberg, StPO, 27. Aufl., § 241 Rn. 24.

811 Meyer-Goßner/Schmitt, 63. Aufl., § 241 Rn. 6; MüKoStPO/Gaede, § 241 Rn. 32.

812 KK/Schneider, 9. Aufl. 2023, § 241 Rn. 15; Becker, in: Löwe-Rosenberg, StPO, 27. Aufl., § 241 Rn. 25.

813 KK/Schneider, 9. Aufl. 2023, § 241 Rn. 22 ff.; KMR/Eschelbach, 82. EL, § 241 Rn. 46 ff.; MüKoStPO/Gaede, § 241 Rn. 40; Becker, in: Löwe-Rosenberg, StPO, 27. Aufl., § 241 Rn. 31; BGH, Beschl. v. 17.11.2000 – 3 StR 389/00.

814 BGH, Beschl. v. 11.11.2004 – 1 StR 424/04; Becker, in: Löwe-Rosenberg, StPO, 27. Aufl., § 241 Rn. 32; kritisch MüKoStPO/Gaede, § 241 Rn. 41.

punktueller Beeinträchtigungen des Fragerechts, wenn das Fragerecht des Anwalts ohne genügenden Anlass unterbrochen wird[815] oder die Auskunftsperson ohne Anhörung und Einverständnis des frageberechtigten Verfahrensbeteiligten entlassen wurde.[816]

815 OLG Hamm, Beschl. v. 7.6.1993 – 2 Ss 207/93.
816 BGH, Urt. v. 14.2.1985 – 4 StR 731/84; OLG Stuttgart, Beschl. v. 20.7.1994 – 1 Ss 336/94.

Kapitel II Wahrheit oder Lüge

542 Das Gesetz verwendet zwar den Begriff des Irrtums[817], aber an keiner Stelle das Wort „Lüge“, sondern nur den Begriff der Täuschung[818]. **Lüge** ist die *bewusste* Falschbehauptung, die *bewusste* Unwahrheit. Das Gesetz kennt **Falschbehauptung** nicht nur als ein Verhalten der Auskunftsperson, sondern auch der Vernehmungsperson: Diese verwendet eine Falschbehauptung als Mittel der Täuschung. Das ist nach § 136a StPO unzulässig.[819] Der Begriff der Täuschung wird oftmals umschrieben als ausdrückliche oder schlüssige Behauptung unwahrer Tatsachen mit dem Ziel der Einwirkung auf das Vorstellungsbild eines anderen.[820]

543 Wir verstehen unter einer „Lüge“ entsprechend dem allgemeinen Sprachgebrauch eine falsche Aussage, mit der andere bewusst getäuscht werden sollen. Im Gegensatz hierzu kann eine „Täuschung“ auch ohne eine Aussage durch konkludentes Handeln begangen werden. Die strafrechtlichen Aussagedelikte der §§ 153 ff. StGB setzen im Vorsatzbereich eine Lüge voraus, im Fahrlässigkeitsbereich neben anderen „subjektiven“ Voraussetzungen einen Irrtum des Aussagenden.

544 Den Begriff der **Wahrheit** verstehen wir in der Aussagepsychologie als Gegensatz zur Lüge, also im Sinne der subjektiven Wahrheit des Aussagenden und nicht im philosophischen Sinne einer objektiven Richtigkeit der Aussage. Selbst wenn jemand lügt, kann das Geschehen sich dennoch so wie geschildert ereignet haben – nur hat es die lügende Auskunftsperson nicht selbst miterlebt. Im allgemeinen Sprachgebrauch wird auch der Begriff der „Unwahrheit“ verwendet, und zwar häufig in dem Sinne, dass die Aussage objektiv falsch, der sich Äußernde sich dessen aber nicht bewusst ist – er irrt also. Wir verwenden hier diesen Begriff nicht, sondern den des Irrtums.

545 Die Zeugenbelehrung mit der Ermahnung zur Wahrheit (§ 395 Abs. 1 ZPO, § 57 S. 1 StPO) kann den Begriff der Wahrheit nur im oben dargestellten subjektiven Sinne meinen. Gleiches gilt für alle Rechtsnormen, die eine Person zu wahrheitsgemäßen Angaben verpflichten, wie beispielsweise § 13 Abs. 1 SG, wonach der Soldat in dienstlichen Angelegenheiten die Wahrheit sagen muss. Demgegenüber verfolgt die StPO das Prinzip der materiellen – und damit objektiven – Wahrheitserforschung nach § 155 Abs. 2, die auch bei einer Verständigung zwischen Gericht und Verfahrensbeteiligten nach § 257c StPO nicht unterbleiben darf. Als unerlässliche Voraussetzung der Verwirklichung des Schuldprinzips unterliegt die Pflicht zur bestmöglichen Erforschung der materiellen Wahrheit nicht der Disposition des Gesetzgebers.[821]

546 Die ZPO schränkt den Wahrheitsbegriff im Hinblick auf den formalen Wahrheitsbegriff mit Bindung des Gerichts an den Parteivortrag und die Anträge ein.

547 Im prozessualen Alltag geht es bei der Beweiswürdigung in aller Regel[822] nicht darum, ob die Beweisaufnahme zur positiven Feststellung geführt hat, dass eine Auskunftsperson gelogen – also bewusst die Unwahrheit gesagt – hat; sondern

817 Bspw. bei der Anfechtung wegen Irrtums nach § 119 BGB.

818 Bspw. die Anfechtbarkeit wegen Täuschung oder Drohung nach § 123 BGB.

819 Im Einzelnen: Eisenberg BeweisR StPO, 10. Aufl. 2017, b) Rn. 654.

820 Theile, H./Mundt, O., NZBau 2011, 715; Cramer/Perron, in Schönke/Schröder, StGB, 30. Auflage 2019, § 263 Rn. 6 ff.

821 BVerfG, Urt. v. 19.3.2013 – 2 BvR 2628/10, 2 BvR 2883/10, 2 BvR 2155/11

822 Ausnahme: Strafverfahren wegen eines vorsätzlichen Aussagedelikts

darum, ob der jeweilige Beweisführer – die Staatsanwaltschaft oder die beweisbelastete Partei – mit der von ihm initiierten Aussage den ihm obliegenden Beweis hat führen können oder nicht.
Die nachfolgende Grafik verdeutlicht den weiten Weg der gedanklichen Arbeit und Entscheidungsfindung von der Aussage bis hin zur gerichtlichen Feststellung, dass die Aussage zuverlässig ist. Die Prüfungsschritte werden anschließend näher erläutert.

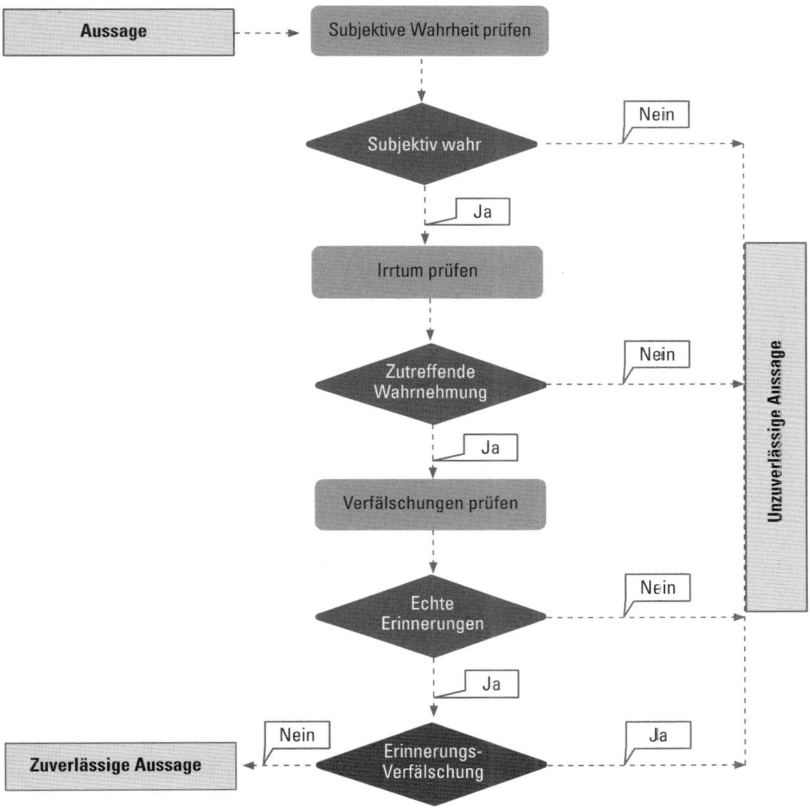

1. Wahrheitsfindung

1.1 Tatrichterliche Überzeugung

1.1.1 Subjektive Überzeugung – rationale Begründung. Nach allen Verfahrensordnungen gilt als Regelbeweis für die Urteilsfindung nur ein einziges Beweismaß, und zwar das der **tatrichterlichen Überzeugung** (vgl. § 286 ZPO, § 261 StPO, § 108 VwGO, § 128 SGG etc.). Ein Gericht muss von der Richtigkeit des von ihm festgestellten Sachverhalts aufgrund der Beweisaufnahme überzeugt sein, es darf sich schon seit jeher nicht mit einer bloßen Wahrscheinlichkeit begnügen. Bis in die 1980-er Jahre hinein stand im Mittelpunkt der Rechtsprechung zur Überzeugungsbildung – auch anhand von Aussagen – allein die *persönliche Gewissheit.* Dies haben seinerzeit sowohl Zivil- als auch Strafsenate des Bundesgerichtshofs in ähnlicher Weise zum Ausdruck gebracht. 548

549 Der **Strafsenat:**[823] „Freie Beweiswürdigung bedeutet, dass es für die Beantwortung der Schuldfrage allein darauf ankommt, ob der Tatrichter die Überzeugung von einem bestimmten Sachverhalt erlangt hat oder nicht; diese persönliche Gewissheit ist für die Verurteilung notwendig, aber auch genügend."

550 Der **Zivilsenat** im berühmten **Anastasia-Fall:**[824] „§ 286 ZPO stellt nur darauf ab, ob der Richter selbst die Überzeugung von der Wahrheit einer Behauptung gewonnen hat. Der Tatrichter hat die Entscheidung zu treffen, ob er die an sich möglichen Zweifel überwinden und sich (!) von einem bestimmten Sachverhalt als wahr überzeugen kann. Eine von allen Zweifeln freie Überzeugung setzt das Gesetz aber nicht voraus. Der Richter darf und muss sich aber in tatsächlich zweifelhaften Fällen mit einem für das praktische Leben brauchbaren Grad von Gewissheit begnügen, der den Zweifeln Schweigen gebietet, ohne sie völlig auszuschließen."[825] Diese Formel wurde und wird auch in der Rechtsprechung der Arbeitsgerichte[826], Verwaltungsgerichte[827], Finanzgerichte[828] und Sozialgerichte[829] verwendet.

551 Damit hatte der Bundesgerichtshof den Richtern weiter „grünes Licht" für (allein) subjektive Wertungen zur Überzeugungsbildung – anhand von Aussagen – gegeben. Damit waren bei der Überzeugungsbildung Tür und Tor geöffnet, weil subjektive Überzeugungen anhand einer Vielzahl von Dingen und Wertungen abhängig gemacht werden durften. Wie man zu einer Überzeugung gelangte und ab welchem Grad (Beweismaß) man überzeugt sein durfte, war allein den zur Entscheidung berufenen Richtern überlassen. Einer Überprüfung zugänglich waren (und sind) ausschließlich die schriftlichen Urteilsgründe. Nicht immer lassen die Urteilsgründe alle wahren Gründe erkennen, die zu der betreffenden Überzeugung geführt haben.[830] Letztlich war man den jeweiligen Richtern „ausgeliefert". Bei dem einen lag die „Überzeugungs-Messlatte" hoch, bei dem anderen niedrig. Je nachdem fiel das Urteil aus. (Bei Verteidigern und Staatanwälten liegt die „Messlatte" bereits aufgrund des – unscharf ausgedrückt – aus ihrer Rolle entspringenden „Vorverständnisses" unterschiedlich „hoch".) Natürlich kann man auch tatsächlich unterschiedlicher Meinung sein. Man kann Zweifel haben. Auch das hatte der Bundesgerichtshof erkannt und tat sich daher mit einer revisionsrechtlichen Überprüfung im Rahmen des § 261 StPO bisweilen recht schwer.

552 Etwa seit Beginn der 1990-er Jahre hat sich die Rechtsprechung grundlegend verändert. Seitdem wird immer wieder betont, dass *allein* die subjektive Überzeugung für eine Tatsachenfeststellung nicht ausreicht, sondern dafür maßgeblich **objektive Anhaltspunkte** *hinzukommen* müssen, die diese Überzeugung **rational begründbar** machen: „Die zur richterlichen Überzeugung erforderliche persönliche Gewissheit des Richters setzt objektive Grundlagen voraus. Diese müssen aus rationalen Gründen den Schluss erlauben, dass das festgestellte Geschehen **mit hoher Wahrscheinlichkeit** mit der Wirklichkeit übereinstimmt. Das ist der Nachprüfung durch das Revisionsgericht zugänglich."[831]

---

823 BGH, Urt. v. 9.2.1957 – 2 StR 508/56.
824 BGH, Urt. v. 17.2.1970 – III ZR 139/67.
825 Siehe auch BGH, Urt. v. 22.11.2006 – IV ZR 21/05.
826 BAG, Urt. v. 28.6.2012 – 6 AZR 682/10.
827 BVerwG, Urt. v. 16.4.1985 – 9 C 109/84.
828 BFH, Urt. v. 20.5.2010 – VI R 41/09
829 BSG, Urt. v. 2.2.1978 – 8 RU 66/77.
830 „Richter und Richterinnen entblößen nicht ihre Seelen. Sie geben ihre Begründungen, nicht ihre Beweggründe preis." – Hadassa Ben-Itto (israelische Juristin, Diplomatin und Autorin, *1926–†2018) – Rn. 115.
831 BGH, Urt. v. 24.11.1992 – 5 StR 456/92.

Der *BGH* im Pistazieneismord-Fall: Die objektiv hohe Wahrscheinlichkeit ist festzustellen; die subjektive richterliche Überzeugung muss hinzu (!) kommen, kann aber die objektiv hohe Wahrscheinlichkeit nicht ersetzen.[832] Dieser Rechtsentwicklung hat sich auch das Bundesverfassungsgericht angeschlossen: „In der Revision ist der Inhalt der Beweiswürdigung mit der Sachrüge angreifbar. Die Anforderungen des Bundesgerichtshofs an die Beweiswürdigung haben sich … stark verändert. Während die frühere Rechtsprechung Schlussfolgerungen des Tatgerichts, die nach der Lebenserfahrung möglich sind, genügen ließ, wird nunmehr vorausgesetzt, dass der Schuldspruch auf einer tragfähigen Beweisgrundlage aufbaut, die die objektiv hohe Wahrscheinlichkeit der Richtigkeit des Beweisergebnisses ergibt."[833] Umgekehrt gilt nach ständiger Rechtsprechung weiterhin, dass bspw. ein Angeklagter nicht verurteilt werden darf, wenn Umstände vorliegen oder zu seinen Gunsten angenommen werden müssen, die an dem für eine Verurteilung erforderlichen Beweismaß der hohen Wahrscheinlichkeit zu zweifeln Anlass geben. Dabei können bloß „abstrakte", „theoretische", „unvernünftige" Zweifel, für die es keine reale Grundlage gibt, und „übertriebene" („überspannte") Anforderungen an die vom Tatgericht zu erlangende Gewissheit das für die Verurteilung „nach der **Lebenserfahrung ausreichende Maß an Sicherheit**" nicht in Frage stellen.[834] Eine Überzeugungsbildung stehen nur verbleibende „vernünftige", also tatsachenfundierte Zweifel, aufgrund konkreter Anhaltspunkte entgegen.[835] Die Überzeugungsbildung darf sich nicht so weit von einer Tatsachengrundlage entfernen, dass sich die gezogenen Schlussfolgerungen als reine Vermutung erweisen.[836] Insoweit darf ein Tatgericht auch entlastende Angaben des Angeklagten, für deren Richtigkeit oder Unrichtigkeit es keine Beweise gibt, nicht ohne weiteres als unwiderlegt hinnehmen.[837] 553

Die tatrichterliche Überzeugung kann auch durch eine **Ausschlussmethode** gewonnen werden. So hindert etwa eine Verurteilung wegen eines vorsätzlichen Tötungsdelikts nicht, dass Tatsachenfeststellungen zum eigentlichen Tatgeschehen, mangels auf das Kerngeschehen der Tat bezogene Beweismittel („Mord ohne Leiche") nicht getroffen werden können. Die Überführung des Angeklagten und die Überzeugungsbildung beruht dann darauf, dass alle konkret in Frage kommenden Alternativen ausgeschlossen werden. Dieses methodische Vorgehen ist allerdings nur dann eine tragfähige Grundlage für die Verurteilung (wegen eines Tötungsdelikts), wenn alle relevanten Alternativen mit einer den Mindestanforderungen an die tatrichterliche Überzeugungsbildung genügenden Weise abgelehnt werden, wobei auch hier ein nach der Lebenserfahrung ausreichendes Maß an Sicherheit genügt, das vernünftige und nicht auf bloß denktheoretische Möglichkeiten gegründete Zweifel nicht zulässt. Die zur richterlichen Überzeugung erforderliche persönliche Gewissheit setzt weiterhin ausreichende objektive Grundlagen voraus. „Es müssen sich die in Betracht kommenden Geschehensabläufe derart zueinander verhalten, dass das Tatgericht bei gedanklicher Ausschaltung der einen Möglichkeit von der anderen überzeugt ist. Diesbezüglich müssen die Urteilsfeststellungen die mehreren Tatmodalitäten im Einzelnen darlegen, andere Möglichkeiten sicher ausschließen und sämtliche für erwiesen erachtete Tatsachen, in denen die objektiven und subjektiven Merkmale der zur Überzeugung des Gerichts allein in Betracht kommenden strafbaren Verhaltensweisen gesehen werden, ausweisen. Dabei bestehen umso strengere Anforderun- 554

---

832 BGH, Urt. v. 19.1.1999 – 1 StR 171/98.

833 BVerfG, stattgebender Kammerbeschl. v. 30.4.2003 – 2 BvR 2045/02.

834 BGH, Urt. v. 2.10.1996 – 2 StR 332/96; BGH, Beschl. v. 28.10.2021 – 5 StR 403/20; BGH, Urt. v. 20.10.2021 – 6 StR 319/21; BGH, Urt. v. 16.8.2023 – 5 StR 434/22; BGH Urt. v. 7.11.2024 – III ZR 79/23.

835 BGH, Urt. v. 13.8.2025 – 1 StR 9/25.

836 BGH, Urt. v. 12.1.2017 – 1 StR 360/16.

837 BGH, Urt. v. 9.5.2019 – 5 StR 645/19.

gen, je mehr Geschehensabläufe in Betracht kommen."[838] Die Urteilsgründe müssen mithin erkennen lassen, dass die Beweiswürdigung auf einer nachvollziehbaren Tatsachengrundlage beruht, und dass sich die vom Gericht gezogene Schlussfolgerung nicht als bloße Vermutung erweist, die nicht mehr als einen – wenn auch schwerwiegenden Verdacht zu begründen vermag.[839]

555 Zusammenfassend lässt sich sagen: Seit Beginn der 1990er Jahre setzt die zur richterlichen Überzeugung erforderliche persönliche *(**subjektive**) Gewissheit* des Richters nach ständiger **Rechtsprechung in allen Rechtsgebieten** (vgl. § 286 ZPO, § 261 StPO, § 108 VwGO, § 128 SGG etc.) *zusätzlich auch **objektive** Grundlagen* voraus. Die Urteilsgründe müssen seither erkennen lassen, dass die Beweiswürdigung auf einer tragfähigen, verstandesmäßig einsehbaren Tatsachengrundlage beruht, und dass die vom Gericht gezogene Schlussfolgerung nicht etwa nur eine Annahme ist oder sich als bloße Vermutung erweist, die letztlich nicht mehr als einen Verdacht zu begründen vermag.[840] Die Überzeugung muss in *subjektiver* Hinsicht vorliegen, und *objektiv* begründet werden. Dies gilt auch und grade bei der **Bewertung von Aussagen**, wobei gleichgültig ist, um wessen Aussagen es sich handelt. An die Bewertung der **Einlassung eines Angeklagten** sind die gleichen Anforderungen zu stellen wie an die Beurteilung sonstiger Beweismittel, eines Zeugen.[841] Allein widerlegte Falschangabe eines Angeklagten in seiner polizeilichen Beschuldigtenvernehmung stellen dabei kein Schuldindiz dar, weil auch ein Unschuldiger Zuflucht zur Lüge nehmen kann.[842]

556 An der Stelle soll nochmals in Erinnerung gerufen werden, dass gerichtliche Überzeugung – sei es in der Amtsaufklärung oder unter Berücksichtigung des Beibringungsgrundsatzes – immer auch mit einer aktiven **Hypothesenbildung** einhergeht. Die überzeugendste Hypothese ist diejenige, die konsistente Stütze durch überprüfbare Fakten erfährt, eine kohärente Gesamterklärung ermöglicht und gegen die keine begründeten Zweifel bestehen. Nur durch diesen kritischen Vergleich konkurrierender Hypothesen kommt man der Wahrheit schrittweise näher. Zur Vermeidung von Wiederholungen wird an dieser Stelle auf die Ausführungen weiter oben verwiesen.[843]

557 **1.1.2 Zwei Prüfungsschritte.** Wenn es um die Wahrheit im Zusammenhang mit der Bewertung von Aussagen geht, dann stellen sich zwei Fragen: 1.) Gibt es ausreichend Anzeichen für die Annahme, dass die Aussage wahr/erlebnisbasiert ist? 2.) Irrt die Person? Daraus ergeben sich für die (richterliche) Aufgabe der Wahrheitsfindung zwei Prüfungsschritte, nämlich zunächst die Fragestellung, ob die Auskunftsperson jedenfalls *subjektiv* die Wahrheit gesagt hat (Ausschluss von Lüge). Lässt sich feststellen, dass eine Aussage subjektiv wahr, also nicht erlogen ist, dann stellt sich die Frage der Zuverlässigkeit der Erinnerung der aussagenden Person und damit nach der – in Kapitel III ausführlich zu erörternden – Irrtumsfreiheit ihrer Wahrnehmung und ihrer Erinnerung. Es geht mithin in diesem zweiten Schritt um die Frage, ob die Aussage *objektiv* wahr ist (Ausschluss von Irrtum).

558 Fatalerweise besitzen Juristen eine weit überdurchschnittlich hohe Selbsteinschätzung, was ihre Fähigkeit angeht, Lügen von Wahrheit unterscheiden zu können. Bei von den Verfassern in sehr großer Anzahl durchgeführten entspre-

---

838 BGH, Beschl. v. 10.7.2025 – 1 StR 254/25.

839 BGH, Urteil v. 2.5.2012 – 2 StR 395/11; BGH, Beschl. v. 27.10.2015 – 2 StR 4/15; BGH, Urt. v. 4.5.2022 – 1 StR 309/21.

840 BGH, Urt. v. 24.11.1992 – 5 StR 456/92; BGH, Urt. v. 19.1.1999 – 1 StR 171/98; BGH, Beschl. v. 12.12.2001 – 5 StR 520/01.

841 BGH, Urt. v. 8.8.2024 – 3 StR 20/24.

842 BGH, Urt. v. 30.3.2023 – 4 StR 318/22; BGH, Beschl. v. 12.3.2024 – 5 StR 628/23.

843 Siehe Hypothesenbildung im Gerichtsprozess und Urteil Rn. 63.

chenden Tests liegt ihre tatsächliche „Trefferquote" freilich nur im durchschnittlichen Bereich, i.e. knapp über der Zufallserwartung.[844] Auch hat sich gezeigt, dass eine lange Berufserfahrung – weder bei Richtern noch bei Polizisten und bei sonstigen Personen – nicht zu einer besseren Beurteilung von Aussagen auf ihren Wahrheitsgehalt hinführt. „Manche halten das für Erfahrung, was sie zwanzig Jahre lang falsch gemacht haben", hat *George Bernard Shaw* einmal gesagt; ähnlich *Charles F. Kettering*[845]: „Wenn du etwas so machst, wie du es seit zehn Jahren gemacht hast, dann sind die Chancen recht groß, dass du es falsch machst." Den Juristen fehlt im Fall von erfolgreichen Täuschungen praktisch immer eine Aufdeckung der falschen Aussage (sie wurden ja getäuscht), so dass schon von daher kein nennenswerter Lerneffekt eintreten kann.

Das Gericht muss jeweils auf objektiven Grundlagen beruhend feststellen,
1. dass die Angaben (subjektiv) wahr sind und
2. dass es sich um echte Erinnerungen handelt, die nicht durch Irrtümer (unrichtige Wahrnehmung/Wahrnehmungsfehler oder Fehlleistungen des Gedächtnisses/Erinnerungsfehler) verfälscht sind.[846]

1.2 Beweis und Beweismaß

Dieses Buch behandelt Probleme im Rahmen der (gerichtlichen) Tatsachenfeststellung und hierbei auch, unter welchen Voraussetzungen eine Tatsache als bewiesen anzusehen ist. Damit stellt sich generell die Frage nach dem Beweismaß in allen Verfahrensordnungen. Das Regel-Beweismaß für eine Urteilsfindung ist – wie eingangs dargestellt – die **volle Überzeugung** des Gerichts von der Wahrheit einer Tatsache, § 286 ZPO, § 261 StPO etc. 559

Außerhalb der Urteilsfindung gibt es aber auch für andere Fälle **Beweismaßreduzierung**[847]: Hier reicht ein geringerer Grad an Wahrscheinlichkeit aus, an die Überzeugung sind keine allzu hohen Anforderungen zu stellen. Im **Strafrecht** gibt es den Anfangsverdacht i. S. d. § 152 Abs. 2 StPO, den hinreichenden Tatverdacht (§§ 170 Abs. 1, 230 StPO) und den dringenden Tatverdacht (§ 112 Abs. 1 StPO). So kennt beispielsweise das **zivilprozessuale Verfahren** des einstweiligen Rechtsschutzes die Glaubhaftmachung mithilfe aller präsenten Beweismittel einschließlich der eidesstattlichen Versicherung gem. § 294 i. V. m. § 920 Abs. 2 und ggf. § 936 ZPO. Im Gegensatz zur ZPO sind eidesstattliche Versicherungen in der StPO zu diesem Zwecke nicht zugelassen. Eine praktisch bedeutsame Beweismaßreduzierung im **Schadensersatzrecht** mit einer Ermächtigung zur Schätzung der Schadenshöhe anstelle des Erfordernisses eines vollen Beweises enthält § 287 ZPO; hier muss nur eine überwiegende Wahrscheinlichkeit festgestellt werden.[848] Eine Schätzung setzt allerdings voraus, dass ein Vollbeweis vom Geschädigten nicht angetreten wird, scheitert oder mit Schwierigkeiten verbunden ist, die außer Verhältnis zur Höhe des streitigen Anspruchs stehen.[849] 560

---

844 So auch Untersuchungen von Miller/Burgoon, in Kerr/Bray 184 ff. und DePaulo, in Schlenker S. 323 ff.; Sporer/Köhnken, in Volbert/Steller (Hrsg.), Handbuch der Rechtspsychologie, 2008, S. 353.

845 Charles Franklin Kettering (1876–1958) war Inhaber von mehr als 300 Patenten. Er erfand die elektrische Zündung bei Verbrennungsmotoren und die elektrische Fahrzeugbeleuchtung.

846 Ausführlich zu den Prüfungsschritten: OLG Stuttgart, Beschl. v. 8.12.2005 – 4 Ws 163/05. Siehe auch AG Brandenburg, Urt. v. 21.1.2011 – 31 C 11/10, mit einer Zusammenfassung im Rahmen einer Beweiswürdigung im Zivilprozess.

847 Zur Frage, ob es eine Beweismaßreduzierung überhaupt geben kann: Greger in: Zöller, Zivilprozessordnung, 35. Auflage 2024, Vorbemerkungen zu § 284, Rn. 28.

848 Haftungsausfüllende Kausalität: BGH, Urt. v. 23.10.2003 – IX ZR 249/02; BGH, Urt. v. 18.3.2004 – IX ZR 255/00, h. M.; zusammenfassend die ZPO-Kommentare zu § 287.

849 Musielak/Foerste, ZPO, 22. Auflage 2025, § 287 Rn. 6 – zum Unterschied zwischen Zivil- und Strafverfahren, vgl. auch BGH, Urt. v. 14.10.2008 – 1 StR 260/08, Rn. 43

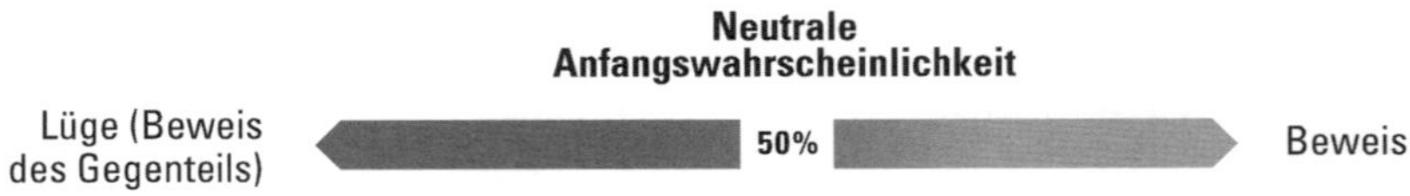

561 Es gibt je nach prozessualer Situation unterschiedlich hohe Anforderungen an die Sicherheit der Tatsachenfeststellung, bei der das Gericht die begehrte Rechtsfolge festzustellen hat. Es gilt aber immer der Grundsatz, dass der Beweispflichtige den **Hauptbeweis** bis zum gesetzlich vorgegebenen Beweismaßpunkt zu führen hat. Der Gegner wird oft versuchen, das Gegenteil zu beweisen („Beweis des Gegenteils") oder zumindest Gesichtspunkte zu beweisen, die gegen die Richtigkeit der Tatsachen sprechen, die Gegenstand des Hauptbeweises sind („Gegenbeweis"). Letzteres mit dem Ziel eines „non liquet", also einer Beweislosigkeit. Unterschiedliches Beweismaß gibt es in allen Verfahrungsordnungen, auch in den Fachgerichtsbarkeiten. So hat das Bundesarbeitsgericht betont, dass die Grundsätze der höchstrichterlichen Rechtsprechung zur Überzeugungsbildung nicht nur beim Vollbeweis gelten, sondern auch in Fällen, in denen das Gericht nicht zu entscheiden hat, ob eine Behauptung bewiesen ist, sondern ob Tatsachen eine Behauptung der Partei als wahr „vermuten" lassen – § 22 AGG enthält eine Beweislastregel, dass zunächst Indizien bewiesen werden müssen, „die eine Benachteiligung wegen eines in § 1 genannten Grundes vermuten lassen".[850]

Im zivilprozessualen Alltag spielt auch der **Anscheinsbeweis** eine große Rolle, wird aber oftmals ohne hinreichend tragfähige Gründe – nämlich einen den Anschein begründenden Erfahrungssatz – bejaht. So hat der Bundesgerichtshof in einem aktuellen Fall eines Bauprozesses zwischen Bauträger und Generalunternehmer die Auffassung des Berufungsgerichts, ein Bauträger könne Unternehmen, die in großem Umfang als Generalunternehmer tätig sind, seine Vertragsbedingungen vorgeben, als unzutreffend bezeichnet.[851] Jedoch kann sich aus Formulierungen des Vertrags, die durchgängig für den Generalunternehmer nachteilig sind, der Anschein ergeben, dass die Bedingungen im Sinne des AGB-Rechts „gestellt" sind. Dieser Anschein lässt sich durch ein weiteres Schriftstück, wonach über die Klauseln „ernsthaft und ausgiebig verhandelt wurde", nicht erschüttern. Das Beweismaß für die Erschütterung des Anscheins wird also hoch angesetzt, das Beweismaß für den Anschein eher niedrig.

562 Nicht verwechselt werden dürfen diese Beweismaßvarianten mit zivilprozessualen Situationen, in denen nach dem Gesetzeswortlaut der Beweis des „Erfolgs" einer unzulässigen Handlung nicht geführt werden muss. Beispiel: In § 5 Abs. 1 S. 2 UWG werden als irreführende geschäftliche Handlung „zur Täuschung geeignete Angaben" verstanden. Dies stellt keine Beweismaßreduzierung dar, sondern der darlegungsbelastete Kläger muss greifbare Anhaltspunkte für eine behauptete Irreführung nicht nur behaupten, sondern gegebenenfalls sowohl die Tatsachen, denen Indizwirkung zukommen soll, als auch die Indizwirkung selbst beweisen[852] – also Vollbeweis der Indizien, aber nicht des Erfolgs der Täuschungshandlung.

Im Rahmen seiner Beweiswürdigung muss das Gericht diejenigen Gründe, die für den Hauptbeweis sprechen, mit den Gründen dagegen abwägen. Als Besonderheit des **Zivilprozesses** ist anzumerken, dass für die Erhebung des angebotenen Gegenbeweises kein Bedürfnis besteht, wenn dem Beweisführer der Hauptbeweis nicht gelungen ist, weil die Beweislastregeln hier wegen des Beibringungsgrundsatzes den Vorrang vor der Ermittlung der objektiven Richtigkeit

---

850 BAG, Urt. v. 25.4.2013 – 8 AZR 287/08.
851 BGH, Urt. v. 20.3.2014 – VII ZR 248/13.
852 BGH, Urt. v. 19.2.2014 – I ZR 230/12– Umweltengel für Tragetasche.

haben.[853] Dies hat Konsequenzen auch auf die Reihenfolge der Vernehmung benannter Zeugen bzw. die Befragungsreihenfolge.[854]
Die Grafik verdeutlicht weiter, dass es zwischen den Beweismaßpunkten einen großen Bereich des mehr oder minder Wahrscheinlichen gibt, weil es in der Praxis der Beweisaufnahme oftmals um Argumente für und wider die Zuverlässigkeit von Zeugenaussagen geht.

2. Taschenspieltricks/Ungeeignete Methoden zur Aufdeckung von Lügen (im forensischen Alltag)

Es gibt eine ganze Reihe von Ansätzen zum Auffinden von unwahren, erlogenen Aussagen, die zum Teil in Seminaren, Büchern und im Internet vermittelt werden. Wenn man in gängigen Suchmaschinen **„Lüge erkennen“** als Suchtwort eingibt, dann bekommt man knapp 7,8 Mio. Ergebnisse, was recht viel ist. Beim Suchwort „königin elisabeth 2“, der verstorbenen, sehr beliebten britischen Monarchin, bekommt man bspw. knapp 2 Mio. Ergebnisse weniger. Bei den Treffern zu „Lügen erkennen“ wird man zu Beiträgen wie „Lügen erkennen: Anzeichen und Tipps“, „Lügen erkennen: 9 Tipps wie du einen Lügner entlarvst“, „So entlarvst du einen Lügner“, „So erkennst du am besten, ob jemand lügt“ oder „So kannst du Schwindlern die Stirn bieten“ geführt. Das Problem dabei ist, dass die dargebotenen Ansätze **wissenschaftlich nicht** belegt und belegbar sind, was bei ähnlich untauglichen Methoden des Gottesbeweises, der reinen Anzahl der Zeugen einer Seite, Freuds Psychoanalyse etc. viel augenfälliger ist. Auf diese Methoden und Ansätze soll nachfolgend eingegangen werden, weil sie mitunter sehr populär und verbreitet sind, oftmals völlige Unkenntnis über objektive Untauglichkeit der Methoden besteht und sie daher (auch) gerade vor Gericht (häufig) vorkommen, (un)bewusst eingesetzt werden können. Die Methoden können daher trotz ihrer objektiven Untauglichkeit argumentativ **sehr wirkmächtig** sein. Bewusst eingesetzt sind sie **Taschenspieltricks.** Nicht nur aus Anwaltssicht ist es dringend geboten, diese Methoden „auf dem Schirm“ zu haben, zu erkennen, ob Gericht/Staatsanwalt/Gegenanwalt damit argumentieren. Denn alle nachfolgenden Methoden sind keine objektiven Anhaltspunkte im vorgenannten Sinn, die Überzeugungen rational begründbar machen. 563

2.1 Persönlichkeitsbezogene Bewertung/Glaubwürdigkeit/Leumund

2.1.1 Allgemeine Glaubwürdigkeit. Gerichte haben die Neigung, den Aussagen von bestimmten Personengruppen mehr/weniger Glauben zu schenken. So haben Polizisten haben einen guten Leumund. Für Pfarrer, Politiker etc. gilt vielleicht das gleiche. Dem wegen Eidesdelikten vorbestraften Drogendealer wird man kritischer begegnen. Zu Recht? 564

2.1.2 Aussagen von Personen mit gutem/schlechtem Leumund/Polizeibeamte. Polizisten haben – wie ausgeführt – einen guten Leumund. „Die Polizei, dein Freund und Helfer“: Ob dieser aus dem letzten Jahrhundert stammende Slogan, der zur Image-Aufbesserung des Berufsstands der Polizeibeamten führen sollte, heute noch uneingeschränkte Akzeptanz finden würde, ist fraglich. Denn inzwischen begegnen viele Menschen einem Polizeibeamten entweder – wegen eines tendenziell schlechten Gewissens – stark zurückgenommen oder umgekehrt – wegen der allein in der Begegnung erahnten Provokation – aggressiv. Im vorliegenden Zusammenhang lässt sich dieser Spruch dazu verwenden, um damit eine vor Gericht bestehende Gefahr aufzuzeigen. Nicht nur in Strafverfahren kommt es oft entscheidend auf die Bekundungen von Polizeibeamten an. „Wie lang war die vermessene Bremsspur?“, „Welche Reaktion hat der Angeklagte bei 565

853 Vgl. Zöller/Greger, ZPO, Vor § 284 Rn. 10.
854 Siehe Reigenfolge der Befragung Rn. 365.

der ersten Konfrontation mit dem Tatvorwurf gezeigt?" u. ä. Das sind für den Gerichtsalltag typische Fragen. Sehr häufig haben die Polizeibeamten keine echten Erinnerungen mehr an die Ereignisse.[855] Üblicherweise kommt dann die Gegenfrage: „Was habe ich denn damals in die Akten aufgenommen?" Man teilt es mit und nun „erinnert" sich der Zeuge auf einmal daran. Oder es kommt die ehrliche Erwiderung: „Heute kann ich mich zwar nicht mehr an das konkrete Geschehen entsinnen. Wenn ich das aber damals so in die Akten aufgenommen habe, dann hat es sich auch so zugetragen." Oder: „Ich messe Bremsspuren immer richtig. Dann war sie auch so lang, wie ich notiert habe."

566 Unbeschadet der Frage, ob echte Erinnerung vorliegt, so besteht aber die Möglichkeit eines Irrtums, also einer falschen Wahrnehmung (falsch abgelesen) oder falschen Aufnahme (falsch notiert) der Geschehnisse. Dennoch werden vor Gericht sehr oft die Aussagen von Polizeibeamten sogar dann, wenn sie die fehlende aktuelle Erinnerung offenbart haben, „als bare Münze" übernommen. Dahinter mag das Bild stehen, man „sitze ja praktisch im selben Boot"; Polizeibeamte seien „per Amtseid" verpflichtet, nur Wahres und Richtiges zu sagen. Das müssen sie, wie eigentlich alle anderen Zeugen auch. Wie alle anderen täuschen sie sich aber eben auch immer wieder.[856] Ein Gericht hiervon zu überzeugen, ist freilich kein einfaches Unterfangen.
Faktisch haben die Aussagen von Polizeibeamten vor Gericht ein hohes Gewicht.[857] Richtigerweise müssen aber auch ihre Angaben genauso wie diejenigen der anderen Zeugen hinterfragt und anhand der Aussageanalyse auf Wahrheitsgehalt und Irrtumsfreiheit überprüft werden.[858]

> **Beispiel:** Ein Polizeibeamter war auf dem Weg zum Dienst und stand an erster Stelle vor einer Rotlicht anzeigenden Ampel auf der Linksabbiegespur. Er schilderte, wie ein Fahrzeug der Querstraße noch in die Kreuzung einfuhr, obwohl er bereits bei beginnendem Gelblicht den ersten Gang eingelegt hatte; er habe das Rotlicht der Ampel der Querstraße erkennen können. Dieses habe länger als eine Sekunde aufgeleuchtet, als der andere Fahrer in die Kreuzung eingefahren sei. Das AG Landshut hat als mögliche Irrtumsquelle der Zeitschätzung des Zeugen festgestellt, dass nicht eindeutig sei, ob der Zeuge wirklich beide Ampeln (die eigene und diejenige des Querverkehrs) beobachtet oder ob er nur die eigene Ampel bemerkt und im Übrigen Rückschlüsse aus seiner Kenntnis der Örtlichkeiten gezogen habe. Daher sei der Vorwurf des qualifizierten Rotlichtverstoßes (Rotlicht schon länger als eine Sekunde) nicht erwiesen.[859]

567 Zum Thema fehlender konkreter Erinnerungen von **Polizeibeamten** eine Entscheidung des ***OLG Düsseldorf:*** „Bei der Beurteilung, ob der Betroffene die zulässige Höchstgeschwindigkeit überschritten hat, darf der Tatrichter zu dessen Lasten sich nicht damit begnügen, dass Polizeibeamte, die sich an den Vorfall nicht mehr erinnern, auf die von ihnen erstattete Anzeige einfach Bezug nehmen."[860] Die tatrichterliche Feststellung, der Betroffene habe die zulässige Höchstgeschwindigkeit um 36 km/h überschritten, beruhte im Wesentlichen auf den Aussagen der Polizeibeamten. Das Amtsgericht hatte dazu ausgeführt, dass die Zeugen sich zwar an den konkreten Fall nicht mehr erinnern konnten, sich jedoch auf ihre Anzeige berufen haben. Aufgrund des in der Hauptverhandlung von

---

855 Siehe auch Routinehandlungen Rn. 868.
856 Untersuchungen zeigen, dass Polizeibeamte gleich „schlechte" Zeugen sind wie alle anderen. Trotz ihrer Berufserfahrung irren diese sich nahezu gleich häufig.
857 Hof, Polizeizeugen – Zeugen im Sinne der StPO?, in HRRS 7/2015, 277 ff.
858 OLG Frankfurt, Urt. v. 9.10.2012 – 22 U 109/11. Polizisten haben grds. keinen höherer Beweiswert.
859 AG Landstuhl, Urt. v. 24.2.2011 – 4286 Js 13706/10.
860 OLG Düsseldorf, Beschl. v. 15.3.1999 – 2a Ss (OWi) 58/99 – (OWi) 15/99 II.

ihnen gewonnenen persönlichen Eindrucks habe das Gericht keine Zweifel, dass sie die Messung ordnungsgemäß durchgeführt haben. Das Rechtsbeschwerdegericht hat diese Feststellungen als nicht ausreichend erachtet. Das Tatgericht müsse vielmehr klären, ob Polizeibeamte, die sich an einen Vorgang nicht mehr erinnern, die volle Verantwortung für den Inhalt der Anzeige übernehmen (das kann man sich sparen, denn das werden sie immer tun), warum es verständlich erscheint, dass keine aktuellen Erinnerungen mehr vorliegen (auch diese Feststellung wird in der Regel wenig bringen, jedenfalls dann, wenn es sich um relativ unbedeutsame, immer wieder ähnlich ablaufende Vorgänge handelt), in welcher Weise sie bei der Anzeigenerstattung beteiligt gewesen sind (das kann schon hilfreicher sein, denn möglicherweise erlangt man dadurch einen Hinweis auf fehlende Erinnerungen) und ob und inwieweit ein Irrtum ausgeschlossen ist. Das Letzte ist der entscheidende Punkt; denn damit wird das Gericht dazu gezwungen, überhaupt inhaltliche Feststellungen zu treffen.
Diese Entscheidung zeigt auch, wie problematisch – aus Sicht der Verfasser im Sinne der Wahrheitsfindung oft sogar kontraproduktiv – es ist, von Polizeibeamten (aber auch von anderen Personen) zu verlangen, dass sie sich auf eine Vernehmung vorbereiten, indem sie zuvor nochmals früher gefertigte Unterlagen durchlesen.[861]

Eine **gerichtsbekannt besondere Zuverlässigkeit** und Gewissenhaftigkeit eines **568**
als Zeuge vernommenen Polizeibeamten ist als bloße Behauptung innerhalb einer Beweiswürdigung („*der Messbeamte ist dem Gericht aus vielen vorangegangenen Verfahren als äußerst zuverlässig bekannt…*“) – zumindest in dieser pauschalen Form – nicht zulässig. Um die Zuverlässigkeit des Beamten tatsächlich beurteilen zu können, muss sich das Gericht zuvor in einer Reihe von Fällen, z. B. in unangekündigten Stichproben, tatsächlich von seiner Vorgehensweise und seinem Verhalten bei entsprechenden dienstlichen Situationen in Kenntnis setzen. Diese „Überprüfungen“ müssen in einem Urteil, das dem Polizeibeamten eine besondere Zuverlässigkeit attestiert, zumindest kurz dargelegt werden, um den daraus gezogenen Schluss auf Zuverlässigkeit für das Rechtsmittelgericht überprüfbar werden zu lassen. Nur deshalb, weil das Gericht dem Zeugen auch in einer Reihe vorangegangener Verfahren „Glauben geschenkt“ hatte, kann keine besondere Zuverlässigkeit festgestellt werden. Die vorangegangen Beweiswürdigungen können richtig oder falsch gewesen sein.[862]

Das Gleiche gilt bezüglich **Sachverständigen**. Auch der immer wieder zu le- **569**
sende Satz, der Sachverständige sei dem Gericht aus vorangegangenen Verfahren als besonders sorgfältig und zuverlässig bekannt, ist nicht zulässig.[863] Woher will das Gericht dies wissen? Um das, die Qualifikation des Sachverständigen, beurteilen zu können, müssten die Richter ja quasi über mehr Sachkunde verfügen als der Sachverständige selbst. Indem man ihn beigezogen hat, hat man aber das Gegenteil erkennen lassen. Es müssten also – wie bei Polizeibeamten – „Besonderheiten“ dargelegt werden, die einen solchen Rückschluss nahelegen; z. B. dass der betreffende Sachverständige, anders als seine Kollegen, zusätzlich immer den Test X und die Prüfung Y durchführt o. ä.

Dass es keinen Erfahrungssatz dahingehend gibt, Personen bestimmter seriöser **570**
Berufsgruppen würden vor Gericht als Zeugen stets die Wahrheit sagen, hat das OLG Koblenz folgendermaßen formuliert:[864] „[Der]Kläger [beruft sich] darauf, es gebe den Erfahrungsgrundsatz, dass **Rechtsanwälte** aufgrund ihres Berufsstandes glaubwürdig seien sowie wahrheitsgemäße und glaubhafte Aussagen tä-

861 Siehe auch Besonderheiten bei der Vernehmung von Polizeibeamten als Zeuge Rn. 377.
862 OLG Stuttgart, Beschl. v. 12.4.2010 – 4 Ss 62/10.
863 OLG Stuttgart, a. a. O.
864 OLG Koblenz, Beschl. v. 24.11.2011 – 10 U 756/11.

tigten. Einen derartigen Erfahrungssatz gibt es nicht. Grundsätzlich gilt, dass individuelles menschliches Verhalten nicht in allgemeine Erfahrungssätze gefasst werden kann. Auch Angehörige von Berufsständen, von denen im Allgemeinen in einem höheren Maß moralisch einwandfreies Verhalten und insbesondere auch das Nichtbegehen gravierender Straftaten erwartet wird, können sich durchaus entgegengesetzt zu dieser Erwartung verhalten und zum Beispiel auch vor Gericht falsche Aussagen tätigen. Aus diesem Grund kann nicht festgestellt werden, dass einem Zeugen aufgrund seines Berufsstandes eine erhöhte Glaubwürdigkeit zukommt und dass es als ausgeschlossen angesehen werden muss, dass er vor Gericht gelogen haben könnte. Hinzu kommt, dass es eine Erfahrung ist, die des Öfteren vor Gericht gemacht wird, dass es durchaus Rechtsanwälte gibt, die sich so sehr mit den Interessen ihrer Mandanten identifizieren, dass sie für diese auch falsche Aussagen vor Gericht machen."

571 Als **Fazit** lässt sich festhalten: Die Persönlichkeit der Auskunftsperson im Allgemeinen darf bei der Überzeugungsbildung nicht berücksichtigt werden, sei es in negativer oder sei es in positiver Hinsicht. Wichtig ist, sich immer wieder vor Augen zu führen, dass sie auf subtile Weise dennoch gelegentlich unbemerkt Eingang in die Überzeugungsbildung findet. Die entsprechenden „gefährlichen" Konstellationen sollten wir uns bewusst machen. Es ist heute anerkannt, dass eine berufliche oder gesellschaftliche Reputation kein wichtiges und erst recht kein rationales Argument dafür sein kann, ob diese Person die Wahrheit gesagt hat oder nicht. Gerade Personen mit besonders gutem Leumund haben bei entsprechender Fallkonstellation ein zusätzliches Motiv zu lügen. Käme die Wahrheit dann ans Licht wäre es um ihren guten Ruf geschehen. Die Frage, ob der jeweiligen Auskunftsperson generell eine Lüge zuzutrauen ist, verkennt die allgemeine Lebenserfahrung, dass jeder hin und wieder lügt; dies wird gelegentlich gesellschaftlich angemessen sein und niemandem schaden. Vor einer direkten Schädigung einer individuellen Person durch eine bewusste Falschaussage wird dagegen mancher zurückschrecken.

Hinweis: Die Persönlichkeit der Auskunftsperson ist nicht oder nur sehr beschränkt zu berücksichtigen!

572 Gegenstand der Würdigung einer Aussage ist nicht die Frage nach einer allgemeinen **Glaubwürdigkeit** des Aussagenden im Sinne einer dauerhaften **personalen Eigenschaft**. Auch die **Stellung im Prozess** ist kein rationales Kriterium für oder gegen die Glaubhaftigkeit der Aussage. Stehen sich die Bekundungen eines (insbesondere einzigen) Zeugen und des Angeklagten unvereinbar gegenüber, darf das Gericht den Bekundungen des Zeugen nicht deshalb, weil er Anzeigeerstatter und (gegebenenfalls) Geschädigter ist, ein schon im Ansatz ausschlaggebend höheres Gewicht beimessen als den Angaben des Angeklagten.[865]

573 In einem (unveröffentlichten) Haftfortdauerbeschluss war auch jüngst wieder zu lesen, dass sich der **dringende Tatverdacht** (!) „abrundend" auch aus einer rechtskräftigen, einschlägigen Vorstrafe des Beschuldigten/Angeschuldigten ergebe. Die zeige, „dass dem Angeschuldigten derartige Taten nicht wesensfremd sind". Solche Erwägungen, eine **Vorstrafe** als solche zur Begründung eines Tatverdachts heranzuziehen, ist unzulässig, und zwar auch, wenn diese einschlägig ist. Das ist ein Spiel mit der allgemeinen Glaubwürdigkeit des Täters, ein Spiel mit dessen angeblicher dauerhaften personalen Eigenschaft: einmal Täter, immer Täter. Etwas anderes könnte nur gelten, wenn etwa der – außergewöhnliche – modus operandi, wie er einer Vorstrafe zugrunde lag, im Rahmen der Beweiswürdigung zu einer neuen Tat herangezogen werden würde. Dann müsste sich

865 BGH, Urt. v. 21.1.2004 – 1 StR 379/03; ähnlich BGH, Urt. v. 18.1.1995, VIII ZR 23/94.

das Gericht aber mit der Vergleichbarkeit der früheren Tatumstände auseinandersetzen und darlegen, welche Schlussfolgerungen die Vortat auf die jetzt zur Beurteilung anstehende Tat zulässt. Hierfür reicht allein der bloße Verweis, der Täter sei einschlägig vorbestraft, nicht. Die auch einschlägige Vorstrafe an sich beweist für einen neues Verfahren rein gar nichts.

2.1.3 Angriffe/Beweisanträge gegen den (guten) Ruf der Auskunftsperson. 574
Nicht selten greifen Strafverteidiger Zeugen in ihrer Person, in ihrem **Ruf**, an. Dabei wird auf unterschiedliche Art und Weise versucht, sie mitunter herabzuwürdigen. Man bemüht sich zu beweisen oder behauptet es auch nur,[866] die Zeugin habe früher oder gerade zum Zeitpunkt ihrer Wahrnehmungen Drogen genommen. Sie habe bereits zuvor schon einmal jemanden wegen Vergewaltigung angezeigt, ohne dass es zu einer Verurteilung gekommen sei. Die Zeugin (Tatopfer einer Vergewaltigung) sei vom Vater hinausgeworfen worden, nachdem sie sich bei „ein paar Kerlen" aufgehalten habe. Anal- und Mundverkehr seien ihr geläufig. Sie sei arbeits- und wohnsitzlos.[867] Die Auskunftsperson soll also in ein **schlechtes Licht** gerückt werden, damit das Gericht dann den Schluss ziehen soll, dieser Person könne man nicht (alles) glauben.

Selbst wenn es nach Anzeige einer Vergewaltigung zu einem Freispruch gekommen war, kann sie damals dennoch vergewaltigt worden sein. Vielleicht war das Urteil objektiv falsch. Oder sie hatte irgendwann die zusätzliche Belastung eines Strafverfahrens nicht länger auf sich nehmen wollen. Oder Täter und Opfer haben sich – wie sehr oft bei Beziehungstaten – später wieder miteinander versöhnt. 575

*„**Wer einmal lügt**, dem glaubt man nicht – und wenn er doch die Wahrheit spricht!"* 576
Der zweite Teil dieses alten Sprichworts ist aussagepsychologisch von besonderer Bedeutung: Der Versuch, anhand früherer Lügen einer Auskunftsperson die Qualität ihren neuen Angaben per se zu mindern, ist grundsätzlich untauglich. Eine bindende Beweisregel des Inhalts, dass einem Zeugen, der zu anderen Punkten vorsätzlich die Unwahrheit ausgesagt hat, generell nicht geglaubt werden dürfe, besteht nicht.[868] Nicht auf das, was die Auskunftsperson vielleicht früher einmal gesagt hat, kommt es an, sondern in erster Linie darauf, was sie im betreffenden Verfahren verlauten lässt. Es geht nicht um die Glaubwürdigkeit der Person, sondern um die Glaubhaftigkeit ihrer Angaben. Auch **Vorstrafen** der **Aussageperson** oder Fehlreaktionen und Fehlverhalten an anderer Stelle sind insoweit grundsätzlich irrelevant und sprechen nicht zwingend gegen die Glaubhaftigkeit einer Aussage.[869]

> **Beispiel** aus einem Vergewaltigungsprozess:
> Die zuständige Strafkammer bekam Zweifel an der Verlässlichkeit der Aussage der Nebenklägerin; denn diese hatte – ausführlich zu ihren sexuellen Erfahrungen und zu ihren Sexualpartnern seit ihrem 17. Lebensjahr befragt – offensichtlich keine vollständigen Angaben gemacht. Die Untersuchungen hatten ergeben, dass die Nebenklägerin entgegen ihren Angaben vor dem als Vergewaltigung angeklagten Ereignis ihren Slip schon länger getragen haben musste, weil sich im Bundbereich DNA-Spuren von drei Männern und im Bundbereich der Strumpfhose von vier Männern fanden.[870] Die Nebenklägerin konnte während ihrer Aussage befürchten, dass die Strafkammer

866 „Audacter calumniare, semper aliquid haeret" (Plutarch) – „Verleumde nur dreist, etwas bleibt immer hängen."
867 Beispiel aus BGH, Urt. v. 2.3.1993 – 1 StR 860/92: Beweisanträge hierzu durften von der Strafkammer abgelehnt werden.
868 BGH, Beschl. v. 12.3.2002 – 1 StR 557/01.
869 BGH, Beschl. v. 11.1.2005 – 1 StR 498/04. Weiterführend, siehe unten Glaubwürdigkeit.
870 Sachverhalt aus BGH, Urt. v. 15.7.2008 – 1 StR 231/08.

einen negativen Eindruck ihres bisherigen Lebenswandels bekommen und hieraus negative Schlüsse für die Glaubhaftigkeit ihrer Aussagen ziehen würde, wenn sie zu diesem Fragenkomplex vollständige Angaben machen würde. Tatsächlich äußerte die Strafkammer in ihrem freisprechenden Urteil Bedenken, ob auf die Angaben „Verlass" sei. Für den *Bundesgerichtshof* war dies Anlass zur Besorgnis, dass die Strafkammer vor allem die allgemeine, personale Glaubwürdigkeit in Zweifel gezogen habe und ihr dabei die genaue Analyse des Inhalts der Aussage zum Kerngeschehen und deren Vereinbarkeit mit den Spuren aus dem Blick geraten sein könnte.

577 **Beweisanträge**, die darauf abzielen, die Glaub**würdig**keit eines Zeugen in einem Strafverfahren anhand früher gemachter Angaben in einem anderen Verfahren anzugreifen, können in der Regel gemäß § 244 Abs. 3 Satz 2 StPO mit der Begründung abgelehnt werden, die nach dem Beweisbegehren festzustellenden Tatsachen seien für die Entscheidung **ohne Bedeutung**. Freilich muss das Gericht dann bereits in der Begründung der Ablehnung des Beweisantrags eine – vorläufige – Beweiswürdigung vornehmen. Es muss dargetan werden, warum die Angaben des Zeugen auch dann als glaubhaft erachtet werden, wenn sich herausstellen sollte, dass er an anderer Stelle die Unwahrheit gesagt haben sollte. Es hat mithin eine Würdigung der im betreffenden Verfahren gemachten Angaben, in der Regel eine Aussageninhaltsanalyse anhand der (im Folgenden beschriebenen) Realkennzeichen/Realitätskriterien zu erfolgen. Dies bedeutet für das Gericht im Ergebnis keine Mehrarbeit; denn es ist zulässig, sollten sich keine Änderungen ergeben, später in den Urteilsgründen die im Ablehnungsbeschluss verwendeten Formulierungen – ggf. ergänzt um die weiter gewonnenen Erkenntnisse – zu wiederholen.

578 Diese Grundsätze gelten gleichermaßen auch bei Unwahrheiten innerhalb ein und desselben Verfahrens. Ein Tatgericht ist von – Rechts wegen nicht gehindert, einem Zeugen **teilweise zu glauben** und teilweise nicht.[871] Denn es existiert kein Erfahrungssatz des Inhalts, dass einem Zeugen nur entweder insgesamt geglaubt oder insgesamt nicht geglaubt werden darf. Beispielsweise können die Anklagepunkte Nr. 1 bis 3 erlogen, der Anklagepunkt Nr. 4 dennoch wahr sein. Freilich steigen in einem solchen Fall die Anforderungen an die Qualität der Schilderung des Geschehensteiles, von dem sich das Gericht überzeugen lässt. Auch bedarf eine solche Beweiswürdigung besonders eingehender Begründung.[872] Bei besonderen Beweiskonstellationen (wechselnde Angaben des einzigen Belastungszeugen, Strafmilderung nach § 31 BtMG) ist es dabei angeraten, Inhalt, Entstehung und Entwicklung der Angaben des Zeugen in ihren wesentlichen Zügen im Urteil darzustellen.[873]

579 Eine etwas „überpointierte" Sicht zum **„Menschenschlag der Autofahrer"** und der Glaubhaftigkeit ihrer Aussagen hatte auch das AG München:

„*... Das Gericht war in seiner bisherigen Praxis schon mit ca. 2000 Straßenverkehrsunfällen beschäftigt und hat es noch niemals erlebt, daß jemals einer der beteiligten Fahrer schuld gewesen wäre. Es war vielmehr immer so, daß jeweils natürlich der andere schuld gewesen ist. Bekanntlich sind Autofahrer ein Menschenschlag, dem Fehler grundsätzlich nie passieren, und wenn tatsächlich einmal ein Fehler passiert, dann war man es natürlich nicht selbst, sondern es war grundsätzlich der andere. Das Gericht hat auch noch nie erlebt, daß jemals ein Fahrer, der als Zeuge oder Partei vernommen wurde, eigenes Fehlverhalten eingeräumt oder zugestanden hätte. Wenn dies einmal tatsächlich passieren sollte, dann müßte man schlicht und einfach von einem Wunder sprechen. Wunder kommen aber in der Regel nur in Lourdes vor, wenn beispielsweise*

871 BGH, Urt. v. 28.10.2021 – 4 StR 118/21 m. w. N.
872 BGH, Urt. v. 28.10.2021 – 4 StR 118/21.
873 BGH, Beschl. v. 18.5.2021 – 1 StR 124/21; BGH, Beschl. v. 31.8.2021 – 5 StR 223/21.

ein Blinder wieder sehen kann oder ein Lahmer wieder gehen kann, oder aber in Fatima, wenn sich während der Papstmesse eine weiße Taube auf den Kopf des Papstes setzt, und sogar in den dortigen Gegenden sind Wunder ziemlich selten, in deutschen Gerichtssälen passieren sie so gut wie nie, am allerwenigsten in den Sitzungssälen des AG München. Jedenfalls ist in Justiz- und Anwaltskreisen nichts davon bekannt, daß in der Pacellistr. 2 in München schon jemals ein Wunder geschehen wäre. Möglicherweise liegt das daran, daß der liebe Gott, wenn er sich zum Wirken eines Wunders entschließt, gleich Nägel mit Köpfen macht und sich nicht mit einem banalen Verkehrsunfall beschäftigt. Vielleicht liegt aber die Tatsache, daß trotz der Unfehlbarkeit aller Autofahrer gleichwohl so viele Verkehrsunfälle passieren, schlicht und einfach daran, daß unsere Gesetze so schlecht sind. Dies hinwiederum wäre allerdings kein Wunder. Aus dem vorstehend Gesagten vermag nun der unbefangene Leser des Urteils schon unschwer zu erkennen, was die Zeugenaussage eines Fahrers eines unfallbeteiligten Fahrzeuges vor Gericht wert ist: nämlich gar nichts.“[874]

Auch das LG Mannheim[875] sah sich veranlasst, zu **Zeugen aus dem „vorderpfälzischem Raum“** Stellung zu nehmen und deren Glaubwürdigkeit in (freilich unzulässiger) Weise in die Waagschale zu werfen: 580

„Es sind Menschen von, wie man meinen könnte, heiterer Gemütsart und jovialen Umgangsformen, dabei jedoch mit einer geradezu extremen Antriebsarmut, deren chronischer Unfleiß sich naturgemäß erschwerend auf ihr berufliches Fortkommen auswirkt. Da sie jedoch auf ein gewisses träges Wohlleben nicht verzichten können – sie müßten ja dann hart arbeiten –, versuchen sie sich "durchzuwursteln" und bei jeder Gelegenheit durch irgendwelche Tricks Pekuniäres für sich herauszuschlagen. Wehe jedoch, wenn man ihnen dann etwas streitig machen will! Dann tun sie alles, um das einmal Erlangte nicht wieder herausgeben zu müssen, und scheuen auch nicht davor zurück, notfalls jemanden „in die Pfanne zu hauen", und dies mit dem freundlichsten Gesicht.“

2.2 Persönlicher (guter, schlechter) Eindruck

Große praktische Bedeutung bei der Würdigung einer Aussage wird im forensischen Alltag dem sogenannten Eindruck, dem **„persönlichen “** beigemessen, den die Aussageperson bei den Richtern hinterlassen hat. Es heißt ganz einfach, dass das Gericht auch *„nach dem persönlichen Eindruck“*, den die Aussageperson hinterlassen hat, dieser – bei gutem Eindruck – glaubt oder – bei schlechtem Eindruck – nicht glaubt. Dieses Argument tritt gelegentlich zu der Analyse der Aussage hinzu. Allerdings wird in aller Regel nicht konkret(er) ausgeführt, worin sich der „gute“ oder „schlechte“ persönliche Eindruck manifestiert hat. Offenbar meinen die Richter in erster Linie das Aussageverhalten (Mimik, Gestik, Sprechweise, Sprechtempo). Es ist die Gesamtheit dessen, was man nicht in Worte fassen kann oder will. Damit verbergen sich unter diesem Begriff hochproblematische Kriterien, insbesondere die allgemeine Glaubwürdigkeit und die Körpersprache. In einem Verfahren wegen eines Sexualdelikts wurde die Polizeibeamtin vernommen, über die Vernehmung des mutmaßlichen Opfers. Die Polizeibeamtin glaubte der Zeugin offenbar und schilderte von ihren Eindrücken: die Frau habe an dem Tag „körperlich sehr mitgenommen gewirkt.“ Sie sei „kaum die Treppe zum Vernehmungszimmer hochgekommen“, habe „gezittert“. Sie habe „die Beine nicht stillhalten“ können, „eingefallen gewirkt“ und sei „sehr blass“ gewesen. Die Beamtin weiter: „Ich hatte keinen Grund, an ihrer Aussage zu zweifeln.“[876] 581

Als Kriterium für die Glaubhaftigkeit einer Aussage sind derartige **Eindrücke**, positiv oder negativ in Wahrheit **unbrauchbar**, weil nicht greifbar und eindeutig 582

874 AG München, Urt. v. 11.11.1986 – 28 C 3374/86.

875 Urt. v. 23.1.1997 – (12) 4 Ns 48/96.

876 Vgl. Bild, online, 29.9.2010 – 09:34 Uhr, 5. Tag im Kachelmann-Prozess, Haftrichter: Darum schickte ich ihn in U-Haft.

interpretierbar. So hat auch der BGH eine Verurteilung aufgehoben mit der Begründung, dem Senat sei es weder möglich, die Würdigung des Landgerichts nachzuvollziehen, noch den Schluss zu überprüfen, der Angeklagte habe „auf die Kammer einen offenen und aufrechten Eindruck“ gemacht.[877]. Wenn die Rechtsprechung dem persönlichen Eindruck eine Bedeutung zukommen lässt, dann unter dem Gesichtspunkt der persönlichen Begegnung[878] mit der Aussageperson (bei unterschiedlicher Bewertung der Glaubhaftigkeit ihrer Angaben). Gleiches gilt für den schlechten Eindruck. Die gerichtliche Überzeugung von der Täterschaft des Angeklagten kann nicht darauf gestützt werden, dass er in der Hauptverhandlung einen „heruntergekommenen Eindruck“ gemacht hat.[879]

583 Es wäre „blauäugig“ anzunehmen, die Persönlichkeit einer Auskunftsperson fließe im Gerichtsalltag nicht in die Überzeugungsbildung mit ein. Sympathie und Antipathie, ein gemeinsames Sprachniveau, die gleiche Herkunft, sogar allein die Angehörigkeit zur gleichen gesellschaftlichen Schicht können sich auf die Bereitschaft, Bekundungen weniger genau zu hinterfragen und sie rascher zu glauben, auswirken.[880] Zahlreiche Tests der Verfasser mit ausschließlich im forensischen Bereich tätigen Personen belegen eindrücklich, wie stark diese Einflüsse bei der Rechtsfindung durchschlagen.[881] Ein persönlicher Eindruck, den ein Angeklagter auf das Gericht macht, kann gar das Zünglein an der Waage sein, und so hört man nicht selten in mündlichen Urteilsbegründungen, dass ein Angeklagter einen „ordentlichen Eindruck“ gemacht habe und auch dies Grund für das Gericht sei, die Freiheitsstrafe zur Bewährung auszusetzen.[882] Als Anwalt muss man sich vergegenwärtigen, dass Äußerlichkeiten des Mandanten mit in die Urteilsfindung einfließen können.

> **Beispiele:** Zu den Angaben eines „Skins“ hatten die Juristen signifikant mehr Nachfragen als zu der nahezu wortgleichen Aussage einer attraktiven jungen Frau.
> In einem anderen Fall erklärte ein Beisitzer in einer Beratungspause nach Vernehmung einer vielleicht etwas „individuell“ gekleideten und geschminkten Zeugin: „Dieser aufgetakelten Dame glaube ich kein Wort; die lügt, wenn sie den Mund aufmacht.“

584 Auch bei Aussagen von Ausländern können möglicherweise solche „Mechanismen“ greifen. Ebenfalls signifikant unterschiedlich, nämlich einmal als „eher glaubhaft“ und das andere Mal als „eher unglaubhaft“, wurde die gleiche Aussage empfunden, wenn sie von einem Mann arabischer Herkunft in gebrochenem Deutsch, das andere Mal von einer daneben sitzenden Dolmetscherin präsentiert wurde.[883]

---

877 BGH, Urt. v. 16.2.2022 – 5 StR 320/21.
878 Siehe Unmittelbarkeit der Beweisaufnahme Rn. 671.
879 OLG Oldenburg (Oldenburg), Beschl. v. 4.10.2011 – 1 Ss 166/11.
880 Siehe auch Stereotype, Erwartungshaltungen und Vorurteile Rn. 828.
881 Nicht immer bekennen sich Richter so offen dazu, wie es das LG Mannheim in einem „berühmten“ Urteil getan hat: „Er (der Zeuge) gab sich zwar betont zurückhaltend, schien bei jeder Frage sorgfältig seine Antwort zu überlegen und vermied es geradezu betont, Belastungstendenzen gegen den Angekl. zu überlegen, indem er in nebensächlichen Einzelheiten Konzilianz demonstrierte, im entscheidenden Punkt … aber stur blieb wie ein Panzer. Man darf sich hier aber nicht täuschen lassen. Es handelt sich hier um eine Erscheinung, die speziell für den vorderpfälzischen Raum typisch und häufig ist, allerdings bedarf es spezieller landes- und volkskundlicher Erfahrung, um das zu erkennen – Stammesfremde vermögen das zumeist nur, wenn sie seit längerem in unserer Region heimisch sind.“ – LG Mannheim, Urt. v. 23.1.1997 – (12) 4 Ns 48/96. – Man sieht, warum es sich empfiehlt, in diesem Bundesland bei der Einstellung zum Richter „Einheimischen“ den Vorzug zu geben.
882 Rueber, jurisPR-StrafR 23/2011 Anm. 3. D.
883 Vgl. hierzu i.E. Rn. 971.

2.3 Plausibilität – allein eigene Erfahrung

Ein bei der Würdigung einer Aussage mitschwingendes Kriterium ist die Frage, ob das Ausgesagte („nach der **Lebenserfahrung**" des Vernehmenden) „**plausibel**" erscheint. Zumindest unbewusst überprüfen wir ständig innerlich, ob das, was berichtet wird, so überhaupt möglich oder – weniger absolut – ob es plausibel ist. Auch können Pseudo-Plausibilitätsargumente zu Feld geführt werden, um die die Glaubhaftigkeit von Aussagen zu erschüttern. Drei Beispiele aus Gerichtsverfahren sollen das veranschaulichen und verdeutlichen: 585

Beispiel: Der Sachverhalt, den das Verwaltungsgericht zu entscheiden hatte[884], betraf die Klage einer äthiopischen Staatsangehörigen, die in Deutschland Asyl beantragt hatte. Die Klägerin begründete ihren Antrag damit, dass sie der „alten sunnitischen Gemeinschaft" in Äthiopien angehöre und ihr Mann für eine Moschee tätig gewesen sei. Infolge von Protesten gegen die Einsetzung eines Geistlichen durch die Regierung seien Mitglieder ihrer Gemeinschaft verhaftet worden. Einige Tage später sei die Polizei zu ihr nach Hause gekommen, habe nach ihrem Mann gefragt und sie bedroht. Ihr Mann sei durch die Hintertür geflohen. Daraufhin sei sie mit ihren Kindern zu einem Verwandten geflohen und später mit einem gefälschten Pass nach Deutschland eingereist. Weil das Bundesamt für Migration und Flüchtlinge (BAMF) ihren Asylantrag sowie die Zuerkennung der Flüchtlingseigenschaft und des subsidiären Schutzstatus abgelehnt hatte kam es zu einem Prozess vor dem Verwaltungsgericht. Das Gericht musste entscheiden, ob die Ablehnung des Asylantrags und der Abschiebungsschutzregelungen durch das BAMF rechtmäßig war. Insbesondere prüfte es die Glaubwürdigkeit der geschilderten Fluchtgründe und die Frage, ob der Klägerin in Äthiopien ernsthafter Schaden drohe. Dabei stellte das Gericht im Ausgangspukt zutreffend fest, dass es – für einen Erfolg des Antrags – die volle Überzeugung von der Wahrheit des vom Asylsuchenden behaupteten individuellen Schicksals und hinsichtlich der zu treffenden Prognose, dass dieses die Gefahr politischer Verfolgung begründet, erlangen müsse. Angesichts des sachtypischen Beweisnotstandes, in dem sich Asylsuchende insbesondere hinsichtlich asylbegründender Vorgänge im Verfolgerland befinden, komme dabei dem persönlichen Vorbringen des Asylsuchenden und dessen Würdigung für die Überzeugungsbildung eine gesteigerte Bedeutung. An der Glaubhaftmachung von Verfolgungsgründen fehle es in der Regel u. a., wenn die Darstellung **„nach der Lebenserfahrung"** oder aufgrund der Kenntnis entsprechender vergleichbarer Geschehensabläufe „unglaubhaft" erscheine. Genau dies sei u. a. der Fall gewesen: „Unglaubhaft sind auch die Ausführungen betreffend das Auftauchen der Polizei bei der Klägerin. Es ist schon kein Anhaltspunkt dafür angegeben worden, warum die Polizei ausgerechnet auf die Klägerin und ihren Mann gekommen sein will. Darüber hinaus ist unglaubwürdig, dass sich äthiopische Polizeibeamte derart dilettantisch bei der Suche nach oppositionellen Personen anstellen, dass sie an die Tür klopfen (Niederschrift beim Bundesamt, Seite 4 Mitte) und dem Ehemann die Flucht durch die Hintertür ermöglichen. Wären die Klägerin und ihr Mann wirklich als Oppositionelle gesucht worden, hätte die Polizei sich sicher bei der Verhaftung der sich zu Hause befindlichen Personen klüger angestellt und auch die Hintertüre des Hauses bewacht."

Die Argumentation des Gerichts basiert in diesem Punkt auf **Plausibilitätserwägungen** und damit auf einer **rein subjektiven Einschätzung** der polizeilichen Vorgehensweise in Äthiopien: Objektive Anhaltspunkte oder eine fundierte Analyse der dortigen Sicherheitsstrukturen fehlen. Das Gericht geht offensichtlich davon aus, dass äthiopische Polizeibeamte „sicher klüger" vorgehen würden, wenn sie gezielt Oppositionelle verhaften wollten. Dies beruht jedoch allein auf der 586

884 VG München, Urt. v. 5.11.2014 – M 12 K 14.30999.

Lebenserfahrung des Richters und der Annahme, dass Sicherheitskräfte immer professionell und effizient agieren. In vielen Staaten, insbesondere solchen mit autoritären Strukturen, gibt es jedoch erhebliche Mängel in der Ausbildung, Koordination und Durchführung von Polizeieinsätzen. Korruption, mangelnde Ressourcen und individuelle Fehlentscheidungen spielen oft eine große Rolle. Die Annahme, dass eine Verhaftung zwangsläufig professionell und ohne Fluchtmöglichkeit erfolgen muss, ist eine Verallgemeinerung, die nach den eigenen Erfahrungen der Verfasser nicht einmal deutscher Polizeipraxen entspricht, jedenfalls wurde bei eigenen Durchsuchungen als Staatsanwalt noch nie die Hintertür bewacht. Das Gericht stützt seine Argumentation nicht auf Berichte von Experten oder Institutionen über das Verhalten äthiopischer Sicherheitskräfte, sondern lediglich auf die subjektive Einschätzung, wie eine effektive Polizeiarbeit auszusehen hätte. Dies widerspricht dem Prinzip der objektiven Beweiswürdigung.
Im sog. „Kachelmann-Prozess" sagte ausweislich der Berichterstattung[885] am fünften Verhandlungstag vor dem Mannheimer Landgericht unter anderem der Haftrichter als Zeuge aus, der den Moderator nach seiner Verhaftung am Frankfurter Flughafen im März als Erster vernahm. Der Vorwurf gegen Jörg Kachelmann lautete, dass er seine langjährige Freundin in ihrer Wohnung mit einem Messer bedroht und vergewaltigt haben soll. Der Haftrichter soll gefragt worden sein:
„Was hat Sie veranlasst, nicht vom dringenden Tatverdacht abzurücken?"
Haftrichter: „Seine Schilderung zum Ablauf des Abends war **mir nicht einleuchtend**."
Der Haftrichter weiter: „**Ich ging davon aus**, dass jemand, der einen einer solchen Straftat bezichtigt, wahrheitsgemäße Angaben macht. Es gab Bilder von den Verletzungen der Frau. **Ich habe es ausgeschlossen**, dass sich jemand diese Verletzungen selbst zufügt." Und weiter: „Mir war **auch nicht einleuchtend**, dass eine Frau erst freiwillig den Geschlechtsverkehr ausführt und sich dann zur Trennung bespricht.".
Einige der Gründe, die der Haftrichter – ausweislich der Berichterstattung – für die Fortdauer der Untersuchungshaft von Jörg Kachelmann anführte, basierten damit auf subjektiven Einschätzungen und seiner persönlichen Lebenserfahrung. Diese Plausibilitätsargumente sind problematisch, weil sie nicht zwingend auf objektiven Beweisen oder **rechtswissenschaftlichen Prinzipien** beruhen, sondern auf **individuellen Annahmen** und plausibilitätsbasierten Wertungen. Auch die zitierte Äußerung „Seine Schilderung zum Ablauf des Abends war mir nicht einleuchtend." beruht auf der persönlichen Intuition des Richters und nicht auf objektiven Widersprüchen oder Beweisen. Ob eine Erzählung „einleuchtend" ist oder nicht, hängt stark von der individuellen Wahrnehmung ab und nicht von juristisch überprüfbaren Fakten. „Ich ging davon aus, dass jemand, der einer solchen Straftat bezichtigt wird, wahrheitsgemäße Angaben macht." ist problematisch, weil sie impliziert, dass das mutmaßliche Opfer automatisch die Wahrheit sagt. „Ich habe es ausgeschlossen, dass sich jemand diese Verletzungen selbst zufügt." liegt die persönliche Annahme zugrunde, dass Selbstverletzungen grundsätzlich auszuschließen seien, basiert aber nicht auf forensischen Erkenntnissen. In vielen Fällen gibt es dokumentierte Fälle von Selbstverletzungen oder Manipulationen von Beweismitteln. Viele der Argumente waren subjektiv, von seiner persönlichen Lebenserfahrung geprägt.

587 Wie **Plausibilitätserwägungen** mitunter **taktisch** verwendet werden können, zeigt auch der Strafprozess gegen den Tennis-Profi Alexander Zverev. Seine Ex-Freundin Brenda P. hatte ihm vorgeworfen, sie in einer Nacht im Mai 2020 mit beiden Händen kräftig gewürgt zu haben. In dem Strafprozess nutzte die

885 Bild, online, 29.9.2010 – 09:34 Uhr, 5. Tag im Kachelmann-Prozess, Haftrichter: Darum schickte ich ihn in U-Haft.

Verteidigung die Möglichkeit eines opening-statements, um aufzuzeigen, dass der erhobene Verdacht allein auf den Behauptungen der Ex-Freundin als Anzeigeerstatterin beruhe, „die jedoch gelogen und in keiner Weise belastbar sind." Das Model P. sei „wenige Stunden nach dem angeblichen Würge-Zwischenfall im Mai 2020 für 461,23 Euro bei Amazon shoppen gewesen. Im Laufe des Monats habe sie weiter im Internet eingekauft – für insgesamt 3.755,33 Euro, darunter u. a. bei Gucci in Höhe von 1.770 Euro. Bezahlt alles mit der Kreditkarte von Zverev. „Verhält sich so jemand, der gerade fast bis zur Bewusstlosigkeit gewürgt worden sein soll?", so die Verteidigung beim Prozessauftakt.[886] Die Verteidigung stellte u. a. die Glaubhaftigkeit der Aussagen von Brenda P. infrage. Es wurde argumentiert, dass ihr Konsum- und Ausgabeverhalten im Sinne dieses Kapitels „unplausibel" seien. Eine Person, die tatsächlich Opfer einer schweren Gewaltattacke wurde, würde sich nicht unmittelbar danach mit Online-Shopping beschäftigen (ganz im Sinne von „So verhält sich doch niemand"). Eine traumatisierte Person hätte – aus Sicht der Verteidigung – mithin andere Prioritäten als Luxusgüter oder Online-Shopping. Dies diente dazu, Zweifel an ihrer Version der Geschehnisse zu wecken und somit die Glaubwürdigkeit der Anschuldigungen zu untergraben. Der von der Verteidigung im Zverev-Verfahren hergestellte Zusammenhang zwischen dem Konsumverhalten der Nebenklägerin (Brenda P.) und der Glaubhaftigkeit ihrer Anschuldigungen hinkt offensichtlich aus mehreren Gründen: Die Verteidigung argumentiert, dass eine Frau, die traumatisiert ist, nicht wenige Stunden nach dem angeblichen Würgevorfall Online-Shopping betreiben würde. Das ist eine rein subjektive Annahme ohne psychologische oder wissenschaftliche Grundlage. Menschen verarbeiten belastende Erlebnisse, Gewalt, Schmerz, Demütigung etc. unterschiedlich: Einige ziehen sich zurück, andere suchen Ablenkung, versuchen bewusst, Normalität herzustellen – auch durch Konsum und Ablenkung. Es gibt keine „richtige" Art, auf Gewalt etc. zu reagieren. Das Amtsgericht Berlin-Tiergarten hat den Prozess gegen den Tennisspieler jedenfalls später eingestellt und den gegen ihn verhängten Strafbefehl aufgehoben.

Plausibilitätsüberprüfungen sind immer subjektiv. Sie erfolgen jeweils anhand eines Rückgriffs auf den eigenen Erfahrungsschatz: „Das kann ich mir nicht vorstellen ..." oder „So verhält man sich in einer solchen Situation doch nicht ..." – Hier fragt sich der Vernehmende, ob er sich anders verhalten. Die Antwort kann er sich in der Regel gänzlich sparen, jedenfalls ist zu differenzieren: Plausibilitätserwägungen sind nur dann unproblematisch, wenn damit logische Konsistenz im Sinne von Widerspruchsfreiheit gemeint ist. Plausibilitätserwägungen sind auch in den Fällen zulässig, wenn ihnen **echte, allgemeingültige Erfahrungssätze** zugrunde liegen. Das sind aufgrund allgemeiner Lebenserfahrung oder wissenschaftlicher Erkenntnisse gewonnene Regeln, die keine Ausnahme zulassen und eine an Sicherheit grenzende Wahrscheinlichkeit zum Inhalt haben.[887] Demgegenüber ist bei der Frage der „Plausibilität" von Angaben dann Vorsicht angebracht, wenn es um die Bewertung des Verhaltens von Menschen geht und allein der eigene/subjektive Erfahrungsschatz zum Maßstab gemacht wird („Kann ich mir nicht vorstellen" – „Halte ich für unwahrscheinlich" – Kann mir nicht vorstellen, dass ..."). Dass wir selbst ein bestimmtes Geschehen bzw. ein bestimmtes Verhalten einer anderen Person für „plausibel"/(un)wahrscheinlich halten, besagt wenig, wenn der Maßstab allein die eigene Erfahrung ist. So gibt es bspw. kein typisches Opferverhalten, so dass dieses auch nicht als Maßstab herangezogen werden kann. Ein Vergewaltigungsopfer ist nicht deshalb unglaubwürdig, weil es sich – „unplausibler Weise" – nach der Tat wieder zum Täter 588

886 Bild online, 07.6.2024, 12:08: Strafbefehl wegen Körperverletzung seiner Ex aufgehoben, Prozess eingestellt! Alexander Zverev unschuldig.

887 Vgl. BGH, Beschl. v. 2.3.2023 – 2 StR 119/22; BGH, Beschl. v. 6.6.2022 – 2 StR 278/22.

begibt und dort längere Zeit aufhält.[888] Genauso ungültig waren Erwägungen einer Strafkammer, wonach eine akute Suizidalität „üblicherweise" mit einem Appell bzw. einer Ankündigung einhergehe. Diese Erwägung entspricht keiner allgemeine Lebenserfahrung oder wissenschaftlichen Erkenntnis,[889] genauso wenig wie der Erwägung, dass derjenige, der eine Leiche beseitigt, auch der Täter oder Tatbeteiligter sein müsse,[890] oder dass nur ein Täter seine Festnahme am Tag nach der Tat widerstandslos, ruhig und gefasst über sich ergehen lässt.[891] Auch entspricht es keiner "allgemeinen Lebenserfahrung", dass ein zuvor Angegriffener froh sei, wenn sein Widersacher weglaufe und ihm so kein weiterer Übergriff drohe.[892] Der Handel mit Betäubungsmitteln in großen Mengen ist auch nicht „die einzige Geschäftsform", auf welche die Parameter einer heimlichen Lieferung mit tonnenschweren Ladungen zuträfen. Spekulativ und unzulässig ist auch die Erwägung, es sei „unplausibel", dass jemand für sich und seine Verlobte Essen abholt, um dann einen Brand zu legen.[893] Nach Ansicht des BGH lassen diese Erwägungen andere Deutungsmöglichkeiten außer Acht. Auch mit umfangreichen Ladungen durchgeführte „Schmuggelfahrten" können anderen Zwecken dienen als nur dem heimlichen Drogentransport. Daneben sind beispielsweise verdeckte Beförderungen von Waffen oder Zigaretten zu nennen. Der durch das Landgericht absolut („einzige Geschäftsform") gezogene Rückschluss entbehrt daher einer Grundlage.[894] Unzulässige Plausibilitätserwägungen in diesem Sinn lassen außer Acht, dass ein festgestellter Sachverhalt objektiv – mit mehr oder weniger hoher Wahrscheinlichkeit – auch andere (Deutungs-) Möglichkeiten zulässt. Solche „plausible" Schlussfolgerungen entbehren daher der objektiven Grundlage und stellen letztlich nicht mehr als eine subjektive Vermutung dar.

589 Hinzu kommt, dass die wenigsten Lügner so einfältig sein werden, einen offensichtlich unplausiblen Geschehensablauf zu schildern. Sie werden sich eher umgekehrt verhalten. Deshalb kann Plausibilität nur einen geringen Indizwert haben.

> **Beispiel:** Im Rahmen eines Rollenspiels bei einer Fortbildungsveranstaltung für Polizeibeamte berichtete die Psychologin Susanna Niehaus[895] von einem Kinobesuch während ihrer Studienzeit zusammen mit ihrem damaligen Freund. Eine Gruppe angetrunkener Jugendlicher habe herumgepöbelt. Ihr Freund habe nichts unternommen, während sie die Jugendlichen mit verbalen Attacken beleidigt habe. Einer der Jugendlichen habe ein Messer gezückt und sie bedroht. Die Polizeibeamten hätten diese Geschichte, obwohl völlig der Wahrheit entsprechend, nicht geglaubt. Ursache: Es entspricht nicht der Alltagserfahrung von Polizeibeamten, dass eine junge zierliche Dame sich traut, angetrunkene jugendliche Raufbolde zu beleidigen, und dass ihr Freund ihr nicht zur Seite gestanden habe. Die Polizeibeamten hätten bei ihrer „Vernehmung" deutlich zu erkennen gegeben, dass sie ihr nicht glaubten, worauf sie immer nervöser geworden sei – eine häufig als „Lügensignal" missinterpretierte Reaktion auf das von der Vernehmungsperson geäußerte Misstrauen.[896]

Die in diesem Beispiel dargestellte Reaktion der „Vernehmungspersonen" des Rollenspiels wird in Anlehnung an die gleichnamige historische Person als

888 OLG Stuttgart, Beschl. v. 8.12.2005, 4 Ws 163/05.
889 BGH, Urt. v. 27.2.2024 – 4 StR 248/23.
890 BGH, Beschl. v. 17.8.2023 – 2 StR 138/22.
891 BGH, Beschl. v. 19.12.2023 – 4 StR 388/23.
892 BGH, Beschl. v. 9.5.2023 – 5 StR 94/23.
893 BGH, Urt. v. 24.9.2025 – 2 StR 128/25.
894 BGH, Beschl. v. 2.3.2023 – 2 StR 119/22.
895 Prof. Dr. Susanna Niehaus, Hochschule Luzern.
896 Quelle: DER SPIEGEL Heft 1/2011, S. 121.

„Othello-Fehler“ bezeichnet. Ein Aussagender zeigt durch signalisiertes Misstrauen seines Gegenübers Verhaltensweisen, die vom Gegenüber wiederum fälschlich als Beleg für eine Falschaussage interpretiert werden.[897] Die Namensgebung beruht auf der berühmten Shakespeare-Tragödie[898]: Othello verdächtigte seine Gattin Desdemona der Untreue, weil er sie im Gespräch mit Cassio überrascht hatte. Je mehr und je angstvoller sie ihre Unschuld beteuerte, umso misstrauischer wurde er. In der Überzeugung, dass ihre Reaktion sie als Lügnerin entlarvt hätte, erdrosselte er sie im Ehebett.

2.4 Motivation/Interesse am Prozessausgang

Auch die Motivation ist eine im Gerichtssaal häufig angeführte Argumentation. **590** Der Bundesgerichtshof formuliert in seiner Entscheidung über die wissenschaftlichen Anforderungen an aussagepsychologische Begutachtungen (Glaubhaftigkeitsgutachten), dass eine Motivationsanalyse zu den übrigen Erwägungen hinzutreten „kann“.[899] Diese zielt im Strafverfahren vor allem auf die Feststellung möglicher **Motive** für eine unzutreffende Angaben/Belastung des Beschuldigten durch einen Zeugen ab. Auch das Gesetz verlangt zur Abklärung von Zeugnisverweigerungsrechten nach familiären Beziehungen zu fragen, §§ 52 StPO, 383 ZPO. Gemäß § 395 Abs. 2 Satz 2 ZPO und § 68a Abs. 2 StPO sind einem Zeugen erforderlichenfalls Fragen über solche Umstände zu stellen, die seine Glaubwürdigkeit in der vorliegenden Sache, *insbesondere seine Beziehungen zu den Parteien*, betreffen.“

Letztlich geht es immer um die Erforschung der Motivation zu einer Anpassung **591** der Aussage bis hin zur Falschaussage. Gerade bei einem Verkehrsunfall wird das Argument vom „eigenen Interesse am Prozessausgang“ als Beleg *gegen* die „Glaubwürdigkeit“ der Angaben[900]. In Urteilen ist dann zu lesen: „Der Zeuge ist *un*glaubwürdig, er hat ein eigenes Interesse am Ergebnis der Befragung“.[901] Oder es wird gegenteilig argumentiert, dass das Gericht bspw. dem Zeugen insbesondere deswegen glaube, weil er keinerlei Interesse am Ausgang des Verfahrens und damit kein Motiv für eine Falschaussage hat. Dann heißt es umgekehrt: „Der Zeuge ist glaubwürdig, er hat *kein* eigenes Interesse am Ergebnis der Befragung“. Aber wer hat nun recht? Unmittelbar einleuchtend ist, dass ein Interesse am Ausgang des Prozesses in dieser Pauschalheit kein rationales Argument sein kann. Denn dann wäre jede Aussage eines Opfers weniger Wert.

Bei einer derartigen Motivanalyse offenbaren sich sehr grundsätzliche Problemstel- **592** lungen. Es kommen grundsätzlich eine **Vielzahl möglicher Motive** in Betracht, die auf den ersten Blick mit dem Fall nicht das Geringste zu tun haben (Vorurteile, einschlägige Erfahrungen etc.). Angesichts dieser Schwierigkeiten bedeutet der Umstand, dass man kein Belastungsmotiv gefunden hat, lediglich, dass man eben keins *gefunden* hat. Es bedeutet aber nicht auch, dass es keines gibt. Es ist äußerst problematisch, die Nicht-Existenz eines Sachverhalts zu beweisen.[902] Es ist auch unzulässig, pauschal jeglichen Zeugenaussagen ein Motiv zu unterstellen, etwa Verwandten oder Freunden der Parteien eines Rechtsstreits (beispielsweise Unfallbeteiligten) und ihren Aussagen nur für den Fall einen Beweiswert zuzuerkennen, dass sonstige objektive Gesichtspunkte für die Richtigkeit der Aussagen sprechen. Das wäre ein Verstoß gegen den Grundsatz der freien Beweiswürdigung. Erforderlich ist vielmehr stets eine individuelle Würdigung der Zeugenaussagen, wie der Bundesge-

---

897 Kröber/Dölling/Leygraf/Sass, S. 676.

898 „Othello, der Mohr von Venedig“; engl.: „The Tragœdy of Othello, the Moor of Venice“, Uraufführung 1.11.1604.

899 BGH, Urt. v. 30.7.1999 – 1 StR 618/98.

900 Andere Formulierungen, von den Autoren in Urteilen der letzten Jahre entdeckt: „Der Z ist mit keiner der Parteien verwandt oder verschwägert“; „Die Zeugin hat am Ausgang des Rechtsstreits kein Interesse“.

901 Siehe auch Rn. 579, Urteil des AG München, Menschenschlag der Autofahrer.

902 Köhnken, G. Mythen und Missverständnisse bei der Beurteilung von (Zeugen) Aussagen, S. 50, 59.

richtshof bereits 1987 anhand der damaligen sogenannten Münchener Beifahrerrechtsprechung entschieden hat.[903] Auch wäre es falsch, Verbitterung, Wut, oder Enttäuschung als ein Motiv für eine Falschaussage zu deuten.[904] Derartige Reaktionen können psychologisch nachvollziehbar sein. Welches Opfer einer Straftat hegt nicht solche Gedanken? Auch ein Vergewaltigungsopfer mit **Rachegefühlen** mag im berechtigten Interesse an der Bestrafung des Täters völlig wahrheitsgemäße Angaben machen. Aus einer festgestellten Belastungsmotivation lässt sich nicht zwingend auf eine Falschaussage schließen.[905] Andererseits kann eine solche Situation durchaus zu Übertreibungen in der Zeugendarstellung führen. Deshalb darf ein derartiger motivischer Aspekt nicht isoliert berücksichtigt werden. Vielmehr müssen immer weitere tragfähige Umstände hinzukommen, die eindeutig belegen, dass tatsächlich eine solche Beeinflussung stattgefunden hat und dass deshalb die Angaben unzutreffend sind.[906] Es gilt vielmehr der Grundsatz der freien Beweiswürdigung.[907] Eine Variante des Rachemotivs ist das **Zwietrachtmotiv**: Die Aussage soll Zwietracht in eine Beziehung, beispielsweise einen Familienverbund, bringen. Der *Bundesgerichtshof* verlangt hier eine nähere Darstellung des Sachverhalts, die diese Motivationslage plausibel macht.[908]

593 Bei der Suche und der Beurteilung von Motiven einer Auskunftsperson ist daher äußerte Vorsicht geboten. Angesichts der **Vielschichtigkeit von möglichen (!) Motiven** bedarf es auch hier allein der individuellen Würdigung der Aussage. Hinzu kommt, dass alle Motive, die zu einer bewusst unwahren Aussage führen können, auch bei wahren Aussagen vorkommen können. Eine Motivlage kann/sollte im Rahmen einer Gesamtwürdigung ihre Beachtung finden. Motive (Berufsehre, Vorurteile, Erfolgszwang, die kleine Kronzeugenregelung des § 31 BtMG, Angaben, um in den „Genuss" einer Verständigung zu kommen u. v. m.) geben allein Anlass zu besonders kritischer Prüfung, mehr aber auch nicht. So zwingen erst konkrete (!) Anhaltspunkte für Rache als Motiv einer Falschbelastung den Tatrichter, diese naheliegende Möglichkeit zu prüfen.

594 Es gibt keinen gänzlich interesselosen und nur der Rechtspflege verpflichteten Zeugen. Bei Aussagen im Rahmen gerichtlicher Auseinandersetzungen spielt nicht selten die Identifikation[909] mit der Firma, für die man arbeitet, bzw. dem „Chef" eine Rolle. Firmen, die Geschäftsvorgänge durch Mitarbeiter erledigen lassen, haben prozessual oftmals einen Vorteil gegenüber beispielsweise dem kleinen Handwerksbetrieb: Sie können einen oder mehrere Zeugen benennen, während auf der Gegenseite der Inhaber – also die Partei des späteren Zivilprozesses – die Verhandlungen geführt hat.[910]

595 Weniger häufig finden sich moralische Bedenken der Auskunftsperson, in einem Rechtsstreit unwahre Angaben zu machen, wenn damit „nur" einer anonymen Institution – wie beispielsweise einem Kreditinstitut, einer Versicherungsgesellschaft oder „dem Staat" – geschadet wird. Es können in solchen Fällen zusätzlich gewisse „innere Rechtfertigungen" wirksam werden. Wer seit vielen Jahren Versicherungsprämien bezahlt und noch nie einen Schaden gemeldet hat, kann das

---

903 BGH, Urt. v. 3.11.1987 – VI ZR 95/87; unter die Kategorie „Literatur und Recht" fallend: AG München, Urt. v. 11.11.1986 – 28 C 3374/86. Dieses berühmte Urteil stammte, wie Heussen in seinem Nachruf NJW 2012, S. 3142 offengelegt hat, von Herbert Rosendorfer.

904 Köhnken, G. Mythen und Missverständnisse bei der Beurteilung von (Zeugen) Aussagen, S. 50, 59.

905 BGH, Urt. v. 30.7.1999 – 1 StR 618/98.

906 BGH, Urt. v. 3.11.1987 – VI ZR 95/87.

907 BGH, Urt. v. 27.3.2003 – 1 StR 524/02.

908 BGH, Beschl. v. 23.5.2000 – 1 StR 156/00.

909 Gemeint ist mit diesem Begriff in der Psychologie der Vorgang, sich in einen anderen Menschen einzufühlen. Dabei werden – bewusst oder unbewusst – Teile (z. B.) des Gefühlslebens des anderen als eigene erkannt, und man empfindet mit dem anderen mit. Vgl. http://de.wikipedia.org/wiki/Identifikation.

910 Vgl. Rn. 677.

„Gefühl" haben, der Versicherer „schulde" ihm die Erstattung des Schadensbetrags selbst dann, wenn nicht alle Voraussetzungen einer Leistungspflicht erfüllt sind. Vorurteile wie: „Versicherungen drücken sich immer durch das Kleingedruckte vor der Zahlungspflicht" oder „Versicherungen machen, wie man an ihren Glaspalästen sieht, das große Geschäft", unterstützen diese Einstellung und senken die Hemmschwelle, die Angaben über den genauen Ablauf des schädigenden Ereignisses an die Bedingungen für eine Leistungspflicht „anzupassen". Natürlich können auch handfeste Motive für eine Lüge vorliegen, beispielsweise wenn es – unmittelbar oder mittelbar – um den eigenen Geldbeutel oder auch die eigene Ehre bzw. Reputation geht.

Im Zusammenhang mit der Motivanalyse wird man auch die **allgemeinen Beziehungen der Auskunftsperson** zu den sonstigen Beteiligten mit in den Blick nehmen (müssen). Wenn man daher bei der Vernehmung zur Person nach der Verwandtschaft fragt, so empfiehlt sich mit mindestens gleicher Berechtigung die Frage, ob der Zeuge ein Freund, Kollege des Beschuldigten oder des Verletzten ist oder ob sonstige persönliche Beziehungen bestehen, wie es – bei der Vernehmung zur Person! – § 395 Abs. 2 Satz 2 ZPO und § 68a Abs. 2 StPO vorsehen: „Erforderlichenfalls sind dem Zeugen Fragen über solche Umstände, die seine Glaubwürdigkeit in der vorliegenden Sache betreffen, insbesondere über seine Beziehungen zu dem Beschuldigten oder dem Verletzten (Formulierung der StPO; ZPO: „zu den Parteien"), vorzulegen. Die Verfasser haben es sich bei ihren Vernehmungen zur Regel gemacht, jeden (!) Zeugen (zu Beginn) nach einer Selbsteinschätzung/Darlegung der Art der Beziehung zu dem Angeklagten/den Parteien zu fragen. Es interessiert die Verfasser, zu wissen, ob eine freundschaftliche oder rein berufliche oder keine Beziehung besteht. Gleiches gilt für die Frage, ob Streit die Beziehung belastet o. ä." 596

Die in Rn. 591 wiedergegebenen Formulierungsmuster zeigen bereits, wie gering die Bedeutung der Motivation für die Feststellung der Zuverlässigkeit einer Zeugenaussage ist. Hinzu kommt: Wenn wirklich eine Motivation besteht und ein Komplott zwischen einem Prozessbeteiligtem und dessen Zeugen vereinbart worden ist, wird natürlich versucht, die **Motivationslage** des Zeugen zu **verheimlichen.** 597

> **Beispiel** aus der Tätigkeit eines der Verfasser:
> In einem Schadensersatzprozess wegen eines behaupteten Verkehrsunfalls, bei dem die beklagte Haftpflichtversicherung eine Manipulation behauptet hatte,[911] waren die Adressen des einen Fahrzeughalters mit dem Unfallort und des anderen mit München angegeben worden. Die Ladung in München zu einer Parteivernehmung im Berufungsrechtszug kam mit dem Postvermerk über die richtige Adresse zurück: Sie lag genau in dem Dorf, in dem die Gegenpartei wohnte; in Wahrheit kannten sich Kläger und Beklagter seit langem; der (Zweit-)Wohnsitz in München war vermutlich nur im Hinblick auf den anhängigen Prozess angemeldet worden; der Beklagte war in der gerichtlichen Befragung nicht in der Lage, die Wegstrecke von München in den Schwarzwald, die er angeblich gefahren war, zu beschreiben.

Prozessuales: Die Prozessordnungen berücksichtigen bei der Belehrung über ein Zeugnis- bzw. Auskunftsverweigerungsrecht[912] eine mögliche Motivation für eine Falschaussage nur in einem eng begrenzten Ausschnitt. Bei einer zweitinstanzlichen Vernehmung reicht für das Zeugnis- bzw. Auskunftsverwei-

911 Argumente hier: Längs-Kratzer entlang der linken Fahrzeugseite eines Porsche, verursacht mitten in der Nacht in einem Dorf im Schwarzwald mit einem nahezu schrottreifen Fahrzeug, und weitere Indizien.

912 §§ 383, 384 ZPO, §§ 52, 55 StPO mit unterschiedlichem Sprachgebrauch.

gerungsrecht sogar eine mögliche Strafverfolgung wegen der erstinstanzlichen Aussage aus.[913]

2.5 Körpersprache, Micro-Expressionen, Augenbewegungen, Baseline u. v. m.

598 **2.5.1 Über menschliche Lügendetektoren und das Internet.** Das **Internet** und Social-Media sind voll von **Tipps**, wie Lügner identifiziert werden können. Selbsternannte menschliche Lügendetektoren, Lügenpäpste, Profiler, Polizeicoaches, Wunderwaffen der Lügenüberführung, Face-Reading (Gesichter lesen) etc. suggerieren sichere Tipps zur Aufdeckung von Lüge. Viele Menschen sind davon überzeugt, dass speziell das Vermeiden von Blickkontakt ein deutlicher Hinweis für eine Lüge sei. Der aussagepsychologische Sachverständige Köhnken verwies in einem Radiointerview[914] auf eine Untersuchung, wonach zwei von drei Personen dieser Auffassung waren, und zwar bei den meisten Befragten als wichtigstes (angebliches) Lügensignal. Auch die Polizei in Deutschland soll regelmäßig Aus- und Fortbildungsangebote zu Methoden der Lügenerkennung bekommen haben. Strafverteidig halten das **„Lesen" von Gefühlen** (Erröten, Zittern der Hand, Zucken der Augenbrauen etc.) für einen „seriösen wissenschaftlichen Zweig der Psychologie".[915]

599 Die Erforschung des Phänomens Körpersprache hat dabei eine lange **Tradition.** Hinweise auf Gestik, Mimik und Körperhaltung finden sich schon in den frühesten literarischen Zeugnissen, und bis in die Gegenwart zieht sich ein nicht enden wollender Strom von Autoren, die sich um die Aufklärung der Geheimnisse der Körpersprache bemühen. In theoretischer Hinsicht waren diese Bemühungen schon früh von der Überzeugung getragen, dass sich die Persönlichkeitseigenschaften, Stimmungen und Neigungen einer Person in ihrem äußeren Erscheinungsbild ein Zeichen setzen. Durch die Körpersprache gebe man seinem Gegenüber all das zu erkennen, was man lautsprachlich verheimliche. Wem es also gelingen würde, den Schlüssel zu dieser Körpersprache zu finden, für den sei der Mensch ein offenes Buch.

600 Auch aktuell werden immer noch verschiedene theoretische Modelle zur Unterscheidung von wahren und gelogenen Aussagen vorgeschlagen.[916] Der **Emotionsansatz** geht bspw. davon aus, dass Lügner sich „schuldig" fühlen und Angst haben, enttarnt zu werden. Die Schuld soll sichtbar werden, durch einen bestimmten Gesichtsausdruck und insgesamt zu einem unruhigen Verhalten und zu einem eher ausweichenden Antwortverhalten führen. Der **Erregungsansatz** geht hingegen aus, dass Lügen bei Personen Erregungen hervorrufen. Diese sollen durch Reaktionen sichtbar sein. Lügner sollen daher vermehrt die Nase berühren, den Mund mit der Hand bedecken, schneller blinzeln (Augenflimmern), vermehrt schwitzen oder zu Sprachfehlern neigen, wenn sie lügen. Hinter all dem steht die Analyse der Körpersprache, anhand nonverbaler Indikatoren (z. B. Gestik, Mimik, Blick, Haltung, Arm-/Bein-/Fußbewegungen u. a.), paraverbaler Indikatoren (z. B. Antwortlatenz, Stimmhöhe („baseline"), Tonfall) und verbaler Indikatoren (z. B. Verweigerung, übertriebene Genauigkeit, Vorwegverteidigung, Plausibilität).

601 **2.5.2 Stand der Wissenschaft.** Die Identifikation von Emotion aus der äußeren, mimischen und gestischen Bewegung gestaltete sich jedoch schon immer äußerst schwierig. Schon Anfang der 1950er Jahre war die negative Bilanz der Aus-

---

913 BGH, Beschl. v. 8.4.2008 – VIII ZB 20/06.

914 SWR2-Interview vom 2.7.2008; abrufbar unter www.swr.de/swr2/programm/sendungen/wissen/-/id=3545626/property=download/nid=660374/a2lyyx/swr2-wissen-20080702.rtf.

915 Sommer, Effektive Strafverteidigung, Rz 913.

916 Eine Übersicht zu den Modellen enthält Sporer/Köhnken, Nonverbale und paraverbale Korrelate von Täuschung, in: Steller, Volbert (Hrsg) Handbuch der Rechtspsychologie, S. 353 f.

drucksforschung dermaßen angewachsen, dass die **Ausdruckspsychologie** in Deutschland als Studienfach **abgeschafft** oder zumindest durch „modernere" Fachrichtungen wie Verhaltenspsychologie oder Kognitionspsychologie ersetzt wurde. Obwohl auch heute noch solche Indikatoren in der Ermittlungspraxis und den Medien noch immer Anwendung und Zuspruch erfahren wird die Untauglichkeit solcher Ansätze und Methoden in der internationalen Forschungsgemeinschaft allgemein akzeptiert und auch nicht mehr diskutiert. Sämtliche (Meta-) Analysen zeigen, dass es keine nonverbalen Verhaltensweisen oder gar Lügensignale gibt, die statistisch signifikante Zusammenhänge mit Falschaussagen aufweisen. Die Effekte sind zu klein, um hilfreich zu sein.[917] Methoden wie das Behavior Analysis Interview (als Teil der Reid-Technik)[918], Mikroexpressionen (sehr kurze Gesichtsausdrücke)[919], neurolinguistisches Programmieren (NLP-Methode, Augenbewegungen)[920] und der Baseline Approach (als Teil der Reid-Technik) werden von international führenden Forschern zum Erkennen von Täuschungen als **„pseudowissenschaftliches Erkennen von Täuschungen"** deklariert. Sie weisen ausdrücklich auf die fehlende empirische Grundlage und Untauglichkeit dieser Ansätze hin.[921] May/Schneider/Okulicz-Kozaryn wiesen 2022 nochmals in einem von Prof. Dr. Rainer Banse (Institut für Psychologie, Universität Bonn), Prof. Dr. Matthias Gamer (Institut für Psychologie, Julius-Maximilians-Universität Würzburg), Prof. Dr. Luise Greuel (Hochschule für Öffentliche Verwaltung Bremen), Prof. Thomas E. Gundlach (Hochschule in der Akademie der Polizei Hamburg), EKHK Michael Haubrich (Polizeidirektion für Aus- und Fortbildung und für die Bereitschaftspolizei Schleswig-Holstein), Prof. Dr. Kerstin Kocab (Hessische Hochschule für Polizei und Verwaltung), LKD Matthias Lapp (Deutsche Hochschule der Polizei), KD'in Anja Rohloff (Fortbildungszentrum der Hochschule der sächsischen Polizei [FH]), Prof. Dr. mult. Mario Staller (Hochschule für Polizei und öffentliche Verwaltung Nordrhein-Westfalen),

---

917 May/Schneider/Okulicz-Kozaryn: Notwendigkeit einer kritischen Prüfung von Methoden zur Lügenerkennung und Vernehmungstaktiken zur Informationsgewinnung von Beschuldigten: ein Positionspapier aus Psychologie und Polizei, Forensische Psychiatrie, Psychologie, Kriminologie.

918 Siehe „Spezielle" Techniken: Reid-Technik, Maximierung/Minimierung, Verhaltens-Analyse-Interview u. v. m. Rn. 213.

919 Baumgart, Mikroexpressionen in polizeilichen Vernehmungen, Eine aktuelle kriminalistische Betrachtung, in: Kriminalistik 2024, 308–314.

920 Weiterführend zum LEM-Ansatz (Lateral Eye Movement) Geipel, Handbuch der Beweiswürdigung, 3. Auflage 2017, § 26, Rn. 313.

921 Vrij A, Hartwig M, Granhag PA (2019) Reading lies: nonverbal communication and deception. Annu Rev Psychol 70(1): 295–317; DePaulo, B. M., Lindsay, J. J., Malone, B. E., Muhlenbruck, L., Charlton, K. & Cooper, H. (2003). Cues to deception. Psychological Bulletin, 129(1), 74–118. stuften nach Analyse von 116 wissenschaftliche Studien mit insgesamt 120 unabhängigen Stichproben und 158 möglichen Lügenindikatoren nonverbale Lügen- und Wahrhaftigkeitsmerkmale als „schwach/flüchtig" ein. Vrij, A., Hartwig, M. & Granhag, P. A. (2019). Reading lies: nonverbal communication and deception. Annual Review of Psychology, 70(1), 295–317. bezeichnen das Erkennen von Täuschungen mittels nonverbaler Hilfsmittel und die Mikroexpressionsanalyse als „pseudowissenschaftlich". Brennen, T. & Magnussen, S. (2020). Research on Non-verbal Signs of Lies and Deceit: A Blind Alley. Frontiers in Psychology, 11, 1–4. deklarieren die nonverbale Lügenforschung inklusive der entsprechenden Wahrhaftigkeitsbeurteilung gar als „Einbahnstraße" und lehnen die Ekman-Hypothesen zur Wahrhaftigkeitsbewertung mittels Mikroexpressionen aufgrund fehlender „wissenschaftlicher Grundlage". Demnach sind die oben diskutieren Ansätze untauglich, insbesondere aufgrund ihrer fehlenden empirischen Grundlage. May, L., Schneider, T. & Okulicz-Kozaryn, M. (2020). Notwendigkeit einer kritischen Prüfung von Methoden zur Lügenerkennung und Vernehmungstaktiken zur Informationsgewinnung von Beschuldigten- ein Positionspapier aus Psychologie und Polizei. Forensische Psychiatrie, Psychologie und Kriminologie, 16, 138–143 sowie Jupe, L. M. & Denault, V. (2019). Science or pseudoscience? A distinction that matters for police officers, lawyers and judges. Psychiatry, Psychology and Law, 26(5), 753–765. ergänzen diese Einschätzung dahingehend, dass die Mehrzahl der früheren wissenschaftlichen Veröffentlichungen zum Thema Mikroexpressionsanalysen einer sorgfältigen inhaltlichen und methodischen Prüfung durch polizeiliche und/oder psychologische Fachleute entbehren und ein notwendiges peer-review-Verfahren vielfach nicht durchgeführt wurde.

Prof. Dr. Max Steller (Institut für Forensische Psychiatrie, Charité– Universitätsmedizin Berlin), Jun.-Prof. Dr. Kristina Suchotzki (Psychologisches Institut, Johannes Gutenberg-Universität Mainz), EKHK Ingo Thiel (Landesamt für Ausbildung, Fortbildung und Personalangelegenheiten der Polizei Nordrhein-Westfalen), Prof. Dr. Renate Volbert (Institut für Forensische Psychiatrie, Charité– Universitätsmedizin Berlin; Psychologische Hochschule Berlin unterschriebenen Positionspapier auf die pseudowissenschaftlichen Inhalte derartiger Methoden hin.[922]

602 Für die Wahrheitsfindung bedeutet dies, dass die Analyse von Körpersprache **unwissenschaftlich, nicht evidenzbasiert** und insgesamt **ungeeignet** zur Wahrhaftigkeitsbewertung ist. Ein Schwitzen, Zittern, eine Antwortverzögerung etc. kann vielfache Gründe haben. Im Hinblick auf diese Mehrdeutigkeit kann körpersprachlichen Signalen keine Aussagekraft zur Wahrheitsfindung zugebilligt werden. Auch der BGH fordert, dass stets die möglichen Alternativerklärungen eines auffälligen Aussageverhaltens zu prüfen sind.[923] Auch das Spielverhalten von Kindern, Kinderzeichnungen oder die Deutung von Interaktionen, die Kinder unter Einsatz sog. anatomisch korrekter Puppen darstellen, lassen keinerlei wissenschaftlich belegte Deutungen zu.[924]

603 Die körpersprachlichen Signale sind nach dem Ausgeführten **gänzlich untauglich** zur Wahrheitsfindung, verdienen aber dennoch einen weiteren Blick. Viele glauben, dass ihre Überzeugungen ausschließlich auf objektiven Überlegungen beruhen. Ihnen sind oftmals die *unbewussten* Anteile ihrer Überzeugungsbildung nicht bewusst. Gerade den persönlichen Eindruck von einer Auskunftsperson gewinnen Vernehmungspersonen im forensischen Bereich durch eine diffuse, in der Regel unbewusste Aufnahme und sodann unreflektierte Verarbeitung und Bewertung einer Vielzahl von Signalen, die die Auskunftsperson entweder aussendet oder die die Vernehmungsperson in sie hineininterpretiert. Einen großen Anteil haben dabei die körpersprachlichen Signale. Wichtig erscheint der Hinweis, dass wir solche Auffälligkeiten in aller Regel wahrnehmen, aber eben häufig nur unbewusst. Handelt es sich um Signale, die bei uns – aus welchen Gründen und welchem Vorverständnis heraus auch immer – „negativ" ankommen, besteht eine Tendenz, den Aussageinhalt „negativ" zu erleben. Wir bekommen Zweifel am Inhalt der Schilderung; Zweifel, für die möglicherweise keinerlei objektiver Anlass besteht. Handelt es sich dagegen um Signale, die wir „positiv" erleben, kann der umgekehrte Effekt eintreten. Der Aussageinhalt wird rascher als glaubhaft bewertet, naheliegende Zweifel werden in den Hintergrund gerückt. Die Verfasser haben viele Male **folgenden Test** durchgeführt:
Drei Seminarteilnehmer schildern in der Ich-Form eine Episode aus ihrem Leben (beispielsweise ein kleines Missgeschick oder etwas Ähnliches), aber nur einer von ihnen hat es tatsächlich erlebt. Regelmäßig besteht eine große Tendenz, denjenigen Glauben zu schenken, die eine ausgeprägte und passende körpersprachliche Begleitung anbieten und auch sonst gute rhetorische Fähigkeiten in der Präsentation der Geschichte. In einem dieser Tests, der auf Video festgehalten wurde und so schon viele Male – immer mit dem gleichen Ergebnis – wiederholt werden konnte, schilderte eine junge, sympathische Frau, wie sich ihr

922 May/Schneider/Okulicz-Kozaryn: Notwendigkeit einer kritischen Prüfung von Methoden zur Lügenerkennung und Vernehmungstaktiken zur Informationsgewinnung von Beschuldigten: ein Positionspapier aus Psychologie und Polizei, Forensische Psychiatrie, Psychologie, Kriminologie.

923 BGH, Beschl. v. 27.4.2010 – 5 StR 127/10; Brause, NStZ 2013, S. 129 Fn. 2; vgl. indes: BGH, Beschl. v. 18.8.2020 – 5 StR 175/20: „Das Tatgericht darf und muss bei der Überzeugungsbildung nach § 261 StPO alles verwerten, was Gegenstand der Hauptverhandlung ist. Hierzu gehören auch äußere Erscheinung, Mimik, Gestik, Auftreten und Sprachverhalten von Angeklagten, Zeugen und Mitangeklagten".

924 BGH, Urt. v. 30.7.1999 – 1 StR 618/98; Köhnken, in: Deckers/Köhnken (Hrsg), Die Erhebung und Bewertung von Zeugenaussagen im Strafprozess, 2. Auflage 2014, 1, 7.

Freund während ihrer Abwesenheit Pommes Frites zubereitete und dabei einen Küchenbrand verursachte. Sie hatte es aber tatsächlich nicht erlebt und log. Sie verlegte das Geschehen folglich an ihr vertraute Örtlichkeiten. Nur so konnte sie das Ganze relativ genau beschreiben und aufgrund ihres Temperaments körpersprachlich sehr stimmig begleiten. Zum Brand konnte sie nicht viel berichten, sie hatte ihn nicht miterlebt. Sie kam erst nach Hause, als die Feuerwehr ihn gelöscht hatte. Es ging also um diesen hoch emotionalen Moment, wenn man erfährt, dass es daheim gebrannt hat und die Feuerwehr anrücken musste. Und hier unterschied sich ihre Aussage qualitativ erheblich von derjenigen, die es tatsächlich erlebt hatte. Diese Frau, die das Erlebnis in Wahrheit hatte, trug ihre Geschehensschilderung aber eher ein wenig spröde und ihrem Naturell entsprechend beinahe ohne jegliche Körpersprache vor. Dafür war ihre Schilderung qualitativ umso inhaltsvoller. Sie erwähnte als einzige den Verlust ihrer geliebten Kochrezeptesammlung sowie dass ihr Freund bei seinen Löschversuchen ihr Lieblingskissen benutzt und zerstört hatte, und sie beschrieb als einzige den Geruch, der noch lange in der Wohnung lag. Dennoch konnte sie die Kollegen in der Mehrzahl nicht (von der Wahrheit) überzeugen, weil der Fokus fälschlicherweise auf ihrem weniger einnehmenden persönlichen Eindruck und ihrer spröden, körpersprachlich armen Präsentation lag und nicht auf der inhaltlichen Analyse ihres Vortrags und der der beiden anderen.

Es ist unbestreitbar, dass im **Gerichtsalltag** Sympathie und Antipathie Einfluss nehmen auf die Bereitschaft, einen Aussageinhalt zu glauben. Davon muss man sich so weit wie möglich frei machen. Es gilt, sich diese Einflüsse bewusst zu machen, um dann davon freier zu werden und sie bei der Überzeugungsbildung sinnvoll, das heißt rational einleuchtend (be-)nutzen zu können. Eine Diskrepanz zwischen Gesagtem (etwas Trauriges) und Verhalten (Lachen) ist wert bemerkt zu werden, der Diskrepanz sollte in der Regel noch in der Vernehmung nachgegangen werden, ggf. ausdrücklichen Rückfragen hierzu. Nonverbale Auffälligkeiten können „Warnsignale“[925] sein. Uns interessieren die (direkten) Beobachtungen, die man während einer Vernehmung an den Auskunftspersonen machen kann, insoweit auch die Körpersprache. Das sind alle nicht mit Worten ausgedrückten „Mitteilungen“ der Auskunftsperson. Sie können gewollt sein, weil sie die mit den Worten mitgeteilten Inhalte unterstützen sollen, oder ungewollt der Auskunftsperson „entschlüpfen“, sie „demaskieren“, vor allem wenn sie den mit Worten mitgeteilten Inhalten widersprechen. Insofern ist Körpersprache in forensischen Befragungen ein interessantes Thema. Dennoch bleibt die Mehrdeutigkeit der Interpretationsmöglichkeiten. 604

2.5.3 Exkurs: Polygraphen-Test (Lügendetektor). In den USA spielen nach wie vor die mittels des sogenannten Lügendetektorsgemessenen körperlichen Reaktionen auf die Aussagesituation eine gewisse, wenn auch immer mehr nachlassende Rolle. Der Polygraph, auch Mehrkanalschreiber oder Lügendetektor, greift auf **körperliche Reaktionen** zurück. Ein **Polygraph** ist ein Gerät, das dazu dient, physiologische Reaktionen einer Person während eines Interviews zu messen und aufzuzeichnen. Die Grundidee hinter einem Polygraphen ist, dass emotionale Veränderungen, insbesondere Stress oder Angst, die mit dem Lügen verbunden sein können, sich in messbaren körperlichen Reaktionen äußern. Die Hauptkomponenten eines Polygraphen sind die Blutdruckmessung, Pulsmessung, Atemfrequenz und -tiefe sowie die Elektrodermale Aktivität (EDA). Letzteres misst die Leitfähigkeit der Haut, die sich erhöht, wenn eine Person schwitzt, was oft ein Zeichen von Stress ist. Während eines Polygraphentests werden der Testperson verschiedene Fragen gestellt, die in drei Kategorien eingeteilt werden 605

925 Die Verfasser vertreten die Auffassung, dass alle „negativen“ Auffälligkeiten, auch diejenigen im Inhalt oder in der Struktur einer Aussage, immer nur Warnsignale sein können, vgl. unten Lügen-/Warnsignale Rn. 792 sowie Wendler, Gedächtnisschrift für Rolf Keller, S. 341 ff.

können: relevante Fragen, irrelevante Fragen und Kontrollfragen. Die relevanten Fragen beziehen sich direkt auf das Thema der Untersuchung, während die irrelevanten Fragen allgemeiner Natur sind und keine emotionale Reaktion hervorrufen sollten. Kontrollfragen sind so gestaltet, dass sie wahrscheinlich eine Reaktion hervorrufen, die mit der beim Lügen vergleichbar ist, um als Vergleichsbasis zu dienen. Die aufgezeichneten Daten werden dann analysiert, um festzustellen, ob es bei bestimmten Fragen zu auffälligen physiologischen Reaktionen kam, die auf Lüge hinweisen könnten. Es wird dabei davon ausgegangen, dass eine Person, die schuldig ist, bei den tatbezogenen Fragen eine stärkere emotionale Erregung erfährt, die sich körperlich messen lässt.

606 Sämtliche **Obergerichte** in Deutschland[926] lehnen bisher aufgrund der Mehrdeutigkeit körperlicher Reaktionen den Polygraphen-Test für eine Hauptverhandlung als **ungeeignetes Beweismittel** (i. S. d. § 244 Abs. 3 S. 2 Alt. 4 StPO) auch zum Zweck des Unschuldsbeweiseses ab. Die „begrenzte Anzahl ausgewählter Körperdaten" lassen „in sehr eingeschränktem Umfang und nur diffus – Schlüsse auf allgemein bestehende Emotionen und intrapsychische Veränderungen zu".[927] Danach ist es nicht möglich, eindeutige Zusammenhänge zwischen bestimmten inneren Zuständen und hierfür spezifischen Reaktionsmustern zu erkennen.[928] Der Polygraphen-Test setzt zudem voraus, dass die (unschuldige) Auskunftsperson über *keinerlei* Tatwissen verfügt. Auch insoweit hält der BGH den Tatwissenstest für ein völlig ungeeignetes Beweismittel einer Hauptverhandlung, da ein Angeklagter bereits allein aufgrund der Anklage von den Ermittlungsergebnissen Kenntnis hat. In seiner neueren Rechtsprechung hat der *BGH* seine Auffassung hierzu bekräftigt. Die grundsätzlichen Einwände betreffend den sog. Kontrollfragentest bestünden uneingeschränkt weiter, auch unter Berücksichtigung neuerer psychologischer Untersuchungen in Deutschland[929] und im Ausland.[930] Die zivilrechtliche Rechtsprechung hat sogar die Niederschlagung der Kosten eines gleichwohl auf Antrag eingeholten Gutachtens wegen unrichtiger Sachbehandlung nach § 16 KostO für erforderlich gehalten.[931] Die polygraphische Untersuchung stellt auch kein in einem Zivilrechtsstreit geeignetes Beweismittel zur Entkräftung der tatsächlichen Feststellungen eines Strafurteils dar.[932]

607 In der **Literatur** wird **Kritik** an der Rechtsprechung geäußert, insb. wonach der Polygraph keinesfalls „völlig ungeeignet ist, vielmehr als Entlastungsbeweis durchaus tauglich sei[933] bzw. im letzten Jahrzehnt erschienene neue Validitätsstudien keine Berücksichtigung gefunden haben.[934] Nach Auffassung der Verfasser schulden diese Stimmen den Beweis. Der Punkt ist aber ein anderer: Letztlich geht es beim Polygraphen aber um die Umkehr der **Unschuldsvermutung**, den Beweis der Unschuld. Dieses Denken hat eine lange Tradition, was es natürlich nicht besser macht. Die **Feuerprobe** war ursprünglich ein Gottesurteil des Mit-

926 BGH Urt. v. 17.12.1998 – 1 StR 156/98; BGH VI ZR 327/02; 1 StR 509/10; BVerwG 2 B 20/14; BAG 2 AZR 194/22.

927 BGH Urt. v. 17.12.1998 – 1 StR 156/98; BGH Beschl. v. 30.11.2010 – 1 StR 509/10.

928 Vgl. Momsen, Die Renaissance des Polygraphen? Wie effektiv lassen sich amerikanische Verteidigungsstrategien im deutschen Strafverfahren nutzen? KriPoZ 2018, 142; Putzke/ Scheinfeld/ Klein/Undeutsch, Polygraphische Untersuchungen im Strafprozess, ZStW 121 (2009), 607–644.

929 H. Offe/S. Offe, MschKrim 2004, 86.

930 BGH Beschl. v. 30.11.2010 – 1 StR 509/10 mit Verweis auf Honts/Raskin/Kircher in Faigman/ Saks/Sanders/Cheng, Modern Scientific Evidence, The Law and Science of Expert Testimony, Volume 5 [2009], S. 297 ff.

931 KG, Beschl. v. 11.10.2010 – 19 WF 136/10.

932 OLG Hamm, Beschl. v. 7.9.2012 – I-9 W 4/12.

933 Makepeace, Der Polygraph als Entlastungsbeweis, Dissertation 2023; Gerhold, Der Einsatz von Lügendetektorsoftware im Strafprozess – aufgrund des technischen Fortschritts in Zukunft doch rechtmäßig?, ZIS 2020, 431 ff.

934 Effer-Uhe D./Mohnert A., Psychologie für Juristen, Kapitel 5, Rn. 232 m. w. N.

telalters, das darauf abzielte, Schuld oder Unschuld durch eine direkte Konfrontation mit dem Element Feuer zu beweisen. In einer Zeit, in der juristische Beweismittel oft fehlten und der Glaube an göttliches Eingreifen stark ausgeprägt war, galt die Feuerprobe als Mittel zur Wahrheitsfindung im Rahmen eines religiös begründeten Rechtssystems. Dabei musste eine beschuldigte Person beispielsweise ein glühendes Eisen mehrere Schritte weit tragen, barfuß über glühende Kohlen laufen oder die Hand ins Feuer halten. Die Vorstellung war, dass Gott selbst das Urteil fällen würde: Wenn die Verletzungen ungewöhnlich schnell heilten oder gar nicht auftraten, galt die Person als unschuldig. Taten hingegen schwere Verbrennungen auf, wurde das als Beweis der Schuld gewertet. Man kann den Polygraphen **metaphorisch als moderne Feuerprobe** bezeichnen, insofern als er eine belastende Situation darstellt, in der sich die Wahrheit unter psychischem Druck offenbaren soll. Beide Verfahren versuchen, **innere Wahrheit durch äußere Reaktionen sichtbar zu machen** – das eine durch Feuer, das andere durch Biometrie.

Ähnlich wie der Polygraph funktioniert auch das **Brain-Fingerprinting**. Es ist eine Technik zur Gedächtniserkennung, entwickelt in den 1990er Jahren von Dr. Lawrence Farwell. Im Zentrum stehen sogenannte ereigniskorrelierte Potentiale (ERPs), insbesondere die P300-Welle, die im EEG rund 300 ms nach Präsentation einer potenziell bekannten Information auftritt. Elektroden messen also Hirnströme, während der Proband Stimuli wie Tatwaffenbegriffe, Tatort-Fotos usw. sieht. Die Methode ist nicht wissenschaftlich belegt. 608

2.6 „Eindeutigkeit" (bei Kurzaussagen – juristischer Kernbereich)

Gerichte gewinnen mitunter ihre Überzeugungen zu der Richtigkeit eines Sachverhalts aufgrund einer „**eindeutigen**", aber nur auf das Beweisthema zugeschnittenen **Aussage**. Die Eindeutigkeit einer Aussage, die kommunizierte persönliche Gewissheit der Aussageperson im Sinne von „ganz sicher", „tausend Prozentig", „eindeutig" u. v. m. ist eine im Gerichtssaal häufig angeführte Argumentation. Die eindeutige, sichere (Kurz-)Aussage[935] ist aber nicht per se ein (Realitäts-) Kriterium für die Wahrhaftigkeit der Angaben. Das leuchtet unmittelbar ein, wenn man sich die Aussage eines Kindes zu den Eltern „Ja, ich habe *eindeutig* Hausaufgaben gemacht" vergegenwärtigt. Diese Aussage ist nicht besser als „Ja, ich habe Hausaufgaben gemacht". Daran ändert auch keine „100 %" oder gar „1000 %"etwas. Dennoch scheinen Gerichte eindeutige, **auf das Beweisthema zugeschnittene Aussagen** zu überzeugen. 609

Die subjektive Gewissheit hinsichtlich des eigenen Urteils hat keinerlei oder allenfalls mäßigen Bezug zur objektiven Korrektheit der Aussage.[936] Insoweit sind auch Fragen nach der persönlichen Gewissheit/Überzeugung über die Richtigkeit der Aussage überflüssig. 610

> **Beispiel:** In dem schon oft zitierten Rechtsfall kollidierten zwei Fahrzeuge im Kreuzungsbereich einer „beampelten" Kreuzung. Beide Fahrer nahmen für sich in Anspruch, bei grünem Licht in den Kreuzungsbereich eingefahren zu sein. Das Gericht versuchte durch die Vernehmung der beiden Fahrer zu klären, für wen die Ampel grünes Licht und für wen die Ampel rotes Licht gezeigt hatte. Die Fahrerin des eines Autos, Frau Engländer, äußerte mehrfach, dass ihre Ampel grün „eindeutig" gezeugt hatte: „Die war Grün.", „Also die Ampel war Grün", „Ich weiß nur, wie ich drüber gefahren bin, dass sie Grün war." Auf Situationsfragen des Gerichts zeigte sich, dass ihre Erinnerung zu dem Vorgang insgesamt nicht vorhanden war, was bei derartigen Routinehandlungen auch nicht weiter verwunderlich ist. Das gipfelte in

935 Siehe Mindestumfang – Aussagesubstanz Rn. 645.
936 Jansen, Zeuge und Aussagepsychologie, 3. Auflage 2022, Kapitel 3, Rn. 525 m. w. N., 526.

der Situation, dass sie nicht einmal benennen konnte, wo die Ampel war, die grünes Licht gezeigt haben soll. An der besagten Kreuzung gab es nämlich in ihrer Fahrtrichtung vier Fahrspuren und daher auch vier Ampeln. Der Unfallgegner zeigte sich bei der Befragung über die Ampelfarbe nicht so sicher. „Ich muss sagen, ich war total in Gedanken versunken, bin aber gefahren, wie jeden Tag, bei Grün über die Kreuzung.“, „Nun, es ist richtig, dass ich an der Unfallstelle sagte, ich gehe davon aus, dass ich bei Grün über die Kreuzung gefahren bin. Ich habe nicht gesagt, ich wisse nicht, ob es Rot oder Grün war. Ich sagte ganz einfach, ich gehe davon aus, weil ich noch nie bei Rot über die Kreuzung gefahren bin.“ Damit standen sich die eindeutige Aussage der Fahrerin und ein „ich gehe davon aus“ gegenüber. In den späteren Urteilsgründen war zu lesen, dass Die Fahrerin deswegen den Prozess gewann. „Für die Zeugin Engländer war der Verkehrsunfall ein unabwendbares Ereignis … Dies ergibt sich aus der Aussage der vor der Kammer vernommenen Zeugin, die in sich widerspruchfrei und (auch) nicht im Widersprach zu ihrer bei der Polizei abgegebenen Einlassung steht. Die Zeugin hat **eindeutig ausgesagt**, dass für sie die Verkehrsampel grünes Licht zeigte … Aufgrund ihrer Aussage steht weiterhin fest, dass der Beklagte … geäußert hat, dass er nicht genau wisse, ob für ihn die Ampel rot oder grün gewesen. Das entspricht auch der (damaligen) Einlassung des Beklagten, dass „er davon ausgehe, dass die Ampel an der Ferdinandstraße für ihn grünes Licht zeigte“. Dies geht aber nach Auffassung der Kammer zu seinen Lasten und kann in Verbindung mit der Aussage der Zeugin Engländer nur zu der Feststellung führen, dass die Verkehrsampel für den Beklagten nicht grünes, sondern rotes Licht gezeigt hat.“ Die Begründung zur Widerspruchsfreiheit überrascht: Als ob es überhaupt möglich wäre, bei einer solchen Kursaussage „ich hatte grün“ sich in Widersprüche zu verwickeln. Letztlich hat sich das Gericht mit der „eindeutigen“ Aussage zum Beweisthema zufrieden gegeben und seine Überzeugung darauf aufgebaut. Aussagepsychologisch ist der „Gehalt“ der Aussage aber eher ein Witz.

2.7 Widerspruchsfreiheit in aufeinanderfolgenden Aussagen

611 In der Rechtswissenschaft wird oft angenommen, dass ein Zeuge besonders glaubwürdig ist, wenn er **konstant, sicher und eindeutig** sowie **in allen Vernehmungen** gleich aussagt. Dies ist jedoch grundlegend falsch. Das von Richtern oftmals praktizierte Streben nach Konstanz in Aussagen über verschiedene Zeitpunkte hinweg ist so falsch wie der von Verteidigern häufig angeführte Hinweis auf Inkonstanzen in aufeinanderfolgenden Aussagen. Man muss sehr stark differenzieren. Zur Vermeidung von Wiederholungen wird hier auf die Ausführungen Konstanz Analyse, Konstanz/Widersprüche[937] verwiesen.

2.8 „Völlige“ Widerspruchsfreiheit/Übereinstimmung mehrerer Zeugen

612 In einem Urteil eines Amtsgerichts war zu lesen: „Die Aussagen der beiden **Zeugen** sind glaubhaft, denn sie **stimmen im vollen Umfang überein**“. Dieses Kriterium der „Widerspruchsfreiheit“ ist in dieser Generalität sehr problematisch, denn die Würdigung wird damit stark auf das enge Beweisthema verkürzt. Bei „in vollem Umfang übereinstimmenden Aussagen“ muss zumindest auch an ein Komplott gedacht, also an die gemeinsame Präsentation einer gemeinsam abgestimmten, erfundenen Lügengeschichte. Hierzu hat der BGH in anderem Zusammenhang festgestellt: „Die Strafkammer hat „ein wesentliches Merkmal der Glaubhaftigkeit der Angaben“ der Nebenklägerinnen darin gesehen, dass beide in ihrer ersten polizeilichen Vernehmung unabhängig voneinander befragt worden seien und von dieser Vernehmung an bis zur gerichtlichen Vernehmung einen übereinstimmenden Sachverhalt geschildert hätten. Das Landgericht hätte sich in diesem Zusam-

937 Konstanzanalyse, Konstanz/Widersprüche Rn. 760.

menhang zur Prüfung und Erörterung der Frage gedrängt sehen müssen, ob die festgestellte übereinstimmende Schilderung des mehraktigen Geschehens auch anders als durch ein tatsächliches Erleben erklärbar sein und etwa darauf hindeuten könnte, dass die Nebenklägerinnen ihre Aussagen aufeinander abgestimmt haben."[938] An der Stelle kann natürlich keine abschließende Darstellung über die Richtigkeit vorgenannter Würdigungen des Amtsgerichts abgegeben werden, sie hängt vom Einzelfall und den jeweiligen Aussagen ab.

Festgehalten werden muss aber zunächst, dass bereits allein die **Anzahl der Zeugen** „einer Seite" keinen zwingenden Schluss zulässt. Die Rechtswirklichkeit sieht vielfach anders aus. Wenn in einem Zivilprozess eine Partei (der Kläger) einen oder gar zwei Zeugen für ein streitiges Beweisthema benennen kann (und diese in der Vernehmung das Beweisthema bestätigen), dann wird die Partei (der Beklagte), die keinen Zeugen (und andere Beweise benennen kann) in aller Regel unterliegen und den Prozess verlieren. Allein die Anzahl der vorhandenen Zeugen scheint den Prozessausgang zu bestimmen. Getreu dem Motto: „Den Totschläger soll man töten nach dem Mund zweier Zeugen. Ein Zeuge soll nicht aussagen über eine Seele zum Tode (4. Mose, Kapitel 35, Vers 30)". Dahinter steht ggf. eine **unechte Beweisregel.**[939] **613**

Zeugen können zudem aus wahrnehmungstechnischer Sicht nicht gleich wahrgenommen haben, so dass sie später dazu auch niemals „in vollem Umfang übereinstimmend" aussagen werden. Das hängt schon allein damit zusammen, dass jeder Zeuge andere **Erinnerungsverlust** und **Auffüllungsneigung**[940] in unterschiedlichem Maße. Wenn Zeugen daher „in vollem Umfang übereinstimmend" aussagen, dann ist zumindest auch an einen Fehlinformationseffekt[941] infolge gemeinsamer Gespräche und einer Gedächtnisvermischung, einem Gruppengedächtnis, zu denken. Zeugenaussagen können sich daher nur im *Kern* übereinstimmen, aber weichen in den *Details* ab. Absolute Deckungsgleichheit deutet oft eher auf eine künstliche **Gedächtniskonformität**[942] hin als auf tatsächliche, unabhängige Wahrnehmung Rn. 904. **614**

2.9 Die Wirkmacht der untauglichen Methoden

Die vorgenannten Methoden sind tückisch. Sie sind **untauglich**. Jede einzelne „Methode" hat eine hohe taktische Wirkmacht, da die Methode populär, verbreitet ist, sie sind **in den Köpfen** der Beteiligten drin und können so schnell als **Argument** angeführt werden. Sie überzeugen oftmals – wenn man kein Wissen darüber hat. **615**

Wie populär die vorgenannten untauglichen Methoden sind, soll die Besprechung des nachfolgenden Falls zeigen. Es handelt sich um die Verschriftung eines kurzen Videos, das die Verfasser regelmäßig auf ihre Veranstaltungen und Trainings zeigen. **616**

> Ein Mann und eine Frau, Toni und Susanne, schildern im TV ihre Flucht aus der DDR: Bei der Besprechung des Films kommen immer die gleichen Argumente, egal ob Justiz, Anwaltschaft oder wer sonst. In aller Regel dominieren die Stimmen, die sich gegen die Glaubhaftigkeit aussprechen. Die dabei häufig kommentierten/bewerteten Passagen haben wir fett gedruckt.
> Hintergrundstimme des Beitrags: Auch die Weiterfahrt von Prag nach Ungarn verlief für Toni und Susanne durch das ungarische Transitvisum problemlos. Doch dann wurde es ernst. In Ungarn trampt das Pärchen ins Grenzgebiet.

---

938 BGH, Beschl. v. 19.2.2025 – 6 StR 685/25.
939 Siehe Plausibilität – allein eigene Erfahrung Rn. 585.
940 Siehe Auffüllungsneigung Rn. 825.
941 Siehe Irrtum, Fehlinformationseffekt/Post-event-Informationen Rn. 896.
942 Siehe Fehlinformationseffekt, Memory Conformity" oder Gedächtniskonformität Rn. 904.

Toni: „*Wir liefen gerade mal 20 Meter und dann steht da hinten schon so ein DDR-ungarischer Soldat, Grenzposten, mit Kalaschnikow. Und ich sag, Susanne, guck mal, wer da steht. Ach du Scheiße. Und wir rumgedreht. Und ein paar Sekunden später hörten wir schon eine* ***LKW*** *ansausen. Der überholte uns,* ***stellte sich mit einer Vollbremsung quer zur Fahrbahn****. Und dann sprangen* ***acht Soldaten*** *runter, teilweise. Ein paar von denen hatten, es waren mit Gewehren bewaffnet, also mit Maschinengewehren, ein paar mit Gummiknüppeln, haben uns dann gepackt und zum LKW gezerrt und meinten, wir sollen da aufsteigen, hinten auf die Pritsche. Ja, und die Soldaten schlugen dann immer so mit den Gummiknüppeln so in meine Richtung. Aber die haben mich nicht geschlagen, aber wollten mir Angst einjagen.*“
Hintergrundstimme: Toni und Susanne kommen in Arrestzellen. Nach sechs Stunden unendlicher Wartezeit scheint die Situation ausweglos. Beide rechnen mit der Höchststrafe, Auslieferung in die DDR und Gefängnis für die nächsten Jahre.
Toni: „*Dann kam endlich jemand in Zivil, so ein* ***Grenzkommissar*** *war das gewesen, ein Ungarischer. Also, ja, der sah ziemlich* ***lustig*** *aus. Der hatte so ein* ***Florida-Hemd an, Jeans, Sonnenbrille, goldene Armbanduhr****. Eigentlich passte der gar nicht in diese Situation da an. Der kam mir vor wie so ein amerikanischer Cop. Für mich war das dann so, da habe ich so gesagt, der* ***Miami-Vice-Typ****.*“
An dieser Stelle meldet sich auch Susanne zu Wort, die bisher nichts gesagt hatte: Sie pflichtet Toni bei, **lacht laut** und sagt: „*Ja, stimmt*“.

617 Was denken Sie: Stimmt die Geschichte? Den Teilnehmer stößt regelmäßig auf, dass ein LKW „angesaust“ sein soll, der sich nach einer Vollbremsung quer zur Fahrbahn gestellt habe. Es handele sich um eine übertriebene Dramatisierung: Die Geschichte der plötzlichen **Vollbremsung** samt **Querstellen** enthalte Elemente, die doch sehr an eine Filmszene aus Hollywood erinnere. Dazu passen dann die genannten acht Soldaten mit Gewehren und Gummiknüppeln, was ohnehin sehr auffällig sei, weil Toni wohl kaum die genaue Zahl an Soldaten beobachtet und dann benennen könne. Auch der **Miami-Vice-Typ** stößt auf. In der DDR seien Republikfluchten streng geahndet und auch Ungarn sei bis 1989 an die Abkommen mit der DDR gebunden gewesen. Die angeblich spontane Entscheidung eines ungarischen Grenzkommissars, die beiden einfach gehen zu lassen, widerspreche der damals üblichen Praxis. Der „Miami-Vice-Typ sei auch völlig unwahrscheinlich. Seine Beschreibung mit Sonnenbrille, Jeans und Florida-Hemd klinge eher wie eine **Hollywood-Figur** als ein typischer Grenzbeamter eines kommunistischen Landes. Mitunter wird auch argumentiert, dass es ausgeschlossen sei, dass Toni sich damals gesagt habe, für ihn sei es so eine Hollywood-Figur, weil Westfernsehen in der DDR nicht zu sehen gewesen sei. Abgerundet wird das Bild dann noch durch das unpassende Verhalten von Susanne, weil ihr **Lachen** so gar nicht zu der eigentlich dramatischen Geschichte passt.

618 An der Stelle soll keine Aussage darüber getroffen werden, ob die Geschichte von Toni (und Susanne) erlebt wurde, ob die Aussagen wahr sind. Die Beiträge der Teilnehmer sollen zum einen nochmals das methodische Vorgehen verdeutlichen. Der grundlegende Ansatz muss sein: Wir suchen bei der Prüfung, ob eine Auskunftsperson die Wahrheit gesagt oder gelogen hat, in erster Linie nicht nach der Lüge, sondern nach der Wahrheit.[943] Wir suchen nach Argumenten, die dafürsprechen, dass die zu beurteilende Aussage der subjektiven Wahrheit entspricht. Das methodische Vorgehen der Teilnehmer geht oftmals in die andere Richtung. Wir suchen nach dem, was uns stört, was nicht passt, was unplausibel ist. Dahinter verbirgt sich manchmal dann die grundfalsche Methodik, dass einem Zeugen zu glauben ist, wenn man keine Zweifel an seiner Aussage hat.

---

943 Siehe hierzu sogleich: Methode der Wahrheitsfindung Rn. 557.

Zum anderen sollen die Argumente nochmals und im Lichte dieses Kapitels untersucht werden. Die Teilnehmer halten oftmals die Vollbremsung und das Querstellen des **LKW** für „übertrieben". Aber was heißt an der Stelle übertrieben? Die übertriebene Dramatisierung ist **rein subjektiv**, eine Art Plausibilisierung. Was für einen Außenstehenden wie eine Filmszene wirkt, kann für die Beteiligten eine real erlebte, adrenalingeladene Situation gewesen sein. Dass ein LKW plötzlich auftaucht und Soldaten aussteigen, ist zwar dramatisch erzählt, aber nicht per se unmöglich, vor allem unter bestimmten Bedingungen wie hoher Geschwindigkeit, rutschigem Untergrund oder bewusstem Gegenlenken des Fahrers. **619**
Die Annahme, dass ein ungarischer Grenzkommissar niemals Flüchtlinge laufen lassen würde, beruht auf einer allgemeinen, aber ebenso **subjektiven Vorstellung** von Systemtreue und bürokratischer Strenge. Doch individuelle Beamte trafen in der Realität oft Entscheidungen, die von der offiziellen Linie abwichen. Gerade in den letzten Jahren der DDR war der Einfluss der Sowjetunion auf Ungarn bereits schwächer, und es gibt dokumentierte Fälle, in denen ungarische Beamte Flüchtlinge nicht zurückschickten.
Dass der Grenzkommissar als **„Miami-Vice-Typ"** beschrieben wird, erscheint für einen westlichen Betrachter untypisch, muss aber nicht erfunden sein. In den späten 1980er Jahren begann auch in osteuropäischen Ländern eine gewisse kulturelle Öffnung. Es ist **nicht unmöglich**, dass ein ungarischer Offizier westliche Kleidung trug – gerade in Ländern, die sich mehr vom sowjetischen Einfluss zu lösen begannen. Zudem konnte man tatsächlich in großen Teilen der DDR Westfernsehen empfangen. Die US-Serie Miami Vice wurde in Westdeutschland erstmals am 8. Juli 1986 im ZDF ausgestrahlt. Es ist daher möglich, dass Toni sich damals „so ein Miami-Vice-Typ" gesagt hat. Letztlich könnte Toni an der Stelle auch das rhetorische Stilmittel der Bildersprache benutzen. Er könnte mit einem später gewonnenen Bild deutlich machen wollen, was er damals gesehen hat.
Und auch das angeblich unpassende **Lachen** von Susanne kann allgemein Peinlichkeit oder Angst, oder speziell auch der der TV-Aufnahme geschuldeten Nervosität geschuldet sein. Ähnlich wie bei körpersprachlichen Reaktionen ist die Situation nicht eindeutig interpretierbar. Lachen ist eine natürliche menschliche Reaktion und kann auch ein Mechanismus sein, um mit innerer Anspannung umzugehen.

Nochmals: An der Stelle soll keine Aussage darüber getroffen werden, ob die Aussage von Toni (und Susanne) wahr ist. Es geht um die Denkweise und die Stichhaltigkeit der Argumente. Die Argumente sind im Sinne der Wahrheitsfindung brandgefährlich, weil sie alle untauglich sind. Sie sind aber – nicht nur vor Gericht – sehr wirkmächtig. **620**

3. Wahrheit und Lüge

3.1 Glaubwürdigkeit

„Ist der Auskunftsperson eine Lüge zuzutrauen?", „Hat die Person ein unmittelbares oder mittelbares Interesse am Prozessausgang?" – Solche Fragen werden traditionell in zahlreichen Beweiswürdigungen abgehandelt.[944] Sie betreffen nicht den *Inhalt* der konkreten Aussage, sondern deren Umfeld und Zustandekommen und allgemein die Person des Aussagenenden. Hinzu kommen manchmal Symptome der Aussagesituation (körpersprachliche Merkmale), die jedoch **621**

944 Feststellungen zur Persönlichkeit des Angeklagten und zu dessen Werdegang sind auch in freisprechenden Urteilen erforderlich, wenn diese – z. B. bei einschlägigen Vorverurteilungen – für die Beurteilung des Tatvorwurfs eine Rolle spielen können: BGH, Urt. v. 23.7.2008 – 2 StR 150/08; BGH Urt. v. 17.12.2008 – 1 StR 552/08.

meist nur unbewusst in die richterliche Meinungsbildung einfließen und – jedenfalls im Zivilprozess – selten in den Entscheidungen abgehandelt werden.

622 Vorstehend unter der Rubrik ungeeignete Methoden wurde es bereits angesprochen, was auch der Bundesgerichtshof festgestellt hat: Es geht nicht „um die Frage nach einer allgemeinen Glaubwürdigkeit … im Sinne einer dauerhaften personalen Eigenschaft. Es geht vielmehr um die Beurteilung, ob auf ein bestimmtes Geschehen bezogene Angaben zutreffen, d. h. einem tatsächlichen Erleben … entsprechen."[945] (Glaubhaftigkeit der Angaben bzw. der Aussage). Diesem ursprünglich strafprozessual geprägten Verständnis hat sich der u. a. für das Schadensersatzrecht zuständige 6. Zivilsenat des Bundesgerichtshofs in einer Entscheidung zur Ungeeignetheit von Lügendetektoren angeschlossen.[946] Psychologen hatten schon seit den 1950er-Jahren darauf verwiesen, dass das Konstrukt einer auf die Person bezogenen allgemeinen Glaubwürdigkeit problematisch ist, weil es nicht gelingen kann, eine eindeutige Definition von allgemeiner Glaubwürdigkeit i. S. eines Eigenschaftskonzeptes zu erstellen. Stattdessen besteht die Aufgabe bei der Wahrheitsfindung darin, die konkrete Aussage auf ihre Glaubhaftigkeit zu untersuchen. Der Begriff der *Glaubhaftigkeit* wird hier – wie es auch in Literatur und Rechtsprechung heute vorherrschend ist – dem Begriff der *speziellen* Glaubwürdigkeit vorgezogen, weil letztgenannter Begriff den Anschein erwecken könnte, dass es doch nicht um die Angaben, sondern um eine Eigenschaft der Person gehe.[947] Allgemein sollte bei der Prüfung der Glaubhaftigkeit einer Aussage nicht zwischen allgemeiner und spezieller Glaubwürdigkeit des Beweismittels unterschieden werden.[948]

623 In diesem Kontext ist zu beachten, dass eine scharfe Abgrenzung zwischen allgemeiner Glaubwürdigkeit und *spezieller Glaubwürdigkeit* / Glaubhaftigkeit nach den Umständen des *Einzelfalles ausnahmsweise* dann nicht mehr möglich ist, wenn früheres Verhalten **Schlussfolgerungen** auf die jetzt zur Beurteilung anstehenden Aussage zulässt.[949] Dies kann dann der Fall sein, wenn die damaligen entsprechenden (Lebens-)Situationen in *personeller* oder *situativer* Hinsicht mit der jetzigen *vergleichbar* sind *und* die Erheblichkeit dieser (Hilfs-)Tatsache – wie sonst auch- **Rückschlüsse** zulässt. Hierfür reicht allein der bloße Verweis, die Auskunftsperson hat in der Vergangenheit schon mal gelogen nicht. Ein solcher Versuch einer Beweisführung (Lüge in der Vergangenheit) zur Erschütterung der bloß allgemeinen Glaubwürdigkeit einer Person (Person lügt auch jetzt) ist regelmäßig unzulässig und bedeutungslos (i. S. v. § 244 Abs. 3 Satz 2 StPO), da ein Sachzusammenhang selbst für den Fall des Erwiesenseins nicht besteht. Eine bindende Beweisregel des Inhalts, dass einem Zeugen, der zu *anderen* Punkten vorsätzlich die Unwahrheit ausgesagt hat, *generell* nicht geglaubt werden dürfe, besteht nicht.[950] Im Mittelpunkt der Aussageanalyse steht vielmehr – wie ausgeführt – nicht die Glaubwürdigkeit der Auskunftsperson, sondern die Prüfung der Glaubhaftigkeit ihrer jetzigen Angaben.

624 Auch **Vorstrafen**[951] der Aussageperson oder Fehlreaktionen und Fehlverhalten an anderer Stelle sind grundsätzlich irrelevant.[952] Denn selbst Vorstrafen machen einen Zeugen nicht schlechthin unglaubwürdig, sie nötigen allenfalls und in Einzelfällen bei Sachzusammenhang zu einer ausführlichen Würdigung seiner

945 BGH, Urt. v. 30.7.1999 – 1 StR 618/98.
946 BGH, Beschl. v. 24.6.2003 – VI ZR 327/02.
947 Vgl. Steller, in Handbuch der Forensischen Psychiatrie, Bd. 2, S. 189 m. w. N.
948 BGH, Beschl. v. 7.11.2023 – 2 StR 284/23.
949 BGH, Beschl. v. 11.1.2005 – 1 StR 498/04.
950 BGH, Beschl. v. 12.3.2002 – 1 StR 557/01.
951 Siehe auch oben, Glaubwürdigkeit Vorstrafen Rn. 576.
952 BGH, Beschl. v. 11.1.2005 – 1 StR 498/04.

Aussage.[953] **Aussagedelikte** nötigen dabei in der Regel zu einer ausführlichen Würdigung der Aussage im Urteil, denn insoweit ist ein Sachzusammenhang, eine vergleichbare Fallgestaltung gegeben.[954] Insoweit sind auch Fragen an den Zeugen seine allg. Glaubwürdigkeit betreffend nur in den Grenzen des § 68a Abs. 2 StPO bzw. § 395 Abs. 2 ZPO zulässig.

3.2 Aussageanalyse

625 **3.2.1 Ureigene richterliche Aufgabe.** Hauptansatzpunkt der Überlegungen und Schwerpunkt der Erörterungen müssen nach der Rechtsprechung Merkmale bzw. Kriterien sein, die sich aus der **Aussage** für die – jedenfalls subjektive – Wahrheit herleiten lassen. Deshalb haben sich auch die empirischen Sozialwissenschaften intensiv damit befasst. Ein „Abriss" der geschichtlichen Entwicklung (speziell in Deutschland) findet sich bei *Arntzen*[955], der selbst einige Kriterien hinzugefügt, andere modifiziert oder präzisiert hat, oder auch bei *Greuel, Offe, Fabian, Wetzels, Fabian, Offe, Stadler*[956] oder bei *Eisenberg*[957].

626 Fast allen genannten Autoren ist gemeinsam, dass es sich bei ihnen um psychologische Sachverständige handelt. Sie beziehen ihr forensisches „Material" ausschließlich oder zumindest in erster Linie aus Gutachten, die sie in Prozessen zur Frage der Glaubhaftigkeit der Angaben von Prozessbeteiligten erstellt haben. Solche im Gerichtsalltag noch immer häufig unscharf als Glaub**würdig**keitsgutachten[958] bezeichneten Aussageüberprüfungen, in die natürlich auch personale Hintergründe der betreffenden Auskunftsperson (z. B. Sprachbegabung, Suggestibilität und vieles mehr) sowie weitere Aspekte (etwa die Aussagegenese) mit einfließen, werden von den Gerichten aber nur in ganz besonders gelagerten Fällen in Auftrag gegeben. Denn grundsätzlich ist es die **ureigene Tätigkeit und Aufgabe von Richtern**, die Zuverlässigkeit von Angaben zu überprüfen und damit festzustellen, ob eine Auskunftsperson die Wahrheit sagt oder nicht. Wie auch bei Sachverständigen in anderen Bereichen, wie z. B. für technische Fragen, ist es „nicht Aufgabe des Sachverständigen, darüber zu befinden, ob die zu begutachtende Aussage wahr ist (in dem Sinne, dass sich das geschilderte Geschehen zugetragen hat) oder nicht; dies ist dem Tatrichter vorbehalten. Der Sachverständige soll vielmehr dem Gericht die Sachkunde vermitteln, mit deren Hilfe es die Tatsachen feststellen kann, die für die Beurteilung der Glaubhaftigkeit wesentlich sind."[959] Daher begründet ein überzeugendes Glaubhaftigkeitsgutachten auch keine „Außenbestätigung" der Zeugenaussage, sondern es zerstreut Qualitätsmängel der bisherigen Aussage oder Besorgnisse um solche, derenthalben das Gutachten in Auftrag gegeben worden ist.[960]

627 **Juristen** verfügen grundsätzlich in ausreichendem Maß über die dafür erforderlichen **Fachkenntnisse.** So behauptet es zumindest die höchstrichterliche Rechtsprechung[961]: „Die Würdigung von Zeugenaussagen gehört zwar zum Wesen richterlicher Rechtsfindung. Das gilt nicht nur bei erwachsenen Zeugen, sondern regelmäßig auch für die Aussage eines Kindes oder eines jugendlichen Zeugen …" „Eine Jugendkammer darf sich gerade bei der Beurteilung der Glaubwürdigkeit

953 BGH, Beschl. v. 28.1.2010 – 5 StR 524/09.
954 Zur Glaubwürdigkeit eines vorbestraften Belastungszeugen: BGH, Beschl. v. 28.1.2010 – 5 StR 524/09; BGH, Beschl. v. 12.3.2002 – 1 StR 557/01
955 Psychologie der Zeugenaussage, S. 3–8.
956 Glaubhaftigkeit der Zeugenaussage: Die Praxis der forensisch-psychologischen Begutachtung, 1998, S. 89 ff.
957 Eisenberg BeweisR StPO, 10. Aufl. 2017, aa) Rn. 1427c, 1430 ff.
958 Vgl. zuletzt: BGH, Urt. v. 17.12.2008 – 1 StR 552/08; auch zur Frage der erforderlichen Begründungsintensität eines Urteils, das vom Ergebnis des eingeholten Gutachtens abweicht.
959 BGH, Urt. v. 12.11.2003 – 2 StR 354/03.
960 Brause, NStZ 2013, S. 132.
961 BGH, Beschl. v. 22.6.2000 – 5 StR 209/00.

jugendlicher und kindlicher Zeugen eine besondere Sachkunde zutrauen."[962] „Berufsrichter [verfügen] über diejenige Sachkunde bei der Anwendung aussagepsychologischer Glaubwürdigkeitskriterien …, die für die Beurteilung von Aussagen auch bei schwieriger Beweislage erforderlich ist, und dass sie diese Sachkunde den beteiligten Laienrichtern vermitteln können".[963] Die Annahme eigener Sachkunde des Gerichts erfordert daher eine nähere Darlegung nur bei notwendigem Spezialwissen.[964] Dem hat auch das *BVerfG* zugestimmt[965]: „Da die Beweiswürdigung einen Teil der strafrechtlichen Rechtsanwendung bildet – vgl. § 261 StPO – und sich dabei stellende aussagepsychologische Fragen keine abgelegene, sondern eine für Richter ebenso wie für Anwälte zentrale, in der juristischen Fachliteratur ausführlich abgehandelte Materie darstellen, … ist die Auffassung des Landgerichts nachvollziehbar, zur Würdigung der Zeugenaussagen sei – mangels besonderer, zusätzliche psychologische Kenntnisse erfordernder Umstände – eine kostenverursachende Inanspruchnahme sachverständiger Hilfe nicht erforderlich gewesen." Bei der Beurteilung der Glaubhaftigkeit einer Aussage benötigt der Richter deshalb grundsätzlich nicht die Hilfe eines Sachverständigen. Eine Begutachtung ist auch nicht erforderlich bei Aussage-gegen-Aussage-Konstallationen[966] oder einzelnen Unklarheiten oder Widersprüchen und Vernehmung von Kindern.[967] Gleiches gilt bei der Vernehmung von Gehörlosen unter Zuhilfenahme von Gebärdendolmetschern,[968] oder Auskunftspersonen mit dem sog. Tourette-Syndrom[969] oder vorübergehenden/einmaligen epileptischen Anfällen.[970] Zivilgerichte sowie die Fachgerichte beauftragen äußerst selten aussagepsychologische Gutachter. Dies führt dazu, dass der Erfahrungshorizont der Sachverständigen in diesen Bereichen üblicherweise gering ist.

628 **3.2.2 Sachverständigenbegutachtung/Besonderheitenrechtsprechung.** Die Hinzuziehung eines **Sachverständigen** ist nach der Rechtsprechung (erst) dann geboten, wenn „die Eigenart und besondere Gestaltung des Falles"[971] solche **Besonderheiten** aufweist, dass Zweifel aufkommen können, ob die Sachkunde des Gerichts zur Beurteilung der Glaubhaftigkeit unter den gegebenen besonderen Umständen ausreicht (sog. „Besonderheitenrechtsprechung"). Die Kasuistik der Besonderheitenrechtsprechung ist unübersichtlich. Es lassen sich keine Leitsätze ableiten, aus denen abzulesen ist, in welchem Fall ein Sachverständiger zwingend hinzuzuziehen ist. Tendenziell haben die Besonderheiten stärkeres Gewicht, je mehr der Zeugenbeweis von Bedeutung ist. Ganz wesentlich ist auch die eigene Sachkunde des Gerichts.[972] Der Richter ist aufgerufen, selbstkritisch und zweifelnd zu hinterfragen, ob er die erforderliche Sachkunde für die Entscheidung aller verfahrensgegenständlichen und entscheidungsrelevanten Fragen des konkreten Falles besitzt.[973] Solange der Tatrichter „auch nur geringe Zweifel hat, solange er nicht die unbedingte Sicherheit besitzt, dass seine Sachkunde (nunmehr) zur Entscheidung ausreicht, darf er sich nicht mit ihr begnügen. Nur dann wird er

962 BGH, Urt. v. 19.2.1997 – 5 StR 621/96; BGH, Urt. v. 18.8.2009 – 1 StR 155/09.

963 Zuletzt: BGH, Beschl. v. 11.2.2014 – 4 StR 437/13, Rn. 9 m. Hinweis auf Meyer-Goßner, StPO, § 244 Rn. 74.

964 BGH, Beschl. v. 5.3.2013 – 5 StR 39/13.

965 BVerfG, Beschl. v. 16.12.2002 – 2 BvR 2099/01.

966 Becker, in: Löwe-Rosenberg, StPO, 27. Auflage, § 244 StPO, Rn. 84, wonach nur „ausnahmsweise" ein Sachverständiger hinzuzuziehen ist, vgl. auch unten „Aussage-gegen-Aussage-Konstellationen", wonach die Rechtsprechung des BGH und BVerfG „lediglich" erhöhte Anforderungen an die Urteilsdarstellungen stellt.

967 BGH, Urt. v. 26.4.2006 – 2 StR 445/05.

968 BGH, Beschl. v. 17.11.1999 – 3 StR 438/99.

969 KG Berlin, Urt. v. 16.5.2013 – (4) 161 Ss 52/13 (66/13).

970 BGH, Urt. v. 27.1.2005 – 3 StR 431/04.

971 BGH, Urt. v 19.2.1997 – 5 StR 621/96.

972 Pfister, in: Deckers/Köhnken (Hrsg), Die Erhebung und Bewertung von Zeugenaussagen im Strafprozess, 2. Auflage 2014, 99, 104.

973 Vgl. Krause, Der Sachverständige im Strafprozess, StraFo 2025, 1–11.

seiner Pflicht zur Aufklärung des wahren Sachverhalts, der allein Entscheidungsgrundlage sein darf, gerecht. In Grenzfällen und auch vielen Fällen von Vulnerabilität[974] wird er daher eher ein Zuviel als ein Zuwenig tun müssen."[975]

Dementsprechend geht die Rechtsprechung davon aus, dass mit der Aufklärungsrüge beanstandet werden kann, dass das Gericht zu einer entscheidungserheblichen Frage keinen Sachverständigen gehört hat, obgleich dies geboten gewesen wäre. Der Sache nach handelt es sich hierbei um die Rüge, dass das Gericht sich **zu Unrecht eine eigene Sachkunde** zugetraut hat, wo es sie nicht hatte.[976] Die Hinzuziehung eines Sachverständigen ist unter dem Gesichtspunkt der Aufklärungspflicht namentlich aber (erst) unter folgenden Gegebenheiten geboten: 629

- Magersucht, im Hinblick auf die psychosomatischen Ursachen dieser Krankheit[977]
- geistige Behinderung des 14-jährigen Mädchens infolge einer Sauerstoffunterversorgung bei der Geburt[978]
- Erinnerung erst nach Hypnose[979]
- behauptete Erlebnisse im Alter von 4 bzw. 6 Jahren und erstmalige Bekundung des angeblichen Missbrauchs mehrere Jahre nach der Tat im Alter von 12 Jahren auf eine gezielte Befragung hin[980]
- fortsetzende psychotherapeutische Behandlung der Hauptbelastungszeugin, Suizidversuch wenige Monate nach der Anzeigeerstattung, anderweitige bewusste Falschbelastung[981]
- erheblichen psychischen Störungen, vor allem in Form von Verhaltensauffälligkeiten und Wahnvorstellungen, akustische Halluzinationen[982]
- Anhaltspunkte für eine geistige Erkrankung[983]
- Schädelhirntrauma[984]
- Depression verbunden mit weiteren psychischen Auffälligkeiten[985]
- Schizophrenie[986].
- paranoide Persönlichkeitsstörung[987]
- monatelange ambulante und stationäre psychiatrischer Behandlung[988]
- Epilepsie[989]
- Minderbegabung mit psychosozialer und psychosexueller Retardierung[990]
- tatzeitnahe Selbstverletzungen und Suizidalität der Aussageperson, die auf eine Persönlichkeitsstörung hindeuten können[991]
- langer Drogenabusus der Aussageperson[992]
- Hirnverletzungen[993]

---

974 Siehe Macht(un)gleichgewicht – Vulnerabilität – Kinder, etc. Rn. 317.
975 BGH, Entscheidung v. 21.5.1969 – 4 StR 446/68.
976 Krause, Der Sachverständige im Strafprozess, StraFo 2025, 1 mit Verweis auf Hamm/Pauly, Die Revision in Strafsachen, 8. Aufl. 2021, Rn. 801; BGH v. 24.1.2017 – 2 StR 509/16.
977 BGH, Beschl. v. 24.6.1993 – 4 StR 329/93.
978 BGH, Beschl. v. 13.12.1996 – 3 StR 543/96.
979 BGH, Beschl. v. 30.9.1998 – 1 StR 509/98.
980 BGH, Beschl. v. 30.7.2003 – 2 StR 246/03.
981 BGH, Beschl. v. 11.9.2002 – 1 StR 171/02.
982 BGH, Beschl. v. 6.6.2000 – 5 StR 199/00.
983 BGH, Beschl. v. 19.2.2002 – 1 StR 5/02.
984 BGH, Beschl. v. 1.3.1994 – 5 StR 62/94.
985 BGH Urt. v. 21.5.1969 – 4 StR 446/68.
986 BGH, Beschl. v. 27.7.2021 – 1 StR 201/21.
987 BGH, Beschl. v. 23.5.2012 – 5 StR 174/12.
988 BGH, Beschl. v. 22.10.1992 – 4 StR 502/92.
989 BGH, Urt. v. 23.10.1990 – 1 StR 414/90.
990 BGH, Besch. v. 25.1.2005 – 1 StR 502/04.
991 BGH, Beschl. v. 28.10.2009– 5 StR 419/09.
992 BGH, Beschl. v. 28.10.2008– 3 StR 364/08.
993 BGH, Beschl. v. 15.4.2021 – 2 StR 348/20.

- Besonderheiten in Aussageentstehung und -entwicklung: Auffälligkeiten bei der Aussageentstehung und Anzeichen für eine wechselseitige innerfamiliäre Beeinflussung[994]
- intensive, teilweise suggestiven Befragung der betroffenen Kinder[995]
- affektbedingten Beeinträchtigung[996]
- Beeinträchtigung Medikament Lorzepam[997]
- Borderline[998]
- Einnahme von Psychopharmaka, Alkoholgenuss im Übermaß, Depressionen[999]
- Alkohol- und Tablettenmissbrauch[1000]
- Heroinabhängigkeit[1001]
- u. v. m.[1002]

630 Zieht der Tatrichter einen **aussagepsychologischen Sachverständigen** hinzu, ist zwar eine ins Einzelne gehende Darstellung von Konzeption, Durchführung und Ergebnissen der erfolgten Begutachtung regelmäßig nicht erforderlich; vielmehr ist es im Allgemeinen ausreichend, wenn die wesentlichen Anknüpfungstatsachen und methodischen Darlegungen in einer Weise mitgeteilt werden, die zum Verständnis des Gutachtens und zur Beurteilung seiner Schlüssigkeit und sonstigen Rechtsfehlerfreiheit erforderlich sind. Höhere Anforderungen an die Darstellung gelten in der Regel in Fällen Aussage-gegen-Aussage.[1003]

631 Nach der Rechtsprechung des Bundesgerichtshofs ist der Richter nicht an die Feststellungen des Sachverständigen gebunden. Der Richter trifft auf der Grundlage der ihm vermittelten Sachkunde eine eigene Entscheidung über die für das Urteil zu treffenden Feststellungen. „Der Sachverständige ist weder berufen noch in der Lage, dem Richter die Verantwortung für die Feststellungen abzunehmen, die dem Urteil zugrunde gelegt werden. Das gilt nicht nur von der Ermittlung des Sachverhalts, von dem der Sachverständige auszugehen hat, den Anknüpfungstatsachen, sondern auch von seinen (…) Beobachtungen und Folgerungen. Selbst diese hat der Richter sogar in solchen Fällen, in denen es sich um besondere wissenschaftliche Fachfragen handelt, auf ihre Überzeugungskraft zu prüfen. (…) (Diese Grundsätze) dürfen weder vom Sachverständigen noch vom Gericht verkannt werden. Sonst besteht die Gefahr, dass der Richter die Verantwortung für einen wichtigen Teil seiner Entscheidung einem anderen überlässt, dem sie nicht zukommt und der sie, wenn er über seine Stellung im Verfahren Bescheid weiß, nicht einmal übernehmen will.“[1004] Der Richter muss sodann die eigene Entscheidung im Urteil darlegen und begründen, warum er dem Sachverständigen folgt bzw. – bei einer Abweichung vom Gutachten – ein besseres Fachwissen für sich in Anspruch nimmt.[1005]

632 **3.2.2.1 Sachverständige als Spezialisten (Psychiater oder Psychologen).** Die **Auswahl** eines Sachverständigen erfolgt nach pflichtgemäßem **Ermessen** des Gerichts (vgl. § 73 stopp, § 404 ZPO). Maßgebend ist neben der persönlichen Eignung die fachliche Befähigung für die zu Beantwortung stehende Frage. Der

994 BGH, Beschl. v. 25.4.2006 – 1 StR 579/05.
995 BGH, Beschl. v. 22.6.2000 – 5 StR 209/00.
996 BGH, Beschl. v. 7.1.1997 – 4 StR 605/96.
997 BGH, Beschl. v. 1.1.2011 – 4 StR 19/11.
998 BGH, Urt. v. 22.1.1998 – 4 StR 100/97.
999 BGH, Beschl. v. 23.6.1983 – 4 StR 297/83.
1000 BGH, Beschl. v. 5.9.1996 – 1 StR 416/96.
1001 BGH, Beschl. v. 29.8. 1989 – 5 StR 278/89.
1002 Umfassende Sammlung in Jansen, Zeuge und Aussagepsychologie, 3. Auflage 2022, Rn. 59 ff., 120 ff., 142, 145 ff.
1003 Siehe Aussage-gegen-Aussage-Konstellationen Rn. 700.
1004 Krause, Der Sachverständige im Strafprozess, StraFo 2025, 1, 9 mit Verweis auf BGH v. 8.3.1955 – 5 StR 49/55. Vgl. auch BGH, Urt. v. 10.5.2023– 2 StR 373/22.
1005 Krause, Der Sachverständige im Strafprozess, StraFo 2025, 1, 9 m. w. N.

Sachverständige muss dabei ein **Spezialist** auf einem eng definierten Sachgebebiet sein. Hierfür reicht nicht die allgemein von einem Angehörigen dieses Berufs erwartete Sachkunde. Es geht vielmehr um **besondere Kenntnisse**[1006] in einem spezifischen Bereich, erworben durch Grundausbildung (Psychologe mit Diplom- oder Masterabschluss etc.), einschlägige Berufspraxis, wissenschaftliche Beschäftigung bzw. Weiterbildungen zum Fachpsychologen für Rechtspsychologie.[1007] Derartige **Fortbildungen** und Qualifizierungsmaßnahmen[1008] werden von **Fachverbänden**[1009] organisiert und können im **Rechtspsychologenregister**[1010] eingetragen werden. In Zusammenhang mit der notwendigen Expertise eines Sachverständigen ist zu erwähnen, dass der gerichtliche Sachverständige für ein unrichtiges aussagepsychologisches Gutachten im Strafprozess auch zivilrechtlich haften kann.[1011]

Ob ein **Psychiater** oder ein **Psychologe** mit der Begutachtung beauftragt werden soll, hat grundsätzlich der Tatrichter nach pflichtgemäßem Ermessen zu entscheiden.[1012] Er wird die Entscheidung von der zu begutachtenden Person und den bei ihr zu beurteilenden Fachfragen und letztlich auch vom Wissensstand des Gutachters abhängig machen. Ob für eine entsprechende Überprüfung überhaupt Anhaltspunkte bestehen, hat allein der Richter (im Ermittlungsverfahren der Staatsanwalt) zu entscheiden, der dem Sachverständigen die konkreten Gründe für die Notwendigkeit einer Begutachtung verdeutlichen sollte.[1013] Die Hinzuziehung eines Psychologen ist grundsätzlich ausreichend, wenn es um die Beurteilung normaler Wahrnehmungs-, Gedächtnis- und Denkprozesse geistig gesunder Personen geht. Die besondere Sachkunde eines Psychiaters wird benötigt, wenn bei der Aussageperson eine krankhafte Störung, Geisterkrankheit etc. vorgelegen hat oder haben kann, die sich auf ihre Aussagetüchtigkeit ausgewirkt haben kann.[1014] Der Psychiater besitzt im Übrigen auch für die Beurteilung nicht-krankhafter Zustände und ihrer Auswirkung auf die Glaubhaftigkeit die nötige Sachkunde.[1015] Zwar zählt psychiatrisches Fachwissen nicht zu den allgemeinen Kenntnissen eines Richters, so dass die Prüfung, ob eine Erkrankung vorliegt, von ihm regelhaft nicht ohne sachverständige Unterstützung erfolgen kann. Das Tatgericht ist aber auch hier im Regelfall aus eigener Sachkunde in der Lage zu beurteilen, ob überhaupt Anknüpfungstatsachen vorliegen, die auf das Bestehen einer Erkrankung hindeuten.[1016] **633**

3.2.2.2 Sonderfall Sexualdelikte. Die vorgenannten Ausführungen bedeuten, dass Sachverständige in aller Regel lediglich in solchen besonders gearteten Verfahren zu Rate gezogen werden und somit aus solchen „besonderen" Verfahren **634**

1006 Pschorr/Borchard, Psychologische Sachverständige im Strafverfahren und im Strafvollstreckungsrecht in Deutschland, MedR 2024, 790 ff.; Siehe auch „Arbeitskreis Psychologie im Strafverfahren".

1007 Volbert/Dahle, Forensisch-psychologische Diagnostik im Strafverfahren, Band 12, Seite 10.

1008 Vgl. etwa https://www.dgps.de/psychologie-studieren/aus-und-weiterbildung/weiterbildung-rechtspsychologie/

1009 Etwa Deutsche Gesellschaft für Psychologie bzw. Föderation Deutscher Psychologenvereinigungen (Deutsche Gesellschaft für Psychologie (DGPs)), Berufsverband Deutscher Psychologinnen und Psychologen (BDP), oder Sachverständiger der Psyotherapeutenkammer.

1010 www.rechtspsychologen-register.de

1011 Saarländisches Oberlandesgericht Saarbrücken, Urt. v. 23.11.2017 – 4 U 26/15.

1012 BGH, Beschl. v. 11.1.2005 – 1 StR 498/04.

1013 BGH, Beschl. v. 11.1.2005 – 1 StR 498/04.

1014 Vgl. zur Notwendigkeit der Hinzuziehung eines Psychiaters BGH, Beschl. v. 6.3.2024 – 6 StR 550/23 mit Verweis auf Urt. v. 11.5.1993 – 1 StR 896/92; Urt. v. 21.5.1969 – 4 StR 446/68, Beschl. v. 29.10.1996 – 4 StR 508/96; Beschl. v. 2. 3.1995 – 4 StR 764/94; BGH 1 StR 416/96 m. w. N.; BGH, Urt. v. 16.12.2020 – 2 StR 209/20; BGH, Urt. v. 23.10.1990 – 1 StR 414/90 zur Zuziehung eines Neurologen neben einem Psychiater.

1015 BGH, Urt. v. 22.1.1998 – 4 StR 100/97.

1016 BGH, Beschl. v. 31.7.2024 – 2 StR 44/24; BGH, Urt. v. 22.1.1998 – 4 StR 100/97.

ihr forensisches Material beziehen. In der Praxis handelt es sich sehr häufig um Strafverfahren, denen in den meisten Fällen Sexualdelikte zugrunde liegen. Denn in diesem Bereich sind die Gerichte, nachdem oftmals keine anderen Beweismittel vorliegen, meist ausschließlich auf die Bewertung der Aussagen von Täter und Opfer angewiesen. Darüber hinaus werden Gutachten in Auftrag gegeben, wenn es um die Bewertung der Angaben kleinerer Kinder geht; auch diesen Verfahren liegt sehr häufig der Vorwurf eines Sexualdelikts zugrunde.

635 Man wird allgemein davon ausgehen können, dass es im Bereich der Missbrauchs- und Sexualdeliktsdelinquenz gerade von Kindern mitunter zu Besonderheiten kommt, sei es im Aussageverhalten, sei es aber auch im Hinblick auf die Inhalte der Angaben der Beteiligten kommt. Beispielsweise wird vermehrt das sogenannte Kerngeschehen[1017], diejenigen Handlungsteile, die die Auskunftsperson am nachhaltigsten erlebt hat und woran sie sich deshalb gewöhnlich besonders gut erinnern kann, nahe bei der Verwirklichung der gesetzlichen Tatbestandsmerkmale liegen. Wenn die Auskunftsperson innerhalb gewisser zeitlicher Abstände mehrfach dazu vernommen wird, sind bei wahrheitsgemäßer Geschehensschilderung Veränderungen an diesen Stellen eher weniger zu erwarten. Bei anderen Deliktsgruppen, erst recht in anderen Rechtsgebieten, mögen dagegen Kerngeschehen und juristisch relevante Geschehensteile mitunter weit auseinanderfallen. Es liegt auf der Hand, dass bei der Prüfung der Zuverlässigkeit eines Berichts über die Einigung bei einem Vertragsabschluss oder über das Verfolgungsschicksal eines Asylantragstellers aus vielerlei Gründen andere Gesichtspunkte greifen. Die Anforderungen an die Qualität der Aussagen mögen im Wesentlichen gleich sein. Die Art und Weise, wie man diese Qualität der Aussage feststellt, und die gesamten zusätzlichen Umstände, die in die Prüfung auf Zuverlässigkeit der Angaben (hinsichtlich Wahrheitsgehaltes und Irrtumsfreiheit) mit einfließen, sind jedoch nicht selten ganz andere als bei den Missbrauchs- und Sexualdelikten. Eine Übertragung oder auch nur eine Verallgemeinerung der in diesem Bereich gewonnenen Erkenntnisse auf sämtliche anderen Rechtsgebiete erscheint deshalb zumindest problematisch.

636 In entsprechenden Fällen von Missbrauchs- und Sexualdeliktsdelinquenz – insbesondere bei kindlichen und damit vulnerablen Opferzeugen – sollte man nicht auf die Hilfe eines psychologischen Sachverständigen verzichten. Dies gilt auch angesichts der oft sehr weit reichenden Folgen einer Fehlbeurteilung: Der zu Unrecht verurteilte Angeklagte eines Sexualdelikts hat mit deutlich über die Strafe hinaus gehenden persönlichen – familiären und gesellschaftlichen – Konsequenzen bis hin zur Stigmatisierung zu rechnen; das Opfer einer solchen Tat, dem man keinen Glauben geschenkt hat, kann sich mitunter ein Leben lang nicht von den traumatischen Ereignissen innerlich wieder frei machen. Schon allein die völlig anderen Rahmenbedingungen, innerhalb derer eine Exploration durch einen Sachverständigen stattfinden kann, schaffen die Möglichkeit, an wesentlich besseres Auskunftsmaterial zu gelangen.

637 Im Gerichtssaal, selbst wenn eine Zeitlang die Öffentlichkeit ausgeschlossen wird, fällt es einem Opfer eines sexuellen Übergriffs schwer, ausführlich und inhaltlich gehaltvoll über das Erlebte zu sprechen. Ein umfassender und detailreicher Bericht ist eher nicht zu erwarten.[1018] Deshalb ist es von großer Bedeutung, dafür zu sorgen, dass negativ wirkende situative Einflüsse möglichst minimiert werden. Viel leichter fällt es dem Opfer, sich gegenüber einer Psychologin zu „öffnen“ und Einzelheiten der Geschehnisse mitzuteilen. Das Auskunftsmaterial wird in aller Regel, zumal da – anders als bei Gericht – kein Zeitdruck

---

1017 Zum Kernbereich – Randbereich, vgl. Rn. 763.
1018 S.o. Erster freier Bericht Rn. 121.

besteht, deutlich umfangreicher sein. Je ausführlicher die Angaben sind, desto mehr Möglichkeiten bieten sich für eine gute Aussageninhaltsanalyse.

3.3 Anzeichen für Wahrheit/Realkennzeichen – Überblick

In dem Grundsatzurteil aus dem Jahre 1999 hat der Bundesgerichtshof grundlegend ausgeführt, dass die Frage nach der **Glaubhaftigkeit der Angaben** der Auskunftsperson – und nicht die ihrer Glaubwürdigkeit (im Sinne einer personalen Eigenschaft) -im Vordergrund zu stehen hat. Es handelt insoweit um einen realitätsbasierten/realitätsbegründeten Ansatz und „die Beurteilung, ob auf ein bestimmtes Geschehen bezogene Angaben zutreffen, d.h. einem tatsächlichen Erleben … entsprechen."[1019] 638

Methodisch folgt daraus, dass – anders als häufig in der Rechtswirklichkeit[1020] – in Aussagen in erster Linie nach Anhaltspunkten für realitätsbegründete Schilderung, nach **Anzeichen** für **Wahrheit** und nicht nach Lügen gesucht werden soll. Danach ist bei einer Lüge, also einer bewussten Falschaussage, die Wahrscheinlichkeit abgebrochener **Handlungsketten**, nebensächlicher **Details**, unerwarteter **Komplikationen**, Schilderungen unverstandener Handlungselemente oder auch nur von **Gefühlen** gering. Wen Menschen aufeinandertreffen, dann gibt es **Interaktionen**, Aktionen und Reaktionen. Wer etwas erlebt hat, wer auf echte Erinnerungen zurückgreifen kann, dem fällt es leicht, in der **Chronologie** der erlebten Ereignisse zu „springen". Für einen Lügner stellt dies jedoch eine ungeheure Herausforderung dar. Basierend auf diesen Annahmen bzw. Erkenntnissen hat die Aussagepsychologie eine Reihe von Anzeichen, Kriterien entwickelt, die Indizien für eine realitätsbasierte und nicht konstruierte Aussage sind. Man an spricht von sog. **Realkennzeichen**[1021] oder **Realitätskriterien** oder **Wahrhaftigkeitskriterien** oder **Glaubhaftigkeitsmerkmale**[1022]). Zu den wichtigsten Realkennzeichen[1023] gehören nach Ansicht der Verfasser: 639

- Detailreichtum
  Es werden konkrete, auch nebensächliche Details geschildert, die die Situation anschaulich, plastisch und überprüfbar machen, die aus Sicht eines Lügners vermeintlich nicht wichtig wären. Es wird ein „Kopfkino" erzeugt, ein „Drehbuch"[1024] geliefert.
- Wechselbeziehung/Interaktion
  Die Aussage enthält Aktionen und Reaktionen zwischen den beteiligten Personen, auch sprachliche und mimische Elemente, die einen sozialen Interaktionsverlauf rekonstruierbar machen.
- Komplikation im Handlungsverlauf
  Es werden unerwartete Wendungen oder Schwierigkeiten im Geschehen berichtet („So ist das Leben"), was für Realitätstypizität spricht.

1019 BGH, Urt. v. 30.7.1999 – 1StR 618/98.

1020 Siehe Wirkmacht der untauglichen Methoden Rn. 615.

1021 Der hier verwendete Begriff.

1022 Begriff bei BGH, Urt. v. 3.11.1987 – VI ZR 95/87 („Münchener Beifahrerrechtsprechung").

1023 In der deutschen psychologischen Literatur werden – bei Steller und Köhnken – bis zu 19 Realkennzeichen beschrieben. Allgemeine Merkmale: 1. Logische Konsistenz, 2. Ungeordnete Darstellung, 3. Quantitativer Detailreichtum; Spezielle Inhalte: 4. Raum-zeitliche Verknüpfungen, 5. Interaktionsschilderungen, 6. Wiedergabe von Gesprächen; Inhaltliche Besonderheiten: 7. Schilderung ausgefallener Einzelheiten, 8. Schilderung ausgefallener Einzelheiten, 9. Schilderung nebensächlicher Details, 10. Eingeständnis von unverstandenen Handlungselementen, 11. Indirekt handlungsbezogene Schilderungen; Motivationsbezogene Inhalte: 12. Schilderung eigener psychischer Vorgänge, 13. Schilderung psychischer Vorgänge des Täters; Motivationsbezogene Inhalte: 14. Spontane Verbesserung der eigenen Aussage, 15. Eingeständnis von Erinnerungslücken, 16. Einwände gegen die Richtigkeit der eigenen Aussage, 17. Selbstbelastungen, 18. Entlastung des Angeschuldigten; Deliktspezifische Inhalte: 19. Deliktspezifische Aussageelemente.

1024 Zu „Kopfkino" und „Drehbuch" siehe Detail Rn. 724.

- Deliktstypische Einzelheiten
  Es werden Handlungsweisen oder Abläufe beschrieben, die für das konkrete Delikt typisch sind, aber nicht allgemein bekannt oder leicht zu erfinden sind.
- Originalität/ungewöhnliche Einzelheiten
  Die Aussage enthält überraschende, für das Geschehen untypische, eigenartig, ungewöhnliche Details, die reales Erleben nahelegen
- Gefühle/Gedanken
  Die Aussage umfasst eigene Gedanken, Gefühle oder Bewertungen sowie gegebenenfalls fremdpsychische Zuschreibungen, wie vermutete Gedanken oder Absichten anderer.
- Unverständnis/Missverständnis/Mehrdeutigkeit
  Die Aussage enthält Stellen, an denen etwas unklar bleibt, wo die Person etwas nicht einordnen oder erklären kann, was für Authentizität durch natürliche Begrenzung/Unvollständigkeit realer Ereignisse spricht.
- Verflechtung mit Kontext (Raum/Person/Zeit)
  Die Aussage stellt Bezüge zu Orten, Zeiten, Personen oder Ereignissen her, die sie inhaltlich und faktisch überprüfbar machen.
- Strukturgleichgewicht (Gleichgewicht der Darstellung)
  Belastende wie entlastende Inhalte werden mit vergleichbarer Detaillierung und Emotionalität geschildert; kein erkennbares strategisches Hervorheben oder Ausblenden.
- Ungesteuerte Erzählweise
  Die Aussage erfolgt nicht streng chronologisch oder schematisch, sondern wirkt sprunghaft, unstrukturiert, mit rückbezüglichen Ergänzungen, wie sie typisch für reales Erinnern sind. Bei ungesteuerter Erzählweise stützen sich Teile der Aussage, die nicht benachbart sind, dennoch logisch.

640 Je mehr insbesondere qualitativ hochrangige Realkennzeichen gefunden werden, desto höher ist die Wahrscheinlichkeit für (subjektiv) wahre Schilderung. Die Realkennzeichen sieht der Bundesgerichtshof als ausreichend empirisch überprüft an.[1025] Sie sind danach **valide** und sind in Bezug auf Aussagen *die* objektiven Anhaltspunkte im vorgenannten Sinn, die Überzeugungen zur Wahrhaftigkeit rational begründbar machen. Es gibt nach Ansicht der Rechtsprechung keine andere Methode!

641 Mit Hilfe dieser Realkennzeichen wird mithin die **Qualität einer Aussage** ermittelt. Dabei wäre die Fokussierung auf die reine Anzahl erfüllter Qualitätsmerkmale, auf die Quantität, verfehlt, denn die Realkennzeichen dürfen nicht im Sinne einer einfachen Checkliste verwendet werden. Es gibt auch keinen pauschal festgelegten Mindestwert, oder eine Mindestanzahl von Realkennzeichen, die erreicht werden müssen, damit die Aussage als erlebnisbasiert eingestuft werden kann. Auch müssen in einer erlebnisbasierten Aussage nicht alle der genannten Realkennzeichen vorkommen, um als erlebnisbasiert zu gelten. Nicht die Anzahl solcher Merkmale ist entscheidend, sondern die Schlüssigkeit in Bezug auf die Aussagetüchtigkeit, also die Kompetenzen des Aussagenden, seine Erfahrungen. Die Würdigung einer Aussage mit den Methoden der Aussagepsychologie erbringt dabei keine exakt bestimmte Richtigkeit oder Unrichtigkeit der Aussage hinsichtlich des bekundeten Geschehens, wie dies mit naturwissenschaftlichen Methoden beispielsweise auf dem Gebiet der DNA-Analyse möglich ist. Es handelt sich aber um empirisch eingehend überprüfte Erfahrungsregeln, die dem Anwender Wahrscheinlichkeitsbewertungen im Sinne der Überzeugungsbildung ermöglichen. Bei richtiger Anwendung werden aber alle mit der Analyse der Aussage Befassten unter im Übrigen

1025 Grundlegend BGH, Urt. v. 30.7.1999 – 1 StR 618/98.

sonst gleichen Bedingungen zu demselben Ergebnis kommen. Sonst wäre die Methode nichts wert.

An der Stelle soll nicht unerwähnt bleiben, dass die Methode der Realkennzeichenanalyse auch **Kritik** erfährt. Es fehle bislang an Studien, die sich der aussagepsychologischen Glaubhaftigkeitsbegutachtung als Ganzem widmen. Somit entbehre die Auffassung, die aussagepsychologische Begutachtung sei insgesamt wissenschaftlich begründet, einer empirischen Grundlage.[1026] Dabei muss indes festgestellt werden: Es gibt keine bessere und vor allem zulässige Alternative zur Unterscheidung von Wahrheit und Lüge, die auch von der Rechtsprechung in Deutschland anerkannt wird. Auch international gilt insb. das Detailreichtum einer Erzählung als wichtigstes Kriterium. Vielleicht wird einmal der technische Fortschritt, die künstliche Intelligenz Lösungen bieten. Derzeit ist das allerdings vage Zukunftsmusik. Gegen die Kritik kann auch eingewendet werden, dass die Realkennzeichenanalyse nicht der alleinige Baustein einer Überzeugungsbildung ist bzw. sein sollte. Bei einer richtigen Gesamtwürdigung ist auch der gesamte Prozess der Informationserhebung mit in den Blick zu nehmen, nicht nur das Produkt selbst, die Aussage. Der Prozess und das Produkt zusammen bilden die Grundlage der Bewertung und Überzeugungsbildung. Richtig an der Kritik[1027] ist, dass es auch unter dem Einsatz von Sachverständigen keinen Automatismus geben darf. Die Beweiswürdigung durch ein Gericht darf insb. nicht auf Sachverständige ausgelagert werden. Ein Gericht muss die Überzeugung über die Richtigkeit eines Sachverhalts selbst bekommen und dabei die Bewertung von Beweismitteln auch selbst vornehmen. Dazu bedarf es einer umfassenden Gesamtwürdigung, die Aussageanalyse ist ein Teil davon.[1028] **642**

3.4 Probleme der lügenden Person

Kognitive Probleme der **lügenden** Auskunftsperson: Wer die Qualität einer Aussage beurteilen will, muss sich zunächst klar machen: Derjenige, der (subjektiv) die Wahrheit sagt, befindet sich regelmäßig in einer vergleichsweise komfortablen Aussagesituation. Er schildert all das zum Thema, an was er sich erinnert. Er rekonstruiert[1029] seinen Bericht aus dem Gedächtnis. Dem gegenüber **konstruiert** eine (bewusst) lügende Person ihre Aussage aus ihrem gespeicherten Allgemeinwissen. Der Lügner muss erfinden, er konstruierte und vermischt die Lüge eventuell mit eigenen Erfahrungen oder Annahmen, auch um glaubwürdig zu wirken. Er wird Erinnerungslücken oder Korrekturen seiner Aussage vermeiden wollen. Diese Art der Selbstpräsentation lenkt ab und fordert sehr **viel kognitive Energie**. Hier setzt die Analyse des Inhalts einer Aussage anhand der Glaubhaftigkeitsmerkmalen an. Hierzu weiter der Bundesgerichtshof in der genannten Entscheidung[1030]: „Da es eine schwierige Aufgabe mit hohen Anforderungen an die kognitive Leistungsfähigkeit darstellt, eine Aussage über ein (komplexes) Geschehen ohne eigene Wahrnehmungsgrundlage zu erfinden und zudem über längere Zeiträume aufrecht zu erhalten, ist [bei einer Lüge] die Wahrscheinlichkeit beispielsweise nebensächlicher Details, sog. abgebrochener Handlungsketten, unerwarteter Komplikationen oder phänomengemäßer Schilderung unverstandener Handlungselemente gering. Hinzu tritt das Bemühen der lügenden Person, auf sein Gegenüber glaubwürdig zu erscheinen. Daher besteht die begründete Erwartung, dass bewusst falsche Aussagen nur in gerin- **643**

1026 Makepeace, Tücken der Glaubhaftigkeitsbegutachtung, ZIS 2021, 489, 496; Geipel, Zum Umgang mit der Aussageanalys – eine kritische Bestandsaufnahme aus der Fraixs, in 2 Teilen, ZAP 2025, 299ff, 350 ff.

1027 Geipel, Zum Umgang mit der Aussageanalyse – eine kritische Bestandsaufnahme aus der Praixs, in 2 Teilen, ZAP 2025, 350, 360.

1028 Siehe Erforderliche Gesamtwürdigung von Aussagen Rn. 690.

1029 So die Formulierung des BGH, Urt. v. 30.7.1999 – 1 StR 618/98.

1030 BGH, Urt. v. 30.7.1999 – 1 StR 618/98.

gem Ausmaß Selbstkorrekturen und -belastungen sowie das Zugeben von Erinnerungslücken, enthalten." Die nachfolgende Grafik verdeutlicht schlagwortartig die Situation, in der diejenige Person sich befindet, die in einer Vernehmung oder sonstigen Anhörung lügen will.[1031]

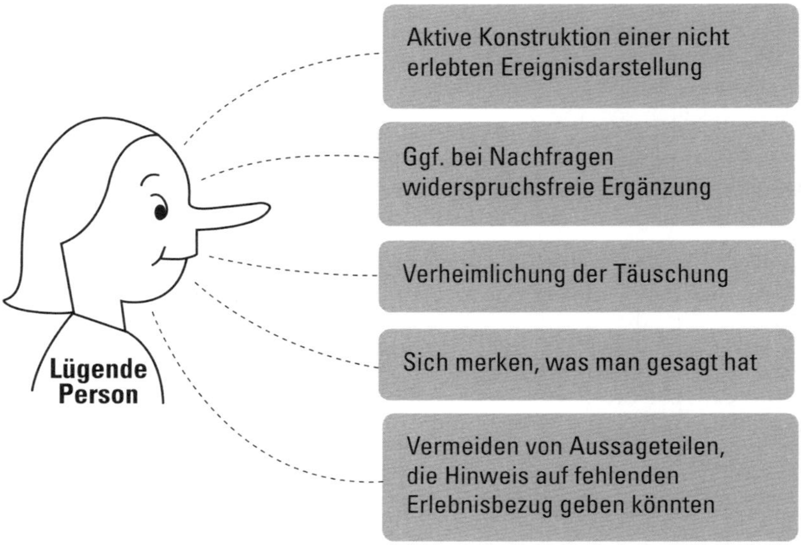

3.5 Voraussetzungen und Grenzen der Aussageanalyse

644 Untersuchungen haben vielfach gezeigt, dass mit Hilfe der Realkennzeichen erlebnisbasierte von erfundenen, also erlogenen Aussagen unterschieden werden können. Zur fachgerechten Anwendung der Methode müssen aber auch einige Voraussetzungen und Grenzen beachtet werden.

645 **3.5.1 Mindestumfang – Aussagesubstanz.** Voraussetzung für eine Aussageanalyse ist zunächst bestimmter Mindestumfang an **Aussagesubstanz.** Es muss genügend Material vorhanden sein, um die Aussage auf ihre Qualität hin überprüfen zu können. Das bedeutet insbesondere, dass für eine Analyse eine möglichst **wortreiche lebhafte Schilderung** als spontane Eigenleistung vorliegen muss. Es leuchtet unmittelbar ein, dass eine Aussage zu wenig Material bietet, wenn sie beispielsweise nur aus einer einfachen Negation eines Sachverhaltes oder einer sehr knappen, nicht näher konkretisierbaren Behauptung besteht. Dadurch ist die Anwendbarkeit der Aussageanalyse in gewisser Hinsicht auch von der Komplexität des Geschehens abhängig. Sehr kurze, einfache Vorgänge bieten schon von Vornherein nicht die Voraussetzungen für zahlreiche inhaltliche Qualitätsmerkmale in der Aussage.[1032] So enthalten auch auf das (juristische) Beweisthema zugeschnitten Kurzaussagen „Die Ampel war grün" keinerlei Überzeugungskraft, selbst wenn die Aussagen „eindeutig" ist.[1033] Bei einem nur kurzen, flüchtigen Ereignis wird es auch für Lügner ein Leichtes sein, das dann erfundene Geschehen über längere Zeiträume aufrechtzuerhalten.

646 Das Gesagte hat auch zur Konsequenz: Gibt die Auskunftsperson – beispielsweise auch ein Angeklagter – an, bei dem Ereignis überhaupt nicht zugegen

1031 Die Gesichtspunkte sind den Ausführungen von Arntzen, Psychologie der Zeugenaussage, entnommen.

1032 BGH, Beschl. v. 22.11.2022 – 2 StR 311/22.

1033 Siehe „Eindeutigkeit" (bei Kurzaussagen – juristischer Kernbereich) Rn. 609.

gewesen zu sein, so bleibt nichts anderes übrig als die Aussagen der anderen sorgfältig auf Realkennzeichen, insbesondere auf stimmige Details hin zu analysieren. Der Lehrer, der von einer Schülerin zu Unrecht bezichtigt wird, er habe sie einmal nach dem Unterricht, als sie beide allein im Klassenzimmer waren, unsittlich berührt, kann – wenn es die Situation nach Unterrichtsende gar nicht gegeben hat – dazu keine detailreiche (Gegen-)Schilderung abgeben. Es gibt nichts, das er – als Pendent zu ihrer Geschichte – beschreiben könnte. Hier können also zunächst nur die Angaben der Schülerin zum Geschehen auf Glaubhaftigkeit geprüft werden. Parallel müsste die Erzählung des Lehrers – bestenfalls mit kontextbezogenen Außenkriterien – überprüft werden.

Das gleiche Problem wie beim Mindestumfang stellt sich, wenn zwar eine umfangreiche und detaillierte Aussage (zu einem komplexen Geschehen) vorliegt, von der aber **diagnostisch** für die Realkriterienanalyse **nur kleine Anteile relevant** sind. Dies kann beispielsweise bei einem Vergewaltigungsgeschehen der Fall sein, bei dem nicht die sexuelle Interaktion, Örtlichkeit, Vor- und Nachtatgeschehen etc. strittig ist, sondern allein die Einvernehmlichkeit. Die Analyse der gesamten Aussagen, also auch derjenigen Teile, die unstrittig sind, wird zu keinem zutreffenden Ergebnis führen. Wenn es nicht gelingt, im für die Analyse relevanten Teil (Einvernehmlichkeit) ausreichend relevantes Aussagematerial (etwa Interaktionen wie Diskussionen, Gegenwehr und deren Überwindung) zu erheben, dann reicht der vorhandene Rest ggf. für eine fundierte Analyse nicht mehr aus. Auch insoweit ist dann kein ausreichendes Aussagematerial vorhanden.[1034] **647**

An die Bewertung der **Einlassung eines Angeklagten** die gleichen Anforderungen zu stellen wie an die Beurteilung sonstiger Beweismittel sind.[1035] §§ 261 und 267 StPO verpflichten den Tatrichter, in den Urteilsgründen darzulegen, dass seine Überzeugung von den die Anwendung des materiellen Rechts tragenden Tatsachen auf einer umfassenden, von rational nachvollziehbaren Überlegungen bestimmten Beweiswürdigung beruht. Die wesentlichen Beweiserwägungen müssen daher – über den Wortlaut des § 267 Abs. 1 Satz 2 StPO hinaus – in den schriftlichen Urteilsgründen so dargelegt werden, dass die tatgerichtliche Überzeugungsbildung für das Revisionsgericht nachzuvollziehen und auf Rechtsfehler hin zu überprüfen ist. Die sachlich-rechtliche Begründungspflicht umfasst auch bei einem **Geständnis** die Verpflichtung, die Einlassung des Angeklagten jedenfalls in ihrem wesentlichen Inhalt wiederzugeben. Der Tatrichter muss überzeugt sein, er darf eine geständige Einlassung nicht ohne weiteres glauben und seiner Entscheidung zugrunde legen. Denn ein Geständnis enthebt das Tatgericht nicht seiner Pflicht, es einer kritischen Prüfung auf Plausibilität und Tragfähigkeit hin zu unterziehen und zu den sonstigen Beweismitteln in Beziehung zu setzen. Gleiches gilt auch für ein Geständnis für **Sachverhalte von hoher Komplexität** und mit zahlreichen **Details.** Hierbei hängt das Maß der gebotenen Darlegung von der jeweiligen Beweislage und insoweit von den Umständen des Einzelfalles ab.[1036] Es steht – wie der weitere Aufklärungsbedarf (§ 244 Abs. 2 StPO) – in einer umgekehrten Wechselbeziehung zu der **inhaltlichen Qualität des Geständnisses.** Nur bei einem **detaillierten Geständnis** des Angeklagten können knappe Ausführungen genügen. Die zusammenfassende Wertung, der Angeklagte habe die Taten „so wie festgestellt“ gestanden, genügte **648**

1034 BGH, Urt. v. 8.7.2020 – 5 StR 80/20; Köhnken, in Deckers/Köhnken (Hrsg.), Die Erhebung und Bewertung von Zeugenaussagen im Strafprozess, 2. Aufl. 2014, S. 20, 21.

1035 BGH, Urt. v. 8.8.2024 – 3 StR 20/24.

1036 Vgl. BGH, Beschl. v. 5.12.1995 – 4 StR 698/95 für einen länger zurückliegenden, sich über viele Jahre erstreckenden Tatzeitraums und einer Vielzahl der einzelnen, nach Lieferanten, Betäubungsmitteln und Mengen unterschiedlichen Rauschgiftgeschäfte.

dem BGH nicht, weil in den Urteilsgründen der inhaltliche Gehalt der Einlassung selbst nicht dargestellt wurde.[1037]

649 Aus der Notwendigkeit der Aussagesubstanz folgt auch der **erheblich verminderte Beweiswert** von Einlassung der Angeklagten mittels **Verteidigererklärung**, jedenfalls, soweit keine Möglichkeit kritischer Nachfragen besteht. Hierzu der BGH: „Bei einer Einlassung mittels Verteidigererklärung ohne Möglichkeit kritischer Nachfragen ist das Tatgericht nicht nur befugt, sondern sogar gehalten, im Rahmen seiner Beweiswürdigung zu berücksichtigen, dass dieser von vornherein nur ein erheblich verminderter Beweiswert zukommt, weil es sich um ein – in der Regel im Vorfeld der Angaben schriftlich ausgearbeitetes – situativ nicht hinterfragbares Verteidigungsvorbringen handelt. Solche Einlassungen sind **nur sehr eingeschränkt einer Glaubhaftigkeitsprüfung zugänglich**. Anders als bei einer mündlich abgegebenen Sachäußerung kann aus ihnen kein unmittelbarer Eindruck des Aussageverhaltens gewonnen werden. Der Beweiswert eines solchen Einlassungssurrogats bleibt substanziell hinter dem einer dem gesetzlichen Leitbild der Einlassung entsprechenden, nicht nur persönlich und mündlich, sondern auch in freier Rede und vollständig getätigten Äußerung zurück“.[1038]

650 **3.5.2 (Eigene) Befragung mit fachgerechter Befragungstechnik.** Eine Aussageanalyse setzt in der Regel auch eine **eigene Befragung** mit **persönlichem Eindruck** voraus. Nur dann stehen Produkt und Prozess für die Bewertung unverfälscht zur Verfügung. Dieser erfährt nur insoweit eine Ausnahme, als die aussagepsychologische Begutachtung eines Zeugen nicht notwendig dessen Exploration unter seiner Mitwirkung bedarf. Vielmehr ist es je nach Fallgestaltung auch möglich, dem Sachverständigen auf anderem Wege die erforderlichen Anknüpfungstatsachen für die Beurteilung der Glaubhaftigkeit der Angaben des Zeugen zu verschaffen.[1039]

651 Im Vergleich zu einer eigenen Befragung ist selbst eine **audiovisuelle Vernehmung** (AVV) defizitär, da insb. keine eigenen Fragen gestellt werden können. Aber eine AVV kann analysiert werden, da der Prozess und das Produkt transparent zur Verfügung stehen. Auch deshalb erlaubt **§ 255a Abs. 2 StPO** unter bestimmten Bedingungen in Durchbrechung des Unmittelbarkeitsgrundsatzes den Verzicht auf die persönliche Vernehmung von Kindern und anderen vulnerablen Zeugen in einer Hauptverhandlung, um ihnen die besonders belastende Vernehmung vor Gericht zu ersparen. Für die Überzeugungsbildung kann die AVV selbst in Aussage-gegen-Aussage-Situationen statt einer persönlichen Vernehmung selbst in Aussage-gegen-Aussage-Situationen herangezogen werden. Daneben ist die vernehmungsergänzende Verwertung einer protokollarisch oder in einer schriftlichen Erklärung festgehaltenen Äußerungen des Zeugen im Wege des Urkundenbeweises zulässig, ohne dass es auf die Voraussetzungen des § 250 Satz 2 i. V. m. §§ 251 ff. StPO ankommt. Denn die aufgezeichnete und durch Vorspielen in die Hauptverhandlung eingeführte Vernehmung ist grundsätzlich so zu behandeln, als sei der Zeuge unmittelbar in der Hauptverhandlung selbst gehört worden.[1040] Die Entscheidung, ob die persönliche Vernehmung des Zeugen in der Hauptverhandlung nach § 255a Abs. 2 StPO ersetzt werden kann, steht im pflichtgemäßen Ermessen des Tatgerichts.[1041] Die Ersetzung ist insbesondere in Fällen möglich, in denen die Aussagekonstanz durch Vergleich mit einer (nach Möglichkeit ebenfalls aufgezeichneten) polizeilichen Vernehmung ausreichend geprüft werden kann und ggf. ein aussagepsychologisches Gutach-

1037 BGH, Beschl. v. 5.12.2023 – 4 StR 421/23, demgegenüber BGH, Beschl. v. 13.9.2016 – 5 StR 338/16 zu Geständnissen in einfach gelagerten Fällen.

1038 BGH, Beschl. v. 21.12.2021 – 3 StR 380/21 m. w. N.

1039 BGH, Urt. v. 21.8.2014 – 3 StR 208/14 m. w. N.

1040 BGH, Beschl. v, 10.9.2025 – 5 StR 113/25.

1041 BGH, Beschl. v. 1.4.2025 – 3 StR 608/24

ten zur Glaubhaftigkeit der Angaben vorliegt. Je besser die ermittlungsrichterliche Videovernehmung von Kindern ist, desto eher kann auf deren Vernehmung in der Hauptverhandlung verzichtet werden.[1042]

Die Glaubhaftigkeitsanalyse der nur **schriftlich vorliegenden (Zeugen)Aussagen** (ohne AVV) ist bedingt aussagekräftig und dies selbst bei wortgetreuer (!) Protokollierung.[1043] Denn die Befragungsbedingungen (der Prozess) sind aus der Aktenlage nicht mehr kontrollierbar, die Art und Weise der Fragestellung und die nonverbale Art der Kommunikation ist intransparent und auch eigene (Rück)Fragen sind nicht möglich. Eine Überzeugungsbildung aufgrund allein schriftlicher/verschriftlichter Äußerungen- zu halbwegs komplexen Sachverhalten – ist stets defizitär im Vergleich zu einer persönlichen, selbst durchgeführten Befragung. Die Beweiswürdigung beruht in der Regel auf einer unsicheren Tatsachengrundlage.[1044] So kann auch eine Vernehmung durch den kommissarischen Richter im Wege der Rechtshilfe ausscheiden. Diese ist „nicht sinnvoll, sondern nutzlos und überflüssig – insoweit ist der Zeuge dann ein ungeeignetes Beweismittel –, wenn durch die Verlesung der Niederschrift über die kommissarische Vernehmung … das Beweisergebnis nicht beeinflusst werden kann, weil von vornherein abzusehen ist, dass nur die Vernehmung vor dem erkennenden Gericht die nach Sach- und Beweislage erforderliche Ausschöpfung des Beweises mittels gewährleistet. … Ob nur eine Vernehmung eines Zeugen unmittelbar vor dem erkennenden Gericht zur Wahrheitsfindung beizutragen vermag, hat der Tatrichter nach seinem pflichtgemäßen Ermessen zu entscheiden."[1045] 652

Ein Protokoll, das kein Wortprotokoll ist, hat praktisch keine Aussagekraft, da nicht mehr zu beurteilen ist, wie bestimmte Aussagen entstanden sind. Eine nicht wörtliche Protokollierung verzerrt die Aussage in mitunter großem Umfang (durch inhaltliche Vorgaben, Suggestivfrage, Chronologisierung, Umformulierung, Strukturierung, etc.). 653

3.5.3 Kontamination. Die Aussageanalyse kommt auch im Zusammenhang mit der sog. **Kontamination** an Grenzen. Unter Kontamination versteht man die partielle Verfälschung einer im Kern erlebnisbasierten Aussage durch eingefügte unwahre Elemente. Diese können entweder bewusst (intentional) oder unbewusst (z. B. durch Suggestion) in die Aussage eingebaut worden sein. Entscheidend ist, dass nicht die gesamte Aussage erfunden ist, sondern lediglich **Teilaspekte manipuliert** wurden. Die Auskunftsperson hat Vorerfahrungen. In der klassischen Aussageanalyse basiert die Glaubhaftigkeitsprüfung auf der Annahme, dass eine Aussage entweder wahr (erlebnisbasiert) oder falsch (erfunden) ist. Diese zwei, sich ausschließenden Annahmen werden bei kontaminierten Aussagen unterlaufen: Die kontaminierte Aussage enthält zahlreiche Realkennzeichen, da sie auf tatsächlich Erlebtem basiert. Die eingefügten unwahren Anteile können jedoch gezielt eingeflochten sein, sodass sie nicht als solche auffallen, weil sie sich „organisch" in den Aussagekontext einfügen. Die Analyse wird in solchen Fällen nicht in der Lage sein, diese punktuelle Unwahrheit zuverlässig zu identifizieren, da Realkennzeichen nicht negativ beweisend wirken: Das Vorhandensein von Realkennzeichen belegt lediglich die Glaubhaftigkeit des Kern- 654

1042 Mosbacher: Ermittlungsrichterliche Videovernehmung von Kindern und Transfer in die Hauptverhandlung, NStZ 2024, 263, 271.

1043 Gubi-Kelm/May/Schmitt/Bitzigeio/Rick/Püschel: Interdisziplinäre Betrachtung eines Mordes, den es nicht gab – der Fall Manfred G, S. 13/47.

1044 BVerwG Urt. v. 28.9.2022 – 2 A 17.21 für nur schriftlich vorliegenden Zeugenaussagen im Disziplinarverfahren, wenn es um die Beurteilung der Glaubhaftigkeit seiner Aussagen geht.

1045 BGH, Urt. v. 23.11.2022 – 2 StR 142/21; vgl. hierzu auch BVerfG, Urt. v. 24.8.2025 – 2 BvR 64/25 (Verletzung des Anspruchs auf ein faires Verfahren (Art 2 Abs 1 GG i. V. m. Art 20 Abs 3 GG) durch Ablehnung der audiovisuellen Vernehmung eines Auslandszeugen (§ 244 Abs 5 S 2 StPO)).

ereignisses, nicht aber die vollständige Wahrheit jeder einzelnen Aussagekomponente.[1046] Die Kontamination ist daher nicht nur ein technisches Problem, sondern stellt die Aussagepsychologie methodisch vor eine ihrer grundlegendsten Herausforderungen: die Unmöglichkeit, punktuell eingeflochtene Lügen in einem ansonsten glaubhaften Narrativ mit Sicherheit zu erkennen. Der Bericht ist **im Kern erlebnisbasiert**, enthält jedoch **eine (kleine) bewusste Lüge.** Letztlich ist es auch eine Ausprägung der vorgenannten Aussagesubstanz.

Beispiel: Zwei Männern geraten nachts vor einer Bar in eine **handgreifliche Auseinandersetzung.** Nach verbalem Streit fliegen in einem kurzen Gerangel die Fäuste. Beide behaupten, der jeweils andere habe angefangen. Es gibt keinerlei andere Beweismittel, keinen Zeugen, keine Videoaufnahmen, nichts. Es steht somit Aussage gegen Aussage. Die Frage ist: Wer ist der Angreifer – und wer hat in Notwehr gehandelt? Beide werden eine erlebnisbasierte Erzählung liefern können, mit Details, Gefühlen, Interaktion etc. und beidseits Verletzungen haben. Beide Aussagen enthalten mithin viele Elemente, die auf eine erlebnisbasierte Erinnerung hindeuten. Der tatsächliche Angreifer könnte relativ leicht das entscheidende Detail, wer angefangen und wer in Notwehr gehandelt hat, manipulieren, um sich selbst als Opfer darzustellen. Das wäre eine klassische Kontamination, weil die Kernaussage auf echten Erlebnissen basiert, aber ein einzelnes, aber entscheidende Elemente erfunden wurden, um sich zu entlasten bzw. den anderen zu belasten. Diese „verfälschten Anteile“ lassen sich aussagepsychologisch nur schwer isolieren erkennen, da sie eingebettet sind in eine ansonsten glaubhafte und detailreiche Schilderung. Gut möglich, dass auch nach sorgfältigster Vernehmung und Analyse am Ende ein Freispruch stünde, weil keine erforderliche Überzeugung gewonnen werden kann, wer Angreifer und wer Verteidiger war. Das wäre dann auch das rechtsstaatliche richtige Ergebnis. In der Praxis zu beobachten ist indes in Teilen, dass Gerichte dann (zusätzlich) auf Argumente wie „Der eine ging zuerst zur Polizei, der muss das Opfer sein“ oder “Der eine ist einschlägig wegen Körperverletzung vorbestraft, der muss der Täter sein“ zurückgreifen oder ähnliches anstellen. Dies wären aber gänzlich untaugliche Methoden der Wahrheitsfindung. Die Erwägungen wären nur statthaft, wenn der Argumentation ein echter, allgemeingültiger Erfahrungssatz im Sinne einer aufgrund wissenschaftlicher Erkenntnisse gewonnenen Regel zugrunde liegt, die keine Ausnahme zulassen und eine an Sicherheit grenzende Wahrscheinlichkeit zum Inhalt haben. Das wäre aber bei beiden Argumenten nicht der Fall, weil auch Täter (aus taktischen Gründen) als erstes zur Polizei gehen und Anzeige erstatten können bzw. auch wegen Körperverletzung vorbestrafte Menschen Opfer einer Körperverletzung sein können.[1047]

655 **3.5.4 Suggestion.** Die Aussageanalyse ist ungeeignet zur Unterscheidung zwischen einer wahren und einer **suggerierten Aussage.** Realkennzeichen können auch Inhalt der Suggestion selbst gewesen sein. Suggestionen können ebenfalls zu Aussagen mit einer hohen Qualität an Realkennzeichen führen. Eine sichere Verneinung von Pseudoerinnerungen setzt namentlich voraus, dass entweder suggestive Einflüsse ausgeschlossen werden oder weitere Beweise angeführt werden, mit denen die Richtigkeit der Zeugenaussage belegt werden kann. Zur Vermeidung von Wiederholungen muss auf die Ausführungen zu den **Scheinerinnerungen** verweisen werden.[1048]

1046 BGH, Beschl. v. 8.12.2021 – 4 StR 314/21, hinsichtlich der Identität der Handelnden.

1047 Siehe auch Plausibilität – allein eigene Erfahrung Rn. 217 und Glaubwürdigkeit/Vorstrafe Rn. 624.

1048 Siehe Irrtum/Scheinerinnerungen Rn. 916.

3.5.5 Lügenkompetenz. Unter Lügenkompetenz versteht man die Fähigkeit, **gezielt falsche Angaben** zu machen, überzeugend zu lügen, also insbesondere Realkennzeichen gezielt zu imitieren oder „einzubauen" und auch emotionale Reaktionen zu steuern. Personen mit hoher Lügenkompetenz sind in der Lage, strategisch zu erzählen, zeigen ein gutes Gedächtnis für ihre Lüge (um konsistent zu bleiben) und verfügen über ein gutes „Gefühl" dafür, was glaubwürdig wirkt. Erfundene Aussagen von Personen, die sich mit den Realkennzeichen vertraut gemacht haben oder angeleitet wurden, diese in ihre Angaben einzuarbeiten, werden sich mit Hilfe der Aussageanalyse ebenfalls nicht oder nur bedingt von wahren Aussagen unterscheiden lassen. Der **gute Lügner** schränkt die Möglichkeiten der Methode ein. Dies Kompetenz ist auch unter dem Gesichtspunkt der Aussagetüchtigkeit in den Blick zu nehmen.[1049] Gleichwohl gilt: Eine Lüge zu einem halbwegs komplexen Geschehen (ohne Vorerfahrungen zu einem vergleichbaren/ähnlichen Sachverhalt) erfordert bereits hohe kognitive Fähigkeiten. Und eine Lügengeschichte einmal zu präsentieren ist eines. Die Aufrechterhaltung einer kohärenten Falschaussage über mehrere Befragungen konstant hinweg ist kognitiv noch anspruchsvoller. **656**

3.5.6 Aktenkenntnis und „Coaching". Wie auch bei der vorgenannten Lügenkompetenz stellt sich auch im Zusammenhang mit Aktenkenntnis und Coaching die Frage, ob sich Realkriterien (wieder) anlernen lassen. Es leuchtet unmittelbar ein, dass allein durch die **Lektüre von Unterlagen** das Gedächtnis aufgefrischt wird und so ggf. nach der Lektüre wieder mehr Details präsentiert werden können als ohne Lektüre. Aus gedächtnispsychologischer Sicht wird dadurch keineswegs eine die ursprünglichen eigenen Wahrnehmungen abbildende Erinnerung reaktiviert, sondern der Gedächtnisinhalt aufgrund des **Fehlinformationseffekts**[1050] überschrieben und dadurch verfälscht.[1051] Eine festgestellte Aktenkenntnis eines Zeugen ist im Rahmen der Beweiswürdigung zu berücksichtigen und kann dazu führen, dass das Gericht die erforderliche volle Überzeugung von der Wahrheit der Aussage nicht erlangen kann.[1052] Gleiches gilt auch für die Konstanzanalyse, weil Aktenkenntnis und Coaching auch ein Grund für Übereistimmungen/Konstanz sein können.[1053] Die Verfasser fragen daher Zeugen stets nach deren Vorbereitung auf die Befragung. **657**

Ähnliches tritt im Zusammenhang mit **Coaching** auf, wenn also Auskunftspersonen gezielt darin geschult werden, realkriterienrelevante Äußerungen zu produzieren. In einer Studie mit erwachsenen Teilnehmern konnte ein Gutachter 69 % der „normalen" Lügner, aber nur 27 % der gecoachten Lügner als solche identifizieren.[1054] Köhnken sieht in einem solchen Coaching eine ähnliche Kontamination der Aussage wie bei einer suggestiven Beeinflussung oder der Auffrischung des Gedächtnisses durch Lesen von Protokollen eigener früherer Aussagen.[1055] Wenn ein entsprechendes coaching – auch durch Opferschutzeinrichtungen mit Zeugenrollenstudium und Aussagetraining sowie psychischer „Stabilisierung" hinzu und mit staatlich geförderter psychosozialer Prozessbegleitung – stattgefunden hat, dann kann ggf. mittels einer Aussageanalyse nicht mehr auf die Erlebnisbasiertheit geschlossen werden.[1056] **658**

1049 Siehe Aussagetüchtigkeit Rn. 689.
1050 Siehe Irrtum, Fehlinformationseffekt/Post-event-Informationen Rn. 896.
1051 BeckOK StPO/Eschelbach, 5. Edition, Stand: 1.7.2025, § 261, Rn. 64.
1052 ArbG Weiden, Urt. v. 29.1.2020 – 3 Ca 329/19.
1053 Siehe unten Konstanz Rn. 758.
1054 Makepeace, Tücken der Glaubhaftigkeitsbegutachtung, ZIS 2021, 489, 495 m. w. N.
1055 Köhnken, in: Deckers/Köhnken (Hrsg.), Die Erhebung und Bewertung von Zeugenaussagen im Strafprozess, 2. Aufl. 2014, S. 21, 22.
1056 BeckOK StPO/Eschelbach, 5. Edition, Stand: 1.7.2025, § 261, Rn. 59.5.

659 Ein mit dem Coaching verwandtes Problem ergibt sich aus § 406e StPO und dem **Recht des Verletzten auf Akteneinsicht**. Kann sich der Opferzeuge mithilfe der Akte auf seine Aussage vorbereiten, ist eine aussagepsychologische Begutachtung nicht mehr problemlos. Manche argumentieren, dass jede Vermittlung von Aktenkenntnis dazu führt, dass deren Wissen um das historische Geschehen hinsichtlich der Aussagekonstanz und der Gefahr von gravierenden Erinnerungsverfälschungen kontaminiert ist und dadurch erheblich an Beweiswert verlieren könnte, wenn nicht sogar in der Aussage-gegen-Aussage-Konstellation von einem endgültigen Beweisverlust ausgegangen werden muss.[1057] Demzufolge versagen einige Gerichte mit Blick auf die Gefährdung des Untersuchungszwecks in Aussage-gegen-Aussage Konstellationen eine Akteneinsicht des Verletzten vor seiner zeugenschaftlichen Einvernahme in der Hauptverhandlung.[1058] Demgegenüber hat 5. Strafsenat des BGH aber entschieden, dass mit der Akteneinsicht des Verletzten **grundsätzlich keine Entwertung** der Aussage einhergeht. Der Tatrichter muss den Umstand, dass ein Nebenkläger vor seiner Aussage in der Hauptverhandlung vermittelt durch einen Rechtsanwalt Kenntnis vom Akteninhalt erlangt hat, nicht einmal im Zuge seiner Beweiswürdigung aufgriffen werden[1059], selbst bei Aussage-gegen Aussage-Konstellationen nicht.[1060] Eine beweiswürdigende Erörterung der Aktenkenntnis des Nebenklägers ist allerdings dann geboten, wenn Hinweise auf eine konkrete Falschaussagemotivation des Zeugen oder Besonderheiten in seiner Aussage hierzu Anlass geben.

660 **3.5.7 Übersichtszeugen/Zeugen vom Hörensagen.** Die Strafprozessordnung kennt den Ausdruck „Übersichtszeuge" nicht. Der Ausdruck entstammt der Praxis und im Allgemeinen wird damit eine Person bezeichnet, die als Zeuge in der Hauptverhandlung von anderen Beweismitteln berichtet. Soweit sie von Aussagen anderer Zeugen berichtet, ist sie daher **ein Zeuge vom Hörensagen**. Berichtet sie von Urkunden oder Abbildungen, könnte man sie als Zeuge vom „Lesen- oder Sehensagen" bezeichnen.[1061] Gerade Polizeizeugen werden in der Hauptverhandlung auch als Zeuge vom Hörensagen vernommen, als Vernehmungsbeamte, Führer von verdeckten Ermittlern und von Vertrauensleuten. Gleiches gilt für Sachverständige, gegenüber denen der Angeklagte oder ein Zeuge bei der Exploration Angaben zur Sache gemacht hat. Zeugen vom Hörensagen sind zulässige Beweismittel und können zur Überzeugungsbildung insbesondere dann herangezogen werden, wenn Zeugen, die über die zu beweisende Tatsache aus eigener Wahrnehmung berichten können, nicht vorhanden, aus tatsächlichen oder rechtlichen Gründen nicht erreichbar sind oder sie in der Hauptverhandlung ihr Aussageverhalten ändern. Die Vernehmung verstößt dann regelmäßig nicht gegen die Amtsaufklärungsplicht. Die Aussage des Zeuge vom Hörensagen hat aber wegen der erhöhten **Gefahr unsachlicher Einflüsse** auf die Wahrnehmung, Erinnerung und Wiedergabe von Informationen aus zweiter Hand sowie wegen der reduzierten Möglichkeiten für das Gericht und die Verfahrensbeteiligten, die Informationen durch Rückfragen bei der primären Auskunftsperson zu hinterfragen, einen geringeren Beweiswert als diejenige eines unmittelbaren Zeugen.[1062] Die Aussage muss daher vom Tatrichter besonders sorgfältig und kritisch geprüft werden. Dazu müssen auch die Aussageentstehung und Aussagemotivation möglichst genau überprüft werden, weil sich da-

1057 BeckOK StPO/Eschelbach, 5. Edition, Stand: 1.7.2025, § 261, Rn. 59.5.

1058 KG Beschl. v. 21.11.2018 -3 Ws 278/18; Beschl. v. 10.5.2021 – 5 Ws 85/21; OLG Hamm, Beschl. v. 6.9.2021 – 4 Ws 153/21.

1059 BGH, Beschl. v. 15.3.2016 – 5 StR 52/16.

1060 BGH, Beschl. v. 5.4.2016 – 5 StR 40/16.

1061 Schelzke, Person vor Papier vor Polizei – Die Aussage eines Übersichtszeugen, StraFo 2022, 15–20.

1062 BGH, Beschl. v. 14.1.2016 – 2 StR 7/15; BGH, Urt. v. 3.5.2006 – XII ZR 195/03; BVerfG, Kammerbeschl. v. 19.7.1995 – 2 BvR 1142/93.

raus Fehlerquellen für den Aussageinhalt ergeben können. Bekundungen eines Zeugen vom Hörensagen dürfen einer Verurteilung aber nur dann zugrunde gelegt werden, wenn dessen Angaben durch andere wichtige Beweisanzeichen bestätigt werden.[1063] Gleiches gilt, wenn der einzige Belastungszeuge von dem Auskunftsverweigerungsrecht nach § 55 StPO Gebrauch macht. Auch dann kann eine Feststellung zulasten des Angeklagten regelmäßig nur dann auf eine frühere Aussage gestützt werden, wenn sie durch andere wichtige und im unmittelbaren Tatbezug stehende Gesichtspunkte bestätigt wird.[1064]

3.6 Neutrale Anfangswahrscheinlichkeit/Nullhypothese

661 Nach der Rechtsprechung und den Erkenntnisses der Aussagepsychologie geht es um die Bewertung der Qualität einer Aussage. Der grundlegende Ansatz muss dabei sein: Wir suchen bei der Prüfung, ob eine Auskunftsperson die Wahrheit gesagt oder gelogen hat, in erster Linie nach **Qualitätsanzeichen für Wahrheit**, nicht nach der Lüge. Wir suchen nach Argumenten, die *dafür* sprechen, dass die zu beurteilende Aussage der *subjektiven* Wahrheit entspricht. Ein Urteil – egal in welchem Rechtsgebiet, gleich ob im Zivil- oder Strafprozess – aufgrund einer Zeugenaussage kann nur in Betracht kommen, wenn die Aussage zur Überzeugung des Gerichts der Wahrheit entspricht. Dies dürfte unmittelbar einleuchten. Kann das Gericht nicht feststellen, dass die Auskunftsperson jedenfalls subjektiv die Wahrheit gesagt hat, kann es seine Überzeugung von der Richtigkeit der bekundeten Tatsachen aufgrund dieser Aussage schon denklogisch nicht gewinnen. Die Aussage wird in aller Regel für die Überzeugungsbildung irrelevant sein.

662 Die Auskunftspersonen muss daher eine „Leistung" erbringen, will man deren Aussagen zur Überzeugungsbildung heranziehen. Die Auskunftsperson muss nicht nur **bezeugen**, sondern auch **überzeugen**. Das bedeutet, dass es nicht ausreicht, Umstände zu verneinen, die *gegen* die Glaubhaftigkeit der Zeugenaussage sprechen könnte.[1065] Noch deutlicher formuliert dies das *OLG Stuttgart*:[1066] Bei der Bewertung des Inhalts von Aussagen ist nicht in erster Linie festzustellen, wer die Unwahrheit gesagt hat, sondern – umgekehrt – was dafür spricht, dass eine Auskunftsperson die (irrtumsfreie) Wahrheit berichtet hat. In Bezug auf Aussagen bedeutet dies, dass eine qualitativ ausreichend „gute" Aussage vorliegen muss. So auch die Rechtsprechung: „Entgegen einiger missverständlichen Formulierungen hat sich die Strafkammer auch nicht darauf beschränkt …, Umstände zu verneinen, die gegen die Glaubhaftigkeit der Zeugenangaben sprechen könnten. Sie hat vielmehr in noch hinreichendem Maße auch auf Umstände abgestellt, die die Richtigkeit der Aussage positiv bestätigen können."[1067]

Zeugen (bzw. alle Auskunftspersonen) dürfen nicht nur etwas be-zeugen, sondern sie müssen über-zeugen!

663 Es liegt nahe, in der forensischen Praxis bei der soeben beschriebenen **Suche nach der Wahrheit** gedanklich von einer **neutralen Anfangswahrscheinlichkeit** für die Zuverlässigkeit einer Aussage auszugehen. Ausgehend von der Entscheidung des OLG Stuttgart vom 8.12.2005[1068] akzeptieren mittlerweile auch

1063 BGH, Urt. v. 29.3.2023 – 2 StR 306/22 m. w. N.; BVerfG, Kammerbeschl. v. 19.7.1995 – 2 BvR 1142/93.
1064 BGH, Beschl. v. 31.8.2021 – 5 StR 223/21.
1065 BGH, Beschl. v. 29.4.2003 – 1 StR 88/03.
1066 OLG Stuttgart, Beschl. v. 15.10.2003 – 2 Ss 437/03
1067 BGH, Beschl. v. 29.4.2003 – 1 StR 88/03.
1068 4 Ws 163/05.

andere Obergerichte[1069] methodisch diesen Grundsatz der neutralen Anfangswahrscheinlichkeit. Diesem liegt die Annahme zugrunde, dass „man bei der Bewertung von Aussagen von einer neutralen Anfangswahrscheinlichkeit für deren Zuverlässigkeit ausgeht und sodann überprüft, ob anhand von Qualitätsmerkmalen, der Realkennzeichen, eine (ausreichend) hohe Wahrscheinlichkeit für die Zuverlässigkeit der Aussage erreicht werden kann". Ist das der Fall, so kann grundsätzlich von „subjektiver Wahrheit" ausgegangen werden". Insoweit wird die Methode auch 50/50-Hypothese genannt. Diese Realkennzeichen sind die objektiven Grundlagen, die der Bundesgerichtshof für die richterliche Überzeugungsbildung verlangt.[1070]

664 In diesem Zusammenhang ist oft auch von der sog. **Nullhypothese** (auch Unwahrhypothese oder Unrichtigkeitshypothese) die Rede, die auf die Grundsatzentscheidung des 1. Strafsenats vom 30. Juli 1999, 1 StR 618/98 zurück geht. Darin hat der BGH bis heute gültige Vorgaben über die methodischen Mindeststandards im Rahmen *sachverständiger* aussagepsychologischer *Begutachtung* – anhand von Realkennzeichen – gemacht. Der BGH stellte damals fest:

„Das methodische Grundprinzip besteht darin, einen zu überprüfenden Sachverhalt (hier: Glaubhaftigkeit der spezifischen Aussage) so lange zu negieren, bis diese Negation mit den gesammelten Fakten nicht mehr vereinbar ist. Der Sachverständige nimmt daher bei der Begutachtung zunächst an, die Aussage sei unwahr (sog. ***Nullhypothese****). Zur Prüfung dieser Annahme hat er* ***weitere Hypothesen*** *zu bilden. Ergibt seine* ***Prüfstrategie****, dass die Unwahrhypothese mit den erhobenen Fakten nicht mehr in Übereinstimmung stehen kann, so wird sie verworfen, und es gilt dann die* ***Alternativhypothese****, dass es sich um eine wahre Aussage handelt. Die Bildung relevanter Hypothesen ist daher von ausschlaggebender Bedeutung für Inhalt und (methodischen) Ablauf einer Glaubhaftigkeitsbegutachtung. Sie stellt nach wissenschaftlichen Prinzipien einen wesentlichen, unerlässlichen Teil des Begutachtungsprozesses dar … Das mit den dargelegten Methoden der Aussageanalyse gefundene Ergebnis gewinnt … für die Glaubhaftigkeitsuntersuchung jedoch erst Bedeutung unter Berücksichtigung vor allem der spezifischen Kompetenzen und Erfahrungen der untersuchten Person sowie der Entstehungs- und Entwicklungsgeschichte der Aussage. Speziell das Vorhandensein einzelner bei der Inhaltsanalyse verwendeter Realkennzeichen hängt mit hoher Wahrscheinlichkeit auch von Merkmalen der untersuchten Person ab. Das erzielte Ergebnis ist deshalb insbesondere mit den Mitteln der* ***Fehlerquellen- sowie der Kompetenzanalyse*** *auf seinen Aussagewert dahingehend zu prüfen, ob eine – ggf. qualitativ hochwertige und infolgedessen einen Erlebnisbezug indizierende – Aussage nach aussagepsychologischen Kriterien als zuverlässig eingestuft werden kann." Daraus wurde die* ***Leitfrage*** *für aussagenpsychologische Gutachten präzisiert: „Könnte dieser Zeuge mit den gegebenen individuellen Voraussetzungen unter den gegebenen Befragungsumständen und unter Berücksichtigung der im konkreten Fall möglichen Einflüsse von Dritten diese spezifische Aussage machen, ohne dass sie auf einem realen Erlebnishintergrund basiert?"*[1071]

665 Diese Vorgehensweise ist keine juristische Erfindung, sondern sie entspricht dem in der empirischen Wissenschaft seit langem etablierten sog. **Popper'schen Falsifikationsprinzip**. In der wissenschaftlichen Forschung formuliert man allgemein Hypothesen, und in der Regel so, dass sie klar getestet und potenziell falsifiziert werden kann. Man beginnt oft mit einer sogenannten Nullhypothese (H0). Die Hypothese besagt, dass kein Effekt oder kein Unterschied besteht. Dann stellt man eine Alternativhypothese (H1) auf, die das Gegenteil behauptet. Zur Verdeutlichung: Wenn man nicht weiß, ob bspw. ein neues Medikament

1069 OLG Frankfurt, Zivilsenat, Urt. v. 9.10.2012, 22 U 109/11; OLG Nürnberg, 1. Strafsenat, Beschl. v. 30.8.2010, 1 Ws 464/10.

1070 Vgl. OLG Stuttgart, Beschl. v. 8.12.2005 – 4 Ws 163/05.

1071 Steller/Volbert, Wissenschaftliches Gutachten, forensisch-aussagepsychologische Begutachtung, Zeitschrift Praxis der Rechtspsychologie 1999, Band 9, Heft 2, S. 61.

wirksam ist, wäre die Nullhypothese: „Das Medikament hat keinen Effekt." Die Alternativhypothese wäre: „Das Medikament hat einen Effekt." Durch Experimente oder Datenerhebung versucht man dann, die Nullhypothese zu widerlegen. Wenn die Daten zeigen, dass es einen signifikanten Unterschied gibt, lehnt man die Nullhypothese ab und akzeptiert die Alternativhypothese. Das Ziel ist also, eine Hypothese so zu formulieren, dass sie klar testbar ist und dass du durch die Daten entweder die Nullhypothese widerlegen oder nicht widerlegen kannst. So bleibt die Forschung ergebnisoffen und objektiv.

Nichts anderes hat der BGH mit „seiner" Nullhypothese („die Aussage ist unwahr") **666** formuliert, um u. a. voreingenommene Bestätigungen zu vermeiden. Wenn man von der Unwahrheit der Aussage ausgeht, dann muss man versuchen man, Belege zu finden, die diese Annahme widerlegen könnten. Allein diese negative Formulierung schafft eine strengere Prüfung und sorgt dafür, dass die Schlussfolgerungen robuster sind. Wenn die Ausgangshypothese positiv lauten würden, dass die Aussage wahr ist, dann würde dies (wie beim Medikament) zu mehreren Fehlern führen können:

1. Erstens besteht ein hohes Risiko für einen **Bestätigungsfehler**, die Confirmation Bias, also die Neigung, bevorzugt nach Beweisen zu suchen, die die Aussage bestätigen, und widersprechende Hinweise zu ignorieren oder abzuwerten.
2. Zweitens kann ein Bestätigungsfehler dazu führen, dass Beweise **überinterpretiert** werden, die die Wahrheit der Aussage stützen, selbst wenn sie schwach oder zweideutig sind.
3. Drittens kann es zu einem sogenannten „**Tunnelblick**" kommen, bei dem alternative Erklärungen oder Hypothesen gar nicht erst in Betracht gezogen werden, was die Objektivität der Untersuchung stark einschränkt.
4. Viertens könnte man **voreilig** zu dem Schluss kommen, dass die Aussage wahr ist, ohne ausreichend kritische Prüfung oder eine gründliche Suche nach widerlegenden Beweisen.

In Bezug auf die Bewertung einer Aussage handelt es sich also um eine Art **667** **Ausschlussdiagnostik**, denn es wird nicht versucht, die Richtigkeit der Erlebnishypothese zu beweisen, sondern Gegenhypothesen so lange auszuschließen, bis nur noch die Erlebnishypothese als Erklärung der Aussage übrig bleibt.

Ein Sachverständige darf die Hypothesen dabei **nicht stereotyp** aufstellen und **668** abarbeiten. Der 1. Strafsenat hat kurz darauf in 1 StR 582/99 klargestellt, dass die aussagepsychologischen Gutachten nicht einheitlich einer bestimmten Prüfstrategie folgen und einen einheitlichen Aufbau haben müssen. Die einzelnen Elemente der Aussagebegutachtung müssten auch nicht nach einer bestimmten Reihenfolge geprüft werden. Die Nullhypothese sowie die in der Aussagebegutachtung verwendeten Elemente der Aussageanalyse (Qualität, Konstanz, Aussageverhalten), der Persönlichkeitsanalyse und der Fehlerquellen- bzw. der Motivationsanalyse seien gedankliche **Arbeitsschritte** zur Beurteilung der Zuverlässigkeit einer Aussage. Sie verlangen keinen vom Einzelfall losgelösten, schematischen Gutachtenaufbau.

In dem im Dezember 2023 zu Ende gegangenen Strafprozess gegen Gil O. im **669** Zusammenhang mit angeblichen antisemitischen Beleidigungen wurde der Vorsitzende Richter im Zusammenhang mit der Aussage des Hotelmanagers und Hauptzeugen in der Presse mit den Worten zitiert, dass man als Gericht *„gemäß der sogenannten „Nullhypothese" grundsätzlich zunächst davon ausgehe, dass ein Zeuge nicht die Wahrheit sagt."* Derartige Überlegungen und solche Äußerungen kommen immer wieder vor und bedürfen dringend der Klarstellung: Damit kann beim **unbefangenen Leser und Zeugen** der falsche Eindruck entstehen, ein Gericht misstraue grundsätzlich jedem Zeugen und jeder Zeuge sitze zu Beginn der Vernehmung schon mal halb im Gefängnis. Ein Gericht hat keineswegs *„davon auszugehen"*, dass ein Zeuge nicht die Wahrheit sagt. Der Vorsitzende hat allein das *methodische* Vorgehen bei der *sachverständigen* Begutachtung von (Zeugen)Aussagen beschrieben. Die verbindlichen methodischen Vorgaben bedeuten bereits im Ausgangspunkt einzig, dass eine Aussage im Licht verschiedener Arbeitshypothesen zu prüfen ist. Es geht um kritisches Hinterfragen einer Aussage. Die zitierte Nullhypothese beschreibt daher **kein prinzipielles Misstrauen der Justiz** gegenüber Zeugen. Das methodische Vorgehen darf nicht mit Haltung gegenüber Zeugen verwechselt werden und darf schon gar nicht eine Befragung prägen.

670 Außerhalb sachverständiger Begutachtung verlangt der Bundesgerichtshof die ausdrückliche Erwähnung der Nullhypothese als vorausgesetzten Gedankenschritt im schriftlichen Urteil in Strafsachen nicht.[1072] Sowohl die **Nullhypothese** als auch der Grundsatz der **Grundsatz der neutralen Anfangswahrscheinlichkeit** kommen **zum gleichen Ergebnis**. Bei beiden bilden eindeutige und qualitativ belastbare Realkennzeichen die objektive Grundlage der Überzeugungsbildung. Beide Methoden bilden damit eine rational gleich tragfähige Grundlage für eine Entscheidung. Der methodische Grundsatz der neutralen Anfangswahrscheinlichkeit hat allerdings schon allein sprachlich den Vorteil, dass Aussagen von Beschuldigen nicht per se als unwahr bezeichnet werden müssen und somit kein Befangenheitskonflikt heraufbeschworen wird. Auch bei der Bewertung von Zeugenaussagen hat der methodische Grundsatz der neutralen Anfangswahrscheinlichkeit den Vorteil, dass eine Aussage ohne ausreichend Realkennzeichen keinesfalls gleich als „unwahr“ postuliert werden muss. Mangels ausreichender Realkennzeichen vermag die Aussage zunächst schlicht nicht zu überzeugen. Ob sie auch unwahr ist, mag eine Frage des Einzelfalls sein, kann jedenfalls sprachlich dahingestellt bleiben.

3.7 Unmittelbarkeit der Beweisaufnahme

671 Die Beurteilung der Glaubhaftigkeit sollte in der Regel[1073] aufgrund eines **persönlichen** und **unmittelbaren Eindrucks** erfolgen und nicht etwa *allein* auf Grundlage eines Videos, eines Tonprotokolls oder eines schriftlichen Protokolls, ohne Möglichkeit der (Rück-)Fragen. In allen Verfahrensarten gilt: Wenn zu einer umfassenden Beurteilung der Zuverlässigkeit einer Aussage auch der persönliche Eindruck gehört, den die Auskunftsperson auf das Gericht gemacht hat, so müssen **alle** an der Entscheidung beteiligten **Richter** den persönlichen Eindruck gewonnen haben, womit ein Richterwechsel grundsätzlich ausscheidet.[1074] Das gilt in allen Verfahrensarten, im besonderen Maße jedoch für das Strafverfahren und den Verwaltungsprozess, und dort vor allem bei Asylverfahren, auf die noch einzugehen sein wird.[1075] Ob nur eine Vernehmung eines Zeugen unmittelbar vor dem erkennen den Gericht zur Wahrheitsfindung beizutragen vermag, hat der Tatrichter nach seinem pflichtgemäßen Ermessen zu entscheiden. So kann eine Vernehmung durch audiovisuelle Vernehmung oder durch den kommissarischen Richter im Wege der Rechtshilfe bereits ausscheiden.

672 Selbst eine nur **audiovisuelle Vernehmung**[1076] kann im Vergleich zu einer unmittelbaren Einvernahme gewisse **Defizite** aufweisen. Es ist anerkannt, dass sich eine auf Distanz befragte Person dem durch Frage und Antwort entstehenden Spannungsverhältnis eher wird entziehen können als in direktem Kontakt in ein und demselben Raum. Durch die technisch bedingte Distanz wird zudem schwieriger sein, im Vorfeld der Aussage Hemmungen abzubauen, Vertrauen zu erwecken und sich selbst einen hinreichenden Eindruck von der individuellen

---

1072 BGH, Beschl. v. 4.6.2024 – 4 StR 142/24; BGH, Beschl. v. 12.10.2003- 5 StR 334/23.

1073 Für das Zivilrecht gelten Besonderheiten, siehe Virtuelle Beweisaufnahme/Videoverhandlung Rn. 676.

1074 Zu Persönlicher (guter, schlechter) Eindruck und körpersprachlichen Merkmalen, vgl. unten Rn. 581 und 598.

1075 S.u. Rn. 671.

1076 Siehe auch Besonderheiten im Zivilprozess, Virtuelle Beweisaufnahme Rn. 676.

Eigenart der Auskunftsperson und ihrem nonverbalen Aussageverhalten zu verschaffen. Dies gilt insbesondere, wenn der Zeuge der Beteiligung an der Tat verdächtig ist, ihm deswegen ein Auskunftsverweigerungsrecht nach § 55 StPO zusteht und er Scheu gezeigt hat, vor einer Strafkammer in Deutschland Angaben zu machen, naheliegend auch aus Furcht vor strafrechtlicher Verfolgung wegen Falschaussage.[1077]

3.7.1 Besonderheiten im Zivilprozess. – 3.7.1.1 Richterwechsel. Im Zivilprozess ergibt sich der Grundsatz der Unmittelbarkeit der Beweisaufnahme aus § 355 Abs. 1 ZPO. Nach einem **Richterwechsel** ist aufgrund des **Grundsatzes der formellen Unmittelbarkeit** eine Wiederholung der Zeugenvernehmung nicht immer erforderlich, weil Niederschriften von Zeugenaussagen im Wege des Urkundenbeweises durch Auswertung des Vernehmungsprotokolls verwertet werden können. Dadurch kann der nachgerückte Richter an der Würdigung der Beweise mitwirken und darauf seine Entscheidung gründen, sofern Umstände, deretwegen eine persönliche Wahrnehmung notwendig erscheint, bei der seinerzeit erfolgten Beweisaufnahme protokolliert wurden und die Parteien Gelegenheit hatten, sich zu der Beweisaufnahme zu äußern.[1078] Dies setzt die Zustimmung der Parteien nicht voraus. Auch der Widerspruch einer Partei steht nicht entgegen. Der BGH betont in diesem Zusammenhang ausdrücklich „die offenkundigen Schwächen der urkundenbeweislichen Verwertung von Zeugenaussagen – fehlender persönlicher Eindruck von den Zeugen, fehlende Möglichkeit, Fragen zu stellen und Vorhalte zu machen.[1079] Das Gericht darf in einem solchen Fall bei der Beweiswürdigung nur das berücksichtigen, was auf der Wahrnehmung aller an der Entscheidung beteiligten Richter beruht oder aktenkundig ist und wozu die Parteien sich erklären konnten. Dies gilt auch, wenn das Gericht den persönlichen Eindruck eines Zeugen zur Beurteilung der Glaubhaftigkeit seiner Angaben heranziehen will. Deshalb sind *nicht* in das Verhandlungsprotokoll aufgenommene Eindrücke nach Richterwechsel *nicht* verwertbar.[1080] Es genügt auch nicht, dass die übrigen Kammermitglieder den neuen Richter formlos von den persönlichen Eindrücken unterrichten; der Eindruck muss persönlich gewonnen werden oder es muss – was selten der Fall sein wird – auf eine aktenkundige und der Stellungnahme durch die Parteien zugängliche Beurteilung zurückgegriffen werden können.[1081] Freilich können die Parteien ausdrücklich oder konkludent auf die Befolgung von § 355 ZPO verzichten[1082] und hierdurch eine Heilung des Verfahrensmangels nach § 295 Abs. 1 ZPO bewirken. Ein Verstoß hiergegen ist im Rechtsmittelweg angreifbar. In schwerwiegenden Fällen kann wegen Verstoßes gegen den gesetzlichen Richter sogar eine Verfassungsbeschwerde begründet sein, wenn die Verletzung des Unmittelbarkeitsgrundsatzes den rechtsstaatlichen Charakter des Verfahrens ernsthaft beeinträchtigt hat.[1083] Ist der **persönliche Eindruck** über eine Beweisperson im Protokoll festgehalten und damit **aktenkundig**, dann ist ein neu besetztes Gericht auf der andere Seite auch an die protokollierte Einschätzung z. B. über die Glaubhaftigkeit der Angaben eines Zeugen gebunden. Konsequenterweise hat das OLG Frankfurt[1084] es als einen Verstoß gegen den Grundsatz der Unmittelbarkeit der

1077 BGH, Urt. v. 23.11.2022 – 2 StR 142/21.

1078 Hans-Jürgen Ahrens in: Ahrens, Der Beweis im Zivilprozess, 2. Auflage 2025, Kapitel 4 Unmittelbarkeit der Beweisaufnahme, Rechtshilfe, Rn. 28.

1079 BGH, Urt. v. 12.7.2013 – V ZR 85/12 –mit w. Nachw. auf die ständige Rspr.

1080 BGH, Urt. v. 14.12.1990 – V ZR 223/89; Ahrens in: Ahrens, Der Beweis im Zivilprozess, 2. Auflage 2025, Kapitel 4 Unmittelbarkeit der Beweisaufnahme, Rechtshilfe, Rn. 29.

1081 BGH, Urt. v. 4.2.1997 – XI ZR 160/96.

1082 BGH, Urt. v. 9.1.1997 – III ZR 162/95.

1083 BVerfG, Beschl. v. 30.1.2008 – 2 BvR 2300/07.

1084 OLG Frankfurt, Urt. v. 14.9.2011 – 7 U 24/10; vgl. auch Ahrens in: Ahrens, Der Beweis im Zivilprozess, 2. Auflage 2025, Kapitel 4 Unmittelbarkeit der Beweisaufnahme, Rechtshilfe, Rn. 29 m. w. N.

Beweisaufnahme erachtet, wenn nach einem Dezernatswechsel die Glaubwürdigkeit bewertet wird, ohne die Zeugen selbst vernommen und ohne aktenkundige Stellungnahme des die Vernehmung durchführenden Richters zum persönlichen Eindruck eingeholt zu haben. Dieser wesentliche Verfahrensmangel führte sogar zur Zurückverweisung an das Erstgericht. Ähnlich argumentiert das BVerwG, wenn nur schriftliche Aussagen zur Verfügung stehen. Sofern die Glaubwürdigkeit eines Zeugen oder die Glaubhaftigkeit seiner Aussagen in Zweifel stehen, bildet eine nur auf schriftlichen Äußerungen beruhende Zeugenaussage keine hinreichende Tatsachengrundlage für eine fehlerfreie Beweiswürdigung.[1085] Ebenso verstößt es gegen den Grundsatz der Unmittelbarkeit der Beweisaufnahme, wenn ein Gericht den Mitgliedern dieses Gerichts bekannte Aussagen aus anderen Verfahren verwertet, da es sich trotz Personenidentität der Richter nicht um das Prozessgericht handelt.[1086]

674 **3.7.1.2 Abweichende Würdigung in der Berufungsinstanz.** Das Gebot, sich einen persönlichen Eindruck zu verschaffen, ist im Berufungsrechtszug des Zivilprozesses nach § 529 Abs. 1 ZPO insofern eingeschränkt, als das Gericht die erstinstanzlich festgestellten Tatsachen zugrunde zu legen hat, soweit nicht konkrete Anhaltspunkte Zweifel an der Richtigkeit oder Vollständigkeit der entscheidungserheblichen Feststellungen begründen und deshalb eine erneute Feststellung gebieten. Im Fall des Zeugenbeweises setzt dies nach der Rechtsprechung des Bundesgerichtshofs zumindest in aller Regel eine erneute Vernehmung voraus. Insbesondere muss das **Berufungsgericht** einen bereits in erster Instanz vernommenen **Zeugen** nochmals gem. § 398 ZPO vernehmen, wenn es dessen Aussage **„anders würdigen"** bzw. **„anders verstehen oder werten"** will als die Vorinstanz, also der Aussage eines Zeugen eine andere Tragweite, ein anderes Gewicht oder eine vom Wortsinn abweichende Auslegung geben will oder wenn es die protokollierten Angaben des Zeugen für zu vage und präzisierungsbedürftig hält;[1087] dasselbe gilt für eine Parteivernehmung.[1088]

675 Eine erneute Vernehmung kann „allenfalls dann" unterbleiben, wenn das Berufungsgericht seine abweichende Würdigung auf solche Umstände stützt, die weder die Urteilsfähigkeit, das Erinnerungsvermögen oder die Wahrheitsliebe des Zeugen noch die Vollständigkeit und Widerspruchsfreiheit seiner Aussage betreffen.[1089] Auch im Hinblick auf objektive Umstände, die bei der Beweiswürdigung eine Rolle spielen können und von der ersten Instanz nicht beachtet worden sind, darf das Berufungsgericht nicht ohne erneute Vernehmung des Zeugen und abweichend von der Vorinstanz zu dem Ergebnis gelangen, dass der Zeuge in einem prozessentscheidenden Punkt mangels Urteilsfähigkeit, Erinnerungsvermögens oder Wahrheitsliebe objektiv die Unwahrheit gesagt hat.[1090] Eine an-

---

1085 BVerwG, Urt. v. 28. September 2022 – 2 A 17/21.

1086 BGH, Urt. v. 4.11.2010 – I ZR 190/08.

1087 Hans-Jürgen Ahrens in: Ahrens, Der Beweis im Zivilprozess, 2. Auflage 2025, Kapitel 4 Unmittelbarkeit der Beweisaufnahme, Rn. 51 mit Verweis u. a. auf BGH v. 25.7.2017 – VI ZR 103/17; BGH v. 12.12.2019 – III ZR 198/18; BAG v. 26.9.1989 – 3 AZR 375/89; Nassall, NJW 2023, 1470, 1471.

1088 Hans-Jürgen Ahrens in: Ahrens, Der Beweis im Zivilprozess, 2. Auflage 2025, Kapitel 4 Unmittelbarkeit der Beweisaufnahme, Rn. 51 mit Verweis auf BGH NJW 1999, 563, 564; BGH v. 25.7.2017 – VI ZR 103/17, NJW 2018, 308 Rn. 9; Nassall, NJW 2023, 1470, 1472.

1089 Vgl. m.w. Nachw. BGH, Urt. v. 18.10.2006 – IV ZR 130/05 unter Hinweis darauf, dass die eigenständige Würdigung der in erster Instanz erhobenen Beweise durch das BerGer. bereits eine erneute Tatsachenfeststellung darstellt; BGH, Beschl. v. 14.7.2009 – VIII ZR 3/09; Musielak/Ball, ZPO, § 529 Rn. 14 f.

1090 Vgl. BGH, Urt. v. 21.12.1992 – II ZR 276/91. Auch die neuere Rspr. mehrerer Zivilsenate des BGH betont diese Grundsätze immer wieder, vgl. z. B. BGH, Beschl. v. 17.9.2013 – XI ZR 394/12, sogar auch für die erneute Parteivernehmung; BGH, Beschl. v. 25.6.2013 – XI ZR 210/12; BGH, Beschl. v. 14.5.2013 – XI ZR 274/12; BGH, Beschl. v. 19.2.2013 – II ZR 119/11; BGH, Beschl. v. 21.3.2012 – XII ZR 18/11; BGH, Beschl. v. 15.3.2012 – I ZR 125/11.

dere Handhabung verstößt gegen das**Gebot rechtlichen Gehörs** (Art. 103 Abs. 1 GG).[1091]

3.7.1.3 Virtuelle Beweisaufnahme/Videoverhandlung. Im Zivilverfahren kann das Gericht gemäß § 284 Abs. 2 Satz 1 ZPO sowohl in einer **Videoverhandlung** nach § 128a als auch in einem ansonsten mit präsenten Beteiligten geführten Verfahren die **Beweisaufnahmen per Bild- und Tonübertragung** vornehmen. Die Entscheidung über die Gestattung oder Anordnung steht dabei gemäß § 284 Abs. 2 Satz 3 ZPO i. V. m. § 128a Abs. 1 Satz 1 ZPO im pflichtgemäßen Ermessen des Gerichts. Bei der Ermessensentscheidung des Gerichts hat eine Abwägung stattzufinden zwischen den Motiven – hier insbesondere der antragstellenden Person – und entgegenstehenden Aspekten, wozu in diesem Zusammenhang gerade die Besonderheiten einer persönlichen Zeugenbefragung gehören.[1092] Bei der Ermessensentscheidung soll das Gericht insbesondere berücksichtigen, ob es die Glaubwürdigkeit der **Beweisperson** und die **Glaubhaftigkeit** ihres Vortrags im Rahmen einer Videoverhandlung ohne persönliche Teilnahme am Verhandlungsort angemessen beurteilen kann. Das Gericht hat dabei abzuwägen, ob der **Verlust des direkten persönlichen Eindrucks** gegenüber den Vorteilen der Videovernehmung (Verfahrensbeschleunigung, geringerer Zeitaufwand) vertretbar erscheint, und zu prüfen, ob durch die Zulassung einer Videovernehmung die Beweiswürdigung beeinflusst zu werden droht oder eine Partei ein berechtigtes Interesse daran hat, sich einen persönlichen Eindruck von einer Beweisperson oder einem Augenscheinsobjekt zu verschaffen.[1093] So ist für die Beurteilung der Glaubwürdigkeit von Beweispersonen häufig der unmittelbare Gesamteindruck erforderlich, die im Videobild nicht immer ausreichend erkennbar ist.[1094] Kommt es daher entscheidend auf die Glaubhaftigkeit von Angaben der Beweisperson an, sollte das Gericht auf einer Vernehmung im Gerichtssaal bestehen.[1095] Dies gilt insbesondere auch deshalb, weil bei einer Online-Vernehmung keine Kontrolle über die Umstände während (und auch nach) der Vernehmung herrscht. Der Einfluss von sonst anwesenden Personen (gar vor der Tür) kann nicht abgeschätzt werden. 676

3.7.1.4 Parteivernehmung und -anhörung. Die Zivilprozessordnung regelt die Parteivernehmung sehr restriktiv und behandelt sie als subsidiär gegenüber der Vernehmung von Zeugen.[1096] Sowohl die Vernehmung des Gegners nach §§ 445, 446 ZPO als auch des Beweispflichtigen nach § 447 ZPO sind an in der Praxis selten erfüllte Voraussetzungen geknüpft, die die Zeugenvernehmung nicht kennt. Die Vernehmung von Amts wegen nach § 448 ZPO ist nur vorgesehen, wenn die Verhandlung und bisherige Beweisaufnahme einen Anfangsbeweis, nämlich eine gewisse Wahrscheinlichkeit für die Richtigkeit des streitigen Parteivortrags, erbracht hat. Häufig wird in diesem Zusammenhang die Formulierung gewählt, Voraussetzung der Parteivernehmung von Amts wegen sei „einiger Be- 677

1091 BVerfG, Beschl. v. 14.9.2010 – 2 BvR 2638/09.

1092 H. Müller in: Ory/Weth, jurisPK-ERV Band 2, 2. Aufl., § 284 ZPO 1. Überarbeitung (Stand: 20.3.2025), § 284 ZPO, Rn. 129; Ahrens in: Ahrens, Der Beweis im Zivilprozess, 2. Auflage 2025, Kapitel 4 Unmittelbarkeit der Beweisaufnahme, Rechtshilfe, Rn. 34d m. w. N.

1093 H. Müller in: Ory/Weth, jurisPK-ERV Band 2, 2. Aufl., § 284 ZPO 1. Überarbeitung (Stand: 20.3.2025), Rn. 129.

1094 BT-Drs. 20/8095, S. 59.

1095 Musielak/Voit/Stadler, 21. Aufl. 2024, ZPO § 128a, Rn. 7; Stein/Jonas/Kern, 23. Aufl. 2016, ZPO § 128a Rn. 24; zu den Defiziten einer ausiovisuellen Vernehmung im Vergleich zur Vernehmung eines Zeugen unmittelbar vor dem erkennenden Gericht, BGH, Urt. v. 23.11.2022 – 2 StR 142/21; vgl. hierzu auch BVerfG, Urteil v. 24.8.2025 – 2 BvR 64/25 (Verletzung des Anspruchs auf ein faires Verfahren (Art 2 Abs 1 GG i. V. m. Art 20 Abs 3 GG) durch Ablehnung der audiovisuellen Vernehmung eines Auslandszeugen (§ 244 Abs 5 S 2 StPO)).

1096 Ausführlich zur Parteivernehmung von Amts wegen: Lamberti/Stumpf, NJOZ 2009, S. 1860.

weis", ein „Anfangsbeweis" oder „Anbeweis".[1097] Erheblich eingeschränkt ist die Parteivernehmung gemäß § 536 ZPO auch im Berufungsrechtszug.

678 Allerdings hat die **Parteianhörung** gleichermaßen wie die Parteivernehmung durch die Rechtsprechung eine starke Aufwertung erfahren. Angeregt durch eine Entscheidung des *Europäischen Gerichtshofs für Menschenrechte*[1098] haben sich Rechtsprechung und Literatur intensiv mit den verfassungsrechtlichen Anforderungen an das zivilprozessuale Beweisrecht im Hinblick auf die Fälle der sogenannten **Vier-Augen-Gespräche** befasst. Unter Vier-Augen-Gesprächen versteht man in diesem prozessualen Sonderfall die Konstellation, in der einer Partei ein Mitarbeiter als Zeuge zur Verfügung steht, während die andere Partei die Verhandlung selbst geführt hat und daher in Beweisnot ist.

679 Der Bundesgerichtshof hat die Anforderungen an die Zulässigkeit einer Parteivernehmung abgesenkt und den Anwendungsbereich sowie den Beweiswert einer Parteianhörung erweitert. So sieht es auch das *Bundesverfassungsgericht*: „Art. 103 Absatz 1 GG gebietet ein Ausmaß an rechtlichem Gehör, das sachangemessen ist, um den in bürgerlich-rechtlichen Streitigkeiten aus dem Rechtsstaatsprinzip folgenden Erfordernissen eines wirkungsvollen Rechtsschutzes gerecht zu werden… Insbesondere müssen die Beteiligten einer bürgerlichen Rechtsstreitigkeit die Möglichkeit haben, sich im Prozess mit tatsächlichen und rechtlichen Argumenten zu behaupten."[1099]

680 Der Bundesgerichtshof hat hierzu grundlegend ausgeführt: „Dem Grundsatz der Waffengleichheit kann dadurch genügt werden, dass die durch ihre prozessuale Stellung bei der Aufklärung des Vier-Augen-Gesprächs benachteiligte Partei nach § 141 ZPO persönlich angehört wird. Nach ständiger Rechtsprechung ist das **Gericht nicht gehindert**, im Rahmen der Würdigung des gesamten Inhalts der Verhandlungen und des Ergebnisses der Beweisaufnahme **einer Parteierklärung**, auch wenn sie außerhalb einer förmlichen Parteivernehmung erfolgt ist, den **Vorzug** vor den Bekundungen eines Zeugen zu geben."[1100] Auch das Ergebnis einer Parteianhörung i. S. d. § 141 Abs. 1 S. 1 ZPO gehört demnach zum Inhalt der Verhandlungen und kann zur Grundlage der Überzeugungsbildung herangezogen werden.[1101] Maßgeblich dafür, ob eine Parteianhörung rechtlich geboten ist, ist die Frage, ob diese bzw. eine förmliche Parteivernehmung zur Wahrung der Rechte dieser Partei und der Waffengleichheit **erforderlich** ist.

681 Die Erforderlichkeit wiederum bemisst sich nach der **Beweisnot** der Partei. Das Gebot rechtsstaatlichen Verfahrens in der Gestalt einer effektiven Rechtsschutzgewährung gebietet es, jedenfalls derjenigen Partei, die sich keine weiteren Beweismittel für eine von ihr zu beweisende Tatsache hat verschaffen können, diese Möglichkeit nicht zu verschließen. Das in § 141 Abs. 1 Satz 1 ZPO eingeräumte Ermessen reduziert sich auf Null und verpflichtet das Gericht, das persönliche Erscheinen einer Partei anzuordnen und diese anzuhören.[1102] Beweisnot in diesem Sinne wird man dabei nicht nur annehmen müssen, wenn (nur) einer Partei kein Zeuge oder sonstiges Beweismittel zur Verfügung steht, sondern auch dann, wenn keine der Parteien für den behaupteten Sachverhalt ein formelles Beweismittel benennen kann, wie zum Beispiel bei Gesprächen zwischen den Parteien.

1097 Vgl. Zöller/Greger, ZPO, 35. Aufl. 2024, § 448 Rn. 4.
1098 EGMR, Urt. v. 27.10.1993 – 37/1992/382/460.
1099 BVerfG, Beschl. v. 21.2.2001 – 2 BvR 140/00.
1100 BGH, Urt. v. 16.7.1998 – I ZR 32/96, m. w. N.
1101 Kockentiedt/Windau: Parteianhörung und richterliche Überzeugungsbildung, in: NJW 2019, 3348, 3349.
1102 Kockentiedt/Windau: Parteianhörung und richterliche Überzeugungsbildung, in: NJW 2019, 3348, 3351 m. w. N.

Beweisnot ist darüber hinaus auch anzunehmen, wenn sich die vorhandenen Beweismittel der Partei als unergiebig erweisen.[1103]

Beispiel: Es kann bei Nichtbeachtung einen zur Zurückverweisung führenden erheblichen Verfahrensmangel bedeuten, wenn das Erstgericht im Rahmen der Aufklärung, ob ein Verkehrsunfall die vom Kläger behaupteten Verletzungsfolgen hatte, es unterlässt, diesen anzuhören. Hat keine der Parteien einen Zeugen und lässt sich der Hergang nicht durch sachliche Beweismittel klären, so gebietet es der Grundsatz des fairen Verfahrens, dass beide Parteien gleichermaßen angehört werden.[1104] Diese Grundsätze gelten nicht nur für das Unfallgeschehen selbst, sondern auch für die Verletzungsfolgen und hier insbesondere dafür, jeweils ab wann und wie lange er welche Schmerzen verspürte. Denn nur hierauf basierend kann das Gericht – sachverständig beraten – sich auf hinreichend gesicherter Tatsachenbasis eine fundierte Meinung dazu bilden, ob nach dem Maßstab des § 286 ZPO bezüglich der Primärverletzung und nach dem Maßstab des § 287 ZPO bei Sekundärschäden ein hinreichender Beweis geführt ist. Es versteht sich von selbst, scheint jedoch in der forensischen Praxis durchaus nicht völlig üblich zu sein, dass das Gericht dem Sachverständigen in der Beauftragung den jeweils anzuwendenden Prüfungsmaßstab sowie die jeweilige Beweislastverteilung mitteilt, damit es nicht passiert, dass der Sachverständige meint, es sei im Zivilprozess – ähnlich wie im Strafprozess oder Sozialgerichtsprozess – bei Sekundärschäden der Vollbeweis nach § 286 ZPO zu führen. Die Glaubhaftigkeitsprüfung der Angaben der Partei bezüglich der von ihr beschriebenen Beschwerden steht in solchen Fällen regelmäßig in Zusammenhang mit dem eingeholten biomechanischen oder medizinischen Gutachten insoweit, als das Gutachten in der Lage ist, die Glaubhaftigkeit der Angaben der Partei zu stützen oder umgekehrt zu minimieren, je nachdem, ob das von der Partei beschriebene Beschwerdebild sich mit dem Ausmaß der Belastungen in Einklang bringen lässt.

Zwar ist grds. der **Beweisnot** der Partei ohne eigenen Zeugen durch eine dieser Verfahrensmittel Rechnung zu tragen. Die im Termin anwesende Partei muss aber von sich aus ihre Darstellung des umstrittenen Sachverhalts in den Rechtsstreit einbringen; gibt sie nach einer Zeugenvernehmung von sich aus keine Stellungnahme ab, muss das Gericht anschließend keine Parteianhörung vornehmen.[1105] **682**

Dem hat auch das BVerfG zugestimmt: Wenn der Partei das Ergebnis der Vernehmung der vom Prozessgegner benannten Zeugen bekannt ist und sie aufgrund ihrer Anwesenheit bei der Beweisaufnahme oder in einem nachfolgenden Termin in der Lage war, ihre Darstellung vom Verlauf eines Vier-Augen-Gesprächs durch eine Wortmeldung nach § 137 Abs. 4 ZPO persönlich vorzutragen, besteht eine Notwendigkeit für eine Parteianhörung von Verfassung wegen nicht.[1106]

Eine Parteianhörung ist – neben ggf. einzuholenden Sachverständigengutachten – auch zur Wahrheitsfindung unter dem reduzierten Beweismaß des § 287 ZPO bei der sog. haftungsausfüllenden Kausalität erforderlich, wenn es darum geht, welche körperlichen Beeinträchtigungen aufgrund eines Unfalls eingetreten sind. Denn nur über seine eigenen Angaben hierzu in Verbindung mit den sich hieraus ergebenden sachverständigen Schlussfolgerungen ist der Unfallgeschä- **683**

1103 Kockentiedt/Windau: Parteianhörung und richterliche Überzeugungsbildung, in: NJW 2019, 3348, 3351 m.w.N.
1104 OLG Saarbrücken, Urt. v. 1.3.2011 – 4 U 355/10.
1105 BGH, Beschl. v. 30.9.2004 – III ZR 369/03.
1106 BVerfG, Kammerbeschl. v. 27.2.2008 – 1 BvR 2588/06.

digte in der Lage, den Beweis der Kausalität zwischen Unfall und geklagten Unfallfolgen zu führen.[1107]

684 Wird eine Partei zu einem streitigen Vorgang angehört, so gebietet es der Grundsatz der „Waffengleichheit", dass auch die andere Partei angehört wird.[1108] In der Literatur für Rechtsanwälte wird daher die Empfehlung ausgesprochen, sich auf prozesstaktisch richtiges Vorgehen im Rahmen der Parteivernehmung von Amts wegen gemäß § 448 ZPO zu konzentrieren.[1109]

685 Die Befragungsreihenfolge der Partei einerseits und der Gegenzeugen andererseits wird nach allem, was Richter und Rechtsanwälte den Verfassern in deren Seminaren berichten, äußerst unterschiedlich gehandhabt. Häufig wird – überraschenderweise auch von Rechtsanwälten – mit einem angeblich geringeren Beweiswert und daher einer nur sekundären Bedeutung des Beweiswerts der Parteianhörung oder Parteivernehmung argumentiert. Daraus ergebe sich die Notwendigkeit, über die Frage einer Parteianhörung oder -vernehmung erst dann zu entscheiden, wenn die Zeugenvernehmung bereits beendet ist. Dies erscheint unter dem Blickwinkel der später vorzunehmenden Beweiswürdigung sowie der rechtlichen Rahmenbedingungen der Parteiöffentlichkeit der Beweisaufnahme nach § 357 Abs. 1 ZPO in mehrfacher Hinsicht zweifelhaft. Zum einen: Wie in dieser Randnummer bereits ausgeführt, hat die Rechtsprechung die Bedeutung und den Beweiswert der Bekundungen der Parteien verstärkt. Zum anderen sieht die ZPO keine Möglichkeit vor, einer Partei die Anwesenheit im Verhandlungssaal während den Zeugenvernehmungen zu versagen. Die Partei kann vom Gericht also lediglich gebeten werden, während einer Zeugenvernehmung den Saal zu verlassen; eine gesetzliche Handhabe, dies zur Erreichung einer wahrheitsgemäßen Aussage zu erzwingen, ist entgegen der Regelung des § 247 StPO[1110] nicht vorgesehen. Erst recht nicht vorgesehen ist diese Möglichkeit, wenn es darum geht, die später zu vernehmende Partei während der Zeugenvernehmung aus dem Sitzungssaal zu verweisen, um eine unverfälschte Aussage bei deren Vernehmung bzw. Anhörung zu erreichen. Richter sollten daher die Parteianhörung vor der Zeugenvernehmung durchführen, Anwälte sollten das Gericht gegebenenfalls dazu drängen.

3.8 Aussageentstehung

686 Die „Geschichte" einer Aussage, also die **Aussageentstehung** – und hierbei vor allem auch die Situation der **Erstaussage**[1111] – und deren weitere **Entwicklung** stellt ein wesentliches Indiz im Rahmen der Glaubhaftigkeitsprüfung von (belastenden) Aussagen dar. Es geht um eine chronologische Aufarbeitung, wann, bei welcher Gelegenheit bzw. aus welchem Anlass und wem gegenüber die ersten Angaben gemacht wurden, ein erster Verdacht auftrat, und wie die Aussage sich entwickelte, wobei die konkreten Einwirkungen durch Befragungen oder andere äußere Einflüsse zu berücksichtigen sind. Dies hängt u. a. zum einen mit der Frage von verblassender Erinnerung, zum anderen mit Suggestionen zusammen. Deshalb gilt insbesondere bei kindlichen Zeugen, wie es der Bundesgerichtshof formuliert hat: „Im Rahmen der Fehlerquellenanalyse wird es in Fällen, bei denen (auch unbewusst) fremdsuggestive Einflüsse in Erwägung zu ziehen sind, grundsätzlich erforderlich sein, die Entstehung und Entwicklung der Aussage

1107 OLG München, Urt. v. 5.11.2010 – 10 U 2401/10 –, VersR 2011, S. 549 m. Anm. Hoffmann.

1108 Beispiel aus dem Bereich des Arzthaftungrechts: OLG Karlsruhe, Urt. v. 7.4.2010 – 7 U 114/09.

1109 Zuck, NJW 2010, S. 3764, 3765.

1110 Ob eine analoge Anwendung in Betracht kommt, wird nur selten thematisiert. Vgl. hierzu OLG Frankfurt, Beschl. v. 13.1.2003 – 25 W 97/02; Zöller, ZPO, 35. Auflage 2024, § 357 Rn. 3a; Stein/Jonas, Berger, ZPO, 23. Aufl. 2015, § 357 Rn. 15.

1111 Bei der Erstaussage geht es nicht um die erste polizeiliche Vernehmung etc., sondern um die ersten Angaben überhaupt, die oftmals im privaten Kreis erfolgen.

aufzuklären (**Aussagegenese**)."[1112] Oder: „In den Urteilsgründen ist insbesondere die Entstehungsgeschichte der Aussagen der beiden Töchter zu erörtern, da dieser bei der Bewertung kindlicher Zeugen in Missbrauchsfällen besondere Bedeutung zukommt."[1113]
Eine „wissenschaftlichen Standards kaum entsprechende suggestive Befragungstechnik" bei der Erst-Befragung eines kindlichen Opferzeugen durch den gerichtlich vernommenen Sachverständigen kann zur Verpflichtung führen, einem Beweisantrag der Verteidigung stattzugeben, der die Einholung eines weiteren Gutachtens zum Ziel hat.[1114] Man muss sich allerdings in solchen Fällen bewusst machen, dass der neue Sachverständige ebenso wie das Gericht aufgrund der unbewussten Beeinflussungen der Aussageinhalte, die durch vernehmungstechnisch unrichtige Befragungen entstanden sind oder sein könnten, gar nicht mehr in der Lage ist, das Auskunftsmaterial „wissenschaftlich seriös" zu analysieren und ein aussagepsychologisches Gutachten zu fertigen. Die erneute Befragung des Kindes wird hier nutzlos sein und sollte ihm daher erspart werden.[1115]

Gleiches gilt bei einer **Strafanzeige**. Auch ist zu würdigen, wenn ein Tatopfer – was immer wieder vorkommt – zunächst keine Strafanzeige erstattet hat.[1116] Eine mitunter Wochen, ja Monate **„verspätete"** Anzeige deutet nicht von vornherein darauf hin, dass sie falsch sei. Insbesondere wenn zwischen dem behaupteten Täter und dem Verletzten persönliche Beziehungen bestehen, wird sogar häufig zunächst keine Anzeige erstattet. Die Geschehnisse selbst „wirken" aber weiter. Eine „psychische Verarbeitung" gelingt nur beschränkt oder oberflächlich. Nicht selten genügt dann irgendwann – erst recht, wenn die Beziehung zwischenzeitlich abgekühlt ist – eine relativ unbedeutende Streitigkeit, um sogar eine viele Jahre zurückliegende Verfehlung zur Anzeige zu bringen. Bei einer reinen Lüge würde das Geschehen nicht ohne triftigen Grund zeitlich weit zurückversetzt. **687**

Nach der Rechtsprechung des Bundesgerichtshofs stellt es einen in der strafrechtlichen Revision rügbaren Rechtsfehler dar, wenn die Aussageentstehung in den hier angesprochenen Situationen im Rahmen der Beweiswürdigung nicht analysiert wird.[1117] Der Aussageentstehung muss insbesondere auch in den Fällen besonderer Augenmerk gewidmet werden, in denen ein Geständnis Gegenstand einer verfahrensbeendenden Absprache war und diese Person nunmehr als Belastungszeuge gegen einen anderen gleichartige Aussagen macht (Verfahrensbeendende Absprache zu Lasten Dritter).[1118] **688**

3.9 Aussagetüchtigkeit

Unter **Aussagetüchtigkeit** oder **Aussagefähigkeit** versteht man die Fähigkeit einer Person zu einer richtigen und vollständigen Aussage.[1119] Sie betrifft die Kompetenzen *dieser* aussagenden *Person* vor dem Hintergrund ihrer Aussagebereitschaft, ihres Intellekts, ihrer Lügenkompetenz, ihrer Wahrnehmungsfähigkeit, Gedächtnisfunktion, sprachliche Ausdrucksfähigkeit, Gedächtnisleistung und Suggestibilität zu *dieser Aussage*. Anders formuliert: „Könnte dieser Zeuge mit den gegebenen individuellen Voraussetzungen unter den gegebenen Befragungsumständen und unter Berücksichtigung der im konkreten Fall möglichen Einflüsse von Dritten diese spezifische Aussage machen, *ohne* dass sie auf einem **689**

1112 BGH, Beschl. v. 23.5.2000 – 1 StR 156/00.
1113 BGH, Beschl. v. 5.11.1997 – 3 StR 558/97; BGH, Beschl. v. 10.5.2023 – 4 StR 37/23.
1114 BGH, Beschl. v. 27.1.2010 – 2 StR 535/09 = NJW 2010, S. 1214 m. Anm. Hoffmann/Wendler.
1115 OLG Stuttgart, Beschl. v. 12.12.2007 – 4 Ws 330/06; Rohmann, Strafo 2006, S. 401; Hoffmann/Wendler, NJW 2010, S. 1216.
1116 BGH, Urt. v. 21.11.2006 – 1 StR 392/06.
1117 Beispiel: BGH, Urt. v. 21.2.2006 – 1 StR 278/05.
1118 BGH, Beschl. v. 6.11.2007 – 1 StR 370/07.
1119 BGH, Besch. v. 11.1.2005 – 1 StR 498/04.

realen Erlebnishintergrund basiert?"[1120] Es müssen die Qualitätsmerkmale (also Äußerungen, die bestimmten Realkennzeichen zugeordnet werden) mit den individuellen Fähigkeiten und auch fallspezifischen Kenntnissen der Aussageperson in Beziehung gesetzt werden. Insgesamt geht es hierbei noch nicht um die Frage, ob es eine glaubhafte Aussage ist. Methodische Grundlage ist vielmehr die Analyse der relevanten Persönlichkeitsdispositionen, bevor die Qualitätsanalyse der Aussage vorgenommen wird. Die Beurteilung der Aussagetüchtigkeit von Zeugen zählt dabei gemeinhin zur „ureigenen Aufgabe" des Tatrichters.[1121]

3.10 Erforderliche Gesamtwürdigung von Aussagen

690 Nach inzwischen gefestigter neuerer Rechtsprechung des Bundesgerichtshofs muss der Schwerpunkt der Beweiswürdigung von Aussagen nicht im Bereich der allgemeinen Glaubwürdigkeit der vernommenen Person, sondern in der Analyse ihrer Aussage liegen, und zwar anhand der dargestellten Kriterien, die für oder gegen die Glaubhaftigkeit einer Aussage sprechen. Das bedeutet aber nicht, dass sich ein Urteil über – für die notwendige Gesamtschau einer Beweiswürdigung erforderliche – Einzelheiten zur hier erörterten allgemeinen Glaubwürdigkeit ausschweigen darf. Maßgeblich ist, wie der Bundesgerichtshof immer wieder betont, eine Gesamtbetrachtung aller für und gegen den Angeklagten bzw. für und gegen das Bewiesensein einer beweisbedürftigen Behauptung sprechenden Erkenntnisse. Aus den Urteilsgründen muss sich ergeben, dass die einzelnen Beweisergebnisse nicht nur isoliert gewertet, sondern in eine umfassende **Gesamtwürdigung** – inkl. Irrtum bzw. Irrtumsfreiheit[1122] – eingestellt wurden.[1123]

691 Hierzu können im **Strafverfahren** auch Feststellungen zu den persönlichen Verhältnissen und zum Werdegang des Angeklagten gehören, wenn diese für den Tatvorwurf eine Rolle spielen können und deshalb zur Überprüfung durch das Revisionsgericht erforderlich sind. Dies gilt auch bei einem freisprechenden Urteil, wenn es um mögliche Risikofaktoren in der Entwicklung und in der persönlichen und familiären Lebenssituation geht, die von Bedeutung für den Tatvorwurf sein können. In einem solchen Fall muss neben der vollständigen Darstellung der belastenden und entlastenden Gesichtspunkte und deren isolierter Bewertung eine umfassende Gesamtwürdigung hinzukommen.[1124]

692 Eine Gesamtschau verlangen die **Zivilsenate** des BGH auch, wenn mehrere Hilfstatsachen vorgetragen werden, die jeweils für sich allein betrachtet keine sicheren Rückschlüsse auf die Haupttatsache zulassen. In solchen Fällen ist vom Tatrichter auch zu prüfen, ob die Hilfstatsachen in einer Gesamtschau, gegebenenfalls im Zusammenhang mit dem übrigen Prozessstoff, geeignet sind, ihn von der beweisbedürftigen Behauptung zu überzeugen.[1125]

693 Die kriterienorientierte **Aussageanalyse** ist in der Regel ***ein*** **Baustein** in der Gesamtwürdigung. Das mit den dargelegten Methoden der Aussageanalyse gefundene Ergebnis gewinnt – schon wegen des nicht exakt bestimmbaren Wertes der einzelnen verwendeten Realkennzeichen – für die Glaubhaftigkeitsuntersuchung jedoch erst Bedeutung unter Berücksichtigung vor allem der spezifischen Kompetenzen und Erfahrungen der untersuchten **Aussageperson** sowie der **Entstehungs- und Entwicklungsgeschichte** der Aussage.[1126]

1120 Steller/Volbert, Wissenschaftliches Gutachten, forensisch-aussagepsychologische Begutachtung, Zeitschrift Praxis der Rechtspsychologie 1999, Band 9, Heft 2, S. 61.

1121 Siehe Sachverständigenbegutachtung/Besonderheitenrechtsprechung Rn. 628.

1122 Siehe Kapitel III Irrtum Rn. 305 ff.

1123 BGH, Beschl. v. 6.8.2003 – 2 StR 180/03; BGH, Urt. v. 15.7.2008 – 1 StR 231/08; BGH, Urt. v. 18.3.2009 – 1 StR 549/08.

1124 BGH, Urt. v. 23.7.2008 – 2 StR 150/08.

1125 BGH, Urt. v. 8.5.2012 – XI ZR 262/10; ebenso: BAG, Urt. v. 24.4.2008 – 8 AZR 257/07.

1126 BGH, Urt. v. 30.7.1999 – 1 StR 618/98.

Die **Würdigung** einer Aussage ist nur umfassend, wenn zu der Analyse des Produkts (der Aussage) auch eine Analyse des Prozesses (d. h. die gesamten Befragung/Vernehmung, von ihrer Planung bis zu ihrem Abschluss) hinzukommt. Denn ein gutes Produkt setzt einen guten Prozess voraus. Ist der Prozess defizitär, dann wird es auch das Produkt sein. Um den Prozess bewerten zu können muss dieser auch transparent und damit gut dokumentiert sein. Ohne eine audiovisuelle Vernehmung ist der Prozess in der Regel intransparent, das Produkt daher nicht oder kaum überprüfbar. Der **Prozess** und das **Produkt** zusammen bilden die Grundlage der Gesamtwürdigung. **694**

Oftmals wird es (deshalb) außerhalb der einzelnen Aussage liegende Beweismittel geben, die in der erforderlichen Gesamtschau mit zur Überzeugungsbildung herangezogen werden können. Stützen **andere Aussagen** die zur Überprüfung stehende Aussage, so erhöht das naturgemäß die Beweiskraft, wobei in diesem Zusammenhang das Problem der Gedächtniskonformität[1127] nicht aus dem Blick geraten darf, sofern es konkrete (!) Anhaltspunkte hierfür gibt. Widerspricht auf der anderen Seite die zur Überprüfung stehende Aussage einer anderen, mittels der Aussageanalyse als glaubhaft eingestuften Aussage, so sollten insbesondere nochmals die Irrtumsanfälligkeit in den Blick genommen werden. Man sollte sich insbesondere davor hüten, die Aussagen unmittelbar und allein nach ihrer objektiven Qualität miteinander zu vergleichen, weil entscheidend auch die Aussagekompetenz der jeweiligen Aussageperson Berücksichtigung zu finden hat. Je nach Aussagetüchtigkeit kann auch der im unmittelbaren Vergleich vermeintlich qualitativ „schwächeren" Aussage der Vorzug gegeben werden. Wenn die zur Überprüfung stehende, als glaubhaft eingestufte Aussage sich in einer Gesamtschau nicht mit den übrigen Erkenntnissen von **Sach- oder Personalbeweisen** in für eine Verurteilung wesentlichen (!) Punkten in Einklang steht, dann wird die Aussage wohl falsch sein. Jedenfalls werden vernünftige Zweifel im Sinne der Rechtsprechung bleiben, eine Überzeugung wird regelmäßig nicht zu gewinnen sein. Denn die für eine Verurteilung notwendige Erklärungshypothese darf nicht unvollständig sein, sie muss vielmehr die einzig vollständig wirkende Erklärungshypothese sein. **695**

In diesem Zusammenhang gewinnt die **investigative Denkweise** in der Vorbereitung von Befragungen mit dem **Amtsaufklärungsgrundsatz** (§ 24 VwVfG, § 20 SGB I, § 88 AO, § 86 Abs. 1 VWGO, § 103 SGG, § 76 Abs. 1 FGO) und einer strafrechtlichen Befragung/Vernehmung und während einer solchen an besonderer Bedeutung.[1128] Die Befragungsperson hat sich die Unvoreingenommenheit schon bei der Vorbereitung und während der gesamten Befragung und Untersuchung zu bewahren. Wenn aktiv Zweifel mitformuliert wurden, alternative Hypothesen mitentwickelt wurden, dann wird die Untersuchung auch zu deren Ausschluss und Widerlegung geführt haben müssen. Das Gesamtergebnis der Untersuchung besteht damit nicht nur in der Bestätigung der (einen) Ausgangsthese (des Verdacht, des Anklagevorwurfs), sondern in einer umfassenden Untersuchung mit unterschiedlichen **Ermittlungsansätzen**, die ggf. auch zu überprüften und bestätigenden **Außenkriterien** (Sach- und Personalbeweis) geführt haben.[1129] Die Gesamtwürdigung ist dann das Ergebnis einer ausreichend kritischen Prüfung, einer von Anfang an begleitenden gründlichen Suche nach widerlegenden Beweisen und dem dezidierten **Ausschluss aller Alternativhypothesen** und ggf. der Würdigung von Aussagen.[1130] **696**

1127 Siehe insb. Irrtum, Fehlinformationseffekt/Post-event-Informationen Rn. 396.

1128 Siehe oben Vorbereitung Aktive Suche nach alternativen Erklärungen/Hypothesen Rn. 44.

1129 Siehe auch „Beispiel für die Inhaltsanalyse anhand von Realkennzeichen" Rn. 797 samt Ermittlungsansätze

1130 Siehe auch Hypothesenbildung im Gerichtsprozess und Urteil Rn. 20.

697 Diese **Hypothesen** spielen auch für die erforderliche Darstellung der richterlichen Überzeugung in einem **Urteil** eine wichtige Rolle. Denn die Beweiswürdigung muss umfassend erfolgen – sowohl zur Selbstkontrolle des Tatgerichts als auch zur Überprüfbarkeit durch das Revisionsgericht. Ein Urteil hat sich mit den von festgestellten Tatsachen unter allen für die Entscheidung wesentlichen Gesichtspunkten auseinanderzusetzen. Umstände, die geeignet sind, die gerichtliche Entscheidung maßgeblich zu beeinflussen, dürfen nicht stillschweigend übergangen werden. Daher hat sich ein Gericht auch zu „naheliegenden alternativen Geschehensabläufen“, also **Alternativhypothesen** zu verhalten. Auch insoweit müssen die Urteilsgründe erkennen lassen, dass die einzelnen Beweisergebnisse nicht nur isoliert gewertet, sondern in eine umfassende **Gesamtwürdigung** eingestellt wurden.[1131]

3.11 Bedeutung des Zweifelssatzes

698 In der Revision rügbare Rechtsfehler kann ein **Strafgericht** begehen, wenn es die Reichweite der Regel **„in dubio pro reo“** verkannt hat. Dies ist keine Beweis-, sondern eine **Entscheidungsregel**, die das Gericht erst dann zu befolgen hat, wenn es **nach abgeschlossener Beweiswürdigung** nicht die volle Überzeugung vom Vorliegen einer für den Schuld- und Rechtsfolgenausspruch unmittelbar entscheidungserheblichen Tatsache zu gewinnen vermag, und die **nicht auf jedes Indiz für sich anzuwenden** ist. Der Zweifelssatz setzt somit eine vorherige umfassende Würdigung der relevanten Indizien voraus.[1132] Aus dem Urteil muss sich daher entnehmen lassen, dass das Gericht eine Gesamtbetrachtung vorgenommen hat.

699 Der Zweifelssatz gilt jedenfalls nicht für entlastende Indiztatsachen, aus denen lediglich ein Schluss auf eine unmittelbar entscheidungsrelevante Tatsache gezogen werden kann. Kommt das Gericht bezüglich einer derartigen Indiztatsache zu einem non liquet, hat dies somit nicht zur Folge, dass sie zugunsten des Angeklagten als bewiesen anzusehen wäre.[1133] Das bedeutet für die praktische Handhabung: Indizien können dem Strafgericht, auch wenn sie – einzeln für sich betrachtet – nicht zum Nachweis der Täterschaft für ausreichend erachtet werden, doch mit ihrem verbleibenden erheblichen Beweiswert in der **Gesamtheit** aller **belastenden Indizien** die entsprechende Überzeugung vermitteln. Auch darf der Tatrichter entlastende Angaben eines Angeklagten, für die keine zureichenden Anhaltspunkte bestehen und deren Wahrheitsgehalt fraglich ist, nicht ohne weiteres seiner Entscheidung zugrunde legen, nur, weil es für das Gegenteil keine unmittelbaren Beweise gibt.[1134]

Beispiel aus einem Vergewaltigungsfall[1135]:
Das Gericht hatte einen Angeklagten freigesprochen, obwohl es DNA-Spuren der Nebenklägerin unter neun Fingernägeln des Angeklagten, DNA-Spuren des Angeklagten im Slip der Nebenklägerin, Blutspuren der Nebenklägerin an ihr selbst und an der Hand des Angeklagten gab und die Spurenlage mit den Schilderungen der Nebenklägerin vereinbar war, nicht aber mit den Einlassungen des Angeklagten. Trotz dieser zahlreichen vom Angeklagten nicht plausibel erklärten Spuren hatte das Landgericht freigesprochen und

---

1131 BGH, Beschl. v. 13.5.2025 – 1 StR 169/25; BGH. Beschl. v. 26.8.2025, 4 StR 255/25. Siehe auch Hypothesenbildung im Gerichtsprozess und Urteil Rn. 20.

1132 St. Rspr., vgl. zuletzt BGH, Urt. v. 4.9.2008 – 1 StR 383/08; BGH, Urt. v. 27.6.2001 – 3 StR 136/01; BGH, Urt. v. 22.5.2007 – 1 StR 582/06 (Fall „Bäcker von Siegelsbach“); BGH, Urt. v. 21.10.2008 – 1 StR 292/08 m. w. N.

1133 BGH, Urt. v. 27.6.2001 – 3 StR 136/; BGH, Urt. v. 17.3.2005 – 4 StR 581/04; BGH, Urt. v. 15.7.2008 – 1 StR 231/08; st. Rspr.

1134 BGH, Urt. v. 18.1.2011 – 1 StR 600/10.

1135 BGH, Urt. v. 15.7.2008 – 1 StR 231/08.

hierbei die erforderliche Gesamtwürdigung unterlassen. Das Urteil wurde daher aufgehoben.

3.12 Aussage-gegen-Aussage-Konstellationen

Aussage-gegen-Aussage Konstellationen sind dadurch gekennzeichnet, dass die Überzeugung von der Schuld eines bestreitenden oder schweigenden[1136] Angeklagten *allein* auf der Aussage eines Belastungszeugen beruht und sonst keine weiteren Beweismittel zur Verfügung stehen, die die Richtigkeit der belastenden Aussage belegen würden.[1137] Verkürzt gesagt: Die Bekundungen eines Zeugen und des Angeklagten stehen sich unvereinbar gegenüber[1138], der Angeklagte sagte „Hü", die Zeugin sagt „Hott", und weitere Beweismittel gibt es nicht.[1139] In Aussage-gegen-Aussage Konstellationen bedarf es einer **besonders sorgfältigen Würdigung**. Die Urteilsgründe müssen erkennen lassen, dass das Tatgericht alle Umstände, welche die Entscheidung zugunsten oder zu Ungunsten des Angeklagten zu beeinflussen geeignet sind, erkannt, in seine Überlegungen einbezogen und auch in einer **Gesamtschau** gewürdigt hat. Erforderlich sind vor allem eine sorgfältige **Inhaltsanalyse**, eine möglichst genaue Prüfung der **Entstehungsgeschichte** der belastenden Aussage, eine Bewertung des feststellbaren **Aussagemotivs** sowie eine Prüfung von **Konstanz**, Detailliertheit und Plausibilität der Angaben.[1140] Um den strengen Anforderungen zu genügen wird zusammengefasst regelmäßig verlangt werden müssen: 700

1. die Darstellung der Aussage als solcher,
2. die Darstellung der Aussagegenese und -entwicklung, inkl. von Erstangaben gegenüber Dritten (Verwandte, Eltern etc.),
3. die Suche nach Realkennzeichen,
4. die Auseinandersetzung mit der Motivationslage des Aussagenden,
5. eine Gesamtwürdigung.

Das gilt besonders dann, wenn dieser einzige Belastungszeuge **wechselnde Angaben** macht und seine Vorwürfe ganz oder teilweise nicht mehr aufrechterhält, etwa weil er bei der Polizei nur „Scheiße gelabert" habe[1141], diese erheblich erweitert oder sich sogar die Unwahrheit eines Aussageteils herausstellt.[1142] In einem solchen Fall der Abweichung zwischen der Aussage in der Hauptverhandlung und derjenigen im Ermittlungsverfahren ist die Glaubhaftigkeit der Angaben eines Zeugen im Regelfall erschüttert. Daher hat das Tatgericht – jedenfalls regelmäßig – außerhalb der Zeugenaussage liegende gewichtige Gründe zu benennen, die es ihm ermöglichen, der Aussage des Zeugen dennoch zu glauben, weil die Glaubhaftigkeit der Angaben des Zeugen in einem solchen Fall insgesamt erschüttert ist.[1143] 701

Das Wort Aussage-gegen-Aussage Konstellation wird oft in den Mund genommen, oftmals aber falsch. **Keine Aussage-gegen-Aussage Konstellation** liegt nämlich vor, wenn sich zwar Bekundungen eines Zeugen und des Angeklagten im Kerngeschehen gegenüberstehen, es aber **Zeugen zum unmittelbaren Nachtatgeschehen und -verhalten** des Geschädigten gibt. Dann nämlich liegen „ganz gewichtige Gründe" außerhalb der Angaben des Geschädigten vor, die 702

1136 BGH, Urt. v. 20.9.2023 – 1 StR 152/23.
1137 Sander, StV 2000, 45, 46.
1138 BGH, Urt. v. 21.1.2004 – 1 StR 379/03.
1139 Pfister, in: Deckers/Köhnken (Hrsg), Die Erhebung und Bewertung von Zeugenaussagen im Strafprozess, 2. Auflage 2014, 99, 112.
1140 BGH, Beschl. v. 28.8.2024 – 4 StR 197/24.
1141 BGH, Urt. v. 24.10.2024 – 4 StR 249/24.
1142 BGH, Beschl. v. 18.6.2024 – 2 StR 205/24.
1143 BGH, Urt. v. 20.9.2023 – 1 StR 152/23; BGH, Urt. v. 24.10.2024 – 4 StR 249/24 mit Verweis auf BGH, Beschl. v. 7.5.2024 – 4 StR 197/23; Beschl. v. 12.8.2021 – 1 StR 162/21; Urt. v. 29.7.1998 – 1 StR 94/98.

dessen Darstellung des Kerngeschehens stützen.[1144] Gleiches gilt, wenn der (nichtgeständige) Anklagte durch **zwei oder mehr Zeugen** belastet wird. Daran ändert nichts, dass die Beweispersonen in „einem Lager" stehen.[1145] Keine Aussage-gegen-Aussagen-Konstellation liegt weiterhin vor, wenn ein Gericht die Überzeugung von der Täterschaft des Angeklagten tragend aufgrund der als glaubhaft an gesehenen Aussage der Nebenklägerin gebildet, die unter anderem im **Verletzungsbild** und dem psychischen Zustand der Nebenklägerin unmittelbar nach der Tat sowie in **weiteren Beweisanzeichen** ihre Bestätigung gefunden hat.[1146] Denn die Angaben des Zeugen und Nebenklägers werden dann teilweise durch andere, vom Tatrichter als zulässig angesehene Beweismittel bestätigt, woraus sich ergibt, dass der Zeuge insoweit, d. h. hinsichtlich der Teilaussage die Wahrheit gesagt, und der Angeklagte demgegenüber gelogen hat. Hinsichtlich der übrigen Teile der Aussage besteht dann gerade nicht die durch das Fehlen sonstiger Erkenntnisse gekennzeichnete „Aussage gegen Aussage"-Situation.[1147] Die Aussage-gegen-Aussage-Konstellation bleibt indes bestehen, wenn Angaben der einzigen Belastungszeugen gegenüber Ermittlungsbeamten und weiteren Zeugen hinzukommen, die in einer Hauptverhandlung hierzu vernommen werden könnten. Denn insoweit wären es lediglich Zeugen vom Hörensagen, die nur das wiedergeben konnten, was der Belastungszeuge ihnen berichtet hat.[1148]

3.13 Geständnis

703 Die Überzeugung von der Richtigkeit eines Sachverhalts kann naturgemäß auch auf einer geständigen Einlassung, einem **Geständnis** beruhen. Dabei gelten bei der Bewertung der Einlassung eines Beschuldigten im Strafverfahren die gleichen Anforderungen an die Überzeugungsbildung, wie bei der Beurteilung sonstiger Beweismittel. Der Tatrichter muss überzeugt sein, er darf eine Einlassung nicht ohne weiteres glauben und seiner Entscheidung zugrunde legen. Der Tatrichter darf also eine Einlassung, für deren Wahrheitsgehalt keine zureichenden Anhaltspunkte bestehen, nicht ohne weiteres als unwiderlegt seiner Entscheidung zugrunde legen. Bei der Prüfung der Glaubhaftigkeit und Schlüssigkeit der Einlassung des Angeklagten dürfen von der Einlassung abweichende Geschehensabläufe nicht unerörtert gelassen werden. Der Richter kann sich seine Überzeugung von der Richtigkeit der Einlassung erst auf Grundlage des gesamten Ergebnisses der Beweisaufnahme unter Würdigung sämtlicher Indizien bilden.[1149] Will das Tatgericht die Verurteilung des Angeklagten auf dessen Einlassung stützen, so muss es von deren Richtigkeit überzeugt sein. Es ist deshalb nach den Vorgaben des BGH in Strafsachen stets zu untersuchen, ob das abgelegte Geständnis mit dem Ermittlungsergebnis zu vereinbaren ist, ob es in sich stimmig ist und ob es die getroffenen Feststellungen trägt.[1150] Es ist unzulässig, dem Urteil einen Sachverhalt zugrunde zu legen, der auf einer Überzeugungsbildung unter unvollständiger Ausschöpfung der Beweismittel beruht. Dies gilt auch und insbesondere dann, wenn sich der Angeklagte im Strafverfahren aufgrund einer Verständigung geständig gezeigt hat.[1151] Bei Geständnissen, die auf Verfahrensabsprachen beruhen, muss diese in ihren Grundlagen und deren Darstellung in den Urteilsgründen besonderen Anforderungen genügen.[1152]

704 **3.13.1 Anwaltsgeständnis.** Vom gesetzlichen Leitbild her ist die Vernehmung des Angeklagten zur Sache bzw. die **Einlassung** eine persönliche und mündli-

---

1144 BGH, Beschl. v. 7.5.2025 – 4 StR 85/25.
1145 KG Berlin, Beschl. v. 12.12.2018 – (2) 161 Ss 150/18 (53/18).
1146 BGH, Beschl. v. 19.10.2021 – 6 StR 477/21.
1147 BGH, Urt. v. 21.1.2004 – 1 StR 379/03.
1148 Bayerisches Oberstes Landesgericht, Beschl. v. 12.7.2021 – 202 StRR 76/21.
1149 BGH, Urt. v. 21.10.2004 – 3 StR 226/04.
1150 BGH, Beschl. v. 7.2.2012 – 3 StR 335/11; Siehe auch Falsches Geständnis Rn. 921.
1151 BGH, Beschl. v. 15.4.2013 – 3 StR 35/13.
1152 BGH, Beschl. v. 6.11.2007 – 1 StR 370/07; BGH, Beschl. v. 29.1.2020 – 1 StR 471/19.

che, in freier Rede und vollständig getätigten Äußerung.[1153] Anerkannt ist aber, dass ein Angeklagter sich vorgefertigter oder ausformulierter Texte als Redehilfe bedienen und der Angeklagte diese auch verlesen kann.[1154] Es ist mittlerweile auch anerkannt, dass die Verteidigung den Angeklagten auch bei der Einlassung vertreten darf und auch für den Angeklagten Geständnisse vorformulieren und vor Gericht vortragen können. Schriftliche und mündliche Erklärungen des Verteidigers können aber nur als Einlassung des Angeklagten entgegengenommen und verwertet werden, wenn ein gesetzlich vorgesehener Fall der Vertretung vorliegt oder wenn der Angeklagte ausdrücklich erklärt, sie als eigene gelten zu lassen. Bei Verteidigerschriftsätzen muss – etwa durch Unterschrift oder durch Formulierung in Ich-Form – erkennbar sein, dass der Angeklagte die Erklärung als eigene Äußerung verstanden wissen will und sich seines Verteidigers gleichsam als „Schreibhilfe" bedient. Bei in der Hauptverhandlung verlesenen schriftlichen Ausführungen des Verteidigers, in denen er Angaben des schweigenden Angeklagten wiedergibt, muss der Angeklagte diese Erklärung bestätigen oder erklären, dass er sie als eigene Einlassung verstanden wissen will.[1155] Die Erklärung des Angeklagten in seinem letzten Wort, er schließe sich den Ausführungen seines Verteidigers an, reicht nicht aus.[1156] Die Erklärung des Angeklagten, dass er sich die Erklärung des Verteidigers zu eigen macht, ist als wesentliche Förmlichkeit des Verfahrens in der Sitzungsniederschrift zu protokollieren.[1157]

Bei einer Einlassung mittels **Verteidigererklärung** ohne Möglichkeit kritischer Nachfragen ist zu bedenken, dass ein Tatgericht nicht nur befugt, sondern nach der Rechtsprechung des BGH sogar gehalten ist, im Rahmen seiner Beweiswürdigung zu berücksichtigen, dass dieser von vornherein nur ein erheblich verminderter Beweiswert zukommt. Denn es handelt sich um ein – in der Regel im Vorfeld der Angaben schriftlich ausgearbeitetes – situativ nicht hinterfragbares Verteidigungsvorbringen. Solche Einlassungen sind nur sehr eingeschränkt einer Glaubhaftigkeitsprüfung zugänglich. Anders als bei einer mündlich abgegebenen Sachäußerung kann aus ihnen kein unmittelbarer Eindruck des Aussageverhaltens gewonnen werden. Der **Beweiswert** eines solchen Einlassungssurrogats bleibt substanziell hinter dem einer persönlich und mündlich, in freier Rede und vollständig getätigten Äußerung zurück.[1158] 705

Häufig wird diese schriftliche Erklärung sodann zum **Protokoll** gereicht. Dieses Vorgehen ändert nichts daran, dass sich der Angeklagte damit mündlich geäußert und das Gericht den Inhalt dieser Äußerung in den Urteilsgründen festzustellen hat. Zum Bestandteil des Hauptverhandlungsprotokolls ist sie dadurch nicht geworden.[1159] Der Richter ist nicht einmal verpflichtet, eine solche Erklärung zum Protokoll zu nehmen. Er hat die Urkunde nur entgegen und zu den Akten zu nehmen. Sie wird damit nur Aktenbestandteil und ist strafprozessual nach Maßgabe der Amtsaufklärungspflicht verwertbar.[1160]. Nimmt der Richter die schriftliche Einlassung dennoch zu Protokoll, so ist dies revisionsrechtlich unschädlich, der Text wurde nur vorgelesen, nicht auch verlesen. Allein maßgeblich ist, was das Gericht im Urteil als Einlassung fest-stellt. Eine Rekonstruktion der Einlassung ist dem Revisionsgericht verwehrt. Der Inhalt der Einlassung wird durch das vom Verteidiger gefertigte Schriftstück nicht bewiesen, weil sich 706

1153 BGH, Beschl. v. 27.3.2008 – 3 StR 6/08; vgl. auch BGH, Beschl. v. 21.12.2021 – 3 StR 380/21.
1154 BGH, Urt. v. 09.1.1953 – 1 StR 623/52; BGH, Urt. v. 24.9.1963 – 1 StR 185/63.
1155 BGH, Urt. v. 11.3.2020– 2 StR 69/19.
1156 KK-StPO/Schneider, 9. Aufl. 2023, StPO § 243 Rn. 89.
1157 Eingehend KK/Schneider, 9. Aufl. 2023, § 243 Rdnr. 89; BGH, Beschl. v. 27.2.2007 – 3 StR 38/07.
1158 BGH, Beschl. v. 21.12.2021– 3 StR 380/21; BGH, Urt. v. 28.6.2023 – 1 StR 421/22; BGH, Urt. v. 11.3.2020– 2 StR 69/19.
1159 BGH, Beschl. v. 10.11.2008 – 3 StR 390/08; BGH, Beschl. v. 6.11.2018 – 4 StR 226/18.
1160 KK-StPO/Schneider, 9. Aufl. 2023, StPO § 243, Rn. 94.

mit den dort zur Verfügung stehenden Mitteln nicht feststellen lässt, ob das vom Verteidiger in der Hauptverhandlung Vorgetragene mit den im Schriftstück festgehaltenen Angaben wirklich übereinstimmt. Folglich ist es dem Angeklagten verwehrt, eine „Inbegriffsrüge" nach § 261 StPO darauf zu stützen, dass die Urteilsfeststellungen über den Inhalt seiner Einlassung mit der einverständlich vorgelesenen Erklärung des Verteidigers nicht übereinstimmen.[1161]

707 Ein Gericht kann zudem nicht verpflichtet werden, einen vorbereiteten Text selbst zu verlesen.[1162] Die nach § 243 Abs. 4 Satz 2 StPO vorgesehene Form der Einlassung des Angeklagten kann nicht dadurch umgangenen werden, dass dieser seine Einlassung schriftlich niederlegt, zur Akte oder zum Protokoll reicht und er ggf. einen Beweisantrag auf Verlesung des Wortlauts im Urkundenbeweis stellt.[1163] Dem Antrag kann schon vor dem Hintergrund des in § 250 StPO normierten Unmittelbarkeitsprinzips nicht nachgegangen werden. Ausgehend hiervon versteht es sich von selbst, dass schriftlich festgehaltene Erklärungen des Angeklagten gegenüber seinem Verteidiger gem. § 250 StPO zu Beweiszwecken nicht durch Verlesung von Aufzeichnungen, sondern allenfalls durch Vernehmung des Verteidigers als Zeuge in die Hauptverhandlung eingeführt werden können. Die von den Verteidigern gestellten Anträge auf Verlesung der Schreiben als Urkunden sind zudem schon keine ordnungsgemäßen Beweisanträge. Sie enthalten keine Bezeichnung und Behauptung einer bestimmten Beweistatsache. Dass ein Angeklagter eine schriftliche Stellungnahme abgegeben hat, ist kein für den Schuld- oder Straf-ausspruch relevanter Umstand. Die Behauptung, der Vorgang habe sich wie in dem Schriftstück niedergelegt zugetragen, kann durch deren Verlesung nicht bewiesen werden. Freilich darf der Tatrichter das ihm zugegangene Schriftstück nicht einfach ignorieren. Das Gericht ist verpflichtet, eine schriftliche Stellungnahme des Angeklagten zur Kenntnis zu nehmen. Insofern ist die Verfahrensweise, eine Entgegennahme der Erklärung abzulehnen und diese gar zu zerreißen, fehlerhaft.[1164]

Verliest das Gericht (ausnahmsweise/fälschlicherweise?) die verschriftete Einlassung des Angeklagten, so ist der Wortlaut der Urkunde in die Hauptverhandlung eingeführt und muss deshalb in der Revisions-instanz als Maßstab zur Überprüfung der Beweiswürdigung herangezogen werden.[1165]

708 **3.13.2 Widerlegte Einlassung.** Eine widerlegte Einlassung eines Angeklagten wird im Rahmen der Überzeugungsbildung nicht weiterführen. Allein das Widerlegen führt nicht zu der Erkenntnis, was tatsächlich geschehen ist. Durch das Widerlegen weiß man nur, wie es *nicht* war. Eine widerlegte Einlassung kann daher allein nicht zur Grundlage einer dem Angeklagten ungünstigen Sachverhaltsfeststellung gemacht werden. Bei der Würdigung einer widerlegten Einlassung ist zudem zu beachten, dass ein Angeklagter meinen kann, seine Lage durch falsche Angaben verbessern zu können.[1166]

709 **3.13.3 Widerruf eines Geständnisses.** Der Tatrichter ist grundsätzlich nicht gehindert, frühere Geständnisse oder sonstige Sachdarstellungen eines Angeklag-

1161 KK-StPO/Schneider, 9. Aufl. 2023, StPO § 243, Rn. 92.

1162 BGH, Beschl. v. 27.3.2008 – 3 StR 6/08.

1163 BGH, Urt. v. 21.7.1994 – 1 StR 83/94; KK-StPO/Schneider, 9. Aufl. 2023, StPO § 243 Rn. 92, 93; a. A. Schlothauer, StV 1992, 134, 140 für vor Beginn der Verhandlung zur Akte gereichte Erklärungen des Angeklagten; zur Bewertung von schriftlichen Erklärungen des Angeklagten/des Verteidigers für den Angeklagten auch Mosbacher, NStZ 2014, 1, 3; zu Sachdarstellungen in Schriftsätzen des Verteidigers als Einlassung des Angeklagten BGH, Urt. v. 11.3.2020 – 2 StR 69/19; OLG Koblenz, Beschl. v. 12.5.2016 – 2 OLG 4 Ss 54/16.

1164 BGH, Beschl. v. 18.9.2012 – 3 StR 348/12.

1165 BGH, Besch. v. 14.8.2003 – 3 StR 17/03; BGH, Beschl. v. 27.2.2007 – 3 StR 38/07; KK-StPO/Schneider, 9. Aufl. 2023, StPO § 243, Rn. 92.

1166 BGH, Urt. v. 2.10.1996 – 2 StR 332/96.

ten einschließlich etwaiger Belastungen anderer Mitangeklagter für glaubhaft zu erachten, wenn dieses Geständnis später widerrufen wird. Ein Widerruf setzt jedoch die sorgfältige Prüfung voraus, aus welchem Motiv und unter welchen Umständen frühere Angaben gemacht und unter welchen Umständen und warum die Angaben später widerrufen werden.[1167]
Einem Widerruf eines Geständnisses sollte auch nicht per se mit Misstrauen begegnet werden. Denn es sind grundlegend die Fälle zu unterscheiden, in denen (1) das Geständnis echt, der Widerruf aber falsch oder (2) das Geständnis falsch und der Widerruf aber echt ist. Von daher sind insbesondere die Fragen zu klären, wieso der Beschuldigte bisher (angeblich) nicht die Wahrheit gesagt, warum der Beschuldigte (plötzlich) sein Aussageverhalten ändert und welche Tatsachen dem bisherigen Geständnis zugrunde liegen und weiter gelten.

3.13.4 Falsches Geständnis. Menschen gestehen Taten, bis hin zu Morden, die sie nie begangen haben. Das ist vielleicht schwierig zu verstehen, wenn man sich nur das Endprodukt, das falsche Geständnis anschaut. Das Phänomen falscher Geständnisse hat dabei nicht nur durch den Fall Rudi Rupp sowohl national als auch international große Aufmerksamkeit bekommen.[1168] Falsche Geständnisse sind auch deshalb tückisch, weil sie sich nicht ohne Weiteres von wahren unterscheiden, weshalb das Wissen um das Zustandekommen falscher Geständnisse essenziell ist.[1169] Denn Untersuchungen zeigen, dass falsche Geständnisse regelmäßig vorkommen und ein ernstes Problem in Strafverfahren darstellen.[1170] Prinzipiell können freiwillige Geständnisse von vernehmungsbedingten/erzwungenen falschen Geständnissen unterschieden werden. **710**

Freiwillige falsche Geständnisse werden ohne erkennbaren äußeren Einfluss oder Druck durch Vernehmende abgelegt.[1171] In solchen Fällen treten die Personen gewöhnlich von sich aus an die Ermittlungsbehörden heran und bekennen sich zu einer Straftat, obwohl sie zuvor nicht im Fokus der Ermittlungen standen. Als mögliche Ursachen gelten neben dem Versuch, ein tatsächlich selbst begangenes Vergehen zu kaschieren, auch ein ausgeprägtes Bedürfnis nach Aufmerksamkeit, der Wunsch nach Selbstbestrafung infolge empfundener Schuld sowie Störungen, die die Fähigkeit zur realistischen Einschätzung der eigenen Situation beeinträchtigen. Ein besonders häufiges Motiv besteht auch darin, die tatsächlichen Täter zu schützen, gerade in engen persönlichen Beziehungen oder bei starker Gruppenzugehörigkeit/Loyalität[1172] **711**

Der Fall des Schauspielers **Günther Kaufmann** zählt wohl zu den bekanntesten Beispielen eines freiwilligen Falschgeständnisses in Deutschland. Im Jahr 2001 starb Kaufmanns Steuerberater unter zunächst ungeklärten Umständen. Obwohl **712**

1167 BGH, Urt. v. 28.7.1967 – 4 StR 243/67.

1168 May/Fashing/Milne/Gaedt/Schneider: Die untersuchende Vernehmung als (internationale) Reaktion auf falsche Geständnisse: ein forschungsbasierter und praxiserprobter Vernehmungsansatz in Praxis der Rechtspsychologie 2022, S. 127; Gubi-Kelm/May/Gundlach/Rick/Püschel, Der Fall Rudolf R. – eine interdisziplinäre Analyse, Archiv für Kriminologie 2023, S. 20/39.

1169 Gubi-Kelm/May/Gundlach/Rick/Püschel, Der Fall Rudolf R. – eine interdisziplinäre Analyse, Archiv für Kriminologie 2023, S. 20/39.

1170 Schneider/Hunscher/Geven/Schell-Leugers/May, What Do Legal Professionals Know About False Confessions? A Survey With Defense Attorneys, Public Prosecutors, and Criminal Judges, American Psychological Association, Psychology, Public Policy, and Law (2025); S. 2/13

1171 Schneider/Hunscher/Geven/Schell-Leugers/May, What Do Legal Professionals Know About False Confessions? A Survey With Defense Attorneys, Public Prosecutors, and Criminal Judges, American Psychological Association, Psychology, Public Policy, and Law (2025); S. 2/13.

1172 Schneider/May, Wie kommt es zu vernehmungsbedingten falschen Geständnissen? – Ein psychologischer Überblick über bekannte Risikofaktoren am Fallbeispiel Uli K., S. 16; Gubi-Kelm/May/Gundlach/Rick/Püschel, Der Fall Rudolf R. – eine interdisziplinäre Analyse, Archiv für Kriminologie 2023, S. 21/39; May/Fashing/Milne/Gaedt/Schneider: Die untersuchende Vernehmung als (internationale) Reaktion auf falsche Geständnisse: ein forschungsbasierter und praxiserprobter Vernehmungsansatz in Praxis der Rechtspsychologie 2022, S. 4/26.

Kaufmann nicht im Verdacht stand, legte er im Verlauf der Ermittlungen ein Geständnis ab und gab an, den Mann überfahren zu haben. Aufgrund seines Geständnisses wurde er 2002 wegen fahrlässiger Tötung und weiterer Delikte zu einer langen Haftstrafe verurteilt und trat diese auch an. Später zeigte sich jedoch, dass dieses Geständnis frei erfunden war. Kaufmann wollte damit seine schwer erkrankte Ehefrau schützen, die nach späteren Erkenntnissen drei Männer angeheuert hatte, um den Steuerberater anzugreifen. Erst als neue Hinweise auftauchten, wurde das Verfahren wieder aufgenommen. Am 26. Januar 2005 wurde er schließlich freigesprochen.

713 Die andere Art von falschen Geständnissen können als **vernehmungsbedingt bzw. erzwungene falsche Geständnisse** bezeichnet werden, die wiederum nach bewusst falschen Geständnissen und unbewusst falschen Geständnissen unterschieden werden können. **Bewusst falsche Geständnisse** kommen zustande, um unangenehme Befragungssituationen (mit voreingenommenen Vernehmungsbeamten) zu beenden und ggf. dem Vernehmungsdruck zu entgehen, oder zur Vermeidung einer als besonders belastend empfundenen Untersuchungshaft.[1173] Dies gründet darin, dass sie einen kurzfristig positiven Nutzen (z. B. nach Hause gehen zu können) gegenüber langfristig negativen (unsicheren) Folgen vorziehen (z. B. Inhaftierung).[1174] Meist gehen sie davon aus, dass sich ihre Unschuld im weiteren Verlauf zeigen wird und ziehen die Geständnisse zurück, wenn der Vernehmungsdruck nachlässt.[1175]

714 Falsche Geständnisse werden auch **unbewusst** abgelegt und sind dann das Produkt suggestiver bzw. manipulierender Befragungen (insb. Reid-Technik).[1176] Ermittler können bspw. – bewusst oder unbewusst – Formulierungen und Techniken verwenden, die den Befragten zu einer bestimmten Antwort lenken. Dies kann dazu führen, dass die befragte Person beginnt, selbst an eine bestimmte Erzählung zu glauben, obwohl diese nicht der Wahrheit entspricht. Durch die Art der Befragung können also Scheinerinnerungen erzeugt werden und Menschen dazu gebracht werden, ein falsches Geständnis abzugeben, zu einer Tat, die sie nie begangen haben. Solche Scheinerinnerungen/Geständnisse können umfangreich und detailliert sein. Berühmt gewordene Fälle sind die des Rudolf (Rudi) Rupp und Peggy Knobloch. Im Oktober 2001 verschwand der Landwirt **Rudolf (Rudi) Rupp** aus Heinrichsheim spurlos. Seine Ehefrau Hermine, die beiden Töchter und der Verlobte einer Tochter gerieten in Verdacht und wurden 2005 wegen Totschlags verurteilt. Sie hatten gestanden, Rupp getötet, zerstückelt und die Überreste den Hofhunden verfüttert zu haben. Diese Geständnisse wurden jedoch vor Prozessbeginn widerrufen. Trotz fehlender forensischer Beweise stützte sich das Gericht hauptsächlich auf die initialen Geständnisse. Erst 2009 wurde Rupps Leiche in seinem Auto aus der Donau geborgen, ohne Anzeichen von Gewalteinwirkung. Dies offenbarte die Falschheit der Geständnisse. Die genauen Ursachen für die falschen Geständnisse waren Tunnelblick, Bestätigungsfehler, psychischer Druck, suggestive Verhörmethoden und die intellektuelle Beeinträchtigung der Beschuldigten.[1177] Ähnliches passierte im Fall **Peggy Knobloch**. Die Neunjährige verschwand im Mai 2001 auf dem Heimweg von

---

1173 Schuster in: Löwe-Rosenberg, StPO, Band 9/1, 27. Auflage, Vorbemerkungen, Rz 10.

1174 Schneider, T./May, L. Minimierende und maximierende Vernehmungstaktiken: Risiko falscher Geständnisse und sozialpsychologische Wirkmechanismen, Forensische Psychiatrie, Psychologie, Kriminologie (2021), 355, 362.

1175 Schneider, T./May, L. Wie kommt es zu vernehmungsbedingten falschen Geständnissen? – Ein psychologischer Überblick über bekannte Risikofaktoren am Fallbeispiel Uli K., S. 16 m. w. N.

1176 Schneider, T./May, L. Minimierende und maximierende Vernehmungstaktiken: Risiko falscher Geständnisse und sozialpsychologische Wirkmechanismen, Forensische Psychiatrie, Psychologie, Kriminologie (2021), 355, 359.

1177 Umfassend Gubi-Kelm/May/Gundlach/Rick/, Der Fall Rudolf R. – eine interdisziplinäre Analyse, Archiv für Kriminologie 2023.

der Schule in Lichtenberg, Bayern. Der geistig behinderte Ulvi K. geriet in Verdacht und gestand nach intensiven Verhören die Tat, widerrief jedoch später sein Geständnis. Trotz fehlender Beweise wurde er 2004 wegen Mordes verurteilt. 2014 wurde das Verfahren wieder aufgenommen, und K. wurde freigesprochen, da sein Geständnis als erzwungen und unglaubwürdig eingestuft wurde. Auch hier deuten suggestive Befragungstechniken und die Ausnutzung seiner geistigen Beeinträchtigung auf die Ursache des falschen Geständnisses hin.[1178] Diese Fälle unterstreichen die Notwendigkeit sorgfältiger und fairer Verhörmethoden sowie der Berücksichtigung individueller Vulnerabilitäten (siehe Vulnerabilität), um Fehlurteile zu vermeiden.

Insgesamt beruhen vernehmungsbedingte falsche Geständnisse meist nicht auf einem einzelnen Auslöser, sondern entstehen durch das Zusammenwirken verschiedener **situativer Bedingungen** (Isolation, Vernehmungsdauer, suggestive und manipulative Befragungen, geständnisorientierte Techniken wie die Reid-Technik[1179], Druck) und **individueller Faktoren** (Vulnerabilität, Jungend, Intelligenzminderung, psychische Störungen, u. v. m.).[1180] 715

4. Realkennzeichen

4.1 Übersicht

Die Realkennzeichen können zunächst in zwei Gruppen unterteilt werden: Realkennzeichen, die sich ausschließlich auf ***eine* Aussage** beziehen (**inhaltliche und strukturelle Kennzeichen oder Kriterien**). Insoweit spricht man bei der Beurteilung einer Aussage auch von der Qualität des Aussageinhalts – inhaltliche Kriterien – einerseits und der Qualität der Aussagepräsentation – strukturelle Kriterien u. a. – andererseits. Es gibt zudem Kriterien, die über den Inhalt einer Aussage hinausgehen, und sich auf den Vergleich **mehrerer Aussagen**, der gleichen Auskunftsperson, zum gleichen Thema, aber zu verschiedenen Zeitpunkten beziehen (**Konstanzanalyse**). 716

Nachfolgend eine Übersicht über die nach Ansicht der Verfasser wichtigsten Realkennzeichen[1181]: 717

- Detailreichtum
  Es werden konkrete, auch nebensächliche Details geschildert, die die Situation anschaulich, plastisch und überprüfbar machen, die aus Sicht eines Lügners vermeintlich nicht wichtig wären. Es wird ein „Kopfkino“ erzeugt, ein „Drehbuch“ geliefert.

1178 Schneider, T./May, L., Wie kommt es zu vernehmungsbedingten falschen Geständnissen? – Ein psychologischer Überblick über bekannte Risikofaktoren am Fallbeispiel Uli K.(März 2022).

1179 Siehe „Spezielle“ Techniken: Reid-Technik, Maximierung/Minimierung, Verhaltens-Analyse-Interview u. v. m. Rn. 213.

1180 Gubi-Kelm/May/Gundlach/Rick/Püschel, Der Fall Rudolf R. – eine interdisziplinäre Analyse, Archiv für Kriminologie 2023, S. 20/39; Schneider/Hunscher/Geven/Schell-Leugers/May, What Do Legal Professionals Know About False Confessions? A Survey With Defense Attorneys, Public Prosecutors, and Criminal Judges, American Psychological Association, Psychology, Public Policy, and Law (2025), S. 2/13.

1181 In der deutschen psychologischen Literatur werden – bei Steller und Köhnken – bis zu 19 Realkennzeichen beschrieben. Allgemeine Merkmale: 1. Logische Konsistenz, 2. Ungeordnete Darstellung, 3. Quantitativer Detailreichtum; Spezielle Inhalte: 4. Raum-zeitliche Verknüpfungen, 5. Interaktionsschilderungen, 6. Wiedergabe von Gesprächen; Inhaltliche Besonderheiten: 7. Schilderung ausgefallener Einzelheiten, 8. Schilderung ausgefallener Einzelheiten, 9. Schilderung nebensächlicher Details, 10. Eingeständnis von unverstandenen Handlungselementen, 11. Indirekt handlungsbezogene Schilderungen; Motivationsbezogene Inhalte: 12. Schilderung eigener psychischer Vorgänge, 13. Schilderung psychischer Vorgänge des Täters; Motivationsbezogene Inhalte: 14. Spontane Verbesserung der eigenen Aussage, 15. Eingeständnis von Erinnerungslücken, 16. Einwände gegen die Richtigkeit der eigenen Aussage, 17. Selbstbelastungen, 18. Entlastung des Angeschuldigten; Deliktspezifische Inhalte: 19. Deliktspezifische Aussageelemente.

- Wechselbeziehung/Interaktion
  Die Aussage enthält Aktionen und Reaktionen zwischen den beteiligten Personen, auch sprachliche und mimische Elemente, die einen sozialen Interaktionsverlauf rekonstruierbar machen.
- Komplikation im Handlungsverlauf
  Es werden unerwartete Wendungen oder Schwierigkeiten im Geschehen berichtet („So ist das Leben"), was für Realitätstypizität spricht.
- Deliktstypische Einzelheiten
  Es werden Handlungsweisen oder Abläufe beschrieben, die für das konkrete Delikt typisch sind, aber nicht allgemein bekannt oder leicht zu erfinden sind.
- Originalität/ungewöhnliche Einzelheiten
  Die Aussage enthält überraschende, für das Geschehen untypische, eigenartig, ungewöhnliche Details, die reales Erleben nahelegen.
- Gefühle/Gedanken
  Die Aussage umfasst eigene Gedanken, Gefühle oder Bewertungen sowie gegebenenfalls fremdpsychische Zuschreibungen, wie vermutete Gedanken oder Absichten anderer.
- Unverständnis/Missverständnis/Mehrdeutigkeit
  Die Aussage enthält Stellen, an denen etwas unklar bleibt, wo die Person etwas nicht einordnen oder erklären kann, was für Authentizität durch natürliche Begrenzung/Unvollständigkeit realer Ereignisse spricht.
- Verflechtung mit Kontext (Raum/Person/Zeit)
  Die Aussage stellt Bezüge zu Orten, Zeiten, Personen oder Ereignissen her, die sie inhaltlich und faktisch überprüfbar machen.
- Strukturgleichgewicht (Gleichgewicht der Darstellung)
  Belastende wie entlastende Inhalte werden mit vergleichbarer Detaillierung und Emotionalität geschildert; kein erkennbares strategisches Hervorheben oder Ausblenden.
- Ungesteuerte Erzählweise
  Die Aussage erfolgt nicht streng chronologisch oder schematisch, sondern wirkt sprunghaft, unstrukturiert, mit rückbezüglichen Ergänzungen, wie sie typisch für reales Erinnern sind. Bei ungesteuerter Erzählweise stützen sich Teile der Aussage, die nicht benachbart sind, dennoch logisch.

4.2 Inhaltliche Realkennzeichen (Realkriterien) – Qualität des Aussageinhalts

718 **4.2.1 Details.** Das **Leben**, und damit das Erleben, ist **voller Details**. Wer etwas erlebt, nimmt immer eine Vielzahl von auch völlig unbedeutenden Details wahr. Bei einem auch nur einigermaßen komplexen Geschehen ist daher Voraussetzung für Glaubhaftigkeit eine ausreichend **detailreiche Schilderung** der Ereignisse.[1182] Das Detailkriterium gilt insgesamt als das valideste und wichtigste Kriterium. Fehlt es daran, so mag die Aussage gleichwohl der Wahrheit entsprechen, jedoch wird das Gericht nicht in die Lage versetzt, den Wahrheitsgehalt festzustellen. Die Aussage „überzeugt" nicht. Je gehaltvollere, ungewöhnlichere, ausgefallenere (Originalität) oder auch nebensächliche Aspekte betreffende Details des früheren Geschehens berichtet werden, umso mehr spricht für eine Darstellung mit Erlebnishintergrund. Zu beachten ist in diesem Zusammenhang, dass auch bewusst unwahre Aussagen eine Vielzahl von Realkennzeichen aufweisen können, insbesondere wenn die Aussageperson aus dem (ggf. vielfach erlebten) Allgemeinwissen[1183] schöpft (insb. örtliche Beschreibungen, (Arbeits)Abläufe etc.,).[1184] Realkennzeichen sind umso wertiger/aussagekräftiger, wenn sie im „einmaligen", ggf. streitigen" (episodischen) Geschehen auftauchen und/oder sie

1182 Was eine Aussagesubstanz erfordert, siehe Rn. 645.
1183 Siehe auch semantisches und episodisches Gedächtnis Rn. 859 ff.
1184 Siehe Kontamination Rn. 247.

schwerlich aus dem Allgemeinwissen geschöpft werden können. Je weniger ein Detail sich aufdrängt, desto mehr bekommt es eine aussagepsychologische Bedeutung.

Der **Detailreichtum** sollte sich – soweit ein Inhaltsprotokoll der Aussagen gefertigt wird – unbedingt auch aus dem Protokoll ergeben. Dabei muss auf jeden Fall darauf geachtet werden, dass nicht etwa eine lange Frage mit kurzer Antwort im Protokoll verfälschend als eine lange, detaillierte Aussage dargestellt wird.[1185] **719**

Typisches **Negativbeispiel** aus einem **Zivilprozess**: Auf die Frage, ob die dem Zeugen mitgeteilten Behauptungen des Beweisführers gemäß **Beweisbeschluss** vom Zeugen so bestätigt werden können, antwortet dieser mit einem schlichten „Ja". Es ist offenkundig, dass diese Aussage nicht auf ihren Wahrheitsgehalt hin überprüft werden kann. Grob fehlerhaft wäre es, im Protokoll statt des Wortes „Ja" eine – vom Zeugen tatsächlich nicht abgegebene – Schilderung des Ablaufs gemäß dem Beweisbeschluss aufzunehmen. Damit würde das Gericht einen in Wahrheit nicht gegebenen Detailreichtum selbst erfinden. **720**

Dieses Beispiel zeigt auch, wie **überflüssig** und aus aussagepsychologischer Sicht sogar **schädlich** die meisten **Beweisbeschlüsse** sind, die die Zeugenvernehmung vor dem Prozessgericht betreffen. Nach § 358 ZPO ist gar kein Beweisbeschluss erforderlich. Balzer formuliert dies zutreffend wie folgt:[1186] „Der Beweisbeschluss ist des deutschen Richters liebstes Kind. Er genießt eine oft schwer verständliche Verehrung … In vielen Köpfen scheint die Meinung zu herrschen, es sei nötig oder zumindest empfehlenswert, eine Beweisaufnahme durch förmlichen Beweisbeschluss anzubahnen Wer so denkt, verschenkt die Möglichkeit, z. B. unter Ausnutzung von § 273 Abs. 2 Nr. 4 ZPO einen Zeugen noch drei Tage vor dem Termin zu laden, nachdem sich bei der Terminsvorbereitung die Notwendigkeit seiner Vernehmung herausgestellt hat. Erscheint ein Zeuge …, so erlebt man regelmäßig, dass der Vorsitzende vor der Vernehmung des Zeugen einen Beweisbeschluss verkündet. Dieser erfüllt zwar nie die Anforderungen des § 359 ZPO, aber der Vorsitzende wollte zur Entlastung seines Gewissens der für notwendig angesehenen Förmlichkeit irgendwie gerecht werden. Das ist peinlich. Denn der Richter verrät, dass er § 358 ZPO nicht kennt." Hinzu kommt: Im Beweisbeschluss sind nach § 359 Nr. 1 ZPO die streitigen Tatsachen, über die der Beweis zu erheben ist, zu bezeichnen, was § 273 Abs. 2 Nr. 4 ZPO nicht vorsieht. Es besteht also die Gefahr, dass der Zeuge durch die Partei – oder gar durch das Gericht mit der Ladung – den Wortlaut des Beweisbeschlusses erfährt und sich exakt auf seine Aussage vorbereiten kann. Umfragen der Verfasser in Seminaren für junge Richter ergeben immer wieder, dass den Richtern oftmals noch nicht einmal bekannt ist, ob die Zeugen den sie betreffenden Teil des Beweisbeschlusses erhalten. **721**

> **Negativbeispiel** eines Sitzungsprotokolls einer strafrichterlichen Hauptverhandlung vor entsprechender Korrektur durch den Richter, wie es einer der Verfasser erlebt hat: „Auf Frage: Ja". Der Leser – beispielsweise der Rechtsmittelrichter – erfährt weder, was gefragt noch was geantwortet wurde.

Schwierig wird es, wenn Auskunftspersonen über Geschehnisse berichten sollen, die nicht stattgefunden haben[1187], oder die sie tatsächlich erlebt haben, dabei aber **im juristisch relevanten Kern** (und nur dort) lügen (Kontamination; Aussagesubstanz).[1188] Der Inhalt der Aussage besteht in diesen Fällen darin, bei dem **722**

1185 Vgl. Protokollierungsfehler Rn. 470.

1186 Balzer, Beweisaufnahme und Beweiswürdigung im Zivilprozess, Rn. 62. Gegen routinemäßige Beweisbeschlüsse und für bloße formlose Beweisanordnungen auch Zöller/Greger, ZPO, § 358 Rn. 1; Stein/Jonas/Berger, ZPO, § 358 Rn. 2; Musielak/Stadler, ZPO, § 358 Rn. 1.

1187 Siehe auch Mindestumfang – Aussagesubstanz Rn. 645.

1188 Siehe Kontamination Rn. 247.

Ereignis zugegen gewesen zu sein, jedoch habe ein singuläres Ereignis nicht stattgefunden.

Beispiele: Die ausführliche Beschreibung einer Geldübergabe, bei der lediglich die Höhe des Betrages unzutreffend ist.
Die mit zahlreichen Details versehene Schilderung von Vertragsverhandlungen, die tatsächlich – im Zivilprozess unstreitig – stattgefunden haben; die darin enthaltene Lüge könnte der Aussageteil sein, der sich mit dem juristischen Kerngeschehen befasst, nämlich der Frage ob und ggf. mit welchen Konditionen es zu einem Vertragsabschluss gekommen ist.
Die Behauptung von Schlägen oder sogar eines sexuellen Übergriffs, obwohl die Beteiligten nur eine verbale Auseinandersetzung hatten.
All diese Aussagen werden Realkennzeichen aufweisen. Die Auskunftspersonen sind wegen ihres eigenen Erlebnishintergrunds in der Lage, die Begleitumstände mit Details zu schildern. Allein der knappe Kern bleibt ggf. blass. In einem solchen Fall besteht nur die Möglichkeit, durch weitere Nachfragen (Situationsfragen)[1189] zu versuchen, diesen Teil der Aussage zu erweitern und dadurch zusätzliche Überprüfungsmöglichkeiten zu erhalten

723 Wahrheitsgemäße Aussagen werden durch eine der Komplexität des Geschehens entsprechenden Vielfalt an Details geprägt. Sie sind nach dem Eindruck des Zuhörers „bunt", „farbig", „konkret", „plastisch greifbar", „authentisch", die Schilderung ist „psychologisch stimmig", „nachvollziehbar", es „passiert viel" – all das sind Formulierungen, die die Verfasser Urteilsbegründungen entnommen haben und die letztlich nichts anderes als den Detailreichtum einer Aussage umschreiben. Dennoch sagen die Formulierungen nicht viel aus.

724 Daher ein **Tipp**: Bildlich gesprochen lassen sich detailreiche Erzählungen einfach und ohne (!) Interpretationen in einen Film umwandeln, die genannten Tatsachen dienen als **„Drehbuch"** (**„Kopfkino"**). Man erfährt auch der Erzählung wer dabei war, wo es stattgefunden hat, wer was gesagt hat, wie wer reagiert hat, was man dabei gedacht hat… Man darf sich aber nicht „bluffen" lassen, was ein (echtes) Detail ist. Die Verfasser haben etliche Male in Seminaren einen Text analysieren lassen, in den meisten Fällen von Juristen. Darin kam die Zeile vor: *„Vor dem Betriebsausflug gab es erst ein leckeres Frühstück am Gericht."* Immer wieder wurde „leckeres Frühstück" als Detail im Sinne eines Realkennzeichens/Realitätskriteriums bewertet. Tatsächlich ist es das aber nicht. „Leckeres Frühstück" ist eine inhaltsleere Formulierung. Die Formulierungen „Das Frühstück war lecker" hat kaum einen Tatsachenkern, bietet kein „Drehbuch" für eine Filmsequenz, oder auch nur eine Momentaufnahme, ein Stillleben. Der Begriff „lecker" ist eine Wertung. Wahrscheinlich stellt sich fast jeder Leser darunter etwas Anderes vor. Man muss dieses **„Schein-Detail"** (oder Pseudo-Detail) erst gedanklich ausfüllen, es interpretieren, es konkret werden lassen. Und das tut ggf. der (ungeübte) Hörer, die Vernehmungsperson. Um mit der Aussage überzeugen zu können, müsste es jedoch der Sender, die Aussageperson, tun. Gleiches gilt für Aussagen wie „Die Ampel zeigte grün" oder „Papa, natürlich habe ich alle Hausaufgaben erledigt." Mit diesen Aussagen ließe sich im vorgenannten Sinn kein Film drehen. Sie sind zugeschnitten auf den Kern des Problems, scheinen „eindeutige" Aussagen zu sein, sind aber nichtssagend und zur Überzeugungsbildung untauglich.[1190]

Bildlich gesprochen lassen sich detailreiche Erzählungen einfach und ohne (!) Interpretationen in einen Film umwandeln, die genannten Tatsachen dienen als „Drehbuch" („Kopfkino").

1189 Situationsfragen, siehe Rn. 158.
1190 Siehe auch „Eindeutigkeit" (bei Kurzaussagen – juristischer Kernbereich) Rn. 609.

Beispiel dafür, wie „leckeres Frühstück“ zu einem gehaltvollen Realkennzeichen/Realitätskriterium werden könnte:
„Vor dem Betriebsausflug gab es erst ein leckeres Frühstück im Büro. Wir hatten zum ersten Mal Lachsbrötchen, mit verschiedenen Saucen, Dill-Senf, Meerrettich und was mit Orange. Da war dann auch gleich eine lange Schlange. Bis ich an der Reihe war, waren die Lachsbrötchen aber schon aus. Ich hab‘ mir dann halt ein Fleischkäsebrötchen genommen.“

Beispiel von *Graßberger*[1191] aus der Aussage eines kindlichen Missbrauchsopfers: *„In diesem Augenblick hat das Telefon geläutet. Zuerst ist er zusammengezuckt; aber dann hat er gesagt: ‚Ach, das ist bloß das Telefon‘.“*

Analyse dieses Details: Das Kind beschreibt, wie eine Handlung (sexueller Übergriff) durch eine Einwirkung von außen (aus Tätersicht: Störung) unterbrochen wird; welche Reaktion darauf erfolgt (Schreck); sowie eine Erklärung der Reaktion (drohende Entdeckung – er dachte, es sei die Haustür, fühlt sich ertappt o. ä.) mitsamt einer Folgereaktion (Erleichterung). **725**
Die Analyse zeigt, dass hier ein recht komplexer, psychologisch nicht ganz unkomplizierter Vorgang geschildert wird. Dies zu erfinden, würde ein beträchtliches Maß an Kompetenz und Mühe voraussetzen. Dass ein Lügner sie für die Erfindung eines für die (falsche) Belastung vollkommen bedeutungslosen Details aufwendet, ist wenig wahrscheinlich. Das gilt gleichermaßen für das Kind, wie auch für die Mutter, soweit behauptet wird, sie habe dem Kind dieses Detail suggeriert.

Beispiel aus einem Urteil:
„Ihre Bekundungen enthalten, anders als die des Angeklagten, in allen Bereichen – auch im Randbereich – eine Vielzahl von Details. So beschreibt sie eine Szene im März, wie der Angeklagte einmal, als sie gerade in der Badewanne lag, plötzlich hereinkam und mit einem ‚automatischen Fotoapparat‘ (so die Zeugin) ein Bild von ihr knipste. Er legte es auf den Nachtisch, wo sie es fand und, als er gegangen war, zerriss. Ein derartiges Geschehnis streitet der Angeklagte rundweg ab. Ein solches nebensächliches Detail im Randbereich ist ein Indiz für die Erlebnisbasiertheit der Angaben.“

Ein **Beispiel** aus einem Zivilprozess, das aufzeigt, wie eine detailreiche Aussage eines Zeugen mit **Eigeninteresse** (Ehemann der Klägerin) dadurch streitentscheidend an Glaubhaftigkeit gewinnt, dass seine Angaben durch objektive, nachweisbare bzw. nachgewiesene Umstände gestützt werden. Zugleich zu **Anwaltsstrategien**: Das Beispiel verdeutlicht auch, wie ein Zeuge – zulässigerweise – vor seiner Vernehmung vom Anwalt des Beweisführers instruiert werden kann, damit seine Aussage vom Gericht als glaubhaft erachtet wird: **726**
Die Klägerin machte urheberrechtliche Ansprüche geltend, weil die Beklagte aus ihrem gewerblichen eBay-Shop fünf Fotos in das eigene Konkurrenzangebot übernommen habe. Die Fotos seien von ihrem Ehemann als ihrem geringfügig beschäftigten Mitarbeiter angefertigt, die Rechte ihr übertragen worden. Beweis: Ihr Ehemann als Zeuge. Auszug aus dem Urteil des LG Düsseldorf[1192]: *„Das Gericht ist davon überzeugt, dass der Zeuge die fünf Fotografien selbst gefertigt hat… Diese Überzeugung beruht auf der glaubhaften Aussage des Zeugen … So hat er nachvollziehbar und detailliert darlegen können, wie er die Lichtbilder im Rahmen seines Anstellungsverhältnisses zu seiner Ehefrau angefertigt und später digital nachbearbeitet hat. Für die Richtigkeit seiner Aussage spricht zudem der Umstand, dass er einen Ausdruck der Fotos in der ursprünglich hohen Auflösung vorlegen konnte. Des Weiteren hat er die Sonnenbrille, welche als Accessoire auf den Lichtbildern Verwendung gefunden haben, im Original vorgelegt.“*

1191 Psychologie des Strafverfahrens.
1192 LG Düsseldorf, Urt. v. 19.3.2008 – 12 O 416/06.

Die Stützung einer Aussage durch objektive Gegebenheiten kann nach der Rechtsprechung des Bundesgerichtshofs in Zivilsachen auch für die Frage der Zulässigkeit einer Berufung, die die Beweiswürdigung des Erstgerichts angreift, eine Rolle spielen. In solchen Fällen muss die Berufungsbegründung nach § 520 Abs. 3 Nr. 3 ZPO die Bezeichnung konkreter Anhaltspunkte enthalten, die Zweifel an der Richtigkeit und Vollständigkeit der Tatsachenfeststellungen begründen und deshalb eine erneute Feststellung gebieten. Die Angabe konkreter Teile der Zeugenaussage in Verbindung mit einzelnen Tatsachen, die diese Aussage stützen könnten, genügt zur Erfüllung dieser gesetzlichen Voraussetzungen.[1193]

727 Eine Bemerkung im Zusammenhang mit Details verdienen Zeit-, Geschwindigkeits-, Mengen-, Alters- und Distanzangaben, denn sie suggerieren auf den ersten Blick Detailgenauigkeit und damit „harte Fakten". Sie bieten auch ohne Zweifel ein Drehbuch/Kopfkino („ca. 3 Minuten", „10 Personen", „Mitte 40" etc). Spätestens auf den zweiten Blick sind solche Angaben mit Vorsicht zu genießen. In der Regel handelt es sich nämlich um Schätzungen, die schon dem Grunde nach keine Wahrnehmung, sondern Urteile über Wahrnehmungen darstellen.[1194] Zudem handelt es sich in der Regel auch nur um **Erinnerungsschätzungen**, also Schätzungen, die auf der Erinnerung über Zeit, Geschwindigkeit, Mengen, Alter und Distanzen aufbauen und schon von daher höchst fehleranfällig sind. Auch Fragen nach einem **konkreten Datum** sind sinnlos, wenn der Vorgang längere Zeit zurückliegt, es sei denn das Datum könnte anhand bestimmter Punkte festgemacht werden (z. B. Geburtstage, Urlaubsaufenthalt, Zeugnis, etc.). „Wenn man sich das Datum daher im Zeitpunkt des Geschehnisses nicht eingeprägt hat, ist seine nachträgliche Bestimmung nur vermittels eines Assoziationsvorganges unter Zuhilfenahme von Bezugspunkten möglich".[1195] In der Regel sind Zeit-, Geschwindigkeits-, Mengen-, Alters- und Distanzangaben als Größenordnung zu verstehen, die – so zeigen Tests der Verfasser immer wieder – auch gut und gerne um die Hälfte oder gar das Doppelte, also 100 % daneben liegen können. Sagt ein Zeuge, er habe „12 Personen" wahrgenommen, dann können es in Wirklichkeit auch nur 8 oder gar 20 gewesen sein. Die Angabe ist in der Regel nur als Richtgröße zu verstehen, was Zeugen auf Frage in der Regel auch einräumen. Ausnahmen sind denkbar, für die der Zeuge aber dann auf Frage eine Erklärung wird bieten können (die mit Aufmerksamkeit und Interesse[1196] zusammenhängen wird). Hinzu kommen gelegentlich Stress, oder gar unmittelbare (Waffen-) Bedrohungen. Aber auch die Größe und Alter der Auskunftsperson nehmen bereits großen Einfluss auf die Güte der Angaben. Nach dem sog. „own-age effect" schätzen Personen andere Menschen zutreffender, wenn diese der eigenen Altersgruppe angehören. Ein kleines Kind wird einen 40-jährigen aber auch gut und gerne als „richtig alt" beschreiben. Analog zum „own age effect" stellt sich dieser Befund als „own-size effect" dar. Je geringer der Größenunterschied zwischen bspw. dem Täter und dem Zeuge ist, desto zutreffender ist die Größenschätzung des Zeugen. Demgegenüber wird ein kleines Kind aus seiner Position den gar nicht so großen Erwachsenen als „richtig groß" beschreiben. Ottonormalbürger ist dabei grundsätzlich nicht anders zu behandeln als Polizisten.[1197] So ist anerkannt, dass auch die **Zeitschätzung** eines Polizeibeamten (im Zusammenhang mit einem qualifizierten Rotlichtverstoß) wegen des hohen Fehlerrisikos einer kritischen richterlichen Würdigung der Grundlagen dieser Schätzung bedarf.[1198] Auch **Abstands**schätzungen sind wegen der Unge-

1193 BGH, Beschl. v. 13.9.2012 – III ZB 24/12.
1194 Siehe weiterführend Irrtum, Erinnerungsfehler, Schätzungen Rn. 930.
1195 Geipel, Handbuch der Beweiswürdigung, 3. Auflage 2017, § 23, Rn. 14 m. w. N.
1196 Siehe weiterführend Wahrnehmung, Aufmerksamkeit und Interesse Rn. 814.
1197 Siehe auch Irrtum, Routinehandlung Rn. 868.
1198 OLG Köln, Beschl. v. 2.1.2001 – Ss 537/00.

nauigkeit in der Regel mit einem erheblichen Fehlerrisiko behaftet.[1199] Gleiches gilt für **Geschwindigkeitsschätzungen**.[1200]

An der Stelle muss nochmals/bereits der Bogen zu späteren Ausführungen im Zusammenhang mit Irrtum und den sog. Routinehandlungen gespannt werden. Details sind aussagepsychologisch eines der wichtigsten Realkriterien. Dabei ist auch im Blick zu behalten, ob eine detailreiche Erzählung erinnerungspsychologisch überhaupt stimmig ist. Ohne emotionale Verknüpfung ist dies bereits nach kurzer Zeit nicht mehr zu erwarten. Eine zu große Detailtreue insbesondere im Randgeschehen kann daher ein Hinweis auf Unwahrheit sein. Denn vor dem Hintergrund insbesondere größerer Zeitfenster ist aus erinnerungspsychologischer Hinsicht davon auszugehen, dass auch natürliche Erinnerungsverluste anzunehmen sind. Bei lang zurückliegenden Ereignissen ist daher zu erwarten, dass die wesentlichen, nur das sog. Kerngeschehen bestimmenden Handlungselemente erinnerlich sind, während im Übrigen im sog. Randbereich Erinnerungsunsicherheiten oder -lücken auftreten.[1201] Auch ist die Art und Weise im Blick zu behalten, wie „Erinnerungen“ entstanden sind, was die Erinnerungsgenese ist. Wenn der Erinnerungsverlauf dadurch charakterisiert ist, dass die Detailtiefe kontinuierlich zugenommen hat, laufend neue „Erinnerungen“ unter anderem durch Außenreize sowie Gerüche, dann durch therapeutische Gespräche und durch Albträume „wiederentdeckt“ und hinzukamen, dann könnte auch das Phänomen der **Scheinerinnerung** und Suggestion vorliegen. Aus wissenschaftlicher Sicht ist nämlich von einer Korrektheit und Zuverlässigkeit längerfristig nicht bewusst zugänglicher Erinnerungsinhalte nicht auszugehen. 728

Auch wenn **Details** zu den wichtigsten Realkriterien gehören, so dürfen bei der **Aburteilung von Serientaten**, in Serie begangener sexueller **Missbrauchstaten** zur Vermeidung unvertretbarer Strafbarkeitslücken und angesichts der besonderen Beweisschwierigkeiten – regelmäßig steht als Beweismittel nur ein Kind oder eine Jugendliche zur Verfügung – keine übersteigerten Anforderungen gestellt werden. Denn eine Konkretisierung der jeweiligen Straftaten nach genauer Tatzeit und exaktem Geschehensablauf ist oft nicht möglich (sog. Semantisierung).[1202] Das Tatgericht muss sich daher in objektiv nachvollziehbarer Weise zumindest die Überzeugung verschaffen, dass der Angeklagte in einem gewissen Zeitraum eine bestimmte **Mindestzahl** von Missbrauchstaten begangen hat. Entscheidend ist dabei nicht, dass eine – möglicherweise auf nicht völlig sicherer Grundlage hoch gerechnete – Gesamtzahl festgestellt wird, sondern dass das Gericht von jeder einzelnen individuellen Straftat, die es aburteilt, überzeugt ist. Ist eine Individualisierung einzelner Taten mangels Besonderheiten im Tatbild oder der Tatum stände nicht möglich, sind zumindest die Anknüpfungspunkte zu bezeichnen, anhand derer das Tatgericht den Tatzeitraum eingrenzt und auf die sich seine Überzeugung von der Mindestzahl und der Begehungsweise der Missbrauchstaten des Angeklagten in diesem Zeitraum gründet. Dabei sind grundsätzlich bei Verurteilungen, die den sexuellen Missbrauch von Geschädigten über 14 Jahren betreffen, an die Konkretisierung einzelner Handlungsabläufe größere Anforderungen zu stellen als bei **Tatserien** zu Lasten von Kindern.[1203] 729

Im Rahmen des Detailreichtums gibt es welche, mit besonderer Aussagekraft, nämlich Wechselbeziehung/Interaktionen, Komplikation und Deliktstypik. 730

1199 OLG Hamm, Entscheidung v. 17.2.2006 – 2 Ss OWi 63/06.
1200 OLG Hamm, Urt. v. 16.1.1996, 27 U 126/95.
1201 Landessozialgericht Rheinland-Pfalz, Urt. v. 19.8.2015 – L 4 VG 5/13.
1202 Siehe Gedächtnis, Semantisierung Rn. 866.
1203 BGH, Urt. v. 20.9.2023 – 1 StR 152/23 m. w. N.

731 **Vernehmungstechnik:** Gerade für die Gewinnung von Details, ist die Aussageperson zunächst mit ihren eigenen Worten einen zusammenhängenden Bericht erstatten zu lassen und sie mit wenigen offenen Fragen („Und dann?") zu leiten.[1204]

732 **4.2.2 Wechselbeziehung/Interaktion.** Beim Realkennzeichen der Wechselbeziehung/Interaktion wird das Aufeinandertreffen von Personen, aufeinander reagieren oder sich gegenseitig beeinflussen, werden Aktion und Reaktion, Gesprächsinhalte, auch aufeinander bezogene Handlungen ohne Mitteilungscharakter wie Mimik wiedergegeben. Diese Wechselwirkungen kennzeichnen das Leben und sind häufig spontan, unvorhersehbar oder emotional geprägt. In erfundenen Berichten fehlt oft diese natürliche Dynamik, da sie meist bewusst konstruiert wurden und daher eher statisch und vorhersehbar wirken.
„Als ich ins Café kam, stieß ich versehentlich gegen einen Mann, der daraufhin seinen Kaffee verschüttete. Er schaute mich erst verärgert an, dann aber lächelte er und meinte: „Kein Problem, das passiert mir auch ständig!" Ich entschuldigte mich und bot an, ihm einen neuen Kaffee zu kaufen, woraufhin wir ins Gespräch kamen."
Hier sieht man eine natürliche Interaktion: Die betroffene Person reagiert erst mit Ärger, dann mit Verständnis, und es entwickelt sich ein Dialog. Solche unvorhersehbaren Reaktionen sind typisch für echte Erlebnisse.

> Nachfolgend nochmals zwei **Beispiele** eines Geschehens mit Interaktionsschilderungen in diesem Sinn:
> Als ich aus der U-Bahn ausstieg, bemerkte ich einen Mann, der mir schnell entgegenkam. Zunächst dachte ich, er wolle einfach vorbeigehen, aber dann blieb er direkt vor mir stehen und versperrte mir den Weg. Ich machte einen Schritt zur Seite, doch er bewegte sich gleichzeitig mit mir. „Was ist denn los?", fragte ich irritiert. Er grinste schief und sagte: „Hast du mal 'ne Minute für mich?" Ich erwiderte vorsichtig: „Kommt drauf an, worum es geht." Plötzlich kam er näher, sodass ich seinen Atem riechen konnte, und flüsterte: „Ich glaub, wir kennen uns, oder?" Mir lief ein Schauer über den Rücken, und ich schüttelte den Kopf. „Nein, ich denke nicht", sagte ich und versuchte, einen Schritt zurückzutreten. In dem Moment packte er mein Handgelenk. Reflexartig riss ich mich los und stieß ihn mit beiden Händen von mir. Er taumelte leicht zurück, lachte und murmelte: „Schon gut, schon gut …" Dann drehte er sich um und verschwand in der Menge.

Dieses Beispiel ließe sich mit dem vorgenannten Tipp[1205] filmisch leicht umsetzen. Das „Drehbuch" erzeugt „Kopfkino".

> Ganz anders als nachfolgendes **Beispiel:**
> Als ich aus der U-Bahn trat, stellte sich mir ein Mann in den Weg und wich nicht aus, egal in welche Richtung ich ging. Als er mein Handgelenk packte, riss ich mich los und stieß ihn weg, woraufhin er kurz grinste und in der Menge verschwand.

733 Es handelt sich beide Male um dieselbe Geschichte. In der Version 1 wird aber die Interaktion viel ausführlicher, detaillierter geschildert. Der Version 1 erzeugt im Gegensatz zu Version 2 mehr „Kopfkino", was zwanglos den Schluss zulässt, dass sie mehr Realkriterien enthält. Die ausführlicheren Angaben wirken glaubhafter, weil sie mehr Realkennzeichen erfüllt: zu den detaillierten Interaktionen kommen auch Gedanken, Sinneseindrücke, und Emotionen/Gefühle. Die kurze Version gibt zwar die Essenz der Geschichte wieder. Man wird Version 2 nicht attestieren können, dass sie unwahr ist. Die inhaltliche Qualität überzeugt aber im Vergleich zu Version 1 weniger.

1204 Siehe Bericht Rn. 122, 123.
1205 Siehe Rn. 724.

734 **Vernehmungstechnik:** Wenn von der Aussageperson selbst nichts Entsprechendes zu möglichen Wechselbeziehungen/Interaktionen ausgesagt wird, kann man versuchen, sie vorsichtig zu befragen („Wurde etwas gesprochen?“, „Hat er/sie darauf reagiert?“).

735 **4.2.3 Komplikationen.** Das alltägliche Leben ist geprägt von Komplikationen. Meist kommt beim geplanten Tagesablauf oder auch nur bei Ablauf eines Gesprächs, einer Feier, eines Gaststättenbesuchs usw. irgendetwas dazwischen. Wer vor Gericht über ein einigermaßen komplexes Geschehen berichten soll und dieser Verpflichtung wahrheitsgemäß nachkommen will, wird sich nicht selten an Details erinnern, die den eigentlichen Handlungsablauf störten, und davon berichten können. Mit den Worten des Bundesgerichtshofs[1206] ausgedrückt: Ein (wahrheitsgemäßer) Bericht ist aus dem Gedächtnis rekonstruiert. Anders derjenige, der die Unwahrheit sagt und nur vorgibt, bei dem prozessgegenständlichen Geschehen dabei gewesen zu sein: Im Bemühen, auf ihr Gegenüber glaubwürdig zu erscheinen, muss die lügende Person aus ihrem gespeicherten Allgemeinwissen ihre Aussage konstruieren. Diese Aufgabe wird leichter bewältigt, wenn die Aussage eher „stromlinienförmig“ auf das zentrale Beweisthema hinführt. Komplikationen, wie beispielsweise abgebrochene Handlungsketten im vorgeblich erlebten Geschehen, werden daher möglichst vermieden.

736 In jedem Fall erfordert die Schilderung erfundener Komplikationen einen zusätzlichen Argumentationsaufwand. Genau das aber ist von Lügnern nicht erwünscht. Denn es setzt allerhand intellektuelle Kompetenz voraus und leitet in aller Regel rasch in den Bereich der Überprüfbarkeit, etwa weil die Bereinigung der Komplikation zu einer Verflechtung mit anderen Personen führt. Zumindest eröffnet die Schilderung von Komplikationen mitsamt ihrer Bereinigung die Möglichkeit für Nachfragen. Und auch das wollen Lügner vermeiden. Sie sind bemüht, alles schon vorab in ihrer Planung kontrollieren zu können. Sie wollen jede erdenkliche (Nach-)Frage vorhersehen, um ihre Reaktion, ihre Antwort darauf vorbereiten zu können.

737 Lügner, je intelligenter sie sind, machen sich bisweilen viel zu viele Gedanken. Sie sind „übervorsichtig.“ Sie wollen jedes Risiko einer Aufdeckung der unwahren Angaben vermeiden. Deshalb lassen sie Komplikationen lieber weg; erst recht werden Komplikationen nicht erfunden. Sie müssten sich – wenn mehrere Zeugen zum Beweisthema benannt sind – auch bezüglich dieser scheinbar nebensächlichen Details miteinander abstimmen, was die Gefahr sich widersprechender Aussagen der mehreren lügenden Personen erhöht; denn Lügner müssen sich in diesem Fall an die Absprachen erinnern, was viel höhere intellektuelle Anforderungen stellt als sich an wirklich Erlebtes zu erinnern.

738 Daher lässt sich im Umkehrschluss sagen**: Aussagen, die Komplikationen und deren Beseitigung enthalten, besitzen einen erhöhten Beweiswert**. Weil dies so ist, müssen Richter speziell auch auf die Schilderung von Komplikationen achten und diese ggf. protokollieren bzw. sie im Urteil wiedergeben.
Das Fehlen von Komplikationen darf man nicht negativ bewerten; da hat dann vielleicht einfach jemand Glück gehabt und alles hat – ausnahmsweise – reibungslos funktioniert.

Weitere **Beispiele** aus dem Zivil- und Strafrecht:
Aus einem Versicherungsprotokoll: „Ich lag schon im Bett, als meine Frau, die noch im Wohnzimmer vor dem Fernseher saß, – wie sie mir später berichtete – zunächst Qualm, dann kleinere Flammen aus der Deckenvertäfelung oberhalb des Kamins herausschlagen sah. Sie schrie laut, so dass ich wach wurde. Meine Frau brachte zunächst das Kind in Sicherheit. Ich wollte

1206 BGH, Urt. v. 30.7.1999 – 1 StR 618/98.

noch die Katze retten, konnte jedoch wegen des Qualms nichts mehr erkennen. Ich wollte das Haus durch die Wohnzimmerschiebetür verlassen, die sich jedoch zunächst nicht öffnen ließ. Erst als meine Frau von außen mithalf, gelangte ich ins Freie. Ich zog mir dabei Brandverletzungen zu."
Aus einer Urteilsbegründung einer Strafkammer: Im Zusammenhang mit den Fotos, die der Angeklagte (was er abstritt) dann in jener Nacht von ihr machte, erwähnt die Geschädigte eine Komplikation, nämlich dass sein erster Versuch scheiterte und er erneut dazu ansetzen musste: „Er nahm den alten Fotoapparat und probierte irgendetwas aus, aber es war kein Film mehr drin. Er ging schnell zum Buffet und nahm sein Handy. Damit machte er dann seine Fotos."

739 **Vernehmungstechnik:** Es ist wichtig, „Abschweifungen" vom juristischen Kernthema nicht sofort abzuwürgen. Ein „beliebter" Fehler ist es, eine ausschweifende oder chaotische Aussage dahingehend zu unterbrechen, dass man doch bitte „bei der Sache bleiben" soll. Damit gehen die Schilderung von nebensächlichen Details oder Komplikationen verloren.

740 **4.2.4 Verflechtung.** Handlungen sind in der Regel nicht isoliert, sondern eingebettet in konkrete Situationen und Verhältnisse. So können Aussagen darüber mit anderen **äußeren Umständen** (Personen, örtliche Verhältnisse, Ereignisse etc.) verwoben, „verflochten" sein. Die Aussagen können daher Schilderungen von Einzelheiten enthalten, die **eigenständig überprüfbar** sind. Eine lügende Person muss sich auf ihre Vernehmung sehr genau vorbereiten, wenn sie solche Zusatzinformationen gibt, weil sie sich der Gefahr aussetzt, dass eine Überprüfung die Unrichtigkeit ergeben würde. Nach der Rechtsprechung des Bundesgerichtshofs muss die Beweiswürdigung sich in solchen Fällen mit dem Verflechtungskriterium ausdrücklich befassen.[1207]
Achtung: Das **„Verflechtungs*angebot*"** kann bereits ein **Realkennzeichen/Realitätskriterium** sein.

Beispiel: Einem Mann wurde vorgeworfen, er habe eine junge Frau nach einem gemeinsamen Lokalbesuch auf dem Heimweg vergewaltigt. Sie behauptete, sie hätten zuvor miteinander getanzt und sich unterhalten. Mehr sei nicht gewesen. Insbesondere habe sie immer wieder deutlich gesagt, dass er sich keine Hoffnungen zu machen brauche, da sie einen festen Freund habe. Er hingegen trug vor, sie hätten schon während des ganzen Abends miteinander geschmust und später dann einverständlich Geschlechtsverkehr gehabt. – *„Wir haben uns schon vorher in der Disco immer wieder geküsst. Das muss die Bedienung gesehen haben!"* Damit lieferte er ein Verflechtungsangebot; er machte seine Aussage in diesem Punkt überprüfbar. Die Kellnerin wurde ermittelt. Sie konnte sich auch an das Paar erinnern, war sich aber sicher, dass es zu keinerlei Küssen gekommen war.
Die aufgrund der Verflechtung ermöglichte Überprüfung der Abgaben des Beschuldigten hatte sich also nicht bestätigt. Dies hat die Kammer negativ gewertet; zu Unrecht, wenn überhaupt, war das Verflechtungsangebot als Realkennzeichen/Realitätskriterium (freilich nur für diesen Teil der Aussage, also für die Vorgeschichte) zu werten. Denn aus der Sicht eines Lügners wäre es dreist und ungeschickt, eine Überprüfungsmöglichkeit anzubieten, mit der die eigene Aussage voraussichtlich widerlegt werden wird. Dann wird man mir erst recht nicht glauben, ist die Erwartung einer lügenden Auskunftsperson.
In dem betreffenden Fall sprach Vieles dafür, dass die beiden sehr wohl miteinander geknutscht hatten, was der Kellnerin – mangels Aufmerksamkeit und Interesse[1208] – einfach entgangen war. Freilich ließen sich daraus keine

1207 BGH, Beschl. v. 9.11.1999 – 5 StR 252/99.
1208 Siehe Wahrnehmung, Aufmerksamkeit und Interesse Rn. 814.

ernsthaften Schlüsse darauf ziehen, ob der nachfolgende Geschlechtsverkehr einverständlich erfolgt oder erzwungen war!

4.2.5 Deliktstypik. Das Realkennzeichen der Deliktstypik besagt, dass wahre Aussagen oft **typische Merkmale** eines bestimmten Delikts enthalten. Der Auskunftsperson fehlt das erforderliche Hintergrundwissen, um bestimmte Handlungsweisen, Abläufe, sprachliche Wendungen usw. zu verstehen. Die Person muss nicht einmal bemerkt haben, dass sie das, was sie erlebt hat, nicht oder nicht richtig verstanden hat. Sie bringt in ihrer Aussage dieses inhaltliche Unverständnis zum Ausdruck. Berichte von delikts- oder vorgangstypischen Verhaltensweisen, die nach den eigenen Worten der Auskunftsperson von ihr nicht verstanden worden sind, sprechen schon deshalb für subjektive Wahrheit, weil eine solche Schilderung in der Vernehmungssituation den Eindruck vermitteln kann, die Aussage sei für die Wahrheitsfindung unbrauchbar. Wer lügen will, will aber überzeugen und wird deshalb eine in sich geschlossene, möglichst wenige Zusatzfragen herausfordernde Aussage machen. Keinesfalls wird er von eigenen Verständnisschwächen bei der – angeblichen – Wahrnehmung berichten. Besondere Bedeutung hat dieses Kriterium im Strafrecht (fast) nur bei der Schilderung von Sexualdelikten.[1209] **741**

Beispiele aus Verfahren der Verfasser:
Aus einem Urteil: „Wie zahlreiche Opfer insbesondere von Sexualstraftaten beschreibt die Geschädigte mehrfach **eigene Scham über das Verhalten des Täters.**
Er habe gebrüllt, *sie* habe sich geschämt wegen der Nachbarn. Sie habe nicht um Hilfe geschrien, weil sie sich geschämt habe. Sie habe nicht geschrien, nur gerufen, dass sie das nicht wolle. Sie habe Angst gehabt, dass die Nachbarn das hören könnten."
Aus einem anderen Urteil: „Bezeichnend ist …, dass das Mädchen seine Aussage gegenüber der Polizei als eine Aussage gegenüber seiner ‚Mama' wertete. KHK T. führte dazu aus, dass er und seine Kollegin eigentlich C.allein vernehmen wollten, weil Kinder erfahrungsgemäß in Anwesenheit ihrer Eltern in ihrem Aussageverhalten zurückhaltend seien. C. habe aber ihre Mutter dabeihaben wollen. … Die Sachverständige (bei der die Mutter nicht zugegen war) führte aus, dass ihr C. als Begründung (für ihre nunmehr erweiterte Angaben) gesagt habe, sie ‚habe ihrer Mama (!) nicht noch mehr wehtun wollen'. Deshalb habe sie damals nicht alles gesagt."
Typisch für (junge) Opfer von sexuellen Übergriffen durch nahe Verwandte sind auch **ambivalente Gefühle.** „Einerseits liebte sie K., der für sie und ihren Bruder ein Vater- oder Großvaterersatz war. Andererseits fürchtete sie ihn, weil er ihr gedroht hatte, die Mutter zu verlassen. Sie war innerlich gespalten …"

Obwohl sie oft jahrelang die schlimmsten Dinge über sich haben ergehen lassen müssen, befinden sich insbesondere kindliche Opfer von Sexualdelikten, die nahe Verwandte an ihnen begangen haben, häufig in einem für sie erneut sehr belastenden, manchmal kaum auflösbaren Zwiespalt. Durch ihre wahren Angaben droht die Familie auseinander zu brechen. Oder sie befürchten den Verlust der Zuneigung seitens des anderen Elternteils. Schließlich berichten solche Opferzeugen immer wieder, doch noch Gefühle der Zuneigung zum Täter zu verspüren („Er hatte ja auch eine andere Seite und konnte sehr lieb sein." – „Er ist trotz allem immer noch mein Vater.").

Vergewaltiger scheinen nicht selten unmittelbar nach der Tat ihr schlechtes Gewissen zu spüren. Vielleicht versuchen sie dann aus diesem Grund, ihre Tat **742**

1209 Vgl. Arntzen, Psychologie der Zeugenaussage: System der Glaubhaftigkeitsmerkmale, 3. Aufl., S. 143 ff.

ein wenig zu verharmlosen. Opfer berichten immer wieder, der Täter habe danach gefragt, ob es ihr nicht „gefallen" habe; sie „brauche" so etwas doch in Wirklichkeit; usw. Oder es kommen Entschuldigungen bis hin zu der Frage, ob man nicht „Freundschaft" schließen könne. – In zwei (!) Verfahren der Verfasser aus verschiedenen Jahren konnten die Täter allein deshalb verhaftet werden, weil die Opfer gegenüber den Tätern behauptet hatten, sie fänden sie eigentlich „nett". Beide Male wurde ein Wiedersehen vereinbart und beide Male wartete die Polizei auf die Täter und nahm sie fest.
Berichtet eine Zeugin solche ungewöhnlich klingenden Details, sind diese **deliktstypisch** und können als ein Kriterium für die Glaubhaftigkeit verwendet werden. Als eine deliktstypische Interaktion im Zusammenhang mit einem sexuellen Missbrauch ist auch ein **Schweigegebot des Täters** an das Opfers gesehen worden.[1210] Wichtig ist in Erfahrung zu bringen, ob die Auskunftsperson über spezielles Hintergrundwissen verfügt. Das Kriterium ist nicht erfüllt, wenn die geschilderte Information aus den Medien oder Gesprächen mit anderen Personen bekannt ist.[1211]

743 **Zivilprozess:** Dieses Merkmal spielt auch im Zivilprozess eine Rolle, insbesondere bei deliktischen Tatbeständen. Die wohl häufigsten Beispiele in der forensischen Praxis kommen aus dem Bereich der vorgetäuschten bzw. manipulierten Verkehrsunfälle. Hier haben sich deliktstypische Verhaltensweisen herausgebildet, die nicht immer allgemein bekannt sind. Nach Auskunft erfahrener Schadensanalytik-Sachverständiger sind die **Unfallmanipulierer** immer raffinierter geworden. Der Nachweis einer Manipulation[1212] wird immer schwieriger. **Beispiel**: Es wird ein Unfallhergang bei hoher Geschwindigkeit mit gegen eine Manipulation sprechenden großen Risiken für Leib und Leben der Fahrzeuginsassen behauptet. Tatsächlich wurde die Kollision bei geringer Geschwindigkeit oder sogar bei Stillstand eines der beteiligten Fahrzeuge verursacht. Für den Nachweis benötigt man oftmals die unreparierten Fahrzeuge oder zumindest sehr gute fotografische Dokumentationen. Vom Gericht eingesetzte Sachverständige müssen über große Erfahrung in diesem Bereich verfügen.
Schon vor längerer Zeit wurde in der juristischen Fachliteratur ein Kriterienkatalog zu Deliktstypik-Merkmalen bei Unfallmanipulationen veröffentlicht. Zahlreiche Aufsätze befassen sich mit dieser Problematik.[1213] Auch die Rechtsprechung hat Kriterien hierzu entwickelt.[1214] Selbstverständlich gilt hier gleichermaßen wie in anderen Situationen, dass das Gericht, wenn der Kläger Beweis für den Hergang eines Unfalls durch Zeugenvernehmung antritt, erst

1210 BGH, Urt. v. 22.10.2014 – 2 StR 509/13 – Anspielungen des Täters gegenüber dem Zeugen können auch als Originalität gewertet werden, zutreffendGeipel, Handbuch der Beweiswürdigung, 3. Auflage 2017, § 26, Rn. 35.

1211 Geipel, Handbuch der Beweiswürdigung, 3. Auflage 2017, § 26, Rn. 34.

1212 Wenn es – unstreitig oder erwiesenermaßen – eine Kollision der beteiligten Fahrzeuge gegeben hat, trägt im Schadensersatzprozess der Beklagte die Beweislast für das Vorliegen einer Manipulation: st. Rspr. seit BGH, Urt. v. 6.3.1978 – VI ZR 269/76. Zur differenzierten Beweislast bei Verdacht der Unfallmanipulation, vgl. auch Saarbrücken, Urt. v. 16.5.2013 – 4 U 461/11.

1213 Verheyen, KH-Kriterienkatalog für manipulierte Verkehrsunfälle, ZfS 1994, S. 313. Weitere Aufsätze hierzu: Kääb, Beweisfragen bei betrügerisch gestellten Ansprüchen im Kasko- und Haftpflichtrecht, NZV 1990, S. 5; Born, NZV 1996, S. 257.

1214 BGH, Urt. v. 6.3.1978 – VI ZR 269/; OLG Celle, Urt. v. 16.6.1988 – 5 U 199/87; OLG München, Urt. v. 3.10.1989 – 5 U 1689/89; OLG Hamm, Urt. v. 16.3.1987 – 6 U 110/86; fingierter Unfall und Schleudertrauma: OLG Köln, Urt. v. 9.7.1999 – 19 U 193/98; KG, Beschl. v. 29.11.2007 – 12 U 185/07; OLG Karlsruhe, Beschl. v. 7.9. und 5.11.2009 – 1 U 82/09; Kriterienkatalog auch: OLG Köln, Urt. v. 21.6.1999 – 16 U 66/97. Beweisgrundsätze bei OLG München, Urt. v. 7.3.2008 – 10 U 5394/07. Zur erforderlichen Gesamtwürdigung und Beweismaßstäben OLG Schleswig, Urt. v. 24.5.2010 – 7 U 102/09; OLG Saarbrücken, Urt. v. 30.10.2012 – 4 U 259/11; OLG München, Urt. v. 8.3.2013 – 10 U 3241/12.

eine Beweisaufnahme durchführen muss, bevor es aufgrund sonstiger Indizien von einer Manipulation ausgehen darf.[1215]
In diesen Fällen liegt erfahrungsgemäß besonders häufig die schon erwähnte Verfahrenssituation vor, in der eine Partei – hier die beklagte Versicherung – über keinerlei Zeugen verfügt, während für die klägerische Sachverhaltsdarstellung mindestens zwei Personen als Partei oder auch Zeugen bereit stehen, nämlich die beiden Fahrzeugführer und nicht selten weitere Fahrzeuginsassen.[1216] Prozesstaktisch bedeutsam ist die vom BGH dem mitverklagten Haftpflichtversicherer des angeblichen Unfallverursachers in Fällen des Verdachts einer Unfallmanipulation eingeräumte Möglichkeit, sowohl als Streitgenosse als auch als Streithelfer nach §§ 61, 69 ZPO seine Rechte wahrzunehmen.[1217]

Vernehmungstechnik: In diesen Fällen ist es in besonderem Maße geboten, von den beteiligten Fahrzeugführern und ggf. den Zeugen möglichst konkrete Angaben über den Unfallort, die Geschwindigkeiten, die Art und Weise der Reaktion des jeweiligen Fahrzeugführers auf das Erkennen der – angeblichen – Gefahrsituation usw. zu erfragen und genauestmöglich zu protokollieren. Letzteres selbst dann, wenn dies mangels Rechtsmittelfähigkeit der abschließenden Entscheidung nicht geboten wäre. Denn ein anschließend eingesetzter Kfz-Sachverständiger wird diese Informationen zu seiner Beurteilung, ob jedenfalls dieser Geschehensablauf nachweisbar ausgeschlossen ist, auf jeden Fall benötigen. (Einer der Verfasser hat erlebt, wie ein Angeklagter u. a. aufgrund seiner Einräumungen wegen etlichen manipulierten Verkehrsunfällen im Strafverfahren verurteilt wurde, obwohl er zuvor mehrere korrespondierende Zivilverfahren gewonnen hatte.) 744

4.2.6 Individualität (Gefühle/Gedanken, Originalität). Wahre Aussagen enthalten oft eine persönliche Note des Erzählers, werden oft stark durch die Person geprägt, die die Aussage macht. Dies zeigt sich durch individuell gefärbte Wahrnehmungen, persönliche Assoziationen oder emotionale Bewertungen, die nicht zwingend für das eigentliche Geschehen notwendig sind, aber aus der subjektiven Erfahrung des Erzählers resultieren. Durch sie erlangen die Angaben **Individualität** (oder individuelle Prägung). Beispielsweise die **Schilderung von Gefühlen** und **Gedanken**, die Schilderung von ungewöhnlichen oder gar **originellen Einzelheiten.** 745

Aussagen erlangen eine individuelle Prägung (u. a.) durch die Schilderung von gefühlsmäßigen Reaktionen. Das gilt jedenfalls, wenn diese Gefühle nicht allzu einfacher und naheliegender Art sind. Die bloße Äußerung, „ich bin erschrocken" o. ä., lässt kaum irgendeinen Rückschluss zu. Anders mag es sich verhalten bei Formulierungen, wie z. B.: „Ich hab' gleich gedacht …" mit anschließender Schilderung von entsprechenden Überlegungen, also inneren Vorgängen"; oder: „Ich war mir nicht sicher, ob ich jetzt gehen oder noch bleiben sollte …" Ambivalente Gefühle passen nicht zur Belastungsstringenz einer lügenden Person. 746

Wichtig ist der Hinweis: Als **Realkennzeichen/Realitätskriterium** gilt die **bloße Erwähnung** oder Beschreibung von Gefühlen, oder wenn Gefühle im Verhalten der Person während der Vernehmung erkennbar werden. Ob diese Gefühle zu dem geschilderten Geschehnis passen oder nicht, spielt eine untergeordnete Rolle. Bei der Bewertung, ob das Gefühl stimmig ist, führt die Vernehmungsperson eine durch ihr persönliches Vorverständnis geprägte Plausibilitätsprüfung[1218] durch. Sie kann richtig oder falsch sein. Das Gefühl, das *ich* in einer bestimmten Situation empfinden würde, kann ein vollkommen anderes sein als 747

1215 OLG Frankfurt a. M., Urt. v. 20.7.2010 – 22 U 14/10.
1216 Zur Parteivernehmung und -anhörung vgl. oben Rn. 677.
1217 BGH, Beschl. v. 29.11.2011 – VI ZR 201/10.
1218 Vgl. Rn. 217.

das, welches die betreffende *Auskunftsperson* empfunden hat. Zudem ist es im forensischen Bereich häufig rein „hypothetisch", wenn die Vernehmungsperson versucht „nachzuempfinden", wie sich die Auskunftsperson damals gefühlt hat. Man kann sich nicht oder nur begrenzt in eine Situation hineindenken, die man selbst noch nicht erlebt hat.

748 **Vernehmungstechnik:** Hier gilt, wie bei allen anderen Realkriterien auch: Kommen solche Schilderung von Gefühlen und Gedanken nicht von selbst, kann man vorsichtig versuchen, sie herauszuarbeiten. Die Fragen müssen auch hier offen sein („Wie hat sich das angefühlt?", „Was haben Sie sich gedacht").

Von einem der Verfasser erlebtes **Beispiel**:
Eine junge Frau war nach einem Streit mit ihrem Vater aus dem Elternhaus verwiesen worden. Sie zog – wie sie sagte – aus *Wut* zu einem Bekannten, der sie (und auch eine ihrer Freundinnen) früher bereits einmal vergewaltigt hatte. Bei ihm wohnte sie etwa zwei Wochen. In dieser Zeit vergewaltigte er sie erneut. Trotzdem blieb sie noch einige weitere Tage in seiner Wohnung, weil sie noch immer auf ihre Eltern so wütend war. – „Das macht man doch nicht", meinten die beiden Schöffinnen und schenkten ihrer Geschlechtsgenossin keinen Glauben. Die Richter sahen es anders.[1219] Der Angeklagte legte später ein Geständnis ab. Alles, was die Zeugin berichtet hatte, war wahr.

Weitere **Beispiele** – zwiespältige Gefühle:
- „Ich war mir zuerst nicht sicher, ob ich den Schaden überhaupt (bei der Versicherung) melden sollte. Im Jahr davor war uns doch in den Ferien schon einmal ein Koffer abhanden gekommen."
- „Meine Frau hatte Bedenken, den Schaden zu melden. Weil sie die teure Vase, die Frau B umgestoßen hat, gerade auf die Kommode genau neben dem Kleiderständer gestellt hatte, fühlte sie sich mitschuldig."
- Aus einem Urteil: „Auf die Frage der Verteidigerin, warum sie ihn nicht gleich am ersten Abend aus der Wohnung geworfen habe, antwortet die Geschädigte nach einer kurzen Pause: Das war mein Fehler. Schauen Sie mal, als Mann hat er mir gefallen. Als ich ihn näher kennengelernt habe, wurde ich immer kälter. Er hat immer wieder gedroht, dann hat er versprochen, sich zu bessern."

749 Auch in Fällen sexueller Gewalt oder Kindesmissbrauchs, in denen das Opfer – wenn es die angeklagte Tat gegeben hat – gezwungen ist, das seinerzeit Erlebte mit eigenen Worten wiederzugeben, müssten sich eigentlich individuelle Gefühlsregungen finden lassen. In Verhandlungen vor Strafgerichten taucht in diesem Zusammenhang das Problem der **Retraumatisierung** von Opfern auf. Einerseits sollen die Opfer die oftmals traumatisierend wirkenden Erlebnisse in der Hauptverhandlung nochmals so genau und so ausführlich wie möglich schildern (Mündlichkeitsprinzip, Unmittelbarkeitsgrundsatz). Die Aussage müsste dann etliche **Gefühlsregungen** erkennen lassen. Andererseits durchleben sie dadurch das Geschehen bis zu einem gewissen Grad nochmals gedanklich und emotional, zudem in der in aller Regel als in hohem Maß unangenehm erlebten Gerichtssituation.
Natürlich gilt auch bei Sexualdelikten für die Beschuldigten die Unschuldsvermutung. Das bedeutet, wenn keine weiteren Beweismittel vorliegen, muss das Opfer das Gericht von der Begehung der Tat überzeugen. Die Angaben müssen also insbesondere inhaltlich von solcher Qualität sein, d. h. so viele Realkennzeichen enthalten, dass eine (ausreichend) hohe Wahrscheinlichkeit für eine wahre Geschehensschilderung entsteht. Ist ein (tatsächliches) Opfer aufgrund seiner tiefen Verletzung dazu nicht in der Lage, so bleiben Zweifel, so kann die erfor-

1219 Siehe auch Plausibilität – allein eigene Erfahrung Rn. 217.

derliche Überzeugung nicht gewonnen werden und es hat ein Freispruch zu erfolgen.
Es zeigt sich einmal mehr, wie wichtig es ist, ein für alle Auskunftspersonen möglichst angst- und stressfreies Verhandlungs- und Vernehmungsklima zu schaffen.[1220]
Werden **ungewöhnliche** oder gar **originelle Einzelheiten** berichtet, so spricht dies für Wahrheit. In diesem Zusammenhang ist darauf hinzuweisen,

- welch hohes Maß an Kompetenz die Erfindung derartiger Details voraussetzen würde, und
- dass aus der Warte von Lügnern originelle Details nicht unbedingt Überzeugungskraft haben, sondern eher „übertrieben" und daher „verdächtig" erscheinen könnten, mithin ihrem Lügenziel zuwiderlaufen würden.

> Ein bekanntes **Beispiel** für dieses Kriterium stammt von dem Psychologen Udo Undeutsch. Die 4-jährige(!) Schwester erzählte auf die Frage, was der Vater mit der 7-jährigen Schwester gemacht habe: „Er hat ihr eine Kaffeebohne unten reingesteckt und dann mit der Zunge wieder rausgeleckt".

Das Kriterium ist vorliegend vor dem Hintergrund der intellektuellen und krea- 750
tiven Aussagefähigkeit einer Vierjährigen signifikant, zumal noch unverstandene Elemente hinzukommen. Bei einem konstruierten Sachverhalt kann es keine unverstandenen Anteile geben, weil der Lügner ja sein eigenes Drehbuch schreibt. Der Vierjährigen fehlt die sexuelle Erfahrung und/oder das Wissen, um die konkrete Situation zu erfassen.
In einem Strafverfahren wegen besonders schwerer sexueller Nötigung hatte der Angeklagte bestritten, gegen den Willen der der Nebenklägerin sexuelle Handlungen an ihr vorgenommen und sie mit einem Messer verletzt zu haben. Diese Einlassung hat das Landgericht für widerlegt erachtet und ist den Angaben der Nebenklägerin gefolgt, soweit diese in den Angaben des Angeklagten selbst oder in dem objektiven Spurenbild eine Bestätigung fanden. Im Übrigen hat es die Aussage der Nebenklägerin als nicht belastbar angesehen und insbesondere nicht festzustellen vermocht, dass der Angeklagte die von der Nebenklägerin geschilderten weiteren, auch mit Penetrationen verbundenen sexuellen Handlungen beging. Der BGH rügt die Beweiswürdigung, insbesondere weil auch originelle Details in der Aussage der Nebenklägerin keine ausreichende Berücksichtigung gefunden haben und damit wesentliche Umstände, die für eine uneingeschränkte Glaubhaftigkeit der Angaben der Nebenklägerin – auch hinsichtlich der von ihr geschilderten Penetrationen – sprechen könnten, nicht in den Blick genommen wurden. Das Landgericht hätte „in seine Glaubhaftigkeitsbeurteilung einstellen müssen, dass die Geschädigte eine Äußerung des Angeklagten wiedergab, wonach er sie nicht gehen lassen könne, „weil er sonst wieder ins Gefängnis komme". Diese unter Berücksichtigung von Vorleben und Hafterfahrung plausible Wiedergabe einer Äußerung des Angeklagten ist in hohem Maße originell, zumal nicht zu erkennen ist, dass die Geschädigte diese spontane Äußerung des ihr zuvor unbekannten Angeklagten erfunden haben könnte."[1221]

> **Beispiel:** Eine Missbrauchszeugin berichtet davon, dass sie während eines Campingurlaubs nachts in ihrem Zelt eine Spinne entdeckt habe und ängstlich ihren Onkel – den Angeklagten – herbeigerufen habe. Nach dem Entfernen der Spinne sei es im Zelt zu dem sexuellen Übergriff gekommen.[1222]

Da die lügende Person mit ihrer Aussage überzeugen will, wird sie intentionell versuchen, ihre Aussage individuell zu gestalten. Dies wird sie aber in der Regel im prozessualen Kerngeschehen nicht durchhalten, weil sie sich an dieser Stelle

1220 Siehe auch Planung der Vernehmung und Einstieg und Beziehungsaufbau (Rapport) Rn. 76.
1221 BGH, Urt. v. 28.10.2021 – 4 StR 118/21.
1222 BGH, Beschl. v. 23.5.2000 – 1 StR 156/00.

besonders darauf konzentrieren muss, „nichts falsch zu machen“. Ihre Konzentration auf den Inhalt überlagert die Konzentration auf die Ausdrucksweise.

751 **Vernehmungstechnik**: Wichtig ist auch hier, dass man „Umwege“ zulässt. Lügner gruppieren ihre Details in erster Linie um das Beweisthema herum, dort, wo es nötig ist, und deutlich weniger im Randgeschehen, also seltener in der Vorgeschichte und im Geschehen danach. Dies auch deshalb, weil sie zu diesen Punkten keine Befragung erwarten. Daher ist es wichtig, eine Vernehmung ausreichend weit zu fassen. Nicht erst ab dem Moment, in dem die Tatbestandserfüllung ansetzt, ist eine Aussage für die Prüfung ihrer Zuverlässigkeit interessant und bedeutsam, sondern unter Umständen schon lange davor und noch einige Zeit danach.[1223]

4.3 Strukturelle Realkennzeichen – Qualität der Aussagepräsentation

752 **4.3.1 Strukturgleichheit.** Bei einer glaubhaften Aussage kann man erwarten, dass die Auskunftsperson an günstige und ungünstige, an belastende und entlastende Details einigermaßen gleich gute Erinnerungen hat. Die Struktur der Erzählung ist gleich. Allerdings kann es nachvollziehbare Gründe für eine Strukturungleichheit geben (wie Scham, Bedrohung, Angst etc.). Durch die richtige Befragungstechnik können Strukturungleichheiten ggf. beseitigt werden. Falls sich Strukturungleichheiten nicht beseitigen lassen, dann könnte es insgesamt gegen die Glaubhaftigkeit der Angaben sprechen.
Häufig wird in diesem Zusammenhang erwähnt, eine Aussage sei glaubhaft, weil der Zeuge auf überschießenden Belastungseifer o. ä. verzichtet habe. Da dies für die Glaubhaftigkeit sprechen würde, muss ein sich hierauf stützendes Urteil zur Überprüfung durch das Rechtsmittelgericht dies nicht nur in einer solch pauschalen Form, sondern zumindest mit einem einzelnen Beispiel aus der konkreten Aussage erläutern und damit nachprüfbar machen.[1224]

> **Beispiele** aus einer Urteilsbegründung:
> „Es wurde bereits hingewiesen auf die **epische Breite** und selbst durch die Verteidigung nicht zu bremsende **ausschweifende Erzählweise** des Angeklagten. Diese hat das Gericht lange Zeit auch bei der Schilderung **völlig abseits liegender Inhalte** (zum Beispiel… [es folgen nähere Ausführungen]) bewusst, um sein Aussageverhalten zutreffend bewerten zu können, nicht gebremst. … Auf diese Weise wurde in extremem Maße deutlich, wie detailreich … der Angeklagte Geschehnisse schildern kann und auch schildert. … **Umso auffälliger** wird dadurch, wie **abstrakt** und **ausweichend** bis hin zum **Geltendmachen von Erinnerungslücken** er auf konkrete Fragen zum **Tatgeschehen** reagiert.“
> Ebenfalls aus einer Urteilsbegründung:
> „In aller Breite beschreibt er die Fahrt von der Arbeitsstelle zur Wohnung der Geschädigten: ‚Ich ging zum Auto/ließ den Motor an/es war kalt und beschlagen/ich machte die Klimaanlage an/dann putzte ich die Scheiben/ich machte die Anlage für die Scheiben hinten an/dann ist sie auch eingestiegen/sie hat ein Gespräch angefangen.‘ Übergangslos folgt nun: ‚Sie hat dann ihre Hand auf mein Glied gelegt.‘ Dann hätten sie es miteinander gemacht.“

753 **4.3.2 Ungesteuertheit/Nichtsteuerung.** Eine **ungeordnete**, von scheinbar unzusammenhängenden Bruchstücken geprägte, **unchronologische**, kurz eine ungesteuerte **Aussage** spricht für subjektive Wahrheit. Wenn man einen Geschehensablauf erfindet, so macht man das von Anfang an „chronologisch“. Man stellt sich die einzelnen Ereignisse wie in einem Film vor – *„Ich fuhr zur Baustelle/parkte mein Auto/ging in das Haus/am Eingang traf ich den Architekten/wir gingen*

1223 Siehe Situationsfragen Rn. 158.
1224 OLG Stuttgart, Beschl. v. 14.7.2010 – 4 Ss 422/10 –, nicht veröffentlicht.

dann in das Badezimmer/ich zeigte ihm, dass der Estrich schadhaft war/er rief dann von seinem Handy den Polier an/der kam sogleich/wir vereinbarten dann, dass der gesamte Estrich neu gemacht werden sollte/anschließend gingen wir in den Keller…“. Diesen „chronologisch erlernten“ Geschehensablauf wird der Lügner natürlich auch chronologisch wiedergeben.

754 Es ist ausgesprochen schwierig, eine Geschichte ohne eigenen Erlebnishintergrund ungeordnet bzw. nicht chronologisch zu schildern. Man braucht einen „roten Faden“, um sich daran durchzuhangeln.[1225] Die Verfasser haben dazu viele Male Tests gemacht. Jemand bekam die Abschrift eines kleinen Ereignisses (wenig mehr als eine halbe Din-A-4 Seite). Die Aufgabe war, das beschriebene Geschehen am folgenden Tag mit eigenen Worten so chaotisch wie möglich zu schildern. Dies gelang beinahe nie! Nahezu immer war in der Erzählweise von Anfang an eine Struktur, ein Aufbau zu erkennen, und das war in den meisten Fällen der zeitliche Ablauf, die Chronologie – und dann … und dann …

755 Darüber hinaus versuchen Lügner immer, mit ihren Angaben glaubhaft zu wirken. Aus Sicht von Lügnern kommt es beim Gericht nicht gut an, wenn sie eine „chaotische Geschichte“ berichten, an deren Ende der Richter den Kopf schüttelt und sagt. „Ich bin gar nicht richtig mitgekommen, was Sie meinen.“ An sich spricht genau das für Wahrheit. Dennoch werden Lügner sich so eher nicht verhalten.
Aus all dem folgt sozusagen im Umkehrschluss, dass in einer ungeordneten, nicht chronologischen Schilderung ein Hinweis auf Wahrheit gesehen werden kann.

> **Beispiel** aus einem Fall eines der Verfasser:
> Eine Frau sagte aus: „Es war etwa gegen 18.30 Uhr, als wir mit dem PKW des Herrn H., es ist ein schwarzer Golf GTI, wegfuhren. Wir fuhren in die Nähe von Ludwigsburg und gingen am Neckar spazieren. Der Spaziergang dauerte circa 30 Minuten. Schon vorher, also bei unseren Gesprächen im Krankenhaus, habe ich mich für die Wohnung des Herrn H. interessiert. Insbesondere habe ich mich für seine Möbel interessiert. Er wollte mir auch schon Bilder ins Krankenhaus bringen.“
> Die Aussage enthält einen gedanklichen Sprung: „Schon vorher …“. Vor allem kann die Vernehmungsperson gar nicht verstehen, was mit diesem „Rückgriff“ auf ein vorangegangenes Geschehen gemeint ist. Die Zeugin hatte schon vorher Interesse am Mobiliar der Wohnung des Beschuldigten; sein Angebot, ihr Fotos davon zu zeigen, hat er nicht erfüllt. Was haben nun die Wohnung und die Möbel des Beschuldigten mit dem Spaziergang am Fluss zu tun?
> Auf entsprechende Frage folgte:
> „Weil es heiß war, hatten wir uns vorgenommen, etwas zu trinken. Er fragte mich, ob wir in eine Gaststätte gehen sollten oder in seine Wohnung, welche sich in der Nähe befand. Ich habe mich dann aufgrund der fortgeschrittenen Zeit für die Wohnung entschieden.“

Jetzt wird verstehbar, was die Zeugin gedacht hatte: Weil sie schon lange einmal die Möbel in der Wohnung des Beschuldigten sehen wollte und die beiden gerade in der Nähe spazieren gingen, entschied sie sich dafür, dort und nicht in einem Lokal etwas zu trinken.
Man erkennt in dem Zitat auch ein (leider) typisches Beispiel für Protokollierungsverzerrungen. Die Zeugin hat nie und nimmer „aufgrund der fortgeschrittenen Zeit“ gesagt. Das ist „Originalton“ des Polizeibeamten. Dennoch hat der Beamte lobenswerterweise die (relativ) unstrukturierte Schilderung der Zeugin erfasst und festgehalten.

756 **Vernehmungstechnik**: Das **Nichtsteuerungskriterium**, insbesondere eine **nicht chronologische Geschehensschilderung**, ist bei Gericht leider höchst

1225 Vgl. Rn. 753.

„unbeliebt". Kaum berichtet eine Auskunftsperson einmal ungeordnet, wird sie unterbrochen: „Bitte schildern Sie uns das Ganze der Reihe nach …" – Das ist ein Kunstfehler![1226] Damit nimmt man sich (und allen anderen, die an einem inhaltlich richtigen Verfahrensausgang interessiert sind) die Möglichkeit, ein qualitativ gewichtiges Realkennzeichen zu erlangen. Zudem sollte versucht werden, dass die Auskunftsperson ungestört ihre Geschichte erzählt, in ihren Worten, auf ihre Art.[1227]

757 Dies ist besonders bei der Vernehmung von **kindlichen Zeugen** zu beachten: Kinder sind – bei normaler Entwicklung – ab ca. 3 Jahren in der Lage, selbst Erlebtes sowie überschaubar strukturierte Sachverhalte mit einfachen Worten zu erzählen. Ihre Darstellung ist aber, da ihnen bis zum Alter von ca. 8 bis 10 Jahren eine chronologische Erzählweise fremd ist, eher ungeordnet und springend. Das ist für diese Altersgruppe natürlich und adäquat. Wiederum in einer Art Umkehrschluss kann man daraus folgern, dass ein sehr chronologisch vorgebrachter Bericht eines kindlichen Zeugen auf eine suggerierte Aussage hindeuten kann.

> **Beispiel:** Einer der Verfasser hatte eine Anklage gegen einen (nicht geständigen) Angeklagten wegen sexuellen Missbrauchs seines zur Tatzeit etwas über drei Jahre alten Neffen zu verhandeln. Aufgrund schneller Ermittlungen fand die Hauptverhandlung binnen kurzer Frist statt. Einziges (direktes) Beweismittel war die Aussage des Dreijährigen. Sie war nicht chronologisch, springend, mit wenigen kindlichen Worten das Ereignis berichtend. Die Verteidigung wollte aufgrund der Unstrukturiertheit der Aussage darin keine genügende Tatsachengrundlage erkennen. Die Kammer – sachverständig beraten – verurteilte. Der Bundesgerichtshof bestätigte das Urteil unter Hinweis auf die Besonderheiten einer Aussage von kindlichen Zeugen in diesem Alter.

Bei erwachsenen Auskunftspersonen darf hingegen aus einer geordneten und chronologischen Aussage kein (negativer) Rückschluss auf die Unglaubhaftigkeit gezogen werden. Denn dafür kann es Erklärungen geben, die nichts mit der Präsentation von Lügen zu tun haben müssen: Der Typus der Auskunftsperson, ihre Erwartung, wie man sich bei Gericht auszudrücken habe; usw. Eine **chronologische**, **sachliche Schilderung** des Beweisthemas ist **kein Warnsignal**, weil viele Personen, die wahrheitsgemäße Angaben machen, von sich aus ihre Erlebnisse chronologisch geordnet berichten. Sie haben sich gedanklich auf die Vernehmung vorbereitet und sich überlegt, an was sie sich erinnern können. Das werden sie der Reihe nach erzählen. Und doch kann man, wenn man genau zuhört, relativ oft zumindest kleine gedankliche Sprünge erkennen.

4.4 Konstanz

758 Die Inhaltsanalyse befasst sich mit der Qualität *einer* Aussage. Wenn mehrere Aussagen *derselben* Aussageperson zu *verschiedenen* Zeitpunkten zu dem *selben* Thema vorliegen, dann ist die Inhaltsanalyse der jeweiligen Aussage um die Konstanzanalyse zu erweitern, bei der es um das Aussageverhalten insgesamt geht. Sie bezieht sich auf aussageübergreifende Qualitätsmerkmale, die sich aus dem Vergleich der Angaben ergeben. Es ist ein Aussagevergleich in Hinblick auf **Wortwahl**, **Konstanz/Widersprüche** und **Erweiterungen** vorzunehmen.

759 **4.4.1 Wortwahl.** Dass sich die Wortwahl im Vergleich von Angaben derselben Aussageperson über denselben Sachverhalt zu unterschiedlichen Zeitpunkten eher verändern sollte, liegt nahe. Die **Wortwahl** über bspw. unsere Hochzeit wird zu verschiedenen Zeitpunkten **unterschiedlich** ausfallen. Nur der Inhalt bleibt gleich. Wenn die Struktur und Wortwahl gleich bleibt, dann verfügt die Auskunftsperson zumindest über ein sehr starr fixiertes Erinnerungsbild und

---

1226 Vgl. Rn. 753.
1227 Siehe Bericht Rn. 122.

Ausdrucksvermögen. Wenn die Wortwahl stark übereinstimmt, dann kann sich das Problem der sogenannten „Erinnerung an die Erinnerung“ stellen. Das passiert häufig, wenn Zeugen ihre schriftlich fixierte erste Aussage etwa in Vorbereitung der zweiten Aussage lesen. Dann wird in der zweiten Aussage oftmals nicht mehr die Originärerinnerung an das Geschehen wiedergegeben, sondern die durch die Vorbereitung geprägte Erinnerung an die Erstaussage samt deren Wortwahl.[1228] Natürlich muss bei stark übereinstimmender Wortwahl über unterschiedliche Zeitpunkte hinweg auch an eine auswendig gelernte (gelogene) Geschichte oder an Coaching gedacht werden.

4.4.2 Konstanz/Widersprüche. Der wichtigste Punkt der Konstanzanalyse befasst sich mit der Frage von **Übereinstimmungen** und **Widersprüchen**. Die Widerspruchsfreiheit einer Aussage ist bei Richtern schon immer ein beliebtes Kriterium für die Glaubhaftigkeit. Allerdings wird dieses Indiz oft unreflektiert auch auf relativ knappe Schilderungen und dürftige Verhöre angewandt. In einer einigermaßen überschaubaren erfundenen Geschehensschilderung ist nicht mit Widersprüchen zu rechnen. Eine für die Glaubwürdigkeitsbeurteilung bedeutsame Konstanz kann sich daher nur in Bezug auf hinreichend **komplexe Sachverhaltsschilderungen** ergeben.[1229] Sie lässt sich dagegen nur mit Einschränkungen auf die wiederholte Äußerung stützen, zu einem bestimmten Geschehen nichts mehr zu wissen.[1230] Auch ist die Aussagekonstanz ist insgesamt umso schwieriger zu überprüfen, je detailärmer die Angaben sind. Der BGH hat eine Beweiswürdigung beanstandet, in der in einem Missbrauchsfall ausgeführt worden war, das Kind habe in der Hauptverhandlung in Übereinstimmung mit seiner polizeilichen Aussage keine näheren Details zu berichten gewusst.[1231] 760

Während einerseits viele eine widerspruchslose Folge von Aussagen über mehrere Zeitpunkte hinweg für ein starkes Indiz der *Glaubhaftigkeit* halten (i. S. v. das Erlebnis hat sich stark in die Erinnerung „eingebrannt“)[1232], meinen andere umgekehrt, fehlende Widersprüche bzw. eine zu hohe Konstanz von Aussagen über mehrere Zeitpunkte wiese auf Lüge hin (i. S. v. die Lügengeschichte wurde auswendig gelernt). Anwälte versuchen gerne – oft unreflektiert? –, Widersprüche im Verlauf mehrere Aussagen einer Auskunftsperson aufzudecken oder sogar herbeizuführen, um damit die Glaubhaftigkeit der Angaben zu erschüttern („Sie haben doch beim Amtsgericht was ganz anderes dazu gesagt. Ich halte Ihnen mal Ihre dort protokollierte Aussage vor…“). Dabei ist zu differenzieren! 761

Erinnerungen werden immer vom situativen Kontext beeinflusst und verändern sich durch Zeitablauf, schon durch schlichtes Vergessen. Niemand ist in der Lage, zu jedem Zeitpunkt all seine Erinnerungen gleich abzurufen. Sie wissen heute, was Sie gestern Mittag gegessen haben. In einem Monat wissen Sie das aber schon nicht mehr. Wenn der Mensch also nicht in der Lage ist, zu jeder Zeit alle Erinnerungen gleich abzurufen, dann ist es nur natürlich, dass auch Auskunftspersonen zu verschiedenen Zeitpunkten Verschiedenes aussagen. Deshalb kann pauschal eine durchgehende Konstanz im Vergleich mehrere Aussagen über verschiedene Zeitpunkte nicht erwartet werden. Einen Fehler würde es daher bedeuten, der Aussage bei Widersprüchen eine pauschale Abwertung zuzufügen (was Anwälte aber gerne machen). In der Übereinstimmung von Aussageinhalten in aufeinanderfolgenden Vernehmungen kann auf der anderen Seite und nahe liegender Weise ein Indiz für das Vorliegen einer erlebnisbegründeten Aussage gesehen werden. Dem liegt die Annahme zugrunde, dass Be- 762

1228 Siehe Erinnerung, Fehlinformationseffekt/Post-event-Informationen Rn. 896.
1229 BGH, Beschl. v. 3.8.2022 – 4 StR 62/22; BGH, Beschl. v. 12.10.2022 – 4 StR 169/22.
1230 BGH, Beschl. v. 23.8.2012 – 4 StR 305/12.
1231 BGH, Beschl. v. 10.11.2010 – 2 StR 403/10.
1232 Siehe auch untaugliche Methoden der Wahrheitsfindung, Widerspruchsfreiheit in aufeinanderfolgenden Aussagen Rn. 611.

obachtungen realer Vorgänge und eigene Erlebnisse zuverlässiger gespeichert werden als aus dem Allgemeinwissen zusammengesetzte, frei erfundene oder von Dritten vorgegebene Inhalte.[1233]

763 **4.4.2.1 Kernbereich – Randbereich.** Im Rahmen der Konstanzanalyse muss – der allgemeinen Erinnerungsfähigkeit folgend– differenziert vorgegangen werden. Dieses Kriterium der Konstanz hat viel mit dem im nächsten Hauptkapitel näher erläuterten Irrtum und den Grenzen der menschlichen Gedächtnisleistung zu tun.[1234] Grundsätzlich kann keine völlig durchgehende Konstanz in einer Aussage erwartet werden; andererseits dürfen die Abweichungen bei wiederholter Geschehensschilderung nicht ausufern. Es ist also zu bestimmen, ob und wo bei mehrfachen Vernehmungen über einen möglicherweise größeren Zeitraum hinweg konstante Erinnerungen erwartet werden können. Hierzu der BGH: „Da auch bei erlebnisbasierten Aussagen eine völlige Aussagekonstanz bei Befragungen zu verschiedenen Zeitpunkten nicht zu erwarten ist, müssen aufgetretene Inkonstanzen auf ihre gedächtnispsychologische Plausibilität hin bewertet werden. Dabei stellt nicht jede Inkonstanz einen Hinweis auf mangelnde Glaubhaftigkeit der Angaben insgesamt dar. Vielmehr können vor allem Gedächtnisunsicherheiten eine hinreichende Erklärung für festgestellte Abweichungen darstellen. Die Konstanz einer Aussage ist allerdings dann nicht mehr gegeben, wenn die Angaben der Auskunftsperson zum **Kernbereich** des Tatgeschehens in verschiedenen Vernehmungen signifikant voneinander abweichen und es sich hierbei um ein wenig vergessensanfälliges Erleben handelt, sodass darauf bezogene Erinnerungs- oder Wahrnehmungsfehler nicht mehr ohne weiteres erklärbar."[1235] Gravierende Inkonstanzen einer Nebenklägerin betreffend die zeitliche Einordnung der Geschehnisse, die Tatörtlichkeiten, die Ausführungsarten des Geschlechtsverkehrs und dazu, ob es außer dem beschriebenen mehrfachen Vaginalverkehr auch Oral- und Analverkehr gegeben habe, sind aufklärungsbedürftig und können nicht damit erklärt werden, sie habe in früheren Vernehmungen nicht die Wahrheit gesagt, weil sie „damals noch jünger gewesen sei".[1236] „Erinnerungslücken" und Inkonstanzen lassen sich auch nicht ohne weiteres auf ein Schamgefühl von Zeug in der Hauptverhandlung zurückführen.[1237]

764 Wichtig ist, im Einzelfall richtig zu bestimmen, was als das **Kerngeschehen** anzusehen ist. Dies darf auf keinen Fall aus prozessualer oder juristischer Sicht geschehen. Kerngeschehen ist vielmehr das, was von der **jeweiligen** Auskunftsperson (es gibt also nicht *ein* Kerngeschehen!) in der betreffenden Situation als emotional am wichtigsten empfunden wurde. Das, was besonders interessant (Aufmerksamkeit und Interesse[1238]) erscheint und besonders emotionsbetont[1239] erlebt wird, behält man am besten und längsten in Erinnerung. Hinzukommen können Geschehnisse, die mit dem so beschriebenen Handlungskern eng verflochten sind. Das **aussagepsychologische Kern- und Randgeschehen** – nach dem sich bestimmt, ob eine Auskunftsperson, wenn es zu Veränderungen in ihren Angaben kommt, glaubhaft ist oder nicht – muss also keineswegs mit dem **prozessualen oder juristischen Kerngeschehen** übereinstimmen!

765 Dies ist auch beim Aufdecken von Lügen von Bedeutung. Denn jemand, der vor Gericht lügen will, wird keine wesentlichen Erinnerungslücken im ***juristischen* Kerngeschehen** („War die Ampel rot?"; „Wurde der Vertragstext unterzeichnet?") offenbaren wollen. Er will mit seiner Aussage überzeugen und er wird aus seiner

1233 Siehe auch Langzeitgedächtnis Rn. 857.
1234 Erinnerung/Gedächtnis Rn. 847 ff.
1235 BGH, Urt. v. 18.12.2024 – 1 StR 293/24.
1236 BGH, Beschl. v. 18.6.2024 – 2 StR 205/24.
1237 BGH, Beschl. v. 16.3.2022 – 4 StR 30/22.
1238 Siehe Wahrnehmung, Aufmerksamkeit und Interesse Rn. 308.
1239 Siehe Langzeitgedächtnis Rn. 857.

Sicht sein Ziel nicht erreichen können, wenn er angibt, das juristisch Maßgebliche nach seiner Erinnerung nicht wahrgenommen oder zwischenzeitlich vergessen zu haben. Das bedeute auf der anderen Seite, dass das Geschehen am Rande, das **Randgeschehen**, sich demgegenüber auch verändern kann und mit zunehmendem Zeitablauf auch sollte (!). Erinnerungsunsicherheiten in Bezug auf nicht tatbezogenen Randgeschehnisse haben insoweit nur eine beschränkte Aussagekraft.[1240] Gerade deshalb begründet nicht jede Inkonstanz von Angaben automatisch auch einen Hinweis auf mangelnde Glaubhaftigkeit. Vielmehr können Gedächtnisunsicherheiten eine hinreichende Erklärung für festgestellte Abweichungen geben, insbesondere unter Berücksichtigung eines langen Zeitraums zwischen Tat und den einzelnen Befragungen und der Aussagetüchtigkeit der Auskunftsperson.[1241] Mit in die Gesamtbewertung einbezogen werden muss auch, dass Inkonstanzen mit einer Anpassung von Aussagen/Einlassungen an den in den Verfahrensakten dokumentierten Ermittlungsstand oder mit prozesstaktischen Erwägungen eine Erklärung erfahren können. Im weiteren Fortgang eines Verfahrens kann es für einen Angeklagten etwa um einer erstrebten, möglichst gewichtigen Strafmilderung willen aussichtsreich erscheinen (§ 46 Abs. 1 StGB), bislang bestrittenes oder nicht zum Inhalt der Einlassung gemachtes Tatgeschehen sukzessiv wahrheitsgemäß einzuräumen.[1242] Gravierende Inkonstanz in den Bekundungen eines Zeugen müssen auch dann vom Gericht aufgeklärt werden, wenn das Gericht in Fällen von Aussage gegen Aussage einen Teil der angeklagten Tatvorwürfe nach § 154 Abs. 2 StPO eingestellt. Dann bedarf es der Mitteilung der Gründe hierfür, weil diese im Rahmen der gebotenen umfassenden Glaubhaftigkeitsprüfung von Bedeutung sein können.[1243]

Arntzen und ihm folgende Autoren[1244] oder nach seiner Schule ausgebildete Sachverständige[1245] scheinen das Kerngeschehen nach wie vor enger als oben erläutert zu fassen. Es werden sieben Momente genannt, die in einer Aussagenfolge gleichbleibend zuverlässig erinnert werden sollen, wenn die Zeitspanne zwischen den Vernehmungen nicht mehr als zwei bis drei Jahre beträgt: **766**

1. Schilderung von Handlungen, die für den Zeugen das Kerngeschehen darstellen,
2. Die Handlungspartner, die unmittelbar beteiligt waren,
3. Die Örtlichkeit der Handlung,
4. Die Art und Weise der Fortbewegung bei mehreren Handlungsorten,
5. Etwaige Einrichtungsgegenstände, die unmittelbaren Bezug zum Geschehen haben,
6. Angaben über Helligkeit bzw. Dunkelheit am Ort der Beobachtung,
7. Etwa über längere Zeitdauer eingehaltene Körperpositionen bei „körpernahen Handlungen" (bei bestimmten Deliktsarten).

Die von *Arntzen* genannten Merkmale können möglicherweise für einen Teil der Sittlichkeitsdelikte und auch für manche mit ihnen vergleichbare Gewalttaten zutreffen. Die Annahme liegt nicht fern, dass Opfer von Sexualdelikten und intensiven Gewalttaten diejenigen Teile der Geschehnisse, die auch die juristischen Tatbestandsmerkmale erfüllen (etwa die Penetration), meist als subjektiv am stärksten beeinträchtigend erleben, vom BGH als „körpernah" beschrieben werden.[1246] Die Behauptung mehrfachen Oral- und Analverkehrs betrifft nicht **767**

1240 BGH, Beschl. v. 2.2.2022 – 4 StR 457/21.
1241 BGH, Urt. v. 6.6.2016 – 5 StR 179/16.
1242 BGH, Urt. v. 16.10.2024 – 6 StR 199/24.
1243 BGH, Beschl. v. 28.8.2024 – 4 StR 197/24 m. w. N.
1244 Arntzen, Psychologie der Zeugenaussage, S. 52 ff.; anschließend z. B. Burck, ZAR 2002, 22/1, S. 28.
1245 Vgl. auch OLG Stuttgart, Beschl. v. 8.12.2005 – 4 Ws 163/2005, in dem dies als fehlerhaft erachtet wurde.
1246 BGH, Beschl. v. 2.2.2022 – 4 StR 457/21; BGH, Beschl. v. 3.8.2022 – 4 StR 62/22 m. w. N.

lediglich ein Detail eines Geschehens, sondern den Kern des subjektiven Missbrauchserlebens. Es erscheint erinnerungspsychologisch nicht stimmig, dass ein Kind einen von ihm erduldeten Oral- und Analverkehr bei seiner polizeilichen Vernehmung vergessen habe.[1247] Die vorgenannten sieben Merkmale liefern aber bei einer direkten Übertragung auf anders gelagerte Tatbestände (insbesondere, wenn es um bloße Beobachtungen geht) kein zuverlässiges Raster. Was bei einer Vergewaltigung gelten mag, passt nicht zwingend bei einem Betrug.

768 Dazu aus der Rechtsprechung: „Widersprüchliche oder nicht konstante Aussagen sprechen nur dann gegen die Glaubhaftigkeit, wenn sie das Kerngeschehen betreffen. Dieses ist subjektiv aus der Sicht der Auskunftsperson zu bestimmen. ‚Objektive Bezüge' zum (behaupteten) Tatgeschehen müssen nicht zwingend hergestellt werden."[1248]
Selbst bei Sexualdelikten können das aussagepsychologische und das juristische Kerngeschehen voneinander abweichen: Angenommen, die Tat wird von zwei Tätern begangen. Während der eine die Frau missbraucht, befindet sich der andere im Nebenzimmer, wo ihr kleines Kind schläft. Das Opfer mag sich so sehr darauf konzentrieren, ob dem Kind ein Unheil geschieht, dass es ohne weiteres zu eklatanten Fehlleistungen an der „Grenze" zwischen Wahrnehmung und Erinnerung kommen kann. Die Frau achtet einfach nicht darauf, ob die Tat auf der Couch oder auf dem Boden geschieht, ob der Täter ein Präservativ übergestülpt hat, ob er zum Erguss kommt oder nicht.
Genau solche Fragen werden aber regelmäßig an Opfer von Sexualdelikten gerichtet. Für eine Lügnerin wäre es ein Leichtes, darauf eindeutige Antworten zu geben. Aus ihrer Sichtweise und mit ihrem Bestreben, nicht „verdächtig" erscheinen zu wollen, müsste sie das eigentlich auch tun. Wenn nun also eine Auskunftsperson in solchen Punkten unklare und unsichere Angaben macht, dann spricht das keinesfalls für eine intentionale Falschbelastung.

769 **Vernehmungslehre**: Ist man nicht sicher, was für die Auskunftsperson das Kernerlebnis gewesen ist, empfiehlt es sich, „weiche" Fragen zu stellen: „Wie ging es Ihnen damals? Wie haben Sie sich gefühlt? Was dachten Sie? Was war Ihnen wichtig? Was hat auf Sie damals den größten Eindruck gemacht?" Usw.

770 **4.4.2.2 Häufige Fehler. Konsequenzen für die gerichtliche Praxis.** Die Wiederholungskriterien spielen im Gerichtsalltag eine große Rolle. Dennoch kommt es bei ihrer Anwendung vergleichsweise häufig zu **Fehlern.**

771 Immer wieder wird bei Gericht mit Widersprüchen oder mit Konstanz gegenüber einer früheren Vernehmung argumentiert, **ohne überhaupt das Kern- und das Randgeschehen zu definieren.** Das ist aber erforderlich. Andernfalls wird ein Rechtsmittelgericht, ein Revisionsgericht, gar nicht in die Lage versetzt, überprüfen zu können, ob die betreffenden Widersprüche bzw. die Aussagekonstanz für die Beurteilung der Glaubhaftigkeit der Angaben überhaupt von Bedeutung sind. Finden sich also in einem Urteil Ausführungen zu Widersprüchen oder Konstanz zwischen zwei Aussagen derselben Auskunftsperson, so muss immer dargelegt werden, was als Kern- und was als Randgeschehen erachtet wurde.

772 „Glaubt ein Tatrichter einem … Zeugen mit der Erwägung, dieser sei ‚im Kern seiner Aussage konstant' geblieben, wenn er auch ‚nicht jedes Fragment' seiner Schilderung ‚identisch' wiederholt habe, muss dargelegt werden, was das Gericht als Kern der Aussage und was als ‚Fragment' angesehen hat.[1249]

1247 BGH, Beschl. v. 5.7.2022 – 4 StR 96/22.
1248 OLG Stuttgart, Beschl. v. 8.12.2005 – 4 Ws 163/05.
1249 OLG Stuttgart, Beschl. v. 4.5.2001 – 2 Ss 174/01 –, nicht veröffentlicht.

773 „Was die Zeugin früher oder in der Hauptverhandlung konkret ausgesagt hat, in welchen Punkten ihre Aussagen im Einzelnen konstant, widersprüchlich oder ungenau waren, was das Landgericht als Kernbereich der Aussage oder lediglich als Randgeschehen und deshalb als wesentlich oder unwesentlich bewertet hat, teilen die Urteilsgründe indes an keiner Stelle mit. Dessen hätte es jedoch bedurft, um den Senat in die Lage zu versetzen, zu überprüfen, ob die Erwägungen und Bewertungen des Landgerichts hinsichtlich der Bedeutung und des Gewichts einzelner Aussageinhalte und darin möglicherweise enthaltener Widersprüche oder Ungenauigkeiten rechtsfehlerfrei sind und die Wertung der Aussage der Zeugin B als glaubwürdig und zuverlässig tragen."[1250]

774 Noch eindrucksvoller liest sich BGH: Das Landgericht hat sich von den dem Angeklagten angelasteten sexuellen Übergriffen im Ergebnis deshalb nicht zu überzeugen vermocht, weil *„die verschiedenen Aussagen der Zeugin Katrin K. in wesentlichen Details gravierend voneinander ab(weichen), ohne dass diese Abweichungen eine nachvollziehbare Erklärung finden."* Dies vermag den Freispruch nicht zu tragen.[1251] – Vielleicht war das zugrunde liegende Urteil richtig, vielleicht auch nicht. Der BGH war nicht in der Lage, das zu überprüfen, da in der landgerichtlichen Entscheidung nicht mitgeteilt worden war, was die Richter als Kern- und was als Randgeschehen betrachtet hatten. Somit war nicht sicher, ob sie Kern- und Randgeschehen zutreffend, nämlich nicht aus prozessualer Sicht, sondern aus der Warte der Zeugin definiert hatten.

775 Der **zweite Fehler** ist, dass **Kern- und Randgeschehen falsch**, nämlich in der Regel aus der (jetzigen) Prozesssicht **bestimmt** werden und nicht aus der (damaligen) Sicht der jeweiligen Auskunftsperson. Es gibt in einem Gerichtsverfahren nicht ein Kern- oder Randgeschehen, sondern es gibt immer nur ein Kern- oder Randgeschehen für die jeweilige Auskunftsperson. Was sich bei wiederholter Vernehmung ändern und was konstant bleiben soll, bestimmt sich ausschließlich aus der Sicht der betreffenden Auskunftsperson. Was für sie im Moment des Erlebens am meisten von Bedeutung, beeindruckend, emotional berührend war, das ist (ihr) Kerngeschehen. Und nur das sollte dem Inhalt nach im Wesentlichen gleichbleiben. Alles andere, unter Umständen das gesamte Beweisthema, ist Randgeschehen und darf (oder soll gar bis zu einem gewissen Grad) Veränderungen erfahren.

776 **Und** an der Stelle soll noch(mals) ein Bogen gespannt werden, vom Randgeschehen zur Erinnerung, insbesondere im Kontext von zunehmendem Zeitablauf.[1252] Denn **zu große Detailtreue im Randgeschehen** kann ein Hinweis auf Unwahrheit sein. Denn vor dem Hintergrund insbesondere größerer Zeitfenster ist aus erinnerungspsychologischer Hinsicht davon auszugehen, dass auch natürliche Erinnerungsverluste anzunehmen sind. Bei lang zurückliegenden Ereignissen ist daher zu erwarten, dass die wesentlichen, durch Emotionen bestimmten bestimmenden Handlungselemente erinnerlich sind, während im Übrigen im sog. Randbereich Erinnerungsunsicherheiten oder -lücken auftreten. Ein Bereich, in dem das des Öfteren relevant wird, sind die **gestellten Verkehrsunfälle**. Normalerweise fährt man durch die Gegend und auf einmal „kracht" es, es passiert ein Unfall. Ab diesem Moment ist man mit der Aufmerksamkeit beim Geschehen. Zuvor war man es nicht, sonst wäre es möglicherweise gar nicht zu dem Unfall gekommen. Es ist also von Unfallbeteiligten zu erwarten, dass sie zur Entstehung und zum Unfall selbst wenig Verlässliches sagen können, sondern mehr zum Geschehen danach. Kerngeschehen ist für sie, was da passiert. Anders diejenigen, die einen Unfall absichtlich geschehen lassen, um einen Versicherungsbetrug zu begehen. Sie planen genau, wie sie sich verhalten werden;

1250 BGH, Beschl. v. 26.2.1992 – 3 StR 33/92.
1251 BGH, Urt. v. 23.1.1997 – 4 StR 526/96.
1252 Siehe Erinnerung, Langzeitgedächtnis, Emotionen Rn. 863.

sie „üben" vielleicht gar ihr Fahrverhalten; und sie begehen dann den Unfall vollkommen bewusst und mit großer Aufmerksamkeit. Also können sie sehr viel mehr dazu berichten. Außerdem haben sie die Erwartung, dass sie den Unfall möglichst genau schildern müssen, damit sämtliche Haftungsvoraussetzungen vorliegen und sie das Geld von der Versicherung erhalten. Hier ist somit die (zu) große Detailliertheit des *juristischen Kerns* das Verdächtige, oft ein Hinweis auf Unfallmanipulation. Denn in Wahrheit alles vor dem Unfall für den Betreffenden – aussagepsychologisch betrachtet – Randgeschehen.

> **Beispiel:** „Die Beteiligten (haben) unterschiedliche Angaben zu dem Geschehen *nach* dem Unfall gemacht."[1253]
> Einige Male haben Gerichte bei der Annahme eines fingierten Unfalls u. a. auch besonders darauf abgestellt, dass die Beteiligten keine überzeugenden Gründe für ihre Anwesenheit am Unfallort dartun konnten.[1254]

Das bedeutet, dass **Kern- und Randgeschehen** für **jeden am Verfahren Beteiligten einzeln**, individuell und neu zu **bestimmen** und in die Urteilsgründe aufzunehmen sind. Es wird daher ggf. bei zwei Parteien und zwei Zeugen vier verschiedene Kerngeschehen geben!

777 Aus der festgestellten Konstanz (im Kerngeschehen) kann auf einen stabilen Gedächtnisinhalt und auf eine Erlebnisgrundlage geschlossen werden. Die Schlussfolgerung ist aber nur zulässig, wenn die festgestellte Konstanz nicht durch andere Faktoren als durch eine Erlebnisgrundlage verursacht worden sein kann. Hier ist der an anderer Stelle beschriebene Fehlinformationseffekt[1255] in den Blick zu nehmen, weil die Erinnerung durch die Lektüre von Urkunden (E-Mails, Polizeiberichten etc.) oder Unterlagen von früheren eigenen Vernehmungen im Vorfeld einer Vernehmung „aufgefrischt" wird. Diese Auffrischung kann eine hohe Konstanz bewirken, ohne dass die Aussage tatsächlich erlebnisbegründet wäre. Für das Argument der Konstanz müssen andere Ursachen für Übereinstimmungen (Aktenkenntnis, Lesen eigener Aufzeichnungen, zwischenzeitliche Gespräche etc.) daher ausgeschlossen werden.[1256]

778 **4.4.3 Erweiterung/Ergänzung.** Bei der Analyse und dem Vergleich von Aussagen derselben Aussageperson zu dem gleichen Thema zu verschiedenen Zeitpunkten kann es auch zu **inhaltlichen Erweiterungen/Ergänzungen** in einer späteren Aussage kommen. Der Frage, wie Erweiterungen im Verlauf mehrerer Befragungen zu bewerten sind, ist differenziert zu beantworten. Erweiterungen, die zwangslos **Lücken** der bisherigen Erzählung im **Randbereich** ergänzen oder bisher Unverständliches plötzlich nachvollziehbar machen sind aussagepsychologisch in der Regel unauffällig.

> **Beispiel** aus einer Urteilsbegründung:
> „B hat diesen Handlungsteil aus Sicht der Kammer um ein wichtiges Aussageteil ergänzt: Sie hat nämlich – ungefragt – ausgeführt, dass der Angeklagte sie ‚hochgehoben' und auf eines der beiden Waschbecken gesetzt habe. Damit wird bei dem bestehenden Größenunterschied der beiden plausibel, wie es dem Angeklagten im Stehen überhaupt möglich war, an der Scheide des Mädchens ‚herumzuwedeln' (Originalität). Die Kammer sieht hierin ein Lü-

---

1253 OLG Köln, Urt. v. 21.3.1995 – 9 U 109/93.

1254 Z.B. OLG Celle, Urt. v 13.9.2001 – 14 U 264/00; OLG Köln, Urt. v. 18.6.1993 – 19 U 13/93 zu Beweisanzeichen, die für eine Unfallmanipulation sprechen: „Solche Indizien sind gegeben, wenn … sein (der angeblich Unfallgeschädigte) Vortrag insgesamt einerseits vage, andererseits aber trotz mehrfacher Nachbesserungen nicht ausreichend substantiiert ist."

1255 Siehe Fehlinformationseffekt/Post-event-Informationen Rn. 896.

1256 Köhnken, in: Deckers/Köhnken (Hrsg), Die Erhebung und Bewertung von Zeugenaussagen im Strafprozess, 2. Auflage 2014, 1, 17.

ckenfüllungskriterium, das zwar ein bisher nicht geschildertes Detail wiedergibt, aber **das homogene Gesamtbild abrundet**."

Erweiterungen im Verlauf mehrerer Befragungen im sog. **Kernbereich**, also in dem Geschehen, das vom Berichtenden als besonders emotional empfunden wurde, sind hingegen mit Vorsicht zu genießen. Sie bedürfen – vor Gericht – zwingend **weiterer Aufklärung**, denn sie sind ggf. Anhaltspunkte für Unwahrheit. Es erschien dem BGH etwa „nicht lebensnah", dass eine Zeugin einen abwechselnd mit dem von ihr geschilderten vaginalen Missbrauch erduldeten Oralverkehr bei ihrer polizeilichen Vernehmung und in den Explorationsgesprächen lediglich „vergessen" haben könnte.[1257] Erklärungen für Erweiterungen können neben Lüge auch schlicht anfängliche Zurückhaltung wegen Scham, Angst, Unsicherheit sein. Auch kommen Fehler in den vorangegangenen Befragungen (unnötige Einengungen der Befragung?) oder Suggestionen (Scheinerinnerungen, sog. false memories) in Betracht. Es kann auch passieren, dass der Befragte im Verlauf eines Verfahrens neue Informationen erhält, z. B. aus Vorhalten oder den Akten oder Aussagen anderer, und geradezu „genötigt" ist, seine Angaben anzupassen, zu erweitern. **779**

Hierzu ein **Beispiel** aus der Rechtsprechung des BGH[1258]:
„Fragwürdig ist, ob sich sämtliche vom Landgericht aufgezeigte Abweichungen in den Angaben der Nebenklägerin bei den drei Vernehmungen (der polizeilichen, ermittlungsrichterlichen und ergänzenden Vernehmung in der Hauptverhandlung) sowie bei der Begutachtung durch die Sachverständige tatsächlich mit einem „Inkadenzphänomen" erklären ließen. Dies ist insbesondere für das Abweichen der Aussagen bezüglich der Steigerung der Intensität der Übergriffe fraglich: Während nach den ersten beiden Vernehmungen der Angeklagte … gleich beim ersten sexuellen Übergriff im Kinderzimmer seinen Finger eingeführt haben soll, soll er der Exploration zufolge sich bei den ersten Taten im Intimbereich vorgetastet haben; erst bei späteren Übergriffen sei er eingedrungen."

4.5 Bedingt geeignete „Realkennzeichen"

Außerhalb der dargestellten Analyse der Qualität einer Aussage anhand von Realkriterien gibt es aussagepsychologische Erfahrungsschätze, die typischer Weise bei wahren Aussagen vorkommen. Für eine wahre Aussage können bspw. eine Selbstbelastung, das Einräumen von Erinnerungsfehlern und ein fehlender Belastungseifer sprechen. Nach Ansicht einiger handelt es sich hierbei auch um Realkennzeichen im engeren/vorgenannten Sinn. Nach der hier vertretenen Auffassung handelt es sich nicht um Qualitätsmerkmale, die einem real erlebten Geschehen entspringen. Es handelt sich vielmehr um außerhalb eines Geschehens liegende Indizien, die zusätzlich und nur im Zusammenspiel mit vorgenannten Realkennzeichen den Schluss auf das Vorliegen einer wahren Aussage zulassen. Im Einzelnen: **780**

4.5.1 Selbstbelastung. Unter dem Begriff der Selbstbelastung verstehen wir nicht nur die in den Prozessordnungen geregelten Fälle eines Zeugnisverweigerungsrechts[1259] bzw. eines Auskunftsverweigerungsrechts[1260], wenn die Aussage die Gefahr einer strafrechtlichen Verfolgung oder sonstiger im Gesetz aufgeführter Nachteile nach sich ziehen würde. Es geht vielmehr generell um das Bemühen intentional falsch aussagender Personen, die eigene Person möglichst vorteilhaft darzustellen. Verzichtet die Person auf diese – manchmal naheliegende – **781**

1257 BGH, Beschl. v. 2.7.2020 – 6 StR 104/20.
1258 BGH, Urt. v. 14.12.2021 – 1 StR 234/21.
1259 So § 384 ZPO.
1260 So § 55 StPO.

Möglichkeit, sich selbst vorteilhaft darzustellen, so kann dies für die Wahrheit sprechen.
Selbstbelastung ist in der Rechtsprechung[1261] als Hinweis auf wahrheitsgemäße Schilderung **anerkannt**: „(Es) besteht die begründete Erwartung, dass bewusst falsche Aussagen nur in geringem Ausmaß Selbstkorrekturen und -belastungen sowie das Zugeben von Erinnerungslücken enthalten."
Auch in Zivilprozessen kommen (mehrfach) wechselnde Sachverhaltsschilderungen vor. Der Wechsel der Darstellung kann, wenn er nicht nachvollziehbar erklärt wird, die Glaubhaftigkeit beeinträchtigen, hierbei reicht es aus, wenn die Veränderung in der Tatsachendarstellung sich im anwaltlichen Vortrag findet.[1262]

782 **4.5.1.1 Grundannahme.** Ausgehend von der Grundannahme, dass **intentional falsch aussagende Auskunftspersonen** grundsätzlich darum bemüht sind, die **eigene Person** möglichst **vorteilhaft** und positiv **darzustellen**, wird man in den meisten Fällen dem Vorbringen von selbstbelastenden Schilderungen einen Hinweiswert für Erlebnisbezug, zumindest aber für das Bemühen um Sachlichkeit und Objektivität der Aussage zuschreiben können, das mit der Annahme eines einseitigen Belastungsverhaltens nicht zu vereinbaren ist. Selbstbelastungen liegen dann vor, wenn die Auskunftsperson sich selbst oder ihr Verhalten im Kontext des inkriminierten Geschehens in einer Weise darstellt, die dem eigenen Ansehen abträglich ist und insofern Unvorteilhaftes impliziert.
Darunter fallen insbesondere:
- Eingeständnisse von eigenen Fehlern,
- Angaben über eigene Initiative,
- Zustimmung oder Kooperation bei den fraglichen Geschehnissen,
- Schilderung von positiven Reaktionen auf die inkriminierten Handlungen.[1263]

Beispiele dafür gibt es aus Prozessen der Verfasser zuhauf:
- Eine vergewaltigte Frau „räumte ein", sich mit dem Täter zusammen betrunken zu haben und ihm zunächst gestattet zu haben, bis zu einer bestimmten Schwelle sexuelle Handlungen an ihr vorzunehmen.
- Ein oftmals missbrauchtes Kind berichtete: „Am Anfang, als er noch zärtlich war, hat es mir auch Spaß gemacht."
- Ein 14-jähriger Junge sagte aus: „Ich saß neben ihm (einem 32-jährigen Mann) auf dem Boden und hatte mich an ihn gelehnt. ... Ich hatte Bauchweh und da massierte er mir den Bauch. Es war angenehm und mein Glied wurde steif. Ich wollte nicht, dass er das merkt und sagte: ‚Lass' das!', und schob seine Hand weg."

783 Aber auch im Zivilrecht: In einem Schadensersatzprozess betonte die Klägerin immer wieder und mit großem Nachdruck, dass sie sich absolut sicher sei, bei grüner Ampelschaltung in die Kreuzung eingefahren zu sein. Der Vortrag des Widerklägers hingegen war wesentlich differenzierter: „Ich fuhr dieselbe Strecke wie jeden Morgen. Ich war in Gedanken versunken. Ich bin dennoch sicher, dass ich bei „grün" über die Ampel gefahren bin."
Im forensischen Alltag bergen solche bei wahrheitsgemäßer Schilderung eher zu erwartenden Formulierungen ein gewisses **prozessuales Risiko** für die Betreffenden. Werden die verschiedenen Aussagen nicht ausreichend differenziert überprüft und bewertet, so kann es vorkommen, dass einer sicher klingenden Behauptung *(„Ich hatte eindeutig grün")* eher Glauben geschenkt wird als einer sich weniger bestimmt anhörenden Aussage *(„Ich war in Gedanken versunken...")*.

1261 BGH, Urt. v. 30.7.1999 – 1 StR 618/98.
1262 OLG Naumburg, Urt. v. 19.4.2012 – 4 U 37/11.
1263 Nach Greuel, Offe, Fabian, Wetzels, Fabian, Offe, Stadler, S. 126.

4.5.1.2 Betäubungsmittelverfahren. Ein Bereich, in dem es sehr häufig zu Selbstbelastungen kommt, sind die Betäubungsmittelverfahren. § 31 BtMG lautet in den hier interessierenden Passagen: „Das Gericht kann die Strafe nach seinem Ermessen mildern … oder, wenn der Täter keine Freiheitsstrafe von mehr als drei Jahren verwirkt hat,[1264] von einer Bestrafung nach § … absehen, wenn der Täter (1.) durch freiwillige Offenbarung seines Wissens wesentlich dazu beigetragen hat, dass die Tat über den eigenen Tatbeitrag hinaus aufgedeckt werden konnte, oder (2.) freiwillig sein Wissen so rechtzeitig einer Dienststelle offenbart, dass Straftaten nach § …, von deren Planung er weiß, noch verhindert werden können." Alle Beschuldigten werden zu Beginn ihrer Vernehmungen ausführlich und nachdrücklich auf diese sogenannte **„Kronzeugenregelung"** hingewiesen. Das wird in den Vernehmungsprotokollen auch entsprechend vermerkt. Nach der Rspr. des Bundesgerichtshofs muss das Urteil die näheren Umstände der Wissensoffenbarung mitteilen und bewerten; verfolgt der Kronzeuge im Wesentlichen eigene Interessen oder kommt er seinen staatsbürgerlichen Pflichten nach, kann dies gegen die Gewährung einer Strafmilderung sprechen.[1265] Im Rechtsalltag spielt die Vorschrift von § 31 BtMG eine große Rolle. Entsprechend häufig kommt es zu Selbst- und Fremdbelastungen. Das birgt die Gefahr von „taktischen" Einräumungen unter Umständen in Verbindung mit „Verlagerungen" von Vorwürfen auf andere.[1266] Um hier Abgrenzungen vornehmen zu können, ist deshalb von Bedeutung, welchen Umfang, vor allem welche Intensität die Selbstbelastungen haben. Es ist Vorsicht geboten. Wenn jemand sich selbst belastet, kann daraus nicht der Schluss gezogen werden, die Angaben seien „zwangsläufig" auch wahr, soweit Dritte belastet werden. Vielleicht will der Kronzeuge nur den Vorzug des § 31 BtMG erlangen und beschuldigt jemanden, mit dem „noch eine Rechnung offen ist", an dem er sich rächen will. Es ist in diesen Fällen oft nicht einfach, die Wahrheit herauszukristallisieren. Es kommt entscheidend auf die Qualität der Aussagen an. Weniger bedeutsam ist, in welchem Umfang der Betreffende sich und andere belastet, sondern wie viele und welche Einzelheiten er beschreibt, ob seine Angaben ein ausreichendes Maß an Realkennzeichen aufweisen oder nicht. **784**

Diese Überlegungen gelten auch für **Hilfe zur Aufklärung** oder Verhinderung von schweren Straftaten gemäß **§ 46b StGB**, wobei vor allem dessen Abs. 1 Nr. 1 (freiwilliges Offenbaren des Wissens des Täters, das wesentlich dazu beigetragen hat, dass eine Tat nach § 100a Abs. 2 der Strafprozessordnung, die mit seiner Tat im Zusammenhang steht, aufgedeckt werden konnte) zu bewussten Falschangaben verleiten mag. Hierzu erwähnt der BGH das naheliegende Falschbelastungsmotiv einer Person, die sich mit Hilfe dieser Rechtsvorschrift einen Strafvorteil oder auch eine Haftverschonung verschaffen will. Bei der Verurteilung von Angeklagten aufgrund eines schon im Ermittlungsverfahren abgelegten Geständnisses eines Mitangeklagten, der dabei die übrigen Angeklagten als Mittäter benannt und im Anschluss daran vom weiteren Vollzug der Untersuchungshaft verschont wurde, muss sich der Tatrichter bei der Beweiswürdigung mit dem naheliegenden, für die Beurteilung der Glaubhaftigkeit der Aussage wesentlichen Gesichtspunkt auseinandersetzen, dass sich der geständige Angeklagte mit seiner (selbstbelastenden) Aussage die Voraussetzungen und Vorteile der Kronzeugenregelung (§ 46b StGB) sichern wollte und damit der Versuchung ausgesetzt war, Dritte deswegen wahrheitswidrig zu belasten.[1267] Nichts anderes gilt für Angaben für Angaben und (selbstbelastenden) Geständnisse von Mitange- **785**

1264 Diese Voraussetzung eingefügt m. W. v. 1.9.2009 durch G v. 29.7.2009 (BGBl. I S. 2288).

1265 BGH, Beschl. v. 19.5.2010 – 5 StR 182/10.

1266 Vgl. dazu auch BGH, Beschl. v. 6.11.2007 – 1 StR 370/07.

1267 BGH, Beschl. v. 26.11.2013 – 3 StR 217/13.

klagten im Rahmen einer verfahrensbeendenden Absprache „zu Lasten Dritter“, einer **Verständigung.**[1268]

786 **4.5.2 Verzicht auf Mehrbelastung und/oder Dramatisierung.** Nach der oben näher erläuterten Grundannahme sind **intentional falsch aussagende Auskunftspersonen** grundsätzlich darum bemüht, die **eigene Person** möglichst **vorteilhaft** und positiv **darzustellen.** Das führt häufig zu einer deutlich negativen Darstellung anderer in das Geschehen involvierter Personen bis hin zu Mehrbelastung. Der Verzicht auf eine einfache, naheliegende Mehrbelastung, **mangelnder Belastungseifer**, oder auf Dramatisierungen des Geschehens ist in der Rechtsprechung ebenfalls als Hinweis auf wahrheitsgemäße Schilderung anerkannt.[1269]

> **Beispiel:** Eine jugendliche Zeugin, die mehrfache Missbrauchssituationen mit einem Freund der Mutter berichtete, gab von sich aus an, dass der Täter sich ihr während eines Campingurlaubs zu ihrer Überraschung (!) nicht sexuell genähert habe, obwohl er mit ihr da ganz allein gewesen war.[1270]

787 Lügner können nur begrenzt beurteilen, ob das, was sie vorgetragen haben, ausreicht, um das Prozessziel oder eine Verurteilung zu erreichen. Wenn nun also im Gegenteil „zu wenig“ gebracht wird, dann kann das für wahrheitsgemäße Schilderung sprechen.

788 Eine Opferzeugin einer Vergewaltigung, die ein so geringes Maß an Gewalt bzw. an Drohung mit Gewalt beschreibt, dass die Juristen anfangen nachzudenken, ob überhaupt der Tatbestand erfüllt ist, wird selten die Geschehnisse erfunden haben, nur um einen anderen zu Unrecht zu belasten. „Er drückte mich in ein Eck. Ich versuchte, ihn wegzuschieben. Irgendwann lag ich dann am Boden. Ich habe gar nicht richtig mitgekriegt, wie er meine Hose heruntergezogen hat.“ Wenn seitens der Vernehmungsperson angedeutet wird, der Geschehensablauf könne nicht richtig nachvollzogen werden, es bestünden Zweifel an der Richtigkeit der Schilderung, werden auf den Meta-Ebenen verschiedene „Botschaften“ mitgeliefert. In Sätzen wie z. B. „Schildern Sie genauer, wie er Ihnen die Hose heruntergezogen hat.“ oder „Wie kam es, dass Sie plötzlich am Boden lagen?“ steckt die Botschaft: „Um zu überzeugen, müssen Sie mehr bieten!“ Darauf werden Lügner im Zweifel eingehen. Nichts ist leichter als „nachzubessern“: „Er hielt mich fest und drückte mich zu Boden. Ich versuchte, mich zu wehren, hatte aber keine Chance. Dann zog er mir mit der einen Hand die Hose runter. Mit der anderen drückte er mich fest an den Boden.“ Auf solche „Ergänzungen“ zu verzichten, spricht für Wahrheit. Denn mit dem Verzicht nimmt die Zeugin in Kauf, dass es zu keiner Verurteilung kommt. Dies widerspricht der Belastungsintention einer Person, die eine Anzeige erstattet, ohne dass ihr Tatsachen zugrunde liegen.

789 In dieselbe Richtung können weisen:

- **Unverständnis über das eigene damalige Verhalten**[1271] anstatt mühsamer Erklärungs- und Rechtfertigungsversuche. („Das war schon ganz schön leichtsinnig von mir, dass ich mit ihm auf sein Zimmer gegangen bin. Heute würde ich das nicht mehr tun. Ich wundere mich über mich selbst.“).
- **Anscheinend unlogisches, der Situation unangemessenes Verhalten**. („Ich konnte nichts tun, nicht einmal schreien. Ich habe nur geweint.“ – Das sagten beinahe wortgleich zwei Zeuginnen unabhängig voneinander in zwei

---

1268 BGH, Beschl. v. 29.1.2020 – 1 StR 471/19 m. w. N.
1269 BGH, Urt. v. 30.7.1999 – 1 StR 618/98.
1270 Nach Greuel, Offe, Fabian, Wetzels, Fabian, Offe, Stadler, S. 128.
1271 Zur Frage, ob es sich beim Unverständnismerkmal um ein Realitätskriterium handelt: Geipel, Handbuch der Beweiswürdigung, 3. Auflage 2017, Rn. 50 m. w. N.

vollkommen verschiedenen Verfahren: Ein Mädchen, das im Schullandheim von einem Mitschüler vergewaltigt worden war, obwohl zur selben Zeit im selben (!) Zimmer ein anderes Paar einverständlich miteinander schlief, und eine Frau, die im Zimmer eines Asylbewerbers missbraucht wurde, obwohl in den nur durch dünne Wände abgetrennten Räumen daneben zahlreiche andere Personen anwesend waren. Beide Täter waren geständig).

- **Anscheinend unpassende Gefühle.** („Eigentlich fand ich ihn ja ganz nett. Ich hätte vielleicht sogar freiwillig mit ihm geschlafen." – „Auf der anderen Seite habe ich ihn immer geliebt und liebe ihn noch. Er ist doch mein Vater. Hass habe ich keinen." – „Er konnte ja auch immer wieder ganz arg lieb sein. Ich habe ihm dann immer wieder vertraut. Ich wollte halt, dass alles gut wird.").

(Sämtliche Beispiele und Zitate stammen aus Verfahren der Verfasser.)

Der BGH hat zum Verzicht auf **Mehrbelastung** indes (auch) festgestellt: Die wiederholte Wertung, die Nebenklägerin habe vielfach Gelegenheiten zur Mehrbelastung nicht genutzt, ist für **sich genommen nichtssagend**; einem solchen Umstand kann allenfalls eine untergeordnete Bedeutung zukommen.[1272] Auch droht eine Überzeugungsbildung zirkelschlüssig zu werden, wenn sie – mangels anderer unmittelbarer Beweismittel – allein auf einer Zeugenaussage und der Erwägung beruht, dieser habe „ohne jeglichen Be- oder Entlastungseifer oder Übertreibungen ausgesagt". Das Tatgericht setzt die Richtigkeit der Angaben des Zeugen voraus, um die Glaubhaftigkeit ihrer Aussage zu belegen.[1273] **790**

4.5.3 Einräumen von Erinnerungsmängeln. Es wird argumentiert und ist auch vom Bundesgerichtshof übernommen worden, dass Auskunftspersonen, die um Ehrlichkeit bemüht sind, **Erinnerungsmängel** zugeben, während intentional falsch aussagende Personen Hinweise auf etwaige Aussagemängel vermeiden und deshalb auch eher keine Erinnerungslücken einräumen würden: „Daher besteht die begründete Erwartung, dass bewusst falsche Aussagen nur in geringem Ausmaß Selbstkorrekturen und -belastungen sowie das Zugeben von Erinnerungslücken enthalten."[1274] Dem ist entgegen zu halten, dass durchaus auch Lügner Erinnerungslücken „einräumen" bzw. behaupten können, nämlich dann, wenn sie beispielsweise auf eine Frage keine stimmigen Ergänzungen produzieren können. Lügen ist kognitive Schwerstarbeit, das Einräumen von Erinnerungsmängeln der einfachste Ausweg. Mit der (angeblich) fehlenden Erinnerung lässt sich manche „schwierige Situation" lösen. **791**

> Das Merkmal des Einräumens von Erinnerungslücken hat als Hinweis auf die Schilderung realitätsbegründeter Erlebnisse nur **geringen Stellenwert.** Es sollte damit vorsichtig umgegangen werden.

4.6 Lügen-/Warnsignale

Lügen können nach dem Stand der Wissenschaft aus sich heraus nicht positiv belegt werden. Vielfach werden – über körpersprachliche Signale hinaus[1275] – in der Wissenschaft jedoch eigenständige, qualifizierte Besonderheiten bewusst unwahrer Aussagen beschrieben und als Lügen- oder Fantasiesignale bezeichnet.[1276] Gemeint sind damit den einzelnen Glaubhaftigkeitsmerkmalen entgegenstehende Besonderheiten unglaubhafter Aussagen. Überwiegend wird dafür in der Aussagepsychologie, jedenfalls im forensischen Bereich und da ganz be- **792**

1272 BGH, Urt. v. 14.12.2021 – 1 StR 234/21.
1273 Bayerisches Oberstes Landesgericht, Beschl. v. 12.7.2021 – 202 StRR 76/21.
1274 BGH, Urt. v. 30.7.1999 – 1 StR 618/98.
1275 Siehe Taschenspieltricks/Ungeeignete Methoden zur Aufdeckungvon Lügen (im forensischen Alltag), Körpersprache Rn. 601.
1276 Michaelis-Arntzen, in Forensia 1987, S. 77.

sonders in Urteilen von Strafgerichten, die Bezeichnung „**Fantasiesignale**" verwendet. Sie sollen anzeigen, dass die Auskunftsperson etwas schildert, das ihrer Fantasie entsprungen ist. Früher nannte man sie gar „Lügensignale„ oder „Lügensymptome".[1277] Die Verfasser vertreten die Auffassung, dass alle „negativen" Auffälligkeiten, auch diejenigen im Inhalt oder in der Struktur einer Aussage, immer nur **Warnsignale** sein können.[1278] Als hauptsächliche Warnsignale werden meist genannt: **Verlegenheit, Übertreibung, mangelnde Kompetenz**. Oft hängen sie miteinander zusammen. Es ist heute unbestritten, dass die Schilderung eines realen Erlebnisses in der Regel qualitativ besser ist als die Darstellung einer erfundenen Geschichte.

793 Wer eine Zusatzfrage zu einer Lügengeschichte mangels Kompetenz wegen fehlender eigener Wahrnehmungsgrundlage nicht beantworten kann, wird manchmal mit **Verlegenheit** reagieren. Ein anderer kann in die entgegengesetzte Richtung übertrieben mit der Beteuerung reagieren, dass er sich ganz genau erinnere (Warnsignal der **Verweigerung**). Eine Variante der mangelnden Kompetenz und damit ein Warnsignal ist das Verwenden einer schwammigen, **unklaren, unpräzisen Ausdrucksweise** (Fehlende Präzision/Linguistische Warnsignale). Man hört Formulierungen wie, „*Es* war besprochen", „*Man* hat ihn darauf hingewiesen", anstatt die Personen konkret zu benennen. Umgekehrt erklären manche Lügner mit einer **übertriebenen Betonung**, dass und wie genau sie sich erinnern, dass sie sich ganz bestimmt nicht irren. Dies soll wegen der überzogenen Art der Darstellung ein Warnsignal sein. Denn Lügner wollen keine Schwäche ihrer Aussage einräumen. Unter **Vorwegverteidigung** (**Vorwegrechtfertigung**) versteht man, dass eine Person sich auffällig rechtfertigt oder für ihr Verhalten Erklärungen abgibt, obwohl ihr insoweit noch gar keine Vorwürfe – auch nicht auf der Meta-Ebene[1279] – gemacht oder Kritik geäußert worden ist.

794 **4.6.1 Kompensation eigener Unsicherheit.** Letztlich resultieren die Warnsignale – ähnlich wie viele körpersprachliche Auffälligkeiten[1280] – aus einer Art **Kompensation.** Die Auskunftsperson, die vor Gericht bewusst lügt, fühlt sich unsicher oder verunsichert. Das gilt verstärkt, wenn sie den Eindruck gewinnt, ihr werde kein Glauben geschenkt. Ihre Unsicherheit oder **Verunsicherung kompensiert sie nun** und zwar, je nach ihrem Naturell, in Form einer Art Unter- oder einer Überkompensation. Dies kann zu **Verlegenheits-** bzw. zu **Übertreibungssignalen** führen. Das kann aber auch bei einer wahrheitsgemäß aussagenden Person auftreten. Das heißt: Selbst, wenn sich eindeutige Warnsignale in einer Aussage finden, bedeutet dies keinesfalls, dass die Aussage hierdurch wertlos wird. Wenn jemand vor Gericht lügt, gibt es dafür meistens ein Motiv.[1281] Deshalb verlangt der Bundesgerichtshof in entsprechenden Fällen eine **Motivationsanalyse.**[1282]

795 **4.6.2 Bewertung.** Der von den Verfassern gewählte Begriff „**Warnsignal**" soll zum Ausdruck bringen, dass in der betreffenden Aussage eine Auffälligkeit erkennbar wurde, die Anlass zu erhöhter Aufmerksamkeit gibt. Diese Auffälligkeit ist ggf. wert bemerkt zu werden, bemerkenswert. Die Vernehmungsperson ist gehalten, nach möglichen Gründen dafür zu forschen. Vielleicht ist eine **harmlose Erklärung denkbar**, oder es gelingt, eine Ursache für die Auffälligkeit aufzudecken, die nicht mit einer intentionalen Aussageverzerrung zusammenhängt.

1277 Schneider, Nonverbale Zeugnisse, S. 255 ff.; Arntzen, Psychologie der Zeugenaussage, S. 109.

1278 Ausführliches dazu, in Wendler, Argumente für eine Ersetzung des in der Aussagenanalyse gebräuchlichen Terminus „Fantasie-Signal" durch die Bezeichnung „Warn-Signal", in Gedächtnisschrift für Rolf Keller, S. 341 ff.

1279 Vgl. dazu Die vier Botschaften einer Nachricht Rn. 1089.

1280 Vgl. Körpersprache, Micro-Expressionen, Augenbewegungen, Baseline u. v. m. Rn. 589.

1281 Zur Motivation, vgl. Rn. 590.

1282 BGH, Urt. v. 30.7.1999 – 1 StR 618/98.

Die Signale leiden bereits im Ausgangspunkt darunter, dass sie **auch in einer anderen Richtung interpretierbar, unscharf** sind und sowohl bei glaubhaften wie auch bei unglaubhaften Aussagen vorkommen können[1283] Die Verfasser arbeiten praktisch nicht mit diesen Signalen und messen ihnen keine Bedeutung zu. Mit dem Warnsignal unklare, unpräziser Ausdrucksweise (Fehlende Präzision/Linguistische Warnsignale) ist ohnehin **kein Mehrwert** verbunden, handelt es sich nur um die Umkehrung des Realkennzeichens Detail.

Entscheidend wird daher stets sein, ob die Aussage Realkennzeichen in einem ausreichenden Maß aufweist. *Arntzen*:[1284] „Die Unglaubhaftigkeit einer Aussage manifestiert sich in erster Linie darin, dass der Zeugenaussage mehrere der besprochenen Glaubwürdigkeitsmerkmale fehlen. In systematischen Untersuchungen von gesichert falschen Aussagen ergab sich eindeutig, dass vor allem das Fehlen eines Komplexes, eines ‚Gefüges' bestimmter Glaubwürdigkeitsmerkmale charakteristisch für eine unglaubwürdige Aussage ist." **796**

4.7 Beispiel für die Inhaltsanalyse anhand von Realkennzeichen

4.7.1 Analyse. Die Zeugin Jutta S. trug vor, sie habe den Beschuldigten in einer Diskothek kennen gelernt und mit ihm den Abend verbracht. Sie hätten miteinander getanzt, Alkohol getrunken und geflirtet. Mehr sei nicht gewesen, da sie einen festen Freund habe. Der Beschuldigte habe sie dann unbedingt nach Hause begleiten wollen. Kurz vor ihrer Haustür habe er sie vergewaltigt. **797**
Der Beschuldigte behauptete, sie seien sich schon zuvor nahegekommen. Sie hätten getanzt und sich auch immer wieder geküsst. Die Vergewaltigung bestreitet er.
Die Zeugin sagte (zum Kerngeschehen) auf Aufforderung, alles und möglichst detailliert zu schildern, aus:

798

Aussagepassage	Analyse nach Realkriterien
Ich bin dann am *Schellenturm* die *Treppe* hinunter in Richtung *Weberstraße* gegangen. Der Mann ist mir gefolgt und hat mich beim Schellenturm in eine Ecke gedrängt – das war direkt im *Vorgarten*, in einer Ecke, die rundherum aus *Mauerwerk* besteht. In dieser Ecke lag ein Laubhaufen.	Detailreichtum, Verflechtung: Konkrete Ortsangaben, nachprüfbare Raumstruktur, konkrete physische Umgebung.
Während er mich dorthin drängte, habe ich mehrmals *gesagt*, dass er mich in Ruhe lassen soll. Gleichzeitig habe ich versucht, ihn *mit beiden Händen* von mir wegzudrücken. Aber er kam immer wieder auf mich zu, hat mich von *vorne mit beiden Händen* umarmt und mich in das Eck hineingedrängt. Dabei hat er meine Arme an meinen *Körper* gepresst, dass ich mich nicht mehr wehren konnte.	Details, Wechselbeziehung/Interaktion
Ich konnte mich ihm *nicht widersetzen* und bin immer weiter zurückgewichen. Plötzlich lag ich auf dem *Boden* – ich bin *gestürzt*, Ich habe ihm *währenddessen* auch *gesagt*, dass ich losschreie, wenn er mich nicht in Ruhe lässt. Als er nicht von mir abließ, habe ich dann auch mehrfach laut „Hilfe" geschrien.	Details, Komplikation, Interaktion, Ungesteuertheit.
Als ich auf dem *Laubhaufen* lag, habe ich irgendwann aufgehört zu schreien. Ich war wie blockiert. Ich habe nur noch geweint.	Details, Gefühle, Originalität
Dann habe ich gemerkt, dass meine Hose und meine Unterhose unten waren. Wie er das gemacht hat, *weiß ich nich*t – das ging alles so schnell. Ich habe weiterhin versucht, ihn von mir herunterzudrücken, es *gelang mir nicht,* er lag auf mir und hielt mich fest.	Details, Unverständnis, Komplikation:

1283 Arntzen, Psychologie der Zeugenaussage, S. 109.
1284 Arntzen, Psychologie der Zeugenaussage, S. 107.

Aussagepassage	Analyse nach Realkriterien
Er hat dann in meinem Genitalbereich oral *herumgeschleckt* und *sagt*, das ist *wie Weihnachten*. Ich habe versucht, ihn wegzudrücken, aber es hat *wieder nicht funktioniert.* Er klammerte sich mit seinen *beiden Händen* an meinen *Oberschenkeln* fest und *schleckte* weiter.	Originalität, Deliktstypik, Detailreichtum, Komplikation.
Ich habe versucht, meine Beine zusammenzupressen, aber er hat sie mit seinen *Ellbogen* immer wieder auseinandergedrückt. Irgendwann ist er mit einem *Finger* in meine *Scheide* eingedrungen. *Zwischendurch* hatte ich aufgegeben, weil ich einfach *nicht mehr konnte*. Er war mir körperlich überlegen.	Details, Interaktion, Ungesteuertheit, Komplikation/ Gefühle.
Ich habe nicht einmal bemerkt, dass er seine *Hose* schon heruntergezogen hatte. Er versuchte dann, mit seinem *Penis* in mich einzudringen, was ihm zunächst nicht gelang, weil ich meine *Beine zusammenzwickte*. Ich versuchte, mich zur *Seite zu drehen*, um wegzukommen, aber das ging nicht – er hielt mich fest.	Details, Deliktstypik (Mangel an bewusster Wahrnehmung, realistische kognitive Überforderung), Komplikation
Ich lag schließlich auf der *Seite*, und er war *hinter* mir. Dann ist er *seitlich von hinten* in meine Scheide eingedrungen. Dabei habe ich wieder angefangen zu *schreien*. Ich hatte ihm das auch *vorher* mehrfach *gesagt*: dass ich schreien würde, wenn er nicht aufhört. Ich habe ihm *gesagt*, er solle aufhören – sonst würde ich um Hilfe rufen.	Details, Interaktion, Ungesteuertheit
Er *sagte* immer nur, ich solle ruhig sein, es sei *nicht so schlimm*. Ich habe es aber als sehr schlimm *empfunden*. Ich dachte die ganze Zeit: das ist ein Albtraum, das kann nicht wahr sein. Danach *wollte* er, dass ich sein Glied in die Hand und in den Mund nehme. Das habe ich aber nicht gemacht und ihm auch *gesagt*.	Interaktion, Originalität, Gefühle, Gedanken, Deliktstypik (Kontrast von Täteraussage und Opferwahrnehmung)

Die Aussage weist eine hohe Zahl an Realkennzeichen auf. Es gibt keine Anzeichen für ein strategisch konstruiertes Aussageverhalten. Die Darstellung wirkt emotional durchlebt, kognitiv eingebettet und detailreich. Aus aussagepsychologischer Sicht deutet viel darauf hin, dass sie erlebnisfundiert sein könnte.

799 Auch der Beschuldigte machte Angaben. Sein Bericht lautete wie folgt:

Aussagepassage	Analyse nach Realkriterien
Wir waren an dem Abend unterwegs und sind später noch gemeinsam zu ihr gegangen. In der Nähe ihres Hauses haben wir noch ein wenig verweilt, ein bisschen geredet und die Zeit zusammen genossen.	(Verflechtung? Keine konkreten Orts- oder Zeitangaben. Aussage bleibt im Allgemeinen verhaftet)
Es kam zu einer Annäherung zwischen uns. Wir haben miteinander gelacht und waren uns sehr nah. Was genau wann passiert ist, lässt sich jetzt schwer sagen, es war einfach ein vertrauter Moment zwischen uns.	(Interaktion? Wird nur angedeutet. Es fehlen greifbare Handlungen oder überprüfbare Inhalte)
Wir haben uns gegenseitig berührt, aber alles war ganz normal und stimmig. Es gab keine besonderen Vorkommnisse. Wir waren uns einig, dass alles, was geschah, in Ordnung war.	(Interaktion? Inhalt bleibt abstrakt)
Ich kann mich nicht mehr an jede Einzelheit erinnern, aber es war nichts, was über das hinausging, was beide wollten. Es war harmonisch, es hat sich richtig angefühlt.	(Gefühl? Details? Aussage vermeidet jede Konkretisierung. Keine Erinnerungslücken, aber auch kein „Kopfkino"/„Drehbuch").
Ich würde sagen, dass es ein schöner Moment war, so wie man ihn manchmal erlebt, wenn man sich nahe ist. Es gab keinen Streit, keinen Zwang, nichts Problematisches. Es war einfach gut so, wie es war. Das sagte sie auch mehrfach zu mir.	(Interaktion? Gefühle?)

800 Die Aussage des Beschuldigten enthält kaum Realkennzeichen, sie ist oberflächlich, arm an Erlebniselementen und emotionaler Tiefe, sie enthält kaum spontane oder individualisierte Details. Die Schilderung wirkt formal korrekt, aber stark kontrolliert und entlastungsorientiert. Sie bietet keinerlei „Kopfkino", sie liefert kein Drehbuch[1285], alles bleibt vage.

801 Es **verbietet** sich ein **direkter Vergleich** der beiden Aussagen, da auch die jeweilige Aussagekompetenz zu berücksichtigen ist. Wichtig wäre zu wissen, ob die Zeugin einschlägige Vorerfahrungen etc hat, die zur Kontamination einladen. Auch liegen hier nur erste freie Berichte vor, es wurden noch keine Fragen gestellt und beantwortet. Die Aussage der Zeugin liefert indes einen **Tatverdacht**. Es gibt **zahlreiche weiterführenden Ermittlungsansätze** zur Überprüfung der Aussage der Zeugin (wie Tatörtliche Spurensicherung und -bewertung, Täter-Opfer-Spurenabgleich, Zeugenbefragungen/Umfeldabklärung, Zeitliche Rekonstruktion einschließlich Auswertung von Mobilfunkdaten und Bewegungsmustern, Videomaterial, Kommunikationsverlauf und Beziehungsvorgeschichte, Medizinische Untersuchung u. v. m.), die dann in eine **Gesamtwürdigung** mit einzubeziehen sind.

802 Auch wenn ein Anfangsverdacht gegen den Beschuldigten aufgrund der Aussage der Zeugin besteht, verlangt eine professionelle und **hypothesengeleitete Ermittlung** gemäß dem Ansatz der **untersuchenden Vernehmung**/Investigative interviewing, dass auch alternative Erklärungen systematisch mitgedacht und überprüft werden.

Mögliche Alternativhypothesen wären etwa:

- Einverständlicher Sexualkontakt, später umgedeutet
  Möglich etwa aus Reue, sozialem Druck oder psychischem Konflikt. Prüfungsansätze: Kommunikationsverläufe (z. B. WhatsApp), Beziehungsgeschichte, Verhalten direkt nach der Tat.
- Sexuelle Handlung ohne Einwilligung – Wahrnehmungsdifferenz über Konsens
  Ein Beteiligter erlebt die Handlung als einvernehmlich, der andere nicht. Prüfungsansätze: Aussagen zur Kommunikation, situativer Kontext, Drogen-/Alkoholeinfluss.
- Erfundene Tat (bewusste Täuschung/Falschbeschuldigung)
  Motive könnten Rache, Schutz, Beziehungskonflikte oder psychische Störungen sein. Prüfungsansätze: Aussageanalyse, sekundärer Vorteil, Konsistenz mit Beweisen.
- Sexueller Übergriff durch eine andere Person (Täterverwechslung)
  Die Zeugin könnte den Täter unter Stress oder in einer belastenden Umgebung verwechselt haben. Prüfungsansätze: Identifikation, Tatortrekonstruktion, Spurenlage.
- Nichtsexueller Konflikt mit sexueller Interpretation
  Ein physischer Konflikt wird als sexuell interpretiert (oder umgedeutet). Prüfungsansätze: Verletzungsmuster, Zeugen, Bewegungsanalysen scheinen vorliegend aufgrund der Schilderungen nicht nahe zu liegen, sollten dennoch im Hinterkopf behalten werden.

803 **4.7.2 Darstellung im Urteil/Plädoyer.** Die Darstellung einer Aussageanalyse im Urteil ist naturgemäß vom Einzelfall und der Beweislage abhängig und folgt keinen festen Regelungen. Die Darstellung der Analyse kann umso kürzer ausfallen, je mehr Außenkriterien die Richtigkeit der Angaben belegen. In der Regel reicht es aus deutlich zu machen, dass die Glaubhaftigkeit anhand der wichtigsten Realkennzeichen geprüft wurde. Signifikante Kriterien können dabei beispielhaft geschildert werden. Die Aussagekonstanz sollte ebenfalls erörtert werden. Wichtige Widersprüche, und nur solche, sollten ebenfalls kurz ange-

1285 Siehe Detail Rn. 724.

sprochen werden. Es reicht allerdings aus, wenn sich ein Widerspruch – namentlich zum Randgeschehen – plausibel aufgelöst hat.

Die Aussage von X ist glaubhaft. Sie ist gekennzeichnet von einer Detailvielfalt, Konkretheit, Kompliziertheit und Differenziertheit, wie es in der Regel nur auf dem Hintergrund realer Erlebnisse zu erwarten ist. Sie enthält zudem solche inhaltlichen Besonderheiten, die die bei einer Falschaussage üblicherweise vernachlässigt werden, weil sie das falsche Konzept in unnötig erscheinender Weise verkomplizieren und schwerer kontrollierbar machen. Auch enthält die Aussage originelle Einzelheiten – wie z. B. … Hinzu kommt die Schilderung von eigenen Gedanken, Empfindungen und Motive. So schilderte X beispielsweise …. In der Aussage fanden sich zudem Interaktionsschilderungen, d. h. Beschreibungen einer Kette wechselseitiger Aktionen und Reaktionen des Zeugen und desjenigen, auf den sich die Aussage bezieht, sowie die Wiedergabe von Gesprächen, die von dem Zeugen flüssig berichtet wurden und nicht nur in sich selbst schlüssig waren, sondern sich auch widerspruchsfrei in das Gesamtgeschehen einfügten.

Für eine Erlebnisfundierung der Angaben des X spricht auch die gute Aussagekonstanz. Er hat noch in der Tatnacht das Tatgeschehen gegenüber PHK … umfassend schildert und bei den später von KHK … durchgeführten Vernehmungen nur noch einige Punkte ergänzt. Diese Aussagen hat er in der Hauptverhandlung inhaltlich im Wesentlichen (siehe sogleich) übereinstimmend wiederholt, ohne dass der Eindruck entstand, dass er sich auf ein vorher zurecht gelegtes Aussagekonzept zurückbesinnen musste. Er hat die relevanten Details vielmehr spontan, ohne längeres Überlegen und ohne Anzeichen erhöhter gedanklicher Anstrengungen vorgebracht und nicht nur die Angeklagten belastende Einzelheiten, sondern auch nicht belastungsrelevante Nebensächlichkeiten geschildert. Er hat seinen Aussagebericht auf Fragen der Beteiligten hin spontan und in schlüssiger Weise ergänzt und präzisiert.

Der Glaubhaftigkeit seiner Angaben stehen einzelne Ungenauigkeiten nicht entgegen: Das gilt etwa für … und … Diese Umstände betrafen das – auf Frage erklärter Maßen – unbedeutende Randgeschehen. Er hat hierzu auf Frage angegeben, …

Insgesamt hat die Aussageanalyse erbracht, dass die von X geschilderten Details ohne logische Brüche miteinander verwoben waren und daher – anders als die Einlassungen des Angeklagten, die selektive Auslassungen und Widersprüche enthielten – ein in sich geschlossenes, stimmiges Bild von dem Geschehen vermittelten.

Kapitel III Irrtum

Wenn durch eine Überprüfung der Aussage anhand der Realkennzeichen[1286] festgestellt worden ist, dass die Auskunftsperson (subjektiv) die Wahrheit sagt, steht noch nicht fest, ob ihre Angaben das wiedergeben, was tatsächlich geschehen ist, was objektiv die Wahrheit ist. In einem zweiten Schritt[1287] muss sichergestellt werden, dass die Auskunftsperson die Geschehnisse damals **zutreffend wahrgenommen** hat und dass sie sich jetzt noch **zutreffend** daran **erinnert.**[1288] Die nachfolgende Grafik verdeutlicht die beiden Prüfungsschritte bezüglich Ausschlusses bzw. Feststellung einer Lüge und sodann die Prüfung des Irrtums. 804

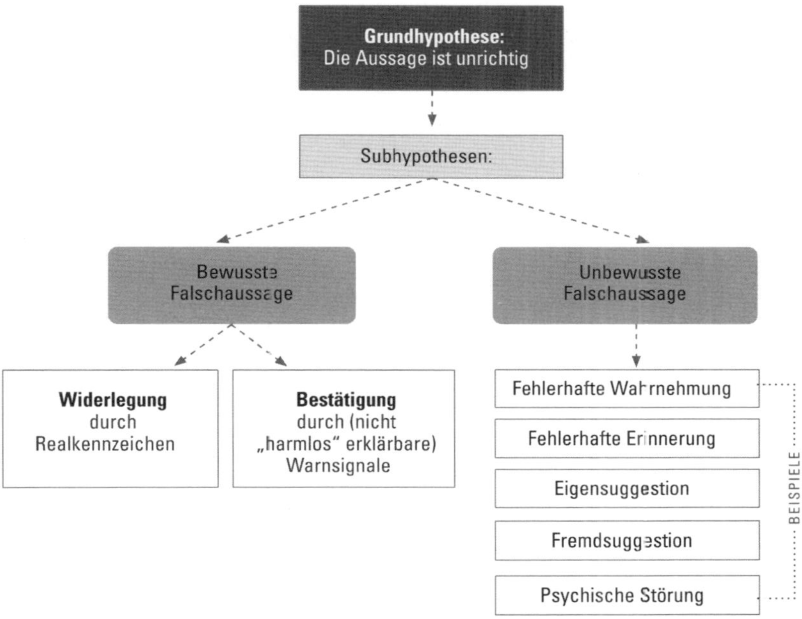

> **Beispiel** aus einer Revisionsentscheidung:
> „In nicht zu beanstandender Weise würdigt das Landgericht den Inhalt und die Präsentation der Aussage des Nebenklägers und kommt aufgrund einer ausreichenden Anzahl von Realkennzeichen zur Überzeugung, dass der Nebenkläger (subjektiv) wahre Angaben macht. Richtigerweise setzt sich das Landgericht sodann mit der Frage der Irrtumsfreiheit der Angaben des Nebenklägers auseinander."[1289]

Der **Irrtum** ist im Gegensatz zur Lüge nicht mit einem Kriterienkatalog überprüfbar. Neuere wissenschaftliche Erkenntnisse über Wahrnehmung, Speicherung im Gedächtnis und Abrufen von Erinnerungen ermöglichen aber heute eine wesentlich bessere Überprüfung von Aussagen auf Irrtumsfreiheit. Das (psychologische) Wissen um Wahrnehmung, Speicherung im Gedächtnis und Abru- 805

1286 Siehe Realkennzeichen Rn. 716 ff.
1287 Siehe auch Zwei Prüfungsschritte Rn. 557.
1288 Ausführlich zu den Prüfungsschritten Rn. 507 sowie: OLG Stuttgart, Beschl. v. 8.12.2005 – 4 Ws 163/05.
1289 OLG Stuttgart, Beschl. v. 17.9.2002 – 2 Ss 322/02.

fen von Erinnerungen wird in der Ausbildung vernachlässigt und findet damit in der Rechtswirklichkeit während Verhandlungen und erst recht in Urteilen oftmals zu wenig Beachtung. Ein verbreiteter Fehler in der Beweiswürdigung besteht darin, dass zwar die Glaubhaftigkeit von Zeugenaussagen anhand der in Kapitel II dargestellten Kennzeichen/Kriterien geprüft, aber keine oder zumindest keine ausreichenden Ausführungen dazu erfolgen, dass und warum das Gericht nicht nur die Lüge, sondern auch den Irrtum ausschließt. Der mögliche Irrtum kann jedoch die zentrale Frage der Beweiswürdigung sein. Das Gericht muss Kriterien benennen, warum es einen Irrtum des Zeugen, auf dessen Aussage es eine Entscheidung stützt, ausschließt. Verstößt die Entscheidung hiergegen, kann dies gerügt werden und ist in krassen Fällen sogar mit der Verfassungsbeschwerde angreifbar:
Bundesverfassungsgericht:[1290] *„Die zentrale Frage der Beweiswürdigung war mithin nicht die von der Strafkammer ausführlich dargelegte Glaubhaftigkeit der Tatschilderung durch die Zeugin. Entscheidend war vielmehr ihre Fähigkeit, sich ein Jahr nach der Tat Aussehen und Besonderheiten des Täters in Erinnerung zu rufen und dieses Erinnerungsbild sowohl mit dem Beschwerdeführer als auch mit seinem Bruder zu vergleichen sowie Kriterien zu benennen, die für eine größere Ähnlichkeit des Erinnerungsbildes mit dem Beschwerdeführer, nicht aber für eine solche mit seinem Bruder sprechen. Hierzu schweigt das Urteil…“*

1. Fehlerquellen – Übersicht

806 In der Praxis wird häufig davon ausgegangen, eine **Auskunftsperson** „funktioniere“ wie eine Filmkamera, die alles – optisch und akustisch – unverfälscht aufnimmt, was Linse und Mikrofon erfassen, was sie „sieht“ und „hört“, die dann in der Lage ist, alles unbegrenzt lang verlustfrei zu speichern, und die schließlich zu jedem gewünschten Zeitpunkt alles, beliebig vor- und zurückspulend, unverändert wiedergeben kann. Dies überfordert aber das menschliche Gehirn bei weitem.
Menschen nehmen nicht unverändert auf, was sie sehen, sondern sie „verarbeiten“ Reize, die an ihren Sehnerv gelangen, d. h. sie geben diesen Reizen unbewusst einen Sinn. Bereits bei dieser „Be- oder Verarbeitung“ des Reizes kann es zu Fehlern kommen. Sie sehen nicht einen Mann in einer Uniform, sondern sie sehen einen Polizisten. Sie hören in der Nacht nicht ein wimmerndes Geräusch, sondern ein Kind im Nachbarhaus schreien. Der Polizist war in Wahrheit ein Postzusteller, der vor einem Polizeirevier wartete; das weinende Kleinkind war eine räudige Katze.
Aber selbst, wenn die Wahrnehmung zutreffend war, kommt als weitere Fehlerquelle die nur eingeschränkte Möglichkeit des Menschen in Betracht, alles zutreffend im Gedächtnis zu behalten.

807 Eine irrtumsfreie Aussage setzt somit voraus, dass
- die Auskunftsperson das Ereignis richtig und vollständig wahrgenommen hat und
- sich daran richtig und vollständig erinnert.

Anders als bei der Lüge ist sich die Auskunftsperson ihres Irrtums nicht bewusst. Sie glaubt an ihre (subjektive) Wahrheit und „verteidigt“ sie vielleicht sogar, wenn daran Zweifel geäußert werden. Es ist Aufgabe der Vernehmungsperson, zusätzliche Informationen zu erlangen, anhand derer die Irrtumsfreiheit bestätigt oder aber Irrtümer aufgedeckt werden können.

808 Es gibt – wie dargestellt – keinen Kriterienkatalog zur Feststellung, welcher Zeuge sich richtig und welcher falsch erinnert, wie wir ihn bei den Realkennzei-

1290 BVerfG, 3. Kammer des Zweiten Senats, stattgebender Kammerbeschl. v. 30.4.2003 – 2 BvR 2045/02.

chen bezüglich der Frage „Wahrheit oder Lüge?“ in Kapitel II kennengelernt haben. Deshalb ist die Vorgehensweise bei der Überprüfung auf Irrtumsfreiheit eine andere: Erforderlich ist ein Fachwissen über die typischen psychologischen Mechanismen und Fehlerquellen, also darüber, in welchen Situationen und unter welchen Umständen die Fehlerhaftigkeit entweder bereits der Wahrnehmung oder aber der Erinnerung an das zurückliegende Ereignis besonders groß ist. Irrtum und Irrtumsfreiheit sind auch Aspekte, die mit in ein Gesamtwürdigung einer Aussage[1291] einzustellen sind.

2. Wahrnehmung

Eine zuverlässige Erinnerung setzt naturgemäß eine fehlerfreie Wahrnehmung **809**
der Geschehnisse voraus. Auskunftspersonen sind sich zwar häufig sehr sicher, zutreffend wahrgenommen zu haben, sie glauben an ihre „subjektive“ Wahrheit. Die Fehler, die ihre Schilderungen enthalten, sind ihnen nicht bewusst. Alle entsprechenden Untersuchungen belegen jedoch, dass die auf Irrtümern basierende Fehlerquote im forensischen Bereich weitaus höher ist. Die fehlerlose Wahrnehmung und Erinnerung ist eher die Ausnahme.

Für die Würdigung von Aussagen von Menschen ist die Erkenntnis grundlegend, **810**
dass die Augen des Zeugen/Menschen gerade **keine Videokamera** sind und sein Gedächtnis **kein Videorecorder** ist. **Wahrnehmung** ist zudem nicht lediglich die passive Aufnahme eines Geschehens, eine Abspeicherung auf Videoband. Das „Band“ kann im Rahmen des Erinnerns nicht einfach nur abgespielt werden, um das Geschehen zu rekonstruieren. Wahrnehmung ist vielmehr der aktive Prozess und das Ergebnis der Informationsgewinnung und -verarbeitung von Umweltreizen und dem Körperinnern. Wahrnehmung ist deshalb ein **Organisationsprozess** und ein **Konstruktionsvorgang**! Tatsächlich geschieht Wahrnehmung also nicht nur mit den Sinnesorganen, sondern vor allem auch mit dem Gehirn.

2.1 Bruchstücke/Reiz-overflow

Die menschliche Wahrnehmung ist durch die Sinnesorgane beschränkt. Unsere **811**
Sinnesorgane haben natürliche Grenzen und wir daher nur ein beschränktes gleichzeitiges Fassungsvermögen. Das Gehirn greift zum Mittel der **Selektion** bzw. **Filterung**, um von der Vielzahl der auf uns einstürzenden Informationen nicht überfordert zu werden. Anders ausgedrückt: Wir nehmen unsere Umwelt nur **bruchstückhaft** tatsächlich wahr

Im herkömmlichen Sinn hat der Mensch **fünf Sinne**. Wir sehen, hören, fühlen, **812**
schmecken und riechen. Wir verarbeiten ständig (weitergehende) Informationen unserer Umwelt, bspw. über die Feuchtigkeit, Schwerkraft, Außentemperatur, die Position unseres Körpers im Raum oder der Gliedmaßen im Verhältnis zum restlichen Körper, Müdigkeit, Muskeltonus u. v. m., um nur einige wenige Parameter zu nennen. Dies geschieht in der Regel unbewusst, d. h., ohne dass wir unsere Aufmerksamkeit darauf richten. Vor diesem Hintergrund überrascht es nicht, dass wir pro Sekunde mit ca. 10.000 Eindrücken der fünf Sinne konfrontiert sind.[1292] Andere Statistiken sprechen von über 1 Milliarde, andere von gar 10 Milliarden Reize allein aus Auge, Ohr und Haut insgesamt pro Sekunde, die es zu verarbeiten gilt. Die Wissenschaft geht heute in Teilen jedenfalls davon aus, dass wir pro Sekunde bis zu 11,2 oder gar 15 Mio. Bits *unbewusst* wahrnehmen können. Da unserem Bewusstsein aber Grenzen gesetzt sind, können Men-

1291 Siehe Erforderliche Geamtwürdigung einer Aussage Rn. 690.

1292 Siehe Torkel Klingberg (2009), The Overflowing Brain: Information Overload and the Limits of Working Memory, Oxford University Press; Geipel, Handbuch der Beweiswürdigung, 3. Auflage 2017, § 22, Rz 13.

schen all diese Informationen nicht auch *bewusst* wahrzunehmen und verarbeiten. *Bewusst* wahrnehmen – beachte: nicht auch später erinnern!!! – können wir nur bis zu 60 Bits, was ungefähr einer siebenstelligen Zahl, oder **0,000004 %** entspricht. Ob die Zahlen stimmen, kann an dieser Stelle dahingestellt bleiben. Die massive Diskrepanz zwischen unbewusster und bewusster visueller Wahrnehmung ist enorm und steht wissenschaftlich außer Frage.

813 Im Folgenden stellen wir die Grenzen der Wahrnehmungsfähigkeit des Auges und des Ohres in den Vordergrund unserer Ausführungen. Nase, Zunge und Tastsinn haben eine geringe forensische Relevanz, zumal zu berücksichtigen ist, dass diese Sinnesorgane bei fehlender Sonderschulung[1293] nicht hinreichend ausgeprägt sind, um eine verlässliche Grundlage für eine spätere Tatsachenfeststellung darstellen zu können.[1294] Akustische Wahrnehmungen spielen vor Gericht häufig eine Rolle; ein Zeuge berichtet über ein Gespräch, das er gehört hat. Der Mensch versteht oftmals gut, was in seiner Anwesenheit gesprochen wird, und erkennt häufig auch eine ihm bekannte – nicht jedoch eine ihm unbekannte – Stimme wieder.

2.2 Aufmerksamkeit und Interesse

814 Wir nehmen unsere Umwelt nicht vollständig, sondern selektiv und oft nur bruchstückhaft wahr. Welche Aspekte eines Reizfeldes – also der Umgebung – tatsächlich *bewusst* registriert werden, hängt neben der Dauer der Reizdarbietung vor allem von der **Aufmerksamkeit** und der **individuellen Interessenlage** ab.[1295]

815 **Aufmerksamkeit** ist eine notwendige Voraussetzung für *bewusste* Wahrnehmung: Nur Reize, auf die unsere Aufmerksamkeit gerichtet ist, gelangen überhaupt in das Bewusstsein. Es leuchtet unmittelbar ein und entspricht unserer Lebenserfahrung, dass wir ein Gegenstand oder ein Geschehen nicht wahrnehmen, wenn wir ihm keine Aufmerksamkeit zu Teil werden lassen. Diese selektive Aufmerksamkeit wird wiederum durch **Interesse**, Motivation und Relevanz gesteuert – also durch das, was eine Person subjektiv als bedeutungsvoll empfindet und **worauf sich die Aufmerksamkeit richtet**.[1296]

816 Neben diesen inneren Faktoren spielt auch die **Qualität des Reizes** eine zentrale Rolle für die Wahrscheinlichkeit seiner Wahrnehmung. Relevante Einflussgrößen sind dabei:

- **Reizintensität**: Ein Reiz muss eine bestimmte **absolute Schwelle** überschreiten, um überhaupt registriert werden zu können (z. B. Lautstärke, Helligkeit).
- **Veränderung/Dynamik**: Reize, die sich verändern, werden eher wahrgenommen als konstante, gleichförmige Reize (Beispiel: ein blinkender Cursor).
- **Kontrast**: Je stärker ein Reiz sich von seiner Umgebung unterscheidet, desto größer ist seine Salienz. Geringer Kontrast kann zum Übersehen, hoher Kontrast ggf. zu Fehlinterpretationen führen.
- **Neuheit**: Neue, unerwartete oder unbekannte Reize lösen erhöhte Aufmerksamkeit aus und steigern damit die Wahrscheinlichkeit der bewussten Wahrnehmung.[1297]

817 Wer jeden Morgen mit dem Auto dieselbe Strecke ins Büro fährt, nimmt eine veränderte Vorfahrtsregelung zunächst nicht wahr. Wegen der Gewöhnung an die immer ähnlich ablaufende Fahrt ist die Aufmerksamkeit gering. Die Intensi-

---

1293 Z.B. bei Sommeliers oder bei Parfümduftprüfern.

1294 So auch Kühne, NStZ 1985, S. 252 ff.

1295 Geipel, Handbuch der Beweiswürdigung, 3. Auflage 2017, § 22, Rz 2.

1296 Siehe auch Wahrnehmungsfehler, Besondere situative Wahrnehmungsbedingungen zur Frage, ob es unter den Umständen wissenschaftlich stimmig ist, dass es richtig wahrgenommen wurde Rn. 814 ff.

1297 Bender/Häcker/Schwarz, Tatsachenfeststellung vor Gericht, Rn. 96.

tät des Reizes muss erhöht werden, weshalb in solchen Fällen üblicherweise zusätzliche Beschilderungen mit deutlichen Hinweisen auf die Veränderung der Verkehrsführung aufgestellt werden.

Ein weiterer wichtiger Aspekt ist die sogenannte **Unterschiedsschwelle**: Damit ein Unterschied zwischen zwei Reizen wahrgenommen werden kann, muss dieser eine bestimmte Mindestgröße erreichen. Diese Schwelle ist abhängig vom jeweiligen Sinneskanal und individuell unterschiedlich. Ein Beispiel aus dem Alltag: Wenn ein Kind vertieft spielt, kann es einen leisen Zuruf seiner Eltern („Essen ist fertig") überhören – nicht, weil es nicht hören will, sondern weil die Lautstärke des Reizes die individuelle Aufmerksamkeitsschwelle nicht überschritten hat. Erst durch eine lautere Wiederholung wird der Reiz ausreichend stark, um ins Bewusstsein zu dringen. **818**

Aufmerksamkeit und Interesse sind Voraussetzung für Wahrnehmung. Relevant ist dabei nur das **Interesse** der Auskunftsperson **zum Zeitpunkt der Wahrnehmung**, nicht etwa das Interesse, das die Person in einer späteren Situation, etwas bei der Polizei/vor Gericht etc. hat.[1298] Spätere Interessen können jedoch die Erinnerung und deren Darstellung verändern. **819**

3. Wahrnehmungsfehler

Wahrnehmung ist wie ausgeführt nicht lediglich die passive Aufnahme eines Geschehens, sondern der Prozess und das Ergebnis der Informationsgewinnung und -verarbeitung von Umweltreizen, ein Organisationsprozess und ein Konstruktionsvorgang. Manchmal nehmen wir unsere Umwelt daher nicht so wahr, wie sie ist. Anfang 2015 war in den sozialen Medien unter „#thedress" eine hitzige Debatte im Gang, die noch bis heute als mediale „Geburtsstunde" global sichtbarer, massiver Unterschiede in der Farbwahrnehmung verschiedener Personen am exakt gleichen Bild gilt. **820**
Man sieht offenkundig ein Kleid. Das faszinierende ist: Manche nehmen es als blau-schwarz, andere als weiß-gold wahr. Sie glauben es nicht? Suchen Sie es im Internet und fragen Sie ihr Umfeld! Die Beobachtung der Diskussionen über die Farben des Kleides war schon spannend. Viel interessanter ist die wissenschaftliche Auseinandersetzung mit dem Bild. Heutigen Erkenntnissen zufolge ist es das erste (dokumentierte) Beispiel für die Tatsache, dass Menschen genau den gleichen physischen Gegenstand betrachten, aber unterschiedlich wahrnehmen. **„#thedress"** hat eine Debatte darüber in Gang gesetzt, wie unterschiedlich wir die Welt sehen, obwohl wir dies bisher als allgemeingültig angesehen haben. Ein #thedress-nachfolgendes Beispiel war die sogenannte „Schuh-Illusion" („What color is this shoe?" bei dem in Socialmedia heftig darüber gestritten wurde, ob der Schuh rosa-weiß oder grau-türkis bzw. grau-grün ist.

3.1 Unbewusste Interpretation und Auffüllungsneigung

Die Sinneseindrücke müssen vom Gehirn verarbeitet und in das vorhandene kognitive System integriert werden, um dauerhaft im Gedächtnis gespeichert und später erinnert werden zu können. Wir nehmen wie ausgeführt unsere Umwelt nur bruchstückhaft wahr. Mit zunehmendem Lebensalter und damit verbundener Erfahrung haben wir aber Wissensstrukturen (Schemata) oder semantisches Wissen (Langzeiterinnerungen)[1299] angesammelt, die uns darüber informieren, wie die Welt funktioniert oder wie Dinge aussehen. Diese gespeicherten Wissensstrukturen ermöglichen es uns, neue sensorische Informationen rasch zu interpretieren. Wahrnehmung ist in der Regel **nicht reizge-** **821**

1298 Geipel, Handbuch der Beweiswürdigung, 3. Auflage 2017, § 22, Rz 2.
1299 Siehe Gedächtnis, Langzeitgedächtnis Rn. 857.

trieben (**bottom-up**), sondern stark durch **Top-down-Prozesse** geprägt: Vorwissen, Erwartungen und der situative Kontext beeinflussen, wie Reize wahrgenommen und gedeutet werden. Das Gehirn interpretiert sensorische Informationen auf Grundlage bereits vorhandener mentaler Strukturen. Dies führt dazu, dass wir Objekte und Ereignisse selten isoliert, sondern stets im Licht unserer bisherigen Erfahrungen und des aktuellen Kontexts interpretieren.

822 Wir haben alle eine große Anzahl von komplexen Erinnerungen und implizites Wissen, wie die Welt funktioniert. Die kognitive Psychologie spricht in diesem Zusammenhang von **hypothesengeleiteter Wahrnehmung**: Das Gehirn generiert fortlaufend Erwartungen darüber, was wahrscheinlich wahrgenommen wird, und prüft eingehende Reize auf Übereinstimmung mit diesen Hypothesen. Diese Annäherung an die Welt erfolgt auf Basis interner Modelle – sogenannter **Schemata** – die es ermöglichen, neue Informationen effizient in das vorhandene Wissenssystem einzuordnen. Neue Wahrnehmungen werden entweder in bestehende Schemata integriert (**Assimilation**) oder führen, wenn sie widersprüchlich sind, zur Modifikation dieser Strukturen (**Akkommodation**).

823 Diese Fähigkeit zur schnellen, erfahrungsbasierten Interpretation sensorischer Reize ist aus evolutionärer Perspektive von zentraler Bedeutung für unser Überleben und unsere Handlungsfähigkeit. In vielen Situationen ist eine ausführliche kognitive Analyse weder möglich noch notwendig. Stattdessen greifen wir auf **erlernte Muster und Schemata** zurück, um auf Grundlage begrenzter Informationen rasch angemessene Entscheidungen zu treffen. Ein klassisches Beispiel ist die Wahrnehmung potenzieller Bedrohungen: Wenn wir etwa im Dickicht zwei leuchtende Augen erkennen, bewertet unser Gehirn die Situation nicht analytisch, sondern greift auf gespeicherte Erfahrungswerte zurück. Die (wissens- oder erwartungsgesteuerte) **Top-down-Interpretation** „möglicherweise ein Raubtier" löst automatisch eine Fluchtreaktion aus – ein Mechanismus, der in lebensbedrohlichen Situationen evolutionär selektiert wurde. Solche **Prozesse** gelten nicht nur für visuelle Reize, sondern auch für den Umgang mit Erinnerungen: Wir rekonstruieren Vergangenes oft selektiv und interpretativ, gestützt auf Schemata und Erwartungen. Auch hier wird nicht jedes Detail bewusst erinnert, sondern **sinnvoll ergänzt oder vereinfacht**, um schnell konsistente Bedeutungen zu erzeugen.

824 Nachfolgend ein kleiner „Selbsttest" für eine Top-down-Verarbeitung hier ein Text, der bestimmt etliche Male via Internet um die Welt gegangen ist:

> „Ncah eienr Stidue der Cmabirdge Uinvrestiaet ist es eagl, in wlehcer Reiehnfogle die Bchustebaen in Woeretrn vokrmomen. Es ist nur withcig, dsas der ertse und lettze Bchusatbe an der ricthgien Stlele snid. Der Rset knan total falcsh sein und man knan es onhe Porbelme leesn. Das ist, wiel das mneschilche Geihrn nciht jeedn Bchustbaen liset sodnern das Wrot als Gaznes. Der Rset knan ein ttoaels Druchenianedr sein. Man knan es torztedm onhe Porbelme lseen, wiel das mneschilhce Gherin nhcit jdeen Bcuhstbaen enizlen leist, snodren das Wrot als Gnazes."

Wir können den Text, der bei genauer Betrachtung nur „Buchstabensalat" ist, deshalb gut lesen, weil die Anfangs- und Endbuchstaben jedes einzelnen Wortes stimmen. Die unvollständige oder fragmentierte Information wird automatisch ergänzt, sodass wir ein „ganzes" Bild oder Wort erkennen. Unser Gehirn nimmt nicht jedes Detail auf, sondern rekonstruiert die Bedeutung aus Teilinformationen. Gerade beim Lesen „sehen" wir Wörter eher als Muster oder Silhouetten, statt Buchstabe für Buchstabe zu analysieren. Das funktioniert auch deshalb im vorgenannten Beispiel, weil die Anzahl der Buchstaben und -verdrehungen nicht sehr hoch ist.

825 Es gibt zwei unterschiedliche Konstellationen, in denen Wahrnehmungen durch unbewusste Interpretation verändert werden können:

- Bei bruchstückhafter Wahrnehmung werden die Lücken unbewusst aufgefüllt/geschlossen; dabei wird dem Geschehen insgesamt ein Sinn gegeben (= logischer Ergänzungsmechanismus[1300]/**Auffüllungsneigung**.)
- Auch bei vollständiger Wahrnehmung kommt es zu Verfälschungen durch Interpretation.

826 Durch die Auffüllungsneigung (auch „Ausfüllungsneigung", „Schlussfolgerung") werden verbleibende Lücken – aufgrund der nur bruchstückhaften Wahrnehmung – von uns **aufgefüllt** (auch „ausgefüllt"[1301]) und mit **Schlussfolgerungen** rekonstruktiv ergänzt. Es wird der Vorgang in das sonstige Wissen eingeordnet und versucht, zu einem sinnvollen Ganzen zu formen, indem

- Kenntnisse mitverwertet werden, was zeitlich davor (Vorwissen) und danach geschah,
- Erfahrungen aus ähnlichen Fällen genutzt werden,
- mittels kombinatorischer Fantasie eine gedankliche Verbindung zwischen den einzelnen Elementen geschaffen wird.[1302] Bruchstückhafte Sinneseindrücke werden vom Gehirn zu einem bekannten Ganzen ergänzt. Dadurch entstehen natürlich auch Verzerrungen.

827 Das forensisch wohl bekannteste Phänomen der Auffüllungsneigung ist das des **Knallzeugen**, also eines Zeugen, der glaubt, einen Verkehrsunfall *beobachtet* zu haben. Tatsächlich nahm er erst durch das vom Zusammenprall verursachte Geräusch des Verkehrsunfalls diesen wahr. Aufgrund der Situation, seiner Erfahrung, der Lage der beteiligten Fahrzeuge, der beteiligten Personen etc. "reimt" er sich den Unfallhergang zusammen. In der Zeit bis zur Befragung bspw. durch einen Polizisten verfestigt sich dieser nur interpretierte Hergang so im Gedächtnis, dass er später als Wahrnehmung ausgegeben wird. Er glaubt nunmehr, schon den Hergang des Unfalls selbst wahrgenommen zu haben. Auch bei raschen Geschehensabläufen (Turbulenzgeschehen) werden von den vielen Einzelheiten nur Bruchstücke wahrgenommen. Unbewusst bildet der Beobachter hieraus ein sinnhaftes Gesamtgeschehen. Wahrnehmungslücken werden unbewusst aus dem Allgemeinwissen geschlossen. Typische forensisch relevante **Beispiele** sind Schlägereien (eine Abwehrbewegung wird als Angriffshandlung „wahrgenommen") und Verkehrsunfälle.[1303]

3.2 Stereotype, Erwartungshaltungen und Vorurteile

828 Die menschliche Wahrnehmung ist kein objektiver Abbildungsprozess, sondern ein aktiver, interpretierender Vorgang. Dabei spielen Stereotypen, Vorurteile und Wahrnehmungsmuster eine zentrale Rolle. Diese „mentalen Filter" beeinflussen, was wir wahrnehmen, wie wir es interpretieren und wie wir darauf reagieren.

829 Ein **Stereotyp** ist eine verallgemeinerte Vorstellung oder ein festgefahrenes Bild über eine Gruppe von Menschen. Sie werden oft unbewusst übernommen und beeinflussen Wahrnehmung und Verhalten. Stereotypen basieren auf sozialen Kategorisierungen (z. B. Geschlecht, Nationalität, Beruf) und können positiv oder negativ sein (z. B. „Asiaten sind gut in Mathematik" oder „Ältere Menschen sind langsam"). Sie dienen als mentale Abkürzungen (Heuristiken), mit denen

---

1300 Geipel, Handbuch der Beweiswürdigung, 3. Auflage 2017, § 22, Rz 14 mit Verweis auf Trankell, Der Realitätsgehalt von Zeugenaussagen, S. 17.

1301 Geipel, Handbuch der Beweiswürdigung, 3. Auflage 2017, § 22, Rz 14.

1302 Geipel, Handbuch der Beweiswürdigung, 3. Auflage 2017, § 22, Rz 16 m. w. N.

1303 Siehe unten Turbulenzgeschen Rn. 845.

Informationen schneller verarbeitet werden können – allerdings auf Kosten der Differenziertheit.
Ein Lehrer, der unbewusst glaubt, dass Jungen schlechter in Sprachen sind, nimmt bei einem Jungen häufiger sprachliche Fehler wahr oder gewichtet sie stärker – obwohl das objektiv nicht zutrifft. Dies nennt man Bestätigungsfehler (confirmation bias). Er führt dazu, dass Informationen, die eine von der Person zumindest in Betracht gezogene Hypothese bestätigen, von ihr eher gesucht, wahrgenommen, stärker gewichtet oder besser in Erinnerung behalten werden als Informationen, die gegen die Hypothese sprechen. **Racial Profiling**, also polizeiliche Personenkontrollen basierend auf äußerlichen Merkmalen wie Hautfarbe oder ethnischer Zugehörigkeit, sind ein bekanntes Beispiel für Stereotypisierung. Solche Praktiken führen dazu, dass bestimmte Bevölkerungsgruppen häufiger kontrolliert werden, obwohl kein konkreter Verdacht besteht. Derartiges Vorgehen birgt das Risiko von Fehlinterpretationen und Diskriminierung.

830 Weiter ist zu beachten, dass die Fokussierung auf ein bestimmtes Geschehen in der Regel zum Ausblenden des Restgeschehens führt.[1304] Unsere Wahrnehmung ist stark erwartungsgeleitet – das Gehirn „sieht", was es erwartet zu sehen, insbesondere wenn wir wenig Zeit für die Wahrnehmung haben (**Erwartungshaltung**). Wer Drogenhändler sucht, vermutet auch bei zwei Passanten, die sich an einem als Drogenumschlagplatz bekannten Ort schlicht die Hand geben, eher einen Drogenhandel oder speichert dies zumindest in seiner Erinnerung so ab – unabhängig davon, ob er wirklich einen Drogenhandel gesehen hat. Bei einer Schulhofrauferei zwischen zwei Jungen, von denen der eine als freundlicher und guter Schüler bekannt ist, während der andere schmutzig ist und zuweilen die Schule schwänzt, kommen „objektiv" eingestellte Personen überproportional häufig zu der Beobachtung (tatsächlich aber Schlussfolgerung), dass der „nette Junge" sich nur verteidigt hat, während der „böse Junge" mit der Rauferei angefangen hat.[1305] Deshalb ist es typisch, dass **Erwartungshaltungen** über den Ablauf von Ereignissen zu einer **selektiven Wahrnehmung** führen. Letztlich schmelzen die tatsächlichen Wahrnehmungen mit schemabasierten Erwartungen zu einem in der Erinnerung nicht mehr unterscheidbaren Konglomerat von tatsächlich und von nur scheinbar Erlebtem. Aus der Tatsache, dass die Erwartungshaltung die Wahrnehmung beeinflusst, kann bereits zwanglos der Schluss gezogen werden, dass jeder Zeuge *eines* Geschehens anders wahrnimmt, jeder anders erinnert.[1306]

831 **Vorurteile** sind affektive (gefühlsgeleitete) Einstellungen gegenüber Gruppen. Sie wirken **unbewusst**, beeinflussen unsere **Interpretationen** und können sogar unsere **Erinnerung** verfälschen. In einem Experiment von Allport & Postman (1947)[1307] zeigte man Personen ein Bild: ein „Weißer" hält ein Rasiermesser, ein „Schwarzer" steht daneben. Bei der späteren Erinnerung sagten viele: „Der Schwarze hatte das Messer." Dies zeigt, wie Vorurteile Erinnerungen und Wahrnehmung verzerren können.

Beispiel: Eine junge Frau rief spät in der Nacht auf einem Polizeirevier an und erstattete Anzeige gegen einen sie bereits seit längerer Zeit behandelnden Therapeuten. Er habe gerade versucht, sie in ihrer Wohnung zu vergewaltigen. Sie habe ihn wegen akuter Herzrhythmusstörungen gerufen. Er habe ihr ein Medikament verabreicht. Dann habe er sie am Hals gepackt, auf ihr Bett gezerrt und ihre Hose heruntergezogen. Als er sie geküsst habe, habe sie ihm kräftig in die Zunge gebissen, worauf er von ihr abgelassen habe und gegangen sei. Die beiden Polizeibeamten fanden bei ihr

1304 Hof, Polizeizeugen – Zeugen im Sinne der StPO?, in HRRS 7/2015, 277, 279.
1305 Geipel, Handbuch der Beweiswürdigung, 3. Auflage 2017, § 22, Rz 28.
1306 Siehe auch „Völlige" Widerspruchsfreiheit/Übereinstimmung mehrerer Zeugen Rn. 612.
1307 Allport/Postman, The psychology of rumor, 1947, S. 47 ff.

vor Ort nichts Verdächtiges vor. Das hatten sie aber offensichtlich auch so erwartet. Aus der Anzeige: „In der Wohnung von Frau B konnten keine Besonderheiten festgestellt werden. Auf dem Fußboden um den Sessel im Wohnzimmer lagen die Verpackung eines Medikaments namens X und die Tabletten sowie der Beipackzettel. Das Schlafzimmer wurde in Augenschein genommen. Auf dem Bett lag eine Tagesdecke. Die Decke war nicht zerwühlt, aber auch nicht ganz glattgestrichen, etwa so, wie wenn sich jemand kurz hingelegt hätte. Hinweise auf eine körperliche Auseinandersetzung waren nicht augenscheinlich. Nach Angaben von Frau B hatte sie keine Verletzungen erlitten. Auch im Halsbereich waren keine Verletzungen/Hautrötungen zu erkennen."
Dafür fanden die beiden Beamten jedoch einiges anderes, das ihnen zwar nicht im eigentlichen Sinn verdächtig vorkam, aber dennoch suspekt war. Abschlussvermerk aus der Anzeige: „Der Gesamteindruck beim Eintreffen in der Wohnung von Frau B war für mich eher sonderbar. In der sonst aufgeräumten Wohnung waren insbesondere an den Wänden im Wohnzimmer Zeitungsausschnitte und Zettel geheftet. Bei deren Inhalt handelte es sich um Themen wie die Verherrlichung des Freitodes und feministische Artikel. Auch erwähnte Frau B, dass sie ehemalige Satanistin sei und von dieser Thematik schwer wegkomme."
So eingestimmt begaben sich die beiden Polizeibeamten dann zum Beschuldigten, um ihn zu befragen und die Verletzung an seiner Zunge zu überprüfen. Er wies den Vorwurf von sich. Frau B befinde sich in einem psychisch labilen Zustand. Deshalb habe er die Einnahme des Herzmedikaments abwarten wollen. Sie sei dann plötzlich ausgerastet und habe ihm ins Gesicht geschlagen. Dabei habe er sich selbst auf die Zunge gebissen. Dazu die Anzeige: „Die Verletzung wurde in Augenschein genommen. Es handelt sich um einen 5 bis 6 mm langen Riss an der Unterseite der Zunge im vorderen linken Bereich. Auf der Oberseite der Zunge waren keine Verletzungen zu erkennen. Typische Bissspuren waren nicht auszumachen. Die Verletzung dürfte nach ihrer Art von einem Schlag über die Zunge gegen die Zähne des Unterkiefers herrühren. Eine Entstehung durch einen Biss ist bei der Art der Verletzung eher unwahrscheinlich. Die Angaben von Herrn M scheinen plausibel. Auf das Ermittlungsverfahren gegen Frau B wegen Vortäuschens einer Straftat vom … (3 Jahre davor) wird hingewiesen. Aufgrund der Gesamtumstände werden keine weiteren Maßnahmen veranlasst."
Die Geschädigte blieb jedoch hartnäckig, und so wurden die Ermittlungen fortgesetzt. Ein anderer Kriminalbeamter übernahm den Fall. Auch er nahm die Verletzung des Beschuldigten in Augenschein und er erkannte, trotz des weiteren Zeitablaufs, wie er sagte, auf den ersten Blick, dass es sich nur um einen Fremdbiss handeln konnte.
Gerichtsmedizinisches Gutachten: „Nach dem Abheilungszustand könnte die Verletzung etwa 5 bis 8 Tage vor der Untersuchung entstanden sein. Aufgrund ihrer Art, ihrer Lage und insbesondere der Verlaufsrichtung ist aus rechtsmedizinischer Sicht eine Entstehung durch Faustschlag oder Eigenbiss nicht nachvollziehbar. Gegen eine Entstehung durch Faustschlag spricht auch …"
Aufgrund ihrer **Vorurteile** hatten die beiden Polizeibeamten der Geschädigten von Anfang an keinen Glauben geschenkt. Deshalb hatten sie nur noch unbewusst selektiv im Sinne der Bestätigung ihrer Vermutung (einer Falschbelastung) Wahrnehmungen gemacht und die vollkommen eindeutige Verlaufsrichtung der Bissspur „falsch", nämlich genau umgekehrt „gesehen". Im Zuge der nachfolgenden Ermittlungen tauchten mehrere weitere Geschädigte auf, an denen sich der Beschuldigte ebenfalls vergangen hatte. Auch ihnen hatte man aus unterschiedlichen Gründen keinen Glauben geschenkt und die Ermittlungsverfahren jeweils eingestellt. Der Beschuldigte machte

dann „reinen Tisch“ und legte ein umfassendes Geständnis ab. Er wurde zu einer langjährigen Freiheitsstrafe verurteilt.

832 In diesem Kontext darf der Zusammenhang zwischen Stereotypen, Vorurteilen, Wahrnehmungsmustern und der Wirkung von **suggestiver Befragung** nicht unerwähnt bleiben.[1308] Diese Konzepte greifen ineinander und beeinflussen, wie Menschen auf Fragen reagieren, was sie erinnern und wie sie Informationen interpretieren. Stereotype und Wahrnehmungsmuster wirken unbewusst im Hintergrund und beeinflussen u. a., wie Fragen interpretiert werden (Was „meint“ der Fragende?) und welche Antwort als sozial angemessen empfunden wird. Wenn ein Befragter ein bestimmtes Rollenbild oder Vorurteil verinnerlicht hat, antwortet er tendenziell im Sinne dieses Musters. Suggestive Fragen (z. B. „Haben Sie auch gesehen, wie der Dunkelhäutige das Messer gezogen hat?“) aktivieren Vorurteile und implizite Assoziationen, bereits bestehende Kategorisierungen im Kopf (z. B. „Dunkelhäutiger = Täter“).

3.3 Solidarisierungen

833 Sogar weit entfernt liegende oder beinahe abwegig erscheinende Einflüsse können zu Verzerrungen der Wahrnehmung führen. Forensisch relevant werden bisweilen innerliche Solidarisierungen[1309] in unterschiedlicher Ausprägung. Oft sind sie den Betreffenden gar nicht bewusst. Allein der Umstand, sich in jemanden oder in eine bestimmte Situation besonders gut hineinversetzen zu können, führt zu der Neigung, für diese Person und ihr Verhalten in der Situation mehr Verständnis aufzubringen und u. U. für diese Person günstige Wahrnehmungen zu machen.

Beispiel: „Der PKW-Lenker hat ‚unserem‘ Bus-Fahrer eindeutig die Vorfahrt genommen“, berichtete ein Zeuge einem der Verfasser. Die Nachfrage, wo im Bus der Zeuge denn gesessen habe, ergab den Verdacht, dass er von dort aus gar keinen oder nur einen sehr beschränkten Blick auf das Verkehrsgeschehen hatte. Hätte man ihn damit direkt konfrontiert, so hätte er möglicherweise (sich selbst und den anderen) Erklärungen geliefert, warum er doch alles ganz genau habe beobachten können.[1310] An der Zweifelhaftigkeit seiner Wahrnehmungen hätte sich vielleicht dadurch nichts verändert. Nicht die Befragung, sondern das weitere Gespräch mit dem Zeugen erbrachte dann, dass er an Wochenenden aushilfsweise selbst als Busfahrer tätig war. Er hatte sich unbewusst mit dem Fahrer des Busses „solidarisiert“ und für ihn günstige Angaben gemacht, die anhand der Aussagen anderer Zeugen und eines Sachverständigen zweifelsfrei widerlegt wurden.[1311]

3.4 Besondere persönliche Wahrnehmungsbedingungen

834 Es kann Veranlassung bestehen, sich mit der Funktionsfähigkeit der Wahrnehmungsorgane gerade auch der Auskunftsperson selbst zu befassen. Erscheint der Zeuge mit (erkennbar starken) **Brillengläsern** in der Hauptverhandlung und soll er über ein Ereignis berichten, das er im Dämmerlicht aus einer größeren Entfernung beobachtet hat, so wird die Frage[1312] angebracht sein, ob er zum damaligen Zeitpunkt eine Sehhilfe trug. Auch die körperliche Verfassung der Auskunftsperson im Moment ihrer Wahrnehmung ist in diesem Zusammenhang zu beachten. Hierunter fallen z. B. Fragen nach einer **Alkoholisierung**[1313] oder **Übermüdung**.

1308 Siehe auch oben, Suggestivfragen, insb. Sam Stone Studie Rn. 260.
1309 Vgl. dazu auch Rn. 833.
1310 Vgl. Rn. 833.
1311 Vgl. dazu auch BGH, Urt. v. 3.11.1987 – VI ZR 95/87 m. Anm. Walter, „Münchener Beifahrerrechtsprechung“.
1312 Sog. „Filterfrage“, siehe Rn. 157.
1313 Siehe auch Erinnerung und Alkohol Rn. 888.

Alkohol hat einen weitreichenden und komplexen Einfluss auf die kognitiven Funktionen, der von Faktoren wie der Zeit, die zwischen dem letzten Getränk und dem Zeugen des Ereignisses verstrichen ist, dem Trinktempo, der Alkoholkonzentration und der Alkoholtoleranz der Person (d. h. hoher/niedriger Konsum) beeinflusst wird. Alkohol hat sowohl stimulierende als auch sedierende Wirkungen, und kognitive Beeinträchtigungen können mit beiden zusammenhängen. Wenn die BAK-Kurve ansteigt, wirkt Alkohol in der Regel anregend, während er bei abfallender Kurve in der Regel sedierend wirkt. Es gibt individuelle Unterschiede in der stimulierenden und sedierenden Wirkung von Alkohol, aber im Allgemeinen wirkt Alkohol bei einer BAK von > 0,08 g/kg (z. B. BAK= 0,8 -1,5) sedierend und vermindert die Fähigkeit, die Aufmerksamkeit aufrechtzuerhalten und sich selbst zu reflektieren, während niedrigere Dosen im Allgemeinen stimulierend wirken und eine Person gesprächiger, selbstbewusster und weniger gehemmt machen.[1314] Das Ausmaß der Beeinträchtigung kognitiver Funktionen durch **Alkohol** ist damit dosisabhängig und verursacht erst sukzessive zunehmende negative Auswirkungen auf viele kognitive Funktionen, wie z. B. fokussierte Aufmerksamkeit, geteilte Aufmerksamkeit. „Dennoch ist es bei Gericht keinesfalls die Regel, Zeugen/innen nach ihrem etwaigen Alkoholgenuss zu fragen."[1315] Auch der seelische und/oder geistige Zustand des Zeugen kann von Bedeutung sein: War er aufgeregt oder war er deprimiert und „mit seinen Gedanken woanders", beispielsweise weil er gerade von seiner Partnerin kam, die ihm im Gespräch zuvor offenbart hatte, dass sie die Beziehung beenden werde? 835

Solche Fragen sind neutral aufzuwerfen, da sie – falsch formuliert – auch als unangemessen empfunden werden können, und zwar sowohl seitens der Vernehmungs- als auch der Auskunftsperson. Sie können aber für die Beurteilung der Zuverlässigkeit einer Wahrnehmung entscheidend sein. Es ist Aufgabe der Vernehmungsperson, „Brücken zu bauen", die Fragen so zu formulieren, dass die Auskunftsperson sich nicht angegriffen fühlt, bloßgestellt sieht, also ohne „Gesichtsverlust" und deshalb wahrheitsgemäß antwortet. 836

- **Beispiel:** *„Sie tragen wie ich eine Brille. Ich habe mitunter Schwierigkeiten, auf große Entfernung bei schlechten Lichtverhältnissen alles genau zu erkennen. Wie ging es Ihnen damals?"*, könnten Sie als Richter beispielsweise einwenden, um die Wahrnehmungssituation besser aufzuklären. An Grenzen wird man stoßen, wenn die Auskunftsperson zum Zeitpunkt ihrer Wahrnehmung illegale Drogen konsumiert hatte, da sie dies kaum einräumen wird. In entsprechenden Fällen wird dies aber als Fehlermöglichkeit mit erwogen werden müssen.

3.5 Besondere situative Wahrnehmungsbedingungen – A.D.V.O.C.A.T.E.

Die **Zuverlässigkeit** von Wahrnehmungen – insbesondere im forensischen Kontext – hängt in erheblichem Maße von den **situativen Bedingungen** ab, unter denen die Wahrnehmung erfolgt. Diese Bedingungen bestimmen maßgeblich, ob eine beobachtende Person in der Lage ist, relevante Merkmale eines Geschehens oder einer Person korrekt zu erfassen, zu speichern und später zuverlässig wiederzugeben. 837

Grundsätzlich gilt: Je schlechter die äußeren Wahrnehmungsbedingungen – etwa durch Dunkelheit, große Distanz oder kurze Beobachtungsdauer – desto fehleranfälliger sind die Enkodierung und der spätere Abruf von Informationen. Zusätzlich beeinflussen Stress, Überraschung, emotionale Erregung oder Ablenkung das Erinnerungsvermögen negativ. Derartige Effekte sind in der psychologi- 838

1314 Karlén M. H., de Bejczy, A., Anckarsäter, H. GuDjónsson, G.: What does current science tell us about the accuracy, reliability, and completeness of intoxicated witnesses? A case example of the murder of a prime minister, frontiers in psychology (2022), S. 2/14 m. w. N.

1315 Wendler, Wie ähnlich war der Unfall?, S. 90.

schen Forschung unter dem Begriff der 'Estimator Variables' systematisch erfasst und belegt.

839 Ein etabliertes Schema zur strukturierten Erfassung solcher Wahrnehmungsbedingungen – insbesondere im Zusammenhang mit der Identifizierung – ist das sogenannte **A.D.V.O.C.A.T.E.-Modell.** Es wurde insbesondere in der britischen forensischen Praxis entwickelt, um die Qualität von Zeugenaussagen und Identifikationen anhand zentraler Einflussgrößen retroperspektiv einzuschätzen. Für den deutschsprachigen Raum steht kein entsprechendes Akronym zur Verfügung.
ADVOCATE steht für folgende Parameter:

- A – Amount of time under observation: **Dauer** der Beobachtung
- D – Distance from the incident: **Entfernung** zur beobachteten Person/Szene
- V – Visibility: **Sichtverhältnisse**, Tageszeit, Licht, Wetter
- O – Obstructions: **Sichthindernisse** wie Wände, Personen oder Gegenstände
- C – Known or seen before: **Bekanntheit** oder Vertrautheit mit der Zielperson
- A – Any reason to remember: Besonderer **Grund** zur Einprägung (Interesse)
- T – Time lapse since event: **Zeitverlauf** zwischen Wahrnehmung und Wiedergabe
- E – Errors or discrepancies: **Widersprüche** oder Fehler in **früheren** Angaben

840 Das ADVOCATE-Modell bewertet demnach **nicht** direkt die **Qualität** einer Wahrnehmung, sondern die **äußeren Voraussetzungen** dafür, dass überhaupt eine aufmerksamkeitstragende Beobachtung möglich war. Es liefert eine Indikation darüber, wie wahrscheinlich es ist, dass Aufmerksamkeit zum relevanten Stimulus gelenkt wurde, dort gehalten werden konnte und dieser Stimulus bewusst enkodiert wurde Es dient der **standardisierten Bewertung**, ob eine Zeugenaussage unter günstigen oder ungünstigen Bedingungen zustande kam. Je mehr dieser Parameter negativ ausgeprägt sind (z. B. kurze Beobachtungszeit, große Distanz, schlechte Sicht), desto größer ist die Wahrscheinlichkeit für Wahrnehmungsverzerrungen, Fehldeutungen oder Erinnerungslücken. Im Umkehrschluss gilt: Je günstiger die ADVOCATE-Faktoren, desto höher ist die potenzielle Aussagequalität. Eine verlässliche Aussage ist allerdings nur dann zu erwarten, wenn die Aufmerksamkeit auf die relevante Information gerichtet war und ausreichend kognitive Kapazität zur Verfügung stand. In der forensischpsychologischen Praxis stellt ADVOCATE daher ein wichtiges Instrument dar, um die Qualität von Zeugenaussagen nicht allein auf Basis ihres Inhalts, sondern anhand ihrer wahrnehmungspsychologischen Entstehungsbedingungen zu beurteilen.

841 Forensisch von Bedeutung sind damit unterschiedliche Konstellationen: Hierzu gehören auch der zeitliche Faktor einerseits und extreme **Lichtverhältnisse** andererseits.
Die **Hell-Dunkel-Adaptation des Auges** bezeichnet die Fähigkeit, sich an unterschiedliche Lichtverhältnisse anzupassen, um stets eine optimale Sehleistung zu gewährleisten. Mit fortschreitender Dunkelheit werden meist nur noch Grautöne und keine Farben mehr wahrgenommen. Das menschliche Auge besitzt die Fähigkeit, sich den umgebenden wechselnden Lichtbedingungen, etwa bei geringerer Helligkeit durch die Veränderung der Pupillenöffnung anzupassen. Bis zur maximalen Lichtempfindlichkeit im Dunkeln (sog. Dunkeladaption) dauert es aber 30–40 min. Beim Blick aus heller Umgebung können Ereignisse im Dunkeln kaum wahrgenommen werden. Auch nimmt man ein Ereignis kurz nach Eintritt in eine dunkle Umgebung zunächst kaum wahr (z. B. Verkehrsunfall kurz nach Einfahrt in einen Tunnel, anders jedoch nach Ausfahrt aus einem Tunnel). Die Helladaption, also die Anpassung der maximalen ans Helle geht

wesentlich schneller. Von einer kurzen Blendung abgesehen ist das Wahrnehmungsvermögen bereits nach 20 bis 60 Sekunden hergestellt.

Beispiel: Zwei rivalisierende Gruppen von je ca. 40 Personen hatten sich zu einer Schlägerei auf dem dunklen Parkplatz vor einer Diskothek verabredet. Man schlug aufeinander ein. Die Polizei wurde gerufen. Es meldete sich noch vor Ort ein unbeteiligter Mann und erklärte, er habe einiges mitbekommen und könne sachdienliche Angaben machen. Er sei, um frische Luft zu schnappen, aus der (dunklen) Diskothek gekommen und habe im (hellen) Vorraum verweilt. Von dort aus habe er die gesamte Schlägerei genau beobachtet. Später wurden ihm Lichtbilder der mutmaßlich Beteiligten vorgelegt. Er habe „genau" gesehen, wie Nr. 5 gegen Nr. 64 eine Art Stichbewegung geführt habe. Er habe in dessen Hand etwas Blitzendes, vermutlich einen Totschläger oder ein Messer, gesehen. Außerdem habe Nr. 33 in der rechten Hand einen Baseballschläger oder einen Wagenheber gehalten. – Angesichts dieser „brillanten" Erkenntnisse erhob ein früherer Mitarbeiter an diesem Buch zu Beginn seiner Laufbahn gegen sieben Beteiligte Anklage beim Jugendschöffengericht. In der Hauptverhandlung musste der Zeuge auf Fragen von Gericht und Verteidigung einräumen, doch nicht alles so, wie angegeben, gesehen zu haben. Das Verfahren endete mit sechs Freisprüchen und einer Einstellung nach § 47 JGG. Die Änderungen im Aussageverhalten hat einerseits mit der Adaptionsfähigkeit der Augen bei Dunkelheit, anderseits aber auch mit dem Phänomen des Turbulenzgeschehens[1316] zu tun und verwundert daher nicht.

3.6 Halo-Effekt – der erste Eindruck

Unter dem **Halo-Effekt**[1317] (oder auch Hof-Effekt oder Überstrahlungs-Effekt genannt) wird die Tendenz verstanden, faktisch unabhängige oder nur mäßig korrelierende Eigenschaften von Personen oder Sachen kognitiv verzerrt als zusammenhängend wahrzunehmen. Er kann durch ganz unterschiedliche Einzelfaktoren hervorgerufen werden. Einzelne Eigenschaften einer Person (physische Attraktivität, emotionale Wärme oder Status u. v. m.) erzeugen einen Gesamteindruck, der die weitere Wahrnehmung der Person mit einer unreflektierten Generalisierung „überstrahlt". Ein berühmt gewordenes Experiment geht auf Asch zurück. Er bat seine Versuchspersonen, sich einen Eindruck von jemandem zu machen, der als intelligent, fachkundig, fleißig, *warm*, entschlossen, praktisch und vorsichtig beschrieben wurde, während anderen Versuchspersonen die Person als intelligent, fachkundig, fleißig, *kalt*, entschlossen, praktisch und vorsichtig vorgestellt wurde. Die beiden Beschreibungen unterscheiden sich also nur dadurch, dass die zu beurteilende Person einmal als „warm", das andere Mal als „kalt" beschrieben wird. Den Versuchspersonen wurden dann Begriffspaare wie großzügig/geizig, glücklich/unglücklich oder reizbar/freundlich vorgelegt. 75–95 % der Versuchspersonen, denen die Person als „warm" beschrieben wurde, dachten, dass diese Person auch großzügig, glücklich, freundlich und humorvoll sei, aber nur 5–35 % der Versuchspersonen kamen zu dieser Einschätzung, wenn die Person als „kalt" beschrieben wurde. Die positive Eigenschaft „warm" strahlt auf die Beurteilung weiterer Persönlichkeitseigenschaften hat, sie hat einen Hof.[1318] 842

Der **Schönheitshofeffekt** (engl. beauty-is-good effect) beschreibt das gleiche psychologische Phänomen, dass attraktive Personen als kompetenter, intelligenter und moralischer wahrgenommen werden als weniger attraktive Menschen – un- 843

1316 Siehe Irrtum, Turbulenzgeschehen Rn. 845.

1317 Halo" hat im Englischen eine doppelte Bedeutung: Der Heiligenschein und (astrologisch) der Hof (auch: der Hof um den Mond. Der Terminus wurde von Edward Lee Thorndike (1874–1949), amerikanischer Psychologe, eingeführt.

1318 Schwerizer, Kognitive Täuschungen vor Gericht, Dissertation, Rz 695.

abhängig davon, ob diese wirklich vorhanden sind. Dieses Vorurteil beeinflusst zahlreiche soziale und berufliche Bereiche. Der Schönheitshofeffekt spielt auch in Gerichtsprozessen eine Rolle. Dies gilt insbesondere im Zusammenhang mit der **Bewertung von (Zeugen)Aussagen.** Attraktive Zeugen werden als glaubwürdiger und intelligenter wahrgenommen. Unattraktive oder ungepflegte Personen können als **weniger vertrauenswürdig** gelten, selbst wenn ihre Aussagen gleichwertig sind. Studien haben auch gezeigt, dass **attraktive Angeklagte mildere Strafen** erhalten, [1319] attraktive Verdächtige erhielten **niedrigere Kautionsbeträge.**[1320] Die physische Attraktivität beeinflusst also auch in Strafprozessen **unbewusst** die **Urteilsfindung beeinflussen**. Auch im Zivilrecht konnte belegt werden, dass die physische Attraktivität des Klägers einen Einfluss auf den Erfolg der Klage hat.[1321] Der Schönheitshofeffekt zeigt, wie stark unser Urteil durch Äußerlichkeiten beeinflusst wird – selbst in der Justiz, wo Objektivität entscheidend sein sollte. Lange Zeit wurde angenommen, dass der Schönheits-/ Hofeffekt unbewusst wirkt und dass es nichts nützt, explizit darauf hinzuweisen, ihn zu meiden. Neuere Studien zeigen, dass sich die Menschen der Gefahr der Beeinflussung durch die physische Attraktivität eines Mitmenschen durchaus bewusst sind und erfolgreich darauf reagieren können.[1322] **Bewusstseinsbildung** und Schulung von Richtern könnten jedenfalls helfen, sich des Effekts bewusst zu werden. Dies wäre der erste und auch notwendige Schritt, diesen Effekt zu minimieren.

Beispiel: Den Testpersonen wurde ein Film mit einem Verkehrsunfall gezeigt. Sie erhielten die (falsche) Information, der Fahrer des einen Autos sei anschließend geflüchtet. Das reichte aus, um ihm ein vorangegangenes schlechteres Fahrverhalten und einen höheren Verschuldensanteil am Unfall anzudichten.[1323]

3.7 Beschränkte Simultankapazität – Multitasking

844 Wir nehmen – wie ausgeführt – unsere Umwelt nur bruchstückhaft war. Das liegt auch an der **beschränkten Simultankapazität** (auch „begrenzte simultane Aufmerksamkeitskapazität“ oder „begrenzte parallele Verarbeitungskapazität“), wonach die **Konzentration** auf einen Vorgang zusätzlich die Fähigkeit vermindert, gleichzeitig andere Vorgänge korrekt aufzunehmen. Und auf uns wirkt ständig gleichzeitig eine Vielzahl unterschiedlicher Reize ein. Würden wir auf alle gleich reagieren, wären wir zu keiner sinnvollen Entscheidung fähig. Evolutionsbiologisch ist daher die Fähigkeit ein Vorteil, Reize selektiv zu filtern oder zu hemmen, auf ihre Relevanz zu bewerten und sich auf das als relevant Empfundene zu konzentrieren. Das kann aber eben auch dazu führen, dass selbst starke Reize der bewussten Wahrnehmung entgehen können, wenn sie nicht im Fokus der Aufmerksamkeit liegen. Das gilt nicht nur für die Wahrnehmung mehrerer Reize durch dasselbe Sinnesorgan, sondern auch für die Wahrnehmung eines Reizkomplexes durch mehrere Organe zugleich. Dies bedeutet: Nur weil jemand bei einem Ereignis zugegen war und auch vieles wahrgenommen hat, muss er nicht zwingend alles wahrgenommen haben. Jeder kennt es aus dem Alltag: Wenn ein Kind ins Spielen versunken ist oder ein Erwachsener hochkonzentriert geistig arbeitet, dann können Ereignisse ausgeblendet werden, wie z. B. das Rufen der Mutter/Ehepartners. Vor diesem Hintergrund ist auch Vorsicht angebracht, wenn Sie sich mit jemandem unterhalten und Ihr Gesprächspartner pa-

---

1319 Efran, M. G. (1974). The effect of physical appearance on the judgment of guilt, interpersonal attraction, and severity of recommended punishment in a simulated jury task. Journal of Research in Personality, 8(1), 45–54.

1320 Downs, A. C., & Lyons, P. M. (1991). Natural observations of the links between attractiveness and initial legal judgments. Personality and Social Psychology Bulletin, 17(5), 541–547.

1321 Schweizer, Kognitive Täuschungen vor Gericht, Dissertation, Rz 723 m. w. N.

1322 Schweizer, Kognitive Täuschungen vor Gericht, Dissertation, Rz 697 m. w. N.

1323 Köhnken (1987), S. 190–203.

rallel „nur“ kurz die Emails im Handy checkt. Die beschränkte Simultankapazität führt dazu, dass wir mehrere Dinge nicht *bewusst* gleichzeitig tun können. Natürlich können Menschen in der Regel gleichzeitig denken, atmen und gehen. Aber unter echtem Multitasking versteht man gemeinhin die Erledigung wichtiger Aufgaben, die jeweils auch Aufmerksamkeit erfordern. Das gleichzeitige bewusste Verarbeiten mehrerer komplexer Aufgaben ist kognitiv nicht möglich, darin ist die Wissenschaft sich einig. Auch diejenigen nicht, die sich mit uns am Tisch unterhalten und gleichzeitig „multitaskend“ ihr Handy und neue Nachrichten lesen. Aus diesem Grund sollten Befragungen und Vernehmungen auch audiovisuell aufgezeichnet oder zumindest von einer Befragungsperson und einer fürs Protokollieren durchgeführt werden.[1324]
Dazu drei Beispiele:

1. Beispiel: Überfall
Zwei maskierte Männer überfielen ein Schmuckgeschäft. Der eine bedrohte die beiden Verkäuferinnen sowie eine Kundin mit der Waffe, während der andere den Schmuck aus den Auslagen in eine Plastiktüte steckte. Als eine laute Alarmanlage aufheulte, ergriffen beide Täter die Flucht. Unmittelbar vor der Eingangstür prallten sie mit einem Passanten zusammen. Dabei verrutschte die Gesichtsmaske des einen Täters. Der Passant war später im Strafverfahren der wichtigste Wiedererkennungszeuge. Er identifizierte den Angeklagten mit großer Eindeutigkeit, war sich aber ganz sicher, ob eine Alarmanlage zu hören gewesen sei. Dies war falsch und widerlegt. Das verwirrte einen der Schöffen derart, dass er auch die Identifizierung des Täters anzweifelte. Es kam nach einer Abstimmung dennoch zu einer Verurteilung. Dass es kein Fehlurteil war, stellte sich heraus, als später der Mittäter ermittelt wurde und ein umfassendes Geständnis ablegte.

2. Beispiel: Der „Waffenfokus“
Menschen, die mit einer Schusswaffe bedroht wurden, können häufig nur eine schlechte Täterbeschreibung abgeben; hingegen können sie die Waffe genau beschreiben. Sie hatten in der Bedrohungssituation eine Art „Tunnelblick“ entwickelt. Die schlechte Personenbeschreibung muss also nicht Zweifel an ihrer Aussage erwecken, sondern ist eher ein Hinweis auf eine realitätsbegründende Schilderung. Ein Tatrichter hat dieses Wahrnehmungsphänomen in seine Bewertung einzustellen und sich mit der Frage auseinander zu setzen, ob die Konzentration des Geschädigten auf die Waffe, mit der er bedroht wurde, eine gleichzeitige zuverlässige Wahrnehmung von anderen Einzelheiten beeinträchtigt.[1325]

Man kennt diesen Effekt übrigens auch im Zusammenhang mit dem Gedächtnis und steigender Erregung/Stress: Es scheint ein sogenanntes Tunnelgedächtnis[1326] zu geben, demzufolge bei sehr schlimmen Erlebnissen die schockierenden und emotional stark belastenden Ereignisse gut, Kontextereignisse (kurz vor und kurz nach dem schlimmen Geschehen) hingegen ausgesprochen schlecht erinnert werden.[1327]

3. Beispiel: Fahrerflucht
Im forensischen Bereich ist das Phänomen der beschränkten Simultankapazität auch typisch für Vorgänge im **Straßenverkehr**. Beim Vorwurf des unerlaubten Entfernens vom Unfallort wird vom Beschuldigten häufig eingewandt, er habe den Unfall nicht bemerkt. Oft ist das eine bewusst wahrheitswidrige Schutzbehauptung. Aber eben nicht immer. Es gibt insbesondere keinen allgemeingülti-

---

1324 Siehe Audiovisuelle Aufzeichnung sowie Mindestanforderungen an „einfache“ Protokolle Rn. 393 bzw. 409.
1325 BGH, Beschl. v. 25.1.2006 – 5 StR 593/05.
1326 Balloff, S. 112 ff.; siehe auch unten Erinnerung und Erregung/Stress Rn. 878.
1327 Greuel/Offe et al., S. 32.

gen Erfahrungssatz, dass die Berührung zweier Fahrzeuge von den jeweiligen Fahrzeuginsassen immer „gefühlt“ und gehört werden müsse. Eine solche Wahrnehmbarkeit ist tatrichterlich festzustellen, auch bei leichten Fahrzeugkollisionen, wie sie beim Ein- und Ausrangieren in bzw. aus einer Parklücke, beim Durchfahren enger Passagen, bei Wendemanövern oder beim Einordnen in den laufenden Verkehr immer wieder vorkommen. Es ist dabei nicht ausreichend festzustellen, dass das Unfallereignis „aus technischer Sicht wahrnehmbar“ war. Maßgebend ist, ob das Unfallereignis *tatsächlich* wahrgenommen wurde, d. h. ob die für eine Aufnahme durch die Sinnesorgane erforderliche Reizschwelle überschritten wurde.[1328] Dies kann in geneigten Fällen gerade mangels beschränkter Simultankapazität nicht der Fall gewesen sein.

3.8 Turbulenzgeschehen

845 Ein Turbulenzgeschehen wird durch drei Hauptmerkmale definiert. Von einem Turbulenzgeschehen spricht man, wenn

- ein Geschehen in einer entscheidenden Phase sehr **schnell** abläuft,
- **zwei oder mehr** Personen/Objekte daran beteiligt sind,
- die Situation für die Aussageperson **überraschend** ist.[1329]

846 In diesem Fall ist die beobachtende Person mit der Wahrnehmung, korrekten Zuordnung und Bewertung der Geschehensanteile überfordert.[1330] Die Wahrnehmung ist flüchtiger und unpräziser. Auch wird die Reihenfolge von Einzelvorgängen bei Turbulenzgeschehen oftmals unrichtig wiedergegeben, sodass Ursache und Wirkung vertauscht werden.[1331] Insoweit ist immer mit **Wahrnehmungsbeeinträchtigungen** zu rechnen. Dieses Unvermögen tritt noch stärker zutage, wenn die beobachtende Person emotional berührt ist, z. B. Angst empfindet, sich erschrickt etc. Im forensischen Bereich ist daher aller größte Vorsicht geboten bei Angaben von Augenzeugen zu einem schnellen **Überfall**, **Verkehrsunfall** oder einer **Schlägerei** oder **Tumult.** [1332] Angaben von Augenzeugen zur Tatentstehung, zum Ablauf/zur Reigenfolge und zu den Beteiligten sind wenig, nicht verlässlich. Zudem kommt es häufig zu einer Ausfüllung und Schlussfolgerung.[1333] Es besteht eine große Gefahr der Anreicherung/Schlussfolgerung. Ohne Sachbeweise kommt man dann in den meisten Fällen nicht zu einem für die Überzeugung notwendigen klaren Bild des Geschehens.[1334] Eine Ausnahme ist nur dann denkbar, wenn die Wahrnehmung von besonderer Aufmerksamkeit, von besonderem Interesse begleitet wurde. Dies muss die Auskunftsperson – auf Frage – dann auch darlegen.

Beispiel: Schlägerei
Ein Zeuge sagt zu einer Schlägerei zwischen acht Personen aus, dass einer der Beteiligten mit einem Bierglas in der Hand zugeschlagen und damit seinen Kontrahenten verletzte habe. Der Zeuge schilderte, dass es derjenige „mit dem blauen Pulli“ (es gab nur einen) gewesen sei, der das Bierglas gegen den Kopf des Geschädigten geschlagen habe.
Diese Zuordnung ist aufgrund des Turbulenzgeschehens wahrnehmungspsychologisch zweifelhaft und dürfte trotz der „Eindeutigkeit“ für sich allein genommen kaum zur Überzeugungsbildung ausreichen. Auf Frage, wieso er sich bei der Zuordnung so sicher sei, führte der Zeuge weiter aus: „Ich bin mir

---

1328 LG Karlsruhe, Urt. v. 19.12.2008– Ns 82 Js 1124/08.

1329 Vgl. Arntzen, Psychologie der Zeugenaussage, System der Glaubwürdigkeitsmerkmale, 3. Aufl., S. 34.

1330 Einmahl, Zeugenirrtum und Beweismaß im Zivilprozess, NJW 2001, S. 469, 472.

1331 Geipel, Handbuch der Beweiswürdigung, 3. Auflage 2017, § 22, Rz 94, 99.

1332 OLG Frankfurt, Urt. v. 9. 10.2012 – 22 U 109/11; KG Berlin, Urt. v. 2.9.2019 – 25 U 163/17; Geipel, Handbuch der Beweiswurdigung, 3. Auflage 2017, § 22, M, Rz 82, 95 (zur Aufprall-/Auffahrreihenfolge); Wendler, Wie ähnlich war der Unfall?, S. 90.

1333 Siehe auch Unbewusste Interpretation und Auffüllungsneigung Rn. 821.

1334 Geipel, Handbuch der Beweiswürdigung, 3. Auflage 2017, § 22, Rz 84.

sicher, dass es derjenige mit dem blauen Pulli war, der den Schlag mit dem Bierglas in der Hand ausführte. Denn ich beobachtete ihn und fragte mich die ganze Zeit, ob es Paul war, ein sehr enger Freund von mir, zumindest in Schulzeiten. Ich war mir aber nicht sicher. Ich war gerade drauf und dran, zu ihm rüber zu gehen, und ihn zu fragen, ob er Paul sei. Dabei fiel mir auf, dass sich dort was zusammenbraute, die Atmosphäre geladener wird. Deshalb hielt ich noch inne, um das Ganze einfach weiter zu beobachten und um nicht selbst in Gefahr zu kommen. Und in der Tat, es wurde immer hitziger debattiert. Und da stieß Paul, zumindest die Person, von der ich damals dachte, dass es Paul ist, sein Gegenüber gegen die Brust. Dieser baute sich dann vor Paul auf und Paul griff zu dem neben ihm stehenden Glas Bier. Ich dachte noch, „Mach das nicht“, denn als Jurist weiß ich ja, das ist eine gefährliche Körperverletzung, das sind mindestens 6 Monate Freiheitsstrafe. Aber mein Wunschdenken half nicht. Der mit dem blauen Pulli schlug wie befürchtet das Bierglas mit seiner rechten Hand seitlich gegen den Kopf des Gegenübers.“

Diese Aussage könnte schon mehr zur Überzeugungsbildung beitragen, weil der Zeuge seine Beobachtung – trotz Turbulenzgeschehens – mit besonderer Aufmerksamkeit und besonderem Interesse für Paul verknüpft und daher geeignet ist, die Zweifel an der Zuverlässigkeit seiner Wahrnehmung zu überwinden.

4. Erinnerung/Gedächtnis

847 Eine zutreffende Erinnerung setzt denknotwendiger Weise eine zutreffende Wahrnehmung voraus. Aber selbst wenn wir richtig wahrnehmen: Wir vergessen auch und **Vergessen** ist dabei grundsätzlich ein **normaler Vorgang**, dem Erinnerungen in mehr oder minder großem Ausmaß unterliegen. Häufig werden jedoch die Kapazität und die Detailgenauigkeit des menschlichen Gedächtnisses überschätzt. Eingangs ist zu berücksichtigen, dass es „das **Gedächtnis**“ gar nicht gibt. Unter dem Terminus Gedächtnis werden vielmehr Systeme und Prozesse verstanden, die für die Einspeicherung, die Aufbewahrung, den Abruf und die Anwendung von Informationen zuständig sind, sobald die ursprüngliche Quelle nicht mehr vorhanden ist.[1335]

Die Verfasser wollen nachfolgend eine für die Einschätzung und Bewertung von Aussagen wichtige Hilfestellung geben:

4.1 Funktionsweise des Gedächtnisses

848 Um die Prozesse des Erinnerns besser zu verstehen – insbesondere in forensischen Kontexten, etwa bei Zeugenaussagen – ist es hilfreich, grundlegende Erkenntnisse aus der Gedächtnisforschung und der Neurobiologie zu berücksichtigen. Zwar müssen dabei nicht alle biologischen Details bekannt sein, doch einige zentrale Begriffe wie **Nervenzellen**, **Synapsen**, **Gedächtnisspuren**, **Hippocampus** und **Amygdala** (**Mandelkern**) spielen eine wichtige Rolle im Verständnis, wie Erinnerungen entstehen, sich verändern oder verloren gehen – sind aber für den Gerichtsalltag und die erinnerungspsychologische Bewertung von Aussagen zu vernachlässigen. Nur so viel:

849 Das menschliche Gehirn ist fortwährend äußeren Reizen und Informationen ausgesetzt. Diese führen zu Veränderungen in den neuronalen Netzwerken – ein Prozess, der als **Bildung von Gedächtnisspuren** (auch *Engramme* genannt) bezeichnet wird. Diese Spuren beruhen auf der **Veränderung von Verbindungen (Synapsen)** zwischen Nervenzellen. Eine Nervenzelle (Neuron) besteht aus einem Zellkörper, einem Axon (das Signale weiterleitet) und Dendriten (die

1335 Gubi-Kelm, S. Gedächtnispsychologie – Wissenschaftliche Erkenntnisse für das forensische Verfahren, in: Die Erhebung und Bewertung von Zeugenaussagen im Strafprozess (Hrsg. Köhnken/Deckers), 4. Auflage 2020, Seite 93, 94.

Signale empfangen). An den Synapsen – den Kontaktstellen zwischen Axon und Dendriten anderer Neuronen – findet die Signalübertragung statt. Wird eine Verbindung häufig genutzt, verstärkt sie sich strukturell und funktionell – dieser Prozess heißt **Langzeitpotenzierung** und ist zentral für Lernen und Gedächtnis.

850 Gedächtnisspuren können über die Zeit **verblassen oder unzugänglich werden**, wenn sie nicht regelmäßig aktiviert werden. Das bedeutet jedoch nicht, dass sie vollständig „verschwinden" oder dass Synapsen „auflösen" – vielmehr wird die Reaktivierung der Information schwieriger. Der Zugriff auf Erinnerungen hängt unter anderem davon ab, wie stark sie mit anderen Inhalten vernetzt sind und wie oft sie abgerufen wurden.

851 Wenn neue Informationen mit bereits bestehenden Gedächtnisinhalten in Verbindung stehen, können sie **leichter verarbeitet** und gespeichert werden. Das Gehirn muss dann nicht bei Null anfangen, sondern erweitert oder stabilisiert bereits bestehende Netzwerke. Dies erhöht die Wahrscheinlichkeit, dass die neuen Inhalte **langfristig erhalten bleiben**.

852 Menschliches Wahrnehmen und Abspeichern im Gedächtnis ist also ein Vorgang des Verbindens von Nervenzellen. Allein die Sehnerven enthalten je etwa 1 bis 1,2 Millionen Nervenfasern, was insgesamt rund 2 bis 2,4 Millionen für beide Augen ergibt. Die Gesamtzahl der afferenten (zum Gehirn führenden) Nervenfasern ist dabei deutlich höher, da auch andere Sinnesorgane wie Haut, Muskeln und innere Organe zahlreiche sensorische Informationen ans Gehirn senden. Eine genaue Gesamtzahl ist schwer zu bestimmen, die „Datenmenge", die ständig auf das Gehirn einströmen ist jedenfalls enorm. Enorm große Datenmengen sendet das Gehirn aus dem Gehirn heraus führende Nervenfasern in den Körper, um alle Funktionen zu steuern.[1336] Das Gehirn kann dies nur deshalb leisten, weil es über ein komplexes System verschiedener Bereiche mit unterschiedlichen Aufgaben verfügt und jederzeit in der Lage ist, aufgenommene Informationen mit den zwischen den Nervenzellen vorhandenen Verbindungsspuren und dem dort abgelegten Vorwissen zu verknüpfen: Es erleichtert sich die Arbeit, indem es die vorhandenen Spuren verwendet und bei Bedarf um Zusatzinformationen anreichert. Das lässt sich bildlich am Beispiel einer Gruppe von Skibergsteigern erläutern: Die nachfolgenden Bergsportler verwenden die vom ersten angelegte Spur, treten sie vielleicht etwas aus und machen sie damit für Nachfolgende bequemer. Wenn nicht zu lange Zeit verstrichen ist, können eventuell sogar Teilnehmer einer später denselben Weg aufsteigenden Gruppe noch von der Vorarbeit profitieren. Daraus folgt: Gehirne nehmen optische und akustische Reize nicht wie Recorder auf. Wahrnehmung und Gedächtnis sind stets interpretativ und konstruktiv – beeinflusst durch Aufmerksamkeit, Emotion, Vorwissen und Kontext.

4.2 Kindheitserinnerungen

853 Zu den zentralen Bereichen in der Gedächtnisforschung gehört Frage, ab wann Kinder bleibende Erinnerungen haben, die bis ins Erwachsenenalter hineinreichen. Bleibende, ins Erwachsenenalter hineinragende Erinnerungen können (erst) ab einem Lebensalter von etwa drei bis vier Jahren gebildet werden.[1337] Diese Erinnerungen, auch als autobiografische Erinnerungen bezeichnet, sind u. a. eng mit der neurobiologischen Entwicklung des Gehirns, der Sprachentwicklung und den kognitiven Fähigkeiten verbunden, insbesondere dem für Erinnerungsbildung notwendigen besseren Verständnis für Zeit und Raum. Infantile oder kindliche Amnesie beschreibt dabei das Phänomen.

1336 Spitzer, Selbstbestimmen, S. 67, m. w. N.

1337 Howe, M. L., & Courage, M. L. (1997). The emergence and early development of autobiographical memory. Psychological Review, 104(3), 499–523; Usher, J. A., & Neisser, U. (1993). Childhood amnesia and the beginnings of memory for four early life events. Journal of Experimental Psychology: General, 122(2), 155–165.

4.3 (Ultra-)Kurzzeitdächtnis

854 Für die Gerichtspraxis ist nicht entscheidend, wie im Einzelnen die Speicherung von Wahrnehmungen als Erinnerung erfolgt. Von größerem Interesse ist, welche Wahrnehmungen für welche Zeit gespeichert werden und welchen Veränderungen diese Speicherung sodann unterliegt. Im wissenschaftlichen Diskurs über die Entwicklung und die Veränderung des Gedächtnisses infolge Zeitablaufs fallen in der Regel die Stichwörter (Ultra-)Kurzzeitgedächtnis und Langzeitgedächtnis. Insgesamt arbeiten diese Gedächtnissysteme zusammen, um unsere Erfahrungen und Kenntnisse zu bewahren und unser Verhalten zu steuern.

855 Das **Ultrakurzzeitgedächtnis** (auch sensorisches Gedächtnis genannt) dienst der unmittelbaren Aufnahme vieler verschiedener Sinneseindrücke. Es nimmt Sinneseindrücke wie visuelle oder auditive Informationen auf, für nur wenige Millisekunden bis wenigen Sekunden.[1338] Oftmals werden direkte Reaktionen ausgelöst. Informationen im Ultrakurzzeitgedächtnis werden oft direkt von neuen Reizen überschrieben. Es dient als Filter. Da wir mit so vielen Sinneseindrücken konfrontiert werden, muss eine Selektion stattfinden. So dient das Ultrakurzzeitgedächtnis dazu, nach wichtig und unwichtig zu sortieren. Die wichtigen Sinneseindrücke werden „in die nächste Einheit“, in das Kurzzeitgedächtnis weitervermittelt.[1339]

856 Das **Kurzzeitgedächtnis** (auch Arbeitsgedächtnis genannt) dient der kurzfristigen Speicherung und Verarbeitung von Informationen. Informationen bleiben hier für einen Zeitraum von 15–30 Sekunden[1340], sofern sie nicht durch Wiederholung oder andere Prozesse ins Langzeitgedächtnis überführt werden. Das Kurzzeitgedächtnis kann dabei nur kleine Informationsmengen. Wenn wir uns beispielsweise eine Telefonnummer für die Telefonwahl oder ein Gedicht merken wollen, dann benutzen wir das Kurzzeitgedächtnis. Die Wissenschaft ging lange Zeit davon aus, dass die Anzahl der Informationseinheiten, die wir gleichzeitig im Kurzzeitgedächtnis halten können, bei 7 +/- 2 liegt. Die Kapazität kann daher, abhängig von den individuellen Gedächtnisfähigkeiten oder dem jeweiligen mentalen Zustand, auf 7–2 = 5 Informationseinheiten sinken, oder auf das Behalten von 7+2 = 9 Einheiten steigen. Diese nach seinem Erfinder George Miller[1341] benannte „Millersche-Zahl“ (7+/-2) wurde inzwischen jedoch infrage gestellt. Neueren Untersuchungen zufolge soll der Mensch grundsätzlich nur 5+/-2 Einheiten behalten können.[1342] Das Prinzip bleibt jedoch dasselbe: Wir können nur wenige Informationseinheiten gleichzeitig im Kurzzeitgedächtnis speichern, und zwar für kurze Zeit. Das kann der Leser an dieser Stelle ganz leicht selbst testen: Wiederholen Sie – ohne nachzusehen –den vorletzten und den vor-vorletzten Satz im Wortlaut, den Sie gerade gelesen haben. Das wird Ihnen nicht gelingen, weil auch Ihr Kurzzeitgedächtnis nur wenige Einheiten speichern kann. Auch hieraus kann der Schluss gezogen werden, dass der Wiedergabe wörtlicher Rede jedenfalls dann mir Vorsicht zu begegnen ist, wenn die wiedergegeben Einheiten (Wörter) über 5+2, sprich 7 hinaus gehen. Alles, was man sich länger merken will, muss ins **Langzeitgedächtnis** übertragen werden.

1338 Gubi-Kelm, S. Gedächtnispsychologie – Wissenschaftliche Erkenntnisse für das forensische Verfahren, in: Die Erhebung und Bewertung von Zeugenaussagen im Strafprozess (Hrsg. Köhnken/Deckers), 4. Auflage 2020, Seite 93, 95.

1339 Geipel, Handbuch der Beweiswürdigung, 3. Auflage 2017, § 23, Rz 4

1340 Kluwe, R. H. (1995). Arbeitsgedächtnis und kognitive Kontrolle, in W. Schneider (Hrsg.), Enzyklopädie der Psychologie (S. 173–208); Cowan, N. (2010). The magical mystery four: How is working memory capacity limited, and why? Current Directions in Psychological Science, 19(1), 51–57; Waugh, N. C. & Norman, D. A. (1965). Primary memory. Psychological Review, 72(2), 89–104.

1341 Miller (1956), „The magical number seven, plus or minus two: Some limits on our capacity for processing information“, Psychological Review 63 (2), S. 81 ff.,

1342 Cowan, The magical number 4 in short-term memory: a reconsideration of mental storage capacity, Behavioral and Brain Science 2001 Feb, 24 (1), 87 ff.

4.4 Langzeitgedächtnis

857 Im Gegensatz zum Kurzzeitgedächtnis versteht die Wissenschaft unter dem **Langzeitgedächtnis** die Fähigkeit, Informationen aus Wahrnehmung und Kognition über längere Zeiträume hinweg – oft lebenslang – zu speichern. Nur Eindrücke, die im Langzeitgedächtnis gespeichert wurden, bleiben – nach Maßgabe des Vergessens – später auch abrufbar. Das Langzeitgedächtnis speichert Informationen, die als bedeutsam enkodiert und konsolidiert wurden. Die Kapazität des Langzeitgedächtnisses variiert individuell und schließt nicht nur den aktiven und passiven Wortschatz unserer Erstsprache ein, sondern auch sämtliche Gedächtnisinhalte, Daten, Fakten, erlerntes Wissen sowie Kenntnisse in anderen Sprachen. Bei den Gedächtnisarten im Langzeitgedächtnis unterscheidet man gewöhnlich zwischen dem prozeduralen, dem episodischen, auch auto-biographischen Gedächtnis, und dem semantischen Gedächtnis.

858 Das **prozedurale Gedächtnis** wird umgangssprachlich auch Muskelgedächtnis, implizites Gedächtnis genannt. Dort werden körperliche Fähigkeiten und automatisierte Abläufe gespeichert, fürs Fahrradfahren, Schwimmen, Schreiben. Die Erinnerungen werden unbewusst abgerufen, sie sind schwer in Worte zu fassen und wurden durch vielfaches Training, Praxis erworben. Für den Gerichtsalltag bzw. die Befragung und die Bewertung von Aussagen kann das prozedurale Gedächtnis **keine Rolle** spielen. Es ist in der Regel nicht fragil und durch Befragungen praktisch nicht beeinflussbar. Man kann niemandem „einreden", er könne z. B. nicht mehr Fahrrad fahren. Auch Suggestion allein verändert in der Regel keine motorischen Abläufe, kann aber die subjektive Einschätzung der eigenen Fähigkeit beeinflussen („Ich trau mich nicht mehr Fahrrad zu fahren"). Es ist aber auch nicht völlig immun gegenüber Störungen (z. B. bei Traumata oder unter Einfluss von Substanzen).

859 Im **semantischen Gedächtnis** wird das Allgemeinwissen, generalisierte/allgemeine Daten, Bedeutungen und Fakten gespeichert, die man bewusst gelernt hat und bewusst (explizit) abrufen kann („Paris ist die Hauptstadt von Frankreich" – „Ein Hund ist ein Tier." – „2 + 2 = 4"). Erinnerungen entstehen dabei durch **Wiederholen**/Repetieren (bspw. Vokabeln) und die Frage, wie lange die **letzte Erinnerung** daran zurückliegt. Für den **Gerichtsalltag** bzw. die Befragung und die Bewertung von Aussagen kann das semantische Gedächtnis eine Rolle spielen. Das es aber nur das Allgemeinwissen speichert, können hier auch nur „in der Regel-Erinnerungen" durch Befragung in Erfahrung gebracht werden. Das semantische Gedächtnis ist nicht sonderlich fragil. Mehrfache Vernehmungen bspw. zur Frage „Wie heißen Sie", „Wo wohnen Sie" „Was sind Sie von Beruf" wird die Erinnerung an den eigenen Namen, den Wohnort und den Beruf nicht beeinflussen. Faktenwissen kann sich allenfalls verändern, wenn eine falsche Information oft genug wiederholt wird.

860 Im **episodischen Gedächtnis** werden markante persönliche Erlebnisse oder Ereignisse (**was** und **wer**) und die eigene Biografie gespeichert.[1343] Es hat damit einen direkten Bezug zu räumlich (**wo**) und zeitlich (**wann**) datierbaren Episoden im eigenen Leben.[1344] Die Erinnerungen sind oftmals zeitlich und räumlich klar verankert und können bewusst (explizit) abgerufen werden. Ein Hauptfaktor für die Bildung von episodischen Erinnerungen sind die Bedeutung und die Emotionen im Zeitpunkt der Wahrnehmung.[1345] für der Für die Befragung ist

---

1343 Vgl. etwa Gubi-Kelm, S., Gedächtnispsychologie – Wissenschaftliche Erkenntnisse für das forensische Verfahren, in: Die Erhebung und Bewertung von Zeugenaussagen im Strafprozess (Hrsg. Köhnken/Deckers), 4. Auflage 2020, Seite 93, 96.

1344 Vgl. etwa Gubi-Kelm, S. Gedächtnispsychologie – Wissenschaftliche Erkenntnisse für das forensische Verfahren, in: Die Erhebung und Bewertung von Zeugenaussagen im Strafprozess (Hrsg. Köhnken/Deckers), 4. Auflage 2020, Seite 93, 96 m. w. N.

1345 Siehe hierzu sogleich Rn. 863.

in der Regel das episodische Gedächtnis am relevantesten. Dort befinden sich die Details etc. zu einem Geschehen, das durch eine Befragung aufgeklärt werden soll. Das episodische Gedächtnis ist **fragil** und (durch eine Befragung) stark **beeinflussbar.** Insoweit sollte die Anzahl von Vernehmungen zu im episodischen Gedächtnis abgelegten Erinnerungen so gering wie möglich gehalten werden. Hier spielt der Falschinformationseffekt eine tragende Rolle.[1346]

Das sog. **autobiografische Gedächtnis** (das Gedächtnis für das eigene Leben insgesamt) umfasst das episodische Wissen (konkrete Ereignisse) als auch semantisches Selbstwissen (z. B. „Ich bin Lehrer" oder „Ich bin in München aufgewachsen"). **861**

Die ersten drei Gedächtnisarten können verkürzt auch wie folgt beschrieben werden: **862**

Gedächtnisart	Schlagwort	Inhalt	Beispiel
Prozedural	trainiert	Handlungsschemata, Fertigkeiten, Abläufe	„Ich kann Fahrrad fahren"
Semantisch	gelernt	Fakten, Regeln, Allgemeinwissen	„Ein Bär ist ein Tier"
Episodisch	erlebt	Persönliche Erinnerungen	„Ich war am 15.7.2025 im Restaurant X"

4.4.1 Emotionen/Bedeutung des Ereignisses/Semantisierung. Im **episodischen Gedächtnis** – zuständig für Erinnerungen an persönlich erlebte Situationen – befinden sich oftmals die Details, die durch eine Befragung aufgeklärt werden sollen. In dem Prozess der Befragung ist häufig die Einschätzung und das Wissen wichtig, wie stimmig es erinnerungspsychologisch ist, dass jemand überhaupt Erinnerungen hat. Warum erinnern wir uns an manche Erlebnisse ein Leben lang – während andere schnell vergessen werden? Die Gedächtnispsychologie bietet auf diese Frage differenzierte Antworten. Besonders das episodische Gedächtnis reagiert empfindlich auf Aufmerksamkeit, Bedeutung/Emotion und Kontext. Doch welche dieser Faktoren sind entscheidend dafür, dass eine Erinnerung langfristig überdauert? **863**

Wie ausgeführt haben nur Informationen, die beim Erleben *bewusst* wahrgenommen (Aufmerksamkeit und Interesse[1347]) wurden, die Chance, langfristig/episodisch gespeichert zu werden. Automatisierte, beiläufige, *unbewusste* Wahrnehmungen gehen meist nur ins Kurzzeitgedächtnis ein – oder werden gar nicht gespeichert. Einer der entscheidenden Faktoren im Kontext von Befragungen zu einem einmaligen Ereignis und für die langfristige Verankerung von Erinnerung im **episodischen Gedächtnis** ist die Bedeutung, die (positiven wie negativen) **Emotion**, die der Betroffene bewusst oder unbewusst dem Geschehnis beimisst.[1348] Die Erinnerungsbildung ist dabei vor allem davon abhängig, welche Bedeutung das Geschehen **zum Beobachtungszeitpunkt** für die Person hat, **864**

1346 Siehe Irrtum, Fehlinformationseffekt/Post-event-Informationen Rn. 896.

1347 Siehe Wahrnehmung, Aufmerksamkeit und Interesse Rn. 814.

1348 Ochsner, K. N. (2000). Are affective events richly recollected or simply familiar? Psychological Science, 11(8), 19–22; Magnussen/Melinder (2012), What psychologists know and believe about memory: A survey of practitioners, in: Applied Cognitive Psychology, 26(1), 54–60; Lynn/Evans/Laurence/Lilienfeld: What Do People Believe About Memory? Implications for the Science and Pseudoscience of Clinical Practice, in: CanJPsychiatry 2015, 60(12):541–547; Brosch/Scherer/Grandjean/Sander: The impact of emotion on perception, attention, memory, and decision-making, in: Swiss Medical Weekly (published 14 May 2013); Jansen, Zeuge und Aussagepsychologie, 3. Auflage 2022, Kapitel 3, Rz 520; Gubi-Kelm, S, Gedächtnispsychologie – Wissenschaftliche Erkenntnisse für das forensische Verfahren, in: Die Erhebung und Bewertung von Zeugenaussagen im Strafprozess (Hrsg. Köhnken/Deckers), 4. Auflage 2020, Seite 93–99.

welche Emotionen dann vorhanden waren. In diesem Kontext können Informationen nur durch starke Emotionen, wie Freude, Trauer oder Angst langfristig gespeichert werden. Dabei gilt: Je höher die Emotion war, desto besser die Erinnerungen.[1349] Jeder kennt es: Wir erinnern uns auch an Jahrzehnte zurück liegende wichtige Lebensereignisse (autobiographische Ereignisse, Hochzeit, Geburt der Kinder etc), wenn und weil diese mit intensiven Emotionen verbunden sind. Auch Kindheitserinnerungen, also Erinnerungen, die über Jahrzehnte, mitunter bis ins hohe Alter, beständig sind (Verlust des geliebten Haustieres, Unfälle etc.) lassen sich (nur) mit besonderen Emotionen erklären, positiver, wie negativer Art. Demgegenüber erinnern wir uns nicht mehr an die erste „Curry-Wurst" – es sei denn, sie war sensationell gut oder schlecht. Ohne emotionale Verknüpfung sind Erinnerungen – schon nach wenigen Tagen – gedächtnispsychologisch nicht zu erklären. Oder wissen Sie, was Sie vor 3, 5, 7 oder 10 Tagen zu Mittag gegessen haben? Diese Erkenntnis korrespondiert auch im Rahmen der Konstanzanalyse[1350] mit der Frage, in welchem Geschehen (Kern- oder Randgeschehen) Änderungen zu erwarten sind und welche Rückschlüsse auf die Glaubhaftigkeit einer Aussage damit verbunden sind.

865 Langfristige Erinnerung (im semantischen Gedächtnis) durch **Wiederholung** kann im forensischen Kontext dann eine Rolle spielen, wenn etwas (ggf. die Tat, das aufzuklärende Geschehen) oft wiederholt, aber nicht emotional besetzt war. Dies kann eine Routine (wie es gewöhnlich abläuft) oder bspw. in Fällen von Kindesmissbrauch der Fall sein, wenn es -so absurd das klingen mag – „völlig normal" war, es dazu gehört", dass der Vater sich am Kind verging. Da der Missbrauch chronisch und in einem vermeintlich „normalisierten" Umfeld stattfindet, kann das Kind – insbesondere bei fehlender emotionaler Verarbeitung – das Geschehen nicht als außergewöhnlich oder gefährlich erleben. Unter diesen Voraussetzungen werden langfristige Erinnerungen auch durch den wiederholten Missbrauch erschaffen. In solchen Fällen prägen sich weniger die Einzelereignisse (episodisch) als vielmehr die übergreifende Bedeutungsebene (semantisch) ein.

866 **Semantisierung** bezeichnet den Prozess, dass episodische, emotional behaftete Erinnerungen in semantisches Wissen überführt werden. Wenn wir eine – auch emotional behaftete – Erfahrung mehrfach wiederholen oder reflektieren, kann die Erinnerung an den spezifischen Kontext (Ort, Zeit, Emotion) oder Vorkommnisse verblassen, während der allgemeine Informationsgehalt erhalten bleibt.[1351] Dadurch wird aus einer episodischen Erinnerung allmählich semantisches Wissen. Das ist bspw. bei **mehrfachem, jahrelangem Missbrauch** oder Tätlichkeiten im Zusammenhang mit **systematischen Verbrechen** zu beobachten. Mit der Zeit verlieren viele Erinnerungen ihren episodischen Charakter, Ort, Zeit und Gefühle des einzelnen Geschehens/Missbrauchs verblassen. Es erfolgt eine Abstraktion und Generalisierung. Aus einem spezifischen Erlebnis wird eine allgemeine Regel abgeleitet („Immer, wenn ich…, dann…"). Die Information „wandert" ins semantische Gedächtnis. Neutrale oder wenig emotionale Erinnerungen semantisieren sich oft leichter, weil sie nicht so fest an einen bestimmten Kontext gebunden sind. Der Prozess ist nicht rückgängig machbar – wenn der episodische Kontext einmal verloren ist, bleibt oft nur noch das abstrakte Wissen zurück. Umgekehrt kann semantisches Wissen nicht ohne Weiteres zu einer echten episodischen Erinnerung werden. Im episodischen Gedächt-

1349 Zu Stress und Traumata, siehe nachfolgend Rn. 878 bzw. 880.

1350 Siehe Konstanzanalyse Rn. 758.

1351 Vgl. etwa Gubi-Kelm, S. Gedächtnispsychologie – Wissenschaftliche Erkenntnisse für das forensische Verfahren, in: Die Erhebung und Bewertung von Zeugenaussagen im Strafprozess (Hrsg. Köhnken/Deckers), 4. Auflage 2020, Seite 93, 107 m. w. N. – vgl. auch Details, Serientaten, Semantisierung Rn. 866.

nis sind nur die Besonderheiten abgespeichert, die herausstechenden Ereignisse (die „red flags“ oder „Erinnerungsspitzen“). Vernehmungstechnisch sollte man sich bei systematischen Verbrechen den episodischen Erinnerungen immer als erster nähern. Sie sind am fragilsten. Die Auskunftsperson soll die erinnerlichen herausstechenden Ereignisse, besonderen Erinnerungsmomente benennen, sammeln und schildern, bevor man zu den allgemeinen kommt. Dabei bestimmt allein die Auskunftsperson die Reihenfolge der besonderen Momente.

Für die Frage von langfristigen Erinnerungen sollen in diesem Kontext – neben **867** Wiederholen und Bedeutung/Emotionen – auch **Assoziationen,** die ein Geschehen bewusst oder unbewusst weckt, nicht unerwähnt bleiben. Assoziationen sind kein eigener Gedächtnistyp, aber ein zentrales Prinzip, wie Informationen gespeichert und abgerufen werden. Assoziationen spielen dabei vor allem im episodischen und semantischen Gedächtnis eine wichtige Rolle. Für das episodische Gedächtnis spielen Assoziation eine starke Rolle, da Erlebnisse mit Ort, Zeit, Personen, Gerüchen, Gefühlen verknüpft werden. Man hört ein Lied und erinnerst sich plötzlich an einen Urlaub. Assoziation helfen, eine Erinnerung „zurückzuholen“ (Schlüsselreize). Auch im semantischen Gedächtnis sind Begriffe und Wissen im Gehirn vernetzt. Wenn man „Hund“ hört, dann denkt man automatisch an „Tier“, „bellen“, „Leine“. Assoziationen helfen beim schnellen Abruf von Wissen (z. B. beim Lernen über Mindmaps). So arbeiten auch Gedächtnisweltmeister und auch der Detektiv Sherlock Holmes mit der Loci-Methode oder dem sog. Gedächtnispalast, um Informationen mit Orten oder Bildern zu verknüpfen und später im Gedächtnis abgerufen werden zu können. Diese Techniken betreffen primär das semantische und das Arbeitsgedächtnis (siehe sogleich), beruhen aber auf dem episodischen Prinzip der Verankerung in „Orten“ (Loci-Methode).

4.4.2 Routinehandlungen. Das „Gegenteil“ von emotionalen Geschehnissen **868** sind sog. Routinehandlungen.[1352] Routinehandlungen sind (in der Regel tägliche) Ausführungen, die im Lernstadium noch (teilweise) bewusst, durch **mehrfaches Wiederholen** aber schließlich zur **Gewohnheit** werden und **keine *bewusste* Aufmerksamkeit** mehr brauchen. Sie laufen quasi automatisiert ab. „Die Gedächtnisforschung hat hierfür den Begriff „implizites Gedächtnis“ geprägt und bezeichnet damit alle Aspekte unseres prozeduralen Wissens, unserer erlernten Fähigkeiten, deren Ausführung uns so selbstverständlich geworden ist, dass uns gar nicht mehr bewusst ist, wie die entsprechende Handlung abzulaufen hat. Bei vielen Vorgängen, die mit impliziertem Erinnern zu tun haben (wie z. B. Autofahren), wäre es höchst unpraktisch, sich bei der Ausführung zu vergegenwärtigen, was man als Erstes, Zweites oder Drittes zu tun hat.“[1353]

In vielen Beweisaufnahmen geht es aber gerade um alltägliche Handlungen, wie **869** z. B. „Wurden im Vertrag mündliche Nebenabreden getroffen“, „Welche Aufklärungen hat der Vertreter anlässlich des Vertragsabschlusses bezüglich der Risiken vorgenommen“, „Hat der Fahrer vor dem Abbiegen geblinkt, war das Licht eingeschaltet“ usw. Mit solchen Fragen werden die meisten Zeugen überfordert. Sie geben zwar in der Regel eine Antwort, meinen auch, sich erinnern zu können, tun dies aber in Wahrheit nicht. Routinehandlungen erzeugen in der Regel keine langfristigen Erinnerungen, aus mehreren Gründen: Da Routinehandlungen automatisch und **ohne bewusste Aufmerksamkeit** ausgeführt werden, werden sie nicht im Langzeitgedächtnis gespeichert. Eine längerfristige/episodische Speicherung kann **ausnahmsweise** dann erfolgen, wenn die **Routine durchbrochen** wird, was aber zwingend mit *bewusster* Aufmerksamkeit einhergeht, etwa aufgrund eines Fehlers, einer Störung oder ein besonders auffälliges Detail. Nur

1352 Siehe auch das Praxisbeispiel der Umbestellung von Mahagoni-Türen in Eiche-Türen Rn. 231.
1353 Welzer, S. 50.

dann können ausnahmsweise auch weniger emotionale, aber bewusst erlebte Ereignisse episodisch gespeichert werden.

870 Routinehandlungen sind mit **geringer emotionaler Intensität** (Ausschalten der Kaffeemaschine, Schreiben von Emails, **Arbeit** etc.) verbunden, was dazu führt, dass sie weniger intensiv verarbeitet werden und daher nicht im Langzeitgedächtnis gespeichert werden. Deshalb wissen wir nicht, ob wir die Kaffeemaschine auch wirklich ausgemacht haben. Eines der neueren Erscheinungsformen von Routinehandlungen lässt sich auf dem Parkplatz von Supermärkten o. ä. beobachten. Die Fahrer schließen beim sich Entfernen vom Auto mit ihren Funk-Fernbedienungen mehrmals und im Abstand von mehreren Sekunden ab, weil sie sich an das Abschließen als Routinehandlung einfach nicht erinnern oder zumindest an ihrer Erinnerung zweifeln.

871 Im forensischen Bereich kommen Routinehandlungen häufig im **Straßenverkehr** vor, weil auch das Autofahren durch häufiges Wiederholen zur Gewohnheit geworden ist, es keine bewusste Aufmerksamkeit und es nicht mit Emotionen verbunden ist. Eine Routinehandlung liegt daher auch vor bspw. beim Überfahren einer (grünen) Ampel vor. Die Information (Farbe der Ampel) wird regelmäßig nicht abgespeichert, der Fahrer wird sich regelmäßig nicht an die Ampelfarbe erinnern und vor Gericht ehrlicherweise nur sagen können, dass er „normalerweise“ nicht bei Rot über die Ampel fährt, davon ausgeht, dass die Ampel grünes Licht gezeigt habe. Gleiches gilt auch für sonstige Handlungen während der Fahrt, bspw. das Setzen eines Blinkers für den Abbiegevorgang. Erinnerungen des Fahrers selbst oder eines Beifahrers zum Setzen des Blinkers oder gar damit verbundenen Geräuschen sind nicht wahrscheinlich, jedenfalls mit den Erkenntnissen der Wissenschaft nicht ohne weiteres erklärbar. Die Behauptung an eine solche Erinnerung mag eine Lüge sein, wahrscheinlich aber jedenfalls ein Phänomen der Wahrnehmungs- oder Erinnerungsfehler (bspw. Auffüllungsneigung, Solidarisierung, Plausibilität).[1354] Ein **häufiger Fehler** bei Gericht ist es, aus einem der Routinehandlung nachfolgenden besonderen Ereignis (z. B. ein Verkehrsunfall an einer Ampelanlage) den Schluss zu ziehen, es könne oder müsse gar eine Erinnerung an die vorangegangene Routinehandlung (im Beispiel: Blick auf die Ampel) vorliegen. Tatsächlich aber erfolgte auf die Routineinformation (grüne Ampel) die Routinehandlung (Gasgeben) und war nicht wert, abgespeichert zu werden. Was nicht ins Gedächtnis gelangt ist, kann dort nicht (wieder) abgerufen werden. An dieser Stelle kann an den schon vielfach besprochen Fall verwiesen werden, bei dem das Gericht durch eine Vernehmung versuchte herauszubekommen, für wen der beiden Fahrer die Ampel grünes Licht, für wen rotes Licht zeigte. Es ist absolut stimmig, dass der eine Fahrer aussagte: „Ich gehe davon aus, dass die Ampel grünes Licht zeigte“. Unstimmig ist hingegen die Aussage der Fahrerin, “Die Ampel war grün“. Die fehlende Erinnerung konnte daher erfolgreich mit einer Situationsfrage vor Augen geführt werden.[1355]

872 Das Phänomen der Routinehandlung spielt insbesondere auch bei **Arbeit** und deshalb bei der **Vernehmung eines Polizeibeamten** eine Rolle. Polizisten nehmen täglich eine Vielzahl von Ermittlungshandlungen vor, oft – wie jeder andere bei der Arbeit auch – ohne besonderes Interesse oder emotionaler Beteiligung. Verkehrsunfallaufnahmen, Vernehmungen, Schlägereien, Verkehrsordnungswidrigkeiten, Trunkenheiten und fahrlässige Körperverletzungen, Verstöße gegen das Pflichtversicherungs- und Kfz-Steuergesetz, einfache Ladendiebstähle, Betrug, Unterschlagung u. v. m. zeichnen sich häufig durch ein hohes Maß an inhaltlicher Identität und monotoner Routine der Ermittlungen aus. Schlechte Voraussetzungen für die Bildung von längerfristigen Erinnerungen. Ausnahme-

1354 Siehe Erinnerungsfehler Rn. 890.
1355 Siehe Situationsfragen Rn. 158.

fälle bilden lediglich Vorgänge mit besonderen Auffälligkeiten bezüglich der beteiligten Personen oder des Handlungsablaufs. Ob damit auch Emotionen als Schlüsselfaktor für langfristige Erinnerungen verbunden sind muss im Einzelfall beantwortet werden. In dem schon verschiedentlich besprochenen Fall der Mehrpreisvereinbarung ist mangels Emotionen keine Erinnerung zu erwarten. Genau deshalb „eiert" der Zeuge hierzu befragt rum und antwortet: „Im Grunde genommen war es klar", „Das ist auch gesagt worden".[1356]

Die Verfasser haben es sich daher zur Gewohnheit gemacht, sich bereits bei der **Vorbereitung** von Vernehmen die **Frage** zu stellen, ob Erinnerungen aus dem episodischen Gedächtnis **erinnungspsychologisch** eher oder eher nicht **zu erwarten** sind. Das hängt entscheidend von der emotionalen Berührung der Aussageperson ab. Diese kann nur die Auskunftsperson beantworten. Gegebenenfalls ist danach zu fragen („Wie ging es Ihnen damals?", „War da(s) was Besonderes?" etc.). Ohne emotionale Beteiligung sind langfristige (nochmals: wir hier sprechen hier eher von wenigen Tagen als von Wochen oder gar Monaten) Erinnerungen aus dem episodischen Gedächtnis nicht zu erwarten **873**

Die Erkenntnis kann auch „andersherum" genutzt werden. Bei hoher **emotionaler Beteiligung** ist die Aussage, **„Ich habe *keine* Erinnerung mehr,** das ist zu lange her" erinnerungspsychologisch **unstimmig** und unglaubhaft. Es liegt die Annahme einer Aussageverweigerung nahe, kaschiert im Kleide angeblichen Erinnerungsverlustes. Hierzu noch zwei weitere Beispiele aus Prozessen: **874**

Ende September 2021 versuchte ein Gericht den sog. **Diesel-Skandal** (die Manipulation von Pkw-Dieselmotoren mit verbotenen Abschalteeinrichtungen etc.) und die Beteiligung des ehemaligen Audi-Chefs S. aufzuklären. Der Presse war zu entnehmen, dass Zeugen „im Angesicht" des erkennenden Vorsitzenden „spontan Gedächtnisverlust" erlitten: „Ich kann mich nicht erinnern" soll ein Assistent des Chefs vor Gericht ausgesagt haben. Treffen mit S., deren Existenz interne Audi-Dokumente belegen, hat er vergessen, Inhalte sowieso. Irgendwann platzt dem Richter der Zeitungsberichterstattung zufolge der Kragen. „Es könnte der **Verdacht** aufkommen, **dass Sie sich nicht erinnern wollen**", raunzt er den 44-jährigen Zeugen an.[1357] Wir wollen uns nicht zu dem Verfahren verhalten. Die Berichterstattung soll vielmehr Anlass zur Frage geben, wie wahrscheinlich es erinnungspsychologisch ist, dass ein Zeuge Erinnerung an Treffen, Dokumente, Emails und den Inhalt davon hat. Das hängt entscheidend von der emotionalen Berührung der Aussageperson im Zeitpunkt der Wahrnehmung ab. Handelt es sich um alltägliche Vorgänge, dann liegt eine klassische Routinehandlung vor, Erinnerungen wären mit zunehmendem Zeitablauf nicht mehr zu erwarten. Schreibt der Assistent einen Vermerk, etwas des Inhalts „Chef. Wir müssen uns schnellstmöglich unterhalten. Ich habe gerade erfahren, dass wir in praktisch allen Dieselmotoren verbotene Abschalteinrichtungen verbaut haben. Die Zulassungsbehörden in Europa und USA haben das jetzt herausgefunden. Ich habe es mal kurz hochgerechnet: Auf uns rollen Schadensersatzforderungen in Milliardenhöhe zu", dann wäre das anders zu bewerten, was auch nachfolgendes Beispiel verdeutlicht. **875**

2022 versuchte ein Gericht in **Berlin** in einem **Strafprozess** u. a. aufzuklären, was einem deutschen Rapper widerfahren war. Der Rapper soll vom Angeklagten u. a. eingesperrt, mit einer Flasche und einem Stuhl beworfen worden sein. Die Hauptvorwürfe lauten auf versuchte räuberische Erpressung, gefährliche Körperverletzung und Nötigung. Der Angeklagte wurde von den Hauptvorwürfen nach über 100 Hauptverhandlungstagen freigesprochen. Zuvor wurde noch ein Zeuge vernommen, dem ähnliches widerfahren sein soll (was wohl als Indiz **876**

1356 Siehe Rn. 286 und 388.
1357 Stuttgarter Zeitung vom 9.12.2021 „Nichts gewusst und viel vergessen".

für den zu klärenden Sachverhalt bewertet worden war). Bei einer polizeilichen Vernehmung in 2012/13 soll der Zeuge von einem Angriff des Angeklagten mit einem Baseballschläger in einem Keller berichtet haben, eine Viertelstunde lang sei der Zeuge vom Angeklagten geschlagen worden, auf Kopf, Arme und Beine. Da war von „Angst" die Rede. Der Zeuge habe geglaubt, er komme da „nicht mehr lebend raus". Im Prozess gab der Zeuge zu dem damaligen Vorfall an, er könne sich nicht mehr „genau erinnern". „Ja, es gab Stress, aber ich kann mich nicht genau erinnern. … Das war von zehn Jahren …". Klar ist, dass „der Gegenstand der Vernehmung" vor über 10 Jahren stattgefunden hat und damit zwangsläufig auch ein Erinnerungsverlust eintreten sein kann. Ob ein Erinnerungsverlust erinnerungspsychologisch stimmig ist, hängt entscheidend von der emotionalen Berührung der Aussageperson ab. Die Aussage vor der Polizei, geglaubt zu haben, „nicht mehr lebend raus" zu kommen, deutet auf eine „Nahtoderfahrung" hin, auf Todesangst, was einer sehr hohen emotionalen Berührung und daher einer sehr langfristigen Erinnerung entspricht. Die Aussage, sich nicht erinnern zu können, ist – vorausgesetzt, damalige Angaben waren erlebnisbasiert – erinnerungspsychologisch nicht stimmig

877 Auch wenn Erinnerungsverlust die Rechtsfindung erschwert, so ist grundsätzlich zu erwarten, dass Zeugen – aber auch Parteien – sich vergleichsweise häufig bei der Vernehmung nicht mehr erinnern (können). Bis zur Verhandlung ist viel Zeit vergangen. Oft geht es um Teile eines Geschehens, die im Moment des Ereignisses für die befragte Person nicht von besonderem Interesse waren, bei der die befragte Person keine emotionale Beteiligung hatte. Das Einräumen von Erinnerungslücken hört man vor Gericht trotz dieser Erkenntnisse der Gedächtnis- und Erinnerungspsychologie zu selten. Dies liegt vermutlich daran, dass die Gedächtnislücken *unbewusst* geschlossen werden und Erinnerung, erst recht in einer Befragungssituation, ein Rekonstruktionsprozess ist. Die gutwillige Auskunftsperson will dem Gericht helfen und *konstruiert* eine „Erinnerung". Dieser unerwünschte Effekt wird durch eine intensive Befragung verstärkt. Einen Ausweg bieten hier Situationsfragen.[1358]

878 **4.4.3 Erregung/Stress.** In vielen Untersuchungen wurde gezeigt, dass Erregung/Stress eine **große Rolle** für unsere **kognitive Leistungsfähigkeit** und die Fähigkeit spielt, Erinnerungen zu speichern und abzurufen. Solcher Stress kann allein schon in der Vernehmungssituation entstehen. Die Ursachen können vielfältig sein und etwa in einer unvertrauten Umgebung und formalen Atmosphäre, falsche Vorstellungen über den Ablauf einer Vernehmung, Angst vor strafrechtlichen Konsequenzen, Furcht vor dem Verlust des sozialen Ansehens, Zeitdauer und Dauer der Vernehmung, suggestive Fragestellungen und Druck durch Vernehmungstaktiken, Art der Dokumentation, unverständliche Belehrung, emotionale Belastung durch das Wiedererleben des Ereignisses, Angst vor Widersprüchen und Unglaubwürdigkeit, kognitive Überforderung und Erinnerungslücken, sprachliche und kulturelle Barrieren, persönliche Vorgeschichte und psychische Verfassung u. v. m. sein.[1359] Die Beziehung von Stress und kognitiver Leistungsfähigkeit wird häufig durch das Yerkes-Dodson-Gesetz beschrieben, das besagt, dass ein moderates Erregungsniveau optimale kognitive Leistungen begünstigt, während sehr geringe oder sehr hohe Erregung die Leistungsfähigkeit beeinträchtigt. In einer Grafik ließe sich das als umgekehrte U-Kurve/Parabel darstellen.

879 Neueren Untersuchungen zufolge ist das Yerkes-Dodson-Gesetz zwar ein gutes Modell, wenn man die kognitive Leistungsfähigkeit im Verhältnis zur Erregung verstehen will. Davon zu unterscheiden ist der Mechanismen von Erregung und

---

1358 Siehe Rn. 158.

1359 Jansen, Zeuge und Aussagepsychologie, 3. Auflage, Rz 524 mit Verweis auf Brockmann/Chedor, Vernehmung: Hilfen für den Praktiker" (1999), S. 18.

Gedächtnisbildung und damit **Gedächtnisleistung**. Danach gilt: Die steigendende physiologische Erregung führt zu einer **Aufmerksamkeitsverengung**, in der die Aufmerksamkeit auf zentrale statt auf periphere Merkmale der Situation gerichtet wird. Die **Zentralität von Details** bezieht sich dabei auf die Zentralität für die Aufmerksamkeit der Versuchsperson und nicht auf die Relevanz für die Handlung.[1360] Folglich wäre das **Gedächtnis** für **zentrale Details** vergleichsweise **gut**, während das Gedächtnis für periphere Informationen beeinträchtigt wird. Das Phänomen ist im Zusammenhang mit dem sog. Waffenfokus bekannt. Opfer erinnern sich hervorragend daran, dass eine Schusswaffe auf sie gerichtet wurde, können aber im Randbereich kaum etwas anderes erinnern.[1361] Es ist eine Art Tunnelblick-Effekt.[1362] Insgesamt erhöht Erregung (wie jede Emotionalität, siehe oben) die Wahrscheinlichkeit, dass ein Erlebnis langfristig im Gedächtnis bleibt.[1363]

4.4.4 Trauma und (un)bewusste Verdrängung. Im Zusammenhang mit traumatischen Ereignissen wird immer wieder das Phänomen **verdrängter**, „vergessener" und ggf. „wiedergewonnener" **Erinnerungen** thematisiert. Dem Phänomen begegnet man gelegentlich bei der Aufarbeitung von sehr lange zurückliegenden, traumatischen Ereignissen. Immer wieder wird von Fällen berichtet, in denen bspw. bei Opfern von sexuellem Missbrauch nach vielen Jahren verdrängte Erinnerungen nach und nach wieder aufbrechen. Dann soll sich die Psyche „melden", dass es jetzt Zeit ist, sich diesen Erlebnissen zu stellen, sie zu be- und verarbeiten. Oft gibt es dazu einen externen oder internen Trigger (z. B. durch Lebensereignisse), die **Erinnerungsprozesse „initiieren"**. **880**

Die Frage ist, ob und wie traumatischen Ereignisse die Erinnerung beeinflussen. Dafür ist zunächst die Frage zu klären, was unter einem traumatischen Ereignis, unter einem **Trauma** zu verstehen ist. Ein Trauma wird in der Traumaforschung definiert als (objektiv) ein Geschehen von außergewöhnlicher Bedrohung mit katastrophalem Ausmaß, das (subjektiv) eine tiefe Seelenverletzung hervorruft. Die ICD-11 (Internationale Klassifikation der Krankheiten, 11. Revision) der Weltgesundheitsorganisation (WHO) beschreibt Trauma im Kontext stress- und belastungsbezogener Störungen. Ein Trauma wird hier als ein Ereignis klassifiziert, das außergewöhnlich bedrohlich ist und zu einer Überforderung der Bewältigungsmechanismen führt. Der subjektive Faktor (emotionale und psychische Auswirkungen) spielt eine zentrale Rolle in der Definition und Diagnostik. Die exakte Wortwahl der Definition von Trauma variiert, aber der Kern – die Verknüpfung von objektiven Ereignissen und subjektiven psychischen Auswirkungen – ist ein gemeinsames Merkmal dieser Quellen. Die Frage, ob ein Trauma vorliegt, wird in der Regel ein Mediziner zu beantworten haben. Ein zentraler Aspekt des Traumas ist auch der völlige Kontrollverlust. **881**

Die Definition und die Voraussetzungen für das Vorliegen eines Traumas wird in der Regel bereits zur Erkenntnis führen, dass ein **angeblicher Erinnerungsverlust** über die Umstände der Tat bei den **Straftätern** selbst nicht mit einem Trauma erklärt werden kann, weil sie in der Regel nicht traumatisiert sind. Gerade in Fällen der Schwerstkriminalität wird dies vom Täter aber fälschlicher- **882**

1360 Lanciano, T/ Curci, A. Memory for emotional events: The accuracy of central and peripheral details, Europe's Journal of Psychology, 7(2), S. 323, 324, 325 (2011).

1361 Fawcett, J. M., Peace, K. A., & Greve, A. (2016). Looking down the barrel of a gun: What do we know about the weapon focus effect? Journal of Applied Research in Memory and Cognition, 5(3), 257–263; Kocab/Sporer (2016) The Weapon Focus Effect for Person Identifications and Descriptions: A Meta-analysis. Advances in Psychology and Law: Volume 1, 2016.

1362 Christianson, S. A. (1992). Emotional stress and eyewitness memory: A critical review. Psychological Bulletin, 112(2), 284–309.

1363 McGaugh, J. L. (2004). The amygdala modulates the consolidation of memories of emotionally arousing experiences. Annual Review of Neuroscience, 27, 1–28; Brown, R., & Kulik, J. (1977): Flashbulb memories. Cognition, 5(1), 73–99.

weise immer wieder behauptet. Der Mörder, der die Tat unmittelbar nach seiner Festnahme noch detailliert geschildert hat, trägt vor, er habe, um weiter vor sich selbst bestehen zu können, beschlossen, seine Tat vergessen wollen. Heute wisse er nur noch, wie er dem Opfer gegenüberstand und das Messer in der Hand hielt. An die vielen Stiche könne er sich nicht mehr erinnern. Sein Wunsch nach Verdrängung ist zwar nachvollziehbar, in seinem Innersten weiß er aber doch, was geschehen ist. Täter agieren aktiv, was das Risiko für ein Trauma reduziert. Häufiger anzutreffen ist im forensischen Bereich daher die unechte (Teil-)Verdrängung im Sinne einer Schuldverdrängung. „Für Richter und Staatsanwälte ist es daher gleichermaßen wichtig, zu erkennen, dass die Rede von der Verdrängung vielfach nichts anderes als eine Leerformel meint, die seltener Vergessen und häufiger den Unwillen signalisiert, Auskunft zu geben".[1364]

883 Sofern ein Trauma vorliegen sollte, stellt sich die Frage, wie dieses **Trauma** die **Erinnerung** beeinflusst. Vertreter des „traumatic *memory* argument" argumentieren, dass Trauma eine Übererregung auslösen und traumatisierte Personen sich an traumatische Ereignisse oft *schlechter* erinnern als an andere Arten von Ereignissen. Dahinter steht die Überzeugung, es handele sich um eine psychologische Abwehr gegen die Wirkung des Traumas. Unser Geist wird mit dem Trauma schlicht nicht fertig und macht spätere Erinnerungen daran im Wesentlichen unzugänglich.[1365] Ähnlich wird im Zusammenhang mit (bewusster/aktiver) Verdrängung, Abspaltung, dissoziative Amnesie und allgemein Dissoziation argumentiert. Diagnostische Handbücher wie das ICD-10 und (gültig ab 2022) 11 (Code F44) erkennen das Phänomen von dissoziativer Störung samt Amnesie als eigenständige Störung an.

884 Viele Gedächtnisforscher und auch Gerichte argumentieren seit Anfang der 2000er Jahre gegenteilig (sog. trauma *superiority* argument). Sie monieren und argumentieren insbesondere, dass es an empirischen Belegen für die Existenz der dissoziativen Amnesie mangelt.[1366] **Traumatische Ereignisse** haben danach keinen signifikant negativen Einfluss auf das Gedächtnis, die Qualität der Erinnerung könne sogar erhöht sein. Aufgrund der Erregung verengt sich der Gedächtnisfokus, wodurch Informationen mit hoher Priorität besser, Umgebungsinformationen mit niedrigerer Priorität schlechter erinnert werden (Tunnelblick-Effekt). Eine höhere Anfälligkeit für Verzerrung besteht allenfalls im Randbereich.[1367] Ein Trauma hat im Hinblick auf Vergessen einen **Überlegenheitseffekt** auf das Gedächtnis mit dem Ergebnis, dass Trauma-Erinnerungen im Vergleich zu neutralen oder weniger emotionalen Ereignissen lebendiger, detaillierter und vor allem resistenter gegen das Vergessen sind.[1368] Insb. **Posttraumatische Belastungsstörungen** (PTBS) können als Beleg für das Trauma Superiority Argument

---

1364 Glatzel StV 2003, 189.

1365 van der Kolk, B. A. (1996). Traumatic memories: Current knowledge of the neurobiology of trauma. Harvard Review of Psychiatry, 3(4), 253–265.

1366 Informativ: False Memory Deutschland e.V., www.false-memory.de.

1367 Siehe oben Erregung/Stress und Aufmerksamkeitsverengung Rn. 878.

1368 Steller, Stand und Herausforderungen der Aussagepsychologie, in Forensische Psychiatrie, Psychologie, Kriminologie, Ausgabe 2/2020, 198, 191; McGaugh, J. L. (2004). The amygdala modulates the consolidation of memories of emotionally arousing experiences. Annual Review of Neuroscience, 27, 1–28; Christianson, S. A. (1992). Emotional stress and eyewitness memory: A critical review. Psychological Bulletin, 112(2), 284–309; Anderson, M. C., & Green, C. (2001). Suppressing unwanted memories. Nature, Vol. 410, 366–369; McNally, Richard J.: Remembering Trauma, S. 159–185, S. 275; weiterführend auch Volbert, Renate: Beurteilung von Aussagen über Traumata; Crombag, Hans F.M. und Merckelbach, Harald L.G.: Missbrauch vergisst man nicht; Schacter, Daniel: Wir sind Erinnerung, Gedächtnis und Persönlichkeit; Landessozialgericht Niedersachsen-Bremen, Urt. v. 29.1.2025 – L 10 VE 59/22, mit Verweis auf Volbert/Steller in: Venzlaff/ Foerster/Dreßing/Habermeyer, Psychiatrische Begutachtung, 7. Auflage 2021, S. 777; Volbert in Psychotherapie im Dialog, 2014 S. 82 ff.; Landessozialgericht Niedersachsen-Bremen, Urt. v. 29.1.2025 – L 10 VE 59/22 m. w. N.

herangezogen werden. PTBS ist durch die anhaltende Präsenz von traumatischen Erinnerungen gekennzeichnet, oft in Form von Intrusionen (z. B. Flashbacks, lebendige Wiedererinnerungen) und Hyperarousal und die sich „in der Regel innerhalb von 3 Monaten“ nach dem erlittenen Trauma ausbilden.[1369] Die Symptome zeigen, dass traumatische Erinnerungen besonders stark konsolidiert und leicht abrufbar sein können, was die Grundannahmen des Trauma Superiority Arguments unterstützt. *Steller* konstatiert unter Verweis auf verschiedene Studien: „Es gibt also keine sicheren Belege für das Postulat über ein Nicht-Erinnern von Psychotraumata; vielmehr wird beschrieben, dass gerade belastende Erlebnisse besonders gut behalten werden“.[1370]

Die beiden Lager haben auch die Frage hervorgerufen hat, ob unzugängliche/verloren gegangene/verdrängte **Erinnerungen wiedergewonnen** werden können. Die **„memory wars“** spiegeln eine hitzige wissenschaftliche, klinische und gesellschaftliche Debatte wider, die in den 1980er und 1990er Jahren ihren Höhepunkt erreichte. Im Mittelpunkt der Kontroverse standen die Themen wiedergewonnene Erinnerungen (**recovered memories**) und falsche Erinnerungen (**false memories**), insbesondere im Kontext von psychotherapeutischen Sitzungen und traumatischen Erlebnissen wie sexuellem Missbrauch. Viele Menschen, insbesondere in therapeutischen Kontexten, berichteten, dass sie sich plötzlich an verdrängte traumatische Erlebnisse (z. B. sexuellen Missbrauch in der Kindheit) erinnern konnten. Befürworter argumentierten, dass diese Erinnerungen authentisch seien und durch verdrängende oder dissoziative Mechanismen zeitweise unzugänglich waren.[1371] Therapeuten nutzten oft Techniken wie Hypnose, Traumdeutung und Visualisierung, um Zugang zu diesen Erinnerungen zu erhalten. Kritiker argumentierten, dass diese wiedergewonnenen Erinnerungen durch suggestive Therapiepraktiken oder soziale Erwartungen erzeugt worden seien. Dies führte zur Gründung der False Memory Syndrome Foundation (FMSF) im Jahr 1992, die darauf hinwies, dass Menschen durch suggestive Therapie falsche Erinnerungen entwickeln könnten.[1372] Besondere Aufmerksamkeit verdient jedenfalls der Irrtum der Suggestion im Zusammenhang mit *wiedergewonnen* Erinnerungen.[1373] **885**

Zum Schluss soll noch erwähnt werden, dass es ein **Zirkelschluss** wäre, aus einer festgestellten psychischen Belastung oder Traumatisierung eines Zeugen unmittelbar auf die Tatbegehung durch den Beschuldigten und/oder eine Verursachung von bestehender Symptomatik durch das (noch) fragliche Delikt zu schließen.[1374] Das gleiche gilt natürlich auch umgekehrt. Zudem ist zu berücksichtigen, dass die Aussagenanalyse bei traumatisierten Personen nach den gleichen Kriterien zu erfolgen hat wie bei nicht-traumatisierten Personen. Die Analyse erfährt insbesondere keine Modifikation oder Einschränkung.[1375] **886**

4.4.5 Affekt und Erinnerungsverlust. In der forensischen Psychologie und Neurowissenschaft ist die Frage des Erinnerungsverlustes durch Affekt von besonderer Bedeutung. In strafrechtlichen Kontexten, insbesondere in Bezug auf Affekttaten, wird häufig argumentiert, dass sich eine Person während der Tat in einem **887**

1369 Landessozialgericht Niedersachsen-Bremen, Urt. v. 29.1.2025 – L 10 VE 59/22.

1370 Steller, Stand und Herausforderungen der Aussagepsychologie, Forensische Psychiatrie, Psychologie, Kriminologie (2020) 14: 188–196.

1371 Herman, J. L. (1992). Trauma and Recovery: The Aftermath of Violence – From Domestic Abuse to Political Terror.

1372 Loftus, E. F. Creating false memories. Scientific American, 277(3), 70–75 (1997).

1373 Landessozialgericht Niedersachsen-Bremen, Urt. v. 29.1.2025 – L 10 VE 59/22 m. w. N.

1374 BGH, Beschl. v. 16.6.2021 – 1 StR 109/21; Landessozialgericht Niedersachsen-Bremen, Urt. v. 29.1.2025 – L 10 VE 59/22.

1375 Köhnken, in Deckers/Köhnken (Hrsg), Die Erhebung und Bewertung von Zeugenaussagen im Strafprozess, 2. Auflage 2022, S. 1, 9.

Zustand der extremen emotionalen Erregung befand, was zu einer eingeschränkten Verantwortungsfähigkeit oder fehlendem Erinnerungsvermögen geführt haben könnte. Das Vorliegen eines Affekts wird von forensischen Psychologen beantwortet werden müssen. Ein **Affekt** ist jedenfalls ein psychophysiologischer Zustand intensiver emotionaler Erregung, der sich typischerweise durch eine plötzliche und heftige Reaktion auf einen externen oder internen Reiz auszeichnet. Im Unterschied zu Emotionen, die länger anhalten und bewusster reflektiert werden können, sind Affekte oft kurzfristig, intensiv und durch eine reduzierte kognitive Kontrolle gekennzeichnet. Auch in diesem Zusammenhang werden „Erinnerungsstörungen“, der ausgestanzten Tatamnesie („dann sah ich nur noch rot, und dann erinnere ich erst wieder das Blaulicht“) kontrovers diskutiert.[1376] Obwohl es klinische Berichte über Gedächtnisverlust im Zusammenhang mit starken Affekten gibt, bleibt die wissenschaftliche Evidenzlage uneinheitlich.[1377]

888 **4.4.6 Alkohol.** Im Rechtssystem ist der Glaube weit verbreitet, dass Alkohol die Zeugenaussagen beeinträchtigt. Eine Meta-Analyse fand indes heraus, dass Alkohol einen Einfluss auf die **Quantität**, **nicht** aber unbedingt auf die **Qualität**/Korrektheit der abgerufenen Details hatte. Eine akute Alkoholintoxikation verringert die Anzahl der richtig erinnerten Details signifikant, während die Anzahl der falsch erinnerten Details nicht in statistisch signifikantem Ausmaß erhöht. Dies deutet darauf hin, dass eine Alkoholintoxikation während der Kodierung die **Vollständigkeit** der Erinnerung **verringert**.[1378] Der **Einfluss** von Alkohol auf das episodische Gedächtnis ist dabei stark **dosisabhängig**. Mit steigender Intoxikation – also einem progressiven Anstieg der Blutalkoholkonzentration (BAK), gemessen in ‰ (Promille) – verschärfen sich die Gedächtnisbeeinträchtigungen. Die Forschung betont, dass die BAK bis 0,15 ‰ nur geringe bis moderate Beeinträchtigungen des Gedächtnisses bewirken.[1379] Bei moderater Intoxikation – das heißt einer BAK von bis zu etwa 0,6 ‰ – kommt es vor allem zu einer **Reduktion der Detailfülle**, **ohne** dass die **Qualität** der erinnerten Informationen wesentlich leidet.[1380] Im Übergangsbereich zwischen etwa 0,6 ‰ und 0,8 ‰ zeigen sich zunehmende Einbußen weiter auf die **Quantität** und auch **erste qualitative Störungen**, etwa in Form vereinzelter Fehler oder erhöhter Anfälligkeit für Suggestion.[1381] Ab etwa 0,8 ‰ Blutalkoholkonzentration treten deutlichere qualitative Gedächtnisstörungen auf. Sowohl die Anzahl erinnerter Details als auch deren Richtigkeit sind nun signifikant beeinträchtigt. Bei stark erhöhter BAK, insbesondere über 1,5 ‰, besteht zudem ein deutlich erhöhtes Risiko für alkoholinduzierte Blackouts.

1376 Zur Frage von affektbedingten Erinnerungslücken, vgl. BGH, Beschl. v. 28.2.1989 – 1 StR 32/89; BGH, Beschl. v. 7.1.997 – 4 StR 605/96; BGH, Urt. v. 18.9.2002 – 2 StR 125/02; BGH, Beschl. v. 12.10.2021 – 5 StR 271/21; BGH, Urt. v. 19.12.2024 – 5 StR 588/24; Maisch, Die Tatamnesie bei sogenannten Affektdelikten, StV 1995, 381–389.

1377 Körber, „Affektdelikte“ revisited: ein Abgesang auf die „tiefgreifende Bewusstseinsstörung, in: Forensische Psychiatrie, Psychologie, Kriminologie, Ausgabe 4/2024.

1378 Jores, T., Colloff, M. F., Kloft, Smailes, H. Flowe, H.D. A metaanalysis of the effects of acute alcohol intoxication on witness recall, in: Appl Cognit Psychol. 2019, 334.

1379 Karlén M. H., de Bejczy, A., Anckarsäter, H. GuDjónsson, G.: What does current science tell us about the accuracy, reliability, and completeness of intoxicated witnesses? A case example of the murder of a prime minister, frontiers in psychology (2022), S. 2/14.

1380 Karlén M. H., de Bejczy, A., Anckarsäter, H. GuDjónsson, G.: What does current science tell us about the accuracy, reliability, and completeness of intoxicated witnesses? A case example of the murder of a prime minister, frontiers in psychology (2022), S. 2/14 m. w. N.; Bartlett, G, Albery I.P., Frings, D., Gawrylowicz; J.: The effects of alcohol and co-witness information on memory reports: a field study, Psychopharmacology (2022) 2945.

1381 Karlén M. H., de Bejczy, A., Anckarsäter, H. GuDjónsson, G.: What does current science tell us about the accuracy, reliability, and completeness of intoxicated witnesses? A case example of the murder of a prime minister, frontiers in psychology (2022), S. 3/14 m.w.N

4.5 Vergessen

889 Mit dem Wahrnehmen beginnt bereits das Vergessen. Erinnerungen gehen verloren, Erinnerungen verblassen. Das ist normal, das ist die Regel und jeder kennt es: Menschen erinnern sich in der Regel besser an (einfache) Ereignisse der letzten Stunden als vom Tag oder der Woche oder gar dem Monat zuvor. Jeder hat sicher schon einmal seine Schlüssel irgendwo liegen lassen und kann sich einfach nicht erinnern, wo. **Geistesabwesenheit** ist für verlegte Hausschlüssel verantwortlich. Fehlt die **bewusste Aufmerksamkeit** in einem Moment, schafft es diese Begebenheit nur ins Kurzzeitgedächtnis – und ist ca. 30 Sekunden später – schon weg. Erinnerungsverlust ist mit zunehmendem Zeitablauf daher zu erwarten. Ob längerfristige Erinnerungen erinnerungspsychologisch als episodische Erinnerung zu erwarten sind hängt – wie ausgeführt – u. a. maßgeblich von den Emotionen, der Bedeutung im Moment der Wahrnehmung ab.[1382] Als Grundregel für einmalige Geschehnisse kann festgehalten werden: ohne bewusste Wahrnehmung und ohne emotionale Berührung sind Erinnerungen schon nach wenigen Tagen nicht mehr zu erwarten.[1383] Je stärker insb. die Emotionen sind, desto länger die Erinnerung. Auch Erinnerungen aus dem Langzeitgedächtnis können jedoch vergessen werden.[1384] Selbst Ereignisse, die auf den betreffenden Menschen einen starken Eindruck gemacht haben oder eine neuartige Erfahrung darstellten, verblassen mit der Zeit,[1385] abhängig vom Grad der Emotion, der Bedeutung. Langzeiterinnerungen lassen sich aber schneller wieder auffrischen, da die neuronalen Verbindungen nicht vollständig abgebaut werden, sondern sich lediglich zurückbilden. Informationen im Langzeitgedächtnis können mit der Zeit verblassen, wenn sie nicht regelmäßig abgerufen oder verwendet wird (Verfallstheorie – Decay Theory). Auch vermischen sich mit der Zeit Erinnerungsreste mit anderen Erinnerungen. Neuere Erinnerungen können ältere überlagern, sich gegenseitig beeinflussen, was insoweit auch zum Vergessen führt. Es geht um die Beeinträchtigung von Erinnerung durch konkurrierende Erinnerung. In der Psychologie wird dieses Phänomen als **Interferenz** bezeichnet.

4.6 Erinnerungsfehler

890 Vergessen ist damit grundsätzlich ein normaler Vorgang. Häufig werden jedoch die Kapazität und die Detailgenauigkeit des menschlichen Gedächtnisses überschätzt. Viele Menschen haben die Vorstellung, dass Erinnerung wie ein zunächst leeres Buch ist, das mit dem Erleben seitenweise beschrieben wird und in dem zurückgeblättert werden kann, es sei denn die Schrift/Erinnerung verblasst. Das ist aber falsch. Erinnerung ist dabei genauso wenig mit einem Computer zu vergleichen, da diese nicht statisch und nicht an einem festen Ort abgelegt wird. Das Gedächtnis funktioniert nicht wie ein statisches Archiv, sondern eher wie ein dynamisches „Karteikartensystem", bei dem relevante Informationen durch gezielte Abrufreize (Cues) selektiert werden.

891 Wir vergessen nicht nur: wir verdrehen, verzerren und verformen unsere Erinnerungen wie Knetgummi. Wir werfen Dinge durcheinander, wir erinnern sogar Erlebnisse, die nie stattgefunden haben. Wir können unseren Erinnerungen nicht immer trauen. Es kommt auf vielfache Weise zu Erinnerungsfehlern.

892 **4.6.1 Auffüllungsneigung.** Die menschliche Erinnerung ist kein passiver Prozesse, das Gedächtnis kein – einem Computer vergleichbarer statischer – „Speicher", sondern eine **dynamische Prozess** einer laufender **Konstruktionen** und **Rekonstruktion** und **Aktualisierung**, die auf unvollständigen Infor-

1382 Siehe oben Rn. 863.
1383 Geipel, Handbuch der Beweiswürdigung, 3. Auflage 2017, § 23, Rz 9.
1384 Geipel, Handbuch der Beweiswürdigung, 3. Auflage 2017, § 23, Rz 8.
1385 Geipel, Handbuch der Beweiswürdigung, 3. Auflage 2017, § 23, Rz 10.

mationen basieren.[1386] Ein zentrales Phänomen in diesem Kontext ist die sogenannte **Auffüllungsneigung** (engl. „filling-in phenomenon"), die beschreibt, wie das Gehirn fehlende oder unklare Informationen durch eigene Annahmen und Erfahrungen ergänzt. Dieses Konzept ist bereits für die Wahrnehmung von grundlegender Bedeutung, aber auch für die Erinnerung. Aufgrund der Auffüllungsneigung werden durch aktuelle Erwartungen und Kontextinformationen Erinnerungen geformt und modifiziert. Zudem werden Informationen im Abrufprozess vor dem Hintergrund von Vergessen so rekonstruiert, dass vorhandene Lücken aus dem Gedächtnis, also mit (Vor)Wissen und Erfahrung aufgefüllt werden, damit ein stimmiges Ganzes entsteht. Unser Hirn ergänzt spontan fehlende Informationen durch Informationen, die Sinn ergeben. Wer müde oder alkoholisiert ist, nimmt weniger und flüchtiger wahr, d. h., umso größer ist die Gefahr der Anreicherung. Unser Gehirn möchte sich **konsistent** erinnern. So hat der BGH in seiner Grundsatzentscheidung über die wissenschaftlichen Anforderungen an Glaubhaftigkeitsgutachten ausgeführt, dass (von Gutachtern) stets zu prüfen ist, „ob ...möglicherweise vorhandene Erinnerungslücken infolge eines Bemühens um Konsistenz "konstruktiv geschlossen" wurden.[1387]

> **Beispiel** zum Auffüllen von Lücken:
> In einem Experiment[1388] betraten während einer Vorlesung zwei Schauspieler – ein Mann mit Aktentasche und eine Frau mit einem eingerollten roten Pappendeckel – den Hörsaal und beklagten sich über ihre Noten in einer Arbeit. Nach einem Wortwechsel verließen sie wieder den Raum, wobei der Mann einen im Gang stehenden Stuhl umwarf. Bei einer späteren Befragung meinte eine Studentin, der Mann habe auf den Dozenten losgehen wollen, dann habe die Frau ihn aber weggezogen mit den Worten: „Nee. Lass' jetzt!". Eine andere Studentin meinte, der Mann habe einen Block in der Hand gehabt und auf die Tischkante geschlagen. All das war nicht geschehen, sondern unbewusst hinzugefügt worden. Fragen nach der Dauer der Störung – tatsächliche Dauer 39 Sekunden – wurden mit einer bis zu drei Minuten beantwortet. Dies erklärt sich daraus, dass es sich um ein für die Zuschauer spannendes Ereignis gehandelt hat. In solchen Fällen werden Zeiträume erfahrungsgemäß überbewertet.[1389]
> Tatsächlich Erinnertes aus dem Handlungskern wurde angereichert mit „schemabasierten Informationen", also mit von der jeweiligen Person erwarteten Handlungen, die aber gar nicht passiert waren. Aus dem Rollenverständnis heraus wurde der Mann im Verhältnis zur Frau als aggressiver und agierend beschrieben. Wie immer bei solchen Experimenten, wurde die Farbe der Bekleidung höchst unterschiedlich erinnert, so beispielsweise das schwarze Oberteil der Frau als rot, teilweise wurde eine von der Frau gar nicht mitgeführte Tasche als „dunkel" erinnert.

893 Durch die Auffüllungsneigung erklärt sich auch, weshalb ein und derselbe Vorgang von verschiedenen Personen anders geschildert wird. Jeder nimmt nicht nur anders war, schenkt anderen Geschehnissen Aufmerksamkeit und Interesse, sondern „füllt" auch anders auf. Auch das ist eine bei Gericht immer wieder anzutreffende Tatsache, dass zwei Personen einen Vorfall nahezu nie identisch schildern (können).[1390] Stimmen die Aussagen verschiedener Zeugen gleichwohl „völlig" überein[1391], dann spricht einiges dafür, dass die Zeugen sich zumindest

1386 Enders, Kriminalistik 1997, Seite 490.
1387 BGH, Urt. v. 30. Juli 1999 – 1 StR 618/98.
1388 Durchgeführt von der Rechtspsychologin Renate Volbert in einem Seminar für Psychologiestudenten an der FU Berlin, Sendung „Quarks & Co", WDR vom 1.4.2008.
1389 Zur Güte von (Erinnerungs-)Schätzungen, siehe auch Rn. 930.
1390 Geipel, Handbuch der Beweiswürdigung, 3. Auflage 2017, § 22, Rz 18.
1391 Siehe „Völlige" Widerspruchsfreiheit/Übereinstimmung mehrerer Zeugen Rn. 612.

über den Vorfall unterhalten haben und nicht mehr ihre Wahrnehmungen, sondern nur noch die Erinnerung an das übereinstimmende Ergebnis des Gesprächs wiedergeben.[1392]

4.6.2 Vermischung von Erinnerungsinhalten/Quellenzuordnungsfehler. Ein vor Gericht nicht selten anzutreffendes Problem ergibt sich aus der Schwierigkeit für das Gedächtnis, **ähnliche Erinnerungsinhalte** voneinander zu trennen (auch „Quellenzuordnungsfehler"genannt[1393]). U.a. um die Informationsverarbeitung zu beschleunigen und die Integration von neuen Wahrnehmungen in das Gedächtnis zu vereinfachen, besteht die Tendenz, ähnliche Ereignisse, die wiederholt erlebt werden, nicht als (episodische) Einzelereignisse, sondern generalisiert und in Form eines verschmolzenen (semantischen) Ganzen zu speichern (sog. kognitives Schema). Das führt allerdings dazu, dass innerhalb eines generalisierten Schemas einzelne Ereignisse nicht eindeutig voneinander unterschieden oder in eine chronologische Abfolge gebracht werden können.[1394] Es besteht somit die Gefahr, dass Teile aus unterschiedlichen Ereignissen miteinander vermischt werden. Details werden häufig falsch zugeordnet. 894

Beispiele: Personen, die immer wieder ähnliche Ereignisse erleben oder Wahrnehmungen machen – jahrelanger sexueller Missbrauch, immer wiederkehrende körperliche Misshandlungen, Versicherungsvertreter oder Mitarbeiter in Call-Center mit stets gleichartigen Vertragsgesprächen und -abschlüssen, aber auch Polizeibeamte, die aus ihrer Sicht immer wieder ähnliche Anzeigen aufzunehmen haben, Asylantragsteller, die wiederholt Überfälle oder Verhaftungen erlebt haben[1395].

4.6.3 Erinnerungsabruf. – 4.6.3.1 Abrufinduziertes Vergessen/„Karteikarte" der Erinnerung. Viele Erinnerungsfehler hängen auch mit dem Erinnerungsabruf zusammen. In der Wissenschaft werden viele Gedächtnistheorie zum Erinnerungsabruf vertreten. Eine sehr bekannte und gut dokumentierte ist die Gedächtnistheorie des **abrufinduzierten Vergessens** (Retrieval-Induced Forgetting, RIF).Sie besagt, dass wir bei jedem Erinnerungsabruf auch etwas vergessen. Eine Erinnerung wird bei jedem Abruf überprüft, neu erstellt und erneut gespeichert. Bildlich gesprochen sind die Erinnerungen jedes Mal auf einer **Karteikarte** untergebracht.Bei jedem Erinnerungsabruf wird die Karteikarte der Erinnerung herausgezogen, gelesen, die alte Karte dann weggeworfen. Es wird eine neue Version der Erinnerung auf der neuen Karteikarte geschrieben, die dann wieder „im Karteikasten" einsortiert wird. Und man nimmt an, das geschieht jedes Mal, wenn wir irgendeine Erinnerung abrufen.[1396] Das Problem ist, dass keine Genese der Erinnerung mehr möglich ist, da die alte Karteikarte weggeworfen ist. Es ist kein Abgleich mehr möglich, was früher und was jetzt auf der Karteikarte der Erinnerung steht. Es gibt nur noch die eine, die jetzige Erinnerung. 895

4.6.3.2 Fehlinformationseffekt/Post-event-Informationen. Mit dieser „Karteikarte der Erinnerung" ist auch die Basis für die Irrtumsanfälligkeit von Erinnerungen gelegt. In jeder neuen „Karteikarte" können sich Fehler einschleichen, 896

1392 Geipel, Handbuch der Beweiswürdigung, 3. Auflage 2017, § 22, Rz 20; siehe auch Fehlinformationseffekt, Rn. 896.

1393 Bender/Häcker/Schwarz, Tatsachenfeststellung vor Gericht, Rn. 190 ff.

1394 Birck, a. a. O. 2., 2.1.

1395 Vgl. Semantisierung Rn. 864.

1396 Anderson, M. C., Bjork, R. A., & Bjork, E. L. (1994). "Remembering can cause forgetting: Retrieval dynamics in long-term memory." Journal of Experimental Psychology: Learning, Memory, and Cognition, 20 (5), 1063–1087; Storm, B. C., Bjork, E. L., & Bjork, R. A. Optimizing retrieval as a learning event: When and why expanding retrieval practice enhances long-term retention. Memory & Cognition, 38, 244–253 (2010); Roediger, H. L., & Butler, A. C. The critical role of retrieval practice in long-term retention. Trends in Cognitive Sciences, 15(1), 20–27 (2011).

fataler Weise in der Regel unbewusst. **Post-event-Informationen** sind Informationen, die eine Person nach einem Ereignis neu bekommt. Falsche, irreführende oder schlicht neue Informationen können dabei die Erinnerung an das Ereignis beeinflussen, indem sich die nachträgliche Information mit der ursprünglichen Erinnerung vermischt und die ursprüngliche Erinnerung unwiederbringlich verändert oder ergänzt (sog. post-event Informationen; englisch: post=nach, event= Ereignis, eingeführt von Elizabeth Loftus). Dieser Effekt wird auch als **Fehlinformationseffekt** bezeichnet. Das Phänomen kann durch jegliche nachträgliche Information, also durch Gespräche mit anderen (siehe auch Gruppenerinnerung oder Suggestion), durch Informationen aus dem Internet oder der Zeitung oder auch durch Informationen aus einer Befragung ausgelöst werden.

897 Wie ausgeführt sind langfristige Erinnerungen in hohem Maße von Emotionen geprägt. Je stärker die emotionale „Ladung" eines Ereignisses, desto stabiler und widerstandsfähiger ist die Erinnerung gegenüber nachträglicher Verfälschung. Das bedeutet, dass der Fehlinformationseffekt vor allem bei weniger emotionalen und eher alltäglichen oder neutralen Ereignissen stärker greift. Bei stark emotionalen Momenten wie etwa die Geburt des eigenen Kindes oder die eigene Hochzeit hat der Fehlinformationseffekt weniger Spielraum, die Erinnerung grundlegend zu verzerren.

898 Loftus führte Experimente[1397] durch, um den Fehlinformationseffekt zu untersuchen. In einem Experiment sahen Versuchspersonen Bilder von Autos, die entweder vor einem Stoppschild oder einem Vorfahrtsschild standen. Später erhielten sie eine Fehlinformation darüber, welches Schild sie gesehen hatten. Das Ergebnis: Viele Probanden übernahmen die Fehlinformation in ihre Erinnerung an die ursprüngliche Situation.[1398] Ein anderes Experiment wurde von Elizabeth F. Loftus und John C. Palmer bereits im Jahr 1974 durchgeführt.[1399] In dieser Studie untersuchten sie, wie die Formulierung von Fragen die Erinnerung von Augenzeugen beeinflussen kann. Den Teilnehmern wurden Filme von Autounfällen gezeigt, und anschließend wurden sie gefragt, mit welcher Geschwindigkeit die Fahrzeuge kollidierten. Dabei variierte das verwendete Verb in der Frage („zusammenstießen", „kollidierten", „stießen", „trafen", „berührten"). Die Ergebnisse zeigten, dass die geschätzte Geschwindigkeit der Fahrzeuge signifikant höher war, wenn stärkere Verben wie „kollidierten" verwendet wurden. Zudem berichteten Teilnehmer, denen das Verb "kollidierten" präsentiert wurde, häufiger von zerbrochenem Glas, obwohl in den Filmen kein solches zu sehen war. Auch diese Studie illustriert den Fehlinformationseffekt[1400], bei dem die Art der Fragestellung, die post-event-Information über die Art des Zusammenstoßens die Erinnerung von Zeugen verzerren kann.

1397 Weiterführende Beispiele und Experimente auch Blum, in Deckers/Köhnken (Hrsg), Die Erhebung und Bewertung von Zeugenaussagen im Strafprozess, 2. Auflage 2022, S. 353, 362 ff.

1398 Loftus, E. F., Miller, D. G., & Burns, H. J. Semantic integration of verbal information into a visual memory, Journal of Experimental Psychology: Human Learning and Memory, 4(1), 19–31 (1978).

1399 Loftus, E. F., & Palmer, J. C. (1974). Reconstruction of automobile destruction: An example of the interaction between language and memory. Journal of Verbal Learning and Verbal Behavior, 13(5), 585–589

1400 Die Studie wird gelegentlich auch im Zusammenhang mit sog. Priming diskutiert. Priming bedeutet, dass eine zuvor erhaltene Information unser späteres Verhalten oder unsere Wahrnehmung beeinflusst. In diesem Fall bewirkt die veränderte Wortwahl eine unbewusste Aktivierung bestimmter Konzepte im Gedächtnis, die die Erinnerung an den Unfall beeinflussen. Das Wort "smashed" (zerschmettert) löst stärkere Assoziationen mit hoher Geschwindigkeit, Gewalt und eventuell Glasscherben aus. Das Wort „bumped" (angestoßen) suggeriert eine weniger heftige Kollision. Ihr Hauptbeitrag zur Wissenschaft liegt aber in der Demonstration des Fehlinformationseffekts.

Der Fehlinformationseffekt tritt bei allen nachträglichen Informationen auf, also auch bei der (gutgemeinten) **Lektüre von Urkunden** (Emails, Polizeiberichte etc.) oder **Internetrecherchen** durch Zeugen im Vorfeld und zur **Vorbereitung einer (gerichtlichen) Vernehmung.** Gerade bei **Polizeibeamten** ist Arbeit in der Regel eine Routinehandlung, Erinnerungen daran sind mit zunehmendem Zeitablauf nicht mehr zu erwarten.[1401] Die Karteikarte der Erinnerung ist aufgrund des Vergessensprozesses zum Zeitpunkt der Befragung leer. Die Lektüre von Dokumenten, etwa dem Ermittlungsbericht im Vorfeld einer Vernehmung „frischt" die Karteikarte der Erinnerung auf und macht die Erinnerung erst wieder abrufbar. Die Erinnerungen werden an das Gelesene angepasst, auch um **kognitive Konsistenz** herzustellen.[1402] Die Aussage entspricht aber nicht mehr der ursprünglichen Erinnerung, sondern der angelesenen Erinnerung an den Bericht. Aus gedächtnispsychologischer Sicht wird dadurch keineswegs eine die ursprüngliche eigene Wahrnehmung abbildende Erinnerung reaktiviert, sondern der Gedächtnisinhalt überschrieben und dadurch verfälscht.[1403] Wenn ein Gericht wissen will, was im Bericht steht, dann steht hierzu – unter prozessualen Voraussetzungen – der Urkundenbeweis zur Verfügung. Die Zeugenvernehmung wird damit zum „verkappten" Urkundenbeweis. In diesem Zusammenhang ist zu betonen, dass Polizeibeamten an dieser Stelle kein Vorwurf zu machen ist. Ihre Hauptpflicht als Zeuge ist zunächst, vor Gericht zu erscheinen, wahrheitsgemäß auszusagen und ggf. die Aussage zu beeiden. Sie sind aber auch verpflichtet, sich sorgfältig auf ihre Zeugenaussagen vorzubereiten. Nach Ansicht des BGH sind Polizeizeugen daher auch zu der vorbereitenden Lektüre ihrer Vermerke gezwungen. Ohne Vorbereitung ihrer Aussage soll ihnen ein Strafverfahren wegen einer fahrlässigen Falschaussage durch Unterlassen drohen.[1404] **899**

Gerade vor diesem Hintergrund haben es sich die Verfasser zur Gewohnheit gemacht, *jeden* (!) Zeugen auch nach der **Vorbereitung auf den Prozess zu** befragen. Eine detailreiche Erzählung ist wünschenswert, aber kein Wunder, wenn der Zeuge sich anhand von **Akten** und **Aufschrieben** oder sonstiger **Urkunden** vorbereitet hat. Wie ausgeführt wird nach der Theorie des abrufindizierten Vergessens die Karteikarte bei jedem Erinnerungsabruf herausgezogen, gelesen, die *Karte dann weggeworfen* und eine gänzlich neue Version auf eine neue Karte geschrieben. Die Karteikarte der Erinnerung wurde durch die Vorbereitung aufgrund der post-event-Informationen angereichert. Ob es möglich ist, nach einer Vernehmung, bei der eine Vermischung von echten und fantasierten Erinnerungen zutage getreten war, zu einem späteren Zeitpunkt die Falschinformationen von den zutreffenden Erinnerungsteilen wieder zu unterscheiden, ist zweifelhaft und hängt davon ab, ob die ursprünglichen Gedächtnisinhalte lediglich temporär überlagert wurden und durch eine veränderte Vernehmungstechnik wieder ins Bewusstsein hervorgehoben werden können.[1405] Es bleibt aber immer ein gewisses Maß an Unsicherheit bestehen. Die Gefahr, dass die Erinnerung sich unwiederbringlich verändert hat, ist (zu) groß. **900**

Kurioser Weise existiert im **Zivilrecht** mit **§ 378 ZPO**[1406] sogar eine Vorschrift, die gerade diese Phänomene der Gedächtnisverfälschung zum Gegenstand hat, auf gerichtliche Anordnung hin. § 378 Abs. 1 ZPO: „Soweit es die Aussage über **901**

1401 Siehe oben Rn. 868.

1402 Loftus, E. F. (2005). "Planting misinformation in the human mind: A 30-year investigation of the malleability of memory." Learning & Memory, 12(4), 361–366.

1403 BeckOK StPO/Eschelbach, 5. Edition, Stand: 1.7.2025, § 261, Rz 64

1404 BGH, Urt. v. 28.11.1950 – 2 StR 50/50; Kritik übt Lemke-Küch, Die Vorbereitungspflicht für den als Zeuge aussagenden Polizeibeamten – eine scheinbare Gewissheit, StraFo 2020, 134–139.

1405 Loftus, in Wegener/Lösel/Haisch, S. 249.

1406 Im Strafrecht existiert keine korrespondieren Vorschrift. Lediglich in Nr. 64 Abs. 2 RiStBV steht, dass der Zeuge bei entsprechenden Anhaltspunkten aufgefordert werden soll, sachdienliche Unterlagen mitzubringen.

seine Wahrnehmungen erleichtert, hat der Zeuge Aufzeichnungen und andere Unterlagen einzusehen und zu dem Termin mitzubringen, wenn ihm dies gestattet und zumutbar ist". Kommt ein Zeuge auf eine bestimmte Anordnung des Gerichts dieser Verpflichtung nicht nach, so kann das Gericht gemäß Abs. 2 Ordnungs- und Zwangsmaßnahmen nach § 390 ZPO treffen. § 378 ZPO enthält dem Wortlaut nach eine Vorbereitungspflicht des Zeugen, deren Voraussetzungen und Umfang jedoch alles andere als klar formuliert sind. Die Vorschrift soll auf diese Weise „eine rasche und vor allem sachdienliche Durchführung der Beweisaufnahme gewährleisten".[1407] Es soll jedenfalls immer nur um die **„Auffrischung des Gedächtnisses"** des Zeugen gehen.[1408] Es soll demgegenüber nie darum, mithilfe dieser Norm dem Zeugen aufzuerlegen, sich erst die Kenntnis von Tatsachen zu verschaffen, die er mangels eigener seinerzeitiger Wahrnehmung bislang nicht hat. Keinesfalls besteht eine Pflicht des Zeugen, eine ihm fehlende Unterlage erst zu beschaffen oder gar eine solche zu erstellen.[1409] Sich einen Kenntnisstand mit neuen Informationen zu verschaffen, ist Aufgabe des Sachverständigen und nicht des Zeugen. Die Problematik der Vorschrift liegt in der Veränderung des Gedächtnisinhalts beim Zeugen durch das Studium der alten Unterlagen. § 378 ZPO nimmt, „obwohl" erst 1990 eingeführt[1410], keine Rücksicht auf neuere psychologische Erkenntnisse zur Funktionsweise des menschlichen Gedächtnisses. Aus aussagepsychologischer Sicht ist das Durchlesen von Unterlagen zur Vorbereitung auf die Vernehmung aufgrund des Fehlinformationseffekts nicht unproblematisch, was merkwürdigerweise in den gängigen ZPO-Kommentaren kaum oder gar nicht angesprochen wird. Nach dem Durchlesen glaubt der Zeuge nicht selten, sich nunmehr besser zu erinnern. Im Extremfall gibt der Zeuge lediglich sinngemäß den Inhalt von Unterlagen wieder, nicht aber seine originäre („lebendige") Erinnerung.

902 Die Karteikarte der Erinnerung kann auch durch (Zeugen-)**Coaching** „angereichert" werden, jedenfalls wenn dieses auch den Inhalt der Aussage umfasst hat. Da die alte Karteikarte in allen Fällen von post-event-Informationen nicht mehr existiert, ist eine Erinnerungsgenese, also ein Vergleich der Erinnerung zu verschiedenen Zeitpunkten (anhand verschiedener Karteikarten) nicht mehr möglich. Es ist nicht mehr zu unterscheiden, was ursprüngliche Erinnerung, und was angelesene/veränderte Erinnerung ist.

903 In Urteilen ist mitunter oft zu lesen, dass ein Gericht von der Richtigkeit des festgestellten Sachverhalts überzeugt ist aufgrund der „völlig übereinstimmenden" Aussagen mehrere Zeugen. **Übereinstimmende Zeugenaussagen**[1411] kann in der Tat für die Richtigkeit einer Feststellung herangezogen werden. Die Übereinstimmung ist aber wenig verwunderlich, wenn die Erinnerung von Aussagen verschiedener Personen sich verschmelzen und so zu einer Art **Gruppenerinnerung** werden. Die übereinstimmenden Aussagen sind dann nicht mehr vor dem Hintergrund gleicher Wahrnehmung und gleicher Erinnerung zu erklären, sondern aufgrund von post-event-Informationen. Das Phänomen kann vielschichtig in Erscheinung treten. So können Erinnerungen verschiedener Personen verschmelzen, wenn auf einen späteren Zeitpunkt geladener, nachfolgender Zeuge in einem medial intensiv begleitenden Prozess die umfangreiche **Presseberichterstattung** über die vorvernommenen Zeugen und den Inhalt von deren Aussagen liest. Auch hier kann die Karteikarte der Erinnerung durch die Lektüre

1407 Röß in: Musielak, H-J./ Foerste, U., ZPO-Kommentar, Beck Verlag, München, 22. Auflage, 2025, § 378, Rn. 1.

1408 Zöller/Greger, 35. Auflage 2024, § 378 Rn. 1.

1409 Zöller/Greger, 35. Auflage 2024, § 378 Rn. 1; Anders/Gehle/Gehle, 83. Aufl. 2025, ZPO § 378 Rn. 5.

1410 Gesetz v. 17.12.1990 (BGBl. I S. 2847.

1411 Siehe auch „Völlige" Widerspruchsfreiheit/Übereinstimmung mehrerer Zeugen Rn. 612.

des Inhalts von deren Aussagen angereichert worden sein, was das Phänomen inhaltsgleicher „Erinnerung", nicht aber den Beweiswert erhöht. Gleiches gilt etwas für den Fall, dass sich Zeugen (mitunter arglos) **untereinander ausgetauscht** haben, über ihre Wahrnehmung gesprochen haben. Auch hierdurch entsteh eine Art Gruppenerinnerung und die Erinnerungen verschmelzen. Eine inhaltliche Anpassung von Erinnerungen von Aussagen verschiedener Personen ist etwa auch dann zu erwarten, wenn in der ersten Instanz vernommene Zeugen als Teil der Öffentlichkeit **weiterhin** der Verhandlung beiwohnen und nachfolgenden **Zeugenaussagen zuhören**. Die Verfasser haben noch von keiner Frage des Berufungsgerichts gehört, die sich für diese Tatsache widmet.

Auch in einer wegweisenden Studie aus dem Jahr 2003 untersuchten die Wissenschaftler Fiona Gabbert, Amina Memon und Kevin Allan, wie sich Augenzeugen gegenseitig in ihrer Erinnerung beeinflussen können. Ihr Ziel war es, zu verstehen, inwieweit der **Austausch von Informationen** zwischen Zeugen zu Verzerrungen und Veränderungen in der individuellen Erinnerung führen kann – ein Phänomen, das als **„Memory Conformity"** oder **Gedächtniskonformität** bekannt ist.[1412] Im Rahmen des Experiments wurden zwei Gruppen von Versuchspersonen gebildet, denen jeweils eine von zwei verschiedenen Versionen eines kurzen Films gezeigt wurde. Der Film zeigte eine Frau, die ein Buch in ein leeres Universitätsbüro zurückbrachte. Die beiden Versionen des Films unterschieden sich in entscheidenden Details, die für die Probanden jedoch nicht offensichtlich waren. In der ersten Version (Perspektive 1) war es den Zuschauern möglich, den Titel des Buches zu lesen und zu beobachten, wie die Frau einen Notizzettel in einen Mülleimer warf. In der zweiten Version (Perspektive 2) konnten die Zuschauer hingegen nicht den Buchtitel erkennen oder den Zettelwurf sehen, aber sie beobachteten, wie die Frau auf ihre Uhr schaute und einen Gelegenheitsdiebstahl beging. Damit hatten die beiden Gruppen jeweils unterschiedliche Informationen über das Geschehen. Nach dem Ansehen des Films wurden die Teilnehmer in zwei unterschiedliche Bedingungen eingeteilt. Eine Gruppe von Probanden wurde gebeten, gemeinsam mit einem anderen Teilnehmer, der die alternative Version des Films gesehen hatte, einen Fragebogen über das Geschehen auszufüllen. Die zweite Gruppe hingegen musste den Fragebogen alleine und ohne Austausch mit anderen beantworten. Durch diese methodische Vorgehensweise wollten die Forscher herausfinden, ob und in welchem Umfang der soziale Austausch zwischen den Zeugen zu einer Vermischung ihrer Erinnerungen führt. Die Ergebnisse der Untersuchung waren aufschlussreich. In der Bedingung, in der die Teilnehmer in Zweierteams arbeiteten, berichteten 71 Prozent (!) der Personen von Details, die sie nachweislich nicht selbst gesehen hatten, sondern die nur in der alternativen Filmversion enthalten waren. Dies deutet darauf hin, dass sie die Informationen ihres Gesprächspartners in ihre eigene Erinnerung integriert hatten. Besonders bemerkenswert war, dass 60 Prozent der Personen, die die erste Version des Films gesehen hatten, später angaben, die Straftat – den Gelegenheitsdiebstahl – beobachtet zu haben. Diese Information war jedoch nur in der zweiten Version des Films sichtbar, was darauf hindeutet, dass der Austausch mit einem Partner zu einer Verzerrung ihrer ursprünglichen Wahrnehmung führte. Die Forscher schlussfolgerten zu Recht, dass Augenzeugen durch **Diskussionen** mit anderen Zeugen ihre Erinnerungen unbewusst verändern und mit Details anreichern, die sie selbst nicht wahrgenommen haben. Ein paar Jahre zuvor hatten bereits Daniel B. Wright, Anne M. Self und Laura Justice den Effekt aufgezeigt. In ihrem Experiment wurden den Teilnehmern Bilder von Autos gezeigt, gefolgt von einem Wiedererkennungstest in Paaren. Auch die Ergebnisse zeigten, dass Informationen, die nach dem Ereignis 904

1412 Gabbert, F., Memon, A., & Allan, K. (2003). Memory conformity: Disentangling the steps toward influence during a discussion. Psychonomic Bulletin & Review, 13 (3), 480–485.

von einer anderen Person präsentiert wurden, die Erinnerungsberichte der Teilnehmer beeinflussten.[1413] Dieser sogenannte Memory-Conformity-Effekt führt dazu, dass eine Art „**Gruppenerinnerung**“ entsteht, bei der subjektive und objektive Wahrnehmungen verschmelzen. Im Hinblick auf all diese Einflussfaktoren zeigt sich auch die Notwendigkeit, dass Zeugen etwa bei Polizeiermittlungen schnellstmöglich voneinander getrennt und befragt werden müssen, um negative Effekte zu vermeiden.
Vernehmungspersonen müssen verstehen, dass Übereinstimmung zwischen Berichten verschiedener Auskunftspersonen nicht unbedingt ein Hinweis auf Richtigkeit sein muss, sondern auch das Ergebnis nur von **Konformität** sein kann.

905 Der Fehlinformationseffekt hat auch zur Konsequenz, dass man in einer Vernehmung zumindest überdenken sollte, ob und wie man **Bilder, Fotographien, Karten, Google Maps,** etc. im Rahmen eines Vorhalts zeigt.[1414]

906 **4.6.3.3 Identifizierung und (wiederholtes) Wiedererkennen von Gesichtern. – 4.6.3.3.1 Identifizierung.** Es gibt eine Reihe von Untersuchungen zur Frage, wie gut wir darin sind, Gesichter oder Größe und Körperform anderer zu erkennen und zuverlässig zu erinnern. Die Identifizierung durch Augenzeugen ist mitunter das Kernstück in der Beweisführung eines Strafprozesses. Für die Zuverlässigkeit von Personenbeschreibungen ist schon eingangs festzuhalten, dass uns Menschen in aller Regel die Fähigkeit fehlt, Aussehen in Worte zu fassen. Wir können Menschen nicht gut beschreiben, uns fehlt das Vokabular. Wir beschreiben Menschen nie, wir haben keine Praxis darin. Selbst wenn wir uns im Spiegel ansehen, dann fehlen uns die Worte für das, was wir sehen. Zeugen haben zudem nur ein Bild in ihrem Kopf. Dieses in Worte zu fassen ist noch schwieriger. Eigentlich sind Fragen zum (konkreten) Aussehen einer Person nutzlos.

907 Die Forschung zeigt zudem, dass bei jeglicher **Identifizierung** die Gefahr möglicher Irrtümer besonders groß ist. Die Genauigkeit von Augenzeugenidentifizierungen nimmt im Laufe der Zeit ab, jedoch variieren die genauen Prozentsätze je nach Studie und Kontext. Mit zunehmender Verzögerung steigt jedenfalls die Wahrscheinlichkeit von Gedächtnisveränderungen oder -verzerrungen, was die Identifizierungsgenauigkeit beeinträchtigen kann. Die Rate der korrekten Identifizierung aus einer Reihe von Fotos liegt unmittelbar nach dem Ereignis bei etwa 60 % und sinkt bereits nach einer Woche auf etwa 50 %, was dem Zufallsbereich entspricht, nach 1 Monat gar auf 34 %.[1415] Hohe Angst- oder Stressniveau kann die Identifikationsleistung aufgrund des verminderten Aufmerksamkeitsfokus weiter reduzieren.[1416] Daher verwundert es nicht, dass die unrichtige Identifizierung weltweit eine der Hauptfehlerquellen des Strafverfahrens ist.[1417] Dennoch kommt der Identifizierung durch einen Zeugen in der richterlichen Beweiswürdigung oftmals ein sehr hoher Beweiswert zu. Hinzu kommt: Unsere eigene ethnische Zugehörigkeit und Geschlecht (sog. Ausländereffekt oder own-race-bias[1418]) und unser Alter

---

1413 Wright, D. B., Self, A. M., & Justice, L. V. (2000). Memory conformity: Exploring misinformation effects when presented by another person. British Journal of Psychology, 91(2), 189–202.

1414 Details, siehe Vorhalte Rn. 267.

1415 Deffenbacher, K. A./Bornstein, B.H./McGorty, E. K./Penrod, S. D., Forgetting the Once-Seen Face: Estimating the Strength of an Eyewitness's Memory Representation, Journal of Experimental Psychology, (2008), S. 139, 143.

1416 Deffenbacher, K. A., Bornstein, B. H., Penrod, S. D. & McGorty, E. K. (2004). A Meta-Analytic Review of the Effects of High Stress on Eyewitness Memory. Law and Human Behavior, 28(6), 687–706.

1417 Vgl. University of Michigan Law School mit seinem laufend aktualisierten nationalen Register richterlicher Irrtümer seit 1989, https://www.law.umich.edu/special/exoneration/Pages/ExonerationsContribFactorsByCrime.aspx.

1418 Deffenbacher, K. A./Bornstein, B.H./McGorty, E. K./Penrod, S. D., Forgetting the Once-Seen Face: Estimating the Strength of an Eyewitness's Memory Representation, Journal of Experimental Psychology, (2008), S. 139, 145, 146.

(own-age-bias) beeinflussen jeder für sich die Fähigkeit, andere Menschen zuverlässig zu identifizieren. Wir nehmen unsere eigene Altersgruppe, unser eigenes Geschlecht etc. schon anders wahr.

Beispiel: Der Zeuge verwechselt ähnlich aussehende Personen, die er anlässlich mehrerer Besuche von Fußballspielen im selben Stadion gesehen hat, und ordnet bei einer späteren Gegenüberstellung oder Lichtbildvorlage die falsche Person einem dort miterlebten Ereignis zu. Die Auskunftsperson sagt also nicht etwa aus, sich nicht erinnern zu können. Im Gegenteil: Sie sagt bei eigener subjektiver Überzeugung von der Exaktheit der eigenen Erinnerung aus und erzählt unbewusst eine detaillierte Fantasiegeschichte, die wegen ihres Detailreichtums manchmal als solche besonders schwer zu erkennen ist. Bei Vorlage von Fotos mit der Bitte um Angabe, welche Person wiedererkannt werde, wird oft irgendein Foto als dasjenige des „Täters" angegeben, selbst wenn die gesuchte Person überhaupt nicht in der Lichtbildmappe aufgeführt ist. Auch hier wird das Erwartbare erinnert, weil die befragte Person unbewusst davon ausgeht, dass eine der abgebildeten Personen die gesuchte ist. In Wahrheit findet nur ein subjektiver Ähnlichkeitsvergleich zwischen „Täter" und vorgelegten Fotos statt.

Bei der Identifizierung sind immer die Wahrnehmungsbedingungen im Auge zu behalten und in Erfahrung zu bringen. Die Zuverlässigkeit von Personenbeschreibungen hängt dabei – wie sonst auch – von folgenden **Parametern**[1419] an: 908

- Zeit/Dauer
- Distanz
- Sichtweite, inkl. Tageszeit und Listverhältnisse
- Sichthindernisse
- Anzahl (bekannt oder ein Mal gesehen)
- Zeitablauf

Beim Wiedererkennen sind nach der Rechtsprechung stets (**zusätzliche**) **Beleg** zu fordern für die Annahme, dass eine Identifizierung korrekt ist. Ein Tatrichter muss **objektive Kriterien** und damit die Beweisqualität des Wiedererkennens prüfen, und hat dies in den Urteilsgründen für das Revisionsgericht nachvollziehbar darzulegen. Aufgrund der Komplexität und Fehlerträchtigkeit bei der Überführung eines Angeklagten aufgrund der Aussage und des Wiedererkennens einer einzelnen Beweisperson ist der Tatrichter grundsätzlich verpflichtet, die Bekundungen des Zeugen jedenfalls in gedrängter Form wiederzugeben, und diese sodann zum Erscheinungsbild des Angeklagten in der Hauptverhandlung in Beziehung zu setzen; die äußeren Merkmale des Täters, die für das Wiedererkennen entscheidend waren, sind grundsätzlich zu benennen.[1420] Zudem sind in den Urteilsgründen diejenigen Gesichtspunkte darzulegen, auf denen die Folgerung des Tatgerichts beruht, dass insoweit tatsächlich Übereinstimmung besteht. Konnte ein Zeuge eine ihm zuvor unbekannte Person nur kurze Zeit beobachten, darf sich das Tatgericht nicht ohne Weiteres auf dessen subjektive Gewissheit beim Wiedererkennen verlassen.[1421] Die Opfer von Gewalthandlungen sind während der Tatausführung zudem häufig als „existenzbedrohend" empfundenen Bedrängnissen ausgesetzt. Dieser Umstand kann sie in ihrer Wahrnehmungsfähigkeit in Bezug auf Merkmale des Täters, die eine Wiedererkennung ermöglichen, beeinträchtigen.[1422] 909

1419 Siehe oben: besondere situative Wahrnehmungsbedingungen Rn. 837, A.D.V.O.C.A.T.E. Rn. 837; siehe auch Deffenbacher, K. A./Bornstein, B.H./McGorty, E. K./Penrod, S. D., Forgetting the Once-Seen Face: Estimating the Strength of an Eyewitness's Memory Representation, Journal of Experimental Psychology, (2008), S. 139.

1420 BGH, Beschl. v. 25.5.2023 – 5 StR 483/22; BGH, Beschl. v. 29.7.2025 – 4 StR 280/25.

1421 BGH, Beschl. v. 25.5.2023 – 5 StR 483/22.

1422 BGH, Beschl. v. 8.12.2016 – 2 StR 472/16; BGH, Beschl. v. 12.9.2023 – 4 StR 142/23; BGH, Urt. v. 7.8.24 – 1 StR 430/23 m. w. N., auch zu den Anforderungen der Identifizierung anhand eines Instagram-Fotos.

910 In der Gerichtspraxis kann sich das Problem stellen, dass eine Person vorgibt, eine andere Person an der **Stimme** wiedererkannt zu haben. Hierzu sei angemerkt, dass die Treffsicherheit nur dann hoch ist, wenn der Zeuge die Person schon längere Zeit kennt. Ohne weitere Beweismittel dürfte das aber kein hinreichendes Beweismittel sein.[1423]

911 **4.6.3.3.2 Super Recognizer.** Der Begriff Super Recognizer bezeichnet **Personen mit (angeblich) außergewöhnlichen Fähigkeiten im Wiedererkennen von Gesichtern**. Diese Fähigkeit soll die durchschnittliche Gesichtserkennungskompetenz der Allgemeinbevölkerung signifikant übertreffen. Da in der kriminalistischen Praxis der Fähigkeit zur korrekten Identifikation von Personen – etwa auf Videoaufnahmen – zentrale Bedeutung zukommt, haben auch Super Recognizer zunehmende Bedeutung für Sicherheits- und Ermittlungsbehörden bei der Auswertung von Videoüberwachung und bei der Fahndung nach unbekannten Tatverdächtigen. Die zentrale Frage lautet: Können Aussagen von Super Recognizern im Strafverfahren als besonders zuverlässige Zeugenaussagen gewertet werden? Studien sollen belegen, dass Super Recognizer in realen Polizeieinsätzen hohe Trefferquoten bei der Identifikation erzielen können. Die Londoner Metropolitan Police nutzt seit 2011 gezielt Super Recognizer in Ermittlungen und bei Großveranstaltungen.[1424] Der BGH hat hierzu indes festgestellt: „Angesichts der wissenschaftlich nicht abschließend geklärten Qualifikation von „Super Recognizern“[1425] dürfte hinsichtlich des Beweiswerts von Identifizierungen oder Wiederkennungsleistungen solcher Zeugen davon auszugehen sein, dass insoweit **keine anderen Maßstäbe** gelten, als bei anderen Zeugen.[1426] Das muss jedenfalls gelten, solange ein höherer Beweiswert wissenschaftlich nicht begründet ist.“[1427]

912 **4.6.3.3.3 Wahllichtbildvorlagen.** Die Theorie des abrufinduzierten Vergessens bietet auch hier eine fundierte Erklärung für die Fehleranfälligkeit bei der Durchführung von Wahllichtbildvorlagen zur Identifizierung von Tätern.

> **Beispiel**, über das in den Medien berichtet worden ist:[1428]
> Eine junge Frau wurde vor etlichen Jahren nachts brutal vergewaltigt. Sie nahm sich vor, sich das Gesicht des Täters genau einzuprägen. Nach wenigen Tagen legten ihr Kriminalbeamte Fotos von Verdächtigen vor, die sie anhand eines Phantombildes ermittelt hatten. Die Frau identifizierte einen Abgebildeten als Täter. Trotz ansonsten schwacher Beweislage wurde dieser Mann verurteilt. Während der Dauer der Strafhaft prahlte ein Mitgefangener, dass er in Wahrheit der Täter gewesen sei. Die Frau erkannte ihn bei einer Gegenüberstellung jedoch nicht wieder. Als über 10 Jahre später die Möglichkeiten der DNA-Untersuchungen verbessert waren, ergaben Analysen der seinerzeit gesicherten Spermienspuren, dass tatsächlich dieser Mitgefangene der Täter gewesen war. Offenbar hatte die Phantomzeichnung das Erinnerungsbild der Zeugin vom Aussehen des Täters stark geprägt, während die Erinnerung der Zeugin an das Gesicht des Täters immer mehr verblasste.

1423 Geipel, Handbuch der Beweiswürdigung, 3. Auflage 2017, G. Exkurs 3: Wert des Wiederkennens, Rz 105.

1424 Robertson, D. J., Noyes, E., Dowsett, A. J., Jenkins, R., & Burton, A. M., Face recognition by metropolitan police super-recognisers.

1425 Vgl. etwa Vomland/Thielgen/Schade, Kriminalistik 2022, 165; Artkämper/Weise, StV 2023, 340, 347; kritisch Becker, StRR 2023, 6, Heft 12.

1426 Vgl. auch Sticher/Grasnick, Kriminalistik 2019, 369, 374: Die vom „Super Recognizer“ geleistete Identifizierung hat allein noch keinen Beweiswert, kann aber wichtige Hinweise für neue Ermittlungsansätze geben.

1427 BGH, Beschl. v. 24.4.2024 – 5 StR 21/24.

1428 Dokumentiert u. a. vom ZDF in einer Sendung vom 6.10.2010.

Schon das Erstellen des **Phantombildes** führte aufgrund des **Fehlinformationseffekts**/post-event-Information[1429] dazu, dass das Erinnerungsbild an den Täter durch den Anblick der Zeichnung überschrieben wurde. Das Phantombild wurde schließlich als scheinbar reale Erinnerung abgespeichert. Hinzu kommt die Gefahr bei gleichzeitiger Vorlage mehrerer Fotos, dass die Auskunftsperson dasjenige Bild aussucht, das dem Erinnerungsbild an den Täter am meisten ähnelt (im soeben beschriebenen Fall war ein Foto des wahren Täters nicht dabei gewesen). Zeigt man dem Zeugen die Fotos nacheinander mit der Aufforderung, bei jedem Foto zu erklären, ob der Täter wiedererkannt werde, sinkt das Risiko einer falschen Identifikation.

Aus solchen Fällen ist der Schluss zu ziehen, dass einem Wiedererkennen nach vorangegangener Wahl- oder Einzellichtbildvorlage nur ein fragwürdiger und geringer Beweiswert zukommt.[1430] Hat der Zeuge den Angeklagten lediglich auf einer Einzelbildvorlage erkannt, ist der Beweiswert stark herabgesetzt.[1431] Der BGH fordert in seiner Rechtsprechung[1432] die Vorlage von **mindestens acht Lichtbildern** (vgl. auch Nr. 18 Abs. 3 Satz 1 RiStBV), und zwar nicht gleichzeitig, sondern nacheinander (**sequenziell,** vgl. auch Nr. 18 Abs. 2 Satz 1 RiStBV). Die Bilder der anderen müssen **gleichen Geschlechts**, **ähnlichen Alters** und **ähnlicher Erscheinung** sein. Die Form darf nicht erkennen lassen, wer von den Gegenübergestellten der Beschuldigte ist (vgl. Nr. 18 Abs. 1 RiStBV). Sie soll auch dann **vollständig durchgeführt** werden, wenn der Zeuge zwischenzeitlich erklärt, eine Person erkannt zu haben (vgl. Nr. 18 Abs. 2 Satz 2 RiStBV). Wird die Wahllichtbildvorlage vor der Vorlage bzw. dem Vorspielen von acht Lichtbildern abgebrochen, weil der Zeuge erklärt hat, eine Person wiedererkannt zu haben, macht dies das Ergebnis der Wahllichtbildvorlage zwar nicht wertlos, kann aber ihren Beweiswert mindern.[1433] Die Einzelheiten der Wahllichtbildvorlage sind **aktenkundig** zu machen (Nr. 18 Abs. 2 Satz 4 RiStBV). **913**

Erst recht besteht eine besondere **Suggestibilität** der Identifizierungssituation im Rahmen einer **Konfrontation mit dem Verdächtigen** in der Rolle des Angeklagten.[1434] Einem **„wiederholten Erkennen"** kommt aus ähnlichen Gründen nur ein beschränkter Beweiswert zu,[1435] da die früheren Wahrnehmungen (beim erstmaligen „Wiedererkennen") eine suggestive Wirkung auf das jeweils spätere Wiedererkennen haben,[1436] wie das im letzten Absatz geschilderte Beispiel deutlich zeigt. Schon die Sitzordnung und damit die Erkennbarkeit einer Person als dem Angeklagten entfaltet eine suggestive Kraft. So sind den Verfassern zwei Fälle, zum einen aus einer bayerischen Strafverhandlung, zum anderen aus einer Verhandlung in Norddeutschland bekannt: Beide Male hatte der Angeklagte in Absprache mit dem Gericht vor der Vernehmung des maßgeblichen Wiedererkennungs-Zeugen die Verteidigerrobe angezogen. Der Zeuge – in einem der Fälle ein Polizeibeamter – „erkannte" den Verteidiger in der Hauptverhandlung zu 100 % als Täter wieder, offenbar allein aufgrund der suggestiven Wirkung der Sitzposition des scheinbaren Angeklagten neben seinem Verteidiger.[1437] Dies al- **914**

1429 Siehe Rn. 896, Fehlinformationseffekt; Geipel, Handbuch der Beweiswürdigung, 3. Auflage 2017, G. Exkurs 3: Wert des Wiederkennens, Rz 92 verweist bei der Vorlage eines Phantombildes auf eine „nicht wiedergutzumachende Suggestion".

1430 BVerfG, Beschl. v. 30.4.2003 – 2 BvR 2045/02; BGH, Beschl. v. 1.10.2008 – 5 StR 439/. Zur Gegenüberstellung zum Zwecke des Wiedererkennens vgl. Odenthal, NStZ 1985, S. 433.

1431 BGH, Beschl. v. 25.9.2012 – 5 StR 372/12.

1432 BGH, Urt. v. 23.6.2021 – 2 StR 337/20; v. 12.3.2020 – 4 StR 544/19; v. 14.4.2011 – 4 StR 501/10; Beschl. v. 9.11.2011 – 1 StR 524/11.

1433 BGH, Beschl. v. 9.11.2011 – 1 StR 524/11.

1434 BGH, Urt. v. 25.1.2006 – 5 StR 593/05.

1435 BGH, Beschl. v. 27.2.1996 – 4 StR 6/96.

1436 BGH, Beschl. v. 27.5.2009 – 1 StR 218/09.

1437 Erwähnt in OLG Stuttgart, Beschl. v. 6.5.2010 – 4 Ss 66/10 –, nicht veröffentlicht.

les muss das Gericht nicht nur bei der eigenen Überzeugungsbildung bedenken, sondern auch im Rahmen der Beweiswürdigung zur Überprüfung durch das Revisionsgericht darstellen:

- Den Ablauf der Befragung, innerhalb dessen es zum Wiedererkennen gekommen ist, sowie
- etwaige Besonderheiten des Aussehens, aufgrund derer das Gericht im konkreten Fall zur Überzeugung gelangt ist, dass das Wiedererkennen in der Hauptverhandlung sich nicht auf die frühere Gegenüberstellung oder Wahlbildlichtvorlage, sondern auf die der Anklage zugrunde liegende Straftat bezog.[1438]

915 Bei Zeugen kommt häufig noch hinzu, dass sie mit ihrer Aussage die Ermittlungen unterstützen wollen.
Test eines der Verfasser[1439]: Zwei Personen rennen durch eine U-Bahn-Station. Passanten geben schlechte Personenbeschreibung. Als „nachgefüttert“ wird, dass eine Straftat vorliege, füllen sämtliche Zeugen ihre Personenbeschreibungen auf. Sie meinen, sich nun genauer zu erinnern. In Wahrheit handelt es sich um Fantasieprodukte. Einen ähnlichen Test haben die Verfasser mit den gleichen Ergebnissen für die Fernsehsendung „Planetopia“ des Senders Sat1 vom 11.3.2007 durchgeführt.

916 **4.6.4 Scheinerinnerungen/Suggestion/falsche Geständnisse.** „Wenn man sich an etwas erinnert, dann muss das auch passiert sein.“ Dies ist ein verbreitetes – falsches – Vorurteil. Der Begriff der **Scheinerinnerung** (auch: falsche Erinnerung) steht häufig im Zusammenhang mit **Suggestion.** Suggestion bezeichnet die unbewusste Beeinflussung von Wahrnehmung, Erinnerung oder Verhalten durch äußere Hinweise, wobei die betroffene Person sich der Beeinflussung meist nicht bewusst ist. Der dargestellte Fehlinformationseffekt[1440] und die Suggestion hängen dabei eng miteinander zusammen – sie sind sogar in vielen Fällen zwei Seiten derselben Medaille. Suggestion ist dabei oft die Methode, über die diese Fehlinformation wirkt. **Suggestionen** können dazu führen, dass Menschen sich an Ereignisse sehr konkret und detailliert „erinnern“, die so nie stattgefunden haben, oder dass vorhandene Erinnerungen inhaltlich verändert werden. Das Ergebnis der Suggestion sind daher **Scheinerinnerungen.** Die Beeinflussung der Erinnerung durch den Fehlinformationseffekt ist in diesen Fällen ein Prozess, der sich über Zeit entwickelt.[1441] Erinnerungen an komplexe Ereignisse entstehen dabei nur in mehreren Schritten. Sobald aber eine falsche Erinnerung etabliert ist, kann sie genauso emotional intensiv sein wie eine echte Erinnerung. Falsche Erinnerungen sind normaler/häufiger als man denkt, und sie können jeden treffen. Das Phänomen der **falschen Erinnerungen** ist seit über 20 Jahren auch unter Pseudo-Erinnerungen oder induzierte Erinnerungen bekannt bzw. als False Memory Syndrome (kontrovers) diskutiert, gemeint ist immer das Gleiche. Suggestionen spielen auch in der Medizin eine Rolle, wo der Placebo-Effekt bekannt ist. Patienten können durch die Überzeugung des Arztes oder durch die allgemeine Erwartungshaltung an die Wirksamkeit eines Medikaments eine Verbesserung ihres Zustands erfahren, selbst wenn sie ein wirkstofffreies Präparat erhalten.

917 Die **Suggestibilität**, auch als das Ausmaß der Empfänglichkeit für Suggestion bezeichnet, ist dabei ein Persönlichkeitsmerkmal und variiert von Person zu Person. Im Grunde kann jedoch jeder Mensch für Suggestionen empfänglich sein.

918 Macht sich eine Auskunftsperson Gedanken darüber, wie der Ablauf der damaligen Ereignisse gewesen sein könnte, besteht die Gefahr, dass sich ihre Erinne-

---

1438 BGH, Beschl. v. 1.10.2008 – 5 StR 439/08. m. w. N.
1439 Fernsehsendung RTL „Extra“.
1440 Siehe oben Rn. 896.
1441 Siehe auch oben, falsches Geständnis Rn. 921.

rung durch eigene Erwartungen, ergänzende Annahmen (Auffüllungen)[1442], Überzeugungen oder gedankliche Rekonstruktionen verändert, sog. **Autosuggestion.** Dieser Prozess – in der Psychologie unter anderem als **rekonstruktives Erinnern** oder **Imaginationseffekt** bekannt – kann dazu führen, dass Details verzerrt oder neu erzeugt werden. Schon die gedankliche Auseinandersetzung mit dem Geschehen kann daher vorhandene Gedächtnisinhalte beeinflussen. Dabei handelt es sich zwar nicht um den klassischen Fehlinformationseffekt, der die Beeinflussung durch nachträglich erhaltene, externe Informationen beschreibt, aber um eine sehr ähnliche interne kognitive Verzerrung.

Die Beeinflussung von Erinnerungen kann auch durch andere Personen erfolgen **919** – ein Phänomen, das in der Psychologie als **externe Suggestion, soziale Beeinflussung** oder **Heterosuggestion** bezeichnet wird. Die Formen der Einflussnahme sind vielfältig: Sie reichen von der gezielten Weitergabe falscher Informationen über suggestive Fragestellungen, subtile Veränderungen im Befragungskontext (wie Mimik, Gestik oder Tonfall) bis hin zur Art und Weise der Frageformulierung. Auch die wiederholte Nachfrage kann von der befragten Person als Hinweis verstanden werden, dass die ursprüngliche Antwort nicht akzeptiert wurde. Dies kann zu einem sozialen Druck führen, die Antwort zu verändern oder sich zu einer Aussage verleiten zu lassen, für die keine gesicherte Erinnerung besteht.

Es gibt einen starken Zusammenhang zwischen **falschen Geständnissen** und **920** suggestiven, druckausübenden Befragungen bzw. Suggestionen. Wissenschaftliche Untersuchungen zeigen, dass manipulative Verhörtechniken und suggestive Einflüsse eine entscheidende Rolle bei der Entstehung falscher Geständnisse spielen.[1443]

Suggestionen und Suggestibilität stellt insbesondere im **psychotherapeutischen** **921** **Kontext** ein ernst zu nehmendes Risiko dar – vor allem bei Menschen, die sich aufgrund psychischer Belastungen wie depressiven Verstimmungen oder Angstzuständen in Behandlung begeben. Die Suche nach einer Erklärung für das eigene Leiden geht oft mit einem starken Bedürfnis nach Sinnstiftung und Ursachenklärung einher, was die Empfänglichkeit für implizite oder explizite Suggestionen erhöht. Wenn Therapeuten – bewusst oder unbewusst – Hypothesen zur Entstehung psychischer Symptome in einer Weise formulieren, die als Tatsachen wahrgenommen werden, kann dies zur Entwicklung sogenannter **Pseudoerinnerungen** führen. In einem solchen Prozess kann sich schrittweise ein inneres Bild verfestigen, das ursprünglich auf Spekulationen oder Deutungen beruhte, schließlich aber als echte Erinnerung erlebt wird.[1444]

Das Phänomen der suggestiv beeinflussten Erinnerungen tritt insbesondere in **922** hochsensiblen Kontexten wie dem Vorwurf sexuellen **Kindesmissbrauchs** auf, etwa im Rahmen **psychologischer Befragungen oder Therapien**. Ein bekanntes Beispiel hierfür sind die sogenannten **Wormser Prozesse** aus den 1990er-Jahren, die heute als Lehrbeispiel für die Risiken suggestiver Vernehmungstechniken gelten. Ausgangspunkt für derartige Fehlentwicklungen ist häufig eine voreingenommene Haltung der befragenden Person, etwa die Annahme, dass ein Missbrauch tatsächlich stattgefunden habe. Diese Vorannahme erzeugt eine einseitige Erwartungshaltung, die wiederum zu selektiver Wahrnehmung führt: Verhaltensauffälligkeiten wie Stimmungsschwankungen, Bettnässen oder Schlafstörungen werden dann als spezifische Hinweise auf Missbrauch interpretiert – selbst wenn alternative Erklärungen nicht geprüft oder systematisch ausgeblendet werden. In der Folge kann es durch wiederholte, suggestive Befragungen und

1442 Siehe Unbewusste Interpretation und Auffüllungsneigung Rn. 821.
1443 Siehe auch Falsche Geständnisse Rn. 921.
1444 Siehe oben, Trauma und (un)bewusste Verdrängung Rn. 880.

durch den Einsatz führender Fragen oder vermeintlicher „Erinnerungshilfen“ dazu kommen, dass Kinder Inhalte übernehmen, die nicht auf realen Erlebnissen beruhen, sondern implizit vermittelt wurden. Dieser Mechanismus führt zur Konstruktion falscher Erinnerungen, die von den Kindern schließlich als subjektiv wahr erlebt werden. In den Wormser Verfahren wurden insgesamt 25 Personen – darunter Eltern, Erzieher und Sozialarbeiter – des systematischen sexuellen Missbrauchs beschuldigt. Die Vorwürfe basierten nahezu ausschließlich auf kindlichen Aussagen, die sich später in vielen Fällen als durch Suggestion beeinflusst erwiesen. Nach jahrelangen Prozessen wurden alle Angeklagten freigesprochen, da keine belastbaren objektiven Beweise vorlagen. Rückblickend zeigen die Wormser Prozesse exemplarisch, wie sich fehlerhafte Ermittlungen, Voreinstellungen von Fachkräften sowie unsachgemäße Befragungstechniken zu einem komplexen Fehlverlauf entwickeln können. Dabei wurde typisches kindliches Verhalten teils als Beweis für Missbrauch gedeutet, und selbst widersprüchliche Aussagen wurden unter Verweis auf angeblich „typische Traumafolgen“ für glaubhaft gehalten. Die wiederholte Konfrontation mit suggestiven Fragen wie *„Kannst du dich erinnern, dass …?“* führte letztlich zu Aussagen über Ereignisse, für die keine objektive Grundlage bestand.

923 Die so suggerierten Ereignisse zeigen eine hohe Aussagequalität bzw. zahlreiche Realkennzeichen, weswegen die ansonsten bewährte Methode der Aussageanalyse scheitert. Sie ist nicht geeignet, zwischen erlebnisbegründeten und suggestiv erzeugten Aussagen zu unterscheiden.[1445]

924 Im Zentrum der Fragestellung steht daher eine Analyse der Frage, ob es **suggestive Beeinflussungen** wie intensive Vorgespräche, Befragungen und Nachforschungen durch andere (Autoritäts-)Personen mit ggf. Voreinstellungen, Erwartungen gegeben hat. Zu **Skepsis** aufgerufen sein sollte man jedenfalls bei Vorliegen folgender Umstände:

- Erlebnisse, die „nach und nach“ und „immer mehr“ erinnert werden
- Erinnerungen, die erst im Laufe wiederholter Erinnerungsbemühungen entstanden sind,
- vorangegangener Erwartungsdruck und entsprechende Suche,
- (therapeutische) Bemühungen, sich an nicht zugängliche Erlebnisse zu erinnern,
- diffuse Gefühle, Traumbilder und „Körpererinnerungen“ mit nachfolgendem visuellem Detailreichtum,
- spät in der Kindheit erfolgter Missbrauch, der angeblich vergessen oder verdrängt wurde,
- Erinnerungen an die Zeit vor dem 3. Lebensjahr.

925 Ergibt sich danach die Anhaltspunkte für suggestiver Einflüsse, so ist die Untersuchung zwingend in diese Richtung zu intensivieren. Unter Umständen ist ein Sachverständiger zu beauftragen. Das gilt vor allem dann, wenn es um die Bewertung kindlicher Zeugen in Missbrauchsfällen geht, ein Zusammenhang mit familiären Auseinandersetzungen nicht von vornherein auszuschließen ist, vor Beginn der strafrechtlichen Ermittlungen „private Befragungen“ zu den Tatvorwürfen erfolgt sind.[1446] Besondere Aufmerksamkeit verdient dabei die **Aussagegenese.**[1447] Sie betrifft die Analyse der Aussageentstehung und -entwicklung, also die Rekonstruktion der Etappen, in denen die Aussage erzeugt wurde, angefangen von der besonders wichtigen „Geburtsstunde“ der Aussage. Dabei gilt es Antworten auf folgende Fragen zu finden:

1445 BGH, Beschl. v. 16.6.2021 – 1 StR 109/21 m.w.N.; Schneider, T./May, L., Wie kommt es zu vernehmungsbedingten falschen Geständnissen? – Ein psychologischer Überblick über bekannte Risikofaktoren am Fallbeispiel Uli K., S. 14 m.w.N.

1446 Siehe Sachverständigenbegutachtung/Besonderheitenrechtsprechung Rn. 628.

1447 Siehe Aussageentstehung Rn. 686.

1. Unter welchen Umständen und wem gegenüber in welcher Situation und mit welchen Angaben wurde die sogenannte Erstaussage gemacht?
2. Wurden nur gestellte Fragen bejaht oder frei berichtet?
3. Welchen Inhalt der Bericht/die Fragen und welchen Verlauf hatte die Aussage genommen?

Vor diesem Hintergrund kann sich auch eine Vernehmung der Erstaussageempfänger und eventuell weiterer Empfänger der Aussage anbieten. Wenn die Hypothese der Suggestion **nicht schlüssig zurückgewiesen** werden kann, dann ist eine Aussageanalyse **nicht mehr anwendbar.**[1448] **926**

Noch wenig erforscht ist die Frage, wie **falsche Erinnerungen** wieder **vergessen** werden können. Falsche Erinnerungen scheinen korrigierbar zu sein. Die entscheidende Maßnahme soll dabei ein Quellenmonitoring[1449] und Sensibilisierung sein. **927**

4.6.5 Amnesie. Eine **retrograde Amnesie**[1450] liegt vor, wenn eine Person nicht mehr in der Lage ist, sich an Ereignisse zu erinnern, die sich typischerweise in einem kurzen Zeitraum **vor** einem auslösenden Ereignis (z. B. Kopfverletzung, Verkehrsunfall) zugetragen haben. Die **anterograde Amnesie** hingegen bezeichnet die Unfähigkeit, **neue Informationen** nach einem schädigenden Ereignis dauerhaft zu speichern. Betroffene erscheinen nach einer Phase der Bewusstlosigkeit zunächst orientiert, verlieren jedoch neue Informationen binnen Minuten wieder, ohne sich ihrer Gedächtnisdefizite bewusst zu sein – ein Phänomen, das auch als **Anosognosie** bezeichnet wird. Ursache für eine anterograde Amnesie ist häufig eine **Schädigung des Hippocampus**, der Hirnstruktur, die zentral für die Gedächtniskonsolidierung ist. In vielen Fällen treten anterograde und retrograde Amnesien **kombiniert** auf, insbesondere in der Aufwachphase nach Schädel-Hirn-Traumata. Dabei erinnern sich Betroffene weder an die Geschehnisse **unmittelbar vor** dem Unfall (retrograd), noch an Informationen, die ihnen **nach** dem Ereignis vermittelt wurden (anterograd). In einem Urteil stellte der **Bundesgerichtshof** fest, dass bei Personen mit anterograder Amnesie im Vergleich zu gesunden Menschen eine **erhöhte Anfälligkeit für Gedächtnisfehler, Erinnerungsverzerrungen und Illusionen** besteht.[1451] **928**

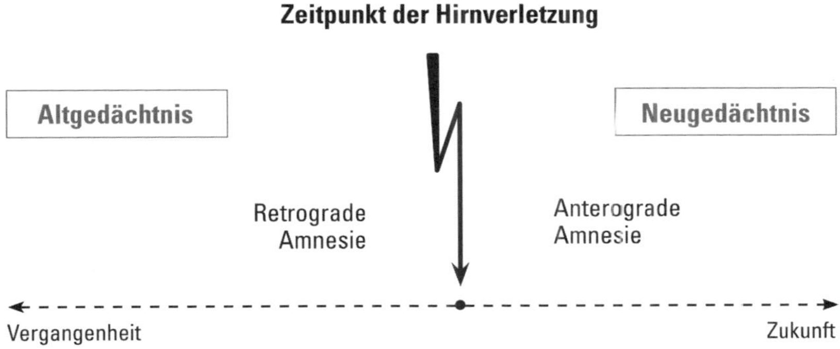

Beim **Korsakow-Syndrom**, das vor allem bei chronischem **Alkoholismus** auftritt, handelt es sich um eine schwere Gedächtnisstörung, bei der in erster Linie

1448 BGH, Beschl. v. 7.5.2024 – 4 StR 197/23.
1449 Quellenmonitoring bezeichnet die Fähigkeit, sich daran zu erinnern, woher eine bestimmte Information stammt – also z. B. ob man etwas selbst erlebt, geträumt, gehört, gelesen oder sich vorgestellt hat.
1450 Lat.: retro = rückgewandt, gradi = Schreiten; engl.: retrograde amnesia.
1451 BGH, Urt. v. 22.4.2004 – 5 StR 534/02.

das **anterograde deklarative Gedächtnis** beeinträchtigt ist. Die Betroffenen sind nicht in der Lage, neue Informationen dauerhaft abzuspeichern, obwohl ihr Allgemeinwissen, ihre sprachlichen Fähigkeiten und ihre Intelligenz (prozedurales Gedächtnis) weitgehend erhalten bleiben. Häufig kommt es zu **Konfabulationen**: Die Erinnerungslücken werden – unbewusst – durch erfundene oder verfälschte Inhalte ersetzt, ohne dass sich die Betroffenen ihrer Fehlerhaftigkeit bewusst sind.

929 Auch bestimmte Medikamente können eine **vorübergehende Amnesie** verursachen. Insbesondere **Benzodiazepine** – wie sie in der Notfallmedizin zur Sedierung, Beruhigung oder vegetativen Stabilisierung eingesetzt werden – können als Nebenwirkung zu einer **zeitlich begrenzten anterograden Amnesie** führen. Patienten können während der Wirkzeit ansprechbar und kooperationsfähig wirken, erinnern sich jedoch später nicht an die Situation. Dieses Phänomen ist in juristischen Kontexten oft wenig bekannt, kann aber bei der **Beurteilung der Aussagefähigkeit** oder **Erinnerungstreue** von Zeugen eine Rolle spielen – etwa, wenn ein Unfallopfer nach der Erstversorgung am Ereignisort oder während des Transports ins Krankenhaus Gedächtnislücken aufweist, sich später jedoch wieder sicher an Details zu erinnern scheint.

Diese Erscheinung spielt vor Gericht eine große, nicht selten unterschätzte Rolle, wie folgendes **Beispiel** zeigt:[1452]
Beim Bau einer Kläranlage war es zu einem folgenschweren Unfall gekommen. Ein Bauarbeiter stand oben auf einer an den Rand einer circa fünf Meter tiefen Grube gelehnten Leiter. Außerhalb der Grube saß der spätere Angeklagte in einem Kran. Von dort aus lenkte er mit dem Ausleger eine schwere, als Abstützung dienende Eisenstange in Richtung seines Kollegen, der sie an der Grubenwand befestigen sollte. Zwischen den beiden bestand nur teilweise Sichtkontakt, nämlich dann, wenn der eine Arbeiter sich gerade ganz oben auf der Leiter befand. In diesen Momenten gab er dem Kranführer per Handzeichen Anweisungen. Es kam nun dazu, dass sich die Eisenstange in der Leiter verhakte und diese zum Kippen brachte. Der Arbeiter stürzte aus etwa vier Metern Höhe auf den Boden und zog sich u. a. auch schwere Kopfverletzungen zu. Der Beschuldigte sagte aus, der Verletzte habe ihm zuvor ein Handzeichen gegeben, die Stange weiterzubewegen; der Verletzte bestritt dies.
Das Amtsgericht sprach den Angeklagten frei. Auf die Berufung des als Nebenkläger dem Verfahren beigetretenen Verletzten wurde der Angeklagte vom Landgericht wegen fahrlässiger Körperverletzung zu einer Geldstrafe verurteilt. Das Gericht hielt die Einlassung des Angeklagten für widerlegt. Dabei stützte es sich im Wesentlichen auf die Angaben des Nebenklägers. Die Revision des Angeklagten führte aber zur Aufhebung des Urteils und zum Freispruch. Aus den Urteilsgründen:

„In nicht zu beanstandender Weise würdigt das Landgericht den Inhalt und die Präsentation der Aussage des Nebenklägers und kommt auf Grund einer ausreichenden Anzahl von Realitätskriterien zur Überzeugung, dass der Nebenkläger (subjektiv) wahre Angaben macht. … Vorliegend hat die Kammer aber festgestellt, dass der Nebenkläger schwere Verletzungen, insbesondere Schädelverletzungen erlitten hat. … Bei derartigen Verletzungen ist in der Regel von einer retrograden Amnesie auszugehen. … Das Vorliegen einer retrograden Amnesie drängt sich nach den Urteilsfeststellungen weiter auch deshalb auf, da im Urteil ausgeführt ist, der Nebenkläger sei „zunächst noch bei Bewusstsein gewesen“. Daraus kann nur auf eine zumindest nachfolgende Ohnmacht geschlossen werden. Eine Ohnmacht aber führt in der Regel jedenfalls zu kurzzeitig retrograden Amnesien. Dem widerspricht der Eindruck, den die Kammer vom Neben-

1452 OLG Stuttgart, Beschl. v. 17.9.2002 – 2 Ss 322/02 6 Ns 35 Js 15751/99.

kläger in der Vernehmung erlangt hat, nicht. Weil die Auskunftsperson, sofern eine retrograde Amnesie zu Erinnerungsfehlern geführt hat, dennoch subjektiv die Wahrheit sagt und daran auch als „einzige Wahrheit" glaubt, kann sowohl ihr Aussageinhalt als auch die Aussagenpräsentation entsprechende Realitätskriterien aufweisen. Demnach hätte es vorliegend der Aufklärung durch einen medizinischen Sachverständigen oder genauerer Feststellungen dazu bedurft, dass der Nebenkläger, trotz seiner Verletzungen, fähig war, noch einige Zeit nach dem Sturz Erinnerungen bilden zu können. Nach den Urteilsfeststellungen hingegen liegt es nahe, dass es sich bei den (subjektiv) wahren Angaben des Nebenklägers um nachträgliche Erklärungen und Rationalisierungen handelt. … Selbst wenn wider aller Erwartung ein Sachverständiger zum jetzigen Zeitpunkt noch die Möglichkeit einer retrograden Amnesie gänzlich ausschließen können sollte, bleibt das Phänomen der Verdrängung, das sich auf die Erinnerung des Nebenklägers ausgewirkt haben kann (er „will" sich nicht mehr daran erinnern, doch ein Zeichen gegeben zu haben), und es bleibt die Irrtumsmöglichkeit auf Seiten des Angeklagten in Verbindung mit entsprechenden Rationalisierungen seinerseits (er hat irgendeine Bewegung des Nebenklägers falsch als Zeichen, die Stange weiterzubewegen, verstanden). Da eine weitere Sachaufklärung und die Erkenntnis neuer, gewichtiger Umstände im Fall einer Zurückverweisung auszuschließen sind, spricht der Senat … den Angeklagten frei."

Daraus folgt, dass man regelmäßig die Bekundungen von Auskunftspersonen mit Kopfverletzungen, jedenfalls ab dem Grad einer Gehirnerschütterung, mit Vorsicht behandeln sollte, unabhängig davon, ob sie sich selbst be- oder entlasten. Bei allen Arten von Amnesien sollten **Sachverständige** hinzugezogen werden.[1453]

4.6.6 Schätzungen. – 4.6.6.1 Erinnerungsschätzungen. Angaben zu Zeit, Geschwindigkeit, Menge, Alter und Distanz. Angaben zu Zeit(dauer), Geschwindigkeit, Alter, Mengen oder Distanzen in (Zeugen)Aussagen sind **mit besonderer Vorsicht zu bewerten.** Solche Aussagen vermitteln auf den ersten Blick eine hohe Genauigkeit und damit vermeintlich „harte Fakten". Sie verdienen aber auch einen zweiten Blick. Anders als bei einer konkreten Schätzung vor Ort – etwa der Breite eines Raumes oder der Länge eines Gegenstands – beruhen entsprechende Angaben in Vernehmungen auf subjektiven **„Erinnerungsschätzungen"**, auf rekonstruierten Eindrücken, die beim Erinnern nicht abgerufen, sondern jeweils neu konstruiert werden. Dabei fließen vorhandene Wissensstrukturen, Erwartungen, emotionale Zustände und situative Kontexte in die Erinnerung mit ein.[1454] Diese **rekonstruktiven Prozesse** machen das Gedächtnis besonders anfällig für externe Einflüsse, insbesondere Informationen, die nach dem ursprünglichen Ereignis aufgenommen wurden. Der **Fehlinformationseffekt**[1455] beschreibt dieses Phänomen: Nachträgliche irreführende Informationen können die ursprüngliche Erinnerung verfälschen oder überschreiben. Ein weiterer bedeutender Einflussfaktor ist der emotionale Erregungszustand zum Zeitpunkt des Geschehens. In **hochstresshaften Situationen** – etwa bei Gewaltdelikten – richtet sich die Aufmerksamkeit häufig auf zentrale Reize (z. B. eine Waffe), während periphere Merkmale weniger genau wahrgenommen oder erinnert werden. Auch der **zeitliche Abstand** zwischen Ereignis und Befragung spielt eine zentrale Rolle: Mit zunehmender Zeit kommt es zu einem natürlichen Gedächtnisverfall und einer höheren Anfälligkeit für Gedächtnislücken, die oft unbewusst mit schematischem oder plausibilitätsbasiertem Wissen aufgefüllt werden.[1456] Darüber hinaus ist die visuelle Schätzung von Merkmalen wie Körpergröße, Alter oder Entfernungen systematisch fehleranfällig. So zeigt die 930

1453 Siehe Sachverständigenbegutachtung/Besonderheitenrechtsprechung Rn. 628.
1454 Siehe oben „Karteikarte der Erinnerung" Rn. 895.
1455 Siehe Fehlinformationseffekt/Post-event-Informationen Rn. 896.
1456 Siehe oben Unbewusste Interpretation und Auffüllungsneigung Rn. 821.

Forschung, dass etwa der **Own-Age-Bias** und der **Own-Size-Effekt** die Genauigkeit solcher Einschätzungen beeinflussen: Personen schätzen Merkmale bei Menschen, die ihnen selbst ähnlich sind, tendenziell präziser ein. Hinzu kommt der gut belegte **Ankereffekt**[1457]: Vorab genannte oder implizit vermittelte Zahlen – etwa durch Ermittler – können die subjektive Urteilsbildung unbewusst in Richtung dieses Werts verschieben. Zahlreiche empirische Studien belegen, dass solche Schätzangaben häufig deutlich von den tatsächlichen Gegebenheiten abweichen – und dies insbesondere dann, wenn sie von Zeugen mit großer Sicherheit vorgetragen werden. Selbstsicherheit ist in solchen Fällen kein verlässlicher Indikator für Genauigkeit.

931 Aus den genannten psychologischen und rechtspsychologischen Erkenntnissen folgt, dass Angaben zu Zeit(dauer), Geschwindigkeit, Anzahl, Alter und Distanzen in (Zeugen)Aussagen zunächst nicht als exakte Werte, sondern lediglich als **ungefähre Richtgrößen** verstanden werden sollten. Tests der Verfasser zeigen regelmäßig, dass entsprechende Schätzwerte je nach Kontext erheblich vom tatsächlichen Geschehen abweichen können – nicht selten um 50 % oder gar 100 % mehr nach oben oder unten. So kann eine Aussage wie „Ich habe 12 Personen gesehen" in Wirklichkeit auf eine tatsächlich beobachtete Anzahl von z. B. 8 bis 20 Personen hinweisen. Auf Nachfrage geben die Auskunftspersonen in den Tests regelmäßig an, dass sie solche Angaben eher als Annäherungswerte verstanden wissen wollen. Diese Schätzunsicherheit gilt ebenso für geschulte Personen, etwa **Polizisten.**[1458] Auch bei diesen unterliegen Angaben zu Zeit oder Entfernung denselben kognitiven Verzerrungsrisiken. So ist in der Rechtsprechung anerkannt, dass auch die Zeitschätzung eines Polizeibeamten (im Zusammenhang mit einem qualifizierten Rotlichtverstoß) wegen des hohen Fehlerrisikos einer kritischen richterlichen Würdigung der Grundlagen dieser Schätzung bedarf.[1459] Auch Abstandsschätzungen sind wegen der Ungenauigkeit in der Regel mit einem erheblichen Fehlerrisiko behaftet.[1460] Gleiches gilt für Geschwindigkeitsschätzungen.[1461]

932 Angaben zu Zeit(dauer), Geschwindigkeit, Anzahl, Alter und Distanzen können unter bestimmten Voraussetzungen **ausnahmsweise** als **belastbar** betrachtet werden, wenn (!) sie unter Bedingungen zustande kommen, die eine präzisere Wahrnehmung und Erinnerungsbildung ermöglichen (oftmals **besondere Aufmerksamkeit** und **besonderes Interesse**) und die Auskunftsperson hierüber berichtet.

933 **Zeitschätzungen** sind etwa belastbar, wenn der Zeuge die Zeit **gezielt wahrgenommen** hat (z. B. Uhrzeit vor einer bestimmten Handlung, Zeitmessung) oder sich das Geschehen an einem bekannten **Zeitanker** (z. B. Nachrichtensendung, Kirchturmuhr) orientieren ließ.

934 **Geschwindigkeitsangaben** sind weniger fehleranfällig, vor allem wenn **externen Vergleichsgrößen** oder **Messinstrumente** vorhanden waren. Ausnahmen gelten daher, wenn bspw. der Zeuge selbst das Fahrzeug gesteuert hat und aufgrund besonderer über den Tachostand berichten kann oder wenn sich die Geschwindigkeit durch Vergleich mit einem bekannten Tempo einschätzen lässt („Er fuhr schneller als ich mit meinen 50 km/h").

935 **Mengen- oder Anzahlangaben** können dann belastbar sein, wenn der Anzahl **besondere Aufmerksamkeit** und **besonderes Interesse** geschenkt wurde oder

---

1457 Siehe nachfolgend Ankereffekt Rn. 939.
1458 Geipel, Handbuch der Beweiswürdigung, 3. Auflage 2017, § 22, Rz 102.
1459 OLG Köln, Beschl. v. 2.1.2001 – Ss 537/00.
1460 OLG Hamm, Entscheidung v. 17.2.2006 – 2 Ss OWi 63/06.
1461 OLG Hamm, Urt. v. 16.1.1996, 27 U 126/95.

eine **Zählung** tatsächlich stattgefunden (z. B. Einlasskontrolle, Sicherheitsdienst, Veranstaltungsleitung). Auch in statischen Situationen mit klarer Struktur – etwa in einer Reihe sitzender oder stehender Personen – sind genauere Angaben möglich. Mit zunehmender Gruppengröße, Bewegung oder Unübersichtlichkeit steigt hingegen die Fehlerwahrscheinlichkeit deutlich an.

Personen schätzen das **Alter** von Menschen, die ihrer **eigenen Altersgruppe** angehören, signifikant genauer ein als das von deutlich jüngeren oder älteren Personen. Als belastbar gelten Altersangaben primär dann, wenn der Zeuge die betreffende Person persönlich kennt, aus einem beruflichen Kontext regelmäßig mit altersrelevanten Einschätzungen befasst ist (z. B. Lehrkräfte, Sozialarbeiter) oder das Alter durch weitere **externe Merkmale** eingegrenzt werden kann (z. B. Schülerausweis, Alterskontrolle). 936

Distanz- und Größenangaben sind besonders fehleranfällig, da sie stark von der Perspektive, den Lichtverhältnissen und dem Fehlen eines Maßstabs abhängen. Ausnahmen gelten, wenn die Auskunftsperson ein **klarer Referenzpunkt** zur Verfügung stand (z. B. „etwa so lang wie das geparkte Auto daneben"). 937

Fehlen Erklärungen für die Güte der Schätzung, so ist davon auszugehen, dass die Aussage allenfalls als grobe Richtgröße und nicht als besonders belastbares Detail gewertet werden kann. Gerade im Rahmen der richterlichen Beweiswürdigung empfiehlt es sich, die jeweiligen Schätzangaben differenziert und kontextsensibel zu hinterfragen und ihnen nicht isoliert eine Beweisqualität zuzuschreiben. 938

4.6.6.2 Ankereffekt. Ein weiterer zentraler kognitiver Mechanismus, der die Zuverlässigkeit von (Zeugen)Aussagen erheblich beeinflussen kann, ist der sogenannte Ankereffekt (engl. anchoring effect). Dieser Effekt zählt zu den kognitiven Urteilsverzerrungen und beschreibt das Phänomen, dass **numerische Schätzungen** von Personen systematisch in Richtung eines zuvor präsentierten **Ausgangswerts** („Ankers") verzerrt werden – selbst dann, wenn dieser irrelevant oder zufällig gewählt wurde. Die theoretische Fundierung des Ankereffekts geht auf die klassische Arbeit von Tversky und Kahneman[1462] zurück, die zeigten, dass selbst willkürliche Zahlenurteile – etwa durch einen Würfel erzeugt – die Urteilsbildung in völlig sachfremden Kontexten beeinflussen können. 939

Studien zeigen, dass Zeugen systematisch zu höheren oder niedrigeren Schätzungen tendieren, je nachdem, **welcher numerische Referenzwert** ihnen zuvor explizit oder implizit präsentiert wurde.[1463] Ein klassisches Beispiel in der rechtspsychologischen Forschung betrifft suggestiv formulierte Fragen, etwa: „War der Täter ungefähr 30 Jahre alt?" oder „War der Mann größer als 1,80 m?". Solche Fragen etablieren einen Ankerwert, der die nachfolgende Schätzung beeinflusst – auch dann, wenn der Wert von der befragten Person als spekulativ empfunden wird. In deutschsprachiger Literatur wird der Einfluss von Ankerheuristiken im rechtspsychologischen Kontext unter anderem von Niehaus und Sporer[1464] ausführlich diskutiert. Sie betonen, dass numerische Schätzungen in Befragungssituationen mit besonderer Vorsicht zu behandeln sind, da selbst scheinbar neutrale 940

1462 Tversky, A., & Kahneman, D. (1974). Judgment under uncertainty: Heuristics and biases. Science, 185 (4157), 1124–1131.

1463 Englich, B., & Mussweiler, T., Sentencing under uncertainty: Anchoring effects in the courtroom. Journal of Applied Social Psychology, 31(7), 1535–1551 (2001); Englich, B., Mussweiler, T., & Strack, F. Playing dice with criminal sentences: The influence of irrelevant anchors on experts' judicial decision making. Personality and Social Psychology Bulletin, 32(2), 188–200 (2006).

1464 Niehaus, S., & Sporer, S. L. (2008). Ankereffekte bei der Schätzung von Altersangaben durch Zeugen. In: L. Greuel, C. Goeckenjan & T. Bliesener (Hrsg.), Psychologie im Strafverfahren, S. 145–163. Göttingen: Hogrefe.

Formulierungen – etwa das Nennen eines hypothetischen Richtwertes – als Anker wirken können und dadurch die objektive Aussagekraft erheblich kompromittieren. Die hohe Unbewusstheit des Effekts macht ihn besonders heimtückisch, da er sich nicht durch bewusste Kontrollstrategien neutralisieren lässt. Entsprechend fordert die rechtspsychologische Forschung und auch wir in diesem Buch eine besonders neutrale Vernehmungssituationen und möglichst offene Fragestellung, um die Einflussnahme durch kognitive Heuristiken zu minimieren.

941 Besonders kritisch ist dabei, dass der Ankereffekt unbewusst wirkt – selbst erfahrene Personen, einschließlich **Richtern**, können sich ihm nur schwer entziehen. Ein besonders eindrucksvolles Beispiel für den Einfluss des Ankereffekts in der juristischen Praxis stammt aus einem Experiment von Birte Englich, Thomas Mussweiler und Fritz Strack aus dem Jahr 2006.[1465] In diesem Versuch wollten die Forscher herausfinden, ob selbst professionelle Richter, die über langjährige Erfahrung verfügen, durch willkürliche Zahlen bei der Strafzumessung beeinflusst werden können. Den teilnehmenden Richtern wurde ein fiktiver Fall von Betrug mit einer standardisierten Fallbeschreibung vorgelegt. Ihre Aufgabe war es, ein angemessenes Strafmaß zu bestimmen. Doch bevor sie ihre Entscheidung trafen, sollten sie einen **Würfel** werfen. Der Würfel war jedoch manipuliert und zeigte stets entweder die Zahl 3 oder die Zahl 9. Im Anschluss wurde ihnen mitgeteilt, dass die Staatsanwaltschaft in ihrem Plädoyer eine Strafe entsprechend der gewürfelten Zahl – also 3 oder 9 Jahre Freiheitsstrafe – vorgeschlagen habe. Diese Zahl war in Wahrheit völlig bedeutungslos und zufällig gewählt. Trotzdem zeigte sich ein klarer Effekt: Richter, die eine 9 geworfen hatten, verhängten im Durchschnitt ein signifikant höheres Strafmaß als jene, die eine 3 geworfen hatten – im Schnitt betrug der Unterschied über acht Monate Freiheitsstrafe. Diese Differenz trat auf, obwohl alle Teilnehmer denselben Fall bearbeiteten und obwohl ihnen bewusst gewesen sein musste, dass die gewürfelte Zahl keinerlei sachliche Relevanz hatte. Das Experiment macht deutlich, dass selbst erfahrene Juristen nicht davor gefeit sind, durch irrelevante Ankerwerte beeinflusst zu werden. Der Ankereffekt wirkt unbewusst und entfaltet seine Kraft, indem er die Aufmerksamkeit auf bestimmte Bezugsgrößen lenkt, die dann das Urteil verzerren. Auch wenn diese Zahlen offensichtlich absurd oder zufällig sind – wie im Fall des manipulierten Würfels – beeinflussen sie unser Denken und unsere Entscheidungen. Insoweit kann der Anker auch **taktisch** genutzt werden. Statt einer offenen Frage „Wie schnell war das Fahrzeug" wird die Frage „Was schätzen Sie, war das Auto schneller oder langsamer als 80 Km/h"? ihre Wirkung erzeugen.

942 Für die juristische Praxis hat dieses Ergebnis weitreichende Implikationen. Es zeigt, wie anfällig richterliche Urteile für äußere Einflüsse sind, insbesondere für frühe Zahlenangaben, etwa in dem **Strafantrag der Staatsanwaltschaft**. Nicht umsonst liegen Urteile der Gerichte oftmals nah dran sind an den staatsanwaltichen Schlussanträgen. Und wenn die Staatsanwaltschaft 6 Jahre fordert, dann wird ein Urteil von 4 Jahren als „milder" empfunden, obwohl es objektiv streng sein könnte. Auch in **Verständigungsgesprächen** setzt häufig die Staatsanwaltschaft oder das Gericht mit einem Vorschlag den Anker, um die Verhandlung zu rahmen. Die Verteidigung orientiert sich daran, auch wenn bessere Ergebnisse möglich wären. Nichts anderes gilt für **Vergleichsvorschläge** im Zivilrecht.

1465 Englich, B., Mussweiler, T., & Strack, F. , a. a. O.

Kapitel IV Die Vernehmung von Ausländern

1. Einleitung[1466]

943 *„Die Gerichtssprache ist deutsch."* – So bestimmt es das Gesetz in § 184 GVG. Die Rechtswirklichkeit sieht allerdings anders aus: In allen Gerichtsbarkeiten ist mittlerweile der Anteil von Auskunftspersonen mit fremdländischer Herkunft beträchtlich. Dann sind entweder Übersetzungen erforderlich oder die Gerichtssprache ist eher „gebrochenes" Deutsch. Mangels muttersprachlicher Ausdrucksfähigkeit besteht die naheliegende Gefahr, dass die Auskunftsperson Dinge vereinfacht, Details der Aussage auf der Strecke bleiben oder es häufig(er) zu Missverständnissen, scheinbaren Ungereimtheiten oder Widersprüchen kommt. Erziehung und kultureller Hintergrund der Aussageperson können es zudem erschweren, über bestimmte Dinge überhaupt zu sprechen. Oder es kann zur Solidarisierung mit Angehörigen derselben Herkunft kommen, auch ohne persönliche Beziehungen. Deshalb sollen in diesem Kapitel Betrachtungen dazu angestellt werden, inwieweit die Ausführungen zu den Realkennzeichen und den Warnsignalen „trotzdem" Anwendung finden können bzw. wann und gegebenenfalls welche Modifizierungen erfolgen müssen. Außerdem werden einige Problemkreise besprochen, die sich durch die Einschaltung von **Dolmetschern** ergeben. Welche „Fehler" begehen Dolmetscher? Wie kann man sie erkennen, auch wenn man die fremde Sprache nicht beherrscht? Welche „Fehler" begehen die Vernehmungspersonen? Wie kann man sie vermeiden? Selbst wenn die Auskunftsperson die für sie selbst fremde Sprache, nämlich Deutsch, verwendet, findet eine oder es finden eigentlich sogar zwei „Übersetzungen" statt: Die Auskunftsperson überträgt ihre Gedanken ins Deutsche und die Vernehmungsperson macht (gedanklich) aus dem „gebrochenen" ein „flüssiges" Deutsch.

2. Die Auskunftsperson verwendet ihre Muttersprache

944 Die Grundsätze der Aussagenanalyse gelten für fremdsprachige Aussagepersonen ebenso wie für Muttersprachler. Jedoch besteht ein erhebliches Risiko, dass die Aussage einer fremdsprachigen Person ohne die Unterstützung eines qualifizierten Dolmetschers im Sinne der Aussagenanalyse weniger detailliert ist. Dabei könnten wichtige Details der Aussage verloren gehen, die Individualität aufgrund eingeschränkter Ausdrucksmöglichkeiten fehlen oder Inkonsistenzen infolge mangelnder Ausdrucksfähigkeit bei aufeinanderfolgenden Befragungen auftreten. Dennoch wäre es methodisch nicht korrekt, deshalb geringere Anforderungen an Detailreichtum und Individualität zu stellen. Um eine qualitativ hochwertige Aussageanalyse fremdsprachiger Personen sicherzustellen, ist daher die Hinzuziehung eines qualifizierten **Dolmetschers** unverzichtbar.

2.1 Dolmetscher, Übersetzer, Sprachsachverständiger.

945 Dolmetscher (im Sinne des Prozessrechts, § 185 GVG) ist ein Sprachkundiger, der alle Erklärungen, die innerhalb des Verfahrens abgegeben werden, von der fremden Sprache in die Gerichtssprache oder umgekehrt mittelt. Nach den Legaldefinitionen der Landesdolmetschergesetze[1467] übermittelt der Dolmetscher mündlich, der Übersetzer schriftlich. § 185 Abs. 1 Satz 3 GVG bezeichnet jedoch auch die Fertigung der schriftlichen Übersetzung einer zu protokollierenden

1466 Vgl. zu dem Ganzen: Wendler, in: Wolf (Hrsg.), Kriminalität im Grenzgebiet, Band 3, Ausländer vor deutschen Gerichten, 2000, S. 219 ff.; Lankisch „Der Dolmetscher in der Hauptverhandlung".

1467 Vgl. etwa § 1 Abs. 1 Dolmetschergesetz des Landes Sachsen-Anhalt (DolmG LSA).

Äußerung als Tätigkeit des Dolmetschers. Die Abgrenzung ist prozessrechtlich von Relevant, sofern die Tätigkeit eines Sachverständigen vorliegt.

946 Die Rechtsprechung zu § 185 GVG stellt bei der Abgrenzung zwischen Dolmetscher- und **Sachverständigentätigkeit** auf die Prozessrolle des Sprachmittlers ab: Besteht seine Aufgabe darin, den Prozessverkehr des Gerichts mit dem sprachunkundigen Prozessbeteiligten durch Übertragung der schriftlichen oder mündlichen *zum Prozess abgegebenen Erklärungen* zu ermöglichen, liegt *Dolmetschertätigkeit* vor. Geht es hingegen um die Ermittlung des Inhalts einer *außerhalb* des Prozessverkehrs abgegebenen und als Beweismittel in Betracht kommenden fremdsprachigen (schriftlichen) Erklärung, wird der Sprachmittler als Übersetzter, als Sachverständiger tätig.[1468] In diesen Fällen ist er im Prozess als Sachverständiger entsprechend zu belehren, ggf. zu vereidigen und zu entschädigen. Derselbe Sprachmittler kann in der Verhandlung sowohl als Dolmetscher als auch als Sachverständiger tätig werden.

2.2 Pflicht zur Hinzuziehung

947 Für **gerichtliche Verfahren** bestimmt **§ 185 GVG**, wann ein Dolmetscher hinzugezogen werden muss: „Wird unter Beteiligung von Personen verhandelt, die der deutschen Sprache nicht mächtig sind, so ist ein Dolmetscher zuzuziehen." Ein Verstoß gegen die Pflicht zur Hinzuziehung eines Dolmetschers bei einem[1469] der deutschen Sprache nicht mächtigen Angeklagten nach § 185 Abs. 1 Satz 1 GVG kann als absolute Revisionsgrund nach § 338 Nr. 5 StPO gerügt werden. Ob ein Beteiligter der deutschen Sprache mächtig ist, hat das Gericht von Amts wegen festzustellen.[1470] Das Gebot der Zuziehung eines Dolmetschers ist eine Ausprägung des Verfassungsgrundsatzes des fairen Verfahrens.[1471] Auch nach Art. 6 Abs. 3e **EMRK** haben Ausländer als Angeklagte das Recht, unabhängig von ihrer finanziellen Lage die unentgeltliche Beiziehung eines Dolmetschers zu verlangen, wenn sie die deutsche Sprache nicht verstehen oder wenn sie sich nicht darin ausdrücken können.[1472] Bestehen **Zweifel,** ob der Anzuhörende in ausreichendem Umfang der deutschen Sprache mächtig ist, ist zwingend ein Dolmetscher hinzuzuziehen, auch ohne Rücksicht auf seinen Willen.[1473]

948 § 185 GVG gilt grundsätzlich nicht auch für „Verhandlungen" mit der Polizei im **Ermittlungsverfahren**. Einzig (**richterliche**) **Vernehmungen/Haftprüfungsterminen** im Ermittlungsverfahren sind auch Verhandlungen i. S. d. § 185 GVG.[1474] Die RiStBV enthält an verschiedenen Stellen Regelungen. Insb. nach Nr. 181 Abs. 1 ist bei der „ersten verantwortlichen Vernehmung des Beschuldigten … aktenkundig zu machen, ob er die deutsche Sprache soweit beherrscht, dass ein Dolmetscher nicht hinzugezogen zu werden braucht und, falls dies nicht der Fall ist, für welche Sprache ein Dolmetscher benötigt wird". Die Pflicht zur Beiziehung eines Dolmetschers im Ermittlungsverfahren kann sich aber aus anderen Vorschriften ergeben, z. B. aus § 187 GVG oder dem NATO-Truppenstatut ergeben. Auch Art. 6 Abs. 3e EMRK gilt grundsätzlich auch für das Ermittlungsverfahren, so dass auch dort der (**unverteidigte**) **Beschuldigte** einen Anspruch auf (unentgeltlichen) Beistand eines Dolmetschers hat, damit ihm sämtliche Schriftstücke und mündliche Erklärungen übersetzt werden, auf deren Verständnis er angewiesen ist.[1475]

1468 Simon in: Löwe-Rosenberg, StPO, 27. Auflage 2022, § 185 GVG, Rz 3.
1469 BGH, Urt. v. 6.3.2025 – 3 StR 249/24.
1470 KK-StPO/Diemer, 9. Aufl. 2023, GVG § 185 Rn. 1.
1471 Zu den auch Deutsch Sprechenden, siehe unten Rn. 965.
1472 KK-StPO/Diemer, 9. Aufl. 2023, GVG § 185 Rn. 2.
1473 StPO/Diemer, 9. Aufl. 2023, GVG § 185 Rn. 3, 4.
1474 *Meyer-Goßner/Schmitt*, § 185 GVG, Rn. 1.
1475 Annika Hirsch/Detlef Burhoff in: Burhoff, Handbuch für das strafrechtliche Ermittlungsverfahren, 10. Auflage 2025, Z, Zuziehung eines Dolmetschers im Ermittlungsverfahren, Rn. 5754.

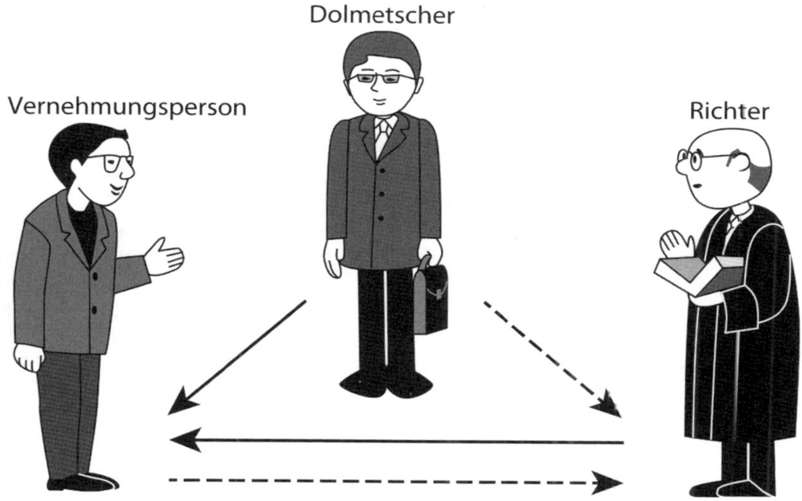

2.3 Kommunikative Ebenen

Auch wenn ein Dolmetscher zugegen ist, darf die *eigentliche* Kommunikation im Gerichtssaal *nur* zwischen der (ausländischen) Auskunftsperson und der Vernehmungsperson (Richter, Staatsanwalt, Anwalt bzw. wer sonst noch ein Fragerecht hat) stattfinden – und zwar regelmäßig in beiden Richtungen, von der Vernehmungsperson zu der ausländischen Auskunftsperson und umgekehrt von der ausländischen Auskunftsperson zur Vernehmungsperson. Der **Dolmetscher ist** nicht *dazwischen*geschaltet, sondern befindet sich sozusagen auf einer anderen Ebene. Er ist **keine „Brücke"**, sondern er überträgt „nur" das, was die Vernehmungsperson sagt, in die fremde Sprache und das, was die Auskunftsperson sagt, zurück ins Deutsche. Die Dolmetscher „begleiten" also parallel die Kommunikation zwischen Auskunfts- und Vernehmungsperson immer nur in einer Richtung (vgl. das obige Bild). 949

Daraus folgt für das Verfahren, dass **keine eigenständige Kommunikation** zwischen Vernehmungsperson und Dolmetscher ebenso wie keine Kommunikation zwischen Auskunftsperson und Dolmetscher[1476] stattfinden sollte. Wenn es aus sachlichen Gründen nicht zu vermeiden ist, dann ist sie

- so gering wie möglich zu halten und
- immer für alle Beteiligten transparent zu machen.

2.4 Simultan- und Konsekutivdolmetscher

In gerichtlichen und behördlichen Verfahren ist immer wieder der Einsatz von Konsekutivdolmetscher zu beobachten. Diese sind Sprachmittler, die das Gesagte zeitversetzt, also nach Abschluss eines Sinnabschnitts, in die Zielsprache übertragen. Dabei hört der Dolmetscher zunächst dem Sprecher zu, prägt sich den Inhalt ein (ggf. mithilfe von Notizen) und gibt ihn anschließend abschnittsweise und in strukturierter Form wieder. Das läuft jeder Wahrheitsfindung zuwider. Aus rechtspsychologischer, kognitionswissenschaftlicher und kommunikationspraktischer Sicht ist der ausschließliche Einsatz eines **Simultandolmetschers unerlässlich**, sofern eine qualitativ hochwertige und verfahrenssichere Kommunikation sichergestellt werden soll und dies organisatorisch möglich ist. 950

1476 Sog. „Nebenkommunikation".

951 Das Simultandolmetschen erfolgt nahezu zeitgleich mit dem Ausgangsbeitrag. Diese Synchronität gewährleistet, dass der inhaltliche, rhetorische und emotionale Gehalt der Äußerungen **vollständig** und **unmittelbar** übertragen wird. Redefluss, Argumentationsstruktur und Interaktion bleiben dadurch erhalten. Besonders bei juristisch relevanten Aussagen – etwa bei Geständnissen, Entlastungen oder Widersprüchen – ist es von entscheidender Bedeutung, dass diese nicht nachträglich zusammengefasst oder paraphrasiert, sondern in Echtzeit übermittelt werden. Im Gegensatz zum Konsekutivdolmetschen minimiert nur das Simultandolmetschen das Risiko von Auslassungen, Vereinfachungen oder freien Interpretationen. Die unmittelbare Wiedergabe entlastet das Arbeitsgedächtnis und sichert eine höhere inhaltliche Präzision, gerade bei komplexen oder detailreichen Aussagen. Ein weiterer Vorteil des Simultandolmetschens liegt in der **prozessualen Transparenz**. Die zeitgleiche Übertragung ermöglicht eine unmittelbare Protokollierung durch das Gericht oder die Verwaltung sowie direkte Reaktionen oder Nachfragen durch Verfahrensbeteiligte. Die Dolmetschleistung ist damit überprüfbar und kontrollierbar – ein wesentlicher Aspekt im Hinblick auf die Wahrung des rechtlichen Gehörs und die Effektivität der Verteidigung oder Antragstellung.

2.5 Qualität der Übersetzung

952 Die **Anforderungen**, die **an Dolmetscher im forensischen Bereich** gestellt werden, sind **besonders hoch**. Dort werden nicht nur Geschehensabläufe geschildert, die eine Person erlebt hat, sondern es werden bisweilen höchst komplizierte Einzelheiten eines Sachverständigengutachtens besprochen und von den Beteiligten hinterfragt, z. B. die Schaltpläne von Ampelanlagen oder die Schuldfrage betreffende psychiatrische Ausführungen usw. Die Beteiligten verwenden dabei oft, auch ohne dass ihnen das bewusst ist, eine oder manchmal mehrere, unterschiedliche Fachsprachen (Juristendeutsch, Medizinersprache).[1477] Selbst uns, den meisten Lesern, vollkommen geläufige Bezeichnungen wie „Anspruch", „Bescheid" oder „rechtswidrig" haben spezifische juristische Bedeutungen, die teilweise vom üblichen Sprachgebrauch abweichen. Die Dolmetscher benötigen folglich zusätzlich eine Menge an Wissen und Fachkenntnissen in vielen nicht nur rechtlichen Bereichen.[1478] Auch qualifizierte Dolmetscher müssen sich in der Regel auf einen konkreten Einsatz angemessen **vorbereiten**. Dies betrifft nicht nur die Vorbereitung auf medizinische oder technische Texte und Ausführungen (Sachverständigengutachten, ärztliche Atteste, etc.), sondern auch – was von Juristen häufig übersehen wird – auf juristische. Die Rechtssysteme nicht nur der EU-Mitgliedstaaten sind sehr unterschiedlich; für viele Begriffe, rechtliche Figuren oder Institute gibt es keine Entsprechung. Hinzu tritt, dass die allgemeine Beeidigung in Baden-Württemberg den Nachweis von Rechtskenntnissen nicht, und die bundesweite allgemeine Beeidigung nach dem Gerichtsdolmetschergesetz ab dem 1.1.2023 nur den Nachweis von Grundkenntnissen der deutschen Rechtssprache vorsieht. Das **Gericht** sollte die Vorbereitung der Dolmetscherin zulassen und **unterstützen**. Dadurch wird ein reibungsloser Verfahrensablauf ermöglicht. Es kann sich deswegen empfehlen, der Dolmetscher in Einzelfällen zumindest teilweise **Einsicht in die Verfahrensakten** (Anklage-

---

1477 Man denke z. B. an die Aussage eines Psychiaters, der in der Hauptverhandlung in seinem mündlich vorgetragenen Gutachten erklärt, dass die dissoziale Persönlichkeitsstörung des Angeklagten zwar nicht zu einer Beeinträchtigung seiner Einsichts-, aber doch der Steuerungsfähigkeit, freilich nicht in dem vom Gesetz geforderten „erheblichen" Ausmaß geführt hat.

1478 Die Verfasser haben es praktisch nie erlebt, dass ein Dolmetscher während der Erstattung eines technischen, medizinischen oder psychiatrischen Sachverständigengutachtens nachgefragt hat, was der eine oder andere Fachbegriff bedeutet. Die beteiligten Richter und die Verfasser selbst hingegen mussten etliche Male solche Fragen stellen. Vielleicht befürchtet ein Dolmetscher in einer solchen Situation, dass er als weniger kompetent erscheinen könnte und unterlässt deshalb die Nachfrage.

schrift, Klageschrift, etc.) zu gewähren.[1479] Andernfalls übersetzen sie das, was sie hören, eben einfach so, wie sie es verstehen. Ob es tatsächlich so gemeint war, steht aber nicht fest.

953 Zu bedenken und überdenken ist auch der **zeitliche Einsatz** von Dolmetschern. In der Gerichtspraxis ist oft zu beobachten, dass Dolmetscher stundenlang, oft den ganzen Tag lang simultan übersetzen, allenfalls durch die normalen Gerichts- und Verhandlungspausen unterbrochen. Das ist außerhalb eines Gerichtssaals nicht vorstellbar! Im Europäischen Parlament wechseln sich Simultandolmetscher alle **20 bis 30 Minuten** (!) ab. In einem Erfahrungsbericht einer Konferenzdolmetscherin über ihren Einsatz im Europäischen Parlament[1480] wird beschrieben, dass sich Dolmetscher während Sitzungen sogar teilweise schon nach 10–15 Minuten abwechseln. Dies hängt von der fachlichen Dichte der besprochenen Themen und der Struktur der Sitzung ab. Dieser Wechselrhythmus ist ein etablierter Standard, um die Konzentration und Qualität der Verdolmetschung sicherzustellen. Die International Association of Conference Interpreters (AIIC) empfiehlt beispielsweise, dass Simultandolmetscher in der Regel alle 30 Minuten wechseln sollten, um Ermüdung zu vermeiden und die Qualität der Verdolmetschung sicherzustellen.[1481] Angesichts der Einschränkungen in Bezug auf Qualität und Gesundheit sollte nach der AIIC die normale Dauer eines **Arbeitstages** für Dolmetscher zwei Sitzungen zwischen je **zweieinhalb und drei Stunden** nicht überschreiten.[1482] Nichts anderes muss auch für Gerichtsverhandlungen gelten. Die Verfasser hinterfragen, ob Richter sich überhaupt im Klaren darüber sind, was sie Dolmetschern mitunter zumuten.

954 Die vorgenannten Schwierigkeiten, die ein Dolmetscher zu überwinden hat, gebieten es auch, dass die sprechenden Personen in der gedolmetschten Kommunikation ihr **Sprechtempo** der Tatsache anpasst, dass ihre Worte simultan gedolmetscht werden. Wenn ein Gericht auf die Konzentration und Kondition von Dolmetschern keine ausreichende Rücksicht nimmt, dann wird die Übersetzung im Laufe sicher zunehmend etwas knapper gehaltenen. Was dann nicht übersetzt wird, entscheidet der Dolmetscher ohne Kontrollmöglichkeit der anderen Beteiligten. Das läuft jeder Wahrheitsfindung zuwider!

955 „Dolmetscher" ist **keine geschützte Berufsbezeichnung**. Als Dolmetscher kommt grundsätzlich jede Person in Betracht, die zwei Sprachen spricht. Angesichts der vielfältigen Herausforderungen an die Qualität einer Übersetzung wäre es aber ein Irrtum zu glauben, jemand, der zwei Sprachen spricht, sei allein deshalb hinreichend geeignet. Die eingesetzten Dolmetscher sind in Teilen nicht ausreichend qualifiziert. Ein Mindestmaß an Qualität verspricht gelegentlich ein Rückgriff auf einen gemäß § 189 Abs. 2 GVG allgemein vereidigten Dolmetscher. Wenn möglich ist darauf zu achten, dass ein **professioneller Diplom-Dolmetscher** hinzugezogen wird. Professionelle Simultandolmetscher sind in der Regel ethisch geschult und methodisch ausgebildet, ihre Rolle strikt auf die Übertragung der Inhalte zu beschränken. Sie erklären, bewerten oder kommentieren nicht. Diese Rollenklarheit verhindert, dass der Dolmetscher unbeabsichtigt zum „informellen Beteiligten" oder gar „Filter" des Gesagten wird – ein Risiko, das bei laienhaften oder nicht neutralen Dolmetschformen erheblich steigt. Juristische, medizinische oder verwaltungsrechtliche Kontexte erfordern wie ausgeführt eine hohe terminologische Genauigkeit. Simultandolmetscher verfügen in der Regel über entsprechende Fachkenntnisse und sind in der Lage,

1479 So gelingt die Zusammenarbeit zwischen Gerichten und Sprachmittler*innen, VVU, Verband allgemein beeidigter Verhandlungsdolmetscher und öffentlich bestellter und beeidigter Urkundenübersetzer e.V. Baden-Württemberg, 2. Auflage, 2021, S. 5.

1480 https://dziabala-dolmetschen.de/dolmetschen-fuer-das-europaeische-parlament.

1481 www.aiic.de, FAQ, Frage 4 Warum arbeiten Simultandolmetscher nicht alleine?

1482 www.aiic.de, Berufungsstandards, Artikel 7 Arbeitstag der Dolmetscher*innen.

auch dynamische Redeanteile, Dialekte, Akzente oder kulturelle Nuancen adäquat zu erfassen und zu übertragen.

956 Die **Auswahl** der Dolmetscher in Prozessen sollte nicht automatisch anderen, etwa der Geschäftsstelle überlassen werden.[1483] Um möglichst immer einen der guten und qualifizierten Dolmetscher bei der Vernehmung zu haben, darf ein Richter (oder eine andere Vernehmungsperson) nicht einfach nur verfügen, *„Dolmetscher für die XY-Sprache laden."* Das **Gericht** etc. sollte sich selbst um die richtige Auswahl kümmern und Anwälte sollten ggf. Einfluss darauf nehmen.

2.6 Anforderungen an (Simultan-)Übertragungen

957 Eine gängige Definition des Begriffs Simultanübersetzung lautet: „Die spontane, zeitgleiche Übertragung von einer in eine andere Sprache unter Berücksichtigung der beiden Mentalitäten." – Es heißt **Übertragung**, nicht Übersetzung und das mit gutem Grund, denn ein Großteil der fremden Sprachen lässt sich nicht einfach ins Deutsche übersetzen, ohne dass es zu erheblichen Verzerrungen kommt.

Beispiel 1:
Im Türkischen gibt es das Wort „vurmak", welches allgemein „Gewalt anwenden" beschreibt. Es hat ungefähr 25 kontextabhängige Bedeutungen: Schlagen, erschlagen, stechen, erstechen, schießen, stoßen usw. Nun sagt die Auskunftsperson wörtlich übersetzt: *„Ich habe sie mit dem Messer ‚vurmak'."* Was tatsächlich gemeint ist, bleibt offen: „Gestochen" oder gar „erstochen" oder aber vielleicht auch nur „geschlagen". Auch das geht mit einem Messer in der Hand. Um das Wort richtig übersetzen zu können, benötigen die Dolmetscher, die ja die Akten nicht kennen, zusätzliche Informationen. Diese müssen sie erfragen, jedoch nicht bei der Auskunftsperson (!), sondern bei der Vernehmungsperson (!). Sie müssen also gegenüber der Vernehmungsperson ihr „Problem" deutlich machen (Nebenkommunikation), damit die Vernehmungsperson dann durch entsprechende Fragen an die Auskunftsperson (Hauptkommunikation) mit Hilfe des, aber nicht *durch* den Dolmetscher für Klärung sorgen kann.

Beispiel 2:
In einem von einem der Verfasser geleiteten Berufungsverfahren kam es zu einem Widerspruch innerhalb der Aussage einer Griechin. Sie behauptete, der Angeklagte habe ihr den schwarzen Pullover mit Gewalt über den Kopf gezogen. Im Protokoll der vorangegangenen Vernehmung hingegen war von einer schwarzen Bluse zu lesen. Auf Vorhalte des Verteidigers blieb sie dabei, es habe sich um einen Pullover gehandelt; das habe sie auch früher immer so gesagt. Erst als bereits erwogen wurde, den Vernehmungsbeamten zu laden und zu befragen, schaltete sich die Dolmetscherin ein und erklärte, dass der von der Zeugin verwendete Begriff „μπλούζα" (blouza) in Teilen der griechischen Bevölkerung breit verwendet wird und sowohl eine Bluse, ein T-Shirt, ein Pullover als auch allgemein ein Oberteil bezeichnen kann. So erklärte es sich, dass in das erste Protokoll das Wort Bluse gelangt war. Erst in der Berufungsverhandlung wurde über diesen Punkt und den Kontext genauer gesprochen, woraus sich ergab, dass es sich um einen Pullover gehandelt hatte. Damit wurde aber auch verständlich, warum die Zeugin, trotz der Vorhalte, so hartnäckig darauf bestanden hatte, bei der vorangegangenen Vernehmung dasselbe gesagt zu haben. Das hatte sie tatsächlich; es war nur zweimal unterschiedlich übertragen worden.

1483 So gelingt die Zusammenarbeit zwischen Gerichten und Sprachmittler*innen, VVU, Verband allgemein beeidigter Verhandlungsdolmetscher und öffentlich bestellter und beeidigter Urkundenübersetzer e.V. Baden-Württemberg, 2. Auflage, 2021, S. 3.

In einem anderen Verfahren tauchte der „Widerspruch" Lehrer oder Lehrerin auf. Der Leser ahnt, dass in der betreffenden Sprache – wie oft bzw. von vielen auch im Deutschen – nicht zwischen der maskulinen und der femininen Form unterschieden wird und es deshalb zu den verschiedenen und doch gleichen Aussagen gekommen war.

Beispiel 3:
Einer der Verfasser „stolperte" einmal darüber, als ein einfach strukturierter türkischer Landarbeiter – laut Übersetzung – sagte: „*... und dann kam es zu einer verbalen Auseinandersetzung.*" Diese Formulierung passte nicht zu seiner sonstigen Ausdrucksweise. Auf die Frage, ob der Zeuge sich gerade tatsächlich so ausgedrückt habe, erkannte der Dolmetscher den Hintergrund der Frage und erläuterte, dass „verbale Auseinandersetzung" ein im Türkischen geläufiger Begriff sei, den – so der Dolmetscher – auch weniger gebildete Sprecher, sogar ein Analphabet benutzen würde.

Weitere Beispiele:
Im Russischen wird nicht zwischen bestimmtem und unbestimmtem Artikel unterschieden: *Ein* Freund kann auch *der* Freund heißen. Man hat mehr die Gruppe als das Individuum im Auge: Anstatt „ich und du" sagt man „wir mit dir", anstatt „Oleg und ich" „wir mit Oleg". Das darf der Dolmetscher natürlich nicht so übersetzen!

Im Iran ist es allgemein unhöflich, in der Ich-Form zu reden Man sagt oft „wir" und meint (nur) sich selbst. Die Schwester wird „Bruder" genannt. Ist sie verheiratet, gehört sie nicht mehr zur Familie. Als „Freund" bezeichnet man auch ferne Bekannte.

So erklärte sich einmal die verwunderte Nachfrage eines der Verfasser an einen Iraner, warum man sich denn nicht um den verletzten Freund gekümmert habe; die Beteiligten hatten sich, obwohl kaum miteinander bekannt, zuvor als Freunde bezeichnet.

Einer der Verfasser hat in einem Verfahren auch „gelernt", dass es im Iran zwei unterschiedliche Unterschriften gibt, eine „private" und eine für öffentliche oder geschäftliche Dokumente. Das hatte in dem Fall für allerhand Verwirrung gesorgt.

Für Verwirrung sorgen auch immer wieder die Namen insbesondere von aus asiatischen Ländern stammenden Ausländern. Aufgrund der Transkriptionsvielfalt muss beim Auftauchen von ähnlichen Namen oder Aliasnamen nicht zwingend von Urkundenfälschung o. ä. ausgegangen werden.

Diese Beispiele sollen deutlich machen, dass Dolmetscher ständig den **Aussageinhalt an die andere Sprache anpassen** müssen, und zwar in beiden Richtungen.

Bei den vorgenannten „Einschaltungen" der Dolmetscher ist zu bedenken, ob der Dolmetscher als (Sprach-) **Sachverständiger**[1484] tätig, entsprechend zu belehren, vereidigen und entschädigen ist.

2.7 Dilemma der Dolmetscher

Die Beispiele sollen auch zeigen, wie oft und wie rasch sich Situationen ergeben, 958
in denen es für die **Dolmetscher** erkennbar zu Missverständnissen gekommen ist oder kommen könnte. Dann müssen sie tätig werden. Sie **dürfen sich** jedoch **keinesfalls selbst um eine Bereinigung kümmern**, z. B. der ausländischen Auskunftsperson etwas erklären oder an sie eine Rückfrage stellen. Ihr Adressat ist allein die Vernehmungsperson. Nur an sie dürfen sie sich wenden und ihre Eindrücke mitteilen. Die Vernehmungsperson kann dann entweder dem Dolmetscher die fehlenden zusätzlichen Informationen geben oder, übersetzt vom

1484 Siehe Dolmetscher, Übersetzer, Sprachsachverständiger Rn. 945.

Dolmetscher, an die Auskunftsperson entsprechende Nachfragen richten (Hauptkommunikation).

959 Wenn nun aber Dolmetscher immer wieder auf eine solche Weise in das Verfahren eingreifen, kann bei Gericht ein (falscher!) Eindruck von mangelnder Kompetenz entstehen. Die häufigen Nachfragen werden nicht als besondere Sachkunde, sondern als fachlicher Mangel interpretiert. Ein solcher Eindruck darf den Dolmetschern nicht vermittelt werden. Andernfalls können sie in eine Art **„Zielkonflikt"** geraten. Sie spüren, dass die Vernehmungsperson „unzufrieden" ist. Automatisch wird die Tendenz bestehen, künftig weniger nachzufragen. Das kann dann jedoch die Qualität der Übertragung mindern.[1485]

2.8 Erkennbare Fehler von Dolmetschern

960 Natürlich sind auch Dolmetscher nicht unfehlbar. Erkennbare Hinweise auf eine möglicherweise geringere Qualifikation oder zumindest ein „Fehlverhalten" in der betreffenden Situation können sein:

(1) **Die Verwendung der dritten Person Singular**
Niemand, auch kein Ausländer, spricht von sich selbst in der dritten Person. Folglich darf über die Lippen keines Dolmetschers die Formulierung kommen, „*Er sagt, er habe …*". Es ist immer darauf zu achten, dass, wenn die Auskunftsperson von sich berichtet, auch in der **1. Person Singular** übersetzt wird.

(2) **Zeitliche Diskrepanz zwischen gesprochenem und übersetztem Text**
Die Auskunftsperson spricht längere Zeit am Stück und der Dolmetscher übersetzt das Ganze in wenigen Sätzen oder umgekehrt. Das kann nicht richtig sein. Hier ist darauf hinzuwirken, dass **keine Straffung oder** gar **Zusammenfassung** der Aussage der Auskunftsperson geliefert wird, sondern eine wortgetreue Simultanübersetzung[1486] – mit allen Denkpausen, allen „Ähs", allen Versprechern, allen abgebrochenen Sätzen, allen unklaren oder gar unsinnigen Äußerungen. Vielleicht machen ja gerade sie bei der Glaubhaftigkeitsprüfung Sinn.[1487]

(3) **Gespräche in der fremden Sprache**
Der Dolmetscher und die Auskunftsperson tauschen einige Sätze in der fremden Sprache aus. „*Das hatte nichts mit der Sache zu tun …*" oder „*Er hat nur gemeint …*"; so und ähnlich lauten die Antworten, die man auf Fragen an Dolmetscher erhält, worüber gerade gesprochen worden sei. Solche **Nebenkommunikation ist unzulässig** – erst recht in einer fremden Sprache! Sie ist daher zu unterbinden! Ist dem Dolmetscher eine wörtliche Übersetzung nicht möglich bzw. muss er dafür zuvor der betreffenden Person etwas erklären oder etwas mit ihr abklären, so ist dies den Verfahrensbeteiligten deutlich zu machen und von demjenigen, der die Verhandlung leitet, zu genehmigen und zu kontrollieren.

(4) **Strukturierung**
Es ist schon in der eigenen Muttersprache äußerst schwierig, sich möglichst viel oder gar alles von einer nicht ganz kurzen, inhaltsreichen Geschehensschilderung zu merken. Mit nicht ganz kurz ist dabei ein Zeitraum deutlich unter einer Minute gemeint.[1488] Ein noch größeres Problem ist, anschließend alles

---

1485 Von diesem Problem haben Dolmetscher den Verfassern häufig berichtet.

1486 Siehe Simultan- und Konsekutivdolmetscher Rn. 950.

1487 Die Verfahren, in denen die Verfasser erlebt haben, dass Dolmetscher „ähs" oder Versprecher oder ähnliches übersetzt bzw. mitgeteilt haben, lassen sich an zwei Händen abzählen. Praktisch nie ist das in ein Protokoll gelangt!

1488 Entsprechende Tests der Verfasser deuten darauf hin, dass – wenn es sich um inhaltsreiche Ausführungen handelt – bereits nach 30 Sekunden ein Bruch eintritt, ab dem es zu deutlichen Verlusten kommt. Dramatisch schlechter wurde die Vollständigkeit der Wiedergabe, wenn die gehörten Ausführungen ungeordnet waren. Vielleicht können Dolmetscher aufgrund ihrer Ausbildung und ihres „Trainings" etwas bessere Werte erzielen.

wiederzugeben. Wenn man eine gewisse Anzahl von Einzelheiten ohne eigenen Erlebnishintergrund schildert, so benötigt man in der Regel eine Art „roten Faden“, um sich daran „durchzuhangeln“, um alles zu bringen und nichts wegzulassen.[1489] Genauso verhält es sich für die Dolmetscher. Sie haben nichts erlebt, sondern sie hören, was ihnen jemand erzählt. Je mehr sie hören, desto mehr müssen sie sich merken und desto schwieriger wird es, anschließend bei der Übertragung nicht zu verkürzen. Der „rote Faden“, den man üblicherweise verwendet, ist die Chronologie der Ereignisse. Es besteht eine Tendenz, eine ungeordnete Geschehensschilderung unbewusst zu ordnen. Das führt dazu, dass Dolmetscher das Gehörte **strukturieren**, **chronologisieren** und im schlimmsten Fall Teile **aussortieren.** Es fällt dann in der Regel das weg, was der Dolmetscher für unwichtig, sozusagen für nicht erwähnens- bzw. nicht übersetzenswert hält. Ob die anderen Beteiligten dies gleich beurteilen, ist jedoch völlig offen. Vielleicht wäre der „unwichtige“ Nebensatz aus Sicht des Beklagtenvertreters von entscheidender Bedeutung für die Bewertung der gesamten Aussage gewesen.

Derartige Veränderungen sind zwar, wenn man selbst die fremde Sprache nicht beherrscht, direkt kaum bemerkbar, aber sie liegen nicht ganz fern, wenn vom Dolmetscher in der Übersetzung eine inhaltlich sehr gut strukturierte oder allzu chronologische Geschehensschilderung gebracht wird. Es empfiehlt sich in solchen Fällen, gelegentlich nachzufragen, ob die Auskunftsperson tatsächlich dermaßen geordnet und chronologisch berichtet. Dies ist relevant im Rahmen der Aussagenanalyse, insbesondere bei den Glaubhaftigkeitskriterien der „Homogenität“ und „Erweiterung“, da die Erfahrung zeigt, dass Lügner oft eine inhaltlich karge und chronologisch geordnete Geschichte erzählen.[1490] **961**

Man kann dem nur entgegenwirken, indem man auf eine simultane Übersetzung[1491] hinwirkt oder indem man diese Probleme in der Verhandlung offen thematisiert. Man weist den Dolmetscher ausdrücklich darauf hin, wie wichtig eine möglichst genaue Übersetzung ist, d. h. keine Veränderung der Ausdrucksweise, kein Ordnen oder Chronologisieren etc. **962**

2.9 Veränderungen in den Denkstrukturen

Die Vernehmung einer Person in einer fremden Sprache führt im Gerichtssaal in mehrfacher (genauer: dreifacher) Hinsicht zu Veränderungen in der gedanklichen Struktur und dadurch häufig auch zu Verfälschungen bei der Feststellung von Sachinhalten. **963**

(1) Trotz der Einschaltung eines Dolmetschers wählt die **Vernehmungsperson** oftmals einfachere und kürzere Formulierungen. Der Wunsch, mag er auch nur teilweise bewusst sein, die Übersetzung durch eine knappere und prägnante Ausdrucksweise quasi zu unterstützen, kann zu einer gewissen „gedanklichen Reduzierung“ führen.

Beispiel: Der Satz eines Richters zum Dolmetscher, *„Meine Frage ist zu kompliziert. Ich formuliere sie anders …“*, bringt seine eigene gedankliche „Umstrukturierung“ offen zum Ausdruck.

(2) Wegen der jeweiligen Besonderheiten der fremden Sprache müssen die **Dolmetscher** das, was die Vernehmungsperson sagt, an die andere Sprache anpassen. Dies führt zwangsläufig zu Veränderungen und nun auch auf Seiten der Dolmetscher zu einer „Umstrukturierung“.

Beispiel: In der türkischen Sprache steht das Verb immer als letztes Wort im Satz, unabhängig von seiner Länge. Auch gibt es keine Nebensätze, sondern einen eigentlichen Hauptsatz, der nach etlichen anderen „Hauptsätzen“ kommt.

1489 Daraus folgt im Umkehrschluss, dass eine ungeordnete oder nichtchronologische Geschehensschilderung als ein Hinweis auf Wahrheit gilt. Vgl. Ungesteuertheit/Nichtsteuerung Rn. 753.

1490 Vgl. Erweiterung/Ergänzung Rn. 778.

1491 Siehe Simultan- und Konsekutivdolmetscher Rn. 950.

(3) Trotz bester Übersetzungsleistung *„versteht"* die **Auskunftsperson** verbal und intellektuell immer nur einen Teil des gesamten um sie herum ablaufenden (Prozess-)Geschehens. Sie bemerkt ihr Defizit. Dadurch wird sie verunsichert. Sie will in aller Regel vom Inhalt ihrer Aussage überzeugen und befürchtet nun möglicherweise, ihr Defizit könne sich dabei negativ auswirken. Dies kann dazu führen, dass sie sich anders ausdrückt oder gar Anderes sagt, um für eine Art „Ausgleich" zu sorgen.

Beispiel: Die ausländische Auskunftsperson „füttert" in ihrer Aussage inhaltlich nach, nur weil sie körpersprachliche Reaktionen der Vernehmungsperson falsch interpretiert, etwa auffälliges Stirnrunzeln, welches aber eine „harmlose", von der Aussage unabhängige Ursache hat.[1492]

Und diese Aussage ist dann das „gedankliche Produkt", das der Dolmetscher am Ende „zurück"-übersetzt.

964 All das zeigt, dass Übersetzungen im Gerichtssaal nicht nur rein sprachliche, sondern zahlreiche und vielschichtige Probleme mit sich bringen. Man sollte sich davor hüten, auf eine „**Scheinsicherheit**" hereinzufallen, deren Eindruck allein durch die Einschaltung von Dolmetschern entstehen kann. Die Herstellung von **Transparenz** für die Auskunftsperson ist gerade auch beim Einsatz von Dolmetschern notwendig.

3. Die Auskunftsperson spricht (auch) deutsch

965 Wenn die Notwendigkeit einer Übersetzung für alle Beteiligten erkennbar ist, muss die Einschaltung eines Dolmetschers erfolgen.[1493] Die Fälle, in denen darauf verzichtet wird, obwohl die Auskunftsperson keineswegs die deutsche Sprache ausreichend beherrscht, sind in der täglichen Praxis, insbesondere in Ermittlungsverfahren, zahlreich. Es gibt dafür vielfältige Gründe. Am häufigsten wird der Wunsch nach Kosten- oder Zeitersparnis oder nach schlichter Vermeidung von Komplikationen genannt. Nicht selten unterstützen die ausländischen Auskunftspersonen dies auch selbst, indem sie behaupten, *„es gehe schon ohne Dolmetscher"*. Erst später, oft nach anwaltlicher Beratung, kommt dann der Vortrag, die frühere Vernehmung sei wegen Verständigungsproblemen jedenfalls in Teilen unrichtig. Der dazu regelmäßig befragte Polizeibeamte wird dies kaum bestätigen, denn damit müsste er ja praktisch seinen eigenen „Fehler" einräumen, dass er die Vernehmung nicht den erforderlichen Mindeststandards entsprechend durchgeführt hat.

Beispiel:[1494] Ein aus Nahost stammender, kaum Deutsch sprechender „Ladendieb" unterschrieb folgende eigene polizeiliche Aussage: „Ich gebe die mir zur Last gelegte Tat zu. Ich entwendete in Diebstahlsabsicht eine Packung Zigaretten der Marke …, einen Rahm-Camembert sowie einen normalen Camembert." – Dann folgte der Vermerk: „Aus Gründen der Verhältnismäßigkeit wurde auf die Hinzuziehung eines Dolmetschers verzichtet. Durch das Wort ‚Zappzarapp' und entsprechende Wegnahmegestik wurden dem Beschuldigten Diebstahlsvorhaltungen gemacht. Der Beschuldigte bestätigte diese Vorhaltungen durch Kopfnicken. Die Aussagebelehrung hat er ebenfalls verstanden."

966 Als der deutschen Sprache (teilweise) *mächtig* angesehen wird eine Auskunftsperson, die zwar Deutsch nicht beherrscht, aber so weit versteht und spricht, so dass eine Verständigung mit ihr möglich ist. In Grenzfällen steht die Mitwirkung

1492 Vgl. Back Channels, vgl. oben Rn. 276.
1493 Siehe Pflicht zur Hinzuziehung Rn. 947.
1494 Ahrens, Band 1, S. 57.

eines (bestellten) Dolmetschers im pflichtgemäßen Ermessen des Gerichts.[1495] Dies gilt mithin auch, soweit für den der deutschen Sprache nur teilweise mächtigen Angeklagten, für den nach GVG § 185 ein Dolmetscher bestellt wurde. Es ist auch insoweit dem pflichtgemäßen Ermessen des Tatrichters überlassen, in welchem Umfang er unter Mitwirkung des Dolmetschers mit den Prozessbeteiligten verhandeln will. In diesem Fall gehört der Dolmetscher jedenfalls nicht zu den Personen, deren Anwesenheit im Sinne des § 338 Nr. 5 StPO für die gesamte Dauer der Hauptverhandlung erforderlich ist, begründet aber unter Umständen die Revision nach § 337.[1496]

Ein Dolmetscher sollte in **Zweifelsfällen** stets hinzugezogen werden. Auch wenn eine Auskunftsperson leidlich gut deutsch spricht, kommt es ohne Dolmetscher vermehrt zu Missverständnissen und Fehlern. Nahezu sämtliche im forensischen Bereich tätigen Vernehmungspersonen verwenden eine spezifische Fachsprache, die Gerichtssprache oder das sogenannte „Juristen-Deutsch".[1497] Begriffe wie „Eigentümer", „Einwendung", „Widerspruch", „Raub" usw. werden mit bestimmten Voraussetzungen, Tatbestandsmerkmalen oder Definitionen verbunden. Durch die Verwendung dieser der ausländischen Auskunftsperson noch fremderen Fachsprache wird ihr zugleich signalisiert, dass man sich bei Gericht in einer bestimmten Art und Weise nicht nur verhält, sondern auch sprachlich ausdrückt. Die Auskunftsperson – ausländische ebenso wie deutsche – versucht nun, wieder um keine Nachteile zu erleiden, sich dieser Fachsprache anzupassen. Das fällt ihr noch schwerer als Deutschen. Das Risiko, dass sie Begriffe verwendet, die sie nur „unscharf" oder anders versteht, ist groß. Die Missverständnisse, die dadurch entstehen können, bleiben deshalb besonders oft unaufgedeckt, weil die ausländische Auskunftsperson eine Reaktion der deutschen Vernehmungsperson, die möglicherweise einen Hinweis auf falsches Verständnis enthält, ihrerseits ebenfalls nicht erfassen kann. 967

Einer der Verfasser war dabei, als einer jungen, gut deutsch sprechenden Italienerin, die zusammen mit ihrem Freund in einen Supermarkt eingebrochen war, vorgehalten wurde, sie habe *„billigend in Kauf genommen, dass der Rollladen beschädigt wurde"*, worauf sie fragte: *„Was für einen billigen Kauf haben wir gemacht?"* 968
Der andere Verfasser hatte ebenfalls ein Erlebnis mit einem Italiener: Ein Zeuge italienischer Staatsangehörigkeit, in Deutschland geboren, fließend deutsch – oder genauer gesagt – fließend schwäbisch sprechend, wurde von einem beteiligten Anwalt gefragt: *„Was haben Sie damals aus dem Umstand geschlossen, dass …?"* Der Zeuge, sonst recht eloquent, überlegte lange, drehte sich dann um zum fragenden Anwalt und erwiderte: *„Herr Rechtsanwalt, was ist ein Umstand?"*
Hinzu kommt schließlich, dass die Vernehmungsperson, wenn sie direkt mit einer ausländischen Auskunftsperson spricht, ihre eigene „Denkstruktur" dieser Situation noch viel mehr anpasst, als wenn Dolmetscher übersetzen.[1498]
Beispiel: Man kennt von sich selbst, wie rasch man dazu neigt, in verkürzten Satzfragmenten manchmal unter Verwendung nur des Infinitivs einem ausländischen Touristen den Weg zu erklären.

Es ist daher grundsätzlich **besser, zu oft als zu selten** einen **Dolmetscher** einzuschalten, wenn man eine gute, d. h. inhaltlich richtige Verständigung erreichen möchte. 969

1495 BGH, Beschl. v. 22.11.2001 – 1 StR 471/01.
1496 BGH, Urt. v. 17.1.1984 – 5 StR 755/83; BGH, Beschl. v. 22.11.2001 – 1 StR 471/01. Anders, wenn ein Angeklagter der deutschen Sprache nicht mächtig und daher die Zuziehung nach § 185 Abs. 1 Satz 1 GVG erforderlich ist, siehe oben Rn. 947.
1497 Vgl. Juristendeutsch Rn. 97.
1498 Vgl. oben Rn. 963.

4. Aussagenanalyse unter Berücksichtigung ausländerspezifischer Besonderheiten

970 Gerade *weil* das Auskunftsmaterial, das von ausländischen Auskunftspersonen erlangt wird, meistens qualitativ weniger gut ist, ist eine Analyse des Aussageinhalts anhand von objektiven Kriterien (Realkennzeichen/Realitätskriterien) besonders wichtig. Im Folgenden wird dazu Stellung genommen, inwieweit die oben[1499] erarbeiteten Grundsätze zur Überzeugungsbildung übertragen werden können und inwieweit, gegebenenfalls mit welchen Modifizierungen, die Realkennzeichen/Realitätskriterien bei der Inhaltsanalyse von Aussagen ausländischer Auskunftspersonen Anwendung finden können. Mangels ausreichend gesicherter empirischer oder sonstiger Untersuchungen muss im Wesentlichen auf Untersuchungs- und Erfahrungsmaterial der Verfasser zurückgegriffen werden.

4.1 Persönlichkeit der ausländischen Auskunftsperson

971 In erster Linie geht es bei der Frage der Beurteilung der Zuverlässigkeit einer Aussage nicht um die Glaub*würdigkeit* der Auskunftsperson, sondern um die Glaub*haftigkeit* ihrer Angaben.[1500] Wie schon bei Deutschen hat aber die **Persönlichkeit** der Auskunftsperson trotz allem Einfluss auf die Überzeugungsbildung, erst recht wenn die Brücke einer gemeinsamen Sprache und Kultur fehlt. Allein das bisweilen fremde äußerliche Erscheinungsbild kann zu Verzerrungen führen. Ein Ausländer mag auf einen Richter „düster" und „verschlossen" wirken. Dann liegt die Möglichkeit nicht ganz fern, sein Aussageverhalten als „zurückhaltend" oder gar „verstockt" zu empfinden.

Einer der Verfasser hat mehrfach folgenden **Test** durchgeführt: Eine deutsche Frau (manchmal auch ein deutscher Mann) schilderte ein von ihr (ihm) angeblich beobachtetes Geschehen (eine tätliche Auseinandersetzung vor einem Lokal). Dann durften die Testpersonen (alle Juristen) Fragen stellen. Meistens gab es nur wenige Nachfragen. Anschließend trug ein Ausländer (arabischer Herkunft) dieselben Geschehnisse als eigene Beobachtungen nahezu wortgleich (!) vor. Die Zahl der Fragen war praktisch immer signifikant höher. Die deutliche Mehrzahl der Testpersonen schenkte den Deutschen Glauben; an den Angaben des Arabers hatten sie Zweifel. Die Änderung der Erzählreihenfolge (zuerst der Ausländer, dann die/der Deutsche) hatte keinen Einfluss auf das Ergebnis.

Ein weiterer von einem der Verfasser durchgeführter **Test**: Ein Araber, dem es untersagt war, seine Gegenüber freundlich anzuschauen oder auch nur kurz zu lächeln, gab eine vorgefertigte Geschehensschilderung in stark „gebrochenem" Deutsch wieder. Auf „weiche" Fragen („*Wie fanden Sie das Ganze?*", „*Haben Sie Nachfragen?*", „*Klang das Gesagte für Sie glaubhaft?*" u. ä.) kamen überwiegend Erwiderungen wie: „*Das kam mir seltsam vor.*", „*Ich habe Zweifel.*" usw. – Derselbe Araber saß dann erneut den Juristen gegenüber. Es ging um den gleichen Text. Nur wurde er dieses Mal von einer sympathischen Dolmetscherin so nah wie möglich am Ursprungstext, aber in fließendem Deutsch vorgetragen. Die überwiegende Reaktion lautete: „*Klingt gut.*", „*Ich habe dazu keine Fragen.*"

972 Bei ausländischen Auskunftspersonen können sich **Vorurteile** stärker als sonst auswirken. „Jugendliche aus russischen Spätaussiedlerfamilien haben mit Drogen zu tun", „Albaner sind gewaltbereit und tragen meist eine Waffe bei sich"; solche Vorurteile können auf die Akzeptanz des Aussageinhalts „ausstrahlen". Aufgrund verschiedener Selektionsmechanismen bekommen die Vernehmungspersonen im forensischen Bereich, insbesondere Strafrichter, ihre Vorurteile immer wieder bestätigt. Die Kinder aus Spätaussiedlerfamilien oder die albanischen Mitbürger, die vor Gericht erscheinen müssen, stellen aber keinen repräsentativen Querschnitt ihrer Gruppe dar. Die meisten Spätaussiedler und die große Mehrzahl

1499 Insbes. Rn. 716ff.
1500 Vgl. oben Rn. 621.

der in Deutschland lebenden Albaner sind integriert und verhalten sich vollkommen rechtstreu. Vor Gericht tauchen aber immer wieder die „schwarzen Schafe" auf. Das Problem liegt nun darin, dass sich die Vernehmungsperson mit der Zeit aufgrund ihrer negativen Erfahrungen („Scheinbestätigungen") immer weniger von ihren Vorurteilen frei machen kann und schließlich dem Vorurteil „glaubt".[1501] Der persönliche Eindruck, den die Auskunftsperson auf die Vernehmungsperson macht, hat also Einfluss auf die Akzeptanz des Aussageinhalts.

4.2 Motivische Aspekte

Obwohl auch dazu empirische Untersuchungen fehlen, wird man sagen können, **973** dass im Vergleich zu deutschen bei ausländischen Auskunftspersonen motivische Hintergründe häufiger und stärker Einfluss auf den Aussageinhalt nehmen dürften.

(1) **Ehrbegriffe** oder die **Familienehre** spielen bei vielen anderen Nationalitäten noch immer eine deutlich größere Rolle als in Deutschland. **974**

Beispiel: In einem Verfahren eines der Verfasser ging es um eine außerordentlich gewalttätige Entführung einer jungen, in Deutschland geborenen Frau, einer Türkin, durch den Bruder ihres Vaters und einen Cousin. Die beiden hatten die Frau übel misshandelt und mehrere Tage in eine Art Verlies gesperrt, ehe sie sie in die Türkei brachten, um sie dort gegen ihren Willen mit einem entfernten Verwandten zu verheiraten. Trotz eindeutiger Beweislage machten ihre zwei älteren, mit deutschen Männern liierten Schwestern – die eine hatte sich sogar äußerlich von ihrer Familie fast ganz gelöst – in der Verhandlung zunächst unwahre, die beiden Männer schützende Angaben. Und das obwohl zumindest eine der älteren Schwestern selbst sehr unter der Gewalt innerhalb der Familie gelitten hatte. Das Motiv und zugleich die (innere) Rechtfertigung für die, wie sie später einräumten, falschen Angaben war die Einstellung: *„Das geht den (deutschen) Staat nichts an."* – Der Fall endete tragisch mit einem missglückten Suizidversuch des Entführungsopfers, von dem sie bleibende Schäden zurückbehielt.

Der Begriff der **Ehre** hat in traditionell geprägten Gesellschaften eine „doppelte" Ausrichtung. Für Frauen geht es dabei um Unberührtheit und Reinheit, für Männer darum, ihre Familie und die dazugehörigen Frauen zu schützen. Deshalb wird durch einen sexuellen Übergriff sowohl die betroffene Frau irreparabel verletzt und herabgesetzt als auch die Männer der betroffenen Familie angegriffen und gedemütigt. Wenn folglich eine vergewaltigte Frau vor Gericht zu der (tatsächlich begangenen) Tat schweigt, schützt sie sich selbst und auch die Männer ihrer Familie.[1502]

(2) Es müssen zwischen den Beteiligten nicht einmal persönliche oder private **975** Beziehungen bestehen. Allein das Gefühl der **Solidarität innerhalb einer Minderheit** („Ausländer in Deutschland") kann die Bereitschaft wecken oder fördern, „positiv" für Mitglieder derselben Minderheit auszusagen, ohne dass ein besonderes Unrechtsgefühl entsteht.
Es gibt unausgesprochene **„Programmsätze"** wie: „Man hält in der Fremde zusammen!" oder „Ich verstehe meinen Landsmann, die Deutschen hinge-

1501 Zum Thema Vorurteile hat das Verwaltungsgericht Meiningen einmal ausgeführt: „Es gibt keinen allgemeinen Erfahrungssatz, wonach ‚temperamentvolle, lebendige (das ist wohl eher eine Art „conditio sine qua non"!) und gutaussehende' Frauen sich nicht der politischen Arbeit in einer verbotenen Oppositionspartei in Vietnam widmen. Aus diesen Eigenschaften kann demgemäß nicht der Schluss gezogen werden, eine Klägerin sei unglaubwürdig. Ebenso gibt es keinen Erfahrungssatz, man lasse sich nur dann scheiden, wenn man erneut heiraten wolle. (Wie wahr.) Auch aus einer Scheidung ohne erneute Heirat kann deshalb nicht geschlossen werden, eine Asylbewerberin sei nur nach Deutschland gekommen, um hier zu heiraten, ihr Verfolgungsschicksal sei deshalb nicht glaubwürdig." (Urt. v. 14.6.1999 – 5 K 20242/99.Me).

1502 Birck, a. a. O., 2. 3.

gen können ihn (uns) nicht verstehen." Auch sie können Aussageverzerrungen bewirken.
Das kann im Einzelfall so weit gehen, dass die ausländische Auskunftsperson das Verhalten ihrer Landsleute nicht billigt, es aber dennoch vor dem Einblick der deutschen Justiz verborgen halten will. In mehreren Ländern gilt es als unehrenhaft, über Familienmitglieder bzw. die Familie insgesamt mit einer Aussage sozusagen „Schande" zu bringen. Deswegen bestreitet die Auskunftsperson den Vorwurf oder schweigt aus eigener „Scham". In entsprechenden Verfahren empfiehlt es sich, anwesende Familienmitglieder von der Verhandlung auszuschließen. Das geht zumindest auf einen Antrag der Staatsanwaltschaft hin mit dem Inhalt, die Betreffenden kämen möglicherweise noch als Zeugen über die Aufhellung der Familienverhältnisse o. ä. in Betracht.

976 (3) Die zwischenmenschlichen Beziehungen in Asien werden von dem sogenannten **Guanxi-Prinzip** geprägt.[1503] Dahinter verbirgt sich ein innerhalb von Gruppen bestehendes flexibles Netzwerk tiefster gegenseitiger Verpflichtungen, dem eine Jahrtausend alte Moralphilosophie zugrunde liegt. Vermutlich hat zu seiner Entstehung das Fehlen staatlichen Rechtsschutzes in der Vergangenheit geführt. Man war zur Verfolgung seiner Ziele auf die Protektion anderer, Freunde, Verwandter, angewiesen. Die damit einhergehende Bindung an Personen förderte eine gesetzesfeindliche Überbetonung zwischenmenschlicher Gefühls- und Pflichtbindungen.[1504] Es wird behauptet, das habe auch dazu beigetragen, dass die chinesische Zivilisation als eine der wenigen auf der ganzen Welt eine positive Einstellung zur List entwickelt hat. Dasselbe Schriftzeichen drückt Weisheit wie auch List aus.[1505] Die emotionale Komponente im Sinn einer westlichen Freundschaft spielt beim Guanxi-Prinzip keine Rolle oder fehlt ganz. Neben der Familie als wichtigste Gruppe greift es auch innerhalb von Menschen, die aus derselben Region kommen oder die dieselbe Schule besucht haben oder aber auch etwa zusammen in Haft gewesen sind. Die Gruppenmentalität führt unter anderem dazu, dass Auseinandersetzungen nur innerhalb der Gruppe oder mit der opponierenden Gruppe geklärt werden. Polizei und Gerichten unterwirft man sich nur notgedrungen und formal. Gegen ein Mitglied der eigenen Gruppe auszusagen, ist zutiefst verwerflich. Aussagen gegenüber Mitgliedern einer anderen, nicht verbündeten Gruppe sind hingegen wertfrei; gegenüber Mitgliedern einer gegnerischen Gruppe werden sie sogar als positiv empfunden. Innerhalb einer Gruppe ist ranghöher immer der Ältere. Sind mehrere Auskunftspersonen zu vernehmen, sollte deshalb immer mit dem Ältesten begonnen werden.
Wegen der sich aus dem Guanxi-Prinzip ergebenden naheliegenden Möglichkeit eines Missverständnisses seitens der Auskunftsperson in Bezug auf die Neutralität des Dolmetschers muss bei Auskunftspersonen asiatischer Herkunft besonders streng darauf geachtet werden, dass keine unübersetzt bleibende Kommunikation zwischen Dolmetscher und Auskunftsperson stattfindet. Auch ein Blick auf die Herkunft des Dolmetschers kann nicht schaden.

977 (4) Daneben gibt es das **Mianzi-Prinzip**, das Konzept der Wahrung des Gesichts als grundlegende Form in der chinesischen Kommunikation. Das Gesicht eines anderen Menschen zu respektieren und ihn nicht durch eigene Handlungen oder Worte in eine unangenehme Situation zu bringen, ist eine der wichtigsten Verhaltensregeln für alle Menschen in China. Das Konzept

1503 Vgl. zu all dem Vietze, S. 3 ff.

1504 Eisenberg/Henning, Die Beweiswürdigung des Zeugen im chinesischen Zivilprozess, ZChinR 2010, S. 246.

1505 Harro von Senger, Einführung in das chinesische Recht, München, 1994, S. 24.

des Mianzi ist untrennbar mit dem Konzept der sozialen Rolle verbunden. Mit der Übernahme einer bestimmten Rolle erkennt der Einzelne automatisch eine ganze Reihe von Verhaltensmerkmalen und gesellschaftlichen Erwartungen an. Dabei wird die eingenommene Rolle im wörtlichen Sinne zum Selbstbild, welches in jedem Fall gewahrt bleiben muss, um die soziale Ordnung aufrecht zu erhalten. Die Wahrung des Gesichts ist so wichtig, dass man im Konfliktfall lieber lügt, als es zum Gesichtsverlust kommen zu lassen.[1506]

(5) Schließlich lassen sich bei in Deutschland lebenden Ausländern bisweilen „innere **Feindbilder**" beobachten, die zu einer teilweise unbewussten Beeinflussung des Aussageverhaltens führen können. Sie können sich aufgrund entsprechender negativer Vorerfahrungen gegen Deutsche allgemein richten oder aber auch nur gegen Gerichte/Staatsanwaltschaft bzw. gegen die „Obrigkeit" im Besonderen. Es tritt auch das umgekehrte Phänomen auf, dass Ausländer, die schon lange in Deutschland leben, bisweilen mit ihren eigenen Landsleuten strenger „ins Gericht gehen" und mehr Vorurteile gegen sie hegen als Deutsche das tun. Auch das kann zu Verzerrungen führen. 978

4.3 Körpersprachliche Einflüsse und nonverbale Kommunikation

Bezüglich der durch ein unterschiedliches Verständnis der körpersprachlichen Signale entstehenden Ein- und Auswirkungen auf die Überzeugungsbildung kann auf die Ausführungen zur Persönlichkeit der (ausländischen) Auskunftsperson und die dort beschriebenen Tests Bezug genommen werden.[1507] 979

Es besteht kein Zweifel daran, dass unterschiedliche Nationen eine unterschiedliche **Körpersprache** haben. Südländer „reden" von der Tendenz her „lebhafter"; sie haben häufig eine stärker ausgeprägte Körpersprache. Ob sie das vor einem (deutschen) Gericht beibehalten, ist eine andere, sicherlich nicht einheitlich beantwortbare Frage.

Angehörige mancher Nationalitäten haben eine (vielleicht aus in der Heimat gemachten Erfahrungen stammende) **distanzierte Haltung** gegenüber Gerichten und treten deshalb stark zurückgenommen auf, entweder aus Respekt oder aus Misstrauen.

„Klassisch" sind die **Beispiele**, das erste hat sogar schon Eingang in die TV-Werbung gefunden, dass in Albanien, Bulgarien, Griechenland und auch in Indien das Kopfnicken verwendet und verstanden wird, um eine Verneinung auszudrücken. Das OK-Zeichen (Ring aus Daumen und Zeigefinger, die übrigen Finger ausgestreckt) bedeutet in Japan „Geld", in Frankreich „Null", in Mexico „Sex" und in Äthiopien „Homosexualität".[1508] Die Bewohner Lapplands riechen zur Begrüßung an der Wange des Anderen und reiben die Nasen aneinander, Polynesier streicheln sich übers Gesicht, Araber umarmen sich, Japaner verbeugen sich, die Briten nicken nur leicht mit dem Kopf. Ist man mit den jeweiligen Regeln bei der Begrüßung nicht vertraut, läuft man Gefahr, andere falsch zu verstehen oder gar zu beleidigen: In asiatischen Ländern vor allem buddhistischer Prägung gilt es als eine Beleidigung, mit der Fußspitze/Fußsohle auf jemanden zu zeigen, etwa wenn man die Beine übereinanderschlägt. Mit erhobenem Finger ruft man dort nicht den Kellner, sondern einen Hund.

Wegen der zahlreichen Unterschiede zwischen den einzelnen Nationen dürften **körpersprachliche Signale** vom Grundsatz her (auch) bei ausländischen Auskunftspersonen für die Überzeugungsbildung nicht verwendet werden. Wir nehmen sie aber trotzdem immer wahr und können keineswegs sicher sein, davon nicht beeinflusst zu werden. Körpersprache „wirkt" auf Menschen. Das sollte 980

1506 Aus: http://www.china-guide.de/mianzi-und-guanxi-in-china html.
1507 Vgl. oben Rn. 971.
1508 Argyle, 77 ff.

man sich vor der Vernehmung einer ausländischen Auskunftsperson immer wieder bewusst machen, um dann besser dagegen gefeit zu sein. Denn auch Befragungen in Gerichtsverfahren stellen Kommunikationsprozesse dar, in denen viele Faktoren der Wahrnehmung eine Rolle spielen und die von nonverbaler Kommunikation beeinflusst werden.[1509]

981 Die Möglichkeiten der Interpretation von **nonverbaler Kommunikation** variieren von Kultur zu Kultur. Während direkter Blickkontakt bei einer Aussage im europäischen Raum eher Ehrlichkeit, Offenheit und damit Glaubhaftigkeit und ein abgewandter Blick Scham oder den Wunsch, etwas zu verbergen, suggeriert, gilt es in blickarmen Kulturen (z. B. Japan) als unangemessen und unhöflich, dem Anderen direkt in die Augen zu sehen.[1510] Bislang zumindest im forensischen Bereich wenig untersucht und kaum beachtet sind die Probleme, die sich aus der **Interkulturalitätin einer multikulturellen Gesellschaft** ergeben können. Wenn es schon bei der Interpretation nonverbaler Kommunikation innerhalb des eigenen soziokulturellen Kreises leicht und oft zu Missdeutungen kommt, sind in einer multikulturellen Gesellschaft wie der unseren aufgrund der jeweiligen spezifischen kulturellen Einflüsse Missverständnissen beinahe vorprogrammiert.[1511]
Ein durch Medien verbreitetes Bild von der fremden Kultur und eigene persönliche oder übermittelte Erfahrungen mit Menschen der betreffenden Kultur erschweren zusätzlich eine rein sachliche Beurteilung des Kommunikationspartners. Es soll zwar Hinweise darauf geben, dass zweisprachig aufgewachsene Personen beim Wechsel von der einen zur anderen Sprache auch Mimik, Gestik und Körperhaltung verändern. Wie konsequent sie das tun, dürfte aber von vielen verschiedenen, individuellen Faktoren abhängig sein.

4.4 Realkennzeichen

982 Die Überprüfung der Glaubhaftigkeit von Angaben von Ausländern erfolgt nach dem gleichen, dem dargestellten Prinzip wie für Nicht-Ausländer.[1512]

983 **4.4.1 Detailkriterium.** Grundsätzlich kann man ebenso wie von einer deutschen auch von einer ausländischen Auskunftsperson verlangen, dass sie eine **detailreiche Schilderung** des Ereignisses sowie der Vor- und der Nachgeschichte geben muss, wenn sie mit ihren Angaben überzeugen will, wenn sie die neutrale Anfangswahrscheinlichkeit für die Zuverlässigkeit ihrer Angaben hin zu einer (ausreichend) hohen Wahrscheinlichkeit erhöhen will.[1513] Je mehr für das Beweisthema unbedeutende Einzelheiten, Komplikationen, Gefühle usw. geschildert werden, desto stärker sind das Hinweise auf Erlebnishintergrund. Dazu muss der Vernehmer unter Umständen eine besondere kommunikative Leistung erbringen, denn in einigen asiatischen Kulturkreisen spricht man **Dinge** nicht an, **von denen man annehmen muss, dass sie** dem Gegenüber grob **bekannt sind.** Dies gilt sonst als unhöflich oder gar beleidigend, weil man dem Zuhörer signalisiert, dass man ihn für inkompetent halte.[1514] Aus solchen Gründen erfolgende Weglassungen können sich jedoch in einem Gerichtsverfahren fatal auswirken. Der Vernehmer muss also der ausländischen Auskunftsperson erklären, dass und vor allem warum eine ausführliche und detaillierte Schilderung gewünscht wird.

984 Detailreichtum darf nicht verwechselt werden mit „blumiger" oder ausschweifender Redseligkeit oder Übertreibungen und unverbindlichen Zusagen und Re-

---

1509 Rommerskirchen, 19 ff.
1510 Broszinsky-Schwabe, 118 ff.
1511 Bruno T./Adamczyk, G.: Körpersprache – a. a. O.
1512 Vgl. auch Berlit/Dörig/Storey: Glaubhaftigkeitsprüfung bei Asylklagen aufgrund religiöser Konversion oder Homosexualität: Ein Ansatz von Praktikern (Teil 1), in ZAR 2016, 281, 283, 284.
1513 Vgl. oben Rn. 552.
1514 Birck, a. a. O., 5.

dewendungen („*So Gott will*" oder „*Wenn es das Schicksal erlaubt*"). Trifft man sie an, ist von Bedeutung, ob die Auskunftsperson konsequent „blumig ausgeschmückt" und ausschweifend berichtet.[1515] Um im Beweisthema überzeugen zu können, muss sie auch ausreichend inhaltsvolle Details schildern können. Wichtig ist, im umgekehrten Fall, also beim Fehlen von Details, nicht unmittelbar auf Lügen zu schließen, sondern lediglich davon auszugehen, dass die Auskunftsperson nicht (ausreichend) überzeugen konnte.[1516]
Denn es ist auch zu berücksichtigen, dass Personen aus einem entsprechenden anderen Kulturkreis manchmal über **bestimmte Themen**, besonders in aller Öffentlichkeit, einfach nicht reden *können*.

> **Beispiel:** Die Mutter eines sexuell missbrauchten türkischen Kindes wurde in der Hauptverhandlung zu Dingen befragt, die mit den dem Angeklagten vorgeworfenen Taten unmittelbar gar nichts zu tun hatten. Es ging um Reaktionen und Gespräche innerhalb der Familie, nachdem die Vorwürfe bekannt geworden waren. Ihre Verhaltensweise war mehr als zurückhaltend. Man musste sie beinahe zu jedem Wort zwingen. Es traten Widersprüche und Ungereimtheiten auf. Dem Verteidiger erschien die Aussage als sehr „zweifelhaft". – Tatsächlich war der Frau nur die Vernehmungssituation, vor Gericht über sexuelle Dinge sprechen zu müssen, so peinlich, dass ihr im wahrsten Sinn des Wortes „die Sprache wegblieb".

Es ist in jedem Fall für aus konservativen oder orthodoxen Ländern stammende **985** Frauen besonders schwer, über sexuelle Übergriffe berichten zu müssen. Dies hat einer der Verfasser erlebt bei während der Kriegswirren im Kosovo vergewaltigten Frauen. Damals hatte sich die Einholung von Glaubhaftigkeitsgutachten als ein gutes Hilfsmittel erwiesen, nicht in erster Linie zur Überprüfung der Aussagen, sondern um überhaupt Auskunftsmaterial zu erlangen. Mit den Psychologinnen konnten diese Frauen viel offener reden als mit Richtern und Staatsanwälten. In vielen Kulturen werden unangenehme oder **peinliche Details** deshalb in einer Geschehensschilderung ausgelassen, weil sie nicht nur die Auskunftsperson, sondern – nach ihrem Verständnis – auch die Vernehmungsperson beschämen würden. In diesem Zusammenhang der Tipp: Hilfreich könnte sein, bei derartigen Befragungen („weibliche") Dolmetscher(-**INNEN**) zu laden.

4.4.2 Individuelle Prägung der Aussage. Das Kriterium der individuellen Prä- **986** gung einer Aussage ist bei ausländischen Auskunftspersonen differenziert und mit Vorsicht anzuwenden. Um individuelle Merkmale zulässig interpretieren zu können, benötigt man Informationen zu „Sitten und Gebräuchen", Einstellungen, typischen Verhaltens- und Empfindensweisen etc. von aus dem betreffenden Land stammenden Menschen.
Die psychologischen Mechanismen, die dazu führen, dass während der Schilderung eines emotional bewegenden oder gar dramatischen Geschehens Gefühlsregungen erkennbar werden, sind bei ausländischen Auskunftspersonen natürlich die gleichen wie bei deutschen. Auf welche Weise sich die gefühlsmäßige Beteiligung aber letztlich manifestiert, kann unterschiedlich sein. Vielleicht ist es für eine Person einer bestimmten Nationalität „unzulässig", Gefühle der Angst einzugestehen oder sexuelle Erregung oder Erniedrigung zu beschreiben. Aus Fernost stammende Menschen erleben wir häufig so, als seien fast keine Gefühlsregungen erkennbar; bei anderen Nationalitäten kommt uns dagegen ein Gefühlsausbruch mitunter „übertrieben" und „unecht" vor. Bei asiatischen Auskunftspersonen spielt der „Gesichtsverlust" eine große Rolle (Mianzi-Prinzip[1517]). Für sie, jedenfalls wenn sie in

1515 Vgl. dazu sogleich Gleichmäßige Detailliertheit Rn. 989.

1516 Fehlen derartige Merkmale (Realitätskriterien), kann andererseits nicht unbedingt eine bewusst unwahre Aussage angenommen werden, da dies (Fehlen) durch verschiedene Faktoren … verursacht worden sein kann." – BGH, Urt. v. 30.7.1999 – 1 StR 618/98.

1517 Vgl. oben Rn. 977.

materiell bedürftigen Verhältnissen leben, bedeutet das „Gesicht" im übertragenen Sinn einen wesentlichen Wert. Gesichtsverlust ist zugleich ein Abstieg innerhalb der Rangordnung. Ein direkter Blick ins Gesicht wird als grobe Unhöflichkeit empfunden und kann zum Gesichtsverlust führen. So erlangt die „individuelle" Beschreibung eines Vergewaltigungsopfers: „*Er hat mir tief in die Augen gesehen!*", gegenüber dem deutschem Verständnis eine völlig andere Bedeutung.[1518] All das müssen Dolmetscher und natürlich die anderen Verfahrensbeteiligten berücksichtigen! Was allgemein auch bei ausländischen Auskunftspersonen vom Grundsatz her erwartet werden kann, ist eine **Konstanz** innerhalb der Art und im Umfang **der individuellen Ausprägung** der Aussage.

987 **4.4.3 Strukturelle Kriterien.** Bei dieser Gruppe von Kriterien gilt grundsätzlich das Gleiche wie bei deutschen Auskunftspersonen. Chronologische Geschehensschilderung ist also gerade *kein* Hinweis auf Glaubhaftigkeit der Angaben.[1519] Allerdings sind die sich aus der allgemeinen Übersetzungsproblematik ergebenden Besonderheiten zu berücksichtigen.

988 **4.4.3.1 Chronologie.** Das Hauptproblem liegt sicherlich darin, dass Dolmetscher bisweilen dazu neigen – und sei es auch nur, um der Erwartung und den Wünschen der regelmäßig unter Zeitdruck stehenden Richter entgegenzukommen[1520] –, das Auskunftsmaterial zu „ordnen" oder die Schilderung zu chronologisieren oder schlimmstenfalls etwas aus ihrer Sicht Unwichtiges wegzulassen (Auslassung).[1521] Dann können aber etwaige strukturelle Realkennzeichen (z. B. eine **nicht chronologische Geschehensschilderung**[1522]) nicht mehr erkannt werden oder es können sogar falsche Rückschlüsse gezogen werden. Ein für seine herausragende Qualifikation bekannter Dolmetscher hat einem der Verfasser berichtet, wie er von einem Gerichtsvorsitzenden beinahe gemaßregelt wurde, als er einmal übersetzte: „*Ich bin … er ist … man hat mich gezwungen.*" Das waren genau die Worte, die der Angeklagte gesagt hatte. Tatsächlich war dies eine hervorragende Übersetzung, die den Verfahrensbeteiligten eine „authentische" Bewertung der Angaben des Angeklagten ermöglichte. Wie selten aber hört man etwas Derartiges aus dem Mund eines Dolmetschers im forensischen Alltag.

989 **4.4.3.2 Gleichmäßige Detailliertheit.** Man kann (auch) von einer ausländischen Auskunftsperson, die echte Erlebnisse schildert, grundsätzlich erwarten, dass sich sowohl in den prozessrelevanten Teilen als auch in den unwichtigen Bereichen, also sowohl im (prozessualen) Kerngeschehen wie in der Vor- und in der Nachgeschichte (prozessuales Randgeschehen), gleichermaßen Details und andere Merkmale, die für Glaubhaftigkeit sprechen, finden lassen. Allerdings besteht in Kulturen, in denen ein enger sozioökonomischer Zusammenhalt der erweiterten Familie als Ideal gilt, die Tendenz, konfliktbehaftete Episoden in **epischer Breite** auszuführen. Die inkriminierte Handlung wird von ihnen als Konsequenz eines langjährigen Entwicklungsprozesses gesehen. Deshalb wird nicht nur der Tathergang geschildert, sondern man bezieht viele vorausgehende Ereignisse mit ein. Nur das jetzige Tatgeschehen zu beschreiben, würde für solche ausländischen Auskunftspersonen eine unzulässige Reduktion und eine unangebrachte Überbewertung des Geschehens bedeuten. Die (deutsche) Vernehmungsperson richtet dagegen ihre Fragen weitgehend auf den inkriminierten Vorgang und wünscht sich möglichst einen darauf beschränkten Bericht. „*Der Vorsitzende benötigt Beschreibungen, Ergebnisse, Fakten, Beobachtungen, Beweise oder*

1518 Vgl. Vietze, S. 8.
1519 Insoweit wohl früher anders das Bundesamt für die Anerkennung ausländischer Flüchtlinge (BAFI).
1520 Vgl. oben Rn. 960.
1521 Vgl. oben Rn. 960.
1522 Vgl. oben zum Ungesteuertheit/Nichtsteuerung Rn. 753.

Details von Handlungen und er erfährt etwas über Menschen, Bedürfnisse, Emotionen, Beziehungen, Interaktionen, Loyalitäten und Empfindsamkeiten."
Trotz allem muss eine gewisse **Strukturgleichheit** vorliegen.

Beispiel aus einem Urteil[1523]**:**
„Es wurde bereits auf die ausschweifende Erzählweise des Angeklagten hingewiesen. Diese hat das Gericht lange Zeit auch bei der Schilderung völlig abseits liegender Inhalte bewusst nicht gebremst, um sein Aussageverhalten zutreffend bewerten zu können. Auf diese Weise wurde deutlich, wie detailreich der Angeklagte Geschehnisse schildern kann und auch schildert. – Zum Beispiel wie er mit der Geschädigten an der gemeinsamen Arbeitsstelle einmal kurz über Urlaubspläne sprach/zu welcher Tageszeit dies war/wie sie dann vom Band weggerufen wurde/wie sie sich einmal in der Morgenschicht begrüßten/wie die Geschädigte ihn einmal während der Nachtschicht fragte: ‚Wie geht's?' usw. – Umso auffälliger wird dadurch, wie abstrakt er das Kerngeschehen schildert und wie ausweichend bis hin zum Geltendmachen von Erinnerungslücken er dort auf konkrete Fragen reagiert. – Als er bei der Geschädigten an die Tür klopfte, öffnete sie ihm im Nachthemd. Er fragte sie sofort: ‚Warum hast du ein Nachthemd an?' Sie antwortete: ‚Ich habe auf dich gewartet. Ich hatte Sehnsucht.' Er sei dann zweieinhalb bis drei Stunden bei ihr geblieben. Er habe gebadet, nachdem er mit ihr geschlafen habe. Sie hätten sich weiter unterhalten. – Diese blasse Geschehensschilderung eines auch für den Angeklagten nach seiner Einlassung damals besonders wichtigen Nachmittags – es war die nach seiner Einlassung lange geplante endgültige Trennung – steht in völligem Gegensatz zu seiner sonstigen Darstellungsweise. Im wenigen Sätzen schildert er ohne Details besonders bedeutsame zweieinhalb bis drei Stunden."

4.4.3.3 Bewusste Übertragung. Ein Bereich, in dem strukturelle Kriterien immer wieder relevant werden, sind die **Asylverfahren**. Es gibt Antragsteller, die kein eigenes Verfolgungsschicksal erlebt haben, aber dennoch dramatische Ereignisse bis hin zu Folterungen plastisch und auf den ersten Blick recht glaubhaft schildern können. Das kann daher kommen, dass sie das (wahre) Verfolgungsschicksal einer anderen Person wiedergeben („bewusste Übertragung"). Es sind sogar „erprobte Geschichten" verwendet worden, also Schilderungen, die bei einem Verwaltungsgericht zur Anerkennung ausgereicht haben und dann an Dritte weitergegeben, teilweise weiterverkauft wurden. Meist kommt es in einer solchen Konstellation zu einer „doppelten" Übertragung: Es wird das Schicksal einer anderen Person „übernommen" und deren Erlebnisse werden in für die Auskunftsperson vertraute Örtlichkeiten „verlegt". Auch in solchen Fällen sollte man – über Situationsfragen[1524] – nach Dingen fragen, die die Auskunftsperson an sich wissen müsste und die mit *ihren* ganz persönlichen Verhältnissen oder nur mit *ihrer* Person verbunden sind. **990**

Beispiel: Ein Asylantragsteller konnte, wenn auch nur mit recht allgemeinen und typischerweise zu erwartenden Einzelheiten verbunden, Folterungen beschreiben, die er angeblich in einem Polizeibüro in der zu seinem Heimatort nächstliegenden Kreisstadt in der Türkei erlitten hatte. Er war in der Lage, viele Details zu den dortigen Räumlichkeiten und den anwesenden Personen anzugeben, die durch die Aussagen Dritter bestätigt wurden. Die behaupteten Misshandlungen stammten jedoch aus der Beschreibung eines entfernten Verwandten. Die Örtlichkeiten kannte der Betreffende von mehreren Aufent-

---

1523 Ein Grieche war angeklagt wegen Vergewaltigung seiner langjährigen Freundin während der letzten Aussprache über ihre Trennung. Die Strafkammer war unter anderem mit einem der Verfasser besetzt.

1524 Siehe Rn. 158.

halten in dem Revier, wobei es damals allerdings lediglich um die Ausstellung diverser Dokumente gegangen war.
Dass es sich nicht um eigene Erlebnisse gehandelt hatte, konnte anhand von strukturellen Realkennzeichen/Realitätskriterien aufgedeckt werden. Man dehnte die Vernehmung nach und nach immer weiter auf die Geschehnisse vor und nach den Folterungen aus. Dem Betreffenden gelang es, zur Vorgeschichte eine gleichermaßen „gute“, d. h. detailreiche Schilderung abzugeben: Wie die Beamten einmal zu dem Gehöft gekommen waren, wie er sich da versteckt hatte etc. Ganz anders verhielt es sich jedoch mit dem Nachgeschehen. Da war ein deutlicher Bruch zu erkennen. Ab dem Zeitpunkt seiner Flucht aus dem Polizeirevier wurde seine Geschehensschilderung karg und vage. Emotionen fanden sich fast gar nicht mehr.
Er sei dann *einige Zeit* immer bei Nacht gewandert. *Deswegen habe er wenig gesehen und könne die Gegend nicht beschreiben.* Tagsüber habe er *irgendwo in leeren Hütten* geschlafen. Mehrmals hätten ihn auch Transporter mitgenommen. Mit mehreren LKWs, *die alle irgendwie ähnlich aussahen*, sei er *immer hinten im Laderaum, so dass er von der Fahrtstrecke nichts gesehen habe,* nach Istanbul und von dort nach Deutschland gekommen. – Mit keinem Wort erwähnte er die Sorgen, die er sich, so sollte man erwarten, wegen seiner zurückgebliebenen Familie gemacht hatte. „*Wir haben dann immer mal wieder miteinander telefoniert.*“ Genauso emotionslos stellte er das viel später erfolgte erste Wiedersehen mit der angeblich schließlich ebenfalls geflüchteten Ehefrau und den beiden Söhnen dar. Wo und unter welchen Umständen das Treffen stattfand, konnte er auch auf Nachfragen hin nicht genauer deutlich machen. Ganz offensichtlich hatte er dazu keine Befragung erwartet und sich deshalb darauf auch nicht vorbereitet. An solch hochemotionale und für ihn persönlich wichtige Geschehnisse hätte er sich aber erinnern müssen. Der Unterschied bezüglich des Detailreichtums und der gefühlsmäßigen Prägung zwischen der Beschreibung der angeblichen Übergriffe durch die Polizisten (worauf er sich vorbereitet hatte) und der Wiedervereinigung der Familie (wonach er unerwartet befragt wurde) war eklatant.

4.5 Fazit

991 Das Gelingen menschlicher Kommunikation setzt ein gewisses Maß an ähnlichem Wissens- und Erfahrungshintergrund voraus, damit Informationen richtig verstanden werden können. „*Wie kann ich wissen, was du meinst, wenn ich höre, was du sagst.*“ – Dieser Satz gilt schon bei Deutschen. Wie viel mehr Gewicht erhält er, wenn wir zwar hören, aber nicht einmal direkt verstehen können, was die Auskunftsperson sagt! Es ist in jedem Fall eine beträchtliche zusätzliche Leistung seitens der Vernehmungsperson erforderlich, wenn die Überzeugungsbildung unter Mitwirkung von ausländischen Auskunftspersonen erfolgt und wenn man die ausländische Auskunftsperson und das, was sie sagt, wirklich *verstehen* will. Auch wenn das manchmal anstrengend sein kann, man muss sich als Vernehmer um eine ausländische Auskunftsperson noch mehr bemühen, man muss sich noch mehr Mühe geben. Weil das manchmal anstrengend und Nerven aufreibend sein kann, sollte man sich immer mal wieder bewusst machen: Der Ausländer braucht eher Hilfe und Unterstützung.

Kapitel V Vorbereitung von Zeugen und Mandanten auf anstehende Befragungen einschließlich standesrechtlicher Aspekte

1. Einführung[1525]

Aus dem sog. **Common Law**[1526], insbesondere dem US-**amerikanischen Gerichtssystem** ist bekannt, dass Zeugen von Anwälten in sog. mock examinations (= simulierte Vernehmungen) vollumfänglich „präpariert“ werden, bis hin zum Einüben der Zeugenaussage, dem Einstudieren von Antworten auf Fragen (insbesondere des gegnerischen Anwalts im Rahmen des Kreuzverhörs) und dem Diskutieren und Füllen von Erinnerungslücken oder auch Wahrnehmungslücken.[1527] Dort ist es nicht nur ein Gebot, es gehört auch zur Berufspflicht der Parteivertreter, die von ihnen aufgerufenen Zeugen sorgfältig auf die mündliche Einvernahme vorzubereiten.[1528] Dort versteht man unter der Präparierung eines Zeugen jede Kommunikation zwischen Anwalt und möglicher Auskunftsperson, sei es der Mandant oder eine sonstige Person, sei es der eigene oder der gegnerische Zeuge, die darauf abzielt, den Inhalt oder die Präsentation der Aussage vor Gericht zu beeinflussen.[1529] **Coaching of witnesses**, also das „**Zeugentraining**“ scheint aber auch dort nur mit der selbstverständlichen Einschränkung zulässig zu sein, dass der Zeuge nicht zu unwahren Aussagen veranlasst werden darf.[1530] Diese Vorgehensweise ist den dortigen Verfahrensordnungen geschuldet, die sich zu den deutschen fundamental unterscheiden. Als allgemeiner Zweck des Kreuzverhörs wird dort auch das Aufdecken einer Beeinflussung des Aussageinhalts aufgeführt. Der Fragende hat eine sehr starke Position, da der Zeuge lediglich mit „Ja“ oder „Nein“ antworten darf. Der fragende Anwalt bereitet sich sorgfältig darauf vor, welche Fragen er stellen wird. Der Zeuge kann von sich aus nichts Ähnliches tun. Sinn der Zeugenvorbereitung (witness coaching) ist es also auch, dieses Ungleichgewicht zwischen den beiden Beteiligten des Kreuzverhörs möglichst auszugleichen, weil ansonsten der Zeuge dem Anwalt im Kreuzverhör chancenlos ausgeliefert ist. Deshalb wird der Zeuge umfassend vom Anwalt der Partei, die ihn benannt hat, auf das Kreuzverhör vorbereitet. Potenzielle Fragen und Antworten werden einstudiert. Hierbei gibt es einen interessanten weiteren Aspekt: Oftmals wird ein Zeuge nach Auffassung des eigenen Anwalts dem gegnerischen Kreuzverhör nicht standhalten, wenn er lügt. Daher wird allgemein **992**

1525 Ein Teil der nachfolgenden Ausführungen waren bereits Gegenstand des Aufsatzes der Verfasser Hoffmann und Maurer: Voraussetzungen und Grenzen anwaltlicher Zeugenvorbereitung, in NJW 2018, 257 ff.

1526 Als Common Law werden im Sinne eines Oberbegriffs die Rechtssysteme bezeichnet, wie sie in den meisten englischsprachigen Ländern bestehen. Dem gegenüber steht das Civil Law, vereinfacht zusammengefasst, die Rechtssysteme Kontinentaleuropas und anderer Länder, die vom kontinentaleuropäischen Recht geprägt sind (z. B. Lateinamerika).

1527 Vgl. ausführlich: Timmerbeil, Witness Coaching und Adversary System, 2004.

1528 Wirth: Ihr Zeuge, Herr Rechtsanwalt! – Weshalb Civil-Law-Schiedsrichter Common-Law-Verfahrensrecht anwenden., in SchiedsVz 2003, 9, 13; einen Überblick über US-amerikanisches und internationales (Standes-)Recht der Zeugenvorbereitung in Schiedsverfahren geben Schima/Sesser, Die von Parteivertretern in internationalen Schiedsverfahren zu beachtenden Ethikstandards, in SchiedsVZ 2016, 61, 63: auch Schlosser: Verfahrensrechtliche und berufsrechtliche Zulässigkeit der Zeugenvorbereitung, SchiedsVZ 2004, 225.

1529 Timmerbeil, a. a. O., S. 21 m. w. N.

1530 Schlosser: Verfahrensrechtliche und berufsrechtliche Zulässigkeit der Zeugenvorbereitung, SchiedsVZ 2004, 225, 227.

empfohlen, den Zeugen dahin vorzubereiten, dass er die Wahrheit sagen soll, da dies die beste Methode sei, um dem Kreuzverhör seine Wirkung zu nehmen.[1531]

993 Auch in **Deutschland** hat jeder Anwalt, der für eine Tatsache **Zeugenbeweis** antritt (§ 373 ZPO, § 244 StPO), das Ziel, **bestmögliche Ergebnisse in der Beweisführung** zu erreichen. Die Versuchung liegt daher nahe, den Zeugen zu kontaktieren, zu seinem Wissen zu befragen oder gar auf die Gerichtsverhandlung vorzubereiten. Für einen **Strafverteidiger** kann sich die praktische Notwendigkeit ergeben, eigene Ermittlungen durchzuführen, um an für den beschuldigten Mandanten günstige Informationen zu kommen, die bisher nicht ermittelt wurden. Auch kann für den Verteidiger ggf. Anlass bestehen, die Richtigkeit einer Einlassung des Mandanten oder Ergiebigkeit eines Beweisantritts auf Vernehmung von Zeugen vor Weitergabe an die Ermittlungsbehörden zu überprüfen, um achteilige Ergebnisse für den Mandanten zu verhindern.[1532] Dürfte der Verteidiger Zeugen nicht außergerichtlich befragen, so wäre es ihm in vielen Fällen eine **sachgerechte Verteidigung** unmöglich.[1533]

994 Im sog. **Kirch-Prozess** führte die Vorbereitung von Zeugenaussagen der (ehemaligen) Vorstände der Deutschen Bank vor einem Zivilgericht zu Ermittlungen und einer **Anklage der Staatsanwaltschaft** München wegen versuchten Prozessbetrugs. Die beschuldigten (ehemaligen) Vorstände hatten in einem Zivilprozess zu einer Schadensersatzklage Kirchs aus Anlass eines Interviews des damaligen Vorstandsvorsitzenden Breuer als Zeugen/Partei ausgesagt. Anlass für die strafrechtlichen Ermittlungen gaben im Rahmen einer Durchsuchung aufgefundene Unterlagen der Bank, aus denen hervorging, dass die Vorstände auf ihre Aussagen vor dem Zivilgericht von Rechtsanwälten vorbereitet worden waren. Diese hatten unter anderem im Rahmen einer simulierten Gerichtsverhandlung (sog. mock trial) Fragen in Bezug auf das konkrete Beweisthema gestellt und Antwortvorschläge für die Beschuldigten verfasst.[1534] Die Staatsanwaltschaft war von **unzulässiger Zeugenvorbereitung** und einem versuchten Prozessbetrug überzeugt.

995 Dieses Kapitel will **Klarheit** über die prinzipielle Zulässigkeit der Zeugenvorbereitung geben, den **Nutzen** und die **Grenzen** der Vorbereitung von Zeugen (und Mandaten)[1535], aber schließlich auch die damit verbundenen **Gefahren** bis hin zu strafrechtlichen Konsequenzen unzulässiger Vorbereitung aufzeigen.

2. Rechtslage zur Zeugenvorbereitung

2.1 Zum Begriff der Zeugenvorbereitung

996 Eine gesetzliche Definition der Zeugenvorbereitung existiert nicht. Zeugenvorbereitung im hier verwendeten Sinn soll daher
1) die reine Informationserhebung zur Sachverhaltsermittlung und -aufklärung,
2) die Vorbereitung des Zeugen auf rein formelle Aspekte des Verfahrens und einer Vernehmung sowie
3) die Vorbereitung des Zeugen auf den Inhalt und den Ablauf einer Vernehmung betreffen.

1531 Timmerbeil, a. a. O., S. 42 f. m. w. N.

1532 Burhoff, in Burhoff: Handbuch für das strafrechtliche Ermittlungsverfahren, 10. Auflage 2025, Verteidiger, Eigene Ermittlungen des Verteidigers, Rz 5133

1533 Dahs, in: Dahs, Handbuch des Strafverteidigers, 8. Auflage 2015, Rz 217.

1534 Bertke/Schroeder: Grenzen der Zeugenvorbereitung im staatlichen Zivilprozess und im Schiedsverfahren, SchiedsVz 2014, 80.

1535 Nicht thematisiert werden sollen die zahlreichen anderen „Ermittlungsmöglichkeiten“, wie die Beauftragung von Sachverständigen, Detektiven etc., die Einholung von Auskünften amtlicher Stellen, den Tatortbesuch, die Augenscheinnahme, Rekonstruktionen, Fahrversuche, Laboruntersuchungen, Inserate u. v. m.

2.2 Standesrechtlicher Rechtsrahmen

Von anwaltlichen Seminarteilnehmern wird immer wieder die Frage nach konkreten Vorschriften des anwaltlichen Standesrechts zur genaueren **Eingrenzung des rechtlich Zulässigen** gestellt. Das alte anwaltliche Standesrecht regelte die Zulässigkeit der Zeugenvorbereitung ausdrücklich. Die Standesregeln von 1929 erklärten die außergerichtliche Zeugenbefragung durch den Rechtsanwalt grundsätzlich für zulässig. Sie stellten aber auch klar, dass jeglicher Anschein einer Beeinflussung des Zeugen zu vermeiden ist. Im Laufe der Zeit wurde die Zulässigkeit der Zeugenvorbereitung konkreter geregelt. Auch die alten, von der Bundesrechtsanwaltskammer gemäß § 177 Abs. 2 Nr. 2 BRAO a. F. als Hilfsmittel zur Auslegung und Konkretisierung der anwaltlichen Berufspflichten gemäß § 43 BRAO herausgegebenen Standesrichtlinien ließen eine Vorbereitung potenzieller Zeugen ausdrücklich zu. Danach war die außergerichtliche Befragung eines Zeugen durch einen Anwalt zulässig, wenn sie zur pflichtgemäßen Sachaufklärung, Beratung oder Vertretung notwendig ist (§ 6 Abs. 1). Aber auch die Standesrichtlinien stellten klar, dass in jedem Fall schon der An-schein einer unzulässigen Beeinflussung zu vermeiden ist (§ 6 Abs. 5). Diese Richtlinien wurden in Rechtsprechung und Literatur nicht als Rechtsnormen i. S. d. Art. 12 Abs. 1 GG aufgefasst und hatten nach der Rechtsprechung des Bundesverfassungsgerichts[1536] im Unterschied zu den **ärztlichen Berufsordnungen insbesondere nicht die Rechtsnatur von autonomem** Satzungsrecht. Denn die BRAO enthielt zum Erlass eines solchen Satzungsrechts keinerlei Ermächtigung. Hieraus folgte die Unwirksamkeit der anwaltlichen Standesrichtlinien.[1537] Seitdem enthalten die Standesregeln der Anwälte (BRAO, BORA) keine ausdrücklichen Regelungen mehr über den Kontakt zwischen Rechtsanwalt und Zeugen oder die Zulässigkeit einer Zeugenvorbereitung. Tiefergehende Konturen hat die Thematik seither auch durch die Rechtsprechung nicht bekommen, so dass sich aus dem heute maßgebenden Berufsrecht keine ausdrücklichen Aussagen zur (Un-) Zulässigkeit der Zeugenvorbereitung gewinnen lassen. Jedenfalls lassen sich aus dem Sachlichkeitsgebot (§ 43 a Abs. 3 BRAO) und der allgemeinen Berufspflicht, den Anwaltsberuf gewissenhaft auszuüben (§ 43 BRAO) keine hinreichenden Argumente für ein Verbot von Zeugenkontakten rechtfertigen. **997**

Insbesondere kann aus dem Umstand, dass die Richtlinien aufgehoben wurden, kein Rückschluss des Inhalts gezogen werden, dass die außergerichtliche Zeugenbefragung und -vorbereitung damit „mangels Erlaubnisnorm" unzulässig wäre. Im Gegenteil: Was nicht (ausdrücklich) verboten ist, ist erlaubt. So hat auch der Strafrechtsausschuss der Bundesrechtsanwaltskammer bereits 1992 festgehalten: **998**

„3. Eigene Erhebungen des Verteidigers
These 25 (Grundsatz):
(1) Der Verteidiger ist in jeder Lage des Verfahrens berechtigt, eigene Erhebungen anzustellen.
(2) Die Zweckmäßigkeit eigener Erhebungen ist unter Berücksichtigung der jeweiligen Lage des Verfahrens sorgfältig zu prüfen.
(3) Im Einzelfall kann der Verteidiger zu eigenen Erhebungen verpflichtet sein."

Begründung:
1. Sieht man von vereinzelten Normen ab, in denen von Erkundigungen und Nachforschungen des Verteidigers die Rede ist (§§ 246 Abs. 2, 364 b StPO, § 97 Abs. 2 BRAGO), ist das Recht des Verteidigers, Beweismittel ausfindig zu machen, Gespräche mit Zeugen zu führen, Sachverständige mit der Erstellung eines Gutachtens zu

1536 BVerfG, Beschl. v. 28.11.1973 – 1 BvR 13/67.
1537 BVerfG, Beschl. v. 14.7.1987 – 1 BvR 537/81.

beauftragen und Sachbeweismittel in Augenschein zu nehmen, zwar gesetzlich nicht geregelt, aber seit längerer Zeit anerkannt.

...

3. *Immer aber muss der Verteidiger – besonders vor der Kontaktaufnahme mit Zeugen oder Sachverständigen – prüfen, ob er mit den (beabsichtigten) eigenen Erhebungen den Interessen des Mandanten dient. Die Zweckmäßigkeit solcher Verteidigungsbemühungen ist unter Berücksichtigung der jeweiligen Lage des Verfahrens sorgfältig zu bedenken. Der Verteidiger muss dabei auch das Misstrauen in Rechnung stellen, das dieser Tätigkeit von den anderen Rechtspflegeorganen noch immer entgegengebracht wird. Er muss deshalb auch Sorge dafür tragen, dass nicht einmal der Anschein z. B. der unlauteren Zeugenbeeinflussung ... aufkommt.*

...

These 30 (Kontakte mit Zeugen):
Der Verteidiger ist berechtigt, mit Entlastungs- und mit Belastungszeugen auch zur Sache zu sprechen.
Begründung:

1. *Die eigenen Erhebungen (vgl. These 25) kann der Verteidiger unabhängig vom Stand des Strafverfahrens durchführen. Das heißt: Im Grundsatz kommt den staatlichen Ermittlungsorganen kein Erstvernehmungsrecht zu.*
2. *Eine eigene Zeugenbefragung wird vor allem dann in Betracht kommen, wenn der Verteidiger Personen ausfindig gemacht hat, die im Rahmen des bisherigen Verfahrens noch nicht vernommen worden sind.*
3. *Dem Verteidiger steht aber auch eine Befragungskompetenz gegenüber den bereits (z. B. polizeilich oder staatsanwaltschaftlich) vernommenen Zeugen zu. Auch sind ihm Nacherhebungen nicht verwehrt. Selbst die Befragung eines schon zur Hauptverhandlung geladenen Zeugen und dessen Beratung (über den Ablauf einer Hauptverhandlung, über Befragungsrechte der Verfahrensbeteiligten, über Verhaltenspflichten des Zeugen, über Aussageverweigerungs- sowie Beanstandungsrechte des Zeugen usw.) stellen keine unzulässige Prozesshandlung dar. Gleichwohl wird zur Zurückhaltung geraten. In ganz besonderer Weise stellt sich hier die Frage nach der Zweckmäßigkeit solcher Kontakte.*

(Auf These 25 wird hingewiesen)

2.3 Strafprozess- und Zivilprozessrecht

999 Weder das Strafprozessrecht noch das Zivilprozessrecht enthalten ausdrückliche Regelungen zur Zulässigkeit und den Grenzen der Zeugenvorbereitung. Allerdings lassen sich aus den Wertungen der Gesetze implizit Argumente für die Zulässigkeit aller Ausprägungen der Zeugenvorbereitung und den **Grenzen** entnehmen, insbesondere aus der **Wahrheitspflicht**. Im Einzelnen

1000 **2.3.1 Wahrheitspflicht des Zeugen.** Aus dem Strafrecht ergeben sich insoweit implizit rechtliche Grenzen der Zeugenvorbereitung, als **Zeugen** vor Gericht zu den wahrheitsgemäßen Angaben verpflichtet sind, sie werden vom Gericht vor der Vernehmung auch zur **Wahrheit** ermahnt (vgl. bspw. § 57 S. 1 StPO, § 395 Abs. 1 ZPO). Anknüpfungspunkt jeglicher Strafbarkeit im Zusammenhang mit der Zeugenvorbereitung ist daher stets die **vorsätzliche Manipulation des Aussageinhalts des Zeugen.** Ein Rechtsanwalt, der den Zeugen in einem Zivil- der Strafverfahren vorsätzlich (dolus eventualis) zu einer vorsätzlichen wahrheitswidrigen Aussage vor Gericht bestimmt oder einen bewusst falsch aussagenden Zeugen bewusst ermuntert, macht sich jedenfalls wegen **Teilnahme** an einer **uneidlichen Falschaussage** nach §§ 153 StGB, Teilnahme am **Meineid** nach § 154 StGB, Teilnahme an einer **Strafvereitelung** gemäß § 258 StGB oder Teilnahme an einem (Prozess-)**Betrug** gemäß § 263 StGB strafbar.[1538]

1538 Dahs in: Dahs, Handbuch des Strafverteidigers, 8. Auflage 2015, Rz 215.

1001 **2.3.2 Prozessrechtliche Maximen – Wahrheitspflicht des Anwalts. – 2.3.2.1 Zivilprozessordnung.** Die **Zivilprozessordnung** enthält weder Regelungen noch Einschränkungen, die die außergerichtliche Kontaktaufnahme mit Zeugen verbieten oder ausdrücklich erlauben. Auch aus der entgegengesetzten Interessenlage der Parteien und den unterschiedlichen Prozessmaximen der Zivilprozessordnung ergibt sich nicht, dass außergerichtliche Zeugenkontakte verboten sind.[1539]

1002 Das Zivilprozessrecht ist geprägt vom **Verhandlungs- bzw. Beibringungsgrundsatz.** Er betrifft die Beschaffung des Prozessstoffs und besagt, dass das Gericht seiner Entscheidung nur das Tatsachenmaterial zugrunde legen darf, das von den Parteien vorgetragen ist. Auch die Beschaffung der Beweismittel ist grundsätzlich Sache der Parteien.[1540] Die anwaltliche Tätigkeit im Zivilrecht ist daher nicht nur geprägt von einem überzeugenden, schlüssigen Sachvortrag, sondern gerade auch von der Beschaffung eines dem Prozesszweck des Mandanten förderlichen Beweises, zu dem naturgemäß auch der Zeugenbeweis gehört. Der Prozesserfolg steht und fällt mit dem Parteivortrag und den Beweisantritten. Im Rahmen der Prozessvorbereitung kann es aus Anwaltssicht ausreichen, den Mandanten zu Einzelheiten zu befragen, über die ein Zeuge berichten kann. Es kann aber auch geboten sein, dass der Anwalt selbst Gespräche mit potenziellen Zeugen führt.[1541] Die Kontaktaufnahme ist daher ein legitimes Interesse des Anwalts. Er muss in der Lage sein, den **Sachverhalt selbst aufzuklären** und ggf. Beweise zu sichern. Andernfalls müsste eine Person **„ins Blaue hinein"** als Zeuge benannt werden. Dies wäre aber nicht im Sinne der Prozessökonomie und auch nicht im Sinne eines effektiven Rechtsschutzes.[1542] Eine Befragung des Zeugen zur Sachverhaltsaufklärung dient letztlich auch der Entlastung der Gerichte, soweit der Beweisantritt und die Vernehmung unergiebiger Zeugen verhindert werden kann.

1003 Die Wahrheitsermittlung ist eines der zentralen Ziele des zivilprozessualen Erkenntnisverfahrens und findet in zahlreichen Normen der ZPO ihren Ausdruck. Insbesondere gemäß § 138 Abs. 1 ZPO haben die **Parteien** ihre Erklärungen über tatsächliche Umstände vollständig und der Wahrheit gemäß abzugeben. Zur Schlüssigkeit genügt der Vortrag der tatsächlichen Umstände, aus denen sich die gesetzlichen Voraussetzungen der begehrten Rechtsfolge ergeben.[1543] Wahrheitspflicht ist dabei die Pflicht zur **subjektiven Wahrhaftigkeit** im Sinne eines **Verbots der wissentlichen Falschaussage** und erstreckt sich auf Behauptung und Bestreiten tatsächlicher Umstände.[1544] Dies besagt jedoch lediglich, dass die darlegungspflichtige Partei keine relevanten Tatsachen unterdrücken darf. Sie ist aber nicht verpflichtet, den streitigen Lebensvorgang in allen Einzelheiten darzustellen. Dass im Zivilprozess die Wahrheitspflicht wesentliche Bedeutung hat, erlaubt also nicht den Schluss, die Parteien seien generell zu dem Verhalten verpflichtet, das am besten der Wahrheitsfindung dient.[1545] Im Zivilprozess dürfen also nach der höchstrichterlichen Rechtsprechung ohne Verstoß

1539 Ullrich: Außergerichtliche Kontakte zwischen Anwalt und Zeugen im Zivilprozess NJW 2014, 1341.

1540 Greger in: Zöller, Zivilprozessordnung, 31. Auflage 2016, Vorbemerkungen zu §§ 128–252. Rz 11.

1541 Ullrich: Außergerichtliche Kontakte zwischen Anwalt und Zeugen im Zivilprozess (NJW 2014, 1341, 1342.

1542 Ullrich: Außergerichtliche Kontakte zwischen Anwalt und Zeugen im Zivilprozess. NJW 2014, 1341, 1342.

1543 Ständige Rspr., vgl. Zöller/Greger, ZPO, 35. Aufl. 2024, § 138 Rn. 7b.

1544 Greger in: Zöller, Zivilprozessordnung, 35. Auflage 2024, § 138, Rz 2; Meinecke, Die Strafbarkeitsschwelle bei wahrheitswidrigem Vortrag im Zivilprozess, NZWiSt 2016, 47.

1545 Grundlegend: BGH, BGH, Urt. v. 11.6.1990 – II ZR 159/89. Vgl. auch Brand, NJW 2017, 3558 (3560); BGH, Urt. v. 7.12.1999 – XI ZR 67/99.

gegen § 138 ZPO auch nur **vermutete** Tatsachen vorgetragen werden. Dies gilt ebenso für **nicht mehr erinnerte** eigene Handlungen oder Wahrnehmungen der Partei. Die Grenze zum unzulässigen Sachvortrag ist erst erreicht, wenn willkürlich Behauptungen „aufs Geratewohl" oder **„ins Blaue hinein"** aufgestellt werden.[1546]

1004 Dieser Wahrheitspflicht obliegt auch der **Anwalt** als Parteivertreter. Sie ist eine der tragenden Grundlagen jeder anwaltlichen Tätigkeit. Diese Wahrheitspflicht bindet den Anwalt nicht nur gegenüber dem Mandanten, sondern gegenüber jedermann. Der Rechtsanwalt ist lediglich verpflichtet, die zugunsten seiner Partei sprechenden tatsächlichen und rechtlichen Gesichtspunkte so umfassend wie möglich darzustellen.[1547] Er darf sich die Darstellung seines Mandanten ohne Kontrolle ihrer Richtigkeit zu Eigen machen.[1548] Der Anwalt ist nicht verpflichtet, „seinen" möglichen Zeugen im Hinblick Glaubhaftigkeit im Vorfeld einer gerichtlichen Vernehmung zu überprüfen. Als unwahr erkannte Behauptungen darf er aber nicht vorbringen, erst recht nicht eigenmächtig, z. B. aus prozesstaktischen Gründen, Unwahres behaupten.[1549]

1005 **2.3.2.2 Strafprozessordnung.** Auch die **Strafprozessordnung** enthält keine Regelungen, die die außergerichtliche Kontaktaufnahme mit Zeugen oder gar deren Vorbereitung ausdrücklich verbieten, oder einschränken. Auch der Strafprozess ist geprägt von der Wahrheitspflicht des Anwalts. Damit unterliegt der Verteidiger bei seinem Vortrag dem **Verbot der Lüge.**[1550] Er darf daher keinen Zeugen (oder Sachverständigen) benennen, wenn er – etwa aus der Zeugenvorbereitung – **weiß**, dass sie zu **unwahren** Bekundungen entschlossen sind.[1551] Auch darf er einen Zeugen nicht absichtlich in einer vorsätzlichen Falschaussage bestärken oder auffordern,[1552] oder seinem Mandanten den Rat erteilen, einen zur Falschaussage entschlossenen Zeugen „zu besorgen".[1553] Die Grenze zur Strafbarkeit ist aber nur dann überschritten, wenn der Anwalt die Unwahrheit der zu erwartenden Bekundungen des Zeugen **positiv** kennt. Auf bloße Bedenken oder Mutmaßungen o. ä. des Anwalts kommt es nicht ab. Es ist deshalb dem Verteidiger z. B. nicht verwehrt, einen Beweisantrag auf Vernehmung eines Zeugen zu stellen, wenn er eine bewusst falsche Aussage lediglich vermutet, Zweifel an der Richtigkeit einer Zeugenaussage hat oder die Unrichtigkeit gar für wahrscheinlich hält. Andernfalls würde er in Kauf nehmen, ein möglicherweise doch zuverlässiges, entlastendes Beweismittel zu unterdrücken. Der Ort, die Glaubhaftigkeit einer Aussage zu überprüfen, ist aber einzig die Hauptverhandlung. Erfährt der Anwalt erst später vom Verdacht einer Falschaussage, so ist er nicht verpflichtet, gegen die mögliche Falschaussage vorzugehen und diese zu verhindern, und zwar auch dann nicht, wenn er den Zeugen oder Sachverständigen vorher selbst benannt hat.

1546 BGH, Urt. v. 31.10.2019 – 1 StR 219/17; BGH, Beschl. v. 15.10.2019 – VI ZR 377/18.

1547 BGH, Urt. v. 10.12.2015 – IX ZR 272/14; BGH, Urt. v. 10.12.2015 – IX ZR 272/14, in: NJW 2016, 957 m. Anm. Borgmann.

1548 BVerfG (2. Kammer des Ersten Senats), Besch. v. 16.7.2003 – 1 BvR 801/03.

1549 Greger in: Zöller, Zivilprozessordnung, 35. Auflage 2024, § 138, Rz 2.

1550 Dahs in: Dahs, Handbuch des Strafverteidigers, 8. Auflage 2015, Rz 46; Schönke/Schröder, StGB, 30. Auflage 2019, § 258, Rz 19 m. w. N.

1551 BGH, 1 StR 106/00; kritisch Klein/Mack/Amann/Schroth in: Breyer/Endler, AnwaltFormulare, Strafrecht, 4. Auflage 2018, Rz 124; OLG Köln, 2 Ws 109/93: „Die vorsätzliche Benennung zur Falschaussage entschlossener Zeugen stellt den Versuch der Strafvereitelung dar und rechtfertigt dieserhalb den Verteidigerausschluss gemäß StPO § 138 StPO".

1552 BGH 1 StR 106/00 m. w. N.; Burhoff, Handbuch für die strafrechtliche Hauptverhandlung, 11. Auflage 2025, Vorbereitung der Hauptverhandlung, Rz 4052; Dahs in: Dahs, Handbuch des Strafverteidigers, 8. Auflage 2015, Rz 74; zum Versuch: OLG Köln, Beschl. v. 14.10.2002 – 2 Ws 508/509/02.

1553 Strafrechtsausschuss der BRAK, Schriftenreihe der BRAK, Thesen zur Strafverteidigung, Bd. 8, 1992, These 20.

Andererseits gibt es beim Anwalt nicht nur die Wahrheitspflicht, sondern auch zwei andere, damit ggf. kollidierende Grundpflichten, die den Anwalt ebenso binden: die **Beistandspflicht** und die **Verschwiegenheitspflicht** (§ 43a Abs. 2 Satz 1 BRAO)[1554]. Hieraus folgt für den Anwalt, dass unter der Wahrheitspflicht **nicht die „ganze Wahrheit"** verstanden werden kann, sie wird vielmehr begrenzt durch die beiden anderen Pflichten, die auch den wesentlichen Kern der Schutzaufgabe des Verteidigers bilden. Der Anwalt ist nur im Rahmen seiner Schutzaufgabe – also unter Beachtung der Beistands- und der Verschwiegenheitspflicht – der Wahrheit verpflichtet. Dahs formuliert es für den Strafverteidiger zutreffend wie prägnant wie folgt: *„Wenn unter „Wahrheit" jeweils „die ganze Wahrheit" zu verstehen ist, dann ist es dem durch seine Schweigepflicht gebundenen Verteidiger gar nicht erlaubt, „die" Wahrheit zu sagen. Anderseits hat er die Pflicht zur „Wahrheit". Das kann hier folgerichtig aber nichts anderes bedeuten als die Verpflichtung, nichts Unwahres zu sagen. Der Konflikt löst sich dahin auf, dass der Verteidiger „nichts als die Wahrheit", aber nicht „die ganze Wahrheit" zu sagen hat – oder anders ausgedrückt: Alles, was der Verteidiger sagt, muss wahr sein, aber er darf nicht alles sagen, was wahr ist."*.[1555] 1006

2.3.3 Strafbarkeiten. Der Verteidiger darf grundsätzlich alles tun, was in gesetzlich nicht zu beanstandender Weise seinem Mandanten nützt. Allerdings muss er sich bei seinem Vorgehen auf **verfahrensrechtlich erlaubte Mittel** beschränken. Soweit ein Strafverteidiger prozessual zulässig handelt, ist sein Verhalten nach der Rechtsprechung des Bundesgerichtshofs schon nicht tatbestandsmäßig im Sinne des § 258 StGB.[1556] Standesrechtlich zulässiges Verhalten wird in der Regel prozessual nicht zu beanstanden sein. Standesrechtlich unzulässiges Verhalten führt aber nicht ohne weiteres auch zur Strafbarkeit. 1007

Er muss sich jeder bewussten **Verdunkelung** des Sachverhalts oder jeder sachwidrigen Erschwerung der Strafverfolgung enthalten. Ihm ist es insbesondere untersagt, durch aktive Verdunkelung und **Verzerrung** des Sachverhalts die Wahrheitserforschung zu erschweren, insbesondere Beweisquellen zu verfälschen. Vollendete oder versuchte Zeugenbeeinflussung kann ohne weiteres zum Ausschluss aus der Anwaltschaft führen.[1557] 1008

Bei **vorsätzlich falschem Vortrag** in einem Zivilverfahren kommt deshalb auch eine Strafbarkeit wegen (versuchten) **Prozessbetrugs** gemäß § 263 StGB in Betracht, soweit das Gericht irrtumsbedingt ein Urteil zu Lasten der Gegenpartei fällt. Ein Rechtsanwalt kann sich jedenfalls wegen **Teilnahme** hierzu strafbar und über § 263 StGB i. V. m. § 823 Abs. 2 BGB auch **schadensersatzpflichtig** machen.[1558] 1009

2.4 Zwischenergebnis

Es existieren **keine ausdrücklichen Regelungen** zur Frage, ob und ggf. unter welchen Voraussetzungen und nach welchen Maßgaben Vorgespräche mit Zeugen zulässig sind. Trotz der bestehenden Unsicherheit kann heute **kein Zweifel** daran bestehen, dass eigene Ermittlungen des Anwalts und daher auch eine Zeu- 1010

1554 Breyer/Endler, AnwaltFormulare, Strafrecht, 3. Auflage 2013, Rz 108; Dahs in: Dahs, Handbuch des Strafverteidigers, 8. Auflage 2015, Rz 60.

1555 Dahs in: Dahs, Handbuch des Strafverteidigers, 8. Auflage 2015, Rz 53.

1556 Grundlegend: BGH, Beschl. v. 9.5.2000 – 1 StR 106/00; Klein/Mack/Amann/Schroth in: Breyer/Endler, AnwaltFormulare, Strafrecht, 3. Auflage 2013, Rz 108.

1557 Dahs in: Dahs, Handbuch des Strafverteidigers, 8. Auflage 2015, Rz 218.

1558 Weiterführend: Greger in: Zöller, Zivilprozessordnung, 35. Auflage 2024, § 138, Rz 7.

genvorbereitung *prinzipiell* **zulässig**[1559], mitunter gar geboten[1560] sind, und zwar unabhängig von der Frage, ob der Zeuge breites vernommen ist oder nicht. (Details hierzu unten Gefahren und Konsequenzen/Wettlauf mit Staatsanwaltschaft oder Gericht). So hat auch der **BGH** bereits im Jahre 2000 festgehalten, dass der Anwalt *„eigene Ermittlungen führen und insbesondere Zeugen auch außerhalb der Hauptverhandlung befragen"* kann.[1561]
Allerdings muss er sich bei seinem Vorgehen auf verfahrensrechtlich **erlaubte Mittel** beschränken und er muss sich jeder **bewussten Verdunkelung** des Sachverhalts und als Verteidiger jeder sachwidrigen Erschwerung der Strafverfolgung enthalten. Ihm ist es insbesondere untersagt, durch aktive Verdunkelung und Verzerrung des Sachverhalts die Wahrheitserforschung zu erschweren, insbesondere Beweisquellen zu verfälschen.[1562] Die **Freiheit der Willensentschließung** und der Willensbetätigung eines Zeugen darf dabei nie durch einen Anwalt beeinträchtigt werden. Quälereien, Kränkungen, **Täuschungen**, Nötigung, Einschüchterung oder Bedrohung und das Versprechen von gesetzwidrigen Vorteilen greifen in diesen Schutzbereich ein. Sie sind unzulässig.

1011 Der Grenzverlauf zwischen notwendiger Vorbereitung und unangemessener Beeinflussung der Zeugen ist dennoch ein **schmaler Grat**. Rechtsanwälte müssen auch stets das notwendige **Finderspitzengefühl** zeigen und Chancen und Risiken sorgfältig abwägen. Nicht alles, was erlaubt ist, wird dem Mandanten auch nützlich sein.

2.5 Anwaltstaktik und Gestaltungsmöglichkeiten

1012 Die nachfolgenden Ausführungen sollen die rechtlich zulässigen Gestaltungsmöglichkeiten eines Rechtsanwalts bei der Kontaktaufnahme und (inhaltlichen) Vorbereitung von Zeugen (und eigenen Mandanten) auch vor dem Hintergrund von kluger Anwaltstaktik aufzeigen.

1013 **2.5.1 Psychologie im Gerichtssaal – der erste Eindruck.** Eine Vorbereitung von Zeugen (und Mandanten) kann sich aus Anwaltssicht schon aus psychologischer Sicht anbieten. Denn: der erste Eindruck hat keine zweite Chance, auch vor Gericht. Vom ersten Eindruck können sich auch Richter nicht freimachen, und er mag oft auch eher unbewusst entstehen und weitere Überlegungen prägen. Dahinter steht folgende psychologische Erkenntnis: Menschen tendieren dazu, Informationen nicht isoliert wahrzunehmen, zu begreifen. Einen prägenden Einfluss hat die erste Information, im zwischenmenschlichen Miteinander der erste Eindruck. Dieser erste Eindruck, der deutlich unter einer Sekunde gewonnen wird (!), färbt auch die weitergehende Wahrnehmung zu dieser Person. Der **Halo-Effekt**[1563] besagt, dass die Folgeinformationen im Sinne einer Bestätigung der Erstinformation, des ersten Eindrucks aufgenommen werden. Wir betrachten die Person nicht mehr objektiv und analysieren nicht die einzelnen Persönlichkeitsmerkmale isoliert und unabhängig, sondern im Licht des ersten Eindrucks. Auch hier beeinflussen die Erinnerungen an bisherige Erfahrungen unsere Wahrnehmung.

1014 Der Halo-Effekt hat daher bei der Beurteilung von Menschen ganz allgemein eine große Rolle, gerade auch im forensischen Bereich. Bei einem Menschen,

---

1559 Dahs in: Dahs, Handbuch des Strafverteidigers, 8. Auflage 2015, Rz 313; Burhoff, in Burhoff, Ermittlungsverfahren, 10. Auflage 2025, Verteidiger, Eigene Ermittlungen des Verteidigers, Rz 5135; Meyer-Goßner/Schmitt, StPO, 67. Auflage 2024, vor § 137 Rz 2; Parigger, Zeugengewinnung und –vernehmung durch den Verteidiger, in: StraFo 2003, 262; Wächtler, in: Informationsgewinnung durch die Verteidigung, StraFo 2007, 141, 143.

1560 Dahs in: Dahs, Handbuch des Strafverteidigers, 8. Auflage 2015, Rz 217.

1561 BGH, Beschl. v. 9.5.2001 – 1 StR 106/00, Absatznummer 32 unter Verweis auf BGH, Urt. v. 10.2.2000 – 4 StR 616/99.

1562 Beschl. v. 9.5.2001 – 1 StR 106/00, Absatznummer 30.

1563 Siehe auch Irrtum, Halo-Effekt – der erste Eindruck Rn. 842.

der tatsächlich oder vermeintlich besonders hervorstechende Eigenschaften hat, werden ihm dadurch auch andere dazu passende Eigenschaften zugeschrieben werden und umgekehrt. Attraktive Menschen werden Untersuchungen zufolge im Strafverfahren weniger hart bestraft. Sie erzielen im Zivilverfahren als Kläger größere Summen. Erscheint ein Zeuge sympathisch, wird ihm statistisch öfter geglaubt. Bösen Gerüchten zufolge wird gelegentlich bei Gericht nach der sog. **Schweinehundtheorie** vorgegangen. Diese Theorie soll besagen, dass der erkennende Richter zuerst danach „sucht", welche der Parteien der Schweinehund ist. Steht dies für den Richter einmal fest, dann „sucht" er anschließend nach der passenden juristischen Begründung dafür, dass dieser „Schweinehund" auch verliert. Der erste (persönliche) Eindruck von Rechtsanwalt und Mandant könnte hier eine große Rolle spielen, genauso wie bei späteren Vergleichsvorschlägen oder Entscheidungen über die Aussetzung der Freiheitsstrafe auf Bewährung.

Vor diesem Hintergrund kann es geboten sein, mit dem Zeugen (und Mandanten) gerade auch Fragen im Hinblick auf dessen erstes Auftreten bei Gericht in den Blick zu nehmen. Das fängt mit der Frage an, „was man anziehen solle", und geht über zur Frage von **Körpersprache, Haltung, Stimme, Blickkontakt, Begrüßung** und einem **authentischen Lächeln** bzw. **positiver Grundausstrahlung** schon beim Betreten eines Raums und dann auch in der Folge. 1015

2.5.2 Erläuterung formaler Abläufe. Es kann nicht angezweifelt werden, dass Anwälte Zeugen abstrakt die **formalen Abläufe** einer Vernehmung vor Gericht erläutern und dem Zeugen seine Rechte und Pflichten erläutern dürfen.[1564] Eine solche Erläuterung *ohne* inhaltlichen Bezug war – wie ausgeführt – bis 1987 ausdrücklich auch Gegenstand der Standesrichtlinien vom 21.6.1973 für Rechtsanwälte.[1565] Gerade für einen überzeugenden, sicheren Auftritt kann es aus Anwaltssicht geboten sein, den „eigenen" gerichtsunerfahrenen Zeugen den formalen Ablauf zu informieren, um zwangsläufig entstehenden Unsicherheiten zu nehmen. Es ist eine aussagepsychologische Binsenweisheit, dass ein sicher auftretender Zeuge glaubhafter wirkt. Unter der Prämisse, dass der Zeuge wahrheitsgemäß aussagt, kann diese Art der Vorbereitung auch der Wahrheitsermittlung dienen, weil es ggf. die Qualität der Beweisaufnahme verbessert, auch weil der Zeuge die Unterrichtung über seine Pflichten zum Anlass nimmt, seine Erinnerung aufzufrischen oder auch etwaige Urkunden zur Vernehmung mitzubringen. Freilich ist immer aber im Blick zu behalten, dass bereits die Kontaktaufnahme Erinnerungen verändern kann (siehe unten, Gefahren in Bezug auf die richterliche Überzeugungsbildung). 1016

2.5.3 Wahrheits- und Sachverhaltsermittlung. Es kann auch keinen vernünftigen Zweifel geben, dass Vorgespräche mit dem Zeugen zulässig und von den anwaltlichen Aufgaben gedeckt sind, wenn diese Gespräche der **Wahrheits-** und **Sachverhaltsermittlung** dienen.[1566] Der Anwalt kann einen Zeugen stets um Informationen ersuchen, und zwar gleichgültig, ob er bereits vernommen worden ist oder nicht, insbesondere auch, wenn er oder sein Mandant den Zeugen erst ausfindig gemacht haben, der Zeuge also noch gar nicht „verfahrensbekannt" ist. Hierdurch wird der Anwalt mitunter überhaupt erst in die Lage ver- 1017

1564 Bertke/Schroeder, Grenzen der Zeugenvorbereitung im staatlichen Zivilprozess und im Schiedsverfahren, SchiedsVZ 2014, 80; Ullrich, Außergerichtliche Kontakte zwischen Anwalt und Zeugen im Zivilprozess, NJW 2014, 1341 und 1345.

1565 Siehe oben „Standesrecht" – § 6 Abs. 2 lautete: „Der Rechtsanwalt darf Personen, die als Zeugen in Betracht kommen, außergerichtlich über ihr Wissen befragen, wenn dies zur pflichtgemäßen Sachaufklärung, Beratung und Vertretung notwendig ist. Er darf diese Personen über ihre Rechte und Pflichten belehren und sie beraten."

1566 Ulc, Zulässigkeit der Vorbereitung von Zeugen, Dissertation 2022, S. 35; Bertke/Schroeder: Grenzen der Zeugenvorbereitung im staatlichen Zivilprozess und im Schiedsverfahren, SchiedsVz 2014, 80, 82; Dahs in: Dahs, Handbuch des Strafverteidigers, 8. Auflage 2015, Rz 217.

setzt, einen **substantiierten Vortrag** zu leisten, einen **zielführenden Beweisantrag** zu stellen oder überhaupt zu entscheiden, ob eine **Klage zweckmäßig** ist. Oft handelt es sich bei den Zeugen um **Mitarbeiter der eigenen Partei**. Sie sind, wenn sie mit dem Vorgang befasst waren, manchmal sogar die einzigen direkten Informationsgeber, wenn die Geschäftsführung den Vorgang nicht selbst bearbeitet hatte. Es ist offenkundig, dass ein Verbot der Kontaktnahme zwischen Parteivertreter und Zeugen in solchen Fällen ebenso sinnlos wie unrealistisch wäre:[1567] Im Gegenteil, der Anwalt benötigt die Angaben der Zeugen, um seine eigene Aufgabe der Interessenvertretung wahrnehmen zu können. Vorgespräche mit dem Zeugen dürfen deshalb uneingeschränkt mit dem Ziel geführt werden, zu erfahren, ob der Zeuge zum Beweisthema überhaupt was sagen kann, ob er sich erinnert. Dies dient letztlich auch der Entlastung der Gerichte. Mit der Vernehmung eines „nicht ergiebigen" Zeugen, der also nichts zum Beweisthema zu sagen hat, ist niemandem gedient. Dabei kann es keinen aus Sinn und Zweck auch keinen Unterschied machen, ob der Zivilrechtsstreit schon anhängig ist oder nicht. Aber auch in der Strafprozessordnung ist keine Rangfolge zwischen den Ermittlungsbefugnissen der Strafverfolgungsbehörden einerseits und dem Recht auf Erhebungen der Verteidigung andererseits festgelegt (siehe unten, Wettlauf mit Staatsanwaltschaft oder Gericht).

1018 Bei dieser Befragung zur Wahrheits- und Sachverhaltsermittlung wird sich der Anwalt technisch wie taktisch zunächst an den **Grundregeln der Vernehmungslehre** orientieren, die insb. dem Grundsatz der Zweiteilung folgt: Erst der **Bericht**, dann die Aufklärung (das sog. Verhör).[1568] Denn in diesem Zusammenhang sollte das Ziel der Anwaltsbefragung des Zeugen sein, die „Wahrheit" über das betreffende Beweisthema, die heutige Erinnerung des Zeugen an damalige Geschehnisse zu erfahren und den Einfluss auf dessen Aussage so gering wie möglich zu halten. So kann ein möglichst unverfälschtes Bild der Erinnerung der Auskunftsperson entstehen, das auch Grundlage für die Beurteilung der Glaubhaftigkeit ist. Für den Anwalt ist es zum anderen essenziell, die Realkennzeichen zu kennen und bei der Beurteilung, ob das Gericht die Angaben des Zeugen für glaubhaft hält, anzuwenden. Der Bericht sollte vom Anwalt nach Möglichkeit **nicht unterbrochen** werden, und möglichst zum Ende gebracht werden. Vernehmungstechnisch folgt erst nach dem Bericht die **Aufklärung**, das sog. Verhör. Die Aufklärung soll der prozessualen Konzeption zufolge die noch fehlenden Details erbringen (vgl. 69 Abs. 2 StPO, 396 Abs. 2 ZPO: „Zur Aufklärung und zur Vervollständigung der Aussage sowie zur Erforschung des Grundes, auf dem das Wissen des Zeugen beruht, sind nötigenfalls weitere Fragen zu stellen"). Auch hier gilt, dass vor allem die Auskunftsperson reden und die Befragungsperson sich soweit wie möglich zurückhalten sollte.

1019 Bei einer unter Beachtung dieser Grundregeln der Vernehmungslehre durchgeführten Befragung des Zeugen erhält der Anwalt möglichst umfangreiche, präzise und **zuverlässige Informationen** über das betreffende Beweisthema. Er vermeidet zudem jeden **Vorwurf der Manipulation** oder Zeugenbeeinflussung. Der Anwalt kann sich zudem ein für einen späteren Prozess ggf. wichtiges Bild von der **Aussagekompetenz** des Zeugen machen, also der Kompetenz dieses Zeugen zu einer Aussage vor dem Hintergrund seiner Aussagebereitschaft, seines Intellekts, seiner Lügenkompetenz, seiner Wahrnehmungsfähigkeit, seiner Gedächtnisfunktion, seiner sprachlichen Ausdrucksfähigkeit und seiner Gedächtnisleistung. Auch wird sich der Anwalt nach dem Vorhandensein spezifischer

---

1567 Ebenso: Wirth, SchiedsVZ 2003, S. 9, 13.

1568 Wichtig: Dieser Grundsatz der Zweiteilung richtet sich im Prozess nur an das Gericht (bzw. über § § 161a Abs. 1 Satz 2 StPO auch an die Staatsanwaltschaft), nicht auch an die anderen Beteiligten, also insbesondere nicht auch an Rechtsanwälte. Deren Rechte und Pflichten werden im Prozess durch das Fragerecht bestimmt.

Vorkenntnisse und Vorerfahrungen, die für die Aussage von Bedeutung sein können, erkundigen können. Der Anwalt erhält zuletzt ein Gefühl, ob und mit welchen Realkennzeichen er im Rahmen der Aussageanalyse ggf. vor Gericht wird zur Untermauerung der Glaubhaftigkeit der Aussage arbeiten können.

2.5.4 Inhaltliche Vorbereitung. Die inhaltliche Vorbereitung von Zeugen umfasst gedanklich das konstruktive Feedback-Geben bis hin zum Üben der Aussage mit (vorformulierten) Antworten und Probebefragungen im Rahmen einer **simulierten Vernehmung**. In den USA und den Common Law Ländern sind derartige Maßnahmen der inhaltlichen Zeugenvorbereitung akzeptiert und werden verbreitet praktiziert.[1569] Man wird in Deutschland diese Form der Zeugenvorbereitung **nicht** (**pauschal**) **als zulässig** betrachten dürfen.[1570] Es muss stark **differenziert** werden. 1020

2.5.4.1 Bericht des Zeugen und Feedback des Anwalts. Der Anwalt darf – wie zuvor ausgeführt – einen Zeugen nach den **Grundregeln der Vernehmungslehre** (d. h. mit sog. Bericht und sog. anschließender Aufklärung (Verhör)) zur Wahrheits- und Sachverhaltsermittlung befragen. Der Anwalt wird über seine Fragen im Rahmen der Aufklärung oder insgesamt im Anschluss mit dem Zeugen anschließend auch besprechen dürfen, wie der Bericht des Zeugen auf den Anwalt wirkte, welche **Lücken** oder **Unklarheiten** aus Anwaltssicht bestehen. Der Anwalt wird auch eigene **Fragen** oder Fragen des Gerichts oder „Anwaltsgegners" **antizipieren** und kommunizieren können und den Zeugen bitten, sich hierauf einzustellen. Damit wird vermieden, dass der Zeuge in der Vernehmungssituation damit überrascht wird und ggf. mit Fragen verunsichert wird und dadurch einen unsicheren Eindruck vermittelt. 1021

Die Grenze zwischen inhaltlich legitimer Vorbereitung und unzulässiger Beeinflussung ist dabei fließend. In der **Literatur** wird teilweise als unproblematisch zulässig angesehen, mit dem Zeugen eine **Vernehmung** zu **simulieren** und diese mit ihm anschließend zu besprechen. Der Anwalt könne dem Zeugen dabei helfen, „**Antworten** so **zu formulieren**, dass Missverständnisse des Gerichts vermieden werden". Das ist fraglich und wohl zu **weitgehend**, da der Anwalt zunächst über quasi hellseherische Fähigkeiten verfügen müsste, welche Missverständnisse durch die spätere Vernehmung des Gerichts aufkommen, die auch durch ein anschließendes Ausüben des eigenen Fragerechts des Anwalts nicht behoben werden können. Der Grad zur inhaltlichen Einflussnahme ist dünn und das Maß des Zulässigen auch klar überschritten, wenn der Anwalt dem Zeugen die Antworten „vorformuliert". Der Wahrheitsermittlung dient diese Art der Zeugenvorbereitung nicht. Etwas anderes kann allenfalls dann gelten, wenn der Anwalt die Antworten in rein sprachlicher Hinsicht *im Nachhinein* überarbeitet, um etwa den Bedeutungsgehalt zu verdeutlichen bzw. sprachliche Ungenauigkeit zu korrigieren. Stimmen der Literatur[1571] verweisen in diesem Zusammenhang zutreffend auf das bereits erwähnte Experiment von Loftus über den Einfluss des Fragestils auf die Antwort im Zusammenhang mit einem Autounfall. Ein "zusammenstießen", "kollidierten", "stießen", "trafen", "berührten" in der Frage führte zu jeweils anderen Geschwindigkeitsschätzungen.[1572] 1022

Die Grenze zulässiger Zeugenvorbereitung wird dann klar überschritten, wenn auf den Inhalt von Aussagen **bewusst entgegen der Wahrheit** Einfluss genommen wird oder werden soll. Dass der Rechtsanwalt weder die Partei im Zivil- 1023

1569 Bertke/Schroeder: Grenzen der Zeugenvorbereitung im staatlichen Zivilprozess und im Schiedsverfahren, in SchiedsVZ 2014, 80, 83.

1570 Jedenfalls missverständlich insoweit: Bertke/Schroeder: Grenzen der Zeugenvorbereitung im staatlichen Zivilprozess und im Schiedsverfahren, in SchiedsVZ 2014, 80, 83.

1571 Ulc, Zulässigkeit der Vorbereitung von Zeugen, Dissertation, 2022, S. 81.

1572 Siehe Fehlinformationseffekt/Post-event-Informationen Rn. 896, 898.

rechtsstreit noch den Zeugen zu einer bewusst falschen Aussage überreden darf, ist offensichtlich. Eine inhaltliche Zeugenvorbereitung ist auch insoweit unzulässig, wenn aufgrund der Zeugenvorbereitung **selektiv** (also unvollständig) geantwortet wird oder werden soll. Gradmesser für zulässiges Verhalten wird die Frage sein, ob es sich um eine *bewusste* Verdunkelung oder Verzerrung des Sachverhalts handelt. Der Hinweis auf irrelevante Nebensächlichkeiten und Abschweifungen, die in *keinerlei* Zusammenhang mit dem Gegenstand der Vernehmung stehen und auch *keinerlei* Relevanz für die Aussageanalyse haben, wird daher zulässig sein.[1573]

1024 **2.5.4.2 Sicheres Auftreten.** Zweck eines Vorgesprächs mit dem Zeugen ist einerseits die Vervollständigung der Informationsgewinnung für den eigenen (schriftsätzlichen) Vortrag, andererseits die Stärkung und nicht etwa die Schwächung der Glaubwürdigkeit dieser Person. Eine wesentliche anwaltliche Aufgabe im Vorgespräch kann deshalb darin bestehen, einem unsicheren Zeugen ohne Manipulation des Aussageinhalts richterliche Denkweisen nahe zu bringen und emotionale Zeugen auf die überragende Bedeutung der Sachebene in der gerichtlichen Vernehmungssituation hinzuweisen.

1025 In diesem Zusammenhang wird der Anwalt auch die Bedeutung eines **„sicheren Auftretens“** eines Zeugen vor Gericht in den Blick nehmen dürfen. Hierdurch wird der positive Eindruck verstärkt. Über sicheres Auftreten werden ganz Bücher geschrieben. Sich hierzu auszulassen, sprengt die Grenzen dieses Skripts. Der Anwalt sollte aber in den Blick nehmen, dass der Zeuge deutlich spricht, klar und verständlich formuliert. Auch sollten nonverbale Sprachanteile wie die Körperhaltung und -spannung sowie Blickkontakt überprüft werden. Auch der Einfluss einer „eindeutigen“ Aussagen oder eines Motivs zur Falschbelastung dürfen im Hinblick auf die Überzeugungsbildung eines Gerichts nicht unterschätzt werden. Im forensischen Alltag argumentieren Gerichte häufig mit dem „guten persönlichen Eindruck“ [1574], der „Eindeutigkeit der Aussage“[1575], dem mangelnden Motiv zu einer Falschbelastung und überhaupt dem fehlenden Belastungseifer. Auch insoweit mag ein Hinweis des Anwalts an den Zeugen hilfreich und förderlich sein, bei seiner Aussage auf der sog. Sachebene zu bleiben und Beleidigungen, emotionale Äußerungen, Angriff und Belastungstendenzen zu vermeiden. Möglicherweise wird der Anwalt dem Zeugen auch erklären, dass es einen guten Eindruck bei Gericht macht, wenn der Zeuge auch einen plausiblen Grund angeben kann, warum er sich so genau erinnert: Dass es nämlich und warum es seinerzeit für ihn (den Zeugen) besonders wichtig/interessant/spannend/schrecklich/sonstwie bedeutsam war; ggf. auch dass er sich sofort im Anschluss an das Ereignis Notizen gemacht habe. Natürlich gilt auch hier, dass der Anwalt keinen Tipp geben darf, damit der unter Wahrheitspflicht stehende Zeuge etwas aussagt, was nicht seiner Erinnerung entspricht.

1026 **2.5.4.3 Die goldenen Antwortregeln.** Ein Zeuge hat wahrheitsgemäß zu antworten und ggf. vorstehende „Regeln“ im Zusammenhang mit seinem sicheren Auftreten im Blick zu halten. Hierfür kann ein Anwalt sorgen. Für die Befragung bzw. die Antworten lassen sich zusammengefasst auch folgende **„goldene“ Antwortregeln** für den „eigenen“ Zeugen aufstellen, die einen überzeugenden Auftritt in der Regel sicherstellen[1576]. Dabei kann danach differenziert werden, ob die Befragung durch den eigenen, oder durch den gegnerischen Anwalt erfolgt.

1573 Ulc, Zulässigkeit der Vorbereitung von Zeugen, Dissertation, 2022, S. 97.
1574 Siehe Persönlicher (guter, schlechter) Eindruck Rn. 581.
1575 Siehe „Eindeutigkeit“ (bei Kurzaussagen – juristischer Kernbereich) Rn. 609.
1576 Vgl. auch Spehl, in Festschrift für Geimer, 2017, 697, 700.

Sieben Goldene Antwortregeln bei der Befragung durch den gegnerischen Anwalt: 1027

1. Frage vollständig anhören.
2. Fragen, die nicht vollständig verstanden werden ODER auch nur Interpretationen zulassen, nicht beantworten.
3. Bei Vorhalten nach der Quelle und der Vorlage des Dokuments fragen.
4. Zeit lassen bei der Antwort.
5. Nur die gestellte Frage beantworten und nicht schwadronieren.
6. Sachlich bleiben, Beleidigungen, Ironie, emotionale Äußerungen, Angriffe und Belastungstendenzen vermeiden.
7. Mit dem Fragenden nicht streiten, nicht provozieren lassen.

Bei der Befragung durch den eigenen Anwalt fallen naturgemäß und in Anlehnung an in internationalen Schiedsverfahren gebräuchlichen Regelungen auch hier einige Regeln weg[1577]: 1028

1. Frage vollständig anhören.
2. Zeit lassen bei der Antwort.
3. Nicht schwadronieren.
4. Sachlich bleiben, Beleidigungen, Ironie, emotionale Äußerungen, Angriffe und Belastungstendenzen vermeiden.

2.5.4.4 Einfordern und Durchsicht von Unterlagen. Oft gibt es zum Gegenstand der gerichtlichen, staatsanwaltschaftlichen oder polizeilichen Zeugenvernehmung schriftliche oder andere Unterlagen, die sich entweder im Besitz des Zeugen befinden, oder auf die er Zugriff nehmen kann. 1029

Im **Zivilprozess** hat der Zeuge Aufzeichnungen und andere Unterlagen einzusehen und zu dem Termin mitzubringen, soweit es die Aussage über seine Wahrnehmung erleichtert und wenn ihm dies gestattet und zumutbar ist (§ 378 Abs. 1 S. 1 ZPO). Eine entsprechende Vorschrift gibt es im **Strafprozess** nicht.[1578] Lediglich in Nr. 64 Abs. 2 RiStBV[1579] steht, dass der Zeuge bei entsprechenden Anhaltspunkten aufgefordert werden soll, sachdienliche Unterlagen mitzubringen. 1030

Welche Anwaltstaktik sinnvoll erscheint, ob der Anwalt also zur Beschaffung und zum Durchlesen der Unterlagen raten und ob der Zeuge diese *ohne entsprechende gerichtliche Aufforderung* durchlesen sollte, lässt sich nicht allgemein beantworten. Die Problematik liegt in der Veränderung des Gedächtnisinhalts beim Zeugen durch das Studium der alten Unterlagen.[1580] Darauf folgen zwei Vorschläge für eine sinnvolle Vorgehensweise im Zusammenhang mit dem Einfordern und der Durchsicht von Unterlagen: 1031

- Telefonische Nachfragen bei Gericht, ob der Zeuge vorhandene Unterlagen vorab durchsehen soll, können im Rahmen der Vorbereitung einer Zeugenvernehmung nützlich sein. Das gilt insbesondere, wenn das Gericht – wie meist – keine „bestimmte Anordnung" nach § 378 II ZPO getroffen hat.
- Anwaltliche Reaktion auf eine Frage des Gerichts betreffend Einsicht in Unterlagen: Der Anwalt sollte schlicht darauf hinweisen, dass er dem Zeugen den Inhalt des § 378 ZPO erläutert habe.

2.5.4.5 Weitergabe von Unterlagen und Informationen. Zeugen können nachvollziehbarer Weise vom Anwalt zur Vorbereitung ihrer Aussage Informationen 1032

1577 Spehl, Festschrift Geimer 2017, 697, 700.

1578 Zur (str.) Vorbereitungspflicht von Zeugen, die in amtlicher Eigenschaft (als Polizeibeamte im Rahmen der §§ 161, 163 StPO, als Staatsanwälte oder als Ermittlungs- und Untersuchungsrichter) vgl. HRRS 7/2015.

1579 Richtlinien für das Straf- und Bußgeldverfahren; diese stellen lediglich eine Verwaltungsvorschrift dar, sind für Gerichte demnach nicht bindend.

1580 Siehe Fehlinformationseffekt/Post-event-Informationen Rn. 896.

wünschen, etwa über Inhalte der Verfahrensakten, Aussagen der Beschuldigten, anderer bereits vernommener Zeugen oder den Inhalt der Anklage. Eine **Weitergabe** derartiger Informationen oder Unterlagen dürfte aber regelmäßig **unzulässig** sein.

1033 Die Prozessordnungen erkennen in der Regel schon kein Recht des Zeugen auf Einsicht in die Verfahrensakten an.[1581] Der Zeuge soll unbeeinflusst aussagen und darf auch vor Abschluss seiner Vernehmung nicht an der Hauptverhandlung teilnehmen (vgl. § 394 Abs. 1 ZPO, § 58 Abs. 1 StPO). Gemäß § 32f Abs. 5 StPO dürfen Personen, denen Akteneinsicht gewährt wird, Akten, Dokumente, Ausdrucke oder Abschriften weder ganz noch teilweise öffentlich verbreiten oder sie Dritten zu verfahrensfremden Zwecken übermitteln oder zugänglich machen. Die Weitergabe derartiger Informationen oder Unterlagen aus den Verfahrensakten kann daher nicht empfohlen werden[1582], sie wird regelmäßig auch gegen die Verschwiegenheitsverpflichtung des Anwalts verstoßen und daher unzulässig sein. Die Pflicht des Anwalts zur **Verschwiegenheit** umfasst nämlich alles, was ihm in Wahrnehmung des Mandats anvertraut worden oder ihm aus Anlass des Mandats oder der Mandatsanbahnung bekannt geworden ist. Die Verschwiegenheitsverpflichtung ist daher umfassender als die strafbewehrte Schweigepflicht aus § 203 StGB, die nur „Geheimnisse" erfasst. Sie umfasst alles, was dem Anwalt im Rahmen des Mandats – z. B. durch Akteneinsicht oder durch Informationen von dritter Seite – bekannt geworden ist.[1583] Die Verschwiegenheitsverpflichtung besteht **dabei gegenüber jedermann.** Insoweit dürfen dem Zeugen in der Vorbereitung keinerlei Informationen bekannt gegeben werden, die dieser Verschwiegenheitsverpflichtung unterliegen. Eine Ausnahme gilt nur dann, wenn der Mandant seine **Einwilligung** hierzu erteilt hat (oder aber ausnahmsweise eine Durchbrechung über § 34 StGB in Betracht kommt). Dies setzt aber auch voraus, dass die Informationen nur den Mandanten betreffen. Der Anwalt sollte sich grundsätzlich nicht auf eine mutmaßliche Einwilligung des Mandanten verlassen, sondern sich regelmäßig schriftlich von seiner Schweigepflicht entbinden lassen.[1584]

1034 Die Offenbarung von durch die **Akteneinsicht** in Erfahrung gebrachten Tatsachen an einen Zeugen ist darüber hinaus nur zulässig, wenn sämtliche Personen, die „Gegenstand des Akteninhalts“ sind, ihn auch von der Schweigepflicht entbunden haben.[1585] Etwas anderes dürfte für den Fall gelten, in dem das Gericht einem Zeugen gemäß **§ 378 ZPO** aufgegeben hat, zur Vorbereitung der Vernehmung Aufzeichnungen einzusehen. In diesem Fall wird der Anwalt einem Zeugen **aussageerleichternde Unterlagen** zur Verfügung stellen dürfen.[1586]

1035 Unabhängig von der Zustimmung des Mandanten verbietet sich die Weitergabe des der Verschwiegenheitspflicht unterliegenden Wissens an Dritte jedenfalls dann, wenn der Anwalt dadurch die **Grenzen zu § 258 StGB** überschreiten würde. Gleiches gilt, wenn bestimmte Tatsachen die Gefahr begründen, dass der Zeuge die Informationen oder Unterlagen missbräuchlich verwenden will.[1587]

1581 Auch nicht über seinen Zeugenbeistand, Meyer-Goßner/Schmitt, StPO, 67. Auflage 2024, § 68b, Rz 5; Kritik: Burhoff, Hauptverhandlung, 11. Auflage 2025, Zeuge, Zeugenbeistand, Rz 4312; zum Akteneinsichtsrecht für verletzte Zeugen, vgl. § 406e StPO.

1582 Weiterführend Ulc, Zulässigkeit der Vorbereitung von Zeugen, Dissertation 2022, S. 99ff, 106.

1583 Strafrechtsausschuss der BRAK, Schriftenreihe der BRAK, Thesen zur Strafverteidigung, Bd. 8, 1992, These 16.

1584 Klein/Mack/Amann/Schroth in: Breyer/Endler, AnwaltFormulare Strafrecht, 3. Auflage 2013, Rz 164.

1585 Dahs in: Dahs, Handbuch des Strafverteidigers, 8. Auflage 2015, Rz 54.

1586 Ullrich: Außergerichtliche Kontakte zwischen Anwalt und Zeugen im Zivilprozess, NJW 2014, 1341, 1346.

1587 Strafrechtsausschuss der BRAK, Schriftenreihe der BRAK, Thesen zur Strafverteidigung, Bd. 8, 1992, These 49.

2.5.5 Zeugnis-, Auskunftsverweigerungs- und Strafantragsberechtigte, Schweigerechtsentbindungen, Anzeigewillige, Nebenkläger. Voraussetzungen, Umfang und Grenzen eines möglichen **Zeugnisverweigerungsrechts** oder **Auskunftsverweigerungsrechts** nach §§ 52, 55 StPO bzw. §§ 383, 384 ZPO sind Zeugen häufig unbekannt. Der Anwalt darf einem Zeugen diese Rechte **abstrakt** erläutern. Er darf aber auch einen Rat zur Ausübung bzw. Nichtausübung dieser Rechte nahelegen.[1588] Dieser Rat darf nicht mit Täuschung, Zwang oder Drohung einhergehen.[1589] 1036

Auch hierzu hat der Strafrechtsausschuss der Bundesrechtsanwaltskammer bereits 1992 umfassend im Sinne zulässiger Zeugenvorbereitung Stellung genommen: 1037

„4. Umgang mit Zeugen, Sachverständigen und Mitbeschuldigten
These 28 (Grundsatz):
(l) Der Verteidiger ist berechtigt, bei Dritten darauf hinzuwirken, dass sie ihre prozessualen Rechte zugunsten der Verteidigung des Mandanten ausüben.

...

Begründung:
*(1) Der Verteidiger ist berechtigt – hin und wieder auch verpflichtet –, eigene Erhebungen anzustellen. Auf These 25 wird Bezug genommen. Dem Verteidiger ist es nicht verwehrt, mit allen Personen Kontakt aufzunehmen, die für die Verteidigung von Bedeutung und Nutzen sein können. Im Zuge solcher Erhebungen entstehen Kontakte zu Dritten, die auf das Verfahren Einfluss nehmen (können). Zu ihnen gehören insbesondere jene Personen, die eine **Strafanzeige** erstatten oder/und einen **Strafantrag** stellen können. Es kann in geeigneten Fällen Aufgabe der Verteidigung sein, auf eine Person, die zur Strafanzeige entschlossen ist, einzuwirken, dass die Anzeige unterbleibt, oder den Inhaber des **Strafantragsrechts** zu bewegen, den Antrag nach §§ 77, 77a StGB zu unterlassen oder nach § 77d. StGB zurückzunehmen. (Entsprechendes gilt – vgl. § 77e StGB – für „Ermächtigung" und „Strafverlangen".)*

These 29 (Einwirkung auf Zeugen):
Der Verteidiger ist berechtigt, bei Zeugen darauf hinzuwirken, dass sie von einem Zeugnis- oder Auskunftsverweigerungsrecht Gebrauch machen.
Begründung:
*Zeugen, die nach strafprozessualen Normen (wie z. B. § 52 StPO) das **Zeugnis verweigern** können, machen von Rechten Gebrauch und schulden niemandem Rechenschaft über die Motive ihrer autonomen Entscheidung, die zu respektieren ist. In geeigneten Fällen kann es zur Aufgabe des Verteidigers gehören, auf einen Zeugen mit dem Ziel einzuwirken, dass er von einem Zeugnis- oder **Auskunftsverweigerungsrecht** Gebrauch macht. Der Verteidiger hat dabei jegliche unlautere Beeinflussung zu unterlassen. Es gelten dieselben Grundsätze, wie sie zu These 28 dargelegt worden sind. ... Auch hier muss vom Verteidiger Sorge dafür getragen werden, dass nicht einmal der Anschein einer Unlauterkeit der Einflussnahme aufkommt."*

Neben dem Rat der Ausübung von Zeugnis- und Auskunftsverweigerungsrechten wird der Anwalt auch Einfluss nehmen dürfen auf **Anzeigewillige** oder **Strafantragsberechtigte**[1590], mit dem Ziel, ihn von seinem Vorhaben, den Mandanten anzuzeigen und/oder Strafantrag zu stellen, abzubringen. Gerade auch finanzielle Gegenleistungen sind in diesem Zusammenhang möglich, wenn die 1038

1588 Bertke/Schroeder: Grenzen der Zeugenvorbereitung im staatlichen Zivilprozess und im Schiedsverfahren, in SchiedsVZ 2014, 80, 84; Dahs in: Dahs, Handbuch des Strafverteidigers, 8. Auflage 2015, Rz 472; Parigger, Zeugengewinnung und -vernehmung durch den Verteidiger, in: StraFo 2003, 262, 266; Klein/Mack/Amann/Schroth in: Breyer/Endler, AnwaltFormulare, Strafrecht, 3. Auflage 2013, Rz 124.

1589 Ulc, Zulässigkeit der Vorbereitung von Zeugen, Dissertation 2022, S. 54 ff.

1590 Parigger, Zeugengewinnung und –vernehmung durch den Verteidiger, in: StraFo 2003, 262, 266.

Vereinbarung durch das Motiv des Schadensausgleichs beherrscht wird.[1591] Finanzielle Zuwendungen dürfen dem Zeugen aber allein für die Ausübung von Zeugnis- und Auskunftsverweigerungsrechten und Schweigerechtsentbindungen nicht gewährt werden (siehe unten, Geldzahlungen). Zulässig ist auch die Einflussnahme auf die Ausübung des **Nebenklage- und des Privatklagerechts.**[1592]

1039 Problematisch könnte in diesem Zusammenhang die Frage sein, wie das Gericht eine Erklärung des Zeugen, er mache von seinem Zeugnisverweigerungsrecht Gebrauch, würdigen wird, insbesondere ob es negative Rückschlüsse auf die Glaubwürdigkeit der eigenen Partei bzw. Glaubhaftigkeit des Vortrags ziehen darf. Ähnliche Fragen stellen sich, wenn es darum geht, ob es ratsam ist, dass die Partei einen Zeugen von dessen Schweigepflicht entbindet. Im **Zivilprozessrecht** hat sich hierzu eine differenzierte Rechtsprechung entwickelt. Macht ein Zeuge von seinem Zeugnisverweigerungsrecht aus persönlichen Gründen nach § 383 ZPO Gebrauch, so hat der Beweisführer – mit Ausnahme des Falls der Schweigepflichtentbindung nach § 385 Abs. 2 ZPO – keinen Einfluss hierauf. Eine der Partei negative Beweiswürdigung ist daher grundsätzlich unzulässig, sofern nicht besondere, konkret festgestellte Indizien eine andere Würdigung rechtfertigen.[1593] Dagegen kann die Ausübung des Zeugnisverweigerungsrechts aus sachlichen Gründen nach § 384 ZPO gemäß § 286 ZPO beweiswürdigend berücksichtigt werden. Hierbei ist eine vorsichtige Abwägung der möglichen Motive des Zeugen geboten.[1594] Weigert sich die Partei, einen Zeugen von dessen Schweigepflicht zu entbinden, so kann dies eine Beweisvereitelung darstellen. Der Bundesgerichtshof hat hierzu entschieden, dass diese jedoch nicht vorliegt, wenn das Verhalten der Partei nicht vorwerfbar und missbilligenswert ist. Im konkreten Fall hatte die Partei Anlass zur Besorgnis, der Zeuge (Notar) könne aufgrund mandantschaftlicher Verbundenheit zu der anderen Partei bzw. unter dem Eindruck einer drohenden Schadensersatzpflicht dazu neigen, einseitig den Rechtsstandpunkt der Gegenpartei zu untermauern.[1595] Im **Strafprozess** darf die Weigerung, einen Zeugen von der Schweigepflicht zu entbinden, nicht negativ verwertet werden (ähnlich: das Gebrauchmachen von eigenen Schweigerechten).

1040 **2.5.6 Zeugenbeistand.** In manchen Verfahrensarten – vor allem in **Wirtschaftsstrafsachen**, aber auch in größeren Zivilprozessen und in **Schiedsgerichtsverfahren** – ist die Beauftragung eines Anwalts als Zeugenbeistand, Vernehmungsbeistands üblich geworden.

1041 Für den **Strafprozess** ist das Recht des (allgemeinen) **Zeugenbeistandes** in § 68b Abs. 1 S. 1 bestimmt. Danach darf sich ein Zeuge eines anwaltlichen Beistandes. Der Zeugenbeistand bedarf dabei keiner förmlichen Zulassung durch das Gericht. Nicht die Zuziehung eines Beistands bedarf einer Rechtfertigung, sondern dessen Ausschluss. Nach § 68b Abs. 2 Satz 1 StPO ist einem Zeugen, der bei seiner Vernehmung keinen anwaltlichen Beistand hat und dessen schutzwürdigen Interessen nicht auf andere Weise Rechnung getragen werden kann, für deren Dauer ein solcher **Vernehmungsbeistand** beizuordnen, wenn besondere Umstände vorliegen, aus denen sich ergibt, dass der Zeuge seine Befugnisse bei seiner Vernehmung nicht selbst wahrnehmen kann.

1591 Siehe unten Geldzahlungen; Leipold, Zulässige Einwirkung und Belehrung von Zeugen durch den Verteidiger, in: StraFo 1998, 79.

1592 Leipold, Zulässige Einwirkung und Belehrung von Zeugen durch den Verteidiger, in: StraFo 1998, 79.

1593 BGH, Urt. v. 5.3.1958 – IV ZR 307/57; Zöller/Greger, ZPO, 35. Auflage 2024, § 383 Rn. 7 m. w. N.

1594 Zöller/Greger, ZPO, 35. Auflage 2024, § 384 Rn. 3 m. w. N.

1595 BGH, Beschl. v. 26.9.1996 – III ZR 56/96.

Eine entsprechende Norm in der **ZPO** fehlt, die allgemeine Zulässigkeit ist aber jedenfalls seit einer schon älteren Entscheidung des Bundesverfassungsgerichts[1596] anerkannt. Der Zeuge darf seine Aussage vor Gericht von der Anwesenheit seines Rechtsbeistandes abhängig machen. Allerdings ist in der ZPO keine Unkostenerstattung durch Gericht oder Parteien vorgesehen.[1597] **1042**

Der Zeugenbeistand sieht seine Aufgabe nicht selten auch in der Vorbereitung des von ihm betreuten Zeugen auf den anstehenden Vernehmungstermin einschl. der rechtlich nicht unproblematischen „informationellen Vorbereitung".[1598] Manche Zeugenbeistände fertigen Mitschriften der Vernehmung.[1599] **1043**

2.6 Transparenz

2.6.1 Fragen nach der Vorbereitung. Für einen Anwalt wird es sich regelmäßig empfehlen, die Kontaktaufnahme und die Art und den Inhalt der Vorbereitung mit einem Zeugen dem Gericht (und ggf. der Staatsanwaltschaft/Polizei) gegenüber auf Frage offenzulegen, um schon den Anschein der „Trübung einer Beweisquelle" zu vermeiden. Dabei muss der Anwalt aber seine Verschwiegenheitsverpflichtung im Blick halten, weil hierunter nicht nur die Informationen vom Mandaten fallen, sondern auch, was der Anwalt von dritter Seite etwa durch Recherchen festgestellt hat.[1600] Der Anwalt darf (besser: muss) sich deshalb bei einer solchen Frage auf sein Zeugnisverweigerungsrecht nach § 383 Nr. 6 ZPO i. V. m. § 43a II BRAO bzw. § 52 StPO beziehen.[1601] **1044**

Der Zeuge sollte unbedingt auf die Möglichkeit von Fragen des Gerichts, Staatsanwalts oder Gegenanwalts zu dem Vorgespräch hingewiesen werden. Das Gericht etc. und natürlich auch der Gegenanwalt haben ein Interesse daran zu erfahren, ob und ggf. wie der Zeuge auf seine Einvernahme vorbereitet worden ist. Im Prozessrecht gibt es keine Rechtsgrundlage, eine solche Frage zu verbieten. Es kann im Rahmen der Beweiswürdigung des Gerichts eine **verheerende Wirkung** haben, wenn der Eindruck oder Verdacht verbleibt, dass der Zeuge auf entsprechende Nachfragen nicht wahrheitsgemäß geantwortet hat oder er gar manipuliert wurde. **1045**

Der Anwalt sollte den Zeugen im Gespräch ausdrücklich darauf hinweisen, dass die Kontaktaufnahme und der Inhalt des Gesprächs auf eine entsprechende **Frage des Gerichts oder der Gegenseite** in der mündlichen Verhandlung/Hauptverhandlung vom Zeugen schon wegen dessen **Wahrheitspflicht** offengelegt werden muss. Der Anwalt sollte den Zeugen explizit darauf hinzuweisen, dass ein solches Vorgespräch nichts Verbotenes oder Unlauteres ist, dass offen über den Verlauf berichtet werden kann. Auch der Anwalt selbst hat eine Frage des Gerichts etc. an den Zeugen nicht zu fürchten, wenn er die vorgenannten Grundregeln der Vernehmungstechnik beherzigte, da hierdurch eine (unlautere) Beeinflussung des Zeugen vermieden wird. **1046**

Eine Besonderheit gilt für den Zeugen und seinen **Zeugenbeistand.** Bedient sich der Zeuge eines anwaltlichen Beistandes, so stellt sich die Frage, inwieweit das Beratungsgespräch des Zeugen mit seinem anwaltlichen Beistand geschützt ist. Hier kollidiert das Interesse an der Sachverhaltsaufklärung und der Schutz **1047**

1596 BVerfG, Beschl. v. 8.10.1974 – 2 BvR 747/73.

1597 Zöller/Greger, ZPO, 35. Auflage 2024, Vor §§ 373, Rz 16.

1598 Dahs, NStZ 2011, S. 200.

1599 Zu den Rechtsfragen in diesem Zusammenhang s. Mehle/Linz, NJW 2014, S. 1160.

1600 Kleine-Cosack, BRAO, 9 Auflage 2022, § 43a Rz 23; Weyland, BRAO, 11. Auflage 2024, § 43a 16.

1601 Strafrechtsausschuss der BRAK, Schriftenreihe der BRAK, Thesen zur Strafverteidigung, Bd. 8, 1992, These 49; Kleine-Cosack, BRAO, 9 Auflage 2022; § 43a Rn. 51; Hartung/Scharmer, BRAO/FAO, 8. Auflage 2022, § 43a Rn. 48 ff.; Zöller/Greger, § 383 Rn. 16 ff.

des anwaltlichen Vertrauensverhältnisses. Die Rechtsprechung stellt in diesem Zusammenhang mitunter apodiktisch fest, dass der Zeuge grundsätzlich die Auskunft auf Fragen verweigern darf, die sich auf den Inhalt eines Beratungsgesprächs mit dem Rechtsanwalt beziehen.[1602] In der Literatur werden – zu Recht – differenziertere Lösungsansätze verfolgt. Danach rechtfertigt das allgemeine Interesse des Zeugen, sich auf seine Aussage (mittels anwaltlicher Hilfe) gut vorzubereiten, nicht auch zu verschweigen, dass er Aktenteile besitzt oder von seinem Zeugenbeistand „vorbereitet" wurde. Das Interesse der Verfahrensbeteiligten betrifft nicht nur den Kenntnisstand des zu vernehmenden Zeugen, sondern richtet sich auch auf die Quelle seiner Informanten und seine Motivation.[1603]

1048 Im Schiedsverfahren stellt sich diese Frage nicht, da das Schiedsgericht keinerlei Zwangsgewalt hat und eine Aussageverpflichtung nicht besteht, auch nicht des Zeugen. Die Beantwortung von Fragen kann also abgelehnt werden. Allerdings mag ein solches Aussageverhalten eine äußerst negative Auswirkung auf die Beweiswürdigung des Schiedsgerichts haben.

1049 **2.6.2 Unterrichtung des Mandanten.** Die unmittelbare Kontaktaufnahme des Mandanten mit den durch den Anwalt zu befragenden Zeugen sollte tunlichst verhindert werden, um den Beschuldigten von vornherein nicht der Gefahr eines Verdachtes der unzulässigen Absprache und damit der Verdunkelung auszusetzen.

1050 Im Gegenzug unterrichtet der Anwalt seinen Mandanten über Aufnahme, Durchführung und Ergebnis eigener Erhebungen. Die Sicht des Mandanten muss dabei schon im Vorfeld in die Entscheidung der Frage einfließen, ob und welche Erhebungen anzustellen sind. Schon deshalb ist der Anwalt gehalten, den Mandanten bereits vor der Aufnahme, erst recht aber über die Durchführung und das Ergebnis von eigenen Erhebungen zu unterrichten.

2.7 Ablauf der Befragung

1051 Trotz der grundsätzlichen Zulässigkeit der Zeugenvorbereitung ergeben sich nicht nur unter rechtlichen, sondern auch unter prozesstaktischen Aspekten Grenzen. Aus der Sicht eines Anwalts sind nicht nur die bereits erwähnten straf- und zivilrechtlichen Grenzen einzuhalten, die eine inhaltliche Verfälschung der Aussage des Zeugen verbieten.

1052 **2.7.1 Wettlauf mit Staatsanwaltschaft oder Gericht.** Es kann wie ausgeführt keinen vernünftigen Zweifel geben, dass Vorgespräche mit dem Zeugen zulässig und von den anwaltlichen Aufgaben gedeckt sind, wenn diese Gespräche der Wahrheits- und Sachverhaltsermittlung dienen. Dabei kann es im **Zivilrecht** keinen Unterschied machen, ob der Rechtsstreit schon anhängig ist oder nicht. Aber auch im **strafrechtlichen** Vorverfahren besitzt die Staatsanwaltschaft und die Polizei nur ein **faktisches Ermittlungsmonopol**. Sie besitzen kein rechtliches Monopol, denn die **Strafprozessordnung** ist an keine Rangfolge zwischen den Ermittlungsbefugnissen der Strafverfolgungsbehörden einerseits und dem Recht auf Erhebungen der Verteidigung andererseits festgelegt.[1604] Insoweit gibt es auch kein Recht des „ersten Zugriffs" staatlicher Ermittlungsbehörden. Dem Verteidiger ist es daher von Rechts wegen nicht verwehrt, als erstes mit dem Zeugen Kontakt aufzunehmen. Er muss nicht den Erstzugriff der Polizei/Staatsanwaltschaft oder des Gerichts abwarten. Auch kann mitunter eine nochmalige Befragung durch den Verteidiger im Nachgang an die gerichtliche, staatsanwalt-

---

1602 OLG Düsseldorf, Beschl. v. 29.1.1991 – V 21/88; in diesem Sinn auch: LG Berlin, Beschl. v. 28.9.1993 – 531 – 1/93; LG Lübeck, Beschl. v. 28.10.1992 – 3 KLs 14/92.

1603 Gillmeister: Beistand für den Zeugen – ein Mandat ohne Schutz?, in: NStZ 2018, 561–566.

1604 Parigger, StraFo 2003, 262, 264.

schaftliche oder polizeiliche Vernehmung geboten sein.[1605] Allerdings ist dabei Zurückhaltung geboten.[1606] Der **Verteidiger** dürfte prinzipiell gut daran tun, sich nicht in einen „Wettlauf" mit den Ermittlungsbehörden einzulassen. Er sollte im Strafrecht die Ermittlungen abwarten. Wenn er sich des Beweisergebnisses sicher ist, dann kann er durch unverzügliche Kontaktaufnahme mit dem zuständigen Staatsanwalt versuchen zu erreichen, dass der betreffende Zeuge vernommen und dem Verteidiger die Mitwirkung an dieser Vernehmung einschließlich der Ausübung eigenen Fragerechts gestattet wird.[1607]

2.7.2 Kontaktaufnahme und Belehrung. Der Zeuge ist rechtlich nicht verpflichtet mit dem Anwalt zu sprechen. Ein **Zwangsmittel** steht **nicht** zur Verfügung.[1608] Bei der Kontaktaufnahme ist daher ein taktisches und vorsichtiges Vorgehen erforderlich, insbesondere um sich nicht dem **Vorwurf der unzulässigen Zeugenbeeinflussung** auszusetzen. Der Anwalt wird regelmäßig aber auch auf einen **„guten Erstkontakt"** angewiesen sein, um überhaupt an Informationen herankommen zu können. Ein verschüchterter, verärgerter, demotivierter Zeuge wird kaum bereitwillig Auskunft erteilen wollen. **1053**

Allgemein wird empfohlen, dass die Kontaktaufnahme mit dem Zeugen i. d. R. **schriftlich** und später persönlich in der Kanzlei des Anwalts erfolgen sollte. Das Aufsuchen des Zeugen **zu Hause** wird aber genauso wie die **telefonische** Befragung auch als zulässig erachtet.[1609] **1054**

Der Transparenz wegen sollte der Anwalt den Zeugen bei der ersten Kontaktaufnahme zunächst über seine **Funktion** als Anwalt einer bestimmten „Partei" und den **Anlass** der anwaltlichen Kontaktaufnahme **aufklären**. Fraglich ist, ob und inwieweit der Anwalt den Zeugen auch über dessen Recht und Pflichten zu belehren hat. Viele Stimmen in der Literatur bejahen dies.[1610] So soll der Anwalt dem Zeugen insbesondere ausdrücklich darüber belehren, dass dieser **nicht zu Angaben** gegenüber dem Anwalt **verpflichtet** ist. Hierzu gehöre auch der Hinweis, dass der Zeuge sich **jederzeit anwaltlichen Beistands** bedienen kann.[1611] Auch sei dem Anwalt zu empfehlen, den Zeugen auf dessen **Zeugnisverweigerungs- und Auskunftsverweigerungsrechte** hinzuweisen. **1055**

Die Rechtsprechung hat sich zur Frage der **Belehrungspflicht des Anwalts**, soweit erkennbar, noch nicht geäußert. Fraglich ist auch, woraus sich eine solche **Verpflichtung** zur Belehrung ergeben soll. Sicher ist, dass sich die aus dem Prozessrecht ergebenden Belehrungspflichten nicht auch an den Anwalt im Rahmen eigener Ermittlungen richten. Unabhängig von der prozessualen Verpflichtung ist aber jedenfalls anzuraten, dass der Anwalt als eigenständiges und gemäß §§ 1, 43 BRAO unabhängiges, der Wahrheit und Gerechtigkeit verpflichteten **1056**

1605 Dahs, in: Dahs, Handbuch des Strafverteidigers, 8. Auflage 2015, Rz 472; Wächtler, in: Informationsgewinnung durch die Verteidigung, StraFo 2007, 141, 143; Ullrich: Außergerichtliche Kontakte zwischen Anwalt und Zeugen im Zivilprozess, NJW 2014, 1341, 1345.

1606 Dahs, in: Dahs, Handbuch des Strafverteidigers, 8. Auflage 2015, Rz 217.

1607 Parigger, Zeugengewinnung und -vernehmung durch den Verteidiger, in: StraFo 2003, 262, 264, allerdings mit dem unbedingten Rat zur Kontaktaufnahme.

1608 Dahs, in: Dahs, Handbuch des Strafverteidigers, 8. Auflage 2015, Rz 217.

1609 Burhoff, in Burhoff. Handbuch für das strafrechtliche Ermittlungsverfahren, 7. Auflage 2015, Rz 1584; Parigger, Zeugengewinnung und -vernehmung durch den Verteidiger, in: StraFo 2003, 262, 264.

1610 Dahs in: Dahs, Handbuch des Strafverteidigers, 8. Auflage 2015, Rz 217; Burhoff in Burhoff, Ermittlungsverfahren, 10. Auflage 2025, Verteidiger, Eigene Ermittlungen des Verteidigers, Rz 5144; Parigger, Zeugengewinnung und -vernehmung durch den Verteidiger, in: StraFo 2003, 262, 263, 265; Ullrich: Außergerichtliche Kontakte zwischen Anwalt und Zeugen im Zivilprozess. NJW 2014, 1341, 1343; vgl. auch Ulc, Die Zulässigkeit der Vorbereitung von Zeugen, Dissertation, 2022, S, 43 ff.

1611 Leipold, Zulässige Einwirkung und Belehrung von Zeugen durch den Verteidiger, in: StraFo 1998, 79, 82.

Organ der Rechtspflege bestehende Rechte des Zeugen auch im Rahmen seiner Befragung achtet. Der Anwalt ist nämlich berufsrechtlich gehalten, die Grenzen der Befragung zu beachten, und er sollte schon im eigenen Interesse bereits den Anschein einer unzulässigen Beeinflussung vermeiden.[1612] Auch hat die Rechtsprechung bereits die Tendenz erkennen lassen, den ermittelnden Verteidiger wie einen vernehmenden Polizeibeamten zu behandeln.[1613] Am besten lässt sich der Anwalt diese Belehrungen vom Zeugen noch vor Beginn des eigentlichen Gesprächs **schriftlich gegenzeichnen.**[1614] So kann der Verteidiger jederzeit nachweisen, wie er vorgegangen ist.

1057 Im Zusammenhang mit dem Bestehen eines **Zeugnisverweigerungsrechts** ist im Strafprozess auch folgendes zu beachten: Handelt es sich bei dem Zeugen um einen Angehörigen des Mandanten, der später vor Gericht das Zeugnis verweigert, dann können weder der Anwalt noch ihn ggf. begleitende Berufshelfer zu den Angaben des Zeugen vernommen werden. Die Vorschrift des § 252 StPO enthält nach ständiger Rechtsprechung des BGH nicht nur ein Verlesungsverbot, sondern – über ihren Wortlaut hinaus – auch ein Verwertungsverbot. Dieses schließt auch jede andere Verwertung der bei einer nichtrichterlichen Vernehmung gemachten Aussage aus; insbesondere ist die Vernehmung von Verhörspersonen nicht gestattet. Auch wenn der Verteidiger bei der Befragung von Zeugen oder Beschuldigten keine amtliche Funktion wahrnimmt, muss ein Verwertungsverbot entsprechend dem Rechtsgedanken des § 252 StPO für eine vor dem verfahrensbeteiligten Verteidiger des Angeklagten gemachte Aussage angenommen werden, wenn sie zur Verwendung durch den Verteidiger des Angeklagten in dem gegen diesen und – wie hier – zu diesem Zeitpunkt auch gegen den Zeugen gerichteten Verfahren bestimmt war.[1615]

1058 **2.7.3 Dokumentation/Protokoll.** Die Aufnahme einer **Aufzeichnung**, die **Protokollierung** der Aussage und eine **verschriftete, unterzeichnete Erklärung** des Zeugen sind grundsätzlich **zulässig.**[1616]

1059 Nach These 26 zur Strafverteidigung des Strafrechtsausschusses der BRAK kann es *„im Einzelfall **zweckmäßig** sein, Art und Inhalt eigener Erhebungen in geeigneter Weise festzuhalten“*.

1060 Die Dokumentation und Protokollierung der Befragung durch einen Anwalt hat- wie auch die sonstige Protokollierung von Vernehmungen durch Polizei, Staatsanwaltschaft und Gericht – vier Funktionen: So macht die Verschriftlichung die Aussage der befragten Person unabhängig von Ort und Zeit der Vernehmung und trägt so zur Konstitution des Sachverhalts bei (sog. **Perpetuierungsfunktion**). Durch die Dokumentation und Protokollierung wird das Vorgehen des Anwalts auch überprüfbar gemacht bei Diskussionen mit dem Gericht über Art, Inhalt und Verlauf oder gar dem Vorwurf der unzulässigen Zeugenbeeinflussung (sog. **Kontrollfunktion**). Damit wirken Protokolle auch präventiv auf die Einhaltung der Verfahrensgarantien und -rechte (sog. **Garantiefunktion**). Protokolle sind zuletzt in (Straf-)Verfahren auch Beweismittel (sog. **Beweisfunktion**). Natürlich wird auch die eigene Position des Anwalts gestärkt, wobei einem Wortprotokoll stets der Vorzug zu geben ist.

1612 Allgemein, Dahs in: Dahs, Handbuch des Strafverteidigers, 8. Auflage 2015, Rz 472.

1613 Etwa bei der Anwendung von § 252 StPO, vgl. 4 StR 616/99; Meyer-Goßner/Schmitt, StPO, 60. Auflage 2017, § 252, Rz 13.

1614 Burhoff, in Burhoff, Ermittlungsverfahren, 10. Auflage 2025, Verteidiger, Eigene Ermittlungen des Verteidigers, Rz 5144 empfiehlt in diesem Zusammenhang eine schriftliche „Einverständniserklärung“ des Zeugen; Dahs in: Dahs, Handbuch des Strafverteidigers, 8. Auflage 2015, Rz 217.

1615 BGH 4 StR 189/99; BGH 4 StR 616/99.

1616 Dahs in: Dahs, Handbuch des Strafverteidigers, 8. Auflage 2015, Rz 217.

Solche Protokolle können zu Zwecken des **Vorhalts** verwendet werden. Ebenso zulässig ist eine **vernehmungsergänzende Verlesung** der „schriftlichen Erklärungen" neben der Vernehmung des Zeugen.[1617] Die Verwertung einer schriftlichen Erklärung des Zeugen ist auch durch **Vernehmung des Anwalts als Zeuge** – nach entsprechender Entbindung vom Mandanten – über die Äußerungen des Zeugen möglich.[1618] 1061

Gegen eine **audio(visuelle) Aufzeichnung** bestehen bei allseitigem Einverständnis keine Einwände. **Heimliche** (Tonband)Aufnahmen werden schon im Hinblick auf § 201 StGB (Verletzung der Vertraulichkeit des (nicht öffentlich) gesprochenen Wortes) regelmäßig **unzulässig** sein.[1619] 1062

Beim Abfassen der schriftlichen Zeugenaussage ist darauf zu achten, dass der Anwalt den Zeugen nur unterstützen, sich aber nicht an dessen Stelle setzen darf. Der Inhalt der Aussage muss daher stets vom Zeugen stammen.[1620] 1063

Zu bedenken ist auch, dass eine Fixierung des Ergebnisses eigener Befragungen auch den Verteidigungsinteressen des Mandanten durchaus zuwiderlaufen kann, nämlich dann, wenn die Befragung auch **belastende Informationen** zu Tage gefördert hat. In der Literatur wird vertreten, dass die **Wahrheitspflicht** des Anwalts in diesem Fall eine selektive, um die belastenden Informationen **bereinigte Abfassung des Protokolls** verbietet.[1621] Eventuell **nachteilige Bekundungen** des Zeugen müssten wiedergegeben werden. In rein rechtlicher Hinsicht halten die Verfasser das für nicht zwingend. Ein Anwalt muss stets wahr vortragen. Es besteht für ihn aber keine prozessuale oder berufsrechtliche Pflicht, einen historischen Sachverhaltskomplex umfassend zu schildern, wenn der Zeuge nur bestimmte Umstände bezeugen soll.[1622] Dem Verteidiger ist es aufgrund der Beistandspflicht gar verboten, belastende Informationen in das Verfahren einzuführen. Die ihm obliegende Wahrheitspflicht führt nicht dazu, dass er ihm zur Kenntnis gelangende belastende Umstände offenbaren müsste. Auch im Zivilrecht gilt nichts anderes: Der Anwalt muss die/alle zu **Gunsten** seiner Partei sprechenden tatsächlichen und rechtlichen Gesichtspunkte so umfassend wie möglich darstellen, damit sie das Gericht bei seiner Entscheidung berücksichtigen kann.[1623] In praktischer Hinsicht dürfte sich das Problem aber von selbst erledigen, weil der Anwalt bei der förmlichen Benennung als Zeugen stets im Hinterkopf behalten wird, dass der Zeuge von sich aus, spätestens aber auf Frage eines anderen Beteiligten belastende Informationen preisgeben wird. 1064

2.7.4 Kosten. Im Zusammenhang mit der Vorbereitung von Zeugen können Kosten anfallen. Nach h. M. werden die durch eigene Ermittlungen des Anwalts verursachten Kosten im Strafprozess grundsätzlich nicht erstattet, weil sie als 1065

1617 Mosbacher, Zur Zulässigkeit vernehmungsergänzender Verlesung, NStZ 2014, 1, 2.

1618 Leipold, Zulässige Einwirkung und Belehrung von Zeugen durch den Verteidiger, in: StraFo 1998, 79, 82.

1619 Burhoff, in Burhoff., Ermittlungsverfahren, 10. Auflage 2025, Verteidiger, Eigene Ermittlungen des Verteidigers, Rz 5144; Parigger, Zeugengewinnung und –vernehmung durch den Verteidiger, in: StraFo 2003, 262, 265; in: Dahs, Handbuch des Strafverteidigers, 8. Auflage 2015, Rz 217.

1620 Ullrich: Außergerichtliche Kontakte zwischen Anwalt und Zeugen im Zivilprozess, NJW 2014, 1341, 1345 m. w. N.

1621 Parigger, Zeugengewinnung und –vernehmung durch den Verteidiger, in: StraFo 2003, 262, 265; Ullrich: Außergerichtliche Kontakte zwischen Anwalt und Zeugen im Zivilprozess, NJW 2014, 1341, 1345 m.w.N; Schlosser: Verfahrensrechtliche und berufsrechtliche Zulässigkeit der Zeugenvorbereitung, SchiedsVz 2004, 225, 229; nach Schlosser: Verfahrensrechtliche und berufsrechtliche Zulässigkeit der Zeugenvorbereitung, SchiedsVZ 2004, 225, 229 folgt das Verbot, für den Gegner sprechende Informationen zu verschweigen, aus dem Sachlichkeitsgebot des § 43a Abs. 3 BRAO; Dahs in: Dahs, Handbuch des Strafverteidigers, 8. Auflage 2015, Rz 217.

1622 Ullrich: Außergerichtliche Kontakte zwischen Anwalt und Zeugen im Zivilprozess, NJW 2014, 1341, 1345.

1623 BGH, Urt. v. 10.12.2015 – IX ZR 272/14.

nicht notwendig i. S. d. §§ 467, 464a StPO angesehen werden.[1624] Dem Beschuldigten oder seinem Verteidiger ist die Möglichkeit unbenommen, bei den Ermittlungsbehörden Beweiserhebungen anzuregen oder zu beantragen.[1625] Für den Pflichtverteidiger besteht über § 46 Abs. 2 S. 3 RVG die Möglichkeit, sich die Erforderlichkeit eigener Ermittlungen vorab feststellen zu lassen, bevor er die Kosten auslösenden Maßnahmen ergreift.

1066 **2.7.5 Befragungshelfer.** Die Befragung von Zeugen muss der Rechtsanwalt nicht in eigener Person durchführen, sondern kann sich dafür dritter Personen als Befragungshelfer bedienen, wobei hierfür grundsätzlich jede dafür geeignete Person in Betracht kommt. Bei der Einschaltung eines Befragungshelfers müssen vom Anwalt aber insbesondere die prozessualen Konsequenzen im Blick gehalten werden, weil etwa findige Staatsanwälte oder Richter auf den Gedanken kommen können, diese Personen als Zeugen über ihre Arbeitsweise und alle von ihnen gewonnenen Erkenntnisse zu vernehmen. Der Verteidiger könnte so ggf. für den Mandanten negative Beweisergebnisse aus der eigenen privaten „Ermittlungstätigkeit" produzieren.[1626] Dem kann der Verteidiger aber vorbeugen, dass er die Befragungsperson zum Berufshelfer im Sinne des § 53a StPO macht. Das Schweigerecht der Berufshelfer ist kein selbstständiges, sondern ein von dem Zeugnisverweigerungsrecht des Verteidigers abgeleitetes Recht. Nach § 53a Abs. 1 Satz 2 StPO ist dem Hauptberufsträger daher die Entscheidung über die Ausübung des Zeugnisverweigerungsrechts seiner Gehilfen vorbehalten. Nur er ist nach Vorbildung und Berufserfahrung bzw. aufgrund seiner Übersicht über das Gesamtgeschehen in der Lage, die Tragweite der Aussage richtig zu beurteilen. An seine Entscheidung ist der Gehilfe gebunden.[1627] Die Entscheidung des *Hauptberufsträgers* muss dabei nicht einheitlich sein. Er kann seinen Berufshelfer anweisen, auf das Zeugnisverweigerungsrecht zu verzichten, selbst das Zeugnis aber verweigern und umgekehrt. Soweit der Mandant als geschätzter Geheimnisträger aber den Verteidiger als Hauptberufsträger nach § 53 Abs. 2 StPO von der Schweigepflicht entbindet, erstreckt sich das nach § 53a Abs. 2 auch auf die Hilfspersonen. Eine Entscheidungsbefugnis des Hauptberufsträgers besteht dann nicht, da die Entbindung von der Schweigepflicht nicht teilbar ist.[1628] Hauptberufsträger und Berufshelfer können daher nur gemeinsam entbunden oder nicht entbunden werden.

1067 Zur einwandfreien Dokumentation des strafprozessualen Gehilfenstatus empfiehlt sich, den erteilten Auftrag und die Tatsache, dass Informationen aus dem Mandatsbereich erteilt wurden und die sich ergebenden Rechtsfolgen aus § 53a StPO schriftlich gegenüber dem Berufshelfer festzuhalten.[1629]

1068 **2.7.6 Anbieten von Geldzahlungen o. ä.** Im Zusammenhang mit der Zeugenvorbereitung stellt sich auch immer wieder die Frage, inwieweit dem Zeugen für seine Aussage oder Nichtaussage Geldzahlungen oder **sonstige finanzielle Zuwendungen oder Annehmlichkeiten** versprochen werden dürfen.[1630] In Schiedsverfahren ist keine Erstattung von Kosten der Zeugen durch das Schiedsgericht vorgesehen,

1624 Meyer-Goßner/Schmitt, StPO, 67. Auflage 2024, § 464a, Rz 16 m. w. N.; kritisch: Wächtler, in: Informationsgewinnung durch die Verteidigung, StraFo 2007, 141, 146.

1625 Burhoff, in Burhoff: Handbuch für das strafrechtliche Ermittlungsverfahren, 10. Auflage 2025, Verteidiger, Eigene Ermittlungen des Verteidigers, Rz 5144 mit der Kritik der Literatur und Ausnahmefällen.

1626 Parigger, Zeugengewinnung und –vernehmung durch den Verteidiger, in: StraFo 2003, 262, 264.

1627 Ignor/Bertheau, in Löwe-Rosenberg, StPO, 27. Auflage 2017, § 53a, Rz 9.

1628 Ignor/Bertheau, in Löwe-Rosenberg, StPO, 26. Auflage 2008, § 53a, Rz 11.

1629 Parigger, Zeugengewinnung und –vernehmung durch den Verteidiger, in: StraFo 2003, 262, 264; Dahs in: Dahs, Handbuch des Strafverteidigers, 8. Auflage 2015, Rz 315.

1630 Zur Zulässigkeit von Zahlungen im Schiedsverfahren, Schlosser: Verfahrensrechtliche und berufsrechtliche Zulässigkeit der Zeugenvorbereitung, SchiedsVZ 2004, 225, 229.

weshalb es üblich und auch i. d. R. korrekt ist, den Zeitverlust für Vorbereitung und Anreise des Zeugen zu normalen Stundensätzen zu vergüten. Sonst herrschen keine Regelungen hierzu: Klar ist, dass die **Freiheit der Willensentschließung** des Zeugen in keinem Fall beeinträchtigt werden darf. Eindeutig ist auch, dass jegliche unlauteren Einwirkungen nicht dadurch besser werden, dass dem Zeugen Geld o. ä. dafür geboten wird. Damit liegt es außerhalb der Legalität, einen Zeugen zu bestechen, damit er eine falsche Aussage tätigt.[1631] Das darf mit der legalen Möglichkeit, eine Belohnung für Hinweise, die zur weiteren Aufklärung einer Straftat führen, nicht verwechselt werden. Eine Bestechung und nicht etwa das Ausloben einer Belohnung liegt vor, wenn ein Versicherer durch einen Agenten einem Zeugen Geld für den Widerruf einer Aussage vor der Polizei anbietet; so hatte ein Agent eines Versicherers einer Zeugin zunächst 50.000 DM angeboten; später fand ein Gespräch in der Direktion des Versicherers statt, wobei ausgehandelt wurde, dass die Zeugin 40.000 DM für ihre Aussage erhalte und weitere 30.000 DM im „Erfolgsfall", also bei strafrechtlicher Verurteilung des Versicherungsnehmers wegen Brandstiftung.[1632]

Der Strafrechtsausschuss der Bundesrechtsanwaltskammer hat die Frage der finanzielle Zuwendungen 1992 davon abhängig gemacht, ob zwischen Grund und Höhe der Zuwendung einerseits und den vom Berechtigten durch die Straftat erlittenen Nachteilen andererseits eine **„Konnexität"**, ein sachlicher und angemessener Zusammenhang besteht. Ist das nicht der Fall, so seien finanzielle Zuwendungen zu unterlassen.[1633] Vom Strafrechtsausschuss wurde daher für zulässig gehalten, dass z. B. Geld als Ausgleich für erlittenen (**materiellen**) **Schaden** oder als **Genugtuung** (für immaterielle Schäden) gezahlt wird. 1069

Auch der BGH argumentiert ganz auf dieser Linie. Schließlich sei es grundsätzlich legitim, wenn ein Strafverteidiger mit dem Geschädigten, der zugleich Hauptbelastungszeuge ist, eine **zivilrechtliche Schadensregulierung** vereinbart. Dies entspreche „auch der neueren Entwicklung der Gesetzgebung, im Interesse des Rechtsfriedens einen Ausgleich zwischen Täter und Opfer zu fördern (vgl. § 46a StGB, § 155a StPO)."[1634] 1070

Vorsicht ist geboten, wenn die Geldzahlungen mehr als eine bloße Schadensregulierung sein und gleichsam eine Art **Belohnung für Aussagebereitschaft** oder gar **Erfolgshonorar** für eine erfolgreiche Entlastungsaussage darstellen sollen. Einen interessanten Aspekt hatte das *OLG Hamburg* zu beurteilen, nämlich die Erstattungsfähigkeit einer bezahlten „Belohnung" dafür, dass eine Person sich bereit erklärt hat, als Zeuge auszusagen, und zwar nicht etwa zu lügen, sondern die Wahrheit zu sagen. In einem Versicherungsfall ging es darum, dass der Kaskoversicherer eine Unfallmanipulation geltend gemacht hatte. Es meldete sich eine Person bei der Versicherungsgesellschaft und verlangte ein Honorar von 3.000 DM für seine Aussage, die er auch erhielt. Diese Person war tatbeteiligt und hatte also ein Zeugnisverweigerungsrecht. Das Gericht hielt die Aussage für glaubhaft und wies die Klage gegen den Kaskoversicherer ab. Der Antrag, die „Belohnung" im Kostenfestsetzungsverfahren gegen die klagende Partei festzusetzen, wurde vom *OLG Hamburg* abgelehnt[1635]: 1071

1631 Zur Frage einer Bestechung bzw. eines Bestechungsversuchs durch einen Versicherer oder einen von diesem beauftragten Detektiv und der Glaubwürdigkeit des Zeugen vgl. den Fall BGH, Urt. v. 13.3.1991 – IV ZR 74/90. Zum zweiten Fall siehe nachfolgende Fußnote.

1632 BGH, Urt. v. 7.6.1989 – IVa ZR 101/88, ebenfalls zu einer Bestechung bzw. einem Versuch hierzu in einem Brandschadenfall.

1633 Strafrechtsausschuss der BRAK, Schriftenreihe der BRAK, Thesen zur Strafverteidigung, Bd. 8, 1992, These 28

1634 BGH 1 StR 106/00 Absatznummer 33 – kritisch Ulc, Zulässigkeit der Vorbereitung von Zeugen, Dissertation 2022, S. 69 ff.

1635 OLG Hamburg, Beschl. v. 22.1.1998 – 8 W 13/98

„Grundsätzlich ist schon die schwerwiegende Gefahr für die Rechtspflege überhaupt nicht zu verkennen, wenn Beweismittel, und zwar insbesondere Zeugen, durch finanzielle Zuwendungen erkauft werden. Generell kann der Bewertung derart ‚belohnter' Zeugenaussagen nur mit größter Zurückhaltung begegnet werden. Die Besorgnisse einer unzulässigen Zeugenbeeinflussung wie einer persönlichen und sachlichen Abhängigkeit des Zeugen von seinem ‚Geldgeber' und damit für die gerichtliche Wahrheitsfindung liegen auf der Hand. Überdies darf nicht übersehen werden, daß nur wenige Parteien finanziell imstande sein werden, erhebliche Zahlungen an einen Zeugen zu leisten, um seine Aussagebereitschaft zu wecken, insoweit ist aber keinesfalls nur an Versicherungsgesellschaften wie die Beklagte zu denken, die schon mit Rücksicht auf ihre Versichertengemeinschaft mit Recht darum bemüht sind, einem betrügerisch handelnden Versicherungsnehmer nachzuweisen, daß er den Versicherungsfall vorsätzlich herbeigeführt hat. Schließlich ist zu besorgen, daß einer abweichenden Entscheidung geradezu eine Signal- und Sogwirkung hinsichtlich bedenklicher Methoden der Herbeischaffung von Beweismitteln zukommen könnte, ein Ergebnis, welches keinesfalls im Sinne einer geordneten Rechtspflege liegen kann, sondern unterbunden werden muß."

1072 Es ist streitig, ob es sich um notwendige Parteiauslagen i. S. v. § 91 ZPO handelt, wenn eine Partei dem von ihm in die Sitzung gestellten Zeugen dessen Auslagen erstattet, weil das Gericht mangels Ladung dies trotz durchgeführter Vernehmung nicht tut.[1636] In Schiedsverfahren hat das *OLG München* die Zahlung der Reisekosten von Zeugen durch die Parteien mit anschließender Kostenerstattungsentscheidung durch das Schiedsgericht bei Verfahren nach der ICC-SchO[1637]nicht beanstandet.[1638]

1073 Geldzuwendungen sind damit nach herrschender Ansicht nicht mehr zulässig, wenn der Anwalt darauf hinwirkt, dass einem Zeugen für ein bestimmtes Aussageverhalten die Zahlung eines Geldbetrages versprochen wird, ohne dass dafür sonst eine **Anspruchsgrundlage** (Schadensersatz- und Schmerzensgeldansprüche o. ä.) gegeben ist.[1639] Soweit in der Literatur an dieser Ansicht Kritik geübt wird ist dieser insoweit zuzustimmen, als damit an einen Verteidiger höherer Anforderungen gestellt werden als an Strafverfolgungsbehörden. Diese sind berechtigt, Belohnungen für eine Aussage zu bezahlen, selbst wenn der Zeuge seine Aussagebereitschaft von der Belohnung abhängig macht.[1640] Aber auch dann, wenn für das Zahlungsversprechen eine unabhängig von der Vereinbarung bestehende Anspruchsgrundlage besteht, können die Grenzen zulässigen Anwaltshandelns überschritten sein. Das gilt namentlich dann, wenn das Zahlungsversprechen durch den **„Erfolg"** der Aussage bedingt ist oder wenn es sich aufdrängt, dass die versprochene Aussage falsch sein muss.[1641] Die Zusage von Geldzahlungen für die Ausübung von Zeugnis- oder Auskunftsverweigerungsrechten entbehren danach regelmäßig der Konnexität und sind unzulässig.[1642] Das Anbieten von solchen Zahlungen dürfte als (Versuch der) Strafvereitelung in Tateinheit mit (versuchter) Anstiftung zur uneidlichen Aussage gewertet werden.[1643]

1636 Zöller/Herget, ZPO, 35. Auflage 2025, § 91 Rn. 13.117 Stichwort „Zeugenauslagen", mit Nachweisen der kontroversen Rechtsprechung hierzu.

1637 ICC: International Chamber of Commerce (Internationale Handelskammer); vgl. z. B. http://www.iccwbo.org/.

1638 OLG München, Beschl. v. 23.7.2012 – 34 Sch 19/11.

1639 Klein/Mack/Amann/Schroth in: Breyer/Endler, AnwaltFormulare, Strafrecht, 3. Auflage 2013, Rz 125.

1640 Ulc, Zulässigkeit der Vorbereitung von Zeugen, Dissertation 2022, S. 69ff m. w. N.

1641 BGH Beschl. v. 9.5.2000 – 1 StR 106/00.

1642 Strafrechtsausschuss der BRAK, Schriftenreihe der BRAK, Thesen zur Strafverteidigung, Bd. 8, 1992, These 29.

1643 Leipold, Zulässige Einwirkung und Belehrung von Zeugen durch den Verteidiger, in: StraFo 1998, 79.

Zulässig soll die Erstattung von (**Anreise-)Kosten** und **Verdienstausfall** sein.[1644] 1074
Das ist sicherlich zutreffend für Kosten und Verdienstausfalls, *soweit* sie durch die *Vor*befragung des Anwalts verursacht wurden. Gelegentlich (insbesondere im Zivilrecht) taucht aber auch die Frage auf, ob einem Zeugen auch aus Anlass einer *gerichtlichen* Vernehmung Mehrkosten erstattet werden dürfen, auf denen der Zeuge mangels Erstattungsfähigkeit (in dieser Höhe) nach dem **JVEG** sitzen bleibt (Flugkosten etwa für die 1. Klasse, Verdienstausfall eines „Managergehalts"). Die Verfasser raten von solchen Zahlungen oder Zahlungsversprechen ab. Sie bergen die Gefahr des Eindrucks, dass der Erfolg der Aussage eingekauft wird. Das Erscheinen vor Gericht ist eine Zeugenpflicht, seine Entschädigung richtet sich nach dem JVEG.

2.8 Gefahren in Bezug auf die richterliche Überzeugungsbildung

2.8.1 Die Beeinflussung der Zeugenerinnerung. Der Anwalt muss sich zu- 1075
nächst darüber im Klaren sein, dass *jegliche* inhaltliche Vorbereitung die Erinnerung beeinflussen wird. Dies gilt nicht nur für den Fall, dass es sich bei einer gemeinsam „erarbeiteten" Fassung einer Zeugenaussage um einen **gemeinsamen Rekonstruktionsprozess** handelt, bei dem (oftmals unbewusst) auch – unbeschadet der Verschwiegenheitsverpflichtung, siehe oben – Informationen des Anwalts mit einfließen (können). Erinnerungspsychologisch verändert **jegliche Befassung** mit der Erinnerung, daher auch jegliche inhaltliche Vorbereitung stets auch die **Erinnerung selbst** (sog. Fehlinformationseffekt)[1645]. Nach der **Gedächtnistheorie des abrufinduzierten Vergessens**[1646] werden Erinnerungen mit jedem Abruf neu erschaffen. In jeder so neu angelegten Erinnerung können sich Fehler einschleichen, von innen oder von außen kommend, und in der Regel unbewusst. Jeder Erinnerungsabruf und jede neue nachträgliche Information können die Erinnerung daher beeinflussen. Das kann allein schon durch die schlichte Wiedergabe der Erinnerung selbst passieren. Aber auch Gespräche mit anderen, Informationen aus dem Internet oder der Zeitung etc. haben das Potential, die Erinnerung zu verändern. Die nachträgliche Information vermischt sich mit der ursprünglichen Erinnerung und verändert diese unwiederbringlich. Und je stärker der Zeuge inhaltlich vorbereitet wurde, desto weniger ist zu klären, was auf ursprünglicher Wahrnehmung und was auf späterer Ergänzung oder Anpassung beruht.

2.8.2 Der „verbrannte"/unglaubwürdige Zeuge. Mit Blick auf die **Überzeu-** 1076
gungsbildung ist jeder Anwalt gut beraten, die inhaltliche Vorbereitung nicht zu überstrapazieren. Bereits ein bekannt gewordener Kontakt zwischen Anwalt und einem Zeugen könnte Bedenken gegen die Glaubwürdigkeit des Zeugen bzw. Glaubhaftigkeit seiner Angaben begründen.[1647] Der Zeuge kann durch eine Vorbereitung aufgrund psychologischer Fernwirkung mithin „verbrannt" werden. Es kann auch aufgrund von „legalen" Vorgesprächen die Gefahr bestehen, dass der Richter dem Zeugen **keinen Glauben** schenkt, weil er **präpariert** erscheint, seine „einstudierte" Aussage unglaubhaft wirkt, oder das Gericht aufgrund der Kenntnis über ein Vorgespräch (bewusst oder unbewusst) höhere Glaubhaftigkeitsanforderungen stellt. Der **Beweiswert** von Zeugenaussagen, die im Rahmen eines Probelaufs mit eingehender Übung von Frage und Antwort gemeinsam vorbereitet wurden, wird **stark beeinträchtigt** sein.[1648] Ein ein-

1644 Ullrich: Außergerichtliche Kontakte zwischen Anwalt und Zeugen im Zivilprozess, NJW 2014, 1341, 1346.

1645 Siehe Fehlinformationseffekt/Post-event-Informationen Rn. 896.

1646 Siehe Irrtum Abrufinduziertes Vergessen/„Karteikarte" der Erinnerung Rn. 895.

1647 Ullrich: Außergerichtliche Kontakte zwischen Anwalt und Zeugen im Zivilprozess, NJW 2014, 1341.

1648 So auch Wendler/Hoffmann, Technik und Taktik der Befragung, 2. Auflage 2015, Rz 217; Dahs, Dahs, in: Dahs, Handbuch des Strafverteidigers, 8. Auflage 2015, Rz 316; Ehmann Witness-Coaching, DisputeResolution, Ausgabe 03/14, 6, 8.

drückliches Beispiel für das Misstrauen gegenüber Vorgesprächen lieferte jüngst die Vorbereitung von Zeugenvernehmungen der (ehemaligen) Vorstände der **Deutschen Bank** durch deren Rechtsabteilung. Die Münchner Staatsanwaltschaft sah darin einen Beleg für den Verdacht eines versuchten Prozessbetrugs. Die Ermittlungsbehörden fanden bei Durchsuchungen Unterlagen für Probe-Prozesse (sog. „mock-trials), in denen die Anwälte die Zeugen im Vorfeld von deren Prozessvernehmung vorbereitet, dort den Richter gespielt und „harte Fragen" gestellt hätten. Die Zeugenaussage sei „dezidiert vorbereitet" worden. Die Deutsche Bank und deren Protagonisten hätten die Justiz täuschen wollen, weil Zeugenaussagen in dem Schadenersatzprozess vor dem Oberlandesgericht „abgesprochen" gewesen sein sollen.

1077 Eine Zeugenbeeinflussung kann das Gericht im Rahmen der zivilprozessualen Beweiswürdigung nach § 286 ZPO frei würdigen oder sogar eine Beweislastumkehr bejahen.
Beispiel aus der Rechtsprechung: Es ging in einem Rechtsstreit darum, ob der Aufsichtsrat seinerzeit einer von der Geschäftsführung getroffenen Vereinbarung – wäre er seinerzeit gefragt worden – zugestimmt hätte. In der Vorbereitung der Vernehmung der Aufsichtsratsmitglieder als Zeugen wurden diese über den Inhalt und die Hintergründe der damaligen Vereinbarung (offenbar bewusst) falsch informiert, so dass alle Zeugen sich subjektiv wahrheitsgemäß dahin äußerten, sie hätten die Zustimmung verweigert. Das *OLG Dresden*[1649] bemerkte diese Fehlinformation und bejahte eine Beweislastumkehr aufgrund der Zeugenbeeinflussung. Auszug aus dem amtl. Leitsätzen: „Beeinflusst eine Partei vor der Beweisaufnahme Zeugen (vorliegend die neun Mitglieder ihres Aufsichtsrats) durch Erteilung unrichtiger und unvollständiger Informationen über den tatsächlichen und wirtschaftlichen Hintergrund des Beweisthemas, ist dies bei der Beweiswürdigung (§ 286 ZPO) zu berücksichtigen und kann zu einer Beweislastumkehr unter dem Gesichtspunkt der **Beweisvereitelung** führen."

1078 Letztlich ist es all dies ein Problem der **richterlichen Beweiswürdigung.**[1650] Ein Beweisverwertungsverbot bei festgestellter Zeugenbeeinflussung ergibt sich hieraus nicht.[1651] Insoweit gewinnt die Protokollierung eines solchen Gesprächs an Bedeutung. Zudem kann es sich anbieten, dass der Anwalt sich selbst als Zeuge zum Inhalt des Erstgesprächs mit dem Zeugen benennt, falls eine Verschiebung des Erinnerungsbildes oder gar eine Manipulation der Auskunftsperson von der Gegenseite behauptet oder vom Gericht erkennbar geargwöhnt wird.

1079 **2.8.3 Gruppenvorbereitung.** Dringend **abzuraten** ist von **einer Gruppenvorbereitung**, in der mehrere Zeugen zeitglich und zusammen vorbereitet werden sollen.[1652] Es besteht die naheliegende Gefahr, dass die Erinnerungen sich vermischen und/oder die Zeugen einen präparierten, unglaubwürdigen Eindruck hinterlassen.

1080 Im sog. Konformitätsexperiment von Asch (1951) wurde bereits aufgezeigt, wie **Gruppenzwang** eine Person so zu beeinflussen vermag, dass sie eine offensichtlich falsche Aussage der anderen als richtig bewertet bzw. sie diese falsche Antwort eines Gruppenmitglieds übernehmen und mittragen. Das Experiment wurde oft wiederholt, die Ergebnisse aber immer die gleichen: In späteren,

---

1649 OLG Dresden, Urt. v. 13.1.1999 – 18 U 2050/97; rechtskräftig durch Nichtannahmebeschluss des BGH vom 9.11.2000 – VII ZR 78/99 (Nachweis: juris), unveröffentlicht. Zustimmend BGH, Beschl. v. 26.9.1996 – III ZR 56/96, auch zur Beweiswürdigung, wenn aus taktischen Gründen im Zivilprozess ein Zeuge nicht von der Schweigepflicht entbunden wird.

1650 a. a. O.

1651 Timmerbeil, Witness Coaching und Adversary System, 2004, S. 111 f.

1652 Nach Ehmann Witness-Coaching, DisputeResolution, Ausgabe 03/14, 6, 9 sind „group-preparations" selbst in den USA unzulässig.

gleich gelagerten Versuchen wurden die Versuchspersonen gefragt, warum sie sich der Gruppenmeinung anschlossen. Die meisten behaupteten, sie hätten gewusst, dass die Antwort falsch war, hätten aber nicht auffallen wollen. Wir sind soziale Wesen, uns ist wichtig, was die Menschen um uns herum denken. Schließlich wollen wir anerkannt werden und nicht als Unruhestifter gelten. Selbst wenn wir den Gruppenmitgliedern nicht glauben, schließen wir uns ihnen doch an, wenn uns eine Bewertung als allgemein akzeptierte Erkenntnis präsentiert wird. Die gegenseitige Bindung in der Gruppe führt zu einer Art **„Solidarität der Lüge"**. Es kann aber auch zu einer Art **Mitläufereffekt** in dem Sinn kommen, dass der eigenen, der Gruppenmeinung widersprechenden Wahrnehmung immer mehr misstraut wird und man im Laufe der Zeit immer mehr von der Richtigkeit der anderen Beobachtungen überzeugt ist. Sind sich die Gruppenmitglieder nicht einig, gewinnt häufig der Meinungsführer oder schlicht die Mehrheit die Oberhand. Die individuelle Erinnerung an einzelne Informationen wird überlagert und die Übereinstimmung der Gruppenmitglieder bestimmt die Sicherheit der eigenen Erinnerung.

Die **Erinnerung des Einzelnen** an die eigene Wahrnehmung wird also bei einer gemeinsamen Besprechung **erheblich modifiziert**, oft sogar durch die Gruppenerinnerung ersetzt.[1653] Im Hinblick auf all diese Einflussfaktoren sind viele Forscher völlig zu Recht der Meinung, dass Zeugen bei Polizeiermittlungen schnellstmöglich voneinander getrennt und befragt werden müssen, um negative Effekte zu vermeiden. Nichts anderes folgt aus dem **Rechtsgedanken des § 394 Abs. 1 ZPO und § 58 Abs. 1 StPO**. Danach ist jeder Zeuge **einzeln** und in **Abwesenheit** der später anzuhörenden Zeugen zu vernehmen. Der Grund der Regelung besteht darin, dass die Aussage eines Zeugen beeinflusst wird, wenn er zuvor andere Zeugen zum Beweisthema hört. Damit die **Unbefangenheit** der Zeugen und die Selbstständigkeit ihrer Darstellung gewahrt bleiben, sollen sie ihre Aussage ohne Kenntnis dessen machen, was der Angeklagte und die anderen Zeugen aussagen.[1654] Es ist anerkannt, dass bei Verstößen das Gericht über **den eingeschränkten Wert der Aussage** unter Berücksichtigung der **möglichen Beeinflussung** zu entscheiden.[1655] Nichts anderes gilt für eine Gruppenvorbereitung durch den Anwalt. Es besteht die naheliegende Gefahr, dass das Gericht **keinem der Zeugen mehr Glauben** schenkt, weil nicht mehr zu unterscheiden ist, was echte eigene Erinnerung ist und was „der Gruppenmeinung" entstammt. 1081

Bei gemeinsamen Besprechungen besteht zudem die Gefahr, dass die Zeugen bei der späteren Vernehmung den **Eindruck** vermitteln, sich **miteinander abgestimmt** zu haben und zu sehr übereinstimmend und damit aus Sicht eines Richters unglaubhaft berichten. 1082

3. Zusammenfassung

Die anwaltliche Zeugenvorbereitung auf anstehende (gerichtliche) Vernehmungen ist in weitem Umfang rechtlich zulässig. Grenzen ergeben sich aus der Wahrheitspflicht und dem auch strafrechtlich sanktionierten Verbot der vorsätzlichen Manipulation des Aussageinhalts. Eine Veränderung des Erinnerungsbildes durch Vorgespräche und Aktenstudium ist unvermeidlich und vom Gesetzgeber (vgl. § 378 ZPO) in Kauf genommen. Im Sinne optimaler Mandatsausübung ist jedoch Zurückhaltung geboten, um der Gefahr zu begegnen, dass Gerichte die Aussage wegen vermeintlicher Manipulationsversuche für unglaubhaft halten. Ein Gespür für richterliche Befindlichkeiten ist unabdingbar. 1083

1653 Siehe Fehlinformationseffekt/Post-event-Informationen Rn. 896.
1654 Ignor/Bertheau, Löwe-Rosenberg, StPO, 27. Auflage 2017, § 58, Rz 1
1655 Ignor/Bertheau, Löwe-Rosenberg, StPO, 27. Auflage 2017, § 58, Rz 5, 25

Kapitel VI Effektive Kommunikation (vor Gericht)

1084 Kommunikation ist eine **mehrdimensionale Angelegenheit**. Der Verlauf der Kommunikation ist von vielem abhängig: vom Sender, vom Empfänger, von verbalen und nonverbalen Anteilen, von Erwartungen, Einstellungen, Vorurteilen, Sympathien, Antipathien und auch dem „Setting“, der Umgebung. Kommunikation ist dabei nichts Statisches, nichts Feststehendes. Kommunikation verändert sich und unterliegt einem steten Wandel.

1085 In den Seminaren der Verfasser kommt immer wieder zum Ausdruck: Richter sind mitunter schwierige Gesprächspartner. Das hat – plakativ und überpointiert gesprochen – einfache Ursachen: Ähnlich wie Ärzte müssen Richter keinerlei Sozialkompetenz an den Tag legen, um ihren „Job zu erledigen“. Richter sehen sich oftmals nicht als „Repräsentant eines dienstleistungsorientierten Unternehmens“. Ihre „Kundschaft“ kommt ohnehin automatisch, es gibt keine natürliche Rückkoppelung bei ungewöhnlichem, gar ungebührlichem Verhalten. Hinzukommt, dass Richter nicht nur Recht sprechen, sondern auch immer „Recht“ haben, jedenfalls haben sie oftmals das letzte Wort. Kraft ihrer Verhandlungsleitung haben sie eine ungeheure Macht.

1086 Das juristische Studium beschäftigt sich mit vielem- aber nicht mir allem, was für die Praxis auch wichtig ist. Dazu gehört auch die Rhetorik, die Kunst der guten Rede, im Monolog und Dialog. Wenn eine Berufsgruppe kommunizieren muss, dann der Jurist. Mit dem Mandanten, mit dem Gericht, mit dem Anwaltsgegner, mit dem Staatsanwalt. Kommunikation ist alles!

1087 Die Verfasser möchten aus ihrem vielen Jahren Berufserfahrung nachfolgend ein paar wenige, aber effektive Tipps zu einer zielgerichteten Kommunikation (vor Gericht) geben.

1. Erkenntnisziel

1088 Sachgespräch sollten sich immer an einem Erkenntnisinteresse ausrichten. Dazu muss man sein **Gesprächsziel** kennen. Das klingt banal. Zahlreiche Untersuchungen und entsprechende Trainings zeigen aber mit großer Regelmäßigkeit, dass, wenn man die Betreffenden direkt danach befragt, es ihnen oft schwerfällt, das Gesprächsziel in Worte zu fassen und exakt zu definieren. Je klarer und kürzer Sie es benennen können, desto mehr wird es Ihnen im Zweifel gelingen, sich im Gesprächsverlauf daran auszurichten.

2. Die vier Botschaften einer Nachricht

1089 In der Kommunikation – nicht nur mit einem Richter – muss man sich immer all der „Botschaften“ bewusst sein, die man „unausgesprochen“, zusätzlich zu dem, was man sagt, zum Ausdruck bringt. Wenn wir reden, kommunizieren wir nicht nur auf der sprachlichen Ebene, sondern immer zugleich auch auf anderen Ebenen, den sog. **Meta-Ebenen**. Das aus dem Altgriechischen stammende Wort meta bedeutet: 1. (a) (räumlich) inmitten, zwischen; (b) mit, zugleich mit, zusammen mit, unter, in, bei; 2. auf (etwas) los, zu oder nach (etwas) hin; 3. (zeitlich oder in der Rangfolge) nach, hinter.[1656] Es wird im Deutschen in zahl-

---

1656 Siehe Wikipedia.de Stichwort „Liste griechischer Präfixe,“ http://de.wikipedia.org/wiki/Liste_griechischer_Präfixe.

reichen Zusammenhängen als Präfix[1657] verwendet, häufig in der Bedeutung von über, oberhalb oder außerhalb. In der Kommunikationspsychologie ist mit dem Ausdruck Meta-Ebene gemeint, dass (neben der rein sprachlichen) zusätzlich auf einer oder mehreren, verschiedenen, höheren als der aktuellen (der rein sprachlichen), übergeordneten Ebenen, den Meta-Ebenen, Aussagen gesendet und empfangen werden.

Friedemann Schulz von Thun hat ein Modell entwickelt, nach dem man in der Kommunikation immer auf vierfache Weise eine „Wirkung" entfaltet, und zwar sowohl als Sender wie auch als Empfänger einer Nachricht. Jede Äußerung enthält, ob man will oder nicht, gleichzeitig vier Botschaften: **1090**
- eine **Sach-Botschaft**/Sachinformation (worüber man inhaltlich informiert),
- eine **Ich-Botschaft** (was der Sender von sich selbst zu erkennen gibt, als bewusste Selbstdarstellung und unbewusste Selbstenthüllung, „ich über mich", auch Selbstkundegabe genannt),
- eine **Du-Botschaft** (was der Sender vom anderen hält, gar welchen Grad an Achtung, Anerkennung, Respekt, Geringschätzung oder Missachtung er dem anderen entgegenbringt („ich über Dich") bzw. wie er zu ihm steht, wie er die Beziehung sieht („ich über uns", Wir-Botschaft", insgesamt auch Beziehungshinweis genannt) und
- eine **Ziel-Botschaft** (was der Sender bewirken, wie er Einfluss nehmen möchte, was das Ziel seiner Kommunikation ist, auch Appell genannt).

Die vier Botschaften einer Nachricht sind dabei gleichrangig, was auch durch die Formulierung „Kommunikations-Quadrat" zum Ausdruck gebracht werden soll. Parallel zu den Botschaften des Senders hört der Gegenüber gleichzeitig mit „vier Ohren" unterschiedliche Botschaften auf diesen vier Ebenen.[1658] **1091**

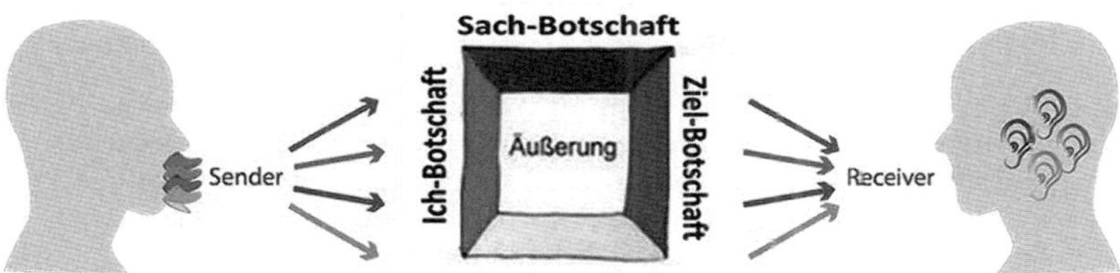

Wir müssen uns daher vergegenwärtigen, dass die Nachrichten, die wir austauschen, stets mehrere und gleichrangige Botschaften enthalten. Das Vier-Seiten-Modell hat **für jede Art der Kommunikation** seine Gültigkeit. Kommunikation ist danach vier-dimensional. Wichtig ist zu erkennen, dass jede Nachricht des Senders **vier Botschaften** hat und die beim Empfänger mit **vier Ohren** unterschiedlich gehört werden kann. Missverständnisse sind ohne Kenntnis der unausgesprochenen vier Botschaften einer Nachricht vorprogrammiert. Oftmals sind die Botschaften einer Nachricht unklar. Das ist eigentlich zwangsläufig, wenn der Sender nicht alle Botschaften ausdrücklich benennt, was in der Alltagssituation fast immer der Fall sein wird. Statt nachzufragen, was der Sender von uns will, interpretieren wir. Unsere Interpretation kann richtig sein, sie wird aber in der Regel nicht richtig sein. Kompliziert wird der Vorgang der Kommunikation auch dadurch, dass Sender und Empfänger je verschiedene Botschaften einer **1092**

1657 Unscharf: Vorsilbe.

1658 Vgl.: Friedemann Schulz von Thun: Miteinander reden 1 Grafik neu gezeichnet anhand der Abbildung in http://www.schulz-von-thun.de/index.php?article_id=71 mit freundlicher Genehmigung des Verfassers.

Nachricht für wesentlich halten können. Je nach Tagesform, Gemütszustand und Verhältnis zu unserem Gesprächspartner neigen wir dazu, eines oder mehrere unserer Ohren „abzuschalten" bzw. besonders genau damit hinzuhören.[1659] Je nachdem, mit welchem Ohr wir besonders hinhören, empfangen wir andere Botschaften: So kann es passieren, dass der Empfänger den Sachinhalt für die entscheidende Botschaft hält, während es dem Sender vielmehr um die Du-Botschaft oder die Ziel-Botschaft geht. Es liegt auf der Hand, dass sich daraus tiefgreifende Missverständnisse zwischen beiden entwickeln können, obwohl die gesendete Nachricht scheinbar völlig klar und unmissverständlich ist. Sie alle kennen es: „Das habe ich doch gar nicht gesagt!" Vielleicht haben Sie es so nicht gesagt, aber vielleicht ist es doch so bei Ihrem Gegenüber angekommen. Wer Recht hat, ist weder eine entscheidbare noch eine wichtige Frage. Es stimmt beides: Der eine hat das gesagt, der andere das gehört. **Wahrnehmung ist Realität.** Wenn Ihr gegenüber es „so" verstanden hat, dann ist das „so", dann ist es Realität, ob Sie wollen oder nicht (es sei denn, er lügt). Denn wenn wir etwas sagen, senden und hören wir, gewollt und ungewollt, bewusst und unbewusst, immer zugleich Botschaften auf allen dieser vier Ebenen. Deshalb sollten wir nicht nur auf diese Ebenen achten, sondern sie ganz **bewusst einsetzen**, sie benutzen. Wir haben viele Möglichkeiten, durch einen bewussten und gezielten Einsatz dieser vier Ebenen, auf den Verlauf von Interviews, Befragungen und Vernehmungen Einfluss zu nehmen.

1093 Die bereits dargestellte Erwiderung des Vorsitzenden an die Zeugin[1660] „Ja, danke schön, aber Frau E sind Sie mir bitte nicht böse, das Gericht hätte gern mehr erfahren …" kann auf diese vier Botschaften hin entschlüsselt werden. Er meint – wie ausgeführt – seine Worte freundlich, will Barrieren senken. Aber nicht bei allen kommen sie so an. Auf der Ich-Botschaftsebene/Beziehungsebene kann in ihnen allerhand Kritik stecken/herausgehört werden: „OK Frau E, das war ja wohl bisher noch nichts. Eigentlich hätte **ich** jetzt allen Grund, böse zu sein. **Ich** gebe Ihnen noch mal eine Chance. **Du** musst Dich jetzt aber bitte mehr anstrengen!"

1094 Bei der Kommunikation und das Bemühen um die Auskunftsperson kommen – wie in jeder Art der Kommunikation – auch immer wieder **Du-Botschaften** zum Einsatz, die besonders beachtet werden sollten, da sie die stärksten, am schwersten kontrollierbaren Auswirkungen haben. Viele Empfänger, speziell in Vernehmungen, hören besonders aufmerksam auf der Beziehungsebene[1661], wie sie von der Vernehmungsperson, egal, auf welcher Seite sie steht, behandelt werden bzw. wie sie sich von ihr behandelt fühlen. *„Sie haben mich gerade falsch verstanden* [Du-Botschaft]. *Ich stelle Ihnen die Frage nochmals anders.*", erzeugt sogleich „inneren Protest" und bringt die Auskunftsperson in eine Art „Verteidigungshaltung". Der Einwand lässt sich leicht „weicher" formulieren, indem man die Du- durch eine Ich-Botschaft ersetzt: *„Ich habe die Frage ungeschickt formuliert. Ich stelle sie Ihnen nochmals anders."* In der ersten Variante mit der Du-Botschaft wird der Auskunftsperson ein „Fehler" unterstellt, den sie begangen habe, in der zweiten Variante nimmt die Vernehmungsperson den „Fehler" auf sich. Keine der beiden Varianten ist richtig oder falsch. Es kommt darauf an, was man erreichen will. Vielleicht macht es sogar einmal Sinn, bei einer an sich nahezu perfekt formulierten Frage die zweite Variante zu wählen, um dadurch an besseres Auskunftsmaterial zu gelangen. Letztlich sind die Ich-Botschaftsebene und die Du-Botschaftsebene unterschiedliche Seiten der gleichen Münze, nur die Bezugsperson wechselt (Ich bin von Dir genervt – Du nervst mich; Ich bin beleidigt – Du hast mich beleidigt; Ich möchte den Satz zu Ende bringen – Du lässt mich den Satz nicht zu Ende bringen/unterbrichst mich u. v. m.).

1659 Siehe auch Rollenprägung, Kommunikation und Vorurteile Fn. 206 bzw. 209.

1660 Siehe Rn. 112 bzw. 226.

1661 Vgl. oben Rn. 1090.

Fazit: Du- durch Ich-Botschaften ersetzen!

Zum besseren Verständnis für das Kommunikationsmodell noch ein echtes **Beispiel:**
Eine Anwältin berichtete, wie sie „zufällig" nach verlorener erster Instanz auf den Richter trifft, der in der Berufungsinstanz über ihren Fall entscheiden wird. Weil sie sich aus anderen Fällen kennen, äußert sie ihm gegenüber hoffnungsvoll, dass sie hoffe, den Fall möglicherweise zugunsten ihres Mandanten wenden zu können. Der Richter reagiert darauf mit den Worten: „Ach Frau Anwältin, das wird nichts. In der zweiten Instanz kommt auch nichts anderes raus."

Wie würden Sie in der Situation reagieren? Im Originalfall ging es sogleich mit Empörung und einem Befangenheitsantrag weiter. Das ist aber nicht zu empfehlen. Lassen Sie uns die Äußerung des Richters zunächst anhand des Kommunikationsquadrats von Friedemann Schulz von Thun analysieren. Der Gros der Leser wird wahrscheinlich folgender Analyse nicht widersprechen: Auf der Sachebene hören wir die Einschätzung des Richters heraus, dass die Berufung voraussichtlich keinen Erfolg haben wird und das Ergebnis der ersten Instanz bestätigt werde. Diese Aussage vermittelt (vermeintlich) eine klare inhaltliche Botschaft über seine Erwartung an den Verfahrensausgang. Auf der Ich-Botschaftsebene gibt der Richter preis, dass er (vermeintlich) bereits eine feste Meinung über den Fall hat, obwohl er als Berufungsrichter eigentlich erst neu mit dem Verfahren betraut wurde. Diese vorschnelle Einschätzung offenbart eine gewisse Voreingenommenheit oder zumindest ein stark vorgeprägtes Urteil, das nicht auf einer gründlichen Prüfung der neuen Beweislage basieren kann. Er zeigt damit auch möglicherweise, dass er sich wenig offen für Veränderungen oder neue Argumente zeigt. Die Du-Botschaftsebene der Äußerung ist besonders heikel. Die Formulierung „Ach Frau Anwältin" kann gönnerhaft oder abwertend wirken, was darauf hinweist, dass der Richter die Anwältin und ihre Einschätzung nicht ganz ernst nimmt oder sie in ihrer Rolle unterschätzt. Seine Antwort signalisiert eine gewisse Herablassung und vermittelt indirekt: „Du irrst Dich – Du versteht den Fall nicht" – was einer Ich-Botschaft im Sinne von „Ich weiß es besser." korrespondiert. Damit wird das professionelle Verhältnis zwischen Richter und Anwältin gestört, da Respekt und Augenhöhe in der Kommunikation fehlen. Auf der Appellseite steht kein direkter Handlungsaufruf, jedoch schwingt in der Aussage implizit die Botschaft mit, dass sich die Anwältin die Mühe mit der Berufung sparen könne. Der Richter sendet die indirekte Aufforderung aus, ihre Erwartungen herunterzuschrauben oder das Verfahren womöglich nicht weiter zu betreiben – nach dem Motto: „Das hat sowieso keinen Zweck." Insgesamt ist die Äußerung aus kommunikativer Sicht hochproblematisch. 1095

Bei einem zweiten Blick wird jedoch klar, dass die Sachbotschaft des Richters gänzlich unklar ist. „Das wird nichts" und „In der zweiten Instanz kommt auch nichts anderes raus" ist nichtssagend. Warum wird das nichts? Warum kommt in der zweiten Instanz nicht anderes raus? Aus tatsächlichen Gründen? Aus rechtlichen Gründen? Weil er eine vorgefasste Meinung hat? Weil …??? Wir wissen nicht, was die hinter der Position des Richters stehenden Gründen sind. Damit kann man mit dem Richter auch nicht argumentieren. Man kennt den Ansatz/Schlüssel nicht, den Richter vom Gegenteil überzeugen zu können. Die weiteren vorgenannten Du-, Ich- und Zielbotschaften sind reine Interpretation und Spekulation. Hierzu sagt er rein gar nichts. Wir hören etwas heraus, was er aber nicht gesagt hat. 1096

Aus kommunikativer Hinsicht ist daher zu empfehlen, den Ball dem Richter zurückzuwerfen, den Richter in eine klare Kommunikation zu zwingen. Dabei ist kommunikativ ein Dreiklang zu empfehlen. 1097

1. Was war? (Sach-Botschaft)
2. Wie hat es auf mich gewirkt? (Ich-Botschaft)
3. Was ist mein Anliegen/Ziel/Wunsch? (Ziel-Botschaft)

Man kann sich diesen Dreiklang auch als WWW oder 3W merken.

1. W = Was
2. W = Wirkung
3. W = Wunsch

1098 Für das vorgenannte Beispiel „In der zweiten Instanz kommt auch nichts anderes raus" bedeutet das:
„Herr Richter. Sie sagten gerade: In der zweiten Instanz kommt auch nichts anderes raus". Das ist interessant, vielen Dank für Ihre Einschätzung (Sachbotschaft). Ich frage mich, warum das so sein sollte? (Ich-Botschaft)? Können Sie mir das näher erklären (Zielbotschaft/Wunsch)? Das Weglassen der Du-Botschaft ist irrelevant, den die Du-Botschaft ist die Kehrseite/Du kannst es mir erklären) der Ich-Botschaft (Ich verstehe es nicht). Durch das Weglassen der Du-Botschaft behalten Sie die Kommunikationshoheit. Denn was Sie denken, was Sie fühlen, wie es auf Sie wirkt, das können nur Sie beantworten, darüber haben Sie die Hoheit. Und Du-Botschaften wirken oft konfrontativ.

> Oder folgendes anderes, aber typisches Beispiel aus einem Prozess:
> Als der Anwalt an der Reihe ist und dem Zeugen Fragen stellt, wird dieser immer einsilbiger und sagt auch recht schnell: „Ich möchte mit Ihnen jetzt nicht reden". In 99 % aller Fälle wird der Anwalt jetzt prozessual argumentieren und den Zeugen darauf hinweisen, dass er „gefälligst zu antworten" hat. Aber was sagt denn der Zeuge? Die Sach-Botschaft lautet „Ich möchte mit Ihnen jetzt nicht reden". Was will der Zeuge damit aussagen? „Jetzt" nicht, weil er „jetzt" weg muss, verhindert ist? Oder gar nicht? Alles ist Spekulation. Das naheliegendste ist, den Zeugen aufzufordern, warum er nicht reden möchte. Eine Antwort im Sinne von „Sie haben gerade gesagt, Sie möchten jetzt mit mir nicht reden. Ich bin mir nicht sicher, ob ich Sie richtig verstehe. Können Sie mir sagen, was der Grund ist?" wäre viel zielfördernder.

1099 Oft berichten Anwälte, dass sie während der Ausübung ihres Fragerechts vom Richter geradezu gemaßregelt werden, mit Äußerungen wie „Das bringt doch nichts", „Das hat doch mit der Sache nichts zu tun". Aus unserer Sicht verdienen auch derartige Äußerungen nur eine einzige Reaktion. Denn die Aussage des Vorsitzenden ist unklar. Man hört förmlich den Appel heraus „Hören Sie doch auf". Aber letzten Endes ist nur eines -bedingt – „klar", die Sachbotschaft „Das hat doch mit der Sache nichts zu tun". Der eine oder andere Anwalt wird denken: „Echt jetzt? Natürlich ist das zielführend". Die Sachbotschaft des Richters ist bei zweitem Blick völlig unklar: „Das hat doch mit der Sache nichts zu tun". Ja warum denn nicht? Insoweit kann nur angeraten werden, den Ball dem Vorsitzenden zurückzuwerfen, ggf. mit dem dargelegten Dreiklang.

1100 Diese kleinen Beispiele sollen zeigen, wie leicht und rasch es zu rein sprachlich bedingten Missverständnissen kommen kann, wie schnell man aneinander vorbeiredet. Deshalb sollten wir nicht nur auf diese Ebenen achten, sondern sie in der Kommunikation ganz bewusst zielgerichtet einsetzen und so auf den Verlauf von Gesprächen und Befragungen, aber auch Vernehmungen Einfluss nehmen. Als goldene Regel gilt dabei: bei Unklarheit nicht interpretieren – besser nachfragen!

3. Gesprächstypen

1101 Im und außerhalb des Gerichts werden Ihnen unterschiedliche (Gesprächs-)Typen begegnen. Angesichts der großen Individualität der Menschen ist es problematisch, generelle Regeln aufzustellen. Etwas Anderes zu behaupten, ist wenig seriös. Im Folgenden aber wenigstens einige Tipps, die sich schon oft als hilfreich im Umgang mit „schwierigen Typen" erwiesen haben.

3.1 Der Vielredner

Manche Menschen monologisieren gern. Ihr Gewinn dabei ist, dass der andere, also Sie, nur wenig zu Wort und die Gegenposition relativ wenig zur Sprache kommen. Solche Typen kosten viel Zeit und allerhand Nerven. Es besteht die nicht ganz geringe Gefahr, dass man irgendwann die Konzentration verliert und nicht mehr richtig zuhört. Das ist natürlich ein – zumindest intuitiv – angestrebtes Ziel der Betreffenden. 1102

Vorgehensweise/Reaktionsmöglichkeit:
Höfliches Unterbrechen, aber mit Nachdruck und dadurch das **Wort übernehmen**: *„Was Sie sagen ist richtig; wichtig ist auch …"* – *„Einen Augenblick, wir sollten auch bedenken …"* – *„Entschuldigung, dass ich Sie unterbreche; damit wir das nicht vergessen …"*
Hilfreich kann auch sein, den anderen zwischendurch mit seinem **Namen** anzusprechen. Das weckt seine Aufmerksamkeit.
Sie selbst dürfen **sich nicht unterbrechen** lassen. Um dafür keine Gelegenheit zu bieten, sollten Sie Ihre Stimme nicht zu sehr senken. – „Entschuldigen Sie, dass ich weiterrede; ich möchte den Gedanken noch fortführen/noch zu Ende führen …" – NICHT: *„Bitte lassen Sie mich ausreden."* (!) Damit maßregeln Sie den anderen.

Sie selbst sollten den Typus Vielredner nicht „benutzen", denn er vermittelt geringe fachliche Kompetenz. 1103

3.2 Der Aggressive

Es ist wenig sinnvoll, auf einen Angriff mit gleicher Schärfe oder mit einem Gegenangriff zu reagieren. Man begibt sich sonst auf dieselbe Stufe wie der andere und der Konflikt wird verschärft. Es entsteht ein Kampf. Das Gespräch geht weg von der Sache; es kann eine Art „Machtkampf" entstehen. 1104

Die **Grundregel** lautet: Auf eine Provokation sollte nicht die erwünschte Reaktion erfolgen! Heinz Becker sagt zu Recht: Wenn Dir einer dumm kommt, dann lasś ihn auch wieder dumm gehen". Damit Ihnen das gelingt, müssen Sie die eigenen Emotionen dämpfen. Sie müssen sich selbst „schützen", um nicht allzu intensiv „getroffen" zu werden. Manchmal hilft es schon, sich nur kurz klarzumachen, was der andere durch seinen Angriff zum Ausdruck bringt. Auf einer Meta-Ebene (Ich-Botschaft)[1662] zeigt er nämlich, dass er selbst in Bedrängnis ist. Mit seinem Angriff offenbart der andere meistens, dass er über wenige Argumente verfügt. Man kennt den Spruch: Wer laut wird, hat nichts zu sagen. 1105
Es gibt verschiedene **Reaktionsmöglichkeiten**:

- Den Angriff ignorieren:
  Sie lassen erkennen, dass Sie den Angriff bemerkt haben (das ist wichtig, denn damit schwächen Sie die Position des anderen), zeigen aber, dass Sie nicht vorhaben, darauf zu reagieren (damit demonstrieren Sie Ihre Stärke und Macht). – „*Gut.* (Positiv beginnen!) *Ich habe gehört, dass Sie … gesagt haben (Sachbotschaft). Ich möchte darauf jetzt nicht weitereingehen (Ich-Botschaft). Lassen Sie uns bitte wieder auf das Thema zurückkommen … (Zielbotschaft).*"
- Auf den Angriff sachlich reagieren:
  Sie sprechen den Angriff an, reagieren aber betont sachlich darauf. Damit zeigen Sie Ihre Überlegenheit oder dass Sie sich überlegen fühlen und dass

1662 Vgl. Rn. 1090.

Ihnen der Angriff nichts anhaben konnte; allerdings „strafen" Sie den anderen damit zugleich auch ab.
„Sie sagten gerade … (Sachbotschaft). Das ist aus meiner Sicht neben der Sache (Ich-Botschaft). Kommen wir zurück aufs Thema … (Zielbotschaft)"

1106 Eine typische Verhaltensweise des aggressiven Typus ist auch, mit **unrichtigen Unterstellungen** zu „arbeiten". Das, was Sie gesagt haben, wird nur unvollständig wiedergegeben.
Reaktion: Spiegeln: *„Sie haben einen Teil weggelassen. Dadurch entsteht ein falscher Eindruck. Ich meine, …"*

1107 Oder der andere **legt Ihnen Worte in den Mund**, die Sie nicht oder nicht so gesagt haben.
Reaktion: *„Sie behaupten gerade, dass ich … Gesagt habe. Das schließe ich für mich aus. Vielleicht habe ich mich auch ungeschickt ausgedrückt. Ich meine jedenfalls …"*

1108 Je unsicherer der aggressive Typus wird, desto heftiger sind üblicherweise seine Verhaltensweisen. Es kann dann sogar dazu kommen, dass er **Beschimpfungen** äußert. Auch auf eine grobe Beschimpfung sollte man möglichst nicht impulsiv und nicht im selben Ton antworten. Das kostet Kraft und bringt fast nie etwas. Man wirft mit heißen Kohlen und verbrennt sich dabei selbst die Hände. Erkenntnisreich ich auch die Analyse der Ich-Botschaft, wenn jemand eine Beschimpfung ausspricht. In einem halbwegs förmlichen Kontext gibt es preis, dass er die Kontrolle, seine gute Kinderstube verloren hat. Ich reagiere emotional.

1109 **Reaktion**: *„Ich verstehe Ihre (emotionale) Reaktion (zu einem gewissen Teil). Mir ist wichtig, dass wir im Gespräch bleiben. (Ich-Botschaft). Es geht mir um Folgendes …" (Ziel-Botschaft).* Damit sprechen Sie auf der Beziehungsebene[1663] die Vertrauensbasis an. Der andere wird nicht gleich abgestraft, sondern sozusagen „aufgefangen". Er fühlt sich bei Ihnen in guten Händen. Die Beschimpfung zu wiederholen (Sie haben … zu mir gesagt (Sach-Botschaft) ist in diesen Konstellationen in der Regel nicht notwendig.

1110 Falls Ihr Gesprächspartner **laut** wird, erinnern Sie sich daran: Zunächst – man geht davon aus, etwa 30 Sekunden lang – „regieren" allein die Emotionen. Deshalb hat eine sofortige Reaktion, ein sofortiges Einschreiten innerhalb der ersten dreißig Sekunden in der Regel wenig Sinn. Die Erwiderung, *„Beruhigen Sie sich erst mal"*, wird die Situation ganz sicher nicht entschärfen. Warten Sie zuerst eine Weile ab und lassen Sie den anderen laut sein, „Dampf", Emotionen ablassen. Ausnahmen gelten nur, wenn der Gesprächspartner Grenzen überschreitet, etwa beleidigend wird. In diesen Fällen kann man den Gesprächspartner vielleicht durch wiederholtes Ansprechen mit dem Namen erreichen oder (die Unterredung) abbrechen, zumindest kurz unterbrechen.

3.3 Der Schweiger

1111 Die Zurückhaltung eines Schweigers kann unterschiedliche Gründe oder Ursachen haben: Von Angst, Vorsicht, über Schüchternheit, Unwissenheit, Unentschiedenheit, bis hin – allerdings selten – zu Raffinesse, um den anderen, Sie (!), in eine „Falle" zu locken. Sie kennen nur seine Position (Ich will nicht mit Dir reden), nicht aber seine Beweggründe. Diese gilt es daher in Erfahrung zu bringen. Versuchen Sie, durch **aktives Zuhören**[1664] und mit Nachfragen Interesse an der Meinung des anderen zu zeigen und damit Vertrauen aufzubauen. Vielleicht erfahren Sie so den Grund des Schweigens. Schweigen des anderen beruht, wie gesagt, oftmals auf seiner Vorsicht oder seiner Angst. Beziehen Sie den Schweiger durch eine direkte Ansprache und durch Fragen in den Entschei-

1663 Vgl. oben Rn. 1090.
1664 Vgl. Rn. 87.

dungsfindungsprozess mit ein. – *„Was ist aus Ihrer Sicht wichtig?“* Achtung: Unbedingt (nur) **spezifische Fragen** (W-Fragen) stellen![1665] Kompensieren Sie nicht – unbewusst – das Schweigen des anderen durch verstärkten eigenen Redefluss. Das erlebt man oft.

Wenn Sie wiederholt nicht weiter kommen, dann kann sich auch vorgenannter Dreiklang anbieten: **1112**
„Ich habe ihnen jetzt mehre Fragen gestellt, weil mich Ihre Meinung, Ihre Sicht interessiert. Ihre Antworten fielen recht kurz aus (Sach-Botschaft). Ich frage mich, woran das liegt, was sich ändern muss (Ich-Botschaft)? Können Sie bitte sagen, woran es liegt (Ziel-Botschaft/Wunsch)“?

3.4 Der Schmeichler

Dieser nicht selten anzutreffende Typus versucht bei Ihnen bewusst oder unbewusst eine Art Bestechung durch Lob oder große Höflichkeit. Das ist gefährlich, weil es durchaus Erfolg versprechend ist. Für Lob und Anerkennung sind wir selbst „erreichbar“. Gegen Angriffe kann man sich wehren, gegen Lob ist man machtlos (Sigmund Freud)[1666]. Bei demjenigen, der gelobt wird, entsteht darüber hinaus leicht ein Gefühl von „Verpflichtung“, das es schwer macht, eine eindeutige Gegenposition zu vertreten oder etwas abzuschlagen. Lob und Schmeichelei ist auch ein Mittel der Verhandlung. **1113**

Vorgehensweise/Reaktionsmöglichkeit: Machen Sie sich kurz innerlich bewusst, dass es sich bei dem Kompliment – obwohl es vielleicht durchaus zutrifft – (auch) um ein rhetorisches Stilmittel handeln könnte. Dann bedanken Sie sich einfach mit freundlicher Miene und lenken zurück auf die Sachebene. *„Vielen Dank für das Kompliment. Kommen wir zurück aufs Thema …/Lassen Sie uns doch … besprechen (Zielbotschaft)“ …“* **1114**

3.5 Der „Kluge“ und der „Erfahrene“

Dieser Typus unternimmt den Versuch, seine eigene Person, seine Persönlichkeit in die Waagschale zu werfen. *„Ich mache das jetzt schon seit vielen Jahren…“* – *„Ich bin Jurist, ich kenne mich aus…“* **1115**

Reaktionsmöglichkeit: Spielen Sie mit den Eitelkeiten. Dem anderen ist es wichtig, dass er klug, besser und erfahrener ist. Dann lassen Sie ihm seine Freude. Sorgen Sie aber für eine Trennung, eine Unterscheidung zwischen Person und Sache. – *„Sie haben sicherlich eine große Erfahrung damit. Mir ist die Tatsache wichtig, dass …“* – *„Ihr Hintergrundwissen kann uns sehr nützlich sein, denn dann wissen Sie ja auch, dass …“* (Nicht: *„… dann müssten Sie ja auch wissen, dass …“*!) **1116**

3.6 Der „Besserwisser“ und der „Zögerliche“

Das sind die am schwierigsten zu ertragenden Typen. Sie rauben Kraft durch Worte wie „ja, aber …“ bzw. „ich weiß nicht, …“ Mit beiden Typen ist eine Sachdiskussion nur beschränkt möglich. Beide sind in sich selbst in einer Art „Konflikt“, „gespalten“. Der Besserwisser kann dem, was Sie sagen, nicht beipflichten, eben weil er es ja besser „weiß“ (auch wenn das gar nicht stimmt). Der Zögerliche kann ebenfalls nicht auf das, was Sie sagen, richtig und in vollem Umfang eingehen, weil er im weitesten Sinn „Angst“ hat. **Beide Typen müssen „bedient“, ggf. „gestärkt“ werden.** Den Besserwisser bedient/stärkt man, indem man seine – angebliche oder tatsächliche – „Sachkenntnis“ anerkennt und lobt und dann gemeinsam – auf der Sachebene – etwas „erarbeitet“. Den Zögerlichen unterstützt man ebenfalls, indem man ihn lobt, dann aber gleich eigene Kompetenz und Seriosität zeigt und schließlich wieder gemeinsam etwas „erarbeitet“. **1117**

1665 Vgl. Rn. 149.
1666 Sigmund Freud (1856 – 1939), österreichischer Psychiater und Begründer der Psychoanalyse.

Stichwortverzeichnis

Die Ziffern beziehen sich auf die Randnummern des Werkes bzw. auf das Vorwort (**Vorw.**).

Stichwortverzeichnis

Stichwortverzeichnis